미학대계 제1권

미학의 역사

미학대계간행회

서울대학교출판문화원

The Korean Companion to Aesthetics, Vol. 1

History of Aesthetics

The Editorial Committee for
The Korean Companion to Aesthetics

Seoul National University Press

미학대계 발간에 즈음해서

드디어 3권으로 이루어진『미학대계』라는 저작의 발간을 앞두게 되니 만감이 교차합니다. 이 작업은 현시점에서의 한국 미학계의 역량을 결집한 결과물이며, 이 작업에 주도적으로 참여한 한 사람으로서, 한구석으로는 여전히 모자람을 느끼면서도 나름대로의 큰 자부심을 가지게 됩니다.

이 책은 미학 공부를 시작하고자 하는 여러분들이 미학이라는 미지의 영역에 들어서는 데 친절한 도움을 줄 수 있는 길라잡이 지도와 같은 역할을 할 수 있으리라 믿습니다. 미학의 과거와 현재에 대한 역사적 접근을 날줄로, 미학에 대한 방법론적 · 개념적 접근을 씨줄로 하는 이 지도는 미학계의 역량 부족으로 아직은 씨줄과 날줄이 성긴 곳도 있고, 전혀 지도화하지 못하고 공백으로 남겨둔 부분도 있습니다. 그러나 이로써 대략의 기초 작업은 완성되었다고 생각하며, 나아가 이 지도가 미학에 관심이 있는 여러분들에게 제공하는 기초적 정보의 단초가 되어, 이 책을 읽게 되는 여러분의 정열로 이 지도가 보이고 있는 성김과 공백이 계속 메워져 가리라는 굳은 믿음을 갖습니다.

이제 3년여에 걸친 방대한 작업 끝에 일궈낼 수 있었던 이 저작의 완성을 보면서, 감사의 마음으로, 이 책이 있게 된 작은 뒷이야기를 밝히고 싶습니다. 3권으로 이루어진 이 저작이 있게 된 계기는 실은 3년 전의 한 사건으로 거슬러 올라갑니다.

당시 한국 미학계의 큰 어른이신 오병남 선생님께서 서울대에서 정년을 1년 앞두고 계셨고, 자연히 선생님의 은혜를 입은 제자들을 중심으로 『정년퇴임 기념 논총』 발간에 대한 의견교환이 있었고, 어찌 본다면 너무나 의례적인 저희들의 생각을 정리하여 선생님께 말씀드릴 기회가 있었습니다.

그러나 말씀을 들으신 선생님께서는 잠시 생각하신 뒤, 본인의 정년퇴임이라는 사실과 시점에 얽매이지 않고, 미학을 연구하거나 관심을 가지신 분들에게 실질적으로 도움이 될 수 있는 사업을 시작하는 계기로 자신의 정년퇴임을 받아 준다면, 본인에게는 더 의미 있고, 고마운 일이 되겠다는 파격적이지만 매우 간절한 말씀을 전해 오셨습니다.

이 뜻을 전달받고, 여러 논의 끝에 미학대계간행회를 구성하고, 현재의 이 책으로 결정을 맺은 편집기획을 세우기는 했습니다만, 편집위원들로는 쉽게 해결될 수 없는 듯이 보이는 두 가지 아주 큰 고민을 마주하게 되었습니다.

첫째는, 미학의 경우도 예외일 수 없는 인문학의 위기라는 상황 가운데서 과연 경우에 따라서는 막대한 경제적 손해를 감수하면서까지, 우리의 이 기획을 받아들여 실현해 줄 출판사를 찾을 수 있겠는가 하는 것이었고,

둘째는, 현금의 한국 학계의 풍토에서는 거대한 기금의 조성 없이는 그 실행을 상상도 할 수 없는 이 정도의 대규모 사업을, 과연 아무런 경제적 대가도 제공할 수 없는 우리의 입장에서 연 135편의 논문을 무난히 확보할 수 있겠는가 하는 것이었습니다.

그러나 우리의 걱정은 너무도 쉽게 극복되었습니다. 섭외 과정에서 개인으로서는 자신의 명예를 드러낼 수 있는 기회를 단념하시고, 후학들과 학계 전체가 보다 보람된 일에 매진할 수 있는 계기를 만드신 오병남 선생님의 뜻을 자연히 알게 된 필자들 전원이 학계를 위하여 헌신적으로 옥고(玉稿)를 작성해 준 것은 물론, 나아가 저작권까지 흔쾌히 한국미학회에 기탁해 주셨습니다. 아마도 오병남 선생님의 간절한 뜻이, 필자 선생님들의 이

러한 순수한 열정과 헌신을 가능케 했으리라 믿습니다.

이제 3년여에 걸친 방대한 작업을 끝맺는 이 자리를 빌려, 마냥 늦어져만 가는 이 작업을 사랑과 관심을 가지고 지켜보아 주신 오병남 선생님과 필자 선생님들, 지칠 줄 모르고 여러 필자 선생님들을 독려하며 실무적인 일들을 주관했던 미학대계간행회 참여자 여러분, 이 책의 출판을 맡아 주신 서울대학교출판부에게 간행회의 이름으로 다시 한번 깊은 감사를 드립니다.

아마도 이 모든 분들의 열정과 헌신이 없었다면 이 저작은 세상의 빛을 볼 수 없었을 것입니다. 감사합니다.

2007년 2월 5일 간행회를 대표하여

민형원 삼가 씀.

서 문

1.

『미학대계』의 제1권은 서양과 동양의 미학사를 포함한다. 서양미학사를 번역이 아닌 우리 손과 우리 글로 집필하여 출판에 이르게 된 것은 국내의 서양미학 연구 역사에 하나의 이정표가 될 것이다. 서양미학사는 고대와 중세 그리고 근대 및 현대로 구분되고 각 시대의 전반적 흐름을 잡아 주는 서론적 글을 해당 시기의 서두에 위치시키고 그 이후로 구체적인 인물들 혹은 주제들을 다루는 각론적 성격의 글들이 뒤따르는 방식이 취해졌다. 아리스토텔레스, 플라톤, 아퀴나스 등 거장들을 중심으로 고대와 중세의 미 및 예술에 관한 사상이 서술된다. 미와 예술에 대한 근대의 성찰은 다양한 철학적 방법론 속으로 유입되어 그 논의의 주제와 접근 방법이 분화되어 간 역사를 지니고 있음을 고려하여 근대미학사는 프랑스, 영국, 독일로 세분되었으며, 따라서 이 구분은 방법론적 구분에 해당한다고 할 수 있다. 현대미학사는 사회주의 미학을 독립된 범주로 분리해 놓고 대륙과 영미의 구분 아래 주로 20세기 전반의 미학사를 개괄한다. 제2권인 『미학의 문제와 방법』과 그 내용이 중첩될 수 있는 여지를 최소화하기 위해 주요 인물 혹은 학파를 중심으로 개괄하는 방식이 취해졌다.

집필을 시작하기 전에 우리가 정해야 할 원칙이 있었다. 그것은 서양의 학자들이 펴낸 기존의 미학사, 예컨대 비어즐리, 쿤, 타타르키예비츠 미학사가 존재함에도 국내 학자들이 저술한 서양미학사가 할 수 있는 학술적 기여가 무엇인지에 관한 것이었다. 우리는 우리가 집필하게 될 서양미학사가 다음과 같은 목적을 성취해야 한다는 데에 합의했다. 즉 그것은 서양의 미학사상을 우리 생각으로 소화하여 우리 글로, 우리의 연구 및 교육 환경에 맞추어 저술하고, 그 내용의 일부가 선별적으로 대학의 미학 강의의 교재로 광범위하게 활용될 수 있는 한 권의 책을 만들어 내자는 것이었다. 우리가 대학에서 미학을 강의하면서도 절실히 필요로 했던 것이 서양미학사를 한눈에 조망할 수 있고, 필요한 시대나 인물 혹은 학파들을 편리하게 참조할 수 있고, 찾아보기를 통해 미학의 주요 개념들을 미학사의 맥락에서 확인할 수 있고, 전체 미학사의 흐름에서 각 시대 및 인물들의 연관을 선명하게 드러낼 수 있는 출판물이었다. 이러한 목적과 방향 아래 필자들은 간행위원들이 제안한 원리들을 따라 집필하였지만 서로 다른 필자들이 쓴 40편이 넘는 글들이 한 곳에 편집되었을 때 나타날 수 있는 관점 및 논점의 일관성과 관련된 오점이 발견된다면 그것은 우리 필자들에게 집합적으로 귀속될 것이다. 또한 가능한 모든 시기를 편향되지 않게 다룬다는 원칙 아래에서도 집필진이 그 수에서 상대적으로 적은 부분(예컨대, 중세와 프랑스 근대)과 상대적으로 많은 부분(예컨대, 근대 독일)이 결과된 것은 불가피한 일이었다. 서양미학사를 우리 손으로 저술해 보는 가운데 저 방대한 서양의 미학사가 한국에서의 서양미학 연구의 오늘과 내일을 그려 주었다고 할 수 있을 것이다.

2.

주지하는 바와 같이 미학은 근대 유럽에서 학문의 체계가 갖추어지는 과정에서 그 과제와 학명이 탄생하고 독자적인 영역을 형성해 왔다. 이른바 서세동점(西勢東漸)의 물결에 따라 유럽의 학문이 동양에 영향을 미치면서 미학이라는 학문에 처음 눈을 뜨면서 한편으로는 당시 유럽의 다양한 방법론에 따라 전개되던 미학의 실체를 수용하면서, 다른 한편으로는 동양 자체의 미와 예술의 문제에 시선을 돌리면서 근대적 방법의 적용을 조심스레 시도하기 시작했다. 그리하여 '동양미학' 이라는 용어가 슬며시 혹은 대담하게 나타나고, 그 내용은 서양과는 다른 동양의 미와 예술의 특징이 무엇이냐를 설명하고 정의하려는 데 초점을 두고 있었다. 서양의 발달한 물질문명에 대하여 동양은 정신문명이 뒤지지 않는다는 암시적인 전제 아래 시도되던 '동양미학' 은 아무래도 시행착오가 불가피했고, 이것의 극복은 오늘날까지 '동양미학자' 는 물론 서양미학자에게까지도 과제로 남아 있다.

한국의 미학자들에게 역사적인 서술은 당연히 한국의 미학사상이 궁극목표가 될 것이다. 그리고 나아가 시야를 넓히면 우리를 둘러싼 가깝거나 먼 지역들, 즉 이웃나라(중국, 일본)로부터 동남아, 서남아(인도 등), 그리고 이슬람 세계가 동양권에 들어오게 된다. 이른바 동양미학은 서양의 미학 방법론을 비판적으로 수용하면서 이를 상기의 지역에 각기 적용하여 엄밀하고도 객관적인 기술과 해석, 평가를 시도하는 것이 당면한 과제일 것이다.

본서에서는 한국의 미학에 관하여 두 개의 글을 싣고 있다. 중국에 관한 글에는 명대와 청대가 비어 있다. 일본의 미 및 예술사상은 극히 개괄적이다.

한국의 미의 본질 규명과 예술사상을 체계적으로 기술하는 것은 과거에 여러 방면에서 간헐적으로 시도되어 왔다. 이러한 시도들이 언젠가 통사(通史)를 구성하고 만족할 만한 수준의 학문적 체계를 인정받기까지에는 아직 갈 길이 먼 것이 주지의 사실이다. 이번에는 우선 신화적 배경을 가진 상고대 미의식의 발원을 해석하려는 시도를 보여 주었고, 다른 하나는 뚜렷한 문헌적 자료에 기초한 예술론의 체계화와 의미의 해석을 시도하였다.

중국의 경우는 이보다 더 풍부한 인상을 준다. 현재 중국의 연구자들이 시도하고 있는 갖가지 해석들과 체계화, 그리고 이를 토대로 한 통사 구성을 우리로서는 충분히 주시하면서 그 오류 가능성과 한계를 감지하면서 확실한 자료에 입각하여 객관적인 해석을 가하고자 노력하였다.

이처럼 충분히 예견되는 부족함과 허점은 앞으로 미학 연구자가 극복해야 할 영구 과제로 놓여 있게 됨은 물론이다. 그리고 1권의 서양미학사와 2, 3권의 다양한 미학 논술들은 이 과제의 기저에 놓이게 됨 또한 당연할 것이다. 이처럼 『미학대계』의 편제는 장(章)과 절(節)로 나뉘어도 날줄과 씨줄로 얽혀 돌아가고, 서양의 방법이 동양에 원용(援用)됨을 가능케 하는 대양의 역할을 할 때 제 기능이 살아난다고 할 것이다.

김한결 / 박낙규

차 례

제 2 권 ▌ 차 례

제2부 현대미학의 방법론과 전개

제 3 권 ‖ 차 례

고대

서양 고대미학의 주요 흐름들에 대한 소고

권혁성

본고는 서양미학의 태동기인 고대의 미학적 사유들을 그 역사적 흐름의 주요한 논점들을 중심으로 고찰하는 것을 목표로 한다. 서양의 고대에 있어서 철학을 비롯한 많은 학문들이 자라나기 시작하고 차후의 시대들을 위한 고전적 범형의 모습들을 갖추게 된 학문의 요람지는 그리스였으며, 따라서 서양 고대의 미학적 사유들을 고찰하려는 본고의 논의 또한 그리스인들의 세계관과 미의식 그리고 예술론적 사유들을 중심 주제로 갖는다. 이렇게 서양미학의 태동에 있어서 중심적 역할을 하던 그리스인들의 미학적 사유는, 현재까지 전해져 오는 접근 가능한 기록들에 의지하는 한에서, 기원전 8-7세기 무렵에 시인들의 사색들을 통해 등장하기 시작한 그 시원적 형태에서 시작하여, 기원전 5-4세기에 철학자들을 통해 이룩된 고전적 체계화의 단계를 거쳐, 기원후 3세기에 이르기까지 지속되는 차후의 후기 고대의 전개 과정을 포함하는 긴 역사를 갖고 있다. 본고는 이렇게 긴 시기에 걸친 고대미학의 역사를 그 시원적 단계에 해당되는 태고 시기(archaic age: 기원전 8세기-5세기 중엽), 고전적 체계화의 단계에 해당되는 고전 시기(classical age: 기원전 5세기 중엽-4세기) 그리고 후기 고대의 단계에 해당되는 헬레니즘 시기(hellenistic age: 기원전 3세기-기원후 3세기)로 나누어 각 시기 내부의 주요한 미학적 사유들을 검토하는 동시에 이 세 시기 전체의 흐름에 있어서의 미학사적 영향 관계 그리고 미학사적 변화와 발전의 요소들을 추적하고자 한다.

1. 태고 그리스 미학

태고 시기 이래로 고대 그리스인들은 넓은 범위에 적용되는 미 개념을 갖고 있었다. 미를 표현하던 'καλόν' 이라는 낱말은 감각의 대상들뿐만 아니라 영혼의 특성들까지 포함하는 넓은 적용 영역을 갖고 있었다.[1] 이러한 종류의 미 개념은 사실상 '좋음(ἀγαθόν)' 의 개념이 적용되는 모든 대상에 적용되는 것으로서 삶에서 가치있는 모든 것을 포괄하거니와,[2] 태고 시대 이래로 그들 사이에서 이러한 종류의 보편적 가치로서 숭상되던 것은 무엇보다도 '한도' 와 '질서' 의 개념에서 발견된다. 그리스 최초의 시인들 중 한 사람인 헤시오도스는 "한도(μέτρα)를 지켜라: 모든 것에서 적당한 시기가 최선의 것이다"[3]라는 시구 속에서 삶에 있어서의 한도의 중요성을 노래했으며, 한도와 질서에 대한 그들의 이러한 숭앙은 일반적으로 올림피아 종교의 아폴론 숭배 가운데 반영되어 있다.

미 개념과 마찬가지로 오늘날의 예술 개념을 포괄하는 그리스어 'τέχνη' 또한 넓은 범위에 적용되던 낱말이었다. 그것의 근대적 대응어들인 'art', 'Kunst' 등이 기술이라는 본래의 넓은 의미 이외에도 특히 예술에 적용되는 좁은 의미 또한 갖고 있음에 반해, 그것은 일반적으로 모든 종류의 기술에 적용되는 넓은 의미에 의해 특징화된다. 신화적 전거에 따르면, 프로메테우스가 인간의 자연적 상태의 허약함을 보완하여 인간의 생존을 지켜 줄

1 W. Tatarkiewicz, *History of Aesthetics*, English Translation, ed. J. Harrell, Warszawa, 1970, vol. I, p. 25.

2 *Ibid.*, p. 34.

3 Hesiodos, *Opera et Dies* 694, *in Hesiodi Opera*, ed. F. Solmsen, Oxford, 1990.

방안으로서 불과 더불어 삶에 필요한 모든 종류의 기술을 인간에게 가져다 주었다고 한다.[4] 이와 같이 그 근원에 있어 인간의 생존을 위한 기술로서 삶 가운데 등장한 테크네는 고대 그리스인들 사이에서 일종의 삶의 지혜 같은 것으로서 찬미되었다. 그것이 이렇게 지혜 혹은 실천적 지식의 자격을 갖고 있었음은 테크네의 본성에 대한 그리스인들의 일반적 정의 속에서 확인된다. 그들은 그것을 일반적 규칙에 의거하는 숙련된 기술이라고 정의했으며, 그것의 규칙에 의거한 숙련의 요소는 지식에 상응하는 요소로 간주되었고, 이런 의미에서 테크네는 일종의 정신적 작업으로 여겨졌다. 그러나 그것은 정신적 요소를 포함하면서도 삶에 필수적인 기술로서 많은 경우에 육체적 노동을 수반했고, 이에 그리스인들은 육체적 노동의 포함 여부를 기준으로 그것을 자유인의 기술과 노예의 기술 두 범주로 구분했다. 육체적 노동을 필요로 하지 않는 자유인의 기술이 높이 평가되었던 반면에, 노예의 기술의 범주에 관련해서는 미학사적으로 의미있는 사실이 하나 발견된다. 오늘날 조형예술이라 불리는 회화, 조각, 건축은 육체적 노동을 수반하는 다른 많은 기술들과 더불어 노예의 기술 범주에 속해 있었다. 조형예술은 당시의 종교적 삶을 위해 필수적인 사원의 건축을 중심으로 그것의 장식과 신상의 건립 등을 위한 제작 활동에 그 기원을 갖는다. 그러나 이것들은 오늘날의 미술에 해당되는 어떤 일반 개념에 의해 다른 기술들로부터 특별하게 구별되고 있지 않았다. 더욱이 그것들은 오늘날 예술에 일반적으로 귀속되는 영감이나 표현과 같은 특성들과도 무관했고, 기본적으로 당시의 종교적 삶을 위해 필수적인 제작의 기술들이었다.[5]

영감과 표현의 특성은 당시의 종교적 제의의 일부를 이루던 코레이아(χορεία)라는 춤에서 발견된다.[6] 이 제의적 춤은 오늘날의 시, 음악, 무용의 기원으

4 Aeschylos, *Prometheus Desmotes* 436-471, in *Aeschyli Tragoediae*, ed. D. Page, Oxford, 1975; *Platon, Protagoras* 320c-322a, in *Platonis Opera*, ed. J. Burnet, vol. III, Oxford, 1977; Gilbert & Kuhn, *A History of Esthetics*, London, 1966, pp. 19-20.

5 Tatarkiewicz, *op. cit.*, pp. 16-17, 22-26; G. Pochat, *Geschichte* der *Ästhetik und Kunsttheorie*, Köln, 1986, p. 20.

로 간주되지만, 이 또한 당시에는 예술적 활동은 아니었고 종교적 삶의 일부로서, 특히 디오니소스 종교의 제의로서 수행되었다. 이 춤은 무용이 중심적 위치를 차지하면서 여기에 말과 멜로디가 동반되는 방식으로, 예컨대 디오니소스 신에 대한 신성한 이야기를 연기(acting)의 행위를 통해 표현하는 활동이었다. 이후에 그리스인들이 모방(μίμησις)이라는 말을 처음으로 사용한 곳은 바로 이 제의적 춤이었는데, 여기에서의 모방의 의미는 신화의 이야기 같은 어떤 정신적이고 내적인 것에 구체적 형상을 부여하여 표현하는 연기의 행위에 있었다.[7] 이와 같은 형태의 표현적 연기의 행위로서의 코레이아가 당시의 종교적 제의에서 하던 역할은 영혼의 정화에 있었다. 이에 대한 이후의 피타고라스주의자들의 설명에 따르면, 디오니소스 제의에서 이 춤은 사람이 신에게 홀린 상태(ἐνθουσιασμός)에 빠졌을 때 자신의 영혼을 잃게 되지는 않을까 하는 공포의 감정에서 추어졌다고 한다. 이러한 감정적 동인에 기인하여 이 춤은 춤추는 사람 자신의 감정의 표현을 수반했으며, 이러한 감정의 표현을 통해 춤추는 사람 자신의 마음을 진정시키는 효과를 갖고 있어서, 이 춤이 지속되는 동안 춤추는 사람은 공포의 감정에서 해방되면서 카타르시스에 이르게(ἐκκαθαίρειν) 되었다고 한다.[8] 이처럼 아직은 디오니소스 종교의 정화의 의식으로 수행되던 것이었으나, 이 춤에는 이미 오늘날 예술에 일반적으로 귀속되는 영감과 표현의 특성들이 내포되어 있었음을 주목할 수 있다. 또한 '모방' 개념 이외에도 앞으로 고대미학사에서 중요한 위치를 차지하게 될 '카타르시스' 개념이 처음으로 적용된 곳도 바로 이 코레이아였다.

코레이아를 이루던 요소들 중에서 음악과 시는 이로부터 분리되고 난 이후에도 여전히 종교와의 연관 속에서 신적인 지위를 누렸다. 음악은 오르페우스에 의해 창시된 것으로 알려져 있는데, 일반적으로 신이 가져다준

---

6 χορεία라는 그리스어는 집단적인 윤무를 의미한다.

7 H. Koller, *Die Mimesis in der Antike*, Bern, 1954, pp. 38-39, 43.

8 *Ibid.*, p. 94, 102; Tatarkiewicz, *op. cit.*, p. 16; Pochat, *op. cit.*, p. 20.

선물이라 여겨졌으며 종교적인 제의와의 연관 속에서 듣는 이의 마음을 사로잡아 망아적 상태로 이끎으로써 영혼의 정화를 가져다주는 마력에 의해 특징화되었다. 그러나 음악은 또한 이와 같은 종교적 마력의 요소 이외에도 음악가들 자신의 노력 가운데 테크네에 부합하는 특성을 갖게 되었다. 기원전 7세기에 처음으로 테르판드로스는 음악의 규칙(νόμος)을 정립했으며, 그 이래로 그리스 음악은 규칙에 의거하여 수행되는 활동으로 자리를 잡게 되었다.[9]

이와 대조적으로 시는 전적으로 영감에 의거하는 활동으로 간주되었고 테크네와는 무관했다. 서구 최초의 시인 호메로스는 "무사 여신이 시인을 자극하여 영웅들의 이야기를 노래하게 했다"[10]는 시구에서 이를 잘 보여 주며, 이것은 당시에 조형예술이 영감과 무관하게 전적으로 테크네의 활동으로 간주되던 것과 대조를 이룬다. 시는 영감에 기인하는 활동으로서 오히려 예언과 연계되어 이해되고 있었으며, 만물을 아는 신들의 능력의 개입 덕분에 인간으로서는 알 수 없는 모든 것을 이야기해 주는 계시적 기능을 갖는 것으로 간주되었다.[11] 이렇게 하여 시는 모든 인간사와 신들의 세계의 높은 질서에 대한 지혜를 전달해 주는 것으로 숭앙되었으며, 사실상 호메로스를 비롯하여 헤시오도스 및 그 이후의 서정시인들은 당시의 종교적이고 사회적인 배경과의 연관 속에서 그리스인들에게 삶을 위해 중요한 것들을 가르치는 교육적 역할을 했다.[12]

9 Tatarkiewicz, *op. cit.*, pp. 17-20.

10 Homeros, *Odysseia* VIII 73, in *Homeri Opera*, ed. Th. W. Allen, Oxford, 1976.

11 Homeros, *Ilias* II 484-493, in *Homeri Opera*, ed. D. B. Monro & Th. W. Allen, Oxford, 1976.

12 Tatarkiewicz, *op. cit.*, pp. 21-22, 28.

2. 고전 그리스 미학

태고 시기를 벗어나 고전 시기에 들어오면서 삶과 세계에 대한 성찰은 시인들 이외에도 철학자들의 과제가 된다. 철학자들은 과거에 시인들이 다루던 신의 문제뿐만 아니라 사람들이 살고 있는 자연 전체의 원리에 대한 새로운 성찰들을 그리스 세계에 뿌리내리게 했거니와, 미와 예술의 문제 또한 이들의 중요한 논의 대상이 되었다. 폴란드의 미학사가 타타르키예비츠에 따르면, 태고 시대부터 시인들에 의해 표현되던 한도와 질서에 대한 그리스인들의 숭앙은 그들의 자연적 성향에 따라 오랜 옛날부터 그들의 삶과 의식 속에 깊이 새겨진 일반적 세계관의 반영이라고 한다.[13] 이렇게 한도와 질서의 개념들은 그들의 세계관과 미의식을 지배하던 가장 대표적인 개념들이었고, 이에 따라 미의 문제가 철학자들의 논의 대상이 되었을 때 이것들은 그들의 철학적 정식화의 중심에 놓이게 되었다. 이 개념들을 중심으로 하는 미 개념의 철학적 정식화는 피타고라스 학파에 의해 처음으로 수행되었다. 피타고라스에 의해 창설된 피타고라스 학파는 그리스의 전통적인 아폴론 숭배를 한정과 질서에 관한 우주론적 교의로 체계화했는데,[14] 피타고라스주의자들에 따르면, 만물의 근원은 무한정자(ἄπειρον)와 한정(πέρας)에 있거니와, 후자가 전자에 질서를 제공하는 데에서 세계가 신적 생명과 완전성 가운데 존립하게 된다고 한다. 그들에게 있어서 한정과 질서는 그 자체로 좋은 것으로서 세계를 이루는 긍정적 원리임에 반해, 무한정한 것은 그 자체로 나쁜 것으로서 혼돈에 상응한다. 이런 입장에서 그들은 세계는 그것의 부분들이 세계 전체의 신적 생명을 유지하기 위해 조직되어 내적으로 완전한 질서를 갖는 전체라고 주장했으며, 이런 의미에서 세계 자체를 질서(κόσμος)라고 불렀다.[15] 이러한 질서의 개념에 있어서 그들의 사고

13 *Ibid.*, p. 85.

14 W. K. C. Guthrie, *A History of Greek Philosophy*, London, New York, Melbourne, 1962, vol. I, p. 205.

방식의 특징적인 면은 이 개념이 수학적 관점에서 이해되었다는 사실이다. 그들은 만물의 원리로서의 질서의 본질을 수에서 찾았기 때문이다.[16] 이에 따라 그들의 우주론은 세계를 지배하는 질서로서의 조화(ἁρμονία)와 균형(συμμετρία)에 대한 수학적 교의로 귀착된다. 그들에게 있어서 조화와 균형의 수학적 질서는 세계의 사물들이 갖는 객관적 속성이었으며, 따라서 그것은 세계의 실재성의 원리이자, 방금 언급되었듯이 그 자체로 좋은 것이기도 했고, 그리스의 미 개념에서는 전형적인 넓은 의미에서 아름다운 것이기도 했다.[17] 이와 같이 수학적 관점에서 넓은 의미에서 이해된 미 개념은 그들의 예술론, 특히 음악론에 반영된다. 그들은 우주론적 질서 속에서 진행되는 세계의 모든 규칙적 운동이 조화로운 음을 낳는다고 생각했고,[18] 이런 의미에서 우주가 천구의 음악을 산출한다고 주장했다. 이에 그들에게서 음들의 조화, 즉 음악은 바로 우주 자체의 깊은 내적 질서의 표현으로 간주되었다. 이에 따라 음악적 활동은 철학적 사색과 마찬가지로 우주의 수학적 질서에 대한 관조라는 지고한 정신적 지위를 갖게 되었고, 이에 그들은 음악을 철학과 동일시하면서 그것이 인간의 고안물이 아니라 신의 작품이

---

15 *Ibid.*, pp. 205-208.

16 Aristoteles, *Metaphysica*, ed. W. Jaeger, Oxford, 1957, I 5, 985b 23-986a 6.

17 H. Diels & W. Kranz (ed.), *Die Fragmente der Vorsokratiker*, Weidmann, 1974, vol. I, 58 Pythagoreische Schule, D 4; 그리고 세계를 조화와 질서의 원리에 의해 설명하는 이러한 사고방식은 피타고라스 학파 이외에도 이오니아의 자연철학자 헤라클레이토스에게서도 발견된다. 그에 따르면, 만물은 끊임없는 변화의 한가운데에서 단일성을 유지하는 실재인데, 이것은 그에게서 만물의 원질로 간주되는 불이 일정한 정도(μέτρα)에 따라 타오르고 일정한 정도에 따라 꺼짐에 따라 서로 대립적 상태들을 갖는 만물의 요소들이 나오지만 이것들이 언제나 영원히 살아 있는 이 근원적인 불의 연소와 소화에 지배되면서 하나의 단일한 실재를 이루는 데에 기인한다. 이렇게 하여 그에게 있어서 만물의 변화는 근원적인 불이 타오르고 꺼지는 정도에 기인하는 대립적 상태들의 갈등과 긴장에 의거하는 것으로 설명되거니와, 불은 자신의 연소와 소화의 정도에 따라 이러한 대립자들의 긴장과 갈등을 조정하는 우주의 보편이성(λόγος)으로서 궁극적으로 만물의 변화를 지배하고 질서지우는 우주의 숨은 조화의 원리이다. 이것은 그에게 있어서 예컨대 활과 활줄과 같은 대립자들이 서로에게 갖는 긴장 속에서 서로를 유지시키는 조화(ἁρμονίη)로 예시된다. *Ibid.*, vol. I, 22 Herakleitos, B. 30, 51; F. C. Copleston, *A History of Philosophy*, vol. I, *Greece and Rome*, London, 1951, pp. 38-46.

18 Aristoteles, *De Caelo*, ed. D. J. Allan, Oxford, 1961, II 9, 290b 12-23.

라고 찬양했다.[19] 음악이 우주의 수학적 질서를 표현하는 신적 작품이라는 이와 같은 생각은 또한 그들이 음향학에서 음에 대한 수학적 파악 방식을 발견한 데에 기인하는 것이기도 하다. 그들은 음이 갖는 화성적 관계가 현의 길이가 갖는 수학적 관계에 따라 표현될 수 있다는 사실을 발견했다. 이러한 발견은 음악에 대한 미학적 사유의 역사에서 중요한 의미를 갖는데, 이를 통해 음악은 수학에 기초하는 일반적 규칙에 따라 수행되는 테크네의 활동으로 간주될 이론적 기반을 얻게 된 것이다. 음악에 대한 이러한 기여 이외에도, 우주의 수학적 질서에 대한 그들의 교의는 간접적인 방식으로 당시 그리스의 건축과 조각에도 영향을 미쳐 조형예술의 규칙(*κανών*)의 정립에 기여했다.[20]

피타고라스 학파는 이와 같이 우주론적 미론과 음악론으로 체계화된 그리스의 전통적인 아폴론 숭배 정신 이외에도 동방에서 건너온 오르페우스 종교의 영향을 받기도 했다. 오르페우스 종교의 교의에 따르면, 인간을 비롯한 만물의 영혼은 스스로의 죄로 인하여 신체의 감옥에 갇혀 있는 처지이다. 이런 처지에 놓여 있는 영혼을 신체의 감옥에서 해방시키는 것이 인간의 삶이 갖는 본래적 목표인데, 이 목표는 부단한 종교적 노력에 의해 영혼을 훈련시키고 정화시키는 과정을 통해 달성된다고 한다. 오르페우스 종교는 이를 위해 종교적 금기의 준수와 디오니소스 숭배에 연관된 신비의식을 방법으로서 활용했다.[21] 피타고라스주의자들은 이와 같은 오르페우스 종교의 기본 교의와 종교적 관행을 수용했는데, 이를 통해 그들은 음악을 통한 영혼 정화와 성격 교육에 대한 교의를 정립하게 되었다. 그들은 오르페우스 종교가 활용하던 디오니소스 숭배의식의 춤과 음악, 즉 코레이아를 고찰함을 통해 앞에서 거론된 바와 같이 코레이아가 인간의 영혼에 가져다주는 정화의 작용을 설명했다. 그들은 코레이아가 갖는 정서적 영향력을

---

19 Tatarkiewicz, *op. cit.*, p. 88 10. (원전 Strabo, X 3, 10)

20 *Ibid.*, pp. 62, 80-81.

21 Guthrie, *op. cit.*, pp. 198, 202-203.

특히 음악의 측면을 중심으로 파악했고, 이는 그들에게서 음악을 통한 영혼 정화의 교의로 구체화되었다. 음악이 갖는 이와 같은 정서적 영향력에 대한 그들의 주목은 더 나아가 음악을 통한 성격 교육의 교의로 발전했는데, 이는 좋은 음악은 듣는 이의 영혼에 좋은 영향을 미치고 나쁜 음악은 나쁜 영향을 미친다는 생각을 대변한다. 이와 같은 생각은 사실상 그들에게서 음악이 인간의 본성에서 기인하는 본원적 활동으로서 인간 영혼의 내적 특성, 즉 감정(*πάθη*)과 성격(*ἤθη*)을 표현하는 활동으로 간주된 데에 기인한다. 그들은 이러한 종류의 감정과 성격의 표현을 모방이라고 불렀는데, 이것은 앞에서 거론된 바와 같이 내적인 것의 구체적 형상화라는 의미에서 코레이아에 적용되던 전통적인 표현적 모방의 개념이다.[22] 그리하여 피타고라스주의자들 중의 한 사람인 다몬은 이와 같은 음악적 모방의 개념에 의거하여 음악의 요소를 이루는 리듬, 화성, 멜로디가 각각 삶의 모방물(*μιμήματα βίου*)이며, 따라서 다양한 종류의 리듬들, 화성들, 멜로디들은 인간 영혼이 갖는 다양한 성격들에 상응하는 표현적 구체화의 양식들임을 주장했다. 이에 따라 좋은 영혼은 좋은 음악을 낳고 나쁜 영혼은 나쁜 음악을 낳는다. 이와 같은 그의 음악적 모방의 원리는 음악과 인간 영혼 사이의 유사성에 의거하여 음악이 갖는 교육적 영향력에 대한 교의에 이르는데, 이것은 음악을 통해 표현되고 있는 영혼의 성격은 듣는 이의 영혼 속에 유사한 모습으로 심어지거나 일깨워진다는 생각이다. 이와 같은 생각은 결국 좋은 영혼을 표현하는 좋은 음악은 듣는 이의 영혼과 성격을 개선시키며 나쁜 영혼을 표현하는 나쁜 음악은 듣는 이의 영혼과 성격을 타락시킨다는 생각으로 귀결된다.[23] 음악의 교육적 역할에 대한 그의 이와 같은 생각은 그리스인들의 음악론 속에서 하나의 전통으로 자리를 잡게 되며,[24] 또한 이후에 플라톤의 비극 비판에 유비적으로 수용되어 시의 교육적 역할을 평가하

22 Koller, *op. cit.*, pp. 79-104.
23 *Ibid.*, pp. 22-23.
24 Tatarkiewicz, *op. cit.*, p. 82.

는 이론적 기반이 되기도 한다.

피타고라스 학파를 통해 정립된 그리스의 전통적인 미론과 음악론은 그러나 이후의 여러 사상가들을 통해 도전을 받게 된다. 그리스의 첫 철학 학파인 이오니아 학파의 마지막 세대에 속하는 데모크리토스는 원자론적 유물론의 자연철학을 수립했으며, 이를 기반으로 하는 자신의 경험주의적 사고방식에 의지하여 피타고라스 학파에 의해 대변되는 전통적 사고방식에 대해 비판적 입장을 보여 주었다. 그는 미론에 있어서는 균제(ἴσον)의 개념을 통해 아름다움을 이해하면서 과도함과 부족함 양자에 대립되는 의미에서의 한도의 특성을 미에 귀속시키고 있다는 점에서 전통적 사고방식의 계승자이기는 하지만,[25] 예술론에 있어서는 전통적 사고방식으로부터 이탈하는 새로운 사고의 경향을 보여 준다. 그는 우선 음악에 대해 그것이 인간의 삶에 본원적인 근원을 갖는 것이 아니라 단지 역사적 발전의 최근에야 나타난 사치에 불과하며, 따라서 신의 선물이 아니라 인간의 고안물이라는 입장을 취했다.[26] 예술의 문제를 바라보는 그의 이러한 경험주의적 경향은 또한 시적 창조의 내적 동인에 대한 비판적 논의에서도 드러난다. 영감(ἐνθουσιασμός)이라는 표현은 고대의 문헌 가운데 그에게서 처음으로 발견되는 것으로 알려져 있는데,[27] 그는 기본적으로 시가 영감과 같은 특별한 마음의 상태에 기인한다는 전통적 생각을 수용하고 있다.[28] 그러나 그는 이러한 특별한 마음의 상태를 초자연적이고 신적인 힘에 의거하는 것으로 보지 않았고, 일상적이지는 않지만 여전히 자연적인 기원을 갖는 것으로 생각했다.[29] 이렇게 음악과 시에 대한 예술론 논의에서 경험주의적 냉정함을

25 Diels & Kranz, *op. cit.*, vol. II, 68 Demokritos, B 102.(혹은 Tatarkiewicz, *ibid.*, p. 95 12)

26 Philodemus, *De Musica Liber Quartus XXXVI*, in *Über die Musik IV.* Buch, ed. A. J. Neubecker, griechisch-deutsch, Napoli, 1986. (혹은 Tatarkiewicz, *ibid.*, p. 95 11)

27 K. Barck (ed.), *Ästhetische Grundbegriffe*, Stuttgart & Weimar, 2001, vol. 2, p. 227; Diels & Kranz, *op. cit.*, vol. II, 68 Demokritos, B 18. (혹은 Tatarkiewicz, *ibid.*, p. 94 8)

28 Cicero, De Oratore II 46 194, in *M. Tulli Ciceronis Rhetorica*, vol. I, ed. A. S. Wilkins, Oxford, 1969.

견지하는 그의 사고방식의 일반적 경향은 예술작품이 갖는 가치의 문제에 있어서는 쾌락주의의 입장으로 이어졌다.[30] 이는 예술작품을 포함한 인간의 모든 작품들(ἔργα)이 갖는 아름다움을 그것들이 가져다주는 쾌와 연관하여 고려하고 있는 그의 주장을 통해 확인된다.[31] 예술과 미를 바라보는 이와 같은 쾌락주의적 사고방식은 소피스트들에게서 전면적으로 강화된다.

소피스트들은 감각주의-쾌락주의-상대주의 미 개념을 통해 전통적 · 피타고라스적 미 개념에 정면으로 도전했다. 그들에 의해 미는 시각과 청각을 통해 즐거움을 주는 것이라고 정의되었고,[32] 그들에게서 이렇게 감각의 쾌에 의거하여 정의되는 미는 또한 보고 듣는 이들에 따라 상이하게 경험되는 상대적 가치의 성격을 갖는다.[33] 미론에 있어서와 마찬가지로 예술론에 있어서도 소피스트들은 쾌락주의의 입장을 취했는데, 이는 그들이 테크네 가운데 오늘날 예술이라고 불리는 시와 조각 등의 활동들을 삶에 필수적인 것들을 마련해 주는 여타의 기술들과 구별하여 쾌를 주는 기술들로 간주한 데에서 보여진다.[34] 예술과 쾌 사이의 이러한 연관에 관련하여 별도의 주목이 요구되는 소피스트가 있는데, 기만(ἀπάτη) 이론을 주장한 고르기아스가 그 사람이다.[35] 그에 따르면, 웅변과 시는 사람들에게 진리를 전달하는 것이 아니라 언어를 수단으로 기만을 제작함으로써 사람들의 영혼에 정서적인 반응과 쾌를 불러일으키는 활동이다. 그의 이러한 생각의 기초에는 진리의 인식과 전달에 대한 그의 잘 알려진 불가지론 혹은 주관주의가 깔

29 Tatarkiewicz, *op. cit.*, pp. 90-91.

30 *Ibid.*, p. 90.

31 Diels & Kranz, *op. cit.*, vol. II, 68 Demokritos, B 194. (혹은 Tatarkiewicz, *ibid.*, p. 93 4)

32 Platon, *Hippias Major 298a*, in *Platonis Opera*, vol. III.

33 Tatarkiewicz, *op. cit.*, p. 105 7. (원전 Dialexeis, 2. 8)

34 Alkidamas, *Über diejenigen, die schriftliche Reden schreiben, oder Üder die Sophisten 27*, ed. R. Mariß griechisch-deutsch, Münster, 2002. (혹은 Tatarkiewicz, *ibid.*, p. 104 2); Tatarkiewicz, *ibid.*, p. 105 3 (원전 Dialexeis 3. 17); Tatarkiewicz, *ibid.*, p. 105 4 (원전 Isokrates, Panegyricus 40).

35 M. Fuhrmann, *Die Dichtungstheorie der Antike*, Artemis & Winkler, 2003, pp. 95-101.

려 있다: "존재하는 것은 없다", "무언가가 존재한다고 하더라도 그것은 인식될 수 없다" 그리고 "무언가가 존재하며 또한 인식될 수 있다고 하더라도 그것은 다른 이들에게 알려질 수 없다"라는 그의 잘 알려진 세 명제는[36] 그의 이러한 인식론적 입장의 표명이다. 이와 같은 인식론적 입장에서 그는 인간의 영혼이 삶 가운데 진리가 아닌 억견(δόξα)의 지배 아래에 놓여 있음을 주장했고, 이에 따라 그의 기만 이론은 웅변과 시가 존재 세계의 진리와는 무관하게 그것들 고유의 언어적 허구의 영역 속에서 삶 가운데 억견의 지배를 받고 있는 인간의 영혼에 정서적 영향을 행사하는 것을 본래적인 과제로 갖고 있음을 보이고 있다.[37] 그에 따르면, 언어는 잘 다루어질 경우 인간의 영혼에 무한한 영향력을 행사할 수 있는데, 이러한 영향력을 갖기 위해 예컨대 웅변은 잘 고려된 말소리와 리듬의 양식뿐만 아니라 이와 동시에 엄밀하고 명료하게 조직된 이야기 구조를 갖추어야 한다.[38] 이러한 기술적 수단들을 잘 갖춘 언어는 커다란 마력을 갖고 있어서, 의술이 인간의 신체에 물리적 반응을 불러일으키듯이 인간의 영혼에 정서적 반응을 불러일으킨다.[39] 예컨대, 웅변과 시에 있어서 말이 갖는 이러한 힘은 사람들에게 공포와 슬픔을 멎게 하고 연민과 기쁨을 불러일으킬 수 있으며,[40] 따라서 존재 세계에 대한 진리와는 무관한 허구의 차원에서 사람들의 영혼에 즐거움을 가져다줄 수 있다.[41] 이러한 그의 이론을 특히 시와 연관하여 고려할 때, 그것은 시가 정교하게 조직된 허구를 통해 인간에게 정서적인 영향력을 미치는 것을 본래적인 목표로 한다는 통찰이 된다. 이러한 종류의 생각은 플라톤에게서 시의 진리성과 도덕성의 요구 아래에서 비판의 대상이 되지만,[42] 시적 허구를 인정함과 동시에 시에 있어서의 플롯의 구성과 다양한 예

36 Gorgias, *Über das Nichtseiende* 5 979a 12-13, in *Gorgias von Leontinoi. Reden, Fragmente und Testimonien*, ed. Th. Buchheim, griechisch-deutsch, Hamburg, 1989.

37 Gorgias, *Lobpreis der Helena* 11, in *ibid.*

38 Fuhrmann, *op. cit.*, p. 96.

39 Gorgias, *Lobpreis der Helena* 14.

40 *Ibid.*, 8. (혹은 Tatarkiewicz, *op. cit.*, p. 107 15)

41 Fuhrmann, *op. cit.*, pp. 98-99.

술적 수단의 고려를 통한 정서적 효과의 산출을 중요하게 다루고 있는 아리스토텔레스에게서는 그의 비극론 논의의 전조로서 효력을 갖는다.[43]

소피스트들이 미론과 예술론에서 전통과 피타고라스주의에 정면으로 도전했다면, 소크라테스는 부분적으로는 전통적 사고방식을 수용함과 동시에 부분적으로는 피타고라스주의까지의 전통을 통해 거론되지 않던 새로운 요소들을 미학 논의에 도입한다. 그는 한편으로는 조화와 균형으로서의 전통적 · 피타고라스적 객관주의 미 개념을 수용했으나, 다른 한편으로는 적합성(ἅρμοττον)으로서의 미 개념을 새로이 미학 논의에 도입했다. 이것은 예컨대 방어에 좋은 방패처럼 그 사물 자체가 갖는 고유한 기능과 목적에 대한 부합 여부를 그 기준으로 갖는다.[44] 이와 같은 적합성의 개념은 그리스인들 사이에서 일반적으로 'πρέπον'이라고 불렸는데, 이후에 로마인들에게까지 수용되어 'decorum'이라고 불리면서 조화와 균형으로서의 미 개념과 나란히 미에 대한 사고의 한 축을 이루게 된다.[45] 소크라테스는 예술론에 있어서도 이전의 전통에서는 발견되지 않던 새로운 논의를 미학사에 도입했다. 그것은 모방 개념의 조형예술로의 확장이었다. 앞에서 보았듯이 전통적인 모방 개념은 말과 멜로디와 춤을 통한 연기의 행위에 의해 내적인 것을 구체적으로 형상화한다는 의미의 표현적 모방의 개념이었다. 이와는 달리 소크라테스는 회화를 중심으로 조형예술의 본성을 모방에서 찾으면서 이 모방을 "보여지는 것의 모사(εἰκασία τῶν ὁρωμένων)"라고 규정했다.[46] 보여지는 것의 모사로서의 이러한 모방 개념은 주어진 원물에 대한 닮은꼴을 만드는 작업으로서 오늘날의 모방 개념의 일상적인 의미에 부합하는 재현적 모방의 개념이다.[47] 이와 같은 그의 모방 개념은 플라톤에 이르러

---

42 *Ibid.*, pp. 100-101.

43 *Ibid.*, p. 95.

44 Xenophon, *Commentarii* III 8. 4-7, 10. 10-12, in *Xenophontis Opera Omnia*, ed. E. C. Marchant, vol. II, Oxford, 1971. (혹은 Tatarkiewicz, *op. cit.*, pp. 109-110 21 & 22)

45 Tatarkiewicz, *op. cit.*, pp. 102-104.

46 Xenophon, *op. cit.*, III 10. 1.

'외관의 모사'라는 개념을 통해 형이상학적으로 정식화된다. 그러나 이렇게 조형예술에 적용되어 재현의 의미로 사용되기 시작한 모방 개념은 소크라테스에게서는 외관의 충실한 모사나 자연의 사실주의적 재현과는 다른 의미를 갖고 있었다. 그에게 있어서 모방은 사물을 있는 그대로 모사하는 것이 아니라 선택적 · 이상적으로 재현하는 것이었다. 이는 예컨대 화가가 한 사람의 형태를 아름답게 재현하기 위해서 많은 모델들을 모으고 각각에서 최선의 부분들을 선택하여 이상적인 전체를 만드는 방식이었다. 그에게 있어서 모방은 더 나아가 표현적 요소를 포함하고 있었다. 그것은 예컨대 한 사람의 영혼이 갖는 특성들을 가시적으로 구체화하는 작업 또한 포함하고 있었다. 인간의 영혼은 그것 자체로서는 비례나 균형을 갖고 있지도 않고 색을 갖고 있지도 않으며 사실상 비가시적인 어떤 것인데, 그에 따르면 한 조각상에서 영혼이 갖는 특성들은 눈에 의해 표현된다고 한다. 이렇게 하여 그는 모방을 재현적 의미를 중심으로 이해하면서도 전통적으로 모방 개념에 귀속되던 표현적 요소 또한 수용하고 있다.[48]

소피스트들의 감각주의-쾌락주의-상대주의의 미 개념에 의해 도전을 받고 소크라테스에게서 적합성의 개념과 나란히 고려되면서 그 독점적 지위를 위협받던 전통적 · 피타고라스적 객관주의 미 개념은 플라톤에 이르러 다시 확고하게 재정립된다. 플라톤은 넓은 의미를 갖는 전통적 미 개념을 이어받아 육체뿐만 아니라 영혼과 행위, 덕과 진리가 갖는 아름다움을 이야기한다.[49] 이렇게 넓은 범위에 걸쳐 사용되는 아름다움의 개념은 그에게 있어서 사실상 좋음의 개념과 다르지 않다.[50] 그러나 그것은 소크라테스적인 적합성의 성질을 포함하지는 않는다. 적합성이나 합목적성에 의해 아름답다고 여겨지는 것은 무언가를 위한 수단으로서 좋은 것이지만, 그에게

47 Fuhrmann, *op. cit.*, pp. 85-86.

48 Xenophon, *op. cit.*, III 10. 1-5. (혹은 Tatarkiewicz, *op. cit.*, p. 108 20); Koller, *op. cit.*, pp. 62-63.

49 Platon, *Symposion* 210a-d, in *Platonis Opera*, vol. II, ed. J. Burnet, Oxford, 1976.

50 Platon, *Timaios* 87c 4-5, in *Platonis Opera*, vol. IV, ed. J. Burnet, Oxford, 1976.

있어서 참으로 아름다운 것은 항상 그것 자체로서 좋은 것이기 때문이다. 또한 소피스트들의 감각주의-쾌락주의-상대주의 미 개념도 그에 의해 거절된다. 그의 넓은 의미의 미 개념 아래에는 눈과 귀에 즐거움을 가져다주는 것 이외의 많은 것들이 포괄되며, 또한 그에게 있어서 참된 아름다움은 감각의 주관적 반응으로서의 쾌에 의존하는 것이 아니라 사유의 능력에 의해 비로소 파악되는 사물들의 객관적 속성이기 때문이다.[51] 이와 같이 사물들의 객관적 속성으로서 그것 자체로서 좋은 것이라고 이해되는 미는 결국 그에게서 피타고라스주의 전통에 따라 수학적 이성에 의해 파악될 수 있는 한도, 조화, 균형에 본질이 있는 것으로 설명된다: "한도(μετριότης)와 균형이 확실히 어디서나 우리에게 아름다움과 미덕으로 주어지게 된다."[52] 이렇게 플라톤에게 수용된 전통적 · 피타고라스적 조화와 균형으로서의 객관주의 미 개념은 더 나아가 그에게서 새로운 형이상학적 의미를 얻게 된다. 그에 따르면, 우리가 살고 있는 이 감각의 세계는 참된 실재의 세계가 아니고 참된 실재의 세계의 그림자와 같은 모상일 뿐이다.[53] 반면에 참된 실재의 세계는 이 감각의 세계의 원형으로서 영원불변하는 이데아들로 이루어진다. 따라서 이 감각의 세계에서 조화와 균형의 성질들에 의해 아름답다고 불리는 모든 것은 사실상 아름다움의 원형으로서의 영원불변하는 아름다움의 이데아를 분유함으로써(μετέχειν) 아름다움의 성질을 얻게 되며, 그에게 있어서 모든 아름다움의 궁극적 근원은 아름다움의 이데아에 있다. 감각적 세계의 모든 아름다운 사물들과는 달리 아름다움의 이데아는 생멸하거나 증감하지 않으며, 시간과 장소에 따라 변화를 겪지 않고, 보는 이와 보는 방향에 따라 달라지지도 않으며, 영원하고 독립 자존하는 아름다움 자체이다. 그에 따르면, 이것은 그 자체로 순수한 신적인 아름다움으로서

51 Platon, *Politeia* V 476b 4-8, in *Platonis Opera*, vol. IV; Tatarkiewicz, *op. cit.*, pp. 115-116.

52 Platon, *Philebos* 64e 6-7, in *Platonis Opera*, vol. II.

53 Platon, *Politeia* VII 514a-517c.

참된 덕이자 진리이기도 하다.[54] 이와 같이 플라톤은 아름다움의 참다운 본성을 도덕과 진리와도 일체를 이루는 신적 가치의 차원에서 찾고 있다. 그러나 그는 이와 같이 자신의 초월론적 형이상학을 통해 재정립된 피타고라스적 미 개념 이외에도, 음악이 갖는 미적 특성을 구분하는 과정에서 그 자신에게 특유한 새로운 미 개념을 제시하기도 했다. 그에 따르면 음악은 두 종류의 미적 특성을 갖고 있는데, 그 하나는 웅대하고(μεγαλοπρεπές) 용감한 성향을 띠는 남성적 특성이며 다른 하나는 질서에 부합하며(κόσμιον) 절제되어 있는 여성적 특성이다.[55] 이와 같은 구분을 통해 그는 조화와 질서에 의해 특징화되는 전통적 의미의 아름다움 이외에 웅대함이라는 남성적 특성을 예술작품이 갖는 미적 특성으로서 새로이 주목했다. 이와 같은 그의 구분은 이후에 18세기에 이르러 그것의 형식(Form)에 의거하는 제한성에 의해 특징화되는 아름다움(das Schöne)과의 구별 속에서 그것의 무제한성(Unbegrenztheit)에 의해 특징화되는 숭고(das Erhabene)에 대한 논의의[56] 기원을 이룬다.[57]

테크네에 대한 이해에 있어서도 플라톤은 그리스의 전통을 따라서 넓은 의미의 테크네 개념을 수용했다.[58] 그는 넓은 범위에 걸친 테크네를 새로이 활용의 기술, 생산의 기술 그리고 모방의 기술의 세 범주로 구분했는데, 예컨대 말을 타는 기술, 고삐를 만드는 기술 그리고 이 고삐를 그림으로 묘사하는 기술이 각각 이 세 범주의 사례들이다. 따라서 화가의 기술은 모방의 기술이며, 그는 모방의 개념 아래에 회화 이외에도 시, 음악, 무용을 포괄했다. 모방 개념의 역사에 있어서 플라톤의 생각은 하나의 중요한 전환점을 형성하거니와, 그에게는 한편으로는 성격을 비롯한 인간 영혼의 특성들의 구체적 형상화라는 의미의 전통적인 표현적 모방 개념이 시, 음악, 무용

54 Platon, *Symposion* 210e-212a.

55 Platon, *Nomoi* 802d-e, in *Platonis Opera*, vol. V, ed. J. Burnet, Oxford, 1976.

56 예컨대 칸트의『판단력 비판』23절.

57 Tatarkiewicz, *op. cit.*, p. 119.

58 Platon, *Protagoras* 320c-322a.

에 대한 이해의 기초에 수용되어 있는 반면에,[59] 다른 한편으로는 회화를 중심으로 하는 조형예술에 대한 이해에 있어서는 소크라테스에게서 등장하기 시작한 '외관의 모사' 라는 의미의 재현적 모방 개념이 그의 논의의 중심에 놓이며 새로운 힘을 얻게 된다. 그런데 이렇게 그에게서 모방 개념 아래에 함께 포괄되어 다른 모방적 활동들과 더불어 동류를 이루는 것으로 간주된 활동들 가운데 하나의 특별한 예외가 있었다. 그것은 시였는데, 그에게 있어서 시는 모방의 한 형태였으나 그럼에도 아직 테크네에 속하는 활동으로 간주되지 않았다. 『이온』에서 플라톤은 다른 모든 예술 활동, 즉 회화, 조각 그리고 음악은 각각의 분야의 모든 영역에 적용되는 일반적 규칙과 판단 기준에 따라 수행되고 평가되는 테크네의 활동임에 반해 유일하게 시만은 이와 같은 테크네의 특성을 갖지 않고 전적으로 영감에 기인한다고 주장한다. 그에게 있어서 시는 마치 자석이 철을 끌어당기고 다시 이 철이 다른 철을 끌어당기듯이 무사 여신들의 마력이 시인들의 영혼을 사로잡아 영감을 불어넣고 이렇게 영감에 사로잡힌 시인들이 다시 이러한 신적 영감에 따라 지어진 자신들의 시를 통해 다른 사람들에게 신적 영감을 전달하는 방식으로 수행되는 활동이다.[60] 이렇게 하여 플라톤에게 있어서 시는 테크네와는 무관하게 신적 영감에 사로잡힌 비정상적인 마음의 상태로서의 광기에 의거하는 활동으로 분류된다.[61]

이와 같이 그에게서 시는 아직 테크네의 일부로 간주되지는 않았지만, 그러나 그것은 여전히 모방의 활동으로서 음악과 회화 같은 다른 예술활동들과 연계되어 고려되고 있었다. 그의 대화편 『국가』는 모방 개념을 중심으로 예술활동들의 가치를 비판적으로 논의하는 부분을 포함하고 있는데, 이 논의는 예술에 대한 플라톤의 철학적 입장을 대변한다는 점에서 그의 미학에서 중심적 위치를 차지하고 있다. 여기에서는 무엇보다도 시에 대한 논

59 음악과 무용에 관련하여 Platon, *Nomoi* 798d 8-9, 655d 5-7 참조.
60 Platon, *Ion* 530a-535a, in *Platonis Opera*, vol. III.
61 Platon, *Phaidros* 245a 5-8, in *Platonis Opera*, vol. II.

의가 중심적 위치를 차지하거니와, 논의 전체의 전제조건이 되는 생각은 시가 어떻게든 플라톤의 이상국가에 가치 있는 요소로 수용되기 위해서는 이상국가를 지켜 나갈 젊은이들의 영혼에 용감하고, 절제 있고, 경건하며 자유로운 성향과 습관을 북돋우는 역할을 해야 한다는 도덕적이고 교육적인 요구이다.[62] 시의 도덕적이고 교육적인 역할에 대한 이러한 요구는 무엇보다도 태고의 호메로스 이래로 당시의 비극시인들에 이르기까지 시인들이 삶에 있어서 중요한 문제들, 즉 신과 영웅의 본성, 인간의 운명 등의 주제들을 다루면서 그리스인들이 삶을 바라보는 사고방식에 커다란 영향력을 가져왔음에 대한 주목에 기인한다. 시인들의 이와 같은 영향력에 대한 주목은 당시의 그리스인들 사이에서 시가 사회에 심어 주는 가치의식의 내용에 대한 비판적 성찰을 불러일으키게 되었고, 이에 아리스토파네스는 그의 희극 『개구리』에서 당시 그리스 사회의 보수적 가치관을 대변하는 아이스킬로스의 종교적이고 애국적인 사고방식의 숭고함을 찬미하는 입장에서 새로이 철학의 영향을 받으며 회의적이고 비판적인 사고방식을 당시 그리스인들의 삶에 심어 주려 했던 에우리피데스의 진보적이고 계몽적인 성향을 비판하면서 미학사에 있어서 처음으로 도덕적이고 교육적인 기준을 시의 가치에 대한 평가의 원칙으로 정립시켰다.[63] 이와 같이 아리스토파네스에게서 발견되는 시의 교육적 영향력에 대한 문제의식은 플라톤에게도 이어져 이상국가의 수립을 위한 그 자신의 고유한 성찰 속에서 그에게 특유한 방식으로 시에 대한 비판적 논의로 구체화되었다. 그에게 있어서 이 논의는 구체적으로 호메로스와 헤시오도스의 서사시 그리고 비극과 희극을 대상으로 하여, 첫째로, 이 시들의 내용에 있어서의 진리성 문제,[64] 둘째로, 이 시들이 갖는 정서적 영향의 문제,[65] 그리고 셋째로, 이 시들이 갖는 철학

62 Platon, *Politeia* III 395b 8-d 3.

63 Aristophanes, *Batrachoi* 1004-1481, in *Aristophanis Comoediae*, ed. F. W. Hall & W. M. Geldart, vol. II, Oxford, 1970; Tatarkiewicz, *op. cit.*, p. 47.

64 Platon, *Politeia*, II 376e-III 391e.

65 *Ibid.*, III 392c-402a, X 602c-608b.

적 가치의 문제에[66] 관계된다.

첫째로, 시의 내용이 갖는 진리성의 문제는 당시의 그리스인들의 삶에 가치의식의 모범을 제공하던 신과 영웅의 본성에 대한 시적 묘사의 허구성에 관한 것이다. 플라톤에 따르면, 신은 본성적으로 선하므로 나쁜 것의 원인이 되지 않으며, 따라서 그 스스로도 싸움과 음모에 가담하지 않고 인간들의 온갖 불화의 원인이 되지도 않는다. 그러나 호메로스와 헤시오도스의 시들은 신들이 스스로 이런 온갖 나쁜 일들을 자행하며 또한 이런 나쁜 일들이 인간들 사이에 일어나도록 하는 원인인 것처럼 묘사하고 있는데, 이러한 이야기들은 참다운 신 개념에 모순되는 것들이다. 신은 또한 본성적으로 아무 부족함이 없는 완전한 훌륭함을 갖고 있는데, 이렇게 스스로 완전한 훌륭함의 상태 속에 있는 것은 다른 어떤 것에 의해 변화되거나 스스로를 변화시키거나 하지 않고 언제나 자신의 훌륭함 속에 머물러 있으려 한다. 이런 의미에서 신은 자신의 완전한 훌륭함 속에서 영원 불변하는 모습으로 존재하는 반면에, 시인들은 갖가지 변모와 변신을 통해 신들을 묘사하면서 신의 참다운 본성을 잘못 전달하고 있다. 또한 이와 같은 자족적인 완전함과 선함을 갖고 있는 신들은 더 나아가 시인들에 의해 그들의 본성에 걸맞지 않게 비탄에 잠기거나 갖가지 욕정에 사로잡히는 것으로 묘사되고 있으나, 이것 또한 올바르지 않으며, 이는 더 나아가 영웅들에 관해서도 마찬가지이다. 영웅들은 그들의 훌륭한 삶에 가장 자족할 수 있는 사람들로서 어떤 불행이 닥치더라도 온유하게 인내하며 절제하는 미덕을 본성으로 갖기 때문이다. 따라서 그들이 시인들에 의해 비탄에 잠기거나 음욕과 물욕에 휘둘리는 것으로 묘사되는 것은 진실되지 못하다.

둘째로, 시가 갖는 정서적 영향의 문제는 시적 모방과 인간 영혼 사이의 상응성을 중심으로 논의된다. 이 논의에서 플라톤은 비극과 희극에 있어서의 모방이 시인의 영혼이 갖는 갖가지의 좋거나 나쁜 특성들의 표현이라는

66 *Ibid.*, X 595a-602b.

생각과 이렇게 모방을 통해 표현된 좋거나 나쁜 영혼의 특성들이 듣는 이의 영혼에도 유사한 특성들을 심어 준다는 생각을 전제하고 있다.[67] 그의 이러한 생각은 앞에서 언급된 피타고라스주의자들의 음악을 통한 성격 교육의 교의, 특히 다몬의 음악 교육론 논제에 기초하고 있다.[68] 이렇게 하여 좋은 영혼을 표현하는 시가 듣는 이의 영혼에 좋은 영향을 미치고 나쁜 영혼을 표현하는 시가 나쁜 영향을 미친다는 논제가 시에 대한 비판 논의의 중심에 오고 나면, 그의 논의의 초점은 나쁜 영혼을 표현하는 시가 어떤 방식으로 듣는 이의 영혼에 나쁜 영향을 미치는가에 놓이게 된다. 그에 따르면, 인간의 영혼은 측정과 헤아림을 통해 사물들을 올바르게 인식하고 삶에 대한 올바른 판단을 내리는 이성적 부분과 수만 가지의 상호 충돌되는 억견에 지배되면서 감정이 이끄는 대로 반응하는 비이성적 부분을 서로 전적으로 분리된 부분들로 갖는다.[69] 헤아림에 따르고자 하는 이성적 부분이야말로 인간 영혼의 최선의 부분이어서 삶 속에서 불행과 고통에 직면해서도 사람들로 하여금 감정에 휘말리지 않고 올바른 판단에 따라 올바른 결단을 내리도록 하지만, 반면에 감정에 이끌리는 비이성적 부분은 삶 가운데 불행과 고통이 있을 경우 오히려 사람들로 하여금 이에 대한 기억에 집착하여 비탄에 빠져들게 하며 이를 통해 게으르고 비겁한 성향으로 흐르게 한다. 그에 따르면, 당시의 시들은 언제나 자기 동일성을 유지하는 분별 있는 이성적 성격을 모방하는 데에는 적합하지 않고, 오히려 슬픔과 비탄, 비방과 조롱, 그리고 온갖 비속하고 방탕한 언행들을 다채롭게 모방하여 극장을 찾는 온갖 부류의 사람들의 감정적 취향을 만족시키려 애쓰고 있으며, 이에 따라 인간 영혼의 비이성적 부분에 커다란 힘으로 호소하고 있다. 이는 모방자로서의 시인들 자신이 스스로 비천하여 자신들의 영혼에 어울리지 않는 것은 아무것도 없다고 생각하여 모든 것을 기꺼이 모방하는 데에

67 *Ibid.*, 400d-e, 401b-402a.

68 Koller, *op. cit.*, pp. 15-21.

69 Cf. Platon, *Politeia* IV 435c 이후의 영혼의 삼분할.

기인한다. 따라서 시는 이러한 방식으로 인간 영혼의 비이성적 부분을 일깨우고 강화시킴으로써 이성적 부분을 무력하게 만들며, 이를 통해 비이성적 부분이 영혼을 지배하게 함으로써 영혼 속에 나쁜 통치체제를 만들어 낸다. 시가 갖는 이와 같은 나쁜 정서적 영향력 때문에 시인들은 이상국가에서 추방되어야 함이 분명해진다. 그의 이러한 시인 추방의 요구는 그러나 시가 가져다주는 감정적 만족에 대한 그 자신의 인정과 더불어 시가 이러한 감정적 즐거움 이외에도 삶에 유익함을 가져다줄 수 있다는 변론이 시인이 아닌 시의 옹호자에 의해 운문이 아닌 산문으로 제시되는 경우 시를 다시 받아들일 수 있다는 단서와 함께 제시된다.[70]

셋째로, 시의 철학적 가치의 문제는 사실상 회화에서의 모방이 갖는 형이상학적 지위에 대한 그의 비판적 논의가 유비적으로 시에 확대 적용되는 방식으로 논의된다. 이 논의는 회화에 특유한 재현적 모방의 개념을 시에 확대 적용시키는 일반화에 의거하고 있거니와, 이를 통해 그의 모방 개념은 한편으로는 전통적인 생각을 벗어나 외관의 모사라는 재현적 의미를 중심으로 재정립되는 전환점을 보여 주고 있다. 그러나 다른 한편으로 외관의 모사라는 개념은 플라톤 자신에게 있어서도 시보다는 회화에 우선적으로 적용되는 것으로서 거론되고 있기 때문에, 지금 논의될 문제는 회화에 있어서의 모방이 갖는 형이상학적 지위의 문제로 다루어지는 것이 자연스럽다.[71] 앞에서 거론되었듯이 그에게 있어서 감각에 드러나는 이 세계는 그 자체로 참된 실재가 아니고 참된 실재로서의 이데아의 세계의 그림자와 같은 모상이다. 따라서 이 감각적 세계 속의 모든 것은 그것의 참된 실재로서의 이데아를 모범으로 하여 만들어진 감각적 모상으로서 존재의 질서에 있어서 참된 실재로부터 한 단계 떨어져 있는 그림자의 자격을 갖는다. 예컨대, 목수가 만든 책상은 그것의 참된 실재로서의 책상의 이데아를 모범으

70 Platon, *Politeia*, X 607c-d.

71 Fuhrmann, *op. cit.*, pp. 85-88; Tatarkiewicz, *op. cit.*, p. 124.

로 하여 이 세계 속에 감각의 대상으로 존재하는 그림자와 같다. 그런데 목수가 만든 이 책상을 예컨대 다시 화가가 자신의 그림을 통해 재현하는 경우 이렇게 그려진 책상은 책상의 참된 실재와는 아무런 직접적인 관계도 갖지 못하고 다만 그것의 그림자와 같은 모상으로서 화가의 눈에 감각적 대상으로 나타나는 책상의 외관(φαινόμενον)을 다시 모사한 것이다. 따라서 화가의 작업은 존재의 위계에 있어서 참된 실재로부터 두 단계 떨어진 감각적 허상(φάντασμα)을 제작하는 일에 불과하다. 모방자로서의 화가는 이렇게 감각적 허상에 머물러 있음으로 인하여 책상의 참된 실재에 대해 책상의 생산적 제작자인 목수보다도 못한 인식을 갖고 있으며, 이에 따라 그의 작업은 그 어떤 진지한 가치도 갖지 못하는 유희에 불과하다. 그는 이렇게 회화에 대해 제기된 자신의 비판 논점을 시에 확대 적용하여, 모방자로서의 시인들은 덕과 악덕을 비롯하여 인간사의 모든 것에 대해 그 어떤 참된 인식도 갖고 있지 못하며, 인간사의 참된 진리가 아닌 감각에 드러나는 인간사의 현상들을 모방함을 통해 실재로부터 멀리 떨어져 있는 헛된 영상(εἴδωλον)을 만들어 낼 뿐이라고 주장한다.

이와 같이 플라톤에 의해 비판된 시는 그러나 아리스토텔레스에 이르러 그것의 가치에 대한 옹호의 논변을 얻게 되는데, 아리스토텔레스의 『시학』은 플라톤의 비판에 대응하여 시의 철학적 가치와 도덕적 가치를 회복시켜 주는 변론의 역할을 떠맡는다. 그러나 미론에 있어서 아리스토텔레스는 기본적 입장에 있어서 피타고라스적 전통의 객관주의 미 개념을 따르면서 플라톤의 계승자가 되고 있다. 그는 그리스의 전통적인 넓은 의미의 미 개념을 수용하는 입장에서 사물들이 갖는 객관적 성질들로서의 질서, 균형, 제한에서 미의 내적 본질을 찾았다: "아름다움을 이루는 최고의 형식들은 특히 수학적 학문들이 보여 주는 질서(τάξις)와 균형과 제한이다."[72] 그러나 그는 다른 한편으로 이러한 조화의 균형의 수학적 성질들 이외에도 그 자신

72 Aristoteles, *Metaphysica* XIII 1078a 36-1078b 2.

의 고유한 고려를 통해 크기(μέγεθος)의 개념을 미 개념의 한 요소로서 포함시켰다. 그에 따르면, 아름다운 것은 질서와 균형 이외에도 지각에 적합한 크기를 가져야 한다. 너무 작은 것도 너무 큰 것도 아름다울 수 없는데, 왜냐하면 너무 작은 것은 분명히 지각되기가 어렵고 너무 큰 것은 단번에 하나의 전체로서 지각되기 어렵기 때문이다.[73] 이런 의미에서 그에게 있어서 미는 인간의 인식 능력의 주관적 조건에 부합하는 단일성의 요소 또한 가져야 하는 것으로 이해될 수 있다.

그는 테크네에 대한 이해에 있어서도 그리스의 전통을 따라 넓은 의미의 테크네 개념을 수용했으며, 그것의 구분에 있어서 플라톤의 생산적 기술과 모방적 기술의 구분 방식을 따랐다. 플라톤에게 있어서 생산적 기술이라고 특징화되는 기술의 범주는 그에게 있어서 삶에 필요한 것을 가져다주는 기술에 해당되는데, 이에 관련하여 그는, "일반적으로 테크네는 한편으로는 자연(φύσις)이 산출할 수 없는 것을 완성시키며 다른 한편으로는 자연을 모방한다"[74]고 주장한다. 예컨대, 의술은 한편으로는 인간의 신체가 자연적인 자기치유의 능력으로는 회복되기 어려운 병에 걸렸을 때 자연의 자기치유 능력을 보완하는 기술로서 역할을 한다. 그러나 그것은 다른 한편으로 인간의 신체를 치료하는 방법에 있어서 기본적으로 인간의 신체가 갖는 자연적인 자기치유의 방법을 모범으로 한다. 말하자면 의술은 인간의 신체가 자연적 능력에 의해 스스로를 치유하는 과정과 방법에 대한 관찰을 통해 정립되며, 또한 이와 같은 자연적 과정과 방법을 모범으로 하여 시술된다. 이런 의미에서 그에게 있어서 의술과 같이 삶에 필요한 것을 가져다주는 기술은 한편으로는 자연의 한계를 보완하며 다른 한편으로는 자연의 방법을 모방한다.[75] 그러나 이러한 종류의 기술에 있어서 본질적인 것은 그것의

73 Aristoteles, *Poetica* 1450b 35-1451a 6, in S. H. Butcher, *Aristotle's Theory of Poetry and Fine Art*, London, 1927.

74 Aristoteles, *Physica* II 199a 15-17, ed. W. D. Ross, Oxford, 1950.

75 Butcher, *op. cit.*, pp. 116-120.

목적, 즉 자연의 한계를 보완하여 삶에 필요한 것을 가져다주는 일에 있는 반면에, 모방의 요소는 이러한 목적을 위한 수단적 지위를 가질 뿐이다. 이런 의미에서 이러한 종류의 기술은 모방의 기술이라기보다는 자연을 보완하는 기술이라고 특징화되는 것이 합당하다. 그에게 있어서 모방의 개념을 통해 본질적인 의미에서 특징화되는 기술의 범주는 플라톤에게서와 마찬가지로 예술활동들이다. 왜냐하면 그에게서 예술활동들이 모방의 개념 아래에서 이해되고 있는 것은 예술활동들 자체가 그에 의해 본질적으로 인간에 본원적인 모방 충동에 기인하는 활동들로 간주되고 있다는 사실의 자연스러운 귀결이기 때문이다. 이런 입장에서 그는 시, 음악, 무용, 회화, 조각을 포함하는 예술활동들을 모방적 기술로 분류하고 있거니와,[76] 이렇게 예술활동들에 특유하게 적용되는 그의 모방 개념은 『시학』을 통해 그 기본적 특성에 관련하여 검토될 수 있다.

그에 따르면, 인간은 모방의 본능에 의해 다른 동물들과 구별된다고 한다. 모방을 통해 인간은 배움의 첫걸음을 시작하며 또한 그것 자체로는 즐거움을 주지 못하는 사물도 모방을 통해 재현될 경우에는 즐거움을 주는데, 이것은 모방된 것을 보고 그것이 무엇에 대한 모방인지를 식별함을 통해 인간은 배움과 인식의 즐거움을 갖기 때문이다. 그는 이와 같이 인간에게 본성적인 모방에 있어서의 인식의 즐거움을 시적 모방의 자연적 근원이라고 설명한다. 그는 더 나아가 시적 모방의 또 하나의 자연적 근원을 이야기하는데, 그것은 인간 영혼의 표현적 충동이며, 전통적으로 인간 영혼의 내적 특성들의 표현은 모방 개념 아래에서 이해되었기 때문에, 이 또한 모방과 관련된다. 그에 따르면, 인간은 화성과 리듬과 운율을 향한 자연적 본능에 기인하여 처음에는 즉흥적 표현을 하게 되었고 점진적 발전을 거쳐 시를 짓게 되었다고 한다.[77] 이와 같이 모방은 그에게 있어서 배움과 인식을 향한 본능과 더불어 영혼의 표현을 향한 본능에 기인하는 인간 본성의 자

76 Tatarkiewicz, *op. cit.*, pp. 141-142.

77 Aristoteles, *Poetica* 1448b 4-24.

연적 소양으로 이해된다. 모방에 대한 그의 이와 같은 생각에서 주목되는 사실은 그의 모방 개념에 이미 플라톤적인 재현적 모방의 개념이 수용되어 있으며, 또한 이것이 시에까지 확대 적용되고 있다는 사실이다.[78] 그러나 이렇게 재현적 의미에서 이해되는 중에도 그에게 있어서 모방은 사물의 외관에 대한 모사나 자연에 대한 사실주의적 모사가 아니다. 그의 모방 개념은 시, 회화 그리고 여타의 예술에 있어서 실재를 있는 그대로 모방하는 방식뿐만 아니라, 그것을 보다 낫거나 보다 못하게 혹은 그것에 대한 사람들의 일반적 견해에 따라 혹은 그것이 마땅히 갖고 있어야 할 이상적인 모습에 따라 모방하는 다양한 많은 방식을 수용한다.[79] 회화와 조각뿐만 아니라 시에 이르기까지 이러한 다양한 종류의 재현의 방식을 수용하는 그의 모방 개념은 그러나 여전히 전통적인 표현적 모방의 개념 또한 충실히 수용하고 있다. 그에게 있어서 일반적으로 예술에 있어서 모방의 실질적 내용을 이루는 것은 행위 중에 있는 인간의 성격과 감정이기 때문이다. 인간 영혼의 성격과 감정 같은 내적인 것의 구체적 형상화라는 의미의 전통적인 표현적 모방의 개념을 중심으로 아리스토텔레스는 시, 음악, 무용을 동류의 활동으로 간주하고 있거니와,[80] 그에 따르면 이들 모두가 공통적으로 행위 중에 있는 인간의 성격과 감정을 표현하는 활동이라고 한다.[81] 이러한 전통적인 표현적 모방 개념은 더 나아가 그에 의해 회화에까지 확대 적용되어, 회화에 있어서도 모방의 실질적 대상은 행위 중에 있는 인간의 성격이며, 이에 따라 회화는 그것의 모방 대상으로서의 인간을 재현하면서도 동시에 그 인간의 성격을 표현하는 요소 또한 갖는 것으로 설명된다.[82] 이에 따라 그에게 있어서 모방 개념은 한편으로는 플라톤적인 재현의 의미를 조형예술을 넘어서 시에까지 확대 적용하여 일반화시키는 측면을 갖고 있는 동시에, 다

78 또한 Aristoteles, *Rhetorica* I 1371b 4-10, ed. W. D. Ross, Oxford, 1982.
79 Aristoteles, *Poetica* 1448a 1-18, 1460b 8-11.
80 Butcher, *op. cit.*, pp. 138-139.
81 Aristoteles, *Poetica* 1447a 13-28.
82 *Ibid.*, 1448a 1-6.

른 한편으로 전통적인 표현의 의미를 여전히 충실하게 수용하면서 이를 시, 음악, 무용을 넘어서 조형예술에까지 확대 적용시키는 측면 또한 갖고 있다.[83] 그런데 아리스토텔레스에게 있어서 이 후자의 측면이 모방 대상의 실질적인 내용을 설명하고 있음을 주목할 때, 그에 의해 모방적 기술로 특징화되고 있는 모든 예술활동들은 사실상 인간의 삶을 둘러싸고 있는 객관적 실재로서의 자연에 대한 모방이라기보다는 오히려 인간 자신의 삶의 본성에 대한 모방으로 이해되어야 한다. 그의 모방 개념의 중심에는 인간의 삶이 모방의 실질적 대상으로 주어져 있기 때문이다.[84]

예술이 인간의 삶에 대한 모방이라는 그의 생각은 무엇보다도 비극론에 잘 나타난다. 그에 따르면, 비극은 인간의 진지한 행위의 모방이다.[85] 이와 같은 비극의 대상 규정은 방금 고려된 예술 일반에 있어서의 모방의 대상에 대한 그의 생각의 반영이다. 비극은 행위 중에 있는 인간을 그의 영혼, 즉 그의 성격과 감정의 진지한 측면을 중심으로 모방한다. 그런데 그의 비극의 정의에 따르면, 비극은 이와 같이 인간의 삶을 모방함에 있어 궁극적으로 관객들의 마음에 공포와 연민을 불러일으킴을 통해 이 감정들의 카타르시스(κάθαρσις)를 가져다주는 효과를 낳기 위해서 인간의 행위를 적절한 길이를 갖는 플롯에 따라 리듬과 화성과 멜로디를 갖춘 언어를 수단으로 하는 연기를 통해 하나의 완결된 전체로서 모방하는 것을 주요한 기술적 과제로 갖는다.[86] 시가 관객들에게 가져다줄 정서적 효과의 고려 아래에서 시 자체의 이야기 구조와 언어적 표현 수단에 대한 이성적 안배를 필요로 한다는 생각은 앞에서 보았듯이 이미 고르기아스에게서 웅변과 시에 대한 논의의 과정에서 등장하기 시작했고, 이와 같은 생각은 이제 아리스토텔레스의 비극의 정의 속에 반영되고 있다. 사실상 아리스토텔레스는 현재 고

83 Butcher, *op. cit.*, pp. 132-136; Tatarkiewicz, *op. cit.*, pp. 142-144.
84 Butcher, *ibid.*, pp. 121-124.
85 Aristoteles, *Poetica* 1449b 24.
86 *Ibid.*, 1449b 24-28.

려되고 있는 비극의 정의에서만이 아니라 『시학』의 많은 부분에서 플롯의 구성을 위한 다양한 규칙들을 비롯하여 비극에 있어서의 성격의 표현 방법, 시적 언어의 사용 방법 등에 걸쳐 모방적 기술로서의 비극이 삶의 모방을 위해 따라야 할 다양한 규칙들을 설명하고 있거니와, 비극을 이와 같은 기술적 규칙에 대한 고려 아래에서 이해하는 것은 그것을 플라톤까지 이어져 내려오는 영감의 개념이 아니라 테크네의 개념에 따라서 이해하는 것이다. 이런 의미에서 아리스토텔레스는 자신의 『시학』을 통해 플라톤까지의 전통을 벗어나 시를 테크네의 일부로 수용하는 새로운 예술이론의 전통을 확립하고 있다.

이와 같이 그에 의해 테크네의 일부로 간주되기에 이른 비극에 있어서 기술적 고려의 중심에 놓여 있는 것은 극중의 인간 행위를 하나의 완결된 전체로서 모방하는 일을 가능케 하는 비극 전체의 유기적 조직의 원리로서의 플롯이다.[87] 왜냐하면 카타르시스라는 목표를 달성하기 위해서는 극중의 사건들을 상호간의 인과관계에 따라 일어나도록 구성함으로써 관객들에게 호소력을 갖는 일이 비극에서 가장 중요한 기술적 과제이기 때문이다.[88] 극중의 사건들을 그것들 사이의 인과적 결합에 따라 모방하기 위해서는 그러나 개개의 사건들을 단순히 나열해서만은 안 되고 그것들을 개연성과 필연성의 연관 관계에 따라 조직적으로 모방해야 한다.[89] 따라서 비극에 있어서의 모방은 실제로 일어난 개개의 일들을 충실하게 보고하는 것이 아니라, 개연성과 필연성의 연관 관계에 따라 "일어날 수 있는 일들"을 이야기하는 것이다.[90] 이런 의미에서 그에게 있어서 시는 개별적 사실들의 진리성을 추구하는 활동이 아니라 인간의 삶에 있어서 보편성을 갖는 진리를 보여 주는 활동이다. 예컨대, 이러이러한 성격의 인간은 개연성과 필연성의 연관

87 *Ibid.*, 1450a 37-38.
88 *Ibid.*, 1452a 1-11.
89 *Ibid.*, 1451a 37-1451b 11, 1459a 17-30.
90 *Ibid.*, 1451a 37-1451b 5.

관계에 비추어 볼 때 이러이러한 것을 말하거나 행하게 될 것임을 보여 주는 활동이다. 이런 의미에서 그는 시가 역사보다 철학적이라고 말한다. 역사는 개별적 사실들을 이야기하는 반면에 시는 보편적인 것을 이야기하기 때문이다.[91] 이와 같은 입장에서 그는 시에 있어서의 모방이 다양한 허구를 수용할 수 있음을 인정한다. 시가 개연성과 필연성의 연관 관계에 따라 모방하는 것은 구체적 사실과 일치할 필요는 없기 때문이다. 이에 따라 그는 신들에 대한 시인들의 허구적 이야기들 또한 시적 모방의 범위 속에 수용하는데, 이러한 이야기들은 비록 철학자의 엄밀한 신 개념과는 충돌을 일으킬지언정 세상 사람들의 일반적 견해에 부합하는 것으로서 개연성을 갖는 것으로 인정될 수 있기 때문이다. 이런 입장에서 그는 시인들의 이러한 종류의 묘사 방식을 비판한 철학자 중의 한 사람으로서 크세노파네스의 입장이[92] 시에 대한 비판으로서 부적절함을 지적하고 있다.[93] 이 논점은 신들과 영웅들에 대한 호메로스와 헤시오도스의 묘사들이 참다운 신과 영웅의 개념에 부합하지 않는다고 비판하는 『국가』에서의 플라톤의 입장에도 그대로 적용되며, 이에 따라 아리스토텔레스의 입장에서는 시적 묘사의 진리성에 대한 플라톤의 비판은 시 자체의 본성에 비추어 볼 때 부적절한 비판으로 판명된다. 그러나 플라톤의 입장은 여전히 시에 있어서의 개별적 허구의 수용을 문제 삼는 관점에서가 아니더라도 시가 삶에 대한 보편적 진리를 보여 줄 수 있다는 생각에는 동의하지 않을 것이다. 왜냐하면 플라톤의 입장에서는 삶과 실재에 대한 보편적 진리는 감각적 세계 너머의 영원 불변하는 이데아의 세계에 대한 철학적 인식을 통해 비로소 파악될 수 있는

91 *Ibid.*, 1451b 5-11. Butcher는 여기에서 아리스토텔레스가 염두에 두고 있는 역사가 체계적인 구성의 특성을 갖고 있는 투키디데스의 역사가 아니라 실제적인 사실들의 연대기적 서술의 특성을 갖고 있는 헤로도토스의 역사임을 설명하고 있다. *op. cit.*, pp. 164-165.

92 호메로스와 헤시오도스가 인간에게서 비난의 대상이 되는 도둑질, 간통, 속임수 등의 행위들을 신들에게 귀속시켰다는 취지의 비판 입장. Diels & Kranz, *op. cit.*, vol. I, 21 Xenophanes, B 11-12.

93 Aristoteles, *Poetica* 1460b 36-1461a 1.

반면에, 시에 있어서의 모방은 회화에서와 마찬가지로 감각적 세계의 허상의 제작에 불과하기 때문이다. 그러나 아리스토텔레스에게는 이러한 종류의 비판이 아무런 힘도 갖지 못한다. 그에 따르면 이 세계의 참된 실재는 변화와 운동의 과정을 통해 스스로의 본성을 실현하는 이 세계의 모든 감각 가능한 개체들 속에 내재한다.[94] 이와 같은 그의 입장에 따르면, 이 세계의 모든 사물들은 이미 그것들 스스로 감각 가능한 개체들로서 내재적인 실재성의 원리를 갖고 있으며, 이에 따라 그것들 자체로서 이 세계의 실재를 이룬다. 그러므로 그에게 있어서 비극 속에서 개연성과 필연성의 원칙에 따라 하나의 완결된 전체로서 모방된 인간 행위는 그 자체로 내재적인 실재성의 원리를 갖는 것으로서 일련의 감각 가능한 몸짓들과 목소리들의 인과적 연관 속에서 인간의 삶을 그것을 지배하는 내적이고 구조적인 원리에 따라 보편적인 모습으로 보여 준다.

시가 적절한 플롯의 구성을 통해 보여 주는 이와 같은 인간의 삶에 관한 보편적 신리가 시직 모방의 내용에 해당된다면, 시가 이렇게 그것의 플롯을 통해 인간의 삶을 보편적인 모습으로 보여 주면서 궁극적으로 노리고 있는 목표는 관객의 마음에 정서적 영향력을 갖는 것이다. 비극은 관객의 마음에 공포와 연민을 불러일으키고 이와 더불어 이 감정들의 카타르시스를 가져다주는 것을 고유한 목표로 한다. 예술적 활동이 인간의 마음에 카타르시스를 가져다준다는 생각은 태고의 코레이아에 대한 피타고라스주의자들의 생각에까지 거슬러 올라가는 긴 역사를 갖고 있거니와, 코레이아에 그 기원을 두고 있는 것으로 가정되고 있는[95] 비극이 갖는 정서적 효과에 대

---

94 Aristoteles, *Metaphysica* VII 1037a 29.

95 Tatarkiewicz는 비극의 기원이 태고의 코레이아에 있다고 주장하고 있으나(*op. cit.*, p. 45), 사실상 이 주장은 증거자료의 결핍으로 인해 언제나 가설적인 주장으로 머물고 있다. 비록 이와 같은 가설적인 시도에 머물러 있기는 하지만 비극의 기원에 대한 보다 구체적인 추적으로는 Joachim Latacz의 논의가 주목할 만하다. 그는 아리스토텔레스의 『시학』 1449a 9-30 부분에 등장하는 비극의 기원에 대한 몇 가지 주요한 언급들을 기초로 하여 비극이 '디튀람보스(διθύραμβος)' 라는 디오니소스 제의에서의 집단적 노래의 형태에서 자라 나왔다고 주장한다. 이 주장은 아리스토텔레스 자신의 언급에 의해 확증되고 있거니와, 이렇게 비극의

한 아리스토텔레스의 생각 또한 카타르시스 개념을 중심으로 하여 제시되고 있음은 주목할 만한 일이다. 카타르시스에 대한 그의 생각은 이 개념에 대한 해석의 방식에 따라 대체로 윤리학적 입장과 의학적 입장의 두 가지 방향에서 설명되어 왔다. 19세기 중엽에 이르기까지 첫 번째 입장이 전통적 해석의 방식으로 채택되어 왔으나, 1857년 베르나이스의 의학적 해석이[96] 등장한 이래 오늘날에는 후자의 입장이 지배적인 해석의 방식으로 인정된다.[97] 이 후자의 입장에 따라 그의 카타르시스 개념을 이해하는 경우 비극은 사람들의 일상적 삶 가운데 일종의 장애로서 내재하는 공포와 연민의 감정을 인위적으로 자극하여 불러일으키고 이를 통해 사람들로 하여금 이 감정들을 분출하고 배설하게 함으로써 일시적으로나마 사람들의 영혼을 이 감정들로부터 해방시키고 이를 통해 영혼을 치유하는 효과를 갖는 것으로 파악된다. 이에 따라 그의 카타르시스 개념은 결국 비극의 정서적 영향에 대한 플라톤의 비판에 대한 심리학적 재반박의 성격을 갖는 것으로 간주된다. 그의 카타르시스 개념에 따르면, 플라톤이 권고하는 것처럼 사람들의 영혼의 감정적인 부분을 모든 경우에 이성을 통해 억누르고 고갈시키기보다는, 오히려 비극에서처럼 그것을 인위적으로라도 자극하여 분출시키는 것이 감정 자체의 욕구와 부합하는 동시에 감정으로 인한 심적 장애의 요소들을 배설하고 제거하게 함으로써 영혼을 다스리는 보다 건강한 방법이 될 수 있다는 취지의 변론이 가능하기 때문이다.

기원으로 간주되는 디튀람보스에 대한 아리스토텔레스의 언급들에 대한 Latacz의 분석에 따르면, 디튀람보스는 시, 음악, 무용의 원시적 결합의 형태를 띠면서 디오니소스 제의의 일부로서 수행된 원시적 종합예술 일반에 적용되는 명칭인 '코레이아'에 포괄되는 하나의 구체적인 사례인 것처럼 보인다. Latacz에 따르면, 디튀람보스는 디오니소스 신을 위한 제의에서 영감에 사로잡힌 일군의 사람들이 무용을 동반하며 부르는 노래의 형태를 띠고 있었다고 추정되기 때문이다. (Joachim Latacz, *Einführung in die griechische Tragödie*, Göttingen, 2003, pp. 51-65)

96 J. Bernays, *Grundzüge der verlorenen Abhandlung des Aristoteles über Wirkung der Tragödie*, Hildesheim, New York, 1970.

97 Fuhrmann, *op. cit.*, pp. 101-103; Butcher, *op. cit.*, pp. 243-248; Tatarkiewicz, *op. cit.*, pp. 145-147.

카타르시스 개념을 중심으로 하는 비극의 정서적 영향에 관한 아리스토텔레스의 생각은 또한 더 나아가 플라톤의 비판 논변의 기초에 놓여 있던 윤리학적 관점 자체에 대한 거절을 내포하기도 한다. 아리스토텔레스에게 있어서 시의 최우선적인 목표는 카타르시스라는 해방의 쾌, 즉 감정의 차원에 놓여 있으며, 따라서 시는 그것에 고유한 목표로서의 예술적 쾌의 감정에 의해 정의되고 있다. 시를 바라보는 그의 이와 같은 미학적 사고방식은 종래의 아리스토파네스와 플라톤에게서처럼 시의 가치를 시 자체와는 구별되는 외부적 요인으로서의 도덕성의 고양에서 찾으려는 윤리학적 입장에 대한 암묵적인 비판을 내포한다.[98] 그러나 이것은 그의 비극론이 시가 가질 수 있는 도덕적 가치를 부인하고 있음을 의미하지는 않는다. 그에게 있어서 도덕적 가치를 갖는 것이 시의 최우선적 목표는 아니지만, 그의 비극론은 시가 도덕적 가치를 갖는 것으로 인정될 수 있는 차원을 간접적인 방식으로 시사하고 있다. 그의 윤리학에 따르면, 삶의 최고의 목표는 행복(εὐδαιμονία)인데,[99] 행복은 다른 어떤 것을 위해 바람직한 것이 아니라 그것 자체에 있어서 바람직한 것으로서 그것 자체를 위해 추구되는 자족적인(αὐτάρχης) 삶의 이상이다. 그는 이와 같은 이상으로서의 행복을 인간의 본성 중에서 최선의 부분인 이성을 따르는 삶의 활동에서 찾고 있는데, 그에 따르면 그것은 구체적으로 진리에 대한 철학적 관조의 활동이다. 이 활동은 다른 어떤 목적을 위해 수행되는 것이 아니라 그것 자체를 위해 수행되는 자족적인 것이며, 삶에 행복을 가져다주기 위해 수행되는 나든 모든 횔동들은 언제나 분주함 가운데 수행되지만 삶의 행복 자체로서의 이 활동은 여가(σχολή) 가운데에서 수행된다.[100] 이와 같이 그의 윤리학에서 특히 철학적 관조의 활동에 귀속되고 있는 자족성과 여가의 특성은 그에 따르면 보다 일반적으로 삶에 필수적인 것을 제공하는 기술들과 대조되는 의미에서

98 Butcher, *ibid.*, pp. 215-239.

99 Aristoteles, *Ethica Nicomachea* X 1176a 31-32, ed. L. Bywater, Oxford, 1894.

100 *Ibid.*, X Chap. 6-7.

자유로운 기술들 일반이 갖는 특성이기도 하다. 그는 다른 곳에서, 예컨대 수학 같은 자유로운 기술이 삶에 필수적인 것을 얻기 위해 수행되는 다른 기술들과 달리 여가 가운데 그 활동 자체의 즐거움(διαγωγή)을 얻기 위해 수행된다고 이야기한다.[101] 그러나 그에게 있어서 여가 가운데 그 활동 자체의 즐거움을 위해서 수행되는 활동은 철학과 수학 같은 학문적 영역에만 국한되는 것은 아니다. 그에 따르면, 음악은 삶에 필수적이거나 유용한 어떤 것을 얻기 위한 활동이 아니라 여가 가운데 즐거움을 얻기 위한 자유인들의 활동이다.[102] 물론 사람들은 음악을 마치 잠자고 마시고 하는 일들처럼 삶의 노고에 지친 마음을 이완시키는 여흥(παιδιά)으로 활용하기도 하지만, 다른 한편으로 고상한 즐거움(διαγωγή)을 얻기 위해 수행하기도 한다. 음악이 가져다주는 이와 같은 고상한 즐거움은 삶의 노고를 이완시키는 여흥이 수단적 지위를 갖는 것과는 달리 그것 자체로서 목적의 지위를 갖는 것으로 간주되며, 궁극적으로 행복의 가치를 갖는 것으로 설명된다.[103] 이에 따라 그에게 있어서 음악은 그것이 여가 가운데 그 활동 자체의 즐거움을 위해 수행되는 경우 삶에 있어서의 지고의 목표인 행복의 가치를 누리는 것이다. 그가 예술과 행복과의 이와 같은 연관을 다른 어느 곳에서도 시에 관련하여 설명하고 있지는 않지만, 그의 이러한 생각이 시에 또한 적용될 수 있다는 것은 부인할 여지가 없다. 그에게 있어서 시는 카타르시스라는 정서적 효과를 통해 인간의 영혼을 그것에 내재하던 불순한 감정들로부터 해방시키며 이를 통해 사람들로 하여금 일시적으로나마 삶의 일상적인 요구로부터 자유로운 마음으로 여가 가운데 시를 통해 표현되는 삶의 보편적 진리를 관조할 수 있게 한다. 시를 통해 가능케 되는 이러한 자족적 관조의 정신적 활동은 이러한 관조의 활동 자체의 고상한 즐거움을 동반하며 사람들로 하여금 여가 가운데 행복의 차원에 발을 들여놓게 한다.[104] 이와 같이

101 Aristoteles, *Metaphysica* I 981b 17-25.
102 Aristoteles, *Politica* VIII 1338a 21-30, ed. W. D. Ross, Oxford, 1957.
103 *Ibid.*, 1339a 14-31, 1339b 14-31.

시는 그의 윤리학이 삶의 최고의 목표로서 여가와 자족성에 의해 특징화하는 철학적 관조의 행복과 유사한 행복의 가치를 누리며, 이렇게 하여 여가와 자족성 가운데 이루어지는 삶의 보편적 진리에 대한 정신적 관조 속에서 시는 철학적 가치를 가짐과 동시에 넓은 의미에서 철학이 갖는 것과 유사한 도덕적 가치 또한 갖는다.

3. 헬레니즘 미학

아리스토텔레스를 경계로 서양 고대미학은 태고-고전 시기와 헬레니즘 시기로 나뉜다. 이렇게 하여 헬레니즘 시기는 일반적으로 후기 고대 시기로 분류되거니와, 이 시기의 미학은 알렉산더 대왕의 그리스 세계 정복 이래로 로마제국 시기에 이르기까지 서구세계에 정신적 영향력을 미치게 되는 여러 학파들의 사상들 속에서 발견된다. 에피쿠로스 학파와 회의주의 학파는 과거 그리스의 예술에 관한 신화적이고 이상주의적 이해의 전통에 대한 그들의 비판적 입장을 통해 특징화된다. 에피쿠로스 학파의 창시자 에피쿠로스는 데모크리토스의 원자론적 유물론을 기반으로 쾌락주의 가치론을 정립했다. 그에게 있어서 미를 비롯한 모든 가치는 쾌(ἡδονή)의 가치와 동일시된다.[105] 이렇게 미를 비롯한 모든 가치의 본질을 쾌에서 찾고 있는 그의 생각의 기본적 취지는 그러나 순간의 쾌락이나 감각의 쾌락에의 추구에 있지 않았다. 그는 쾌라는 개념 아래에서 일생을 통해 지속되는 내적 행복을 염두에 두고 있었다. 이것은 "영혼의 평정(ἡ τῆς ψυχῆς ἀταραξία)"이라고 표현되며, 그것은 삶에 있어서 영혼을 동요시키고 괴롭히는 수많은

104 Butcher, *op. cit.*, pp. 198-201.

105 Maximus Tyrius, *Philosophumena-Dialexeis* XXXII 5, ed. G. L. Koniaris, Walter de Gruyter, 1995; *Athenaeus*, *The Deipnosophists* XII 546f, ed. Ch. B. Gulick, greek-english, The Loeb Classical Library, 1963 (혹은 Tatarkiewicz, *op. cit.*, p. 178 1; p. 179 3).

공허한 의견들로부터의 영혼의 해방을 의미했다.[106] 따라서 이와 같은 종류의 쾌락은 그에게 있어서 감각적인 것을 향한 어떤 종류의 적극적인 추구에서 얻어지는 것이 아니었고, 오히려 감각적인 것을 비롯한 모든 유혹적인 것이 가져올 수 있는 모든 종류의 영혼의 혼란을 피하는 소극적 자세에서 성립하는 것이었다. 이러한 기본 입장에서 그는 예술이 참된 종류의 쾌를 가져다주는 활동이 아니라고 생각했고, 특히 시에 대해 비판적 입장을 취했다. 그에 따르면 시는 소음이자 어리석은 이야기에 불과하다.[107] 그에게 있어서 시는 신화를 통해 해로운 유혹을 가져오는 것이었고, 이에 따라 그는 플라톤처럼 시인을 추방했다.[108] 예술에 대한 이와 같은 비판적 논의는 또한 이후의 에피쿠로스주의자 필로데모스에게서도 나타난다. 그는 음악에 대한 전통적인 신화적 이해 방식을 비판했다. 이것은 과거의 데모크리토스의 음악비판과 맥을 같이하여 피타고라스 학파의 음악론에 대한 비판에 해당된다. 그에 따르면, 음악은 신의 선물이 아니라 인간의 고안물이며, 또한 음악은 인간의 감정과 성격을 모방함으로써 인간의 성격에 도덕적 영향력을 미칠 수 있는 것도 아니다. 전통적으로 음악이 모방적으로 표현한다고 상정되는 인간 영혼의 특성들은 사실상 음악 자체의 내적 속성들이 아니라 외래적인 것들인데, 이는 사람들이 다양한 견해에 따라 동일한 종류의 음계에 서로 다른 정서적 특성들을 귀속시키는 사실을 통해 보여진다. 따라서 음악은 그것 자체로는 인간 영혼의 특성들을 모방할 수 없으며, 인간의 정서에 교육적 영향력도 미칠 수 없다. 사실상 음악이 인간의 영혼에 미치는 영향력은 요리술의 그것과 다르지 않다.[109] 시와 음악에 대한 이와 같은 비판적 입장과 대조적으로 로마의 에피쿠로스주의자 호라티우스

106 Copleston, *op. cit.*, pp. 406-411.

107 *Plutarch's Moralia*, ed. T. E. Page etc., greek-english, vol. XIV, 1086f-1087a, The Loeb Classical Library, 1967. (혹은 Tatarkiewicz, *op. cit.*, p. 179 5)

108 Herakleitos, *Questiones Homericae* 4 & 79, ed. Societatis Philologae Bonnensis Sodales, Teubner, 1910; Athenaeus, *op. cit.*, V 187c. (혹은 Tatarkiewicz, *ibid.*, p. 179 7; 8)

109 Philodemus, *De Musica Liber Quartus* II & III. (혹은 Tatarkiewicz, *ibid.*, p. 230 15)

는 한편으로는 쾌락주의를 견지하면서도 에피쿠로스의 엄격하고 냉소적인 입장과는 달리 시가 갖는 쾌의 가치에 대해 긍정적 입장을 취했으며, 다른 한편으로는 그리스의 전통적인 도덕주의적 시 이해에도 충실하여 시의 도덕적 가치 또한 인정하였다.[110] 이에 따라 그는 읽는 이에게 즐거움을 주는 동시에 가르침 또한 줌으로써 유익함을 즐거움과 혼합시켜 놓은 시인이 모든 이의 칭찬을 얻었다고 이야기했다.[111] 이러한 주장을 통해 그는 시의 가치에 대한 후세의 논의들을 위해 시는 쾌의 가치와 도덕적 가치 양자를 통해 이해되어야 한다는 사고방식의 고전적 범형을 정립한 것으로 간주된다. 그의 이러한 생각은 이후에 르네상스에 이르러 시의 목표는 "가르침을 주는 동시에 즐거움을 주는 것"이라는 시드니의 주장에 반영되었고, 이러한 주장은 당시의 일반적인 견해를 대변하게 되었다.[112]

그러나 이와 같은 호라티우스의 독특한 입장을 제외한다면, 에피쿠로스와 필로데모스에게서 나타나던 시와 음악에 대한 비판적 평가의 입장은 회의주의 학파에서도 예술론 논의의 중심에 등장하면서 두 학파의 공통적 성격을 특징짓는다. 퓌론에 의해 창시된 회의주의 학파는 에피쿠로스 학파와 마찬가지로 영혼의 평정을 삶의 최고 목표로 삼았는데, 이에 도달하기 위한 길에 대한 생각에서 에피쿠로스 학파와 구별된다. 회의주의 학파의 입장은 과거의 소피스트들의 인식론적 주관주의에서 그 전조를 발견할 수 있거니와, 회의주의 학파는 인간은 감각을 통해서도 이성을 통해서도 진리에 도달할 수 없으며 다만 사물들이 어떻게 보이는지에 대한 서로 상충되는 다양한 주장들만을 가질 뿐이라는 인식론적 논제에서 출발하여 이로부터 윤리학적 교의를 도출한다. 그들에 따르면 인간 인식의 이와 같은 한계로 인하여 지혜로운 사람은 모든 것에 대해 판단을 유보하고 지식 자체를 거

110 Tatarkiewicz, *ibid.*, p. 240.

111 Horatius, *Ars Poetica* 343-344, in *Q. Horati Flacci Opera*, ed. E. C. Wickham, Oxford, 1975.

112 Butcher, *op. cit.*, p. 239.

부함으로써 이론적 주장에 빠지는 일을 삼가야 하는데, 오직 이런 길을 통해서만 인간은 영혼의 평정에 이를 수 있다고 한다.[113] 이와 같은 회의주의자들의 생각은 예술에 대한 그들의 논의에 반영되어 예술에 대한 과거의 신화적이고 이상주의적인 이해의 전통에 대한 비판적 논변들을 낳는 동시에 예술에 대한 이론적 주장 자체에 대한 거부의 입장을 보여 주었다. 회의주의자의 한 사람인 섹스투스 엠피리쿠스는 시와 음악에 대한 비판적 논의들을 통해 이와 같은 회의주의적 사고방식의 예술론적 적용을 잘 보여 준다. 그는 태고의 전통에 따라 시에 부여되던 진리성에 대해 회의적인 태도를 보이며, 이런 입장에서 시는 그것에 담겨 있는 허구가 인간의 마음을 혼란시키기 때문에 아무 쓸모도 없을 뿐만 아니라 해롭기까지 하다는 입장을 취한다.[114] 시는 기껏해야 즐거움을 줄 수 있을 뿐이며 참다운 행복이나 미덕을 가르치지 못한다. 그는 시의 허구성에 대한 이러한 비판적 논변에 부가하여 시에 대한 모든 이론적 주장 자체가 불가능할 뿐만 아니라 필요하지도 않다는 취지의 회의주의적 거절의 논변을 제시한다.[115] 또한 음악에 대해서 그는 전통적으로 음악이 인간 영혼에 미친다고 상정되던 정서적 영향력과 관련하여 에피쿠로스주의자 필로데모스와 유사한 비판 논변을 제시한다. 그에 따르면, 음악이 인간 영혼에 미친다고 하는 마술적 영향력은 사실상 환상에 불과한데, 왜냐하면 음악을 통해 정서적으로 영향을 받지 못하거나 다른 방식으로 정서적 영향을 받는 사람들과 동물들이 존재하기 때문이다. 그에 따르면, 음악이 인간 영혼에 미치는 영향은 단지 일정한 감정에 빠진 사람의 주목을 다른 곳으로 분산시켜 그가 빠져든 감정으로부터 일시적으로 벗어나게 하는 효과이며, 이것은 예컨대 술이나 잠이 가져다주는 일시적인 마취와 망각의 효과와 유사하다.[116] 그리고 그에 따르면, 피타

113 Copleston, *op. cit.*, pp. 413-414.

114 Sextus Empiricus, *Adversus Mathematicos* I 297-298, in *Sexti Empirici Opera*, vol. III, ed. J. Mau, Teubner, 1954.

115 *Ibid.*, I 66, 278 etc. (혹은 Tatarkiewicz, *op. cit.*, pp. 184-185 1-4)

116 *Ibid.*, VI 19-22.

고라스 학파의 생각과는 달리 음악은 우주적 질서의 반영으로서 철학과 같은 드높은 지위를 갖는다고 생각될 수 없다. 왜냐하면 그러한 우주적 질서에 대한 생각 자체가 거짓된 것으로서 다양하게 논박될 수 있기 때문이다.[117] 음악에 대한 그의 이러한 회의주의적 입장은 음악에 대한 학문의 존립 가능성 자체를 부인하는 데에까지 미친다. 그에 따르면, 음악을 이루는 소리, 멜로디, 화음은 실제로 음악의 객관적 속성들로서 존재하는 것들이 아니다. 이것들이 존재하지 않는다면 음악 또한 존재하지 않으며 따라서 음악에 대한 학문은 객관적 성립 기반을 갖지 못한다.[118]

에피쿠로스 학파와 회의주의 학파가 그리스 미학의 전통적 사고방식에 대한 비판의 역할을 수행했다면, 스토아 학파는 전통적 사고방식에 대한 폭넓은 수용의 역할을 담당한다. 에피쿠로스 학파나 회의주의 학파와 마찬가지로 스토아 학파에 있어서도 철학의 소임은 삶의 궁극 목표로서의 행복에 이르는 길을 제시하는 것이었다. 제논에 의해 창시된 스토아 학파는 인간의 본성이 이성에 있다는 기본 입장에서 이와 같은 인간의 이성적 본성에 반대되는 것으로서 삶에 병적인 영향을 주는 모든 감정의 요소들로부터 해방된 영혼의 초연함(ἀπάθεια)에서 행복을 찾았다. 스토아주의자들은 이러한 영혼의 초연함에 이르는 길이 "자연을 따르는 삶"에 있다고 주장했는데, 이는 인간을 비롯한 자연 전체의 내적 원리에 대한 그들의 우주론적 교의의 윤리학적 반영이다. 그들은 과거 그리스의 헤라클레이토스의 불과 보편이성(λόγος)의 사상을 모범으로 하여 인간을 비롯한 자연 전체가 보편이성의 신적 섭리에 의해 지배된다는 우주론을 정립했다. 그들에 따르면 우주 전체는 근본적으로 이러한 신적 이성의 질서에 따른 하나의 완전한 유기적 조직체이다. 이와 같이 이성의 신적 섭리를 내재적 원리로 갖는 세계는 그것 자체가 이미 신적 질서의 담지자로서 신적 자격을 가지며 또한 그것의 모든 과정들은 이러한 신적 섭리 아래에서 전체의 목적에 기여하는

117 *Ibid.*, VI 36-37. (혹은 Tatarkiewicz, *op. cit.*, p. 185 6)
118 *Ibid.*, VI 58.

합목적성을 보여 준다. 그들은 이와 같은 범신론적 목적론의 우주론 체계를 통해 인간을 포함한 세계 전체를 이해하면서, 인간은 인간 자신과 우주 전체의 섭리로서의 이성을 따르는 삶을 통해 자신의 이성적 본성을 실현하는 동시에 삶에 영향을 주는 모든 감정적 요소들로부터 해방된 영혼의 초연에 도달하는 것을 삶의 궁극 목표로 갖는다는 윤리학적 교의를 제시했다.[119]

그들의 이러한 행복론의 기초에 놓여 있는 우주론적 교의는 또한 윤리학적 함의 이외에도 미학적 함의를 갖는다. 그들에게 있어서 이 세계의 이성적이고 합목적적인 질서는 그것 자체로 아름다운 것이기 때문이다. 스토아주의자 파나이티오스는 천체의 움직임, 땅과 바다와 섬들의 변화, 동식물 세계의 다양성 가운데에서 규칙성과 합목적성을 발견하고 이를 미 개념에 의해 이해했다.[120] 자연이 갖는 질서의 아름다움에 대한 그들의 생각은 그들의 우주론의 특징적인 일면이며,[121] 이를 통해 그들은 후기 고대의 세계에서 그리스의 전통과 피타고라스주의에 의해 대변되는 질서와 조화로서의 아름다움에 대한 객관주의 미 개념의 계승자가 되고 있다. 그들의 이러한 미 개념은 또한 그리스의 전통과 부합되게 넓은 범위에 적용되는 것이었다. 그들은 그것을 물리적 대상뿐만 아니라 인간 정신의 특성에까지 적용하여 아름다운 모든 것을 조화와 균형이라는 내적 성질에 의해 파악하려 하였다.[122] 그런데 그들은 미 개념이 적용되는 이와 같은 넓은 범위 가운데 특히 물리적 대상의 아름다움을 별도로 주목하여, 여기에 조화와 균형의 성질들 이외에도 색이라는 요소를 함께 귀속시켰다. 이와 같이 색에 대한 별도의

119 M. Pohlenz, *Die Stoa*, vol. I, Vandenhoeck & Ruprecht, 1978, pp. 64-118.

120 Pohlenz, *op. cit.*, pp. 195-196. 이러한 파나이티오스의 생각은 그의 생각을 받아들여 자신의 저술 속에 반영시키고 있는 키케로에게서 확인된다. Cicero, *De Natura Deorum* II 98-100, ed. A. S. Pease, Darmstadt, 1968.

121 또한 스토아주의자 포세이도니오스에 관하여, Tatarkiewicz, *op. cit.*, pp. 194-195 5 (원전 Aetius Plac. I 6).

122 Stobaeus, *Eclogae Physicae et Ethicae*, ed. C. Wachsmuth, Weidmann, 1884, Vol. II, p. 63 1-5 (혹은 Tatarkiewicz, *ibid.*, p. 194 2).

주목이 부가된 물리적 대상의 아름다움에 대한 그들의 좁은 의미의 감성적(aesthetic) 미에 대한 고려는 헬레니즘 시기에 널리 반향을 일으켰다.[123] 그러나 감성적 아름다움에 대한 이러한 주목에도 불구하고 그들의 미 개념의 가치론적 중심은 정신적 아름다움에 놓여 있었다. 그들은 윤리적 이상을 대변하는 행복한 삶, 즉 인간을 비롯한 자연 전체의 원리로서의 이성에 따르는 삶에 최고의 가치를 부여하면서 이를 아름다운 삶이라고 이야기한다.[124] 따라서 그들에게는 인간 영혼이 갖는 정신적이고 도덕적인 아름다움이 모든 가치의 정점에 놓여 있으며, 물리적 대상의 아름다움은 인간 영혼의 아름다움과의 대조 속에서 열등한 것으로 간주된다.[125] 이와 관련하여 그들은 일반적으로 자연세계가 갖는 아름다움에 보다 적절히 적용되는 조화와 균형의 미 개념 이외에 인간의 행위에 특유하게 적용되는 개념으로서 적합성(decorum)의 개념을 미 개념 아래에 포함시켰다. 이것은 이미 소크라테스에게서 등장한 미 개념이며, 어떤 행위나 사물의 그것의 본성과 목적에 대한 적합성 어부가 이러한 종류의 미 개념에 있어서의 기준이 된다.[126] 그들은 이러한 적합성으로서의 미 개념을 주로 인간 행위, 즉 인간의 삶의 방식과 관습을 비롯하여 이러한 생활양식적 배경과의 연관 속에서 이해되는 시와 웅변에 적용하였다.[127] 미 개념에 있어서뿐만 아니라 예술론에 있어서도 그들은 그리스의 전통을 충실히 수용하는 동시에 그들 자신의 새로운 입장에서 재정립시켰다. 테크네에 대한 이해에 있어서 그들은 그리스의 전통적인 넓은 의미의 테크네 개념을 따랐다. 또한 이미 테크네의 일부로 간주되고 있던 시에 관련하여 그들은 시인의 지혜에 대한 태고의 전통적인 생각을 그들 자신의 도덕주의적 철학의 입장에서 대변하기도 했다.

123 Tatarkiewicz, *ibid.*, p. 189.

124 Stobaeus, *op. cit.*, p. 78 1-3 (혹은 Tatarkiewicz, *ibid.*, p. 194 3).

125 Tatarkiewicz, *ibid.*, pp. 187-188.

126 *Ibid.*, p. 197 16 (원전 v. Arnim, frg. 24).

127 Cicero, *Orator* 21. 70, in *M. Tulli Ciceronis Rhetorica*, vol. II, ed. A. S. Wilkins, Oxford, 1978.

그들은 시의 가치를 그것의 내용에 의거하는 도덕적이고 교육적인 역할에서 찾았는데, 그들에 따르면, 시는 지혜로운 생각을 포함하고 있을 때 아름다우며, 시적 언어가 갖는 형식은 시의 내용을 적절히 표현하기 위한 수단으로서 가치를 갖는다.[128] 이와 같은 입장에서 그들은 시가 신과 인간에 관한 철학적 진리를 시적 표현이 갖는 우의적인 방식으로 보여 주는 지고한 활동이라고 생각했다. 이와 같은 그들의 입장은 스토아주의자의 한 사람인 클레안테스에 의해 시가 멜로디와 리듬의 표현 형식을 통해 철학적 논변보다 더 낫게 신과 인간에 관한 진리를 보여 줄 수 있다는 생각으로까지 강화되었다.[129]

테크네에 대한 이해와 미 개념에 있어서 스토아 학파가 수용하고 있던 전통적 유산은 또한 후기 고대의 다른 학파들의 공유재산이기도 했다. 이는 기원전 2세기와 1세기에 이르러 스토아 학파, 아카데미아 학파, 소요학파의 사상 사이의 일치점을 찾으려는 시도가 활발해지면서 이들 세 학파의 사상을 절충적으로 결합시키는 역할을 담당하게 된 절충주의 학파의 미학사상에서 잘 드러난다. 절충주의 학파의 한 사람인 로마의 철학자 키케로는 아카데미아 학파, 소요학파, 스토아 학파가 공통적으로 대변하던 그리스의 전통적인 조화와 균형의 객관주의 미 개념을 자신의 미 개념의 기본 요소로 수용했다. 그는 이 학파들 중에서 특히 스토아 학파와 유사한 방식으로 자신의 미 개념을 정립했는데, 그는 기본적으로 조화와 균형의 미 개념을 중심으로 물리적 대상뿐만 아니라 정신적인 것의 아름다움을 이해하면서 양자의 차이에도 주목하여, 육체가 갖는 물리적 아름다움에 조화와 균형의 특성 이외에도 색과 같은 감각적 특성을 귀속시키면서 좁은 의미의 감성적 미의 차원을 별도로 주목한 반면에, 인간의 영혼이 갖는

---

128 Philodemus, *Über die Gedichte. Fünftes Buch*, ed. Ch. Jensen, griechisch-deutsch, Berlin, 1923, p. 132 (혹은 Tatarkiewicz, *op. cit.*, p. 199 24); Seneca, *Epistulae Morales* 108. 10, ed. L. D. Reynolds, Oxford, 1969.

129 Philodemus, *De Musica Liber Quartus* XXVIII. (혹은 Tatarkiewicz, *op. cit.*, p. 199 26)

아름다움을 미덕에 기인하는 도덕적 훌륭함의 의미에서 이해하면서 여기에 적합성의 특성을 귀속시켰다.[130] 이와 같은 스토아적 특성 이외에도 그의 미 개념은 과거의 플라톤의 사유의 유산도 이어받고 있다. 그는 플라톤과 유사하게 아름다움을 위엄(dignitas)에 의해 특징화되는 남성적 아름다움과 매혹(venustas)에 의해 특징화되는 여성적 아름다움의 두 범주로 구분했고,[131] 특히 두 번째 범주를 통해 좁은 의미의 감성적 미의 차원을 특유하게 개념화했다.[132] 그의 절충주의적 입장은 또한 그로 하여금 당시의 학파들 사이에 공유되어 있던 전통적 테크네 개념을 수용하는 것을 용이하게 했다. 그에게 있어서도 인간의 모든 제작활동이 테크네의 라틴어 표현인 아르스(ars)라고 불렸는데, 아르스가 지식을 기초로 하고 있다는 생각에 있어서 그는 그리스 전통을 따랐다.[133] 그는 더 나아가 자유인의 기술과 노예의 기술 사이의 전통적 구분을 수용하는 동시에 이를 자신의 입장에서 재해석함으로써 테크네 구분을 위한 새로운 기준을 제시했다. 전통적 구분에 따라 육체적 노고가 포함되지 않는다는 부정적 기준에 의해 노예의 기술과 구별되던 자유인의 기술은 그에게서 정신적 노고를 포함하며 유익함을 갖는다는 긍정적 기준에 의거하여 새로이 규정되었다.[134] 그의 이러한 새로운 구분에 따라 노예의 기술과 자유인의 기술이 갖는 의미와 범위는 새로이 정립되었고, 이는 건축을 비롯한 오늘날의 모든 예술활동들이 자유인의 기술의 범주 아래에 포괄되는 것을 가능케 했다.[135] 그러나 이와 같이 자유인의 기술의 범주 아래에서 규칙 의존적인 제작의 기술로서의 아르스에 속하는 것으로 이해된 예술에 관련하여, 그는 특히 시와 웅변이 그 예술적 창조에 있어서 영감의 요소를 불가결한 내적 동인으로 갖

130 Cicero, *Tusculanae Disputationes* IV 13. 30-31, ed. M. Pohlenz, *Teubner*, 1976; *De Officiis* I 28. 98, ed. C. Atzert, Teubner, 1971.
131 Cicero, *De Officiis* I 36. 130.
132 Tatarkiewicz, *op. cit.*, p. 202.
133 Cicero, *De Oratore* II 7. 30.
134 Cicero, *De Officiis* I 42. 150-151.
135 Tatarkiewicz, *op. cit.*, p. 203.

는다는 사실을 중요하게 주목했다. 그에 따르면, 신적 영감 없이는 시도 웅변도 있을 수 없다.[136] 이와 연관하여 그에게서 주목되어야 할 것은 그가 조형예술과 관련하여 예술가의 마음속의 심상을 예술적 창조에 있어서의 중요한 내적 원리로 거론하고 있다는 사실이다. 그는 예컨대 조각가 페이디아스가 제우스 신의 형상을 만듦에 있어서 자신의 눈을 통해 지각되는 어떤 사람의 모습을 모델로 하여 이것과 닮은 형상을 만들어 낸 것이 아니라, 자신의 마음속에 있는 아름다움의 상을 모델로 하여 이것과 닮은 형상을 만들어 낸 것이라고 이야기한다. 예술적 창조의 과정에 있어서 감각에 의해서가 아니라 인간의 정신에 의해 파악되는 이러한 아름다움의 상을 키케로는 플라톤의 이데아에 비유하면서 완전하고 훌륭한 어떤 것이라고 말하고 있으며, 이에 대한 예술가의 심상은 그에 의해서 방금 거론된 조형예술뿐만 아니라 웅변에 있어서도 예술적 창조의 내적 원리로 간주된다.[137]

이와 같이 키케로의 생각을 통해 미학 논의 속에 등장한 예술가의 마음속의 심상의 개념은 바로 앞에서 고려된 영감의 개념과 더불어 후기 고대의 예술론에 있어서 다른 많은 사람들과 학파들의 주목을 끄는 일반적인 논의의 대상이었다. 시에 관련해서는 그것이 테크네로서 갖는 규칙의존적 특성 너머의 창조적 자유의 여지 속에서 일상적이지 않은 영감의 힘에 의거하여 삶의 평범한 것을 넘어서는 위대한 것을 표현한다는 생각이 당시의 여러 학파의 사상가들과 고대 말의 예술평론가들에게서 발견되거니와,[138] 이러한 생각은 특히 『숭고론』을 저술한 고대 말의 문예비평가 가칭-롱기노스(Pseudo-Longinos)에 의해 강력하게 대변되었다. 그에 따르면, 웅변과

136 Cicero, *Tusculanae Disputationes* I 26. 64.

137 Cicero, *Orator* 2. 8-3. 10.

138 로마의 스토아주의자 세네카 또한 이러한 생각을 대변하여, 시인의 영혼이 감흥에 젖지 않고는 위대한 것을 이야기할 수 없으며, 신적 영감에 의해 일상적인 것 너머로 고양됨을 통해 비로소 시인의 영혼은 사멸할 수밖에 없는 입이 말할 수 있는 것보다 위대한 것을 노래할 수 있다고 주장했다. Seneca, *De Tranquillitate Animi* 17. 11, in *L. Annaei Senecae Dialogorum Libri Duodecim*, ed. L. D. Reynolds, Oxford, 1977.

시, 즉 언어적 예술작품을 위대하게 만드는 특성은 숭고(ὕψος)인데, 숭고는 무엇보다도 예술가의 웅대한 생각과 영감에 가득 찬 감정이라는 두 가지 자연적 근원에 기인한다고 한다.[139] 이러한 자연적 근원들을 내적 동인으로 하여 언어적 예술작품 속에 숭고한 것을 표현하는 시인과 웅변가는 비록 규칙에 어긋나는 오류를 범하더라도 시간–공간과 인식능력의 제약을 넘어서는 신적인 것을 표현하는 자신들의 노력 속에서 사멸할 존재인 인간의 차원 너머로 고양된다. 이러한 숭고한 예술적 추구에서 그들을 이끄는 이상은 자연이 갖는 위대함이거니와, 예컨대 조각과 같은 예술에서는 일반적으로 정확함이 추구되지만, 자연의 작품들은 위대함을 가지며, 인간이 언어적 능력을 갖는 것은 자연에 기인하기에, 인간의 언어적 예술 또한 자연의 모범에 따라 위대함을 추구한다.[140] 이와 같이 자연의 모범에 따라 위대한 것을 추구하면서 자신들의 언어적 예술작품 속에 숭고한 것을 표현하는 시인과 웅변가는 영감에 기인하여 그들의 "마음속에 형성된 심상(ε'ιδωλοποιία)"에 따라 이러한 일을 한다고 하는데, 그는 이것을 "상상적 표상(φαντασία)"이라고 부른다.[141] 이와 같이 그는 키케로와 마찬가지로 웅변과 시에 있어서의 예술적 창조의 내적 원리로서 예술가의 상상력을 중요하게 주목하고 있다. 이렇게 하여 그에게 있어서 영감이라는 내적 동인에 기인하여 상상력이라는 내적 원리에 따라 숭고한 것을 표현하는 위대한 예술작품은 결국 사람들의 마음을 사로잡아 황홀(ἔκστασις)에 이르게 하며 이를 통해 그들의 영혼을 고양시키는 것으로 설명된다.[142] 이와 같은 방식으로 미학 논의에 도입된 그의 숭고 개념은 18세기에 이르러 예술에 있어서의 천재 개념과 더불어 표현주의 예술론에 영향을 미쳤으며, 또한 버크와 칸트에 의해 미학 논의 속에 체계화되었다.[143]

139 Pseudo-Longinos, *Vom Erhabenen* 8. 1, ed. R. Brandt, griechisch-deutsch, Darmstadt, 1966.

140 *Ibid.*, 36. 1-3. (혹은 Tatarkiewicz, *op. cit.*, p. 255 30)

141 *Ibid.*, 15. 1. (혹은 Tatarkiewicz, *ibid.*, p. 252 20)

142 *Ibid.*, 1. 4, 7. 2.

예술적 창조의 내적 동인과 원리로서의 영감과 상상력에 대한 주목과 더불어 예술이 지향하는 신적 이상에 대한 이와 같은 생각은 후기 고대에 있어서 기원전 1세기 중엽부터 고대 말에 이르는 동안 종교적 신비주의의 경향을 띠며 등장한 정신주의적이고 이상주의적인 사상을 배경으로 하여 시뿐만 아니라 조형예술에 대한 고려에 있어서까지 일반화된 예술론적 흐름을 반영한다.[144] 전통적으로 시에 특유하게 적용되던 영감의 개념은 이 시기에 이르러 조형예술에 확대 적용되었다. 고대 말의 예술비평가 칼리스트라투스는 시인의 혀뿐만 아니라 조각가의 손 또한 신의 입김의 지원을 받아 광기에 가득 찬 창조를 한다는 주장으로 조형예술에 있어서의 예술적 창조의 내적 동인으로서의 영감의 필요성을 분명히 했다.[145] 이와 같이 고대 말에 이르러 시와 마찬가지로 영감에 기인하는 활동으로 간주되기에 이른 조형예술은 또한 그것의 내용에 관련해서도 시와 마찬가지로 신적 진리의 표현이라고 간주되기에 이른다. 고대 말의 웅변가 디온에 따르면, 인간의 신 개념은 네 가지 근원을 갖고 있는데, 그 하나는 인간의 마음에 본유적인 신에 대한 표상이며, 다른 하나는 시인의 작품에 나타나는 생각이고, 다른 하나는 법률가의 규정에 나타나는 생각이며, 마지막 하나는 조형예술가의 작품에 나타나는 생각이다.[146] 이렇게 하여 조형예술가는 그에게서 신에 대한 조각상이나 묘사를 통해 시와 마찬가지로 신의 본성에 대한 진리를 전달하는 사람으로 간주된다. 이와 같이 시와 마찬가지로 신적 진리를 표현하는 지고한 활동으로 간주되기에 이른 조형예술은 이제 그것이 시와 함께 공유하는 정신적 특성에 의해 이해되기 시작했는데, 조형예술이 갖는 이러한

143 Pochat, *op. cit.*, pp. 84-85.

144 Tatarkiewicz, p. 288.

145 Callistratus, *Descriptions* II 1, in *Philostratus Imagines. Callistratus Descriptions*, ed. A. Fairbanks, greek-english, The Loeb Classical Library, 1960. (혹은 Tatarkiewicz, *ibid.*, p. 299 5)

146 Dion, *Olympische Rede* 44, ed. H-J. Klauck, griechisch-deutsch, Darmstadt, 2000. (혹은 Tatarkiewicz, *ibid.*, p. 298 3)

정신적 특성은 일반적으로 그 예술적 창조의 내적 원리로서의 예술가의 마음속의 심상, 즉 상상력에 의해 설명되었다. 『아폴로니우스의 삶』의 저자 필로스트라토스는 키케로와 마찬가지로 조각가 페이디아스가 자신의 상상력에 의거하여 제우스 신상을 만들었음을 주장하면서 예술적 창조에 있어서의 상상력의 중요성을 강조했다. 그의 상상력 개념은 더 나아가 고대 말의 예술론에 있어서 그리스의 전통적 예술론의 원리로서의 모방 개념을 위협할 정도로 커다란 비중을 갖게 된다. 그에 따르면, 상상력은 모방보다 현명한 예술가다. 왜냐하면 모방은 오직 본 것만을 만들어 내지만, 상상력은 보지 않은 것도 만들어 내는데, 상상력은 이것을 실재와의 연관에 비추어 표상할 수 있기 때문이다.[147] 이와 같은 그의 생각을 통해 상상력의 개념에는 실재와의 연관에 따라 표상될 수 있는 많은 심상들의 새로운 결합, 즉 "새로운 심상들의 세계"를 창조한다는 의미가 부여되고 있으며, 그는 이를 통해 미학사에서 처음으로 예술에 있어서의 "창조적 상상력" 개념을 정립하고 있다.[148] 이와 같은 창조적 상상력이라는 의미에서 그에 의해 주장되는 모방에 대한 상상력의 우위는 예술에 있어서의 현상세계에 대한 재현의 측면보다는 이제 상상력이라는 새로운 개념 아래에 포괄되기에 이른 인간 영혼의 표현의 측면이 후기 고대인들의 삶 속에서 예술이 갖게 된 의미에 비추어 보아 보다 본질적인 중요성을 갖는 것으로 간주되게 되었음을 시사한다. 이것은 물론 모방 개념이 후기 고대에 이르러 예술의 원리로서 더 이상 효력을 갖지 못하게 되었음을 의미하는 것은 아니다. 모방 개념은 당시에 유행하던 자연주의적 예술 속에서 여전히 예술의 원리로서 효력을 갖고 있었다.[149] 그러나 그의 상상력 개념은 재현이라는 의미의 모방과는 구별되어야 할 것으로서의 표현 요소를 예술 일반에 본질적인 한 요소로서 개념화

147 Philostratus, *Life of Apollonius of Tyana* VI 19, ed. F. C. Conybeare, greek-english, The Loeb Classical Library, 1960. (혹은 Tatarkiewicz, *ibid.*, p. 298 2)

148 Butcher, *op. cit.*, pp. 126-127, 127의 각주 1.

149 Pochat, *op. cit.*, p. 52; Tatarkiewicz, *op. cit.*, p. 289.

하는 데에서 중요한 기여를 하고 있다. 전통적인 그리스에서도 물론 표현적 요소는 태고 시기부터 조형예술을 제외한 국한된 범위에서 예술에 본질적인 것으로 간주되기는 했으나, 전통적인 그리스의 사고방식 내부에서는 예술의 표현적 요소는 예술의 재현적 요소와의 분명한 개념적 구별 없이 모방 개념 아래에 포괄되어 있었을 뿐이다. 그의 상상력 개념을 통해 예술에 있어서의 인간 영혼의 표현 요소는 현상세계에 대한 재현 요소와 뚜렷하게 구분되면서 예술적 창조에 있어서 중심을 이루는 원리로 정립된다.

예술에 있어서 상상력이 예술적 창조의 내적 원리를 이루며 예술이 이에 따라 예술가의 영혼이 반영된 정신적 활동이라는 생각은 고대의 마지막 시기에 해당되는 기원후 3세기에 이르러 신플라톤주의자 플로티누스에게서 하나의 거대한 형이상학적 교의를 기반으로 체계적으로 정립된다. 그의 형이상학에서는 미에 대한 논의가 중심적 지위를 차지하고 있으며 미와의 연관 속에서 예술에 대한 논의 또한 중요한 비중을 갖고 있거니와, 우선 미론은 그의 형이상학의 중심에 놓여 있는 일자(ἕν)에 대한 논의 가운데 등장한다. 그는 우리가 살고 있는 감각적 세계 배후에 그것의 궁극적 근원으로서 정신적 세계가 있다는 플라톤의 생각을 자신의 형이상학의 기반으로 수용했다. 이 기반 위에서 그는 감각적 세계의 근원으로서의 정신적 세계의 정점에 일자를 상정하여 이를 모든 것의 궁극적 근원이자 원리라고 생각하였다. 그에 따르면, 일자는 일체의 존재와 인식 너머에 있는 초월적 원리이며, 만물의 존재와 생성은 이 근원적인 일자의 유출에 의거한다. 마치 태양이 스스로 조금도 줄어듦이 없이 자신의 빛을 발산하듯이 근원적인 일자가 스스로 조금도 줄어듦이 없이 자신의 빛을 유출함을 통해 정신적 세계와 물질적 세계의 모든 것이 존재하게 된다. 이 일자로부터 처음으로 유출되는 것은 지성(νοῦς)이며, 이것은 플라톤적 이데아들의 영역이다. 플라톤적 이데아는 감각적 세계의 만물에 가지적 형상(εἶδος)을 부여하는 원리이며 동시에 이러한 형상 부여의 자격에 의해 감각적 세계의 만물이 갖는 아름다움의 원리이기도 하다. 그에게 있어서 아름다운 것과 추한 것의 구별은 정신적 형상의 지배를 받는지의 여부에 달려 있기 때문이다.[150] 지성으로부터 영혼(ψυχή)이 유출되어 나온다. 이는 세계 영혼으로서 지성이 갖는 이데아들을 반영하는 형상들을 내포하며, 개별적인 인간들의 영혼들은 이 세계 영혼으로부터 발생한 것들이다. 영혼의 영역 아래에 물질적 세계의 영역이 있는데, 영혼 중에서 특히 물질적 세계와 접촉하여 현상적 세계의 실제 영혼으로 작용하는 부분을 그는 자연(φύσις)이라고 불렀다. 그러나 물질세계의 반대쪽에는 일자의 광원으로부터 유출되는 빛이 점점 희미해짐에 따라 더 이상 도달하지 않는 극한이 있는데, 이것은 질료(ὕλη)로서 정신적 세계의 형상이 결핍되어 있는 물질에 해당된다.[151] 이와 같이 그는 정신적 세계와 물질적 세계 사이의 플라톤적 구별을 수용하면서도 존재하는 모든 것을 초월적인 궁극원리로서의 일자로부터의 빛의 유출에 의해 설명함으로써 질료라는 극한에 이르기까지의 모든 존재의 단계들이 연속되어 있음을 이야기한다. 따라서 그에게 있어서 물질적 세계는 그것이 비록 정신적 세계에 비해 일자의 빛을 희미하게 받고 있기는 하지만 플라톤에게서처럼 감각적 허상으로 간주되기보다는 참된 실재의 반영이라는 긍정적인 존재론적 자격을 갖게 된다. 요컨대, 감각적 세계와 정신적 세계는 근본적으로 서로 결속되어 있으며 전자는 후자의 반영물이다.[152]

이와 같은 기본 입장에서 그는 감각적 세계의 미가 정신적 세계의 미의 표명(δεῖξις)임을 주장한다.[153] 그에게 있어서 정신적 세계 속의 지성은 형상부여의 원리로서 아름다움의 원리이기도 하거니와, 감각적 세계의 아름다운 사물들은 정신적 세계의 지성과 영혼이 갖는 형상들을 분유함으로써 아름다움을 얻게 되는 것으로 설명된다.[154] 그리고 이와 같이 그 근원에 있어

150 M. C. Beardsley, *Aesthetics from Classical Greece to The Present*, New York & London, 1966, p. 81.

151 Copleston, *op. cit.*, pp. 464-469.

152 Plotinos, *Enneades* IV 8. 6. 25-28, in *Plotini Opera*, ed. P. Henry & H-R. Schwyzer, Oxford, 1964(Enn. I-III: vol. I), 1977(Enn. IV-V: vol. II), 1982(Enn. VI: vol. III).

153 *Ibid.*, IV 8. 6. 23-25.

서 정신적 세계의 지성과 영혼에로 소급되는 감각적 세계의 아름다움은 궁극적으로 일자의 빛의 반영이기에, 그에게 있어서 아름다움을 이루는 가장 본질적인 특성은 일자가 갖는 단일성의 특성이다. 이러한 입장에서 그는 피타고라스에 의해 도입되어 플라톤과 아리스토텔레스를 거쳐 스토아 학파와 키케로에게까지 이어져 내려오는 조화와 균형으로서의 아름다움에 대한 전통적 미론을 비판한다. 그에 따르면, 전통적인 조화와 균형의 미론은 복합적인 사물에만 아름다움을 귀속시키지만, 태양의 빛과 같은 단순한 것도 아름다우며, 또한 복합적인 사물이 아름다움을 갖는 경우에도 아름다움은 부분들로 이루어진 전체에만 귀속되는 것이 아니라 단순한 부분들 자체에도 귀속되어야 한다. 왜냐하면 아름다운 전체가 추한 부분들로 이루어질 수는 없기 때문이다. 그리고 항상 균형 잡힌 같은 얼굴도 그 표정에 따라 때로는 아름답고 때로는 아름답지 않은데, 이는 아름다움이 조화와 균형에 기인하는 것이 아님을 보여 준다. 또한 삶의 방식, 학문 그리고 인식이 갖는 아름다움도 마찬가지로 조화와 균형에 기인하는 것이 아니다. 이는 잘 조직된 사고의 체계가 높은 정도의 조화의 성질을 보여 줄 수 있는 반면에 거짓되고 나쁜 것일 수도 있다는 사실에서 보여진다.[155] 따라서 아름다움은 조화와 균형이 아니라 사물들이 갖고 있는 조화와 균형에 빛을 비추어 주는 것, 즉 영혼과 지성의 정신적 형상에 기인하거니와,[156] 이 모든 정신적 형상은 궁극적으로 단일성을 특성으로 하는 일자의 빛에서 오는 것이다.[157] 이에 따라 전통적 미 개념의 중심을 이루던 조화와 균형의 특성은 플로티노스에게서 일자의 빛이 갖는 단일성의 특성이 감각적 세계의 현상 가운데 드러나는 하나의 방식에 지나지 않는 것으로 간주된다.[158]

이와 같이 조화와 균형을 비롯하여 감각적 세계의 사물들이 갖고 있는

154 *Ibid.*, I 6. 2. 1-13, I 6. 6. 29-32.
155 *Ibid.*, I 6. 1.
156 *Ibid.*, VI 7. 22. 24-33.
157 Tatarkiewicz, *op. cit.*, p. 319.
158 *Ibid.*, p. 320.

모든 아름다운 특성들은 정신적 세계의 형상의 반영으로서 궁극적으로 일자의 단일성에 기인한다. 정신적 세계의 아름다움이 물질적 세계의 아름다운 사물들에 일자의 빛을 비추어 준다는 그의 이와 같은 생각은 예술론에서 커다란 힘을 발휘하여 예술작품에 정신적 세계의 아름다움의 구현이라는 드높은 자격을 인정하는 결과를 낳는다.[159] 여기에서 중요한 역할을 하는 것이 바로 후기 고대에 일반적인 예술가의 마음속 심상의 개념인데, 그 또한 당시의 일반적인 사고방식에 부합되게 이 개념을 예술론의 중심에 두고 있다. 그는 앞에서 거론된 키케로와 마찬가지로 조각가 페이디아스는 자신의 감각에 나타나는 어떤 모델에 따라서가 아니라 자신의 마음속에 떠오르는 형상에 따라서, 즉 "제우스가 우리의 눈앞에 모습을 드러내려 한다면 나타나게 될 모습"에 대한 자신의 파악에 따라서 제우스 신상을 만들었다고 이야기한다. 따라서 그에게 있어서 조각가는 자신의 마음을 통해 정신적 세계의 형상을 파악하는 능력을 가지며, 이를 통해 마음속에 품게 된 정신적 형상을 물질적 세계의 감각적 재료 속에 구현시킴으로써 물질적 재료로 하여금 본래 그것에 결여되어 있던 아름다움의 원형으로서의 정신적 형상을 얻어 정신적 세계의 아름다움을 반영하는 예술작품이 되게 한다.[160] 이 논의에서 키케로와 플로티노스는 플라톤의 사유의 유산을 수용하는 동시에 이를 그들 서로가 공유하는 새로운 관점에서 재해석하여 새로운 예술론적 결론에 이르게 되었다는 공통점을 갖는다. 그들은 한편으로는 감각이 아니라 사유에 의해 파악되는 정신적 형상에 참된 아름다움이 있다고 생각하는 점에서 플라톤적 사유의 유산을 보여 주고 있다. 그러나 그들은 다른 한편으로 정신적 형상을 파악하여 마음에 품고 이를 예술작품 속에 구체화시키는 능력을 조각가에게 인정함으로써 플라톤적 사유를 벗어나고 있다. 플라톤 자신은 이와 같은 능력을 예술가에게 인정하지 않았으며, 따라서

159 Plotinos, *op. cit.*, IV 3. 11. 1-8.
160 *Ibid.*, V 8. 1. 6-40.

아름다움의 원형으로서의 정신적 형상은 그에게 있어서 그저 감각세계의 허상만을 지각할 수 있을 따름인 예술가의 마음속에 심상으로 자리잡을 수 없었고 오로지 그의 마음 너머에 초월적 실재로 머물 뿐이었다. 이런 의미에서 그들은 플라톤적 사유의 유산을 플라톤적 사유를 벗어나는 방식으로 조형예술에 적용시킴으로써 플라톤 자신은 인정하지 않았던 정신적 능력을 조형예술가에게 부여하고 있고 이와 동시에 플라톤은 인정하지 않았던 형이상학적 지위를 조형예술 작품에 부여하고 있다. 이와 같이 키케로와 공유하는 그의 새로운 관점에 따라 전통적으로는 시와 음악에 대해서만 인정되던 드높은 철학적 가치가 조형예술에 또한 부여됨에 따라, 플로티노스에게 있어서 예술은 일반적으로 감성적 세계와 초감성적 세계 사이를 잇는 교량의 역할 속에서 그것이 갖는 정신적 특성에 의해 평가되게 되었다. 그에게 있어서 예술은 한편으로는 감성적 세계의 재료와 소재를 갖고 수행되는 작업이기에 감성적 세계에 속하지만, 다른 한편으로는 그것이 예술가의 정신을 통해 파악된 초감성적 세계의 진리를 상기시키는 예술작품을 낳는다는 점에서 정신적 세계에 속한다.[161] 그러나 이러한 양면성 속에서도 예술의 참다운 본질은 사물들의 외관의 모방이 아니라 감성적 세계의 근원으로서의 정신적 원리에로의 복귀에 놓여 있다. 이에 따라 그에게 있어서 예술은 궁극적으로 정신적 아름다움 자체의 담지자로서 감성적 자연세계의 질료에 그것이 결여하고 있는 아름다움의 원형으로서의 정신적 형상을 보완시켜 주는 일을 그것의 본질적인 과제로 갖는다.[162] 이렇게 하여 그에게서 예술은 그 이전의 어느 누구에게서보다도 직접적인 방식으로, 여전히 고대의 넓은 의미에서이긴 하지만, 미를 구현하는 활동으로 규정되고 있다.[163]

---

161 *Ibid.*, II 9. 16. 39-48.
162 *Ibid.*, V 8. 1. 32-38.
163 Tatarkiewicz, *op. cit.*, p. 322.

더 읽을거리

Halliwell, S., "Plato and aristotle on the Denial of Tragedy", *Proceedings of the Cambridge Philological Society* 30, 1984, pp. 49-71.

____________, *Aristotle's Poetics*, Chapel Hill: University of North Carolina Press, 1986.

____________, "The Importance of Plato and Aristotle for Aesthetics", *Proceedings of the Boston Area Colloquim on Ancient Philosophy* 5, 1991, pp. 321-348.

Nussbaum, M. C., *The Fragility of Goodness: Luck and Ethics in Greek Tragedy and Philosophy*, Cambridge: Cambridge University Press, 1986.

Rorty, A. (ed.), *Essays on Aristotlès Poetics*, Princeton: Princeton University Press, 1992.

Tatarkiewicz, W., *History of Aesthetics I*, The Hague, MOUTON, 1970.

플라톤의 예술이해*

김남두

1.

미학이란 말은 근대에 형성되어 쓰이기 시작했다. 예술이란 말도 우리가 이해하는 의미를 획득한 것은 르네상스 시대에 이르러서이다. 미학의 출현이 근대에 이르러 시작된 데에나 techne, ars라는 말이 늦게서야 우리가 이해하는 의미를 지니게 된 데에는 물론 나름의 이유가 있다. 이런 지체에 플라톤의 aisthesis나 techne 개념 이해가 적지 않은 역할을 하고 있다. '감각', '지각'을 의미하는 고대 그리스어는 aisthesis이며 미학으로 번역되는 aesthetics가 이 개념에서 형성된 것이라는 점은 잘 알려져 있다. aisthesis를 통해서는 앎이 성립하지 않으며 오로지 이성(nous), 혹은 지성(dianoia)의 영역에서만 엄격한 의미에서 앎이 성립한다는 파르메니데스와 플라톤의 선명한 구분 이후로, 감각경험에서 앎이 성립할 수 있다는 생각은 그리스 주지주의적 전통에서 둥근 사각형처럼 일종의 형용모순으로 받아들여져 왔다. 감각경험 영역에서의 규범적 질서를 추구하는 학문으로서

* 이 글은 「플라톤과 시인-플라톤의 문학이해」라는 제목으로 『현대예술과 비평』 창간호(1991)에 게재되었던 글을 『미학대계』의 취지에 맞추어 개고한 것이다.

aesthetics 출범도 따라서 감각 영역의 규범적 복권 이후로 미루어지게 된다.

그러나 서양 고대에 그리고 플라톤의 철학에서 미학적 주제가 결여되어 있었던 것은 물론 아니다. 타타르키예비츠가 적절히 지적했듯이[1] 미학의 거의 모든 주제에 관해 우리는 플라톤의 저술에서 본격적인 혹은 부수적인 언급을 발견할 수 있다. 서양미학이 미와 예술 개념을 중심으로 전개되어 온 것이 사실이라면, 바로 이 개념들이 예술에 관한 논의의 중심에 위치하는 것이 플라톤의 작품에서 시작된다. 이후의 미학적 논의와 예술에 관한 이론들이 이런 플라톤의 울타리를 벗어나는 과정임에 틀림이 없지만, 개념의 폭을 확대하고 새로운 체계를 시도하는 입장들에도 옛 울타리의 그림자는 지울 수 없이 남아 있다. 서양 학문의 여러 분야에서와 마찬가지로 우리는 플라톤의 철학에서 이후 서양미학의 중심 개념들이 형성되고 미학의 기본적인 문제들이 방향을 잡았다고 평가해도 좋을 것이다. 이 글은 플라톤의 문헌에서 발견되는 예술과 미에 관한 생각을 「이온」, 「국가」, 「파이드로스」, 「티마이오스」를 중심으로 개관적으로 서술한다.

2.

플라톤의 후기 저술 「티마이오스」 편에는 신이 세계를 만드는 과정이 기술되어 있다. 「티마이오스」 편에 나오는 이 신의 이름은 데미우르고스(Demiourgos)다. 이 신의 이름은 기묘한 데가 있다. 데미우르고스란 그리스어로 제작자, 장인을 뜻하는 보통명사이며 목수나 제화공 또는 대장장이 등이 모두 이에 속한다. 즉 제작자를 뜻하는 보통명사가 그대로 고유명사화되어 신의 이름으로 쓰이고 있다.[2] 이 기묘한 이름과 관련하여 우리는 다

1 Tatarkiewicz, W., *History of Aesthetics* vol. I, The Hague: Mouton, 1970, 113쪽.

2 신화에서 우리는 인간이 뜻대로 할 수 없는 힘을 가진 자연이나 인간 현상을 그대로 신격화시킨 경우들을 종종 만나며, 이런 경우 그 현상을 나타내는 명사가 그대로 고유명사화함을

음의 물음을 던져볼 수 있다. 왜 플라톤은 이 신에게 '데미우르고스', 즉 '제작자'라는 이름을 붙였을까? 이 물음은 다음과 같이 다시 물어질 수 있을 것이다. 세계를 만든 존재인 이 신은 왜 자신의 고유한 이름이 아닌 '만드는 자'라는 일반적인 이름을 가졌을까? 이 물음에 대답하기 위해 우리가 먼 길을 우회할 필요는 없다. 중요한 것은 '만드는 자'라는 이 신의 이름이 우리에게 시사해 주는 다음과 같은 사실이다. 즉 데미우르고스라는 신의 이름과 함께 플라톤이 부각시키고자 했던 것은 이 신의 환치될 수 없는 고유성이 아니라, 그가 가진 '만드는 자'라는 일반적인 성격이었으며, 그가 신인 이유는 그에 의해 만들어진 이 세계가 신적인 완전함을 보이기 때문이라는 점이다. 즉 이 신은 신적인 완전함을 보이는 모든 만듦에 항시(恒時) 편재하는 그런 일반적 존재라는 것이 '제작자'라는 신의 이름에서 우리가 읽어낼 수 있을 메시지라는 것이다.

아울러 신에 의해 만들어진 이 세계도 『구약성서』에서의 창조물처럼 절대적 존재의 완전한 복속의 대상이 아니라, 다른 만들어진 것들과 마찬가지로 거역될 수 없는 만듦의 질서에 따른 것이라는 점, 따라서 이 세계 역시 여타의 제작된 것들 일반이 이해되는 바와 마찬가지 방식으로 이해될 수 있다는 플라톤적 자연 이해를 우리는 읽어낼 수 있다. 플라톤에 의해 단지 그럴듯한 이야기(*eikos mythos, Tim.* 29d)일 뿐이라고 하며 그려진 이 세계 제작자의 이야기는 그 이외에도 여러 점에서 『구약성서』의 창조주의 이야기와 다른 점이 지적될 수 있다. 이 다른 점은, 플라톤의 세계 제작자가 문자 그대로 단지 제작자일 뿐이라는 점에 그 뿌리를 두고 있다. 『구약성서』의 창조주가 모든 것을 — 세계의 질료와 그 질서 모두를 — 무로부터 창조해 냈던 존재임에 대해, 플라톤의 세계 제작자인 데미우르고스에게는 이미

볼 수 있다. 사랑을 뜻하는 Eros, 정의를 뜻하는 Dike 등이 예가 되겠는데 이 같은 신격화와 명명이 인간의 삶에 대한 그 현상의 중요성을 표현하는 것임은 물론이다. Dike나 Moira와 같은 신들의 경우 이들의 기능은 이들이 지니는 거의 제일한 작용 방식이 이미 일반명사화된 요소들의 작용 방식과 유사하다는 점에서 고유명사로서의 성격을 띤 신에서 보통명사화된 세계의 설명요인으로 이행하는 과정을 보여 준다고 할 수 있을 것이다.

많은 것이 주어져 있다. 질서지어지지 않고, 혼돈된 것으로 이야기되는 재료도 그에 의해 만들어지는 것이 아니라 이미 주어져 있으며, 이 혼돈된 재료, 혹은 바탕에 구현되어야 할 세계의 질서(*taxis*), 혹은 세계의 본(*paradeigma*)도 데미우르고스의 머리 속에서 고안되는 것이 아니라, 그의 밖에 이미 존재해 있다. 그가 하는 일은 주어진 이 혼돈된 재료에, 역시 이미 존재하는 질서를 부여하는 일이다. 즉 그의 일은 이미 주어진 둘을 결합하는 일이다. 아리스토텔레스가 말했던 질료인과 형상인은 이 제작자의 밖에 별개의 독립적 요인으로 이미 주어져 있으며 데미우르고스 신에게는 이 둘을 결합하는 작용자(ourgos, agent)의 역할만이 주어져 있다. 바로 이런 점에서 그의 작업은 그에게만 고유하다고 할 것이 없는, 모든 제작자들에게 일반적인 성격의 것이며, 따라서 그의 이름이 그에게만 고유한 어떤 것이 아니라 '제작자' 라는 일반적인 것일 수 있다는 이해가 가능하다. 우주의 제작자에 관한 플라톤의 이런 생각은 동시에 우주까지도 제작된 것이며, 따라서 자연세계도 기본적으로 책상과 같은 제작물들이 이해되는 것과 동일한 방식으로 이해될 성질의 것이라는 점을 이야기한다.

자연에 대한 이 같은 이해 방식은 우리가 이 글에서 다루고자 하는 시가나 예술이 플라톤에서 어떻게 파악되는가를 이해하는 데에도 중요한 출발점이 된다. 시가든 조형예술이든 플라톤에게서 일차적으로 만들어진 것으로 이해되고 있으며 만들어진 것들에 제기되는 물음들이 시가와 예술에 그대로 제기되고 있다는 사실 때문이다. 영어에서 시와 시인을 뜻하는 포임(*poem*), 포이트리(*poetry*), 포이트(*poet*)와 같은 단어들은 모두 '만들다(*make*)' 를 뜻하는 그리스어 poiein에 그 뿌리를 두고 있다. 시와 시인을 뜻하는 그리스어의 poiēma와 poiētēs는 직역하면 '만들어진 것' 및 '만드는 자' 요, 시를 뜻하는 poiēsis는 직역하면 '만듦' 이다. 흔히 '시학' 으로 번역되는 poiētike(영어로는 *poetics*)는 뒤에 기술을 의미하는 technē가 보충되어 '제작술' 로 번역될 수 있는 말이기도 하다. 플라톤의 예술 이해와 관련하여 우리가 중심적으로 다루게 될 그의 「국가」 편에서 시인은 '이야기를 만드는 자'(mythopoios 377c)[3]로 언급되며, 시인들의 대표라고 할 호메로스가 같은 저술 내에서 '모상(模像)을 만드는 자'(eidōlou demiourgos 599d)로 표현되고 있다.

시와 시인 그리고 예술작품과 예술가 일반이 일차적으로 이같이 만들어진 것, 그리고 만드는 자로서 파악된다면, 당연히 이 만듦의 성격이 어떤 것으로 이해되느냐에 따라 시와 시인의 본성과 기능이 규정되리라는 것을 추측하기 어렵지 않다. 만듦이 『구약성서』에 나오는 신의 경우에서와 같이 무에서의 창조로 파악되고, 시(詩) 또는 문학작품도 이 같은 성격의 작업으로 된다면, 시인이란 창조자요, 없던 것을 만드는 자이며, 만들어진 것으로서의 시에서도 이 같은 일회적이고 고유한 것의 측면이 강조될 것이다. 반면에 만듦이 앞에 이야기된 데미우르고스 신(神)의 경우처럼 이미 주어져 있는 것의 결합, 또는 무질서한 것에 질서를 부여하는 작업으로 이해되고, 이 모델에 따라 시와 시작이 이해된다면, 당연히 여기서 강조되는 것도 그 같은 작업을 가능하게 할 규율과 이 같은 규율에 따라 만들어지는 것들의 구조와 질서 등이 될 것이다. 우리가 플라톤의 예술이해를 살피기 위해 다루게 될 「이온」 편이나 「국가」 편도 일차적으로 이런 맥락 아래서 접근될 수 있다.

3.

「국가」 편의 X권에서 플라톤은 세 부류의 제작자를 구분하고 있다. 이 세 부류 가운데 우리에게 가장 낯익은 제작자가 우리가 쓰는 책상이나 옷, 그릇 등을 만드는 제작자이다. 또 다른 한 제작자는 신이다. 신이라는 제작자는 여기서는 앞서 이야기된 「티마이오스」 편과는 다른 맥락에서 도입된

3 이하 「국가」의 쪽수는 Stephanus 쪽수만을 표시함.

다. 침상을 예로 들어 이야기해 보면, 우리가 사용하는 침상들은 목수가 만들었으나 침상 자체, 즉 침상의 이데아는 목수가 만든 것이 아니라는 것이 플라톤의 생각이다. 목수는 하나의 구체적인 침상(kline tina 597a3)을 특정한 재료와 디자인, 색깔을 사용해 만들지만 적어도 도구로서 침상이 어떠어떠한 것이어야 하는가는 목수가 특수한 한 침상을 만들기 이전에 이미 침상의 이데아로 존재하며, 이 본래의 침상의 제작자가 신이라는 것이다.

이데아가 신에 의해 만들어졌다는 이야기는 이데아에 대해 언급되는 플라톤의 다른 저술에는 등장하지 않고 「국가」 편의 X권(597a 이하)에서만 나오는 이야기이다. 이 이야기 때문에 플라톤의 이른바 이데아론의 내용이 달라졌다고 생각할 이유는 없다. 여기서 신이 이데아의 제작자로 이야기된 것은 두 가지 이유가 이야기될 수 있을 것이다. 먼저 논의 맥락이 제작과 관련되어 있다는 것과 제작품으로 이야기되는 이데아가 신적인 완벽함을 지닌다는 것이 두 가지 이유이다. 즉 이데아를 신이 만들었다고 해서 신이 자의로 다르게 만들 수 있는 성격의 것은 아니며,[4] 바로 이렇게 어떤 경우에든 달라질 수 없다는 점이 신이 만든 책상의 신적인 특징을 드러낸다는 것, 이것이 신적인 제작자라는 개념을 통해 플라톤이 이야기하는 점이다. 목수에 의해 제작된 침상과 신적인 침상의 차이는 목수의 침상이 만들어지고 언젠가는 부서져 없어지며, 때로는 침상이 아니라 땔감으로 사용될 수도 있는 데 대해, 신적인 침상은 항상 침상일 뿐 생성이나 소멸, 기타 어떤 변화도 겪지 않으며, 또한 관점에 따라 다르게 나타나지도(*alloia phainetai*) 않고, 다른 것으로 사용될 수도 없다는 데서 성립한다. 차이의 핵심은 신적인 침상이 항상 동일하게 침상임에 반해, 목수의 그것은 보는 데 따라, 또는 입장에 따라 다르게 나타나고 다른 것이 될 수도 있다는 데 있다.

이 만들어진 침상이 관점에 따라 다르게 나타날 수 있다는 것, 즉 그것의

---

4 「국가」 597c1에는 신이 본인의 뜻에 의해서건 또는 어떤 강제에 의해서건 자연에 오직 하나의 침대만 만들었다는 언명이 나온다. 신도 따르지 않을 수 없는 자연의 질서가 있다는 생각이 명백히 표명되고 있다.

다양한 현상 방식에 제3의 제작자인 화가의 성립 가능성이 있다. 화가가 만드는 침상은 침상 제작자에 의해 만들어진 침상의 모상이라는 것이 플라톤의 생각이다. 그럼 목수의 침상과 화가의 제작품인 이 모상의 차이는 어디서 성립하는가? 목수의 침상이 실재하는 것의 모방품임에 대해 화가의 그림은 그 모방품을 다시 모사한 것이라는 것이 플라톤의 입장이다. 즉 두 경우 모방의 대상이 다르다. 실재하는 것을 모방하는 경우, 바로 그 대상이 실재하는 것이므로, 앞서 이야기된 대로, 시간이나 관점에 따른 차이가 성립하지 않고 항상 책상이 만들어진다. 관점에 따라 달라지지 않고 참으로 존재하는 것으로부터 만들어진 것은 그것의 형상이 되는 것의 불변성과 관점에 따라 달리 나타나지 않고 여일하다는 점 때문에 그 결과물에도 항상성이 주어진다. 그러나 본래의 것을 모방하여 만들어진 이 모방품으로서의 책상을 다시 모방 대상으로 하는 경우, 이 두 번째 모사는 모방 대상을 현상하는 만큼만 모사할 수 있다. 즉 모사자에게 나타나는(*phainetai*) 만큼만 모사되며, 관점이나 시간에 따라 다양하게 나타나는 방식, 즉 현상 방식에 따라 다양한 것들이 나타나게 된다. 쉽게 얘기해서 화가의 그림에는 책상이 그 전체로서 나타날 수 없고, 그리는 자의 위치에 따라 앞면이나 옆면만 나타난다든지, 또는 다른 방식으로 한 부분만이 나타나며 전체가 드러나지 않는다는 것이다. 현상에서 나타나는 이 한 측면을 플라톤은 모상(*eidōlon*, *Resp.* 598b)이라고 부르며, 따라서 제3의 제작자인 화가는 모상의 제작자가 되는 셈이다. 화가의 관점이 현상하는 측면에 한정됨으로써 화가의 위치는 플라톤 자신의 표현에 따르면 실재에서 세 번째 떨어져 있는 자가 되며, 그의 제작품도 본래의 것에서 세 번째 것(597d.e, 599a, 602c)의 지위를 지니게 된다. 화가는 거울을 들고서 이것저것을 비추는 사람으로 비유되고 화가의 그림도 거울에 비친 모상의 지위가 되는데, 이 같은 그의 입장은 거울에 비친 상이나, 화가가 그린 그림이나 모두 사물이 한 특정한 관점에서 비추어지거나, 보여져 나타난 모습, 즉 외관을 모사하는 데 불과하며, 양자가 이런 점에서 동일하다는 데 근거하고 있다.

이후 서양철학이 세계를 파악하는 기본적 틀을 이루게 되는 현상계와 실재 세계의 구분은 위에 이야기된 플라톤의 입장에 의하면 시간이나 관점에 따라 이렇게 혹은 저렇게 달리 나타나는 것(*phainomenon, appearance*)과 그것을 넘어서 변치 않고 항상 그러한 것(*to on, being*) 사이의 구분이 된다. 여러 가지로 다르게 나타나는 것으로서의 현상에 대조되는 개념으로 「국가」 편의 X권에 제시되는 것이 실재(*to on*)의 개념인데, 이미 지적되었듯이 이것은 시간이나 관점의 차이에 관계없이 변화하지 않고 항상 동일한 것이 있다는 생각에 근거하고 있다. 이 '항상 그러한' 것을 파악하는 인간 능력이 이성이며, 이렇게 저렇게 달리 나타나는 것이 우리의 감각과 관계된다. 그리고 바로 이런 이유로 이성이 진정한 실재의 파악 능력으로, 반면에 감각은 그때그때 관점에 따라 달리 나타나는 것만을 받아들이는 능력으로 평가된다. 이성에 진리 파악 능력을 부여하는 이성의 형이상학은 이런 생각에 근거하여 성립하게 된다.

이 같은 플라톤의 존재론적 · 인식론적 구도 아래서 가장 낮은 위치를 차지한 화가, 그리고 그 화가와 본성상 같은 것으로 여겨진 시인이나 여타 예술의 입장에 대해 다음의 질문이 제기될 수 있다. 화가는 실재하는 신적인 책상에 접근할 수 없는가라는 질문이 그것이다. 그 물음에 대한 플라톤의 대답은 앞서의 논의에 근거해 제시될 수 있다. 즉 화가는 체계적으로 현상에 관계할 수밖에 없다는 것, 이것이 플라톤의 세 제작자와 두 상이한 모방의 개념에 함축된 주장이다. 즉 그들이 다루는 것, 그리는 것이 초시간적 · 공간적인 대상, 그래서 관점에 따라 달리 나타남이 불가능한 어떤 것, 관점을 넘어선 무시간적 · 초공간적인 어떤 것이 아니라 항시 시간과 공간에 제약되고, 특정한 관점에서 나타나고 바라본 것이라는 점이 화가 작업의 성격을 규정하는 핵심이라는 것이다. 시간과 공간 그리고 특정 맥락에 제약되어 있다는 것은 두 번째 모사물로서 예술작품이 지니는 벗어 버릴 수 없는 특징이라는 것이 플라톤의 대답이 될 것이다. 플라톤에 따르면 그가 설정하는 초시간적인 실재에 접근하여 성립하는 것은 앎, 지식이다. 그리고 실제 제작의 세계에서는 우리가 인공물이라 말하는 것들, 즉 우리가 실제로 사용하는 물건들이 실재를 대상으로 할 때 생기는 산출물이다. 목수의 경우는 예컨대 침상 자체에 관심을 가질 이유가 있다. 그 책상이 기능해야 하는 것인 만큼 침상 자체가 그것의 현상 형태를 넘어서 가져야 할 기본 요건이 어떤 것인지를 알아야 제대로 기능하는 침상을 만들 수 있기 때문이다. 그러나 화가나 시인의 경우는 관심이 기능하는 침상이라고 할 수 없다. 그들이 제시하려는 것이 사용하기 위한 침상이 아니기 때문이다. 즉 침상을 만드는 이와 침상을 그리는 이 사이에는 그들이 만들려는 것의 차이에 따라 체계적으로 다른 관심이 지배하고 있다. 화가나 시인의 경우는 기능하는 침상의 제공이 목표가 아닌 만큼 침상 자체가 어떤 것인지에 관한 관심과 앎은 문제가 되지 않는다고 할 수 있다. 플라톤은 바로 이 점을 관심 대상의 존재론적 차이로 표현하고 있다. 실재 세계에 접할 수 있는 사람이라면 목수가 그렇듯 우리가 사용하는 침상을 만들지, 그것의 모사물을 만들지는 않는다는 것이다. 즉 모사를 일삼음은 변치 않는 것으로서의 실재에 대해 접근할 능력이 없고 그에 따른 무지로부터 나오는 것이며, 그럴 능력이 있는 자는 실제의 것들을 제작하지 유희(*paidia, play*)에 지나지 않는 그것의 모사물을 제작하는 데 시간을 보내지 않으리라는 것이 플라톤의 대답이다. 이런 플라톤의 구분은 다른 시각에서 본다면 바로 예술가의 모방과 여타 제작이 같을 수 없으며 출발에서 다르다는 점을 구분하기 시작하는 것으로 이해될 수 있다. 이 둘의 차이는 모방 대상의 존재론적 차이에 근거하며, 이 존재론적 차이는 또한 그들의 관심사의 차이를 반영한다고 할 수 있을 것이다.

4.

제3의 제작자인 화가에게 모방자라는 개념과 더불어 일차적으로 부인된 것은 실재하는 것에 대한 앎이다. 제2의 제작자인 목수도 진정한 앎(*epistēmē*)을 가지지는 않으며 단지 참된 견해(*alēthēs doxa, true belief*)만을 가진다고 이야기된다.[5] 화가는 진정한 앎도, 참된 의견도 가지지 못한다. 모방자인 한에서 시인의 경우도 또한 마찬가지라는 것이 플라톤의 생각이다. 화가의 작업이 앞에서 이야기된 좁은 의미의 모사작업이라고만 이야기될 수 있는지, 그리고 모사로 이야기된 의미의 모방 개념이 그대로 문학의 경우에도 적용될 수 있는지 등의 물음이 제기될 수 있다. 여기서 우리는 화가건 시인이건 단지 모방자일 뿐 앎을 지니지 못한다는 플라톤의 생각과 근거가 무엇인지를 조금 더 자세히 살펴볼 필요가 있다. 앞에 언급되었듯이 화가나 시인의 작업이 아무것도 모르는 사람이 거울을 들고 사물들을 비추면서 모든 것을 만들었고, 모든 것에 대해 안다고 주장하는 것 이상이 아니라는 견해나, 화가나 시인의 작품이 진리에서 세 번째 것에 지나지 않는다는 반복된 언명은 양자가 모두 알지 못하는 자일 뿐 아니라 진정한 앎에 관심이 없는 자라는 점을 극적으로 강조하는 표현들이라고 할 수 있다. 거울을 든 자가 모든 것을 만들었다는 헛된 주장을 하듯이, 모든 것을 알고(*pasas epistameno*, 598c) 모든 것에 현명하다고(*passophos*, 598d) 주장하는 모방자로서의 시인의 주장이 구체적으로 어떻게 잘못된 것인지에 대한 플라톤의 생각을 「이온」 편을 통해 보다 분명하게 밝혀 볼 수 있다.

음유시인(*rhapsōdos*) 이온과 소크라테스 사이의 대화를 담고 있는 플라톤의 초기 저술 「이온」 편에서 주제가 되는 것은 이온의 직업인 음유시인이 하는 일의 성격에 관해서이다. 에피다우로스 시(市)의 아스클레피오스 축제에서 음유시인 경연에 참가하여 입상하고 돌아오는 이온을 만난 소크라테스가 던지는 질문과 함께 바로 본격적인 대화가 진행되는데, 서두 대화 일부를 직접 보도록 하자.

---

5 진정한 앎은 아마도 학자들, 이즈음의 예에 적용하여, 컴퓨터를 직접 만드는 사람들이 아니라, 그것의 원리를 발견하고, 원리에 따라 설계하는 사람들이 가진다는 것이 플라톤의 생각일 것이다. 물론 이 사람들, 즉 학자들도 신이 아님은 물론이다.

소크라테스 이온, 사실 나는 때때로 자네들 음유시인들을 자네들의 기술(*technē*) 때문에 부러워했다네[……]. 자네들은 그의(호메로스의) 시구를 단지 암송할 뿐 아니라 그의 생각을 잘 이해해야 하지. 얼마나 부러운 일인가! 사실 시인이 이야기하는 바를 이해하지 못한다면 음유시인이 될 수 없지. 음유시인은 듣는 사람들에게 시인의 시의 해석자(*hermēneus*)가 되어야 할 테니까. 그리고 이걸 잘하는 건 시인이 말하는 걸 알지 못하고서는 불가능할 테니까. 이 모든 것들이 물론 사람들의 부러움을 불러일으키는 것들이지.

이온 자네 말이 옳네, 소크라테스, 그게 내 기술에서 내가 가장 많이 애를 쓰는 부분일세. 그리고 내 판단으로는 호메로스를 나보다 더 멋지게 얘기할 수 있는 사람은 아무도 없네.

[……]

소크라테스 자네가 암송하는 건 언제 시간이 나면 한번 들어보기로 하지. 지금은 나에게 다음 물음에나 대답해 주게, 자네는 호메로스에만 뛰어난가 혹은 헤시오도스나 아르킬로코스도 마찬가지로 잘하나?

이온 아니, 호메로스만을 잘하네, 그리고 그것만으로도 충분하다고 생각되네.(「이온」 530b–531a)

자신의 재주를 뽐내 보고 싶은 이온과, 그에는 관심이 없고 그의 기술에 대해 따지며 질문하려는 소크라테스 사이의 재미있는 대조를 보여 주는 이 짤막한 대화는 이온의 기술(*technē*)[6]을 부러워하는 소크라테스의 언급에서 시작된다. 대화 가운데에서도 소크라테스와 이온이 모두 이 말을 쓰고 있지만 두 사람의 이 말에 대한 이해가 동일하지 않음이 그들의 이야기를 통해 이미 어느 정도 드러나며, 이후 대화가 진행되면서 보다 뚜렷하게 된다.

6 기술로 번역된 그리스어의 technē라는 말은 라틴어에서 ars로 번역되고 근세 이후 아트(*art*)나 쿤스트(*Kunst*)로 번역된 말이다. 따라서 기술뿐 아니라 예술로도 번역되는 말이다.

Techne 개념이 가지는 기술이라는 의미와 예술이라는 의미가 같지 않다는 것이 바로 이 「대화」 편에서 분명하게 된다. 소크라테스가 여기서 이 말과 연결시키는 개념들은 알다, 이해하다, 해석하다 등과 같이 인지적 측면이 부각되는 것들이다. 그는 음유시인이 암송하며 구연(口演)하는 시의 내용을 알고 있어야 제대로 그것의 해석자가 될 수 있다고 말한다. 이와 관련해 소크라테스가 일차적으로 제기하는 질문이 이온이 호메로스에만 정통한가 다른 시인들에도 정통한가 하는 것이며, 호메로스에만 정통하다는 이온의 대답과 함께 위의 인용이 끝나고 있다.

이어 본격적인 물음과 대답이 계속되는데 소크라테스에 의해 제기된 물음을 음미해 볼 만하다. 그의 물음은 이온의 기술이 호메로스라는 한 사람의 시인을 대상으로 하는가 혹은 다른 시인들을 포함한 시인 일반을 대상으로 하는가에 향해져 있다. 그리고 이에 대한 이온의 대답은 호메로스만을 대상으로 하며, 그의 시를 암송 구연하는 데에만 정통하다는 것이다. 이 물음과 대답에서 이미 시사되듯이 소크라테스 물음의 초점은 기술이 성립하는 대상의 보편성 여부에 향해져 있다. 이온이 하는 일이 기술이라면, 호메로스뿐 아니라 다른 시인들도 그 대상이 되어야 한다는 것이며, 호메로스 한 사람에 대해서만 성립하는 기술이란 없다는 점이 이어지는 대화 과정에서 이온의 동의를 통해 분명히 된다. 이어지는 논의의 요지는 다음과 같이 정리될 수 있다. 호메로스의 시에 나오는 동일한 주제가 다른 시인의 시에도 나올 수 있다. 예컨대 두 시인의 시에 모두 말 모는 것에 관한 이야기가 나올 때, 이온의 재주가 올바른 기술이라고 이야기될 수 있다면 두 경우 모두를 제대로 해석할 수 있어야 할 것이다. 나아가 동일한 주제에 관해 두 사람이 상반된 내용을 말할 때, 그가 기술자라면 당연히 누구의 말이 맞는 것인지를 판단할 수 있다. 이온은 소크라테스에게 자신이 호메로스 이외의 시인에 관한 이야기가 나올 때에는 관심이 없어 꾸벅꾸벅 졸지만, 호메로스에 관한 이야기가 나오면 정신이 번쩍 난다는 것을 고백하는데, 이에 대해 소크라테스는 이 점은 이온의 작업이 앎과 기술에서 나오는 것이 아니라, 다른 데 그 기원이 있기 때문이라는 것을 지적하면서 이른바 영감설을 이야기한다. 이온의 작업이 기술이 될 수 없고, 앎에 기반하고 있지 않다고 하는 이유는 기술이나 앎이란 어떤 개별적인 한 대상에 대해 성립하는 것이 아니라, 그 개별 대상이 속하는 종 일반에 대해서 성립하기 때문이며, 이 점에서 시인들의 시 일반이 아닌 호메로스의 시만을 그 대상으로 하는 이온의 일은 기술이 아니라는 것이 소크라테스의 입론이다.

소크라테스와 이온의 대화 과정은 소크라테스가 이온의 직업에서 이온 스스로 자신의 일이라고 하는 측면을 부각시키기보다는 일의 인지적이라고 할 수 있는 측면에 초점을 맞추고 있음을 보여 준다. 이온이 하는 일은 사람들 앞에서 호메로스의 시를 암송하며 연기하는 일이며, 이를 통해 사람들을 자신이 의도하는 감정 속으로 몰아넣는 일이다. 여기서 그는 배우로서 나름대로 호메로스의 시를 해석하며, 이에 기초하여 호메로스의 시를 말과 몸짓을 통해 관중들에게 전달한다. 해석자로서 그의 역할은 배우나 무용 하는 이의 입장과 같다고 할 수 있다. 연극배우가 연극 대사에 나오는 내용이 진위 여부에 관해 알고 있을 수도 있겠으나 이것이 그의 연기와 본질적으로 연관된 것이 아니라고 한다면, 소크라테스가 이온에게 묻는 물음이 배우로서의 그에게 어떻게 부적절한 것인가를 이해할 수 있다. 그는 이온의 작업이 구연되는 시의 내용에 대한 기술적인 해석 작업으로 놓고 일련의 질문을 던지고 있음을 볼 수 있다.

그러나 소크라테스의 이 같은 부적절한 질문은 거의 의도된 것이라고 해도 좋을 듯하다. 그리고 그것이 의도된 것이든 아니든 그의 물음은 배우의 작업이 어떤 것은 아니라는 점을 분명히 드러내 준다. 즉 배우는 그가 하는 역할과 관련되어 나오는 이야기의 인지적 타당성 여부에 대해 아는 자, 또는 정통한 자가 아니라는 점이다. 사실 「이온」 편의 후반부는 이 점을 명시적으로 분명히 부각시킨다. 음유시인 이온은 호메로스의 시에 나오는 전쟁이나 병의 치료, 마차몰이, 축성술 등에 관해 정통한 사람이 아니다. 그것들에 관해서는 각기 장군, 의사, 마부, 축성술사가 전문가로서 관련된 내용의 옳고 그름에 관해 판단 내릴 수 있다. 그리고 이들은 모두 공히 그들의 영역에서 특정 개별 대상에 대해서가 아니라 관련되는 대상 일반에 대해 정통하다. 예컨대 어떤 사람이 의사라면 그는 당연히 모든 환자들을 대상으로 하고 치료할 수 있지, 특정한 한 사람에 대해서만 의사라고 할 수 없다. 호메로스에만 정통한 배우로서 이온은 다른 시인들에는 관심이 없다. 그리고, 물론 그는 위에 언급된 기술들 가운데 어느 영역에도 정통하지 못하며, 이 점에 있어서는 호메로스나 다른 시인들도 마찬가지이다. 그들은 여러 부류의 일들에 대해 이야기하며, 그와 관련된 사건들을 그려내고 연기하지만, 어느 것에 대해서도 전문가로서의 앎을 가지고 있다고는 할 수 없다. 거울을 들어 모든 것을 비추어 보이는 사람처럼 그들은 수많은 것을 그려내지만 제대로 아는 것은 아무것도 없다는 플라톤의 언급은 바로 이 점을 지적한다고 할 수 있다. 오늘날 시인이나 배우 가운데 자신이 말하거나 연기하는 내용 가운데 여러 전문 분야의 내용에 대해 전문가라고 주장할 사람은 물론 없을 것이다. 전문 영역과 앎이 오늘과 같이 분화되지 않고 따라서 전문가라고 할 사람들이 비로소 서서히 분화되기 시작했을 당시에는 사정이 오늘날과 같지 않았음도 또한 분명하다. 인간 삶의 거의 전 영역을 다루는 시인의 시를 암송하고, 그것이 상연되는 것을 보는 일은 당시 삶의 전 영역에 대한 거의 유일한 정보의 원천이었다고 할 수 있으며, 단순히 지적 영역뿐 아니라 도덕과 행위의 영역에서도 거의 절대적 영향을 미쳤다. 우리가 분석하고 있는 「이온」 편에서 플라톤이 분명히 하고자 하는 점 가운데 하나가 바로 시인이나 그것을 암송하는 음유시인들이 자신이 그리는 내용들에 대해 전문가라는 주장을 할 수 없다는 사실이다. 시는 시가 그리는 여러 일들에 대한 지적 · 도덕적 내용에 관해 더 이상 전문가, 기술자로서의 권위를 지닐 수 없으며, 시인은 기술자가 아니라는 것이 이온과의 대화 속에 전개된 논변에서 분명하게 된 것이라고 할 수 있다.

그럼 시인이나 그것을 연기하는 배우는 어떤 사람이며 그들이 하는 일의 성격은 어떤 것인가? 다시 소크라테스의 이야기를 직접 들어 보자.

내가 방금 이야기했듯이 호메로스를 훌륭히 읊어 내는 것은 너에게 기술이 아니라, 흔히 헤라클레스의 돌이라고 불리고 유리피데스에 의해 자석이라고 불렸던 돌 안에 있는 힘과 같은 신적인 힘이 있기 때문일세. 이 돌은 스스로만 쇠로 된 반지를 끌어당기는 게 아니라, 그 반지에도 자신과 같은 힘을 줘서, 그것이 다른 반지들을 끌어당기도록 하여[……] 일련의 연결된 반지고리가 이루어지게 되지. 이 모든 것들에게 끄는 힘의 원천은 자석이야. 뮤즈의 경우도 마찬가지야. 이 여신은 먼저 스스로 어떤 사람들을 신지피게 하고, 이 신지핀 사람들을 통해 다른 사람들이 또 신지피게 되며 그래서 일련의 고리가 형성돼. 모든 훌륭한 서사시인들은 그 뛰어남을 기술에서 가져오는 것이 아니라 신지피고 영감 받아서 이 모든 훌륭한 시들을 토해내고 서정시인들도 마찬가지야[……]. 그리고 그들은 진실을 말하지. 왜냐하면 시인은 가볍고 날개 달린 신성한 존재이기 때문이야. 그는 그가 영감 받아서 제정신이 아니게 되고 더 이상 분별력이 자신 안에 남아 있지 않게 되기 전에는 시를 짓지 못하지(「이온」 533d–534b).

시인의 힘은 기술로부터가 아니라 신지핌(*enthousiasmos*)으로부터 온다. 그리고 이 힘은 자석과 같아서 주위의 사람을 같이 신지피게 한다. 뮤즈의 힘이 먼저 시인에게 그리고 그것을 읊는 음유시인에게, 다시 그것을 듣는 청중에게 옮겨져 마치 자석의 경우에서처럼 신지핌의 고리가 이루어지게 된다. 시의 근원은 이 같은 신지핌이며, 시의 비밀은 영감에 있다. 그래서 시인도, 그것을 읊는 이도 읊기는 하되 그 내용에 대해 이야기할 수 없다. 그들은 제정신이 아니기 때문이다. 그들은 무엇인가 귀중한 것을 이야기하기는 하되 신지펴 제정신이 아닌 중에 이야기하기 때문에 그것에 대해 설명할 능력이 없다. 그들은 일종의 신의 중개인이며, 그들이 말하는 중에 말하는 것은 실은 그들 자신이 아니라 신이다. 신 자신이 그들을 통해 무엇인가를 우리에게 이야기하는 것이다.

위에서 플라톤은 두 가지를 말하고 있다. 시인은 신지핌을 통해 무엇인가 귀한 것, 진실인 것을 이야기한다는 것, 그러나 시에 있어 그와 같은 참된 어떤 것은 기술에 의한 것이 아니라는 것을 말하고 있다. 이 같은 기술에 의해 만들어지지 않고 해명될 수 없는 참된 것이 보다 구체적으로 어떤 것인지에 관해서 자세히 이야기되지는 않고 있으며, 신지핌이나 영감에 관해서도 따지는 논의가 진행되지 않는다. 후기 저술인 「파이드로스」 편에서도 시인은 예언자, 신지펴 병 고치는 사람, 그리고 철학자와 함께 신적인 열광(*mania*) 상태에 있는 것으로 그려지며, 시 가운데 의미 있고 뛰어난 것은 이들에 의해 이루어진다고 이야기된다. 기술에 의해 제어되지 않는, 신적인 광란 상태에서 이야기되는 신적인 것의 내용은 그러나 이 저술에서도 자세히 언급되지는 않고, 소크라테스 자신이 신적인 열광 속에서 이야기하는 사랑에 관한 신화가 제시될 뿐이다. 「이온」 편이나 「파이드로스」 편에 근거하여 우리는 시에 의미 있는 어떤 것, 그리고 신적인 기원의 것이어서 근거를 물어 갈 수 없는 어떤 것이 있음을 플라톤이 부인하고 있지 않다는 점은 이야기할 수 있다.[7]

「이온」 편이나 「파이드로스」 편에서 이야기하는 신지핌이라는 것을 예술에 관한 플라톤의 일관된 견해로 볼 수 있을까? 예컨대 「국가」 편의 X권에서 예술이 현상의 모방이라는 입장은 두 입장이 모두 예술이 자신의 주장에 대해 제대로 로고스를 제시하지 못한다는 점에서 같다 하더라도 동일한 것을 이야기하고 있지 않음은 분명하다. 신지핌은 「파이드로스」 편에서 그가 좀 더 분명히 하고 있듯이 일종의 광란 상태, 자신을 벗어난 상태인데 모방이란 이같이 자신을 벗어난 상태가 아니다. 이는 신적인 것을 모방하여 책상을 제작하는 목수의 경우에 분명하며 여타 모방의 경우도 역시 마찬가지다. 모방자로서 목수는 자신을 벗어나서는 안 되며 그래야 그는 그가 모방하는 실재에 따라 자신이 만드는 것에 관해 로고스를 제시할 수 있다. 이 두 개념이 같은 것을 이야기하는 것이 아니라면 시인이 자신의 이야기에

---

7 「국가」 편 Ⅱ권, 379a에서도 같은 이야기를 하고 있다.

근거 제시를 못 한다는 점이 바로 신지핌의 입장과 연결되는 것이 아니라고 할 수 있다. 플라톤에게 시의 본성과 관련하여 「이온」 편이나 「파이드로스」 편에서와 같은 신지핌을 이야기하는 입장도 있고, 「국가」 편의 X권과 같이 낮은 단계의 모방이라는 입장도 있다고 하는 것이 타당할 것이다.

5.

모방자로서 실재에서 세 단계 떨어져 있는 시인과 신지핀 상태에서 영감을 통해 참된 무엇인가를 이야기하는 시인, 시인의 이 두 모습이 어떻게 연결되고 통일될 수 있는지 이야기하기는 쉽지 않다. 한 가지 분명히 이야기될 수 있는 것은 시인들이 하는 말이 전문적 앎을 가진 학자나 제작자의 그것은 아니라는 점이요, 그런 만큼 근거지어지지 않은 생각이요, 또한 어떤 점에서 근거지어질 수 있는 성격의 것이 아니라는 점이다. 나아가 자석에의 비유가 말해 주듯 시는 자력과 같은 전파력을 가지고 연쇄적으로 사람을 사로잡는 성격의 것이며 그것이 인간의 따지고 근거 지우는 능력이 아닌 감정과 정서적 부분에 작용한다는 점도 또한 이야기될 수 있다.

플라톤이 「국가」 편 Ⅲ권과 X권에서 시인의 추방을 이야기할 때 초점을 맞추는 것이 바로 이 측면이다. 「국가」 편의 Ⅱ권과 Ⅲ권 그리고 X권에서 회화나 시가 나루어실 때, 우리가 놓치지 말아야 할 것이 이 같은 논의가 전개되는 맥락이다. 그것은 시론이나 예술론 자체를 본격적인 주제로 하고서 이루어지는 것이 아니라 인간의 교육, 특히 유년과 청소년기의 교육을 주제로 하면서이다. 교육을 논의하면서 예술, 특히 시가에 관한 논의가 중요한 그리고 아주 큰 부분을 차지하는 이유는 그것이 인간 교육, 인간 형성에서 차지하는 역할이 심대하다는 플라톤의 생각 때문이었다. 인간의 성품이 형성되는 것이 유년과 청소년기를 통해서이며, 이 시기의 젊고 부드러운 영혼에는 한번 받아들여진 것이 잊혀지지 않고 강력하게 각인된다. 이 인간으로서의 형성기에 성품의 틀이 제대로 잡히는 것이 중요한데, 이 시기에 영혼의 형성(*plattein tēs psychēs, Bildung der Seele*)[8]과 성품의 정착에 중심적인 역할을 하는 것이 예술, 특히 문학과 음악이다. 무지케(*mousikē*)란 오늘날의 음악만이 아니라 문학, 음악, 춤을 모두 포괄한다. 앞에 이야기된 음유시인 이온의 경우 운율이 달린 호메로스의 시를 읊는 그의 일은 음악과 시 그리고 몸짓을 동반하는 일종의 종합예술로 볼 수 있다. 당시 호메로스나 기타 시인들의 시는 오늘날 이해되는 단순한 얘기가 아니라 자연과 인간의 삶, 한 집단의 역사와 사회관습 등을 포함한 지적 · 규범적 내용의 원천이기도 했다는 점에서 단순히 예술가의 기능뿐 아니라 오늘날 교육자 기능을 함께 하고 있었다고 할 수 있다. 플라톤의 「이온」 편이나 「국가」 편에서 이루어지고 있는 작업은 당시까지 당연히 생각되면서 수행되어 오던 이 같은 시의 역할 전반을 특히 국가 내의 교육적 측면에 초점을 맞춰 전체적으로 재검토해 보고 있는 것으로 이해될 수 있다. 기원전 5세기에서 4세기에 이르는 시기의 그리스, 특히 아테네는 번성하는 지중해 지역의 중심지로서, 그리고 정치 경제, 군사 문화의 중심지로서 더 이상 호메로스의 영웅시에 나타나는 세계 이해로는 복잡한 사회 문제를 처리하고 해결할 수 없는 시점에 이르고 있었으며, 여러 직업이나 사회기능의 분화가 지식과 시가(詩歌) 사이의 보다 명확한 구분과 각각의 기능에 대한 분명한 정의를 필요로 하는 시기였다. 30년간의 펠로폰네소스 전쟁과 이어지는 작은 전쟁들의 와중에서 문화의 절정기를 지나 이미 쇠망의 기운을 보이고 있던 아테네에서 플라톤은 쇄신된 국가의 모습을 그리면서 그 속에서 교육이 이 공동체 쇄신의 가장 중심적인 역할을 담당해야 할 것으로 생각했고, 당시까지 관습적으로 교육의 중심을 담당해 왔던 시가를 그 내용과 형식에서 전반적으로 검토하고 있다. 시가를 검열해야 한다고 주장한 플라톤의 입장

8 Humboldt의 도야(陶冶)의 이념(理念), *Bildungsideal*이 최초로 명시적으로 표현된 곳이 「국가」의 이 구절(377c)이라고 한다.

은, 바로 그 이유로 그가 흔히 비난받는 것처럼 이해 불가능한 것은 아니다. 오늘날도 유년기와 소년기의 아이들이 책이건 혹은 이즈음의 텔레비전이건 비디오건 아무것이나 읽고 보아도 무방하다는 부모나 시민이 없다면, 그리고 초등학교 교과서에 최소한 검인정의 제도를 채택하지 않는 나라가 없다면, 플라톤의 입장도 이상할 게 없기 때문이다.

물론 플라톤의 입장은 이보다 강력하다. 그는 「국가」 편의 Ⅱ권과 Ⅲ권에서 어린이의 교육이 시가를 들려 주는 방식으로 이루어짐을 이야기하면서, 시인에게 내용과 형식에 있어 무엇을 쓰고 무엇을 쓰지 말아야 할지를, 그리고 어떤 방식으로 써야 할지를 엄격히 규정하고 있다. 이 조치를 교과서 심의위원회나 신문, 잡지 또는 공연윤리위원회의 작업 정도로 이해한다고 하더라도, 「국가」 편 X권에서 모방적인 시를 쓰는 시인은 국가에 허용하지 않아야 한다는 주장은 분명히 위에 언급된 조치들을 훨씬 넘어서고 있기 때문이다. 이미 언급했듯이 그는 20세경에 수학(數學)을 중심으로 한 보다 지적인 교육을 시작하기 이전까지의 교육이 시가를 통한 교육이라고 하고 있으며, 그런 한, 그의 국가에는 검열을 통과한 교육적 목적에 맞는 시가는 존재해야 할 것이기 때문이다. 그리고 그는 Ⅲ권에서 모든 시인이 아니라, 일부의 극단적 모방적 시인만이 추방되어야 한다고 말한다. X권에서 세 종류의 제작자를 나누면서 화가나 시인을 모사품 제작자의 위치로 격하시키고 이들이 모방적인 한 모두 추방되어야 한다는 주장이 제기된다면 이 주장은 Ⅲ권의 주장과 어떻게 무리 없이 연결될 수 있는가?

사실 Ⅱ, Ⅲ권과 X권 사이에는 시가의 본질적 측면이라고 파악되고 있는 모방 개념에서도 동일하지 않은 점이 이야기될 수 있다. 위에서 분석되었듯이 X권에서의 모방은 화가의 작업을 모델로 한 모사 개념에 근거해 있다. 이 모사라는 의미에서 모방 개념은 플라톤의 이전 저술에서나 당시까지 희랍에서의 모방 개념과는 다른 낯선 개념이라고 할 수 있다. Ⅲ권에서 플라톤은 시가의 내용과 형식을 분류하면서 디튀람보스와 같은 순수한 3인칭 서술(*haple diēgēsis*)과 비극이나 희극과 같은 모방적 서술(*diēgēsis dia mimēseōs*) 그리고 서사시에서 보이는 이 두 가지의 혼합 형태를 구분하고 있다(394b–c). 여기서 두 번째 및 세 번째 형식에 등장하는 모방적 서술은 보다 정확하게는 모방을 통한 서술로, 모방을 통한다 함은 희극이나 비극에서처럼 극중의 인물이 직접 출연하여 이야기하는 방식을 이른다. 순수한 서술이 이 같은 인물들을 3인칭으로 하여 서술이 이루어지는 데 대해 모방적 서술에서는 시인이 극중인물, 예컨대 안티고네나 클레온의 말과 행위를 모방하면서 서술이 이루어진다. 시인은 여기서 마치 자신이 안티고네나 클레온인 것처럼 자신을 그들에게 비슷하게 만들면서(*homoioun heauton*, 393c) 서술하는데, 자신을 비슷하게 만드는 수단으로 목소리나 동작이 사용된다. 시인은 물론 여기서 직접 소리를 내거나 동작을 보이는 것은 아니고 이것을 글로 쓰겠는데, 음유시인이나 극중의 배우는 직접 소리를 내고 동작을 하게 된다. 쓰는 시인이나 실연(實演)을 하는 배우나 모두 극중인물에게 자신을 동일화시킨다는 점에서 마찬가지인데, 어떤 경우든 타인의 처지나 역할 속으로 들어간다는 동적인 측면이 이 모방 개념에서 부각된다고 할 수 있다. 따라서 Ⅲ권에 그려진 모방이 이처럼 보다 동적이라고 할 수 있다면, Ⅹ권의 모사라는 의미에서의 모방은 보다 정적이며 묘사된 것의 인지적 내용과 관계된다고 할 수 있다.

자신을 다른 사람과 같게 함이라는 의미의 모방이 Ⅹ권에 나오는 모사라는 뜻의 모방과 같은 점이 있다면 아마도 두 경우에 모두 모방을 하는 사람이 모방되는 것에 대해 잘 알지 못한다는 점이 될 것이다. Ⅹ권에서 언급되는 모사의 경우는 실재가 아니라 나타나는 일부의 현상만이 제시된다는 의미에서 참된 앎과 거리가 있다면 Ⅲ권에 나오는 모방의 경우도 시인이건 배우이건 그들의 말이나 동작을 통해 표현하는 자를 잘 알지 못하고 현상하는 어느 한 면만을 표현할 수밖에 없다는 점이 지적될 수 있을 것이다. 「이온」 편을 논의하면서 언급했듯이 이 경우 플라톤이 부각시키는 무지는 묘사되는 사람의 성격이나 행위의 측면보다는 그들이 가지는 전문가로서의 앎의 측면에 관련된다고 할 수 있다.

모방되는 것이 모방 대상의 현상적 일면일 뿐 실재하는 모습을 드러내 주지 못한다는 사실은 그러나 지적인 측면에서 이 현상의 모사가 덜 가치 있다는 것을 이야기할 수 있는 근거가 될지는 몰라도 바로 시인이 국가로부터 추방되어야 한다는 주장을 뒷받침해 주지는 못한다. 더 나아가 Ⅲ권과 X권에 제시되는 모방이론의 차이가 두 경우 모두 모방자가 모방되는 것에 대해 잘 알지 못하고 나타나는 것만을 안다는 의미에서 공통점이 지적될 수 있다고 하더라도, Ⅲ권에서는 훌륭한 사람에 대한 모방과 또한 3인칭형의 순수 서술 형태의 시가가 허용되는 데 반해 X권에서는 모방적인 한, 모든 시가가 허용되지 않는다는 주장 사이의 불일치가 설명될 길이 없다. 시인이 국가에서 왜 추방되어야 하느냐, 그리고 모든 시인이 추방되어야 한다는 것이 플라톤의 생각이냐 하는 물음이 대답되기 위해서는 물음의 고리가 되고 있는 두 개념, 즉 앎과 윤리적으로 이롭고 해로움의 상관관계가 어떤 것이냐에 대해 간략히 언급할 필요가 있겠다.

플라톤은 X권에서 화가의 앎이 가진 모사적 성격을 논의하고, 나아가 문학도 본질적으로 같은 성격임을 이야기한 뒤, 사용자의 앎과 제작자의 앎이라는 앎의 두 종류를 구분하고 있다. 플라톤에 따르면 이 두 앎 가운데 사용자의 앎이 제작자의 앎보다 우위에 있다. 그의 이 주장은 제작된 것과 관련하여 그것의 가치 있고 없음에 대해, 즉 그것이 제작된 목적을 잘 수행하느냐의 여부와 관련하여 제작자보다 사용자가 더 잘 판단할 수 있다는 데 근거하고 있다. 어떤 것이 사용을 위해 만들어지고 만듦 그 자체가 목적이 아니라면 제작이 그것의 쓰임이 요구하는 데 따라야 하고, 따라서 이 측면이 기준이 됨은 이해될 수 있는 일이다. 그리고 당연히 모방자로서의 화가와 시인은 이 두 앎 가운데 어느 것도 가지지 못한 자가 된다.[9]

비록 현상에 불과하다고 하더라도, 시인이 스스로 제작에 참여하고 있는

9 자연인으로서의 시인이 이 같은 앎을 어떤 것도 가지지 못한다는 것은 물론 아니다. 이 같은 앎은 그러나 모사자인 시인으로서가 아니라 사용자 혹은 제작자로서 얻게 된 앎이라는 것이 플라톤의 논지이다.

대상에 관해 그것의 가치 있고 없음을 평가할 위치에 있지 못하다는 사실은 인간 영혼의 형성과 교육에 관련된 논의에서 시인의 위치와 역할에 중요한 평가의 관점을 제시한다. 모방자로서의 시인은 인간 영혼의 형성 및 그것을 가능케 하기 위한 좋은 나라를 만듦에 있어, 어떤 것이 가치 있고 가치 없는지에 대해, 적어도 현상을 모사하는 자로서는 제대로 된 평가를 내리지 못할 입장에 있는 자가 된다. 그리고 이런 관점에서 보면 시인이란 단순히 인간의 삶과 관련된 특정 부분의 전문지식을 가졌느냐의 여부와 관련해서가 아니라 인간 자신의 형성에 관련된 전문지식을 가졌느냐에 의해 평가되어야 할 존재이며,[10] 이 관점에서 현상 모사자로서의 그의 위치는 대단히 부정적이라는 것이 플라톤의 생각이다. 「이온」 편에서 시가에서 언급되는 개별 전문 분야에 대한 앎이 없다는 것이 이야기된 데 대해 「국가」 편에서는 시인에게 인간 형성자로서 가져야 할 앎이 모방 개념을 통해 부인된다. 「국가」 편의 Ⅲ권에서 어린이들에게 들려주기에 적절한 내용에 관해 언급할 때, 여기서 기준이 되는 것은 시민으로서 그리고 인간으로서 가치 있고 쓸모 있는 사람이 되는 데 그 내용이 적합한 것이냐의 여부가 되겠고, 바로 이 관점에서 당시까지 교육의 역할을 담당했던 호메로스를 비롯한 시인들의 시가 평가, 판정되고 있다. 그리고 우리는 X권에 근거하여, 이 같은 쓸모 있는 인간의 형성에 시인이 가진 앎이 대단히 부실한 것이라는 플라톤의 생각을 읽어 낼 수 있고, 그런 한에서 훌륭하고 쓸모 있는 인간 형성에 필요한 시가의 내용은 그것을 판단할 능력이 있는 사람에 의해 결정되어야 한다는 것이 그의 생각이라는 점도 또한 확인이 가능하다. 시인이 모방자로서 이 같은 능력이 없는 한, 그는 그 같은 기능을 수행할 위치로부터 추방됨이 마땅하다는 것이 X권의 시인 추방론의 내용이 되겠고, 그것을 판단할 능력이 있는 자에 의해 교육에 적절한 것으로 판정받은 내용의 시가 어린

10 「국가」 600e에서 플라톤은 훌륭함의 제작자(*demiourgos tēs aretēs*)라는 말을 쓰고 있는데 시인은 훌륭함(*aretē*)의 모사품(*eidōlon*)만을 만들 수 있다고 한다.

이의 교육에 사용되어야 한다는 것이 Ⅲ권에 개진된 플라톤의 주장이 될 것이다.

도덕적 모범에 대한 앎에 근거하여 쓰여진 시는 그 자체가 인간의 뛰어남의 현실적 구현이 아닌 한, 즉 제작자의 책상과 같은 지위에 있는 것이 아닌 한 진리로부터 제3의 것의 지위를 벗어나지 못한다. 그러나 그것이 인간의 훌륭함과 관련하여 관점에 따라 달리 나타날 수 있는 성격의 것이 아니라 이성에 의해 파악된 것이라는 점에서 단순한 현상을 넘어서는 측면도 이야기될 수 있다. 후자의 경우라면 그것이 시라고 이야기될 수 있을지 분명하지 않다. 왜냐하면 X권의 화가의 예에서 그의 제작품을 진리에서 제3의 것이게 하는 요인은 관점에 따라 달리 나타난 대상의 한 측면을 그린다는 점인데, 인간의 훌륭함이 어떤 것이냐에 대한 앎에 근거하여 지어진 시는 바로 정의상, 이 같은 달리 나타남을 넘어서게 될 것이요, 따라서 진리에서 세 번째 존재들이 가지는 현상의 모상만을 그린다는 범주를 떠날 것이기 때문이다.

플라톤은 이 논의에 덧붙여 모방적 시인들에 의해 그려진 시가 바로 그것이 가지는 현상의 모방이라는 성질 때문에 인간의 이성이 아니라 감성에 호소하게 되며, 영혼의 이보다 낮은 부분을 부추기고 부풀리는 작용을 함을 강조하여 이야기하고 있다. 가상(假象)을 모사하는 자는 단지 그것을 모사하는 데 그치지 않고 그것을 진정한 실재인 듯이 보이게 하고자 하며, 이 같은 시도는 인간의 이성적 부분에 호소해서보다는 감정적 부분에 호소함으로써 보다 확실히 이루어질 수 있다. 시가 인간의 감정에 호소함이 화가가 감각에 의존함과 동일한 성격의 것이라는 생각 위에서 플라톤의 논의가 진행된다고 할 수 있는데 그의 이 가정이 무리가 없는지는 검토의 여지가 없지 않다. 물론 그가 이 같은 유비에도 불구하고 화가의 추방은 이야기하지 않고 시인의 추방만을 이야기한 것은 아마도 같은 모방적 성격의 작업이라도 문학이 심성에 미치는 영향력이 훨씬 심대하다고 생각했기 때문일 것이다.

6.

지금까지 간략히 소개된 플라톤의 예술에 대한 입장은 오늘날 우리의 일반적인 예술이해와 상당히 거리가 있다고 할 수 있다. 우리가 부분적으로 혹은 전체적으로 그의 입장에 동의하건 아니건, 지금까지의 논의는 그가 제시했던 문제와 이에 따라 도입되었던 개념 범주들이 오늘날 서구 예술이론의 기본 범주들을 이루고 있다는 점을 보여 준다. 문학을 비롯해 예술은 자신이 이야기하고 표현하는 바에 대해 진리임을 주장할 수 있는가? 있다면 그것은 어떠한 성격의 것인가? 전문가들의 앎 혹은 철학자들의 앎이 주장하는 진리 주장과 그것은 동일한가? 동일한 것이 아니라면 그것은 진리 혹은 진실과는 관계가 없는 것인가? 문학의 진실, 예술의 진실은 학문의 진실과는 어떤 점에서 다른가? 그것은 현실을 단지 현상적 측면에서만 모사할 뿐인가? 실재 자체에는 그것은 접근할 수 없는가? 인생사에 대해 그것은 진지하지 않고 단지 유희일 뿐인가? 문학은 도덕적으로 나쁜 영향만을 끼치는가? 이 같은 일련의 물음들에 대해 제시된 플라톤의 대답들은 이후 여러 모로 비판되고, 여러 측면에서 상이한 입장들이 제시되어 왔다. 부분적으로 혹은 전체적으로 그의 입장을 수용하거나 또는 거부하는 후대의 여러 의미 있는 입장들이 많은 경우 그에 의해 제기되었던 물음과 개념들을 실마리로 하고 있다. 어떤 입장에 서든 플라톤의 예술에 대한 문제제기는 오늘날에도 위에서 제기된 물음들에 대해 근거지어진 대답을 제시하기를 요구하고 있다.

더 읽을거리

Ferrari, G. R. F., "Plato and Poetry", in Kennedy, G. A. (ed.), *The Cambridge History of Literary Criticism*, vol. 1, CUP., 1989.

Havelock, E. A., *The Preface to Plato,* Harvard University Press, 1986.

Levin, S. B., *The Ancient Quarrel between Philosophy and Poetry Revisited*, Oxford, 2001.

Moravcsik, J. & Temko, P. (eds.), *Plato on Beauty Wisdom and the Arts*, Totowa NJ., 1973.

Tatarkiewicz, W., *History of Aesthetics I*, The Hague, MOUTON, 1970.

아리스토텔레스 『시학』의 세 개념에 기초한 인간 행동 세계의 시적 통찰과 창작의 원리*

김 헌

1. 들어가는 말

흔히 『시학(詩學)』으로 번역되어 읽히고 있는 아리스토텔레스의 저작 『포이에티케(창작술)에 관하여』[1]는 출판 유통을 목적으로 한 대외용 저술

* 이 글은 『인간연구』 제7호(가톨릭대학교 인간학연구소, 2004)에 발표되었던 글을 수정 · 보완한 것이다.

1 우리(논의를 전개하는 나와 그 전개를 비판적으로 따라오게 될 독자)의 논의에 주 텍스트로 검토되는 아리스토텔레스의 저술에 붙여진 이름 '*peri poiêtikês*'를 '시학(詩學)'으로 번역하는 것은 적어도 두 가지 점에서 문제가 된다. 첫째, '시(詩)'라는 글자가 이 텍스트 안에서 논의되는 주제와 비교해 외연과 내포가 상당히 다르기 때문이다. 외연의 측면에서 볼 때, 시 분야에서 분리되어 산문 문학으로 분류되는 극문학, 특히 비극이 서사시와 함께 아리스토텔레스의 주된 고려 대상이 되며, 서정시가 배제되어 있기 때문이다. 내포를 따져 봐도 언어의 음악성과 서정성보다는 이야기(muthos)의 구성을 시의 핵심으로 논의하는 아리스토텔레스의 저술을 '시' 전반에 대한 논의라고 보기 어렵기 때문이다. 따라서 이 저작의 주제와 구성을 따질 때, "'시학'이라는 이름보다는 '비극론'이 보다 적합할 것이다"라고 말하는 것도 무리가 아니다(서승원, 「아리스토텔레스의 비극관」, 『서양고전학연구』 제8집, 한국서양고전학회, 1994, 207쪽). 더군다나 그리스 문화 안에서 '*poiêtikê*'라는 개념이 아리스토텔레스 시대에도 여전히 특정 개념으로뿐만 아니라 상당히 외연이 넓은 일반적 개념으로 사용되었다는 점을 고려할 때, '시학' 내지 '시작술(詩作術)'의 개념은 이런 문화적 맥락을 제대로 함축하기 어렵다. 따라서 굳이 번역한다면, '창작술-창작의 기술'이 더 적절할 것이다.
 두 번째로, 이 저술에 붙여진 제목은 '포이에티케(창작술)에 관한(*peri poiêtikês*)' 메타 이론적 통찰임을 시사하고 있기에 일종의 지식(*epistêmê*), 즉 '학(學)'이라는 말이 붙을 수는 있겠지만, 과연 이것이 진정 메타 이론적인 통찰로서의 에피스테메(*epistêmê*), 즉 '학(學)'이라 할 수 있는 수준에 이른 것으로 보아야 할 것인가가 여전히 문제가 될 수 있다. '만드는 기술', 곧 '제작술', 좀 더 시와 문학과 관련시켜 보자면 '창작 기술'로 이해되는

(*exôterikos logos*)[2]이라기보다는, 아리스토텔레스의 학교 뤼케이온(*Lukeion*) 안에서 이루어지는 연구와 교육을 위한 대내용 저술(*esôterikos logos*)로 분류된다. 철학자는 고대 그리스 시인들이 서사시, 비극, (희극)[3]을 쓸 때 적용

개념 포이에티케가 실천과 기술의 차원에 머무른다면, 포이에티케를 대상으로 이론적 통찰과 탐구를 적용시켜 저술한『포이에티케에 관하여』는 이론과 학문의 차원으로 옮겨져 가는 느낌을 준다. 다시 말해서 이 작품은 시를 짓는 기술(*tekhnê*)에 관한 지침서가 아니라, 시와 시인의 활동에 관한 이론적 통찰(*episêmê*)의 결과로 이해된다는 말이다. 이 점에서 아리스토텔레스의 저술은 단순히 기술 차원의 포이에티케가 아니라, 대상에 대한 메타 이론적인 느낌을 주는『포이에티케에 관하여』라는 제목을 갖고 있다. 따라서 '(서사시와 비극, 희극의) 창작 기술에 관하여' 라고 이해될 수 있는 이 저술은 단순히 문예 창작 기술 교본이 아니라, 창작 기술에 관한 이론적 통찰이라는 뜻을 지니게 된다. 시학이 창작 기술(*tekhnê*)의 수준을 넘어서는 창작 이론(*epistêmê*)이라고 할 수 있다면, 그것은 기술 차원에서 이해되는 시작술 자체와는 층, 또는 종을 달리하는 위치에 서게 된다. 따라서 아리스토텔레스의 작품은 '창작술에 관한' 학문적 · 이론적 논의로 이해되며, 이 점에서 '시학' 이라는 번역은 여러 가지 문제점에도 불구하고 어느 정도 정당화될 수 있을 것이다. 나는 이 글의 제목에서는 비록 널리 통용되는『시학』이라는 제목을 사용하긴 했지만, 본문 속에서는 번역을 보류하여, 일단『포이에티케에 관하여』라고 쓴다(별도의 논의가 있어야겠지만, 마찬가지 번역상의 문제로, 아리스토텔레스의 다른 저술 가운데『수사학』이라고 번역되는 저술에 대해서는『레토리케에 관하여』라는 제목을 사용하겠다. 이에 관해서는 졸고「레토리케는 수사학인가」,『철학과 현실』, 61(2004/여름), 153-168쪽 참조).

2 아리스토텔레스는 비슷한 주제로『시인(창작자)에 관하여(*peri poiêtôn*)』라는 대외용 저술을 출판 유통시킨 것으로 알려져 있다.『포이에티케에 관하여』 자체가 이 책의 존재를 어느 정도 증명하고 있다("*en tois ekdedomenois logois*", 15, 1454b17-18). 플라톤의 대화 편 형식으로 일반 시민층을 겨냥한 대중적 성격의 이 저술은 현재 조각 글로만 남아 있으며[F. Dübner, C. Bussemaker, E. Heitz, *Aristotelis opera omnia graece et latine*, vol. 5, Paris, 1848-1878; O. Gigon, *Aristotelis opera*, vol. III, *Librorum deperditorum fragmenta*, Berlin, New York, 1987; V. Rose, *Aristotelis qui ferebantur librorum fragmenta*, Leipzig, 1886(repr. Stuttgart, 1967); W. D. Ross, *Aristotelis Fragmenta Selecta*, Oxford, 1955 참조], 우리가 다루려고 하는『포이에티케에 관하여』의 내용과는 다른 생각을 보이고 있다(R. Dupont-Roc, J. Lallot, *Aristote, la Poétique*, Paris, 1980, pp. 153-154 참조). 한편 이 두 저술 이외에도『포이에티케에 관하여』의 내용의 실질적인 골자를 담고 있는 강의 초록 형식의 저작(*pragmateia*)이 존재한다고 주장하는 학자들도 있다(H. Düntzer, *Rettung der aristotelischen Poetik*, Braunschweig, 1840, pp. 14, 16-17; A. Gudeman, *Aristoteles, Peri Poiêtikês*, Berlin, Leipzig, 1934, pp. 286-287; H. Oellacher, "Griechische literarische Papyri aus der Papyrussammlung Erzherzog Rainer in Wien", *Société royale égyptienne de papyrologie, Études de Paryrologie IV*, 1938, pp. 133-196; D. Montmollin, *La Poétique d'Aristote, texte primitif et additions ultérieures*, Neuchâtel, 1951, pp. 167-203, 344-347 참조).

3 우리에게 전해져 내려오고 있는『포이에티케에 관하여』는 비극과 서사시를 다룬 후, 희극에 대한 탐구 없이 멈춘다. 하지만 희극을 다룬 부분이 따로 있었다는 것이 정설이다. 이 부분은 9세기경의 시리아어 판본에서도, 10세기 아랍어 판본에서도, 11세기(혹 10세기경?)

할 수 있는 창작 기술을 정리하고 있지만, 그가 정작 염두에 두고 있던 독자는 시인, 또는 시인 지망생들이라기보다는, 시인들의 작품을 감상할 사람들, 더 정확히 말하자면 뤼케이온에 소속된 학생들이었다. 따라서 『포이에티케에 관하여』가 르네상스 이후 17세기 프랑스 고전주의 시인들을 비롯한 많은 시인들의 창작 지침서로 사용되긴 하였지만,[4] 본래 저작 의도를 고려할 때, 시인들을 위한 창작 지침서로서의 쓰임새보다는 감상자들의 비평 지침서, 내지는 철학도들을 위한 미학 이론서로서의 쓰임새가 더 강조되어야 한다. 아리스토텔레스는 당시에 실제 상연되거나 문자화되어 유통되던 작품들을 최대한 분석하여, 수집된 작품들 안에 내재한 창작의 중요 개념과 원칙을 도출하는 방법으로 시인들의 창작 기술을 이론으로 정립하는 한

Parisinus Graecus 1741(A) 그리스어 사본에서도 찾아볼 수 없다. 하지만 5세기(혹 4세기?)에는 희극을 다룬 『포이에티케에 관하여』 제2권이 존재했던 것 같다[I. Bernays, *Zwei Abhandlungen über die aristotelische Theorie des Drama*, Berlin, 1880(Darmstadt, 1968 재발간), p. 48; I. Bywater, *Aristotle, On the art of Poetry*, Oxford, 1909, p. xxi 참조]. 이 책은 6세기경 그리스어에서 시리아어로 옮겨지기 직전이나, 도중에 사라졌을 가능성이 높다(J. Hardy, *Aristote, Poétique*, Paris, 1932, pp. 22-23). 아마도 아리스토텔레스는 희극에 대해 썼을 것이며, 그것은 제2권으로 분리되어 있었다고 봐야 한다. 그 유력한 증거는 다음과 같다. 1) 『포이에티케에 관하여』 안에서 저자는 희극을 다루겠다고 약속한다(6, 1449b21-22). 2) 14세기의 것으로 추정되는 사본 *Riccardianus 46*에는 "이암보스와 희극에 관해(*peri de iambôn kai kômôidias*)" 라는 표현과 "쓸 것이다(*grapsô*)" 라고 읽힐 수 있는 글자가 보인다(J. Hardy, *op. cit.*, p. 25; A. Gudeman, *Aristoteles, Peri Poiêtikês*, Berlin, Leipzig, 1934, p. 1). 3) 아리스토텔레스의 『레토리케에 관하여』 안에서 희극을 다룬 『포이에티케에 관하여』 부분이 존재하였음을 시사하고 있다(I, 11, 1372a1-2; III, 18, 1419b6-7; J. Hardy, *op. cit.*, p. 16; H. Laizé, *Aristote, Poétique*, Paris, 1999, pp. 23-24 참조). 4) 그는 또한 『정치학』 안에서도 카타르시스를 상세히 다룬 『포이에티케에 관하여』의 부분이 존재하였음을 시사하고 있다(VIII, 7, 1341b39-40; H. Rackham, *Aristotle, Politics*, Harvard, 1932, p. 671; D. W. Lucas, *Aristotle, Poetics*, Oxford, 1968, p. 288ff; P. Pellegrin, *Aristote, les Politiques*, Paris, 1990, p. 542, 각주 6번 참조). 5) 서양 고대 철학자들의 생애를 기술하고 있는 디오게네스 라에르티우스(V, 1, 24)는 아리스토텔레스의 저작 목록을 작성하면서 『포이에티케에 관하여』가 두 권으로 구성되어 있다고 증언한다. 6) 한편 『포이에티케에 관하여』 제2권의 요약본으로 여겨지는 사본 *Tractatus Coislinianus* 120과 현존하는 『포이에티케에 관하여』를 기초로 잃어버린 제2권을 재구성하려는 학자들이 있다(L. Cooper, *An Aristotelian theory of Comedy*, New York, 1922; R. Janko, *Aristotle, On Comedy, Toward a Reconstruction of Poetics II*, London, 1984).

4 우리에게 이에 관해서는 이경식, 『아리스토텔레스의 「시학」과 신고전주의—16-18세기 영국과 유럽의 극비평』, 서울대학교출판부, 1997 참조.

편, 작품 구성의 기초를 이루는 개념들에 관한 깊은 철학적 반성을 통해 시인들의 작품을 제대로 이해하고 평가할 수 있는 비판적 시각과 원리를 제공하고 있기 때문이다.

나는 이 작품에 담긴 아리스토텔레스의 생각을 정확하게 이해하기 위해 가장 중요한 세 가지 개념, 곧 포이에티케(*poiêtikê*), 미메시스(*mimêsis*), 카타르시스(*katharsis*)의 의미를 그 개념들이 서로 맺고 있는 깊은 연관 관계 속에서 밝히고 싶다. 각 개념의 의미를 밝히는 작업은 특히 중요한데, 그 이유는 이 세 개념이 『포이에티케에 관하여』의 내용을 이루는 가장 핵심이 되는 개념임에도 불구하고 작품 속에서는 전혀 정의되고 있지 않기 때문이다. 아마도 저자나 주된 독자인 뤼케이온의 구성원들에게 세 개념은 정의할 필요가 없을 만큼 매우 일반적이고 상식적인 개념이었을 가능성이 높다. 하지만 이 개념들이 뤼케이온의 울타리를 넘고, 고대 그리스의 문화적 맥락을 넘어서면, 보는 즉시 이해될 만큼 분명한 개념은 아니며, 오히려 많은 해석과 논란의 여지를 남기는 비밀스럽고 까다로운 개념이 된다. 따라서 우선 세 개념들의 뜻을 분명히 하는 것이 발전된 논의를 위해 기초적이며 매우 중요하다.

하지만 논의의 핵심은 각 개념의 의미를 개별적으로 밝히는 데 있지 않고, 그 개념들이 어떻게 유기적으로 엮이어 분석의 구조물, 비판의 그물망을 형성하게 되는가를 밝히는 것이다. 카타르시스란 시(詩)의 효과를 지칭하는 개념으로 주로 감상자 내부에서 일어나는 감정과 관련되어 이해되는 전통이 있지만, 우리는 이 개념이 미메시스 자체와 같은 개념으로서 창작 행위와 작품 속에서 드러나는 예술적 조작의 절차와 효과로 이해될 수 있다는 사실에 주목해야 한다. 그리고 언뜻 봐서는 모방이나 흉내를 뜻하는 미메시스 개념이 창조와 창작의 뜻이 강한 포이에티케 개념과 잘 안 어울리고 상반되는 것처럼 보이지만, 실은 깊은 부분에서 포이에티케의 핵심을 이룬다는 사실에 또한 주목한다. 한마디로 그의 저술에 주축을 이루고 있는 세 개념이 등식의 관계로 튼튼하게 맺어져 있다는 것이 나의 주장이다.

이 글이 아리스토텔레스의 저작을 짜임새 있게 이해하기 위한 디딤돌이 되길 희망한다.

2. 포이에티케(*poiêtikê*)

포이에티케를 '시학' 내지 '시작술'이라고 번역해서 쓰더라도, 과연 두 개념의 외연과 내포가 서로 일치하는지, 따라서 적절한 번역어로 인정할 수 있는지, 두 개념 사이에 넘기 힘든 깊은 골은 없는지 살펴볼 필요는 충분하다. 개략적인 내용은 이미 각주 1에 정리를 해 두었지만, 좀 더 자세하게 살펴본다면 다음과 같은 문제점이 있다. 먼저 '*poiêtikê*'는 'poie' + 't-ikê'로 분석되며, 'poie-'는 만든다는 뜻의 동사에서 온 말이다. 따라서 이 낱말은 아주 일반적으로 무엇인가를 '만드는 기술'을 의미하며, '시(詩)'뿐만 아니라 '배, 건물, 칼, 옷 등'을 만드는 기술에도 사용된다.[5] 아리스토텔레스의 철학에서도 이 낱말은 인간의 정신활동(*dianoia*)을 세 가지로 나눌 때 '*praktikê*', '*theôretikê*'와 어깨를 나란히 하는 일반적인 개념으로 사용되며(『형이상학』, VI, 1, 1025b3-1026a32), 기술(*tekhnê*), 능력(*dunamis*)과 어울려 사용된다(『형이상학』, IX, 2, 1046b3-5; 『니코마코스 윤리학』, VI, 4, 1440a6-11). 따라서 문학이라는 특정 분야에만 적용되는 '시학'이라는 번역어는 그리스어 '*poiêtikê*'가 원래 가지고 있던 일반적인 의미를 담아내지는 못한다. 보다 심각한 오해는 '시'라는 개념에 관하여 고대 그리스인들이 생각하는 것과 현대인들이 생각하는 것 사이에 파여 있는 깊은 골을 이해하지 못할 때 생긴다. 이런 문제점을 깊이 생각하며, 우리는 이 낱말이 가지고 있던 일반적인 의미와 시에 대한 고대 그리스인들, 특히 아리스토텔레스의 개념에 대한 배경을 충분히 생각하면서 그의 저작에 대해 붙여진

5 G. F. Else, *Aristotle's Poetics: The argument*, Harvard, 1957, p. 2 참조.

이름과 번역어를 재고하고, 이해해야만 한다. "포이에티케 그 자체에 관하여 논의하겠다(*peri poiêtikês autês…… legômen*)"라고 시작하는 『포이에티케에 관하여』는 실제로는 이 개념을 정의하지 않는다. 흔히 '시학(詩學)'으로 번역되는 '포이에티케(*poiêtikê*)'라는 희랍 낱말은 아리스토텔레스의 저술 안에서 쓰이고 있는 것보다는 훨씬 넓은 의미를 품고 있다. '시학'이라는 번역어가 당장 보여 주는 것처럼 '언어를 재료로 사용하여 시를 짓는 경우' 뿐만 아니라, 시가 아닌 산문에 대해서도,[6] 더 나아가 시와는 상관이 없는 구두나 배, 침대 같은 물건, 심지어 물건처럼 만져지지 않는 '건강한 상태'나 '올바른 정체(政體)'를 만들어 낼 경우에도 고대 희랍인들은 포이에티케라는 낱말의 뿌리에 해당하는 동사 '포이에인(*poiein*: 만들다)'을 사용했다. 이에 따라 무엇인가를 만들어 내는, 즉 포이에인 하는 행위와 활동은 '포이에시스(*poiêsis*)', 포이에시스를 통해 만들어진 것은 '포이에마(*poiêma*)', 포이에마를 만들어 내는 사람은 '포이에테스(*poiêtês*)'라고 했다. 마침내 포이에테스의 기술, 다시 말해 무엇인가를 만드는 능력이나 성향, 방법이나 기술과 관련될 경우에는 다 '포이에티케(*poiêtikê*)'라는 말을 사용했다. 그러니 비단 시뿐만 아니라, 침대나 구두도 일종의 포이에마였으며, 시인뿐만 아니라 구두 제조공도 포이에테스였고, 시의 창작뿐만 아니라 구두 제조도 포이에시스였으며, 시를 만들어 내는 방법이나 능력, 기술뿐만 아니라, 구두 제조 기술과 같이 대상이 무엇이든 이전에는 존재하지 않았던 것을 존재하게끔 만들어 내는 활동에 적용되는 모든 기술에 대해서는 '테크네 포이에티케(*tekhnê poiêtikê*)', 줄여서 포이에티케라는 말을 사용했던 것이다.[7] 이 낱말이 전문 용어로 '시를 짓는 기술'을 지칭하는 단어로 정착되

---

6 예를 들면 운문이 아닌 산문 아이소포스의 우화(『레토리케에 관하여』, II, 20, 1396 b22-23)에 대해서도 아리스토텔레스는 *poiein*이라는 동사를 사용한다(1393 a30). "왜냐하면 우화(fable, *logos*)나 비유담(parabole, *parabolê*)은 *poiein*이라고 아리스토텔레스가 지칭한, 넓은 의미에서의 '만든다'라는 행위에 의한, 창조 활동의 결과물이기 때문이다. …… 그리고 그것은 만들어 낸 주체(un producteur), 즉 포이에테스(*poiêtês*)를 전제하기 때문이다." (D. Loayza, *Ésope, Fables*, Paris, 1995, p. 7)

어 사용되던 시기, 즉 우리들이 논의하고자 하는 아리스토텔레스의 시대에도 여전히 문맥에 따라서는 '만드는 기술'이라는 일반적이고 포괄적인 뜻을 품고 사용되고 있었다. 이와 같은 낱말 사용 실태는 시에 관한 고대 그리스 사람들의 독특한 사고방식을 뚜렷하게 엿볼 수 있도록 해 준다. 그들은 시를 구두와 같은 하나의 제작물로 여겼고, 시인이 시를 짓는 데는 구두공이 구두 만드는 것과 같은 일정한 기술(*tekhnê*)이 필요하며, 결국 시인은 구두 제조공에 버금가는 시 제조 기술자라고 생각했다는 말이다. 더 이상 시는, 호메로스와 헤시오도스의 서사시 서곡에서 읽을 수 있는 것처럼, 무사(Mousa) 여신의 입김을 품어내는 시인의 신비한 영감과 타고난 신적인 재능에 의해 흘러나오는 것[8]이 아니다. 그것은 교육될 수도 있는 어떤 규칙을 가진 기술 체계의 영역 속에서 갈고 닦여져 생산되는 제품의 하나처럼 인식되었던 것이다.

포이에티케와 관련된 희랍어 낱말들의 속뜻을 깊이 뿌리로부터 생각하면서 아리스토텔레스의 생각을 이해하기 위해 가장 중요한 질문을 던져 보자. '시인'이 '시학'을 이용하여 '만드는 것', 시인의 제작품은 무엇인가? 그것은 두말 할 것 없이 시다. 이 질문과 대답을 희랍어 어원을 생각하여 우리말로 옮긴다면, 좀 더 분명한 동어 반복이 되어 공허하게 들린다: '만드는 사람(*poiêtês*=시인)'이 '만드는 기술(*poiêtikê*=시학)'을 이용하여 '만드는(*poiein*)' 것은 무엇인가? '만드는 사람(*poiêtês*)'이 '만드는 기술(*poiêtikê*)'을 이용하여 '만든(*poiein*)' 것 그것은 '만들어진 것(*poiêma*)'이다! 이 질문과 대답이 의미를 갖기 위해서는 '만들어진 것', 그것이 무엇인지를 좀 더 구체적으로 말해야 한다. 다시 말해 시가 무엇인지를 알기 위해서는, 시인에 의

---

7 G. F. Else, *op. cit.*, pp. 2-4 참조.

8 『일리아스』(호메로스), 1.1-2, "분노를 노래하소서, 여신이여. 펠레우스의 아들 아킬레우스의/파괴적인 분노를" 『오디세이아』(호메로스), 1.1. "그 사나이를 나에게 말해 주소서, 무사(Mousa) 여신이여. 재주 많던 그 사나이를" 『일과 나날』(헤시오도스), 1-2. "무사 여신들이여, 피에리에로부터 노래로 영광을 드러내는 여신들이여./오셔서 제우스를 말씀하소서. 당신들의 아버지를 찬양하면서"

해 만들어진 것이 도대체 무엇인가를 말해야 한다는 말이다.

일단 형식과 그 안에 담기는 내용이라는 두 가지 틀을 가지고 시를 정의한다면, 시란 음악적 운율을 갖춘 언어로 이야기된 그 무엇이라고 할 수 있다. 이 정의는 시인이 만드는 것은 형식의 측면에서 볼 때 언어의 음악적 조직체이며, 내용의 측면에서는 그 음악적 언어 조직체 안에 담겨 이야기되고 있는 그 무엇이라고 할 수 있다. 이런 방식으로 아리스토텔레스는 『포이에티케에 관하여』에서 서사시와 극시에 관해 시를 짓는 수단(*en hois*)과 표현하는 방식(*hôs*)으로 형식을, 대상(*ha*)이라는 개념으로 내용을 이해하며, 이 세 가지 개념에 근거하여 시인들의 작품을 장르별로 구분한다(1, 1447a17-18; 3, 1448a24-25). 구체적으로 보면, 1장에서는 표현의 수단에 따라, 2장에서는 표현하는 대상에 따라, 3장에서는 표현하는 방식에 따라 구분한다.

우선 시인은 음악적 운율을 갖춘 언어 조직체를 만든다. 따라서 운율을 따라 음악성 있는 언어 조직체를 '만드는 사람(*poiêtês*)'이 바로 '시인(*poiêtês*)'이라고 할 수 있다. 아리스토텔레스는 당시에 널리 퍼져 있던 이와 같은 생각을 비판적으로 소개한다.

> 그런데 사람들은 운율에다 '[시를] 만든다(*to poiein*)'는 말을 덧붙여, 엘레게이아 시인(*elegeiopoious*)이니, 서사시인(*epopoious*)이니 하는 이름을 부르는데, 이건 미메시스를 기준으로 하는 것이 아니고 전부 운율을 기준으로 시인(*poiêtas*)이라고 부르고 있는 것이다(1, 1447b14-16).

아리스토텔레스는 사람들이 운율을 새롭게 만들어 내거나 기존의 운율을 이용하여 새로운 언어 조직물을 만들어 내는(*poiein*) 사람들을 시를 '만드는 사람(*poiêtês*)', 즉 시인이라고 불러 준다는 사실을 비판적인 어조로 소개한다. 그에 따르면, 사람들은 아무 생각 없이, 표현되는 내용이 무엇이든지, 육각운율과 오각운율을 조합하여 이행시(二行詩)를 엮어 시를 만드는 사람에게는 '엘레게이아(*elegeia*)' 운율을 이용하여 언어 조직물을 '만드는 사람(*poiêtês*)', 곧 엘레게이아 시인(*elegeiopoios*)이라는 명칭을 붙이며, 마찬가지로 내용에 관계없이 서사시의 운율을 이용하여 글을 만들어 내는 사람은 무조건 서사시인(*epopoios*)이라고 부른다는 것이다. 이런 명명법은 정당한 것은 아니다. 곧 분명한 비판이 뒤따른다.

> 사실 사람들은, 의학이나 자연에 관한 뭔가를 운율을 통해 표현할 경우에도, 그런 식으로 부르는 데 익숙해 있다. 하지만 호메로스와 엠페도클레스는 운율 이외에 이들을 함께 묶을 수 있는 것이 아무것도 없다. 그러니 앞에 사람은 시인이라고 불러야겠지만, 뒤에 사람은 시인(*poiêtên*)이라기보다는 자연이론가(*phusiologon*)라고 불러야 마땅하다(1, 1447b16-20).

시의 표현 수단이라고 할 수 있는 운율과 음악성을 가진 언어, 좀 더 자세하게 말하면 리듬(*rhuthmos*)과 화음(*harmonia*)을 갖춘 언어(*logos*) (1, 1447a22)는 시를 시이게 하는 하나의 필요 요건일 수는 있지만, 충분한 조건은 아니다. 담기는 내용이 시를 시이게 해 주지 못하면, 겉에 입혀진 틀은 창작된 글을 시로 만들어 주지는 못한다. 따라서 호메로스와 똑같은 운율로 글을 쓴 엠페도클레스는 시를 만드는 시인이 아니라 자연이론가, 또는 자연철학자일 뿐이다. 이와 같은 논리는 헤로도토스를 예로 삼는 가정 속에서도 분명하게 드러난다.

> (헤로도토스의 글을 운율에 담을 수는 있겠지만, 그것이 운율을 갖고 있어도 갖고 있지 않은 경우보다 역사기술에서 더 벗어난 것은 아니다)(9, 1451 b2-4).

분명 시인은 음악적 언어를 사용해서 어떤 글을 만들어 내는 사람이다. 하지만 중요한 것은 형식적 조건이 아니라 바로 형식 안에 담기는 내용이다. 그 안에 담기는 것이 역사면 시가 아니라 역사며, 철학이면 시가 아니라 철학적 담론인 것이다. 창작자로서의 시인이 진정 만들어 내는 것, 그것이 바로 시인을 창작자로서의 시인이게 해 준다. 그것이 무엇인가? 아리스토텔레스는 그것을 '이야기(*muthos*)' 라고 말한다. 단순하게 뭔가 글이 꾸며져 만들어졌다고 해서, 그것이 운율이라는 형식적 조건을 충족시켰다고 해서 시가 되는 것은 아니다. 음악적 언어 조직체라는 틀에 짜여져 들어가는 내용, 즉 이야기가 있어야 한다.

> 그러므로 이런 사실들로부터 분명한 것은 운율보다는 오히려 이야기를 만드는 사람(*tôn muthôn…… poiêtên*)이어야 한다는 것이다(9, 1451b27-28).

만드는 사람(*poiêtês*)으로서 시인은 운율을 만드는 사람이 아니고, 이야기(*muthos*)를 만드는 사람이어야만 한다. 이 생각은 이미 『포이에티케에 관하여』의 주제를 열거하는 맨 처음 문단 안에 이미 전제된 것이었다. "시를 만드는 기술 그 자체와 그것들의 종류들에 관해(*peri poiêtikês autês kai tôn eidôn autês*), 그리고 각각의 종류들이 어떤 힘(*tina dunamin*)을 가지고 있는지", 그리고 시인의 기술과 활동을 "구성하는 부분들은 어떤 것이며, 그 수는 얼마나 되는지"를 말하겠다는 저자는 결국 "시인의 창작이 아름답게 되려면 이야기를 어떻게 구성해야만 되는지(*pôs dei sunistasthai tous muthous, ei mellei kalôs hexein he poiêsis*)"를 말하겠다고 한다(1, 1447a8-12). 시인의 창작 활동과 기술, 그리고 만들어진 제작물을 정의하고, 종류와 구성 요소를 분석하며, 그 효력을 논하는 것은 시인의 창작 방법론을 위한 것이다. 따라서 창작 방법론의 핵심에는 이야기를 구성하는 방법론이 자리 잡는다. 시인은 이야기를 만드는 사람이며, 시는 결국 이야기, 즉 리듬과 화음을 갖춘 언어 속에 담기는 이야기이다. 따라서 만들어진 이야기가 없다면, 시는 없다. 이야기가 있는 것만이 시다. 따라서 서사시와 비극, 희극이 아리스토텔레스의 연구 대상이 된다. 그 장르들만이 음악적 언어 조직체 안에 짜여져 들어간 이야기를 가지고 있기 때문이다. 우리는 이 결론에서 아리스토텔레스의 저술과 관련된 하나의 의문을 말끔하게 씻을 수 있다.

시인들의 활동에 관해 낭만주의적인 이념을 어느 정도씩은 가지고 있을 현대인들은 시를 이야기할 때, 서정시를 가장 먼저 떠올릴 것이다.[9] 개인의 감정과 생각을 아름다운 언어 속에 담아 뿜어내는 서정시야말로 진정 시이며,[10] 바로 그 점에서 시문학(詩文學)은 짜여진 이야기를 추구하는 극문학과 소설문학으로부터 분명하게 구별된다. 그런데 아리스토텔레스는 『포이에티케에 관하여』에서 서사시, 비극과 희극만을 다루며, 서정시에 대해서는 침묵하고 있다.[11] 한 개인의 성품이나 행위를 찬양하거나 비방하는 글을 쓴다면, 개인의 기쁨과 아픔, 사랑과 상실의 감정을 표현한다면, 그것이 시로 인정받기에 필요한 음악성을 풍부하게 갖추고 있다고 하더라도, 개별적인 사실을 드러낼 뿐, 뭔가 이야기를 만들어 내는, 즉 시를 짓는 일(*poiêsis*)이 아니며, 그런 글은 만들어진 무엇, 즉 시가 아니라는 말이다.

> 그래서 우리가 이야기한 바에 따르면 다음과 같은 사실은 분명하다. 시인이 할 일(*poiêtou ergon*)은 실제로 일어난 사실을 이야기하는 것(*to ta genomena legein*)이 아니라, 일어날 법한 일들을(*hoia an genoito*), 개연성이나 필연

---

9 S. Halliwell, *The Poetics of Aristotle, translation and commentary*, p. 69.

10 J. Hardy, *op. cit.*, p. 11.

11 이 침묵은 아리스토텔레스가 『레토리케에 관하여』에서는 서정시에 대해서도 포이에인(*poiein*), 포이에테스(*poiêtês*)라는 말을 사용하며, 시라는 범주 안에 서정시를 부분으로 포함시키고 있다는 사실(H. Kim, "Logoi devant la foule", *la rhétorique et la poétique selon Aristote*, Strasbourg, 2004, pp. 149-150)을 고려하면 훨씬 당혹스러운 일이 된다. 그것은 아마도 우리의 경험주의 철학자가 『레토리케에 관하여』에서는 음악적 운율의 언어 조직 안에 시인의 감정을 담아 노래하거나 한 개인을 비방 찬양하는 경우에도 시로서 인정하던 당시 그리스의 보통 사람들이 생각하던 바를 깔고 논지를 전개하고 있기 때문이라고 볼 수 있다. 그는 이 저작 안에서 좀 더 느슨한, 좀 더 넓은 의미로 *poiein*, *poiêtês* 등의 낱말을 사용하여, 운율의 창조와 그에 담긴 개별적인 감정의 토로나 찬양, 비방도 창작의 개념에 포함시키고 있다는 말이다. 반면, 『포이에티케에 관하여』에서는 좀 더 엄밀하고 좁게 시의 개념을 운율의 창작보다는 이야기의 창작에 한정한다.

> 성에 따라 가능한 일들을(*ta dunata kata to eikos ê to anankaion*) 이야기 하는 것이다(9, 1451a36-38).

> 시는 역사보다는 훨씬 철학적이며 더 진지하다(*philosopêteron kai spoudaioteron*). 왜냐하면 시는 보편적인 것(*ta katholou*)을 말하지만 역사는 개별적인 것(*ta kath' hekaston*)을 말하기 때문이다. 보편적인 것이란 이러이러한 성격의 사람이 개연성이나 필연성에 따라 이러이러한 말을 하고, 이러이러한 일을 하는 일이 일어난다고 하는 것(*tôi poiôi ta poi' atta sumbainei legein ê prattein kata to eikos ê to anankaion*)인데, 이것이 바로 인물들에게 [구체적인] 이름을 부여하면서도 시가 추구하는 바다. 반면 개별적인 것이란 실제로 알키비아데스가 한 일 또는 그가 겪은 일이다(*ti Alkibiadês epraxen ê ti epathen*)(9, 1451b5-11).

사실성이 아니라, 개연성이나 필연성에 따른 가능성에 무게가 실리면서, 시인의 역할에는 개별성을 떠나 보편성, 일반성을 밝혀 주는 임무가 부과된다. 인간 행동 세계에서 목격되는 개별적인 사실이 우연성에 따라 일어나며 필연적인 인과관계의 틀에 담기지 않는 것이라면, 시인은 이야기를 구성하여 인간 세계의 사건이나 행위를 인식 가능한 것으로 만들어 주는 것이다. 골드슈미트(V. Goldschmidt)가 주장하는 것처럼 "시가 추구하는 일반화 작업"은 "보편성의 탐구라 할 수 있는 과학의 도구를 이용하여 우연성에 대한 지식을 가능하게 해 주는 것"으로 평가될 수 있으며, 이 점에서 비극으로 대표되는 시는 역사와 견주어서뿐만 아니라, "철학 자체보다도 더 철학적이다." 왜냐하면 "비극은 우연성에 의한 존재 세계를 인식 가능하게 해 주는 데 이르기 때문이다."[12]

---

12 V. Goldschmidt, *Temps physique et temps tragique chez Aristote*, Paris, 1982, pp. 264-265.

서정시가 개인 알키비아데스의 개별적인 사건이나 감정을 다루는 것이라면, 보편성을 기반으로 이루어진 사건을 이야기하는 것이 본질인 시인의 창작 기술과 활동, 그리고 그 결과물로서의 시를 다루는 아리스토텔레스의 『포이에티케에 관하여』에서는 만들어진 이야기가 담겨 있지 않은 음악적 언어 조직물로서의 서정시는 다루어질 수 없게 된다.[13] 시가 되려면, 뭔가 이야기가 만들어져야 하며, 시인 자신은 숨겨지고, 이야기의 주인공들이 전면에 나서 움직여야 한다. 이런 기법에 의해 호메로스는 최고의 시인으로 칭찬받는다.

> 호메로스는 다른 많은 점에서도 찬양받을 만하지만, [시를] 만드는 사람들 가운데(*tôn poiêtôn*) 유일하게 자신이 무엇을 만들어 내야 하는가(*ho dei poiein auton*)를 정확하게 알고 있었다는 점에서 특히 그렇다. [시를] 만드는 사람 자신은 가능한 한 적게 말해야만 한다. …… 그는 첫 부분에서 조금만 말하고 [물러서고] 곧 남자나 여자, 다른 어떤 성격의 인물을 등장시킨다(24, 1460a5-11).

이와 같이 포이에티케란 보편성에 잇닿는 이야기를 창작하는 기술로 정의되며, 고대 그리스의 서정시(lyrisme) 개념의 핵심을 이루는 시의 음악성[14]

13 서사시와 극시가 가지는 보편성과 서정시가 갖는 개별성의 대립에는 전자가 당시에는 대중적인 집회나 축제의 틀 안에서 공연의 형태로 발표되었던 반면, 후자는 개인적인 편지나 만남, 사적인 모임 등에서 발표되었다는 사회 현상과도 무관하지는 않을 것이다.

14 악기 이름 lyra에서 비롯된 lyrisme의 어원이 보여 주는 바와 같이 고대 그리스에서 서정시는 개인의 감정의 표현이라는 특성보다는 서사시, 극시에 비해 다양하고 화려한 음악성이 강조된 시를 말한다. 물론 시의 형식과 그 내용이 전혀 무관하지 않기에, 가장 안정되고 웅장한 닥틸로스의 육각운이 영웅적인 이야기를 담는 서사시에 적절하고(24, 1459b34-35), 일상 대화에 가장 가까운 이암보스 운율이 실제 행동을 실연하며 사건을 노래하는 희극과 비극에 적절한 것처럼(4, 1449a23-25; 24, 1460a1), 서정시에 사용된 다양하고 독특한 운율은 긴 이야기를 담기보다는 비교적 짧게 토로하는 다양한 감정이나 솟아나는 존경과 격렬한 공격성을 담기에 더 적절하였다고 보아야 한다. 그리고 극시를 구성하는 합창단의 노래 부분이 이암보스 운율이 아닌 서정시 운율로 지어졌다는 사실을 주목한다면, 서정시가 극시 안으로 흡수되었다고 볼 수도 있기 때문에(P. Somville, *Essai sur la Poétique d'Aristote*, Paris, 1975, p. 44 참조) 아리스토텔레스 입장에서는 서정시를 따로 다룰 필요성을 느끼지 않았을 수도 있다.

이나, 근대 및 현대적 개념의 핵심인 개인의 표현은 아리스토텔레스의 시의 개념에서 부차적이고 비본질적인 요소로 밀려난다. 이제 시의 본질로 남는 것은 오로지 이야기 만들기, 즉 여러 가지 사건들(*pragmata*)을 시간에 따라, 혹 한 인물을 중심으로 단순하게 열거하는 것이 아니라, 개연성이나 필연성에 따라 사건을 구성하여 하나의 단일한 행동(*praxis*)으로 구성하는 플롯의 창작이다.

3. 미메시스(*mimêsis*)

시인들의 포이에티케는 결국 이야기의 창작 기술이다. 그런데 아리스토텔레스는 이야기(*muthos*)를 "행위의 미메시스(*tês praxeôs hê mimêsis*)"라고 정의한다(6, 1450a4-5). 애초에 그는 포이에티케 자체와 포이에티케의 종류들에 관하여 이야기하겠다고 하면서(1, 1447a8), 포이에티케를 이야기하지 않고 대신 곧바로 미메시스의 여러 종류들을 세 가지 기준에 의해 구분한다(1장에서 3장). 이와 같은 논의 전개에는 '포이에티케란 미메시스, 아니면 미메시스의 기술이다' 라는 등식이 전제되어 있다는 말이 된다. 그런데 포이에티케가 정의되지 않았듯이, 이 미메시스의 개념도 역시 전혀 정의되지 않는다. 우리는 이 개념을 이해하기 위해 아리스토텔레스와 마찬가지로 포이에티케를 미메시스에 연결시켰던 플라톤의 입장을 요약하면서 미메시스의 개념을 이해할 수 있다.[15] 그도 포이에티케의 핵심을 미메시스(모방 또는 흉내)로 파악했다. 그런데 미메시스라는 개념은 언뜻 보기에, 이미 존재하는 대상을 복제 내지 재현한다는 의미를 갖기 때문에 '없는 것을 만들어 낸다' 는 창조와 창작 개념, 즉 포이에티케와 잘 어울리지 않아 보인

15 고대 문헌들이 보여 주는 미메시스의 개념의 다양한 의미와 사용되었던 다양한 문맥에 대한 분석에 대해서는 H. Koller, *Die Mimesis in der Antike*, Berne, 1954 참조.

다. 단순하게 말해서, 흉내내고 모방하는 일을 창작이라고 하기 힘들다는 말이다. 과연 모방은 창조, 미메시스는 포이에티케라고 할 수 있는가?

이 질문에 플라톤은 긍정의 답을 주면서 비판을 가한다. 뭘 만들어 낸다는 사람들의 행위는 결국 뭔가를 모방하는 것이다. 새롭게 만들어 내는 것이 아니라 이미 있는 것을 본떠 만들어 내는 것이다. 따라서 그는 일단 창작 활동 자체를 폄하하며, 특히 시인이나 화가, 조각가 등 미메시스를 한다는 사람들을 신랄하게 비판한다. 그의 대화 편 『국가』 제10권은 미메시스의 개념을 인식론적인 측면에서[16] 비판적으로 분석하여 시인들을 이상적인 모델의 국가에서 추방한다. 그에 따르면, 미메시스란 참된 세계의 순수한 형상에 따라 감각의 세계 속에 감각적 대상으로 실현된 일종의 허상을 재차 어설프게 흉내내어 만드는 행위이다. 플라톤은 인간에게 파악되는 대상을 세 가지로 나눈다. 첫 번째 대상은 참된 존재, 참된 실체, 예를 들면 '침대라고 할 수 있는 유일한 진짜 침대', 즉 참된 침대의 형상(*eidos*)이다. 두 번째 대상은 침대의 형상을 모델로 삼아 감각적 대상으로 실현되어 '자연의 세계 속에 존재하는' 침대이다(597b-c).[17] 하지만 이 침대는 침대라면 이래야 한다는 '진짜 침대(*ho esti klinê*)', 곧 그 형상이 아니라, '진짜가 아니면서 진짜를 닮은 어떤 것(*ti toiouton hoion to on, on de ou*)'에 불과하다(597a-b). 마지막 세 번째 대상은 참된 형상에 따라 구체적으로 재현된 어설픈 존재로서의 침대를 다시금 흉내내는 시인, 화가, 조각가들이 작품 속에 미메시스로 재현한 침대가 바로 그것이다. 따라서 플라톤은 이 대상이 진리의 세

---

16 이와는 달리 『국가』 제3권에서 미메시스 개념은 표현(*lexis*)의 측면에서 자세하게 논의되고 있다.

17 기술(*tekhnê*)은 "많은 개념들에 대한 경험으로부터(*ek pollên tês empeirias ennoêmatôn*)", "비슷한 대상들에 대해(*peri tôn homoiôn*)", "하나의 보편적인 판단(*mia katholou hupolêpais*)"을 추출할 때 이루어지는 지식의 하나이며, 특히 "생산을 가능하게 해주는 지식(*epistêmê poiêtikê*)"이라고 파악한 아리스토텔레스가(『형이상학』 I, 1, 980a22-982a3; IX, 2, 1046b3-4; 『분석론 후서』 II, 19, 100a3-9; 『니코마코스 윤리학』, VI, 1440a11-16 참조) "기술은 자연을 모방(미메시스)한다(*hê tekhnê mimeitai tên phusin*)"라고 했을 때(『자연학』, II, 2, 194a21-27 참조), 어느 정도는 플라톤의 개념과 일치한다.

계와 존재로부터 두 단계나 떨어진 세 번째 등급의 대상에 불과하며, 이것을 만들어 내는 모방자(*mimêtês*)는 참된 대상을 보여 주지 못하며, 자신이 모방하는 것이 무엇인지 모르면서도, 헛되게 알고 있으며, 진짜가 아닌 것을 진짜인 양 속임수를 쓴다고 비판한다.

마찬가지로 비극 작가(*tragôidopoios*)도 '본성을 따져 볼 때, 왕과 진리로부터 세 번째 자리에 떨어져 있는 자이며' 다른 모방자들도 다르지 않다. 따라서 호메로스뿐만 아니라 [시를] 만드는 다른 사람들은 결국 진실이 아니라 진실의 허깨비를 모방하는 자들이며(*mimêtai eidôlôn*), 자신들이 모방하고 있는 것이 무엇인지를 정확히 알지도 못한다(601a-b). 그들의 모방 행위를 굳이 창작이라고 한다면, 그것은 허깨비의 창조, 허상의 허상을 만들어 내는 행위일 뿐이다. 그들의 모방은 "심각함이 결여되어 있는 어린애 장난 같은 것이다(*paidia tis kai ou spoudê*)."(602b) 따라서 플라톤이 구상하는 국가에서 이런 종류의 시인은 추방되어야 한다(595a; 605b). 그 이유는 크게 두 가지다. 첫째, 시인의 미메시스란 결국 대상을 고스란히 재현하지 못하고, 필연적으로 왜곡시켜 보여 주는 것일 수밖에 없기 때문에, 지성의 혼란을 일으켜 참된 인식을 가로막기 때문이다. 미메시스는 그런 부정적인 의미에서 일종의 창작일 수 있는데, 그것은 바로 대상의 허깨비, 진실의 거짓 모습의 창작인 것이다. 따라서 그의 미메시스 활동은 사람들의 인식을 병들게 하는 사기 행각에 불과하다. 시인들의 창작 활동이 미메시스라면, 그것은 대상을 재현하는 행위이므로 창작이라고 볼 수도 없을 것이다. 그것은 참된 형상의 불완전한 재현을 다시금 어그러지게 그려 내는 것에 불과하므로, 창작이라 하더라도 그림자 같은 허깨비의 창작에 지나지 않는다.

> 마찬가지로 우리들은 말할 것이다. 모방을 일삼는 시인은(*ton mimêtikon poiêtên*) 각 사람의 영혼 안에 일종의 잘못된 국가를(*kakên politeian*: 나쁜 통치 체제) 만들어 넣는 것이라고. 더 작은 것들과 더 큰 것들을 구분하지 못하고, 똑같은 것을 어떤 때는 크다고, 어떤 때는 작다고

> 생각할 만큼 판단력이 결여된 영혼의 부분을 홀리면서, 허깨비를 허망하게 만들어 내면서(*eidôla eidôlopoiounta*) 자기 자신도 참된 것으로부터 완전히 떨어져 있다(605b-c).

둘째, 시인의 미메시스는 격렬한 감정을 불러일으켜 시민들이 생활 속에서 참된 행복을 누리지 못하도록 방해한다.

> 사랑과 격정, 그리고 영혼 안에 일어나는 욕망과 고통과 쾌락과 관련된 모든 것들에 관하여, 말하자면, 우리들의 모든 행동에 수반되어 생겨나는 것들에 관하여 동일한 이야기가 가능하지 않을까? 시인들의 미메시스는 우리들 안에 이와 같은 효력을 낸다. 미메시스는 이 모든 격정들에 물을 주어 자라게 한다. 그것들을 말라죽게 해야 하는데도 불구하고 미메시스는 격정들이 우리를 지배하도록 심어 놓는다. 우리들이 더 나쁘고 더 비참하게 되지 않고, 반대로 더 훌륭하고 더 행복하게 되기 위해서는 그것들을 다스려야 함에도 불구하고(606d).

인간의 지성과 감성, 성격의 측면에서 시인들은 올바른 인식을 세우지도 못하고, 건전한 정신 상태를 보장하지 못하며, 반대로 허위와 격정, 불안정한 심리 상태를 조장할 뿐이므로, 이상적으로 그려본 플라톤의 국가 안에서는 호메로스의 서사시나 당대 유행하던 비극, 희극 작품들은 설 자리가 마땅히 없다는 것이다.

플라톤에게 쫓겨난 시인들을 아리스토텔레스는 따뜻하게 맞이한다. 그는 시인들의 미메시스가 가지는 인식론적인 가치와 미학적인 가치, 더 나아가 인간 영혼과 사회-국가의 안정과 행복에 기여하는 역할을 긍정적으로 인정한다. 물론 아리스토텔레스는 플라톤이 『국가』 편에서 이용한 미메시스 개념을 시인들의 활동의 본질로 받아들인다. 대상과 표상 사이에 어쩔 수 없이 생기는 거리와 괴리도 인정한다. 하지만 그 거리는 단순하게 부정적인 것만은 아니다. 오히려 그 거리는 적극적으로 인식론적인 역할을 한다. "감각적 대상에 대한 경험적 지식을 참된 인식을 방해하는 요소로 보고 있는 플라톤과는 달리, 아리스토텔레스는 감각적 대상에 대한 경험적 지식을 지식의 출발점으로 보고 있으며",[18] 이에 따라 아리스토텔레스는 미메시스에서 진상이 왜곡될 가능성만을 본 플라톤과는 달리 진상의 올바른, 그리고 아름다운 재현 가능성을 보고 있다. 경험을 존중하는 아리스토텔레스에게 미메시스는 단순하게 감각적 대상의 표상을 조작하는 것이 아니라, 감각적 대상과 그 대상 안에 간직된 형상과 진상을 올바르고 아름답게 재현하는 창조행위인 것이다.[19] 덧붙여 미메시스는 대중들의 감정을 순화하고 정화하는 도구로 인정되며, 아리스토텔레스가 『정치학』에서 그리는 국가에서 음악가와 시인은 제자리를 갖게 된다(『정치학』 8권 참조).

무엇보다도 아리스토텔레스는 플라톤과는 전혀 다른 입장에서 미메시스의 인식론적 가치를 이야기한다. 그는 인간의 최초 학습이 미메시스에 의해 이루어지며, 미메시스야말로 인간을 동물과 구별할 수 있는 본질적인 본성과도 같은 것이라고 생각한다.

> 미메시스 행위(*to …… mimeisthai*)는 인간들이 어려서부터 발휘하는 타고난 본성이다. 인간들이 가장 미메시스를 잘하고(*mimêtikôtaton*), 미메시스를 통해 처음 학습을 시작한다는 사실(*tas mathêseis poieitai dia mimêseôs tas prôtas*)에서 인간들은 동물들과 구별된다. 그리고 재현(미메시스)된 것에서 기쁨을 느끼는 것은 모든 인간들이 타고난 것이다(*kai to khairein tois mimêmasi pantas*)(4, 1448b4-9).

18 R. Bodéüs, *Aristote*, Paris, 2002, pp. 151-152 참조.

19 더욱이 시인의 미메시스는 단순하게 눈에 보이는 감각적 사물을 대상으로 삼고 있지 않으며, 대신 "성격(*êthos*)과 감정(*pathos*), 행위(*praxis*)" (1, 1447a28)라는 인간 정신세계와 사건을 대상으로 한다.

물론 여기에서 이야기하는 미메시스는 예술적 차원에서 이루어지는 활동을 지칭하는 것만은 아니며, 매우 포괄적인 의미를 갖고 있다. 인간이 처음 배울 때 행한다는 미메시스는 단순하게 어른들의 말과 행동을, 사고방식을 따라 하는 단순한 '흉내'의 의미가 강하다. 그리고 흉내를 통해 배우는 것에 기쁨을 느낄 수 있다. 하지만 이어지는 논의에서 미메시스는 단순한 흉내의 수준을 넘어 예술적인 재현과 표상의 생산이라는 의미로 발전한다. 이 논의의 과정에서 미메시스를 핵심으로 하는 예술활동이 감상자에게 주는 기쁨은 단순한 미학적인 쾌락이나 감성적인 것이 아니라, 지성적인 것으로 표현된다. 이 점에 각별히 주목할 때, 아리스토텔레스의 미메시스 개념이 갖게 되는 인식론적인 가치를 제대로 파악할 수 있다.

> 이에 대한 증거가 실제 사실에서부터 나타난다. 우리는 실제로 보면 고통스러운 것들이라도 그것들을 정확하게 드러낸 표상들을(*toutôn tas eikonas tas malista êkribômenas*) 바라볼 때는 즐거움을 느낀다. 가령 아주 끔찍한 짐승이나 송장의 모습과 같은 것 말이다. 그 이유는 이렇다. 배우는 것은 앎을 사랑하는 사람(곧 철학자: *tois philosophois*)뿐 아니라 다른 모든 사람에게도 마찬가지로 가장 즐거운 일이기 때문이다. 심지어 배움이 짧은 사람들에게도 그것은 마찬가지다. 바로 이것 때문에 사람들은 표상을 보면서 즐거움을 느끼는데(*khairousi tas eikonas horôntes*), 그 이유는 그 표상을 바라볼 때 그들에게는 각 대상이 무엇인지에 대한 배움과 추론(*manthanein kai sullogizesthai ti hekaston*)이 생기기 때문이다 — 예를 들면 저 사람은 바로 그 사람이라고 알아보는 것처럼(*hoion hoti houtos ekeinos*)(4, 1448b9-17).

한마디로, 미메시스가 필연적으로 전제할 수밖에 없는 대상과 표상의 거리를 인식론적인 왜곡, 표상의 결핍으로 보지 않는다. 오히려 그 거리는 대상의 본질을 표상을 통해 드러낼 수 있는 조건으로, 그리고 감상자의 인식

활동을 촉발하는 원동력으로 보고 있다. 감상자는 표상을 보면서 표상 자체에 머무르지 않고, 추론(*sullogizesthai*)을 통해 대상 자체로 간다. 대상과 표상의 동일성을 파악하는 순간, 감상자는 대상에 대해 무엇인가를 배운다(*manthanein*). 미메시스에 의해 창출된 표상은 대상에 대해 무엇인가를 말한다. 분명 표상은 대상 자체와 똑같지 않기에 대상의 무엇인가를 결여하고 있다. 하지만 그 결여 때문에 감상자는 대상으로 나아가는 데 가로막히지 않는다. 미메시스는 대상의 우연적이고 부수적인 요인들을 제거하고, 대상의 가장 본질적인 것, 가장 핵심적인 것, 가장 필연적인 것, 가장 인상적이고 강렬한 것을 드러내는 행위일 것이다. 시적 추론은 창작자에게는 대상의 본질을 작품의 표상 속에 담아내는 데에서 발휘되며, 감상자에게서는 표상을 통한 대상의 본질을 통찰하는 데에서 실천된다. 따라서 만드는 사람 바깥의 대상을 모델로 이루어진 표상은 대상의 왜곡된 모습을 담는 것이 아니라, 대상의 본질을 재현하고 파악한 결과라고 할 수 있다. 이런 까닭에 아리스토텔레스의 사상 안에서 미메시스는 인식론적인 확고한 위치를 얻을 수 있게 된다.

더군다나 표상의 대상이 플라톤이 미메시스를 비판할 때 예로 들었던 침대와 같은 물리적 대상이나 자연물이 아니라, 인간의 감정과 성격, 행동과 같은 것일 때, 미메시스의 기능은 어떤 것일까? 다시 말해 감정과 사상, 성격 등이 함께 엮여 짜여지는 인간의 행위를 미메시스의 대상으로 하는 시인의 표상은 어떤 의미를 갖는 것일까? 이에 대한 아리스토텔레스의 답은 이렇게 요약될 것이다. 시인은 이야기 구성을 통해 우연적이고 개별적인 것으로 흩어져 있는 행위들을 대상으로, 그 사건들의 심연에 깔려 있는 인과관계의 고리를 개연성과 필연성에 따라 꿰뚫어 보고, 그것을 하나의 통일된 행동으로 재구성하여 가능성의 세계 속에 표상한다. 이 표상은 각 사건들의 우연성과 개별성을 넘어 인간 행동 세계 속에 내재해 있는 개연성, 필연성 그리고 보편성을 드러내 준다. 감상자는 재현된 특정 개별 행동을 보며 추론을 통해 그와 관련된 인간 행동의 본질과 보편적 지배 원리를 배우게 된다. "아, 저것은 바로 그것이구나!" "아, 저것이 바로 인간의 운명이로구나" "인간 행동 가치의 원천이로구나"와 같은 방식으로. 이 통찰은 일차적으로 매우 지성적인 것이지만, 동시에 매우 감성적이며 그리고 미학적이다. 이와 같은 예술적 재구성의 작업은 우연적이고 부차적인 요소들을 제거함과 동시에, 격하고 비참하며, 저열하고 구차한 일상의 사건들의 고통스러움과 추함을 제거함을 동시에 의미한다. 이런 의미에서 미메시스는 일종의 카타르시스가 된다.

4. 카타르시스(*katharsis*)

플라톤과 아리스토텔레스에게, 고전 시대의 그리스인들에게, 창작의 기술인 포이에티케는 대상을 전제로 이루어지는 재현이며 본질을 표상하는 미메시스다. 실제로 포이에티케 자체와 그의 종류를 이야기하겠다고 공언한 아리스토텔레스는 포이에티케가 적용되어야 하는 각 장르를 미메시스로 정의하고, 미메시스의 수단, 대상, 양식의 기준에 따라 시문학을 서사시와 비극, 그리고 희극으로 나눈다. 포이에티케 자체에 대한 정의는 없지만, 포이에티케가 적용되어야 하는 각 장르에 대해서는 분명하고 완결된 형태의 정의를 주고 있다. 그는 포이에티케가 적용되는 각 장르를 나누고, 정의하는 과정에서 포이에티케의 정의가 스스로를 드러내길 희망하고 있는 듯하다. 그는 우선 비극을 정의하고, 비극 창작에 적용되는 기술(포이에티케)의 정립을 시도한다. 이때 제시된 비극의 정의는 다른 장르를 정의할 수 있는 모범이 된다.

> 비극이란 진지하며 완결된, 일정한 크기를 가진 행위의 미메시스인데(*mimêsis praxeôs spoudaias kai teleias, megethos ekhousês*), 각 부분들에 각각의 종류대로 따로따로 뿌려진 양념된 언어를 수단으로(*hêdusmenôi*

logôi, khôris hekastôi tôn eidôn en tois moriois), 낭송을 통해서가 아니라 행동하는 사람들을 통해 이루어지며(*drôntôn kai ou di'apangelias*), 연민과 공포를 통해 그와 같은 격정[적 사건]들의 카타르시스를 수행하는 미메시스다(*di'eleou kai phobou perainousa tên tôn toioutôn pathêmatôn katharsin*)(6, 1449b24-28).

포이에티케, 더 정확하게 말하자면, 포이에티케가 적용되는 포이에시스의 장르인 비극은 미메시스로 정의된다. 이와 같은 정의는 서사시[20]와 희극[21]에 대해서도 마찬가지다. 하지만 특히 비극의 정의 속에서 비극이 미메시스로 정의된다는 사실 이외에 우리가 발견하는 마지막 초점은 비극이 카타르시스를 핵심적인 기능으로 갖고 있다는 점이다. 비극은 카타르시스를 수행하는 미메시스로 정의된다. 그런데 우리는 포이에티케나 미메시스의 경우보다 카타르시스에 대한 이해에 훨씬 더 큰 어려움을 느끼게 된다. 이탈리아 르네상스(16세기) 이후 활발하게 제기된 『포이에티케에 관하여』 연구와 함께 꾸준히 논의되었던[22] 이 개념에 대한 이해가 어려운 이유는, 이 개념이 아리스토텔레스의 문학 이론을 이해하는 데 중요한 개념이면서도, 정작 우리에게 전해져 오고 있는 상태의 저작 안에서는 비극을 정의할 때 단 한 번밖에는 나오지 않기 때문이다.[23] 우리는 작품 내의 다른 부분들을 유기

20 "운율을 수단으로, 심각한 성격의 인물을 대상으로 삼는 미메시스(*meta metrou mimêsis spoudaiôn*)" (5, 1449b9-10), "육각운을 수단으로 이용하는 미메시스 기술(*hê en hexametrois mimêtikê*)" (6, 1449b21), "서사 양식의 미메시스(*diêgêmatikê mimêsis*)" (24, 1459b33), "시작과 중간과 끝을 가진 전체를 이루며 완결된 행위를 대상으로(*peri mian praxin holên kai teleian, ekhousan arkhên kai mesa kai telos*), 하나의 전체를 이루는 생명체처럼 고유한 즐거움을 주기 위해(*hin' hôsper zôion hen holon poiêi tên oikeian hêdonên*)" "드라마 성격을 띤 이야기를 구성해야만 하는(*hoti dei tous muthous…… sunistanai dramatikous*)" "운율을 수단으로 하는 서사 양식의 미메시스 기술(*hê diêgêmatikê kai en metrôi mimêtikê*)" (23, 1459a17-21).

21 "보다 경망스런 성격의 인물들에 대한 미메시스(*mimêsis phauloterôn*)" (5, 1449a31-32).

22 카타르시스의 개념에 관한 탐구의 역사와 해석의 방향에 대한 요약은 G. E. Else, *op. cit.*, pp. 224-232; D. W. Lucas, *op. cit.*, pp. 273-290; J. Lear, "Katharsis", A. O. Rorty(ed.), *Essays on Aristotle's Poetics*, Princeton, 1992, pp. 315-340; B. Gernez, *Aristote, la Poétique*, Paris, 1997, pp. 117-123 참조.

적으로 엮어 하나의 그물망을 짜내야 한다. 그리고 "연민과 공포를 통해 그와 같은 격정[적 사건]들의 카타르시스를 수행하는 미메시스다(*di' eleou kai phobou perainousa tên tôn toioutôn pathêmatôn katharsin*)"라는 구절에 초점을 맞추어 카타르시스에 대한 이해를 온전하게 건져내야 한다. 아리스토텔레스에 의하면, 비극은 감상자 안에 연민과 공포를 일으킬 수 있는 사건들로 구성되어야 하며(14, 1453b1-7), 이를 통해서만 비극 시인은 그 고유한 즐거움을 창출할 수 있다(14, 1453b12-13). 연민과 공포를 일으키는 사건과 그것을 바라보는 감상자의 내부에 일어난 연민과 공포는 어떤 관계에 있을까?

가능한 첫 번째 해석이 바로 전통적인 해석가들이 취하는 것이다. 비극을 보는 감상자 내부에 새롭게 생겨난 연민과 공포가 그 이전에 존재하던 연민과 공포를 씻어낸다는 해석이다. 이 해석은 히포크라테스 의학에 기초한 감정의 병리적 순화 내지 치유의 방법에 관련되어 사용되는 카타르시스 개념을 아리스토텔레스가 비극에 대해 고스란히 적용시키고 있다고 보는 것이다.[24] 이런 방식의 해석은 프로이트로부터 라캉에 이르기까지 정신분석학자들의 이론 속에서 정신적 충격으로 생긴 정신적 질환(traumatisme)을 동일한 유형의 충격을 통해 해소시키는 해제 반응(abréaction)

23 『정치학』 VIII권(5-7장)에서 아리스토텔레스는 정부 주도의 음악 교육에 관한 논의에서 카타르시스의 일반적인 의미에 대한 설명을 하고 있다. 그리고 이 개념에 대한 보다 상세한 논의를 『포이에티케에 관하여』로 넘긴다. "우리가 지금 일반적인 의미로(*haplôs*) 사용하고 있는 카타르시스 개념을 통해 뜻하는 바에 대해서는 보다 분명하게 포이에티케에 대한 저술 안에서 말하겠다."(VIII, 7, 1341b38-40) 하지만 우리가 가지고 있는 『포이에티케에 관하여』에서는 단 한번밖에는 볼 수 없다. 이런 까닭에 잃어버린 『포이에티케에 관하여』 제2권에서 이 개념이 다루어졌을 것이라고 추측하는 학자들이 있다. 이 가정이 정당한 것으로 받아들여진다면, 카타르시스라는 개념은 비극에 대해서만 적용되는 개념이 아니라, 서사시는 물론 희극에까지 적용되는 개념이라고 생각할 수 있다. 더 나아가 제1권에서 이 개념을 다루지 않고, 희극을 다루었을 제2권에서 이 개념을 상세하게 다루었다면, 이 개념은 비극보다는 희극과 관련시킬 때 더 잘 해명될 것이라고 생각하는 사람도 있다[대표적으로 D. W. Lucas, *op. cit.*, p. 288ff. 참조). 한편 이 낱말은 17, 1455b15에서도 한 번 더 나오지만, 이때 의미는 종교적 의미로서 지금의 문맥과는 전혀 다른 문맥에서 사용된다.

24 J. Bernays, *Zwei Abhandungen über die aristotelische Theorie des Drama*, Berlin, 1880(Darmstadt, 1968).

치료 요법의 형태로 수용되었을 뿐만 아니라,[25] 사회 정치적 차원에서 시민들의 정서와 감정을 안정시키는 일종의 의례로서의 비극의 효과를 해석하려는 시도 속에서 여전히 유효하다.[26] 하지만 이에 대해 간단한 반문이 다음과 같이 제기될 수 있다. 감상자는 비극을 보기 전에 공포와 연민의 감정에 관해 어느 정도 병적이어야 하는가? 그리고 감상자는 병적인 공포와 연민의 감정을 치료하기 위하여, 공포와 연민을 느끼려고 비극을 관람하는가? 두 감정과 관련해서 아리스토텔레스가 『레토리케에 관하여』에서 내린 정의를 고려하면 제기되는 반문은 아마도 불합리하게 보일 것이다.

> 연민(*eleos*)이란 파괴적이거나 고통스런 해악이 전혀 그에 합당하지 않은 사람에게 가해지는 것을 보면서(*epi phainomenôi kakôi phthartikôi ê luperôi tou anaxiou tunkhanein*), 그런 일을 자신도, 그리고 자기 가까운 사람 누군가도 겪을 수 있다고(*ho kan autos prosdokêseien an pathein ê tôn hautou tina*), 그것도 곧 닥칠 수도 있겠다고 보이는 경우에(*kai touto hotan plêsion phainêtai*) 느끼는 그 어떤 고통(*lupê tis*)이라고 해 두자(II, 8, 1385b13-16; 『포이에티케에 관하여』, 13, 1453a4 참조).

> 공포(*phobos*)란 파괴적이거나 고통스런 해악이 곧 닥치리라는 상상으로부터 생겨나는(*ek phantasias mellontos kakou phthartikou ê luperou*) 그 어떤 고통 또는 번민(*lupê tis ê tarkatkhê*)이라고 해 두자(II, 5, 1382a 21-22).

이와 같이 연민과 공포가 모두 고통 또는 번민으로 정의된다면, 비극을 보는 목적이 연민과 공포를 통해 가해지는 고통이나 번민을 느끼기 위해서

---

25 J. Lacan, *Séminaire 7(1959-1960): L'éthique de la psychanalyse*, Paris, 1986, pp. 285-289.

26 E. Belfiore, *Tragic Pleasures, Aristotle on Plot and Emotion*, Princeton, 1992.

가 될 것이다. 그런데 분명 비극을 감상하는 목적과 시인의 창작 목적은 모두 일종의 즐거움에 있다. 고통스런 감정이 감상자의 마음에 일어나, 이미 존재하는 감상자 안의 고통스런 감정을 씻어내면 카타르시스가 일어나고, 그때 즐거움을 느끼는 것이라고 해석할 수 있을까? 그렇다면, 비극의 감상자가 연민과 공포와 관련해서 비극을 통해 치료받아야만 될 병적인 상태에 있어야 한다고 전제해야만 한다. 게다가 연민과 공포와 관련해서 전혀 병적인 감정 상태에 있지 않는 사람이 비극을 통해 얻는 것은 무엇일 수 있는지, 어떤 쾌락을 가질 수 있는지 궁금하기 짝이 없다.[27]

이 질문에 첫 번째 해석이 한계를 갖는 것으로 보이자, 카타르시스를 감상자 안에서 일어나는 작용으로 해석하는 것과는 달리, 감상자와의 접촉 이전에 작품 안에서 이루어지는 작용으로 해석하는 학자들이 있다. 작품 안에서 등장인물들에 의해 이루어지는 사건 자체가 전개 과정 속에서 정화된다고 보거나,[28] 시인이 사건을 작품 속에서 재현시키는 미메시스 자체가 일종의 카타르시스라고 보는 것이다.[29] 나의 입장은 이 마지막 입장과 근본적인 부분에서 일치한다. 우리는 다음과 같은 사실에 주목한다. 실제 경험 세계와 인간의 행동 세계 안에서 연민과 공포는 일종의 고통이지만, 비극을 통해 그 감정은 카타르시스된다. 카타르시스된 감정, 연민과 공포는 감상자에게 고통이 아닌 쾌락을 줄 수 있다. 다시 말해서 실제로는 고통스럽고 끔찍한 연민과 공포가 비극 작품을 통해 감상자의 눈앞에 재현될 때, 고통과 끔찍스러움은 걸러져 나가고, 감상자에게 아름다움과 즐거움을 줄 수 있다는 것이다. 인간 세계의 사건과 행동 속에 내재해 있는 본질적인 비극

27 카타르시스 개념에 관해 지금까지 국내에서 이루어진 해석은 거의 다 이 두 가지 방식에 중점이 두어졌던 것으로 보인다. 아리스토텔레스, 천병희 옮김, 『아리스토텔레스의 시학』, 문예출판사, 1990, 47-48쪽; 이상섭, 『아리스토텔레스의 시학 연구』, 문학과지성사, 2002, 193-203쪽; 김상봉, 『그리스 비극에 대한 편지』, 한길사, 2003, 288-294쪽 등 참조.

28 G. F. Else, *op. cit.*

29 P. Somville, *Essai sur la Poétique*, Paris, 1975; R. Dupont-Roc, J. Lallot, *Aristote, la Poétique*, Paris, 1980; S. Klimis, *Le statut du mythe dans la Poétique d'Aristote*, Bruxelles, 1997.

성이 연민과 공포라는 감정을 불러일으키며 드러날 때, 그 연민과 공포는 개별적인 실제 사건을 통해 느낄 수 있는 고통을 주지 않는다. 오히려 표상 속에 재현된 사건을 통해 삶의 비극성을 통찰할 수 있게 해 주며, 추론과 배움을 통한 기쁨을 제공할 수 있는 것이다. 이와 같은 방식의 이해를 위해 나는 다음 구절을 근거로 제시한다.

> 우리는 실제로 보면 고통스러운 사물이라도(*ha gar auta lupêros horômen*), 그것을 아주 자세하게 그려진 표상을 바라볼 때는 즐거움을 느낀다(*toutôn tas eikonas tas malista êkribômenas khairomen theôrountes*). 가령 아주 끔찍한 짐승이나 송장의 모습과 같은 것 말이다(*hoion thêriôn te morphas tôn atimotatôn kai nekrôn*)(4, 1448b10-12).

대상이 미메시스라는 예술적 조작을 통해 재현될 때, 대상은 쾌적한 형태로 바뀐다. 아무리 실제 보기에 볼썽사납고 끔찍하고 역겨운 것이라도, 그것이 작가에 의해 작품 속에 재현되면, 그 표상(*eikonas*)과 그 형상(*morphas*)은 보기에 쾌적하고 즐거운 것이 된다. 이때 느끼는 즐거움은 단순한 심미적 쾌락이 아니라, 추론과 배움을 통해 이루어지는 이성적·지성적 즐거움이다. 그것은 철학자뿐만 아니라, 모든 사람들에게 마찬가지다. 왜냐하면 "모든 사람들은 본성상 알고자 하는 욕구가 있기 때문이다(*pantes anthrôpoi tou eidenai oregontai phusei*)"(『형이상학』 I, 1, 980a22). 미메시스를 통해 감상자가 느끼는 즐거움은 표상을 바라보며 추론을 통해 표상과 대상 사이, 현실 세계와 구성된 세계 사이에 작가가 파놓은 쾌적한 거리를 뛰어넘어 양자 사이의 일치를 파악하는 즐거움이다. 이 거리는 작가가 현실적 대상이 갖고 있는 아름다움과 본질을 가리고 있는 추한 요소와 우연적이고 부차적인 요소를 제거할 때 생긴다. 이때 예술적 표상은 모든 방해물과 껍질을 벗고 현실적 대상의 본질과 중요한 요소, 아름다운 부분을 드러낸다. 이와 같은 예술적 표상의 생산은 대상에 대한 거짓되고 허위적인 왜곡을 조장하는 것이 아니라, 대상의 본질을 깨끗하게 드러내는 카타르시스며, 대상을 표상 속에 재구성하는 포이에티케며, 대상의 본질을 재현하는 미메시스가 된다. 이렇게 구성된 표상은 그것을 바라보는 사람에게 지적인 쾌감은 물론 정서적 · 감정적 즐거움을 준다.[30] 카타르시스가 없는 미메시스, 즉 쾌적한 감상을 보장하지 않는 미메시스, 역겨운 재현을 보여 주는 미메시스는 참된 의미의, 적어도 아리스토텔레스가 생각하는 미메시스는 아니다. 그와 같은 미메시스는 진정한 의미의 포이에티케도 아니다. 참된 미메시스는 대상을 카타르시스하며, 숭고하게 쾌적하게 재구성하며, 재현한다. 대상과의 일치와 불일치의 함수 관계 속에서 대상은 카타르시스되어 쾌적한 감상거리로 감상자에게 주어진다. 여기에서 고통으로 정의되는 연민과 공포는 연출되는 과정에서, 감상되는 순간에 쾌감으로, 기쁨으로 역전된다. 카타르시스에 의한 역전이 바로 미메시스의 본질이며 효과며, 아리스토텔레스가 말하는 포이에티케다.

5. 맺는 말

아리스토텔레스는 인간의 행동을 가상적인 이야기 속에 통일성 있게 담아내는 작업으로 시의 창작(포이에티케)을 파악하고 있다. 언어를 통한 예술적인 창작의 핵심에 인간 행동에 대한 통찰과 이해를 두고 있는 것이다.

---

30 이와 같은 즐거움은 실제 대상에 대한 원인을 과학적으로 이론적으로 알게 될 때 얻는 즐거움과 상당한 유사점을 갖지만, 세밀하게 구별이 된다. "우리들의 감각에는 불쾌한 실제 대상들 가운데(*en tois mê kekharismenois autôn pros tên aisthêsin*), 이론적 통찰과 관련해서 볼 때(*kata tên theôrian*), 그것들을 창조한 자연은 그것들의 원인을 아는 사람들에게, 자연을 알기를 사모하는 사람들에게는 표현할 수 없는 즐거움을 준다. 사실, 우리들이 그런 대상들의 표상을 보면서, 그것들을 바라보며, 예를 들어 조각가나 화가의 창조적인 기술을 동시에 바라보기 때문에, 기쁨을 느낀다면, 그것들을 그 자체로, 그것들의 본성적인 조직 안에서 탐구하면서, 적어도 우리가 원인들의 전체를 파악할 수 있다면, 우리가 그것들의 바라봄을 훨씬 더 좋아하지 않는다는 것은 불합리하고 말도 안 되는 소리다"(『동물들의 부분』, I, 5, 645a8-15).

개연적인, 좀 더 강하게 이야기한다면 필연적인 원리와 힘에 의해 전개되고 있는 인간의 행위를 담아내는 비극과 서사시, 그리고 희극의 창작은 단순한 여흥 이상의 의미를 획득하게 된다. 그런데 이와 같은 창작은 없는 사실을 가상적인 시공간 속에 구성해 내는 일종의 허위 조작 행위로, 또는 참된 진리의 어설픈 모방으로 이해되어서는 안 된다. 아리스토텔레스는 시인의 창작이 차지하고 있는 인식론적인 위상을 높이려고 한다. 창작을 허위의 조작으로 폄하하지 않고, 인간의 삶과 역사를 끌고 가는 힘을 파악하는 인식의 방편으로 평가한다. 통일성 있는 통찰 안에서는 파악하기 힘들기 때문에 우연적인 요소라고 간주되기 쉬운 인간의 행동을 지배하는 힘을 시인은 창작된 극 속에서 드러내 보여 준다. 진리의 핵심과 본질을 보여 주는 창작 행위는 인간 행동 세계의 진리와 진상을 요령 있고 아름답게 재현하는 행위(미메시스)라고 할 수 있다. 이와 같은 재현의 창작은 결국 탄력 있고 탄탄한 구조의 작품 속에서 인간 행동 세계의 본질을 통찰하는 시인, 그리고 시인의 통찰을 통해 세계를 새롭게 바라볼 수 있는 감상자 양쪽에 모두 일종의 지성적인 정화(카타르시스)가 된다. 우연적이고 부수적이며, 누추하고 고통스러워 보이는 요소들을 걸러내 제거하는 동시에, 보다 본질에 가깝고, 핵심적이며 아름답고 쾌적한 요소들을 선택하여 인간의 행동 세계를 새롭게 보여 주기 때문이다. 지금까지 우리가 살펴본 것과 같이 시의 창작에 관한 아리스토텔레스의 생각은 이 세 개의 개념이 각각 다른 면을 차지하며 하나의 축 안에 결합되어 이루어진 것이다. 나는 이와 같은 해석이 아리스토텔레스의 저술은 물론, 그리스인들이 서사시와 비극, 희극, 그리고 더 나아가 서정시에서까지 갖고 있던 독특한 사상을 이해하는 데 지름길을 가도록 해 줄 것으로 기대한다.

더 읽을거리

이경식, 『아리스토텔레스의 「시학」과 신고전주의: 16-18세기 영국과 유럽의 극비평』, 서울대학교출판부, 1997.

이상섭, 『아리스토텔레스의 「시학」 연구』, 문학과지성사, 2002.

플로티누스의 미 개념

이순아

1. 플로티누스

가. 생애

플로티누스(Plotinus, 204/5–270)는 이집트 출신으로 청년기에 알렉산드리아에서 11년 동안 암모니우스 사카스(Ammonius Saccas, –242)에게서 수학하고, 동방의 지혜를 배우고자 페르시아 전쟁에 참가한 뒤 40대에 로마로 이주하였다. 3세기의 로마는 사회적 · 정치적으로 불안정한 위기에 놓여 있었다. 그는 헬레니즘의 마지막 시대를 살면서, 당시 도덕에 대한 강의로써 청중에게 감화를 주었을 뿐 아니라 평소 경건한 삶을 통해 선행을 실천한 선생이었으며, 실제적으로는 복잡하게 전개된 여러 철학적 학파들 혹은 전통에 대해 비판적 해석을 펼쳤던 철학자였다. 그는 50세에 이르러서 집필을 시작했는데, 그의 생애 말년까지 16년 동안 쓰여진 논문들이 그의 전 저작으로서 성숙되고 완성된 사유를 드러낸다.

나. 저서

플로티누스 사후 약 30년 후에 제자인 포르피리우스(Porphyrius, 233–304)에 의해 『엔네아데스(*Enneades*)』(301)라는 서명을 통해서 알려진 플로티누스의 54편의 논문들은 많은 주제들을 다루고 있는데, 비록 체계적으로 구성되지는 않았지만 하나의 공통된 기초를 지니며 한결같이 관념적이고 정신적이며 초월적인 체계를 지니고 있다. 포르피리우스는 플로티누스의 논문을 1권당 아홉 편씩 묶어서 6권의 엔네아드(ennead)로 구성하고 있는데, 그 주제 영역은 크게 세 부문으로 나뉠 수 있다. 첫째 부문은 자연의 영역에 관한 것으로 윤리학(1권), 자연학(2권), 우주론(3권)을 다루며, 둘째 부문은 영혼 및 지성에 관한 것으로 영혼론(4권), 예지적 원리(5권)를 다루고, 셋째 부문은 일자에 관한 것으로 일자 및 존재론(6권)을 다루고 있다. 『엔네아데스』는 "체계적 철학의 비체계적 제시"라고 불릴 수 있는 것처럼 플로티누스의 저작이 말끔하게 정리된 체계적인 모습을 지니지는 않지만, 그의 철학은 끊임없이 중요한 중심 문제들을 항상 조금씩 상이한 관점에서 상이한 난점과 의문과 관련하여 탐구하고 재탐구하는 과정 속에서 드러난다.[1]

다. 미학사적 위치와 의미

플로티누스는 플라톤의 충실한 계승자로 간주될 만큼 자신의 사상을 플라톤의 저작들로부터 이끌어 내었다. 그러나 다른 한편으로는 아리스토텔레스 및 스토아 철학으로부터 유래한 관념들을 통합시킴으로써, 그의 형이상학과 세계관은 기본적 구도에서 플라톤 철학과 명백한 차이를 보인다. 그것은 근원적인 신적 존재와 질료적 세계 사이에 어떤 초월적인 실체라는 중간 단계를 도입함으로써, 플라톤의 이원론의 체계는 역동적이고 정신적인 범신론적 일원론으로 전환된다. 이 점에서 그의 플라톤주의는 신플라톤주의라고 불린다.[2] 따라서 플로티누스의 철학은 위계적 우주 전체의 상호

1 A. H. Armstrong(trans.), *Plotinus Enneads*, 7 vols., Harvard Univ. Press, 1966[1], 1995[5] 서문 참조.

2 '신플라톤주의'라는 말의 본래의 의미는 3-6세기 동안 529년까지 동지중해와 아테네를 거점으로 한 플라톤주의 사상으로서, 그 사상가들은 누메니오스, 플로티누스, 포르피리우스, 이암블리쿠스 등 그리스보다는 오히려 시리아, 이집트 등지의 출신들이 많았다. 따라서 신플라톤주의 사상은 여러 요소들, 즉 그리스의 철학사상은 물론 시리아, 팔레스타인, 이집트, 페르시아의 종교사상 등의 여러 요소가 혼합되었다. 그러나 신플라톤주의는 플라톤의 사상

연관을 강조하고 있는데, 이때 아름다움은 우주의 상호 연관을 가장 효과적으로 드러내는 것으로서 그의 철학체계의 본질적 요소이다.[3]

플로티누스에게 미학적인 문제들이 이전의 어떤 철학체계에서보다도 중요하게 다루어지고 있으며, 「미에 관하여」(*Enn.* I. 6)로 저술을 시작하고 있는 것은 의미심장하다. I. 6(「미에 관하여」)와 V. 8(「예지적 미에 관하여」)는 플로티누스의 가장 독창적이고 중요한 미학적 철학에 관한 완성된 견해를 제시하고 있는데, 육체미와 덕의 미의 관계, 물질적 미와 도덕적 미 양자가 형상들의 세계의 예지미와 그것의 원리인 선 안에 있는 양자의 원천과 맺는 관계를 설명하고 있다. 이들 논문의 목표는 우리로 하여금 유출된 존재들인 가시적 미와 비가시적인 미 모두를 통해 모든 미의 원천, 즉 선으로 상승하도록 권고하는 것이었다.

『엔네아데스』 전체에 걸쳐 나타나 있는 미의 개념은 플라톤의 저서 중에서도 특히 『향연(*Symposium*)』에서 영감을 얻고 있지만, 플로티누스는 독창적 방식으로 미 개념에 새롭고 중요한 형이상학적 지위를 부여함으로써 후대의 미학적 사고에 지대한 영향을 미쳤다. 결국 그리스도교적인 중세의 아우구스티누스(Aurelius Augustinus, 354−430)와 이탈리아 르네상스의 피치노(Marsilio Ficino, 1433−99)에게 전해진 플라톤의 미학사상은 플로티누스화된 것이었으며, 다시 이탈리아 르네상스의 사상과 예술을 거쳐 18세기에 형성 · 전개된 근대 미학에도 플로티누스의 시각이 핵을 이루고 있다. 그러므로 근대 미학의 정초자 칸트로부터 독일관념론의 정상에 오른 헤겔에 이르도록 고대−중세−근세를 관류한 플로틴주의는 사실상 철학사 내지 미학사의 전통적인 주류이다.[4] 이와 같은 미학사의 맥락에서 "미는 '최고

을 달리 해석함으로써 새롭게 한 유파가 아니라 플라톤에 충실했고, 플라톤에 되돌아가고자 한 경향이며, 플로티누스−프로클루스가 가장 정통적이다(S. Mackenna(trans.), *Plotinus The Enneads*, 4th ed., Oxford Univ. Press, Pantheon Books, 1969. 이후 Enn.로 줄임. Enn. VI. 8, 10: VI. 2, 1 참조).

3 Margaret R. Miles, *Plotinus on Body and Beauty*, Oxford: Blackwell Publishers, 1999, pp. 34-37 참조.

선' 의 신적 이념(*Phileb.* 22c)의 아름답고 축복된 광채[5]이며, 미학은 다름 아닌 선의 빛의 형이상학이다."[6]

2. 세 가지 근본 원리(ὑπόστασις)

플로티누스의 철학에서 본질적인 개념은 신성으로부터 유출(emanatio)되는 존재의 위계이다. 그는 이러한 위계적 질서 가운데에 신적인 실체들의 단계로서 일자, 지성, 영혼이라는 세 가지 근본 원리를 존재구조의 상층에 세우고 이것의 맞은편에 자연과 질료의 세계를 두고 있다. 세 가지 근본 원리들은 다음과 같다.

가. 일자(一者, τὸ ἕν)

제1원리로서 도덕적으로 선과 동일시되며, 초월적이고 궁극적으로는 인식 불가능하다. 모든 속성을 부정하는 것이며 존재가 아니라 모든 존재에 선행하는 것이다. 따라서 절대적으로 단일자이며 무한자로서, 모든 사물의 존재의 원천이다(*Enn.* VI. 9, 1; 3; 11).[7]

나. 지성(νοῦς)

만물들의 궁극 원인인 일자로부터 유출된 예지적 원리(V. 1, 7)로서, 플라톤적 의미에서 이데아와 형상들의 세계이며 참된 존재의 총체이다. 따라서

4 W. Beierwaltes, *Denken des Einenen, Studien zur neuplatonischen Philosophie und ihrer Wirkungsgeschichte*, Vittorio Klostermann, 1985; *Platonismus und Idealismus*, Philos. Abh. Bd. 40, Frankfurt/M. 1972, pp. 144-187 참조.

5 *Enn.* I. 6, 9(태양광선의 비유). 정신의 빛에 대해서는 V. 1, 7; V. 5, 7; IV. 3, 17.

6 임범재, 「근대 미학의 星座 속의 PLOTINISM」, 『古典美學硏究』, 민음사, 1992, pp. 107-127, p. 127.

7 제1원리로서의 일자, *Enn.* VI. 9, 2; 자기활동, 초사유적 사유로서의 일자, VI. 8; 미의 기원으로서의 일자, VI. 7; 일자와의 합일, VI. 9.

추론적인 논증 과정의 결과가 아니라 직접적으로 대상을 파악하고 대상과 완전히 통일되는 직관적 사고이다.[8]

다. 영혼(ψυχή)

지성으로부터 유래된 것으로서, 존재를 전체로서 소유하지 못하며 추론적 사고의 수준에 머문다. 그러나 감각계 안에서의 예지계의 유비물이므로 자연적 세계에 신적 창조력을 드러내는 것이며, 모든 자연적 운동의 원인이다(IV. 8, 13).[9]

플로티누스에게 자연(φύσις), 즉 물질적 우주는 살아 있는 유기적 전체이며, 지성 안에 있는 형상들의 세계의 모상이다.[10] 그것은 우주적 공감과 조화에 의해 모든 부분에 있어서 한데 결합되어 있다. 따라서 물질적 우주는, 각 부분들은 생성 · 소멸할지라도, 전체로서 선하고 영원하다. 그러나 물질적 우주의 기층인 질료(ὕλη)는 결코 형식과 통일되지 않는 무정형한 비존재에 가깝다(II. 4).[11]

3. 상승의 변증법

플로티누스의 세계관은 종종 사다리에 비유되곤 한다. 물질은 사다리를 지탱하는 맨 아래에 놓여 있고 첫 번째 단계에 육체가 놓이고 그 다음 단계에 영혼이, 그 다음에 지성이, 그리고 맨 위에 전체의 근원인 일자가 놓여 있다(IV. 9, 4). 그의 철학체계는 일자로부터 지성, 영혼의 단계를 거쳐 물질

8 일자로부터 비추어진 빛으로서의 누스, *Enn.* V. 3; 제2원리로서의 누스, VI. 9; 존재의 사유활동, V. 9; 일자의 빛을 자기 안에서 발견하는 누스, 일자의 관조, V. 5.

9 多이며 一인 영혼, *ibid.* VI. 2; 누스의 그림자로서의 영혼, V. 1; 영혼의 두 측면, VI. 2.

10 예지적 세계의 그림자로서의 자연, *Enn.* V. 8; 영혼의 최하위 단계로서의 자연, IV. 4.

11 비존재적 질료, *Enn.* III. 6.

적 세계로 유출하는 계층적 우주(V. 1, 6)와, 존재들로 하여금 예지계를 거쳐 최상의 존재인 일자에로 회귀하게 하는 관조(θεωρία)를 강조(VI. 9, 11)함으로써, 단일성으로부터 점증적인 다수성으로의 하강과 다수성으로부터 단일화에로의 상승이라는 두 움직임이 긴밀히 연결되어 있다.[12]

일자로부터 멀리 떨어질수록 존재들은 불완전하다. 하지만 가장 멀리 떨어져 있는 물질계조차도 일자로부터 유출된 존재이므로 감각적 미는 일자의 모상이다. 따라서 이러한 불완전한 세계에 살고 있는 인간은 일자의 모상으로서의 선하고 아름다운 감각계를 향유하면서도, 그것을 단서로 하여 그가 유래된 더 고귀하고 순수하고 단일한 세계에로의 회귀를 열망한다. 이것은 곧 인간이 순수한 자신에게로 되돌아가 삶과 사유와 존재의 원천인 선을 바라볼 때까지, 인간의 영혼이 감각계로 하강하면서 몸에 지니게 된 모든 것들을 벗어 던지는 상승의 과정이다(I. 6, 7).

플로티누스의 철학적 활동의 주된 대상은, 모든 단계의 존재에서 경험하고 활동할 수 있는 인간 그 자신이 의지하기만 한다면 점진적인 정화와 단순화에 의해 일자 혹은 신과의 합일(VI. 9, 7; 11)에로 상승할 수 있는 경로를 제시하는 것이었는데,[13] 특히 그곳으로 상승하는 길 중의 하나가 바로 미의 지각과 예술이었다. 이와 같은 신념의 결과로서 플로티누스는 미와 예술을 철학의 핵심에 놓고 있다.

12 A. H. Armstrong, *op. cit.*, 서문 참조.

13 플로티누스가 운명하는 자리에서 "나는 내 안에 있는 신성을 되살려서 우주 만물에 있는 신성에 올라가련다"라고 한 마지막 말은, 바로 그의 전 생애와 활동의 핵심이었다. 포르피리우스는 『엔네아데스』의 서문으로 덧붙인 「플로티누스 생애에 대하여」에서 플로티누스가 생전에 신과의 합일을 네 번 체험했다고 전한다. Porphyrius, *Vita Plotini* 2; 23 참조(*Ibid.*, pp. 3-87).

4. 미의 개념

플로티누스의 미에 대한 고찰은, 감성적인 아름다움의 원인이 본질적으로 아름답다고 규정하고 있다. 미는 무엇인가라는 물음에 대해 플로티누스는 다음과 같이 말할 것이다. 미는 진정으로 혹은 본질적으로 존재하는 것이며, 그것은 지성이며 사유이며 정신일 뿐 아니라 감성적으로 현상하는 아름다움을 형상 혹은 이데아에 대한 반성적 사유를 통해 근거짓는 것이다(I. 6, 4-5). 플로티누스는 초감성적인 열망에도 불구하고 감각미를 높이 평가하고 있는데, 감각미는 예지계로부터 직접 유래되어 스스로의 원천을 드러내기 때문이다. 따라서 사물의 미를 보는 것은 그것에 존재성을 부여한 우주의 상호 연관을 이해하는 것이며, 이때 감각미는 감각계와 예지계를 연결하는 매개자가 된다. 즉 인간 영혼의 상승의 단서이다.

가. 감성적 미의 본질

플로티누스는 그리스의 전통적인 미에 대한 관념[14]과는 달리, 모든 아름다운 사물의 궁극적인 원인과 공통된 근원을 발견하려는 것에 초점 맞추고 있다. 그는 균제설의 비판을 수단으로 하여, 감성적 미의 본질을 구명한다.

(1) 균제설 비판

플로티누스는 몇 가지 이유를 들어 균제설을 거부하였다(I. 6, 1). 첫째, 만일 미의 본질이 전체와 부분들의 비례와 관계를 나타내는 균제에 있다면, 오직 부분들을 갖는 복합물만이 아름다울 수 있으며 단일체는 아름다

14 그리스에서 널리 통용되던 전통적인 개념은 미를 균제(symmetria)라고 정의함으로써 미가 관계, 척도, 수학적 비례와 부분들의 조화에 달렸다는 확신을 나타냈다. 피타고라스 학파에 의해 처음 소개되어, 플라톤과 아리스토텔레스에 의해 채택되었던 이러한 미의 개념은 후에 미를 "부분들의 적합한 배열(apta figura membrorum)"이라 칭한 키케로와 미를 "전체와 부분들의 통일과 조화로운 관계"라고 설명한 루키아노스에 의해 여전히 유지되고 있었다. W. Tatarkiewicz, *History of Aesthetics*, vol. I, ed. by J. Harrell, Mouton, 1970 참조.

울 수 없을 것이다. 그러나 색채의 미와 태양의 빛, 별빛, 황금, 단일한 음과 같은 단일한 실재들도 분명히 아름답다고 하여 이 정의를 논박한다. 둘째, 항상 같은 균제를 지닌 어떤 얼굴이 때로는 아름답게, 때로는 아름답지 않게 보인다. 그리고 비록 신체가 균제를 지니더라도, 신체에 생명이 없어지면 신체는 미를 잃는다(VI. 7, 22). 셋째, 균제는 아름다운 고귀한 행위나 훌륭한 법률과 같은 정신적이고 도덕적인 실재들에게도 적용될 수 없다. 넷째, 악이나 추에도 일치가 있기 때문에 미는 상호 일치하는 균제일 수 없다. 이러한 플로티누스의 주장에 의하면, 균제는 미의 외적 현시 및 결과일 뿐 본질적인 원인이 아니며, "미는 균제 그 자체이기보다는 오히려 균제를 조명하는 빛"이다(VI. 7, 22).

(2) 내적 형상

그렇다면 "물질적인 것에 미를 부여하는 원리는 무엇인가?"(I. 6, 2.) 이 물음으로써 그는 우리 감각계에서의 실제적인 미의 지각에 대해 논의한다. "그 원리는 첫눈에 지각되는 어떤 것이며, 영혼이 예로부터 알고 있다고 말하는 것이며, 알아보게 되면 기꺼이 받아들이고 그것과 조화를 이루게 되는 것이다. 그렇지만 영혼이 추와 마주하게 되면 영혼은 그 자신 속으로 움츠러들고 그것을 부정하며 추로부터 돌아서서 조화를 이루지 않고 거부한다."(I. 6, 2) 이러한 반응은 영혼이 지성의 모상으로서 소유하고 있는 '내적 형상(τὸ ἔνδον εἶδος)'과의 관련에 따라 사물을 판단하는 영혼의 활동이다(V. 3, 2; 4 참조). 여기에서 플로티누스는 플라톤의 상기론,[15] 즉 영혼은 아름다운 형상에 참여하는 사물 속에서 그 형상을 상기한다는 생각을 지지하고 있다.

이때 플로티누스는 영혼이 단 하나의 형상, 즉 미의 형상을 상기하는 것이 아니라 형상들의 예지계 전체를 상기한다고 보았다. "영혼은 그 본성상

15 *Phaedo* 74c, 100c; *Meno* 81c-d; *Phaedr.* 249c.

참된 실재로서, 즉 존재의 위계 중 가장 고귀한 존재와 관련되어 있음으로써 자신의 동족을 알아볼 때 혹은 동족성의 어떤 흔적을 알아보게 될 때, 영혼은 즉각적인 기쁨에 전율하고 자신 그 자체에로 돌아가서 다시 한번 그 자신의 본성과 그것에 관련된 모든 동족성에 관하여 상기한다."(I. 6, 2) 따라서 영혼이 미를 봄으로써 예지적 실재를 상기한다면, 이러한 상기가 아름다운 사물과 예지적 존재 사이의 어떤 관계에 의해 야기된다면, 사물들은 예지적 실재, 즉 미의 형상과 같은 특정한 형상이 아니라 일반적인 형상에 참여(μετοχῆ εἴδους)하는 정도에 따라 아름답다는 것이다.

플로티누스는 아름다운 사물들의 특성과 여타의 형상에 참여하는 사물들을 특별히 구별하지 않았다. "'존재한다는 것'과 '아름다운 존재'라는 것은 동일한 본성이다. …… 왜냐하면 감각계의 존재성은 아름다우면 아름다운 만큼 진정한 존재성에 가깝게 되기 때문이다."(V. 8, 9) 이와 같이 사실상 모든 육체미는 오직 조화, 균제, 비례, 일치와 같은 순수 현상적인 특성 속에 필연적으로 나타나는 형상에의 참여에 근거하고 있으므로, 우리는 이러한 현상적 특성을 봄으로써 예지계의 단일화의 원리를 관조하는 데에로 나아가 그 원인으로서의 최고의 미를 인식하게 된다.

나. 영혼의 덕의 미

영혼의 비물질적인 미는 무엇인가? 플로티누스는 감성적 미와 도덕적이고 지적인 탁월함과의 관련성을 암시하면서 비감성적인 미의 경험을 가정하고, 그러한 미의 원인을 구명하였다(I. 6, 4). "감각으로 파악될 수 없는 미", 즉 "올바른 품행, 청정한 사려, 위엄 있는 용모를 갖춘 용기, 장엄함, 동요 없는 평온함으로 무정념적인 상태에 도달해 있는 겸허함, 그리고 이 모든 것들에 빛나고 있는 신성한 예지의 빛"(I. 6, 5), 이 모든 고귀한 품성들은 무엇 때문에 아름답다고 말해지는가?

플로티누스는 우선 그것의 반대, 즉 영혼의 추함을 들어 논의한다. 무엇이 추한 영혼의 원인인가? "영혼이 추하게 되는 것은 …… 이질적인 것에 빠지고, 육체나 질료에로 추락, 혹은 하강하기 때문이다."(I. 6, 5) 따라서 육체와 질료에 거함으로써 영혼이 지니게 된 모든 것으로부터 정화되고 다시 본래의 자기 자신에게로 회귀할 때 영혼은 추함을 제거하게 되고 아름답게 된다. "정화된 영혼은 모든 이데아이며 로고스이며, 완전히 육체가 없는 것이며 예지적이고, 전적으로 신적인 것이 되어 미의 원천과 모든 종류의 미는 모두 그것으로부터 흘러나오는 것이다. 지성과 지성으로부터 유래된 모든 것은 영혼의 미이다."(I. 6, 6) 절제와 용기, 사려, 그리고 모든 덕들은 영혼을 자기 자신에로 되돌리고, 예지계와 형상들에 있는 영혼의 기원들에로 인도해 가는, 일종의 정화로서 영혼을 아름답게 만드는 것이다.

그러므로 지성 혹은 형상은 사물들을 아름답게 만드는 원인이었을 뿐 아니라 영혼의 미를 형성하는 원인이기도 하다. 형상에 참여하여 형상이 되는 것은 아름다운 것이 되는 것인데, 이러한 사실은 형상이 사물을 아름답게 할 뿐만 아니라 또한 그 자체로 가장 일차적인 미임을 함축한다. 미는 형상 혹은 진실재이다.

따라서 플로티누스에 의하면, 영혼은 덕의 미에 의한 정화를 통해 감각계를 벗어나 신과 닮게 된다. 그럼으로써 영혼은 시각을 통하여 볼 수 없었던 지혜를 인식할 수 있는 내적 시각을 뜨게 되고 절대미에로 상승할 수 있다.

다. 미와 일자

플로티누스는 미를 형상이나 지성과 동일시함으로써 즉각 일자에로의 영혼의 상승에로 나아간다. 왜냐하면 미의 추구는 진실재와 그것의 원천, 즉 일자 혹은 선에 대한 추구가 되기 때문이다. 물질적인 미와 비물질적인 미의 경험은 선의 욕구에 의해 강렬해지고 대치된다. "모든 영혼이 욕구하는 선을 향해 상승해야 된다. …… 선에 도달하는 것은 상승의 길을 택한 자들만이 가능한데, 감각계로 하강하면서 몸에 지니게 된 모든 것을 벗어던지고 상위의 세계에로 온 힘을 다해 상승해 가야 할 것이다. …… 이와 같이 하여 상승의 길을 가는 도중에 신 이외의 모든 것을 통과하고 순수한 자신에게로 되돌아간 사람이라면, 홀로 거주하는 독립된 존재, 순수단일하고 청정한 선을 있는 그대로 볼 수 있을 것이다. 그것이야말로 삶과 사유와 존재의 원천이다."(I. 6, 8)

그런데 이러한 고귀한 광경을 보기 위해, 영혼 앞에는 가장 격렬하고 극심한 투쟁이 벌어진다. 이 투쟁에서 이기고 절대미에 도달하기 위해서 우리는 육안의 눈으로 알게 된 모든 것을 버려야 하며 보는 것을 단념해야 한다. "당신은 육안을 닫고 그 대신에 당신 내부에 깨어 있는 또 다른 눈, 즉 모든 사람이 날 때부터 지니고 있지만 그러나 거의 사용치 않는 또 다른 눈(심안)을 불러내야 한다."(I. 6, 8)

그렇다면 이러한 심안은 무엇을 보는 것인가. "우선 자기 내부로 돌아가서 자기 자신을 보아야 한다. 그런데도 당신이 그것으로 아직 자신의 아름다움을 보지 못한다면, 아름다운 조각을 만드는 조각가처럼 행하라. 즉 그는 여기저기를 깎아내거나 다듬고, 어떤 부분은 매끄럽게 만들거나 또 다른 부분은 군더더기 없이 깨끗하게 다듬거나 하여 조각상에 아름다운 자태를 부여한다. …… 끈기 있게 당신의 조각상을 계속 파나간다면, 덕이 지닌 신적 광휘가 당신을 비추게 될 것이고, …… 완전한 선을 보게 될 것이다." (I. 6, 9) 이와 같이 영혼의 상승은 자기 자신을 아름답게 만드는 정화에 의해 이루어지며, 영혼은 자기 수련의 과정을 통하여 절대적인 미를 보는 눈을 획득할 수 있다. 오직 이러한 눈만이 위대한 미(*τὸ μέγα κάλλος*: I. 6, 9), 즉 일자를 볼 수 있는 것이다.

이때 일자 혹은 선은 형상을 초월해 있는 무한하고 무형의 '미의 흘러넘침(*περιουσία τοῦ κάλλους*)', '미 위에 있는 미(*κάλλος ὑπὲρ κάλλος*)', '미의 꽃(*τοῦ καλοῦ ἄνθος*)'으로서 묘사된다(VI. 7, 32-33; V. 8, 13참조). 따라서 균제 있는 육체미를 낳고 그것을 통해 빛나고 있는 것이 형상의 빛이라면, 예지미를 낳고 예지미를 통해 빛나고 있는 것이 선의 빛인데, 이러한 빛의 원천은 바로 '미를 초월한 미(*ὑπέρκαλον*: VI. 7, 33)'이다.[16]

5. 예술과 예지적 원리

일자와 유출의 개념에 기초한 플로티누스의 사고는, 일자의 불완전한 반영인 감각계에 살고 있는 인간의 영혼이 저 높은 세계로 회귀하는 길의 유비로서 예술을 다룸으로써, 감각미에 깃든 예지적 요소를 주목하고 있으며, 미를 예술의 합당한 목적으로 용인한다. 특히 플로티누스는 조각가 또는 건축가가 예술작품을 창조하는 방식을 우주적 영혼의 자연 창조 방식의 유비로서 논하면서, 예술미와 자연미가 동일한 근원을 갖는 것으로서 설명하였다. 자연미가 예지계의 형상을 부여받아 그 원형과 닮아 있는 것이라면, 예술미도 예술가의 내적 형상이라는 예지적 원리가 매체에 부여된 것이다(V. 8, 1).

이 점에서 플로티누스는 예술을 모방 기술이라고 한 플라톤의 비난에 반대하여, 예술작품을 현상의 세계 속에 이미 존재하고 있는 사물의 단순한 모방으로서 간주하지 않는다. "당신은 예술가들이 단순히 보이는 것을 재현하는 것이 아니라 자연 그 자체의 근원인 이성원리에로 되돌아가는 것임을 알아야 한다. 더 나아가 예술가들은 자신들의 고유한 직분으로 자연에 무엇인가 결여되어 있을 때면, 완전성을 위하여 많은 것을 덧붙인다는 것을 알아야 한다. 왜냐하면 예술가들은 미의 담지자이기 때문이다. 피디아스는 제우스 상을 보이는 것에 따라 제작한 것이 아니라, 제우스가 우리의 시야에 자신을 드러낸다면 제우스 자신이 취할 것임에 틀림없는 어떤 형태로 제우스를 만들었다."(V. 8, 1; VI. 4, 10 참조)

이와 같은 예술가의 정신에 나타난 내적 형상은, 플라톤에서처럼 항구적이고 변치 않는 이데아가 아니라 예술가의 생생한 시각이 되었을 뿐만 아니라, 그럼에도 불구하고 키케로의 단순한 관념에 지나지 않는 사유상

---

16 D. J. O' Meara, *Plotinus: An Introduction to the Enneads*, Oxford: Clarendon Press, 1993, pp. 98-99.

(cogitata species)[17]과는 대조되는 초월적인 원상의 영상이었다. 왜냐하면 이러한 내적 형상은 자연 그 자체가 기원한, 그리고 예지적 관조의 행위 속에서 예술가에게 드러나는 바로 그 원리와 동일하기 때문이다. 플로티누스에 의하면 피디아스가 자신의 내적 자아 안에 지니고 있던 제우스의 상은 제우스에 대한 관념일 뿐 아니라 바로 제우스의 본질이라는 것이다.[18]

그리하여 플로티누스는 예술가의 정신이 일자의 현실태인 형상을 구성하는 창조적인 지성의 운명을 자연과 공유하는 것으로 간주했다. 왜냐하면 지성은 그 자체 안에서 그리고 그 자체에 의해서 형상들을 낳기 때문이다. 또한 지성은 흘러넘쳐서 자신의 순수하고 비물질적인 사유를 형상과 질료가 분리되어진 공간적 세계, 즉 원상의 단일성과 순수성을 잃어버린 세계에로 쏟아 부어야 한다. 플로티누스는 자연의 미를, 형상을 부여받지만 결코 완전히 형상을 입을 수는 없는 "질료를 통하여 빛나고 있는 이데아의 광휘"(I. 6, 2)라고 간주한 것과 마찬가지로, 예술작품의 미는 질료 속에 이상적 형상을 투사하는 것, 즉 질료의 자연적 타성을 극복하고 그것에 활기를 부여하고 정화하고 생기 있게 하는 것에 달려 있다고 생각하였다(V. 8, 1). 따라서 예술[19]은 지성의 투쟁과 동일한, 즉 무정형한 질료를 통제하고 지배하는 형상의 승리를 쟁취하려는 노고이다(I. 6, 3; 7).

이와 같이 플로티누스는 예술에 대해 인간의 심안을 감각적 세계 너머에로 영원히 이끌어 가는, 즉 인간에게 예지적 세계에 대한 조망을 열어 주는 역할을 부여하고 있는데, 플로티누스의 예술에 대한 이러한 철학적 해석과

---

17 헬레니즘 시대의 절충학파인 키케로는 플라톤의 이데아 개념과 아리스토텔레스의 내적 형상이라는 개념을 절충하여 반플라톤적인 예술론을 전개시키는데, 이데아를 예술가의 정신 안에 있는 '사유상(cogitata species)'이라고 일컫고 있다. 키케로는 그 용어를 플라톤으로부터 차용했으나 추상적 · 관념적 형상이 아닌 구체적인 지각 가능한 형식의 의미를 부여함으로써 그 시대에 있어서 예술적 창조에 대한 새로운 이해를 위한 토대를 제공하고 있다.(Cicero, Orator 2, 8; E. Panofsky, *Idea: A Concept in Art Theory*, trans. by J. J. S. Peake, Harper & Row, Publishers, 1968, p. 18 참조.)

18 *Ibid.*, pp. 26-27.

19 플로티누스의 예술 개념은 근 · 현대적 의미에서의 예술 개념이 아니라, 'techne'를 의미한다.

평가는 예술가를 이데아의 모상의 모상을 제작하는 자(Rep. 597b-598c)라고 비난한 플라톤과는 대조된다. 특히 플로티누스는 예술가를 예지적 세계에 직접 접근 가능하며 자신의 예술작품 속에서 창조력을 발휘하는 자로 간주함으로써 예술에 높은 가치를 부여했으며, 이것은 훗날 이탈리아 르네상스에서 예술가들이 얻게 될 고양된 지위를 예견하는 것이었다.

더 읽을거리

Beierwaltes, W., "Marsilio Ficinos Theorie des Schönen im Kontext des Platonismus", *Sitzungsber. d. Heidelberger Akademie d. Wiss. Philos.- historische Klasse,* Heidelberg: Carl Winter · Universitätsverlag, 1980.

____________, "The Love of Beauty and the Love of God", in A. H. Armstrong (ed.), *Classical Mediterranean Spirituality*, London: Routledge & Kegan Paul, 1986, pp. 293-313.

Miles, M. R., *Plotinus on Body and Beauty*, Oxford: Blackwell Publishers, 1999.

O' Meara, D. J., *Plotinus: An Introduction to the Enneads*, Oxford: Clarendon Press, 1993.

Panofsky, E., *Idea: A Concept in Art Theory*, Trans. J. J. S. Peake, Harper & Row Publishers, 1968.

중세

중세 미학사상의 흐름

김 율

1. 중세미학의 문제

중세는 보통 서로마제국의 멸망(서기 476년)으로부터 시작되어 르네상스(15세기)와 종교개혁(16세기)에 의해 종결되는 대략 천 년의 시기를 가리킨다. 근대 이후의 인간중심적 이성과 과학이 이룩한 문명에 대한 자부심으로 역사를 바라보는 사람들의 눈에 이 기나긴 천 년의 역사는 한낱 인간 정신사의 흐릿한 여백으로밖에 보이지 않을 것이다. 그리하여 사람들은 묻곤 하는 것이다. 거역할 수도 비판할 수도 없는 하나의 사실로서 주어진 신학의 도그마를 다만 가능한 한에서 인간의 이성이 알아들을 수 있도록 설명하고 정당화하는 것이 소위 중세철학의 역할이었다면, 엄밀한 의미에서 중세에 '철학' 이라는 것이 존재했다고 할 수 있는가? 철학이라는 것은 어떠한 교의적 권위에도 묶이지 않는 인간의 자주적이고 비판적인 사유여야 하지 않은가? 그런 의미에서 중세철학을 사이비 철학함(After-Philosophieren)이라고 불렀던 칸트[1]의 근엄한 어법을 흉내내어, 서양의 미학사를 탐구하는 우리는 다음과 같은 질문을 던져 볼 수 있을 것이다. '중세의 미학' 이라는

1 Logikvorlesung, *Akad.-Textausgabe* Bd.IX, p. 31 참조.

말은 도대체 가능한가? 미학이라는 것은 개인적인 미적 가치의 향유와 그것을 가능하게 하는 감성의 독자성을 전제하는 어떤 것이 아닌가? 그리고 무엇보다도 예술이라는 독특한 현상에 입각한 어떤 인식의 체계가 아닌가?

중세의 미학사상을 개관하기에 앞서 우리가 반드시 되씹어 보고 명심해야 할 것은 바로 미학이라는 말 자체의 역사성이다. 바움가르텐에서 시작된 감성미학 혹은 르네상스 이래의 예술미학(Kunstästhetik)의 관점에서 중세의 미학을 연구하려는 사람은 필연적으로 극복 불가능한 어려움에 부딪칠 수밖에 없다.[2] 그런 의미에서 중세의 미학이란 존재하지 않기 때문이다! 미학이라는 말 자체의 역사성은 그 말이 담고 있는 사태 자체의 역사성을 함축한다. 그러므로 근대 이후의 미학적 관점에서 중세의 미학을 연구하려는 사람은 단순한 언어적 혼동의 오류를 범하는 것이 아니라 중세미학이 담고 있는 사태 자체를 전혀 보지 못하는 오류를 범하는 것이다.

중세미학이라는 말의 원칙적이고 조건적인 승인에도 불구하고 우리는 하나의 학문적 탐구 대상으로서 중세미학이 지니고 있는 실제적인 어려움들을 간과할 수 없다. 중세미학 연구의 어려움은 무엇보다도 자료의 부족이다. 먼저, 중세 사상가들의 텍스트는 미에 대한 언급을 매우 산발적으로 그리고 다만 부수적인 주제로 담고 있을 뿐이다. 미를 독자적인 주제로 다루고 있는 저작들은 몇 가지 소품들을 제외하고는 거의 없다고 해도 과언이 아니다. 별로 유명하지 않은 중세 사상가들도 엄청난 양의 저술들(opera)을 남겼던 것을 염두에 둘 때, 미에 대한 논의가 산발적 언급들에 머물러 있다는 사실은 현대를 미학의 시대라고 부르기를 주저하지 않는 미학주의자들이 보기에는 매우 불만스러운 무지의 증표일 수도 있을 것이다. 그러나 이 사실은 중세 사상가들의 미에 대한 반성과 그들이 지니고 있었던 미 관념의 객관적 의미가 어떤 것이었는지를 간접적으로 보여 준다. 중세미학의 배경을 이루는 다양한 원천들이 다양한 가치의 궁극적 통일성 속

2 W. Perpeet, *Ästhetik im Mittelalter*, p. 115 참조.

에서 미의 자율성이 어느 정도 보장될 수 있는 인식적 토대를 마련해 주었기에 중세 사상가들이 선으로부터 미분화 상태에 있는 고대 그리스의 미 개념, 즉 선미(kalokagathia) 개념에 전적으로 묶여 있었던 것은 아니라고 하더라도, 철학적인 반성의 차원에서 미라는 가치는 여전히 선의 개념에 밀접하게 연관되어 있었다. 미에 대한 중세의 형이상학적 탐구는 선 개념의 존재론적 심오함과 풍요함에 비추어 미는 다만 그 일각의 표현에 지나지 않는다는 사유방식에 의해 지배되고 있었으며, 텍스트의 상대적 부족은 결국 이러한 사태의 반영에 다름 아닌 것이라 하겠다. 그러나 이러한 텍스트의 상대적 부족이 중세미학 연구의 불필요성을 뜻하는 것은 물론 아니다. 그런 의미에서 중세미학에 대한 이차적 연구 성과들이 절대적으로 부족하다는 사실은 더 심각하고 본질적인 어려움이라 하겠다.[3] 그리고 이러한 어려움이 근본적으로는 천 년 이상의 중세 정신사에 대한 근대 미학주의의 천박한 문화적 편견, 그리고 무책임한 도외시에 기인한다는 것은 말할 나위도 없다.

2. 중세미학의 다양한 원천

중세미학의 형성에 영향을 미친 사상적 원천은 매우 다양하다. 첫째로 우리는 그리스도교의 성서를 언급할 수 있다. 그중에서도 중세의 미학적 사상에 중요한 의미를 지니는 텍스트로는 창세기와 소위 '지혜문학(Sapiental Books)'으로 분류되는 「잠언」, 「아가」, 「지혜서」, 「전도서」이다. 예컨대 창세기 저자는 "이렇게 만드신 모든 것을 하느님께서 보시니 참 좋았다…… 이리하여 하늘과 땅과 그에 속하는 모든 것들이 각자의 것을 갖

3 어느 정도 비중 있는 학술적 의의를 지닌 충실한 이차자료로는 De Bruyne의 *Etudes d'esthétique médiévale*(1946)가 거의 유일하다.

추고 완성되었다(Vidit Deus cuncta quae fecerat et erant valde bona······ Igitur perfecti sunt caeli et terra et omnis ornatus eorum)"라고 말함으로써 모든 피조물이 창조를 통해 나름의 미를 부여받았다고 본다.[4] 희랍 교부들과 중세 사상가들은 "갖추고(ornatus)"라는 말을 미적 의미로 해석하기를 주저하지 않았다.[5] 그런데 피조물이 아름답게 창조될 수 있었던 까닭은 하느님 자신이 아름답기 때문이다. 이러한 생각은 시편의 여러 구절에서 잘 나타난다.[6] 이러한 성서의 사상은 특히, 드 브륀느(De Bruyne)가 말하는 중세의 소위 상징적 미학(symbolist esthetics)의 기초가 되었다.[7] 모든 비례나 균형과 같은 우리가 지각할 수 있는 모든 미의 속성은 하느님의 미에 대한 창조된 형상의 유사성이라는 단 하나의 근거를 지닌다는 것이 상징적 미학의 기본 사상으로서, 이는 성 베르나르두스 클레르보(St. Bernardus Clairvaux, 1090-1153), 베르나르두스 실베스터(Bernardus Silverstris, 12세기 중반), 알랭 드 릴르(Alanus ab Insulis, 1128-1202?) 등의 사상가에서 잘 나타난다.

중세미학의 또 다른 원천은 고대 그리스의 철학이다. 이 중에서 첫 번째로 지적할 만한 것은 플라톤의 『티마이오스』이다. 『티마이오스』는 중세 사상가들이 직접 접근할 수 있었던 거의 유일한 플라톤의 작품으로서, 우주가 수학적 질서에 따라 기술적으로 만들어져 있다는 그 작품의 우주론은 중세의 미학적 사상에 성서의 창조론과 거의 유사한 영향을 미쳤다.[8] 두 번째는 그리스 사상가들의 비례 개념이다. 예컨대 보에티우스의 번역을 통해 중세 초기부터 유럽 세계에 전승되어 왔던 아리스토텔레스의 저작 『토피

4 「창세기」 1,31-2,1. 참고로 공동번역 『성서』는 해당 구절을 "이리하여 하늘과 땅과 그 가운데 있는 모든 것이 다 이루어졌다" 라고 옮기고 있다.

5 'ornatus' 라는 말은 '장비나 장식을 갖춘' 이라는 기본 의미를 지니며, '다듬어진', '우아한', '고귀한' 등의 의미도 지닌다.

6 De Bruyne, *The Esthetics of the Middle Ages*, p. 2 참조.

7 De Bruyne, 위의 책, p. 67 이하 참조.

8 *Timaios*, 29a; 30b-d 참조.

카』에서 우리는 "사지의 아름다움은 특정한 비례인 것처럼 보인다"라는 전형적인 구절을 발견할 수 있다.[9] 고대 그리스 사상에 일반적이었던 이러한 비례 개념이 중세미학의 한 원천이라고 한다면, 그 원천은 결국 피타고라스의 수학적 · 음악적 사상에까지 소급된다고 해야 할 것이다.[10] 키케로의 저작들 역시 비례의 개념을 중세의 미학에 전승해 주는 데 매우 중요한 역할을 했다. 비례의 개념은 오리게네스, 알렉산드리아의 클레멘트와 같은 그리스 교부들과 아우구스티누스와 같은 라틴 교부들의 사상에서도 중요한 역할을 했다.

그러나 중세미학의 가장 중요한 사상적 원천은 신플라톤주의라고 하겠다. 수(數), 상징, 빛과 같은 미학적 범주들은 신플라톤주의에 그 근원을 두고 있다. 물론 중세 사상가들은 신플라톤주의의 대표자라고 할 수 있는 플로티누스의 텍스트에 직접 접근할 수는 없었다. 중세미학에 대한 신플라톤주의의 영향에 있어 가장 중요한 역할을 하는 것은 우리가 뒤에서 살펴볼 위(僞) 디오니시우스 아레오파기타(Pseudo Dionysius Areopagita, 5세기 말-6세기 초)이며, 또한 『티마이오스』에 대한 주석을 남겼던 칼치디우스(Chalcidius)이다.

이 밖에도 우리는 중세미학을 형성한 사상적 원천으로 그레고리우스 니사(St. Gregorinus Nyssenus, 332?-395?), 암브로시우스(St. Ambrosius, 339?-397), 예로니무스(St. Hieronymus, 347-419), 아우구스티누스(St. Augustinus, 354-430)와 같은 교부들의 영향을 언급할 수 있을 것이다. 그들은 아직 잘 보존되어 있던 고대 문명의 지적 전통 안에서 교육을 받고 저술활동을 했던 사람들이었다. 그들은 그리스도교의 성서가 담고 있는 미학적 요소와 고대 그리스의 미적 감수성을 연결시키는 데 큰 몫을 했다. 또한 중세 후기에 오면, 스콜라철학에 풍부한 정신적 자양분을 제공했던 아랍과

9 Topik III, 1; De Bruyne, 위의 책, p. 10 참조.

10 "질서와 비례는 아름답고 유용하다." Diels-Kranz, *Die Fragmente der Vorsokratiker*, I, 125.

이슬람 철학자들, 그리고 유대교 사상가들의 영향도 두드러진다. 중세철학이 당시까지의 인류의 위대한 정신적 전통들을 융합, 발전시켜 하나의 보편적(Catholic) 문화를 이루고자 하는 시도의 일환이었던 것처럼 중세의 미학 역시 그러한 종합의 성격이 강하다. 그러므로 중세미학의 다양한 원천들은 중세문화가 나름대로 성취했던 세계성과 보편성을 위한 조건이었다고 하겠다.

3. 중세미학의 두 전통

지금까지 살펴본 다양한 원천들로부터 중세 초기에 이미 중세미학의 흐름 전반을 결정짓게 될 두 가지의 전형적인 미학사상이 나타나게 된다. 그 두 가지는 흔히 비례의 미학과 빛의 미학이라는 이름으로 불린다. 이 두 형태의 사상이 뚜렷하게 구분되는 두 개의 경쟁적 학파나 노선을 구성하는 것은 아니다. 오히려 많은 경우 한 사상가의 저작에 이 두 가지 요소가 동시에 혼합되어 나타나곤 한다. 그러나 이 두 가지 미학적 유형이 중세미학 전체를 각인하는 가장 뚜렷한 정신적 전통이라는 점에서, 우리는 중세미학의 본격적이고 세부적인 발전 과정을 논하기에 앞서 이 두 전통의 근본적 특징이 무엇인지를 살펴보아야 한다.

가. 비례의 미학: 아우구스티누스와 보에티우스

비례의 미학을 대변하는 사상가는 아우구스티누스이다. 그는 미의 본질이 다양성 안의 통일성과 사물들의 수적인 비례와 조화에 있다고 보았다. 미에 대해 그는 다음과 같이 말했다: “아름다운 것은 그 자체로 적당한 것, 조화로써 다른 사물들과 어울리는 것이다.”[11] “모든 미는 부분들의 비례에

11 *Confessiones* IV, 15, 24.

근거하며 적당한 색채와 관련이 있다."[12] 이러한 사고방식은 보에티우스(Anicius Manlius Severinus Boethius, 470?–524)의 철학의 위안을 통해서 중세에 전해졌다. 플라톤의 『티마이오스』에 대한 주석이라고 할 수 있는 자신의 시 〈오, 영원한 이여(O qui perpetua)〉에서 보에티우스는 하느님을 "아름다운 우주를 정신 안에 품고 있으며 자신과 유사한 모상으로 지어내는" "가장 아름다운(pulcherrimus) 분"이라고 불렀다.[13] 보에티우스에 따르면 세계의 기본 원소들은 수에 의해 서로 결합되어 있으며, 따라서 이 세계의 미는 수학적 질서에 기반하고 있다. 그는 자신의 『기하학원론』 서문에서 자신이 앞으로 다룰 학문, 즉 기하학이 하느님이 세계의 창조 시에 사용했던 범형(exemplar)이었다고 말하고 있다.[14] 그런데 우주의 조화에 대한 탐구는 음악의 영역에 속한다. 음악은 "서로 다른 소리들이 통일을 이루는 공명"의 학문, 즉 조화의 학문이기 때문이다.[15] 보에티우스의 기하학과 음악론에서 나타난 이러한 플라톤적 · 피타고라스적 미 관념은 중세 대학 자유학과에 받아들여져 체계적으로 교육, 전승되었다.

나. 빛의 미학: 위 디오니시우스 아레오파기타와 요한네스 스코투스 에리우게나

중세미학을 특징짓는 또 하나의 전형은 빛의 미학으로서, 그 직접적인 원천은 위 디오니시우스 아레오파기타의 저작(Corpus Dionysiacum)에 있다. 물론 우리는 이 미학적 전통의 더 궁극적인 근원이 신플라톤주의에 있음을 잊어서는 안 될 것이다. 이 미학적 전통의 근본적 특징은 미의 본질이 비례나 조화가 아니라 광휘 혹은 명료성(claritas)이라고 보았다는 점이며, 또한 미가 선과 동일시될 수 있다고 보았다는 점이다. 위 디오니시우스 아

---

12 *De civitate Dei* XXII, 19.

13 *Consolatio philosophiae* III, metr. 9.

14 *De arithmetica* I, 1.

15 *De musica* I, 3.

레오파기타는 『신명론(*De divinis nominibus*)』에서 하느님의 여러 이름들 중 하나가 '미' 라고 말한다. 그는 『신명론』 4장에서 하느님의 일차적인 이름이라 할 수 있는 '선' 에 대해 다루면서 그것을 '빛', '미', '사랑' 등과 나란히 놓고 있다.[16] 하느님에게 속하는 이 초월적인 미는 모든 창조된 사물들의 조화와 광채의 원인에 해당한다.

위 디오니시우스 아레오파기타의 사상의 전승에 결정적인 역할을 한 사람은 요한네스 스코투스 에리우게나(Johannes Scotus Eriugena, 9세기 후반)이다. 그는 모든 피조물을 하느님의 신성현현(Theophanie)으로 보았다. 이 신성현현의 가장 중요한 방식은 '빛' 에 다름 아니다. 이 세계의 전체 구조뿐 아니라 모든 개개의 존재자가 빛이다. 그들 각각이 지니고 있는 빛의 성질, 즉 밝음으로 인해 그들은 자신의 근원을 각자의 방식으로 가리키고 있다. 이러한 빛의 미학은 중세예술, 특히 고딕건축의 성립에 커다란 영향을 미쳤다. 우리는 그 단적인 예를 고딕건축의 원형이라고 할 수 있는 생 드니(St.-Denis) 대성당에서 찾을 수 있다. 생 드니 대성당의 건축 책임자였던 대수도원장 쉬제(Suger)의 글에서 우리는 그가 위 디오니시우스의 저작을 읽고 많은 영향을 받았음을 알 수 있다.[17]

4. 중세미학의 발전 과정

가. 12세기의 세 학파

이미 11세기에 프랑스에는 시토회의 대수도원이 창건되어 있었다. 시토학파의 대표자는 성 베르나르두스 클레르보로서, 그는 아우구스티누스와 위 디오니시우스 아레오파기타를 통해서 플라톤과 플로티누스의 영향을

16 J. A. Aertsen, 'Die Frage nach der Transzendentalität der Schtönheit im Mittelalter', in: *Historia Philosophiae Medii Aevii* Bd.1, p. 3 참조.

17 Aertsen, 'das Schöne', in: *Historische Wörterbuch der Philosophie* Bd.8, p. 1352 참조.

받았으며 『애가 설교(*Sermones in cantica canticorum*)』라는 미학적으로 중요한 텍스트를 남겼다. 또 하나의 유력한 지적 전통은 파리를 중심으로 활동했던 성 빅토르 학파인데, 이는 빅토르 후고(Hugo de St. Victor, 1096–1141)에 의해 성립된 학파이다. 빅토르 후고의 미학적 사상의 핵심은 가시적 미가 비가시적 미의 표시(signum) 혹은 상(imago)이라는 것으로, 이는 스콜라철학과 신비주의의 형성에도 커다란 영향을 미쳤다. 마지막으로 프와티에의 주교였던 포레타누스(Gilbertus Porretanus, 1076–1154)와 사르트르의 주교였던 요한네스 솔즈베리(Johannes Salisbury, 1110–80?), 알랭 드 릴르(Alanus ab Insulis, 1128–1202?) 등이 대표하는 사르트르 학파가 있는데, 우주가 수학적 원리에 따라 구성되어 있다고 믿고 하느님을 예술가로 표상하는 등, 그들의 사상은 강한 플라톤주의의 색채를 띠고 있었다. 드 브륀느는 이 세 학파의 특징을 다음과 같이 규정하고 있다: 12세기에는 세상의 미를 바라보는 세 가지 눈이 있었다. 즉, 즐거움을 가시적 형상에서 직접적으로 느끼는 물리적 의미의 눈(physical eye)이 있었으며, 세상의 미 안에서 정신적 유비와 영적 의미를 찾는 영성적 눈(spiritual eye)이 있었고, 또한 미를 학문적으로 바라보는 학자의 눈(eye of the scholar)이 있었다. 첫 번째가 성 빅토르 학파의 미학을 특징짓는다면 두 번째는 시토 학파의 미학에 속하고, 세 번째는 사르트르 학파의 특징이라고 할 수 있다.[18]

나. 윌리엄 오베르뉴와 알렉산더 대전

12세기의 위대한 세 학파의 사상을 직접적 토양으로 하여 본격적인 스콜라철학이 나타나게 된다. 스콜라철학의 목적은 하느님과 세계, 자연과 인간, 인식과 행위의 관계가 해명되는 단일한 그리스도교적 관념 체계를 만들어 내는 것이었다. 미학의 영역에서는 윌리엄 오베르뉴(Guillelmus

18 Tartarkiewicz, *History of Aesthetics* II, p. 203 참조.

Alverniensis, 1180–1249)에 의해 스콜라철학의 시기가 열렸다. 그는 미란 그 자체로 즐거움을 주는 것(per se ipsum placet), 영혼을 기쁘게 하는 것(animum delectat), 사랑을 불러일으키는 것(ad amorem sui allicit)이라고 정의했으며,[19] 미의 주관적 조건과 객관적 본질을 함께 탐구했다. 스콜라적 미학의 성립에 결정적인 역할을 한 저작으로는 통상적으로 알렉산더 할레스(Alexander Hales, 1185–1245?)가 썼다고 알려져 있는 『알렉산더 대전(*Summa Alexandri*)』이 있다. 그러나 사실 이 저작은 여러 프란치스코회 학자들에 의해 공동으로 저술된 것으로서, 특히 미의 문제를 다루고 있는 첫 번째 부분은 요한네스 로셸(Johannes de Rupella, 1200?–45)에 의해 저술되었다. 여기서 미는 윌리엄 오베르뉴에 의해 정의되었던 것과 유사하게, 인식됨으로써 즐거움을 주는 성질(dispositio secundum quod est placitum apprehensioni)이라고 정의된다.[20] 이 책에서는 특히 미학적 주요 범주로서 형상(species)의 개념이 부각되고 초월적 가치인 선(bonum)에 대해 미가 어떤 관계에 있는지가 자세하게 논의된다. 이는 이후 스콜라적 미학의 가장 중심적인 문제로 부각된다.

다. 보나벤투라

보나벤투라(Giovanni di Fidanza, 1221–74)는 토마스 아퀴나스에 버금가는 초기 프란치스코 학파의 대학자였다. 그의 미학적 사상은 사실 그다지 특별히 독창적인 요소를 담고 있지는 않다. 그러나 그의 사상은 하느님에 의해 창조된 이 세계는 온전한 전체로서 아름답다는 그리스도교의 미학적 낙관주의와 진정한 미는 하느님 안에서 발견될 수 있다는 미학적 초월주의, 영혼의 미가 육체의 미보다 아름답다는 정신주의 등의 스콜라적 미학의 전형적인 요소들을 잘 보여 주고 있다. 한편 『하느님에 이르는 정신의

19 Tatarkiewicz, *ibid.*, p. 215 참조.
20 *Ibid.*

여정(*Itinerarium*)』이라는 그의 저작에서 우리는 미적 경험과 미적 즐거움에 대한 다양한 심리학적 고찰을 찾아볼 수 있다. 예컨대 그는 미가 가져다주는 기쁨을 쾌적이나 건강이 가져다주는 기쁨과 비교하면서 미는 우리가 현실적 지각 자체에 집중할 때 인식된다고 주장한다. 그럼으로써 그는 미적 가치를 단순한 헤도니즘적 가치로부터 분리해 내고 있다.

라. 토마스 아퀴나스

토마스 아퀴나스(Thomas de Aquino, 1224/5−74)는 프란치스코 학파와 더불어 중세 정신사의 위대한 양대 산맥을 이루는 도미니코 학파의 대표자이다. 그리스 철학과 그리스도교의 신앙, 아랍과 유대교 신학자들의 사상을 종합한 그의 역사적 위대성에 걸맞게 그의 미학적 사상 역시 위 디오니시우스 아레오파기타, 아우구스티누스, 플라톤과 신플라톤주의, 초기 스콜라철학의 미학적 사상 등 당시까지의 주요한 역사적 전제들을 모두 종합하고 있다. 그는 자연의 아름다움, 인간의 기술적 창작물의 아름다움, 덕스러운 행위나 영혼의 아름다움, 초월적 아름다움 등을 적절하게 구분하고 있다. 그의 미학적 사상의 기본 개념은 『신학대전』 1부 제39문 제8항에서 말하고 있는 미의 세 가지 객관적 속성, 즉 무결성(integritas), 비례(proportio), 명료성(claritas)이다. 이러한 객관적 속성으로 설명될 수 있는 미의 본질을 토마스는 "보여짐으로써 즐거움을 주는 것(quae visa placet)"[21]이라고 압축적으로 표현하고 있다. 언뜻 보기에 평범하게 보일지 모르지만 이 정의는 미에 대한 형이상학적 · 초월적 논의를 위한 근본적인 토대를 제공하고 있다. 이 정의 속에는 인식능력에 대한 존재자의 관계와 욕구능력에 대한 존재자의 관계가 함축되어 있다. 존재자가 존재자인 한에서 존재자에게 귀속되는 속성을 초월범주라 하는데, 초월범주로서의 진은 인식능력과의 관계를 내포하고 있으며 선은 욕구능력과의 관계를 내포하고 있다. 미라는 가치에는

21 *Summa theologiae* I, q.5, a.4, ad 1.

이 두 관계가 모두 중첩되어 있다. 그러나 여타의 스콜라철학자들과 마찬가지로 토마스 아퀴나스 역시 미를 하나의 독자적인 초월범주로 설정하지는 않는다. 그것은 선의 한 측면이다.

5. 맺는 말

중세미학은 고대미학이나 근대미학보다 훨씬 더 긴 역사를 지니고 있다. 중세미학은 본질적으로 그리스도교적인 미학이었지만 그리스도교만을 그 원천으로 하는 미학은 아니었다. 또한 중세미학을 스콜라미학과 동일시해서도 안 된다. 흔히 중세철학과 동일시되는 스콜라철학이라는 것이 사실은 중세철학의 특정 시기, 특정 흐름을 가리키는 말인 것처럼, 스콜라미학 역시 12세기경에야 시작된 중세미학의 한 흐름에 불과하다. 예컨대 스콜라미학은 그 이전의 중세 교부들의 미학사상과 다를 뿐 아니라 중세 후기에 발전했던 신비주의 전통도 포괄하지 못한다.

한편 고대의 미학과 마찬가지로 중세미학 역시 독립적인 학문 분과가 아니었다는 점을 명심해야 한다. 미학적 주제에 대한 독립적 · 전문적 저술은 거의 존재하지 않았다. 미학적 주제는 주로 신학자들이 자신의 사상을 종합적으로 제시하는 대전(Summa) 안에서, 혹은 철학적 저작들에 대한 주석 안에서 다루어졌다. 이러한 문헌적 사정은 중세 미 개념의 객관적 특징과도 무관하지 않다. 중세의 미는 빈틈없이 짜여진 신학적 · 우주론적 · 창조론적 체계 속에서 언제나 어떤 객관적이고 보편적인 속성으로 규정되었다. 개인의 주관성이나 예술적 감수성이 미 개념에 들어설 자리는 사실상 존재하지 않았다. 바로 이것이 중세미학과 근대미학의 넘을 수 없는 차별성이다.

더 읽을거리

De Bruyne, E., *Etudes d'esthétique médiévale*, Paris, 1998.

Eco, U., *Art and Beauty in the Middle Ages*, Trans. H. Bredin, New Haven, 1986.

Maritain, J., *Art and Scholasticism*, London, 1939.

Perpeet, W., *Ästhetik im Mittelalter*, Freiburg, 1977.

아우렐리우스 아우구스티누스

이준석

1. 생애

아우구스티누스(Aurelius Augustinus, 354-430)는 354년에 오늘날의 리비아에 해당하는 북아프리카 누미디아 지방의 다기스테에서 태어났다. 고향에서 초급교육을 마친 그는 마다우라와 카르타고 등지에서 언어, 문학, 변증법, 수사학을 연마하였다. 이후 고향 타가스테와 카르타고 등지에서 수사학을 가르치던 그는 384년에 밀라노의 수사학 교수로 초빙되어 그곳에 2년간 머무르며 주교 암브로시우스에게 깊은 감화를 받아 그리스도교에 입교하게 된다. 이후 그는 고향으로 돌아와 수도생활을 시작하였고, 곧 사제가 되었으며, 395년에는 히포의 주교로 임명되어 430년에 숨을 거둘 때까지 여생을 그곳에서 보냈다. 오늘날 우리에게 전승되는 그의 저작들은 대개 히포 시기에 저술된 것들인데, 대부분은 당시 그리스도교 외부의 적인 마니교와 내부의 적인 도나투스파에 맞서 교리를 확립하고 옹호하기 위한 목적으로 저술되었다.

2. 서구 사상사에서 그의 자리

그는 제국의 붕괴기에 제국의 주변부에서 살았던 인물이지만, 신앙적 사유에 천착한 그의 집념이 이후 서구의 천 년을 관통하는 중세철학의 시대를 열었고, 고대 희랍 로마의 문화와 그리스도교라는 서구문화의 두 흐름을 하나로 합류시켰다는 것은 익히 알려진 사실이다.

그는 고전 문예 일반과 키케로에 의해 라틴어로 번안된 희랍철학들을 접하며 사유의 틀을 다졌고, 개종 후에는 플로티누스의 철학을 도구 삼아 그의 그리스도교 신앙을 체계적으로 다듬어 나갔다.

조금 거칠게 말하자면, 아우구스티누스 이후의 서구철학은, 인간 지성에 대해 맹목적인 확신을 가지고 있었던 계몽주의자들 정도를 제외하고는, 그의 테두리를 거의 벗어나지 못했다고 말해도 과언이 아니다. 예를 들어, 방법적 회의로 최고의 명성을 얻은 데카르트도 실제로는 아우구스티누스의 언명을 반복했을 뿐이었다.

> 그러나 만약 그대가 내 말을 수긍하지 못하고, 이것들이 진실인지 의심스럽다면, 그대가 이것에 관해 의심한다는 사실을 의심하는지 생각해 보라. 만약 그대가 의심하고 있음이 확실하거든, 이 확실성이 어디서 오는지 질문하라.
>
> Aut si non cernis quae dico, et an vera sint dubitas, cerne saltem, utrum te de his dubitare non dubites, et si certum est te esse dubitantem, quaere, unde sit certum.
>
> –『참된 종교에 관하여(*De vera religione*)』, XXXIX, 73

또한, 인간의식의 탐구자인 후설보다 1,500년 이상 앞서 살았던 아우구스티누스에게, 진리와 그 진리의 원천인 신마저 그 안에 품고 있는 인간의식은 하나의 거대한 기적이자 심연이었다.

> 밖으로 나가지 말라. 그대 자신 속으로 되돌아가라. 인간 내면에 진리는 살고 있나니. 또한 그대의 본성이 가변적임을 발견하거든, 그대는 자신마저 초월하라.
>
> Noli foras ire, in te ipsum redi. In interiore homine habitat veritas. Et si tuam naturam mutabilem inveneris, transcende et te ipsum.
>
> – 같은 책, XXXIX, 76

3. 아우구스티누스 미학 연구의 난점

이처럼 그가 서구 사상사에 있어서 지대한 영향을 끼친 인물이었던 만큼 어떤 체계적인 미학이론을 기대해 봄직도 하지만, 그것은 다만 아나크로니즘의 유혹에 다름 아니다. 근대 이후의 학자들과는 달리, 당시에는 미학이 독립적인 학문의 분과가 아니었을 뿐만 아니라, 학문의 분과 자체가 선명하게 나뉘던 시대가 아니었기 때문이다. 따라서 아우구스티누스의 미학적 견해들은 그의 방대한 저술들에서 대체로 산발적으로 드러나고 있으며, 인간 내면의 심연과 최고선을 지향하는 그의 사유의 길에 부수적으로 등장하고 있다. 이처럼 파편과도 같은 그의 미학적 견해들을 하나로 체계화하는 것은 그만큼의 오독의 가능성을 내포하고 있기 때문에, 대신 여기에서는 그의 저작인 『고백』, 『참된 종교에 관하여』, 『그리스도교 교양』을 중심으로 그가 비교적 관심 있게 언급했던 미학적 문제와 개념들을 간략하게 소개하는 수준에서 만족하기로 하고, 그의 문화철학을 살펴보고자 한다.

4. 미론

아우구스티누스가 바라본 미는 객관적인 특성이며, 우리에게 즐거움을 주는 것이다.

그리고 먼저 이것을 묻겠다: 그것이 마음에 들기 때문에 아름다운가, 아니면 아름답기 때문에 마음에 드는가? 아름답기 때문에 마음에 든다는 것이라는 대답이 나올 것임에 틀림없다.

Et prius quaeram, utrum ideo pulchra sint, quia delectant, an ideo delectent, quia pulchra sunt. Hic mihi sine dubitatione respondebitur ideo delectare, quia pulchra sunt.

– 같은 책, XXXII, 59

미를 구성하고 있는 것은 바로 조화(harmonia)이다. 그는 부분들이 적절한 비례를 따라 조화롭게 연결되어 있으면 전체 역시 아름답다고 보고 있다.

그러면 왜 아름다운가? 상대방이 주저하면 내가 나서서, 부분들이 대칭을 이루기에, 그 부분들이 어떤 배합에 의해서 하나의 조화를 이루기 때문이 아니겠느냐고 넌지시 일러 주겠다.

quare sint pulchra, et si titubabitur, subiciam, utrum ideo, quia similes sibi partes sunt et aliquia copultione ad unam conuentiam rediguntur.

– 같은 책, XXXII, 59

따라서, 사람의 신체, 조각상, 음악의 선율, 건축물 등에서 발견되는 아름다움은 개별적인 부분에 의해서가 아니라, 부분들의 상호 관계에 의해 결정되는 것이다. 이 관계가 적당할 때 조화와 질서(ordo), 그리고 통일성(unitas)이 산출된다. 미는 이 세 가지 요소 안에서 결정된다.

그러나 모든 예술에서는 조화가 이루어져야 하고, 그것 하나에 의해서 모든 사물이 아름답고 온전한 것이 된다. 또 조화는 균형과 통일을 요구한다. 균형과 통일은 대칭된 부분들의 상합, 혹은 상이한 부분들의 연계적 배열로 달성된다.

Sed cum in omnibus artibus convenientia plceat, qua una salva et pulchra sunt omnia, ipsa vero convenientia aequalitatem unitatemque appetat vel similtudine parium partium vel gradatione disparium.

–같은 책, XXX, 55

그렇다면 부분들의 '적당한' 관계라는 것은 무엇일까? 그것은 어떤 절도(modus)[1]를 갖는 것이며, 이 절도는 수(numerus)[2]에 의해 결정된다. 그의 의견에 따르면, 심지어 새들과 벌들도 수의 원리에 따라 집을 짓고, 사람이라면 이를 응당 의식적으로 수행해야 한다고 한다. 그러나 그는 여기에서 피타고라스보다는 플로티누스에 가까운 입장을 보였다. 다시 말해 순수히 양적인 측면보다는 부분들이 서로 맺고 있는 질적인 관계에 더 무게를 두었던 것이다. 그리고 더 나아가 그는 그 관계를 가능케 하는 그 무엇, 곧 인간의 심연 속에 도사리고 있는 신비를 응시하고자 하였다. 그의 수는 다만 음악적 · 시각적인 리듬에 그치는 것이 아니라, 인간 영혼의 리듬, 우주의 영원한 리듬을 포괄하는 개념이라고 할 수 있다.

5. 문화론

앞서 살펴본 바와 같이 미에 대한 그의 견해들은 산발적으로 발견되는

1 여기에서는 편의상 modus를 절도로 번역하였으나, 실제로 이 단어는 절도 외에도 크기, 길이, 높이, 넓이, 척도, 박자, 선율, 선법, 운율, 모양, 방법 등 다양한 의미를 내포하는 말이다.
2 문맥에 따라 리듬으로 번역될 수도 있다.

데에 반해, 그의 문화론은 인간의 모든 인식과 사유, 나아가서는 삶 전체를 오로지 신과의 관계에서 조명하려는 그의 종교적 신념이 바탕이 되어, 고전 문화의 마지막 세대를 향유한 교양인으로서의 자신의 입장이 비교적 상세하고 조직적으로 전개되고 있다.

그는 인간의 지성, 의지와 소망이 신, 즉 최고선(summum bonum)을 지향하게끔 되어 있으며, 모든 피조물은 우리가 최고선을 향유하도록 도와주는 존재들이라고 전제하고, 인간의 모든 교육(disciplina)과 교양(doctrina)도 신과 이웃에 대한 사랑을 배양해 주는 한도에서만 가치를 가지며, 인간 영혼을 속박하는 모든 것을 배제해야 한다고 주장한다. 이러한 행위 일반이 바로 쿨투라(cultura)인데, 이는 오늘날 영어의 culture보다 훨씬 더 폭넓은 의미로서 인간의 잠재적인 능력을 계발하는 활동을 총체적으로 일컫는다.[3]

따라서, 그에게 지식과 교양의 쿨투라는 기본적으로 성서가 바탕이 된다. 그러나 고전 문화를 이교도 문화(cultura pagana)로 일축하며 그 가치를 폄하하고 성서만을 읽으려 했던 당시의 극단론자들을 두고 아우구스티누스는 사람에게서 배우는 겸손을 모르는 자들이라며 배척하였다. 그는 그리스도교 교양에도 두 층위가 있다는 것, 곧 사람이 반드시 믿어야 할 것만을 아는 수준과 신앙의 진리를 펼치고 옹호할 수 있을 정도의 수준 사이의 질적인 차이를 지적하며 사도 바오로의 교리를 계승하고자 하였다. 그는 인간의 모든 지식을 무분별하게 받아들이지는 말되, 성서를 이해하고 최고선을 지향하는 데에 도움이 될 만한 것이면 적극적으로 수용해야 한다고 주장하며 다음과 같은 논리를 편다.

> 부당한 소유자들에게서 빼앗아 우리 것으로 쓸 권리가 있다.
>
> tamquam ab iniustis possessoribus in usum nostrum vindicanda
>
> –『그리스도교 교양(*Christina doctrina*) 2』, XL 60

---

3 cultus animi 정신 함양, cultus ingenii 재능 연마 등이 그 예이다.

그는 '이교도'적인 고전 학예들(artes liberales)에 대해 이처럼 부분적으로나마 긍정적인 평가를 내리는 데에 그치지 않고, 참된 그리스도교 교양을 위해서라면 이를 반드시 연마해야만 한다고 주장한다.[4] 그러나 이는 대체로 철학과 수사학에 국한된 것이었고, 고전문학에 대한 그의 입장은 지극히 가혹하였다. 그의 평가에 따르면, 기원전 9세기 이래로 모든 희랍인들의 교육을 전담해 왔던 호메로스는, 더 없이 달콤하게 이야기를 꾸며내지만 인간의 죄를 신에게 덮어씌우려는 불경하고 헛된 자일 뿐이며(『고백』 1권 14, 16장) 당시 로마 교육의 카논에서 정점에 서 있었던 베르길리우스도 그에게는 자신의 내면을 향한 탐구를 방해하던 한갓 장애물에 불과한 것이었다(『고백』 1권 13장). 이렇듯 고전 문화, 특히 고전문학에 대한 그의 총체적인 평가절하는 시인들에 대한 플라톤의 격렬한 비난(플라톤 『이온』, 『국가』 10권)과 매우 흡사하다. 이 둘 사이의 공통점이 이상국가를 향한 열정의 소산이라는 것은 분명하나, 형이상학적이고 정치적인 배경에서 문제를 제기했던 플라톤과 인간의 문화를 그리스도교 신앙의 지배하에 귀속시키려고 했던 아우구스티누스의 동기는 전혀 다른 것이었다.

6. 맺는 말

냉정히 평가하자면, 미와 예술에 대한 그의 인식은 피타고라스와 플로티누스에 의해 재조명된 플라톤의 이론들이 적절히 조화된 것 이상이라고 말하기는 힘들다. 또한 그의 사상은 신화적 사고에서 경험적 사고로, 경험적 사고에서 이성적 사고로 발전해 온 고대 사상의 흐름 자체를 일거에 역전시키려는 움직임으로 보여질 우려도 있다. 분명히 그가 목표했던 지점은

4 이러한 그의 견해는 비단 그리스도교 교양뿐만이 아닌 다른 저작들, 곧 *De magistro, De ordine* (2, 4, 13-5, 14; 2, 12, 35-16, 44; 2, 18, 47), *de quantitate animae* 23, 72, 『고백』 4권 16장, *Retractationes* 1, 6 등에 걸쳐 반복적으로 제시된다.

최고의 선함이자 최고의 아름다움인 신이고, 그의 사상은 신에게로 육박하는 길고 신비로운 도정이다. 그러나 달리 말하면, 이 신비의 탐구가 이루어지는 공간과 목적지는 다름 아닌 인간 의식의 심연(abyssus humanae conscientiae)[5]이기도 하다. 이 치열한 탐구의 과정에서 그는 이성적 사고의 전통과 결별하고 초이성적 신앙으로 도약하였으며, 그가 부분적으로 언급하곤 하였던 미학적 견해들 역시 모두 이러한 내적 여정의 맥락에서 이해되어야 할 것이다.

5 『고백』 10권 2장

더 읽을거리

아우구스티누스의 저작

『고백록: 님 기림』, 최민순 옮김, 성바오로출판사, 1991.

『그리스도교 교양』, 성염 옮김, 분도출판사, 1989.

『신국론』, 성염 옮김, 분도출판사, 2004.

『자유의지론』, 성염 옮김, 분도출판사, 1998.

『참된 종교』, 성염 옮김, 분도출판사, 1989.

Confessions, Trans. H. Chadwick, Oxford, 1991.

2차 문헌

이석우, 『아우구스티누스』, 민음사, 1995.

핸리 채드윅, 『아우구스티누스』, 김승철 옮김, 시공사, 2001.

Brown, P., *Augustine of Hippo: A Biography*, University of California Press, 2000.

Fischer, N. (Hrsg), *Die Confessiones des Augustinus von Hippo*, Herder, 2004.

Stump, E. and Kretzmann, N. (eds.), *The Cambridge Companion to Augustine*, Cambridge University Press, 2001.

토마스 아퀴나스의 미학사상*

김 율

1. 들어가며

토마스 아퀴나스는 13세기 스콜라철학 융성기를 살아갔던 도미니코 수도회의 신부로서 스콜라철학을 대표하는 위대한 신학자이다. 그는 당시 중세 유럽의 학문 세계에 흘러들었던 모든 역사적 · 정신적 자양분들—그리스도교의 전통적 교부철학과 그 속에 녹아 전승된 신플라톤주의, 13세기에 집중적으로 수용된 아리스토텔레스의 작품들, 아랍과 유대 철학자들의 사상—을 개방적인 정신으로 수용하여 독창적인 종합을 이루었다. 이렇게 해서 이룩된 그의 웅장하고도 빈틈없는 사유의 체계는 스콜라철학(Scholaticism)의 한 정점으로 평가받고 있다. 토마스 아퀴나스는 신학이나 철학뿐 아니라 중세 미학사상에 있어서도 매우 중요한 비중을 차지한다. 우리가 어떤 관점에서 중세의 미학에 대한 연구를 시도하더라도, 토마스가 남긴 저작들을 피해 갈 수는 없다. 예컨대 파노프스키의 책 『고딕건축과 스콜라철학(*Gothic Architecture and Scholasticism*)』은 중세의 미학적 유산에 대한 연구에서 토마스가 지니는 비중을 잘 보여 주고 있는데, 여기서 파노프스키는 고딕건축과 스콜라철학이 평행적 현상이라는 것을 주장하면서 토마스의 저작에 나

* 이 글은 『미학』 43집(2005)에 「토마스 아퀴나스의 존재론적 미 개념」으로 발표된 논문을 수정, 축약한 것이다.

타나는 사변적 논증 구조를 고딕 건축양식에 대한 정신적 대응물로 간주하여 그것을 분석하고 있다.[1]

미학사에 대한 토마스의 공헌이 지대한 것이긴 하지만, 토마스 자신은 미학의 문제에 특별한 관심을 기울인 적도 없고 그것을 독자적 주제로 다룬 적도 없다. 토마스가 미의 문제를 다룬 까닭은 다만 그가 자신의 신학과 철학의 체계 속에서 미를 생략할 수 없었기 때문일 뿐이다. 그러나 이 위대한 스콜라철학자가 철저한 사변적 엄밀함으로 개념들을 종합하고 구획짓는 가운데 인식한 미의 개념적 내용은, 예술에 대해 더 많은 지식과 직접적 관심을 가진 뭇 사람들의 미에 대한 이해보다도 훨씬 심오하고 가치 있는 것이었다. 이 점에서 토마스의 역할은 미학 그 자체 때문에 미학에 관심을 가지지는 않았지만 결과적으로 미학의 역사에 지대한 공헌을 했던 칸트의 역할에 비견될 수 있을 것이다.[2] 토마스는 미의 문제를 다루는 독립적 저작을 남기지 않았다. 한때 『미와 선에 관하여(*De pulchro et bono*)』라는 저작이 토마스가 쓴 것으로 알려져 있었으나, 사실 이것은 토마스가 쾰른의 수학 시절에 사사했던 알베르투스 마그누스(Albertus Magnus)의 강의록이다. 미학의 문제와 관련하여 우리가 주목해야 할 토마스의 텍스트는 위(僞) 디오니시우스 아레오파기타의 『신명론』 주해 4장과 『신학대전』 1부 39문 8항 정도이다. 그러나 이 텍스트와 그 밖의 산발적 언급들만 하더라도 우리가 토마스 미학사상의 고유한 가치와 특징을 인식하는 데는 부족함이 없다 하겠다.

2. 미의 실재성과 근원

토마스의 미 개념의 내용을 본격적으로 설명하기 전에, 미를 바라보는 토

1 A. Speer, Aquinas, Thomas, in: *Encyclopedia of Aesthetics*, vol. 1(ed. Michael Kelly), p. 76 참조.

2 W. Tatarkiewicz, *History of Aesthetics* II, p. 246 참조.

마스의 두 가지 기본 관점을 먼저 살펴보도록 하자. 이 두 가지 기본 관점은 토마스 미학사상이 전제로 삼았던 두 가지 역사적 전통과도 무관하지 않다.

첫 번째로 언급해야 할 토마스 미학의 기본 관점은 미의 실재성에 대한 확신이다. 미는 인식하고 욕구하는 인간의 심리적 작용 속에서 생겨나거나 인간의 관념에 의존하여 존재하는 어떤 것이 아니다. 근대철학이 주체라고 부르게 될 인간의 정신이나 의식은 미의 자립적 실재성과는 전혀 무관하다. 미는 인간의 정신과는 실제적으로 구분되어 존재하는 어떤 것이라는 토마스의 입장은 사물의 정신 외적 실재성을 인정하고 그 실재성을 존재론적 탐구의 출발점으로 삼는 실재론의 전통을 잘 반영하고 있다. 예컨대 어떤 사물이 아름답게 인식되었다면, 그것은 인식과 무관하게 어떤 현실적 사물의 아름다움이 이미 그 자체로 실재하기 때문이다. 우리는 미의 실재성에 대한 확신이라는 토마스 미학의 기본 관점이 직·간접적으로 드러나는 수많은 구절들을 발견할 수 있다.[3] 그러나 이러한 관점을 가장 압축적으로 알려주는 것은 "우리가 어떤 것을 사랑하기 때문에 그것이 아름다운 것이 아니라, 그것이 아름답고 선하기 때문에 우리에 의해 사랑을 받는 것이다"[4]라는 명제이다. 이 명제는 진술의 진리가 사물의 존재에 대한 원인이 아니라 사물의 존재에 진술의 진리가 의존한다는 토마스 철학의 기본 입장의 연장선상에 있다고 할 수 있다.[5]

토마스 미학이 받아들인 첫 번째 역사적 유산은 미의 실재성에 대한 이러한 기본 관점의 성립과 밀접한 연관이 있다. 토마스의 미학에서 중요한 역할을 하는 것은 형상이라는 개념인데, 이 개념은 그의 스승 알베르투스 마그누스의 영향 아래 아리스토텔레스로부터 받아들인 것이다. 형상(forma)은 완전성의 원리이자 미의 원리로서, 구체적으로 감각되는 질료적 사물 자체와는 구분되는 그 사물의 존재 원리이다. 잘 알려져 있듯이 이 개

3 F. Kovach, *Die Ästhetik des Thomas von Aquin*, pp. 89-93 참조.
4 *De divinibus nominibus*, IV, 10, n.439.
5 In I Perih. XIV, n.179.

념의 역사적 근원은 물론 플라톤에 있지만, 알베르투스 마그누스와 토마스가 이해하는 형상은 철저히 아리스토텔레스적 의미의 형상이다. 즉 토마스 미학의 중심에 자리 잡고 있는 형상 개념은 언제나 개별적 사물이 실재하는 한에서, 그 개별적 사물 안에 자리 잡고 있는 형상을 말한다. 형상은 개별적 사물의 객관적 실재성의 원리이다. 토마스의 출발점은 언제나 이러한 경험적이고 객관적인 실재의 세계이지 그러한 실재의 토대를 넘어선 어떤 선험적 관념의 세계가 아니다.

전형적인 스콜라철학의 용어를 빌리자면, 우리는 미의 실재성에 대한 토마스의 이러한 기본 관점을 "미는 개념적 존재자(ens rationis)가 아니라 실제적 존재자(ens reale)이다"라는 말로 압축할 수 있을 것이다. 코바치(F. Kovach)는 토마스의 저작에서 나타나는 미라는 말의 용례들을 샅샅이 수집해 목록을 만듦으로써, 이러한 토마스의 기본 관점이 구체적으로 표출되는 양상을 확인해 보고자 한다. 코바치의 이러한 신선한 시도에 따르면, 토마스가 아름답다고 부르는 구체적 대상들은 몇 가지 부류로 구분된다. 첫째 무생물과 동식물들이다. 토마스는 "광물",[6] 특히 "금"[7]과 "쇠"[8]가 아름답다고 하며 나무들—예컨대 "올리브나무",[9] "오렌지나무",[10] "야자수"[11]—과 "꽃들",[12] "약초",[13] "과일",[14] "목초지",[15] "경작지"[16]가 아름답다고 한다. 그 밖에도 "독수리",[17] "말"[18]과 같은 "동물들"[19]이 아름답다고 한다. 그 다음의

6 De pot. q.5, a.4, ad 4.
7 In Iob. c.28, lect.2.
8 Sum. theol. I, q.91, a.3, c.
9 In Rom. 11, 17, lect.3, Cat. aur. in Marc. 11, 4.
10 Sum theol. I-II, q.102, a.4, ad 10.
11 In Ierem. 10, 1.
12 De ptot. q.5, a.9, ad 4; Cat. aur. in Matth. 6, 16.
13 De pot. q.4, a.2, c; Sum. theol. I, q.66, a.1, c.
14 Cat. aur. in Luc. 13, 2; Comp. theol. p.I, tr.2, c.190, n.367.
15 In Is. 35.
16 In Ps. 49, 5.
17 In Is. 40.
18 In Iob. 39, 1.

목록으로 우리는 인간에 속하는 것들을 열거할 수 있다. 무엇보다도 인간 자체가 아름답다.[20] 그러나 우리는 인간적 미에 대한 언급을 다시 몇 가지로 나누어 볼 수 있다. 그중 첫 번째는 인간의 육체로서, 예컨대 인간의 "온전한 사지",[21] "얼굴",[22] "눈",[23] "발"[24]이 아름답다. 인간의 정신적 미, 혹은 영혼의 미는 인간적 미의 또 다른 차원으로서, 예컨대 "정의(iustitia)",[25] "절제(temperantia)",[26] "믿음(fides)",[27] "애덕(caritas)"[28]과 같은 덕들, 그리고 "지혜",[29] "순결",[30] "인내"[31] 등과 같은 도덕적 가치들이 이러한 정신적 미의 관점에서 아름답다고 말해진다. 그 밖에 기술적 · 예술적 생산물들 역시 이러한 인간적 미의 목록에 포함될 수 있을 것이다. 예컨대 "잔(vitrum)",[32] "길(via)",[33] "주거지(habitatio)",[34] "건축물(aedificium)",[35] "집(domus)",[36] "도시(urbs)",[37] "창문",[38] "의복",[39] "꽃병",[40] "그림",[41] "조상",[42] "설교",[43] "언어",[44]

19 De pot. q.5, a.9, ad 4.
20 Iob. 42, 1; Sum. theol. II-II, q.180, a.2, ag.3; In Ps. 29, 5.
21 Sum theol. I-II, q.102, a.5, ad 19.
22 In IV Sent. 16, 2, 2, ad 1.
23 ScG III, c.94.
24 In Matth. 3, 1.
25 In II Sent. 42, 1, 5, ad 4.
26 In IV Sent. 33, 3, 3, ad 1.
27 In III Sent. 23, 3, 1.
28 In Matth. 5, 7.
29 Cat. aur. in Ioann. 8, 13.
30 Sum. theol. II-II, q.152, a.5, c.
31 Sum. theol. II-II, q.32, a.5, ad 2.
32 In Iob. c.28, lect.2.
33 In Is. 52.
34 Sum. theol. I-II, q.102, a.4, c.
35 Cat. aur. in Marc. 13, 1.
36 Cat. aur. In Matth. 24, 1.
37 In Ps. 47, 2.
38 In II. Tim. 2, 20, lect.3.
39 Quodl. IX, 2, 1, ad 3.
40 In Iob. 28, lect.2.
41 In I Cor. 12, 2, lect.1.
42 In III Sent, 1, 1, 1, ad 3.
43 Sum theol. II-II, q.177, a.1, c; ad 3; ad 4; q.183, a.3, c.

"문체"[45] 등이 아름답다고 토마스는 말한다. 인간 이외의 자연적인 것들의 미와 인간적 미뿐 아니라 토마스는 초자연적인 미에 대해서 말하고 있는데, 이것이 아름답다고 불릴 수 있는 대상들의 세 번째 목록이다. 이런 의미에서 토마스는 인간의 영혼을 아름답게 만드는 "은총(gratia)",[46] 복된 영혼이 구가하는 "영광(gloria)",[47] 그리고 "교회(ecclesia)"[48]에 대해서 아름답다는 말을 적용한다. 자연과 인간의 미 배후에 있는 이러한 초자연적 미는 가시적 세계의 미를 가능하게 하는 원인이자 그 근거라고 할 수 있다.

이렇게 해서 우리는 실재성의 관점에서 미적 대상들의 목록들을 일별하는 과정에서 토마스의 또 다른 기본 관점에 접근할 수 있게 되었다. 토마스는 실재하는 미의 영역들이 일종의 위계처럼 구분될 수 있다고 본다. 그는 감각적 미 혹은 물체적 미와 정신적 미 혹은 영혼의 미를 구분한다. 뿐만 아니라, 그는 피조된 세계에 속하는 미는 완전한 미가 될 수 없으며 다만 어떤 완전한 미의 불완전한 반영일 수밖에 없다고 본다.[49] 이러한 관점은 위 디오니시우스 아레오파기타와 아우구스티누스의 영향을 받은 것이라 할 수 있으며, 그 뿌리를 더 소급해 가자면 물론 플라톤과 플로티누스에 도달하게 되는 사유 전통이다. 그리하여 토마스는 자연과 인간의 영혼을 포함하는 모든 피조물의 세계를 아름답게 하는 미의 궁극적 원인, 미 그 자체가 있지 않으면 안 된다고 보았다. 이러한 "미 그 자체(ipsa pulchritudo)",[50] "미의 본질 자체(ipsa essentia pulchritudinis)"[51]는 하느님에 다름 아니다. 그리하여 미의 마지막 목록에 해당하는 것은 하느님의 속성 혹은 작용들이다. 이에 따라 하느님의 "정의와 지혜(iustitia et sapientia)",[52] 하느님의 "사랑

44 Sum theol. II-II, q.177, a.1, c.
45 Contra imp. p. 3, sect.I, c.5.
46 In IV Sent. 1, 1, 2, ad 1; Sum. theol. II-II, q.152, a.5, ad 1.
47 Sum. theol. III, q.54, a.4, ad 2.
48 In IV Sent. 15, 3, 1, ad 1.
49 W. Tatarkiewicz, p. 246 참조.
50 Sth. II-II, q.34, a.1, ob.2; q.145, a.2, c.
51 Comp. theol. p.II, c.9, n.591.

(amor)"[53]과 "자비(misercordia)"[54]가 아름답다고 말해진다. "하느님이 삼라만상의 조화와 광채의 원인으로서 아름답다고 말해진다(Deus dicitur pulcher sicut universorum consonantiae et claritatis causa)"[55]는 위 디오니시우스 아레오파기타의 명제는 토마스 미학의 가장 중요한 기본 관점의 하나라고 할 수 있다. 하느님은 모든 피조물의 미의 원천이며, 모든 사물의 존재는 하느님의 미로부터 도출된다(Ex divina pulchritudine esse omnium derivatur).[56] 우리는 이것을 토마스 미학이 받아들인 신플라톤주의적 영향으로 볼 수 있는데, 이러한 영향은 『신명론』 주해에서 가장 잘 나타난다. 물론 토마스가 여기서 신플라톤주의적 존재론의 입장을 무조건적으로 수용하는 것은 아니다. 토마스는 피조물들의 미가 불완전한 것임을 인정하지만, 그것과 "미 자체" 사이에 넘을 수 없는 존재론적 상반성의 간극이 있다고 보지는 않는다. "자립적 존재 자체(esse subsistens ipsum)"와 "우연적 존재(esse contingens)"라는 개념으로 하느님의 존재와 피조물의 존재를 엄밀하게 구분하듯이 토마스가 완전한 미 자체와 불완전한 피조물의 미를 구분하는 것은 사실이지만, 이것을 결코 경험적 실재를 한갓 그림자로 치부하고 이념(eidos)의 실재성만을 인정하는 플라톤 식의 존재론적 이원론이라고 할 수는 없다. 토마스는 다만 실재성의 원인과 원천을 실재의 어떤 완전성 속에서 찾고 있을 뿐이다. 우리는 미 자체와 피조물의 미를 어느 정도 갈라놓고 있는 그 실재성의 위계를 원인과 작용이라는 형이상학적 설명 원리로 표상할 수는 있을지언정, 실재성이 영역 자체를 초월적 이념의 세계로 협소하게 국한시키는 플라톤적 경계로 이해할 수는 없다.

52 In I Sent. 46, 1, 4, ad 1.
53 Super De div. nom. 4, 10, n.437.
54 In Ps. 9, 17.
55 Sum. theol. II-II, q.145, a.2, c.
56 De div. nom. lect.5 참조.

3. 미의 정의

토마스 미학의 기본적 관점을 확인하고 난 후에 이제 우리는 토마스가 미를 어떻게 정의하는지 살펴보고자 한다. 미에 대한 토마스의 정의는 매우 간명하다: "보여짐으로써 즐겁게 하는 것들이 아름답다고 불린다(pulchra enim dicitur, quae visa placent)."[57] "인식 그 자체가 즐거움을 주는 대상, 그것이 아름답다고 불린다(pulchrum autem dicatur id cuius ipsa aprrehensio placet)."[58] 마리탱(J. Maritain)이 지적하듯이, 불과 몇 마디의 단어로 이루어진 이러한 정의는 미 개념에 있어 본질적인 사항을 모두 담고 있다.[59] 이 정의에서 토마스가 말하는 것은 크게 두 가지이다. 첫째, 미는 즐겁게 하는 것이다. 즉 미는 욕구가 그 안에서 멈추게 되는 어떤 것이다. 이 점에서 미는 인간의 욕구능력과 관계가 있다. 그런데 토마스에 따르면, 욕구의 고유한 대상은 선이다. 따라서 미는 선의 의미 내용 안에 있다. 한편, 미는 보여짐 혹은 인식의 대상이다. 여기서 문제되는 보여짐 혹은 인식이라는 것이 감각적 지각에 국한되는 것이 아니라는 사실은 자명하다. 그런데 어떤 존재자가 인식되는 것은 그것이 진의 성격을 지니고 있기 때문이다. 진은 선과 더불어 존재자가 존재자인 한에서 지니는 보편적 속성이다.

먼저 미와 선, 혹은 미와 진의 관계에 대해 말해 보자. 토마스는 『신명론』 주해 4장에서 미와 선의 동일성에 대해서 말하고 있다. "선이란 모든 것이 욕구하는 그것이기 때문에, 자기 자신 안에 가욕(可欲)의 근거(ratio appetibilis)를 지닌 모든 것들은 선의 근거(ratio boni)를 지니는 것 같다. 빛과 미는 바로 그러한 것들이다."[60] 이러한 토마스의 언급은 미와 선을 직

57 Sum. theol. I, q.5, a.4, ad 1.
58 Sum. theol. I-II, q.27, a.1, ad 3.
59 J. Maritain, *Art and Scholasticism*, p. 19 참조.
60 Super De div. nomin. 4, 1, n.266. "Cum bonum sit quod omnia appetunt, quaecumque de se important appetibilis rationem, ad rationem boni pertinere videntur; huiusmodi autem sunt lumen et pulchrum."

접적으로 동일시했던 위 디오니시우스 아레오파기타의 시각을 바탕으로 한다. 위 디오니시우스 아레오파기타는 미와 선을 선미(kalokagathia)라는 단일한 개념으로 통합시켰던 그리스적 사유 전통의 전형적 대변자이다. 토마스가 "미는 선과 환치적(pulchrum convertitur cum bono)"[61]이라고 말할 때, 그는 이러한 위 디오니시우스 아레오파기타의 시각을 따르고 있는 것 같다. 그러나 토마스는 미와 선을 절대적으로 동일시하지는 않는다. 미와 선은 실제적으로(in re) 동일하여 환치적이기는 하지만 개념적으로(ratione) 구분된다. 즉 미는 선의 의미(ratio)에 인식능력과의 관계를 덧붙인다.[62] 이렇게 함으로써 토마스는 위 디오니시우스 아레오파기타를 넘어선다.[63] 위에서 언급한 토마스의 미 정의는 미가 욕구능력과 인식능력 모두와 관계를 맺고 있음을 말하고 있으며, 선의 성격과 진의 성격 모두를 지니고 있음을 암시하고 있다. 미는 다른 어떤 유용함 때문이 아니라 인식 자체가 목적인 선이어야 하며, 미에서 문제되는 인식은 그 자체가 "적합하고 선한 것(conveniens et bonum)"이어야 한다.[64]

미에 대한 토마스의 정의와 『신명론』 주해에서 미와 선을 동일시하는 토마스의 진술에 근거하여 토마스 미학의 연구자들은 미를 진 혹은 선과 마찬가지로 존재자가 존재자인 한에서 지니는 보편적 속성으로 간주할 수 있는지에 대한 물음을 던진다. 존재자가 존재자인 한에서 지니는 존재자의 속성은 존재자의 특정 유(類)를 나타내는 범주(Kategorie)와 대비되어 초월범주(Transzendental)라고 불린다. 토마스가 미를 또 하나의 초월범주로 보

61 Super De div. nomin. 4, 22, n.589-590.

62 Super De div. nomin. 4, 5, n.356. "Quamvis autem pulchrum et bonum sint idem subiecto, quia tam claritas quam consonantia sub ratione boni continentur, tamen ratione differunt: nam pulchrum addit supra bonum, ordinem ad vim cognoscitivam illud esse huiusmondi."

63 J. Aertsen, *Beauty in the Middle Ages: A Forgotten Transcendental?* p. 83 참조.

64 Sth II-II, q.145, a.2, ad 1. "Obiectum movens appetitum est bonum apprehensum. Quod autem in ipsa apprehensione apparet decorum, accipitur ut conveniens et bonum."

았는지에 대해서는 해석자들 간에 의견이 다르다. 예컨대 코바치는 토마스에게 있어 미가 다른 모든 초월범주들에 비해 "가장 풍부하고 가장 고취하고 가장 포괄적인" 초월범주라고 본다.[65] 마리탱 역시 미를 "모든 초월범주들 중에서 가장 뛰어난 것"이라고 본다.[66] 질송(E. Gilson)은 토마스가 미를 초월범주로 거명하지는 않았다는 점에서 미를 "잊혀진 초월범주(forgotten transcendental)"라고 부른다. 최근의 연구자들은 주로 토마스의 미학에서 미는 초월범주의 일종이라고 해석하는 경향을 보이고 있다. 그러나 이러한 해석은 왜 토마스는 자신의 저작 어디서도 초월범주들을 체계적으로 설명하는 가운데 미를 한 번도 거명하지 않았는가라는 물음에 대답하지 못한다. 그렇기 때문에 에어첸(J. Aertsen)은 이러한 해석의 경향에 반대하면서, 미를 존재자 그 자체의 의미로 보아서는 안 되며 오히려 선의 의미영역으로 확장된 진의 개념으로 보아야 한다고 주장한다.[67]

4. 미의 의미 내용: 완전성, 비례, 명료성

토마스의 미 정의는 주관적 조건에 대한 지시에 의존하고 있는 것 같다. 그러나 이것이 그의 실재론적 기본 입장에 위배되는 것은 아니다. 토마스의 미 정의는 "어떤 것이 보여짐으로써 즐거움을 주기 때문에 그것이 미이다"라는 의미로 이해되어서는 안 된다. 오히려 어떤 것이 미이기 때문에 그것이 보여졌을 때 즐거움을 준다는 것이 토마스의 기본 입장이다. 이는 아리스토텔레스가 『니코마코스 윤리학』에서 선을 "모든 것이 욕구하는 것(quod omnia appetunt)"이라고 정의했을 때[68] 그의 정의가 "어떤 것은 욕구

65 F. Kovach, *Die Ästhetik des Thomas von Aquin*, p. 214.
66 J. Maritain, *Art and Scholasticism*, p. 132.
67 J. Aertsen, *Beauty in the Middle Ages: A Forgotten Transcendental?* pp. 90-97 참조.
68 *Nikomachische Ethik* I, 1, 1094a2-3.

되기 때문에 선이다"라는 주장을 담고 있지 않음과 마찬가지이다. 토마스의 미 정의는 선험적 정의(definitio per priora)가 아니라 후험적 정의(definitio per posteriora), 다시 말해 작용 결과에 의한 정의의 성격을 지닌다. 미가 미인 까닭은 단순히 보여졌을 때 즐거움을 주기 때문이 아니다. 미는 그러한 작용에 대한 내적인 이유, 즉 내적인 의미 내용을 지니고 있다.

미의 내적인 의미 내용이 무엇인지를 토마스는 『신학대전』 1부 제38문 제8항에서 설명하고 있다. 여기서 토마스는 삼위일체론에 따른 하느님의 세 위격의 본질적인 고유성(proprium)에 대해서 질문하면서 성부, 성자, 성령에 각각 영원성(aeternitas), 형상(species), 사용(usus)의 고유성이 속한다고 한다. 토마스는 성자의 고유성인 형상이 미와 동일하다고 하면서, 미의 조건으로 완전성과 비례, 명료성을 들고 있다.[69] 토마스는 이 세 가지 조건을 간략하게 열거하기만 할 뿐, 이것들이 위에서 말한 미의 정의와 어떤 관계가 있는지를 밝히지는 않는다. 그러나 우리는 이 세 가지 조건이 토마스가 제시하는 가장 분명한 미의 의미(ratio)라는 것을 간파할 수 있다.[70]

완전성(perfectio)은 미의 의미 내용 중 가장 근본적인 것이다. 완전성은 선의 의미 내용이기도 하다. 선은 욕구될 수 있는 것(appetibile)으로 정의되지만, 선이 욕구될 수 있는 까닭은 그것이 완전하기 때문이다. 완전성의 개념에 대한 부정적 표현은 무결성(無缺性, integritas)이다.[71] 미의 첫째 의미 내용인 완전성 혹은 무결성은 손상되지 않음, 모자라지 않음, 갖추어야 할

69 Sum. theol. I, q.39, a.8, c. "Species autem sive pulchritudo habet similtudinem cum propriis Filii. Nam ad pulchritudinem tria requiruntur. Primo quidem integritas sive perfectio: quae enim diminuta sunt, hoc ipso turpia sunt. Et debita proportio sive consonantia. Et iterum claritas: unde quae habent colorem nitidum, pulchra esse dicuntur."

70 다른 곳에서 토마스는 미의 조건으로 이 세 가지가 아니라 명료성과 비례만을 언급하기도 한다. Sum. theol. II-II, q.145, a.2, c. "Ad rationem pulchri sive decori concurrit et claritas et debita proportio." 그 밖에도 Sth II-II, q.180, a.2, ad 3을 참조하라.

71 Super De div. nomin. lib.2, lect.2, n.115. "Integrum autem et perfectum idem videntur esse; differunt tamen ratione: nam perfectum videtur dici aliquid in attingendo ad propriam naturam, integrum autem per remotionem diminutionis."

바를 모두 갖춤을 뜻한다. 미는 그것이 완전성이기 때문에 (보여짐으로써) 기쁘게 한다. 그러므로 완전성은 미의 조건으로 열거된 다른 개념들, 즉 비례와 명료성에 비해, 미와 선을 묶어 주는 보다 근원적인 개념이라 하겠다.

비례(proportio)는 고대 그리스 철학에서도 이미 중요했던 개념으로 그 근원을 피타고라스 학파에 두고 있다. 토마스가 비례와 동의어로 사용하는 조화(consonantia, harmonia) 역시 마찬가지이다. 그러나 토마스는 물질적인 사물들에만 적용되었던 고대 그리스의 엄밀한 비례 개념을 넘어서서 보다 넓은 의미에서 이 개념을 사용하고 있다. 토마스는 양적인 관계로서의 비례(commensuratio)일 뿐 아니라 질적인 관계로서의 비례(convenientia)에 대해서도 말하며, 심지어는 정신적 세계에도 그 개념을 적용한다. 그것은 사물과 영혼 사이의 관계에도 적용될 수 있으며(proportio rei et animae) 사물과 원형 사이의 관계에도 적용될 수 있는 개념이다.[72] 토마스는 미의 조건으로 '적합한' 비례(debita proportio)를 들고 있는데, 그렇다면 과연 어떤 경우에 적합한 비례가 이루어지는 것일까? 토마스에 따르면 적합한 비례는 사물의 모습(figura)이 사물의 본성 혹은 본질에 일치할 때 주어진다.[73] 그러므로 토마스가 말하는 적합한 비례는 기하학적 의미에서 이해될 수 없는 것이다. 사물들의 본성이 제각각 다르므로 적합한 비례, 즉 미적인 비례 역시 사물들에 따라 다르다. 토마스는 인간의 미와 사자의 미가 다르며 어린이의 미와 노인의 미가 다르며 육체의 미와 정신의 미가 다르다고 말한다.[74] 그러나 모든 미는 각자가 자신의 본성, 즉 본모습에 일치함을 의미한다. 그러므로 비례는 동형성(conformitas)의 동의어라 할 수 있다.

명료성(claritas)의 개념 역시 물리적 의미와 정신적 의미 모두를 지닌다. 토마스는 아름다움의 조건으로 "밝고 찬란한 색채(color clarus et nitidus)"

---

72 Tatarkiewicz, *History of Aesthetics* II, p. 251 참조.

73 Sum. theol. I-II, q.49, a.2, ad 1. "Figura prout convenit naturae rei et color pertinet pulchritudinem."

74 Super De div. nomin. lib.4, lect.5 n.362 참조.

에 대해 말하기도 하지만[75] 때로는 명료성, 혹은 밝음이라는 표현을 덕이나 영혼과 같은 비물질적 대상들에도 적용하곤 한다. 명료성이 근본적으로 뜻하는 바는 진(眞) 혹은 사물의 가지성(可知性, inteligibilitas)이다. 가지성은 빛(lumen)으로 표현되기도 한다.[76] 인간의 지성에 대해 사물이 자기 자신을 뚜렷하게 드러냄(manifestatio), 그것이 바로 명료성이며 이는 형상(species)의 근본적 특징이기도 하다.[77] 따라서 명료성은 선에 미가 덧붙이는 것, 즉 인식능력과의 관계를 함축하고 있다.

5. 맺는 말

우리는 중세에 미의 개념과 예술의 현상이 서로 다른 지평에 서 있었다는 것을 알고 있다. 이는 토마스에게도 여전히 해당되는 사실이다. 예술 행위가 포함되는 기술적 행위와 미의 개념은 아무런 직접적 관련이 없다. 그는 하느님의 창조 행위와의 유비 속에서 기술적 행위의 성격과 구조에 대해서 자세히 다루고 있지만, 이것이 우리들의 미학적 논의의 직접적 주제는 될 수 없을 것이다.

우리는 토마스의 저작에서 미에 대한 스콜라철학적 사변의 정점을 볼 수 있다. 신학과 철학에서도 그러했지만, 그는 미학의 문제에 있어서도 아리스토텔레스의 유산과 신플라톤주의의 전통을 모두 계승하고 있었다. 미학적 논의에 있어 토마스는 이전까지 사용되지 않았던 새로운 개념을 전혀 고안하지 않았다. 그러나 그는 역사적 유산들을 독창적으로 융합시켜 미에

75 Super De div. nomin. lib.4, lect.5, n.362. "Hominem pulchrum dicimus··· propter hoc quod habet clarum et nitidum colorem."

76 Super Ioann. lib.1, lect.11, n.212. "Claritas Dei non est aliud quam eius substantia: non enim est lucens per participationem luminis, sed per seipsam." 또한 ScG. III, c.52를 참조하라.

77 Super II Sent. d.13, q.1, a.2 참조.

대한 가장 수준 높은 형이상학적 해석을 이루어 놓았다. 토마스의 미학은 그의 형이상학적 체계 속에 유기적으로 포섭되어 있으며 독자적인 학설로서가 아니라 그 형이상학적 체계 속에서 그 진가가 더욱 빛난다. 존재자와 그 속성 혹은 가치에 대한 탐구야말로 미학적 사유가 위치하는 곳이다. 에코가 말했듯, 토마스가 관심을 기울였던 것은 형이상학적 차원에서 미를 존재자의 다른 가치 형태들과 어떻게 통합시킬 것인가라는 문제였던 것이다.[78] 물론 토마스의 미학이 특히 탁월하다고 해서, 그의 업적이 그의 다른 중세 사상가들의 미학사상이라는 역사적 발전의 맥락에서 동떨어져 있는 것은 아니다. 그런 점에서 앞으로 토마스 미학 자체에 대한 더 깊이 있는 연구도 필요하겠지만 그의 미학이 자라나온 역사적 배경에 대한 충실한 연구가 보다 더 요구된다 하겠다. 특히 토마스 미학사상의 형성에 직접적 영향을 미친 그의 스승 알베르투스 마그누스의 미학에 대한 연구가 가장 아쉽다.

78 U. Eco, *Art and Beauty in the Middle Ages*, trans. H. Bredin, New Haven, 1986, pp. 15-16 참조.

더 읽을거리

Aquino, Thomas de, *In librum Beati Dionysii De divinis nominibus Expositio*, Marietti, 1950.

Eco, U., *The Aesthetics of Thomas Aquinas*, Trans. H. Bredin, Cambridge, Mass., 1988.

Kovach, F. J., *Die Ästhetik des Thomas von Aquin*, Berlin, 1961.

Pöltner, G., *Schönheit: Eine Untersuchung zum Ursprung des Denkens bei Thomas von Aquin*, Wien, 1978.

프랑스

데카르트와 프랑스 현대 예술철학

박기순

1. 데카르트와 '말할 수 없는 것(l'indicible)'

가. 데카르트와 미학

데카르트의 미학은 존재하는가? 다소 도발적인 이 물음은, 데카르트가 자신의 미학이론을 체계적으로 제시하지 않았다는 사실에 기초하고 있을 뿐만 아니라, 더 나아가서는 데카르트 철학에서 학으로서의 미학이 성립될 수 있는 근거가 존재하는가 하는 의문을 표현하기도 한다. 데카르트에서 독립된 학으로서의 미학을 사유할 수 없는 어려움은 무엇보다도 그가 예술(beaux-arts)과 다른 기예들(arts)을 개념적으로 구분하고 있지 않다는 점에 있다.

주지하다시피 데카르트는 자신의 초기 저작인 『정신 지도를 위한 규칙들』에서, 학문(scientia)의 통일성을 기예들의 다양성과 대비해서 주장하고 있다: "정신이 인식하는 것에 온전히 그 핵심이 놓여 있는 학문들을 신체의 특정한 실천과 습성을 요구하는 기예들에 잘못 연관시키면서, 그리고 또한 한 사람이 모든 기예들을 한꺼번에 익힐 수 없으며, 동일한 손으로 밭일과 하프 연주, 그리고 다른 종류의 일들을 능숙하게 할 수 없기 때문에, 하나만을 연습하는 사람이 보다 쉽게 훌륭한 장인이 된다는 것을 주목하면서,

그들(학문과 기예를 혼동하는 사람들)은 학문도 또한 사정이 마찬가지라고 생각하였다."[1] 데카르트는 여기에서 모든 대상에 대해서 하나인, 정신의 능력에 기초해 있는 학문과 대상들의 차이에 따라 상이하게 나타나는 기예들을 구분할 것을 주장하면서, 기술과 예술을 개념적으로 동일한 것으로 파악하고 있다. 적어도 이 지점에서 데카르트는 고대 그리스인들의 테크네(techne) 개념을 그대로 수용하고 있다. 즉 데카르트는 예술을 다른 기예들과 구별되는 독립된 활동으로서 개념화하지 않고 있다. 이것이 함축하고 있는 또 다른 사실은, 그가 기예의 하나로서의 예술을 학의 영역으로 보지 않고 있다는 점이다. 이렇게 데카르트 체계 내에서, 독립된 학으로서의 미학이 설정될 수 있는 여지가 존재하지 않았다.

그러나 데카르트에게 미학의 고유한 대상인 미적 체험, 미적 대상, 그리고 그것의 본성에 대한 성찰이 없는 것은 아니다. 그가 22세 되던 해에 쓴 『음악소론(*Compendium musicae*)』에서, 데카르트는 미를 즐거움(delectatio, l'agrément)과 연관시킨다. 그에 따르면, 감각적 지각은 즐거움을 느낄 수 있는데, 이 즐거움은 지각되는 대상과 감각 사이의 특정한 비율에 기초해 있다. 예를 들면, 부분들 사이의 차이가 적은 대상은 감각에 손쉽게 지각된다. 그러나 이것이 곧 가장 손쉽게 지각되는 것이 정신에 가장 큰 즐거움을 준다는 것을 의미하지는 않는다. 감각에 가장 즐거운 것은, 대상에 대한 자연적 욕망이 전적으로 충족되지 않을 만큼 쉽게 지각되어서도 안 되고, 감각을 피곤하게 할 만큼 어렵게 지각되어서도 안 되는 것이다. 즉 감각 대상과 지각 사이에는 적절한 비율이 존재해야 한다.[2]

미의 근거(raison)를 확립할 수 있는지를 묻는 메르센(Mersenne) 신부의 질문에, 데카르트는 『음악소론』에서 자신이 제시했던 논의를 재언급하면서

1 Descartes, *Regulae ad directionem ingenii,* I, AT, X, pp. 359-360 (*Règles utiles et claires pour la direction de l'esprit en la recherche de la vérité*, trad. de J. L. Marion, La Haye, M. Nijhoff, 1977, pp. 1-2).

2 Descartes, *Compendium musicae*, Praenotenda, AT, X, pp. 91-92.

다음과 같은 설명을 덧붙인다: "그러나 일반적으로 미와 즐거움은 대상과 우리 판단의 관계 이상의 것을 의미하지 않습니다. 그런데 인간들의 판단은 아주 다양해서 우리는 미와 즐거움이 어떤 특정한 척도를 갖는다고 말할 수 없습니다."[3] 미와 즐거움이 특정한 비율에 근거하고 있다는 것은 분명하나, 그것의 이유는 이성의 파악에서 벗어나 있다는 것이다. 즉 이성은 인간의 감각적 지각을 완전하게 이해할 수 없음을 데카르트는 여기에서 밝히고 있다. 이것이 데카르트의 미학에서 갖는 의미를 밝히기 위해서는, 그의 지각이론을 보다 자세하게 살펴볼 필요가 있다.

나. 데카르트에서의 '자연의 설립(l' institution de la nature)'

데카르트의 지각이론은 유사성(la ressemblance) 개념에 대한 비판으로부터 출발한다. 운동(le mouvement)이 지각을 설명하는 원리로서 유사성을 대체한다. 즉 데카르트에게서 지각은 운동의 역학(la mécanique)에 의해서 설명된다. 사물과 그것에 대한 감각적 성질 사이, 대상과 그것의 지각된 이미지 사이, 그리고 대상과 그것에 대한 관념 사이에는 어떤 유사성도 존재하지 않는다. 예를 들면, 빛은 빛에 대한 지각과 전혀 닮지 않았다. 유사성에 대한 데카르트의 이러한 비판 유사적 관계를 정당화하는 데 이용되었던 전통적 개념들, 즉 '지향적 종(espèces intentionnelles)', '실체적 형상(formes substantielles)', '은밀한 성질(qualités occultes)' 등에 대한 비판으로까지 나아간다.[4] 이러한 개념들은 이제 모두 역학적 관계로 해소된다.

---

3 *Lettre de Descartes à Mersenne*, 18, mars 1630, AT, I, p. 133.

4 cf. La *Dioptrique*, De la lumière, Discours premier, AT, VI, p. 85. 이 개념들에 대한 비판이 데카르트에게서 처음으로 나타나는 것은 아니다. 우리는 이미 그것을 옥캄(William of Ockham)에서도 찾아볼 수 있다: "직관적 인식에서 지성과 사유된 대상 이외의 다른 어떤 것, 예를 들면 근원적인 어떤 종(speciam penitus)을 설정할 필요는 없다."(*Quaestiones in secundum librum sententiarum*, Opera theologica, V, St. Bonaventure, 1981, p. 268) 이 개념들에 대한 비판에 있어서의 데카르트와 옥캄의 친화성에 대해서는, D. Perler, Descartes, critique de la théorie médiévale des *species*, in *Descartes et le Moyen Age*, éd. par J. Biard et R. Rashed, Paris, Vrin, 1997, pp. 141-153을 참조.

"다른 사람이 [불타고 있는] 나무에서 불의 형상, 열의 성질, 그리고 그 나무를 불태우고 있는 행위 등을 본다면 [……] 나는 여기에서 나무의 부분들의 운동을 보는 것에 만족한다. [……] 화염 속에 어떤 다른 성질이 있어야 할 필요는 없다. 운동이, 자신이 생산한 다양한 결과들에 따라, 열이라고 불리기도 하고 빛이라고 불리기도 하는 것이다."[5]

인식의 실질적 메커니즘에 대한 설명을 목표로 삼고 있는 『광학』에서, 우리는 데카르트의 지각이론을 보다 구체적으로 확인할 수 있게 된다. 역학적 인과의 연쇄를 통해 외부 대상이 우리의 신체에 만들어 내는 상상, 즉 이미지들은 일종의 자연적 기호들로서 간주된다. 이 기호들의 체계는, 데카르트에 따르자면, 자연 자체에 의해서 설립된 것이다.[6] 요컨대, 지각은 어떤 정신 능력의 작용에 의해 설명되어야 할 것이 아니라, 자연 그 자체인 것이다. 왜냐하면 지각 자체도 일종의 자연 현상, 자연적 과정이기 때문이다.

그렇다면 지각현상의 설명 원리, 자연적 기호들의 해석 원리로서의 '자연의 설립(l' institution de la nature)' 이란 무엇인가? 데카르트가 이 표현을 통해 말하고자 하는 바는 무엇인가? 그가 보거나 지각하는 것은 눈이나 신체가 아니라 영혼이라고 말할 때, 그는 상상, 판단, 추론 등의 인간에게 자연적으로 주어져 있는 어떤 정신적 능력을 의미했을 것이다. 그러나, 데카르트에 따르면, 지각 현상은 이 자연적으로 주어져 있는 인간의 능력들

5 Descartes, *Le Monde*, AT, XI, pp. 7-9. 이에 관해서는 *La Dioptrique*, Discours premier, AT, VI, pp. 651-656을 또한 참조할 수 있다. 이 저작에서 데카르트는, 지각 현상을 설명하기 위하여 운동 이외의 다른 어떤 것도 지각하지 못하는 맹인의 예를 들고 있다. 이외에도 *Lettre à Mersenne*, le 16 octobre 1939, AT II, p. 591과 『철학의 원리』 4부 198항에서도 동일한 논의를 살펴볼 수 있다.

6 이 점이 『광학』을, 기호화 혹은 형상화(la figuration)에서의 정신(ingenium)의 특별한 역할을 강조하고 있는 『정신지도를 위한 규칙들』과 구별시키고 있는 점이다. 『규칙들』에서 자연은 일종의 상징적 기호 체계였다면, 『광학』에서 그것은 자연적 기호들의 체계이다. 바로 이러한 이유로, 데카르트는 『광학』에서 '자연적 기하학(géométrie naturelle)' 이라는 표현을 사용한다(AT, VI, p. 137). 그에 따르면, "내가 버린 것은 추상적 기하학, 즉 정신의 훈련에만 유용한 문제들의 탐구인 기하학일 뿐이며, 이것은 또 다른 종류의 기하학, 즉 자연 현상들에 대한 설명을 과제로서 갖는 기하학을 일구어내기 위한 것입니다." (*Lettre à Mersenne*, le 27 juillet 1638, AT, II, p. 268)

에 의해서 전적으로 설명되지 않는다. 우리는 유사성이 아니라 운동이 지각 현상의 원리라는 것을 알고 있다. 그러나 데카르트에 따르면, 어떤 '특정한' 운동이 왜 다른 지각이나 감정이 아니라 어떤 특정한 지각이나 감정을 일으키는지를 알 수 없다는 것이다. 이는 위에서 인용한 바 있는 데카르트의 언급, "미와 즐거움은 어떤 특정한 척도를 갖지 않는다"는 주장과 동일한 내용을 갖고 있는 것이다. 이 근원적인 이해 불가능성, 이것을 설명하기 위해 데카르트는 특별히 '자연의 설립'이라는 표현을 사용한다. 물론, 상상, 판단, 추론 등 또한 넓은 의미의 자연의 설립이다. 그러나 다른 한편으로, 데카르트가 이 개념에 특별한 기능과 의미를 부여하고 있다는 점 또한 잊어서는 안 된다.

데카르트의 저작에서 우리는 종종 "자연에 의해 설립된……", "신에 의해 설립된" 등의 다소 변형된 표현 등으로 '자연의 설립'이라는 관념을 만나게 된다. 일반적으로 자연의 법칙으로 이해될 수 있는 이 표현은 데카르트에게서는 특별한 의미를 획득하게 된다. 설립된 것으로서의 자연에 대해, 우리는 그것이 특정한 법칙을 따른다는 것은 알지만, 그 법칙의 이유를 알지 못한다. '설립된' 법칙은 따라야 할 뿐, 이해할 수 없는 것이다. 이렇게, 데카르트에게 '자연의 설립'은 유사성의 부재가 남긴 심연의 간극을 메우고는 있지만, 우리가 알고 있는 어떤 것으로도 설명할 수 없는 관계, 즉 우리에게 인식 불가능한 관계를 지시하는 역할을 갖는다. 이 관계, 예를 들면 인식 대상과 지각의 관계는 자연적인 과정의 산물이지만, 그 과정은 우리에게 온전하게 이해될 수 없는 것이다. 실제로 데카르트는 이 과정의 설명에서 진전이 불가능한 어려움에 봉착할 때 항상 이 '자연의 설립'에 의지한다.

이것은 형이상학적 의미, 즉 신의 자의성과 이해 불가능성이라는 데카르트의 논제로부터 직접적으로 연원한다. 신이 우리에게 인식하고 해석해야 할 것으로 준 것은 근원적으로는 이해 불가능한 일종의 기호 혹은 코드로서 나타난다. 결국 '자연의 설립'은 일종의 기호의 불투명성(l'opacité)이라는 논제와 연관이 있다.[7] 이 불투명성은 신과 우리, 무한과 유한의 넘어설 수 없는 근원적 이질성의 표현이다. 달리 말하면, 그것은 과학적 언어로 표현할 수 없고, 이성으로 파악할 수 없는 신학적 혹은 형이상학적 영역의 긍정이며, 무한과 근원적 이질성에 마주하고 있는 인간의 유한성에 대한 확인이다.

데카르트가 여기에서 우리에게 보게 하고 있는 것, 즉 '말할 수 없는 것(l'indicible)', 그것은 우리에게 드러나고 있지만 우리에게 해명되지 않는다. 미적 지각은 바로 이 말할 수 없는 것의 영역에 속한다. 그리고 바로 이 영역이 현대철학에서, 특히 현대 예술철학에서 다양한 방식으로 탐험되고 있는 영역이다. 바로 이 언표될 수 없는 것의 존재가 어떻게 우리의 존재성을 규정짓고, 그것은 또한 어떻게 우리의 정치적 삶과 예술적 활동에 관여하게 되는지를 해명하려는 노력은 현대철학을 지배하고 있는 중요한 특징 중의 하나이다.

예술을 다른 기술과 구별하지 않았다는 점에서, 데카르트에게 예술이론은 독립적으로 존재하지 않으며, 아름다움을 정념 등과 더불어 포괄적인 지각이론의 틀에서 사유하고 있었다는 점에서, 미적 대상과 체험의 특수성에 대한 이론으로서의 미학이론 또한 그에게는 존재하지 않는다. 그러나 그의 철학사상은, 이론적 불투명성이 본질적인 의미를 갖는 영역, 과학적 언어 밖의 영역, 형이상학적이고 미학적인 영역의 존재를 확인함으로써 현대철학 및 미학적 사유와 직접적으로 맞닿아 있다.[8] 이어지는 논의에서, 우리는 이 '말할 수 없는 것'의 미학적 의미가 몇몇 프랑스 현대철학자들에게서 어떻게 탐구되고 있는지를 간략하게 살펴보고자 한다.

---

7 M. Fichant, La géométrisation du regard. Réflexions sur la *Dioptrique* de Descartes, in *Science et métaphysique dans Descartes et Leibniz*, Paris, PUF, 1998, p. 53 (publié pour la première fois dans *Philosophie*, n° 34, pp. 45-69).

8 데카르트 철학과 현대철학의 이러한 연관성은, 존재신학(l'onto-théologie)이라는 문제설정하에서 데카르트와 하이데거를 연결시키고 있는 장-뤽 마리옹(Jean-Luc Marion)의 작업에서 잘 드러나고 있다.

2. 현대예술과 '말할 수 없는 것'(무한 혹은 타자)

'말할 수 없는 것'은 가히 현대철학의 화두라고 할 수 있다. 비트겐슈타인이 말할 수 없는 것에 대해서는 침묵을 지켜야 한다고 했지만, 비트겐슈타인 자신을 포함해서 많은 현대철학자들은 이 말할 수 없는 것에 대해서 말할 수밖에 없었다. 왜냐하면 그것은 존재의 근원적 지평으로서, 말할 수 있는 것을 떠받치고 있고, 그것에 의미를 부여함과 동시에 해체시키는, 한마디로 우리의 표상적 · 언표적 활동이 긴장 속에서 마주하고 있는 어떤 것이기 때문이다. 주목할 만한 것은, 예술이 이 말할 수 없는 것의 의미에 대한 탐험에서 특권적 영역으로서 간주되고 있다는 사실이다.

말할 수 없는 것의 문제는 궁극적으로는 무한의 문제로 귀결된다. 따라서 문제는 무한성의 의미를 이해하는 것, 나아가 무한과 유한의 관계를 해명하는 것이다. 우리는 앞에서 데카르트를 살펴보면서, 그에게 말할 수 없는 것은 결국 신학적 함의를 지니고 있다는 것, 다시 말하면 신의 무한성은 유한한 인간에 의해서 인식 불가능하다는 것을 지적한 바 있다. 적어도 데카르트의 신학적 철학에서는, 다음과 같은 논점들이 확인될 수 있었다: 무한과 유한의 근원적 이질성, 인간의 절대적 유한성, 따라서 인간의 수동성에 대한 긍정.[9]

무한과 유한의 관계에 대한 새로운 설정, 따라서 주체성에 대한 새로운 이해는 낭만주의에서 나타난다. 낭만주의에서, 예술은 이상으로서의 무한(l'infini de l'Idéal)이 예술작품의 유한성에로 하강하는 것으로 간주된다. 다시 말하면, 예술작품은 이상의 육화(incarnation)에 다름 아닌 것이다. 이와 더불어 예술가는 특권적 지위를 획득하게 된다. 그는 이상과 현실을 매

9 코기토(cogito)에 근거해서 소위 데카르트에게 부여하고 있는 '주체' 개념 혹은 주체 철학이라는 이름표는, 인간이 신에 대해 갖는 절대적 수동성이라는 측면을 종종 보지 못하게 한다. 코기토의 확실성 또한 궁극적으로는 신의 존재와 그의 진정성에 의해 보증되어야 한다는 점에서, 데카르트 철학에서의 신학적 계기가 갖는 중요성, 동시에 그것이 함축하고 있는 신에 대한, 무한(즉 타자)에 대한 인간의 수동성을 간과해서는 안 될 것이다.

개하는 자, 이상의 무한을 감성적으로 파악하고, 그것을 대중에게 전달하는 매개자라는 의미에서, 선지자와 동일이다. 낭만주의는 이렇게 주체에게 숭고성을 부여함으로써, 주체성의 철학을 완성한다. 그러나 이러한 낭만주의적 철학은 실제로는 일종의 일반화된 기독교주의에 다름 아니다.

현대예술은 바로 낭만주의에서와는 다른 무한 개념, 그리고 무한과 유한의 관계를 제시하고 있다. 그것은 무엇보다도 예술작품을 신성화하지 않는 것, 그것을 더 이상 이상의 구현으로 간주하지 않는 것에 있다. 동시에 그것은 예술가에게 부여되었던 특권적 지위를 박탈하는 것이다. 이러한 의미에서, 현대예술은 진정한 의미에서의 무신론적 예술, 유물론적 예술을 목표로서 추구한다고 할 수 있다.[10]

이상으로서의 무한에 대한 비판은 모리스 블랑쇼(Maurice Blanchot)와 장-뤽 낭시(Jean-Luc Nancy)에게서도 가시적으로 나타나고 있다. 이상에 대한 열정으로서의 낭만주의 운동은, 바그너의 경우에서 드러나는 것처럼, 어떤 특정한 주체, 특정한 인간유형 혹은 특정한 공동체를 추구한다. 블랑쇼와 낭시의 작업은 바로 이러한 낭만주의적 이상에 반대한다.

블랑쇼에게 무한과의 관계는 곧 타자와의 관계의 문제로, 공동체의 문제로 나타난다. 나와 타인은 어떤 관계를 맺고 있는가? 소위 '우리'는 어떻게 형성되는가? 아니 오히려 그 이전에, 왜 우리는 타자와의 관계를 필요로 하는가? 블랑쇼는, 조르주 바타이유(Georges Bataille)에 따라, 그것을 결여의 원리로서 설명한다. 즉 "모든 인간 존재는 존재의 근본에 어떤 결핍의 원리가 있다." 이때, 이 결여는 어떤 완전함을 추구하게 하는 상태, 타자와의 결합을 요구하는 상태가 아니다. 오히려 결여는, 보다 정확하게는 결여에 대한 의식은 타자의 존재를 전제한다. 요컨대, 결여는 타자와의 결합의 원인이 아니라, 타자의 존재의 결과이다. 타자는, 인간이 자기자신에 대한 의식

10 A. Badiou, *Le siècle,* Paris, Seuil, 2005, p. 217. 바디우에 따르면, 예술작품의 이러한 탈신성화는 뒤샹(Duchamp)의 기성품(ready-made), 혹은 장치예술로까지 진행되고 있으며, 예술가의 행위는 일상적 삶 속으로 용해되기까지에 이른다.

을 갖기 위해 요청되는 것이다.[11]

따라서 블랑쇼에게 공동체는, 타자와의 관계 그 자체로서의 공동체는, 특정한 사회적 · 정치적 · 이념적 · 경제적 · 종교적 동일성에 따라 구성되는 집합체가 아니라, 그것에 선행하는 보다 근원적인 관계를 지시한다. 그것은, 어떤 이상과 목적하에서 하나 혹은 우리가 되는 집합체가 아닌 것이다. 그 집합체는 어떤 동일성(l'identité)에 의해서도 지배되지 않고, 규정될 수 없는 근원적 이질성이 지배하는 관계이다. 공동체는, 즉 타자와의 관계는 인간존재의 근원적 요청이지만, 그 관계는 어떤 제3의 공통적 매개항으로도 묶여질 수 없다. 우리는 이미 타자와 묶여 있다. 그러나 그 타자와 우리는 공통의 지반을 공유하고 있지 못한다. 블랑쇼는 이러한 공동체를 "어떤 공동체도 이루지 못하고 있는 자들의 공동체", "공동체 없는 공동체", "부정의 공동체(communauté d'absence)", 또는 낭시의 표현을 따라 "무위의 공동체(communauté désoeuvrée)"[12] 등의 이름으로 부르고 있다.

어떤 묶임도 없이 함께 있음(l'être-avec), 이 공동체 없는 공동체, 우리가 참여하고 있지만 나에게도 타자에게도 귀속되지 않는 이 소통의 관계(혹은 자리)를 블랑쇼는 자신의 소설 『최후의 인간』[13]에서 죽음, 즉 인간의 존재론적 유한성과 관련하여 보여 주고 있다. 죽음에 이르고 있는 한 노교수와 그 옆에서 그것을 지켜보고 있는 화자 사이의 소통이 문제가 되고 있는 이 책에서, 블랑쇼는 어떻게 죽음이라는 절대적인 외부, 바깥의 공간이 소통의 토대가 되고 있는지를 보여 준다. 죽음은 화자인 나와 교수가 공유하고(partager) 있는 어떤 것이 아니다. 우리는 죽음을 공유할 수 없다. 그러나 절대적 유한성으로서의 죽음에 마주함으로써 둘은 소통한다. 즉 그들이 만

11 M. Blanchot, *La communauté inavouable*, Paris, Minuit, 1983 (모리스 블랑쇼/장-뤽 낭시, 박준상 옮김, 『밝힐 수 없는 공동체/마주한 공동체』, 문학과지성사, 2005, pp. 17-19).

12 여기에서 '무위(désoeuvrement)' 는 어떤 특정한 목적과 이념에 의거해 구성되고, 특정한 목적에 따라 행위하지 않는다는 의미를 갖는다.

13 M. Blanchot, *Le dernier homme*, Paris, Gallimard, 1975. 이와 관련해서는, 박준상, 『바깥에서. 모리스 블랑쇼의 문학과 철학』(인간사랑, 2006, pp. 121-133)을 참조.

나고 있는 것은 '여기'에서가 아니라 '바깥'에서인 것이다. 바깥, 즉 타자의 존재는 나와 타인 사이의 관계의 근거이다. 바깥과의 마주침, 그것은 유한성에 대한 존재론적 경험이다. 둘은 따라서 유한성 속에서 만나고 소통하는 것이다.

이렇게 블랑쇼에게서, 공동체 즉 타인과의 관계는 이상으로서의 무한에서, 그것을 향한 운동 속에서 실현되지 않는다. 그에게 무한은 절대적 바깥, 즉 타자이며, 타자의 존재는 인간의 존재론적 유한성을 지시하며, 바로 이 유한성이 공동체의 토대가 된다.[14]

알랭 바디우 또한 현대예술에서 무한에 대한, 따라서 무한과 유한의 관계에 대한 탈낭만주의적 사고를 찾아내고 있다. 그러나 그가 주목하고 있고 개념화하고 있는 것은 블랑쇼의 그것과는 다르다.

현대예술은, 바디우에 따르면, 마치 무한이 유한 그 자체인 것처럼 만들고 있다. 물론 이때 유한은 그 객관적 유한성 속에서 이해되어서는 안 되며, 무한이 산출되는 행위 속에서, 즉 '행위로서의 유한성'으로 이해되어야 한다. 분리된 무한, 이상으로서의 무한은 존재하지 않는다. 무한은 유한의 특정한 형식으로서만 존재한다. 무한 자체로서의 유한한 형식(la forme finie), 이것이 바로 현대예술이 표현하고 있는 바이다. "무한은 형식 **속에서** 포착되지 않는다. 그것은 **형식을 통해 이행한다**. 유한한 형식은, 그것이 사건일 경우, 즉 그것이 **우발된 것**(ce qui advient)일 경우, 무한한 열림(l'ouverture infinie)과 동일한 것일 수 있다."[15]

바로 이러한 이유 때문에, 그가 현대예술의 특징들로서 주목하고 있는 것은 설치(installations), 사건(événements), 해프닝(happenings), 즉흥성

---

14 타자와 나의 이러한 무위의 관계, 이것을 블랑쇼는 '그(le Il)' 혹은 '그 누구(le On)' 라고 부른다. 블랑쇼에게 문학 혹은 문학의 공간(l'espace littéraire)은 바로 이 '그'가 드러나는 장소이고 사건이다. '그'는 쓰여진 언어들, 발화된 언어로 말하지 않으며, 오히려 '그'는 침묵의 언어로 말한다. '그'는 '이름들(les noms)'로 지시되지 않으며, 오히려 그것들이 해체되며 형성되는 어떤 '목소리(la voix)'이다.

15 A. Badiou, *op. cit.*, p. 219.

(improvisations) 등이다. 즉 현대예술에서 작품의 대상성(l'objectivité)은 사건적 불안정성, 해체되기 위해 만들어진 형식적 배치, 형식의 경계를 뛰어넘는 즉흥적 변이 등으로 대체된다. 이 모든 것은, 바디우에 따르면, '일반화된 연극성(théâtralité généralisée)'에 대한 추구로서 이해될 수 있다. 왜냐하면, 연극은 바로 불안정적 예술, 수많은 우연들에 내맡겨져 있는 예술임을 자임해 왔기 때문이다.

결론적으로, 신이 죽은 시대의 무신론적 예술은 이와 같이, 이상으로서의 무한을 유한의 한 형식으로, 그것의 사건적 행위 속으로 해체시킨다. 예술은 이렇게 새로움을, 진리를 생산한다. 예술은, 정치 · 과학 · 사랑과 더불어, 진리가 생산되는 영역이다.[16] 바디우에 따르면, 예술이 보여 주는 이 진리의 생산 절차를 증거하는 것, 그것이 바로 철학의 임무이다. 철학은 예술에게 그것의 진리를 말해 주는 역할, 그 속에서 어떤 진리를 발견하는 역할을 자임하지 않는다. 이런 의미에서의 미학은 종말을 고했다. 예술은 스스로가 진리를 생산하고 있을 뿐만 아니라, 그것을 스스로 말하고 있다. 철학의 임무는 개념적으로 예술을 동반하는 것이다. 예술이 보여 주고 있는 진리 생산의 절차를 범주화할 뿐이다. 바디우는 철학이 예술에 대해 맺고 있는 이러한 관계를 '비미학(l'inesthétique)'[17]이라고 부른다.

자신의 주저인 『존재와 사건』[18]에서, 바디우는 예술이 보여 주는 진리의 절차를 보다 일반화된 형식으로, 즉 존재론적으로 범주화하고 있다. 여기에서 중심을 차지하고 있는 것이 바로 '사건(l'événement)' 개념이다. 그에 따르

16 바디우에 의하면, 철학은 진리를 생산하지 않는다. 그가 진리의 생산영역으로 인정하고 있는 것은, 과학 · 예술 · 정치 · 사랑의 네 영역이다.

17 "나는 '비미학'을, 예술이 그 자체로 진리의 생산자임을 인정하기 때문에, 예술이 철학을 위해 어떤 대상을 만든다고 주장하지 않는 예술과 철학의 관계로 이해한다. 미학적 사변에 반대하면서, 비미학은 어떤 예술작품들의 독립적 존재가 만들어 내는 전적으로 철학 내적인 효과들을 기술한다." (A. Badiou, *Petit manuel d'inesthétique*, Paris, Seuil, 1998, p. 8) cf. A. Badiou, "Le devoir inesthétique", in *Magazine littéraire*, n° 414, novembre 2002, pp. 28-29.

18 A. Badiou, *L'être et l'événement*, Paris, Seuil, 1988.

면, 사건은 특정한 자리(le site), 그가 '독특한 것(le singulier)' 이라고 부르고 있는 곳에서 발생한다. 그것은 표상체계(le système de représentation)에 의해 포착되지 않는 자리라는 의미에서, 그것에 의해서 규정되지 않고 포섭되지 않는다는 의미에서 '과잉(l'excès)' 을 표현한다. 진리의 생산은 바로 이러한 과잉으로부터 연원한다고 할 수 있다.

바디우는, 앙드레 브르통(Andrté Breton)의 한 텍스트에 대한 분석[19]을 통해, 이 과잉이 예술적 · 정치적 주체화와 갖는 관계를 설명한다. 브르통은 자신이 '반역(la rébellion)' 이라는 이름으로 부르고 있는 주체화, 즉 창조적 사유를 바로 과잉으로부터 설명한다. 여기에서 문제가 되는 것은 고통이라는 부정적 과잉이 어떻게 긍정적 과잉으로 전화되는가를 보여 주는 것이다. 이러한 창조적 전화는 모순에 의해 추동되는 변증법적 과정의 산물이 아니라 오히려 납의 기호들을 금의 기호들로 전화시키는 연금술적 작용(l'opération alchimique)의 산물에 비견될 수 있다. 바디우에 따르면, 이렇게 과잉의 의미, 기호를 변화시키는 것, 이것이 바로 창조적 사유이다.

이 반역은 그것이 기획하고 있는 변화들, 그 결과들에 의해 정당화되지 않는다. 그것은 그 자체로 스스로를 정당화한다. 요컨대, 그것은 "상황 변화의 동력이 아니라, 그것은 우리가 과잉의 기호를 변화시킬 수 있다고 믿는 도박이다."[20] 반역의 요체는 미래에 있는 것이 아니라 지금 이 순간, 즉 현재에 있다. 요컨대, 반역 혹은 창조적 사유는 현재 이름을 갖고 있지 않은 것, 표상되지 않는 것에 대한 '선언(le Manifeste)', 혹은 그것의 재구성이라고 할 수 있다. 선언, 그것은 말해질 수 없는 것에 대한 발언이며, 존재하지 않는 것에 대한 존재권리의 요구이다.

위에서 살펴본 바와 같이, 무한 혹은 말할 수 없는 것에 대한 사고는 블랑쇼나 바디우에게서 사유의 중심에 놓여 있다. 그들은 낭만주의적 이상과

---

19 A. Badiou, *Le siècle*, pp. 198-207. 여기에서 문제가 되고 있는 브르통의 텍스트는 『비법 17』(*Arcane 17*, 1944)의 한 부분이다.

20 *Ibid.*, p. 202.

운동, 그리고 그것이 여전히 근거하고 있는 신학적 사유에 대한 비판을 각자 상이한 방식으로 수행하고 있다. 그것을 위해 블랑쇼는 유한성의 긍정에, 그리고 바디우는 사건 개념에 의지하고 있다. 그런데 이 '말할 수 없는 것' 이 프랑스 현대철학자들에게 '그 누구의 목소리' 혹은 '사건' 으로서만 개념화되고 있는 것은 아니다. 절대적인 이질성으로 제시되는 타자, 즉 '말할 수 없는 것' 은 비인간성, 악, 순수감성, 차이, 비표상성, 파국 등의 형태로 사유되고 표현되고 있다.

자크 랑시에르에 따르면, 현대예술의 이러한 정향은, 한편으로는 전체주의적 거대 프로젝트의 파국을 통해서, 다른 한편으로는 상업 영역의 일반화된 미학화를 통해서 추동되었다.[21] 바로 여기에 예술의 정치성이 갖는 난제가 존재한다. 독일 낭만주의 이후, 특히 20세기 초 아방가르드 운동에서 분명하게 드러나고 있듯이, 예술은 정치와 불가분의 관계에서 사고되어 왔다. 이때, 예술의 정치성은 예술의 현실정치에 대한 개입, 혹은 그것과의 관계로서 이해되기보다는, 예술이 그 자체로 정치적이라는 의미에서 파악되어야 한다. 즉 정치가 모든 근본적인 단절, 모든 합의나 통념으로부터의 벗어남을 의미한다면, 예술은 내재적으로 정치적일 수밖에 없을 것이다. 왜냐하면, 예술은 바로 새로움의 발견이고 창조이기 때문이다. 그렇다면 반유토피아 시대에 예술의 정치성은 어디에 있으며, 그것은 여전히 긍정될 수 있는가?

이 점과 관련하여 랑시에르는 '미학의 불편함(malaise dans l' esthétique)' 을 말한다. 적어도 이 점에서 그는 블랑쇼 및 바디우와는 차이를 보이고 있다. 바디우와 블랑쇼가 예술 혹은 문학의 정치적 의미와 그 토대를 설명하고 있는 자리에서, 그는 예술의 정치적 불확실성을 보고 있기 때문이다. 그에 따르면, 현대예술에서 우리가 목도하는 반유토피아적 비판은 주로 조롱과 유머로 나타나는데, 그것들은 권력과 미디어가 만들어 내는 것들과 구별되

21 cf. J. Rancière, *Malaise dans l'esthétique*, Paris, Galiée, 2004.

지 않는다. 따라서 예술가들의 도발에서 우리가 대안적 정치의 가능성을 찾을 수 있을지는 불확실하다.

현대는 예술에게서, 그리고 예술가에게서 신성(la divinité)을 박탈하였다. 이러한 탈신성화는 일상적인 것들의 미학화를 수반하게 된다. 일상적 삶은 예술적 창조의 환경이며 동시에 일상적 감수성들과 지각들의 변화의 장이기도 하다. 예술은 삶 그 자체와 함께 감성을 분유하고 있다. 바로 이러한 이유 때문에, 예술은 정치적일 수밖에 없고, 종종 실패한 혁명과 함께 비난을 감수해야만 한다. 이제 현대예술에게 던져지는 질문은 다음과 같다: 상업적 감수성이 지배하고 있는 이 시대에, 그 감수성을 분유하고 있는 현대예술은 여전히 정치적인가?

더 읽을거리

Bataille, G., *La littérature et le mal*, Paris: Gallimard, 1957.

Daumont, P., *Descartes et l'esthétique*, L'art d'émerveiller, Paris: P.U.F., 1997.

Lyotard, J.-F., *Le Postmoderne expliqué aux enfants: Correspondance 1982–1985*, Paris: Galilée, 1988.

______, *Leçons sur l'Analytique du sublime*, Paris: Galilée, 1991.

Sauvagnargues, A., *Deleuze et l'art*, Paris: P.U.F., 2005.

현대 프랑스 미학사상

박준원

프랑스 미학의 현대 사상적 측면을 커다란 맥락으로 나누어 볼 때, 세대가 세 번 걸쳐 가는 정도의 시기로 나누어 보는 것이 적절해 보인다. 왜냐하면 그 중심적인 대표적 인물들이 대체로 1930년대 후반, 1950－60년대, 1980－90년대에 걸쳐 두드러지는 성향의 이론들을 보여 주기 때문이다. 그 기점은 대체로 1920년 파리 소르본 대학에 미학 강의가 개설되는 시점이 된다 할 수 있다.[1]

오늘날의 포스트모더니즘이나 탈식민주의 등에 따라 문화이론에 연계된 미학적 측면의 내용보다는 정통의 미학적 내용을 시사하는 고유의 사상 체계에 입각하여 프랑스 현대 미학사상의 대표적인 것을 밝히고 정리해 보는 것이 본 논문의 목적이다.

따라서 프랑스에서 미학연구가 정착되기 시작하는 1930년대 전후로부터 당시의 강력한 대표적인 이론 체계의 주인공들이 되는 바슈(V. Basch), 수리오(Et. Souriau), 랄로(Ch. Lalo), 바이에(R. Bayer) 및 1950－60년대의 사르트르(J.-P. Sartre), 메를로-퐁티(M. Merleau-Ponty), 1980－90년대의 뒤프렌느(M. Dufrenne) 등을 꼽을 수 있다.[2]

1 cf. R. Bayer, *Histoire de l'esthétique*, Paris: A. Colin, 1961, pp. 333-343.

여기서는 이론적 성향의 특성을 살려 대표적으로 바슈 사상과 사르트르 사상의 기본적인 것을 살피면서 프랑스적 미학의 현대적인 특성을 드러내고자 하는데, 바슈는 관념론적 성향이고, 사르트르는 실존주의적 성향이다.

1. 바슈 미학 – 관념론적 성향

일찌기 펠드망(V. Feldman)은 바슈의 저서 『칸트미학의 비판적 시론(*Essai critique sur l'esthétique de Kant*』(1896)[3]을 프랑스 현대미학의 시발을 알리는 저작으로 꼽은 바 있다.[4] 여기서의 근본 개념은 감정이입(Einfühlung: Empathie)의 개념인데, 이 개념이 집중적으로 밝혀지는 곳은 이 외에 「미학의 주요 문제(Le maître problème de l'esthétique)」(1921)와 「미학과 예술학(L'esthétique et la science de l'art)」(1920)이라는 논문들[5]이다.

2 이들 외에 정통 미학이론을 시사하지는 않지만 철학적 내지 형이상학적으로나 문학적 내지 연극이나 무용, 조형예술 그리고 미술사 등의 차원에서 미학적인 측면의 개념들을 시사하는 주요 이론가들이 있다. 예컨대 폴 수리오(P. Souriau), 베르그송(H. Bergson), 알랭(Alain), 스공(J. Segond), 폴 발레리(P. Valéry), 브르통(A. Breton), 포시옹(H. Focillon), 크라프트(J. Kraft), 세르비앙(P. Servien), 블라발(Y. Belaval), 구이에(H. Gouhier), 바이아(L. Vaillat), 말로(A. Malraux), 브리옹(M. Brion), 네동셀(M. Nédoncelle), 르네 위그(R. Huyghe) 등이 대표적으로 그들이다. 또한 1980년대 르보 달론느(O. Revault d'Allonnes), 라스코(G. Lascault) 이후 지메네즈(M. Jimmenez), 세종(J. Saisons), 리오타르(J.-F. Lyotard) 등의 미학이론적 측면과 알튀세(L. Althusser), 푸코(M. Foucault), 들뢰즈(G. Deleuze), 라캉(J. Lacan) 등에 따른 사회주의적 내지 사회적, 심리학적, 정신분석학적 등과 상관되는 구조주의적인 입장의 내용들도 간과할 수 없는 것이라 할 수 있다. 사실상 이런 다양한 관점에서의 미학적 관심들이 한데 모여 프랑스 현대미학의 모습은 갖춰지고 있다고 볼 수 있다.

3 Paris, J. Vrin, Iéd., 1927. 이하 *Essai*라고 인용한다.

4 V. Feldman, *L'esthéque française contemporaine*, F. Alcan, 1936(박준원 역, 『프랑스 현대미학』, 서광사, 1987), p. 12: "이 저서는 미와 예술의 철학적인 학설의 귀결을 실증적인 학설과 대조시키기 위해 그러한 학설을 검증하는 비판적이고 역사적인 방법의 길을 열어 주고 있다. 또한 이것은 발생학적인 방법의 이론과 적용을 내포하고 있는데, 이 방법은 진화론적인 철학의 공리에 데카르트적 분석의 원리를 통합시키면서 저급에 의해 고급을, 단순에 의해 복합을, 동질적 구성 요소에 의해 이질을 설명하는 방법이다."

5 이 논문들은 『미학 및 철학, 문학의 시고(*Essais d'esthétique, de philosophie et de*

미적 사실의 본성을 찾는 바슈는 감동을 원천으로 하는 심리적 상태, 즉 감정의 일반과 그 방법을 연구한다. 그에 의하면 "감정이란 미적 행위의 본성적 요소이다. 즉 미적 활동의 모든 지적 기능이 전부 그것에 희생되어 버리는 매우 탁월한 역할을 한다."(*maître*, p. 37)

이 같은 의미에서 미적 행위로부터 미적 인상의 결과로서의 태도를 바슈는 중시하는데, 주관적인 미적 태도는 관조 속에 존재한다는 것이다. 즉 미적 태도에는 관조적인 것이 있다는 얘기다.[6] 따라서 미적 태도는 "행동의 단일한 어떤 현상 같은 것이고, 또한 우리에게 전 우주에 걸쳐 나타난 하나의 오래된 공감(sympathie)과 같은 것으로서, 우리가 사물 속에서 사물처럼 상징적으로 느끼게 되고 대상 속에서 감정을 갖게 되는 것이다."[7]

이와 같이 미적 태도는 관조의 세계로 규정되며, 관조의 세계에서 본질적인 것은 바로 공감의 상태가 된다.

바슈 미학의 특징은 바로 여기에 있는데, 그는 미적 관조 속의 "상징화"(*Essai*, p. 305) 작업을 직관의 성격에 달려 있는 것으로 간주한다. 이 같은 직관의 강조는 감정을 통해 정감적 재료가 함축적으로 나타나는 것을 가리키는 것이다. 이러한 직관은 지적 태도와는 상반되며, "곧 자아를 뚜렷하게 드러내고 붙잡아 버리는 것을 개념에 허락하지 않는 직관이다."(*maître*,

---

Littérature)』(Paris: F. Alcan, 1934)에 수록되어 있다. 그중 "주요 문제"를 이하 *maître*라 인용한다.

6 cf. *maître*, p. 45: 이때 관조의 의미를 바슈는 다음과 같이 이해시킨다. 즉 "당신이 어떤 대상 앞에 멈추어 있을 때, 당신은 그것에 주의를 기울였고, 오랫동안 눈으로 응시했고, 귀를 가져갔다. 정원 안에서 수천 개의 영상이 당신에게 주어졌는데, 이를테면 당신은 그러그러한 장미나 백합, 국화의 영상을 따내었다. 숲 속에서는 수천의 나무가 당신의 시각을 요구했다. 즉 시각이란 그러그러한 떡갈나무나 밤나무나 자작나무나 고사리 무리 등에 의해서만 마음이 끌리게 된다는 것이다. 당신은 길거리에서 남녀의 군중이 지나가는 것을 보았다. 당신은 그들 중에서 매우 날씬한 몸매나 감동적인 용모 혹은 가슴에 파고드는 눈길만을 마음에 두고 보았다. 당신은 박물관 안에서는 당신 앞에 어떤 조상, 그림 등이 열 지어 지나감을 보았다. 이를테면 당신은 비너스나 렘브란트, 티치아노 같은 사람들의 작품에 오랫동안 머물렀다. 어떤 대상 앞에 멈추어 있는 것, 대상을 고정시키는 것, 그것에 빠져 있는 것, 바로 이것이 대상을 관조한다라고 불리는 것이다."

7 R. Bayer, *Histoire de l'esthétique*, *op. cit.*, p. 334.

p. 49) 여기에 바로 미적 관조의 본질적 성격이 있다. "미적으로 관조한다 함은 바로 사물과 존재들이 우리의 감각 앞에서 용솟음친다는 의미에서 그것들을 생명 있게 해주는 것인데, 이때 우리의 감각은 그것들을 확산시키는 알 수 없는 힘에 우리의 감각이 휩싸이도록 해 준, 매우 화려한 몸치장을 하고 있다."(*maître*, p. 49) 이처럼 순간적인 직관의 능력을 관조의 상태에서 가리키면서 미적 생명이 자리잡고 있음을 바슈는 지적한다. 그래서 미적 특질이란 "그 대상의 성격이 아니고 우리 자아의 행위, 즉 우리가 그 대상의 면전에서 취하는 태도, 또는 우리가 그것을 갈망하고 들여다보고 듣고 포착하고 해석하는 특수한 양상"(*maître*, p. 50-51)이다. 그리고 하나의 의식(conscience)을 만들어 내는 미적 관조는 감각적 외관에 의해서만 존재하는 새로운 세계를 창조한다.[8]

이런 미적 관조의 깊이로부터 미적 감정의 본성을 밝히려는 것이 바슈 미학의 핵심이다. 그래서 "우리의 평범한 삶의 모든 표명을 드러내는 다수의 많은 감정들은 보통 때는 지적이고 의욕적인 우리의 행동 때문에 질식되어 버리고, 미적 상태에서는 관조하는 동안에 입법적인 범주적 죄임으로부터 벗어나는 만큼 개념들의 침울하고 황폐한 무미건조함으로부터 벗어나기 때문에, 자신들의 무한한 풍요로움 속에서 스스로 해방되어 버리며 스스로 표명하게 된다. 우리는 이러한 사실을 강조하는 데 뜻이 있다."(*maître*, p. 65)[9]

요컨대 바슈의 논리에 따르면 관조된 대상에 의한 미적 생명은 미적 관

8 이때의 의식이란 자연 속에서 인간과 중요한 관계를 지닌 모든 것이 의식을 만들어 준 특색, 이를테면 의식 자체에서 유일하게 찾아진 어떤 감각적 직관으로 의식이 될 수 있게끔 해준 특색 앞에서 지워지고 마는 의식이다.(*maître*, p. 51)

9 바슈의 이 같은 언급은 칸트 미학의 비판에 있어서 궁극적인 문제와 상관이 있다. 왜냐하면 바슈는 주관적 측면에서 미적 감정을 해석한 후에, 그러한 주관성을 자신이 공감적 감정의 개념 안에서 식별하고 있는 숭고의 개념에 적용시키기 때문이다. 따라서 숭고 개념과 상관된 칸트의 미 개념을 비판하면서 다음과 같이 지적한다. 즉, "칸트는 숭고가 문제될 때 관념주의와 주관주의를 보여 준다. [……] …… 칸트에 있어서 미라는 것은 주관적인지 객관적인지 또 그것이 감정인지 판단인지 그리고 판단에서 유래하는 감정인지 감정에서 유래하는 판단인지 매우 파악하기가 어렵다. [……] 반면 이러한 망설임이 숭고에 대해서는 생겨나지 않는다. 숭고는 순수하게 주관적인 상태이다."(*Essai*, p. 565)

조 속에서 자아에 의한 동화 또는 직관의 주관적 능력이 만들어 내는 것이다. 그리고 이러한 능력은 정감적인 특질로 인한 하나의 새로운 의식을 형성한다는 것이다. 그래서 미적 관조는 우리의 정신적 기능의 표명에 근거를 둔 것이고, 자아와 관조 상태에서의 대상 사이에서 이루어지는 만남의 표상과 같은 것이다. 이것을 바슈는 '정감적 징표' 또는 '감정의 감정(le sentiment du sentiment)' 이라고 표현한다.[10]

결과적으로, 바슈의 미학이론은 공감의 행위를 통해 이루어지는 미적 감정의 개념을 지시하는 것이다. 이런 개념이 바로 '감정이입', 즉 '상징적 공감(la sympathie symbolique)' 또는 '공감적 상징주의(la symbolisme sympatique)' 라고 표현되는 것이다.(*maître*, p. 60) 그리고 이것은 관조 속에서의 감정의 감정 또는 정감적 징표와 같은 것이고, 그러한 정감적 특질 그 자체를 가리킨다. 요컨대 '공감의 감정' 인 것이다.[11] 이와 같은 공감의 개념, 미적 상징주의의 내용 속에서, 미적 감정이란 상징적 공감 또는 공감적 상징주의이며, 미적 쾌감이란 상징화된 형식에서 나오는 쾌감인 것이다. 여기에는 "감각적 요소와 지적 요소의 융화"(*Essai*, p. 310)가 이루어지

---

10 *maître*, p. 60, cf. *Essai*, p. 285: 바슈는 의식의 구조를 두 가지로 나누어 본다. 하나는 지적인 것이고, 다른 하나는 정감적인 것이다. 전자는 우리 자아로부터 밝혀진 내용의 효과가 있는 것을 우리에게 알려 주는 것이며 거기서 생겨난 변화를 지적하고 또 그려진 영상을 확인하고 조직화하고 개념으로 조직한다. 후자는 그 자체로 반사된 감정일 뿐인 것인데, 감정의 감정이 되며 우리에게 색감이나 징표를 드러나게 해준다. 이를테면 우리 자아의 모든 움직임과 행위에 의한 즐겁고 고통스러운 성격을 드러나게 해주는 것이다.

11 *Essai*, p. 289, 290: 공감의 행위는 다음과 같이 설명된다. 즉 그것은 "외적 대상 속에 잠겨 버리고 스스로 투영시키며 또 거기서 주입되어 버리는 공감이다. 이를테면 우리의 고유한 자아에 따라 [……] 가장 보잘것없는 형식적 요소들로부터 자연과 예술의 가장 높은 표명에 이르기까지 인간성이 빼앗긴 대상을 생기 있게 해주고 활력을 넣어 주고 인간화시키는 공감 [……] 수직으로 일어서고 수평으로 드러눕는, 하나의 원주처럼 우리 자신 위를 돌아 버리는 공감, 느릿한 시의 운율로 인해 튀어오르고 스스로를 달래는 공감, 뾰족한 소리로 인해 바짝 긴장하는 공감, 그리고 뒤틀어진 모습으로 인해 기세가 꺾이고 구름 때문에 우울해지고 바람 때문에 끙끙거리고 바위 때문에 뻣뻣해지는, 시냇물 때문에 마음이 넓어지는 공감 혹은 우리가 미적으로 관조하는 동안 우리가 차용한 것이나 그 혜택을 전혀 의식하지 않는 관대함과 열정을 갖고서 우리와 같지 않는 것에 탐닉해 버리고 우리가 아닌 것에 몸을 바치는 공감 [……] 그래서 우리가 정말로 선(線)이나 율동, 소리, 구름, 바람, 바위 그리고 시냇물이 되어 버린다고 믿게 된다."

는데, 감정적 융화, 상징적 융화 또는 공감적 융화와 같은 것이다. 이런 융화의 현상이 바슈가 강조하는 미적 감정이며, 미적 태도는 하나의 영혼이 깃든 정신적 태도와 같은 것이다. 즉 미적 감정에는 영혼성이 깃들어 있다는 것이다. 바슈는 이러한 영혼성을 바로 공감의 감정에서 찾아낸 것이다.

결론적으로 공감적 행위에 바탕을 둔 바슈의 감정이입, 즉 상징적 공감 또는 공감적 상징주의의 이론은 관조하는 동안 자아와 대상 사이에서 이루어지는 집합의 행위와 같은 것이고 그러한 만남을 가리킨다. 자아와 대상의 만남, 그것은 바로 대상에 대한 자아의 암시이며, 상징적 공감이고 공감적 상징주의이고 감정이입이고 "자동-투사"이고 "심정의 토로, 차라리 은총의 주입"(*maître*, p. 64)인 것이다. 한마디로 그의 미학이론은 주관의 능력과 같은 감정 자체에 따라 주관적이고 감정적이다.[12]

결국 바슈가 생각하는 미와 예술의 근본적인 관점은 미적 주관주의이고 하나의 감정주의를 시사한다. 그러므로 미적 관념 또한 감정의 주관성에 달려 있는 것이고, 감정의 주관적 이념은 바슈에 있어서 미에 대한 철학적 반성의 근본적 이념인 것이다. 현대 프랑스 미학사상에서의 관념론적 경향은 바로 이 같은 바슈의 미학적 태도에 기인한다. 그리하여 감정의 주관적 힘에 근거한 바슈의 미학이론은 미적 이념에 대한 하나의 주관적 해결을 보여주는 것이고 감정을 통한 하나의 주관적 관념론적 의미를 강조하는 것이다.

요컨대 20세기 초에 바슈의 미학은 감정의 깊이를 통해 미에 대한 철학적 반성의 필요성과 중요성을 시사해 주고 있다. 당시에 이러한 사실은 미적 사실의 실증적 또는 관념적 해석에 관계되는 미학이란 학문에 있어서

---

12 이러한 바슈의 미학적 관점을 비판하고 지적한 대표적인 미학자가 Ch. 랄로와 V. 펠드망이다. 랄로는 『미적 감정들(*Les Sentiments esthêque*)』(Paris: Hachette, 1945)에서 바슈의 감정주의를 "신비주의의 부끄러운 동생"(p. 100)과 같다고 하며 "매우 친밀하게 융화되고 불가분적인 집합은 …… 우리들의 자아가 아니고(p. 285) …… 정감적 상태의 객관화는 특별히 미적 생명을 특징지워주지 못한다(p. 276)"고 비판한다. 펠드망은 공감이 특정하게 미적인 사실이 아니기 때문에 감정이입에 의한 미적 사실의 특수성은 불가능하다고 지적하면서 확인할 수 없는 심리적 사실인 공감은 지각적 현상일반의 운동을 나타내며 미적 관조는 아니라고 지적한다.(*Op. cit.*, p. 112)

방법적인 하나의 문제를 던져 주는 것이었고, 감정의 이론적 체계를 통해 미학의 방법적 자율성을 보여 주고 있는 것이다.

2. 사르트르 미학 – 실존주의적 성향

사르트르 예술론의 핵심은 『상상적인 것–상상력의 현상학적 심리학(*L'Imaginaire, psychologie phénoménologique de l'imagination*)』(1939)[13]에 들어 있다. 여기서 '이미지의 현상학'[14]을 구현하려는 사르트르는 '의식의 내용(현상)(IM, p. 11)'[15]에 관심을 갖고 예술작품의 본성을 파악하고자 한다.

그에 따르면 의식의 내용을 구축하는 이미지는 "하나의 의식"(IM, p. 15)이며 "그 본질은 반성의 행위가 즉각적으로 만들어 내는 내용"(IM, p. 14)이고 지각된 대상에 대한 이미지의 '자발성'을 뜻하는데, 그 자체 "대상을 이미지 상태로 생산해 내고 보관하는 하나의 자발성이며 [……] 대상이 어떤 무(無, le néant)처럼 주어진다는 사실로 인해 명확히 규정할 수 없는 상대물을 지닌 하나의 형질"(IM, p. 34)이다. 그래서 이미지는 "어떤 무를 덮고 있다고 할 수 있으며, 상상하는 의식은 그 무의 즉각적인 의식을 깨뜨리지 않는다."(IM, p. 33) 따라서 상상하는 의식의 생생한 구조는 "잠재하는 이미지의 기능을 활동시키는 어떤 무엇"(IM, pp. 132-134)이 되어 "직관적으로 충만해진다."(IM, p. 118)[16] 그리하여 이미지는 직관적으로 사려될 때

13 이하 IM으로 인용한다.

14 이것의 의미는 의식이나 상상력의 비현실적인 많은 기능과 그 상관적이고 노에마적인, 즉 상상적인 것에 대한 현상학을 뜻한다(IM, 1980, p. 11) cf. J.-Luc Chalumeau, *La Lecture de l'art*, Paris: Chène, 1991, p. 20.

15 이때의 의식이란 용어는 보통 쓰이는 뜻과는 약간 다른 의미를 갖는다. 즉 이것은 심적 구조에 있어서 일종의 무기력 또는 반성의 소여와는 어울리지 않는 것처럼 보이는 수동성을 함축하며, 심리적 구조들의 단자와 총체를 그리기 위한 것이 아니고 그 구체적인 특수성 안에서의 각 구조들을 지시하기 위해 쓰인다. 이미지의 의식 또는 지각적 의식 등이 언급되는 것은 이런 뜻에서이다(*Ibid*).

16 이때 '유기적인 발생'의 차원에서 하나의 감정이 나타나는데, 이것이 곧 '밝은 이미지, 이

그 의도에 의해 규정되며, 이미지를 구성하면서 "지각의 모든 과실을 보충해 주는 것"(IM, p. 63)이 바로 직관적인 의도이며, "어떤 대상을 현재로 환원시키는 것"(IM, p. 44)이 바로 이것이다.

특히 이미지의 구성에 있어서 의식은 그것이 직관적일 때는 비어 있는 것이 아니고, "형태 위에서 스스로 부서지게 되는 하나의 지혜"(IM, p. 44)[17] 또는 "스스로 나타나려고 지각적 상관자를 기다리는 하나의 지향성으로 살쪄 있다."[18] 즉 어떤 내용을 향하고 있는데, "그 내용은 아무런 어떤 것이 아니고, 문제되는 대상과 어느 면에서 유사하게 나타나게 되는 그런 내용이다."(IM, p. 74) 따라서 의식의 재현적 자발 능력과 같은 정신적 이미지의 특질이 중요한데, 이런 특질은 "이미지 상태의 대상에 의한 감각적인 한 무리의 특질처럼 가치를 지닐 수 있는 것"(IM, p. 73)이다. 비물질적 이미지의 물질적 받침대를 뜻하는 아날로공(analogon)이란 "지각의 아날로공", "지각의 등가물"로서 물질적인 하나의 사물이면서도 지각 속에서 이미지를 만드는 데 도움을 준다.(IM, p. 73) 바로 이 같은 아날로공에 의미를 부여하는 것이 의도이다. 이 의도는 의식의 유형 또는 의식의 태도에 달려 있고 "상징적 운동"(IM, p. 74)과 같다. 그래서 이미지는 "어느 정도 순수한 환상처럼, 즉 외관의 방법을 통해 실현되는 하나의 유희처럼"(IM, p. 78) 주어진다. 이때 잠재하는 이미지의 기능을 활동시키는 어떤 무엇으로서 "생생한 지혜의 상관자적인 것처럼" 대상을 취하는 것이 곧 "상상하는 지혜"(IM, p. 132-134)이며, 상상하는 태도에 의해 포착되는 것이다. 이와 같이 형성되는 이미지를 갖고 "직관적으로 충만"(IM, p. 118)해지는 것이

미지의 신기루 또는 하나의 개념' 이며, '표현적 자연' 과 같은 것이다. cf. IM, pp. 135-136.

17 이런 의미의 지혜 때문에 "내가 지각하는 것이 내가 알고 있는 바로 그것이다. 즉 대상은 아무것도 훌륭하게 깨닫지 못하며, 직관은 둔화되고 박탈당한 지혜에 지나지 않는다."(*Ibid.*)

18 J.-Luc Chalumeau, *op. cit.*, p. 18: 대상은 "어떤 종합적인 행위와 상관적인데, 이 행위는 자체의 구조 가운데서 어떤 지혜와 의도를 내포하고 있는 행위이다. 의도는 의식의 중심에 있다. 말하자면 대상을 겨냥하는, 즉 그것이 그냥 있을 수 있도록 그것을 구축하는 것은 바로 의도이다. 지혜는 의도와 파기할 수 없게 묶여 있는 것으로서 대상이 이러이러하다는 것을 정확히 하며 종합적으로 그러한 규정들을 부가한다."(IM, pp. 26-27)

의식이다.

그런데 이렇게 형성된 이미지의 세계는 "반성이 정감적인 의식을 드러내기" 때문에 "정감적 상태"가 된다.(IM, p. 137) 직관에 의한 표현적 자연과 같은 이런 감정은 "이미지에 들어 있는 심오한 구조(IM, p. 145)"이며 "의식의 상관자처럼 작용하는 것(IM, p. 161)"[19]이다. 이와 같이 의식 속에서 생생한 지혜와 더불어 지향적인 상관자를 함축하는 "감정의 구조(IM, p. 232)" 때문에 "정신적이라 불리는 이미지의 구조가 아날로공이 바깥에 있게 되는 이미지의 구조와 똑같이 되며, 상상하는 의식의 형성에는 이런 경우 이전의 것 속에서 상호적으로 지각된 어떤 의식의 없애기가 이루어진다."(IM. p. 232) 따라서 이미지의 세계는 "세계의 무형화"(IM, p. 362)를 특성으로 하는 것이다.

그리하여 사르트르가 『존재와 무-현상학적 존재론의 시고(*L'Etre et le Néant, essai d'ontologie phénoménologique*)』(1943)에서 현상학적 존재론을 강조하는 것이 바로 이런 의미에서이다. 이는 직접적으로 지적인 체험의 수준에서 구체적인 것을 파악하려는 의지를 드러내는 것인데, 존재자의 철학적 규명을 뜻하며 하나의 비판적인 규명으로서 자유라는 의미로 충만된 '인간적 현실', 즉 실존 개념을 내세우는 것이다.[20]

---

19 사르트르에 있어 지향성의 개념은 하나의 이미지 관념으로 불리며, 이러한 지향성이 모든 의식의 본질적인 구조가 된다. 따라서 의식의 내용은 이 같은 이미지로 인해 초월적이며, 반성적인 의식의 경우를 제외하고는 어떠한 의식이라도 대상은 의식의 밖에 있다.(J.-P. Sartre, Imagination, Paris: Quadrige/P.U.F., 1936, p. 144)

20 *L'Etre et le Néant*, Paris: Gallimard, 1981, p. 265, 이하 EN으로 인용한다: 여기서 사르트르의 철학적 규명은 데카르트의 "사유한다(cogito)"에서 비롯한 사물에 대한 인식의 문제로부터 헤겔의 변증법적 이론 및 후설의 현상학 개념을 비판적으로 수용하며, 특히 하이데거의 존재론의 영향을 받으면서 이루어진다. 이를테면 사르트르는 사유하는 인간 자신에 의한 의식의 확실성에서 출발한 데카르트의 주관주의에 공감하면서도 합리론을 거부하며, 후설의 지향성에 근거한 현상학을 추종하고, 여기에 헤겔의 변증법에 근거한 부정의 원리를 하나의 지적 원천으로 차용하면서, 특히 하이데거에 의한 존재 일반의 존재론적 의미로서의 실존성에 영향을 받아 독창적인 현상학적 방법의 철학이론을 시사한다. cf, *ibid.*, pp. 118, 277-298. cf. *La Transcendance de l'Ego*, Paris: J. Vrin, 1934, pp. 26-37: *L'Imagination*, *op. cit.*, pp. 7-19, 139-159: *Esquisse d'une théorie des émotions*, Paris: Hermann, 1975(1938) ch.III: *Situations Philosophiques*, Paris: tel Gallimard, N° 171, 1990, pp. 9-12.

요컨대 직접적이고 구성적인 의식에 있어서 정신적인 것과 상관된 의미론적 내용이 구체적으로 나타나며 설명되고 생생하게 살아나는 것이 바로 "대자와 즉자(le pour-soi et l' en-soi)"의 관계이며 이 둘의 의미론적 긴장을 뜻한다.(EN, p. 212-220) 여기서 대자는 "즉자와의 관계에 의한 자신의 존재 안에서 책임을 지고 있으며, 그것은 즉자와의 어떤 관계에 근거를 두고 원천적으로 스스로 만들어지는 것"이다. 즉자는 "구체적이고 현실적인 것으로서 의식의 중심에 전적으로 현존하는 것인데, 마치 의식이 그 자체로 없다고 스스로 규정하는 바와 같은 것"이다.(EN, p. 42)

결국 이런 대자와 즉자로서의 실존 개념에 바탕을 둔 사르트르의 존재론은 존재와 무의 상관관계를 지시하면서 의식의 변증법적인 것에 따른 심리학적 역설의 내용을 시사한다. 말하자면 "대자는 즉자에 의한 장애물을 분산시키면서 사물과 자신과의 근본적인 상관관계를 나타내는 것이 특징인데, 그 특징이 곧 무라는 것이다. 이것은 부정(la négation)이 세계에 대한 인간의 상관관계의 원초적 근거 위에 나타남으로써 가능하며, 자신의 효력을 구체적으로 끌어내는 것은 존재로부터이다."(EN, pp. 50-51) 따라서 의식은 무에서 벗어나지도 않고 의식 이전에 의식의 무를 취하지도 않는 것이다. 대자가 "그것이 그것인 바 그것으로서 있는 것이 아니라 그것이 그것이 아닌 바 바로 그것이다."(EN, p. 124)라는 의미는 바로 이런 맥락에서이다.

어떤 인간적인 부정이나 "내적인 부정"으로 인한 "결핍"(EN, p. 124), 즉 그런 현존의 결핍이 곧 대자의 특성이며 무형화의 의식이다. 따라서 의식은 "하나의 초월성"(EN, p. 82)으로 나아가는데 이런 "무의 나타남을 조건 지우면서" 의식으로서의 인간 존재를 가능케 하는 것이 바로 "자유"(EN, p. 60)[21]이다. 나의 자유인 이것은 상황 속에서 나의 존재 방식에 의한 선택을 통해 구현된 것이다.[22] 그리고 "자유롭게 놓여진 어떤 목적의 관점

21 "인간은 결코 먼저 존재하고 그 뒤 자유롭게 되는 것이 아니다. 인간의 존재와 자유의 존재와는 아무런 구별도 없다."(EN, p. 60.); "인간적 자유는 인간의 본질을 앞서며, 그것을 가능케 하며, 인간 존재의 본질은 그 자신의 자유에 붙잡혀 있다."(EN, p. 606)

에서 작용된 것으로서 나 자신의 근원적인 무형화와 즉자의 근원적이고 내적인 부정의 섬광 아래"(EN, p. 612) 가능한 것이다. 그렇기 때문에 상황 속에서의 존재인 인간은 "자유롭도록 단죄받은 것"(EN, p. 607)이며, 대자 자체의 절대적 선택 속에서 "실존은 본질보다 앞서는"(EN, p. 60) 것이다. 그러므로 대자와 즉자의 상관관계 속의 인간적 현실이라는 실존 개념은 역설적인 가능성으로서의 의식의 부정을 통해 존재하는 것이다. 또한 의식으로 나타나는 존재의 현상을 직접적인 체험에 근거한 정신적인 것으로 고려하는 것이다.[23]

결과적으로 볼 때, 의식의 지향성 속에서 상상적인 것의 능력을 크게 고려하는 사르트르의 이미지 현상학은 대상의 의미를 하나의 이미지처럼 제시하면서 상상하는 의식의 무형화하는 태도를 내세우는 것이다. 그러한 의식이 지향적 상관자로서의 비현실적인 것을 겨냥한다는 사실을 강조하는 것이다. 따라서 상상적인 것은 비현실적인 것이 되며, 미적 대상으로서의 "예술작품은 비현실적이다."(EN, p. 362) 그러므로 상상하는 의식의 태도에서 생겨난 이런 비현실적인 것은 자아의 초월성에 따른 하나의 무의 의식으로 가득 차 있고 주관에 대한(즉자적인) 존재가 상상력의 본질과 같은 비현실적 기능을 감각 그 자체에 적용시킴으로써 하나의 실존적 의미를 구축한다는 것이다.

결국, 이러한 사르트르의 미학은 실존주의적인 입장과 현상학에 근거하여 상상력의 자유로운 본성에 바탕을 두고서, 현상학적 환원에 따른 지향성을 통해 대상의 의미와 그 진실을 실존주의적 맥락에서 밝히는 것이다. 또한 그러한 현상학적 방법을 예술작품에 적용시켜 미적 대상에 대한 창조적 자유의 원리와 그 능력을 설명하면서 상상하는 의식의 실존이라는 인간

22 상황은 주어진 어떤 것이 아니고 오직 그 주어진 것을 선택하는 바로 그때 일어나는 것이다. 상황은 자유의 세계 내 존재의 양상이다.(*Ibid*)

23 *La Transcendance de l' Ego, op. cit.*, p. 8; "의식은 그 자체에 대한 직접적이고 분명한 하나의 현존이다. 정신적인 것은 어떤 반성적 작용에 의해서만 파악되고 마치 지각의 대상처럼 외형에 의해서만 주어지는 대상들의 총체적 조화이다."

적 향수의 문제를 부각시키고 있다. 아울러 상상력의 본성을 인간본성의 중심에 놓고 그러한 자유에 근거한 실존의 개념을 가리키는 것이다.

3. 맺는 말

이상 논술한 바와 같은 1930년대 후반의 바슈 미학과 1950-60년대의 사르트르 미학이 대표하는 프랑스 현대 미학사상은 프랑스에서 구조주의 및 후기구조주의가 대두하기 이전의 것이다. 따라서 포스트모더니즘 논쟁 이전에 형성된 것으로서 인간중심주의적이면서 전통철학의 발전적인 틀을 토대로 하고 있다.

칸트 미학의 관념론적 한계를 감각에 근거한 발생론적 입장에서 공감 및 감정이입의 개념을 통한 하나의 낭만적인 관념주의를 구축하면서 프랑스 미학의 정초에 앞장섰던 이가 바슈라는 프랑스 미학자이다. 이런 의미에서 Et. 수리오와 Ch. 랄로와 함께 1948년 『미학잡지(*Revue d'Esthétique*)』의 창간을 본 것은 더욱 역사적 의의를 지닌다고 할 수 있다.

사르트르는 프랑스에서 최초로 실존 개념을 시사한 철학자로서, 상상력에 근거한 이미지 개념의 깊이를 현상학적 방법에서의 지향성 개념과 연계시켜 인식론적 및 존재론적 해석의 특수성이 드러나는 미학적 분석으로 보여 준다. 메를로-퐁티와 함께 프랑스 현상학의 대표자이면서 이들의 후속 연구를 보여 주는 뒤프렌느의 현상학적 미학이론의 바탕을 마련했다고 할 수 있다.

20세기 프랑스 현대 미학사상의 토대를 구축한 내용들이 바로 이들의 미학연구 내용이며 지금까지의 프랑스 미학연구에서 전형적인 의미를 지니는 사상적인 전통 사례의 하나라 할 수 있다.

더 읽을거리

드니 유이스망, 『미학』, 정연풍 옮김, 탐구당, 1992(1987).

장 라코스트, 『예술철학』, 김인환 옮김, 탐구당, 1988.

Bayer, R., *L'esthétique mondiale au XXe siècle*, Paris: P.U.F., 1961 (박준원 옮김, 『20세기 세계의 미학』, 이론과실천, 1989).

Chalumeau, J.-Luc, *Lecture de l'art*, Paris: Chene, 1991.

Feldman, V., *L'esthétique française contemporaine*, Paris: F. Alcan, 1936 (박준원 옮김, 『프랑스 현대미학』, 서광사, 1987).

영국

취미론의 성립 배경과 근대적 의의

김한결

'취미론(theory of taste)'은 허치슨, 버크, 흄, 제라드, 헨리 홈, 알리슨 등이 사용한 용어가 아니다. 이들은 '취미'라는 용어를 사용하긴 했지만 자신들의 탐구 영역을 지칭하는 용어는 특별히 가지고 있지 않았다. 취미론자들은 오늘날 우리가 광범위하게 사용하는 '미적(aesthetic)'이라는 용어도 사용하지 않았다. 그들은 '무관심적(disinterested)'이라는 말을 이와 동의어로 사용했을 따름이다. 한국어 '미학'으로 번역되는 'Aesthetics'가 영국에 널리 사용되게 된 것은 19세기의 일이다. 이들 18세기 사상가들은 따라서 자신들의 탐구 영역을 지칭하는 용어를 가지고 있지 않았던 셈이다. 이들에게 자신들의 연구 영역을 지칭할 수 있는 용어가 무엇이냐고 물어본다면 아마도 '취미의 철학' 혹은 '미의 철학'이라고 말했을 것이다. 그리고 여기서의 '철학'이란 로크에 의해 체계적으로 정립된 영국 경험론이다.

취미론은 18세기 영국 경험론 내에서 등장했던, 미적 가치의 기원과 그 본성에 대한 철학적 탐구였다. 취미론 내에서 일어났던 핵심 논쟁은 미적 경험을 관장하는 마음의 능력 및 그 경험의 과정이 구체적으로 어떤 것인지에 관한 것이다. '취미'라는 용어를 공통적으로 사용했지만 그 지시체인 마음의 능력 및 지각 과정에 대한 그들의 분석은 서로 달랐다. 이에 따라 취미론에는 다음 두 가지의 전통이 존재한다: 허치슨이 체계화한 내적 감관론 그리고 이에 도전했던 관념연합론. 허치슨의 내적 감관론에 대한 수용과 거부, 18세기 영국 취미론의 전개는 이렇게 특징지워질 수 있다. 물론 이 두 전통은 영국 경험론이라는 철학의 영역을 벗어나지 않았던 것으로, 관념연합론은 미적 경험에 대한 분석에서 훨씬 더 경험론적이고자 했던 입장이라고 할 수 있다. 내적 감관, 즉 허치슨이 "미의 감관(sense of beauty)"이라고 불렀던 이 마음의 능력은 어떤 것이며, 왜 이후의 취미론자들은 미적 경험에 대한 논의에서 이를 받아들이지 않았는가? 이 두 가지 전통을 중심으로 취미론의 전개 역사를 소개하기에 앞서 취미론 일반의 성립 배경과 그 근대적 의의를 먼저 개괄한다.

1. 취미(taste)

'취미' 라는 용어가 평가적 판단능력을 뜻하는 용어로서 최초로 등장했던 유럽 문헌은 스페인 시인 그라시안(Baltasar Gracian)의 *Oracular manual y arte de prudencia*(1647)으로 널리 알려져 있다. 이 저술은 17세기에 영어, 네덜란드어, 프랑스어, 독일어, 이탈리아어 등으로 번역되었다. 'taste' 라는 용어는 이렇듯 취미론자들의 등장 이전부터 이미 존재했으나 이 용어를 사용한 그라시안이 취미론의 성립에 어떤 실질적 영향을 주었다고 볼 수는 없다. 그라시안은 취미론의 성립에 영향을 줄 정도의 철학적 배경을 가지고 있지 않았고, 실은 이 용어가 기원한 중세 영어 'tasten' 과 라틴어 'taxare' 에는 'evaluate' 의 의미가 있다. 그라시안은 이 용어가 본래 지니고 있던 한 의미를 부각해서 사용했을 따름이다.

취미론은 쉽게 말해 '좋아함(liking)' 이라는 가치 지각행위의 본성에 관한 철학적 탐구였다고 할 수 있다. 취미론은 예술철학이 아니다. 취미의 대상이 어떤 종류의 대상인지에 대해서 취미론 자체에는 어떠한 제한도 없다. 그 대상은 반드시 예술작품일 필요가 없으며 자연은 물론 일상적 인공품이 그 대상에서 배제되어야 할 이유도 없다. 이 가치 지각행위의 대상이 반드시 물리적 대상일 필요도 없으며 정원가꾸기(gardening) 등과 같은 취미론자들이 든 예에서 볼 수 있듯 인간의 다양한 활동까지 포함한다. 취미론은 그 대상이 무엇이건 인간 삶에 편재하며 모든 사람들이 경험하며 관심을 가지는 이 가치 지각행위의 본성에 대한 철학적 탐구였던 것이다. 취미론은 예술작품의 존재론적 의의를 묻는 예술철학이 아니라, 지각 · 경험 · 판단 · 정당화 등의 문제를 미의 현상에 적용했던 비평의 철학이라고 할 수 있다.

'취미(趣味)' 로 번역되는 영어 'taste' 의 일상적 의미는 '맛' 혹은 '미각' 이다. '趣' 가 '맛' 을 뜻하는 '味' 와 결합한 이 한자어는 미적 가치에 대한 판단력을 감각지각에 유비해서 다루었던 경험주의 미학의 핵심 특성을 반영하고 있다고 할 수 있다. '취미' 라는 번역어를 마땅치 않게 보는 이유로 그것이 일본풍의 번역어라는 것 이외에도 영어 'hobby' 의 의미를 연상시킨다는 것이 있다. 이러한 주장은 언어의 일상적 의미들 간에 명시적으로 나타나지 않은 개념적 연관을 놓친 결과일 수도 있다. 취미론이 좋아함이라는 심적 행위에 대한 철학적 분석이었다고 할 때 좋아함의 대상은 예술작품은 물론 자연 대상, 비예술적 인공품, 행위 및 활동도 포함할 수 있다. 취미론자들의 관심이 이렇듯 편재하는 선호 행위에 대한 철학적 분석에 있었다고 할 때 '취미' 가 영어 'hobby' 의 뜻을 연상시켜도 잘못된 것은 없다. 왜냐하면 'hobby' 역시 선호, 즉 활동 및 행위에 대한 선호를 그 뜻의 바탕에 두고 있기 때문이다.

미적 가치 판단과 그 정당화의 문제를 다룬, 그래서 때론 '비평가들(critics)' 이라 명명되는 취미론자들이, 지각 · 경험 · 판단 및 그 정당화의 문제 등에 대한 어떤 체계적인 철학의 영향 아래에서 등장하게 됨은 당연하다. 시나 예술에 특별한 관심을 보이지 않았던 로크의 『인간지성론』이 취미론자들에게 교과서와 같은 것이 된 것은 아이러니가 아니라 필연이다. 취미론자들이 사용하는 관념, 1차/2차 성질, 힘, 반성 혹은 내적 감관, 그리고 관념연합 등과 같은 개념들은 대부분 로크가 정의한 그대로이다. 취미론자들이 어떤 철학적 주제나 개념들과 관련해서 로크와 어떠한 차이점을 보이는지가 주목을 끌 만한 연구 주제가 되기 힘든 이유는, 취미론자들의 기본적 관심이 경험론이라는 철학적 방법론으로 미의 본성을 분석하고자 했을 따름이지 버클리나 흄 등과 같이 경험론 내에서 어떤 의미 있는 철학적 논쟁을 시도하고자 했던 것은 아니라는 데에서 찾아져야 한다. 스톨니츠도 주장하듯 취미론은 당시의 다른 영국 철학자들과 마찬가지로 "로크로부터 자양분을 받았던" 것이다.[1]

취미, — 허치슨이 "어떤 고급한 지각력(a superior faculty)"[2]이라고 불렀던 이 평가적 판단력에 대한 탐구는 지성(Understanding)에 대한 탐구와 더불어 인간 본성에 대한 또 다른 측면에서의 성찰이었다. 우리가 무언가를 '안다(know)' 고 말할 때 우리의 정신세계에서는 과연 어떠한 일들이 벌어지고 있으며 앎의 한계는 어디까지인가? 인간을 다른 유정적 존재자들보다 상위에 위치시키는 지성에 대한 탐구로 로크가 밝히고자 한 것이 바로 이것이라면, 인간이 무언가를 '좋아한다' 고 말할 때 우리 마음에서는 무엇이 일어나고 있는지, 즉 이 평가적 지각행위의 기원과 본성은 무엇인지에 대한 물음을 던진 것이 바로 취미론자들이라 할 수 있다.

취미론이 등장했던 시대는 인식론, 윤리학, 그리고 미학 전반에 걸쳐 스콜라철학의 아리스토텔레스적 목적론적 형이상학에서 탈피해서 새로운 세계관과 인간관에 대한 전면적인 재검토가 일어났던 때이다. 과연 무엇이 인간에게 '옳은' 것이며 도덕적 판단의 기원과 근거는 어디에 있는가? 당

---

1 Jerome Stolnitz, "Locke and the Categories of Value in Eighteenth-Century British Aesthetic Theory," *Philosophy* 38 (1963), p. 40.

2 Francis Hutcheson, *Inquiry*. I, preface, p. 6. 약어 '*Inquiry*. I' 은 *An Inquiry into the Original of our Ideas of Beauty and Virtue, London*(1725)의 제1부인 *An Inquiry Concerning Beauty, Order, Harmony, Design*을 지칭함. 본문에서는 『탐구』로 약칭함. 페이지 번호는 R. S. 다우니(Downie)가 편집한 *Philosophical Writings* (Everyman, London, 1994)의 것을 따름.

시 홉스의 이기설(理氣說)과 이에 도전했던 도덕감정론은 모두 영국 경험론 내에서 일어난 도덕이론들이었다. 그러나 인식론, 윤리학, 미학의 영역 모두를 포괄하는 거대한 체계를 세운 영국 철학자는 없었다. 그들은 그렇게 하고자 시도하지도 않았다. 어떤 영역에서이든 이러한 모든 시도들은 경험론이라는 새로운 패러다임 아래에서의 탐구였고, 취미론은 이 새로운 철학 아래에서 수행된 인간 본성의 한 중요한 측면에 대한 탐구였던 것이다. 세계를 올바르게 표상하는 지식을 가지고 있는지, 그것을 어떻게 정당화할 수 있는지를 묻는 관점에서, 즉 인식적 관점에서 우리는 세계를 대할 수 있다. 우리는 또한 인간 행위나 의도 등에 대한 평가의 차원에서, 즉 도덕적 관점에서도 세계를 대한다. 철학이 다루는 보편적인 세 가치인 인식적 · 도덕적 · 미적 가치의 구분은 우리가 세계를 대하는 태도의 구분이라면, 취미는 세계에 대한 미적 평가 행위의 주체가 되는 능력으로서 상정된 것이다.

2. 미의 경험론(Empiricism of Beauty)

취미론이 미학사에서 코페르니쿠스적인 전환으로 일컬어질 때 대표적으로 인용되는 진술이 미에 대한 다음과 같은 허치슨의 정의이다: "단어 '미'는 우리 마음 안에 일어난 관념을 지칭하며, 미의 감관은 이 관념을 지각하는 능력으로 간주된다."[3] 취미론자들의 저술에서는, 미가 차가움 · 뜨거움 · 달콤함 · 씁과 같은 감각, 이른바 2차 성질의 관념에 종종 비유되었다. "미는 다른 감각관념들의 이름들과 마찬가지로 어떤 마음의 지각을 지칭한다."[4] 플라톤 이래 서구 미학사를 지배했던 대이론(Great Theory)인 객관주의 미론에 도전하면서 허치슨은 '미' 라는 용어를 경험의 어떤 양태를 지칭하는 용어로 뒤바꾸어 놓고 있는 것이다.

3 Hutcheson, *Inquiry* I. ix, p. 10.
4 Hutcheson, *Inquiry* I. xvi, p. 14.

"미의 관념(idea of beauty)"이란 주관의 마음 안에 존재하는 어떤 심적 상태를 지칭하는데 이 심적 상태는 어떤 기능을 수행하는 상태인바 그것은 세계에 대한 평가적 기능이다. "Pleasure of beauty"라는 허치슨의 용어 사용에서 "of"는 동격의 것으로, 미는 평가적인 심적 상태를 지칭하는 용어로 바뀌었다는 데 코페르니쿠스적인 전환의 핵심이 있다. 그렇다면 왜 영국에서 이러한 변화가 먼저 시작되었고, 그 변화가 이렇듯 급진적이었는가?

경험론의 세계 탐구 방법론에서는 감각에서 일반 개념에 이르는 데 관여하는 모든 기관들, 이를테면 감각지각 · 상상력 · 기억 · 추상 · 추리력 등이 동등하게 중요하고 그 어느 것도 홀대되지 않는다. 자명한 것을 먼저 찾고 그로부터 개별적인 것들을 연역하는 합리론의 방법론보다는, 개별자에 대한 관찰에서 출발해서 보편적인 것을 추구하는 경험론의 방법론이, 마음의 모든 능력들과 심적 활동들을 동등하게 의미 있고 중요한 것으로 간주할 여지가 훨씬 크다. 개별적인 것에서 보편적인 것을 추구해 가는 경험론의 탐구 방법이 지각적 용어로 표현된 것이 바로 단순 관념과 복합 관념이다. '단순'에서 '복합'에 이르는 과정은 세계에 대한 인간의 앎이 형성되는 인식의 여정이며 이 과정에서 배제되거나 과소평가되는 능력은 없다. 영국 경험론은 마음의 다양한 능력들 간의 인과관계를 훨씬 더 강조하게 됨은 물론, 인간 마음의 구조를 훨씬 더 복잡한 것으로, 인간을 훨씬 더 유정적인 존재(sentient being)로 보게 된다. "인간 본성 그리고 그것의 다양한 능력과 성향들에 대한 지식만큼 철학에서 중요한 부분은 없다."[5] 허치슨 『탐구』의 이 첫 문장은 근대 철학 일반의 모토라고 할 수 있으면서도 훨씬 더 영국적인 요소를 대변하고 있다고 할 수 있다.

로크가 "모든 지식이 근거하고 유래하는 곳"이라고 했던 "경험"은 개별자들에 대한 관찰을 뜻한다. 경험론의 세계에는 개별자에 참여한다는 플라톤적 보편자도, 개별자에 내재한다는 아리스토텔레스적 보편자도, 정신 속

5 Hutcheson, *Inquiry* I. preface, p. 7.

에서 완전한 형태로 존재하게 된다는 아퀴나스적인 보편자도 존재하지 않는다. 물질세계는 가장 기초적인 단위의 물리적 개별자들(physical particulars)인 입자들(corpuscles)이 충돌하고 결합함으로써 다양한 거시세계의 물체들이 형성되며, 정신세계에는 가장 기초적인 단위의 심적 개별자들(mental particulars)인 관념들(ideas)이 결합하고 연합하고 추상됨으로써 다양한 정신현상이 일어난다는 것이 로크가 그리는 유명론의 세계이다. 그가 경험을 감각과 반성으로 구분했을 때 전자는 물리적 개별자들에 대한 관찰기관이며, 후자는 심적 개별자들에 대한 관찰기관인 바, 모든 지식이 감각과 반성으로부터 유래한다는 주장은 오직 개별자들만이 존재한다는 유명론의 명제로부터 도출된 것이다. 미가 우리 마음 안에 일어난 관념이라는 허치슨의 정의는 미학에서 나타난 전형적인 유명론의 정의인 것이다.

3. 미의 유명론(Nominalism of Beauty)

미적 경험의 주체로서의 인간이 사는 '세계'가 과연 어떠한 것인가? 바로 이 물음으로부터의 접근이 취미론에 대한 논의에서도 풍족하지 못했다. 모든 지식은 경험으로부터 유래한다는 지식의 기원에 관한 경험주의자들의 명제는 "존재하는 모든 것은 개별자들이다"라는 유명론의 기초 주장으로부터 나온다. 유명론은 로크를 비롯한 영국 경험론자들이 14세기의 윌리엄 옥캄으로부터 계승한 것으로, 그들 철학의 대전제이다. 어느 영국 경험론자도 이 명제를 부정하지 않았다. 로크의 『인간지성론』은 유명론을 가장 체계적인 방식으로 근대화한 철학서로 평가된다. 이 저술에서 로크가 제기하는 대부분의 철학적 테마들과 새로운 문제들은 기본적으로 유명론에서 비롯된 것들이다. 미적 경험에 대한 분석도 그 주체인 인간이 사는 '세계'가 어떠한 것인지에 대한 입장에 영향을 받는 바, 미학사에서의 코페르니쿠스적인 전환 밑에 자리 잡고 있는 핵심적 변화 역시도 보편자 실재론에서 유명론으로의 전환, 즉 존재론적 전환이었다.

유명론은 보편자의 존재에 대한 부정에서 시작한다. 미를 어떠한 유형의 것이건, 하여간 보편자로 간주했던 것이 고대와 중세의 미학이었다. 보편자가 개별자에 어떻게 예화되는가? 바로 이 문제가 미의 본성에 대한 철학적 문제이기도 했다. 취미론은 어떤 종류의 보편자 실재론도 부정하고 미를 전적으로 개별자, 그중에서도 마음 안에 일어나는 심적 개별자로 간주하게 된다. 미는 단어이며 이 단어는 마음 안에 일어난 관념을 지칭한다는 허치슨의 정의는 전형적으로 유명론적인 정의인 것이다.

이제 취미론에서 제기되는 문제들의 성격은 고 · 중세의 보편자 실재론과는 전혀 다른 것이 된다. 어떻게 보편적인 미가 개별자들에 예화될 수 있는지, 그리고 어떻게 보편적인 미에 대한 인식에 도달할 수 있는지에 관한 문제들은 더 이상 취미론에 등장하지 않는다. 보편자의 본성 그리고 그것과 개별자들과의 관계에 대한 고 · 중세의 핵심 문제들은 경험론에서는 전적으로 사라진다. 유명론의 관점에서 취미론에서 새롭게 등장하는 문제들의 성격을 보다 분명하게 드러내 보도록 하자.

보편자 실재론에서는 중요한 문제였던 것이 유명론을 계승한 영국 경험론에서는 더 이상 철학적 문제가 되지 않게 된 것이 있고, 반대로 보편자 실재론에서는 문제로 등장하지 않았던 것이 영국 경험론에서는 중요한 문제로 등장하게 된 것이 있다. 전자의 대표적인 예가 어떻게 보편자가 개별자에 예화되는지에 관한 것이며, 후자의 대표적인 예가 보편자가 존재하지 않는다면 어떻게 보편적인 것이 설명될 수 있는지에 관한 것이다. 보편자의 존재를 부정한 유명론의 미학인 취미론에서 등장하는 문제들의 성격도 이와 연관된다.

보편적 형상이 어떻게 서로 다른 개별자들에 예화되는가? 보편자 실재론자들을 그토록 괴롭혔던 개별화의 원리에 관한 문제는 유명론에서는 전적으로 무의미한 것이 된다. 유명론에서 개별화의 원리는 로크가 말하듯 개별자들의 "존재 그 자체"일 따름이다.[6] 즉 무언가가 존재한다는 사실 그 자체가 그것이 다른 것과 다르다는 원리일 따름이다. 따라서 유명론은 세계의 형이상학적 위계질서를 단순화시키게 된다. 플로티누스와 섀프츠베리의 신플라톤주의에서 볼 수 있는 미의 위계 혹은 등급 등에 대한 논의도 취미론에서 사라진다. 물질적 아름다움에서 지고(至高)의 아름다움에 이르는 인식의 여정은 취미론의 저술에는 더 이상 등장하지 않는다. 미의 '위계' 보다는 미적 가치의 '다양함' 이 취미론의 주된 주제가 된 것은 기본적으로 유명론이라는 존재론에서 비롯된 것이다. 오직 개별자들만이 존재하는 유명론의 세계에서 미적 경험은 개물(個物)에 대한 개인(個人)의 경험에 다름 아닌 것이 된다.

반면에 보편자 실재론에서는 문제로 등장하지 않았던 것이 유명론에서는 새로운 철학적 문제로 등장한 문제가 있다. 그것은 바로 보편자가 존재하지 않는다면 보편적인 것이 어떻게 설명될 수 있는지에 관한 것이다. 추상관념의 본성에 대한 철학적 관심과 논쟁이 영국 경험론에서 일어났던 것은 유명론의 자연스런 귀결이다. 보편적인 것은 실재의 존재자가 아니라 언어 혹은 개념에 존재한다. 예컨대 단어 '금' 과 이것이 지칭하는 개념, 즉 추상관념 [금]은 세상에 존재하는 모든 개별적 금들을 지칭함으로써 보편자의 기능을 대신한다. 보편적인 것은 그 자체 개별자인 "기호(sign)"(관념 혹은 단어)가 다수의 개별자들을 지시하는 기능 혹은 그 의미에 있을 따름이다. 귀납이 그러하듯 취미의 기준에 대한 흄의 논의도, 오직 개별자만이 존재한다면 보편적인 것이 과연 어떻게 설명되어야 할지에 관한 문제로부터 출발한 것이다. 이른바 간주관적 보편성이라는 개념도 유명론의 문제를 반영한 것으로, 이는 칸트에 이르기까지 영국 취미론자들을 괴롭히게 되는 새로운 근대적 문제라고 할 수 있다.

끝으로 언급할 것이 무관심성이라는 개념이다. 신플라톤주의자 섀프츠

6 John Locke, *Essay*. II. xxvii. 3. '*Essay*' 는 *Essay Concerning Human Understanding* (제4판, London, 1700)을 지칭함. Peter Nidditch가 편집한 옥스퍼드판(1975)이 참조되었음.

베리가 처음 사용한 개념인 무관심성은 로크의 『인간지성론』에서는 어떠한 형식으로든 찾아지지 않는 개념이다. 로크는 취미론자들에게 방법론을, 섀프츠베리는 그들에게 중요한 제재를 주었다는 피터 키비의 설명은 적절하다.[7] 인간이 사는 세계가 어떠한 것인지에 대한 서로 다른 입장이 거기에 사는 인간의 '경험'의 본성에 대한 서로 다른 분석을 낳게 된다. 신플라톤주의에서 기원한 무관심성 개념을 허치슨이 어떻게 경험론적 · 유명론적인 세계 속에 조화시키는지가 취미론을 이해하는 데 또 다른 핵심적인 부분이다. 바로 이 같은 관점이 섀프츠베리와 허치슨 미학의 중요한 차이점을 분명하고 체계적으로 드러낼 수 있는 토대이기도 하다.

7 Peter Kivy, *The Seventh Sense: Francis Hutcheson and Eighteenth-Century British Aesthetic*, Second Edition: Revised and Enlarged, Oxford: Clarendon Press, 2003, p. 23.

더 읽을거리

김문환, 「18세기 영국 미학: 미적 무관심성의 발흥」, 『근대미학연구(1)』, 제2장, 서울대학교출판부, 1986.

김한결, 「취미론의 유명론적 토대」, 『미학』 제39집, 한국미학회, 2004, pp. 81-112.

Kivy, P., *The Seventh Sense: Francis Hutcheson and Eighteenth-Century British Aesthetic*, 2nd ed. (Revised and Enlarged), Oxford: Clarendon Press, 2003.

Stolnitz, J., "On the Origins of 'Aesthetic Disinterestedness'", *JAAC*, vol. 20, 1961, pp. 131-143.

Townsend, D., *Eighteenth-Century British Aesthetics*, Amityville, N.Y.: Baywood, 1999.

섀프츠베리와 허치슨

김한결

섀프츠베리(The Third Early of Shaftesbury)는 취미론자인가? 카시러는 섀프츠베리를 영국이 낳은 최초의 그리고 가장 위대한 미학자라고 평가한 바 있다. 그에 따르면, "18세기 영국 미학의 실제적인 선도자들은 섀프츠베리로부터 영감을 받았고 그의 제자 혹은 후계자라고 생각했다."[1] 그의 해석은 섀프츠베리의 무관심성을 각별히 주목한 해석이다. 그러나 섀프츠베리가 미학의 창시자라는 해석 그리고 그가 취미론자로 분류될 수 있느냐의 문제는 구분될 필요가 있다. 섀프츠베리가 취미론자인지에 관한 분류의 문제는 '취미론' 을 어떻게 정의하느냐에 달릴 수도 있지만, 중세 유명론을 계승하고 근대 입자철학을 토대로 탄생한 것이 영국 경험론인 한, 유명론을 받아들이지 않았고 입자철학에 찬동하지 않았던 섀프츠베리가 경험주의 미학자로 분류되는 것은 타당하지 않다. 그럼에도 섀프츠베리가 취미론의 성립에 지대한 영향을 준 것만은 분명한 사실이다. 섀프츠베리가 허치슨에 미친 영향 그리고 허치슨은 구체적으로 어떠한 점에서 섀프츠베리를 벗어났는지를 중심으로 이 두 미학자들을 소개한다.

1 Ernst Cassirer, *The Philosophy of the Enlightenment*, trans. by Fritz C. A. Koelln and James P. Pettegrove, New Jersey: Princeton University Press, 1951, p. 313.

1. 신플라톤주의자 섀프츠베리

가. 합리적 신비주의

취미론이 등장한 때는 위대한 과학혁명의 시대였다. 중세 유명론적 전통은 근대 영국의 입자철학에로 계승되었는데 로버트 보일 등이 논했던 입자는 가장 기초적인 단위의 개별자로 상정된 것이다. 당시 널리 사용되었던 1차 성질이란 개념은 물질과 정신을 구분하는 기준일 뿐 아니라 물리적 개별자들을 구분하는 원리이기도 했다. 입자들은 서로 다른 크기와 형태를 가지며 거시세계의 속성들과 그 변화는 이 "미세한" 개별자들의 배열 및 결합방식에 의해 설명된다. 17세기는 아리스토텔레스의 질료/형상의 형이상학이 급격히 쇠락하면서 이른바 기계론적 철학이 등장한 때이다. 이 시기 영국에서는 형상이라는 스콜라철학의 개념을 무엇으로 대체하느냐에 따라 두 가지의 철학적 전통이 성립했다.

첫째가 입자들이 배열되는 방식 혹은 구조가 형상의 기능을 대체하는 것인데 입자철학이 바로 그것이며, 취미론은 이러한 근대적 과학에 기반한 미론이었다. 둘째가 형상을 물질과 별개의 실체로 간주하는 방식인데, 이것이 케임브리지 플라톤주의자들 그리고 섀프츠베리가 취한 방식이다. 데카르트의 실체 이원론 역시 후자의 유형에 속하지만 데카르트는 오직 인간만이 영혼을 가진다고 주장한 반면에 신플라톤주의자들에 따르면 자연 전체에 영혼이 내재하며 그것은 물질세계를 지배하는 원리로 기능한다. 경험과학의 세계 배후에 신비하게 자리 잡고 있는 플로티누스적인 영혼에 대한 집착과 예찬은 19세기 낭만주의의 등장을 예고하고 있었다. 섀프츠베리를 추종했던 헤르더가 1794년 편지에서 밝히듯, 섀프츠베리는 라이프니츠, 레싱, 멘델스존의 철학에 크게 기여하게 된다.[2] 스피노자와 함께 섀프츠베리는 19세기 예술철학자들에 의해 재평가되고 찬미되었고, 허치슨과는 달리 영미권

2 Johann Herder, Briefe zu Beforderung der Humanität, Letter 33, 1794.

학자들보다는 독일 학자들에 의해 더 많이 연구되었던 것이 사실이다.

그렇다면 기계론적 철학이 등장했던 시대에 왜 신플라톤주의가 등장했는가? 신플라톤주의는 당시의 과학적 성과 그 자체를 전적으로 부정하고자 했던 것이 아니다. 만유인력의 원인과 관련해서 뉴턴에게도 신플라톤주의적 요소가 발견되듯 물질적 운동의 원인과 인과관계에 대한 논의에서 비물질적 원리를 도입한 것은 과학과 종교를 조화하고자 한 시도였다. 신플라톤주의는 입자철학 그 자체를 부정하는 것이 아니라 물질적 운동을 다스리는 원리로서 고대의 플로티누스적 영혼을 부활시킨 것이다. 물질적 운동 및 인과관계가 어떤 비물질적 원리에 의해 지배되고 있다는 신플라톤주의자들의 생각은 따라서 입자과학과 전적으로 배치되는 것이 실은 아니었다. 이는 스콜라철학과 비교해서 신플라톤주의가 가지는 근대적 장점으로 평가된다. 한편으로는 이성에 대한 옹호, 다른 한편으로는 신비에 대한 집착, 바로 이것이 벤자민 위치코트(Benjamin Whichcote), 존 스미스(John Smith), 헨리 모어(Henry More), 렐프 커즈워쓰(Ralph Cudworth) 등으로 대표되는 영국 신플라톤주의자들을 특징짓는다. 이들이 플로티누스에게서 이끌어내고자 했던 것은 "합리주의적 신비주의(rational mysticism)"라고도 칭해진다.[3]

나. 무관심성

섀프츠베리의 신은 기적을 행하는 신이 아니다. 그는 물질적 운동의 원인이 비물질적 영혼이라고 간주했지만 자연법칙을 거역하는 초자연적인 힘의 존재 및 그 효과를 믿지 않았다. 섀프츠베리의 합리주의는 종교의 근거를 처벌에 대한 두려움이나 보상에 대한 희망에 두고자 하는 청교도적 혹은 홉스적인 합리주의와도 다르다. 섀프츠베리에게서 열광(enthusiasm)이란 기적을 행하는 신에 대한 열광도 아니고 계산적 결과에 대한 열광도

3 신플라톤주의자들 및 섀프츠베리의 종교철학에 대해서는 Stanley Green의 *Shaftesbury's Philosophy of Religion and Ethics: A Study of Enthusiasm* (Ohio: Ohio State University, 1967)을 참조할 수 있음.

아니다. 그것은 궁극적으로는 자연 자체에 대한 열광이다. 즉 존재 그 자체의 위대함에 대한 열광인 것이다.

이러한 점에서 그는 종교의 본성을 신 그 자체에 대한 무관심적 사랑(disinterested love)에 있는 것으로 보았다. 그에 따르면 무관심적 사랑은 "존재 자체의 위대함 이외에는 다른 대상을 가지지 않는 그리고 이 유일한 기쁨 이외에는 행복에 대한 어떠한 다른 생각도 허용하지 않는, 단순하고, 순수하며, 불순하지 않은 사랑"[4]이다. 영어 'dis-interested'가 부정하는 interest는 정확히 말하면 'self-interest'이다. 그 관심이 자기이익적 동기로부터 유발되지 않는다는 점에서 '무관심적'이다. 한국어 번역어인 '무-관심성'에서 '관심'이란 따라서 대상의 도구적 가치에 대한 관심인 것이며, '무-관심'은 자기이익적 본능에서 비롯된 도구적 가치에 대한 계산이나 예상을 배제한다는 의미이다. 이 용어는 홉스의 이기설과 경쟁했던 도덕감정론의 정신을 잘 담고 있다. '무-관심'이 영어의 'concern'에 해당하는 것으로서의 '관심'이 없다는 것, 즉 대상에 주목하지 않거나, 무신경, 혹은 냉담을 뜻하는 것(즉 영어의 indifference)으로 이해한다면 이는 이 용어를 전혀 다른 의미로 이해하는 셈이 된다. 섀프츠베리의 무관심적 열광은 대상에 대한 강한 몰두 혹은 집중이며, 대상 그 자체 혹은 그것의 내재적 가치에 몰두한다는 것이다.

무관심적 열광은 자연 질서의 원리가 된다고 가정된 플로티누스적 영혼, 즉 세계의 궁극적 원리에 대한 직관적 앎에 따르는 어떤 강렬한 감정인 것이다. 따라서 열광은 단순히 내적인 감정의 상태만은 아니다. 섀프츠베리의 무관심성이 어떤 종류이건 하여간 지식과 전적으로 무관한 개념이라고 생각하는 것도 그에 대한 정확한 이해가 아닐 것이다. 그가 거짓된 열광의

---

4 The Third Earl of Shaftesbury, "Sensus Commnis; An Essay on the Freedom of Wit and Humour" (1709), p. 54; 섀프츠베리 인용 페이지 번호는 John M. Robertson이 편집한 *Characteristics of Man, Manners, Opinions, Times* (New York: E. P. Dutton and Co., 1964)에 수록된 판을 따름.

존재를 인정했다는 것을 보면 이는 명백하다. 어떤 열광은 거짓된 것인데, 규제되지 않은 상상력의 산물일 때 그러하다. 우리가 정념에 휩싸일 때는 자기를 이해하고 있지 못하며 섀프츠베리에 따르면 우리는 이때에는 참된 자아일 수 없다.[5]

그렇다면 어떤 것이 참된 열광인가? 자연 전체는 신이 육화된 것으로, 신에 대한 일종의 상징이라고 할 수 있다. 그러한 한에서 자연은 그 자체 예술작품으로 간주된다. 섀프츠베리에 따르면 시인은 물질에 육화된 영혼, 즉 신적 현존을 마음에 품어야 하며 스스로 존재론적으로 더 우월한 것에 대한 통찰을 지녀야 한다. 열광이 일어나는 때는 "마음이 이러한 통찰에 몰두하고 어떤 실제의 대상이나 신적인 장관을 보게 되는 순간이다."[6] 섀프츠베리에 따르면 열광은 우리 모두가 경험해 본 바가 있는 심적 현상이며, 마음이 "거대하고(prodigious)", "인간을 넘어선(more than human)" 것을 생각하거나 자신 안에 담기에 매우 거대한 관념들 혹은 심상들을 만들 때 혹은 그런 것들을 실제로 지각할 때 일어난다.[7] 즉 열광이란 자신보다 존재론적으로 우월한 것에 대한 심상을 가질 때 일어나는 강렬한 감정이라 할 수 있으며, 섀프츠베리는 이를 자기초월의 과정에 나타나는 현상으로 그리고 있다. 예술작품의 존재론적 의의를 경험과학적 세계 배후에 존재하는 어떤 본체의 세계를 드러내는 데 두었던 19세기 낭만주의자들을 매혹시켰던 요소가 바로 이것이다.

섀프츠베리는 인간을 어떤 물질적 체제로 보는 것이 아니다. 그에게는 인간 동일성 및 정체성을 설명하는 원리가 바로 열광인 것이다. 바로 이런 입장에서 섀프츠베리는 로크의 자아 동일성 원리를 비판했던 것이다. 섀프츠베리에 따르면 자아 동일성은 의식의 연속성에 있지 않다. 그는 자아가 열광을 통한 어떤 내적 혁명을 겪는다는 데에서 자아의 정체성을 찾고자

5 Shaftesbury, "An Inquiry Concerning Virtue or Merit" (1711), p. 307.
6 Shaftesbury, "A Letter Concerning Enthusiasm" (1708), p. 37.
7 Joseph Addison이 *The Spectator* (No. 412)에서 언급한 내용임.

했다.[8] 섀프츠베리는 인간을 지속적인 자기초월의 과정에 있는 것으로 그렸다. 섀프츠베리는 시의 본질을 열광에 의해 설명하는데, 시인은 더 위대해지기 위해서 신의 현존을 마음에 그려야 하며 자신보다 더 위대한 것에 대한 통찰에 고무되어야 한다는 것이다. 자기를 자기 이상의 어떤 것에로 향하게 함으로써 인간은 자아를 형성한다. 그에 따르면 이것이 자기발견 및 실현의 과정이다. 자연 및 예술작품은 보다 우월한 존재 및 원리에 대한 인식에 이르는 수단으로 간주되기에 이르며 바로 이러한 존재론적 상승을 가능케 하는 데 무관심성의 본질이 있다는 것이다.

섀프츠베리의 미학은 이후 독일의 철학자들에 의해 더 많이 조명된 경향이 있으나 취미론의 성립과 관련해서 우리가 결코 간과해서는 안 될 면모가 그에게 있다. 섀프츠베리는, 철학은 사변적이면서도 동시에 실천적이어야 한다고 생각했다는 점이 그것이다. 그에 따르면 참된 철학은 "우리의 영혼을 고양하고, 우리의 지성을 증진시키고, 우리의 예법을 고치는 데 있[으며]" 지식만이 아니라 "마음과 결정(hearts and resolution)"을 요구한다.[9] 철학은 사회에서 올바른 것, 자연에서 아름다운 것 그리고 세계의 질서를 배운다는 것이다. 섀프츠베리는 궁극적으로, 개인의 가치판단이 내려지고, 결정이 이루어지고, 취미가 형성되는 과정 및 원리가 무엇인지를 탐구했던 것이다. 그의 철학적 관심은 인간의 태도 및 습관에 있었다고 할 수 있다. 그는 개인의 판단, 결정, 그리고 취미의 원리에 대한 탐구를 시작했던 것이며, 바로 이것이 무관심성과 함께 이후 허치슨을 비롯한 취미론자들이 계승하고 발전시켰던 중요한 요소인 것이다.

8 열광의 관점에서 섀프츠베리의 인간 동일성을 설명한 연구로 Kenneth P. Winkler의 "All Is Revolution in Us: Personal Identity in Shaftesbury and Hume"(*Hume Studies* 26, 2000, pp. 3-40)를 참조할 수 있음.

9 "Miscellaneous Reflections III", p. 161.

2. 경험론자 허치슨

그라시안의 저술보다 먼저 출판되었던 허버트 경(Lord Herbert of Cherbury)의 *De Veritate*(1624)가 취미론의 성립과 관련해서 종종 언급되는데, 그의 "자연적 본능(Natural Instincts)"은 이후 영국 경험론자들의 도덕 감관은 물론 미의 감관을 예견한 것으로 평가된다.[10] 허버트 경이 말한 "자연적 본능"은 생리학적 본능을 의미하는 것도 아니며 추론적 이성과도 구분되는 어떤 고급한 지각 능력을 뜻한다. 진리의 기준은 공통된 합의에 있으며 그것은 공통된 주관적 능력들에 의해 보장될 수 있다는 것이다. 허버트 경의 자연적 본능 이론 중에서 허치슨에게 영향을 주었던 부분은 취미가 추론적 이성과도 다른, 그런 의미에서 "직접적" 지각을 하는 기관이라는 점이다. 직접성은 섀프츠베리적 직관의 특성이기도 했다. 직관 역시 추론적 사고의 과정을 거치지 않고 사태의 참을 인지한다. 이 점에서 직관과 감관은 유사한 데가 있다. 그러나 허치슨은 주장하길, 우리가 미를 지각하는 것은 "인간 본성의 틀에 의한" 것이다.[11] 허치슨의 미의 감관이 섀프츠베리의 직관과 구분되는 점이 바로 여기에 있다. 섀프츠베리적 직관은 사태의 참을 인지하지만 그 참이 인간의 본성의 틀에 달린 것이 아니다. 반면에 허치슨의 취미의 지각은 인간 본성의 틀에 의한 것이며 그러한 한에서 필연적, 즉 인간 종의 지각적 구조에 필연적이다. 허치슨이 미의 감관의 주된 특성이라고 한 직접성은 개념적 사고나 욕구 등과 구분되는 어떤 경험의 영역, 즉 감정의 영역에 대한 분석의 시작이었다고 볼 수 있다.

가. 미의 감관(sense of beauty)

허치슨의 『탐구』 서문에는 다음과 같은 주장이 있다: "우리의 근대철학

10 Edward Herbert of Cherbury, *On Truth*, trans. by M. H. Carre, Bristol, 1937.

11 Hutcheson, *Inquiry*. I, preface, p. 4.

저술들에서는 쾌가 단지 감각적 쾌(sensible pleasure)와 이성적 쾌(rational pleasure)로만 분류되고 후자가 전자보다 더 가치롭다고 주장되는데, 이것은 진부하고 케케묵은 논변이다."[12] 자신의 목적이 제3의 종류의 쾌를 분석하는 데 있다고 밝힐 때 허치슨은 분명 섀프츠베리의 무관심성을 계승하고 있다. 단순감각에서 유발되는 쾌만이 아니라, 생각 혹은 믿음의 명제적 내용이 유발하는 쾌도 있는데 이를 인지적 쾌(cognitive pleasure)라고 부를 수 있다. 그러나 취미와 관련된 쾌는 전적으로 관능적이거나 전적으로 인지적인 즐거움이 아니다. 허치슨이 이 두 가지 종류의 쾌와 구분되는 제3의 종류의 쾌에 대해서 논했을 때 이를 간혹 "delight"라고 지칭했을 뿐 특별한 이름을 짓지는 않았다. 오늘날 우리가 광범위하게 사용하고 있는 '미적' 이라는 용어가 바로 이 쾌를 지칭하는 데 합당한 이름이며, 허치슨이 "delight"를 미적 쾌라고 부를 수 있다면 이때 '미적' 이란 '무관심적', 즉 대상에 대한 소유욕과 대상의 도구적 가치에 대한 주목을 배제한다는 의미에서이다.

허치슨 취미론의 목표는 유명론적 기계론 속에 섀프츠베리의 무관심성을 조화시키는 데 있었다. 섀프츠베리의 심안(Mind's Eye)은 허치슨의 미의 감관과 전혀 다른 본성의 기관이었던 것인바, 그것은 '감관' 이 아니라 '직관' 이다. 미적 경험의 주체에 대한 이 근본적인 차이는 신플라톤주의와 기계론적 유명론이라는 세계관의 차이에 기인한다. 섀프츠베리의 무관심적 열광이 물질적 현상을 지배하는 원리인 비물질적인 영혼을 향한 것이라면, 이러한 무관심성 개념의 자연화, 바로 여기에 허치슨 취미론의 핵심이 있다.

"미의 감관"이라는 용어 자체가 허치슨의 경험론을 반영한다. 허치슨은 미의 감관을 오관(five senses)과 구분하면서 "내적(internal)" 감관이라고도 했다. 미의 감관은 오관과 달리 물질세계의 속성들에 직접적으로 반응하는 것이 아니라 마음 안의 어떤 관념에만 반응한다. 그는 취미를 자극하

12 Hutcheson, *Inquiry* I, preface, p. 3.

는 자극체를 물리적 속성이 아닌 어떤 심적 속성으로 보고 있는 것이다. "내적 감관"이란 용어는 아퀴나스가 사용하기도 했는데 허치슨이 영향받고 있는 것은 로크의 반성(reflection) 이론임에 틀림없다. 로크는 반성을 "마음의 작동에 대한 지각"으로 정의했다.[13] 반성은 오관, 즉 외적 감관이 제공하는 관념들과는 "전혀 다른 종류"의 관념들을 마음에 공급한다는 로크의 주장은, 반성은 마음 안의 심적 개별자들, 즉 관념들의 발생과 그것들의 결합 등에 대한 관찰기관임을 말한다.[14] 이러한 로크의 반성 이론을 모델로 한 미의 감관은 어떤 복합관념, 대표적으로 허치슨이 말한 "다양의 통일(uniformity amidst variety)"에 반응하여 쾌를 산출하는 기관이다.

허치슨은 이러한 의미에서 미의 감관을 후기 저작에서 "반사 감관(reflex sense)" 혹은 "후속 감관(subsequent sense)"이라고 칭하기도 했다.[15] 즉 외적 감관이 세계와 직접 대면하는 최전방에 위치한 기관이라면, 미의 감관은 최후방에 위치해서 지각된 관념들에 대한 평가적 행위를 수행하는 기관이다. 미의 감관은 객관적으로 측정되고 실험될 수 있고 양적으로 기술될 수 있는 성질들에 직접 반응하는 것이 아니라, 물리적 속성들이 유정적 존재인 인간의 마음 안에 일으킨 관념들, 그러나 모든 관념들이 아니라 특정의 배열과 관계를 구성한 어떤 복합관념들에만 반응한다. 여기서 취미가 '반응한다'고 함은, 어떤 관념적 자극체가 취미를 자극하면 이에 대해 쾌를 산출함으로써 그 자극체를 '평가한다'는 뜻이다. 미의 감관은 지각된 것에 대한 2차적 지각, 즉 반성적인 지각이라는 점에서 허치슨에 따르면 인간만이 가진 "고급한 능력"이다.

한국어 '감관(感官)'과 '감(感)'을 구분한다면, 색 감각 등과 같이 실제로 느껴지는 질적 특성(felt quality)을 뜻하는 것이 '감'이며, '감관'은 이러한 '감'의 발생을 관장 혹은 소관하는 기관이다. 이 두 가지 의미가 영어

13 Locke, *Essay*. II. i. 4.
14 Locke, *Essay*. II. i. 4.
15 Hutcheson, *A Short Introduction to Moral Philosophy*, Glasgow, 1747, p. 6.

'sense' 에는 구분되지 않은 채 모두 포함되어 있다. 즉 영어의 'sense' 는 감각 '내용' 과 감각 '기관' 을 모두 의미할 수 있다. 따라서 허치슨의 'sense of beauty' 를 '미감(美感)' 으로 번역한다면 '미감' 은 'sense' of beauty가 아니라 'idea' of beauty를 뜻하는 것이 될 여지도 있다. 후자는 마음에 실제로 일어난 어떤 감, 즉 무관심적 쾌감, 즉 어떤 감정을 의미하는데, 한국어 '미감(美感)' 은 바로 이러한 느낌의 상태를 지칭하는 용어에 가깝다. 따라서 sense of beauty에 대한 번역어로는 '미의 감관', 혹은 '미관(美官)' 이 더 적절할 것이다.

허치슨의 논리는, 시각이 존재함으로써 색감각이, 미각이 존재함으로써 맛감각이, 청각이 존재함으로써 소리감각이 발생할 수 있듯, 미의 감관이 존재함으로써 미의 관념이 발생할 수 있다는 것이며, 여기서 미의 관념이란 대상에 대한 평가적 기능을 수행하는 어떤 심적 상태이다. 보다 현대적인 표현으로 말한다면, 미의 감관은 미적 가치에 대한 평가능력이며, 미의 관념은 그러한 가치 평가의 심리적 근거가 되는 어떤 평가적 감정이라고 할 수 있다.

나. 미의 관념(idea of beauty)

취미가 감정과 관련된다면 그것은 평가적 감정(evaluative emotion)이다. 희 · 노 · 애 · 락(喜怒哀樂) 등 감정의 종류는 다양하다. 최근 감정이 세계의 어떤 국면에 대한 인지인지 아닌지의 논쟁은 감정의 합리성 문제와 관련해서 중요하게 다루어지고 있다. 20세기 벨이 "미적 감정"이라는 용어를 사용했을 때 그것은 바로 특별한 종류의 쾌를 지칭한 이름이었다. 그것이 'aesthetic emotion' 이라 불릴 수 있다면 이때의 'aesthetic' 은 'evaluative' 의 의미를 지닌다. 미적 감정은 대상이 의미 있는 형식을 지니고 있음을 알려주는 심리적 증거라고 할 수 있다. 취미는 바로 이 같은 심리적 증거를 발생시키는 능력으로 상정되었다. 즉 대상이 취미를 자극하면 취미는 그 대상에 대한 미적 평가의 근거가 되는 어떤 유쾌한 심적 상태를 발생시킨다. 허치슨이 말한 "미의 관념(idea of beauty)"은 바로 이러한 평가적 심적 상태, 포괄적으로 말한다면 미적 쾌와 동일시된다.

미의 관념은 로크의 관념 체계에서 볼 때 매우 독특한 종류의 관념이다. 로크는 관념을 종종 "기호"로 정의하기도 했다. 『인간지성론』 제3권의 주제가 언어이듯, 로크는 세계에 대한 우리의 기술(description)과 그것이 지칭하는 것 간의 관계에 관심이 있었다. 기호는 다시 언어적 기호(linguistic sign)와 심적 기호(mental sign)로 나뉘는데, 예컨대 idea of x라는 용법에서 x는 언어적 기호, 즉 단어를, 그리고 'idea'는 이 단어에 해당하는 심적 기호, 즉 개념을 의미한다. 따라서 of는 언어적 기호와 심적 기호를 연결시켜 놓고 있는 것이다. 로크가 1차 성질들에 대한 관념이 1차 성질을 "닮았다"고 했을 때 버클리는 그렇게 해석했을지 모르지만 예컨대 연장에 대한 나의 관념이 그 자체로 연장적이라든지, 1미터 자에 대한 나의 관념이 1미터이다라는 것이 아니다. 로크가 필요로 했던 것은 정확한 관념에 관한 설명이었으며 이것이 그가 "닮음"이라는 용어로 의미했던 바이다. 말의 관념(idea of horse)에서 이름 '말'이 지시하는 개별자들에 공통된 속성에 대한 추상관념이 바로 이 문구에서 'idea'가 지칭하는 바이다. 이름 '말' 그리고 그에 해당하는 개념 [말]은 다수의 개별자들을 지칭하는 기호의 기능을 수행한다. 그러나 idea of beauty는 이러한 방식으로 '정확한' 관념이 아니다. 왜냐하면 그것은 표상의 기능을 수행하지 않기 때문이다. 'beauty'라는 단어에 해당하는 개념은 세계의 어떤 측면을 정확하게 표상하는 기호의 기능을 수행하지 않는다. 이러한 점에서 미의 관념은 세계의 어떤 성질을 닮지 않았다. 이름 'beauty'에 해당하는 관념은 바로 쾌, 즉 평가적 감정이다. 그것은 세계 자체에는 존재하지 않는 어떤 주관성인 것이다.

관념이 사물을 "닮았다"는 것은 우리가 그 사물에 대한 관념을 기술하는 데 있어서 사용하는 언어가 그 사물의 본성과 성질들을 기술하는 적합한 언어라는 것이다. 예컨대 '화사함', '매콤함', '후끈거림', '달콤함' 등과 같은 언어의 진리 조건은 어떤 물리적 속성들에 있다기 보다는 감각 그 자체에 있다. 우리는 일상적으로 이 감각의 내용들이 마음 밖에 독립적으로 존재하는 양 말하지만, 통증이 칼에 없듯 미도 대상에 없는 것이다. 칼은 통증을 일으키는 물리적 성향만을 가지며 통증은 이 물리적 구조가 인간 신체에 작용했을 때 나타나는 일종의 평가 행위로 볼 수 있듯(칼이 인간 신체에 해롭다 혹은 나쁘다) 미 역시도 마음 안에서 일어나는 새로운 심리적 가치인 것이다. 우리가 "x가 아름답다"고 말할 때 아름다움이라는 주관적 속성은, 예컨대 정지질량이 9.1093897(54)×10−31kg임, 전하는 −1.60217733×10−19C임, 원자핵 주위에 분포함, 원자핵에 속박되지 않을 때 자유전자가 됨이라는 속성들이 전자(electron)에 귀속되는 것과는 전혀 다른 방식으로 존재한다. 미는 우리가 세계에 부여하는 지각적 가치이다. 이 용어들이 지칭하는 심리적 상태는 세계에 대한 평가적 반응인 것이다.

취미론자들이 미적 가치를 2차 성질의 관념에 종종 비유할 때 그들은 미의 관념을 세계의 어떤 성질들 및 사태를 표상하는 기능을 수행하는 것이 아니라, 그것들에 대한 평가적 기능을 수행하는 것으로 간주했던 것이다. 허치슨에 따르면 '미'는 물리적 개별자와 유정적 개별자인 인간 간의 관계에서 성립하는 심리적 가치를 지칭하는 용어가 된다. 로크뿐만 아니라 취미론자들은 세계에 대한 일상인(the vulgar)의 관점과 철학자의 관점을 구분한다. 일상인은 세계 그 자체가 색, 냄새, 맛 등을 실제로 가지고 있고 실제의 사물이 '아름답다'는 속성을 가지고 있다고 생각하지만, '아름답다'는 술어의 진리조건은 세계와 인간과의 관계 속에서 발생하는 어떤 심적 상태에 있다. 바로 이것이 허치슨이 "미는 어떤 마음의 지각이다"라고 주장했을 때 의미했던 바이다. 언어의 일상적 사용에서 우리는 다양한 색 이름들과 '미'라는 용어를 대상의 속성을 지칭하는 것으로 사용하지만, 우리는 실은 그것이 대상에 있는 것으로 투사하고 있는 것이다. 취미가 평가적 판단력이라고 할 때 그 평가적 행위가 수행되는 방식이 바로 이러한 것이다.

애디슨이 말하듯 "색 관념이 상상력에서 대단히 즐겁고 아름다운 것이지만…… 색 관념은 미세한 물질들의 다양한 인상들로 시각에 나타난 것이다.” 취미론의 성립을 잘 대변해 주는 애디슨의 진술이 다음과 같이 이어진다: “나는 여기서 독자가 상상력이 포착한 빛과 색은 마음에 있는 관념일 따름이며 물질에 존재하는 성질이 아니라는 자연철학의 모든 탐구에 의해 현재 보편적으로 인정된 저 위대한 현대의 발견을 잘 알고 있으리라 생각된다. 이것은 많은 현대 철학자들이 논쟁의 여지 없게 입증한 사실이며 정말이지 현대 과학에 있어서 가장 예리한 고찰 중 하나이니 영국 독자는 그에 관한 자세한 설명을 로크 씨의 『인간지성론』 제2권, 제8장에서 볼 수 있을 것이다.”[16] 세계를 “닮지 않은” 주관적 성질로서 과학적 논의에서 배제되었던 2차 성질의 관념에서 미적 가치를 찾고자 했던 것이 허치슨을 비롯한 영국 취미론자들이었다.

섀프츠베리와 허치슨의 기본적인 차이는 미적 경험의 주체인 인간이 사는 ‘세계’가 어떠한 것인지에 대한 차이에서 비롯된다. 허치슨 이후 무관심성을 지각자의 ‘태도’에서, 즉 지각의 ‘조건’에서 찾고자 한 노력은 신플라톤주의에서 비롯된 무관심성이 자연화되어 가는 과정이었다. 그럼에도 이들 간에 발견되는 중요한 공통점은, 미를 관조하는 인간의 행위에 부여했던 이들의 평가에 있다. 윤리학에서 도덕 감정론자로 분류되는 이들은, 인간의 모든 행위와 판단이 이기적 본성에서 비롯되는 것이 아님을 보여 줄 수 있는 어떤 논의의 출발점으로 미적 경험을 주목했던 것이다. 즉 자연과 예술에 대한 관조에서 일어나는 자연적 감정은 홉스의 이기설에 대한 가장 좋은 반박의 예가 될 수 있었다. 도덕 감정론자들은 이타심, 자비, 연민 등은 장기적인 관점에서 취해진 이기적 동기에 토대를 둔 인위적인 감정이 아니라 인간본성의 또 다른 측면에서 흘러나오는 자연적 감정들임을 주장한 것이다. 허치슨이 도덕 감관 및 미의 감관이 오관과 독립적인 단일한 지각 능력인 것으로 주장했던 이유가 바로 이와 연관된다. 자연적 감정이 존

16 Joseph Addison, *The Spectator*, No. 413, June 24, 1712, p. 50. Scott Elledge가 편집한 *Eighteenth-Century Critical Essays* (Ithaca: Cornell University Press, 1961) vol. I에 수록된 판의 페이지 번호를 따름.

재한다면 그것을 관장하는 능력이 따로 존재해야 한다는 다소 전근대적인 전제가 그에게 있었지만, 이는 독자적인 경험의 영역을 확고히 하고자 했던 근대적 시도의 반영으로 평가될 수 있다.

미와 예술에 대한 연구가 철학의 한 분야로 성립 가능함을 최초로 생각했던 자들이 영국인들이라면 그 자율적인 경험에 대한 자각은 이렇듯 반홉스적인 윤리학의 논의 속에서도 자라났다. 허치슨의 『탐구』는 단지 미학 저술이 아니다. 이 저술의 제1부는 미를 주제로 하며 제2부는 도덕에 관한 것이다. 허치슨에게서 미에 대한 논의는 도덕에 대한 논의의 예비단계와 같은 것이었다. 그러나 이러한 관점이 취미론의 위상과 독창성을 평가절하하는 것은 아니다. 미와 예술에 대한 논의에 적용되기에 적절한 개념이 윤리학에서 등장한 것이 아니라 윤리학 자체가 미적이고자 했다고 표현할 수 있지 않을까 한다. 섀프츠베리와 허치슨의 윤리학을 논할 때 "미적 도덕(aesthetic morality)" 혹은 "도덕적 미(moral beauty)"라는 용어가 종종 사용되며,[17] 실제로 섀프츠베리가 미와 도덕이 동일한 하나라고 주장했으며, 허치슨이 "행동과 성향에서 발견되는 미에 대한 도덕 감관"[18]이라는 표현을 사용했듯, 이들이 미적 경험에 특별히 관심을 가졌던 이유는 그의 도덕 이론과 밀접했던 까닭이다. 유명론적 전통, 기계론적 철학, 도덕 감정론과의 연관 등, 허치슨의 취미론은 이렇듯 다양한 요소들과의 관련 속에서 성립했다.

17 Rober E. Norton, *The Beautiful Soul: Aesthetic Morality in the Eighteenth Century*, Ithaca: Cornell University Press, 1995.

18 Hutcheson, *Inquiry* I, preface, p. 5.

더 읽을거리

김한결, 「관념으로서의 미: 허치슨 취미론의 로크적 토대에 관한 고찰」, 『미학』 제37집, 한국미학회, 2004, pp. 53-82.

Fowler, T., *Shaftesbury and Hutcheson*, London: Sampson Low Marston, Searle & Rivington, 1882.

Kivy, P., "The 'Sense' of Beauty and the Sense of 'Art' : Hutcheson's Place in the History and Practice of Aesthetics", *JAAC*, vol. 53, 1995, pp. 349-357.

Matthew, P., "Hutcheson on the Idea of Beauty", *Journal of the History of Philosophy* 36, 1998, pp. 233-260.

Shelley, J., "Empiricism: Hutcheson and Hume", in B. Gaut and D. M. Lopes (eds.), *The Routledge Companion to Aesthetics*, London: Routledge, 2001.

Stolnitz, J., "On the Significance of Lord Shaftesbury in Modern Aesthetic Theory", *The Philosophical Quarterly* 11, 1961, pp. 97-113.

관념연합론: 제라드와 알리슨

김한결

취미론 내에서 일어났던 핵심 논쟁 중 하나가 미적 경험을 관장하는 마음의 능력 및 그 경험의 과정이 구체적으로 어떤 것인지에 관한 것이다. '취미' 라는 용어를 공통적으로 사용했지만 그 지시체인 마음의 능력 및 지각 과정에 대한 그들의 분석은 서로 달랐다. 이에 따라 취미론에는, 허치슨에게서 비롯된 내적 감관론과 이에 도전했던 관념연합론이라는 두 전통이 존재한다. 제라드는 주장하길, "취미는 하나의 단일 지각 능력이 아니다."[1] 허치슨의 내적 감관론에 대한 수용과 거부, 18세기 영국 취미론의 전개는 이렇게 특징지워질 수 있다. 물론 이 두 전통은 영국 경험론이라는 철학의 영역을 벗어나지 않았던 것으로, 관념연합론은 미적 경험에 대한 분석에서 훨씬 더 경험론적이고자 했던 입장이라고 할 수 있다.

버크, 제라드, 알리슨, 흄, 프리스트리 등을 비롯한 허치슨 이후의 대부분의 취미론자들은 미적 경험을 설명함에 있어서 '관념연합(association of ideas)' 이라는 원리를 도입한다. 근대적 세계와 조화될 수 있는 미적 경험에 대한 분석은 분명 허치슨의 업적이었지만 그 이후의 취미론은 새로운

1 Alexander Gerard, *An Essay on Taste* (1957), edited by W. J., Hipple, Florida: Scholar' s Facimilies and Reprints, 1963, p. 133.

방향을 지향하게 된다. 관념연합론은 허치슨의 내적 감관론에 대한 비판이었지만 이들 간의 논쟁은 기본적으로 경험론 내에서의 논쟁이었다. 그렇다면 관념연합론자들은 왜 허치슨의 내적 감관을 버리고 새로운 원리를 도입하게 되는가? 관념연합이란 구체적으로 어떠한 것인가? 이 물음들을 중심으로 허치슨의 내적 감관론과 경쟁했던 취미론의 또 다른 전통을 소개한다.

1. 허치슨 취미론에서의 관념연합

관념연합론자들이 허치슨에게서 발견한 철학적 문제가 있었다. 허치슨의 미의 감관은 물리적 속성에 대해 직접 반응하지 않고 어떤 심적 속성에 반응하는 기관이다. 마음이 백지의 상태로 있는 한, 미의 감관은 따라서 작동하지 않는다. 미의 감관은 지각적 데이터가 들어오면 그에 대한 평가적 작업에 나선다. 허치슨의 취미는 마음의 최후방에서 기다리고 있는 평가기관 혹은 심사기관과 같은 것이다. 그런데 특정한 관념적 자극에 대해서만 평가적 반응을 수행하는 미의 감관이 작동하기 위해서는 그 대상이 인과적 힘을 가져야 할 것이다. 즉 그것은 취미를 자극해야 하는데 그 자극체가 관념이므로 어떤 관념은 인과적 힘을 가진다는 주장이 성립해야 한다. 관념적 자극체가 취미를 자극하면 취미는 쾌를 산출한다는 이 인과관계에 대해 버크, 제라드, 알리슨 등은 동의하지 않았다. 이들에 따르면 쾌는, 어떤 자극체로서의 관념과 어떤 특별한 기관 간의 고유한 인과관계의 산물이라기보다는, 관념들의 연합 과정 중에서 발생하는 것이 된다. 따라서 관념연합 원리를 수용하게 된 이유가 미적 경험 범주의 확장이라는 18세기의 예술현상과만 고유하게 관련된 것은 아니었다.

관념연합이란, 말 그대로, 어떤 관념 뒤로 다른 관념들이 잇따르면서 형성하는 사고 및 지각의 연쇄적 흐름이다. '관념연합' 보다는 '연상(聯想)' 이라는 단어가 보다 친숙할 수 있다. 관념이 연합한다는 것은 어떤 지각 혹은 생각 뒤로 일련의 지각 혹은 생각이 연속한다는 것이다. '연상주의 취미론' 이라는 용어를 사용할 수 있다면 이는 '관념연합' 과 '연상' 을 동의어로 본다는 한에서이다.

그렇다면 미적 경험의 본성을 설명하는 데 사용되는 이 관념연합이란 구체적으로 어떠한 것인가? 하나의 예를 들어보자. 신용카드 회사에서 독촉전화가 걸려오고 신용불량자가 되기를 원치 않는 나의 욕구가 나로 하여금 은행으로 달려가게 한다. 관념이 연합하는 방식은 이와 같은 인과관계가 아니다. 관념연합은 이 같은 방식의 의지의 자발성에 의한 것이 아니다. 관념연합은 예컨대 췌장에서 발생한 어떤 생리적 이상이 위장에 통증을 유발하는 인과관계에 오히려 더 가까울 수도 있다. 물론 관념연합은 생리적 현상이 아니라 정신적 현상이지만 의지의 통제에 따르는 인과관계가 아니라 이른바 습관을 설명하는 원리로 언급되었다.

관념연합은 허치슨 시대에 널리 알려진 것이며 그가 이 개념을 알지 못했을 리 없다. 그는 관념연합을 그의 취미론에서 언급했으며 이를 매우 유용하게 사용했다. 왜 본유적인 내적 감관이 존재함에도 취미판단의 다양성이 존재하는가? 그는 이 문제를 해결하는 데 관념연합 원리를 유용하게 사용한다. 따라서 허치슨이 생각한 관념연합은 제라드나 알리슨이 생각한 것과 전혀 다른 것이다. 허치슨에게 관념연합은 습관적 연합이다.

t1에서, 관념 x가 y와 함께 경험되었다.

t2, t3, t4……에서, 이 경험이 반복된다.

tn에서, 관념 x만 경험되고 y가 실제로 경험되지 않아도 y가 경험된 '효과' 가 일어난다.

관념연합 형성에서 중요한 것이 '반복된' 경험이다. 관념연합은 습관이라는 개념을 설명하는 데 유용한 것이었고 이 원리가 도덕이론에 자주 등장했던 이유가 바로 여기에 있다. 습관적 연합을 허치슨은 취미판단의 보편성을 해치는 주범으로, 즉 본유적인 내적 감관이 존재함에도 취미의 다양성이 생기는 이유로 간주한 것이다. 허치슨의 포도주의 예에서 볼 수 있듯 포도주의 맛은 자연적으로 쾌감을 주는 것이지만 이를 어느 날 구토제로 사용한 후부터는 그 자연적 맛이 불쾌감과 결합되어 선호를 변화시킨다. 이 습관적 연합을 허치슨은 관념들 간의 "우연적 결합(accidental conjunction)"[2]이라고 불렀다. 포도주가 구토제로 사용됨은 포도주의 우연적 속성이다. 다양한 우연적인 요인들이 지각의 차이를 만들게 되고 그 결과 취미판단의 차이가 생긴다는 것이다.

허치슨을 비롯한 스코틀랜드의 철학자들은 연합이라는 용어를 경멸적으로 사용했다. 허치슨은 관념연합을 전적으로 우연적이며 개인에 특유한 것으로만 이해했다. 습관적 연합은 다음과 같은 상황을 유발할 수 있다: 1) 유쾌한 것이 불쾌한 것과 반복적으로 경험된 후 불쾌한 것이 된다. 2) 그 역도 가능하다. 3) 중성적인 것이 유쾌한 것과 반복적으로 경험된 후 유쾌한 것이 된다. 4) 중성적인 것이 불쾌한 것과 반복적으로 경험된 후 불쾌한 것이 된다.

허치슨에 따르면 본유적인 내적 감관이 존재함에도 동일한 대상에 대한 두 사람의 판단이 불일치하는 것은 연합이 낳는 부정적인 효과로 인해 내적 감관의 자연적 작동이 방해받게 된 결과이다. 본유적인 미의 감관이 존재함에도 왜 사람들은 다양한 취미판단을 내리게 되는가? 그것은 개인적인 경험에 의해 서로 다른 관념연합이 형성되었고, 그 결과 동일한 대상에 대한 1차적 지각이 달라지기 때문이라는 것이다. 즉 우연적 결합에 의해 포도주에 대한 지각 자체가 달라졌기 때문에 그에 대한 2차적 지각, 즉 평가적 지각이 달라진다는 것이다. 그에 따르면 취미판단의 다양성은 취미의 다양성이 아니라 기본적으로 1차적 지각의 다양성에 기인한다. 그렇게 되면 허치슨의 내적 감관론에서는 동일 대상에 대한 두 사람의 판단이 불일치한다

---

2 Hutcheson, *Inquiry* I, vii, p. 8.

는 사실 자체가 보편적인 취미판단이 존재하지 않음에 대한 증거가 되지 않는다. 그것은 오히려 관념연합을 통해 형성된 선입견 및 습관이 미적 경험에 얼마나 해로운 것인지를 보여 줄 따름이다.

2. 제라드와 알리슨의 관념연합

취미론 전통에서 미적 경험을 구성하는 요소들 중에 가장 중요한 것이 쾌라고 할 수 있다. 미적 경험은 개별자에 대한 즐거운 경험(pleasant experience)이며, 쾌는 미적 가치 평가의 심리적 근거가 되는 평가적 감정이다. 쾌의 발생에 필요하고 충분한 조건은 어떠한 것이며, 어떠한 점에서 미적 쾌는 다른 쾌와 구분되는가? 바로 이것이 취미론적 전통의 미적 경험에 대한 탐구에서 중요한 물음이다.

이 물음과 관련해서 제라드와 알리슨은 관념연합 원리에 호소한다. 미적 경험은 즐거운 경험, 즉 쾌를 필수조건으로 가지는 경험이라고 할 때 그 쾌의 발생이 관념연합 과정에 있다는 것이 허치슨 이후의 미적 경험론의 경향이었다. 관념연합은 허치슨과 관념연합론자들 모두에게 부정적으로든 긍정적으로든 '유용하게' 사용되었던 것이다. 즉 허치슨은 관념연합을 본유적인 취미가 존재함에도 취미의 다양성을 설명하는 원리로 사용하였던 반면에 연합론자들은 관념연합을 미적 경험의 본질을 설명하는 원리로 사용했다는 것이다. 제라드와 알리슨의 주장들을 중심으로 관념연합 취미론을 보다 자세하게 살펴보도록 하자.

제라드와 알리슨 등에 의해 미적 경험의 원리로 도입된 관념연합은 허치슨이 논한 습관적 연합이 아니다. 또한 그것은 개념들의 연관을 통한 인과적 추리와 같은 것도 아니다. 당시 영국에서는 습관의 구조에 대한 설명 그리고 흄에서 그러했듯 인과관계에 대한 논의에서 관념연합은 중요하게 사용되었다. 제라드와 알리슨의 독창성은 관념연합을 행동과 사고의 원리가 아니라 미적 경험의 원리로 사용함으로써 이것에 새로운 기능과 의의를 부여했다는 데 있다. 이들을 통해 관념연합 원리는 도덕, 인식, 그리고 미의 문제 모두에 적용되게 된 셈이다.

인과추리가 목적성을 가진 사고의 과정이라면, 제라드와 알리슨 등이 말하는 관념연합은 목적적인 사고의 과정도 아니며 습관적인 사고의 연합도 아니다. 그것은 이후 칸트가 사용한 용어로 표현한다면 쾌감을 발생시키는 자유로운 유희와 같은 사고 및 지각의 연쇄라고 할 수 있다. 낯선 곳에 도착하니 전봇대가 쓰러져 있었다. 주변이 축축함을 지각하고 어젯밤에 비가 왔고 비가 천둥을 동반했고 천둥이 이 전봇대를 쓰러뜨렸다고 추리한다. 이 같은 인과추리는 목적적이며 개념들로 매개된다. '비', '천둥', '나무' 간의 개념적 연관 속에서 추리가 진행된다. 미적 경험에서 나타나는 연상은 이와 같은 식으로 목적적이지 않다. 그리고 개념들 간의 함축 혹은 모순 관계로 사고가 진행되지도 않는다. 연상주의 취미론자들이 논한 관념연합은 애디슨의 용어로 표현한다면 "상상의 즐거움"이다. 대상의 어떤 속성에 대한 지각에서 우리는 일련의 사고 및 지각의 흐름으로 이끌려 가는 것이다.

제라드는 여전히 "internal sense" 혹은 "sense of beauty"라는 용어를 사용하지만 그 의미는 허치슨의 것과는 전혀 다른 것이었다. 그에 따르면, "취미는 하나의 단일한 지각 능력이 아니[라] …… 복합적 능력(compound faculties)이다."[3] '취미'라는 용어는 미적 선호를 관장하는 능력 혹은 지각 과정이라는 의미를 보존한 채 그 능력 혹은 지각 과정이 구체적으로 어떠한 것인지에 대한 논쟁이 허치슨주의자들과 관념연합론자들 간의 논쟁이었다고 할 수 있다. 제라드가 사용한 "sense"는 엄밀히 말하면 '감관'이 아니다. 즉 그가 말한 sense는 허치슨처럼 어떤 단일한 지각능력을 뜻한 것이 아니라, 쾌감이 뒤섞인 복합적인 지각의 '내용'을 뜻하는 것이다. 물론 그의 저술에는 허치슨적인 의미로 이 용어가 사용되는 곳도 많지만 이제 그

3 Alexander Gerard, *An Essay on Taste* (1957), p. 133.

에게 새롭게 등장하는 의미는 지각의 내용과 관련해서이다. 그의 저술에는 두 가지 의미가 혼재되어 있다. 영어 'sense'가 지각 '능력'과 지각 '내용'이라는 두 가지 의미를 모두 가지고 있는데, 이들이 사용하는 sense가 어떤 의미인지가 허치슨주의자들과 관념연합론자들의 이론적 차이와 직결된다.

관념들이 연합하는 방식, 즉 연상의 종류란 매우 다양하다. 달리 말한다면, 쾌감의 발생 원인이 매우 다양하다. 이제 '미적'이라는 용어는, 다양한 관념연합 과정 중에 쾌감이 발생하며 쾌감과 혼합된 다양한 경험의 양태를 통칭하는 용어가 된다. 즉 이 용어는 경험의 '종류'를 지칭하는 유적 용어가 되며 그 안에는 다양한 사례들의 경험 양태들이 있게 된다. 알리슨도 논하듯 "연쇄 전체에 두루 미치고 있는 어떤 일반 원리가 항상 존재하고 있는 것 같다. 관념의 연쇄는 최초로 일어난 정서의 본성에 따라 쾌활한 것이거나, 비장한 것이거나, 우울한 것이거나, 장중한 것이거나, 엄숙한 것이거나, 섬뜩한 것이거나이다."[4] 이에 따르면, 관념의 연속을 시작시키는 선두관념이 경험의 종류를 결정한다. 즉, A→B→C→D→E→F의 구조로 된 관념의 연속에서 선두관념 A의 본성이 이후의 관념들에 보존됨으로써 연쇄 전체가 A의 본성으로 정서적 통일을 이룬다. 후속관념 B는 선두관념 A와, 그리고 또 다른 후속관념 C는 B와 유사하다. 그러나 지각적 연쇄에서는 이 같은 논리적 동일성이 성립하지 않는다. A와 B는 유사해도, C는 A와 유사하지 않을 수 있다. 이 구성 요소들에는 가족 유사성적인 동일성이 있을 따름이다.

미란 무엇인가? 이에 대한 심각한 정의를 시도하는 노력은 따라서 관념연합론자들에게는 사라진다. 복합관념에 대한 정의는, 그것을 구성하는 단순관념들 각각을 설명함으로써 이루어진다는 경험론의 의미론이 '미'에 적용될 수 없음이 이제 연상주의 취미론에서 더욱더 명확해진다. 관념연합론에 따르면 미의 관념은 쾌감이 섞여 있는 어떤 복합적인 감정을 뜻하는데

4 Achibald Alison, *Essays on the Nature and Principles of Taste* (1790), Hildesheim, 1968.

여기서 '복합' 이라는 말의 사용에는 세심한 주의가 필요하다. 그 구성요소가 복합적이지만 그것은 그 자체 새로운 하나의 관념이다. 예를 들어 레모네이드가 레몬과 소다의 맛으로 다시 분해될 수 없는 새로운 맛이듯, 쾌가 발생하는 관념연합도 그 구성요소들로 분해되어 설명될 수 없는 게슈탈트적 속성을 획득한다. 바로 여기에 미적 경험의 본성이 있다는 것이다. 코플스톤도 지적하듯 "연합의 산물은 그것의 구성 요소들의 단순한 합계 이상의 것이라는 의미에서 새로운 관념일 수 있는 것을 주목해야 한다."[5] 그 구성은 복합적이지만 그 특성은 구성요소들로 분해되어 설명될 수 없는, 그런 점에서 미는 연합론자들에게도 '단순한' 관념이다. 이렇듯 다양한 관념들이 하나의 새로운 단순 관념을 구성하게 된다는 것, 이것은 로크의 관념이론에서는 명시적으로 발견되지 않는 것이다. 미적 경험에서 나타나는 관념연합은 비록 다수의 구성요소들을 포함하고는 있지만 그 하위의 요소들을 설명함으로써 정의될 수 있는 연쇄가 아니다. 쾌가 섞여 있는 이 게슈탈트적인 관념이 바로 미적 감정(aesthetic emotion)이라고 할 수 있다.

3. 관념연합론의 의의

허치슨과 비교해서 관념연합론의 의의는 미의 경험에서 특별한 원리, 즉 독립된 지각 기관을 따로 추가하지 않고 자연적 능력들에 의존한다는 점이다. 허치슨은 미의 감관 이외에도 다양한 미적 범주마다에 숭고의 감관, 신기함의 감관, 유머의 감관, 웅장함의 감관 등을 할당하지만, 이는 버크도 비난했듯이 다양한 현상을 통일적으로 설명하지 않고 설명의 원리를 늘려가는 중세적인 방법이라고 평가되었다. 프리스트리는 허치슨의 내적 감관

5 F. C. Copleston, *A History of Philosophy*, Image Books editions of vol. 4, 5, 6, New York: Doubleday, 1985, p. 192.

론에 대해 다음과 같이 비판적 논평을 한다: "이 각각의 느낌은, 어떤 철학자들에 의해서, 그 수많은 별개의 반사 감관 혹은 내적 감관들로 설명된 반면에, 하틀리 박사의 이론에 따르면 그것들은 관념들과 감각들의 덩어리(congeries) 혹은 조합(combination)에 다름 아니다."[6]

다양한 관념들과 쾌감이 한데 녹아 있는 하나의 새로운 관념, 바로 이것이 "미의 관념"이 된다. 관념연합 방식이 다양함에 따라 다양한 방식의 미적 경험이 존재한다. 관념연합론은 다양한 미적 경험을 통합적으로 설명할 수 있는 원리를 제공하고 있는 것이다. 자연세계에는 만유인력 법칙이, 그리고 인간정신 세계에는 관념연합 법칙이 존재한다는 설명의 경제성 원칙은 미적 경험에도 그대로 적용되었다.

미에 대한 정의를 시도하는 노력이 관념연합론자들에게서 사라진 이유는 쾌를 일으키는 조건이 다양화됨으로써이다. 미적 경험은 즐거운 경험이며 그 즐거움의 원인에 의해 미적 경험은 개별화된다. 미적 경험이라는 종에는 매우 다양한 사례들이 있는 것이다. 제라드는 허치슨의 다양의 통일마저도 관념연합에 의해, 즉 지각적 과정에 의해 설명한다. 왜 다양의 통일과 같은 특정의 성질이 쾌를 유발하는가? 지각적 다양함은 마음을 더욱더 활동적으로 만든다. 왜냐하면 다양한 부분들을 지각해야 하기 때문이다. 통일성은 이 활성화된 지각 과정에 편안함을 낳게 한다. 즉 통일성과 단순함이 쾌감을 주는 이유는 지각의 용이함에 있다는 것이다. 다양함에 있는 통일성은 지각 자체를 용이하고 쉽게 해준다는 것인데, 그 지각의 편안함, 혹은 용이함은 전적으로 대상 자체에 귀속되는 속성이 아니라 인간의 지각에 부분적으로 의존적이다. 그 편안함 혹은 용이함은 인간 지각 구조의 본유성으로 설명될 수밖에 없다는 점에서, 즉 허치슨이 말했듯 "인간 본성의 틀에 의한" 것이라는 점에서, 관념연합론자들과 허치슨 간에는 여전히 공

---

6 Joseph Priestley, *A Course of Lectures on Oratory and Criticism*, London, 1777, p. 72.

통점이 있다.

허치슨의 미의 감관에 대해 버크가 비판적으로 논평하듯이, "현상마다에 원리를 늘려가는 것은 철학적이지 않다." 버크는 이른바 옥캄의 면도날을 언급하고 있는 것이다. 다수의 현상을 가장 적은 원리로 설명하고자 한 것이 근대적인 자연설명의 한 원칙이다. 버크도 지적하듯 "지각의 신속성(celerity)이 취미가 별개의 능력이라는 것을 증명하지 못한다."[7] 허치슨은 직접성과 신속성을 구분하지 못했다는 것이 버크의 비판인데 이 같은 비난은 다소 지나친 감도 있다. 허치슨은 미적 경험 자체가 직접적이라고 한 것이 아니라 쾌의 발생이 그렇다고 논했던 것이다. 그리고 이 같은 주장은 의지나 지성과 구분되는 어떤 고유한 경험 영역, 즉 감정의 영역에 대한 관심에서 비롯된 것이다. 허치슨의 관심이 쾌의 발생과 그 본성에 대한 분석에 있었다면 관념연합론자들의 관심은 쾌를 발생시키는 다양한 경험의 양태들에 있었다고 할 수 있다.

우리가 예술작품을 감상할 때 주도적으로 작동하는 어떤 능력 하나를 집어내기가 실은 힘들다. 하나의 예술작품을 감상할 때에도 우리는 감각, 기억, 상상, 욕구, 기대, 추론 등을 포함한 모든 지각적 · 인지적 자원을 동원한다. 오늘날 '미적 경험' 이란 용어를 사용하는 사람들은 마음 안에서 일어나는, 관련될 수 있는 모든 심리적 활동 및 상태를 포함하는 과정을 '경험' 으로 부른다. 즉 유정적이고 의식적 존재자의 마음 안에서 일어나는 모든 심적 활동 및 상태 일반을 지칭하는 매우 포괄적인 용어로 사용하고 있다. 이러한 사용은 허치슨의 내적 감관론에 도전한 제라드와 알리슨 등의 관념연합론에서 명시적으로 나타나기 시작한 것으로 볼 수 있다. 이들의 관념연합론은 '능력' 에 대한 논의를 심적 '상태' (mental 'states')에 대한 논의로 바꾸었기 때문이다. 감상자의 마음에는 다양한 지각 및 인지적 자원들이 동원되고 복잡한 요소들로 구성된 심리 상태가 발생한다는 이들의 논의는 감

7 Edmund Burke, *A Philosophical Enquiry into the Origin of our Ideas of the Sublime and Beautiful* (1757), edited by J. T. Boulton, London: Routledge, 1958, p. 26.

상자의 심리에 대한 연구, 즉 미적 경험에 대한 연구를 본격화할 수 있었다.

로크가 '경험'을 감각과 반성으로 구분했을 때 그는 이 용어를 매우 제한된 의미로 사용했다. 즉 지식의 발생의 기원 및 출처가 되는 곳을 가리키는 용어로 사용했다. 오늘날 미적 경험이라는 용어를 사용하는 사람들은 경험을 이러한 제한된 의미로 사용하고 있지는 않다. 어떻든 영국 경험론자들에게 '경험'은 개별자들에 대한 가장 기초적인 차원의 관찰을 뜻한 것으로, 영국 경험론자들에게 경험이란 용어는 그들의 유명론과 깊은 관련이 있다. 경험이 모든 지식의 기원이 된다는 것은 보편자의 존재를 부정하는 그들의 유명론이 인식론적 주장으로 표현된 것이다. 따라서 미가 보편자와 동일시된 고대와 중세의 대이론에 대해서 '경험'이라는 용어가 18세기 저술에서 지닌 함축은 각별한 것이었다.

취미론의 전개 역사는 단계적인 발전의 역사였다. 어떤 하나의 단일한 능력에 주로 의존해서 미적 경험을 설명하고자 하는 것이 아니라, 인간의 모든 능력들의 작동과 그들 간의 상호작용 속에서 설명하고자 한 것이 허치슨의 『탐구』 이후의 방향이었다. 즉 미적 경험은 어느 한 기관의 소관사항이 아니라 인간이 가동할 수 있는 모든 능력들이 유기적이고 조화롭게 작동하는 '방식' 혹은 경험의 '양태'이다. 18세기 중엽 이후 취미론은 이 같은 새로운 방향으로 지향하게 된다. 헤겔 철학이 유입되고 유행했던 19세기의 영국에서 '미'라는 용어는 다시 형이상학적 의미를 취하게 되지만, 미가 주관의 경험 양태를 지칭한다는 것, 그리고 그것이 어떠한 양태인지에 대한 발전적 논쟁, 바로 이러한 것이 취미론이 성립되고 전개되었던 역사였다.

더 읽을거리

Dickie, G., *The Century of Taste: The Philosophical Odyssey of Taste in the Eighteenth Century*, Oxford: Oxford University Press, 1996.

Hipple, W. J., *The Beautiful, The Sublime, The Picturesque in Eighteenth-Century British Aesthetic Theory*, Carbondale: The Southern Illinois University Press, 1957.

Kallich, M., "The Association of Ideas and Critical Theory: Hobbes, Locke, and Addison", *A Journal of English Literary History* 12, 1945, pp. 290-315.

Stolnitz, J., "Locke and the Categories of Value in Eighteenth-Century British Aesthetic Theory", *Philosophy* 38, 1963.

Townsend, D., "Lockean Aesthetics", *Journal of Aesthetics and Art Criticism* 49, 1991, pp. 349-361.

데이비드 흄의 미학

최도빈

데이비드 흄(David Hume, 1711-76)이 평생 동안 전개한 철학 저술들의 근본적인 목표는 인간 본성에 대해 탐구하는 것이었다. 흄은 그러한 탐구 결과를 뉴턴이 수립한 자연과학에 버금가는 형태의 '인간학(science of man)'으로 수립하고자 하였다. 그러한 인간학을 세우기 위한 흄의 기획은 '자연주의'를 통해서 이루어졌다는 것은 주지의 사실이다. 흄은 뉴턴이 자연의 본성을 실험적으로 밝혔던 '과학적 자연주의' 방식과 동일하게 인간의 자연적 성향을 실험적으로 고찰함으로써 인간 본성을 밝힐 수 있다고 생각하였다. 흄은 세부적으로 그러한 목표가 인간의 삶에 있어 이성의 역할이 제한되어 있음을 보여 주는 것으로 달성될 수 있다고 여겼다. 왜냐하면 흄에게 참과 거짓을 구별하는 능력인 이성으로 파악할 수 있는 세계는 정념과 정감에 따라 얻은 풍부한 이해에 못미치기 때문이다. 인간이 지닌 자연적 본성의 풍부함을 설명하기 위해서는 이성의 과대평가된 능력을 축소시키는 것이 급선무였을 것이다. "이성은 단지 정념의 노예이고, 그래야 한다"[1]는 흄의 단언에서 확인 가능한 '이성의 제 몫 찾아 주기'를 위한 흄의

1 David Hume, *A Treatise of Human Nature*, ed. by L.A. Selby-Bigge, Oxford: Oxford University Press, 1951, p. 414(2.3.3).

노력은 그의 3대 주저인 『인성론(*A Treatise of Human Nature*)』(1739–40), 『인간오성에 관한 탐구(*An Enquiry concerning Human Understanding*)』(1748), 『도덕의 원리들에 관한 탐구(*An Enquiry concerning the Principles of Morals*)』(1751)에서 일관되게 이어져 왔다. 인간 정신의 근원에 대해 이성이 아닌 지각(perception)으로부터 설명하는 『인성론』 1권과 도덕성에서 이성의 역할을 배제한 논증을 펼친 『인성론』 3권은 흄의 인식론과 도덕철학의 특징을 잘 보여 준다.

1. 흄의 미학사상

흄의 미학과 연관된 독립적인 질문들에 대한 고찰이 전개된 글로는 1757년 출간된 『네 개의 논문들(*Four Dissertation*)』 중 한 논문인 「취미의 기준에 대하여(Of the Standard of Taste)」를 위시한 몇 편의 에세이들과 주요 저술 안에서 짧게 암시한 미와 예술에 대한 언급들 외에는 그리 많지 않다. 그러나 흄이 『인성론』 서문에서 "도덕과 비평은 우리의 취미와 정감에 주목하는 것"[2]이라고 자신의 관심 영역을 밝히고 있다는 점은 흄의 도덕철학적 입장 내에 미적 영역에 대한 고찰이 내재하고 있음을 암시한다고 할 수 있다. 즉 미와 취미에 대한 흄의 고찰 역시 인간 본성의 경험적 탐구라는 흄의 철학적 목표의 연장선상에 있다고 할 수 있는 것이다.

흄이 이전 시대의 영국 경험론자인 섀프츠베리와 애디슨, 허치슨의 도덕철학과 미학 이론에 영향을 받았음은 확인할 수 있는 사실이지만, 그들처럼 미학에 많은 역량을 할애한 것은 아니었다. 흄은 상상력의 작용으로서 취미를 설명하는 애디슨의 취미론과 감정을 도덕 판단의 토대로 제시한 도덕 감정론자 허치슨의 견해를 받아들였다. 하지만 미를 느끼는 소위 오감

2 *Ibid.*, Introduction, p. xix.

이외의 감관이 무엇인지에 대해 허치슨이 '내적 감관(inner sense)' 이라고 설명하듯 다루지도 않았고, 미에 대해서도 '다양의 통일(uniformity admist variety)' 같은 설명 방식을 취하지는 않았다. 흄은 예술철학적 작업에도, 미적 속성을 탐구하는 작업에도 흥미를 보이지 않았기에, 그의 미 개념을 추적할 수 있는 방법은 도덕철학에서 나타난 사상적 단편들을 검토하는 것뿐이다.

흄은 미를 쾌라는 정감을 야기하는 어떤 힘으로 보았다. 흄은 미를 정감 자체로 보지도, 오감으로 구분 가능한 대상의 속성으로 보지도 않았고, 단지 어떤 속성을 지닌 대상이 어떤 속성을 지닌 마음과 특정한 조건하에서 상호 작용할 때 그 존재를 (허치슨이 내적 감관이라고 칭한 것 등에 의해) 느낄 수 있는 어떤 힘으로 보았다. 즉 미는 대상과 그것을 지각한 관찰자의 정신 사이의 어떤 필연적인 관계로부터 생성되는 것이 아니다. 흄이 인과관계에 대해 원인과 결과가 규칙적으로 선후에 발생했다는 사실에 불과함을 피력했듯이, 어떤 대상을 보고 쾌를 느낀다면 그 대상과 그 사람의 정신에는 어떤 정감으로 귀결되는 인과관계가 맺어질 뿐이다. 굳이 미의 행방을 말하라고 한다면, 대상에 대한 지각을 통해 미가 생성된 정신 속에 정감 혹은 느낌의 형태로 위치하게 될 것이다. 허치슨도 미가 대상에 있는 성질이 아니라고 하였으나, 미의 관념에 내재한 성질은 대상의 성질과 상응한다고 말했을 것이다. 즉 '다양의 통일' 은 마음속에 있는 관념임과 동시에 대상에 속해 있는 복합 성질인 것이다. 그러나 흄의 입장은 허치슨과의 기계적 구조에서는 유사하지만, 대상에 대한 정감적인 관조에 어떤 특정 관념도 부여하지 않는다는 점에서 차이를 보인다고 할 수 있겠다. 그렇다면 대상과의 관계를 배제한 흄의 미 개념은 취미론자 중에서도 가장 주관적인 성향을 띠고 있다고 할 수 있을 것이다.

흄이 말한 미와 연관된 정감은 흄의 용어를 빌려 설명하자면 반성 인상(reflective impression)이라고 할 수 있다. 흄은 지각을 생생한 인상과 인상의 복제물인 희미한 관념(idea)으로 나누고, 다시 인상을 감각 인상과 반성

인상으로 나눈다. "인상은 감관을 자극하여 …… 어떤 종류의 쾌와 고통을 지각하게" 하고, 정신은 이를 복제하여 인상 후에도 남아 있는 관념을 산출한다. 그 이후 "기쁨 혹은 고통의 관념이 영혼에 되돌아왔을 때, 그것은 욕망과 혐오, 희망과 공포 등의 새로운 인상을 산출하는데",[3] 흄은 이 새로운 인상이 관념에 대한 반성에서 유래하기 때문에 반성 인상이라고 칭한다. 즉 감관에서 받아들인 감각 인상은 그에 대한 관념을 낳고, 그 관념은 다시 반성 인상을 산출하는 것이다. 미적 대상을 지각한 결과 나타난 감각 인상에서 유래된 쾌는 쾌의 관념을 낳으며, 그것은 반성 인상으로서의 미와 관련된 정감을 산출한다고 할 수 있을 것이다. 이러한 구조에 따르면 미와 추에 관련된 모든 정감은 반성 인상이며, 미에 대한 관념을 파악하려면 반드시 그러한 정감의 보유가 필수적이다. 그러나 미의 관념을 파악하기 위해서는 승인(approbation)할 만한 적절한 정감을 파악하는 능력이 요구된다. 즉 지각된 인상 중에서 무엇을 승인하고 반대할 것인지를 내적으로 결정하는 평가적 지각행위, 즉 취미의 역량이 필요한 것이다. 흄은 인상과 관념으로 구성된 인식론과 그로 인해 형성된 정감들을 평가적으로 구별하는 작업을 연결하기 위해 취미의 개념을 사용한다. 흄에게서 취미란 "느껴진 정감과 규범적 구별(normative distinction) 사이를 중개하는 것이다."[4]

흄은 "미는 대상 자체에 있는 성질이 아니다. 그것은 그 대상들을 관조하는 정신 내에만 존재하며 각각의 정신은 다른 미를 지각하는 것"[5]이라고 단언하며, 미적 판단은 도덕적 판단과 마찬가지로 개인적인 정감에 기반한 것임을 주장한다. 이러한 흄의 주장은 플라톤 이후의 '미의 대이론' 으로 대

3 *Ibid.*, p. 7(1.1.2).

4 Townsend, Dabney, *Hume's Aesthetic Theory: Taste and Sentiment,* London: Routledge Press, 2001, p. 181.

5 David Hume, "Of the Standard of Taste", in *Selected Essays*(ed. by Stephen Copley and Andrew Edgar), Oxford University Press, 1998. 이러한 주장은 흄의 다른 에세이에서도 확인할 수 있다. "미와 가치란 단지 상대적인 본성을 지니고 있으며, 어떤 대상에 의해 그 정신의 특정한 구조와 구성에 따라 특정한 정신 속에서 산출된 쾌적한 정감에 놓여 있는 것이다." ("The Sceptic", *ibid.*, p. 100.)

표되는 객관주의 미론에 도전하여 '주관화된 미'를 주장해 왔던 영국 취미론자들 중 가장 강한 견해라고도 할 수 있다. 하지만 이러한 방식으로 취미의 능력에 의해 승인된 개인적인 정감에 대해서 참과 거짓, 혹은 옳고 그름을 말할 수 있는가의 문제가 제기될 수밖에 없다. 바로 이 지점에서 흄의 에세이 「취미의 기준에 대하여」가 갖는 미학적 중요성이 대두된다.

2. 「취미의 기준에 대하여」

피터 존스가 "다른 대체 텍스트도 없이 이 하나의 압축된 20쪽짜리 에세이를 예술과 비평에 대한 흄의 견해를 대표한다고 받아들여야 한다는 점은 매우 불운한 일"[6]이라고 아쉬움을 표했다고 하더라도 에세이의 중요성이 퇴락하는 것은 아니다. 주관주의자로 여겨졌으며, 나아가 회의주의자라는 비난을 받기도 하였던 흄은 이 에세이에서 '주관화된 미' 개념과 동시에 그에 대한 취미 판단의 기준을 마련할 수 있다고 주장한다. 이 짧은 에세이만으로도 미적 판단에서의 주관과 객관의 문제, 개별적인 것과 보편적인 것의 문제 등의 철학 및 미학의 주요 논제들에 대해 흄이 피력한 견해를 살펴볼 수 있을 것이다.

흄은 에세이 서두에서 경험적인 관찰을 통해 개인의 취미 판단은 각 개인의 정감을 바탕으로 하고 있기에 다양한 모습으로 나타난다는 '상식'을 제시한다. 하지만 흄은 '다양한 취미 판단에도 어떤 것은 승인하고, 다른 것은 비난할 수 있는 기준이 있다'는 또 다른 관찰 결과를 제시한다. 그러한 경험적인 관찰 결과에 따라 흄은 취미 판단을 개인의 주관하에 포함시키면서도 그에 대한 객관적인 기준을 구할 수 있다고 주장한다. 즉 '개인의

---

6 Peter Jones, *Hume's Sentiments: Their Ciceronian and French Context*, Edinburgh, 1982.

취미 판단은 옳다'와 '취미의 기준 수립이 가능하다'는 두 가지 논제가 양립할 수 있다고 여긴 것이다. 이 에세이의 철학적 장점이자 난점은 주관화된 취미 판단과 그에 대한 객관적인 기준을 동시에 인정하고 있는 데에 있다. 장점은 취미 판단의 주관성을 인정하여 취미의 다양성이 나타나는 현실에 대한 설명 능력을 높이고, 객관적인 취미의 기준도 제시함으로써 더 바람직한 취미 판단이 있다는 주장을 내세울 수 있다는 것인 반면, 주관성과 객관성을 동시에 인정한다면 그 방법론의 타당성을 입증해야 할 책임을 갖는다는 데에 난점이 발생한다.

이 에세이에 대한 연구는 전반적으로 흄이 제시한 '취미의 기준'이 무엇인가라는 문제에 집중되어 왔다. 취미의 기준을 찾는 작업이 가진 매력으로 인해 많은 연구자들이 흄의 기준을 입증하고자 하였고, 또 그 맹점을 비판하고 다른 가능성을 찾으려 하기도 하였다. 어쨌든 흄의 미학사상을 이해하기 위해서는 이 에세이에 대한 철저한 이해가 동반되어야 하며, 나아가 이는 흄의 전반적인 철학 체계에 대한 이해를 증진시켜 줄 것이다.[7]

흄은 도덕과 취미의 영역 모두 인간의 정감을 바탕으로 하기에 다양성이 나타남을 인정하며 논의를 시작한다. 그러나 도덕의 경우 사람들은 일정 정도 동일한 도덕적 판단을 하고 있음을 관찰할 수 있는데, 그로 인해 취미는 도덕에 비해 더 주관적인 것으로 여겨지게 된다. 그러나 도덕에서 일반적으로 동의할 수 있는 판단들을 찾을 수 있음에도, 여전히 도덕은 개인의 정감에 기대기에 우리는 '상식적으로 불쾌를 일으키는 악덕에 찬사를 보내는 개

7 타운젠드는 그의 저서 서문에서 다음과 같이 주장한다. "나는 흄의 주된 철학 저작에 실체적인 미학적 자료들이 존재할 뿐만 아니라, 함축된 미학적 자료들은 흄이 자신의 중심적인 철학적 문제들을 다루는 방식을 보다 더 잘 이해하는 데 핵심적인 것임을 제시하려고 한다." 타운젠드의 목표는 흄의 미학사상을 고찰함으로써 흄의 인식론에 대해 더 나아간 이해를 도모하는 것이었다. 타운젠드가 보기에 흄의 미학사상에 내재한 가능성은 구조적인 것이었다. 이성보다는 '정감'의 역할을 강조하는 흄 인식론에 대한 고찰은 정감에 대한 미학적인 설명의 첨언을 통해 완결될 수 있다는 것이다. 본인은 타운젠드의 견해에도 동의하지만, 이 에세이의 경우에는 인식론보다는 흄의 도덕철학적 입장에서 나타날 수 있는 사례—평가 기준의 수립—를 보여 주기에 도덕철학과 연계되어 중요한 의미를 띤다고 생각한다.(Townsend, *ibid.*, pp. 1-11 참조.)

인의 정감이 옳을 수 있다' 는 문제를 해결하지 못한다. 그러나 '악덕에 대해 찬사를 보낼 수 없다' 는 상식은 여전히 동의 가능하다. 이러한 상식으로 인해 그 개인의 정감을 비난할 수 있는 기준을 찾는 것은 자연스러운 일이 된다. 도덕에서 기준을 찾는 일이 가능하다면, 도덕과 유비적 관계를 맺는 취미에 대해서도 '취미의 기준' 을 구하는 일은 자연스러울 수 있다.

하지만 상식은 취미의 다양성을 강조하는 해석에 더 동의할 수 있다는 점에서 '취미의 기준' 은 즉각적으로 승인되지는 않을 것이다. 왜냐하면 동일성을 강조하는 도덕에서는 정감을 조정하는 기준을 인정할 수 있어도, 다양성이 강조되는 취미의 영역에서 기준 마련을 거부할 가능성은 여전히 상존하기 때문이다. 그렇다면 취미의 영역에서도 기준을 찾는 것이 자연스러움을 다시 한번 확증할 필요가 있다. 이러한 확증은 '기준' 수립을 거부하는 철학의 한 분파, 즉 회의주의자를 극복함으로써 가능하게 될 것이다. 흄은 '개인의 취미 판단은 옳다' 는 점은 인정하나 '취미의 기준을 찾을 수 있다' 는 논제를 거부하고, 개인의 취미 판단만을 따라야 한다는 회의주의자가 있음을 알리고, 이를 극복할 수 있는 가능성을 타진한다.

흄은 회의주의자를 극복하기 위해, '어떤 작품이 다른 작품보다 낫다' 는 것을 공통적으로 인정하는 또 다른 상식이 있음을 제시한다. 결국 자연의 본성에 따르는 상식은 '모든 정감은 옳다' 는 점도 인정하지만, 에세이 속 회의주의자의 결론과 반대로 '취미의 기준' 수립이 가능하다는 점도 인정한다는 것이다. 흄이 오길비와 번연보다 밀튼과 애디슨을 선호하는 공통적인 성향이 있음을 예로 드는 것은 이러한 상식의 존재를 말하기 위함이다. 즉 회의주의자의 주장을 반박하는 인간의 자연적인 본성이 있다는 점을 토대로 회의주의자의 견해를 논파하려는 것이다. 이러한 극복 방식은 흄 자신이 자신의 철학 체계 내에서 회의주의를 받아들여 교정한 결과와 유사함을 보인다.

흄의 철학적 방법론은 후대 연구에 따르자면 '실천적 자연주의' 로, 혹은 흄 자신의 용어를 빌리자면 '완화된 회의주의(mitigated skepticism)' 로 설명될 수 있다. 흄은 회의주의 중에 과도한 회의주의와 완화된 회의주의가 있음을 제시하고, 전자를 피하고 후자를 따르는 것이 올바른 탐구 방법이라고 밝히고 있다.[8] 이 구분에 따르면 에세이에 등장한 회의주의자는 전자, 즉 당시 유행하였던 피론주의(Pyrrhonism)에 속한다는 사실을 짐작할 수 있다. 또 흄이 회의주의자의 주장을 부정하는 것은 흄이 취한 완화된 회의주의에 따른 결과로 볼 수 있다.

흄은 인간학을 수립하는 데 있어 기존 이론에 대한 회의주의의 의심이 필요하다고 보았다는 점과 그러한 이론적 회의의 방법을 피론주의에서 찾고 있다는 점은 많은 연구자들이 인정하는 사실이다.[9] 피론주의자들은 탐구하는 사태가 불분명할 경우 그것을 긍정하거나 부정하기를 거부하고 판단 중지를 선언하는 회의주의자이다. 이들은 독단적인 주장들을 끊임없이 의심하고, 회의를 통해 독단주의에서 세운 철학적 토대의 확실성을 무너뜨리고자 한다. 흄 역시 피론주의자처럼 철학적 지식들에 합리적 근거를 찾을 수 없다는 점을 밝히고 있다. 그러나 흄은 실제적인 삶에서도 피론주의를 받아들인다면 "모든 인간의 삶은 소멸될 것"이고 "모든 대화와 행동은 즉각 중지되어 사람들은 총체적인 무기력함에 빠지게 될 것"[10]이라며 피론주의가 실천적으로 무기력함을 비판한다. 흄은 이론적으로는 피론주의를 받아들이지만 인간의 자연적 본성의 힘을 통해 실천적 무기력함에서 탈출할 수 있다고 보았다. 즉 자연의 강력한 힘으로 인해 인간은 회의주의의 무기력함을 따르지 않는다는 것이다. 흄은 방법론적으로 '완화된 회의주의'를, 내용적으로 흄의 '자연주의'를 받아들였을 때 피론주의를 극복할 수 있

8 흄은 『인간오성에 관한 탐구』 마지막 장 「강단 철학 혹은 회의적인 철학에 관하여」에서 회의주의의 주제와 형식에 따라 분류하고, 자신이 받아들일 수 있는 회의적 방법론을 '완화된 회의주의(mitigated skepticism)'라고 칭하고 있다.

9 Popkin, R. H., "David Hume: His Pyrronism and His Critique of Pyrrhonism", in *David Hume: Critical Assessments* vol. II (ed. by Stanley Tweyman), New York: Routledge Press, 1995. 참조.

10 David Hume, *An Enquiry concerning Human Understanding*, ed. by Tom L. Beauchamp, New York: Oxford University Press, 2003, p. 207.

음을 주장하고 있다. 흄의 완화된 회의주의 혹은 자연주의적 관점에 따른다면, '취미의 기준'의 수립 가능성을 인정하는 근거를 마련할 수 있게 되는 것이다.

흄은 '취미의 기준'을 구하는 것이 자연스럽다는 점을 밝히고, 그 '기준'이 무엇인지를 말하기 위해 흄은 논점을 변환한다. 그리하여 흄은 밀튼과 애디슨을 선호하는 현상을 설명하기 위해 선험적으로 얻어진 것이 아니라 모든 시공간에서 보편적으로 쾌를 주는 대상들에 대한 일반적인 관찰의 결과로 얻어진 '예술의 규칙'이 있다는 사실을 제시한다. 밀튼과 애디슨의 작품은 그러한 규칙을 따르고 있기 때문에 사람들은 그 작품을 선호한다고 볼 수 있다. 그러나 인간의 정감은 매우 민감하여 시대와 주위 환경의 영향을 받기에 즉각적으로 규칙이 낳게 되어 있는 보편적인 쾌를 얻기는 어렵다. 하지만 시공간의 모든 변화를 극복하고, 개인의 왜곡된 오해를 극복하고 지속적인 찬사를 받는 작품들이 있다는 사실은 규칙을 따르는 작품에 동반하는 보편적인 쾌가 있음을 확인하게 해 준다. 다시 말해서 호메로스의 작품이 모든 시대와 나라에서 칭송받는 것은 본질적으로 쾌를 유발하게 되어 있는 예술의 규칙을 따르고 있음과 동시에, 그러한 자연적인 정감의 발로를 가로막는 외부적 요인들을 모두 극복하였기 때문이다. 이러한 점을 토대로 어떤 대상(호메로스의 작품)이 경험적으로 항상 쾌를 낳는 것으로 인정받는다면, 그 대상에서 쾌를 얻지 못한 개인은 취미에 문제가 있다고 할 수 있다. 어떤 개인의 취미에 대해 보편적인 쾌를 낳는 규칙에 따라 설계된 예술작품을 토대로 개인의 취미를 승인하고 비난할 수 있을 것이다.

이러한 설명 가능성으로 인해 위언드(Wieand)나 셸리(Shelly), 마더실(Mothersill) 같은 이들은 흄이 실질적으로 제시한 기준을 '예술의 규칙' 혹은 시공간적인 테스트 과정을 거친 '고전으로 대표되는 작품들'에서 찾고 있다.[11] 이러한 작업은 '일반적인 예술의 규칙'에서 실마리를 찾았기에 그

11 예를 들어 위언드의 경우, "취미의 기준은 진정한 판단자들의 평결에서 찾을 수 없다. 왜냐

것을 '취미의 기준'으로 볼 수 있을 것이다. 그러나 '예술의 규칙'은 흄이 에세이 서두에서 인정한 '취미의 다양성'이라는 측면을 어떻게 받아들일 수 있는지 문제가 될 수 있다. 취미의 다양성을 인정하면서도 취미의 기준을 수립하기 위해서는 다양한 정감을 가지는 개인이 기준에 반드시 포함되어야 한다는 것이 본인의 생각이다. 규칙에는 개인의 취미의 다양성을 인정할 만한 요소가 있지 않기에 이 에세이의 구조상 흄이 제시하는 취미의 기준은 될 수 없을 것이다.

그렇다면 남은 후보는 흄이 '취미의 기준'으로 제시한 "진정한 판단자들의 연합된 평결"을 받아들이는 것이다. 흄의 결론은 우선 예술의 규칙에서는 불가능했던 '개인의 취미 판단은 옳다'는 흄의 첫 번째 논제를 긍정할 수 있는데, 그것은 우리가 '진정한 판단자들'이라는 개인들의 정감에서 취미의 기준을 찾는다는 사실 때문이다. 하지만 진정한 판단자들 개인의 정감에 기반한다는 점은 기준으로서의 객관성을 확보해야 한다는 문제가 생긴다. 흄은 우선 '진정한 판단자'라는 개인에 '섬세함(delicacy)', '연습(practice)', '비교(comparison)', '선입견의 배제(free from prejudice)'와 '양식(good sense)'이라는 자격 조건을 엄정하게 부여하여 개인의 정감에서 발생할 수 있는 오류와 가변성을 최대한 줄임으로써 공통적인 정감을 산출할 수 있다고 보았다. 또한 기준을 한 명의 개인의 정감이 아닌 복수의 사람들의 취미 판단에 의존하도록 한다면 객관성을 확보할 수 있을 것이다.

그러나 이러한 흄의 결론은 많은 이론가들이 지적한 대로, 순환론의 문제, 무한퇴행의 문제, 진정한 판단자의 범위 설정에 대한 문제[12] 등 정당화

하면 이 판단자들이 틀릴 수도 있기 때문이다. 이러한 사실은 예술의 규칙이라는 독립적인 취미의 기준이 존재함을 지시한다. 그러나 흄이 규칙을 기준으로 생각하였음에도 불구하고, 그는 또한 진정한 판단자들의 평결이 규칙이 무엇인지에 대한 훌륭한 안내자로 보았으며, 그리하여 이는 실제적인 취미의 기준으로서 기능한다.(Wieand, Jeffery, "Hume's Two Standards of Taste", *The Philosophical Quaterly*, vol. 34, No. 135, 1984, p. 129.)"라고 결론짓고 있다.

12 본고에서 소개되지 않은 문제들과 그 해결 방식에 대해서는, Carroll, Noël, "Hume's Standard of Taste", *The Journal of Aesthetics and Art Criticism*, vol. 43, No. 2, 1984 참조.

의 문제를 안고 있다. 흄 자신도 "그러한 비평가들을 어디에서 찾을 수 있는가? 어떤 표식을 통해 그들을 알 수 있는가? 사이비들과 어떻게 구별하는가?"[13]라고 자문하며 자신의 결론에 대한 정당화 문제를 제기한다. 그중 가장 잘 알려진 악순환의 문제를 소개하자면 다음과 같다. 다섯 조건 중 '섬세함'을 지녔는지, 흄의 언급에 따라 파악하기 위해서는 "취미의 섬세함을 확증하는 최선의 방법은 서로 다른 국가들과 시대에서 한결 같았던 경험과 동의에 의해 정초된 모델들과 원리들에 호소"[14] 해야 한다. 즉 흄은 어떤 사람이 지닌 취미의 섬세함을 확증하기 위해 '항구적인 찬사를 받는 대상'—보편적 모델—과 '비난과 칭찬의 일반 원리'를 살펴보라고 말하고 있다. 이 두 가지 요소로 인해 어떤 이가 지닌 취미의 섬세함을 확증할 수 있다면, 가능한 방법은 그 사람이 보편적 모델을 보편적 모델로 제대로 볼 수 있는 능력이 있는지[15]를 파악하는 것뿐이다. 그렇다면 '취미의 섬세함을 지닌 사람은 보편적 모델을 보편적 모델로 볼 수 있는 사람이다'라는 답변에 대해 많은 이론가들이 이 답변은 결국 '보편적 모델이 무엇인가'라는 본래의 물음으로 되돌아오는 악순환이 벌어진다고 할 수 있다.

키비는 흄의 에세이에 나타난 '섬세함'에 대한 설명을 바탕으로 이러한 악순환에서 벗어날 수 있다고 논증하였다. '취미의 섬세함'은 "미적 판단뿐만 아니라 다른 활동들에서도 필수적인 성질들"[16]이기에 비미적인 영역에서 나타난 섬세함을 대입한다면 순환 고리를 끊을 수 있다고 여겼다. 키비는 흄이 다른 에세이에서 취미의 섬세함과 정념의 섬세함 사이의 연관을 제시하고 있다는 점[17]을 전제로 취미의 섬세함을 찾는 문제는 그와 연결되

13 "Of the Standard of Taste", *op. cit.*, pp. 147-148.

14 *Ibid.*, p. 143.

15 김진엽, 「흄의 '취미의 기준'에 대하여」, 『美學』 22집, 한국미학회, 1997, pp. 36-37.

16 Peter Kivy, "Hume's Standard of Taste: Breaking the Circle", *British Journal of Aesthetics* 7, 1967, p. 61.

17 키비는 에세이의 주석에 있는 흄의 언급을 취하여 취미의 섬세함과 정념의 섬세함의 관계를 설명한다. "취미의 섬세함과 정념의 섬세함이 마음의 본래의 틀 안에서 어느 정도까지 결합될 수 있는지를 결정하기는 힘들다. 나로서는 양자 사이에 상당한 연관이 있는 것으로

어 있는 정념의 섬세함에서, 즉 비미적인 성질에서 찾을 수 있다고 주장한다. 그렇다면 어떤 이가 취미의 섬세함을 지녔는가의 여부는 그의 보편적 모델에 대한 비평적 판단에서 찾는 것이 아니라 비미적 성질에 대한 그의 정념적 반응을 살펴봄으로써 추정할 수 있게 된다. 이러한 근거로 키비는 "1) 흄에 따르면 좋은 예술은 훌륭한 비평가에 의해 승인되는 것이다. 2) 훌륭한 비평가는 '취미의 섬세함'을 지닌 비평가이다. 3) '취미의 섬세함'은 '정념의 섬세함'에 동반하는 것"[18]이라는 수정된 논증을 제시한다. 결국 우리는 취미의 섬세함을 좋은 예술이 아닌 정념이라는 비미적 성질에서 찾을 수 있기에 이 논증은 순환에서 벗어날 수 있다는 것이다. 하지만 이러한 키비의 논증도 흄을 악순환에서 완전히 구하고 있는 것은 아니다. 키비 자신도 '연습'과 '비교'는 순환에서 벗어날 수 없음을 인정하였고, 또한 무한퇴행의 문제를 제기하기도 하였기 때문이다. 이에 대해 우리는 키비의 논증이 완결되지 못하고, 또 다른 문제를 낳는 근원적인 이유가 어디에 있는지 의심을 해 볼 수 있을 것이다.

본인은 흄이 이론적인 면에는 회의적 의심을 거두지 않고, 실천적인 면에서는 자연의 본성을 따르는 완화된 회의주의를 취함으로써 '취미의 다양성'과 '취미의 기준' 모두를 받아들일 수 있게 되었다고 생각한다. 그런데 우리는 여전히 자연주의의 결론으로 제시한 '취미의 기준'이 이론적 회의의 대상이 될 수 없는가라는 질문을 던질 수 있다. 이러한 질문은 흄 철학 체계에 나타난 이론적 회의주의와 자연주의 사이의 관계에 대해 묻는 것이다. 이러한 물음은 에세이에 등장한 회의주의자가 흄의 결론을 어떻게 바라볼지에 대해 생각해 봄으로써 답할 수 있다. 흄은 에세이의 회의주의자

보인다.(David Hume, "Of the Delicacy of Taste and Passion", *op. cit.*, p. 11, original note 1.)" 이후 흄은 정념의 섬세함을 지닌 여자가 남자보다 취미의 섬세함도 지니고 있음을 관찰할 수 있다는 점을 근거로 양자 사이의 비례 관계가 있음을 설명한다. 그리하여 어떤 이의 취미의 섬세한 정도를 모를 경우, 그와 비례 관계를 갖는 정념의 섬세함은 관찰을 통해 그 정도를 가늠해 볼 수 있다고 여기는 것이 키비의 관점이다.

18 *Ibid.*, p. 62.

를 논증에 의해 극복한 것이 아니라 그들에게 '취미의 기준이 있다'는 상식을 제시한 것뿐이었다. 극복되지 않은 회의주의자는 자신들의 무기인 피론주의의 논변 형식을 토대로 흄의 결론의 정당성을 비판할 수 있을 것이다. 그러한 비판은 흄을 옹호하고자 한 사람들이 제기하였던 논리적 정당화 문제와 유사한 행보를 보인다. 앞서 제기한 키비 논증의 불완전성의 근원은 이 지점에서, 즉 흄 체계에 내재해 있는 구조적 문제에서 발흥된다고 생각한다. 회의주의를 자연적 본성을 통해 극복하였기에, 흄의 자연주의적 결론의 정당화는 결국 자연의 강력한 힘에 의존한 결론으로 정당화의 문제가 발생하지 않으며, 회의의 대상이 될 수 없음을 선언하는 길밖에 없게 한다. 이를 인정한다면, 흄이 제시한 취미의 기준은 논리적인 정당화를 통해 구한 규범적인 기준이 아닌 실제적으로 유용한 기준으로서 받아들여야 한다고 할 수 있을 것이다.

이제까지 살펴보았듯 흄이 제시한 취미의 기준이 무엇인지에 대해서는 아직까지도 논쟁이 지속되고 있다. 이러한 사실은 흄의 「취미의 기준에 대하여」가 지닌 가치를 대변한다고 할 수 있다. 이 에세이는 내용적으로 주관성과 객관성, 보편성과 개별성이라는 현재에도 중요한 문제를 다루고 있다는 점과 또 흄의 도덕철학과 관련된 저술에서 찾아보기 힘든 확실한 실제적 결론을 보여 주고 있다는 점에서 흄 철학 체계를 이해하기 위한 중요한 문헌이 된다. 또한 미학사적으로도 '근대 미학의 완성자'인 칸트의 미학사상으로 연결되는 중요한 교두보가 되고 있다는 점으로 인해 지속적인 연구의 대상이 될 것이다.

더 읽을거리

단행본

Townsend, D., *Hume's Aesthetic Theory: Taste and Sentiment*, London: Routledge Press, 2001.

논문

김진엽, 「흄의 '취미의 기준'에 대하여」, 『미학』 제22집, 한국미학회, 1997.

주동률, 「흄에서의 취미 판단의 기준과 '진정한 판단자'의 역할」, 『미학』 제25집, 한국미학회, 1998.

Carroll, N., "Hume's Standard of Taste", *JAAC*, vol. 43, No. 2, 1984.

Jones, P., "Hume's Aesthetics Reassessed", *The Philosophical Quaterly*, vol. 26, No. 102, 1976.

Kivy, P., "Hume's Standard of Taste: Breaking the Circle", *British Journal of Aesthetics* 7, 1967.

Shelly, J. R., "Hume's Double Standard of Taste", *JAAC*, vol. 52, No. 4, 1994.

______, "Hume and the Nature of Taste", *JAAC*, vol. 56, No. 1, 1998.

Wieand, J., "Hume's Two Standard of Taste", *The Philosophical Quaterly*, vol. 34, No. 135, 1984.

독일

바움가르텐

김수현

1. 바움가르텐의 생애와 미학사적 의의

가. 생애

미학의 라틴어 학명은 아이스테티카(aesthetica)이다. 이러한 명칭은 본래 '감각하다' 라는 뜻을 지닌 희랍어 '아이스타노마이(αἰσθανομαι)' 를 어원으로 한다. 미와 예술의 학문인 **미학이 이와 같이 감성적 인식과 관련된 명칭으로 불리게** 된 것은 18세기 중엽 독일의 합리주의 철학자 알렉산더 고트리프 바움가르텐(Alexander Gottlieb Baumgarten, 1714–62)의 작명에 의해서다.

바움가르텐은 1714년 프로테스탄트 교파 목사의 아들로 태어났으며 1730년 할레 대학에 입학하여 신학, 철학, 고대언어학을 전공했다. 21세 되던 1735년에 『미사곡론』으로 철학석사 학위를 받았고, 그 해 『성찰』을 제출하여 철학강사가 되었다. 이후 할레 대학에서 볼프 학파의 형이상학을 비롯하여, 자연신학, 논리학, 수학, 자연법, 윤리학, 철학사, 철학개론 등을 강의했다. 1739년 프랑크푸르트(Frankfurt an der Oder) 대학에 '철학 및 아름다운 학문' 을 담당하는 정교수로 임용되어 1740년 이후 철학의 전 분야를 강의했다. 그중에는 1742년에 최초로 개설된 미학 강의도 포함된다.

나. 저서

바움가르텐이 쓴 미학 관련 **주저로는 『성찰』**(1735), **『형이상학』**(1739), **『미학』**(1750)이 꼽힌다.

『성찰(*Meditationes*)』[1]은 바움가르텐의 교수 자격 취득 논문이다. 이는 '철학적 시학' 내지 '시학의 철학'을 그 내용으로 하고 있는데, 미학의 학명 제시와 함께 훗날의 『미학』의 단초를 내포하고 있는 저술이다. 여기서 그는 시를 "완전한 감성적 진술(oratio sensitiva perfecta)"이라 정의했다.

『형이상학(*Metaphysica*)』은 볼프 학파의 일원인 빌핑어의 저술을 토대로 한 것이다. 이 저서는 바움가르텐의 생전에 모두 4판이 간행되었다. 특히 '아이스테티카'란 용어의 정의를 다룬 533절의 내용은 판이 바뀔 때마다 수정되었다. 1750년의 제4판에서는 바움가르텐 자신이 각 구절 아래에 일일이 주석을 붙여 라틴어 용어들을 독일어로 번역했다. 미학과 관련하여 이 저서의 3장 영혼론(Psychologia)이 중요하다.

이후 『미학(*Aesthetica*)』 제1권이 1750년에, 제2권이 1758년에 출간되었다. 이것은 프랑크푸르트 대학에서 개설했던 미학 강의에 기초하여 저술된 것이다. 원래 바움가르텐이 구상했던 분량의 3분지 1이 조금 넘는 미완의 저술이다.[2] 여기서 미학은 감성적 인식의 학문으로, 그 목적은 감성적 인식 자체의 완전성, 즉 미로 정의된다.

그 밖의 저서로 『철학적 윤리학(*Ethica philosphica*)』(1740), 『알레테오필루스의 철학적 서한(*Philosophische Briefe von Aletheophilus*)』(1741), 『제

---

1 원제는 *Meditationes philosophicae de nonnullis ad poema pertinentibus*이다. 우리 말로는 『시의 몇 가지 요건들에 대한 철학적 고찰』, 『시에 대한 몇몇 사항에 대한 철학적 성찰』 등으로 번역되었다.

2 이 저서는 바움가르텐의 생전이나 이후에도 독일어로 번역되지 않았다가, 1973년에 최초로 슈바이처에 의해 일부가 번역되었다. Hans Rudolf Schweizer, *Ästhetik als Philosophie der sinnlichen Erkenntnis*, Schwabe & Co. Verlag, 1973. 또한 1907년에 포페는 바움가르텐이 『미학』 제1권을 출간한 직후라 추정되는 1750년 여름학기나 1750-51년 겨울학기에 이를 독일어로 강의한 내용을 편집하여 자신의 박사학위 논문의 부록으로 공개했다. Bernhard Poppe, *Alexander Gottlieb Baumgarten,* Buchdruckerei Robert Noske, 1907.

일 실천철학의 기본원리(*Initia philosophiae practicae primae*)』(1760), 『볼프 논리학 독본(*Acroasis logica in Christanum L. B. de Wolff*)』(1761), 『자연법(*Ius naturae*)』(1763)이 있고, 유고로 『철학요강 조감(*Sciagraphia encyclopaedia philosophicae*)』과 『일반 철학론(*Philosophia generalis*)』(1769)이 간행되었다.

다. 의의

바움가르텐은 무엇보다 **미학의 학명을 명명한 인물**이라는 의의를 갖는다. 그는 『성찰』의 끝부분에서 논리학의 학명인 로기카(logica)에 대비시켜 아이스테티카라는 학문의 필요성을 역설했다. 그에 따르면, 로기카는 상위 인식능력에 의해 인식될 수 있는 노에타(νοητὰ)를 대상으로 하는 학문인데, 하위 인식능력에 의해 인식될 수 있는 것이 아이스테타(αἰσθητὰ)라면 이를 대상으로 하는 학문이 희랍어로 에피스테메 아이스테티케(ἐπιστήμη αἰσθητική)(=ästhetische Wissenschaft; 감성학), 라틴어로 아이스테티카(aesthetica)가 된다(§116). 여기서 상위 인식능력에 관한 학문인 로기카를 이성학(Vernuftlehre)이라 한다면 아이스테티카는 하위 인식능력인 감성(Sinnlichkeit)에 관한 학문이라 할 수 있다. 그래서 '아이스테티카'는 일반적으로 '미학'이라고 번역되지만 그 어원에 따라 '감성학' 또는 '감성론'이라 번역되기도 한다. 아이스테티카가 '감성학'이라는 최초의 정의는 그의 『형이상학』과 『미학』으로 이어졌다.

바움가르텐에 의해 **미학은 이성적 인식의 논리학을 보완하는 감성적 인식의 논리학이라는 이유로 철학의 한 분과로서 자리매김**되었다.[3] 하지만 그가 아이스테티카의 필요성을 제기한 실질적 의도는 기존의 철학이나 논

3 이 점에서 크로체는 바움가르텐을 학명의 명명자이긴 하되 미학을 논리학에 종속시켜 실질적으로 예술의 자율성을 확보하지는 못했다고 폄하했다. 그리고 그 점에서는 바움가르텐보다 비코를 미학의 창시자로 언급했다. Benedetto Croce, *Aesthetic as Science of Expression and General Linguistic*, 1909. 하지만 30년 후 직관의 철학의 독창적인 창시자로서 찬양하게 된다.

리학을 보완하려 한다는 것을 넘어선다. 그가 아이스테티카를 제창한 동기는 철학과 예술에서 제기된 두 가지 요구로부터 찾을 수 있다. 하나는 당시 합리주의 철학의 맥락에서 나타난 하위 인식능력에 관한 학문의 요청이고, 다른 하나는 시학을 중심으로 이루어졌던 예술의 이론적 정당화의 요구다.

바움가르텐은 『성찰』의 서문에서 자신이 **예술, 특히 시의 애호가**임을 밝혀 놓았다. 그리고 "철학과 또한 시의 제작에 대한 학문은 종종 완전히 상반된 것이라고 생각되어 왔지만 나는 이 양자가 실상은 지극히 친밀한 결속을 맺고 있음을 드러내고자 한다"는 집필 의도를 이야기했다. 말하자면 그의 『성찰』의 목표는 철학(논리학)과 시학의 통일을 기하려는 것이었다. 시학의 측면에서부터 보자면, 바움가르텐의 『성찰』은 당시 고체트와 이에 대립한 보트머 및 브라이팅어 사이에 벌어졌던 소위 라이프치히-취리히 문학논쟁이 계기가 된다. 이는 이성과 상상력을 각각의 기치로 한, 시인의 진실성에 관한 논쟁이었다. 이와 관련해서 바움가르텐의 『성찰』은 보트머-브라이팅어의 상상력 이론과 맥을 같이한다.

한편 당시 합리주의 철학 속에서는 하위 인식능력에 관한 학문이 필요하다는 논의가 있었다. 일찍이 데카르트가 제시했던 명석 판명한 인식의 이론이 라이프니츠의 단자론에서는 연속성의 법칙에 따른 정교한 인식 단계론으로 전개되었다. 하지만 라이프니츠는 상위 인식능력과 하위 인식능력을 명시하지 않았고 단지 판명성의 정도차에 관해서만 언급했다. 이후 볼프는 인식론에 있어서 판명한 인식의 영역과 불판명한 인식의 영역을 인식능력의 양 부분들로서 대비시켰다. 볼프에 의하여 비로소 우리에게 명석하고 판명한 개념들 혹은 관념들을 가져다 주는 것이 '인식능력의 윗부분' 이라고 칭해질 수 있었고, 다른 한편 우리에게 애매한 그리고 혼연한 개념들 혹은 관념들을 마련해 주는 것이 '인식능력의 아랫부분' 이라 칭해질 수 있었다. 이후 빌핑어는 그러한 하위 인식능력에 관한 학문이 있어야 한다고 제안했는데, 그렇지만 바움가르텐 전에는 그 누구도 불판명한 인식, 즉 감성적 인식이 그 자체로 완전할 수 있다고 보지는 않았다.

라이프니츠-볼프 학파의 철학 속에서 감성의 위치는 부정적인 것이었다. 반면에 바움가르텐은 예술가(특히 시인)가 가진 감성적 인식능력이 철학자의 논리적 인식능력만큼이나 그 자체로 완전할 수 있다고 보았다. 이런 의미에서 바움가르텐은 **합리주의 철학의 수정자**가 된다. 『성찰』에 따르면, 이성적 논리적 인식은 명석하면서 판명한 반면, 감성적 미적 인식은 명석하지만 혼연하다. 바움가르텐은 전자를 '내포적 명석성', 후자를 '외연적 명석성'이라 부르면서, **감성적 인식이 외연적 명석성을 지닐 때 완전**함을 논증했다. 이렇게 해서 바움가르텐에 의해 감성적 인식은 논리적 인식에 버금가는 독자적 의의를 부여받게 되었고, 또한 미와 예술이 감성과 밀접한 관련이 맺어지게 되었다.

『미학』에서 바움가르텐은 이렇게 말한다. "추상이란 상실이 아니고 무엇이겠는가? 비유컨대 부정형한 대리석으로부터 둥근 대리석을 얻어내려면, 적어도 둥근 정형의 높은 가치만큼의 소재들의 상실을 대가로 치르지 않으면 안 되는 것이다."(§560) 카시러는 바움가르텐의 의의를 이렇게 말한다. "합리주의 자체 내에서 이제 다음과 같이 대담하고 예기치 않았던 결론이 튀어나오게 되었다. 논리적 인식의 절대적 완전성이 정신적 삶의 전체의 유일무이한 배타적 기준이 아니라는 것이다."[4]

2. 바움가르텐 미학의 중심 개념들

바움가르텐은 『미학』에서 **'아이스테티카'**를 **'감성적 인식의 학문**(scientia cognitionis sensitivae)'이라 정의한다(§1). 이 정의에서 미학은 **아르테스 리베랄레스의 이론**(theoria liberalium artium), **하위인식론**(gnoseologia inferior), **아름다운 사유의 학문**(art pulchre cogitandi), **유사이성학**

4 Ernst Cassirer, *Philosophie der Aufkrärung*, Verlag von J. C. B. Mohr, 1932.

(ars analogi rationis)이라는 네 가지 동의어로 부연된다. 이러한 동의어들은 바움가르텐이 명명한 아이스테티카의 다면적 성격을 알려준다. 순서대로 보면 아이스테티카는 예술, 하위 인식능력, 미, 유사이성 등과 관련하는 학문으로서 구상되어 있는 것이다.

이하에서는 미학을 감성적 인식과 관련하여 정의하고 있는 바움가르텐의 미학의 틀 속에서 이러한 중심 개념들이 서로 어떤 연관성을 갖고 있는지 살펴본다.

가. 아르테스 리베랄레스의 이론

바움가르텐은 아이스테티카의 동의어로 맨 처음 '아르테스 리베랄레스(artes liberales)의 이론'을 제시하고 있는데, 이는 바움가르텐이 아이스테티카를 **제예술 일반에 적용될 수 있는 학문으로 구상**했음을 시사한다. 그는 제예술을 지칭하는 말로 아르테스 리베랄레스라는 낡은 명칭을 쓰고 있는데, 라틴어로는 제예술을 지칭하는 말이 달리 없기 때문이다. 18세기에 소위 아르테스 리베랄레스에 포함되는 것들은 심지어 모든 기술들 및 학문들이었다.[5] 그런데 바움가르텐이 『미학』에서 특별히 고려하려 한 아르테스 리베랄레스는 완전한 감성적 인식을 표징으로 갖는 것들이다. 실제로 그의 『강의록』에서는 이를 시, 웅변, 회화, 조각, 음악 등으로 설명하고 있는데, 이것은 근대적 의미의 제예술을 열거한 것이다. 다만 이에 대해서도 그는 'beaux-arts'라든가 'schöne Künste'라고 부르기보다 전통적 용어를 따른다. 이런 측면은 『형이상학』 제4판(1750)에서 아이스테티카를 '그리치아와 무우사의 철학(philosophia gratiarum & musarum)'이라고 규정한 데서도 엿보인다.

어쨌든 '아르테스 리베랄레스의 이론'이라는 동의어는 아이스테티카가

---

5 Michael Jäger, *Kommentierende Einfürung in Baumgartens "Aesthetica"*, 1980, p. 9 참조.

제예술에 관해 적어도 원리적 이론으로서 효용을 갖는다는 희망을 표명한 것이라 볼 수 있다. 그렇긴 해도 **제예술 일반에 관한 이론으로서의 바움가르텐의 미학은 그다지 실질적인 것이 못된다.** 바움가르텐이 실질적 이론들을 시와 웅변에만 관계해서 전개시켰으며, 그가 든 모든 예들은 문학에서 취한 것이다. 그래서 크리스텔러는 바움가르텐이 시나 웅변 외에 기타의 예술들을 준용하여서 그의 학설을 전개시키지 못했고, 혹은 심지어 이러한 기타의 예술들에 대한 체계적 목록과 구분을 제안하지 못했다고 지적했다.[6] 사실 그런 점에서는 프랑스의 저술가들, 특히 바퇴(Batteaux)와 백과전서학파들이 더 선구이면서 그를 능가한다.

하지만 이러한 한계가 제예술 일반에 관한 이론을 철학적으로 정초시키려 한 바움가르텐의 공적을 저해하는 것은 아니다. 이 점에서 크리스텔러는 "바움가르텐이 제예술 일반에 관한 이론을 철학의 체계 속에서 구분되고 잘 확정된 자리를 차지하는 독립된 철학분과로서 최초로 파악했다"고 지적했다.[7] 다시 말하자면 제예술 일반에 관한 이론을 정초하려면 그 철학적 기초인 하위 인식론의 확립이 반드시 선행되어야 한다. 그런데 제예술 일반에 관한 이론은 하위 인식론을 근거로 하지 않으면 안 되지만, 하위 인식론은 제예술 일반에 관한 이론으로만 국한되지 않는다. 이러한 이유로 바움가르텐은 아이스테티카의 효용으로 "아르테스 리베랄레스를 위해 적절한 원리를 제공한다"는 것을 언급하면서, 동시에 "판명한 인식의 한계를 벗어나 우리의 인식을 향상시킨다"는 점을 가장 중요시했다(§3).

나. 하위인식론

어쨌든 바움가르텐에게 제예술의 일반 이론은 새로운 인식론적 토대에, 말하자면 하위 인식능력에 관한 학문을 근거로 해야 했다. 바움가르텐은

---

6 Paul Oscar Kristeller, The Modern System of the Arts, *Journal of the History of Ideas*, 1951-52. Morris Weitz (ed.), *Problems in Aesthetics*, Macmillan, 1970, p. 153 참조.

7 *Ibid.*

『성찰』에서 '시학의 철학' 의 근거가 될 새로운 학문의 필요성을 언급하면서, 그 성격을 "감성적 진술을 완전성에로 인도하는 학문"이라고 규정했다. 그에 의하면, 시인의 감성적 진술은 하위 인식능력에 의한 감성적 표상들을 소통시키는 것이다. 이때 시인이 사물들을 감성적으로 인식할 경우 그런 능력을 인도하는 것은 광의의 논리학의 과제일 것이나, 논리학은 그 정의에 따라 "진리를 인식함에 있어서 상위 인식능력을 인도하는 학문"으로 간주된다. 따라서 바움가르텐은 "하위 인식능력을 인도하는 학문" 또는 "어떤 것을 감성적으로 인식함에 관한 학문"이 있어야 한다고 주장하면서, 형이상학의 영혼론이 제공하는 원리에서부터 그러한 신학문이 정립될 가능성을 찾았다. 여기서 말한 '하위 인식능력을 인도하는 학문' 또는 '어떤 것을 감성적으로 인식함에 관한 학문' 으로서의 아이스테티카가 『형이상학』 제2판(1742)에서는 '하위 인식능력의 논리학(logica facultatis cognoscitivae inferioris)' 으로, 『미학』에서는 '하위 인식론' 이라는 동의어로 부연된 것이다.

바움가르텐의 **'하위 인식론' 은 라이프니츠의 인식론을 이어받은 볼프의 학설을 토대로 출발**한다. 볼프는 라이프니츠의 인식론을 정비하면서 인식에 있어서 힘(vis; Kraft)과 능력(facultas; Vermögen)을 준별했고, 나아가 상위 인식능력과 하위 인식능력을 구분했다. 우선 볼프는 라이프니츠로부터 영혼의 근원적 힘으로서의 표상력(vis reprasentiva; Vorstellungskraft)에 관한 학설을 이어받았다. 라이프니츠는 영혼의 근원적 힘들을 지각과 욕구라고 보았다. 볼프는 라이프니츠에 있어서의 '지각(perceptio)' 대신 '표상(repraesentatio; Vorstellung)' 이라는 개념을 채용했다.[8] 그런데 볼프에 따르면, 욕구(appetitus)는 영혼의 표징으로서 결정적인 것이 아니다. 영혼의 근원적인 힘은 표상력뿐이다. 라이프니츠가 지각과 의욕을 두 가지 힘들이라고 한 반면, 볼프는 그것들을 하나의 힘의 외화로, 즉 의지(욕구)가 표상

---

8 Hans-Georg Juchem, *Die Entwicklung des Begriffs des Sehönen bei Kant*, H. Bouvier u. Co. Verlag, 1970, p. 13 참조.

(지각)에서부터 일어난다고 규정한 것이다. 즉 표상력 이외의 다른 능력들은 모두 표상력으로부터 유래한다.

볼프의 이론을 근거 삼아 바움가르텐은 『형이상학』에서 이렇게 말한다.

"어떤 것을 애매하고 혼연하게, 혹은 불판명하게 인식하는 능력이 하위 인식능력이다. …… 판명하지 않은 표상들은 감성적이라 불린다. 그러므로 **나의 영혼의 힘은 하위 인식능력에 의해 감성적 지각들을 표상한다.** …… 그 징표들이 명석한 지각은 판명하며, 그 징표들이 혼연한 지각이 감성적이다. …… **감성적으로 인식하고 표출하는 것과 관련된 학문이 아이스테티카(하위 인식능력의 논리학)**이다."(§§520-523)

여기서 바움가르텐이 말한 감성적 인식능력, 또는 감성이란 무엇인가? 『형이상학』에는 그 능력들로 외적 감각에 관련하는 감각능력(sensus)과 함께, 상상력(phantasia), 통찰력(perspicacia), 기억력(memoria), 허구능력(facultas fingendi), 예견력(praevisio), 판단력(iudicium), 예언력(praesagitio), 기호능력(facultas characteristica)이 제시되어 있다. 그는 이것들을 당시 볼프 철학의 맥락에서 통용되었던 하위 인식능력(facultas cognoscitivae inferioris)과 동일시했다. 즉, 일반적으로 지성(intellectus)이라고 하거나 특수적으로 이성(ratio)이라고 하는 이른바 상위 인식능력의 아래에 있는 인식능력들을 통칭하는 용어가 바로 감성이다.[9] 여기서 나열된 능력들을 바움가르텐은 '유사이성(analogon rationis)'으로써 재설명한다.

다. 유사이성학

『미학』에는 아이스테티카가 '하위 인식론'과 함께 '유사이성학'이란 이름으로도 부연되어 있다. 하위 인식능력과는 별도로 유사이성이 언급되는 것은 감성적 인식 및 표출을 인도하는 학문인 아이스테티카에서 다루는 감성이 단순한 감각 이상의 것이라는 생각을 알려준다.

---

9 Baumgarten, *Metaphysica*, Synopsis 참조.

'유사이성'이란 말은 원래 동물영혼론(Tierpsychologie)에서 유래한 것으로, 동물적 행동양식의 특징인 본능적으로 상황에 적절하게 대응하는 태도를 표현하기 위한 말이었다. 라이프니츠는 이러한 능력이 이성과 몇 가지 점에서 유사함을 밝혔고, 볼프는 이것을 '유사이성'이라고 불렀다. 바움가르텐은 이 말을 감성적 인식의 능력에다 적용한다.

『형이상학』에 따르면, 유사이성에는 다음의 능력들이 포함된다. 1) 사물들의 일치를 인식하는 하위능력(Witz, 주의력), 2) 사물들의 차이를 인식하는 하위능력(Scharfasinn, 예민성), 3) 감성적 기억력(memoria sensitiva), 4) 허구능력(facultas fingendi), 판정능력(facultas diiudicandi), 5) 유사한 경우들의 예상력(expectatio casuum similium), 6) 감성적 기호능력(facultas characteristica sensitiva)(§640).

『미학』에서는 이것들이 애미자[10]가 타고난 성향과 관련하여 설명된다. 바움가르텐은 풍요로운 애미자(felix aestheticus)(§27)가 타고난 아름답고 고상한 정신(ingenium venustum et elegans connatum)(§29)을 갖는다며 그 특징들을 이렇게 설명한다.

(1) 아름다운 정신에는 예민하게 감응하는(acute sentiendi) 성향이 속한다. 이로써 영혼은 단지 외적 감관을 통해 질료에 접근하는 데 그치지 않고 내적 감각과 가장 내면적인 의식을 통해 그 밖의 정신적 능력들의 변화와 작용을 느낄 수 있다(§30).

(2) 또한 여기엔 상상을 하는(imaginandi) 성향이 속한다. 지나간 일을 아름답게 생각하게 될 때, 현재 상태에 얽매이지 않고 아름다운 사유 속에

10 『미학』에서 나타나는 'aestheticus'라는 용어는 미학자를 지칭하기도 하고 시인 및 웅변가를 비롯한 예술가를 지칭하기도 한다. 바움가르텐은 후자를 '아름답게 사유하는 자(pulchre cogitantor)'라고도 지칭한다. 이러한 이중적 의미를 아울러 뜻하려는 의도에서 이를 '애미자(愛美者)'라고 번역한다.

서 과거로 건너갈 때, 현재로부터 또한 과거로부터 미래를 예상할 때 상상(imaginatio)이 일어난다. 선현들이 흔히 그랬듯이 허구능력은 상상력(phantasia)으로 간주되어 왔다. 이러하기에 아름다운 정신에서 허구능력이 차지하는 비중은 막대하다(§31).

이 밖에도 바움가르텐은 (3) 통찰, (4) 재인 및 기억, (5) 시심(詩心, dispositio poetica), (6) 비범한 취미, (7) 예견 및 예언, (8) 표현(significandi) 등을 아름다운 정신이 갖는 성향으로 꼽았다(§32–37).

라. 아름다운 사유의 학문

바움가르텐의 미학은 이성적 인식에 대한 편향을 극복하여 감성적 인식 자체의 완전성을 추구하는 것이었다. '인식의 아름다움'을 이야기하는 그의 미학은 그의 삶과 어울려 있다. 다시 말해서 **그의 미학에서 골간을 이루는 것은 풍요로운 애미자의 이념**이라 할 수 있다.[11] 이것은 전체적 인간의 육성에 관계되는 것인 동시에 대화의 상대방을 심정적으로 동조하게 할 수 있는 것이기도 하다. 그런 점에서 바움가르텐의 미학은 쉴러보다 앞서 이성과 감성이 조화된 완전한 인간을 육성한다는 것을 목표로 하는 미적 교육론으로서의 특성도 지니는 것이었다고 할 수 있다.

바움가르텐은 '감성적 인식'을 "판명성 아래에 머무는 표상들의 총체"라고 규정한다(§17). 말하자면 판명성 아래에 머무는 모든 표상들이 감성적 표상들이며, 이것들의 총체로서 구성되는 인식이 감성적 인식이다. 그래서 '감성적 인식의 학문'이라는 정의에 따른다면 아이스테티카의 대상은 불판명한 인식 전체가 되겠지만, 바움가르텐은 거기에 일정한 선을 긋는다. **아이스테티카는 감성적 인식의 그 자체적 완전성을 목적**으로 하는 것이기 때

11 Heinz Paetzold, *Ästhetik des deutschen Idealismus*, Franz Steiner Verlag, 1983, p. 15.

문이다.

“아이스테티카의 목적은 감성적 인식 자체의 완전성(perfectio cognitionis sensitivae, qua talis), 즉 미(pulchritudo)이다. 그 반대는 감성적 인식 자체의 불완전성, 즉 추이다.”(§14)

아이스테티카가 ‘아름다운 사유의 학문’으로 부연된 것도 이런 목적 규정과 관련한다. 말하자면 그의 이론미학에서는 감성적 인식의 ‘완전성’을 추구하기 위해 애매한 표상들이 미학자의 고려 대상에서 제외되고, 감성적 인식 ‘자체’의 완전성을 위해 판명한 표상들도 고려 대상에서 제외된다. 결국 아이스테티카의 목적인 감성적 인식 자체의 완전성을 추구하기 위해서는 혼연한 표상들만이 고려 대상으로 남는다. 즉, 이론미학은 “어떻게 해야 혼연한 표상들이 아름답게 될 수 있는가”[12]를 중심 문제로 삼는 것이다.

그런데 미의 정의에 있어 바움가르텐은 『형이상학』에서는 볼프에 직접적으로 의존하고 있었다. 볼프는 미를 완전성의 파악가능성이라고 보았다. 볼프에 따르면, “사물의 미는 그것의 적합성, 우리에게서 산출되는 쾌, 혹은 완전성의 파악가능성이다. …… 하지만 우리에게는 파악될 수 없는 완전성이 있다.”[13] 여기서 “미는 감성적으로 인식될 수 있는 한에서의 완전성”이라는 공식으로 표현된다. 다시 말해서 볼프에게서 미는 혼연하게 인식되는 완전성이었다. 이러한 미의 정의가 바움가르텐의 『형이상학』에서도 계승된다. 여기서 **미는 “현상으로 나타나는 완전성**(perfectio phaenomenon), 혹은 광의의 취미에 의해서 파악될 수 있는 완전성”(§662)으로 정의되었다. 그리고 완전성은 다양의 통일, 즉 조화(consensus)라고 설명되었다. “다양성은 그 충족 이유인 통일성과 함께 구성되어야 조화한다. 그러한 조화가 완전성이다.”(§94) 이러한 ‘현상으로 나타나는 완전성’을 그는 감성적 판단 능력인 광의의 취미(gustus)에 의한 판단 결과로 보았다(§§606–607).

12 Baumgarten, *Handschrift*, §17.

13 Wolff, *Psychologia empirica*, §545.

그렇지만 감성적 인식 자체의 완전성, 즉 완전화(Vervollkommnung)를 추구하는 『미학』에서는 미가 다양의 통일이기는 하지만, 여기서의 완전화를 위해서는 주관 속에서만의 다양의 통일을 요구한다. 즉 미는 감성적 인식이 추구해야 할 목적으로서 제시되는데, 그러한 미는 객관적 사물 자체의 미가 아니다. 바움가르텐이 『미학』에서 추구하는 미도 '현상으로 나타나는 완전성' 이기는 하지만, 그것은 객관적으로 현존하는 사물 자체의 완전성이 아니라 주관적인 인식 자체의 완전성이다. 이러한 미, 즉 완전성을 그의 이론미학에서는 3단계로 나누어 논구했다.

그러고 보면 바움가르텐의 주저들(『성찰』, 『형이상학』, 『미학』)에서 미의 정의에는 차이가 있다. 『성찰』에서는 미에 대해 언급한 바가 없다. 『형이상학』에서는 미를 볼프류에 맞추어 '현상으로 나타나는 완전성' 이라고 정의했다. 따라서 미를 완전성 개념에 결부시킨 인물은 볼프라 할 수 있다. 이러한 정의는 바움가르텐의 제자인 마이어에게서도 그대로 나타난다.[14] 마이어는 '감성적 인식의 완전성' 을 '완전성의 감성적 인식' 이라고 해석하면서 이를 '현상으로 나타나는 완전성' 과 동일시한 듯이 보인다. 따라서 이러한 오해에 따른 승인 내지 비난은 바움가르텐이 아니라 마이어에게 돌려져야 한다. 그런데 바움가르텐이 미를 '감성적 인식의 완전성' 이라고 일컬었던 것이 볼프주의의 맥락 속에서는 "감성적으로 인식된 완전성(sinnlich erkannte Vollkommenheit)"으로 이해되기도 한다. 이는 어떤 완전성이 감성적으로 인식될 때 아름답다는 생각이다. 하지만 바움가르텐은 감성적 인식이 그 자체로 완전할 수 있다고 보았다.

14 G. F. Meier, *Angangsgründe aller schönen Wissenschaften*, (1748-50), 1754. 또한 Ernst Bergmann, *Georg Friedrich Meier als Mitbegründer der deutschen Ästhetik*, 1910 참조.

3. 바움가르텐 미학의 체제

바움가르텐은 『미학』의 서문(§13)에서 그 체제를 다음과 같이 설계했다. 아이스테티카는 그의 친형인 로기카와 마찬가지로, 일반적 규칙들을 가르치는 이론미학(aesthetica theoretica)과 그 규칙들을 개개의 경우에 활용하는 실천미학(aesthetica practica)으로 대별된다. 전자는 사물들과 사유들에 관한 발상론(heuristica), 선명한 질서에 관한 방법론(methodologia), 아름답게 사유되고 배열된 기호들에 관한 기호론(semiotica)으로 삼분된다.[15] 1750년의 『미학』 제1권과 1758년의 제2권에서 실제로 다루어진 것은 이론적 아이스테티카 중에서도 제1장에 불과한 발상론에 그쳤다.[16]

아무튼 바움가르텐이 『미학』에서 이론적 아이스테티카를 발상론, 방법론, 기호론으로 삼분한 것은 『성찰』에서 시의 성분들을 감성적 표상들, 그것들의 관계, 그것들의 기호들인 언어들로 삼분하여 그 각각을 논의한 것과 궤를 같이한다. 이와 같은 삼분법에는 고대 수사학의 삼분법이 반영되어 있다. 완전한 웅변가의 양성을 목적으로 하는 고대 수사학은 대체로 발상법(inventio), 배열법(disposition), 수식법(elocutio)의 세 가지를 근간으로 했다. 이에 따라 『성찰』에서 주제였던 시학의 철학은 고대 수사학의 삼분법 체제로 구성되었음은 물론, 발상법, 배열법, 수식법을 실질적인 내용으로 했다.

『성찰』에서는 감성적 진술을 완전성에로 인도하기 위해 감성적 표상들, 그것들의 관계, 그것들의 기호들인 언어들의 각각에 있어 완전성을 추구했

15 이창환에 따르면, 각각은 인식 개발론(Heuristik), 방법론(Methodologie), 의미론(Semiotik)으로 번역된다.

16 Baumgarten의 설계 중의 그 나머지 부분들에 대한 시사점들은 *Meditationes*와 G. G. Meier의 *Anfansgründe*에서 찾을 수 있다. 하지만 Meier의 이 저술은 Baumgarten의 미학 강의에 의거해 저술되었음에도 불구하고 Baumgarten의 *Aesthetica*가 정형을 갖추기 전의 저술로서, 이는 Baumgarten의 사상과 반대되는 서술 등에 의해 주의를 요한다. 이에 관해서 Armand Nievelle, *Kunst- und Dichtingstheorien zwischen Aufklärung und Klassik*, Walter de Gruyter, 1971, pp. 39-46 참조.

다. 마찬가지로 『미학』에서는 감성적 인식의 완전성을 위해 사유들의 조화, 질서의 조화, 기호들의 조화를 요구한다.[17]

여기서 바움가르텐은 총체적 인식을 사유, 질서, 기호화의 구획으로 나누어 이 문제를 취급한다: "총체적 인식의 미는 다음의 세 가지 구획, 즉 사유들의 미, 질서의 미, 사유들의 표출 혹은 기호화의 미로서 성립된다." 이 점에서 바움가르텐이 '인식'을 예술가를 위시한 애미자의 총체적 인식 과정 및 그 결과로서 보고 있으며, 거기에는 고대 수사학의 영향력이 유지되고 있음이 재차 확인된다.

가. 발상론

바움가르텐의 이론적 아이스테티카는 첫째로 표상들(사유들)의 미에 대해서 논구한다. "총체적인 감성적 인식의 미는 첫째로 사유들의 조화이다. …… 사유들이 각각에서 통일되어야 하는데, 그 조화가 현상에서 나타난다면 이는 곧 사물들과 사유들의 미이다."(§18) 여기서는 아름다운 발상(inventio)에 대해서 논구된다. 그런데 바움가르텐에게서 '발상'은 기왕의 표상들을 다시 기억해 내는 것이 아니다. 그에 따르면, "발상에는 사람들이 여태껏 그렇게 사유해 보지 못한 사물들에 대해 아름답게 감동적으로 사유하는 규칙들이 개입되어 있다."(H. §14) 따라서 그가 발상론에서 논구하려는 것은 예술가를 비롯한 애미자의 참신한 발상에 관한 규칙들이라 할 수 있다.

나. 방법론

바움가르텐의 이론적 아이스테티카는 나아가 질서의 미에 대해서도 다루어야 했다. "질서 없이는 완전성이 없으므로, 총체적인 감성적 인식의 미는 둘째로 질서의 조화이다. 아름답게 사유된 (주관적) 사물들(즉 표상들)은

---

17 Baumgarten, *Aesthetica*, §18, §19, §20.

서로서로, 또 (객관적) 사물들과 조화해야 한다. 그 조화가 현상에서 나타난다면 이는 곧 질서의 미이다."(§19) 바움가르텐은 질서의 미를 배열(dispositio)의 미라고도 지칭한다.

다. 기호론

또한 이론적 아이스테티카는 의미의 미에 대해서도 결론적으로 다루어야 했다. 그래서 감성적 인식에 대하여 다루는 그의 이론적 아이스테티카는 표출을 위한 기호화, 나아가 일반적 기호화에 대해 논의함으로써 종결되어야 했다. "우리는 기표 없이는 기의들을 지각하지 못하므로, 총체적인 감성적 인식의 미는 셋째로 기호들의 조화이다. 기호들은 서로서로 조화하고 또 질서와 조화하며 사물(사유)들과 조화해야 한다. 그 조화가 현상으로 나타난다면 이는 곧 의미의 미이다."(§20) 그런데 여기서 취급되어야 할 기호들은 언어적 기호들만이 아니며, 화가나 음악가의 기호화에도 적용되는 일반적 기호들이다.

이상 세 가지가 총체적인 감성적 인식의 완전성, 즉 미를 구성하는데, 이러한 원리에 의거하여야 비로소 미적인 작품의 완전한 미가 가능하게 된다.[18] 바움가르텐은 『형이상학』에서 인식 일반이 완전하려면 가져야 할 완전성의 특징들을 여섯 가지로 제시하였는데,[19] 이러한 완전성의 특성들이 감성적 인식에서도 마찬가지로 요구된다. 말하자면 감성적 인식이 완전하려면 풍요성(ubertas; Reichtum), 위대성(magnitudo; Adel), 진실성(veritas; Wahrheit), 선명성(lux; Licht), 확실성(certitudo; Gründlichkeit), 생명성(vita; Leben)의 여섯 가지 특성들을 가져야 한다는 것이다. 여섯 가지 중에 앞의 다섯 가지 특성들은 하나의 요구로 환원될 수 있는데, 이에 대해 바움가르텐은 **인식의 생명성**(vita cognitionis)이라는 특색 있는 표현을 선택하

18 Marie-Luise Linn, *A. G. Baumgartens 'Aesthetica' und die antike Rhetorik*, 1967.
19 Aesthetica, §22; Handschrift, §22.

고 있다. 시 작품에 이것들을 관련시켜 보면 앞의 세 가지는 대체로 내용적 영역에 더 소속되고 뒤의 세 가지는 문체의 영역에 더 소속된다. 아무튼 이러한 특성들이 현상으로 나타날 때에 감성적 인식의 미가 현현하는 것이다.

더 읽을거리

오병남, 「근대 미학의 사상적 기원에 관한 논의」, 『예술과 비평』, 제11호, 1986(가을).

이창환, 「근대 미학의 발생론적 근거에 관한 고찰」, 『미학』 제20집, 1995.

Baumgarten, A. G., *Meditationes philosophicae de nonnullis ad poema pertinentibus*, 1735.

번역서: Aschenbrenner, K. and Holther, W. B., *Reflections on Poetry*, University of California Press, 1954.

번역서: Paetzold, H., *Philosophische Betrachtungen über einige Bedingungen des Gedichtes*, Felix Meiner Verlag, 1983.

Baumgarten, A. G., *Aesthetica I*, 1750.

_______, *Aesthetica II*, 1758.

번역서: Schweizer, H. R., *Theorethische Ästhetik-Die grundlegenden Abschnitte aus der "Aesthetica" (1750/58)*, Felix Meiner Verlag, 1983.

Jäger, M., *Kommentierende Einfürung in Baumgartens "Aesthetica"*, Georg Olms Verlag, 1980.

* 바움가르텐 『미학』의 키워드에 대한 주석서.

독일 근대미학의 전반적 성격

이창환

1. 서론 – 미, 예술 그리고 미학의 관계

우리는 미학이란 명칭에서 일반적으로 미와 예술을 연상하며, 그런 만큼 미학을 미론과 예술론으로 구성된 학문일 것으로 추정한다. 이것은 물론 틀린 추정은 아니지만 부족한 추정임을 이 글은 앞으로 밝힐 것이다. 또한 우리는 가령 라스코 동굴벽화 등속을 보면서 지성의 자각과 예술적 제작은 거의 출발을 같이한다는 사실을 알 수 있으며, 이에 비추어 미학의 역사도 상당히 길 것으로 예상한다. 실제로도 미와 예술에 관한 단편적 언급들은 동서양을 막론하고 아주 오래전부터 전해 오며, 이를 근거로 미학사는 그 기점을 고대에서 구하는 것이 상례이다.[1] 나아가 고대 그리스는 예술의 황금기로 간주되며 그 정신은 종종 미적 정신으로 이해될뿐더러 이미 플라톤과 아리스토텔레스의 저작들에서 흠 잡을 데 없는 미론과 예술론이 발견되는 정황을 미루어 볼 때, 우리는 미와 예술의 이론화가 당시에도 학문의 주

1 예컨대 유럽 미학사를 다루는 타타르키예비츠의 『미학사』는 기원전 6세기경의 그리스 사상을, 예랑의 『중국미학사대강』은 선진(先秦) 시대를 그 출발점으로 잡는다. 참조. W. Tatarkiewicz, *History of Aesthetics*, Mouton, 1970, 제1권, p. 11. 葉朗, 이건환 역, 『中國美學史大綱』, 백선문화사, 2000, 16쪽.

요 관심사였을 것임을 충분히 짐작할 수 있다. 그럼에도 불구하고 미학이란 학문명은 18세기 중엽 독일의 철학자 바움가르텐에 의해 고안되며, 또한 그 즈음에서야 비로소 미학은 철학 체계의 한 기본요소로서의 모습을 갖추기 시작한다. 우리의 예상과는 달리 엄격한 의미의 미학사는 18세기 중엽 겨우 출발하는 것이다. 그러나 그 이후 미학은 놀라운 속도로 발전을 거듭하여 벌써 18세기 말엽에는 칸트에 의해 『판단력비판』(1790)이라는 미학의 고전서가 빛을 보며, 또한 이러한 발전에 힘입어 18세기는 후일 미학의 시대로 불리기도 한다. 그리고 그때부터 미학은 철학의 기본 교과들 중 하나로서의 위치를 굳건히 지켜오고 있으며, 급기야 오늘날에는 예컨대 니체, 하이데거, 데리다, 푸코 등의 철학 체계를 미학주의로 규정하는 사례가 눈에 띌 뿐만 아니라 미학의 영역이 현실 전반으로까지 확대되어야 한다는 주장도 귀에 설지 않게 되었다.[2]

이러한 정황은 우리를 매우 의아하게 만든다. 예술의 역사가 지성의 역사만큼이나 장구할진대, 왜 미학은 하필 18세기 중엽, 그것도 당시 프랑스나 영국 등의 인접 국가들에 비해 예술적 · 문화적 후진 상태를 면치 못하던 독일에서 성립하는 것일까? 또한 그 이후 미학은 왜 그토록 중시되어 철학의 기본 교과로서의 위치를 확보함은 물론 경우에 따라서는 한 철학체계 전반의 성격을 규정할 정도로까지 비약적인 발전을 보게 되는 것일까? 미학의 역사, 특히 독일 근대미학사와 연관된 이러한 의문을 해소하기 위해 우리는 다음과 같은 테제를 세워봄직하다. 미학은 첫째 근대 고유의 정신적 · 문화적 상황을 전제로 배태된 학문이자 근대정신의 자기 인식을 위한 노력의 일환으로서 탄생한 학문이며, 둘째 그런 까닭에 그 본령을 시대정신의 철학적 파악에 두는 바, 근대정신은 바로 미적 정신을 그 본질적 특징들 중 하나로서 삼으며, 셋째 라이프니츠를 필두로 하는 독일의 합리주의 정신과 칸트를 기점으로 삼는 그 발전적 계승은 미적 정신의 이해에 알맞

2 참조. Allan Megil, *Prophets of Extremity*, University of California Press, 1987, p. 2.

은 사상적 지형도를 구비하고 있다.

만일 위의 테제가 유효하다면, 미학의 권역은 예술의 경계를 훌쩍 넘어서게 될 것이다. 이 경우 미학은 근대 인본주의에 녹아 있는 새로운 시대정신의 학문적 결정체로서, 또한 예술은 그 정신이 표출된 대표적 사례인 까닭에 미학과 깊은 연관을 맺게 된 것으로 이해되어야 마땅하다. 이렇게 보면 미학이 정작 해명하려는 것은 예술이 아니라 그 모태가 되는 정신 그 자체인 바, 미론이나 예술론을 통한 미학의 이해는 충분치 않으며, 오히려 시각을 한층 넓혀 시대정신 일반의 관점에서 그 성격이 이해되어야 한다.[3] 앞당겨 말하자면, 근대의 시대정신은 이념과 경험의 분리를 주어진 조건으로서 갖는 까닭에 그 본질은 자연히 양자의 통일을 위한 노력 속에서 구체화된다. 그러므로 추상적 미론과 경험적 예술론은 모두 미학의 성립에 도움이 되긴 하겠으나 결코 충분조건이 되지 못한다. 이렇게 볼 때, 미학의 소임은 추상적 이념으로서의 미와 경험적 실제로서의 예술을, 좀더 일반화해서 말하자면, 이념과 경험을 매개하는 종합적 방법론의 창안에 있다고 해도 좋을 것이다. 이 글은 이에 따라 앞서 거론한 테제의 정당성을 검증하는 작업에 초점을 둘 것이다.

기우에서 덧붙이자면, 미학이 근대의 소산이라는 점을 들어 혹 그 운명이 일정한 시대적 조건하에서만 유지될 수 있는 양 점친다면, 그것은 잘못이다. 패쫄트는 독일의 근대미학사를 서술하는 그의 책 서문에서 다음과 같은 요지의 주장을 편다.[4] 바움가르텐의 『미학』(1750)에서 쇼펜하우어의 『의지와 표상으로서의 세계』(1819)에 이르는 약 70년 동안 철학과 예술의 거리는 괄목할 만큼 좁아졌으며 또한 이를 통해 미학은 미론이나 예술론과

3 이 글은 주로 『판단력비판』에 의거해서 이 점을 논의할 예정이지만, 비단 칸트의 미학만 그런 시각을 갖는 것이 아니다. 예컨대 헤겔은 미학의 목적은 정신의 본질을 파악함에 있다고 천명하며, 그런 까닭에 그의 『미학강의』에서 정신성을 읽기 어려운 자연미의 고찰을 제외한다. 참조. G. W. F. Hegel, *Vorlesungen über die Ästhetik*, Theorie Werkausgabe Bd. 13. Suhrkamp. S. 13 이하 및 S. 157-201.

4 참조. Heinz Paetzold, *Ästhetik des deutschen Idealismus*, Wiesbaden, 1983, S. 2 이하.

는 구분되는 철학적 교과로서의 입지를 공고히 했다. 이때부터 미학은 인간의 본성을 인식하고 진리를 매개하는 학문임을 자임하였으며, 이러한 자임은 후일 다양하게 평가되어 때로는 적극적인 수용을, 때로는 비판적인 반박을 경험하였지만, 하여간 그러한 수용과 반박의 중심에 설 정도의 생명력은 늘 유지하였다. 패쫄트는 이러한 관계에서 칸트, 헤겔, 쇼펜하우어는 물론이고, 헤겔 미학의 공과를 특히 논하는 로젠크란츠, 피셔(Vischer), 크라우제, 키에르케고르, 니체, 그리고 20세기에 활약한 크로체, 루카치, 블로흐, 벤야민, 아도르노, 마르쿠제, 카시러, 회니히스발트(Hönigswald), 콘라트 피들러, 니콜라이 하르트만 등의 미학자들을 거명한다. 즉 그는 근대 이후의 주요 미학자들을 대부분 망라하는 것이다. 아도르노에게서 직접 사사한 패쫄트가 이러한 관점을 표명할진대, 우리는 이 사실만으로도 독일의 근대미학은 현대 미학자들에게 아직 살아 있는 미학으로 간주되고 있다고 말해도 좋을 것이다.

2. 근대 독일철학의 백미로서의 미학

근대는 인본주의를 제일의로 삼는 까닭에, 이 시대에는 자연히 인간 본성의 연구가 철학적 고찰의 중심으로 대두하는 바, 주관성 철학이 근대철학의 대종을 이루게 된 까닭도 여기에 있다. 그런데 인간은 먼 곳의 별빛을 바라보면서도 대지에서 한 치도 발이 떠 있을 수 없는 이율배반적 존재이다. 이율배반에 매인 존재가 어디 인간뿐이랴마는, 이율배반의 두 상관항을 이성적 자유의 무한성과 감성적 제약의 유한성으로 의식하고 나아가 양자의 매개를 위해 노력을 기울이는 존재는 인간이 유일하다. 인간은 모든 다른 자연적 존재들과 마찬가지로 현실적으로는 언제나 유한자이다. 그러나 인간 이외의 존재는 자신이 유한자인 사실조차 깨닫지 못하지만, 인간은 무한성을 의식함으로써 자신의 유한성을 깨달으며 또한 이 깨달음으로 인해 유한자로서의 자신을 지양하는 특수한 존재이다. 따라서 인간의 유한성은 유한성과 무한성이라는 상반된 계기를 함께 내포하며, 또한 이런 내적 모순성으로 인해 끊임없이 자신을 지양하는 역동성을 갖는다. 이에 따라 우리는 인간을 '자기지양적 유한성'을 본질로 삼는 유한자로 규정할 수 있는 바, 인간이 자신을 유한자로 의식한다는 것은 곧 인간의 주관성에 자기지양적 유한성을 의식할 줄 아는 능력, 즉 유한성과 무한성을 매개하는 능력이 구비되어 있음을 의미한다. 이 장은 앞으로 이 능력이 근대의 정신적 조건하에서는 미적 판단력으로 규정되며, 따라서 미적 판단력은 인간을 인간답게 만드는 결정적 능력임을 밝힐 것이다.

한 시대의 정신이 예컨대 인(仁), 이데아 혹은 자유 등과 같은 무한성의 이념을 중심으로 삼으면 삼을수록 당대인들에게는 자신의 유한성의 의식에 못지않게 무한성을 향한 자기지양도 강조되기 마련이다. 근대적 인본주의는 여느 사상과 다르게 이성적 자유를 모든 인간의 기본이념으로 설정하는 까닭에 그 인간관에는 이러한 자기지양의 역동성이 특히 강하게 배어있으며, 또한 이 역동성은 필히 개개인의 다양한 개성을 산출하는 관계로 근대는 개성을 보호하며 나아가 개성의 최고봉인 천재를 존중하는 시대적 특성을 갖추게 되었다. 뿐만 아니라 종교적 권위가 축소되고 진리의 개념을 인간의 유한성에 즉해 정립하며 인간을 신분이 아닌 개인의 관점에서 파악하며 신분의 지배를 허물고 인격을 기초로 국가의 이념을 정립하는 새로운 사조가 부상하는 것도 필경 자기지양적 유한성의 의식이 시대의 저류(低流)를 이룬 덕분일 것이다. 그러므로 우리는 유한자의 자기지양적 유한성에 대한 철학적 고찰이 근대의 시대적 요청이었음을 어렵지 않게 짐작할 수 있으며, 그럴진대 인간성의 개념을 밝히는 관건인 감성과 이성의 이율배반 및 그 극복이라는 과제가 근대철학의 화두로 떠오르는 것은 하등 이상한 일이 아니다. 그렇다면 좀처럼 매개될 법하지 않은 감성과 이성을 매개하기 위해 근대의 주관성 철학은 어떤 태도를 취하며 또한 미학은 이와 어떻게 관계하는 것일까? 이에 대한 답변을 근대의 주관성 철학을 대변하는 칸트에 기대어 구해 보도록 하자.

칸트는 감성과 이성의 간격을 분명히 구획하기 위해 우선 인간의 이성을 감성에 연루된 이성 및 감성을 초월하는 이성으로, 즉 오성과 (좁은 의미의) 이성으로 양분한다. 오성은 감성을 통해 자연과 관계하며 또한 자연을 과학적으로 개념화하는 능력인 반면, 이성은 인간존재의 궁극적 이념을 자유로서 파악하는 능력이다. 근대의 성립이 과학과 자유 이념에 의해 주도된 이상, 인간 이성의 양분은 한편으로는 시대정신 전반에 대한 정치(精緻)한 철학적 고찰이 낳은 성과로 상찬 받아 마땅하다. 그런데 칸트에 따르면 오성이 자연으로부터 제아무리 발전된 자연개념들을 도출하더라도 그로부터 자유개념은 결코 도출되지 않는다. 즉 자연개념들과 자유개념은 상이한 원리를 갖는 것으로서 피차 명확히 구분되어야 한다는 것이다. 만일 두 가지의 원리가 뒤섞인다면, 지동설을 종교적 근거에서 부정하는 사례가 시사하듯이, 과학적 인식 자체를 과학 외적 이유에서 부정하더라도 이렇다 할 반박의 근거를 찾기 어렵게 될 것이다. 그러나 얼핏 당연한 듯 보이는 위의 구분은 다른 한편 그 나름으로 커다란 문제를 야기한다. 왜냐하면 자유개념과 자연개념들이, 아울러 이성과 오성이 서로 완전히 분리되고 이로써 자유개념과 자연 사이에 아무런 매개도 찾을 수 없게 된다면, 이 경우 자유는 자신의 실현을 위한 실제적 토대를 확보하기 어려운 까닭에 자칫 공허하고 추상적인 이념으로 그칠 공산이 크며, 이렇게 되면 자유를 기본 이념으로 삼는 근대의 사상 체계도 덩달아 그 입지를 크게 훼손당할 염려가 있기 때문이다. 그러므로 근대의 이념이 안정된 정신적 기반을 구축하기 위해서는 여하튼 자유개념의 타당성이 보장되어야만 하며, 그런 이상 자연개념들로부터 자유개념으로의 추론은 비록 불가능할지언정 우리는 최소한 자연 일반에 대한 자유개념의 실현가능성 정도는 제시할 줄 알아야 한다.[5] 그리고

5 참조. KU. Einleitung, S. XIX 이하. 이 점을 칸트는 다음과 같이 표현한다. "자유개념은 자

이 경우에야 비로소 이성과 오성의 분리도 그 본연의 의의가 밝혀지는 바, 모든 분리의 종국적 목적은 분리된 전체를 더욱 구체적인 모습으로 종합함에 있다는 평범한 진리가 여기서도 적용되는 것이다.

이렇게 보면 자연에 대한 자유의 실현가능성의 문제는 근대적 인간의 이율배반을 해결하기 위한 실마리이다. 그렇다면 칸트는 그 가능성을 어떻게 제시하는 것일까? 그 답변은 요컨대 자연개념들에 내재하는 무한 확장의 당위가 역으로 자연에 대한 자유의 실현가능성을 시사한다는 점에서 내려진다. 자연개념들은 언제나 유한하고 제약적이며 또한, 뒤이어 설명하겠지만, 그 자체로서 무한 확장의 당위를 내포한다. 이러한 당위가 의미하는 바는, 첫째 자연개념들은 유한자라는 사실, 둘째 자연개념들은 아무리 확장되더라도 여전히 유한자로 머물 뿐 무제약성으로서의 자유개념이 될 수 없다는 사실이다. 그런 이상 우리는 자유를 자연개념들과 같이 객관적 개념으로서 파악할 도리가 없고, 더불어 설사 자유개념이 성립 가능하더라도 그것은 주관적 개념에 그치는 이상 자연에 대한 그 실현을 보증할 도리도 없는 것이다. 그렇더라도 만일 자연개념들이 자체로서 끊임없는 확장의 당위를 내포함이 사실이라면, 이는 곧 자연개념들의 천형(天刑)인 제약성의 무한 축소를 의미하는 까닭에 우리는 적어도 그 지평에 무제약성으로서의 자유를 그들의 통일성으로서 표상할 수는 있을 것이며, 또한 역으로 이렇듯 자유가 자연개념들의 궁극으로 표상된다면 이는 곧 자연에 대한 자유의 실현가능성을 의미하는 것으로 해석할 수 있을 것이다. 칸트는 자연개념들

신의 법칙들을 통해 설정된 목적을 감관세계에 실현해야만 하며, 따라서 자연도 역시 그 형식의 합법칙성이 적어도 그 안에서 작용하는 자유법칙들에 따르는 목적들과 조화를 이루는 것으로 생각되어야만 한다." 이 구절은 다음과 같이 해석될 수 있다. 자유개념이 자연에 실현된다는 것은 곧 오성의 원리인 합법칙성과 이성의 원리인 궁극목적이 근본적으로는 서로 배척하지 않음을 뜻한다. 따라서 이성과 오성의 이율배반을 해결하는 관건은 합법칙성과 궁극목적을 조화롭게 매개하는 제삼의 원리를 발견함에 있으며, 칸트는 장차 이 원리를 합목적성으로 규정한다. 이렇게 보면, 합목적성은 비록 합법칙성과 궁극목적의 변증법적 통일은 아니지만, 적어도 그러한 통일을 우리에게 표상케 해주는 원리로서 간주해도 좋을 것이며, 이는 곧 자연에 즉한 자유개념의 실현가능성을 의미한다.

의 끊임없는 확장을 가능케 하는, 그리고 이를 통해 우리로 하여금 자유를 표상케 하는 능력을 반성적 판단력이라고 부르며, 미적 판단력을 그 대표적 전형으로서 제시한다.

이제 앞의 서술에 준해 우리는 말할 수 있을 터, 미적 판단력을 소유하지 못한 자는 주어진 개념의 틀을 벗어나 그 확장을 기하는 반성적 능력이 결여된 자이며, 그런 만큼 그는 과학을 선도할 만한 능력도, 그렇다고 자유와 도덕의 상징으로 불림직한 인격을 갖출 만한 능력도 없는 자이다. 그렇다면 자연개념에 내포된 무한 확장의 당위란 대체 무엇을 의미하며, 미적 판단력은 어떻게 그러한 확장을 가능케 하는 것일까? 칸트는 『판단력비판』에서 우리의 판단력은 자연을 개념적으로 규정하는 능력에만 그치지 않고 자신이 규정한 자연개념들의 한계를 넘어 한층 고차적인 보편자를 찾는 반성적 능력도 함께 구비하고 있음을 밝힌다. 즉 우리의 판단력은 대상을 규정하는 활동(규정적 판단력)과 그 규정을 지양하는 활동(즉 반성적 판단력)을 함께 포함하는 역동적 능력인 바, 이러한 역동성으로 인해 우리의 판단은 본질상 끊임없이 차상(次上)의 보편을 발견하는 방향으로 운동하는 것이다. 그런데 미적 판단력은, 앞서도 말했듯이, 반성적 판단력의 대표적 전형이다. 칸트에 따르면 도대체 판단력 일반이 상상력과 오성의 유희에 기초하지만 특히 미적 판단력은 상상력과 오성의 '자유로운' 유희에 기초하는 까닭에 판단력의 본래 모습은 미적 판단력에서 나타난다. 그러므로 이 자유로운 유희의 이해는 인식의 확장을 설명하는 열쇠이자 미적 판단력의 원리인 합목적성을 이해하는 첩경이다. 아래에서는 미적 판단력을 둘러싼 사실관계를 좀 더 자세히 고찰할 것이다.

하나의 과학적 인식이 성립하기 위해서는 우선 감성의 지각 작용이 있어야 하고, 또한 여기에 상상력과 오성의 협력도 필히 추가되어야 한다. 우리에게 도대체 인식이 필요한 이유는 우리의 감성이 그 형식적 제약성으로 말미암아 대상 자체를("물자체"를) 지각할 수 없기 때문이다. 설사 대상 자체로서의 진리가 목전에 있다고 한들, 우리에게는 애석하게도 그것을 목도

(目睹)할 만한 능력이 결여되어 있는 것이다. 그러므로 이제 우리가 대상의 감각적 지각에 만족하지 않고 그 인식을 요구할진대, 이는 인식의 궁극적 목적이 대상 자체에 있음을 의미한다. 인식의 과정에는 상상력과 오성이 참여한다. 상상력은 잡다한 감각적 인상들을 일정한 개념에 알맞은 이미지로 종합하는 역할을 하고 오성은 거기에 통일성을 부여함으로써 하나의 경험적 인식을 산출한다. 이러한 작용을 건축술에 비유하자면, 상상력은 말하자면 오성이 자신의 설계도에 맞추어 건축물을 올리기 쉽게끔—혹은 칸트의 용어로 표현하자면, 오성 범주들이 경험적 직관질료에 즉해 표현될 수 있게끔—자재들을 미리 분류하는 역할을 담당하는 셈이다. 이 경우 상상력은 오성의 작업을 돕기 위해 스스로 자신의 활동을 제어하는 하나의 장치를 산출하는 바, 칸트는 그것을 도식이라고 부른다.[6] 이렇게 보면 도식은 상상력이 오성에 봉사할 목적으로 자청해서 마련한 하나의 자기제어 장치라고 할 수 있을 것이다. 그런데 상상력이 오성과 협력함에 있어 자유롭게 유희하지 못하고 그 사이에 도식을 개입시킨다면, 대상의 인식은 그에 따르는 제약을 피할 수 없게 되며, 아울러 대상 자체와 인식의 간격은 그만큼 멀어질 수밖에 없다. 즉 상상력이 도식적으로 작용할 경우에는, 미적 판

6 칸트는 『순수이성비판』의 선험적 분석론에서 (KrV. transzendentale Analytik, 제2책. B 179 f./ A 140f.) 이 점에 관해 다음과 같이 쓴다. "도식은 그 자체로서는 언제나 상상력의 산물일 뿐이다. 그러나 (이 경우; 필자 삽입) 상상력의 종합이 감성의 규정에서 유일하게 의도하는 바는 어떤 개별적 직관이 아니라 통일성이며 그런 까닭에 도식은 기실 이미지와 구분될 수 있다. …… 하나의 개념에 그 이미지를 마련하는 상상력의 일반적 방법에 관한 표상을 나는 이 개념에 대한 도식이라고 부른다." 우리는 이 구절의 의미를 다음과 같이 풀어볼 수 있다. 도식이 상상력의 산물이라면 우리는 도식을 이미지로 생각하기 쉽다. 그러나 상상력의 산물에는 반드시 이미지만 있는 것이 아니다. 왜냐하면 상상력의 종합이 감성의 규정에서 통일성을 의도할 경우에는 (즉 인식의 산출을 원할 경우에는) 하나의 개념에 적합한 이미지를 마련하는 방법도 함께 스스로 산출해야 하기 때문이다. 바로 이 방법에 관한 표상을 칸트는 도식이라고 부르는바, 도식은 상상력의 산물이되 상상력이 스스로를 제약하는 산물이며, 이러한 제약을 감수하는 이유는 오성에 의한 개념의 산출을 목적으로 삼기 때문이다. 따라서 상상력과 오성 사이에 도식이 개입한다면, 이때 우리가 상상력을 통해 얻는 이미지는 개념에 합당하게끔 마련된 이미지일 뿐 자유로운 이미지가 아니며, 또한 이로부터 우리는 인식을 구할 수는 있되, 대신 도식 없는 상상력이 줄 법한 "어떤 개별적 직관"은 포기해야만 한다.

단의 경우와는 달리, 지각된 대상을 그 전체성과 연관해서 판단할 수 있는 가능성이 원리적으로 닫혀 있는 것이다. 그러므로 칸트는 자연개념들을 추상성의 관점에서 이해한다. 그런데 이 추상성은, 좀더 자세히 보면, 기실 대상 자체를 전제로 할 때 비로소 성립한다. 왜냐하면 만일 대상 자체는 감성을 통해 지각되지 않으며 또한 도식적 유희를 통해 인식되지도 않는다는 주장이 부정된다면, 인식의 추상성에 대한 주장도 논리적으로 성립하지 않기 때문이다. 그럴진대 자연개념의 추상성은 추상과 대상 자체라는 상반된 계기를 함께 내포한다. 이제 자연개념은 본질적으로 대상 자체의 인식을 목적으로 삼음에도 불구하고 그 현실은 늘 추상에 머물 수밖에 없다면, 이러한 이상과 현실의 차이는 자연개념 자체가 자기지양적 유한성을 본질로 삼는 유한자임을 의미한다. 자연개념은 유한자이다. 왜냐하면 감성의 제약성 및 상상력의 도식적 유희가 그 선험적 근거에 있기 때문이다. 그러나 자연개념은 그대로 머물러 있어서는 아니 된다. 왜냐하면 그 본질은 자기지양적 유한성이기 때문이다. 자연개념에 내포된 무한 확장의 당위는 바로 이 자기지양적 유한성의 다른 이름인 것이다.

그러나 상상력과 오성의 도식적 유희는 자연개념의 자기지양적 유한성을 통찰하지 못한다. 왜냐하면 그러한 유희의 경우 상상력은 필히 추상을 야기하는 도식의 제작도 서슴지 않을 만큼 개념의 산출에 급급해 하며, 그런 까닭에 개념의 한계를 인식할 만한 여유를 누리지 못하기 때문이다. 우리가 자연개념들의 추상성을 넘어 대상 자체의 인식으로 한 걸음 더 다가가고자 한다면, 상상력은 자기지양적 유한성의 통찰을 선결 과제로 삼고 여기에 더하여 그들에게 보편적인 이미지를 구상하는 방향으로 발휘되어야 한다. 그런데 이 두 경우는 모두 도식과 무관하다. 도식이 자기지양적 유한성의 통찰에 무용한, 아니 심지어 해가 되는 이유는 앞서 말하였다. 그리고 후자의 경우에는, 즉 보편적 이미지를 구상하는 경우에는 도대체 도식이 산출될 수 없다. 왜냐하면 칸트에 따르면 대상 자체의 인식은 언제나 불가능한 관계로 도식 생산의 준거가 되는 개념이 있을 수 없기 때문이다.

즉 도식 생산의 경우에는 상상력의 목적이 개념에 있었다면, 이제는 목적이 되어야 할 개념 자체가 성립 불가능하며, 그런 한도에서 우리는 이 경우의 상상력을 가리켜 목적 없는 상상력, 혹은 도식에 얽매이지 않는 자유로운 상상력이라고 부를 수 있을 터, 바로 이 점에서 우리는 목적 없는 상상력의 암묵적 목적이 바로 대상 자체임을 시사 받을 수 있다. 그리고 이에 준해 우리는 말할 수 있을진대, 자유로운 상상력은 비록 목적 없는 상상력이라고 불리긴 하지만, 그렇게 불리게 된 이유는 기실 그 목적을 대상 자체에 합당한 이미지의 구상에 두고 있기 때문이며, 또한 대상 자체가 인식의 궁극적 목적인 이상, 우리는 그 원리를 목적 없는 합목적성으로 규정해도 좋을 것이다. 바꿔 말해, 자유로운 상상력에 의해 주도되는 판단은 비록 대상을 개념적으로 규정하지는 못하지만 도식에 매인 인식판단에 비해 대상 자체를 훨씬 더 깊고 보편적으로 이해하게끔 만들어 주며, 나아가 인식의 목적과 상상력의 목적이 자유로운 상상력의 합목적적 이미지에 즉해서 일치하는 이상 우리는 이 경우를 가리켜 상상력과 오성이 조화를[7] 이룬 상태라고 불러도 무방할 것이다. 상상력이 유희하면 우리에게는 수많은 판타지들이 떠오른다. 그중에는 상상력과 오성의 조화를 의미하는 판타지도 있을 것이고 그런 조화와는 무관한, 즉 공상이나 망상과 같은 판타지도 있을 것이다. 만일 상상력의 자유로운 유희가 고삐 풀린 망아지와 같은 마구잡이의 날뜀을 의미한다면, 상상력과 오성이 조화를 이루는 합목적적 이미지는 산출될 수 없다. 그런 까닭에 칸트의 경우 상상력의 자유로운 유희가 합목적성을 원리로 삼는다면, 이러한 유희는 나아가 상상력과 오성의 자유로운 유희를 의미하는 것이다. 그리고 상상력과 오성이 자유롭게 유희하는 가운데 양자가 조화를 이루는 상태, 바로 이 합목적적 상태는 상상력의 주도하에 대상 자체의 인식을 목적으로 삼는 오성의 욕구가 어느 정도 해소되는 순간인 까닭에 우리에게 만족감으로 감지되며, 칸트는 이를 가리켜 미적 만족감이

7 참조. KU. § 9.

라고 부른다. 따라서 미적 만족감은 상상력과 오성의 자유로운 유희에 따르는 대상판정의 결과이며, 그런 한에서 흔히 미적 만족감으로 불리는 단순한 감각적 자극과 엄격하게 구분되어야 한다.

자연개념들이 상상력과 오성의 도식적 유희가 낳은 결과라면, 이제는 양자의 관계가 자유로운 유희로 되어야 하며, 그 결과는 대상 자체에 합당한 이미지의 구성이다. 도식적 유희의 경우에는 상상력이 오성에 봉사하는 역할을 하기 때문에 개념이 산출되지만, 자유로운 유희의 경우에는 상상력이 주도적 역할을 담당하기 때문에 이미지가 구성되는 것이다. 그리고 자유로운 유희야말로 대상 자체로의 접근을 가능케 해준다는 점에서 인식의 본질을 잘 반영한다.[8] 그러기에 칸트는 상상력과 오성의 자유로운 유희가 "인식 일반"[9]을 구성한다고 보며, 이에 따라 규정된 인식을 생산하는 규정적 판단

---

8 참조. KU. Einleitung, S. XXVI 이하. 대상 자체의 통일성에로의 접근이 반성적 판단력의 목적임을 칸트는 대략 다음과 같이 설명하고 있다. 오성이 산출하는 자연법칙들은 추상적인 관계로 자연 자체의 특수한 법칙들을 전부 설명할 수 없다. 오성의 입장에서 보면, 이 설명되지 않는 부분은 "우연자"로 남는다. 그러므로 우리가 자연의 전체를 이해하는 눈을 갖고자 한다면, 우리는 우리의 오성으로서는 알 수 없는 "다양의 통일성이라는 원칙을 필연적인 것으로서" 간주함과 동시에 '우연자의 논리'라고 부름직한 이에 적합한 방법을 발견해야만 한다. 우리는 이러한 통일성을 인식할 수는 없고 다만 "마치 어떤 하나의 지성이 (비록 우리의 지성은 아니지만) 그 통일성을 우리의 인식능력들에게 — 이 능력들이 특수한 자연법칙들에 따르는 경험의 체계를 가능하게 만들 수 있도록 — 도움을 줄 요량으로 (자연에; 필자 삽입) 부여했기라도 한 양" 생각해야만 한다. 우리의 지성이 아닌 지성, 가령 신적 지성과 같은 것이 자연에 부여한 통일성의 원리를 우리로서는 "마치 …… 했기라도 한 양"이라는 한계 내에서 생각할 수밖에 없는 이상, 우리는 자연을 객관적으로 규정하는 일에 반성적 판단력을 동원할 수는 없지만, 자연개념들의 유한성을 넘어 통일성으로 향하고자 할 때에는 반드시 반성적 판단력을 필요로 한다.

9 이 점에 관해 칸트는 『판단력비판』에서(KU. § 9. 29쪽) 다음과 같이 쓴다. "하나의 취미판단이 갖는 표상 방식의 주관적인 보편적 전달가능성은 어떤 특정한 개념을 전제함이 없이 성립해야 하는 까닭에 상상력과 오성의 자유로운 유희에서 (인식 일반에 대해서도 요구되는 바이지만, 이들이 서로 조화하는 한) 나타나는 심정 상태 이외의 다른 어떤 것일 수 없다. 왜냐하면 우리는 인식 일반에 적합한 주관적인 이 관계가, 모든 규정적 인식이 그러하듯이, 만인에게 타당하며 따라서 보편적으로 전달 가능해야만 하리라는 사실은 의식하기 때문인데, 실상은 규정적 인식도 주관적 조건의 면에서는 언제나 같은 관계에서 기인하는 것이다." 우리의 문맥에서 보자면 이 구절은 아래와 같이 이해될 수 있다. 취미판단은 (혹은 미적 판단은) 비록 주관적 감정에 따르는 판단이지만 인식 일반의 조건인 상상력과 오성의 자유로운 유희를 근거로 삼는 판단이기 때문에 만인에게 보편적으로 전달가능하다. 그리고 모든 규정적 인식도 (즉 자연개념도) 역시, 비록 직접적으로는 도식이 개입된 상상

력보다 그 인식의 한계를 넘어 가는 반성적 판단력(혹은 미적 판단력)을 더욱 본질적인 것으로서 간주한다. 이렇게 보면 우리가 미적 판단력을 통해 얻는 대상의 미적 인식은 비록 그 형식이 개념이 아니라 이미지에 머물긴 하지만 자연 개념들보다 대상 자체에 한층 더 가까이 다가서 있으며, 그런 한도에서 한층 더 총체적인 것이다.[10]

이렇게 보면 미적 판단력은 자기지양적 유한성을 통찰하는 능력이자 자기지양을 실현하는 능력이다. 그러므로 미적 판단력은 있으면 좋고 없어도 그만인 잉여적 능력이거나 단순히 감각적 감수성에만 의존하는 능력이 아니라, 이를 훨씬 넘어 우리로 하여금 오성적 인식의 저편을 표상케 해주며 이를 통해 자유 이념을 내적으로 지지(支持)하도록 해주는 능력, 즉 근대적 인성이 필수불가결하게 구비해야 하는 능력으로 자리매김한다. 다시 말해, 그것은 우리로 하여금 자유의 존립을 궁극적으로 확신케 하는 능력이자, 나아가 예술의 경우가 그렇듯 질료에 즉한 이념의 실현가능성을 증명하는 능력이며, 또한 객관적으로 규정되지 않는 이념을 목적으로 삼는 대상합목적성, 즉 미를 판정하는 능력인 것이다. 우리의 심정 속에서 이러한 판단력의 가능성을 발견하고 그에 관한 이론을 주관철학적으로 확립한 점은 칸트 미학의 지대한 공로이다. 그럴진대 우리는 근대정신을 대변하는 칸트 철학의 전 체계가 『판단력비판』을 통해 화룡점정(畵龍點睛)의 의식을 마친다고

력과 오성의 유희가 야기한 결과이긴 하지만, 본질적으로는 인식 일반이 성립하기 위한 주관적인 조건, 다시 말해 상상력과 오성의 자유로운 유희를 근본에 두는 것이다. 이 점에서 우리는 자연개념의 본질이 자기지양적 유한성에 있음을 다시 한번 확인할 수 있다.

10 이러한 미적 판단력은 인식확장의 원리가 됨은 물론 우리의 감정의 원리로도 될 수 있다. 왜냐하면 우리가 한 사태에 즉해 느끼는 모든 감정이 미적 판단력을 따르는 것은 아니지만, 감정에 따르는 판단이 개념의 개입을 금지한 상태에서도 보편적으로 전달 가능하려면, 그 때에는 인식능력들이 "인식 일반"의 경우와 꼭 같이 작용해야 하기 때문이다. 즉 상상력과 오성의 자유로운 유희가 우리에게 비록 객관적 개념을 주지는 못하지만 개념보다 더욱 보편적인 대상 자체의 표상을 주듯이, 상상력과 오성의 조화에서 비롯하는 미적 만족도 자유로운 유희를 전제로 삼는 까닭에 보편적으로 전달 가능한 것이다. 따라서 참된 취미판단은 미적 · 반성적 판단력을 기조로 삼는다. 그러나 이 점에 관한 상세한 서술은 이 글에서는 생략할 것이다.

말해도 좋으며, 그런 이상 이 저작은 그의 철학의 백미로 불려 손색이 없을 것이다.

3. 독일 근대미학 일반의 방법 – 총체성의 구성을 위한 종합

이와 같은 미학의 의의는 자연히 그 방법론의 구성과 직결된다. 물론 칸트 미학이 독일 근대미학의 유일한 전형은 아니지만, 그러나 미학에 대한 칸트의 근본 시각은 이미 바움가르텐의 미학에서도 싹트고 있으며, 또한 이후 대부분의 근대 독일미학에 수용되는 까닭에 우리는 독일 근대미학의 방법론을 일반적으로 논의함에 있어서 다시 한번 칸트를 기점으로 삼아도 좋을 것이다.

일단 앞서 이야기된 바를 다른 말로 요약해 보자. 자연개념들은 감성과 오성이 결합함으로써 비로소 산출 가능하다. 그리고 감성은 자연과 직접 관계함으로 자연개념들은 적어도 감성적 대상으로서의 자연에—비록 이것이 자연의 총체성을 대변하는 것은 아니라고 해도—실현 가능하다. 그러나 자유개념의 경우는 그 개념을 산출하는 이성이 감성과 직접 연관성을 갖지 않기 때문에 그 실현가능성은 결코 보장될 수 없으며, 나아가 이러한 보장이 없다면 자유개념의 주재자인 이성과 그것을 근간으로 삼는 근대의 도덕철학은 한낱 공허한 추상에 그칠 위험을 피하기 어렵다. 즉 이성과 감성의 거리가, 이와 더불어 이성과 오성의 거리가 분명하게 의식될수록 그 총체성의 파악을 위한 종합의 방법도 그만큼 더 절실하게 요구되는 것이다. 자연개념들과 자유개념 사이의 거리가 "건널 수 없는 괴리"[11]로까지 비치는 바로 그곳에서 칸트는 자유개념으로 다가가는 통로로서 미적 정신(즉 미적 판단력)을 발견한다. 그는 미적 정신을 자연과 자유, 감성과 이성의 매

---

11 KU. Einleitung, S. XIX.

개자로 추천하며, 이와 함께 근대의 이성을 오성과 (좁은 의미의) 이성으로 양분함에 그치지 않고 여기에 양자의 종합으로서의 미적 정신을 추가한다. 이렇게 보면 미적 정신은 종합적 정신이며, 또한 이 종합을 통해 근대의 이념인 자유의 정당성을 보증하는 바, 그런 까닭에 미는 도덕과 자유의 상징으로 간주될 수 있는 것이다. 그렇기 때문에, 감언(敢言)하건대, 근대의 정신적 조건에 비추어 보면 미적 정신이 결여된 도덕적 실천과 과학적 사유는 결코 이상적인 것이 될 수 없다. 즉 그러한 도덕적 실천은 도덕률에 대한 맹종일 수는 있어도 결코 그 자의식적인 준수는 될 수 없으며, 또한 그러한 과학적 사유 역시 기존의 법칙들에 따르는 기계적 사유는 될 수 있어도 결코 그 확장을 기하는 창조적 사유는 될 수 없는 것이다. 더욱이 미적 정신이 자연개념들과 자유개념을 미적으로 매개하며 이로써 자연에 대한 자유개념의 실현가능성이 비로소 담보된다면, 자연의 총체성을 대변하는 것은 오성이나 이성이 아니라 미적 정신이다. 객관적이지만 유한한 자연개념들이나 무한하지만 주관적인 자유개념에 비해 미는 객관적으로 현상하면서도 또한 무한한 것이다. 미는 유한한 자연개념들에 비해 더욱 보편적 · 총체적이며, 주관적 · 추상적인 자유개념에 비해 더욱 객관적 · 구체적인 것이다.

그럴진대 우리는 『판단력비판』에 의거해서 근대정신의 궁극을 미적 정신으로 이해해도 좋을 것이다. 심지어 미적 정신은 우리의 지성과 우리의 지성이 아닌 "어떤 지성", 즉 신적 지성(각주 8 참조)의 교감을 가능케 한다. 그러기에 니체와 같은 철학사는 미를 경험하는 순간을 신성 현현(Epiphanie)의 순간으로 부르기도 하는 것이다. 미적 정신은 도식이 개입된 경험적 개념을 완결된 개념으로 간주하지 않는 까닭에 사태를 개념적 · 법칙적으로 이해함에 만족하지 않는 비판적 정신이다. 미적 정신이 느끼는 참된 만족은 오성을 넘어 이성으로 향하는 마음에서, 즉 오성이 상상력과 조화함으로써 비롯하는 것이다. 따라서 미적 정신이 지향하는 바는 오성을 존중하되 오성에 의해 파악된 개념, 규칙, 법칙 등등에 무반성적으로 매여 판단하기를 거부하는, 자유롭고도 반성적인 정신이며, 또한 주어진 개념의 한계와 유한성을 인식하고 이를 넘어 한층 더 보편적인 국면을 창출하고자 노력하는 창조적이며 역동적인 정신이다. 그러므로 미적 정신은 지성의 비판자이자 인도자이다. 그것은 지성을 끊임없이 자극하여 한층 더 보편적인 개념으로 향하도록 이끌고, 그리하여 개념체계가 지속적으로 확장되게끔 만들며, 나아가 이를 통해 개념체계의 정점에 존재할 법한 무한한 통일적 이념을 지성에게 표상하도록 만든다. 미적 정신을 통한 이념의 이러한 이해를 우리는 이념의 미적 인식으로 부를 수 있을 터, 그 이념은 지성에 의해 개념적으로 규정된 이념이 아니라 지성의 지평이자 자기지양적 유한자로서의 인간에게 늘 새로운 장을 열도록 자극하는 자유로운 정신의 상징으로서의 이념이다. 그러기에 이념의 미적 인식은, 즉 미적 이념은 우리에게 정식화된 법칙이나 규칙으로서 현전하지 않고 대신 법칙보다 훨씬 풍부한 내포를 갖는 예술적 이미지를 통해 구현되는 것이다. 이렇게 보면 『판단력비판』의 주제는 미의 판단이 아니라 미적 판단이며, 전자는 후자의 한 유형에 그치는 것이다.

근대정신이 무한한 이념을 표상하려면 반드시 미적 정신을 구비해야만 한다. 칸트가 말하듯, 인간은 자신의 지성을 사용하는 용기를 가짐으로써 스스로를 계몽하여 근대의 여명을 열었다. 그러나 근대가 성숙해감에 따라 처음에는 무소불위(無所不爲)인 양 비쳤던 지성의 능력도 그 한계가 점차 인식되었으며 이와 함께 오성의 개념들이 결코 자유개념으로 확장될 수 없음이 분명해짐에 따라 자유의 타당성에 대한 요구도 그만큼 더 절박해졌다. 그리고, 재차 말하거니와, 오성개념의 유한성과 자유개념 사이의 거리가 "건널 수 없는 괴리"로까지 비치는 바로 그곳에서 근대정신은 자유로 다가가는 다리로서 미적 정신을 발견한 것이다. 이렇게 보면 미학의 방법은 자연과 자유, 오성과 이성을 종합하려는 시도 속에서 발견되어야 한다. 독일 근대미학 일반의 방법론은 바로 이러한 종합의 정신에 그 본질을 둔다.

이러한 종합은 철학자에 따라 다양한 형태로 나타날 수 있다. 하나의 실례로서 헤겔의 경우를 살펴보자. 주지하듯 헤겔은 칸트 철학을 오성철학(Verstandesphilosophie)으로 규정한다. 여기서 오성철학이란 오성과 이성의 분리 및 자연개념과 자유개념의 분리를 견지하는 철학이란 뜻이다. 헤겔이 보기에 칸트 철학은 오성과 이성의 이율배반을 문제로 삼기는 하지만 양자의 완전한 통일을, 즉 "오성적 이성" 혹은 "이성적 오성"[12]으로 불림직한 절대정신의 이해를 성취하지 못한 철학이며, 그러기에 절대정신에 의해서만 가능한 자유의 객관적 개념파악이 칸트의 경우에는 불가능한 사안으로 규정되는 것이다. 반면 헤겔은 변증법적 방법론을 제창함으로써 절대정신의 의식이 인간에게 가능함을 주장하며, 절대정신이 실현되는 세 유형으로서 예술, 종교, 철학을 거론한다. 이에 따라 헤겔은 이들의 차이를 이념을 중심으로 규정하여, 예술은 이념의 감각적 가상이며, 종교는 이념의 주관적 표상이며, 철학은 이념의 개념적 파악이라고 정의한다. 이 중 예술은 이념을 객관적으로 표현하되 감각적 가상이라는 한계를 갖는 데 비해 철학은 이념을 이념 자체의 형식인 개념을 통해 표현하는 바, 바로 이 개념이 칸트의 경우에는 불가능한 것으로 이야기되었던 객관적 자유개념에 해당하는 것이다. 이렇게 보면, 칸트의 경우에는 미적 정신이 근대정신의 궁극이며 헤겔의 경우에는 철학적 정신이 그 자리를 대신한다는 차이가 있기는 하지만, 미적 정신이 자유로 다가가는 다리로서 이해된다는 점은 양자에게 공통적이다. 즉 비록 칸트가 변증법의 타당성을 부정하기는 해도, 『판단력비판』을 통해 오성과 이성의 미적 종합을 시도하는 점을 고려할 때 칸트도 역시 변증법을 주창하는 헤겔과 근본 의도를 함께 나누고 있음에 틀림없으며, 그러기에 우리는 칸트든 헤겔이든 막론하고 그들 미학의 방법을 종합적 방법으로서 이해할 수 있는 것이다.

이러한 방법의 필요성이 대두하게 된 원인은 귀기본(歸其本)하면 근대적

12 G. W. F. Hegel, *Wissenschaft der Logik. I*, Theorie Werkausgabe Bd. 5, Suhrkamp, S. 17.

인본주의에 있다. 즉 미학의 탄생을 시사하는 조짐은 이미 인본주의가 싹트는 르네상스 시대부터 보이는 것이다. 이 시대는 인간이 자의식에 눈뜨는 시대이자, 과거의 신학적 · 종교철학적 권위가 비판되기 시작하는 시대이다. 이러한 비판은 인간의 개별성의 강조와 함께 천재, 상상력, 그리고 독창성의 존중으로 이어지며, 아울러 예술가를 기술자로 평가하는 관례도 사라진다. 그러나 르네상스 시대의 현실적 변화가 미학을 통해 철학적으로 이해되기까지는 오랜 시간이 요구되었다. 근대미학에 대한 논의의 발단은 멀리 잡을 경우라도 데카르트를 넘지 못한다. 물론 데카르트의 방법적 회의가 있기 이전에도 과거에 대한 비판은 이미 거세었으며, 그리하여 예컨대 그라시안은 심지어 도덕적 행위와 관련해서도 기존의 도덕적 규범에 의거한 판단을 물리치고 취미를 통한 판단을 강조한다. 이와 같은 취미 만연(蔓延) 현상은 한편으로는 물론 시대정신을 예리하게 감응한 결과이겠으나, 다른 한편으로는 낡은 것을 허물어뜨리는 새로운 시대의 실체를 아직 철학적으로 파악하지 못한 일종의 혼돈에서 연유하는 결과이기도 하다. 시대의 새로움에 대한 철학적 초석을 다진 인물이 바로 데카르트이다. 주지하듯 그는 수학적 이성을 진리 판단의 근거로서 삼는다. 이것은 인간의 이성이 진리의 근본임을 선포하는 대단한 철학사적 발전이다. 그는 또한 정념과 같은 비이성적 정신 현상도 긍정적으로 평가한다. 비록 이러한 평가가 수학적 이성의 권위에 가려 후속 연구를 제대로 촉발하지는 못했지만, 어쨌든 그에게서도 미학의 탄생을 위한 기미가 미약하게나마 감지되는 것은 사실이다. 전체적으로 보아 데카르트 사상이 인본주의에 의해 각인되었음은 의심할 바 없지만, 인간의 개별성에 관한 사유는 그에게서 아직 맹아의 수준에 머물고 있다. 당시의 프랑스는 문화적 · 예술적인 면에서 미학의 탄생을 위한 뛰어난 호조건을 갖추었던 국가임에도 불구하고, 너무도 강력한 수학적 이성의 영향으로 인해 결국 그 공로를 독일에게 넘겨주고 만다.

프랑스에서는 미학을 둘러싼 본격적 논의가 수학적 이성 자체의 비판과 더불어 출발한다. 우리는 이러한 논의를 17세기 후반에서 18세기 초엽에 걸쳐 있었던 프랑스의 신구논쟁에서 찾아 볼 수 있다. 예술의 해석을 둘러싸고 벌어진 신구논쟁은 데카르트 식의 이성과 파스칼 식의 정감론의 충돌에서 발단한다. 이것은 분명 인간에게 내재하는 이원성이 좀더 적극적으로 사유되기 시작했다는 증좌이다. 진정한 인본주의는 인간의 합리적 요소와 비합리적 요소 중 어느 하나도 유기함이 없이 그 통일성을 파악해야 성립 가능하며, 그때 비로소 근대의 시대정신은 참된 자기파악을 위한 바탕을 마련할 수 있다. 신은 감성에 얽매이지 않으며 짐승에게는 이성이 없기에 이러한 통일성은 인간 고유의 것이다. 따라서 개별성이 제외된 보편성이나 보편성을 도외시하는 개별성의 강조는 인본주의와는 무관한 것이다. 나아가 근대적 인본주의는 개별성의 입장에서 보편성을 추구하는 방향을 취한다. 그러므로 개인주의는 근대적 인본주의의 특징이되, 그 핵심을 이루는 것은 사적(私的) 개인에서 보편적 개인으로의 자기함양이다. 그러나 신구논쟁은 인간에게 내재하는 두 가지의 상충적 요소를 부각하는 일에는 성공했으나 그 완전한 종합에 도달하지는 못하였다. 미학의 문제는 의식하였으나 그 원리의 발견에는 아직 제대로 다가가지 못한 것이다. 하지만 그럴망정 신구논쟁을 통한 근대정신의 자기 분화는 근대의 성숙을 알리는 징표이다. 그리고 이러한 분화 과정에서 무엇보다 눈여겨봐야 할 것은 인간의 보편적 이성 이외에도 개별적 감성이 함께 강조되고 있다는 사실이다.

그러나 독일은 프랑스와 사정이 달랐다. 이미 라이프니츠에게서 장차 미학의 종합적 방법을 필히 불러올 철학적 문제 상황이 일목요연하게 드러난다. 미분을 창시한 라이프니츠는 개체의 총체성이 인간이 만든 개념을 통해 인식될 수 없음을 의미하는 중세의 명제("Individuum est ineffabile")에 맞서서 개체와 개념 간의 거리가 미분소를 통한 분할에 의해 무한히 축소될 수 있다고 주장함으로써 그 거리에 기반을 두는 종교적 권위를 축소하고 대신 인간 이성의 범위를 확장하고자 시도한다. 그러나 양자의 거리의 무한 축소가 곧 영을 의미하지는 않는 이상, 개체의 총체성과 개념의 규정성 사이에는 여전히 간격이 엄존한다. 라이프니츠 학파에 속하는 바움가르텐은 자신의 『미학』을 통해 바로 이 간격을 메우고자 시도하는 바, 이렇게 보면 그에게 있어서 미학은 개체의 총체성과 개념의 유한성을 이어주는 학문이며, 이것은 근본적으로 칸트의 의도와 정확히 상응한다. 뿐만 아니라 칸트의 경우 미적 판단력의 원리인 합목적성은 오성의 합법칙성과 이성의 궁극목적을 매개하는 원리임은 이미 서술한 바이며, 헤겔 미학의 중심개념인 예술미의 가상도 역시 직접성과 직접성의 내면을 파고드는 내적 반성(Reflexion in sich) 사이의 변증법적 종합인 바, 그의 미학이 종합적 방법에 토대를 두고 있음은 엄연한 사실이다. 이 점에서는 예술철학을 자연철학과 정신철학의 종합으로 보는 셸링이나, 미적 정신의 발로인 유희충동을 자유충동(혹은 형식충동)과 소재충동의 종합으로 보는 쉴러, 혹은 미학을 과학과 형이상학의 사이에 위치시키는 쇼펜하우어도 예외가 아니다. 이러한 미학적 방법을 통해 비로소 인간의 본질은 감성과 이성의 통일인 것으로 제대로 의식되며, 아울러 감성의 의미가 재평가된다. 그리고 미적 인식이 과학적 인식과 구분되는 자신의 독자적인 위상을 확보함에 따라, 우리는 과학적 인식의 자기지양적 유한성을 더욱 분명하게 의식하며, 또한 자연과학 법칙의 보편성보다 한층 높은 보편성을 확신함으로써 오성의 월권을 막을 수 있는 눈을 얻게 되었다. 원래 인간의 수호신을 의미하는 라틴어 genius가 미적 정신의 정점인 천재로 의미전이 된 까닭도 이런 면에서 충분한 이유가 있다. 즉 자연을 미적으로 인식하는 자는 오성의 월권을 막아 주는 인간 문명의 수호자이며, 추상적 이념으로서의 자유에 생명력을 불어 넣는 자이며, 또한 인간을 구체적 인간으로서 바라보는 자인 것이다.

4. 결론

독일 근대미학에 의해 확립된 미적 정신의 의의는 후일 과학과 기술의 발전에 압도되어 현실적으로 상당 기간 백안시된 것이 사실이다. 하지만 적어도 시대 선도적인 철학자들은 그 의의를 항상 염두에 두고 있었으며, 또한 과학문명이 유례없이 빠르게 발전하는 오늘날 미학을 요청하는 목소리도 더불어 커지고 있음을 감안할 때 이들의 통찰이 결코 헛된 것이 아님을 우리는 알 수 있다. 더욱이 현대는 이성의 보편성이 의심받고 보편성과 무관한 개별성이 날이 갈수록 강조되는 다원주의 시대이다. 심지어는 예술마저도 언제부턴가 보편적 이념의 표현이기를 거부하고 예술가 개인의 명함 정도의 지위에 자족하고 있다. 그러나 만일 그러한 다원주의가 단순히 통일성이 결여된 산개(散開)만을 의미한다면, 이는 결코 바람직하지 않다. 왜냐하면 그것은 헤겔의 말처럼 "온갖 장식으로 치장되었으되 정작 신은 거하지 않는 사원"[13]과 같은 모습일 것이기 때문이다. 그러므로 설령 근대적 이성의 보편성에 대한 현금의 비판이 정당하다손 치더라도, 그 궁극적 대안은 지나간 시대의 보편성을 해체하는 작업에 그쳐서는 안 되며 오히려 새로운 종류의 보편성을 정립하려는 노력에서 성립해야 한다. 이 점에서 개별과 보편의 매개를 목표로 삼는 독일 근대미학의 종합적 방법은 우리에게 시사하는 바가 크다. 비록 우리가 이성의 보편성이 부정당하는 산개된 다원주의 시대를 살아가지만, 그리고 비록 새로운 이념의 규정이 지난한 일이긴 하지만, 독일의 근대미학이 그러했듯 우리는 그 첫걸음으로서 이념의 존재에 대한 향념과 확신을 가져야만 하며, 또한 그러기 위해서는 개별에서 보편으로 나아가는 미적 정신의 함양을 필히 기해야만 한다. 다시 한번 말하거니와, 독일 근대미학은 미적 정신을 결코 있으면 좋고 없어도 그만인 잉여적 능력으로 간주하지 않는다. 과연 독일 근대미학자들이 무엇 때문에 새로운 학문을 창안해야 하는 어려움을 마다하지 않으면서까지 미적 정신이라는 새로운 종류의 정신을 주창하려 했는지, 우리는 이 시점에서 그 의미를 깊게 되새겨 보아야 할 것이다.

13 G. W. F. Hegel, 앞의 책, S. 14.

더 읽을거리

라이프니츠, 『단자론』

쇼펜하우어, 『의지와 표상으로서의 세계』

쉴러, 『인간의 미적 교육에 관한 편지』

칸트, 『순수이성비판』

헤겔, 『정신현상학』

칸트*

하선규

1. 들어가는 말

근대 철학적 미학의 형성에 있어 칸트(I. Kant)가 차지하는 중요성을 부인할 사람은 아무도 없을 것이다. 칸트의 제3비판서 『판단력비판』[1] 속에는 프랑스 계몽주의 사상과 고전주의 시학(루소, 보왈로, 바토, 부우르, 뒤보), 독일 강단철학(라이프니츠, 볼프, 바움가르텐, 마이어, 슐처, 멘델스존), 영국 경험론(섀프츠베리, 허치슨, 버크, 흄), 나아가 독일 계몽주의 시학 및 예술이론(고체트, 빙켈만, 레싱) 등 다양한 근대사상의 성과와 모티프가 통합, 지양되어 있다. 『판단력비판』이 오늘날 철학적 미학의 '원전' 으로 불리는 것은, 단지 "프랑스혁명을 이념적으로 미리 선취한 사상가"(하이네)에 대한 존경의 표시가 아닌 것이다.

---

* 이 글은 2005년 12월 『미학』 제44집에 발표한 논문 「미감적 경험의 본질적 계기에 대한 분석: 칸트 미학의 현재성에 대한 시론」을 토대로 확장, 보완한 글임을 밝혀 둔다.

1 이하 칸트 주요 저작의 인용은 관례에 따라 『순수이성비판』(KrV), 『도덕형이상학정초』(GMS), 『실천이성비판』(KpV), 『판단력비판』(KU) 등의 약어와 쪽수를 표기하며, 쪽수만 표기한 경우 『판단력비판』을 의미한다. 이른바 '제1서론' 은 약어(EE)와 로마숫자로 단락을 표시하고, 다른 출간된 저작은 바이쉐델판(ed. Wilhelm Weischedel, Werkausgabe, 12 Bde, F/M, 1957ff.)에 따라 권수와 쪽수로 인용한다.

하지만 『순수이성비판』(1781) 이후의 이른바 '비판적 시기'에 집필된 다른 저작들과 마찬가지로, 제3비판서(1790) 또한 짧은 기간에 구상되고 쓰여진 텍스트가 아니다. 그것은 늦어도 1750년대 중반까지 그 흔적을 좇아 올라갈 수 있는, 오랜 기간 동안 이루어진 미학적 문제에 대한 고민의 결과이다. 칸트는 젊은 시절부터 인간의 인식과 실천, 경험과 판단에 있어서 감정의 의미와 중요성에 대해 주목하고 있었을 뿐 아니라, '취미(Geschmack)', '가상(Schein)', '유희(Spiel)' 등 제3비판서에 등장하는 심미적(ästhetisch) 판단의 중요 개념들에 대해서도 지속적으로 논의해 왔다.

우리는 이제 『판단력비판』의 주요 분석과 논점을 통해 칸트 미학의 중요한 성취와 현대적 의미를 서술해 보고자 한다. 우리의 서술은 텍스트에 대한 내재적인 이해를 바탕으로, 현대 미학적 논의의 관점에서 이들 분석과 논점의 다양한 해석의 가능성을 살리는 데 주안점을 둘 것이다. 또한 필요한 대목에서 이들 분석과 논점이 함축하고 있는 인식비판적 내지 문화철학적 전망을 부각시키고자 시도할 것이다.[2]

2. 『판단력비판』의 성취와 유산

가. 『판단력비판』 미학적 논의의 개요

1790년에 출간된 『판단력비판』은 서언과 서론에 이은 본론이 전체적으로 「심미적 판단력 비판」과 「목적론적 판단력 비판」의 두 부분으로 이루어져 있다. 오늘날의 독자는 이렇게 두 부분이 통합되어 있다는 데에 매우 낯설게 느끼지 않을 수 없다. 제3비판서는 아름다움과 숭고함에 대한 심미적 판단의 선험적 근거, 살아 있는 자연(유기체)에 대한 판단의 인식비판적 분석, 세계 전체를 통일적인 체계로 보는 목적론적 고찰, 자연신학, 도덕신학

2 Gerhardt, V. & Kaulbach, F., *Kant*, Darmstadt, 1989, pp. 98-113 참조.

등을 포괄한 신학적 담론 등 다양할 뿐만 아니라 이질적인 주제들을 함께 다루고 있는 것이다.[3]

이러한 저작의 복합적 성격과 관련하여 상기해야 할 것이 바로 제3비판서의 서론이다. 칸트는 『판단력비판』을 위해 서론을 두 번 집필했다. 흔히 '제1서론(Erste Einleitung)'이라 불리는 첫 번째 서론은 "철학 일반에 관하여"라는 제목을 달고 있는데, 그는 이 서론이 너무 장황하고 길다고 느껴, 좀 더 짧은 서론을 다시 써서 출간된 저작에 붙였다.[4] 이 두 개의 서론은 완숙기의 칸트가 생각한 철학 전체의 구도, 체계적 전체 혹은 특수자들의 체계성을 지향하는 철학적 인식, 반성적 판단력 고유의 초월적 원리인 자연의 형식적 합목적성, 심미적 판단력과 목적론적 판단력의 본질적 구분, 이론(자연)과 실천(자유)의 영역을 매개하는 판단력의 체계적 의미 등 『판단력비판』 저작 전체의 철학적 · 이론적 위상과 연관된 문제들을 매우 포괄적인 전망에서 서술하고 있다. 이들 서론이 「심미적 판단력의 분석론」이 전개하는 개별 논점을 이해하는 데 얼마나 필수적인가에 대한 논란과 상관없이,[5] 제3비판서를 적절히 해석하고 평가하는 데 있어 이 두 텍스트는 여전히 중요하다. 특히 저작의 주제적 통일성과 광범위한 파급효과, 다시 말해 『판단력비판』이 피히테, 쉴러, 괴테, 셸링, 헤겔 등 후대 사상가들에 미친 깊은 영향력을 이해하려면 반드시 이 두 개의 서론을 심층적으로 이해해야 한다.

미학적 논의를 담고 있는 「심미적 판단력 비판」(§§1-60)의 전체 구성은 앞선 두 비판서인 『순수이성비판』(1781) 및 『실천이성비판』(1788)과 대동소이하다. 심미적 판단의 두 형태인 아름다움과 숭고함에 대한 「심미적 판단력의 **분석론**」(§§1-29)에 이어 「순수한 심미적 판단의 **연역론**」(§§30-54)이 전개되며, 그 다음으로 「심미적 판단력의 **변증론**」(§§55-59)과 「취미의 **방**

3 특히 KU. 359-476을 보라.

4 이에 대해선, Cassirer, E., *Kants Werke*, Bd.V, pp. 581-590.

5 대표적으로 Kulenkampff, J., *Kants Logik des ästhetischen Urteils*, Frankfurt/M, 1978, pp. 32-56; Fricke, Ch., *Kants Theorie des reinen Geschmacksurteils*, Berlin/New York, 1990, pp. 98-111 참조.

법론」(§60)이 뒤를 잇고 있다.

하지만 이들 각 부분의 내용을 좀 더 자세히 들여다보면 이러한 체계적 구성이 큰 의미가 없음을 인식할 수 있다. 「연역론」, 「변증론」, 「방법론」이 「분석론」에서 다루어진 숭고함에 대한 심미적 판단을 배제하고 있고, 천재론 및 예술에 대한 정의와 분류에 대한 논의가 「연역론」 안에 포함되어 있으며, 「방법론」도 단 하나의 절로서 「변증론」의 짧은 보론에 불과한 모습을 보여 주고 있는 것이다.

「분석론」(§§1-29)의 첫 부분인 「미의 분석론」(§§1-22)에서 칸트는 네 가지 오성 범주인 질(Qualiät), 양(Quantität), 관계(Relation), 양상(Modalität)에 따라 취미판단의 본질적 특징들을 찾아내고, 그 이론적 위상과 함의를 분석하고 있다. 뒤에 살펴보겠지만, 이 분석 과정의 중심에 서 있는 문제는 보편타당성의 정당화 문제, 즉 취미판단이 요구하는 보편타당성의 가능성을 주체철학적으로 해명하고 정당화하는 문제이다.

다음으로 「숭고의 분석론」(§§23-29)은 먼저 취미판단과 숭고함에 대한 심미적 판단 사이의 공통점과 차이점, 숭고함의 감정이 지닌 고유한 성격을 분명히 한 후(§§23-24), 숭고함을 '수학적 숭고'(§§25-27)와 '역동적 숭고'(§§28-29)의 두 종류로 구분하여 분석한다. '수학적 숭고'에서는 절대적인 '크기 내지 위대함'이, '역동적 숭고'에서는 무한한 '힘 내지 능력'이 숭고함의 심미적 경험에 있어 근본 개념으로서 부각된다. 「분석론」을 마무리하는 총주(KU. 113-131)에서 칸트는 쾌적함, 아름다움, 숭고함, 선함 등 감정적 판단들을 종합적으로 비교하면서 자유로운 판단력의 '순수한 심미적 판단'인 아름다움과 숭고함에 대한 판단의 인간학적 내지 문화적 의미를 다시 한번 강조한다.

이어지는 「순수한 심미적 판단의 연역론」(§§30-54)의 내용적 구성 또한 복합적이다. 그것은 엄밀한 의미에서 연역론에 해당되는 부분(§§30-39) 외에 공통감(共通感, sensus communis)으로서의 취미에 대한 보론(§40), 미에 대한 경험적 관심과 예지적 관심(§§41-42), 위에 언급했듯이 천재론 및 미적 예술에 대한 정의와 분류에 대한 논의(§§43-54) 등 다양한 주제를 포괄하고 있다.

다음으로 「심미적 판단력의 변증론」(§§55-59)은 우선 취미의 원리에 대한 정립과 반정립의 대립을 도출하고(§§55-56), 이러한 이율배반이 실제 모순이 아니라 단지 가상적인 대립임을 증명하여 이율배반을 해소한다(§57). 또한 57절은 두 개의 주석을 포함하고 있는데, 첫 번째 주석은 미학적 · 예술철학적으로 매우 중요한 미적 이념을 논의하고 있으며, 두 번째 주석은 심미적 이율배반을 이론철학과 실천철학에서의 이율배반과 비교하면서 그 각각의 의미를 종합적으로 논평한다. 이어 칸트는 심미적 판단력의 유일한 원리인 "자연과 예술의 합목적성"의 관념론(Idealismus), 즉 이 합목적성의 원리가 주관의 근원적인 능동성에 바탕을 두고 있다는 입장을 주창하며(§58), 나아가 미를 "도덕성의 상징"으로 부르면서 취미가 지향하는 예지적인 것의 차원, 이론적 능력과 실천적 능력이 통일된 초감성적 차원을 강조한다. 마지막으로 칸트는 짧은 「취미의 방법론」(§60)에서 취미의 포괄적인 문화(사)적 의미를 조망한다.

나. 감정적 근거와 논리적 · 인식적 판단과의 차별화[6]

칸트는 『판단력비판』 「심미적 판단력의 분석론」에서 아름다움에 대한 심미적 판단(취미판단)과 숭고함에 대한 심미적 판단, 이 두 종류의 심미적 판단(경험)이 계기들, 즉 이들 판단의 본질적인 특성들을 찾아내고 그 이론적 함의를 분석하고 있다. 칸트는 이들을 『순수이성비판』의 네 가지 오성 범주인 질(Qualität), 양(Quantität), 관계(Relation), 양상(Modalität)에 따라 체계화하여 다음과 같이 요약하고 있다.

6 이하 2. 나.-2. 바. 논의는 졸고, 「미감적 경험의 본질적 계기에 대한 분석: 칸트 미학의 현재성에 대한 시론」(『미학』 44집, 2005)을 다소 축약하여 재정리한 것임을 밝힌다.

- 질(Qualität): 취미란 어떤 대상 또는 표상 방식을 일체의 관심을 떠나서 만족 또는 불만족에 의하여 판정하는 능력이다(17).
- 양(Quantität): 미란 개념 없이 보편적으로 만족을 주는 것이다(32).
- 관계(Relation): 미는 목적에 대한 표상을 떠나 어떤 대상에서 지각되는 한에 있어서의 그 대상의 합목적성의 형식이다(61).
- 양상(Modalität): 미는 개념을 떠나 필연적인 만족의 대상으로 인식되는 것이다(68).

칸트가 심미적 판단의 특징으로 가장 먼저 부각시키고 있는 것은 판단의 감정적 근거이다. 그에 따르면 주관은 어떤 대상이 아름다운지 혹은 숭고한지를 구분하기 위해 대상에 대한 표상을 "인식을 위해 대상과 관련짓지 않고 주관의 쾌/불쾌의 감정"(3-4)과 관련짓는다. 심미적 판단이 대상의 개념이나 인식과 관련하여 아무런 가치가 없고, 오직 판단하는 주관의 감정적 상태만을 드러낼 뿐이라는 것이다. 심미적 판단은 "주관적 근거에 기인하는 판단이므로, 이 판단의 규정근거는 개념일 수가 없고"(46), 감각을 통해 느낄 수 있는 "심의능력들의 유희에 있어서의 합치(Einhelligkeit)의 감정"(47)이다. 하지만 심미적 경험이 자연 대상이든 예술작품이든 주어진 대상에 **직면**하여 일어난다는 것, 대상에 의해 즐거움이 **촉발**된다는 측면을 부인할 수 없지 않은가?

칸트 또한 이 점을 간과하지 않았음에 분명하다. 심미적 판단의 본질적 계기를 찾아내는 과정에서 "마치 대상의 성질인 것처럼"이란 문구가 자주 등장하는 것은(18, 20, 30, 136 etc.) 칸트가 아름다움과 숭고함이란 술어(predicate)의 독특한 성격을 직관적으로 감지했기 때문이다.[7] 또한 "상상력

7 cf. Sibley, F., Aesthetic and Nonaesthetic, in: *The Philosophical Review* 74, 1965, pp.135-159. 혹자는 숭고함에 대한 심미적 판단의 경우 이런 경향이 훨씬 미약하다고 주장할는지 모른다. 그러나 칸트가 숭고함의 대상연관과 관련, '일종의 환치(Subreption)', 즉 '우리 주관에 있는 인간성의 이념 대신에 외부의 자연대상을 경외의 대상으로 삼는 오류'

과 오성(혹은 상상력과 이성)의 자유로운 유희", "목적 없는 합목적성" 등 칸트 미학의 가장 핵심적인 논점들은 이러한 심미적 경험 대상의 고유한 존재성격 내지 대상성(Gegenständlichkeit)의 문제와 깊이 관련되어 있다고 봐야 한다.

칸트는 심미적 경험의 감정적 근거를 분명히 함으로써 그 이전 바움가르텐 미학의 '감성적 인식(cognitio sensitiva)'과 '의사이성(analogon rationis)'의 개념에서 한 걸음 더 나아가, 심미적 경험을 대상에 대한 인식판단 내지 도덕적 가치판정으로부터 원리적으로 차별화했다고 할 수 있다.[8] 베버(M. Weber)를 따라서 하버마스가 얘기하는 근대세계의 '가치영역의 세분화'[9]를 심미적 경험의 자율성과 관련하여 이론적으로 전개한 것이다.

다. 무관심적 즐거움(das interesselose Wohlgefallen)

칸트는 심미적 판단의 규정근거인 감정의 독특한 성격을 드러내기 위해 '무관심적' 내지는 '관심(사심) 없는(disinterested)' 즐거움이란 말을 사용한다. 그가 이 특징을 찾아내게 되는 배경은 주관의 감정에 근거한 판단의 범위가 매우 넓고 다양하기 때문이다. 칸트는 주관의 다양한 감정적 판단들을 전체적으로 세 종류로 구분한다. 이들은 첫째 쾌적함에 대한 심미적 판단(das Angenehme), 둘째 도덕적 선함에 대한 심미적 판단(das Gute), 그리고 아름다움 및 숭고함에 대한 심미적 판단(das Schöne & das

(97)를 지적하는 것은 역으로 숭고함의 술어 또한 '마치 대상의 본성인 것처럼' 사용된다는 점을 인정한 것으로 볼 수 있다.

8 특히 KU. 15절(44-48)에서 라이프니츠-볼프와 바움가르텐으로 대표되는 전통과 분명한 결별을 고하고 있다: "미가 과연 실제로 완정성(Vollkommenheit)의 개념으로 해소될 수 있는가 하는 문제를 결정하는 일은 취미비판에 있어 가장 중요한 일이라 할 것이다."(45) cf. "미에 대한 학(學)이란 없고 단지 비판만이 있으며, 또 미적인 학이란 없고 오직 미적 예술만이 있을 뿐이다."(177-8) 이에 대해선, Baeumler, A., *Das Irrationalitätsproblem in der Ästhetik und Logik des 18. Jahrhunderts bis zur Kritik der Urteilskraft*, 1923, Neudruck: Darmstadt, 1967, pp. 127-128, 206, 224-225 등 참조.

9 Habermas, J., 「모더니티: 미완성의 기획」, in: 『반미학』, Hal Foster(ed.), 윤호병 외 역, 서울, 1994, pp. 35-40.

Erhabene)이다. 그런데 모든 다양한 감정적 즐거움은 심리적 · 경험적 소여(所與)의 측면에서만 보면 아무런 질적인 차이를 보여 주지 않는다. 칸트의 말대로 "감관의 인상이 성향을 규정하든, 이성의 원리가 의지를 규정하든, 직관의 단지 반성된 형식이 판단력을 규정하든, 쾌의 감정에 미치는 영향에 관한 한 전적으로 한 가지"(8)이기 때문이다. 예를 들어 생리학적 · 생물학적 관점에서는 모든 감정들이 혈액순환 속도, 심장박동, 뇌파, 호르몬 변화 등 양적으로 측정 가능한 데이터의 집적으로 환원될 것이다.

칸트는 "우리가 대상의 존재에 대한 생각과 즐거움을 연결시킬 때, 이 즐거움을 관심이라 부른다. 따라서 이런 관심은 늘 동시에 욕구능력과 관련되어 있는데, 이는 욕구능력의 규정근거이거나, 아니면 욕구능력의 규정근거와 필연적으로 관련된 바의 의미이다"(5)라고 규정한다. 여기서 관심은 분명 '어떤 대상을 특정 목적을 위한 수단으로 사용하거나 소유하려는 욕망'을 의미한다. 심미적 판단을 내리는 주관은 이러한 욕망에서 벗어난 상태에서 대상을 정서적으로 바라보고 체험한다는 것이다. 칸트는 이런 의미에서 '비당파적인', '욕망 없이'와 같은 말을 사용하고, "어떤 것을 원한다는(Wollen) 것과 …… 그것에 관심을 가진다는 것은 동일한 것이다"(14)라고 확언하고 있다. 이런 의미의 무관심성은 칸트의 독창적인 주장이 아니다. 주지하듯이 이미 섀프츠베리, 허치슨, 멘델스존 등이 심미적 경험의 핵심적 특징으로 이러한 무욕적 태도를 강조한 바 있다.[10]

하지만 칸트가 말하는 무관심성 개념은 또 다른 중요한 뜻을 갖고 있다. 그것은 욕망으로부터 자유로움이란 의미를 넘어서서, 주관의 심미적 경험 대상에 대한 독특한 존재적 태도, 대상에 대한 독특한 거리두기(Distanzierung)를 표현하고 있다.[11] 심미적 판단 주관은 "대상의 존재에 조금도 마음이 끌려

---

10 김문환, 『근대미학연구』, 서울대학교출판부, 1987, pp. 32-55; 김광명, 『칸트 판단력비판 연구』, 서울, 1992, pp. 16-25; Mendelssohn, M., *Ästhetische Schriften in Auswahl*(hg. v. Otto F. Best), Darmstadt, 1994, 서론 참조.

11 '거리두기' 개념에 대해선, Rothacker, E., *Philosophische Anthropologie*, Bonn, 1966, pp. 123-132.

선” 안 된다(6-7, 14). 주관은 이를테면 대상이 존재한다는 사실의 사실성 자체를 일정하게 유보시키면서 대상과 만나고 있다. 비유적으로 표현하자면, 주관은 일종의 존재적인(ontisch) 무중력 상태에서, 마주하고 있는 대상이 마치 ‘차갑고 견고한 사실성의 바닥(Boden der Tatsächlichkeit)’으로부터 슬며시 공중으로 떠올라 있는 듯이 그렇게 대상에 다가가고 정서적으로 수용하고 있다.[12] 이런 의미에서 심미적 판단은 쾌적함이나 선함에 대한 감정적 판단과 달리 오직 ‘관조적(kontemplativ)’(14, 80)으로 대상을 바라보고 있는 것이다.

이러한 “심미적 거리두기”를 좀 더 쉬운 예를 통해 이렇게 풀어 볼 수 있을 것이다. 예를 들어 우리는 예술작품을 감상할 때 일반적으로 작품 안에 등장하는 인물이나 배경이 실제로 존재하는지에 대해 진지하게 따지지 않는다. 또 흥미진진한 작품의 주인공이 비극적인 종말을 맞는다 해도, 그것에 대해 며칠이 지나도록 계속 슬퍼하는 감상자는 아무도 없다. 아무리 현실과 구분하기 어려울 만큼, 아니 현실보다 더 밀도 있게 구성되고 생생하게 형상화된 작품이라 할지라도, 심미적 경험의 대상이 되는 순간, ‘사실성의 진지함과 무거움’으로부터 일정한 자유공간(Spiel-raum)을 확보하고 우리에게 다가오기 때문이다.

칸트의 무관심성 개념이 가진 미학적 의미는 여기에 그치지 않는다. 그것은 심미적 판단의 주관이 자신의 전망을 사적(私的)이며 개인적인 차원을 넘어서서 상호주관적 공감의 시평으로 끌어올리고 있는 사태도 나타내고 있다. 이를 보여 주는 것이 바로 칸트가 심미적 판단의 즐거움을 ‘자유로운 즐거움(freies Wohlgefallen)’(15)이라 부르는 대목이다. 이 즐거움이 자유로운 이유는 심미적 판단의 주관이 개인적인 기억이나 사적인 감정과 취향 등 ‘사적 조건들이나 선입견’에서 “완전히 자유롭게 느끼고”(17, 22) 있기 때문이다.[13] 여기서 주관은 정상적인 판단능력이 있는 사람 “누구에게나 전

12 Schmitz, H., *Was wollte Kant?*, Bonn, 1989, pp. 357-359.

13 Otto, M., *Ästhetische Wertschätzung*, Berlin, 1993, pp. 172-179.

제할 수 있는 주관적 조건들"만을 염두에 둔 상태에서 자신이 느끼는 즐거움의 질에 입각하여 대상의 아름다움 내지 숭고함을 판정하고 있는 것이다(17). 그리고 주관이 이런 방식으로 상호 주관적 공감의 지평으로 상승한 상태이므로 주관은 심미적 판단에 대해 "주관적 보편성의 요구"를 할 수 있게 된다(18).

흥미로운 점은 칸트가 무욕적 태도를 강조하면서도 심미적 경험과 그 즐거움을 유지하고자 하는 욕망을 충분히 인정하고 있다는 점이다. 칸트는 쾌를 "주관을 동일한 상태에 지속시키려고 하는, 주관의 상태에 관한 표상의 인과성"(33)이라 정의하면서, 미에 대한 즐거움이 "표상의 상태와 인식능력들의 활동을 다른 의도 없이 계속 유지하려는 인과성을 자신 안에 갖고 있다"고 말한다. 우리는 대상을 심미적으로 바라보면서 그 즐거움을 지속하려고 하는데, "왜냐하면 이 바라봄이 스스로를 강화하고 재생산하기" 때문이다(37).

무관심성 개념과 관련하여 또 하나 중요한 문제는 자유미(pulchritudo vaga)와 부속미(pulchritudo adhaerens)의 구분이다(KU. 16절). 이것은 개념과 무관한 '순수한' 취미판단과 특정한 개념 내지 이념이 전제된 '순수하지 않은' 취미판단을 구분한 것이다. 칸트가 순수한 심미적 판단은 모든 감각적 질료와 무관하게 오직 '대상의 합목적성의 형식'(34)만을 규정근거로 하고 있다고 주장하면서도 이러한 구분을 도입하는 이유는 그가 우리의 심미적 판단 가운데 암암리에 어떤 개념을 전제한 경우가 빈번하다는 점, 순수한 심미적 판단이 자연스럽게 경험적 관심 내지 지성적 관심과 결합된다는 점, 또 심지어 개념 및 이념과의 연결을 불가피하게 하는 심미적 판단이 존재한다는 점을 인식했기 때문이다. 예를 들어 예술작품의 평가를 둘러싼 심미적 판단들 사이의 충돌은 대부분 개념을 전제하지 않은 입장과 전제한 입장 사이에, 혹은 작품에 대한 서로 상이한 개념 내지 이념을 전제하고 있는 데서 비롯한다(52). 또한 다른 자연대상과 달리 인간에 대해 심미적 판단을 내릴 경우, 자기목적을 자신 안에 지닌 인격의 존엄성(humanitas), 즉 절대적 가치를 지닌 예지(Intelligenz)로서의 인격의 개념(이념)이 자연스럽게 전제되고 이에 따라 한 개인이 최상의 상태에서 도달할 수 있는 '완전성의 이상(Ideal der Vollkommenheit)'을 떠올리지 않을 수 없다(KU. 17절).[14] 그리고 심미적 판단의 주관은 자신의 판정능력을 타인과의 교류 속에서 확인하고 타인들로부터 인정받고, 필요한 경우 좀 더 세련된 상태로 만들고 싶은 경험적 관심을 갖고 있다(KU. 41절). 나아가 심미적 판단의 주관은—특히 자연미의 대상에 대해(167)—총체성의 이념의 실현 혹은 도덕성의 구현을 향한 이성의 궁극적 욕망에 의해, 단순히 감정적 즐거움의 차원을 넘어선 지성적 관심의 차원에서 대상에 대해 성찰하고 판정하게 된다(KU. 42절).

라. 상상력과 오성(혹은 이성) 사이의 자유로운 공동유희

칸트의 초월철학적 연구가 해명하고자 하는 문제 가운데 가장 중요한 것은 판단하는 주관이 요구하는 보편타당성의 문제, 이 요구의 가능성을 해명하고 정당화하는 문제이다. 대상의 아름다움 내지 숭고함을 진지하게 주장하는 주관은 자신뿐만 아니라 누구나 이 대상에서 같은 즐거움을 느끼고 동일한 판정을 내려야 한다는 요구를 명시적으로 또는 암묵적으로 하고 있다. 칸트는 이러한 보편타당성의 요구는 "논리학자에게는 아니겠지만, 초월철학자에게는 놀랄 만한 사태"로서, "이것의 근원을 밝히는 일은 초월철학자의 많은 노력을 필요로 한다"(21)고 말한다.[15] 그런데 논리적 양의 측면에서 언제나 주어진 특정 대상에 대한 "단칭(einzeln) 판단"일(24, 142) 뿐인 취미판단이 어떻게 보편타당성을 요구할 수 있는가? 『판단력비판』의 9절은 이에 대한 상세한 논의를 담고 있는데, 그 논증 과정은 다음과 같이 요약할 수 있다(27–29).[16]

14 칸트는 개념을 전제한 순수하지 않은 심미적 판단을 '논리적으로 제약된(logisch-bedingtes) 심미적 판단'이라 부르기도 한다(189).

15 cf. Simmel, K., *Kant. 16 Vorlesungen*, München/Leipzig, 1918, pp. 22-28, 73-74.

- 취미판단의 주관은 자신의 판단이 다른 사람에게도 보편적으로 타당함을 요구한다.
- 취미판단의 근거가 주관의 즐거움이므로 주관의 심의 상태를 보편적으로 전달할 수 있음이 취미판단의 주관적 조건이 된다.
- 어떤 표상이 보편적으로 전달 가능하려면, '인식' 이거나 '인식에 속한 것' 이어야 한다.
- 그런데 취미판단의 규정근거는 개념과 무관하게 전적으로 주관적일 뿐이므로, 그 규정근거는 표상을 '인식 일반(Erkenntnis überhaupt)'과 관련시키고 있는 상상력과 오성 사이의 관계에서, 즉 이 두 인식능력의 자유로운 유희(freies Spiel)에서 드러나는 심의상태 외에 다른 것일 수 없다.
- 이러한 표상의 "오로지 주관적이며 (심미적인) 판정(Beurteilung)이 표상에 대한 즐거움에 선행(先行)하며", 인식능력들의 조화에 대한 즐거움의 근거인 것이다.

숭고함에 대한 심미적 판단의 경우에도 이러한 논점 전개는 근본적으로 다르지 않다. 물론 주관적 판정 과정(반성 과정)에 참여하는 심의능력이 상상력과 오성이 아니라 상상력과 이성으로 달라진다. 또한 두 심의능력 사이의 공동유희에서 비롯한 감정상태도 '인식 일반을 향한 관조적인 조화의 상태' 가 아니라, '이성이념에 의한 상상력의 한계의 절감과 동시에 감성영역을 초월하려는 확장의 시도' 로서 서술되며, 이에 따라 역동적인 수축과 확장의 감정상태로 나타난다. 하지만 상상력과 이성이란 두 능동적인 심의능력이 상호 작용하는 관계가 본원적인 판정근거로서 만족감에 선행한다는 논점은 그대로 유지되고 있는 것이다.

---

16 이 절의 논증에 대한 연구로는 Kulenkampff, J., *op. cit.* pp. 85-96; Fricke, Ch., *op. cit.*, pp. 38-71 등이 중요하다.

보편타당성 문제의 해명에 대한 칸트의 논의가 논증적으로 얼마나 치밀한 것인지에 대해선 많은 논란이 제기되었다. 하지만 우리는 너무 성급하게 칸트의 논의를 재단(裁斷)하는 우를 범해선 안 될 것이다. 칸트가 "대상에 대한 판정(Beurteilung)이 즐거움에 선행한다"고 말할 때, 이때 '선행한다'는 말은 시간적인 '우선'의 의미가 아니다. 보편타당성을 요구하는 인식과 도덕적 판단에서와 마찬가지로, 칸트는 여기서 즐거움의 주관적 원리로서의 판정, 즉 심미적 판단의 주관적 능동성이 발현되는 반성 과정에 주목하고 있다. 예컨대 모든 인식판단이 『순수이성비판』이 밝힌 선험적인 '경험의 원리(Grundsätze der Erfahrung)'를 전제하고 있듯이 심미적 판단의 즐거움에도 주관의 능동적 반성 과정이 전제되어 있는데, '판정'은 바로 이러한 심미적 주관의 반성 과정을 나타내는 개념으로 봐야 한다. 그리고 이에 상응하여 상상력과 오성 사이의 유희상태도 어떤 주관의 경험적인 심리상태가 아니라, 취미판단에 함축된 '보편적 주관'의 능동적 · 형식적 반성 과정을 서술한 것으로 이해해야 할 것이다.[17]

칸트는 또한 구체적인 이미지를 산출하는 능력(상상력)과 개념적 일반화와 보편적 법칙성을 추구하는 능력(오성)이 서로 동등하고 자유롭게 유희하고 있다는 점, 이 상호작용 상태가 '인식 일반'을 위해 매우 적절한 균형관계임을 강조한다. 오성과 완전히 무관할 수는 없지만, 취미판단의 주관은 오성의 개념적 · 법칙적 규정에 대한 관심에 의해 지배되지 않은 상태에서 상상력이 활동하도록 하고 있는 것이다. 제3비판서는 이렇게 상상력이 자유롭고 창조적으로 활동하고 있음을 명확히 하고 있다(28–9, 48–51, 69–72, 146 etc.). 또 칸트가 명시적으로 강조하지는 않지만, 상상력과 "비규정적이며(unbestimmt) 합목적적인"(71) 합치상태를 보여 주는

17 "즐거움의 보편적 전달가능성은 이미 그 개념 속에 이 즐거움이 전적으로 감각에서 기인하는 향락의 즐거움이 아니라 반성의 즐거움이 아니면 안 된다는 점을 함축하고 있다. 그래서 아름다운 예술로서의 심미적 예술은 감관의 감각이 아니라 반성적 판단력을 척도로 삼고 있는 예술인 것이다."(179) 반성적 판단력과 반성개념에 대해선, 졸고, 「의미 있는 형식(구조)의 상호주관적 지평」, 『칸트연구』 14집, 2004 참조.

오성도 특정한 개념이나 법칙을 향한 관심에 구속되지 않은, 자유로운 상태에 있다고 할 수 있다. 오성은 여기서 "인식능력으로서가 아니라 개념과 무관하게 표상과 즐거움 사이의 관계를 일반성의 차원에서 규정하는 능력"(48)으로서 작용하고 있으므로, 인식판단과는 달리 상상력이 지나치게 주관적이고 자의적으로 활동하지 않도록 제한하는 역할, 상상력이 의미 있는 상호주관성의 지평을 완전히 벗어나지 않도록 하는 역할을 하고 있다고 할 수 있다.[18]

이 대목에서 매우 중요하고 또 다양한 해석이 가능한 개념이 "인식 일반"이다. 상상력과 오성의 유희상태를 고려할 때, '인식 일반'을 대상에 대한 규정적 인식을 준비하는 단계로 봐서는 안 될 것이다. 그것은 오히려 심미적 판단주관이 주어진 표상과 이미지가 특정한 개념에 의해 한정되지 않으면서 어떻게 상상력과 오성 사이의 자유롭고 활발한 움직임을 야기할 수 있는가에 대해 조심스럽게 반성하고 있는 상태에 가까울 것이다.

우리는 '인식 일반'을 좀 더 구체적으로 "심미적 경험의 고유한 개방성과 불확정성"으로 해석할 수 있다. 심미적 경험이 근본적으로 독특한 상황적인 개별성 내지 정서적 분위기를 내포하고 있어서 개념적 일의성(一意性)이나 법칙적 도식성과 화합할 수 없는 사태를 표현하는 개념으로 보는 것이다. 바로 이 특성을 이론적으로 정식화한 것이 "미적 이념(ästhetische Idee)"이다. 칸트는 미적 이념을 "상상력의 표상으로서 많은 것을 사유할 수 있는 동기를 제공하지만 어떠한 특정한 사상, 즉 개념도 이 표상을 감당할 수가 없으며, 따라서 어떠한 언어도 이 표상에 온전히 도달하지 못하고

18 "왜냐하면 전자[=상상력]가 아무리 풍부하더라도 그것이 무법칙적 자유 속에 있다면 무의미한 것만을 산출할 것이기 때문이다. 반면 판단력은 상상력을 오성에 순응시키는 능력이다."(202-3, cf. 203) 숭고함에 대한 판단에 있어 상상력과 이성의 상호 작용 상태 또한 이와 유비적으로 이해할 수 있을 것이다. 물론 취미판단과 달리 상상력이 이성과 동등하게 유희하는 것이 아니라, 최종적으로 이성이념의 현시라는 과제에 기꺼이 복종하고 있다는 점은 다르다. 또한 과연 숭고에 있어 상상력이 의미의 지평을 벗어나지 않도록 하는 오성의 역할이 완전히 배제되고 있는가 하는 점도 문제로 남는다. cf. Gadamer, H.-G., *Die Aktualität des Schönen*, Stuttgart, 2000, pp. 29-41.

그것을 설명할 수 없다"(192-3)고 정의한다. 심미적 경험의 대상으로 다가오는 자연물과 예술작품은 학적 · 객관적 언어로, 하나의 명확한 개념으로 축약되거나 '번역' 될 수 없다. 그것은 창조적인 상상력의 표상으로서 상황적 특수성과 정서적 뉘앙스를 통해 생동하는 이미지, 다양하고 풍부한 연상과 암시를 불러일으키며, 설사 그것이 저절로(unwillkürlich) 어떤 통일성 있는 구도(configuration)를 보여 준다 해도 닫힌 구조나 완결된 형태로서가 아니라 근본적으로 동적이며 열려 있는 과정(Process)으로서 나타난다고 할 수 있다.[19]

하지만 '인식 일반' 을 해석할 수 있는 가능성은 여기에 그치지 않는다. 우리는 이를 심미적 판단이 수행하는 고유한 세계해명(Welterschließung), 즉 구체적이며 우연적인, 독특한 정서적 색채로 물든 세계를 직관적으로 인지하는 것을 나타내는 말로 해석해 볼 수 있다. 그리고 이러한 해석 가능성을 좀 더 적극적으로 밀고 나아가 심미적 판단이 지닌 고유한 진리성격 내지 인식적 가치를 선취한 통찰로 그 의미를 평가할 수 있다. 그럴 경우 '인식 일반' 은 『순수이성비판』의 현상계의 존재론이 규정한 자연과 인식의 개념에 대한 조용하지만 분명한 비판으로 볼 수 있다.[20] 나아가 그것은 좀 더 넓은 관점에서 근대 자연과학적 · 합리주의적 세계이해의 일면성과 한계를 비판하는 개념으로 해석될 수 있다. 이러한 맥락에서 '인식 일반' 은 심미적 경험의 고유한 진리성격에 대한 이론, 예컨대 아도르노의 '비동일적 사유(Nichtidentisches Denken)' 내지 하이데거가 강조하는

---

19 "한마디로 말해서 미적 이념이란 어떤 주어진 개념에 부속된 상상력의 표상이다. 이 표상은 상상력의 자유로운 활동 속에서 매우 다양한 부분 표상과 연결되어 있기 때문에, 특정 개념을 지칭하는 말로는 이 표상을 결코 표현할 수 없다. 따라서 이러한 표상은 어떤 개념에 대하여 언표할 수 없는 많은 것을 생각하게 하며, 이 언표할 수 없는 것에 대한 감정이 인식능력들에 활기를 불어넣고 문자로서의 언어에 정신을 결합시켜 준다."(197; cf. 195-6; Koppe, F., *Grundbegriffe der Ästhetik*, Frankfurt/M, 1983, pp. 125-136.)

20 이것은 물론 『판단력비판』 후반부 목적론적 판단력에 대한 논의를 함께 고찰할 때 좀 더 분명하게 드러난다. 가다머는 이러한 적극적인 해석 가능성을 간과하고 있다고 보인다.(Gadamer, H.-G., *Wahrheit und Methode*, Tübingen, 1986, pp. 46-47, p. 61.)

'시작(Dichtung)의 존재론적 진리성' 을 예고하는 징후적 개념으로 읽을 수 있다.

마. 목적 없는 합목적성(Zweckmäßigkeit ohne Zweck)

'목적 없는 합목적성' 은 불합리하고 역설적인 표현으로 보일 뿐만 아니라, 칸트 미학 안에서 차지하는 이론 내적 위상을 규명하기가 매우 어렵다. '목적 없는 합목적성' 을 적절하게 해석하려면 먼저 첫째, 심미적 판단의 감정적 근거와 대상에 대한 독특한 무관심성, 즐거움의 자유로움, 심미적 판단의 보편타당성 요구, 즐거움에 함축된 초월논리적 반성 과정 등의 논점이 목적 없는 합목적성과 어떻게 관련되어 있는가에 대해 숙고해 봐야 한다. 둘째로는 '목적 없는 합목적성' 이 핵심적인 역할을 하는 11절-14절 사이의 논의를 눈여겨봐야 한다. 무엇보다도 "오직 일체의 목적을 떠나 대상을 표상하는 데 있어서의 **주관적 합목적성**만이, 그리하여 오로지 …… 표상에 있어서의 **합목적성의 형식**만이 …… 취미판단의 규정근거가 될 수 있다"(KU. 11절, 35절)는 칸트의 주장이 의미하는 바를 정확히 파악해야 한다.[21] 그리고 셋째, 칸트가 이 논점을 논의하고 있는 취미판단의 세 번째 계기가 관계(Relation) 범주와 연결되어 있다는 점을 상기해야 한다. 『순수이성비판』의 관계 범주 아래에는 '자립적 존재와 그 속에 내재함', '인과성과 의존성', '상호결속 혹은 상호작용' (KrV. B 106, A 80) 등 세 개의 하위 범주가 포함되어 있으며, 오성의 선천적 · 능동적 개념인 이들 범주는 인식 대상의 대상성을 초월논리적으로 구성하는 필연적 결합을 표현하고 있다. 이로부터 우리는 목적, 합목적성, 즐거움 등의 개념도 미감적 대상의 '대상성' 이란 문제틀 속에서 그 의미가 규정되어야 한다고 추론할 수 있다.

21 "따라서 우리는 합목적성의 근저에 (목적인의 질료로서의) 어떤 목적이 놓여 있지 않더라도, 합목적성을 **적어도 형식에 따라** 관찰할 수 있으며, 또 그것을 — 비록 반성에 의해서 할 수밖에 없지만 — 대상들에서 확인할 수 있다." (33-34)

이러한 세 가지 단서들을 종합해 보면, '목적 없는 합목적성'이 단순히 심미적 판단의 즐거움을 목적 달성이란 관점에서 서술한 개념이 아님을 알 수 있다.[22] 또한 그것이 심미적 판단의 무개념성과 무관심성, 달리 말해 미감적 경험의 자율성과 자기목적성(für sich selbst zweckmäßig)과 긴밀하게 연결된 논점임을 알 수 있다(179). 그렇다면 "미란, 합목적성이 목적에 대한 표상 없이 어떤 대상에서 지각되는 한에 있어서, 그 대상의 합목적성의 형식이다"(61)라는 주장에 표현되어 있듯이, '목적 없는 합목적성'은 궁극적으로 아름다운 대상이 지닌 독특한 형식적 특성을 지칭하는 말일까?

우리는 여기서 칸트의 이론철학과 실천철학에 있어서도 그런 것처럼 '형식'이란 말에 주의해야 한다. 감성(수용성)과 오성(자발성)의 구분, 현상계와 물 자체의 구분과 더불어 칸트 철학의 가장 기본적인 토대 가운데 하나는 '질료(Materie)'와 '형식'의 상관 개념이다. 칸트는 아리스토텔레스 이래 전통을 따라 우리의 경험을 질료적인 측면과 형식적인 측면으로 나누고, 전자는 우리에게 우연적인 세계로부터 주어지는 것으로, 반면 후자는 우리가 능동적으로 인식(대상)을 구성하는 데 기여하는 부분으로 본다. 다시 말해 칸트 철학에 있어 형식은 어떤 대상의 가시적 특성이라기보다는 대상성(Gegenständlichkeit) 구성의 초월논리적 조건, 즉 주관의 **선험적·형식적인 반성원리**를 나타낸다. 주관의 능동성이 발현되는 이러한 반성원리는 이론철학의 경우 감성의 선험적 형식인 '시간'과 '공간', 오성의 '범주'와 '경험의 원리'들을 통해 드러나며, 실천철학에 있어서는 '정언명법(定言命法)'을 통해 실현되고 있다. 그러므로 '목적 없는 합목적성' 내지 '합목적성의 형식'도 미감적 대상에 대한 주관의 능동적인 반성원리를 표현하는 개념으로 해석해야 한다.

하지만 '목적 없는 합목적성'의 보다 정확한 의미는 칸트가 말하는 "다양한 요소들이 어떤 하나(一者)를 향해 합치되어 있음(Zusammenstimmung

---

22 "모든 의도의 달성은 즐거움과 연결되어 있다."(KU. XXXIX; KU. 33 cf. EE 45)

des Mannigfaltigen zu Einem)"(45)에서 드러난다.[23] 자연물 또는 예술작품을 심미적으로 수용하는 주관은 이 대상의 표상이 어떤 통일성 있는 구도를 보여 주는가, 즉 대상을 형성하는 부분 이미지들이 서로 어떻게 관계하고 조응되며, 또 저절로 어떠한 의미 있는 형상(Konfiguration) 내지 주제적 통일성(thematische Einheit)을 보여 주는가에 대해 능동적 · 형식적으로 반성하고 있는데, '목적 없는 합목적성' 은 바로 이러한 형식적 반성원리를 표현하는 개념인 것이다. '대상성' 의 측면에서 이를 표현한다면, 심미적 판단의 대상은 늘 이러한 형식적 반성원리가 적용된 상태에서 주관에게 '대상으로서' 다가오는 것이다.

그런데 이러한 의미의 '목적 없는 합목적성' 개념의 역사는 깊다. 그것은 헤라클레이토스 이래 서구철학사의 오랜 전통을 가진 조화(Harmonie) 개념을 칸트가 주체철학적으로 계승한 개념이기 때문이다. 바움가르텐까지의 전통철학은 완벽한 신(ens perfectissimum)이 창조한 우주 또한 완전하고 조화롭다는 것을 이론적으로 증명할 수 있다고 확신했으며, 이때 조화 개념을 다양한 것들의 합치 내지 차이들 속에서의 통일(unum in varietate)로 이해해 왔다.[24] 칸트 미학은 이 조화 개념을 심미적 주관의 형식적 반성원리로 이어받으면서, 조화 개념의 신학적 · 형이상학적 배경과 이론적 인식과의 일체의 관련성을 부인하고 있는 것이다.

또한 이러한 주관의 형식적 반성원리로서의 '목적 없는 합목적성' 은 특정 대상의 가시적 '형식' 내지 '형태' 에 국한되지 않는다. 그것은 대상의 주제적 통일성, 대상 전체를 이루는 부분들 사이의 의미 있는 조응에 대한 반성이므로, 예를 들어 예술작품의 내용과 형식을 모두 아우르는 개념으로 봐야 한다.[25] 따라서 흔히 칸트 미학을 일컫는 '형식(주의)미학' 이란 용어는

---

23 칸트는 색채와 음(소리)도 단지 심미적 경험의 '질료' 로서가 아니라 '반성' 이 전제된 상태에서 지각될 수 있음을 지적하면서 "색과 음도 단지 느낌이 아니라, 이미 느낌의 **다양함의 통일이라는 형식적 규정**일 것이며, 이럴 경우 색과 음도 그 자체 미로 간주할 수 있다"(40)고 말한다.

24 허치슨에 대한 지적은 본서 1권 김한결의「섀프츠베리와 허치슨」참조.

그 의미를 조심해서 사용해야 한다. 이때 '형식'은 개별 작품의 주제, 모티브, 내용, 구성, 표현 등을 포괄적으로, 그들 사이의 관계와 통일성을 능동적으로 성찰한다는 개념이기 때문이다.

바. 주관적 필연성과 공통감(sensus communis)의 이념

양상범주에 상응하는 네 번째 계기에서 칸트는 크게 두 가지 문제를 논의한다. 하나는 취미판단이 제기하는 필연성의 문제이고, 다른 하나는 이른바 '공통감'의 문제이다. 먼저 필연성의 문제, 즉 심미적 판단주관이 아름다운 대상을 "개념을 떠나서 필연적인 즐거움의 대상으로"(68) 느끼고 주장한다는 문제는 근본적으로 앞서 살펴본 보편타당성의 문제, 즉 '주관적 보편성의 요구' 속에 포함되어 있다고 할 수 있다. 그럼에도 불구하고 칸트가 다시 필연성의 문제에 주목하는 이유는 '양상범주'와 관련된 취미판단의 특징을 짚어 보고, 아울러 보편타당성의 근거를 해명하는 과정에서 선명하게 조명되지 않은 '필연성의 고유한 성격'을 분명히 하고자 하기 때문이다.

칸트는 취미판단의 필연성이 "이론적인 객관적 필연성" 및 "실천적인 필연성"과 다른 "특수한 종류"(62)임을 강조한다. 심미적 판단에 결합된 필연성이 인식판단이나 도덕적 판단의 객관적 · 대상적 필연성과 분명하게 구분된다는 것이다. 후자가 '무제한적이며(unbedingt) 자명한(apodiktisch)' 필연성인 데 반해, 전자는 '예시적(exemplarisch) 필연성' 혹은 '제한된(bedingt) 주관적 필연성'이다. 칸트가 이렇게 차별화를 시도하는 이유는 취미판단을 주장하는 주관이 염두에 두고 있는 '모든 사람'의 성격을 분명히 하고자 하기 때문이다. 인식판단의 경우 '모든 사람'은 공통적인 지각기관을 통해 같은 지각경험을 가질 수 있는 일반적인 타인 전체를 의미한다. 반면 취미판단의 주관은 '모든 사람'을 대상을 정서적으로 느끼고 가치를

25 Adorno, Theodor W., *Ästhetische Theorie*, Frankfurt/M, 1973, pp. 205-244; cf. Kulenkampff, J., *op. cit.*, pp. 116-135.

평가하는 사람을, 다시 말해 구체적인 문화적 · 역사적 경험지평을 공유하고 있는, 적어도 현실적으로 공유할 가능성이 있는 타인들을 염두에 두고 있는 것이다.

이어서 칸트는 '공통감의 이념' 을 강조하고 있는데, 그에 따르면 공통감의 이념은 "취미판단이 주장하는 필연성의 조건"이며, 따라서 "오직 공통감이 존재한다는 전제하에서만 …… 취미판단을 내릴 수 있다."(64–65) 즉 심미적 판단주관은 이러한 공통감을 "우리 인식의 보편적 전달가능성의 필연적인 조건으로서"(66) 충분한 근거를 갖고 전제할 수 있다는 것이다. 여기서 우리는 두 가지 사실을 잊지 말아야 한다. 첫째 칸트 스스로 '공통감의 이념' 이 경험적 · 심리적 관찰에 근거한 것이 아님을 분명히 하고 있으며(66), 둘째 칸트 철학에서 이념은 사변적 이성이념(KrV. B 376ff. A 321ff.)과 실천이성의 자유의 이념(KpV. 185ff.)에서 보듯, 경험을 통해 증명할 수 있는 사실이 아니라 초월논리적 차원의 '원리' 로 이해되어야 한다는 점이다. 오성의 범주처럼 객관적 · 대상적 현실성을 연역할 수 없지만, '이념' 또한 이성의 선험적 개념으로서 혹은 '필연적인 요청' 으로서 대상성의 지평을 초월적으로 선취하는 본질적인 역할을 수행하고 있다. 따라서 '공통감의 이념' 도 이와 유비적으로, 심미적 대상의 가능성을 위한 초월논리적 원리로서 이해해야 한다. 그것은 심미적 판단주관이 제기하는 상호주관적 타당성을 이해하기 위해 반드시 상정해야(annehmen) 하는 초월적 원리인 것이다. 아울러 칸트가 '규범' 이란 말을 사용하고 있는 대목에서 '공통감의 이념' 이 주관이 느끼는 문화적 규범의 문제와 긴밀하게 연관되어 있음도 알 수 있다. '주관적 보편성' 이 취미판단이 외적으로 요구하는 **공감과 동의의 범위**를 나타내고 있다면, '예시적 필연성' 과 '공통감의 이념' 은 판단주관이 내적으로 느끼는 **규범적 구속력**(Verbindlichkeit)을 표현한다고 할 수 있다.

하지만 '공통감의 이념' 의 의미를 철학적 미학을 정초하는 관점에서 좀 더 적극적으로 해석할 수도 있다. 이 가능성은 칸트가 「분석론」의 논의 전체를 “취미능력을 그 요소들로 분해하고, 이들을 최종적으로 공통감의 이념 안에서 통합”한다고(68) 요약하는 대목과 40절에서 “공통감(sensus communis)의 한 종류로서 취미”에 대해 상세한 설명을 시도하는 부분에(156-161) 근거를 두고 있다. 즉 공통감이 취미판단의 ‘예시적 필연성’을 정당화하는 불가피한 요청일 뿐만 아니라 앞서 분석한 모든 본질적 계기들의 논증적 소실점이라면, 공통감은 주관의 능동적인 “반성작용(Operation der Reflexion)”의 인간학적 · 존재론적 근거를 마련하고자 하는 시도로 읽을 수 있다. 다시 말해 심미적 대상을 마주한 주관이 ‘공통감의 이념’에 의한 구속력을 감지하고, 또 그것에 의해 규정(추동)됨으로써 상호 주관적 지평을 초월적으로 선취하는 반성을 시작할 수 있는 것이다.

사. 천재론과 예술론

지금까지 살펴본 『판단력비판』 「분석론」의 논점들은 전체적으로 심미적 경험의 주관에 초점이 맞춰져 있다. 칸트 미학을 데카르트 이래 근대 의식철학 전통에 서 있는 주관주의적 미학이라 부를 수 있는 이유도 여기에 있다.[26] 하지만 제3비판서에는 심미적 경험의 대상에 대한 논의, 이른바 ‘내용미학’ 내지 ‘예술철학’에 포함될 수 있는 논의도 함축적인 형태로나마 담겨 있다.

첫째 주목해야 할 논의는 칸트가 시도하는 미적 예술(schöne Kunst)에 대한 정의이다. 그는 우선 ‘심미적 예술(ästhetische Kunst)’을 자유로운 예술로 규정하면서 경제적 이익을 추구하는 ‘숙련된 솜씨(Geschicklichkeit)’로서의 수공업적 기술 내지 기예(Kunst)와 구분하고(43절), 다시 심미적 예술을 감관취미와 반성취미의 구분을 따라 쾌적한 예술과 미적 예술로 나눈다(178). 자유로운 미적 예술은 “그 자체만으로 합목적적인 표상 방식이며, 비록 목적은 없다고 해도, 사회적 전달을 위한 심의능력들의 문화를 촉진”

26 cf. Scheible, H., *Wahrheit und Subjekt*, Hamburg, 1988, pp. 101-107.

시키며, 이러한 미적 대상(표상)의 합목적성은 "자의적 규칙들의 모든 구속으로부터 자유롭게 벗어나 있어, 마치 순수하게 자연의 산물인 듯 보여야 한다."(179) 즉 미적 예술의 대상은 의식적이며 의도적인 생산물이면서도 '의도적이지 않은 자연의 산물'(179)로 지각된다는 것이다. 미적 예술에 대한 이러한 정의는 천재개념을 통한 규정에서도 본질적으로 달라지지 않는다. 칸트에 따르면 미적 예술은 "필연적으로 천재의 예술"인데, 이때 천재는 천부적으로 타고난 "심의의 자질(ingenium)로서, 이를 통해 자연이 예술에 규칙을 부여"하게 된다(181).

여기서 주목해야 할 문제는 '자연'이 천재라는 특수한 개인을 통해 자신의 창조적인 생산능력을 예술작품 속에서 실현한다고 할 때, 이 '자연'의 구체적인 의미이다. 칸트는 이 자연을 "주관의 한갓된 자연"(200) 혹은 "주관의 모든 능력의 초감성적 기체"(242)라 부르기도 하는데, 자연이 이렇게 천재를 자신의 능력을 현시하는 통로 내지 매개체로 활용하고 있다는 것은 이 자연이 천재라는 개인의 타고난 자질이면서도, 이 개인이 의식적으로 인식하고 통제할 수 있는 영역을 근본적으로 넘어서 있음을 나타낸다고 볼 수 있다.[27] 이러한 근원적인 창조적 능력으로서의 '자연'은『순수이성비판』에 전개된 현상계의 존재론이 온전하게 시야에 담지 못한 자연이다. 그것은 스스로를 끊임없이 유기적으로, 그리고 개별적 · 구체적인 형태로 (재)생산하는 능산적(能産的)이며 창조적인 자연(natura naturans)을 뜻한다.[28] 이렇게 볼 때 제3비판서「분석론」이 암묵적으로 염두에 두고 있는 자연의 모습이 예술에 대한 정의에 이르러 비로소 표면 위로 드러난다고 할 수 있다.

또한 이러한 미적 예술의 정의는, 심미적 판단이 아무런 개념도 전제하지 않고 법칙화될 수 없다는 논점에 대해 예술론적 내지는 생산미학적 근

27 천재는 자신의 천부적 재능을 통해 작품을 만들지만, "어떻게 그 생산물에 대한 이념들이 자신 안에 떠오르게 되는가를 스스로 알지 못하며, 또한 그러한 이념들을 임의로 또는 계획적으로 고안하여, 그것을 다른 사람들이 동일한 생산물을 만들어 낼 수 있도록 하는 준칙으로 만들어 전달할 수도 없다."(182)

28 Scheer, B., *Einführung in die philosphische Ästhetik*, Darmstadt, 1997, p. 104.

거를 제공한다고 할 수 있다. 예술작품 안에 개념적 일반화와 인식의 차원과 구별되는, 일종의 '무의식적인' 잠재능력이 실현되어 있으므로, 주관도 그것을 법칙적 연관성으로 연역할 수 없고 개념적 언어로 온전히 번역할 수 없는 대상으로서 감상하고 판정하게 되는 것이다. 나아가 이 정의는 탁월한 예술작품이 보여 주는 형식적 · 유기적인 통일성, 개별 작품의 반복 불가능한 성취를 기본적으로나마 해명할 수 있는 논점을 제시한다고 볼 수 있다.

미적 예술에 대한 정의에 이어 살펴봐야 하는 것은 천재와 취미능력 사이의 관계이다. 지금까지의 논의와 "취미는 단지 **판정능력**일 뿐, 생산적 능력이 아니다"라는(191)[29] 언명을 통해 알 수 있듯이, 칸트는 대상을 심미적으로 감상하고 평가하는 판정능력인 취미와 미적 대상을 산출해 내는 생산능력으로서의 천재를 분명하게 구분하고 있다. 칸트는 천재만이 지닌 창조적 생산능력을 '정신(Geist)' 이라 부르며, 이를 "미적 이념을 현시하는 능력"(192)으로 규정한다. 정신은 미적 이념을 창안해 내는 능력, 즉 "특정한 개념으로 포괄될 수 없는 많은 생각을 불러일으키고, 그리하여 개념을 심미적으로 무한히 확장하여 지성적 이념능력(이성)을 움직이도록 만드는"(194) 상상력의 표상을 창의적으로 형상화하는 능력이다.[30] 여기에서는 「분석론」에서 강조된 '상상력과 오성 사이의 공동유희' 와 달리, 미적 이념이 이성을 움직이도록 만드는 측면이 부각되고 있는데, 이것은 칸트가 자연미가 아닌 예술작품을 대상으로 한 심미적 경험이 근본적으로 지성적 관심과 결합될 수밖에 없는 사정을 고려한 것으로 이해할 수 있다.

세 번째 중요한 논의는 미적 이념에 대한 것이다. 미적 이념은 개념적 인식이 온전히 포괄할 수 없는 풍부한 뉘앙스와 정서, 연상과 연관성을 야기하는 상상력의 표상으로서 심미적 판단의 즐거움과 예술작품의 생산에 있어 의미

29 "미적 대상을 판정하기 위해 취미가 필요하나, 미적 예술 자체를 위해서, 즉 그러한 대상을 **산출**하기 위해서는 천재가 필요하다."(187)

30 "미적 예술에는 상상력, 오성, **정신**, 취미가 필요하다고 할 것이다."(203)

론적 지향점의 역할을 한다. 그런데 이것은 미적 이념을 작품의 내적 구조 혹은 작품을 구성하는 이미지들의 '논리적' 구조를 표현하는 것으로 볼 수 있다는 뜻이다. 즉 예술작품은 개념적 종합이나 통일성과 다른 '비개념적 다양의 종합'을 본질적 형식으로 갖고 있는 것이다.[31] 이러한 예술작품 일반의 내적·논리적 구조를 주관의 선험적·형식적 반성원리로 표현한 개념이 바로 위에서 살펴본 '목적 없는 합목적성'이다. 그리고 이러한 의미에서 미적 이념은 예술작품의 내적·논리적 구조에 대한 일반적인 규정이므로 특정한 예술작품에 한정된 원리가 아니며 개별 작품에 따라 혹은 개별 작품의 수용 과정에 따라 그 내용이 상이하게 구체화된다고 할 수 있다.

마지막으로 지적해야 할 것은 예술 장르의 구분이다. 칸트는 미적 예술의 정의와 천재론을 토대로 아름다움을 "미적 이념의 표현(Ausdruck)"(204)으로 새롭게 정의하고, 이 표현 개념을 언어와 언어전달 수단에 적용시켜 예술 장르의 구분을 시도한다. 칸트는 언어적 소통에 있어 "말(Wort), 몸짓(Gebärde), 어조(Ton)"(204-205) 등 세 가지 표현 수단이 필요하고, 이들을 통해 이루어지는 음절화(Artikulation), 제스처화(Gestikulation), 조성(Modulation)의 표현기능이 함께 작용하여 화자가 갖고 있는 사상, 직관, 감각(Empfindung)이 전달된다고 본다. 그는 이러한 세 가지 기능에 맞추어 미적 예술을 언어예술(웅변술과 시), 조형예술(조각, 건축, 회화, 정원술), 감각유희의 예술(음악, 색채예술)로 나눈다. 아울러 이들 기본적인 예술 장르들이 결합하여 연극, 성악, 무용 등 복합적인 예술 장르가 가능하다는 점을 지적하면서, 어떤 예술 장르이든지 미적 예술에 있어 "본질적인 것은 자극이나 감흥이 아니라 **형식**"에 있다는 점을 다시 한번 강조하고 있다(214-215).

이러한 예술 장르의 분류가 얼마나 체계적인가에 대해선 많은 비판이 제기될 수 있을 것이다. 하지만 칸트 스스로 자신의 분류가 언어적 소통을 모

31 아도르노는 이러한 예술작품의 논리적 구조를 "개념과 판단 없이 진행되는 추론방식"이라 부른다.(Adorno, Th. W., *op. cit.*, p. 205; Kern, A., *Schöne Lust*, Frankfurt/M, 2000, pp. 243-254)

델로 한 하나의 시도에 불과하다는 점을 시인하고 있으며(207 주석), 예술 장르의 구분을 둘러싼 논란은 오늘날까지도 여전히 지속되고 있다는 점을 기억해야 한다.[32]

아. 도덕성의 상징으로서의 미: 『판단력비판』의 체계적 의미

『판단력비판』의 미학 부분을 전체적으로 조망해 보면, 「미의 분석론」, 「숭고의 분석론」, 「연역론」, 「변증론」, 「방법론」으로 전개되는 미학적 논의에 있어, 후반부로 갈수록 '순수한 심미적 판단'이 아니라 '관심과 결합된' 내지 '개념(이념)을 전제한' 심미적 판단의 관점이 점점 더 분명하게 논의의 전면에 등장한다는 것을 알 수 있다. 이러한 관점 변화를 명시적으로 보여 주는 텍스트는 물론, 41절 "미에 대한 경험적 관심에 관하여"와 42절 "미에 대한 예지적 관심에 관하여"이다. 하지만 변화의 전조는 「미의 분석론」 16절의 '자유미와 부속미의 구분'과 17절의 '미적 표준이념과 이상'에서 이미 나타나며, 이어 「숭고의 분석론」(§§23-29)에서 숭고의 심미적 경험을 상상력과 이성이념 사이의 역동적이며 합목적적인 유희 과정으로 해명하면서 분명하게 표현된다고 볼 수 있다. 특히 '천재론' 이후에는(§§49-60) 취미와 심미적 경험의 체계적 내지 사회문화적 의미가 잠재적으로 텍스트 서술을 주도하고 있음을 확연하게 감지할 수 있다. 예컨대 칸트는 예술미에 표현된 미적 이념이 "개념 자체를 무제한적인 방식으로 심미적으로 확장시키며 …… 예지적 이념의 능력(이성)을 움직이도록 한다"(194)고 주장하며, 나아가 "취미의 주관적 원리, 즉 우리 안에 있는 초감성적인 것(das Übersinnliche)의 비규정적 이념이 우리 자신에게도 그 원천이 숨겨진 취미 능력의 수수께끼를 풀 수 있는 유일한 열쇠"라고 표현하고 있다(238). 또한

32 Tatarkiewicz, W., *A History of Six Ideas*, 이용대 역, 서울, 1990, pp. 65-90. 또한 기술복제 영상매체인 사진과 영화가 예술인가를 둘러싼 논쟁도 떠올릴 수 있을 것이다. 한편 독일의 현대철학자 슈미츠는 '상황'에 대한 신체현상학적 이론을 바탕으로 시작(*Dichtung*)과 예술(*Kunst*)을 서로 구분하고 있다.(Schmitz, H., *Der unerschöpfliche Gegenstand*, Bonn, 1990, pp. 460-488)

예술미의 판정에 있어 결정적인 '오성과 상상력의 합목적적 조화'를 "주관의 모든 능력의 초감성적 기체(das übersinnliche Substrat)"라 부르며, "이와 관련하여 우리의 모든 인식능력을 조화시키는 것이 바로 우리 본성의 예지적인 것에 의해 부여된 최종의 목적"이라고 천명한다(242).

이렇게 체계적 · 사변적인 전망에서 개진된 취미와 심미적 경험에 대한 고찰은 "미는 도덕성의 상징"이라는(258) 유명한 주장에서 정점에 도달한다. 칸트는 여기서 취미가 지향하고 있는 것이 "우리의 상위의 인식능력들이 조화를 이루고 있는 **예지적인 것**(das Intelleligible)"이라고 말한다. "취미능력에 있어서 판단력"은 "자연도 아니며 자유도 아니지만 그러나 자유의 근거, 즉 초감성적인 것과 연결된 어떤 것에 관계하고 있음을 알고 있다. 그리고 이 초감성적인 것 안에서 이론적 능력과 실천적 능력은 우리가 알지 못하는 어떤 공통적인 방식으로 결합되어 통일을 이루는 것이다." (258–259) 미감적 경험의 의미는 단지 대상의 합목적적 형식에 대한 반성과 만족감, 적절한 가치평가에 그치지 않는다. 우리는 심미적 경험에서 개인적인 편협성, 욕망의 직접성과 강압을 넘어서서 상호 주관성의 지평으로, 좀 더 보편적인 인본적(Humanität) 가치의 세계로 상승하고 있음을 느낀다. 칸트는 이러한 승화와 고양의 계기를 아름다움의 경험이 실천이성의 예지성과는 또 다른, 고유한 초감성적 · 예지적 차원을 열어 주는 것으로 해석한다. 상상력과 오성 사이의 자유롭고 조화로운 유희상태는 주관의 능동적인 능력들이 보다 높은 차원의 조화로운 합치를 경험하는 것으로 볼 수 있으며, 이러한 경험을 가능하게 하는 자연과 예술작품 또한 개념적 인식이나 도덕적 의무의 관점에서는 드러나지 않는, 개별적이면서도 상호 주관적으로 의미 있는 통일의 가능성을 보여 준다고 할 수 있는 것이다.

미의 경험에 대한 이러한 체계적 · 사변적 전망은 많은 질문을 떠오르게 한다. 왜 「분석론」과 「연역론」에서는 이러한 체계적 · 사변적 전망이 거의 거론되지 않았을까? 이러한 전망은 심미적 반성 과정의 합목적성의 형식, 그리고 미적 이념과 어떻게 관련되어 있을까? 여기서 우리는 이러한 문제들을 상세히 토론할 수 없고, 다만 칸트 철학 및 『판단력비판』에 대한 이해를 심화하기 위해 반드시 고려해야 하는 몇 가지 측면만을 지적하고자 한다. 먼저, 『순수이성비판』 「초월적 분석론」에서 규명한 수학적 인식과 자연과학적 인식의 선천적 종합판단의 가능성이 뒷부분의 「변증론」과 「방법론」에 개진된 이성의 총체성의 이념에 대한 논의에 의해 제한되거나 부정되지 않는 것처럼, 『판단력비판』 「분석론」의 논의 또한 후반부의 체계적 · 사변적인 전망과 이론적으로 상충되지 않는 것으로 이해해야 한다. 『순수이성비판』과 유비적으로, 우리는 이러한 전망이 최고의 심의능력인 이성이 궁극적인 총체성에 대한 관심에 의거하여 심미적 경험이 주관성 전체에 대해, 그리고 역사와 문화의 발전에 있어 어떠한 중요성을 갖고 있는가를 성찰한 데서 비롯한 것으로 봐야 할 것이다. 「분석론」에서 해명한 심미적 판단의 본질적 계기들이 인간, 문화, 역사에 미칠 수 있는 의미와 파장을 거시적이며 포괄적인 관점에서 조망한 것으로 이해해야 하는 것이다.

그리고 '도덕성의 상징'을 얘기하는 59절이 '상징'과 '도식(Schema)'의 의미와 차이를 서술하면서, 상징을 "직관적 대상에 대해 반성하는 방식을 유비적으로 전혀 다른 대상에 적용하는 간접적인 현시"로 그 의미를 엄밀하게 규정하고 있음을 기억해야 한다(256). '도덕성의 상징'은 미가 단순히 '도덕적 선함'을 비유적으로 표현한다는 뜻이 아니다. 그것은 우리가 미를 경험하면서 느끼고 의식하는 독특한 만족감, 무관심성, 상상력과 오성의 자유롭고 조화로운 상호 작용, 의미 있는 형식의 상호 주관적 지평 등 반성적 계기들을, 감각적으로 경험할 수 없는 도덕적 이념의 차원이 구체적이며 감각적인 대상 속에서 드러난다고 할 경우, 그때의 반성적 계기들과 유비적으로 이해할 수 있다는 뜻이다. '도덕성의 상징'은 결코 심미적 경험의 의미가 도덕적 판단과 이념으로 환원되거나 해소될 수 있음을 뜻하지 않는다. 칸트 스스로 59절에서 "미와 도덕의 차이"를 강조하고, 네 가지 측면에서 선명하게 대비시키고 있으며(259-260), 또 만약 그렇다면 『판단력비판』의 고유한 선험적 · 능동적 능력인 반성적 판단력은 물론, 반성적 판단력의 체계적 의미, 즉 자연과 자유를 매개하는 체계적 의미가 이론적 근거를 상실할 것이기 때문이다.

물론 칸트가 이렇게 거시적이며 포괄적인 전망에서 심미적 경험을 '도덕성의 이념'과 가까이 접근시키는 데에는 근대미학 내지 근대시학의 계몽적 · 시민교양적 입장이 사상적 배경이 되고 있다고 할 수 있다.[33] 하지만 보다 더 중요한 이유는 칸트가 자연과 욕망의 필연성을 넘어서는 심미적 경험의 자유로움, 그리고 이 자유로움을 정서적으로 느끼고 구체적인 대상을 통해 실현하면서 드러나는, 상호주관적으로 공감할 수 있는 인본적 가치의 차원을 확신했기 때문이다. 다시 말해 칸트는 심미적 경험이 열어 주는 인간과 세계의 보편적 전망이 능동적 주관성 전체의 조화로운 실현뿐만 아니라, 문화와 역사를 섬세하게 이해하고 의미 있는 실천의 가능성을 선취하는 데 있어 본질적임을 간파하고, 이를 자신의 철학적 개념틀 안에서 '도덕성의 상징'이란 말로 표현한 것이다.

심미적 경험의 이러한 포괄적인 인간학적 내지 사회문화적 전망은 『판단력비판』을 둘러싼 가장 어려운 문제들 가운데 하나인 반성적 판단력의 체계적 의미와 긴밀하게 연결되어 있다. 칸트는 특히 제3비판서의 두 서론에서 이 문제를 상세히 서술하고 있는데, 그 핵심은 이렇게 요약할 수 있다. 이론적 오성과 실천적 이성 사이에 위치한 판단력은 '자연의 합목적성'을 고유한 능동적 · 선험적 원리로 하고 있으며, 이 원리를 통해 "자연개념과 자유개념을 매개하는 개념"을 제공한다. 그리고 이 "매개하는 개념은 순수이론이성에서 순수실천이성에로의 이행, 자연개념에 의한 합법칙성에서 자유개념에 의한 궁극목적에로의 이행을 가능케 하는 것이다."(LV) 왜냐하면 판단력의 원리를 통해서 "오직 자연에 있어서만, 그리고 자연의 법칙들과 조화함으로써만 실현될 수 있는 궁극목적의 가능성이 인식되기 때문이다."(LV)

33 Nivelle, A., *Kunst- und Dichtungstheorien zwischen Aufklärung und Klassik*, Berlin/New York, 1971, pp. 89-90, 109.

반성적 판단력의 원리인 ‘자연의 합목적성’은 주관을 둘러싼 능산적(能産的) 자연과 구체적인 생활세계가 아무 의미 없는 극단적인 카오스의 상태가 아니라 의미 있는 형식과 구조를 보여 줄 수 있음을 초월적으로 선취하는 반성원리이다. 따라서 주관은 자연과 예술의 개별 대상에 대한 심미적 판단 과정에서 이 원리를 적용하면서 의미 있는 인식과 실천의 지평을 마련한다. 바로 이런 의미에서 칸트는 반성적 판단력이 자연과 자유를 매개하는 역할을 한다고, “이론철학의 감성적 기체(Substrat)로부터 실천철학의 예지적 기체로의 이행”(EE. XI)을 가능하게 한다고 역설한다. 그리고 반성적 판단력의 이러한 체계적 위상으로 인해, 심미적 경험이 일깨워주는 “초감성적인 것 안에서 이론적 능력과 실천적 능력이 우리가 알지 못하는 어떤 공통적인 방식으로 결합되어 통일”(259)을 이룬다고 볼 수 있는 것이다.

3. 나오는 말

지금까지 우리는 『판단력비판』의 미학 부분에 개진된 핵심적인 분석과 논점들을 몇 가지 주제로 나누어 재구성하고 토론해 보았다. 우리의 재구성은 이들 분석과 논점들이 지닌 다양한 해석의 가능성과 현대적 의의를 가능한 한 되살리고자 노력했다. 고전적 텍스트와 생산적이며 의미 있는 대화를 나누고자 한다면 이러한 ‘규제비평적’ 독해와 재구성을 피하기 어려울 것이다.

칸트 미학의 사상사적 위상은 한마디로, 서구 근대철학이 도달한 사유의 정점에서 심미적 · 예술적 경험의 자율성과 문화적 의미를 이론적으로 정당화한 탁월한 시도라 평가할 수 있을 것이다. 그것은 문화와 역사의 진정한 주체로서의 인간의 자율성에 대한 신뢰, 지식, 도덕, 정치, 종교, 예술 등에 실현된 주관의 능동적 합리성에 대한 확신, 이러한 문화적 상징 형식들의 체계적이며 발전적인 종합의 기획, 거시적 관점에서 역사와 문화의 진보에 대한 이상 등 계몽주의적 세계관과 관념론적 철학의 깊은 이념과 정신에 그 뿌리를 두고 있다.[34] 하지만 이러한 일반적인 사상사적 자리매김보다 더 중요한 것은 칸트 미학의 주제적 통일성, 즉 그것이 보여 주는 '목적 없는 합목적성'을 명확하게 간파하는 일이다. 제3비판서의 많은 관찰과 분석, 논증과 추론이 어떻게 심미적 · 예술적 경험의 자율성과 인간학적 중요성, 나아가 보편적인 사회문화적 지평의 확보라는 주제로 수렴되는지를 통찰해야 하는 것이다. 이 통찰을 위한 필수적인 구성요소들이 우리가 논의한 심미적 · 예술적 경험의 감정적 근거, 관심 없는 즐거움, 상상력과 오성(내지 이성) 사이의 자유로운 공동유희, 목적 없는 합목적성, 주관적 필연성과 공통감의 이념, 관심과 결합된 심미적 판단, 천재론과 예술 장르론, 도덕성의 상징으로서의 미 등의 논점이다. 그리고 우리는 이들 요소들을 분명하게 인식함으로써 우리의 역사적 · 미학적 현재에 대한 정확한 이해에 좀 더 가까이 다가갈 수 있을 것이다.

34 Paetzold, H., *Ästhetik des deutschen Idealismus*, Wiesbaden, 1983, pp. 115-118; Ferry, L., *Homo Aestheticus*, Èditions Grasset & Fasquelle, 1990, 방미경 역, 『미학적 인간』, 서울, 1994, pp. 111-162; 박진, 「문화와 예술」, 『칸트와 문화철학』, 서울, 2003 참조.

더 읽을거리

공병혜, 『칸트 판단력비판』, 울산대 출판부, 1999.

김광명, 『칸트 판단력비판 연구』, 이론과실천, 1992.

한국칸트학회(편), 『칸트와 미학』, 민음사, 1997.

Copleston, F., *A History of Philosophy*, vol. 6(임재진 옮김, 『칸트』, 중원문화, 1986, pp. 243-283).

Teichert, D., *Immanuel Kant: "Kritik der Urteilskraft" Ein einführender Kommentar*(조상식 옮김, 『(쉽게 읽는 칸트) 판단력 비판』, 이학사, 2003).

칸트의 『판단력비판』 번역본

김상현 옮김, 책세상, 2005(「미감적 판단력의 분석론」 부분의 번역과 해제).

이석윤 옮김, 박영사, 1989(완역본).

셸 링

심철민

칸트 이후 독일 관념론을 꽃피운 가장 위대한 철학자 세 사람을 든다면, 단연코 우리는 피히테와 셸링(F. W. J. Schelling), 그리고 헤겔을 꼽을 수 있다. 이들 모두는 말년의 칸트와 시대를 공유하면서 그의 철학적 영향권 내에서 사유활동을 펼쳤던 한편, 또한 문제의식상의 일정한 소통과 평가를 통해 상호간 이를 극복하려는 데서 고유 철학체계들을 구축하기에 이르렀다. 독일 근대미학의 전개라는 견지에서 보자면 이 중 셸링과 헤겔이 남긴 업적은 실로 탁월하고도 눈부실 정도인데, 바움가르텐에서 칸트에 이르는 미학의 전개가 주로 미와 관련한 독특한 '감정'의 문제를 학문적으로 정초하는 일(보통 "영향미학"으로 불린다)에 집중해 있다면, 셸링 이후 미학 내지 예술철학의 향방은 '예술'의 본질을 역사 및 정신사의 관점으로까지 확장하고 있는 점에서 크게 대별된다(이 점에서 셸링과 헤겔의 미학적 성격은 흔히 "내용미학"이라 불린다).

1. 청년 셸링의 사상적 전개

프로테스탄트계 수도원 목사인 아버지와 목사의 딸인 어머니 아래서 셸링은 열 살 때까지 개인지도로 라틴어와 그리스어를 배웠고, 열다섯 살에는 튀빙엔 신학부인 슈티프트에 들어가 이곳에서 다섯 살 위인 헤겔과 횔덜린을 만나 학문적으로 교류하기 시작한다. 1795년 대학을 졸업할 무렵 그가 즐겨 읽은 철학자는 플라톤, 스피노자, 라이프니츠, 칸트, 피히테 그리고 야코비였다. 라이프치히에서 가정교사직을 얻은 셸링은 이후 칸트 선험철학을 존재론적으로 모색하는 가운데 『철학의 원리로서의 자아 혹은 인간 지식에서의 무제약자에 관하여』, 『독단주의와 비판주의에 관한 철학적 서한』(1795/96)과 같은 주목할 만한 초기 논저들을 출간한다.

이 시기 셸링의 철학 관심사는 크게 두 갈래로 나눠 볼 수 있다. 하나는 철학의 원리를 단지 경험적으로 제약된 자아에다 정립하려는 칸트 인식론을 극복하는 일로서, 이는 이론철학과 실천철학, 기계론과 목적론의 원리를 다시금 통합해 내는 과제를 의미한다. 피히테와 교류하면서 셸링은 이것을 피히테의 '지식학(Wissenschaftslehre)'이 보여 준 방법론을 통해 모색한다. 즉 그는 선험적 종합판단의 가능성에 대한 칸트 비판철학의 물음 대신, "절대적 자아는 어떻게 자기 자신을 넘어서서 자신에게 비아를 단적으로 반정립하게 되는가?"라는 물음에 관계한다.[1]

다른 또 하나의 관심은 스피노자 체계를 염두에 두는 가운데 "어떻게 절대자가 자기 자신으로부터 바깥으로 나타날 수 있는가?"에 답하는 일이었다. 모든 철학의 시작원리로서의 '절대자'라는 개념 위에선 이제 피히테의 철학 역시 상대적인 것으로 나타난다. 셸링은 스피노자적 실체의 두 속성들인 사유(res cognitans)와 연장(延長, res extensa)을 존재론적인 통일 가운데 있는 두 양상들—즉 무한자와 유한자—로서 이해하고자 한다. 따라서 이제 위의 물음은 "무한자로부터 유한자로의 이행(혹은 세계의 현존)이 어떻게 가능한가"라는 물음으로 표현될 수 있다.

1 『철학의 원리로서의 자아』, 셸링 전집(*Sämtliche Werke*, Bd. I-XIV, 1856-1861), I, 175; 한자경 옮김(서광사, 1999), 46쪽.

이에 대한 그의 대답은 다음과 같다: 어떠한 철학 체계도 무한자로부터 유한자에로의 이행을 실현할 수는 없지만 그러나 거꾸로 유한자는 근원적으로 무한자로 회귀되어야 할 본성을 가지며, 그것은 유적 존재로서의 거의 모든 실존 양상이 그러하듯, "절대적 객체의 무한성 내에서 몰락하고자 분투"하는 내적 요구에서 보여진다.

> "철학은 물론 무한자로부터 유한자에로 이행할 수는 없지만 그러나 거꾸로 유한자로부터 무한자로 이행할 수는 있다. 무한자로부터 유한자에로의 어떠한 이행도 용인하지 않으려는 그 노력이야말로 이제는 바로 인간 인식에 있어 이 양자를 결합해 주는 매개항으로서 존립하기에 이른다. 무한자로부터 유한자로의 이행이 일체 존재하지 않으려면 유한자 자체에 무한자를 향한 경향이(본질로서) 내재해 있어야 하거니와 이는 바로 무한자 내에서 자신을 잃고자 하는(무한자에 몰두하려는) 부단한 노력[분투]인 것이다."[2]

셸링은 전동 형이상학이 추구했던 무한자로부터 유한자로의 이행 시도를 "맹목적 독단주의"라 칭하면서 이를 배격한다. 칸트적 이성비판 역시도 이 같은 '이행'에 대해 아무것도 말해 줄 수 없기는 마찬가지다. 더욱이 주체 자체의 "독자적 인과성"을 인정하는 칸트 비판주의로서는 절대자 내에서의 이 인과성의 폐기, 즉 주체 자체의 절멸을 용인할 수 없는 체계이다. 그러나 주체가 자신을 절멸한다는 것은—셸링이 보기에—주체가 다시금 무한자로 회귀함을 의미하는 것이다. 이런 점에서 이제 셸링은 철학을 "세계의 내재적 원인"만으로 구성해 내려는 스피노자 사상체계에 동조하는 관점을 드러낸다(I, 314f.). 여기서 셸링이 이해하는 스피노자주의의 요체는 무한자라는 것을 오직 하나의 세계 원인으로서 정립하고, 이 내재적 원인 안에서 그 어떤 무엇이 출현한다는 점으로 요약된다. 즉 스피노자는 자아

2 『독단주의와 비판주의에 관한 철학적 서한』(1795), 셸링 전집 I, 314f.

의 독자적 인과성을 폐기한 대신, "유한적 인과성이란 한갓 무한적 인과성의 한 변양"(I, 316)일 뿐인 점에서, 그의 체계는 주관 고유의 인과성에 기대지 않고 "주관 안에 있는 어떤 낯선 인과성", 즉 "절대적 인과성"에 기댄다(I, 316). 셸링의 판단에 따르면, 스피노자는 "절대자 속에서 주체 자신을 상실해야 한다고 요구함으로써 암묵적으로는 주관적 인과성과 절대적 인과성의 동일성을 요구했던 셈이다."(I, 316) 이것은 바꿔 말해서 모든 유한한 존재 하나하나에는 기실 무한자 내에 지배하고 있는 바로 그 인과성이 지배하고 있다는 것으로, 그러므로 한갓 유한한 상태 일반은 자신의 "절대적 부정(absolute Negation)"을 통해 마땅히 무한성으로 회귀해야 하는 것이다(I, 316).

그리하여 이성은 자기 스스로 무한자와 유한자 간의 매개항을 발견할 수 없음을 깨달을수록 "이 둘을 앎의 동일한 통일성 속에로 결합"하고자 하는 자신의 "최고 관심사"를 결코 포기하지 않는다(I, 314). 이 점에서 그는 이성에 바탕을 두고 철학을 옹호하는 한편, 이성을 논증하는 또 다른 근거를 사유 대상으로 삼음으로써 이성 자체를 비판하고자 한다. 셸링이 절대적 이성으로서의 절대자를 논하는 이유가 여기에 있으며, 또한 그가 칸트적 비판철학의 길과는 구분되는 자연철학과 선험철학의 길을 모색하는 이유가 바로 여기에 있다. 그리고 바로 이 지점에서 그는 피히테의 철학적 영향권으로부터도 벗어난다.

이성의 근거를 밝혀 줄 또 다른 영역으로서 그가 가장 역점을 두고 천착한 것이 바로 '자연'이다. 셸링은 칸트를 거쳐 피히테에 의해 세계의 궁극 원리로까지 고양된 근대적 의미의 '자아'를, 객관적 자연 가운데서 모색함으로써 이 둘을 궁극적으로 통일하고자 시도한다. 이십대 초반 무렵 출간한 『자연철학의 이념』(1797), 『세계영혼론』(1798), 『자연철학 체계의 제일 기획』(1799) 등이 그러한 노력의 결실들이다. 이들 저작이 일찌감치 학계의 비상한 관심을 모으면서 셸링은 예나에서 괴테와 조우하는가 하면, 괴테의 천거하에 1798년 예나 대학교의 객원교수로 초빙받는다. 이 시기에 셸링은 또한 노발리스, 슐레겔 형제, 피히테 등과도 만나는데, 특히 피히테는 자신의 '지식학'을 셸링이 새롭게 해석하고 있음을 감지하는 한편, 슐레겔 형제 등의 낭만주의자들은 자신들의 시대기획이 셸링의 철학적 경향과 여러 모로 친화적임을 인지한다.

자연철학에 대한 셸링의 논변들은 당대의 여러 자연과학 성과들을 총괄하고 있는 한편, 시대에 앞선 통찰적 시각들을 내보임으로써 19세기 자연과학 및 의학에 선구적 실마리를 던지고 있다. 특히 그는 유기체성의 내적 구조에 천착하면서 모든 각 소우주에는 대우주, 즉 자연의 "근원적 무한성"이 존재한다는 견해를 피력한다. "사람들이 자연이라고 부르는 것(즉 개별적 객체들의 합) 안에서 우리는 근원 생산물 자체가 아니라 오히려 그것의 진화(……)를 볼 수 있다. …… 진화의 각 점에 있어서도 자연은 여전히 무한하다. 그러므로 자연은 각 생산물에 있어서도 여전히 무한하며 따라서 그 각 생산물 안에는 우주의 맹아(Keim)가 들어 있다."[3]

셸링의 이런 언급의 배후에는 플라톤의 『티마이오스』 외에, 플로티누스와 조르다노 부르노, 야콥 뵈메 등의 사상들이 영향을 미치고 있다. 그러나 다른 한편, 이 같은 자연철학의 주요 명제들이야말로 그가 애초 철학을 행하는 핵심 동력이었으며, 또한 이는 독일 관념론 내에 독특한 궤적을 형성케 한 동인이기도 했다. 그는 실로 "단순한 반성"이 갖는 폐해를 혹독하게 비판하는데, 그것은 무엇보다 표상과 실재, 현상과 물자체를 갈라놓는 반성철학의 병폐를 겨냥한 것이었다. "단순한 반성은 인간이 갖는 일종의 정신병이며, 게다가 그것이 한 인간 전체에 대한 지배력을 가질 경우에는 인간의 중심에 있는 보다 고차적인 현존인 인간의 정신적 삶을 그 뿌리로부터 말살시키는 정신병이 된다. 왜냐하면 인간의 고차적인 정신적 삶은 오직 동일성으로부터만 가능하기 때문이다."[4] 반성철학이 행하는 끝없는 이

3 『자연철학 체계의 기획 서설』(1799), III, 290f.; 한자경 옮김(서광사, 1999), 159쪽 이하.
4 『자연철학의 이념』, II, 13; 한자경 옮김(서광사, 1999), 25쪽 이하.

원화 대신 대상과 표상을 하나이자 동일한 것으로 직관해 낼 때 참된 의미의 철학, 즉 "반성의 파열 이후 스스로 소생하는 절대적 형태의 철학"(II, 15)을 얻게 된다고 그는 말한다.

이런 견지에서 셸링은 근대가 낳은 분열(Entzweiung)을 되돌리려는 초기 낭만주의자들의 문제의식과 만난다. 실제로 이 시기에 그는 초기 낭만주의 대표자들인 슐레겔 형제, 노발리스, L. 티크 등과 집중적으로 교류하였고, 또 슐레겔의 부인이었던 카롤리네 슐레겔과 결혼(1803)에 이르게도 된다. 셸링 자신을 초기 낭만주의 그룹에 속해 있는 인물로 간주하긴 어렵지만 이 당시 이들 사이에 공유되었던 문제의식은 한마디로 자연과 예술 사이의 대립을 극복하는 일로 요약될 수 있다.

셸링 자연철학의 핵심 과제를 한마디로 요약한다면, 그것은 다름아닌 자연 전체 및 온갖 자연사물들을 어떻게 그 최고의 유기적 구성물까지 포괄해 내는 논리로서 정초해 낼 수 있는가라는 문제라고 할 수 있다.[5] 이 점과 관련, 셸링은 자연의 체계를 무목적적인, 한갓 결정론에 종속된 요소들의 질서로서 간주하는 데 강력히 반대한다. 그것은 살아 있는 유기적 자연을 맹목적인 기계론(Mechanismus)에 복속시키는 일이다. 그러나 이에 못지 않게 자연을 순전히 목적론적 관점만으로 보려는 것 역시 독단적이자 비철학적인 발상이다. 왜냐하면 자연을 단지 창조자의 의도적 산물로 간주하는 경우 우리는 다음 두 가지 오류 가운데 하나를 피할 수 없기 때문이다. 즉 이런 경우 창조자의 이념 자체가 유한성 내로 제한되어 더 이상 창조자이기를 멈추게 되거나 혹은 반대로 이 이념이 모든 유한한 것 외부에 정립됨

5 이와 연관하여 셸링에게서 특기할 점은 자연의 일차적 힘의 요소로서 중력과 빛 — 혹은 질료와 빛 — 을 상정하면서 동시에 상위의 유기체적 구성과 관련해선 이 두 요소 못지 않게 유기적 생(Leben) 자체를 본원적인 것으로 여기고 있다는 점이다. 이것은 그가 유기적 존재자들에 있어 "보편적 유기체성(allgemeiner Organismus)"의 실재성을 적극 인정하고 있는 까닭이다. Vgl. "생이 동물적 질료의 속성 내지 산물인 것이 아니고 오히려 반대로 질료가 생의 산물이다. 유기체성이란 개개 자연사물들이 갖는 속성이 아니며, 오히려 반대로 개개 자연사물들이 보편적 유기체성에서 주어지는 너무나도 많은 제한들 내지 개별 직관방식들인 것이다."(『세계영혼론』 II, 500)

으로써 무한한 것의 변양인 유한자들이 정작 목적론적으로 이해될 수 없게 된다는 사실이 그것이다.[6] 그의 생각으로는 목적론과 존재론이란 사물 내에서 마땅히 공존(Coexistenz)을 이루고 있는 것이어야 하며, 따라서 이들 각각은 결코 상대방을 배제할 수 없는 것이다. 예술에 대한 성찰은 이런 면에서 가장 중요한 철학적 단서가 될 수 있다. 왜냐하면 예술의 참된 형성은—자연의 그것과 마찬가지로—결코 단순한 인간적 구성물인 것으로도 혹은 전적으로 자연필연적 산물인 것으로도 간주될 수 없기 때문이다. 만일 전자의 경우라면 예술작품은 한갓 제작품 내지 인공물로 전락하며 후자의 경우라 한다면 그것은 예술의 내적 합목적성의 측면을 도외시하는 셈이다. 예술의 본질에 근접하기 위해선 이 두 가지 계기가 내적으로 통합되지 않으면 안 된다. 그리하여 셸링을 포함하여 낭만주의적 사유지평에서 제기되었던 핵심 과제는 바로 자유와 자연필연성 간의 통일, 즉 자연과 예술에 공히 깃들어 있는 대립적 계기들을 어떻게 혼융, 해소시켜 낼 것인가의 문제였다. 포에지적 표현들을 통한 이것의 가시화 및 비평이 낭만주의적 사상의 실천적 모토였다고 한다면, 이를 학문의 체계적 서술로서 정립해 내고자 한 것이 셸링의 철학적 기본 태도였다고 할 수 있다.

2. 셸링의 예술철학

가.

1800년 셸링은 자신의 청년기 사상을 체계화한 주요 저작 하나를 출간하는데, 그것은 『선험론적 관념론의 체계』라는 저서이다. 이 책은 사상사적 측면이나 방법론적인 견지에서 칸트의 『판단력비판』(1790)과 헤겔의 『정신현상학』(1807)의 정신적 교량 구실을 하고 있다. 이렇게 말할 수 있는 이유

6 II, 46.

는 첫째 셸링의 이 저작이 칸트 인식론의 극복을 추구하는 동시에 근원적 자아가 나아갈 수 있는 궁극 지점을 논구하는 점에서 『정신현상학』 서술 방법론에 직접적 영향을 미치고 있기 때문이다.[7] 둘째로 이 저서 맨끝의 결론 장(5, 6장)에 이르러 자신의 고유한 예술철학적 견해들이 피력되고 있는데, 이것은 칸트 미학 및 자연목적론과는 성격을 달리하는 예술철학적 진로를 예시하고 있기 때문이다.

이 책에서 그는 이론철학, 실천철학, 목적론 그리고 예술철학의 순서로 논의를 전개하는데, 이것은 그의 진리관, 즉 "표상과 그 대상 간의 일치"[8]를 구하려는 기본 구상에 의거한 것이었다. 그에 따르면, 이론이성에서는 우리의 표상들이 대상들을 향해 있는 것으로 생각되고 실천이성에서는 대상들이 표상들을 향해 있는 것으로 생각된다(III, 348). 그러므로 이론철학에서도 실천철학에서도 표상과 대상 간의 거리는 해소될 수 없고 이는 오로지 보다 상위의 철학, 즉 이 양자 위에 있으면서 이들을 내적으로 포괄하는 그런 철학에서만 해소될 수 있다. 선험론적 철학의 최고 문제를 이루는 이러한 모순이 마땅히 해소되어야 한다면, 표상의 실재적 세계와 행위의 이념적 세계 간에는 하나의 예정조화가 지배하지 않으면 안 된다. 그러나 만일 자유로운 행위 내의 의식과 더불어 마련되는 생산적인 활동이 또한 의식없는 세계의 생산작용 내에서도 생산적인 것으로서 입증된다면, 자연과 자유, 무의식적인 것과 의식적인 것 간의 모순은 지양되어 있는 셈이다. 의식적인 것과 무의식적인 것의 이러한 근원적 동일성의 생산물이 바로 합목적이라고 설명할 수 없으면서도 합목적적인 '자연'이다. "전체로서뿐 아니라 개별 산물들 가운데 존재하는 자연이란 필히 의식과 함께 산출된 하나의 작품으로서 현상해야 할 터이지만 또한 그와 동시에 지극히 맹목적인 기계론의 산물로서도 현상해야 할 것이다; **자연은 합목적적인 것이라 설명**

7 Vgl. 헤겔 『정신현상학』과의 관계에 대해선 다음 논저를 참조. W. Marx, *Schelling: Geschichte, System, Freiheit*, Freiburg; München: Alber, 1977, S. 63ff.

8 『선험론적 관념론의 체계』(1800), III, 339.

될 수 없음에도 합목적적이다. — (강조-셸링)"(III, 349)

그런데 자아 안에서 이러한 유기적 자연에 상응하는 원리가 심미적 활동이거니와, 왜냐하면 심미적 활동은 의식적이면서 동시에 무의식적이고 또한 모든 예술작품들은 오로지 그러한 의식적 · 무의식적 활동의 생산물로서만 파악될 수 있기 때문이다. 따라서 유기체성과 예술은 둘 다 실재적 활동과 이념적 활동의 근원적 동일성의 생산물이되, 다만 예술과는 달리 자연은 정신의 근원적인, 아직 무의식적 포에지를 뜻할 뿐이다(III, 349). 그에 비해 '예술직관'은 자아 자체 속에 의식적인 것과 무의식적인 것 간의 이러한 동일성이 놓여 있음을 직접적으로 인식하는 바 바로 이를 통하여 주관-객관 간의 조화의 궁극적 근거가 자아 자체에게서 객관화되고 있음이 드러나는 셈이다(III, 610f.).

예술작품이 완성된다는 것은 의식적 활동과 무의식적 활동 간의 모순이 지양되는 것을 의미한다. 즉 예술적 창조가 불일치와 분리 위에 서 있다면 참된 예술적 생산물은 조화로운 균형 위에 존립한다. 그러므로 예술작품의 존재는 의식적 활동과 객체적 활동의, 자유와 필연성의 절대적인 통일의 국면이다(III, 613f.). 그러나 산물 속에 표현되어 있는 이 같은 동일성이란 비단 생산자로서의 한 지성에 의한 인정만으로 종결되는 것이 아니다. "동시에 이 동일성은 전적으로 이것(지성)으로부터 풀려나 있는 바, 즉 지성에 대해 전적으로 객관적인 것이 되어 있는" 까닭이다(III, 615 Anm.). 이렇듯한 지성의 수준을 넘어 예술 산물이 "예기치 않은 조화"와 동일성의 객관화에 이르게 되는 근거를 셸링은 이제 '근원적 자아(Urselbst)'로서의 "절대자(das Absolute)"라고 말한다(III, 615f.). 오직 산물로부터만 되비치는 이 같은 절대자의 국면이 때로 무의식적인 자유 혹은 자유 없는 필연성을 통해 "의식에 객관성을 부여해 주는 그런 불가해한 작용"이 나타나거니와 그것이 바로 '천재(Genie)'인 것이며(III, 616), 또한 그의 표현을 가리켜 우리는 "예술에서의 포에지"(III, 618)라고 부를 수 있는 것이다.

철학 전체의 원리 역시 이 같은 "절대적으로 동일한 것"에서 출발하지 않으면 안 되는데, 그러나 이것은 "단적으로 비객관적인 것"인 한에서, 개념들을 통해 파악되는 것이기보다는 오히려 "예지적 직관(Intellektuelle Anschauung)" 가운데 표현되는 것임에 틀림없다(III, 625). 다시 말해 예지적 직관이야말로 절대적으로 동일한 것을 자신의 대상으로 삼는 바, 이러한 직관의 객관성이 곧 예술 자체인 것이다(III, 625). 그리하여 "심미적 직관(ästhetische Anschuung)"이란 "객관화된 예지적 직관" 이외 다른 것이 아니다(III, 625).

셸링은 이제 예술과 철학의 관계와 관련, 다음과 같은 유명한 명제를 제출한다. "심미적 직관이 다름아닌 객관화된 예지적 직관이라 한다면 예술은 철학의 유일하게 참되고 영원한 기관(Organon)임이 분명하다. 그리하여 이 기관은 철학이 외적으로 표현할 수 없는 것을, 다시 말해 행위와 생산작용 속에 있는 무의식적 요소 및 이 요소가 의식적인 것과 이루는 근원적 동일성을 언제나 그리고 늘 새로이 우리에게 증빙해 주는 것이다."(III, 627f.)

나.

1801년에서 1804년 사이, 셸링의 철학은 다시금 새로운 전환 국면을 맞는데, 무엇보다 이는 그의 '동일성체계'의 확립과 관련되어 있다. 동일성철학의 근거와 의미를 서술한 이 시기 여러 논저들[9] 가운데서 우리의 관심과 관련, 특히 주목해야 할 문헌은 그의 『예술철학』이다. 애초 1802년부터 1805년까지 대학강의를 위한 원고로서 쓰여졌던 이 저작[10]은 동일성체계의 예술철학적 확증일 뿐아니라 절대자 속에서 예술의 자리를 마련하려는 "심미적 절대주의"의 극한치를 보여 주고 있다.

9 이 시기 주요 저술로는 『나의 철학체계의 서술』(1801), 『부르노 혹은 사물의 신적 원리와 자연적 원리』(1802), 『철학 체계로부터 더 나아간 서술』(1802), 『대학 연구 방법론』(1803), 『철학과 종교』(1804), 『전체 철학과 특히 자연철학의 체계』(1804) 등이 있다.

10 셸링은 1802/03년(예나 대학) 및 1804/05년(뷔르츠부르크 대학), 두 차례에 걸쳐 '예술철학' 교과를 강의했으며, 이 강의 원고는 그의 사후인 1859년 그의 아들에 의해 동명의 책으로 편집 · 출간되었다. 이하 *Philosophie der Kunst* (Bd. V, 353-736)에서 인용함.

그에 따르면 이제 철학의 과제는 절대자를 모든 인식의 요청으로서 예증하는 데 있지 않고 오히려 절대자 자체가 철학의 매개자이다. 따라서 "절대자의 관점에서 나오는 철학 외엔 어떠한 철학도 없다."(IV, 115) 절대자란 "주관적인 것과 객관적인 것의 총체적 무차별성"(IV, 114)인 한에서 여기에는 앎과 그 대상 간의, 즉 인식과 존재 간의 온갖 구분이 지양되어 있다. "따라서 절대적 동일성의 근원적 인식이란 형식상으로 볼 때 그[동일성의] **존재**이기도 하며 또한 역으로 모든 각 존재는 형식의 측면에서 또한 절대적 동일성의―(인식됨이 아니라)―인식인 것이다."(IV, 122)

『예술철학』의 근본 의도는 이러한 절대적 동일성의 지평 위에 '예술'의 형식들을 서술해 내는 데 있다. 이는 예술의 형식 내에 단일한 우주(Universum)를 '구성'하는 일과 다르지 않다.[11] 그에 따르면 예술작품이란 저마다 각기 우주들(Universa)로서, 이는 절대자의 특수한 현시이다. 왜냐하면 예술작품은 절대적 동일성의 직접적 표현인 바, 다시 말해 온갖 대립들이 완전한 종합과 조화를 이루는 데에 이것의 본질이 놓여 있기 때문이다. 그리하여 셸링에게 예술은 다음과 같이 규정된다. "예술은 그 자체 단순한 행위도 또 단순한 앎도 아니며 오히려 그것은 전적으로 학문에 의해 투과된 행위(ein ganz von Wissenschaft durchdrungenes Handeln)이거나 혹은 거꾸로 말해, 전적으로 행위가 된 앎(ein ganz zum Handeln gewordenes Wissen)이기 때문이다. 즉 예술은 이 둘의 무차별성이다."(V, 380f.)

자연의 유기체성이 질료와 빛의 무차별성을 구현하고 있듯, 예술은 자신 안에서 앎과 행위의 참된 종합을 이루고 있다. 이 점에서 유기체와 예술은 둘 다 실재적인 것과 이념적인 것의 통일체로 간주된다. 하지만 자연생산물의 우연적 미와는 달리 예술작품은 필연적으로 아름답거니와, 이것은 유

11 『예술철학』의 '목차'에서의 다음 표현 참조: "귀결: 예술철학 = 예술의 형식 내에서의 우주의 구성"(V, 355).

기적인 것이 아직 미분리된 활동들의 통일인 반면 예술작품은 이성을 매개로 한 분리 이후의 활동들의 재통일이며 그리하여 자연미보다 한 차원 높은 종합을 뜻하기 때문이다. 예술은 이념적 세계의 가장 높은 포텐츠로서 여기서는 이념적인 것과 실재적인 것의, 앎과 행위의, 진리와 선의 가장 완전한 상호 침투로서의 미가 가시화되고 있는 것이다.[12] 그리하여 미가 존재하는 곳은 보편자와 특수자, 무한자와 유한자 간의 분열이 근원적으로 화해되어 있는 지점이다.

셸링에 따르면, 철학과 예술은 다음과 같은 면에서 구분된 채 서로 관계한다. 우선 철학은 절대적 동일성 자체의 직접적 서술인 데 비해 예술은 이념성과 실재성의 "무차별성 자체의 표현"이다(V, 381).[13] 즉 철학이 절대적 동일성의 근원상(Urbild)을 내보이는 데 비해 예술은—유기체가 미분리된 형태로 그러하듯—이 근원상을 "특수성이나 대상성" 내의 투영상(Gegenbild)으로 나타낸다는 점이다. 이런 면에서 예술 가운데서 경험되는 미는 절대자를 직접적으로, 다시 말해 유한한 것을 통해 근접할 수 있게끔 하는 하나의 특별한 과정을 의미한다. 유한한 존재자 내에서 무한자가 나타남으로써 예술은 이제 철학과 구별되는 성찰적 계기를 이루는 것이다. 셸링의 예술철학은 미가 내적으로 포함하는 이 같은 이성의 계기들을 통해 하나의 포괄적인 이성개념을 목표로 삼는다. 그의 철학은 이렇게 해서 오성적으로 제한된 이성 이해들과는 대비되는 하나의 심급으로 나아간다.

1804년 이후 셸링은 『철학과 종교』(1804), 『전체 철학 및 자연철학의 체

---

12 "미는 단순히 보편자이거나 이념적인 것(이것=진리)이 아니며 그렇다고 단순히 실재적인 것도 아니다(이것=행위). 그러므로 그것은 오로지 이 양자의 완전한 침투 내지 상호 합치일 따름이다. 미가 주어지는 것은 특수자(실재적인 것)가 자신의 개념에 적합함으로써 무한자로서의 이 개념 자체가 유한한 것 내로 들어오는—구체적으로 말하면 가시화되는—곳에서의 일이다. 이에 따라 그것(개념)을 나타내는 실재적인 것이 근원상 곧 이념에 진정 유사하고 동등하게 되거니와 이러한 이념에서는 보편자와 특수자가 절대적 동일성 내에 있는 것이다. 이성적인 것이 이성적인 것인 동시에 현상적인 것 또는 감각적인 것이 된다." (V, 382)

13 "철학은 신적인 것의 직접적인 서술인 반면 예술은 직접적으로 단지 무차별성 자체의 표현이라는 점이다." (V, 381)

계』(1804), 『자연철학에 대한 경구들』(1806) 등과 같은 저작들을 계속 내놓는가 하면, 1806-20년 사이엔 교직활동과 거리를 둔다. 한편 헤겔이 『정신현상학』(1807) 서설(Vorrede)에서 셸링의 동일성철학을 강력하게 비판한 이후 이 둘 사이는 소원한 관계로 접어든다. 1807년 뮌헨 학술원에서 행한 유명한 강연 『조형미술과 자연의 관계』를 계기로 셸링은 그 이듬해 새로 개원한 뮌헨 조형미술 아카데미 사무총장직에 초빙된다.

3. 자유철학과 『우주연령』 철학

1809-27년의 시기에 해당하는 셸링의 중기 철학은 그의 동일성철학이 다시금 체계상의 난관에 봉착한 데서 생겨난 일련의 결실들이다. 우선적으로 그의 『인간 자유의 본질』(1809)에서 우리는 하나의 새로운 체계기획을 보게 되는데, 이는 특별히 동일성철학에서 불충분하게 다루어졌던 유한성 이론의 결함을 제거하고자 시도한다.[14] 따라서 이 자유저작의 근본 관심은 인간 자유의 문제성만이 아니라 그의 철학의 핵심 공리인 절대자의 이론에까지 닿아 있는 셈이다.

자유의 개념이 체계 속에서 규정되어야 하는 이유는 셸링에게선 적어도 분명하다. 즉 체계 전체가 모든 개념들을 포괄하는 것이라면 자유의 개념이란 그중 하나의 특별한 개념인 까닭이다. 때문에 체계와 자유 양자가 동등한 필연성, 즉 거부할 수 없는 필연성과 더불어 상정될 때에만 이 둘은 서로 결합 가능한 것임에 틀림없다. 바로 이 점에서 모든 사물은 신 안에 내재한다는 범신론 학설이 좀 더 바르게 이해될 필요가 있다. 야코비의 비판마냥 범신론이란 본래 숙명론과 동일한 의미가 아니라 인간이 오직 신 '안에

14 셸링은 『철학과 종교』(1804)에서 불명료한 채로 남겨두었던 절대자로부터 유한자로의 '이탈(Abfall)' 의 이론(vgl, VI, 38ff., VII, 334)을 인간 자유의 개념과 더불어 자유저작의 "학문적 세계 통찰 전체" (VII, 336)의 중심점들 중 하나로서 정립하고자 한다.

서' 만 자유로운 것임을 뒷받침하는 체계이다. 그리하여 "신 안에 내재함과 자유는 모순되는 것이 아니다."(VII, 347) "신은 그의 본성에 따라 영원하지만, 사물은 오직 신과 더불어 그리고 신의 존재의 결과로서만, 즉 도출된 방식으로서만 영원하다."(VII, 340) 이로써 인간의 자유는 비록 신의 그것에 견주어 유적(類的)으로는 유한한 것이되 그러나 "파생된 절대성의 개념"(VII, 347)을 지니는 만큼 전체 철학의 매개 개념이 되어 왔던 것이다. 셸링의 이러한 사상에는 결국 신과 세계(또는 인간) 간의 통일성과 차이라는 사변적 논리가 그 밑바탕에 놓여 있다.

자유저작에 이어 셸링의 중기철학은 『우주연령(*Weltalter*)』이라 불리는 문제에 오랜 기간 천착한다.[15] 주목할 사실은 이 우주연령의 문제의식이 자유저작이 끝나는 곳에서 다시금 이어지고 있다는 점이다. 어떻게 절대적 무차별성의 무근거(Ungrund)로부터 '근거' 와 '실존' 이라는 원리들의 이중성이 나오는가라는 문제가 자유저작의 핵심 물음이었다면, 우주연령의 첫 초안(1811)에서는 이 원리들의 이중성의 원천을 향한 탐구가 시도된다. 반면 이후 뒤따르는 여러 초안들에서는 다시금 이 문제가 미해결로서 되돌려진다. 여전히 우주연령 시기에 속하는 에어랑엔(Erlangen) 강의(1821)에서야 비로소 이 문제에 대한 새로운 체계기획이 마련된다. 우주연령 철학의 의도는 존재자의 전체를 신적 본질로서의 세 가지 시대 차원들—즉 세계 이전, 현세, 그리고 세계 이후—의 서술을 통해 파악하는 일이다. 셸링은 여기서 시대들의 형이상학을 통해 존재의 본질을 규명하고자 한다. 그리하여 『우주연령』은 절대자의 사변적인 역사이론을 이룬다.

『우주연령』 기획 이후 10년이 지난 시점의 에어랑엔 시기 강의에서[16] 셸

15 『우주연령(*Weltalter*)』이라는 제목하의 미완성 초안들로는 1811년, 1813년, 1814/15년에 각기 쓰여진 세 종류의 텍스트가 있다. 세 번째 것은 셸링 아들이 간행한 전집(SW) 8권(195-344쪽)에 수록되어 있고, 앞의 두 판본은 M. 슈뢰터(Manfred Schröter)에 의해 간행되었다. 한편 '우주연령(Weltalter)' 의 문제의식은 1810-1833년의 기간에 걸쳐 있으며, 따라서 1827년 이후의 후기철학 성립과도 겹쳐진다.

16 이 시기 강의를 받아쓴 필기 노트는 "Initia Philosophiae Universae" 로서, 1821년 1월 4일

링은 새로이 하나의 체계 기획을 시도한다. 이 기획은 셸링 철학의 중기와 후기 국면의 교량 구실을 하면서 이른바 그의 긍정철학의 시작을 보여 준다. 이 강의의 출발점은 근대 철학체계들이 보여 준 인간적 앎이란 그들의 모순적 특성의 외적 표명일 뿐이란 점이다. 앎에 있어서의 이 모순의 필연성을 서술하고 추적하는 것은 변증법의 과제로서, 이는 결코 학 자체가 아니라 학문의 예비작업에 해당한다. 그리하여 변증법을 통해 서술된 체계들 간의 갈등은 변증법을 통해 조정, 해결될 수 없다. 셸링은 여기서 인간적 앎의 체계를 단일한 원리적 체계연관 속으로 가져오고자 하는 바, 이는 오직 "규정불가한 것, 파악불가한 것, 무한한 것"으로서만 규정될 수 있다. 여기에는 오직 운동이라는 이념과 단일 주체라는 이념만이 전제됨으로써 절대적 주체의 절대적 자유가 규정될 뿐이다.

4. 후기철학

1826년 뮌헨 대학이 새로이 이전, 개교하여 그곳으로 초빙된 셸링은 그 다음 해부터 강의를 수행하는데(1827–45), 강의의 대부분은 '신화철학(Philosophie der Mythologie)'과 '계시철학(Philosophie der Offenbarung)'으로 채워진다.[17] 이 시기 셸링 사상을 우리는 보통 '후기철학'이라 부를 수 있다.

셸링의 후기철학은, 주–객 원리에 기초한 그의 초기철학 및 동일성철학

부터 1821년 3월 21일까지 행한 총 36회의 강의들을 담고 있다. 이 중 제1부에 해당하는 1-11강의는 '학으로서의 철학의 본성에 관하여'라는 제목으로, 그리고 제2부(12-36강의)는 셸링의 새로운 체계 기획을 내용으로 삼고 있다. 제1부는 "어떻게 우리는 저 영원한 자유를 알 수 있는가"에, 제2부는 "우리는 어떻게 영원한 자유가 있다고 말할 수 있는가"에 대답한다.

17 1827년 이후 연도별 강의 개설에 관해선 Ch. Iber(1994)의 책(cf. '더 읽을거리') 뒤에 실린 연표를 참조. 한편 셸링 아들에 의해 간행된 전집(*Sämtliche Werke*)에 『신화철학』은 XI-XII권으로, 『계시철학』은 XIII-XVI권으로 실려 있다.

이 순수합리적 이성철학(곧 '부정철학')의 한계 위에 서 있음을 인정하고, 새로운 긍정철학의 길을 여는 가운데서 마련된다. 따라서 그의 후기철학은 두 가지 단계로 수행된다. '부정철학(negative Philosophie)'에서는 과연 사유가 자신의 근거 정립의 심급에 도달하기 위해 어떠한 반성을 수행하는가라는 물음을 다룬다. '긍정철학(positive Philosophie)'은 이러한 근거 정립의 심급이 신이라는 점에서 출발하며 특히 신은 과연 어떻게 '선(先)사유되지 않는 원리(unvordenkliches Prinzip)'로서 생각되어야 하는가라는 물음을 탐구한다.

철학의 최후근거 물음에 관여하는 이러한 이중적 노력이 결국 시사하는 것은 셸링에게서 이성의 최후근거짓기는 결코 자기근거짓기로 귀결될 수 없다는 사실이다. 사유는 반성적으로 자신을 근거지을 수 없고 곧바로 사유가 아닌 하나의 심급, 곧 신에로 지시된다. 이로써 셸링의 후기철학은 자율적 이성의 자기근거짓기에 대한 비판으로서 이해된다. 나아가 그의 후기철학에선 관념론으로부터 실재론으로의 전환이 이루어지는 바, 이는 독일 관념론의 종결 국면이 새로운 철학 유형으로 이행함을 의미하는 셈이다. 후기철학을 관념론에 귀속시키는 발터 슐츠조차도 "이성의 이러한 자기한계정립은 시대사적으로 보자면 관념론으로부터 후기관념론으로의 이행을 의미한다"고 말한다.[18]

18 W. Schulz, Anmerkungen zu Schelling, in: *Zeitschrift für philosophische Forschung* 29(1975), S. 335; cf. Ch. Iber, *Das Andere der Vernunft als ihr Prinzip. Grundzüge der philosophischen Entwicklung Schellings mit einem Ausblick auf die nach idealistischen Philosophiekonzeptionen Heideggers und Adornos*, Berlin/New York: Walter de Gruyter, 1994, S. 278에서 재인용.

더 읽을거리

셸링, 『자연철학의 이념』, 한자경 옮김, 서광사, 1999.

______, 『조형미술과 자연의 관계』, 심철민 옮김, 책세상, 2002.

셸링, 심철민 옮김, 「『선험론적 관념론의 체계』 5 · 6장」, 한국헤겔학회(편), 『헤겔과 포스트구조주의』, 동과서, 2004, pp. 305–340.

Iber, C., *Das Andere der Vernunft als ihr Prinzip. Grundzüge der philosophischen Entwicklung Schellings mit einem Ausblick auf die nach idealistischen Philosophiekonzeptionen Heideggers und Adornos*, Berlin/New York: Walter de Gruyter, 1994.

쇼펜하우어의 미학사상

공병혜

1. 들어가는 말

쇼펜하우어의 미학사상은 서구에서 전통적으로 이어져 왔던 형이상학적 미학에 반기를 들고 19세기 관념론적 미학에서 20세기의 현대미학에로 이행하는 예술에 대한 이해를 위하여 중요한 의미를 지닌다. 쇼펜하우어의 미학은 셸링에서 헤겔로 이어지는 전통적인 이성 형이상학에 대한 기초를 거부하고 비합리적인 의지의 형이상학에 기초하여 미와 예술에 대한 문제를 다룬다. 특히 쇼펜하우어의 미학에서 예술의 핵심적인 역할은 바로 비합리적이며, 비극적인 세계구조의 본질에 대한 인식을 하고 이로 인하여 세계에 대해 지니는 주관의 부정적 태도에로의 변화와 관계한다. 쇼펜하우어의 미학은 인간학적 관점이 강조되는 반형이상학적인 니체 미학과 현대 예술철학에로의 다리 역할을 담당한다고 말할 수 있다.

쇼펜하우어는 스스로 칸트주의자라고 자칭하면서 평생을 유일한 철학적 스승으로 삼은 칸트 철학에 대한 철저한 연구와 비판 작업을 통해 자신의 독특한 철학체계인 의지의 형이상학을 형성한다. 의지의 형이상학에 기초한 쇼펜하우어의 예술론은 세계의 본질로서 의지가 객관화된 이념에 대한 인식의 기능뿐만이 아니라, 이에 대한 미적인 체험은 "미적 구원"의 순간으로서 실천적 영향력을 지닌다. 왜냐하면 삶의 본질을 깨닫게 하는 예술의 영향력은 삶의 무상성을 일깨워 주는 인식적 기능과 더불어 주관의 삶의 태도를 금욕적으로 변화시키는 윤리적 태도와 관계하기 때문이다. 이러한 쇼펜하우어의 미학은 19세기와 그 이후의 미학사상과 예술론에 영향을 미치는데, 특히 전통적인 이성 형이상학적 체계 위에서 세워진 미학체계의 해체와 관계한다. 쇼펜하우어 미학은 니체의 초기 미학의 형성에 사상적 단초를 마련했을 뿐만이 아니라, 또한 후기 낭만주의와 현대로 가는 미적인 절대주의로서 유미주의에 영향력을 행사한다.[1]

이 글은 우선 1) 의지의 형이상학에 기초한 쇼펜하우어의 예술론의 특징과, 2) 예술의 목적과 미적 인식, 3) 세계에 대한 비극적 인식과 숭고미, 4) 예술작품의 가치와 윤리에 대해 고찰해 보기로 하겠다. 마지막으로 5) 쇼펜하우어 미학이 지닌 현대적 의의에 대해 살펴보기로 하겠다.

2. 의지의 형이상학과 이념론

쇼펜하우어의 예술론은 "의지의 형이상학"이라는 철학체계 속에서 전개되었다. 특히 그는 자신의 유일한 철학적 스승으로 삼은 칸트 철학에 대한 치밀한 연구와 비판, 그리고 플라톤의 이념론의 수용을 통하여 독창적인 의지의 형이상학을 체계화시켰으며, 그 체계의 정점인 이념론에 예술론을 위치시킨 것이다.[2] 그는 특히 칸트의 인식론에 대한 수용과 비판 과정을 통하여 형성된 박사학위 논문 「충족 근거율의 4개의 뿌리에 대하여」에서 의식하는 주관에 의한 선천적인 인식조건인 근거율에 의해 오로지 "표상으로

1 W. Korfmacher, *Ideen und Ideenerkenntnis in der ästhetischen Theorie Arthur Schopenhauers,* Freiburg: Univ. Diss, 1991 S. 189; R. Tengler, *Schopenhauer und die Romantik,* Berin, 1923, S. 41 참조.

2 A. Schopenhauer, Die Welt als Wille und Vorstellung I. erster Teilband, in; *Werke in zehn Bände,* Zürich, 1977, (이하 약칭 W.I.) S. 11 참조.

서의 세계"가 가능하다는 인식론을 전개시킨다. 이러한 인식론에 기초하여 쇼펜하우어는 『의지와 표상으로서의 세계』에서 한편으로는 '표상으로서의 세계'에 대한 고찰 방식과 다른 한편으로서 '의지로서의 세계'에 대한 고찰 방식을 통해 의지의 형이상학을 전개시켜 나간다.[3] 거기서 그는 표상의 세계의 근거를 이루는 본질이 바로 삶의 맹목적인 충동으로서의 '의지'임을 가정함으로써 세계를 의지가 객관화된 현상으로서 고찰하게 되는 것이다. 의지의 형이상학의 목표는 이념을 인식하는 것이다. 그래서 우선은 주관의 근거율에 의해 인식이 가능한 개별적인 표상의 세계, 즉 현상의 세계로부터 벗어나서 의지가 가장 완전히 객관화된 단계로서의 "플라톤적 의미에서의 이념"에 대한 순수 인식에 도달해야 한다.[4] 이러한 의지의 형이상학의 정점인 이념론에 바로 쇼펜하우어의 예술론이 위치하는 것이다.[5] 그러면 쇼펜하우어의 예술론이 기초한 의지의 형이상학과 이념론에 대해 고찰해 보기로 한다.

쇼펜하우어의 이론철학의 주저인 『의지와 표상으로서의 세계』의 제1권은 제3부로 나눠져 있는데, 제1부는 "표상으로서의 세계"에 대한 고찰 방식으로서 경험과 학문 이론이며, 제2부는 "의지로서의 세계"에 대한 고찰방식으로서 의지의 형이상학, 그리고 제3부는 이념론으로서 쇼펜하우어의 예술론이다. 제1부는 그의 박사논문인 「충족 근거율의 4개의 뿌리에 대하여」에서 전개된 인식론을 기반으로 한 "세계는 나의 표상이다"라는 명제로부터 출발한다. 주관을 위한 표상의 세계는 경험과 학문의 대상 영역이며 주

3 A. Schopenhauer, Über die vierfache Wurzel des Satzes vom zureichenden Grunde, in: *Werke in zehn Bände, Bd.V.* (이하 약칭 W.V.), Zürich, 1977.

4 그러나 쇼펜하우어에게서 이념은 이미 주관의 표상의 세계 속에서 객관화된 보편적인 이념이기 때문에, 플라톤의 실체로서의 이데아의 개념과는 근본적으로 다르다고 할 수 있다.

5 특히 세계의 본질이 고통이며, 이로부터 해방은 오로지 금욕을 통해서 가능하다고 한 쇼펜하우어의 사상에서 인도의 원시불교의 영향을 엿볼 수 있는데, 그는 플라톤 철학에서의 이념론과 특히 베다 경전과 우파니샤드 철학에 대한 예비적 지식이 그의 저서에 대한 이해를 쉽게 한다고 말한다(A. Schopenhauer, W.I. 11쪽 참조). 김문환, 『근대미학연구』, 서울대 출판부, 1987, 116-125쪽 참조.

관의 인식능력에 의한 "충족 근거율"이라는 법칙하에서만 인식이 가능하다. 여기서 충족 근거율이란 표상들을 선천적이며 보편적으로 결합시키는 형태들을 말하며, 이것은 선천적인 주관의 능력에 의한 인식의 원리인 것이다(W.V. 16-17). 이러한 충족 근거율을 가능하게 하는 주관의 능력은 선천적인 **"인식하는 의식"**으로서 감성과 오성, 그리고 이성으로 구분된다. 오성은 감성에 의한 **감응**의 내용을 작업하여 대상에 대한 직관을 가능하게 하고, 이성은 개념과 판단이라는 추상적 인식을 가능하게 한다. 쇼펜하우어는 표상들이 결합하는 다양한 방식에 따라서 충족 근거율을 네 가지 형태로 나눈다: 1) 오성에 의한 인과법칙에 따른 생성(Werden)에 대한 근거율, 2) 시간(내감)과 공간(외감)이라는 선천적인 직관의 형식에 의한 존재의 근거율, 3) 이성에 의한 개념과의 관계에 대한 법칙에 따른 인식에 대한 근거율이며, 4) 의욕의 법칙인 행위의 내적 동기에 대한 근거율로 구분된다. 이러한 근거율의 네 가지 형태는 『의지와 표상으로서의 세계』 제1부에서 개별적인 사물의 경험을 위한 시간, 공간, 인과성이라는 선천적인 경험의 형식들로 압축되는 것이다(W.I. 31). 이렇듯 제1부의 쇼펜하우어의 표상이론은 인식론으로서 주관적이며 선천적인 경험의 형식을 통해서 개별 세계에 대한 경험과 인식이 가능함을 보여 준다.

『의지와 표상으로서의 세계』 제2부에서 쇼펜하우어는 의지가 객관화된 세계를 이해하는 방식으로서의 "의지의 형이상학"을 전개시킨다.[6] 표상으로서의 세계는 신체의 감응을 매개로 하여 의식하는 주관에 의해 표상되는 개별적 경험의 세계로서 필연적으로 충족 근거율에 놓여 있게 된다(W.I. 150). 그러나 인간은 신체의 감응을 매개하여 외부세계를 표상할 뿐만이 아니라, 동시에 자신 스스로 고유한 신체의 작용을 통해 전체 세계의 본질, 곧 맹목적이며, 무의식적인 삶의 충동으로서의 **의지**의 작용을 체험한다. 여기서 의지라는 개념은 인간에게 특정한 행위를 계획하게 하고, 실현하기

6 H. Paetzold, *Ästhetik des deutschen Idelismus*, Wiesbaden, 1985, S. 415 참조.

위한 동기를 부여하는 결정능력이 아니라, 인간의 신체를 통해 직접적으로 표현되는 생명에너지인 것이다. 나는 나의 의지를 객체로 인식하자마자 그 의지를 신체로서 인식하며, 동시에 나의 신체는 나의 가장 직접적인 의지의 표상이 되는 것이다. 여기서 신체는 의지가 가시화된 것, 즉 의지의 객체성인 것이다.

쇼펜하우어에 따르면 실제로 생명활동의 근원으로서의 의지의 표현이 나의 신체의 활동을 통해 경험되듯이 자연의 세계에서도 이와 똑같은 의지의 활동이 자연력으로서 체험될 수 있는 것이다.[7] 의지 그 자체는 내적인 삶의 충동이며, 모든 개별적인 것의 핵이며 동시에 전체이며, 모든 맹목적으로 작용하는 자연력과 또한 숙고에 의한 인간의 행위에서도 현상된다(W.I. 155). 결국 의지 그 자체는 시간과 공간 인과성 외부에 놓여 있으며, 칸트적 의미에서의 물자체처럼 인식이 불가능하지만, 마치 크리스탈이 자신의 특수한 형태를 형성하듯이, 식물이 스스로 성장하듯이, 동물이 자신의 본능에 따르듯이, 혹은 인간이 합리적인 동기들에 의해 특정한 행위를 야기하듯이 동일한 의지가 항상 모든 형상들의 내적인 원리로서 작용하는 것이다. 의지는 생명을 산출하는 힘이며, 모든 자연현상, 즉 무생물에서 이성을 지닌 개별자에 이르기까지 자신의 고유한 형식을 통해 자신의 생명력을 표현한다(W.I. 185ff).

그러나 하나의 통일적인 의지가 어떻게 표현되어 가시화되고 명료화되는가의 정도에 따라서 의지가 가장 적합하게 객관화되는 다양한 단계들이 존재한다. 그 단계들은 다시금 주관의 시간과 공간이라는 개별화의 원리를 통해 무수한 개별자 속에서 다양화되며, 그러한 개별자들은 생성과 변화에 대한 인과법칙에 따라 경험되는 것이다. 즉 의지가 객관화된 단계가 개별적 대상을 통해 다양화되는 조건은 시간과 공간이며, 이러한 개별적 대상의 생성과 변화에 대한 인식은 오로지 주관에 의한 인과법칙하에서 가능하

7 W.I. §23, S. 173 참조.

다. 의지가 객관화되는 낮은 단계의 돌이나 식물로부터 높은 단계의 동물이나 인간에 이르기까지 무한한 등급을 지니는데, 거기에 사물의 영원한 형식들이 있으며, 이것은 시간과 공간이라는 개별화의 원리와 인과법칙에 종속되어 있지 않다. 사물의 영원한 형식은 일종의 플라톤적인 의미에서의 이념들이며, 물자체(Ding an sich)로서의 의지가 가장 순수하고 완전하게 직접적으로 객관화된 것이다(W.I. 233ff). 이러한 의지가 가장 적합하게 객관화된 이념들은 물 자체로서의 근원적인 의지와 근거율에 종속된 표상의 세계에 속한 개별자들 사이를 매개한다. 이념들은 다시 말해 플라톤적인 의미에서의 표본상들(Musterbilder)이며, 개별자들은 이러한 표본상들에 대한 모상들(Nachbilder)인 것이다(W.I. 177).

결국 자연계에서 수없이 많은 종들과 개별자들은 의지를 스스로 객관화함에 있어서 물질로부터 형태를 생성하기 위한 끊임없는 싸움을 벌이며, 의지는 가장 적합하게 자신을 객관화시키기 위해 자신의 형태들과 물질과의 끊임없는 투쟁을 하는 것이다. 자연의 세계 속에서 동물들은 종의 보존을 위해서 식물들을 자신의 식량으로 사용하고 인간 역시 서로를 탈취하는 자연의 충동의 사슬 속에서 결속되어 있는 것이다(W.I. 208).

3. 예술론

가. 예술의 목적과 미적 인식

그러면 과연 의지의 가장 적합한 객관화로서의 이념은 어떻게 인식되는가? 쇼펜하우어에 따르면 이 이념들은 생성과 변화와 소멸하는 대상에서 "근원적으로 변하지 않는 형식이며 모든 자연적인 물체의 특성이며, 또한 자연법칙에 따라 스스로를 계시하는 보편적인 자연력들이다."[8] 쇼펜하우어

8 A. Schopenhauer, *Metaphysik des Schönen. philosophische Vorlesung Teil III*, aus dem handschriftlichen Nachlaß, hrs. V. Spiering, München, 1985, S. 41.

에게서 이념은 본질적으로 사물의 근원적 통일이며, 근거율에 종속되어 있지 않고 시간, 공간 인과성에 묶여 있지 않다. 따라서 주관이 개별자로서 인식하는 한 모든 인식의 형식은 근거율에 종속되기 때문에, 개별자로서의 주관으로부터 해방될 때, 비로소 이념은 인식의 대상이 될 수 있다. 이념에 대한 인식은 "언제, 어디, 왜, 무엇을 위해서"라는 사물의 관계성으로부터 자유로우며, 표상으로서의 개별적인 대상에 대한 인식으로부터 해방된 일종의 예외적인 직관적 인식이라고 말할 수 있다. 이것은 또한 직관적 인식이기 때문에 이성에 의해 개념화될 수 없는 것이다. 그러면 어떻게 개별적인 대상인식으로부터 보편적인 이념에 대한 인식에로의 이행이 가능한가?

일종의 보편적인 상으로서의 이념에 대한 인식은 오로지 판타지(Phantasie)에 의한 **미적 직관**에 의해 가능하다. 이념에 대한 미적인 직관은 공간, 시간, 인과성으로부터 해방된, 오로지 대상에 대한 전체적인 의식이며 "명석한 거울"인 것이다(W.I. 232). 이때 미적 직관을 하는 주관은 대상에 완전히 몰입되어 자아를 잃어버리며 시간으로부터 해방된 순수한 의지 없는 인식의 주관이 되는 것이다(W.I. 247). 쇼펜하우어에 따르면 이러한 미적 직관은 예술, 즉 천재의 작품을 통해서 가능하다. 왜냐하면 "예술만이 순수한 정관을 통하여 파악된 영원한 이념들, 본질적인 것 그리고 모든 세계의 현상들의 변하는 않는 것을 반복"하기 때문인 것이다(W.I. 251).

따라서 예술의 진정한 목적은 이념을 보존하고 전달하는 데에 있으며, "모든 삶의 흐름에서 금방 사라지는 사사로운 개별적인 것은 예술을 통해 전체(보편적인 것)로 재현된다." 여기서 천재는 순수한 관조를 통해서 바로 대상의 본질 속으로 자아를 잃어버리고 이념을 포착하여 표현할 수 있는 자이다. 천재는 고유한 개인과 그 개인에 의한 표상으로서의 대상과의 관계를 망각하는 관조를 통해서 세계와 하나가 되고자 하는 열망을 지니며 모든 사물의 이념을 파악하기를 추구한다(W.I. 258). 천재는 이념을 파악하여 이것을 의도적으로 예술작품 속에 반복하여 다른 사람과 함께 이념에 대한 인식을 공유한다. 예술은 소수에게 가능한 이러한 이념에 대한 인식을 모두에게 가능하게 하기 위한 통로를 제공한다. 이러한 예술작품을 창조하는 천재는 자신의 작품을 창조하는 방식을 개념적으로 서술하거나 학문적으로 제시할 수 없는데, 그 이유는 예술 창조 과정에서 이념을 인식하고 표현하는 수단은 상상력에 의한 판타지이기 때문이다. 천재의 인식능력으로서의 판타지는 자신의 고유한 의지의 봉사로부터 자유로워져 삶 전체를 정관 상태에 머물게 하며, 오로지 모든 사물의 이념을 인식해서, 그것을 전달하는 능력인 것이다.

이러한 쇼펜하우어의 미적인 인식에는 두 가지의 서로 분리되지 않는 요소가 있다: 즉 1) 객관적인 대상의 측면에서의 이념에 대한 인식과, 2) 인식하는 주체의 측면에서 순수한 의지 없는 인식주관이다(W.I. 265). 즉 이념에 대한 인식으로부터 의지 없는 인식주관 속에서 미적인 만족감, 즉 무욕성(無欲性) 속의 만족감이 출현하게 되는 것이다. 쇼펜하우어에게서 미적인 인식은 이러한 이념에 대한 인식과, 순수한 의지 없는 인식주관이라는 두 가지 필수 불가결한 조건에 의해 가능하며, 이것은 동시에 예술을 창조하는 천재의 주관적 특징을 이룬다.

나. 세계에 대한 비극적 인식과 숭고미

쇼펜하우어는 자연미와 예술미를 비교하면서 자연의 대상보다도 예술작품을 통해서 이념에 대한 인식과 미적인 만족감이 훨씬 직접적이며 쉽게 일어난다고 말한다. 왜냐하면 예술은 이념에 대한 인식에 방해가 될 수 있는 현실과 자연의 우연적인 요소로부터 골라낸 오로지 본질적인 것의 특징들만을 부각시켜서 이념에 대한 파악을 더욱 직접적으로 가능하게 하기 때문이라는 것이다(W.I. 241 참조). 자연을 바라볼 때 우리는 단지 우연적이며 순간적으로 의욕의 충동, 열정, 고통, 근심으로부터 해방되어 순수의식의 상태에 이르지만, 매우 빨리 다시 의지와의 관계가 성립되어 더 이상 이념을 인식할 수 없게 된다. 쇼펜하우어에게서 예술은 이미 관조된 이념을 영원히 작품 속에 반복하여 보존한다는 점에서 자연보다 우위에 있다.

그러나 쇼펜하우어의 예술론에서 자연미가 별로 커다란 의미를 지니지 못하는 반면에, 자연에 대한 관조를 통한 숭고(Das Erhabene)의 이론은 매우 중요한 의미를 지닌다. 왜냐하면 미적인 것의 규정은 결국 의지의 현상이라는 개별적인 표상의 세계에 대한 비극적 인식의 극복으로부터 가능하며, 숭고의 감정은 바로 그러한 세계에 대한 비극적 인식 과정을 내포하기 때문이다.[9]

숭고의 감정은 의지에 대한 저항을 극복할 필요가 없는 아름다움과는 대조적으로 의지에 적대적인 사물에 대한 관점을 극복하는 의식적인 자기 고양의 활동 후에 출현한다. 숭고의 감정이 일어나는 대상은 인간의 신체를 위협하는 대상의 크기와 위력으로 인해 인간을 왜소하고 아무것도 아닌 것으로 축소시키지만, 그를 현실적으로 위협에 빠뜨리지 않는 그러한 대상들이다. 왜냐하면 그 대상이 현실적으로 그를 위협한다면 의지에 대한 해소가 주관에게 불가능하기 때문이다(W.I. 272f). 쇼펜하우어는 칸트의 역동적 숭고의 개념을 그대로 넘겨받은 자연의 위력과 관계하는 역동적 숭고에 대한 예를 다음과 같이 들고 있다: 폭풍우가 몰아치는 바다에서 일어나는 위협적인 자연의 폭력 앞에서 인간은 자연의 모든 위력의 최소한의 타격에도 부서질 수 있는 미약한 의지의 현상으로서의 개별자로서 점차 사라지는 무상한 것으로서 자신을 감지한다. 그러나 그는 세계의 담지자로서 인식의 주체이며, 자연과의 무서운 투쟁은 단지 그의 표상일 뿐이라는 것을 인식할 때, 그는 스스로 이념의 고요한 직관 속에서 이질적인 모든 의지와 모든 위험으로부터 해방되어 평정한 상태에 도달하게 된다(W.I. 276).

또한 자연의 거대한 크기와 관계하는 수학적 숭고에 대해서 쇼펜하우어는 다음과 같이 서술하고 있다: 수학적 숭고는 세계의 무한한 크기 앞에서 우리 스스로를 마치 대양의 한 물방울처럼 무상한 의지의 현상이며, 이 세

9 H. Bahr, *Das gefesselte Engagement. Zur Ideologie der kontemplativen Ästhetik Schopenhauer*, Bonn, 1970, S. 177 참조.

계의 모든 것이 단지 우리의 표상일 뿐이라는 인식을 통해 순수한 인식의 영원한 주관으로 스스로가 고양될 때 체험되는 것이다.[10] 이러한 쇼펜하우어의 숭고에 대한 사고는 자연에만 국한된 것이 아니라, 특히 삶의 본질을 표현한 비극작품을 통해서 느끼는 미적 체험에도 그대로 적용되는 것이다.

다. 예술작품의 가치와 윤리

『의지와 표상으로서의 세계』 세 번째 책 마지막 부분에서 쇼펜하우어는 예술의 진정한 가치는 삶 그 자체의 본질인 고뇌를 순수하게 직관하게 하는 데에 있다고 역설한다. 예술이 보증하고 있는 모든 아름다움의 즐거움과 삶의 위로, 예술가의 열정은 삶의 고통을 잊게 한다. 세계의 본질에 대한 진실하고 심오한 인식을 통해 예술가는 삶의 비탄과 고뇌로부터 자유롭다. 그러나 이러한 인식은 그를 영원히 고뇌로부터 구원하는 것이 아니라, 단지 삶의 순간에서 이루어진다(W.I. 335).[11] 즉 예술에 의한 미적 인식을 통해 획득되는 순수 주관에 의한 관조 상태는 삶의 본질인 고뇌에서 해방된 미적인 순간을 경험하게 하지만, 단지 순간적인 삶의 위로에 불과하다. 예술은 표상으로서의 세계의 무상성에 대한 인식과 미적인 무욕 상태를 통해 단지 순간적으로 금욕이라는 윤리적 세계에로 접근하는 계기를 마련해 준다. 따라서 쇼펜하우어에게서 예술은 표상으로서의 삶의 세계가 무상함을 일깨워 주는 수단이며, 동시에 삶의 고통의 근원인 의지를 진정시켜서 순간적이나마 의욕으로부터 해방된 미적인 구원의 상태에 이르게 한다.[12]

물론 쇼펜하우어의 예술론에서 전개된 세계의 본질인 이념에 대한 객관

---

10 S. Möbus, *Schopenhauer für Anfänger Die Welt als Wille und Vorstellung*, München, 1998, S. 134-135 참조.

11 J. Werner, *Die Ästhetik des Pessimismus in schöner Schein der Häßlichen oder Häßlichkeit des schönen Scheins, Ästhetik in 19. Jhr.* Frankfurt am Main, 1987, S. 254-262 참조.

12 W. Korfmacher, *Ideen und Ideenerkenntnis in der ästhetischen Theorie Arthur Schopenhauers*, Pfaffenweiler, 1992, S. 119 참조.

적 인식과 주관 속에서 일어나는 미적인 무욕 상태는 쇼펜하우어가 특별한 위치에 놓은 음악에서 분명히 문제가 된다.[13] 왜냐하면 음악은 다른 예술들처럼 의지의 객관화들인 이념과 관계하는 것이 아니라, "의지 그 자체"와 관계하며, 미적인 무욕의 상태가 아니라, 격정과 욕구를 불러일으키기 때문이다. 쇼펜하우어에 의하면 다른 예술들, 즉 건축, 회화, 시가 단지 의지의 '그림자' 만을 이야기하는 데 비해서 음악은 의지의 '본질' 그 자체에 대해서 표현하기 때문에 그 효과가 훨씬 더 직접적이며 강렬하다. 음악은 무기물, 식물, 동물, 인간에 이르기까지의 의지가 객관화된 모든 단계들을 보여 준다. 여기서 세계는 육화(肉化)된 음악이며, 동시에 세계는 육화된 의지인 것이다. 음악은, 즉 기쁨, 착잡함, 고통, 경악, 승리 그리고 슬픔이라는 의지의 가장 비밀스런 자기표현의 역사를 지니며, 의지의 모든 동요, 충동, 움직임에 대한 모든 것을 포괄한다(W.I. 321ff). 철학이 세계의 본질을 보편적인 개념을 통해 반복하고 표현하는 것이라면, "음악은 형이상학에서 무의식적인 연습이며, 거기서 정신은 스스로 철학하고 있는 것을 모른다." (W.I. 332) 여기서 음악은 의지가 객관화된 특정한 단계에 머무는 정적인 이념을 표현하는 것이 아니라, 의지의 직접적인 표현인 무의식적인 힘, 충동, 격정이라는 정서를 표현한다. 그래서 음악은 감정과 격정의 언어이다. 음악에 있어서 감정(Affekt)은 예술가와 감상자에게 본질적인 것이다. 예술은 의지의 객관화로서의 삶의 본질을 인식하는 형이상학적 활동이다.[14] 그러나 음악은 더욱 심오한 차원 높은 의지 그 자체에 대한 무의식적인 형이상학적 활동이다. 따라서 음악은 의지의 객관화로서의 이념에 대한 인식을 통해 순수한 미적 만족감을 일으키는 것이 아니라, 의지 그 자체의 충동을 직접적으로 표현하고 전달하기 때문에 오히려 격정을 불러일으키는 것이다.

13 W. Schulz, *Metaphysik des Schwebens*, Pfulllingen, 1985, S. 37 참조.

14 U. Posthast: *Die eigentliche metaphysische Tätigkeit*, Suhrkamp. 1.Aufl, Frankfurt am Main, 1982, S. 104 참조.

그렇다면 일종의 "의지의 그림자"인 의지가 객관화된 이념을 표현한 다른 예술들에 대해 고찰하여 보자. 예술이 무기체나, 유기체의 서술을 넘어서서 인간의 영역으로 가까이 가면 갈수록 의지의 표현은 더욱 복잡하고 모순적으로 출현한다. 인간에게서의 의지의 싸움은 무기물에서처럼 자연력들의 긴장관계로서 표현되는 것이 아니라, 모든 참혹함 속에서 서로 밀어내고 장악하는 투쟁으로 전개된다. 정적인 조각에서 개별적인 신체, 마치 그리스 조각작품 같은 미적인 인간의 형상은 미적인 정관 상태에 이르게 하지만, 인간의 행위와 추구로 인한 사건들이 무대 위에서 전개되자마자, 인간의 훌륭한 품성보다는 오히려 "부조리함, 가련함, 잔혹성, 야비함"이 인간의 본질적인 형상으로 자주 표현된다.

즉 가장 낮은 의지의 객관화의 단계인 무기물의 이념인 자연력을 표현한 건축물이나 식물의 이념을 표현한 풍경화 혹은 정물화에서 의지의 싸움은 자기인식과 명백한 개체성을 띠지 않고 출현하기 때문에, 이념에 대한 인식이 직접적으로 미적인 정관 상태로 쉽게 이끌어 간다. 그러나 동물, 인간의 영역에 대한 이념을 표현하는 예술일수록 개별적인 형태와 행위를 통해서 명백히 동물적이며 인간적 삶의 본질인 의지의 투쟁과 불화로서의 고통에 대한 인식이 우선한다. 특히 쇼펜하우어는 드라마 중 비극을 예로 들고 있다. 최고의 시적 성과의 목적은 인간성에 대한 이념의 표현에 있으며, 이것을 삶의 추한 측면을 표현할 때 성취된다. 삶의 추한 측면은 이른바 이름 없는 고통, 인간성의 비통함과, 악의 승리, 조롱하는 우연의 장악, 구조될 수 없는 정의로운 자들, 순결한 자들이 우리 앞에 펼쳐진다(W.I. 318-320). 왜냐하면 거기에 바로 세계와 현존재의 특성에 대한 의미심장한 신호가 있기 때문이다. 의지 자신과의 불화는 가장 완전하게 의지의 객관화의 최고의 단계인 인간 삶에서 전개되며, 이러한 불화가 비극을 통해 무섭게 출현하는 것이다(W.I. 335). 비극은 인간의 비극적 세계관에 대한 완전한 인식으로 이끌며, 이것은 의지에 대한 진정(Quietiv)과 체념을 동반한다(W.I. 340). 이렇듯 특히 최고의 극예술로서의 비극은 인간의 삶과 세계의 비극성을 의지가 객관화된 세계의 본질로서 인식하게 함으로써 의지의 체념을 통해 의지가 휴식하는 미적인 구원의 순간을 체험하게 하는 것이다.[15] 특히 비극에서는 순수한 정관의 상태에서의 미적인 감정이 아니라, 의지와의 싸움을 거친 비극적 세계인식을 통한 숭고의 감정이 일어나며, 이것은 개별적 자아가 의욕하는 것을 포기하게 하는 윤리적인 태도를 마련해 준다.[16] 이러한 의지가 객관화된 표상으로서의 세계에 대한 비극적 구조에 대한 통찰은 의지의 체념을 통해 금욕의 세계로 향한 윤리적 태도에로 전환이 가능함을 보여 주고 있는 것이다.

4. 쇼펜하우어 미학의 현대적 의미

우선 쇼펜하우어의 미학사상은 니체 미학에 절대적인 영향력을 발휘한다. 또한 전통적인 이성 형이상학에 기초한 미학이론은 쇼펜하우어를 거쳐 니체에 이르러 완전히 무너지고 만다. 특히 쇼펜하우어의 예술론의 독자적 위치를 지니는 음악이론은 니체의 초기 미학의 모범이다. 그러나 니체의 미학은 쇼펜하우어의 비극적 세계관과 수동적인 정관적인 삶에 대한 태도를 극복하여 적극적인 삶의 철학에로의 변형 과정을 거친다. 쇼펜하우어 미학에서 보여 준 이념의 인식이라는 잔재는 사라지고, 인간학적인 차원에서의 삶의 정당화와 자극제로서의 예술이 전개되는 것이다. 그래서 디오니소스적인 근원적인 비극적 삶에 대한 직관과 이를 통한 예술의 창조적 활동이 정당화되는 니체의 초기 미학사상은 절대적으로 쇼펜하우어의 미학의 영향임을 알 수 있다. 또한 그 이후의 니체 미학은 쇼펜하우어 미학과 이

15 J. Werner, *Die Ästhetik des Pessimismus, in: Schöner Schein der Häßlichkeit oder Häßlichkeit der schönen Scheins* : Ästhetik im 19J.H. Athenäum, Frankfurt am Main, 1987, S. 254-262 참조.

16 A. Schopenhauer, *Metaphysik des Schönen*, 같은 곳, S. 210 참조.

에 영향을 받은 바그너와의 극복 과정에 의하여 적극적인 삶의 예술철학에로의 변형을 겪게 되는 것이다.

또한 아놀드 하우저는 『예술과 문학의 사회사』에서 삶의 정관적 태도에 의해 세계의 진리를 직관하게 하는 쇼펜하우어의 예술의 역할은 현대 유미주의의 토대가 되었다고 주장한다. 왜냐하면 그의 미학에서 세계의 고뇌를 구원하는 유일한 수단으로서의 미적인 세계 직관만이 오로지 예술의 진리를 평가하는 절대적 기준점이기 때문이라는 것이다.[17] 이러한 쇼펜하우어의 미학사상을 낭만주의와의 연관성하에서 살펴볼 수 있다. 삶의 세계라는 통속성의 저편에 세계의 또 다른 비밀이 있다는 인식이 예술을 통해 가능하다는 사고는 바로 낭만주의와 만나는 지점이다. 즉 모든 자연의 무의식적이며 비밀스런 내적 활동은 의지의 활동이며, 이러한 비밀을 벗기는 작업이 지적 직관을 통한 예술활동이며, 동시에 삶의 무상성을 깨닫는 순간인 것이다. 이러한 쇼펜하우어의 예술론은 현대에 이르기까지 자연과 인간의 무의식적인 충동의 어두운 근원에 대한 예술적 표현에 깊은 영향을 주고 있는데, 맹목적인 충동의 무의식적인 근원을 적합하게 표현하려는 예술적인 추구는 프로이트의 무의식에 대한 분석에서처럼 초현실주의 예술과 연관성을 지니는 것이다.

그리고 쇼펜하우어의 철학에서 지성적 활동은 오로지 의지와 욕구충족을 위한 도구적 역할밖에 수행하지 못한다. 모든 학문의 추진력도 결국은 배고픔, 권력싸움, 전쟁이라는 맹목적인 자기보존의 추구에 기반을 둔 것이다. 지성이 이러한 욕구에서 벗어나는 순간은 오로지 미적인 순간뿐이라는 것이다. 호크하이머(Horkheimer)에 따르면 그의 미학에서 예술의 역할은 결국 도구적 이성에 대한 사회비판으로 해석할 수 있다.[18] 즉 인식이 욕

17 Wolfgang Korfmacher, *Ideen und Ideenerkenntnis in der ästhetischen Theorie Arthur Schopenhauers*, S. 189 참조.

18 Max, Horkheimer, Die Aktualität Schopenhauer. In: *Zur Kritik der instrumentellen Vernunft*, Frankfurt a. M, 1967, S. 250 참조.

구충족의 수단으로부터 벗어난 순수한 직관능력인 상상력에 의한 미적인 활동은 이성을 도구로 삼아 맹목적인 자기보존의 욕구를 추구하는 서구사회에 대한 비판활동을 내포한다. 하지만 이러한 비판적 시각은 쇼펜하우어의 미학적 입장과는 다소 거리가 있는데, 그 이유는 예술활동은 사회비판이나 세계개선을 목표로 하는 것이 아니라, 비극적 세계인식을 통한 금욕이라는 윤리적 태도에로의 전환에 영향을 주기 때문이다.

5. 맺는 말

쇼펜하우어는 세계의 근원인 의지가 가장 완전하게 표현된 플라톤적 의미에서의 이념에 대한 인식을 예술의 대상으로 탐구한 예술철학을 전개시켰다. 그의 예술론은 세계의 본질인 이념에 대한 인식을 목적으로 하는 형이상학적 활동을 보여 주고 있으며, 따라서 이것은 예술을 통해서 인간이 세계의 근원을 추구하고 반성한다는 의미에서 19세기의 낭만주의 미학과 맞닿고 있다.[19] 또한 예술의 체험은 인간 삶의 본질이 고통이며, 그 근원이 삶에 대한 맹목적 충동으로서의 의지임을 통찰하게 하는데, 이것은 세계를 대하는 주관의 태도를 윤리적으로 변화시켜 준다. 즉 비극적인 세계인식을 통해 고양되는 의욕이 정지된 순수 주관의 미적 상태는 인간을 금욕이라는 지속적인 윤리적 세계에 접할 수 있는 순간을 경험하게 하는 것이다. 따라서 예술에 대한 미적 체험은 보편적인 인간 삶의 본질인 고통의 근원을 인식하게 함으로써 인과율이 지배하는 개별적 자아의 표상의 세계로부터 벗어나게 하는 윤리적 계기를 예비하는 것이다. 그리고 미학사적으로 볼 때, 그의 예술론은 서구의 이성 형이상학에 근거한 독일 관념론적 미학의 붕괴

19 특히 셸링의 예술철학에서 비롯되는 낭만주의 미학의 주제는 예술을 통한 무한한 반성이 세계의 근원에 대한 무한한 인식을 가능하게 한다는 것이다. 공병혜, 「셸링의 예술철학과 미적 직관의 의미」, 『미학』 제27집, 한국미학회, 1999, 33-34쪽 참조.

를 예고하였다. 특히 자연의 무의식적인 충동으로서 의지의 형이상학에 기초하는 그의 미학은 후기 낭만주의에서 특히 예술의 원리를 자연력인 "힘에로의 의지"로 설명한 니체의 미학으로 넘어가는 다리 역할을 했다는 데에 의의를 지니는 것이다.[20]

20 Ruediger Safranski, *Schopenhauer und wilden Jahre der Philosophie*, Rowohlt Verlag, Hamburg, 1990, S. 503-504.

더 읽을거리

공병혜, 「쇼펜하우어의 의지의 형이상학에서의 이념론과 예술」, 『미학』 제32집, 한국미학회, 2002.

김문환, 『근대미학연구(1)』, 증보판, 서울대학교출판부, 1987.

수잔네 뫼부스, 『쉽게 읽는 쇼펜하우어: 의지와 표상으로서의 세계』, 공병혜 옮김, 이학사, 2002.

아르투르 쇼펜하우어, 『의지와 표상으로서의 세계』, 곽복록 옮김, 을유문화사, 1995.

쉴러 미학에 대한 인간학적 이해

김광명

1. 문제의 제기: 선험적 관점에서 인간학적 관점에로의 전환

쉴러(F. Schiller, 1759–1805) 미학은 닫혀진 체계가 아니라, 열려 있는 장(場)이며 아직도 다양한 논의의 중심에 서 있다. 그의 미학에 담긴 깊은 사상은 퀼페(O. Külpe)가 지적한 바 있듯이 인간정신사의 이해를 위한 중요한 보고(寶庫)[1]임에 틀림없다. 시를 짓는(詩作) 철인으로서 쉴러에게 엄격한 의미에서의 체계성이 결여되어 있다고 할 수 있을는지 모르나, 체계성 여부의 문제를 뛰어넘어 그가 끊임없이 추구한 것은 물질과 정신, 소재와 형식, 상황과 인격, 삶과 형자(形姿) 간에 놓여 있는 대립을 지양하고 종합명제(Synthese)를 끄집어내는 일이었다. 쉴러의 이러한 노력을 그가 『인간의 미적 교육에 관한 서한』에서 제시한 '완전한 인간학적 평가'에 근거하여 비판적으로 검토하면서, 나아가 인간학적 미학(人間學的 美學)의 가능성에 대한 토대를 마련하고자 하는 작업이 이 글의 의도라 하겠다.

쉴러는 예술충동을 인간 본성의 모든 충동 가운데 가장 왕성하고 활동적

1 O. Külpe, "Rezension über K. Gneiße", *Schillers Lehre von ästhetischen Wahrnehmung*, Berlin, 1893, in: *Kantstudien* 1/1897, S. 427.

인 것으로 파악하면서, 예술의 과제를 궁극적으로 인간성의 이념의 실현에 두고 있다. 여기에서 우리는 아름다움이 드러나는 장소(美의 現象場所)와 깊은 관련을 맺고 있는 예술을 인간 본성의 총체 개념으로 이해해야 한다. 이것은 바로 인간 본성에 대한 완전하고도 인간학적인 평가를 전제로 하여서만 가능하다고 보여진다. 그렇다면 우리는 어떻게 미 및 예술을 완전하게, 인간학적으로 평가할 수 있겠는가? 그것을 실질적으로 가능케 하는 조건은 무엇인가?

이러한 문제성을 한편으로 그의 초기 논문을 중심으로 하는 의학적 · 생리학적 측면에서, 다른 한편으로 선험적 · 형이상학적 측면에서 해명하고자 한다. 이러한 양 측면의 해명을 통하여 인간학적 미학의 실마리를 위한 가능성의 조건이 밝혀지리라 생각하기 때문이다.

쉴러는 칸트와의 만남을 통해서 미(美)에 대한 새로운 이론을 체계적으로 정리하였다. 특히 그의 선험철학에서 많은 영향을 받았다고 말할 수 있겠는데, 이 점은 쉴러가 그의 친구 쾨르너(Körner)에게 보낸 서한에 잘 나타나 있다. "미란 경험에서 오는 개념이 아니라, 오히려 명령이다. 그것은 확실히 객관적이며, …… 그것은 그렇게 객관적이어야 한다."[2] 미에 대한 요청 내지 요구는 실천이성의 명령에 의거하고 있다. 칸트 실천철학의 의미에서 명령이란 규범적 판단 및 격률의 실천적인 명령이며 당위명제이다. 앞서 본 바와 같이 쉴러는 미를 명령으로 파악하면서 늘 합법칙적인 필연성을 시사하고 있다. 실천이성의 명령은 보편타당한 요청에 근거하고 있다. 미는 경험에서 오는 개념이 아니기 때문에 하나의 이념(理念, Idee)이어야 한다. 따라서 쉴러에 있어서 미의 개념은 실제로 칸트적 이념의 술어(述語)를 내포하고 있는 셈이다. 미란 인간에 있어서 영원한 과제이니, 왜냐하면 그것은 인류의 완전한 직관이며 수행해야 할 사명의 상징이기 때문이다.[3]

---

2 Schillers Briefe, *Kritische Gesamtausgabe*, hg.v.F.Jonas, Stuttgart, 1892-96, Bd.Ⅳ, S. 44f.

3 HA Ⅴ, 612=NA20, 353. 여기에서 인용되는 Schiller 전집은 그것이 Hanser 출판사 간(G.

인간의 본성을 원래 철학적으로 분석해 보면 이중적 존재로 드러나는데, 형식-형자(形姿)-인격-이념-필연성 등의 측면을 강하게 주장하는 관념론적 입장과, 이에 반하여 내용-삶-상황-질료-우연성 등으로 파악하는 유물론적 입장이 그것이다. 그러나 이 두 가지 흐름 가운데 어느 한 입장이 우위를 점한다고 주장되어 온 것이 사실인데, 이는 일련의 일면적인 사고(die einseitige Gedankenreihe)의 산물이라 하겠다. 헨릭(D. Henrich)도 관념론적 입장에서 예술을 주관적으로 표현된 진리라고 보고 있다.[4] 관념론적 미학의 일면적 전제는 쉴러 미학에도 어느 면에선 타당하다 하겠다. 왜냐하면 그가 미의 순수한 이성개념을 전개하고자 하는 한, 다소간에 선험적 방법을 취해야 하기 때문이다. 『인간의 미적 교육에 관한 서한』 제15편에서 쉴러는 다음과 같이 말하고 있다. 즉 "이성은 선험적 근거에서 형식충동과 소재충동 간의 공동체, 말하자면 유희충동을 요구한다. 왜냐하면, 실재와 형식의 통일, 우연과 필연의 통일, (수동적) 겪음과 (능동적) 자유의 통일은 인류라는 개념을 완성시켜 주기 때문이다."(HA V, 615=NA 20, 356) 이성은 어떠한 선험적 근거에서 형식충동과 소재충동 간의 공동체를 요구하는가? 이에 대해 쉴러는 이성이 그 본질에 따라 공동체로서의 완성을 요구한다고 본다. 쉴러의 이러한 모색은 극명하게 드러나는 것이 아니라, 후술하겠지만, 의학적 · 생리학적 근거와 선험적 근거 양자 간에서 흔들리고 있는 듯하다.

미는 경험에서 얻을 수 없으므로, 미의 개념은 인간 본질에서 귀납적 방법에 의해서가 아니라 연역적으로 주어진다. 그리하여 인간의 이념이 구성된다. 쉴러가 여기에서 선험적 · 형이상학적 방식으로 분석하면서 확정하

Fricke와 H. G. Gopfer 편, 뮌헨, 1960)인 경우엔 HA로, National-ausgabe(J. Petersen, H. Scheneider, L. Blemental과 B. v. Wiese 편, Weimar 1949년 이하)인 경우엔 NA로 표시하고, HA V, 612에서 V는 권을, 612는 면수를 나타내며, NA 20, 353인 경우엔 앞의 20은 권수, 뒤의 353은 면수를 나타냄. 이하 원문 인용은 본문에 병기하기로 함.

4 Vgl. D. Henrich, "Kunst und Natur in der idealistischen Ästhetik", in: *Nachahmung und Illusion*, hg.v.H.R.Jauß, München, 1964, S. 128-134.

고자 하는 미의 규정이란 형성의 단순한 형식적인 면만을 시사해 주고 있다. 형성의 단순한 형식으로서의 미에 대한 일면적 규정은 미를 선천적으로 표상하는 데에 그 뿌리를 두고 있다. 쉴러의 파악에 의하면 미의 순수한 이성개념은 현실적인 경우에서 나오는 것이 아니라, 오히려 각각의 현실적인 경우에 대한 우리의 판단을 이끌어 준다고 볼 수 있다. 미를 객관적으로 정의하기 위하여 이른바 주관적 관념으로부터 벗어난 듯한 인상을 주는 대목은 앞서 인용한 쾨르너에 보낸 서한에 나타나 있다.[5]

이어서 곧 쉴러 미학에 있어서 인간학적 전회(人間學的 轉回, anthropologische Wende)를 살펴보겠지만, 그의 미학 전반에 담겨 있는 선험적 경향이 인간의 특수한 업적으로서의 미적 생활을 파악하는 데에 어느 정도 결정적인 계기가 되었음을 부인할 수 없다. 쉴러가 그의 죽음을 몇 달 앞두고 훔볼트(Humbolt)에게 보낸 서한은 이 점을 분명히 밝혀 주고 있다. "일찍이 나를 사로잡았던 사변철학은 그것의 공허한 형식으로 나를 몰아냈다. 이러한 불모(不毛)의 벌판에서 나를 위해 어떠한 살아 있는 샘이나 어떠한 영양분도 찾아내지 못했다. 그럼에도 관념철학의 깊은 근본이념은 영원한 명제(?)로 남아 있다. 이미 이것 때문에만도 우리가 이 시대에 살고 있다는 사실을 행복하게 찬미해야 한다."[6]

미적인 것이란 인간심성(人間心性, das menschliche Gemüt)에 이러저러한 영향을 미친다. 미적인 것에 대한 쉴러의 정형(定型)은 선험적 · 형이상학적인 것으로 보이지만, 그 근본에 흐르는 정신은 인간학적이라 할 수 있다. 그 까닭은 그에 있어 미란 "전체 인간에게서만 취할 수 있는 것"[7]이기 때문이다. 미란 인간 본성의 총체성에 의거하고 있다. 인간은 미 안에서는

---

5 Vgl. W. Düsing, *F. Schiller. über die ästhetische Erziehung des Mensche-Text, Materialien, Kommetar.* München, 1981, S. 156.

6 Schillers Brief an Humbolt vom 2. April 1805, Vgl. *A. Siekmann, Drama und Sentimentalisches Bewußtsein-zur Klassischen Dramatik Schillers.* Frankfurt a.M., 1980, Ⅷ.

7 Schillers Brief an Goethe vom 07.Jan.1985, NA 27, S. 116-117.

이성적이면서도 느끼고 의욕하며 행위하는 감성적 본질로서 나타난다. 즉 미란 형식 안에서 나타나며, 지각할 수 있고 볼 수 있는 소재이다.

그의 초기 논문에서 쉴러는 우주 안에서의 인간의 정신적 · 도덕적 특수 위치를 밝히면서, 인간의 동물적 본성과 정신적 본성 간의 간격을 "중간력(中間力)"이나, "유기적인 힘들의 중간층(中間層)"을 끌어들여 화해시키고자 한다. 다른 생물체에 비해 볼 때, 인간은 반대감정이 늘 병존하고 있는 이중적인 존재이다. 이러한 이중성의 조화로운 화해를 중간층의 매개를 통하여 바로 미적 상황에서 꾀하면서 인간의 자기의식 내지 자기이해의 장(場)을 마련하려고 하는 것이 쉴러가 의도하고 있는 바라고 생각된다.

쉴러에 있어 인간학적 사고에로의 전향은 어디에서 싹트고 있는가? 물론 칸트와의 만남 이전에 이미 그의 의학논문에서 인간학적 문제가 그의 철학의 일차적인 방향으로서 전면에 나타나고 있다. 여기에서 전향이란 계기적 시간, 즉 역사적 의미로서보다는 병존적 시간, 이를테면 공간적 체계적 의미로서 더욱 타당하다. 이미 언급한 바 있는 쾨르너에게 보낸 쉴러의 서한에서 우리는 미의 이중적인 의미를 알 수 있다. 즉 "우리가 미적인 것을 아름답다고 느끼는지의 여부는 완전히 주관적이다. 그러나 그것은 객관적으로 그러해야 한다." 얼핏 보면 모순적으로 들리지만, 다시 말하면 미의 본질이 주관적이라 해도 미적인 것은 현실 가운데에서는 객관적으로 있어야 한다는 것이다. 이것은 쉴러가 인간의 감성적 · 이성적 본성에 이르는 필연적 과제로서 미의 이행을 이야기하고 있음을 뜻한다. "이성은 그의 법칙이 조건없이 타당할 때 만족된다. 그러나 완전한 인간학적 평가에선 내용은 형식과 더불어 헤아려지고 살아 있는 감정(lebendige Empfindung)은 동시에 발언권을 갖는다."(HA V, 577=NA 20, 316) 이것이 바로 우리에게 인간학적인 지평을 보여 준다.

1794년 10월 1일 가르베(Garve)에게 보낸 서한에서는 미적인 교제(交際, Umgang)에 대해 말하고 있다. 이 교제를 예술의 대상 또는 목표로 삼으면서 미의 근본 명제를 사회에 적용하고자 했다. 이것은 곧 미를 닫혀 있는 것으로가 아니라 열려 있는 것으로 보는 전제하에서만 가능하다. 이런 연유에서 사회성 또는 사교성(Geselligkeit)은 전달가능성(Mitteilbarkeit)과 더불어 쉴러 미학을 관통하는 인간학적 주제의 근간을 이룬다. 이것은 바로 전체성, 총체성으로 이어지는데, 여기서 총체성이란 서로 대립을 보이면서도 다양한 여러 힘들의 통일, 즉 동물적 · 정신적, 물리적 · 도덕적 힘들의 통일을 말한다. 이러한 다양한 여러 힘들의 통일은 곧 감성적 · 이성적 본성으로서의 인간에 대한 파악인데, 이것은 쉴러에 있어서 전체성에 대한 추구를 의미한다. 전체성이란 삶의 충족이요 삶의 채움(Lebensfülle, die Anfüllung des Lebens)이다. "인간 안에 있는 다양한 소질이나 성향을 발전시키는 것은 그들을 서로 대면시키고 대립시키는 것 외에는 다른 방도가 없다. 여러 힘들 간의 이러한 대립은 문화의 거대하고 위대한 도구이다. …… 일면성은 개인을 필연적으로 오류로 이끌지만 유(類) 또는 유적(類的)인 것은 진리에로 인도한다."(HA V, 5861=NA 20, 306) 여기에서 슈프랑거(E. Spranger)는 유를 획일적인 인간성격의 산출이라는 의미에서의 일반화(Generalisierung), 개별자 안에서의 전인격으로 이해한다.[8] 쉴러는 유를 미숙하며 온전치 못한 일면성의 극복(Überwindung der unfertigen Einseitigkeit)이란 측면에서 보고 있다. 어떻게 해서 인간 본성의 다의적이고 다양한 성향들이 지양(止揚)될 수 있는가? 쉴러는 문화적 장치, 문화적 도구를 통해서 이러한 대립된 성질들이 화해될 수 있다고 보는데, 여기에서 개인은 일반적인 유 개념 아래에 포섭된다. 슈프랑거는 쉴러의 이러한 생각과 연관하여 전체성을 미적인 특성의 근간으로 이해한다. "다만 전체적 인간, 인간의 전체 모습이 아름다운 인간이다. 예술이란 단순한 복합이나 합성, 총체가 아니라 유기적 총체(Organische Totalität)이다."[9]

쉴러는 예술의 역사를 예술이 인간 본성에 끼친 영향사로 이해한다. 이

8 E. Spranger, *Schillers Geristesart gespiegelt in seinen philosophischen Schriften und Gedichten*, Berlin, 1941, S. 31.

9 E. Spranger, 앞의 책, 같은 곳.

런 의미에서 예술은 인간의 발전 과정의 도중에 나타난 하나의 사건이 아니라, 그 시작이다. 쉴러에 의하면 국가의 발전 과정도 단순한 자연국가로부터 출발하여 다양한 문화국가를 거쳐 미적 가상(美的 假象)의 왕국에 다다르게 되어 여기에서 완성을 보게 된다. 미를 인간의 심성에 미친 영향과의 관련 아래에서 보는 쉴러의 파악에, 묄러(J. Möller)도 지적하고 있는 바와 같이 미의 인간학적 중요성 내지 관계성이 놓여 있다. "미학에 의미가 있다면, 그것은 다름 아닌 인간을 위해서이다."[10]라고 묄러는 말한다. 미 안에선 현실이 포괄적으로 인간에게 열린다. 미는 오직 인간의 전체 모습에서 취해질 수 있기 때문이다. 예술이 드러내고자 하는 것은 바로 인간이며, 인간은 예술 안에서 생각할 뿐 아니라 느끼고 행위하는 본질로서 나타난다. 이런 뜻에서 딜타이(W. Dilthey)도 쉴러의 미를 살아 있으며 숨쉬는 형자(形姿)로서 특징지운다.

이 점은 그가 쉴러 미(美)의 본질을 논리적인 것과 감성적인 것의 통합된 현상으로서 파악하는 데에 기인한다.[11] 이러한 통합된 현상으로서의 미의 본질은 미적 상황에서 드러나게 되는데, 이것은 물리적 상황과 도덕적 상황의 중간에 위치한 매개적 상황이다. 중간적 매개의 개념이 어디에서 비롯하는가? 바로 이 매개의 모태가 그의 초기 의학논문에서 도입하고 있는 "중간력" 또는 "유기적인 여러 힘들의 중간층"(HA V, 253=NA 20, 13)이라 하겠다. 이러한 사고는 물론 그의 독자적인 것이라기보다는 동시대의 많은 다른 인간학자들에게서 영향을 받은 것이며 그의 미학을 위한 의미로 전개되었다고 보아야 할 것이다. 이런 까닭에 쉴러와 동시대의 주요 인간학자들의 생각을 그의 미학사상과 연관하여 살펴보고자 한다.

---

10 J. Möller, "Die anthropologische Relevanz der Ästhetik", in: *bewußtsein. G. Funke zu eigen*, hg.v.A.J.Bucher u.a, Bonn, 1975, S. 349 이하.

11 Vgl. W. Dilthey, *Die drei Epochsen der modernen Ästhetik und ihre heutige Aufgabe.* Gesammelte Schriften, Bd. Ⅵ, Stuttgart, 1960, S. 253.

2. 18세기의 인간학적 사고와 쉴러 미학

당시에 주로 인간 본성이 가지고 있는 이중성의 파악에 관한 학으로서의 인간학과 두 가지 실체, 즉 신체와 영혼의 가장 내적인 혼합으로서 인간을 이해하고 있는 쉴러의 파악은 깊은 연관을 맺고 있는 듯이 보인다. 여기에선 타이흐마이어(H. F. Teichmeyer, 1685–1746), 플라트너(E. Platner, 1744–1818), 벤젤(G. I. Wenzel, 1754–1809), 이트(J. Ith, 1747–1813), 테텐스(J. N. Tetens, 1736–1807), 줄쩌(J. G. Sulzer, 1720–97) 등의 생각들을 중심으로 쉴러의 문제정형(Problemformulierung)이 이들과 어느 정도 같으며, 또한 어떻게 다른가를 살펴보고, 그리하여 이러한 흐름과의 대결 및 논의를 통하여 쉴러 미학의 근간을 이루고 있는 주요 개념들을 밝히고자 한다.

타이흐마이어는 인간학의 중심 문제를 생성(fieri), 존재(esse), 인식(cognoscere)의 세 가지 원리로 나누어 파악한다. 그에 있어서 운동이란 생성의 원리이니, 운동을 통하여 신체를 이루고 있는 모든 구성 요소들이 산출된다. 운동을 통하여 우리는 느낄 수 있으며, 따라서 숨쉬며 살고 있는 것이다. 이러한 운동의 원리를 인간 유기체는 그 자신 안에 지니고 있다.[12] 느낌(Empfindung)과 움직임(Bewegung)의 상호 관계는 쉴러가 말하는 "살아 있는 느낌(lebendige Empfindung)" (HA Ⅴ, 571=NA 20, 316)으로서 미에 연결된다.

플라트너는 인간의 영혼기관(Seelenorgan)을 정신적 영혼기관과 동물적 영혼기관으로 나누어 파악하고 있다. 인간에게 있어선 전적으로 순수한 정신적 표상만이 가능하지도 않으며, 단지 동물적 감각만이 가능한 것도 아니다. 인간 안에서 정신적 영혼기관과 동물적 영혼기관이 동시에 작용한다.[13] 플라트너가 영혼을 신체와 대립하여 있는 본질로서 파악하지 아니하

12 Vgl. M. Linden, *Untersuchungen zum Anthropologiebegriff des 18. Jahrhunderts*. Frankfurt a. M., 1976, S. 12 이하.

13 Ernst Platner, *Anthropologie für Ärzte und Weltweise*, Leipzig, 1772. Ders. *Neue*

며, 한 영혼 안에서 정신적인 기관과 동물적인 기관으로 나누는 점은 쉴러와 다르다. 하지만 두 영혼기관의 서로 다른 활동과 그것의 상호작용을 인정한 플라트너의 견해는 쉴러가 그의 초기 의학논문에서 탐구하고 있는 바와 일치한다. 즉 쉴러에 있어서 인간의 동물성과 정신성은 늘 상호 영향을 주고받는다.

영혼이 신체에 영향을 미치는 문제, 즉 정신적 능력이 유기적 · 동물적 힘에 미치는 영향은 벤젤에 의하면 "생명력(Lebenskraft)"[14]을 통하여 밝혀진다. 이 생명력은 인간에 있어 사고능력(Denkkraft)을 활성화시켜 주고 이성적 본질로서의 인간에게 삶의 행복을 가져다 준다. 벤젤의 "생명력"은 쉴러에 있어 미의 근거인 "살아 있는 형자(形姿)"와 같은 역할을 한다. 벤젤에 있어서 "생명력"이 없다면 인간의 사고능력은 그 기능을 발휘할 수 없으며 무력하게 된다. 우리는 생명력에 의해 느낄 수 있으며, 그것을 통해서만 우리의 사고는 행위(Handeln)에 영향을 미칠 수 있을 것이다.

테텐스는 칸트가 그의 『인간학』에서 던진 바와 같은 물음을 제기하고 있다. 즉 "인간으로부터 무엇이 될 수 있으며, 어떻게 인간은 그것을 자신에게서 행할 수 있는가?"[15] 테텐스의 시의적절한 이런 물음은 쉴러에게 영향을 주었을 것으로 보인다. 쉴러는 그의 의학적이며 철학적이라 할 논문에서 물질과 정신, 신체와 영혼의 상호작용 및 영향을 다루면서 인간의 사명과 그 규정하는 바를 제시하고 있다. 그는 신의 위대함을 인식하는 데서 곧 세계를 인식하며 여기에 인간의 사명이 놓여 있다고 본다.

이트는 인간성을 인간본성에 내재하고 있는 모든 능력들의 총체 개념으

Anthropologie für Ärzte und weltweise mit besonderer Rücksicht auf Physiologie, Moralphilosophie und Ästhetik, Bd. I, Leipzig, 1790, S. 71-73.

14 J. Gardiner 또한 이러한 힘을 느낌 내지 감각의 원인으로서, 동시에 운동과 삶의 원인으로서 용인하면서 Lebenskraft 또는 Lebensprinzipium이라 이름하고 있다.(Vgl. E. M. Engels, "Lebenskraft", Artikel in: *Historisches Wörterbuch der Philosophie*, Bd. V, Darmstadt, 1980, S. 122-128.)

15 J. N. Tetens, *Philosophische Versuche über die menschliche Natur und ihre Entwicklungen*, 2Bde. Leipzig, 1777, Bd. Ⅱ, S. 373 이하.

로 이해한다. 어떻게 하여 서로 다른 여러 힘들이 인간성으로 총괄되어 수렴되는가? 모든 능력이 인간본성 가운데 어떻게 나타나고 있는가 하는 문제는 이성의 법칙과 궁극목적으로서의 도덕성에 관련하여 제한을 받고 있다고 본다.[16] 그러나 통합 과정이 이트에 있어선 분명치 않은 반면에, 쉴러는 "유기적 여러 힘들의 중간층"이 바로 통합에 이르는 매개적 역할을 수행하는 것으로 본다.

줄쩌는 심리학적 근거에 의하여 그의 미에 관한 이론을 전개하고 있는데, 그에 의하면 모든 종류의 감각, 예를 들면 미적 감각이나 도덕적 감각은 감정에 속한다. 미의 감각은 감각적 쾌적함과 도덕적으로 선한 감각 사이에 놓여 있다.[17] 여기에서 미란 감각적으로 느껴진, 다양성의 조화로운 통일의 감정에 근거하고 있다. 느낌은 생각하는 것과 행위하는 것의 중간 단계에 놓여 있다. 이 점은 줄쩌에게 뿐 아니라 쉴러의 『우아와 존엄』에서 특히 운동의 미로서 "우아"를 파악할 때에도 깊은 연관을 맺고 있다.

이제 우리는 쉴러와 동시대의 인간학적 고려와 관련하여 영국의 버크(Edmund Burke, 1729−97)를 살펴볼 필요를 느끼는데, 이는 쉴러가 그의 유고에서 버크의 미 이론을 해명하고 있기 때문이다(HA Ⅴ, 1013f.=NA 21, 76f). 버크의 미에 대한 이해는 심리학적 근거에서 출발하며 특히 발생론적이라 볼 수 있다.[18] 그에 있어 미란 기계적 방식으로 감각의 매개를 통하여 정신에 영향을 미치며, 사랑이라든가 이와 비슷한 격정이나 열정(Leidenschaft)을 일으키는 신체의 한 특성이 된다. 미는 영혼에서 감각이나 감정을 환기시켜 주는 기능을 한다. 버크에 의하면, 감각이란 상상력이나

---

16 J. Ith, *Versuch einer Anthropologie oder Philosophie des Menschen nach seinen körperlichen Anlagen*, 2Bde. Bern, 1794-95, 여기에 대해 Mareta Linden, 앞의 책, S. 127 이하.

17 J. G. Sulzer, *Allgemeines Theorie der Schönen Künste*, 4Bde. Leipzig, 1771-74, Bd. Ⅱ, S. 53 이하.

18 E. Burke, *A Philosophical Enquiry into the Origin of Our Ideas of the Sublime and Beautiful*, hg. v. J. T. Boulton, London, 1958. Ders. *Erhabenen und Schönen*, Einleitung von Werner Strube, Hamburg, 1980.

판단력으로서 외적 대상과 결합하여 있으면서도 인간 내부에 자리잡고 있는 자연적 능력으로 파악할 수 있다.

버크는 미를 단지 감성(Sinnlichkeit)에다 근거지우고 있다. 여기엔 형자(形姿)의 계기가 결여되어 있으며, 미는 다만 내용만을 담고 있는 "삶"이 되어 버린다. 그리하여 쉴러는 버크의 일상성, 즉 주관성이나 감성을 비난한다. 쉴러가 추구하는 바는 감성과 이성의 대립갈등을 미적 상황에서 늘 화해시키는 것이기 때문이다.

끝으로 우리는 인간학적 고려라는 관점 아래서 쉴러와 칸트의 연관성에 대해 간략히 살펴보려 한다(HA V, 1031-33=NA 21, 77-79). 쉴러는 칸트의 미가 주관적이며 이성적이라고 설명한다(HA V, 394f). 취미가 미를 주관적으로 판단하며, 미는 합목적성의 형식에 근거하고 있기 때문이다. 예를 들면, 하나의 그림은 색채를 통하여 우리의 감정을 환기시켜 주지만, 그러나 우리는 다만 구성이나 표현(Komposition, Zeichnung)을 통하여 아름답게 느낀다. 감동(Rührung)은 그 근원을 겪음(Leiden)에 두고 있다. 인간에 있어 그것은 단지 물질적 작용에서 오는 것이라기보다는 도덕적 감정과 활동적 정신에서 생긴다. 그러므로 도덕적 인간의 공감적 겪음이란 우리의 신체 부분에서 그렇게 오래 머무르지 않으니, 그 까닭은 이성이 곧 그의 숭고함에서 모든 감각적인 관심을 일깨우기 때문이다. 칸트에 의하면 모든 감성적 미는 정지(靜止, Ruhe)의 형식이거나 움직임(Bewegung)의 형식을 취한다. 쉴러에 있어서도 정지와 움직임은 서로 관계하고 있으며, 정조(情調, Gesinnung)의 세계에서 하나의 극단적 긴장으로 나타난다. 칸트는 왜 감성적 미의 형식에서 정지와 움직임을 동시에 파악하고 있는가? 이것은 그가 미의 근거를 상상력과 오성의 자유로운 유희에 두고 있는 바와 맥이 통한다. 정지와 운동, 형자(形姿)와 삶 간에 놓여 있는 긴장관계의 조화로운 통일에 미의 근간이 놓여 있다.

칸트에 의하면 운동의 형식은 공간에서의 형자의 움직임이거나, 시간 안에서의 느낌(감각)의 놀이이다. 예를 들면, 악음(樂音)의 개별적 울림은 다만 감관지각에 와 닿으나 미는 개별적 울림들의 전체적 구성에 의거하고 있다. 칸트적 감각은 시간에 있어서의 현상과 관계하고 있다. 그에 있어 감각은 기관감각(器官感覺, Organempfindung: sensus fixus)과 생명감각(生命感覺, Vitalempfindung)으로 나뉜다. 온기나 냉기의 감각은 심정(Gemüt)을 통해서 환기되는데, 이것들은 생명감각에 속한다.[19] 두 감각은 모두 신경 안에 있다. 그것은 신체의 전체 체계 안에 있거나 신체의 어떤 구성 부분에 속하는 신경 안에 있다. 여기에서 감각의 거처를 신경 안에 명확히 두고 있다는 사실은 주목할 만하다. 칸트의 사고 안에서 신경은 어떤 역할을 하는가? 신경의 역할과 관련하여 쉴러는 중간력을 생리학적으로 근거지우고자 했다. 이런 연관 관계를 보면서 우리는 쉴러의 칸트와의 만남을 바로 그의 선험철학과의 만남으로만 이해해서는 곤란하다는 사실을 지적할 수 있다. 왜냐하면 쉴러가 칸트 철학을 통하여 추상적 · 합리적인 데로부터 구체적 · 합리적인 데에로, 끝내는 감성적 · 이성적이라는 양면성의 조화에로 옮겨갔음을 우리는 헤아려 볼 수 있기 때문이다.

3. 초기 의학논문에서의 인간학적 사고와 그의 미학을 위한 전개

여기에선 쉴러가 의과대학(Karlsschule)의 졸업을 위해 제출한 두 개의 학위논문, 즉 제1논문인 「생리학의 철학」(1779)과 제2논문인 「인간의 동물적 본성과 정신적 본성의 연관에 관한 탐구」(1780)[20]에서 어떻게 인간학적 문제가 제기되고 있으며, 이것이 그 후의 그의 미학사상에 어떠한 의미를

---

19 I. Kant, *Anthropologie*, 16, Akademie Ausgabe Ⅶ, S. 154 이하.

20 제1논문은 심사위원들에 의해 형식 및 내용에 하자가 있다고 판정되어 통과되지 못했는데, 라틴어로 된 원문은 분실되어 없어지고, 독일어로 된 제1장만 오늘날 남아 있다. 이어 제2논문은 의학논문에 어울리지 않은 쉴러 특유의 구상력과 탁월한 시적 표현으로 쓰여 있어 심사위원들은 의아해 하면서도 인간 본성의 양 측면에 대한 예리한 분석과 그 상호관계에 대한 통찰을 높이 평가하였다.

주는가를 살펴보고자 한다.

쉴러는 몸(身)과 마음(心)의 생리적인 연관성을 철학적으로 해명하면서, 신체-영혼의 문제를 동일성의 문제로 화해하고자 시도한다. 그는 신체와 영혼, 물질과 정신 간의 대립을 지양하면서 완전성(Vollkommenheit), 조화(Harmonie), 균형(Gleichgewicht)의 개념을 끌어내고 있다. 완전성이나 조화는 "위로부터의" 개념으로서 선험적 · 형이상학적 성격이 강하며, 균형은 항상성(恒常性, Homöostase)이란 말과 더불어 "아래로부터의" 개념으로서 생리적 · 생물학적 측면의 성격이 강하다고 생각된다. 쉴러는 인간 본성의 복잡성을 지양하기 위해 이들 세 개념을 한데 결합하면서 인간학적 위상을 전면에 내세운다. 그는 소재와 형식, 물질과 정신을 매개하는 제3자로서 중간력을 끌어들이는데, 이것이 그 후의 미학사상의 전개를 위한 중심적인 계기가 된다.

위에서 간략히 살펴본 바와 같이 "중간력"(HA V, 253f.=NA 20, 13f.)은 그의 「생리학의 철학」에서 처음 등장하는데, 이어서 「인간의 동물적 본성과 정신적 본성의 연관에 관한 탐구」에선 "중간적인 유기적 여러 힘들의 고유한 층(eine eigene klasse mittlerer organischer Kräfte)"(HA V, 291=NA 20, 42)으로 되어 표현을 달리하고 있으나, 그 기능은 같다고 보여진다. 후술하겠지만 쉴러가 말하는 미적 상황은 자연의 규정성과 도덕적 자유 간의 중간에 자리하면서 이 양자의 간극을 메워 주는 매개적 역할을 수행한다. 그는 양면적 분열을 초래하는 모든 시도에 투쟁하면서, 생리적 · 철학적 관점에서 인간의 이중적 본성을 조화시키기 위해 다음과 같이 그 연관을 제시한다(HA V, 291-320=NA 20, 42-71).

a) 동물적 본성은 정신의 활동을 확고하게 해준다.

b) 동물적 충동은 정신적 충동을 일깨우며 발전시킨다.

c) 동물적 느낌은 정신적인 느낌을 수반한다.

d) 동물적 현상은 정신의 운동에 나타나 있다.

e) 동물적 본성의 이완(弛緩)은 완전성의 연원이다.

쉴러에 의하면 인간 영혼의 활동은 물질이나 질료의 활동과 깊은 연관을 맺고 있다. 물론 이 양자는 "중간력 또는 중간층"에 의해 연결되어 있다. 그렇다면 이 중간적인 힘이나 층은 무엇인가? 쉴러에 의하면 이것은 신경(Nerven) 안에 거주하고 있다. 신경은 "세계와 영혼을 이어주는 띠(das Band zwischen Welt und Seele)" (HA Ⅴ, 255=NA 29, 16)라고 할 수 있겠는데, 그것이 무엇으로 이루어져 있는가에 대해선 쉴러 자신도 명확히 밝히지 못하고 있다.[21] 따라서 이 중간적인 힘 또는 층을 우리는 신경(혹은 신경계, 신경정신)의 역할이나 기능과 관련하여 아마도 비유적으로 이해해야 할는지 모른다. 쉴러에 의하면 모든 인간적 정신활동은 감성적 충동에서 출발하여 전개된다. 개별 인간의 영혼이 성장해 가는 과정(HA Ⅴ, 299-301=NA 20, 50-51), 예컨대 아기에서 어린이나 소년, 나아가 청년이나 성인으로 성장해 가는 과정은 우리에게 동물적 차원으로부터 정신적 차원에로의 이행을 보여준다. 인간 본성이 발전해 가는 그 문화적 단계는 충동과 충동계의 영향 및 반성(Reflexion)에 근거하여 설명할 수 있다. 이러한 성장 단계와 관련하여 쉴러의 사유 흔적을 우리는 딜타이의 해석을 통해 확인해 볼 수 있다. 딜타이는 모든 발전의 근거를 두 가지 계기에서 보고 있는데, 그 하나는 심리적 충동이나 동기이며, 둘째는 어떤 특정 사회나 시대의 일반적인 규칙 연관성이다.[22] 쉴러가 발전 동기의 첫째 조건으로 보는 감성적 충동이란 바로 딜타이의 심리적 동기라 하겠다. 개별 인간의 성장 과정과 인류문화의 전체적 변천 과정이 어느 정도 일치하는가의 문제는 다시 논의하겠지만, 헤켈(Ernst Heinrich Philipp August Haechel, 1834-1919)의 발생론적 근본원리, 즉 계

21 신경이 탄력 있는 현(弦 또는 絃)으로 되어 있는지 또는 외적으로 정교한 정신적 본질의 운하나 어떤 통로와 같은 것인지, 아니면 정신 안에서 작용하고 있는 작은 공의 덩어리와 같은 것인지에 대한 의문을 쉴러는 던지고 있다.

22 Vgl. W. Dilthey, *Did geistige Welt. Einleitung in die Philosophie des Lebens*, hg. v. Georg Misch, Gesammelte Schriften, Stuttgart, 1974, Bd. Ⅴ, S. 80 이하, S. 210 이하.

통발생(phylogeny)은 개체발생(ontogeny)을 되풀이한다는 명제는 여기에도 타당한 듯하다. 한 개체에 대한 발생과 발달인 개체발생이 그 종(種) 또는 종족의 발달사인 계통발생의 여러 발생 단계를 반복한다는 주장은 개인 안의(intrapersonal) 문제이면서도 동시에 개인 간의 또는 사회 속의 문제(interpersonal, Zwischenden-Menschen)이기도 하다.

쉴러는 신체-영혼 간의 대립갈등을 화해시키고자 끊임없이 애쓴다. 그는 고뇌하는(leidenschaftlich) 인간의 모습을 전면에 내세우면서, 인간 본성의 감성적 · 신체적 측면을 충동력(treibende Kraft)으로 주장하고 있다. 이 충동력은 바로 활동성(Tätigkeit)으로 이어진다. 살아 있는 힘에 의해 생기(生氣)를 부여받은 유기체 신체는, 즉 "살아 있는 형자(形姿)"이며 이는 곧 쉴러 미학을 인간학적으로 근거지우는 토대가 된다.

4. 철학적 · 미학적 글들에 나타난 인간학적 사고

1782년 12월 21일 쉴러는 쾨르너에게 보낸 서한에서 다음과 같이 쓰고 있다. "취미의 객관적인 근본명제에 맞는 미의 객관적인 근본명제를—칸트도 여기에 절망한 바 있는데—나는 마땅히 찾을 수 있으리라 믿는다."[23] 그는 미의 객관적 특성을 객관적 원리의 연역에서 찾으려 애썼고, 그 후 줄곧 일련의 체계적인 내용을 담은 서한을 쾨르너와 주고받으면서 정리한 글이 『칼리아스, 또는 미에 관하여』[24]라는 것이다. 이 글이 쉴러 미학의 인간학적 이해에 어떤 기여를 하는가? 이 물음의 답을 모색하기 위해 우선 여기에 제출된 중심개념들을 살펴보아야 할 것이다.

"현상에 있어서 자유(Freiheit in der Erscheinung)", "유기적인 것의 자

23 F. Jonas(Hg.), *Briefe*, Kritische-Gesamtausgabe, Stuttgart, 1892-96, Bd. Ⅲ, S. 232.
24 이 글은 쉴러가 1793년 2월 8일부터 2월 29일에 걸쳐 그의 친구 쾨르너에게 보낸 서한을 묶어 놓은 것이다.

율(Autoanamie des Organischen)", "기교성 안에서의 자연(Freiheit in der Technik)" 등의 개념들이 이 글의 중추를 이루고 있다. 자유란 미적인 것 또는 예술작품의 생산 과정에서의 자기활동(Selbsttätigkeit)이다. 그러므로 현상에 있어 자유는, 그것이 직관 가운데 현시되는 한 사물에 있어 자기활동적이고 자기구성적이다. 어떻게 해서 자기규정의 원리가 자연 대상이나 미적 대상에 있어서 단순한 형식에서의 실존에 근거하고 있는 객관적인 미를 획득하는가? 여기에 자유가 현상에 불가피하게 관계되는 까닭이 있다. 이 점과 관련하여 로잘레프스키(W. Rosalewski)는 "현상에서의 자유"를, 구한 결과 찾아진 객관적 원리로 보지 아니하고 칸트적인 미적 감정의 내용과 일치하는, 쉴러의 미적 사고의 방향을 위한 주관적인 징후라고 본다.[25] 그러나 현상에 근거한 객관의 형식이 하나의 규칙을 허용하기 때문에 우리는 미의 감정에서 자유를 느낀다. 쉴러는 미적 이념의 발전 도정에서 처음엔 의식영역의 체계적인 예비를 하고, 그 다음엔 목적론을 위한 유추적인 추론을 하는데, 이것은 이성에 닮은 것으로서 용인하는 일이라 하겠다. 실천이성의 형식을 부자유의 생기(生起)에다 적용한다든가 자유의 사고를 현상 안에서 가두는 일은 온당치 않다고 본다. 쉴러의 자유가 현상에 기인하는 한, 자유는 윤리적 근본명제를 뛰어넘어 삶에 적합한 현실적인 것(das lebensmäßige Wirkliche)이 된다. 이와 관련하여 퀴네만(E. Kühnemann)은 쉴러의 "현상에서의 자유"를 칸트적인 도덕적 선의 상징으로서의 미에 뿌리를 두고 있다고 본다.[26] 미적인 것과 실천이성과의 결합은 유추에 의하여 또는 상징적 적용에 의하여 성립된다고 보여진다.

소재와 형식의 상호작용으로서의 미는 살아 있는 형자(形姿)로서 나타나며, 그런 까닭에 우리는 미를 현상에서의 자유의 유일하게 가능한 표현이

25 W. Rosalewski, *Schillers Ästhetik im Verhältnis zur Kantschen.* Nedeln: Kraus, 1973(Nachdruck der Ausg. Heidelberg, 1912), S. 37, S. 42.

26 Vgl. E. Kühnemann, *Kants und Schillers Begründung der Ästhetik*, München, 1895, S. 82, S. 87 이하.

라 하겠다.[27] "현상에서의 자유"는 동시에 감각적 사물의 압제라고 할 수 있는데, 그것은 실천이성을 통한 전체화 가운데 단순한 현상에로 환원되기 때문이다. 니차크(H. Nitschak)는 여기에서 쉴러의 미를 형식의 면에 중점을 두어 파악한다. 거기에서 개별적인 자기규정, 즉 자유의 가상을 확보하고 그것에 낯선 전체에로 포섭된다. 이러한 자기규정으로서의 자유의 가상은 어디까지나 실재의 가상이지 비현실적인 가상만은 아니라고 생각된다.[28]

현상이란 현상하는 것의 무엇으로서의 본질(das Was)이 아니라, 현상에 고유한 방법으로 대상을 스스로 보이는 것이니, 현상하는 것의 어떠함(das Wie)이 문제가 된다. 그러므로 "현상에 있어서의 자유"란 그것이 직관 가운데 나타나는 한에 있어서 "사물에 있어 자기규정"이라 하겠다. 이러한 정식(定式, Formel) 아래 쉴러는 인간의 본질을 수동적으로 겪으면서(leidend), 동시에 능동적으로 행하는(tätig) 이중적 존재로 파악한다. 우리가 무엇인가를 겪고 있는 한 감각을 일종의 의식행위로서 파악할 수 있으나, 우리가 자연의 영향이나 작용을 규정하고자 한다면 우리는 활동적이어야 한다. 모든 현상들이란 다양한 소재를 부여하는 주체에 의해 그 형식들을 유지한다. 이성은 다양한 것을 결합하게 하는 힘을 우리에게 부여한다.[29] 여기에서 쉴러는 고전적인 자율사상과 그것의 주체적인 경향, 작용 및 의도의 경험적 영역 간에 매개적 교량을 제안한다. 물론 인간이 현상하는 방식은 그의 느낌과 의욕의 양태, 다시 말하자면 상황들에 담겨 있다고 보겠는데, 인간 자신은 자유 안에서 이러한 상황을 규정하는 것이지 그 필연성에 따라 자연을 규정하는 것은 아니다(HA V, 444). 이때 쉴러는 현상의 두 가지 표상 방식을 이야기하고 있다. 인식에 대해 의도적으로 향해 있거나, 다시 말하면 우리가 인식을 관찰하거나(beobachten), 사물 자체에 의해 그들의 표상으로

27 Vgl. HA V, 614=NA 20, 355.

28 H. Nitschak, *Kritik der ästhetischen Wirklichkeitskonstitution*, Frankfurt a. M., 1976, S. 180 이하.

29 Vgl. C. T. Mechaelis, *Über Schillers Kallias*, Berlin, 1882, S. 7.

우리를 안내하거나 하는데, 이때에는 우리는 단지 고찰한다(betrachten). 모든 표상들은 다양한 것으로 나타나고 형식은 이러한 다양한 것들의 결합 방식이라 하겠다. 그리고 소재의 다양성을 통해 의미가 부여되며, 다양한 소재를 결합하는 능력이 바로 이성이다.[30]

쉴러는 미를 "기술성 내지 기교성 안에서의 자연"이나, "기술 및 기교 안에서의 자유"로 파악하고 있다. 미적인 것 안에서 자연과 기술이 어떤 연관관계를 맺고 있는가? 이때에 자유는 어떠한 역할을 하는가? 기술 내지 기교의 힘을 빌려 자유는 감성적으로 나타나게 된다. 앞서 언급한 바와 같이 "현상에서의 자유"는 물론 미의 근거이지만, 기술이나 기교는 자유에 대한 우리의 표상의 필수적인 조건이 된다(HA V, 409). 말하자면 미를 표상하기 위한 필수조건이 "자유에서의 기술"인 셈이다. 자유는 직접적으로 미의 조건이지만, 기술은 간접적으로 자유에 관한 우리들의 표상의 근거이다. 미는 또한 그 스스로에게 부여되는 규칙, 즉 자연이다. 그러나 미는 기술성 안에서의 자연이다. 이때 자연이란 사물에 존재하는 내적인 원리를 말하며, 바로 형식의 내적 필연성으로 이해할 수 있다. 자연개념의 내용은 물리적 · 심리적으로 현상하는 것이고, 그 형식의 이면에는 필연성이 깔려 있다. 여기에서 슈트루베(W. Strube)는 쉴러가 선험철학적 근거에서 형이상학적 근거에로 옮아가고 있다고 본다. 쉴러의 미에 있어 이러한 형이상학적이며 또한 존재론적 · 형태론적 근거에로의 도약을 슈트루베는 자율적 원리(Heautonomieprinzip)에서 찾고 있다.[31] 미 또는 미적인 것은 경험적 주관에 대한 관계에서 뿐 아니라 이성에서 빌려 온 자유와의 상호관계에서 해결된다. 칼리아스 서한에서 쉴러는 선험철학으로부터 나와 객관적으로 타당한 미의 개념을 증명해 보이고자 했으나 결코 이루지는 못했다고 슈트

30 Vgl. S. Latzel, "Zu Schillers Vernunftauffassung. Betrachtungen zur individuellen Verwendungsgeschichte eines Wortes", in: *Literaturwissenschaftliches Jahrbuch im Auftrage der Görres-Gesellschaft*, N.F. 13/1973, S. 61.

31 W. Strube, "Schillers Kallias-Briefe", in: *Literaturwissenschaftliches Jahrbuch im Auftrage der Görres-Gesellschaft*, Berlin, NF. 18/1977, S. 23 이하.

루베는 보고 있다.[32] 하지만 슈트루베의 이런 접근 방법은 일면적이라는 비난을 면치 못한다. 칼리아스 서한의 전편에 깔려 있는 중심사상은, 이미 살펴보았듯이, 무엇보다도 "현상에서의 자유"와 "기술성 및 기교성 안에서의 자연"으로 파악된 미의 본질이다. 여기에서 우리가 쉴러 미의 출발을 가능케 하는 감성적인 장(感性的 場)을 자연이라 한다면, 즉 자유의 개념 이전에 감각계(感覺界)를 전제한다고 보면, 쉴러가 선험철학에서 나와 순수형이상학적 관념론으로 넘어가는 것이 아니라, 오히려 감성적 경험론을 그 근저에 깔고 있다고 보아야 할 것이다. 즉, 그의 초기 논문에서 우리가 살펴본 바와 같이 미 및 미적인 것은 신체와 영혼, 물질과 정신의 조화로운 장(場)에서만 가능하기 때문이다. 이런 의미에서 베르거(K. Berger)도 쉴러의 미를 감성적인 것과 이성적인 것의 상호연관체(Korrelat)[33]라 규정하고 있다.

5. 미적 교육에 관한 서한에서의 "완전한 인간학적 평가"

"완전한 인간학적 평가"란 쉴러가 그의 『인간의 미적 교육에 관한 서한』에서 "일면적인 도덕적 평가"에 대비한 의미로 사용하고 있는데, 이는 일면적인 물리적 평가 또는 자연적 평가에 대한 것이기도 하다. 뢰르즈(H. Röhrs)는 일면적이며 일방적인 물리적 · 도덕적 측면을 지양하는 이러한 포괄적인 인간학적 평가를 쉴러의 예술철학적 반성에 그 뿌리를 두고 있다고 시사한 바 있으나,[34] 무엇보다도 그 원류는 이미 초기의 의학적이며 철학적인 논문에 흐르고 있다고 보아야 할 것이다.

쉴러에 있어 이러한 평가는 근본적으로 인간의 규정 내지는 사명에 대한 물음으로부터 시작되는 듯이 보인다. 왜냐하면 인간학적 평가란 늘 일면성

32 W. Strube, 앞의 글, S. 126.

33 K. Berger, *Die Entwicklung von Schillers Ästhetik*, Weimar, 1894, S. 127 이하.

34 Vgl. H. Röhrs, "Schillers Philosophie des Schönen", in: *Euphorion*, 50/1956, S. 56.

및 일방성에 항의하며, 인간 본성의 전체적이며 온전한 모습을 보려고 하기 때문이다.[35] 쉴러적인 의미에서의 "완전한"이란, 말하자면 소재와 형식, 상황과 인격, 삶과 형자(形姿) 간의 대립갈등이 해소되고 지양된 조화의 사상과 연관하여 이해해야 한다. 인간 본성의 이러한 이중적 구조가 어떻게 그 대립갈등을 화해하고 완전한 조화의 경지에 이르는가 하는 물음은 이제 다음과 같은 문제지평에서 모색된다.

a) 인격과 상황(Person und Zustand), 즉 자아와 그 규정요소는 어떤 관계에 놓여 있는가?

b) 어떤 근거에서 쉴러는 "충동" 개념을 그의 미학이론의 중심부에 끌어들이며, 또한 형식충동과 소재충동의 동일성으로서의 유희충동은 이때 어떤 기능을 하는가?

c) 삶과 형자(Leben und Gestalt)가 어떤 경로를 밟아 미의 대상으로서의 "살아 있는 형자(形姿)"가 되는가?

d) 미적 상황(ästhetischer Zustand)에서 왜 영(零, Null)이 등장하며, 미적 영(零)의 상태란 무엇인가?

e) 문화의 발전 단계에서 개체와 유(類)는 어떤 관련을 맺고 있으며 미적 문화가 해내야 할 과제는 무엇인가?

미적인 느낌 또는 감정과 전체 문화와의 연관은 미가 인간활동에 끼치는 영향과 더불어 해명될 수 있을 것이다. 쉴러가 칼리아스 서한에서 이야기하듯이, 예술의 원리에 대한 물음은 예술이 인간에 미친 영향에 대한 물음 그것이다(NA 21, 238). 미 및 예술이 인간에 끼친 영향사는 그의 미적 교육 사상의 근간이 되고 있다. 여기에서 교육이란 광의로 쓰이고 있으니, 즉 인

35 O. Marquard, "Anthropologie", Artikel in: *Historisches Wörterbuch der Philosophie*, Bd. Ⅰ, Darmstadt, 1971, S. 365.

간이성에 의해 인도되는 발전이며, 인간에 내재하는 여러 성향들의 조화로운 전개이다. 따라서 교육과 발전 두 양상은 늘 상관적이라 하겠다.[36] 이때 심성의 자율성이 중요한데 이것이 현상에서의 자율성과 일치할 때 자유로운 행위가 되며, 바로 아름다운 행위가 된다. 이러한 점을 염두에 두면서 이제 앞서 제출한 문제지평을 상론하기로 한다.

a) 쉴러는 우리 인간 안에 늘 머물러 있는 그 무엇을 인격이라 하고, 끊임없이 변하고 교체하는 것을 상황이라 한다(HA V, 601=NA 20, 341). 이들 양자는 서로 어떤 관련을 맺고 있는가? 인간은 시간의 내용으로서 주어지는 것인가 아니면 그 스스로 시간을 채우는 존재인가? 인간이란 인격으로서 그 스스로가 원인이 되며, 상황의 최종적 원인이고, 그 스스로에 근거하여 변할 수 있는 존재이다. 인격은 물론 쉴러의 입장에서 고려해 보면 인간과 동물의 차이를 드러내 주나, 인격만으로 인간이 살아가는 것은 아니다. "인격의 모든 지속에서 상황은 변하고, 모든 상황의 변화에서 인격은 지속된다."(같은 곳) 쉴러는 인격과 상황의 현존재를 위한 근거를 인간 안에서 달리 보고 있다. 지속적인 것은 변화적이며, 교체적인 데에서 나올 수 없으므로, 지속적인 것으로서의 인격이란 그 자신에 고유한 근거를 지녀야만 한다. "우리는 생각하고, 욕구하고 느끼기 때문에 존재하는 것이 아니며, 우리가 존재하기 때문에, 생각하고, 욕구하고 느끼는 것도 아니다. 우리는 존재하기 때문에 존재하는 것이며, 우리가 느끼고, 생각하고 욕구하는 까닭은 우리 밖에 그 무엇인가 다른 것이 있기 때문이다."(HA V, 601=NA 20, 341f.) 존재란 이미 있는 것이며, 스스로에 근거하여 전제되어 있다. 우리 밖에 있는 다른 것과의 관계적 매개를 통하여 무엇인가를 느끼고 생각하며 욕구한다. 그것은 사유의 선험적 주관으로서 표상되는 칸트의 "나"[37] 개념

---

36 Vgl. R. Sommer, *Grundzüge einer Geschichte der deutschen Psychologie und Ästhetik von Wolff-Baumgarten bis Kant-Schiller*, Amsterdam, 1966, S. 370.

37 I. Kant, *Kr. V*, 424.

을 생각나게 한다. 하이데거도 그의 『존재와 시간』에서 "나"를 존재론적으로 규정하면서, "나는 생각한다(Ich denke)"가 아니라 "나는 무엇인가를 생각한다(Ich denke etwas)"라고 언명하고 있다. 그리하여 "생각하는 나"는 바로 타자와의 관계에서 성립된다. 이것은 우리에게 고유성(Eigentlichkeit)과 비고유성(Uneigentlichkeit)의 두 가지 존재양식을 보여준다.[38] 이러한 고유성과 비고유성의 연결을 위해 쉴러는 이미 인간존재를 특정의 규정된 상황에서 인격으로 파악했다. 쉴러에 있어 인간의 두 가지 존재양식, 즉 인격과 상황은 실존철학에서의 시간성이나 상황성으로 파악해 볼 수도 있다.[39] 자기 자신 안에 근거지워져 있는 그 무엇과 외적 상황을 연결시키려면 자유를 전제로 하여서만 가능하다. 이런 까닭으로 쉴러의 미적 상황은 곧 자유를 근거로 하여 이루어진다. 따라서 쉴러에 있어 인격이란 사태의 확정 속에 있는 것이 아니다. 인간은 세계 안에서 모든 것을 만들 수 있고, 지속적인 자아, 즉 나 자신을 현상에다 가져다 놓는다. 상황과 인격의 관계는 정서적 의식을 위해서 뿐 아니라 인간본성의 발생론적 전개를 위해서도 타당하다. 인간은 상황에 들어서자마자 곧 인격과 더불어 상황성이 되며 주어진 특정 상황에서의 인격이 된다. "어떤 특정의 규정된 상황에서의 인격은 인간의 현실사나 현실성을 통하여 존재하게 된다. 그것은 단순한 개념에서가 아니라 자유의 외적인 정황(情況)이나 우연적인 사용에서 나온다"(HA V, 622=NA 20, 364).

b) 이제 우리는 쉴러의 상황과 인격의 관계를 소재와 형식의 측면에서도 고찰해 볼 수 있다. 특히 쉴러는 우리의 내부에 자리잡고 있는 필연적인 것(das Notwendige in uns)과 우리의 외부에 놓여 있는 현실적인 것(das

38 M. Heidegger, *Sein und Zeit*, Tübingen, 1979, S. 41 이하.

39 W. Hinderer, "Zwischen Person und Existenz: vergleichende Bemerkungen zu Schillers philosophischer Anthropologie", in: *Germanisch-romanische Monatsschrift*, 52/1971, S. 257-268.

Wirkliche außer uns)의 관계를 밝히기 위해 "충동" 개념을 끌어들이고 있다. 충동이란 두 가지 서로 대립된 힘을 통해 밀려나오게 되고, 밀려들어가게 될 때, 우리로 하여금 그들의 대상 또는 목표를 실현하도록 몰아대는 그 무엇이다(HA V, 604=NA 20, 353).

감성적 충동 또는 소재충동이란 물리적 현존재 및 감성적 · 감각적 성질에서 나오는 것이다. 이 충동은 인간을 시간의 제약 속에 놓으며, 그를 소재 또는 질료로 만든다. 현상 안에서나 경험의 장(場)에서 우리는 이러한 감성적 충동을 통해 근거지워진다. 이에 반하여 형식충동은 절대적 현존재 또는 인간의 이성적 본성에서 나온다. 형식충동은 인간을 자유롭게 하고 현상의 다양함을 조화시키고 일치시킨다. 감성충동이 다양한 경우를 만들듯이, 형식충동은 필연적 법칙을 부여한다. 감성충동은 변화를 요구하며, 형식충동은 통일과 지속을 요구한다. 어떻게 우리는 이러한 근원적인 대립을 지양하고 인간본성의 통일을 이룰 수 있겠는가?

두 가지 대립된 충동 간에 상호 작용의 가능성을 모색하면서 쉴러는 제3의 것으로서 유희충동을 제출한다. "양 충동의 교호작용은 물론 인간이 그 자신의 현존재의 완성에서 전적으로 해결할 수 있는 이성의 한 과제이다." (HA V, 612f.=NA 20, 353) 왜 여기에서 쉴러는 이러한 상호 작용을 가능케 하는 근거로서 이성을 끌어들이는가? 이 점은 그가 초기 논문 이래 줄곧 주장해 온 바 있는, 감성적인 것이 차지하는 우위(Priorität)에 반(反)하는 것이 아닌가 하는 의구심이 든다. 이때의 우위란 실제로 우세(Primat)나 지배(Dominanz)의 의미보다는 오히려 시간적으로 선행하여 나타났다는 의미가 더 강하다고 여겨진다. 그럼에도 불구하고 그가 중간력(中間力)의 거처를 '신경' 안에 두면서도 '신경'의 개념 및 기능을 명확히 드러내지 못한 것처럼, 두 가지 근거 사이에서 어디에다 더 우위를 둘 것인지의 문제에 대해 고민하는 듯이 보인다. 여하튼 이 두 가지 근거 사이에서 '유희(Spiel)'가 하는 기능이 무엇인가? 쉴러는 그의 미적 유희에서 칸트의 "표상능력의 자유로운 유희의 감정"[40]에 대한 이해와 깊은 관련을 맺고 있다. 유희는 대개 규칙에 의해 이끌어지나, 이 규칙은 자유로운 창조를 전제하고 있다. 형식과 소재 간의 공동체로서의 유희는 인류의 개념을 현실과 이념, 우연과 필연, 수동적 겪음과 능동적 행함의 간격을 메우면서 새로운 경지로 완성시켜 준다.

c) 지금까지 논의한 형식과 소재는 형자(形姿, Gestalt)와 삶(Leben)의 측면에서 또한 서로의 대립된 성격을 드러내며, 보다 높은 경지에서 그 갈등이 지양된다. 쉴러는 유희충동의 대상을 곧 "살아 있는 형자"(HA V, 614=NA 20, 355)로 본다. "살아 있는 형자"란 삶과 형자 간에 이루어진 화해이며, 바로 이것이 미이다. 쉴러는 "삶"을 그의 미적 교육에 관한 제12서한에서 "각기의 느낌이나 감정"으로 보는데, 느낌이란 "채워진 시간의 상황"으로 이해된다. 미적 과정이란 감정 안에서 누려진 형자의 생활성이다. 이러한 생활성 및 생동성은 직관에 생기를 불어넣어 주고, 직관 안에서 표현된다. 우리가 만약 형자를 생각만 한다면, 형자는 생명을 잃게 되고, 우리가 만약 삶을 단지 느끼기만 한다면, 삶은 형자를 잃게 되고 만다. 삶과 형자 간의 반목(反目)과 갈등 속에서 우리는 소외감을 느끼게 된다.[41] 이러한 소외감을 극복하기 위해서는 양자의 조화로운 결합이 요구되는데, 여기에서 우리는 미를 일면적인 삶이라거나 형자가 아니라, 생각하며 동시에 느끼고 의욕하는 "완전한, 살아 있는 형자(Vollständige lebende Gestalt)"로서 보게 된다.

d) 미적인 영(零)의 상태

인간은 미적 상황에서 왜 영(零)으로 파악되는가? 미적 상황과 관련하여

---

40 I. Kant, KdU. 9, 28.

41 쉴러 미학과 연관한 소외의 극복과 인간해방 기능으로서의 미 예술에 대해서는 다음을 참조. Leonard P. Wessell Jr., "The Aesthetics of Living Form in Schiller and Marx", in: *JAAC*, Vol. XXXVII, 1978, s. 193f. Vgl. K. E. Gilbert & H. Kuhn, *A History of Esthetics*, 1954, S. 369: "We expect art to be celebrated as the true liberator of mankind, paving the way to a free and dignified life for whole human race."

볼 때 영(零)의 본질적 의미는 무엇인가? 우리는 사유(Denken)와 욕구(Wollen)의 영혼적 극단 간에 놓여 있는 중간 위치로서의 미적 상황과 영(零)의 심성으로서의 미적인 정조(情調, Stimmung)를 살펴봄으로써 이 물음을 해명할 수 있다. 미적 자유의 중간상황을 통하여 피동적으로 겪는 상황에서 능동적으로 행하는 상황에로의 이행이 가능하다. "감각의 인상을 통해 그에게 주어지는 모든 규정 앞에서 인간정신의 상황은 한계가 없는 무한한 규정가능성이 된다. 공간과 시간의 끝없음은 그의 상상력에다 자유로이 사용할 수 있는 권한을 부여하고, 가능성의 이러한 광활한 왕국에선 어떠한 것도 전제에 의해 놓여지지 않기 때문에, 따라서 또한 아무것도 배제되어 있지 않으니, 이런 상황을 우리는 비어 있는 무한성이라 이름하며, 그것은 무한히 비어 있음으로써 결코 바뀌지 않는다."(HA V, 627=NA 20, 368) 영(零)의 상황이란 무규정(無規定)의 열려 있는 상황이며, "비어 있는 무한성(eine leere Unendlichkeit)"의 상황이다. 이러한 미적 영의 상황에서 인간은 진리의 중도(中道), 즉 "법칙과 욕구의 행복한 중간(中間)"(HA V, 616=NA 20, 357)을 찾게 된다. 이미 살펴본 바와 같이 미는 두 가지 대립된 힘의 지양을 통한 조화에서 나오는데, 이때에 조화란 균형이며 중도란 말로 바꾸어 표현할 수 있다. 미는 가능한 한 현실과 이상의 완전한 일치와 결합을 지향하며, 그 양자 간의 균형을 향하고 있다. 예를 들면, "저울의 바늘은 저울이 비어 있을 때에 같으며, 또한 같은 무게를 달고 있을 때에도 같다."(HA V, 633=NA 20, 375) 이상(理想)으로서의 균형은 현실 가운데에서 도달되기 어렵다. 왜냐하면, 양 요소가 현실 속에선 서로의 우위나 우세를 늘 다투기 때문이다. 이런 가운데 쉴러가 가능한 한 이상적인 상황을 마련하고자 제출한 개념이 곧 미적 국가 내지는 미적 문화이다. 미적 국가나 미적 문화는 이어서 문화발전 단계에서 논의하고자 한다.

e) 문화 발전의 세 단계와 미적 문화

미가 인간 심성에 미치는 영향의 정도에 따라 문화발전 또는 국가발전의 세 계기를 이야기할 수 있겠는데, 이것은 쉴러에 의하면, 인간본성의 발전 단계와 깊은 연관을 맺고 있다고 생각된다. “물리적 상황에서 인간은 자연의 힘을 겪고 견디며, 미적 상황에서 인간은 자연의 힘에서 벗어나 자유로우며, 도덕적 상황에서 인간은 자연의 힘을 누르며 지배하게 된다.”(HA V, 576=NA 20, 315) 이러한 세 계기는 그가 『인간의 미적 교육에 관한 서한』 제27편에서 국가발전의 단계에 대하여 언급하고 있는 바와 일치한다. 즉, 역동적 법치국가,[42] 의무의 윤리국가, 조화의 미적 국가가 그것이다. 여기에서 우리는 사회적이며 발전사적인 관점을 살펴볼 수 있겠는데, 이 발전의 단계를 역사적 진행으로 보아야 할 것인지, 아니면 체계적 상황으로 보아야 할 것인지의 문제엔 의문의 여지가 있다.[43] 결론을 이야기하자면 시간적 · 역사적 발전 과정으로 보면서도 동시에 체계적인 완성으로 보아야 한다는 것이 필자의 생각이다.[44]

자유의 일방적인 공략에 대비하여 감성을 지켜주고, 반면에 감성의 폭발적인 힘에 대해 인격을 안전하게 보호해 주는 일을 쉴러는 문화의 과제로 파악한다. 세계와의 접촉을 통하여 수용성을 확보해 주고, 규정능력에 최고의 독립성을 부여하며, 이성을 통하여 생산성 및 활동성을 심어 주는 데에 문화의 본질이 있다고 본다(HA V, 608=NA 20, 349). 이렇게 볼 때, 미와 문화는 인간본성에 내재하는 여러 힘들 간의 화해적 매개를 가능하게 해주며 또한 그 결과라는 면에서 그 성격이 일치한다고 보겠으며, 이에 미적 문화의 본질이 규정된다. 특히 쉴러 미학의 핵심인 그의 미적 서한은 예술이

42 법실증주의사상에 근거한 법치국가가 아니라 자연법사상에 근거한 것이다.

43 이 문제에 대해 몇 가지 접근 방향을 제시해 보면;
미적 상황에다 이행적 또는 잠정적 성격을 부여하는 H. Scheible는 역사적 측면에서 보고 있으며, H. Turk는 정치적 행위, 정치적 목적에 이르는 가능성의 행위, 정치적 목적에 이르는 가능성의 조건으로서 본다. H. Mettler는 미적인 것을 인간성의 획득을 위한 수단으로서 뿐만 아니라 도덕국가의 정립을 위한 수단으로 본다(자세한 내용은 필자의 학위논문 참고 K.-M. Kim, “*Die Vollständige anthropologische Schätzung*” *bei Schiller in ihrer Bedeutung für seine Ästhetik*. Diss. Würzburg, 1985, S. 152 이하).

44 이 점에 관해선 쉴러의 “아름다운 영혼”과 더불어 다루어야 하나, 지면관계로 생략함(필자의 상게 논문을 참고 바람).

갖는 매개의 기능을 잘 보여 주고 있다.[45]

6. 맺는 말

개별 인간에서 전체 인류에로의 귀환에 이르도록 하는 필연적 조건이 미이다. 미는 개별 인간 안에 갇혀 있는 것이 아니라, 개별 인간 간에 놓여 있는 벽을 허물고 개방해 주며, 소통해 주는 그 무엇이다. 인간의 모든 능력과 소질의 온전한 전개와 조화가 인류 및 인간성에로 이어지며, 이때 개별 인간은 배타적으로 소재나 질료가 아니며, 또한 배타적으로 형식이나 정신만이 아니고, 그것은 인간 본성의 여러 측면의 공동의 대상이 된다. 쉴러에 있어 '인류'라는 의미가 인간 본성이 조화로운 가운데 완전히 전개되는 것을 뜻한다면, 인간성이나 인류라는 개념은 미와 불가분의 관계에 놓이게 된다.

이러한 "심성능력들의 앙상블(das Ensemble der Gemütskräfte)"[46]이 곧 인간학적 미학의 근거이며, 인간에 대한 유적(類的) 파악의 필연적 조건이 된다고 하겠다.

---

45 미적 서한의 근본사상을 예술의 매개 기능으로 본 것에 대한 문헌으로, Vittorio Häsle, *Hegels System. Der Idealismus der Subjektivität und das Problem der Intersubjektivität*, Hamburg, 1988, S. 589-638.

46 Schillers Briefe an Fichte vom 3./4. Aug. 1975, Vgl. A. Lewkowitz, *Hegels Ästhetik im Verhältnis zu Schiller*, Leipzig, 1910, S. 26.

더 읽을거리

Henrich, D., "Beauty and Freedom: Schiller's Struggle with Kant's Aesthetics", in T. Cohen & P. Guyer (eds.), *Essays in Kant's Aesthetics*, Chicago: The University of Chicago Press, 1982.

Norton, R. E., *The Beaufiul Soul: Aesthetic Morality in the Eighteenth Century*, Ithaca & London: Cornell University Press, 1995.

Römpp, G., "Schönheit als Erfahrung von Freiheit transzendentallogischen Bedeutung des Schönen in Schillers Ästhetik", *Kant-Studien* 89(4), Walter de Gruyter, 1998.

헤겔의 예술개념

이진석

1. 들어가는 말: 헤겔 철학과 예술

미학의 황금기, 즉 칸트에서 헤겔까지의 독일 고전철학 시대에 미학의 결정적이고 체계적인 근본 구상들이 마련되었다. 당시에 성취된 논의의 수준과 완성도는 오늘날 미학적 논의에서도 끊임없이 많은 시금석을 제공하고 있을 정도로 탁월하였다. 그 대표적 두 유형으로 칸트로 대표되는 형식미학과 헤겔에 의해 정점에 이르는 내용미학을 들 수 있겠다. 미를 인간 인식능력의 한 영역의 소산으로 여기고, 그러한 미적 판단이 이루어지는 형식적·인식론적 구조의 해명에 초점을 맞추는 형식미학은 주로 자연미를 그 대상으로 하며, 자연의 모방으로서의 예술, 자연적 천재의 소산으로서의 예술가 그리고 예술의 자율성 등이 중심 주제이다. 반면에 내용미학에서는 예술이 기계적·실천적일 뿐만 아니라 도덕적·실천적인 행위의 소산으로서 현상한다. 여기서는 예술의 사회적 의미와 기능에 대한 질문, 예를 들자면 왜 예술에의 몰두가 인간에게 필연적인가? 왜 예술은 인류문화의 필수불가결한 요소인가? 등이 주요 테마로 다루어진다고 하겠다.

헤겔 역시 그 시대의 다른 사상가와 마찬가지로 프랑스 대혁명이란 세기적 대사건을 경험하면서 자신의 철학적 사고의 근원적 토대를 정초할 수 있었다. 프랑스의 혁명적 전통과 칸트 철학의 계승 발전의 분위기에서, 또한 프랑스 대혁명의 실패에 직면하게 되면서 '모든 인간들을 이성으로 도야시켜 그들로 하여금 자유라는 보편적 의식을 갖추게 하는 것이 과연 어떻게 가능한가?' 라는 문제가 독일 지성인들의 핵심적 관심사가 되었다. 프랑스 혁명에서 독재자에 의한 일방적인 이성 법칙들의 도입은 계몽적 절대주의라는 미명하에 강압과 공포가 판치는 소름끼치는 형식이 되었기 때문이다. 쉴러 역시 칸트를 나름대로 계승하여 그의 『인간의 미적 교육에 관한 서한』에서 예술을 통한 이성과 자유에로의 개별적 교육이란 사상을 강조하고 있다.[1] 헤겔은 그의 초기 신학논문집에서 이러한 쉴러의 미학사상을 받아들였고, '예술과 혁명비판' 의 관계 속에서 어떻게 이성과 자유가 역사 속에서 실현되게 할 수 있는가?라는 물음이 그 당시 청년신학도 헤겔의 화두였다. 한 국가가 자유롭고 이성적으로 행위하는 개인들의 사회로 전환되기 위해서는 그러한 이성에로의 보편적 도야가 필수적인 전제인 것이다. 이와 같이 예술에 대한 헤겔의 초기 고찰에서는 항시 예술의 역사적 기능 문제가 중심이 되고 있다. 물론 헤겔은 쉴러처럼 이성과 자유에로의 개별적 인간의 미적 교육만이 아니라 한 개별자가 한 사회의 성원이 되기 위한 민중의 (미적) 교육 역시 강조하고 있다. 이러한 맥락에서 헤겔은 예술의 의미에 대한 그의 최초의 고찰에서 "이념상(Ideal)"이란 개념을 중요하게 다루고 있다. 이러한 그의 초기 사고들은 베를린 시대의 미학 강의에서도 여전히 예술미에 대한 본질적 규정을 형성한다는 점에서 상당히 중요하다.

헤겔은 횔덜린과 함께 '민중교육으로서의 예술' 이라는 쉴러의 미학적 사유를 계승 · 발전시키려는 계획을 세웠으나, 아쉽게도 횔덜린에 의해 제안된 공동작업에 관한 헤겔의 답신 서한은 유실되었다.[2] 하지만 1797년에 쓰여진 『독일관념론의 가장 오래된 체계계획』에서의 헤겔의 다음과 같은

1 Schiller, *Über die ästhetische Erziehung des Menschen*, Reclam, Stuttgart, 1993, 2-4번째 편지 참조.

2 Briefe von und an Hegel, hrsg. von. Hoffmeister, *Bd. I.*, Hamburg 1969, S. 20 참조.

주장에서 그들의 계획은 관철된다고 하겠다. "나는 모든 것들을 통일시키는 이념, 즉 미의 이념 그리고 모든 이념들을 포괄하고 있는 이성의 최고 활동이 심미적 · 미학적 활동이라 확신한다. 진리와 선은 오직 미 속에서만 밀접한 관계를 맺을 수 있다. 심미적 감각이 없이는 우리는 어떤 것에 있어서도 정신이 풍요로울 수 없으며, 역사에 대해서조차도 풍부한 정신으로 추리할 수 없다. 심미적 감각이 없는 인간들이 바로 우리 주변에 있는 현학적이고 편협한 철학자들이다. 정신의 철학은 미학적 · 심미적 철학이다. 따라서 시-예술은 인류의 교사(Lehrerin des Menschheit)이다…… 대중들뿐만 아니라 철학자도 감성적 종교가 필요하다. 이성과 심정의 일신교와 상상력과 예술(Einbildungskraft und Kunst)의 다신교, 이것이 우리에게 필요한 것이다. 어떤 인간도 아직 감지한 적이 없는 하나의 이념을 말하겠다. 우리는 새로운 신화가 필요하다, 그런데 이 신화는 이념에 기여하는 것이어야 하며, 이성의 신화(Mythologie der Vernunft)가 되어야 한다. 우리가 미적으로(ästhetisch), 다시 말해 신화적으로(mythologisch) 만들기 전에는 이 이념들은 민중에게 아무런 관심도 유발하지 못한다. 역으로 신화가 이성적으로 되기 전에는, 철학자들이 신화를 달갑게 생각하지 않을 것이다. 따라서 궁극적으로 계몽된 자와 계몽되지 않은 자는 화해해야만 한다. 신화는 철학적으로 되어야 하고 민중은 이성적으로 되어야 한다."[3]

헤겔은 스피노자, 피히테, 셸링 철학과의 비판적 논쟁을 바탕으로 '민중종교, 민중교육으로서의 예술'이라는 낭만적인 초기 구상을 그 방법론적 · 인식론적 한계로 인해 포기한다. 절대자를 인간이 말할 수 없고, 그 때문에 단지 믿거나 기도만 해야 한다면, 이러한 종교적 행위들이 참되거나 옳다는 타당성 주장이 철학적 정당성을 확보하지 못하게 된다. 사랑과 같은 종교적 감정은 직접적이고 객관화될 수 없기 때문에 일면적이며, 반성에 의

3 Hegel, Frühe Schriften, *Werke in zwanzig Bänden, Bd. 1*, Frankfurt am Main, 1986, S. 235 이하.

한 객관화가 필요하게 된다. 점차 헤겔은 현실적 국가 속에서의 철학적-변증법적 사유를 통한 절대정신-신의 인식가능성을 방법적으로 모색하면서 독자적인 철학을 일궈 나간다. 인간의 이성을 절대자 자신의 현상으로 규정하면서,[4] 예나 시대(1801-07) 이후로 헤겔은 철학적 개념작업만으로 절대자를 파악할 수 있다는 입장을 표명한다. 결국 헤겔에게 있어 정신으로서의 절대자는 "타자를 자기 자신으로서 정립하면서 자기에게로 귀환하는 무한성이다."[5] 절대정신은 이 과정의 총체성으로서의 결과이며 "더 이상 타자로" 이행하지 않는다.[6] 그의 타자로됨(Anderswerden)은 자신을 타자로 정립함(das Sichsetzen als Anderes)일 뿐이며 이것은 그 속에서 자기 자신을 발견하기 위해서이다. 따라서 절대정신이 자신의 전계기를 거쳐 자신에게로 귀환하는 전 과정은 절대정신의 자기인식의 과정으로서 파악될 수 있다. 이제 절대자는 실체, 즉 모든 유한자들을 자신 속에 용해시키는 심연으로서가 아니라 주체, 즉 자기 자신의 타자로 이행하고 그로부터 자신에게로 귀환함으로써 자기로부터 규정들을 산출하는 능동적 활동으로서 생각되어야 한다.[7]

이로써 예술이 절대정신의 자기인식의 한 과정으로서 철학체계에 편입할 수 있는 장이 마련된다.

2. 예술과 진리

계몽주의 미학과 낭만주의 미학과 달리 헤겔 미학에서는 예술미가 핵심적 고찰 대상이다. 주지하듯이 헤겔 미학은 본질적으로 예술의 철학이기

4 Hegel, Jenaer kritische Schriften, in *Gesammelte Werke, Bd. 4, hrsg. v. Buchneru. Pöggeler*, Hamburg, 1968, S. 17(이하 GW., Bd. 4로 표기).

5 Hegel, *Jenaer Systementwürfe II*, GW. Bd. 7, S. 177.

6 같은 책, S. 177.

7 Hegel, *Phänomenologie des Geistes*, GW. Bd. 9, S. 18-20 참조.

때문에, 자연미는 헤겔 미학에서는 별반 의미를 지니지 못한다. 이런 점에서 호토 인쇄본 『헤겔미학』에서 자연미가 독립된 하나의 목차에서 너무나 많은 분량으로 다루어지고 있는 것은 약간 의아스럽다고 볼 수 있다.[8] 헤겔에 있어 미적 성질의 고유한 영역은 정신에 의한 생산, 다시 말해 정신적으로 산출된 예술작품이다. 그 경우 예술가가 포착한 어떤 특정한 내용이 예술적 형식에 앞서 각인된다. 헤겔에 있어 예술은 "종교와 철학과 공통적 영역"에 속하여, "정신의 가장 포괄적인 진리이자 인간의 가장 심오한 관심사인 신적인 것을 의식하게 하며 표현하는 하나의 종류이자 방식"[9]이다. 신적인 것은 이 경우 초월적인 어떤 것으로 여겨져서는 안 된다. 왜냐하면 이 신적인 것은 "인간의 가장 심오한 관심 속"에 현존하고 있기 때문이다. 그런데 신적인 것과 이 "가장 최상의 것"은 미적인 표현을 통해 감각적인 것에서 현시됨으로써 예술에서의 감각적인 직관과 감정에 한층 가깝게 자신을 드러낸다. 헤겔이 보기에 고대 희랍인들은 이 신적인 것을 더 이상 어떤 수

8 Hegel, *Vorlesungen über die Ästhetik*, Bd. 13, Frankfurt am Main, 1989, S. 157-202 참조. 조만간에 알려진 대로 1828/29년 겨울학기 헤겔의 미학강의 필기 노트가 출판된다면 헤겔이 베를린에서 행하였던 네 번의 미학강의(1820/21, 1823, 1826, 1828/29) 필기 노트가 모두 나오는 셈이다. 헤겔 사후 1835년에서 1838년까지 그리고 1842년에서 1845년까지 두 번에 걸쳐 헤겔의 제자인 호토(H. G. Hotho)에 의해 편집되어 『헤겔미학』이라는 세 권의 인쇄본으로 출판된 이후 모든 헤겔 미학 연구의 중심 문헌으로 채택되어 왔었다. 하지만 최근에 이루어지고 있는 헤겔 미학 원전에 역사-비판적 편집작업을 통해 호토 인쇄본 『미학』의 자의적 편집가능성 문제가 제기되었다. 심지어는 헤겔 미학강의 필기 노트들과 호토 인쇄본 『헤겔미학』 그리고 1835년에 출판된 호토의 책: 『생과 예술에 대한 선 연구(*Vorstudien für Leben und Kunst*)』와 1833년 베를린 대학에서 행한 호토의 미학강의 필기 노트의 비교연구를 통해 호토 인쇄본 『헤겔미학』이 호토 자신의 관점에 따라 임의로 발췌되거나, 변형되어 진정한 헤겔의 모습이 훼손 · 왜곡된 나머지, 호토가 편집, 출판한 『헤겔미학』이 호토 자신의 미학강의의 완성이라는 추정마저 가능한 상황이다. 이러한 상황에서 호토 인쇄본 『헤겔미학』에서 호토의 흔적을 걷어내어 훼손되지 않은 본래의 헤겔을 찾아내는 작업은 헤겔 미학연구에서 시급하고도 필수 불가결하다. 이를 통해 헤겔 미학에 대한 여러 오해들, 예를 들자면 '미적 플라톤주의', '예술종언문제' 등이 불식될 수 있는 실마리를 찾을 수 있으며, 생산적인 현대적 헤겔 미학의 수용가능성 또한 확대, 심화될 수 있을 것이다. 이 문제에 대해서는 A. Gethmann-Siefert의 『헤겔 미학: 예술철학 강의로부터 현재의 유산에 이르기까지 이루어진 변형의 과정들』(조창오 역), 헤겔연구 11, 철학과 현실사, 2002, 239-268쪽 참조.

9 Hegel, *Ästhetik*, hrsg. von. Bassenge, Frankfurt, Bd I., 1955, S. 19.

수께끼 같은 신비에 휩싸인 자연적 위력으로 이해하지 않고, 인간이 이해할 수 있는 자기의식—물론 인격적 신들의 모습으로 다양하게 나타나는 유한한 자기의식—으로 생각했다. 기독교에서는 이 신적인 것이 신의 무한한 자기의식 혹은 절대적 주관성으로 파악되고 있다. 헤겔은 이 절대적 주관성을 "절대 정신"이란 용어로 대치시킨다. 결국 예술은 종교와 사변적 철학과 같이 절대 정신의 영역에 속하게 된다.

이 신적인 것은 이제 그 포착의 단계에 따라 볼 때 예술에서는 감각적이고 외적인 형태로 드러난다. 예술에서의 신적인 것의 포착 방식은 감각적이고 외적인 직관(Anschauug)이다. 이와는 달리 기독교에서는 신적인 것이 더 이상 외적인 형상 속에서 경배되지 않고 구체적인 표상(Vorstellung)의 내적 세계 속에로 내면화된다. 또한 철학은 사유(Denken) 속에서 이 신적인 것을 파악하여 개념화시킨다. 여기서 헤겔의 예술이론이 내용미학이란 사실이 분명히 부각되고 있다. 예술의 내용으로서의 신적인 것이 이해되어지는 상이한 단계에 따라 예술적 형상과 형식이 결정되어진다는 의미에서 그러하다. 그 경우 예술의 형식과 형태가 예술가에 의해 임의적으로 설정되는 것이 아니라, "외적이고 현실적인 감각적 현상의 계기마저도 구체적인 내용 속에 이미 놓여 있다는 것이다."[10] 다시 말하자면 신적인 것이 이해되는 특정한 방식 속에, 그러한 이해에 걸맞게 그것이 필연적으로 감각적이고 외적인 형태로 나아가 이러한 자신의 타자 속에 자신을 드러낸다는 사실이 이미 정초되어 있다는 것이다.

이제 이러한 자신의 타자, 즉 감각적이고 외적인 예술적 형태 속에서 신적인 것이 자신의 의미에 적합한 표현을 찾아낼 때, 예술의 순수한 미가 성립한다. 이러한 맥락에서 볼 때 헤겔의 미 개념 역시도 내용미학적으로 규정되고 있다. 헤겔에 있어서는 예술이 더 이상 모방의 원리에 따라 작동하지 않는다. 예술이 순수한 미, 즉 자신에 적합한 감각적 형태 속의 신적인

10 같은 책, S. 78.

것을 산출함으로써 예술은 감각적으로 주어진 것을 이상화시킨다. 이때 예술은 무의미하고 자연적인 우연성과 신적인 것을 드러내는 데 방해가 되는 것들을 삭제해 버림으로써 신적인 것이 좀 더 이상적이고 순수한 감각적 형태 속에서 현상하게끔 한다.

헤겔은 이상화된 감각적 형태 속의 이러한 예술미를 이념적 미, 좀 더 간략히 말해 이념상(Ideal)이라 칭한다. 칸트와 같이 헤겔에 있어서도 이념상은 개별적 실존내의 한 이념이다. 이렇게 볼 때 헤겔에서도 여전히 일말의 플라톤적 영향을 어느 정도 감지할 수도 있겠다. 하지만 쉴러와 마찬가지로 헤겔에서의 이념상에서는 미적인 의미가 좀 더 강조되고 있다. 이념상이란 감각적인 것 속에 현시된 신적인 것의 미적인 개별적 형상이다. 이 경우 헤겔은 빙켈만의 영향으로 특히 고대 희랍 신들의 조각품들을 염두에 두고 있다. 우선은 예술가의 의도인 이념들이 예술작품에서 구체적이고 감각적인 형태를 보유하게 된다. 물론 헤겔에 있어서는 이념이 결코 추상적으로 머물러서는 안 되는 개념과 예술에서 감각적이고 외적인 형태를 취하는 실재와의 통일로서 사유적으로 파악된다는 점에서는 플라톤적 이념과는 분명 다르다. 이러한 비모방적인 예술에서 감각적인 가상(Schein)은 그 고유한 가치를 갖는다. 이러한 사실이 호토 인쇄본 『헤겔미학』에서만 나타나는 익히 알려진 미에 대한 정식, 즉 미는 "이념의 감각적인 현현(Scheinen)"[11]이라는 정식 속에 이미 함축되어 있다. 달리 말하면 미는 가상(Schein)으로서 이념의 감각적인 타자존재(Anderssein)이다. 예술작품 속에서 이념은 자신에 합당한 개별적이고 감각적인 실존을 획득하게 된다. 이미 쉴러가 예술을 일상적 현실을 능가하는 미적 가상의 영역으로 규정했다. 그 속에서야 비로소 참된 것, 즉 이념상이 나타나기 때문이다. 예술작

11 같은 책, S. 117. 호토 인쇄본 『헤겔미학』에서 나타나는 "이념의 감각적 현현"이라는 예술미에 대한 정의는 웬지 예술이 철학과 참된 인식에 비해 단순히 기만으로서의 감각적 가상이란, 플라톤을 연상시키는, 예술 비하의 뉘앙스를 풍긴다. 그런데 헤겔의 베를린 강의 필기록 어디에도 이러한 예술미의 정의는 발견되지 않는다. 주 8 참조.

품이 갖는 가상적 성격으로 인해 예술은 진정한 의미와 고차적인 진리의 독자적인 세계를 펼쳐 보일 수 있는 것이다.[12] 헤겔은 예술의 자율적인 성격을 강조하는 쉴러의 사상을 수용하여 좀 더 사변적으로 발전시키고 있다. 헤겔에서도 "이념의 현현"으로서의 예술의 가상은 일상적 · 경험적 현실보다 훨씬 고차원적인 진리를 담지하고 있다. 우리가 일상적으로 경험하는 자연적이고 감각적인 것인 예술작품에서는 "단순한 가상"[13]으로 고양되어진다. 이러한 이상화를 통해 일상적 현실은 예술의 가상으로 바뀌어 "더 고차원적이고 정신에서 탄생된 현실"[14]을 보유한다.

헤겔은 이러한 가상개념을 그의 본질논리학에 비추어 다음과 같이 좀 더 상세하게 규정하고 있다: "가상 그 자체는 본질에 본질적이다."[15] 헤겔은 본질이 가상해야 하는 필연성을 본질의 내적인 부정성(Negativität)에서 찾고 있다. 헤겔에 따르면 본질은 단순한 현존재의 지양을 의미한다. 또한 본질은 그러한 현존하는 것(Daseienden)에서 실존함과 동시에 자신은 가상으로 격하된다. 하지만 물론 이 가상은 본질에 고유한 가상이다. 이러한 본질의 자기운동 메커니즘은 자기 자신에 대한 부정을 항상 담지하고 있는 본질의 내적 구조에 기인한다.[16] 따라서 예술의 가상이란 본질에 고유한 부정성에서의 본질의 자기표명이자, 자신의 타자존재에서의 본질의 실존인 것이다. 더 나아가 이러한 예술이 갖는 가상적 특성은 이념과 참된 것, 종교적으로 말하자면 신적인 것이 비록 자기 자신은 아니지만, 자신의 내적인 부정성이란 고유한 성격으로 인해 본질적으로 자신에 속하는 것, 다시 말해 감각적 외재성에서의 형태 획득에 다름 아니다. 왜냐하면 헤겔에 있어서 참된 것과 이념이란 단지 본질의 고차원적인 발전 과정이기 때

---

12 Schiller, *Briefe über die ästhetische Erziehung des Menschen*, 26번째 편지 참조, Reclam, 1993.

13 Hegel, *Ästhetik*, Bd. I., S. 48.

14 같은 책, S. 20.

15 같은 책, S. 19.

16 Hegel, *Wissenschaft der Logik I. Gesammelte Werke*, Bd. 11, hrsg. Hogemannu. Jaeschke, Hamburg, 1978, S. 244 이하.

문이다. 이념의 부정성과 타자존재에서의 이념의 현현은 예술의 가상과 그 미적이고 감각적인 형식의 내용적이며 사유적인 토대를 이루고 있는 것이다.

3. 예술과 역사

헤겔 미학 강의 필기 노트들에서 헤겔은 이념상을 이념의 "현존재(Dasein)" "실존(Existenz)", 혹은 "생동성(Lebendigkeit)", 즉 이념이 행위 속에서 그리고 인간적 행위를 통해서 생동적으로 현존하는 방식으로 정의하고 있다. 이념은 예술적 형상화와 그 산물인 미적 형태를 통해 감각적으로 현상할 뿐만 아니라, 역사적으로 작동함으로써 인간에게 자의식을 부여한다. 이념상은 작품 속에서의 자신의 실재적 현존 없이는 포착될 수 없으며, 항시 예술작품으로서 존재한다. 따라서 이념상은 오로지 행위의 결과로서만 파악될 수 있다. 이러한 행위의 의도는 직관적으로 포착 가능한 대상을 산출하여, 이 행위의 결과 속에서 행위자의 의도(자유)와 능력(이성)이 보여지게 되는 것이다. 고로 이념상은 이념의 현존재이다.[17]

예술작품으로서 현상하는 이념상은 단지 행위의 결과일 뿐만 아니라, 이렇게 대상화됨으로써 세계와 그 속에서의 우리의 입장에 대한 참된 지의 최초의 형식이다. 고로 이념상은 이념의 실존이다. 그러나 이념상에서는 지의 어떤 추상적 형식이 아니라 형태의 직관 내에서 완성되어진 지가 주어진다. 그리하여 예술작품에서 실현된 이념상은 역사적 · 문화적으로 중요한 진리를 매개한다. 고로 이념상은 이념의 생동성인 것이다.

다시 말해 헤겔에게서 예술 혹은 미의 개념이란 현실을 벗어난 어떤 곳에 초월적으로 존재하는 영원불변한, 고정적으로 닫혀 있는 개념이 결코

17 A. Gethmann-Siefert, "Die Funktion der Kunst in der Geschichte", *Hegel-Studien/* Beiheft 25, Bonn, 1984, S. 292-294 참조.

아니다. 그것은 현실적 역사의 전개과정 속에서 이념, 혹은 절대정신의 자기실현 과정에 상응하여 발전되어 가는 열려 있는 개념으로 이해해야 하는 것이다. 이러한 맥락에서 헤겔의 예술개념은 역사와 밀접한 상호 연관성을 지니며 전개, 발전되는 생동적인 특성을 지니고 있다.[18]

헤겔은 예술개념 내지 예술형식의 역사적 발전 과정을 "이념상의 추구(Erstreben), 성취(Erreichen), 그리고 초월(Überschreiten)"[19]에 상응하여 상징적 예술, 고전적 예술 그리고 낭만적 예술로서 파악하고 있다. 각각의 예술형식들은 이념상의 상이한 실현 정도에 따라 현상하는 것이다.

가. 상징적 예술

헤겔은 고대 희랍 이전, 동방의 선사시대 예술을 특징짓는 상징적 예술을 이념상의 '추구'로서 고찰하고 있다. 상징적 예술에서 상징은 아직 적합한 표현에 도달하지 못한 신적인 것에 대한 감각적인 형태의 암시를 의미한다. 암시되어진 신적인 것은 모든 특수한 감각적 형태를 능가한다. 여기서는 자연형태들이 예술에 의해 포착되어 가늠하지 못할 정도로 과대하게 부풀려지고 확대되어, 그러한 자연물의 과도한 확대와 유한한 것의 엄청난 확장이 그대로 무한한 것의 상징으로 된다. 신적인 것은 예술을 통한 과대화의 방식에 포착되어지긴 하지만 아직 궁극적으로 확고한 방식으로 파악되지 못한다. 자연형태의 선택은 임의적으로 이루어지고 단지 무한화의 방식만이 이념에 적합한 요소로 간주될 뿐이다. 헤겔은 예술을 통한 자연의 신격화의 무한한 가능성을 고대 동방의 종교를 들어 설명하고 있다. 상징예술은 아름답기보다는 오히려 숭고한 신들의 형상들을 산출하고 있다. 물론 상징적 예술에서의 이러한 미의 결여가 고대 동방 예술가들의 무능력이

18 예술의 과거성 문제를 논의할 때도 이러한 헤겔 미학의 특성을 간과한 채, 헤겔의 예술 미 개념을 고정된 어떤 틀에 얽매여 해석함으로써 헤겔 미학의 생산적 수용을 방해하는 우를 경계해야 하겠다. 여기에 대해서는 A. Gethmann-Siefert, Die Funktion der Kunst in der Geschichte, *Hegel-Studien*/Beiheft 25, Bonn, 1984, S. 371-410 참조.

19 Hegel, *Ästhetik*, Bd. I., S. 88.

나 부족한 숙련성에 기인한다기보다는, 오히려 그들이 지니고 있는 역사적인 종교적 이해, 다시 말해 감각적인 것에서의 신적인 것의 좀 때이른 선사적인 표명에 근거하고 있다고 하겠다. 이 시기의 신적인 것 내지는 이념은 아직 무규정적인 어떤 것이자 감각적인 모든 것 위에 군림하는 전지전능, 혹은 포착할 수 없으며 신비롭고 낯선 힘으로만 나타날 뿐이다. 따라서 이러한 이념은 구체적 형태로 드러날 수 없는 것이다. 그러한 신비로운 지배력은 도처에 존재하고 있기 때문에, 헤겔은 신적인 것의 이러한 파악 방식을 범신론으로 해석한다. 이 신적 위력은 단순히 애매모호하게 존립하고 있어 정신적인 구체화에 도달하지 못하고 있는 것이다. 따라서 헤겔의 내용미학적 명제에서 볼 때 그러한 시기의 내용, 즉 무규정적인 이념이 예술적 형상화를 결정짓고 있다. 이러한 신의 이해에 근거하고 있기 때문에 고대 동방의 예술가는 원칙상 오로지 아름답지 못한 어떤 것만을 산출할 수 있을 뿐이다.

나. 고전적 예술

아름다운 것 혹은 미적 이념상은 고전적 예술에서야 비로소 '성취' 된다. 고전적 예술은 완결된 예술이며, 미 자체를 표현한다. 여기서 상징예술이 갖고 있는 추상성과 임의성이 극복된다. 희랍의 신화에서 보듯 이제 신적인 것이 좀 더 규정적으로, 즉 구체적이며 자기 의식적이자 정신적인 본질로서 파악된다. 이러한 정신적 본질로서의 신은 우리가 이해할 수 있게끔 유한하게 존립하고 있다. 고대 희랍 신들의 조각품에서와 같이 그러한 유한한 자기의식은 단지 인간적 형태에서만 표현될 수 있을 뿐이다. 고대 희랍 신들의 형상들 속에서의 인간적 형상은 이상화되어지고, 자연적인 우연성들은 순화되어진다. 단지 정신적으로 유의미한 특성들만 나타나게 된다. 상징예술이 갖는 태고적 숭고가 여기서는 미로 전환되고 있다: "고전적인 이념상이…… 정신 자신의 것인 그러한 현존재로 등장하게 됨으로써, 정신의 숭고함 또한 이제 미 속으로 용해되어 자신을 드러낸다……"[20] 이제야 비로소 내용과 형식의 종합, 통일이 이루어지게 된다. 고전적 예술은 인간적 형태 속에서 가장 정신적인 자연 형태를 발견하고, 그것을 신의 형상으로 고양시킨다. 이 형상은 숭고하지 않고 아름답다. 고대 희랍의 고전적 예술은 신적인 것을 인간적인 것으로서 형상화한다. 이제 신은 인간의 아름다운 형태에서 더할 나위 없이 완벽하게 현존한다. 그리하여 헤겔은 희랍의 종교를 예술종교라 부른다.

고전적 예술에서 감각적이고 외적인 형태가 표현되어야 할 내용, 즉 유한한 정신적 자기의식으로서의 신적인 것과 가장 완벽한 상응과 조화를 이루게 되어, 순수한 미를 형성한다. 하지만 희랍 종교의 신에 대한 이해에서는 유한한 자기의식으로서 규정된 구체적 희랍의 신성이 항상 감각적이고 외적인 형태 속에서 자신을 표현해야 한다는 사실이 필연적으로 내재되어 있다. 아직도 희랍의 종교는 순수한 정신성의 내재성에 도달하지 못하고 있다. 헤겔에 따르면 고전적 예술에서 비극은 이미 희랍의 다신교를 지양하는 것을 암시하고 있다. 다신교는 개별적 신들의 영역이 갖는 유한성과 제한성에서 발생한다. 이제 여러 신들이 담지하고 있었던 고요와 평안이 행위로 나아가게 되면, 유한하고 일면적인 영웅들의 갈등과 반목들이 첨예하게 드러나게 된다. 그때마다 각 영웅들은 나름의 열정을 지니고 신적인 위력을 행사하지만, 안타까운 영웅들의 몰락과 더불어 유한한 신들의 일면성 역시 소멸하게 된다. 희랍의 비극은 이러한 신들의 갈등, 투쟁, 몰락을 묘사함으로써 다신교에서 일신교에로의 역사적인 노정의 필연성을 선취하고 있다고 하겠다. 이제 새로운 종교로서 기독교가 역사의 전면에 등장한다. 이와 더불어 고전적 예술에서의 이념 내용과 형식의 미적 조화가 더 이상 견지될 수 없게 되고, 정신으로서의 이념 내용은 좀 더 자신에게 적합한 형식을 찾게 된다.

20 같은 책, S. 466.

다. 낭만적 예술

기독교의 출현과 더불어 낭만적 예술 형식이 나타나게 된다. 이처럼 세계사적으로 예술 형식들의 발전 계열은 종교의 시대적 발전과 밀접하게 관련되어 있다. 헤겔에서 예술과 종교는 서로 밀접한 연관을 이루고 있어, 서로 따로 구분하여 고찰될 수 없는 것이다.

고전적 예술을 넘어서는 진행은 미적 이념상의 '초월'이다. 고전적이며 아름다운 예술은 이제 결별되어져야 한다. "왜냐하면 정신이란 이념의 무한한 주관성이기 때문이다. 절대적인 내재성으로서의 이념의 주관성은 자신에 적합한 현존재로서의 신체적인 것에 스며들어진 채 존립해야 한다면, 그 자체 자유로이 자신을 드러낼 수 없게 된다."[21] 따라서 정신은 자신을 표현하고 스스로 관계 맺는 적합한 방식을 필요로 한다. 감각적이고 외적인 형태란 단지 정신의 '가상'일 뿐이다. 이 유한한 형식은 자기 관계하는 무한한 내재성을 근본 구조로 가지는 정신에게는 적합하지 않다. 이제 기독교가 이러한 정신의 요구에 걸맞은 내재적 세계, 즉 내재적으로 존립하는 표상의 왕국을 제시해 주고 있다. 외적인 형상화와 표명을 필요로 하지 않는 내적인 감정이나 직관 그리고 표상 속에서 기독교의 신은 경배되며, 무한하고 절대적인 주관성으로, 다시 말해 고대 희랍의 신처럼 유한한 자기의식이 아니라 절대정신으로 이해된다.

그 작품 속에 그러한 종교적 이해를 그 내용으로서 제시하고 있는 새로운 예술 형식을 헤겔은 낭만적 예술 형식이라 부른다. 낭만적 예술의 내용은 본질적으로 감정과 표상의 내적 세계이며, 주로 기독교적 주제에 의존하고 있다. 낭만적 회화들은 성가족과 그들에 있어서의 정신적 사랑을 묘사한다. 이제 그러한 작품들은 더 이상 고전적이지 않은 내면화되고 정신적인 미를 표출하고 있다. 고전적 예술과는 달리 낭만적 예술에서는 죽음에 직면한 고뇌와 고통, 예를 들자면 예수의 십자가 혹은 순교자의 고통 등

21 같은 책, S. 85 이하.

이 자주 묘사된다. 이 경우 유한적 존재가 겪는 그러한 고통은 개별적 주체의 절대자 혹은 신과의 고차원적이고 내면적인 화해를 제시하고 있는 것이다.[22] 낭만적 예술에서는 신적인 것을 감각적인 것에다 적합하고 아름답게 표현하는 문제가 더 이상 중요하지 않기 때문에, 감각적 형식 역시도 "상상력의 모험에 온전히 내맡겨질" 수도 있고, 또한 주어진 형상이 상상력에 의해 파악하거나 혹은 "외부세계의 형상을 아무렇게나 구성하고 인상이 찌푸려지게 일그러뜨릴 수도 있다."[23] 감각적 형태와 의도된 내용 간의 그러한 비정합성이라는 측면에서 보자면 낭만적 예술은 상징적 예술과도 유사하다 할 수 있다. 하지만 낭만적 예술에서 나타나는 감각적으로 비정합적이고 부조화스런 표현은 더 이상 상징적 예술의 그 자체 무규정적이며 형상화될 수 없는 신적인 것을 제시하는 것이 아니라, 신의 무한하고 정신적인 주관성이 현존하고 있는 감정과 표상들의 내면적 세계를 환기시키고 있는 것이다. 따라서 낭만적 예술이 표현할 수 있는 영역은 고전적 예술에 비해 실로 광범위하다 할 수 있다. 『추(醜)의 미학』[24]까지 성립할 정도로 미적 범주의 확대가 이루어지고 있는 것이다.

낭만적 예술의 특성에는 세 종류의 개별적 예술 장르가 잘 부합한다: 첫째, 이차원적인 표현에서 상상력의 내면적 세계에다 삼차원적인 환상을 불러 일으켜 감동을 선사하는 회화. 둘째, 정신적 예술로서 언어와 그 내면적으로 표상된 의미 속에서 자신을 표현하고 그럼으로써 사유와 관계하는 시문학. 마지막으로 그 음률과 멜로디를 통해 내면의 감정의 세계를 순수하게, 특별한 의미 구성을 거치지 않고 내면성의 극치를 보여 주는 가장 낭만적인 예술 장르인 음악이 그것이다.

1823년 미학 강의에서 헤겔은 고대 희랍의 아름다운 예술이 이루어낸 정점에서부터 출발하지만, 그러나 그의 미학에 대해 쏟아졌던 비난의 주요

22 같은 책, S. 503 이하 참조.
23 같은 책, S. 87.
24 Rosenkranz, *Ästhetik des Häßlichen*, 1853.

골자였던 "고전주의"라는 면모와 상반되게, 역사 발전상의 하나의 정점으로서의 이 지점에 오히려 필연적인 진보를 언급하고 있다: "고전적 예술에서 미의 개념은 실현되어 있다. 그 무엇보다도 더 아름답게 될 수 없다. 하지만 미의 왕국 자체는 대자적으로 아직 불완전한데, 그 이유는 자유로운 개념이 단지 감각적으로만 그 왕국 속에 있을 뿐 정신적 실재성을 자기 자신 속에 지니고 있지 않기 때문이다……. 정신은 자기 스스로를 자신의 현존재의 지반으로 가져야 하며, 스스로 하나의 예지적 세계를 창조해 내지 않으면 안 된다. 여기서 내면성이 자신 속에 완성되며, 또한 이러한 정신의 자유가 이제 원리를 이루는 것이다. 이를 통해 현상 역시 미를 넘어서는", 그래서 그에 뒤지지 않는 "다른 관계를 얻는다!"[25] 전체로서의 낭만적 예술은 그것이 지닌 특수한 내용을 좀 더 적합하게 표현하기 위해 아름다운 형식을 해체하는 것으로 여겨진다. "낭만적 예술은 음악적인 기초를 갖는다. 낭만적 예술은 전체적으로 영혼의 이러한 내면적인 존재가 갖는 반상(Gegenschein)만을 취할 수 있을 뿐인, 그리고 언제나 참다운 것에 대해서는 이질적인 소재일 뿐인 그 같은 세계 위에서의 부유함과 울림이다. 이 이질적인 소재에는 그러므로 특칭적으로 출현하는 것이 자유롭게 되어 있다. 이제 그것은 비미적으로(unschön) 현상해야만 한다. 바로 이 점이 낭만적 예술에 대한 추상적 근본 개념이다. 이 근본 개념에서부터 주어지는 것은 실존하는 인류만이 이 예술의 지반이라는 사실이다."[26] 여기서 헤겔은 예술이 아름다운 형태를 포기하는 것에 유감을 나타내지 않고, 오히려 아름다운 형태에 대한 포기의 정당성을 제시하고 있는 것이다. 따라서 더 이상 아름답지 않은 예술들은 아름다운 예술들과 나란히 사실적으로 불가피한 실존을 가질 뿐 아니라, 원칙적으로 정당한 실존을 지니는데, 이러한 정당성

25 Hegel, *Vorlesungen über die Philosophie der Kunst,* Berlin, 1823, Nachgeschrieben v. H. G. Hotho., hrsg. v. A. Gethmann-Siefert, Hamburg, 1998(이하 Hotho 1823), S. 179 이하.

26 같은 책, S. 182.

은 역사적인 견지에서 볼 때 절대자가 가시화되도록 이념상으로 표현해 내는 예술의 기능으로부터 나온다고 볼 수 있다.

4. 맺는 말: 낭만적 예술과 예술의 과거성 문제

헤겔 미학에서 가장 많은 논란을 불러일으키는 명제가 '예술종언(Ende der Kunst)' 론, 아니 정확히 말하자면 그 역사적 의미에서의 '예술의 과거성(Vergangenheitscharakter der Kunst)' 문제라 할 수 있겠다. 낭만적 예술이 기독교의 출현과 더불어 새로운 예술 형식으로 나타나 부분적으로 종교적 예배의 구성요소가 되었지만, 낭만적 예술이 지니고 있는 여전히 감각적인 표현 방식은 더 이상 기독교적 신의 경배에 필수적 요소는 되지 못한다. 이제 예술은 더 이상 세계정신의 모범이 아니라, 단지 새로운 기독교적 세계와 신의 이해에 부분적으로만 개입할 수 있을 뿐이다. 사실 헤겔 당시 예술의 종교에서의 탈피현상은 점점 가속화되고 있었다. "우리는 더 이상 예술작품을 신적으로 경배하지는 않는다."[27] 그리하여 예술은 정신에다 그의 관심들을 의식에로 가져다주는 하나의 방식은 될지언정, 진리를 표현하는 최상의 방식, 최고의 가능성에서 보자면 이제 과거의 것이 되어 버렸다.[28] "우리는 예술이 항상 더 상승하여 스스로를 완성시키기를 희망할 수는 있지만, 이미 그 형식은 정신의 최상의 필요가 되기를 중지했다. 우리가 여전히 고대 희랍의 신상들을 탁월하다고 생각하고, 하느님과 예수 그리고 마리아가 아무리 존귀하고 완벽하게 예술적으로 묘사되어 있다 하더라도 별반 달라지는 것은 없다. 이제 우리는 그러한 예술작품 앞에 더 이상 무릎을 꿇지 않는다."[29] 학문의 시대에 있는 우리는 그러한 성스러운 예술을 더

27 Hegel, *Ästhetik*, Bd I., S. 21.
28 같은 책, S. 22 참조.
29 같은 책, S. 110.

이상 종교적으로 바라보지 않는다. 오히려 우리는 이제 우리의 것이 아닌 그러한 종교적 생의 맥락에서 벗어나 단지 하나의 예술 형상으로서 그것에 관해 반성하고, 그 역사적 내용을 사유적으로 파악한다. 셸링과 같은 당대의 낭만주의자들과는 달리, 헤겔에 있어 근대의 예술은 진리를 표현하는 최고의 방식이 아니다. 예술은 감각적 재료에 의존하고 있기 때문에, 진리의 어떤 단계만이 예술의 내용이 될 수 있다. 우리의 세계, 종교 그리고 이성도야는 절대자를 표현하는 최고 단계로서의 예술을 넘어서 있다. 예술은 더 이상 기독교와 사상이 표현되어질 수 있는 방식이 되지 못한다. 분명 이성이념은 감각적 직관을 넘어서 있다. "왜냐하면 감각적인 것이 더 이상 표현할 수 없는 더욱 심오한 이념의 현존이 있기 때문이다. 이것이 우리의 종교, 도야의 내용이다. 이러한 이념은 감각적인 것에 친근하지 않기 때문에, 예술에 의해 감각적으로 표상될 수 없다. 이제 예술작품은 우리의 최후의 절대적 욕구를 충족시킬 수 없다……. 우리의 예술작품과의 관계는 신중한 방식이 되어 버렸다."[30] 그렇다고 하여도 예술이 역사에서 사라진다는 것은 분명 아니다. 그 형식적 탁월함은 점점 더 세련되어 갈 것이다.

내용적으로 볼 때 예술의 과거성 이론은 헤겔 당시의 낭만적 예술의 소멸에 관한 헤겔의 해석을 통해 정초되었다. 종교적 내용과 종교적 세계이해가 예술에서 사라지고, 초상화에서와 같이 순전히 인간적인 부분성이 주된 관심의 내용이 된다. 이제 '인간(der Humanus)'이 '새로운 성자(der neue Heilige)'로서 등극하게 된다. 따라서 헤겔은 낭만적 예술 이후의 새로운 예술 양식을 기대하지 않는다. 주관적 유머가 자아내는 명랑성과 사변적 산문이 예술의 대상이 되었다. 따라서 신적인 것과 실체적 의미를 가지는 현세적인 것은 예술에서 사라진다는 것이다. 예술은 절대적 정신의 자기표명의 형식으로서 존립하는 것을 멈춘다. 이제 남아 있는 것은 예술적 유희, 시민적인 개별적 삶의 예술적 서술 혹은 순전히 형식적인 탁월성

30 Hotho, 1823, S. 5.

의 추구 등이다. 순수예술 또한 예술의 이전의 본질적 과제를 충족시켜 줄 수 없는 것이다. 신적인 것의 묘사는 이제 종교와 철학에게 위임되어져 버렸다.

이러한 헤겔의 고찰들은 얼핏 근대에서의 예술이 더 이상 아무런 의미를 갖지 못하거나 혹은 기껏해야 아주 제한된 의미만을 가지는 것처럼 들린다. 사실 그 감각적 직관성으로 인한 예술의 거부와 예술의 문화적 의미를 이미 흘러간 과거의 것으로 치부해 버리는 등의 선입견들이 확증되어지는 양 여겨지기 때문에, 헤겔 미학의 시의성 문제를 논할 때 이러한 헤겔의 논의들이 위기에 봉착될 수도 있다. 그러나 조금만 더 헤겔의 고찰을 눈여겨 본다면 사태가 달라진다. 그의 비판가들이 가정하듯이, 헤겔은 예술이 근대 세계에 대해 어떤 의미도 더 이상 갖지 않는다고 주장하지 않는다. 오히려 그는 거꾸로 예술은 여전히 어떤 의미를 가지며, 그 의미는 새로이 그리고 이전과는 다르게 설정되어야 한다고 역설하고 있는 것이다. 예술이 감각적으로 표현해 내기에는 너무나 심오한 이념의 현존에 대해 마냥 보잘것 없고 무의미하다고 결론 맺지 않고, 오히려 그는 예술의 역사적이며 문화적인 기능의 새로운 방식을 설정할 것을 요구한다. 비록 예술이 정신으로 하여금 그의 관심을 의식하게 하는 최상은 아닐지라도 여전히 하나의 방식으로는 가능하며, "예술은 이것을 이전의 단계에서와는 다른 형태 속에서 수행해야 하는 것이다."[31]

헤겔은 근대사회에서의 예술의 역사적 기능을 "형식적 도야(formelle Bildung)"로서 정의한다. 그는 예술을 한편으로는 근대 문화의 필수불가결한 한 요소로서 설명하지만, 다른 한편으로는 어떤 한 사회의 인륜성의 매개로서만 예술의 기능을 제한하고 있다. 여전히 예술은 이성에로의 도야를 위해서 모든 사람이 필요로 하는 본질적 수단인 것이다. 근대 시민은 예술을 통해 예술작품 속에 매개된 다양한 가치와 세계관과 조우하고 풍부한

31 같은 책, S. 5.

반성적 경험을 겸비하여 주체적 삶의 굳건한 기반을 마련할 수 있다. 그리하여 예술은 여전히 현재의 역사적 의식의 지평을 확대하고 고양시키는 데 중요한 계기로서 작동한다.[32]

근대 세계에서 "인간(der Humanus)"이 "새로운 성자(der neue Heilige)"가 되어 예술의 새로운 내용으로 다루어지고, "인간의 심정을 울리는 모든 것"이 예술의 소재로 확장된 상황에서, 이러한 "신의 인간화(Menschwerdung Gottes)"[33]로 인한 진리 인식의 상대화는 오히려 근대 사회에서 예술이 고유한 존재의의를 획득하는 긍정적인 기반을 제공해 주고 있다. 따라서 인류가 존재하는 한, 결코 예술은 종언을 고할 수 없다고, 헤겔은 역설하고 있는 것이다.

헤겔이 그의 전 생애를 통해 추구하였던 것은 대립의 극복과 통일, 즉 유한자들의 분열을 무한자의 통일로 고양하는 것이었다, 그러한 그의 노력은 초기의 뜨거운 열정을 지닌 낭만주의자로서, 예나 시대를 거치면서는 냉철한 개념적 사유를 통해 절대자를 인식하려는 철학자로서 나타난다. 이러한 현실적 분열상에 대한 인식에는 프랑스 대혁명의 전개 과정을 통해 부각되었던 근대 시민사회 속에서의 모순 상황을 극복하려는 그의 실천적 관심이 그 근저에 놓여 있다. 그의 학문적 활동은 항시 실천적으로 정향되어 있다고 볼 수 있다. 헤겔의 학문적 활동의 근저에 놓여 있는 근원적 경험은 절대자와 인간의 분리, 대립이다. 헤겔이 미학연구를 통해 밝히고자 했던 것도 결국 구체적 역사의 과정 속에서 예술작품에 포착되는 다양한 통일의 방식이었다. 그 속에서 각각의 구체적 역사와 사회에서 다양한 형식으로 드러나는 절대자의 현존을 통해 총체적 인류문화의 지혜의 보루가 확보되는 것이다. 그럼으로써 인류는 영원히 절대자와 교류할 수 있는 상이하고 풍부한 가능성을 예술을 통해 담지하게 되는 것이다.

32 Hegel, *Philosophie der Geschichte*, in *zwanzig Bänden*, Bd.12, Frankfurt am Main, 1986, S. 91-92 참조.

33 Hegel, *Phänomenologie des Geistes*, GW. Bd. 9, S. 406.

더 읽을거리

Hegel, G. W. F., *Vorlesungen über Philosophie der Kunst*, Berlin 1820/21. Eine Nachschrift. I. Textband. Hrsg. von H. Schneider. Frankfurt a. M., 1995.

______________, *Philosophie der Kunst oder Ästhetik.* Berlin, 1826. Nachgeschrieben von F.C.H.V. von Kehler. Hrsg. von A. Gethmann-Siefert und B. Collenberg-Plotnikov. München, 2004.

Kuhn, H. "Die Vollendung der klassischen deutschen Ästhetik durch Hegel", in: Ders., *Schriften zur Ästhetik*, München, 1966, 15-144.

Pöggeler, O., *Die Frage nach der Kunst.* von Hegel zu Heidegger, München, Freiburg u: 1984.

헤겔의 미학

권대중

1. 텍스트에 관하여

미학에 관해서 헤겔(G. W. F. Hegel, 1770−1831)은 통틀어 다섯 번(즉 1818년 여름학기에 하이델베르크에서; 1820/21년 겨울학기, 1823년 여름학기, 1826년 여름학기 및 1828/29년 겨울학기에 베를린에서) 강의를 하였다. 물론 그는 자신의 미학을 직접 한 편의 책으로 간행할 계획을 갖고 있었지만, 그것이 실행되지 못한 것은 아마도 그의 갑작스런 죽음 때문인 것으로 여겨진다. 헤겔의 『미학강의』는 그의 사후에야 비로소 출간되었는데, 그것은 그의 제자인 호토(H. G. Hotho)가 다른 사람들과 함께 베를린 시기의 마지막 세 학기 강의에 관한 헤겔의 수고와 수강자들의 필기 노트들을 모아서 책으로 (먼저 1835년에 간행된 3권짜리 시리즈로, 그 다음에는 1842년에 간행된 제2판 수정본으로) 엮음으로써 이루어졌다. 지금까지 헤겔의 미학에 관한 대부분의 연구들은 이 호토 판본을 주텍스트로 채택하고 있다.[1]

하지만 최근 들어서는 이 판본의 진품성이 가끔씩 의심을 받게 되어, 몇

1 헤겔 전집의 인용은 G. W. F. Hegel, *Werke* in 20 Bänden, hrsg. von E. Moldenhauer & K. M. Michel, Frankfurt/M, 1969-71에 의거한다. 이 중 『미학강의』는 13-15권, 총 3권으로 구성되어 있다. 다른 판본의 미학강의는 별도로 표기한다.

몇 연구들에서는 "이념과 이념상(Die Idee und das Ideal)"이라는 제목이 붙여진, 라손(G. Lasson)의 미완성 강의록 편집을 또한 보충 텍스트로 활용하기도 한다. 호토의 편집에 대해서 주로 제기되는 의혹은, 베를린 시기의 미학강의들의 수강생들에 의해 실제로 작성된 필기록들이 그 구조나 내용에 있어서 호토가 출간한 판본과 본질적으로 상이하며, 그로 인해 호토 판『미학강의』에서는 헤겔의 원래 생각의 여러 중요한 핵심들이 신빙성 있게 전수되지 못했다는 것이다. 이러한 사정은 아마도 다음과 같이 해명될 수 있다고 보인다.

첫째, 호토는 헤겔이 직접 작성한 원래 수고의 진품들뿐만 아니라 여러 수강생들의 필기록도 편집을 위한 원천으로 함께 활용했는데, 이 점에 있어서 그 필기록들에 남아 있는, 원래 강의와는 무관한, 수강생들의 개인적인 사견이나 선입견이 걸러지지 않은 채 편집본에 그대로 함께 수록되어 버렸을 가능성을 배제할 수 없다.

둘째, 설령 대부분의 필기록이 헤겔의 원래 강의에 충실하게 작성되었을 것이라고 가정하더라도, 호토와 같이 여러 연차에 걸쳐 다양한 방식으로 작성된 출처들을 한 본의 텍스트로 통합한 경우에는, 헤겔 스스로의 미학적 견해가 그 사이에 어떻게 발전 내지 변모해 왔는가가 식별할 수 없게 사라져 버렸을 개연성이 매우 크다.

셋째, 여러 해에 걸쳐 행해진 강의로 인해 각기 상충될 수 있는 주장들을 모순이 없는 것으로 조화시키기 위해 편집자가 원래의 텍스트들을 다소간 재정렬했었을 개연성 역시 매우 크다. 그럴 경우 호토 자신의 개인적인 견해가 크게 작용했으리라는 점은 쉽게 납득할 수 있다. 그래서 몇몇 비평가들은 이 판본의『미학강의』를 아예 "호토의 미학"이라고 부르기까지 한다.

그러다가 최근에는 1820/21년과 1823년 및 1826년에 헤겔이 베를린에서 행한 미학강의의 필기록(각각 *Vorlesungen über Ästhetik*, hrsg. von H. Schneider, Frankfurt u. a. 1995; *Vorlesungen über die Philosophie der Kunst*, hrsg. von A. Gethmann-Siefert, Hamburg 1998; *Philosophie der Kunst*, hrsg. von A. Gethmann-Siefert u. a., Frankfurt a. M., 2005)이 새로

이 출판되었으며, 1828/29년의 강의록도 조만간 정식 단행본의 형태로 출간될 예정이다.

그럼에도 불구하고 호토의 판본은 다음과 같은 이유로 여전히 중요한 주 텍스트원으로 활용될 수 있다. 첫째, 위에서 언급한 편집상의 여러 혼돈에도 불구하고 호토의 판본은 적어도 그 내용적인 풍부함과 광범위함에 있어서는 다른 모든 판본들의 추종을 불허한다. 둘째, 호토의 판본의 진품성과 연관된 그 모든 의혹들에도 불구하고 헤겔 미학이 표방하는 가장 근본적인 확신들은 이 판본에서도 왜곡되지 않은 채 남아 있다. 즉 모든 판본들은 그 각각이 지니는 다소간의 내용적 상이함에도 불구하고 예컨대 이른바 '예술의 종언(das Ende der Kunst)' 과 같은 명제가 그의 베를린 미학강의의 핵심이자 체계적 관점에서의 최종적 추론이라는 점에는 동일하다.

2. 헤겔 미학의 미학사적 위치

가. 당대의 미학적 주류와의 대결 및 미학적 전통과의 관계

헤겔의 미학은 당시의 독일인들이 보기에 그들의 예술이 과거 그리스, 로마 및 르네상스 때와 견주어도 전혀 손색이 없는 최고의 미적 수준을 달성했으며 앞으로도 계속 그러한 번영을 유지해 나갈 것이라고 자부하던 시기에 등장했다. 이에 상응하여 그의 미학 역시 일단은 예술에 대한 적극적인 철학적 의미부여를 주된 내용으로 한다. 그러나 다른 한편으로 그의 미학이 최종적 결론으로 제시한 것은 오히려 당시의 그러한 미학적 낙관론에 정면으로 대치되는 것으로서, 이는 유명한 예술의 '종언' 내지 '과거성(Vergangenheitscharakter)' 이라는 명제로 압축된다. 즉 예술은 물론 인간의 정신이 절대적 진리에 이르는 '하나의' '중요한' 매개체이지만, 그럼에도 그 '최고의 궁극적인' 형태는 되지 못한다는 것이다. 이에 상응하여 그는 예술이 성취할 수 있는 최고의 가능성을 고대 그리스 시대로 한정한다.

왜냐하면 그에 따르면 그 시대의 그리스인들은 미적 감수성의 측면에서는 타의 추종을 불허하면서도, 동시에 아직 개념적 사유에 바탕을 둔 철학적 반성의 능력을 갖추지는 못했기 때문이다. 즉 예술이 '인류의 스승' 역할을 수행할 수 있었던 것은, 오로지 인간의 최고의 지성적 형태가 전적으로 미적인 논리에 의해서만 작동될 수 있었던 시대에서나 가능했지, 사유에 의한 내면적 반성의 시대인 근대에서는 더 이상 가능하지 않다는 것이다. 따라서 근대에서 예술이 인간의 삶 속에서 누릴 수 있는 지위는 과거와 같은 절대적인 것이 아닌, 다만 부분적인 것일 뿐이다. 이러한 헤겔의 예술철학적 결론은 예술, 특히 시문학에서 달성되는 미적 · 감성적 차원을 최고의 범주로 설정했던 당대의 낭만주의적 성향의 사상가들과 정면대결을 피할 수 없었으며, 멘델스존-바르톨디(F. Mendelssohn-Bartholdy)와 같이 그의 명성을 듣고 미학강의를 수강하고자 달려온 많은 젊은 예술 애호가들에게 크나큰 충격을 안겨 주었다.[2] 그 때문에 그 이후에 시도된 헤겔 미학에 대한 전면적인 거부들은 대부분 이 "예술의 종언" 명제의 거부와 연결된다.

헤겔의 미학적 결론은 멀게는 플라톤(『미학대계』 1 참조)에까지 연결된다고 할 수 있다. 즉 그의 미학은 한편으로는 조형예술은 이데아의 '이중모방' 또는 '그림자의 그림자' 이며[3] 시문학은 비합리적인 '광기의 산물' 이라고 극단적으로 폄하했던[4] 플라톤의 예술관으로부터 예술을 다시 한번 구제할 수 있는 적극적 논리로 기능한다. 왜냐하면 그는 미를 '이념의 감각적 현현' 으로 규정하며, 예술을 종교 및 철학과 함께 인간 정신의 최고의 단계인 '절대정신(der absolute Geist)' 에 속하는 것으로 보기 때문이다.[5] 즉 지성의 최고의 대상인 신적 진리를 내용으로 한다는 그의 예술 개념은 플라

---

2 参조. *Hegel in Berichten seiner Zeitgenossen*, hrsg. von G. Nicolin, Hamburg, 1970, Nr. 669, S. 430.

3 参조. *Politeia*, 597, 602.

4 参조. *Ion*, 533d-e, 536b; Phaidros, 245a.

5 *Enzyklopädie der philosophischen Wissenschaften im Grundrisse* (이하 E.로 약칭, §553ff, 10.366ff.)

톤의 평가와는 극단적으로 대조된다고 할 수 있다. 그러나 다른 한편으로 그의 미학은 오히려 플라톤의 생각을 근대적 버전으로 업데이트, 업그레이드함으로써 예술에 대해 더욱 더 치명적으로 작용한다고 간주되기도 한다. 왜냐하면 엄밀한 의미에서 예술을 구동(驅動)하는 정신의 능력을 오로지 감각적 '직관(Anschauung)'으로 설정함으로써, 그는 궁극적으로는 예술이 일종의 '저급한 인식능력(facultas cognoscitivae inferiori)'(『미학대계』 1 「바움가르텐」 참조)과 연관된다고 보며, 이에 미적 차원에서 이루어질 수 있는 최고의 가능성을 과거에 한정시키기 때문이다. 이 때문에 그의 예술의 이른바 '종언'이라는 명제는 때때로 예술의 '죽음'을 말하는 명제로 해석되기도 한다(『미학대계』 1, 「크로체」 참조). 그러나 엄밀히 따지면 헤겔은 '죽음'이라는 단어는 물론, '종언'이라는 표현도 직접적으로 쓴 적이 없다. 현재 일반적으로 사용되고 있는 '종언'이라는 단어는 헤겔의 제자들이 그의 미학적 결론을 해석하는 과정에서 만들어진 것이다.

근대철학의 맥락에서 헤겔의 미학은 누구보다도 『새로운 학문』[6]의 저자인 비코(G. Vico)의 사상과 많은 유사점을 보인다. 즉 두 사람 사이에 약 100년의 시대적 간격이 있고, 또 헤겔이 비코와 그의 저작의 존재를 전혀 모르고 있었음에도 불구하고, 호메로스로 대표되는 고대인들이 이루었던 미적 정점을 가능케 하는 조건이 바로 문화적 유년기의 활발한 감수성이며, 또한 이성이 문화의 주된 원리가 된 상태에서는 더 이상 그러한 미적 정점의 달성은 불가능하다고 보는 점에서, 두 사람의 생각은 신기하리만치 일치한다. 다만 차이가 있다면 헤겔은 직선적 사관에 입각하여 감성적 직관에서 개념적 사유로 이르는 발전을 불가역적인 것으로 본 반면에, 비코는 순환적 사관을 통해 최고의 이성적 반성도 언젠가는 타락의 단계에 이르며, 그 다음에는 다시금 유년기의 활발한 감수성을 지닌 민족이 새로운 문화적 주도권을 쟁취한다고 본다는 점이다(비코는 단테를 제2의 호메로스로 간주한다).

6 *Prinzipi di scienza nuova d' intorno alla comune natura delle nazioni*, 1730 & 1744.

나. 헤겔의 미학적 사고의 생성과 발전

하지만 헤겔이 처음부터 그러한 주지주의적 성향을 지녔던 것은 아니다. 오히려 청년기의 그는 일반적으로 알려진 '범논리주의적 체계철학자 헤겔'과는 사뭇 다른, 마치 노발리스(Novalis)와 같은 낭만주의자의 모습을 보인다. 횔덜린, 셸링과 함께하던 튀빙엔 신학교 시절에 쓴 것으로 추정되는 「독일관념론의 가장 오래된 체계기획(Das älteste Systemprogramm des deutschen Idealismus)」[7]에서는 미적 차원을 최고의 정신적, 문화적 범주로 설정하는 쉴러(『미학대계』 1, 「쉴러 미학에 대한 인간학적 이해」 참조)의 흔적이 역력히 발견된다. 즉 이 글에서 헤겔은 철학이라는 최고의 이론적 영역과, 국가라는 최고의 실천적 영역을 종합하고 초월하는 최고의 영역으로 미적 영역인 "새로운 신화학(neue Mythologie)"을 창출하여 그것을 다시금 "인류의 스승"으로 만들기를 요구하며, 이를 통해서야 비로소 진정한 계몽의 완성이 이루어지며, 또한 극단적으로 분열된 근대인의 삶을 새로운 유기적 통합으로 이끌 수 있다고 주장한다.

그러나 헤겔의 이러한 미적 절대주의적 입장은 그의 사상이 성숙되고 체계가 형성되는 과정에서 점차로 퇴색되어 결과적으로는 정반대의 입장으로 귀결된다. 즉 그는 청년기 때 가졌던 미적 유토피아에 대한 희망을 버리고, 현실적 삶의 영역에서는 "이성의 간지(die List der Vernunft)"에 의해 이루어진 근대적 입헌국가가, 그리고 궁극적으로는 "사유의 사유(das Denken des Denkens)"로서의 철학만이 최고의 통일임을 천명하게 된다. 하지만 이 점에서 헤겔이 미적 차원이 최고의 기능을 수행할 수 있는 가능성을 원천적으로 부정한 것은 아니다. 왜냐하면 "이념의 감각적 현현"이라는 그의 미 규정과 "절대정신의 한 형태"라는 그의 예술 규정에서 보이듯이, 예술은 여전히 그것의 본질에 있어서 절대적 진리의 담지체로 인정되기 때문이다. 따라서 청년 헤겔의 미적 절대주의적 성향과 대비되는 노장

7 1.234-236.

헤겔의 주지주의적 철학에 따른 미학적 전략은 예술에게 부여될 수 있는 최고의 영예를 인류 문화의 계통발생적 차원에서의 고찰을 통해 역사화(또는 과거화)시키는 데에 있다. 왜냐하면 그리스인들이 달성했던 최고의 미적 차원에는 감각적 직관이라는 하위의 정신철학적 범주가 대응하기 때문이다. 이렇듯 헤겔의 미학은 물론 하나의 분과학으로서의 예술철학임에도 불구하고, 모든 인식론적 · 형이상학적 통찰에서 비롯된 결과이므로, 그 속에는 그의 전 체계가 함께 운동하고 있다.

3. 철학체계 내에서의 예술의 위치: '절대정신의 첫 번째 단계'로서의 예술

헤겔에서 예술은 종교, 철학과 함께 "절대정신"의 영역에 속한다. 절대정신은 우주의 근본 원리인 "절대이념(die absolute Idee)"이(체계의 제1부 『논리학』) "자연"(제2부 『자연철학』)으로 스스로를 소외시켰다가 다시금 자기자신으로 복귀한 "정신"(제3부 『정신철학』)의 가장 마지막 단계로서, 인간의 정신이 절대이념을 인식하는 영역을 뜻한다. 그런데 절대정신의 이 세 형태는 "진리의 인식"이라는 내용적 동일성을 지님과 동시에, 직관－표상－사유라는 형식적 차별성을 지닌다. 즉 진리인 절대이념은 예술에서는 감각적으로 직관되고, 종교에서는 내면적으로 표상되며, 철학에서는 개념적으로 사유된다.

먼저 내용적인 측면에서의 이러한 공통성을 통해서 절대정신의 모든 단계들은 '종교'라고 불릴 수 있다. 왜냐하면 "절대이념"은 종교적 표현으로는 바로 "신"이기 때문이다. 『논리학』과 『엔치클로패디』에 앞서 예나 시기에 쓰여진 그의 또 다른 대표작 『정신현상학』에서도 예술은 "자연종교"와 "계시종교"의 사이에 위치하는 "예술종교(Kunstreligion)"로 취급된다.[8] 그

8 3.495ff.

런데 여기서 주목해야 할 것은, 종교의 이 세 형태가 단지 절대정신의 영역을 함께 이룬다는 것만이 아니라, 그것들 사이에는 동시에 어떤 지양 및 이행의 논리가 작동하고 있다는 점이다. 즉 예술은 종교에 의해, 그리고 종교는 철학에 의해 극복되고 해체된다. 이러한 과정에서 철학이 더 이상 지양되지 않는 최종의 단계로 간주된다는 것은, 절대정신의 세 가지 현상 방식 모두에게 공통적인 내용, 즉 절대자는 오로지 철학에서만이 비로소 가장 올바르게 파악될 수 있으며, 그런 한에서 철학이야말로 가장 고차적인 의미에서의 종교가 된다는 것을 뜻한다. 즉 (넓은 의미에서의) 종교는 예술에서 출발하여, (좁은, 본래적 의미에서의) 종교를 거쳐 궁극적으로는 최고의 예배인 철학에 이르는 것이다. 이러한 의미에서 예술의 종언은 곧 종교의 한 특정한 단계의 종언을 의미한다. 그리고 종교에 의한 예술의 종언과 철학에 의한 종교의 종언은 곧 넓은 의미에서의 종교가 점증적으로 완성되어 가는 것을 뜻한다.

헤겔의 이러한 생각은 절대정신의 내용인 절대이념의 성격 규정에서, 즉 헤겔 버전의 신관(神觀)에서 비롯된다. 그에 따르면 최고의 논리학적 범주인 절대이념은 "개념과 그 객관성의 일치"로, 이는 한 범주의 절대적인 내적 무모순성을 가리킨다. 그리고 이 무모순성은 "사유의 사유"라는, 사유의 완전한 반성적이고 자기관계적인 구조에서 성립한다. 그 때문에 본질적으로 사유로 규정되는 절대 진리에 완전히 대응할 수 있는 실재철학적 범주는 이 "사유의 사유"를 인간 정신의 최고 능력인 사유를 통해 현실적으로 이룩하는 철학일 수밖에 없게 된다.

예술-종교-철학 사이에 존재하는 이와 같은 내용적 동일성(=신)은 『논리학』에서의 "절대이념"의 규정에 의한 것이며, 형식적 차이에 따른 그것들 간의 이행 내지 지양의 관계는 『엔치클로패디』의 "주관정신철학" 중 "이론적 정신"에서 다루어지는 인간 지능의 단계들, 즉 직관-표상-사유의 관계에 의거하는데,[9] 이를 좀 더 구체적으로 얘기하자면 다음과 같다:

가. 예술

첫 번째 단계의 절대정신, 즉 예술에서 신, 진리는 감각적으로 직관된다. "직관(Anschauung)"이란 정신이 자신의 대상과 감각적이고 직접적으로 관계하는 방식이다. 따라서 그것은 언제나 물질적 대상의 직접적인 시간적, 공간적 현존을 필요로 한다. 따라서 절대자를 직관에 의해 감각적으로 파악한다고 함은 곧 정신이 절대자를 어디까지나 "소재적으로(stoffartig)"만—즉 어떤 외적인 물질적 대상에 의존해서만—내용으로 가질 수 있다는 것을 말한다. '직관하는 종교'인 예술에서는 신이 그처럼 오로지 이러한 물질에의 의존성을 통해서만 표현될 수 있기 때문에, 인간의 이러한 신 경험은 결함을 지닌 것이 된다. 혹은 역으로 표현하자면, 신과 직관적으로 관계한다는 것은 근본적으로 직관적인 신관에 기인한다. 절대적인 내용은 예술에서는 있는 그대로 투명하게 경험되어야 하는 바의, 신 그 자체로서가 아니라, 그 자체가 어떤 감각적 · 물질적인 것으로서 인식되고 표현된다. 말하자면 의식의 소재적인 형식에는 오로지 그와 마찬가지로 소재적인 내용만이 상응하는 것이다. 그리스의 신들이 바로 정신의 이러한 수준에 적합한 진리이다. 그리고 이러한 의미에서 "그리스인들의 경우 예술은 그 민족이 신들을 표상하고 진리에 관한 의식을 획득하는 최상의 형식이었다. 그 때문에 그리스인들에게 있어 시인들과 예술가들은 그들의 신들의 창조자가 되었던 것이다."[10] 헤겔에 따르면 이러한 점은 또한 생산미학적인 관점에서도 타당하다. 즉 그리스인들에게 있어서 진리의 예술적 매개는 그들의 시인들이 진리에 대한 자신들의 보다 심오한 사유를 시적인 언어로 변환시킨 것이 아니라, 오히려 그들의 정신적 수준 그 자체가 오로지 시적인 수준을 넘어서지 못했던 것이다. 그 때문에 예술에서 이루어지는 진리의 획득은 단지 어떤 제한된 것일 따름이며, 이에 예술은 "진리가 실존을 얻게 되

9 E. §§ 445-468, 10.229ff.

10 13.141.

는 최고의 방식이 더 이상 아니다."[11]

결과적으로 헤겔에서 보이는 직관과 진리의 연결은 다만 진리개념의 완전화에 기여하는 것이지, 직관 그 자체를 절대화시키는 것이 결코 아니다. 예술의 허구적 성격을 가리키는 "가상(Schein, 『미학대계』 2, 「미적 가상」 참조)"에 관한 진술들에서도 보이듯이, 실체적인 것은 물론 그것이 절대적인 것이기 위해서는 어떤 감각적인 것으로서 감각에 대해서 나타나야만 한다. 즉 "가상은 본질에게 본질적인 것이다."[12] 그러나 이것은 결코 진리의 참모습이 감각적 직관을 통해 완전하게 드러난다는 말이 아니다. 미적인 것이 절대적 · 관념적인 것의 한 필수적인 계기인 것은 사실이지만, 그렇다고 해서 전자가 후자와 동일시될 수는 없다.

나. 종교

예술의 가장 주된 결함이 그것이 본질적으로 어떤 물질적인 것에 의존하고 있다는 점에 있기 때문에, 예술이 그것의 지양으로—즉 '예술 이후(Nach der Kunst)' 로—이르는 동인 역시 그 점에 상응하여 이러한 물질의 존성의 지양에서 찾아볼 수 있다. 이러한 지양은 "오로지 진리를 위한 참된 형식으로서의 자신의 고유한 내면 속에서만 스스로를 만족시키고자 하는," 정신의 욕구에 의거한다. "줄기차게 번뜩이는 정신은 이러한 객체성으로부터 방향을 돌려 자신의 내면으로 돌아가며, 또한 그 객체성을 계속해서 스스로로부터 떨쳐 버린다."[13] 이에 상응하여 예술 이후에 등장하는 절대정신—즉 종교—은 바로 감각적인 직관과는 달리 이 물질의존성에서 해방된 좀 더 고차적인 형식을 필요로 하는, 즉 이 두 번째의 형식이 곧 표상(Vorstellung)이다. 좁은 의미에서의 종교에서 절대자는 표상된다. 다시 말해 "절대자는 예술의 대상성에서 빠져나와 주관의 내면성 속으로 자리를

11 같은 곳.
12 13.21.
13 13.142.

옮겨서, 이제는 표상을 위해 주관적인 방식으로 주어진다."[14] 이제 신을 대하는 것은 오로지 정신의 고유하고 자주적인 활동을 통해 이루어진다. 물론 헤겔은 예술이 이 새로운 단계에서도 여전히 일정한 종교적 역할을 수행할 수 있음을 완전히 부인하지는 않는다. 즉 종교는 "종교적 진리를 보다 가까이 느낄 수 있게 하거나 상상력을 위해 구체적인 모습으로 만들기 위해 종종 예술을 충분히 활용한다."[15] 그러나 이 경우 예술의 지위는 하나의 결정적인 격하를 겪어야만 한다. 이제 예술의 기능은 단지 이차적인 것이거나 심지어는 잉여적인 것일 뿐이다. 왜냐하면 예술은 기껏해야 종교를 위한 보조물 내지 부수물로서 기능할 뿐, 그것이 과거에 누렸던 황금기에서처럼 그 자체로서 진리경험의 본래적인 매체로 여겨지지 않기 때문이다. 이제 예술은 더 이상 종교인 것이 아니라, 다만 종교에 봉사하는 것일 뿐인바, 종교는 예술 자체와는 엄격히 구분되는 영역이다. 기독교의 출현 이후, 특히 종교개혁 이후에 종교적 제의는 어떤 예술적 수단의 도움으로부터 완전히 벗어나 수행되며, 새로운 방식의 종교적 행사는 전적으로 "그 가장 순수하고, 가장 내면적이고, 가장 주관적인 형식으로 이루어지는 공동체의 제의"인 기도와 예배에서 이루어질 뿐이다.[16] 그러나 표상이라는 형식도 본질적으로는 (직관보다는 좀 낫지만) 결함투성이이다. 왜냐하면 이미 그 정의에 있어서 표상은 '상기된, 내면화된 직관', 즉 감각적 직관이 정신의 고유한 내적인 공간과 시간 — 다시 말해 비공간적인 공간과 비시간적인 시간 — 에서 이루어지는 데에서 성립하는 것이기 때문이다. 다시 말해 표상에서 정신의 주관성은 단지 직관의 장소 바꿈에, 즉 외적 · 감각적인 직관을 대칭적으로 정신의 내면으로 옮겨다 놓는 데에 있을 뿐, 표상의 내용인 "상(象, Bild)" 그 자체는 여전히 직관의 그것과 마찬가지로 감각적인 것이지, 아직 순수 정신적인 것은 아니다. 그런 한에서 표상은 여전히 감각적인 대

14 같은 곳. 참조. E. § 565, 10.374.
15 13.140.
16 13.143.

상성에 묶여 있으며, 따라서, 그것이 비록 실제의 물질적 대상과의 직접적인 감각적 접촉에 의거하는 것은 아님에도 불구하고, 여전히 소재적인 것이다. "표상의 내용이 제 아무리 보편적인 것이라 할지라도, 그 내용은 아직도 감각적인 것의 규정성에 구속되어 있으며 자연성의 형식을 필요로 한다."[17] 이에 따라 종교는 기껏해야 가령 성부, 성자, 천지창조 이야기 등과 같은 표상들에서 성립하지, 절대자 그 자체의 논리적 구조에 대한 통찰을 통해서 이루어지는 것이 아니다. 종교는, 그것이 표상, 즉 유사직관(Quasi-Anschauung)에 뿌리를 두고 있는 한에서, 아직은 그 단어의 완전한 의미에서의 종교의 완성—철학에서만이 기대될 수 있는—과는 거리가 먼 것이다.

다. 철학

완성된 종교, 즉 완성된 절대정신은 철학이다. 철학은 절대자를 사유적·개념적으로 파악한다. 이제 신은—그 어떤 직접적 또는 간접적인 감각적 물질성에도 전혀 의존함이 없이—전적으로 정신의 순수하고 내면적인 활동을 통해 인식된다. 철학을 가능케 하는 정신론적 동력원은 사유(Denken)이다. 그리고 이 사유는 지능의 완전한 반성성, 즉 자기연관(Selbstbezug)을 의미한다. 그러나 철학이 지니는 절대적인 위상은 이러한 형식적인 측면에서만 성립하는 데 그치지 않는다. 철학이 완성된 종교인 것은, 바로 그것이 자신의 내용, 즉 신에 가장 적합한 영역이기 때문이다. 즉 절대적인 객관적 사유인 절대자가 철학에서 비로소 사유라는 형식으로 인식된다는 것이다.

17 16.141.

4. 미학의 구조

가. 일반론: "예술철학"으로서의 미학

미학강의에 대한 헤겔 자신의 공지나 학생들의 필기록을 보면 그 제목이 "미학강의"뿐 아니라 더러는 "예술철학 강의"로, 또는 "미학 혹은 예술철학 강의(Vorlesungen über Aestheticen sive philosophiam artis)"로 표기되어 있는 것을 볼 수 있는데, 이는 그가 "미학(Ästhetik)"이라는 명칭을 그대로 쓰는 경우에도 그것의 대상을 어디까지나 "예술미"로 한정한다는 것을 의미한다. 이러한 대상 영역의 제한을 통해서 그는 미학의 전통적 대상이었던 '자연미'를 제외하는데, 이는 크게 두 가지 이유에서 그러하다. 첫째, 그의 체계의 구조에 따르면 "자연"은 '자신의 타자존재 가운데 있는 이념'으로서, 절대적인 진리가 명시적으로 현시되지 않은 단계로 규정되므로, "정신"의 산물인 예술에 비해 그 가치가 질적으로 저급한 것으로 간주된다. 둘째, 헤겔에 의하면 자연미를 인정하는 경우라 하더라도 그것은 예술미의 일종의 변형된 형태로 설명되기 때문에, 궁극적으로는 예술미의 영역에 포섭되는 미적 범주로 여겨진다. 우리가 아름다운 자연적 사물들을 보고 상찬하는 경우, 우리는 그 대상을 기실은 하나의 그림으로서 본다는 것이다. 즉 자연물을 "미적" 대상으로 지각할 때 우리는 이미 조형예술가의 눈으로 그것을 바라본다는 말이다. 그리고 앞에서 얘기되었듯이 헤겔이 "예술"로 인정하는 것은 일상적인 단어 사용에 비해 그 범위가 매우 제한된 것이다. 즉 그가 말하는 예술은 '이념의 감각적 현현'으로서 어디까지나 절대적 진리와의 연관을 전제로 하고 있으며, 그 때문에 그것은 단순한 오락이나 치장이 아닌, "절대정신"의 한 단계로 규정되는 것이다.

예술의 이러한 규정에서 특히 주목해야 할 것은 다음과 같다. 첫째, 헤겔은 이 규정을 통해 예술적 허구성의 위상을 질적으로 격상시킨다. "현현(Scheinen)"은 많은 경우 가상(Schein) 또는 기만(Täuschung)의 의미로 이해되어 왔지만, 헤겔은 오히려 가상이야말로 '본질에 본질적인 것'으로 이해하여, 본질은 그것이 구체적인 현실태로 드러날 때만 진정한 의미에서 본질일 수 있다고 지적한다. 더욱이 예술적 허구는 그것이 절대적 진리와 관계하는 한에서, 오히려 현상계의 현실보다도 더 높은 존재론적 가치를 지니는 것이다. 둘째, 이를 통해 헤겔은 전통적인 모방미학을 결정적으로 거부한다. 왜냐하면 자연을 포함한 외적 현실의 모방은 예술을 '진리(Wahrheit)' 가 아닌, 한갓 '정확성(Richtigkeit)' 에 한정시키기 때문이다.[18] 그러나 물론 예술에서 보이는 이러한 진리와의 연관은 앞에서 얘기했듯이 제한된 것이다. 왜냐하면 절대적 진리인 이념은 물론 그것의 절대성에 상응하기 위해서는 감각적으로도 현현해야 하지만, 그것의 '완전한' 현현태는 감각과는 궁극적으로 화해하기 어려운 것이기 때문이다.

나. 예술형식론과 장르론

헤겔 『미학강의』의 제2부는 예술사를 유형학적으로 재구성한 예술형식론으로, 그리고 제3부는 장르론으로 구성되어 있다. 그런데 이 두 부분은 구조적으로 동일한 논리에 의해 구성되어 있다. 좀 더 정확하게 말하자면 제3부는 바로 제2부를 근거짓는 원리의 확장인 셈이다. 왜냐하면 헤겔이 제2부에서 개진하는 1) 상징적 예술형식, 2) 고전적 예술형식, 3) 낭만적 예술형식에는 각기 제3부의 1) 건축, 2) 조각 그리고 3) 회화-음악-시문학이 대응하기 때문이다. 따라서 이 두 부분은 하나의 원리로 통합하여 1) 상징적 건축, 2) 고전적 조각 및 3) 낭만적 회화–음악–시문학으로 설명될 수 있다. 물론 이러한 대응관계는 어디까지나 '유형학적' 인 것이다. 왜냐하면 헤겔 역시 하나의 장르를 오직 하나의 형식에만 국한하지는 않기 때문이다. 즉 '상징적 단계의 조각', '고전적 단계의 시문학', '낭만적 단계의 건축' 도 존재하는 것이다. 다만 헤겔은 이러한 대응관계를 통해 각 예술형식의 '대표적인' 장르를 말하고 있을 뿐이다. 그리고 상징-고전-낭만이라

18 참조. E. 213 Z, 8.369; § 172, 8.323; 13.205.

는 세 범주는 자연종교-예술종교-계시종교(및 그 이후)에 각각 상응하며, 이러한 상응의 기준은 내용과 형식의 일치에서 이루어지는 미의 완결성의 정도에 있다. 즉 그것들은 각각 "미의 참된 이념인 이념상을 이룩하려 애쓰는 것, 달성하는 것, 그리고 넘어서는 것에서" 성립한다.[19] 이를 좀 더 자세히 살펴보면 다음과 같다:

(1) **상징적 예술형식**과 그것의 근저에 깔려 있는 동방의 자연종교에서 절대자인 신은 아직 분명하게 규정되지 못한다. 이로 말미암아 이념은 아직 개별성(=예술작품) 속으로 발을 들여놓지 못하거니와, 여기서는 형식과 내용이 서로에게 부적합한 채로 있다. 여기서 보이는 것은 신적인 것의 "구상화에 대한 한갓된 찾아 헤맴" 내지 "그것을 이루려는 분투와 애씀"일 뿐이다.[20] 따라서 절대자는 개별성의 구체적인 형태 대신에, 정신의 제대로 된 표현이 될 수 없는 어떤 이질적인 자연대상으로 치환될 수 있을 뿐이다. 상징이란 본질적으로 이러한 부적합성(inadaequatio)을 통해 특징지어진다. 그리고 그런 한에서 상징을 통해 표현된 것은 언제나 여전히 어떤 낯선 것, 이질적인 것인 채 머문다. 따라서 이 단계에서 지배적인 미적 범주는 미가 아니라 숭고(das Erhabene)이다. 왜냐하면 신적인 것을 질적으로 형상화할 수 없는 무능력은 양적인 극단으로, 즉 "과도함"으로 치닫기 때문이다.[21] 헤겔에 따르면 이 상징적 예술형식의 전형적인 장르는 (동방의) 건축이다. 즉 상징적 예술은 신들을 위한 "장소"만을 제공할 뿐, 그 신들을 구체적인 형태로 구현하지 못한다.

(2) 상징적 예술형식의 결함, 다시 말해 내용의 적합한 형상화를 이룰 수 없는 그것의 무능력은 그리스인들의 **고전적 예술형식**에서 사라진다. 표현

19 13.114.

20 13.107.

21 13.108. 참조. 13.436; 14.108.

되어야 할 대상과 표현된 것이 완전하게 일치함으로써, 고전적 예술형식은 미의 이상 내지 예술의 이상의 진정한 실현을 이룩한다. 따라서 이 단계는 예술의 다시는 다다를 수 없는 정점 내지 미 일반의 정점을 나타낸다: "더 이상 아름다운 것은 있을 수도 없으며 또 생겨날 수도 없다."[22] 형태는 더 이상 상징적 예술형식에서처럼 어떤 낯선 것, 수수께끼적인 것임에 머물지 않고, 구체적인 방식으로 자기화된다. 즉 절대자는 더 이상 어떤 생소한 자연적 형태를 통해서가 아니라, 오로지 인간 신체의 형태를 통해 개별성으로서 표현된다. 왜냐하면 그리스인들은 신들 그 자체를 '절반의 인간'으로 여겼기 때문이다. 신들을 신체를 통해 표현하는 것은 따라서 가능한 최고의, 이념의 감각적 현현이며, 그러한 한에서 예술은 그리스인들에게 있어서 종교를 위한 어떤 부가물이 아니라, 그 자체로 이미 종교가 된다. 이 때문에 고전적 예술형식에게는 그것이 예술로서 얻을 수 있는 최고의 영예가 수여된다. 즉 그것은 예술의 "최고의 규정"을 달성한다는 것이다. 왜냐하면 진리에 이르는 최고의, 그리고 거의 유일한 통로로서 기능함으로써, 예술은 인간의 문화적 세계 전체를 수립하기 때문이다. 그리스인들의 이러한 종교적 의식에 가장 잘 대응하는 구체적 예술 장르는 조각이다. 왜냐하면 조각에서는 정신적인 것과 육체적인 것이 완전하게 조화를 이루기 때문이다. 이제 신적인 것은 단지—오리엔트의 건축에서처럼—그것이 거처하는 공간을 얻는 데 그치는 것이 아니라, 그리스의 신상들 속에서 그것 자신을 위한 구체적 형태를 얻는다.

(3) 고전적 예술형식에 이어지는 정신의 전진은 그것의 활동에 있어서의 점증적인 탈감각화에서 성립한다. 세 번째 예술형식, 즉 **낭만적 예술형식**은 따라서 예술의 완성이 아니라, 예술의 영역 자체에서 일어나는 예술의 해체로서 기능한다. 표면적으로 보자면 이러한 해체는 이미 상징적 예술형

22 14.128.

식에서 볼 수 있었던 바의, 내용과 형식의 대립 및 차이로 되돌아가는 것이다. 그러나 이러한 새로운 부조화는 예술 이전 단계로의 퇴행이 아니라 예술 일반의 한계를 돌파하는 것 내지 넘어서는 것으로서 보아야만 한다: "그럼으로써 — 상징적인 것에서처럼 — 이념과 형상의 무차별성, 부적합성, 분리가 새로이 일어난다. 그러나 그 둘 사이에는 다음과 같은 본질적인 차이가 있다. 즉 상징에 있어서는 이념의 결핍이 형상화의 결함을 수반하는 데 반하여, 낭만적인 것에 있어서는 이념은 정신과 심정으로서 그 스스로 안에서 완성된 것으로서 나타나야 하며, 이와 같은 더 고차적인 완성에 기반하여 이념은 자기의 진정한 실재성과 현상을 오로지 자기 자신 속에서 찾고 또 완성시킬 수 있음으로써 외적인 것과의 통일에서 벗어난다."[23] 장르의 분야에서 보면 낭만적 예술형식은 삼차원적 자연성의 최초의 지양인 회화와 더불어 시작하여, 시간성 안에서의 순수 내면의 울림인 음들의 질서로서의 음악을 거쳐, 정신적인 것을 말을 통하여 표상케 하는 시문학에 이르며, 종국에는 해체되기에 이른다.

이러한 전진과 더불어 낭만적 예술형식은 "고전적 예술형식 및 그것의 표현 방식을 넘어서는 내용을 획득"하는데,[24] 헤겔은 이 전진을 가능케 하는 동인이 기독교에 있다고 본다. 즉 절대자가 오리엔트의 자연종교에서는 아직 어떤 추상적이고 인간에게 생소한 것으로서 나타났고, 그리스의 예술종교에서는 신이 단지 인간 신체의 외적인 형태로서 표현되었을 뿐인 반면에, 기독교에서는 신이 진정한 의미에서 스스로를 계시함으로써, 신과 인간이 보다 분명하게 동일한 것으로서 표상된다. 다시 말해 이제 인간적인 것과 신적인 것의 동일성은 단순히 신이 인간처럼 '생겼다'는 데 있는 것이 아니라, 신 그 스스로가 현실의 인간으로 된다는 데 있다. 미학적 문맥에 있어서 기독교는 커다란 의미를 지닌다. 이제 절대자가 그리스도 안에서 실제의 인간을 통해 경험될 수 있기 때문에, 인간의 정신은 진리에 이르는

23 13.114.
24 13.111.

길을 더 이상 감각적이고 물질적인 대상에서가 아니라 인간적인 주관성 그 자체에서 찾는다. 이로써 낭만적 예술형식에서 중요한 것은 어떤 외적인 형태가 아니라 정신의 내면성이다. 이에 상응하여 형태와 내용의 완전한 조화 대신에 이 두 계기의 분열이 낭만적 예술형식의 주된 특징을 이루며, 그 때문에 헤겔에 있어서 이 형식은 본질적으로 아름다운 예술이 더 이상 아니다. 즉 최우선적으로 관건이 되는 것은 감각적인 표현에 구속됨이 없이 스스로를 주장할 수 있는 주관적 내면성인 것이다. 그러나 감각적인 측면들의 이러한 도외시는 하나의 중대한 역설적인 결과를 낳는데, 그것은 곧 외적인 표현 가능성의 무제한적인 개방이다. 내면적인 내용을 나타내기 위해 어떤 특정한 표현수단을 선택하는가는 기본적으로 이래도 좋고 저래도 좋은 것으로 되어 버렸다. 즉 감각적 · 외적인 것의 가치하락이 동시에 그것의 자립화를 결과시킨 것이다. 여기서는 특히 두 가지 사실에 주목해야 한다. 먼저 예술적인 미의 차원에서 보자면 낭만적 예술형식은 결정적인 강등을 당한다. 이제는 '추(醜, das Häßliche)'(『미학대계』 2, 「미적 태도와 미적 대상, 가치, 경험의 관계」 참조)마저도 미적인 범주가 된다. 모든 것, 즉 불행, 고통까지도, 또 심지어는 범죄마저도 예술적 표현의 소재로서 받아들여지는데, 이는 고전적 예술형식에서는 결코 상상하기 힘든 현상이다. 이와 같이 부정적인 외면성이 예술적 표현에 편입된다는 것은 곧 미의 해체를 야기하는 것이다.

5. 헤겔 이후의 관념론 미학의 변모

이미 베를린 시기에 그의 미학강의가 전 유럽을 떠들썩하게 만들었던 만큼이나, 그것에 대한 반향들은 일찍 나타났다. 그리고 그의 제자들은 어떻게든 "예술의 종언"이라는, 헤겔 미학의 악명 높은 결론을 피해 가기 위해 특히 예술형식론에 대한 대대적인 수정의 작업을 도모하였다. 헤겔의 예술

형식론이 기존의 예술사론들에 대해 지니는 가장 커다란 특징은 바로 그것의 삼분법적인 구성이다. 즉 기존의 이론들이 예술의 역사를 고대와 근대로 나누었던 데 반해, 그는 고전적 예술형식과 낭만적 예술형식에다 상징적 예술형식을 추가한다. 그러나 이렇게 상징적 예술형식을 제3의 형태로 편입시킨 것은 그의 예술의 종언 테제를 확증하는 데 결정적으로 기여한다. 게다가 헤겔의 예술형식론은 변증법적인 것이 아니라 직선적이다. 즉, 예술의 완성은 세 번째가 아닌 두 번째 부분(고전예술)에 속하는 것이며, 그 발전은 주관성을 점점 더 강력히 부각시키는 방향으로 이루어진다. 즉 예술의 발전은 종국에 가서는 종합이 아니라 오히려 하나의 해체만이 있을 수 있다는 것으로 귀결된다. '정－반－합' 으로 알려지는 헤겔의 여타의 삼분구조의 틀에서 벗어나는 이러한 구성은 그가 죽은 직후부터 여러 후기 관념론적 헤겔 비평가들로부터 신랄한 비판을 받게 된다.

따라서 이에 대한 수정은 주로 고전적 예술형식을 첫 번째 단계로, 그리고 낭만적 예술형식을 두 번째 단계로 설정한 뒤, 그에 뒤이어 등장하는 제3의 종합적인 예술형식을 거론하는 방식으로 이루어졌다. 이러한 작업의 대표자 중 하나가 바이세(Ch. H. Weiße)이다. 그는 1830년에 출간된 『미학의 체계』에서 '고대의 이념상', '낭만적 이념상' 및 '근대적 이념상' 이라는 순서로 예술사를 전개한다.[25] 그리고 피셔(F. Th. Vischer) 또한 헤겔이 근대예술을 낭만예술 아래로 포섭시켜 버렸음을 비판하여, 오히려 근대예술은 독자적인 예술로 여겨져야 하며, 또한 낭만적 예술형식은 중세예술로 제한되어야 한다고 주장한다. 그 대신 상징적 예술형식은 오리엔트, 그리스 그리고 로마의 예술을 아우르는 고전적 예술형식의 하위 지점으로 설정된다. 피셔의 세 가지 예술형식에 대한 근본 규정은 객관성, 주관성 그리고 이 양자의 결합이다. 이에 따라 피셔는 제1의 형식을 '고대 상상력의 객관적 이념상' 으로, 제2의 형식을 중세에서 실현된 '상상적 주관성의 이념상' 으로,

25 *System der Aesthetik als Wissenschaft von der Idee der Schönheit*, 2 Bde., Leipzig, 1830, I 258ff.

그리고 제3의 형식을 '도야된 주관성, 즉 진정 해방되고 동시에 객관성과 화해한 주관성의 이념상' 인 '근대의 이념상' 으로 각각 지정한다. 이러한 피셔의 구분은 직선적인 것이 아니라 변증법적인 것이다. 즉 헤겔에서와는 달리 예술사의 최종 단계에서는 예술의 해체가 아닌 종합이 이루어진다.[26]

해체가 아닌 종합의 모색은 장르 이론의 관점에서도 도모될 수 있는데, 이 점은 이미 헤겔 자신의 발언에서도 그 단초가 발견된다. 즉 그가 예술의 종언을 확증하기 위해 제시하는 낭만적 시문학의 마지막 단계인 극시(劇詩, dramatische Poesie)는 오히려 바그너(R. Wagner)의 "종합예술작품(Gesamtkunstwerk)" 구상의 모태가 될 만큼이나 기존의 모든 예술들을 종합하는 통합 장르로 규정되고 있다. 또한 설령 바그너의 예술이념까지 나아가지 않는다 하더라도, 헤겔은 베를린 시기의 미학강의에서 이미 근대의 오페라를 고대의 비극에 견줄 수 있을 만한 총체적 예술로 인정하고 있었다.[27]

그러나 예술사적 관점과 장르론적 관점에서의 이러한 반박 내지 수정 가능성에 대해 헤겔은 그다지 진지하게 생각하지 않는다. 왜냐하면 이미 미학강의의 "서론" 부분에서 그 역시 예술의 지속적인 발전 가능성을 인정하고 있으며, 또 그러한 발전이 비록 자신이 제시한 발전 모델과는 다른 형태로 이루어진다고 할지라도, 그는 그것을 다만 양식적인 측면에서의 발전으로 치부할 것이기 때문이다. 그의 예술적 관심은 어디까지나 절대정신의 영역에서 예술이 얼마만큼 진리의 매개자가 될 수 있는 것인가에 있기 때문에, 외적인 번영과 지속은 전적으로 무차별적인 문제인 것이다. 그 때문에 현대에 와서 루만(N. Luhmann)의 사회학의 영향 아래 도모되어 온 '예술체계의 분리독립' 에 주안점을 둔 접근방식[28]에 대해서도 헤겔의 미학적

26 Plan zu einer neuen Gliedrung der Ästheitk, in: *Jahrbücher der Gegenwart* 1 (Dez. 1843), 345-346, 349-350, 355-356, 359-368; *Aesthetik oder Wissenschaft des Schönen*, 1846ff., hrsg. von R. Vischer, 6 Bde. München, 1922-1923.

27 참조. 1826년 강의 90a; 1828/29년 강의 Ms. 152.

28 참조. N. Luhmann, *Die Kunst der Gesellschaft*, Frankfurt/M, 1995; G. Plumpe, *Ästhetische Kommunikation der Moderne*, Bd. 1: Von Kant bis Hegel, Opladen, 1993.

결론은 이미 면역성을 갖추고 있다고 보아야 한다.

따라서 헤겔을 넘어서는 방향에서 그의 미학적 결론에 대응하는 유일한 길은 단지 예술이론 영역 내에서의 접근법을 통해서는 구해질 수 없고, 오로지 헤겔의 체계적 관점에서의 예술관에 대한 근본적인 수정을 통해서만 얻어질 수 있는데, 여기에서도 또다시 길은 적어도 두 갈래로 나뉜다. 첫 번째의 길은 헤겔의 미학적 결론을 인식론적인 관점에서 반박하는 것이다. 즉 헤겔이 철학을 진리인식의 최고의 궁극적인 단계로 설정한 데 반해, 이 관점은 오히려 예술을 최종의 단계에 위치시키고자 한다. 그러나 이러한 방법론은 즉시 벽에 부딪친다. 왜냐하면 최고의 인식을 구성하는 조건 중의 하나인 자기정당화(Selbstbegründung)를 예술은 할 수 없기 때문이다. 예술의 정당화가 결국에는 철학적 논거에 기대는 이상, 예술은 철학이 지니는 인식론적 차원에서의 독점적 위치에 도전할 수 없는 것이다. 따라서 두 번째의 길이 훨씬 더 설득력을 지닌다고 보인다. 이 길은 주로 회슬레(V. Hösle)[29]나 로치(M. W. Roche)[30]와 같이 헤겔의 절대적 관념론의 근본적 단초를 원칙적으로 지지하면서도, 그것의 구체적 전개에서는 반드시 수정이 있지 않으면 안 된다고 보는 이들을 통해 옹호되는데, 그것은 철학이 지니는 양보할 수 없는 지적 우월성을 인정하면서도 예술의 존재 권리를 또한 결코 포기할 수 없는 것으로 논증해 내는 전략에서 성립한다. 여기서 주목할 점은 이 전략은 헤겔의 체계구조를 근본적으로 건드린다는 점인데, 그것은 특히 절대적 인식인 철학을 모든 실재성의 궁극 목표로 설정하는 헤겔의 주지주의를 표적으로 삼는다. 즉 철학의 인식적 절대성을 인정하더라도, 이론의 영역에만 머무는 인식이 결코 실재철학의 최종 단계가 되어서는 곤란하다는 것이다. 특히 이 입장은 객관정신 앞에서의 절대정신의 무력함을 극복하고자 하기 때문에, 헤겔의 정신철학에서 절대정신과 객관

29 *Hegels System. Der Idealismus der Subjektivität und das Problem der Intersubjektivität*, Hamburg, 1988.

30 *Tragedy and Comedy: A Systematic Study and a Critique of Hegel*, New York, 1998.

정신의 관계를 지양과 해소의 관계로 보는 것이 아니라, 이 두 영역의 관계를 생산적으로 재구성하고자 한다. 따라서 자연스럽게 이 입장은 헤겔이 청년기에 품었다가 체계철학자로 성숙해 가는 가운데 점차로 퇴색해 버린, 정치미학적 단초를 새로운 차원에서 복원시키는 방향으로 나아간다. 그리고 이는 예술에게 이론과 실천의 영역을 매개하는 교량의 역할을 요구하는 칸트(『미학대계』 1, 독일, 「칸트」 참조)나 쉴러(『미학대계』 1, 독일, 「쉴러 미학에 대한 인간학적 이해」 참조)의 미학적 사고와도 다시 만날 수 있게 되며, 또 어떤 점에서는 다양한 형태로 진행되었던 좌파미학의 입장과도 몇 가지 점에서 일치할 수 있다고 여겨지기도 한다. 하지만 이 두 번째의 전략은 현재 진행형의 단계에 있기 때문에, 그 궁극적인 완성태는 지금으로서는 단지 기대만 할 수 있을 뿐이다.

더 읽을거리

권대중, 「헤겔의 '자연미' 개념에 관한 연구」, 서울대학교 석사학위논문, 1993.

_____, 「헤겔의 '예술의 종언' 명제의 수정가능성 모색」, 『미학』 제39집, 2004.

김문환, 권대중 편역, 『예술의 죽음과 부활: 헤겔의 '예술의 종언' 명제와 관련하여』, 지식산업사, 2004.

김소영, 「자기의식의 변증법에서 본 헤겔의 예술철학」, 서울대학교 석사학위논문, 1998.

김영숙, 「헤겔 미학과 그 수용」, 서울대학교 석사학위논문, 1982.

민현준, 「'가상' 개념을 중심으로 한 헤겔미학 연구」, 서울대학교 석사학위논문, 1991.

박정훈, 「헤겔의 '예술종교' 연구」, 서울대학교 석사학위논문, 2004.

비토리오 회슬레, 『헤겔의 체계 1』, 권대중 옮김, 한길사, 2006.

이진석, 「헤겔 미학에 관한 연구」, 서울대학교 석사학위논문, 1990.

이창환, 「미학에 있어서 주관성의 문제에 관하여」, 서울대학교 석사학위논문, 1979.

_____, 「예술의 '철학'으로서의 헤겔미학」, 『미학』 제17집, 1997.

_____, 「헤겔의 반성규정들의 체계와 예술철학」, 『헤겔연구』 제15호, 2004.

이춘길, 「헤겔미학의 성립에 관한 사회사적 고찰」, 서울대학교 석사학위논문, 1983.

_____, 「헤겔과 시민적 문화관의 전개」, 『미학』 제40집, 2004.

Bungay, S., *Beauty and Truth: A Study of Hegel's Aesthetics*, Oxford, 1987.

Desmond, W., *Art and the Absolute: A Study of Hegel's Aesthetics*, New York, 1986.

사회주의

마르크스주의 미학의 전반적 흐름

신혜경

1. 마르크스주의 미학의 성립

마르크스주의 미학은 미적인 것의 본질과 기능, 미적 활동과 지각의 법칙 및 자연과 사회생활의 미적 전유, 인식 및 변형의 법칙에 관한 학으로서 규정된다. 마르크스주의 미학은 변증법적 유물론과 사적 유물론, 그리고 계급투쟁론으로 구성되어 있는 마르크스-레닌주의의 이론적 · 방법론적 원리에 근거한다. 클라우스와 부어가 편집한 『마르크스주의 철학사전』에 따르면, 마르크스주의 미학은 1) 변증법적 유물론과 사적 유물론이라는 새로운 철학이론의 관점하에서, 2) 혁명적 프롤레타리아트의 사회주의적 지향이라는 새로운 사회적 이상과 이를 향한 실천적 투쟁이라는 관점하에서, 3) 인류의 공산주의적 미래에 대한 위대한 전망이라는 관점하에서, 미학이라는 학문적 영역에서의 새로운 역사적 전환을 이룩한 것으로 평가된다. 물론 마르크스와 엥겔스 자신은 미학에 관한 본격적인 연구에 전념하지 않았지만,[1] 그들의 광범위한 저작들 속에서 우리는 예술과 노동, 미적인 것의

1 마르크스는 미학에 관한 체계적인 글을 쓰고자 두 번 계획한 적이 있다. 1841-42년 겨울 동안 그는 헤겔의 예술 및 종교 비판에 대해서 브루노 바우어와 함께 연구했다. 또한 1857년

본질, 예술의 사회적 측면과 창조적 측면, 미적 경험의 사회적 본질, 이데올로기적 상부구조의 일부로서의 예술, 예술작품의 계급적 기원과 상대적 자율성, 예술과 사회의 불균등 발전, 예술과 현실의 관계, 이데올로기와 인식, 자본주의에서의 예술 창조와 물질적 생산, 예술작품이 지니는 미적 가치의 지속성 등과 같은 근본적인 미학적 문제에 관한 편린들을 찾아볼 수 있다.[2] 여기서는 이후 마르크스주의 미학의 발전에 중요한 영향을 끼쳤던 몇가지 문제만을 간략히 개괄해 보겠다.

가. 미적인 것의 본질과 미적 감성의 문제

마르크스와 엥겔스[3]는 인간의 미적 관계를 유적 본질의 토대로서, 그리고 삶의 과정의 본질적인 부분으로서 파악하였다. 일찍이 청년 마르크스는 『경제학 철학초고』에서 유적 존재로서의 인간의 본질을 동물적 존재의 일면적 생산과 비교하여 설명한 바 있다. 동물은 직접적인 육체적 욕구의 지배하에 생산하지만, 반면에 인간은 이러한 욕구로부터 자유로울 때만이 비로소 진정으로 생산하는 것이다; "동물은 자신이 속해 있는 종의 척도와 욕구에 따라 형성하지만, 반면에 인간은 모든 종의 척도에 따서 생산할 줄 알

에 마르크스는 *New American Ecyclopedia*에 "미학"에 관한 논문을 써달라는 요청에 응하려고 했다는 증거도 있다. 이 두 작업은 모두 완성에 이르지 못하였다.

2 A. Vasquez, 『예술과 사회』, pp. 11-12. 바스케즈는 비록 마르크스의 미학사상이 유기적인 교의나 체계화된 미학으로 정립되지는 못했지만, 그렇다고 해서 인간과 사회에 대한 마르크스의 관점의 본질적 측면으로서 미학사상이 지니고 있는 중요성이 감소되는 것은 아니라고 강조한다.

3 데미츠(Demetz)와 같은 많은 서구 이론가들은 마르크스와 엥겔스의 미학적 사유를 날카롭게 구분하고자 했다. 이미 청년 시절부터 고전적인 문학전통에 심취했던 마르크스는 철학과 미학을 탐구했던 반면에(본 대학에서 마르크스는 쉴레겔의 학생이었다), 엥겔스는 일찌감치 청년독일 운동의 이념에 경도되어 문학비평을 행했다. 이에 대해 모라브스키는 그들의 미학적 사유가 평생 지속된 협동연구의 시작(1844년 10월)과 더불어 상호 침투되었다고 한다. 주요한 미학적 사유에 대해서는 일치되고 있지만, 그럼에도 개별적인 특별한 관심이나 취향에 있어서는 약간의 차별성이 존재한다는 것이다. 즉 마르크스는 추상적인 사유에 좀 더 관심이 있었고 보다 체계적이었던 반면에, 엥겔스는 보다 감성적이고 자발적이었다: "마르크스의 이상은 프로메테우스였다면, 엥겔스의 이상은 니벨룽겐의 반지의 지그프리트였다."(S. Morawski, "The Aesthetic Views of Marx and Engels", J.A.A.C., V.28. No.3. p. 302)

고 언제 어디서건 대상에 대해 내재적 척도를 갖다댈 줄 안다." 따라서 인간은 "미의 법칙"에 의거해서 생산한다는 것이다. 모라브스키(Morawski)는 마르크스의 견해를 다음과 같이 재구성하였다. 1) 애초에 인간은 그의 대상을 예술적으로 형상화하는 가운데, 물질적 세계를 인간적으로 지배하는 자신의 능력을 표현한다. 2) 마침내 인간의 대상의 구조(내재적 척도, 비례)가 예술적 과정의 핵심적인 목적이 될 수 있다; 이전에 지배적이던 기능주의로부터 분리되는 이 단계에 비실제적인 미적인 관조가 출현하게 된다. 3) 미적 감성이 고도로 의식적이고 결정적이며 상대적으로 자율적으로 됨에 따라, 색, 소리, 형상과 같은 그러한 속성들에 대한 감응성이 나타난다. 바스케즈(Vasquez)는 『경제학 철학초고』에 나타난 미적 감성의 기원과 미적인 것의 본질 문제에 대한 마르크스의 논의를 다음과 같이 요약한 바 있다. 1) 주체와 대상 사이의 미적 관계가 성립됨으로써, 그 결과 주체의 인간적 풍부함이 객관화되고 드러난다. 2) 이러한 주체 객체 관계는 사회 역사적 토대 위에서 노동에 의한 자연의 인간화 과정과 인간존재의 대상화 과정에서 발전한다. 3) 현실에 대한 미적 전유는 보다 우월한 인간노동으로서의 예술에서 최고도로 발전한다. 그것은 구체적 · 감각적 대상에 예술가의 본질적 능력을 드러내고 그의 내적 욕구를 보다 높은 차원에서 대상화하는 것이다. 4) 인간과 현실 간의 미적 관계는 대상뿐만 아니라 주체까지도 창조한다. 5) 예술이 자본주의적 생산의 보편적 법칙 아래 놓이게 될 경우, 즉 예술작품이 상품으로 간주될 경우에 소외된다.[4]

마르크스에게 있어 객관적 실재를 미의 척도에 따라 평가하고 표현하는

---

4 여기에서 마르크스의 논점은 자본주의의 사적 소유에 근거한 소외된 노동이 인간의 자유로운 유적 활동을 한갓된 육체적 생존을 위한 수단으로 격하시켜 버린다는 점을 비판하는 것이다. 마르크스는 이러한 소외된 노동의 본질을 1)자신의 노동생산물로부터의 소외, 2)자신의 생활 활동, 즉 노동 과정 내에서의 소외, 3)인간의 유적 본질로부터의 소외, 그리고 마지막으로 4)인간으로부터의 소외를 초래한다고 규정하였다. 결국 마르크스는 "자본주의는 정신적 산물의 특별한 분야, 예를 들어 시, 문학, 그리고 예술에 대해 적대적"이라고 주장하였다.

것은 인간의 본질적인 능력을 대상화함에 있어서 핵심적인 요소를 이루는 것이다. 마르크스는 미적 감성을 구체적인 역사적 과정의 특수한 구조들 속에서 형성된 것으로 설명한다. 미적 관계란 실제적인 동물적 욕구로부터 자유로운 관계이며, 인류가 자신의 인간적 본질을 실현시키는 총체적인 사회적 실천을 통해서 비로소 미적 감성이 발생하게 된다.[5] 이에 대해 마르크스는 다음과 같이 주장하였다.

> 오감의 '형성' 은 지금까지 세계사 전반에 걸친 업적이다. 투박한 실천적 욕구에 사로잡힌 '감각' 이란 역시 그것에 한정된 '편협한' 감각에 지나지 않는다. [……] 근심걱정으로 가득찬 인간은 아무리 아름다운 연극을 보더라도 이에 대해 아무런 감각을 가질 수 없는 법이다. 광물을 캐는 광부는 광물의 상업적 가치만을 따질 따름이지 광물이 지닌 아름다움이나 그 고유의 성질은 보지 못한다. 그는 광물적인 감각을 지니고 있지 않다. 이와 같이 인간적인 본질의 대상화는 이론적으로나 실제적으로 보더라도 인간의 '감각' 을 인간적으로 하는 데 그 목적이 있으며, 그리고 인간적이며 자연스런 본질의 풍요로움 전체를 위해 '인간적인 감각' 을 창조해 내는 데 그 목적이 있다.

따라서 미적 감성은 인간의 유적 발전의 비교적 고도의 단계에서 발전된 것인바, 이는 생리적이고 동물적인 만족의 수준으로부터 인간에게 고유한 정신적 기쁨의 수준으로의 질적인 도약, 그리고 자연환경 속에서의 유기체의 본능적 정향의 수준으로부터 사회적으로 규정된 가치적 정향(定向)의 수준으로의 질적인 도약을 드러내 주는 것이다.[6]

---

5 마르크스는 다음과 같이 말하고 있다. "대상적으로 전개된 인간적 부를 통해, 비로소 주관적인 인간적 감성의 부가, 음악적인 귀, 형식의 미를 바라는 눈이, 간략히 말하자면 인간적 향유의 능력이 있는 감성이 [……] 비로소 형성되고 산출되었다."

6 까간, 『미학강의 1』, pp. 90-91.

나. 토대와 상부구조론의 문제

마르크스와 엥겔스는 마르크스주의 미학의 일반적 원리들을 사적 유물론의 기본 교리에 근거한 것으로 설명한다. 사적 유물론은 역사적 발전 과정의 근본 방향성과 그것을 규정하고 있는 합법칙성을 경제적 하부 구조에서 찾고 있다. 이러한 맥락에서 문학과 예술을 포함하는 사회적 이데올로기들은 생산력과 생산관계로 이루어진 물질적 토대에 의해 규정되는 상부 구조의 일부로서 자리잡게 된다. 마르크스는 "물질적 삶의 생산양식이 사회적 · 정치적 · 정신적 생활 과정 일반을 조건짓는다. 인간의 의식이 존재를 규정하는 것이 아니라 그들의 사회적 존재가 그들의 의식을 규정한다"고 하였다. 이러한 사적 유물론의 교의에 따라 사회적 의식의 한 형태로서의 예술도 그 변화의 궁극적 원인을 토대의 발전 과정에서 근거하게 된다. 바로 이것이 토대와 상부 구조라는 비유적 도식에 의해 마르크스와 엥겔스가 설명하고자 하는 것이다.

그럼에 있어 그들은 이러한 토대 상부구조론이 이후 속류 유물론자들에게서 해석되었던 것처럼 기계적이고 왜곡된 결론에 도달하는 것을 막고자 하였다. 다시 말해 그들은 토대와 상부 구조의 관계에 있어서 전자가 유일하게 능동적이고 규정적인 원인이라고 해석되는 경제 결정론적인 해석을 일찌감치 거부한 것이다. 엥겔스는 "정치적 · 법적 · 철학적 · 종교적 · 문학적 · 예술적 발전 등이 경제적 발전에 기초하지만, 그것들 역시 모두 상호간에 그리고 경제적 토대에 반작용한다"는 점을 강조한 바 있다. 즉 경제적 토대만이 유일하게 능동적인 원인이고 나머지는 모두 단지 수동적인 작용을 할 뿐이라고 보는 시각을 강력하게 비판한다. 엥겔스는 분명한 어조로 토대와 상부 구조의 관계는 "최종심에서 언제나 관철되고 있는 경제적 합법칙성을 토대로 한 상호 작용"이라는 점을 밝히고 있다.

나아가 마르크스와 엥겔스는 역사적 과정 속에서 예술이 갖는 능동적 역할과 상대적 자율성을 여러 번 강조한다. 도식주의와 교조주의의 단호한 반대자였던 마르크스는 예술의 특정한 시기와 사회의 일반적 발전 사이에는 어느 정도 불균형이 존재할 수 있다는 점을 암시한다.

> 널리 알려진 바와 같이 예술의 경우 그 전성기가 결코 사회의 일반적 발전, 그리하여 그것의 물질적 기초, 즉 사회조직의 골간의 일반적 발전과 비례하지 않는다. 예컨대 근대인들 혹은 셰익스피어와 비교해 본 그리스인들의 경우가 그러하다. [……] 다시 말해 예술 영역 자체 내에서는 어떤 주요한 형상화들이 예술의 발전 과정상 미발전 단계에서만 가능할 수 있다는 것이다.

따라서 이러한 불균등 발전의 원칙이 어떤 시기에 표현되고 있는가는 오직 구체적 상황에 대한 구체적 분석을 토대로 해서만 대답할 수 있는 구체적 역사의 문제이다. 마르크스와 엥겔스는 구체적인 역사 과정에 대한 구체적 연구 대신에 단순히 구성된 결론이나 유사성을 바탕으로 한 역사관을 내세우는 기계적인 속류 유물론의 견해들과 단호히 투쟁하였다. 이러한 맥락에서 또한 마르크스가 『정치경제학 비판 서문』에서 제기했던 문제, 즉 "무엇이 예술을 그 역사성에도 불구하고 영원한 가치의 것으로 만드는 것일까?"라는 물음의 중요성을 파악할 수 있다. 그는 그리스 예술과 그리스 서사시가 어떤 사회적 형식과 연결되어 있는가를 파악하기란 어려운 일이 아니지만, 그럼에도 불구하고 왜 그것들이 오늘날 우리에게도 여전히 변치 않는 기준으로 여겨질 만한 그러한 미적 쾌감을 제공할 수 있는지에 대해 문제를 제기하고 있다. 이에 대해 마르크스는 인류의 사회적 유아기가 경제적 발전과 함께 그 시절이 영원히 돌아오지 않는다고 해도 영원한 매력을 가지고 있는 것이라고 하면서, 예술 속에서의 발전과 경제적 발전이 항시 일치하는 것이 절대 아니라는 점을 암시하고 있다. 따라서 예술과 미적 가치는 상부 구조의 하나로서 궁극적으로는 경제적 토대에 기반하는 것이지만, 상호 상대적 자율성을 지니면서 서로에게 영향을 끼칠 수 있는 가능성이 존재한다고 볼 수 있다.

다. 리얼리즘의 문제

마르크스와 엥겔스는 예술이 지닌 인식적 기능을 높게 평가하고 현실세계의 반영으로서 그 폭과 깊이를 충분히 보장해 주는 예술적 방법으로서의 리얼리즘의 문제에 관심을 기울였다.[7] 특히 리얼리즘에 대한 엥겔스의 언급들은 올바른 예술 방법으로서의 사회주의적 현실주의를 규명하는 데 있어 기본적인 방향성을 제시해 주고 있다. 엥겔스는 리얼리즘을 다음과 같이 정식화하였다. "리얼리즘은 디테일에의 충실성 이외에도 전형적 상황에서의 전형적 인물의 충실한 재현을 의미한다." 여기에서 '전형적인 것'이란 어떤 한갓된 추상화나 자연주의적 '평균', 또는 쉴러와 같은 의미에서의 '이상주의적인 것'이 아니라, 합법칙적인 것과 구체적인 것, 인류 보편적인 것과 역사적으로 소멸하는 것, 사회적으로 보편적인 것과 개성적인 것이 유기적으로 결합된 것을 의미한다. 엥겔스의 말에 따르자면, "모든 사람은 하나의 전형이자 동시에 특정한 개별적 인간, 즉 늙은 헤겔의 표현대로 '이 사람'이며 또 그래야 한다"는 것이다.

이와 관련하여 우리는 마르크스와 엥겔스가 위대한 리얼리즘의 작가로 간주했던 셰익스피어와 괴테, 스코트와 발자크 같은 이들이 정치적으로는 진보적인 좌파의 입장에 서지 않았다는 점에 주목할 필요가 있다. 마르크스와 엥겔스는 이 점을 분명히 인식하고 있었는데, 엥겔스는 마가렛 하크니스에게 보낸 유명한 편지에서 이 문제를 다음과 같이 설명하고 있다.

> 발자크는 자신이 계급적 공감과 정치적 편견에 역행할 수밖에 없었고 자신이 애호하는 귀족들의 몰락의 필연성을 보았으며 그들을 더 나은 운명을 받을 가치가 없는 사람으로 묘사합니다. 그리고 그는 다가올 미래에 홀

7 마르크스는 디킨스, 새커리, 브론테와 같은 19세기 영국 작가들의 작품들이 당대의 온갖 직업 정치가나 도덕주의자들의 말 전부보다도 더 많은 정치적 · 사회적 진리를 전달해 준다고 높게 평가하였다.

로 발견될, 미래의 실제적 인간을 보았습니다. 저는 이러한 점을 리얼리즘의 가장 위대한 승리의 하나로, 발자크의 가장 위대한 행적 중의 하나로 보고 있습니다.

발자크의 작품은 본질적으로는 "선량한 사회가 필연적으로 몰락해 가는 것을 슬퍼하는 부단한 애가"임에도 불구하고, 올바른 예술적 방법으로서의 리얼리즘에 입각하고 있기 때문에 작가의 세계관과는 전혀 반대 입장에서 자신이 가장 깊은 연민을 나누고 있는 귀족들의 몰락을 현실 그대로 그려 낼 수 있었던 것이다. "위대한 리얼리즘의 승리"라는 명제가 바로 여기에서 나온 것이며 이후 "세계관과 방법의 모순"에 대한 논쟁이 싹트게 되는 것도 이러한 엥겔스의 논의를 둘러싼 해석의 문제였음은 두말 할 나위 없다. 엥겔스는 하크니스에게 보낸 편지에서 세계관과 방법의 문제라는 유명한 논제를 다음과 같이 강조하였다. "제 생각은 당신이 순수한 사회주의적 소설을 쓰지 않았다는 점에서, 혹은 이를테면 우리 독일 사람들이 사회적 정치적 견해를 기리기 위해 명칭을 만들어 낸 바로 그 '경향 소설'을 쓰지 않았다는 점에서 오류를 찾는 것과는 거리가 멉니다. 저는 그런 것을 결코 염두에 두지 않았습니다. 작가의 견해가 감추어져 있을수록 예술작품은 더욱 훌륭해집니다. 제가 말하는 현실주의란 심지어는 작가의 견해에도 불구하고 드러날 수 있는 것이어야 합니다."

이러한 맥락에서 우리는 마르크스와 엥겔스의 경향(Tendenz)문학에 대한 생각을 이해할 수 있다. 경향이란 예술가가 자신의 작품으로 입증 선전 예증하고자 하는 정치적 · 사회적 추구라고 할 수 있는 바, 어떠한 사회적 입장의 목적지향적인 옹호로서의 경향성은 그것이 올바른 현실주의적 방법에 의해 작품 속에 충분히 녹아들지 못하고 생경하게 겉돌게 될 때 예술작품에 있어 거대한 결점이 될 수 있는 것이다. 엥겔스는 민나 카우츠키에게 보낸 편지에서 다음과 같이 주장하고 있다.

그러나 제가 생각할 때 경향성이란 명시적으로 제시됨이 없이 상황과 사건 진행 자체로부터 분출되어야 하는 것이며 또한 작가는 자신이 묘사하는 사회적 갈등들을 풀어갈 앞으로의 역사적 해결책을 독자의 손에 쥐어 줄 필요가 없지요.

이러한 마르크스와 엥겔스의 관점은 라살레(Lasalle)의 역사극 『프란츠 폰 지킹엔』(1857-58)을 둘러싸고 벌어진 이른바 '지킹엔 논쟁'에서도 잘 드러난다. 마르크스와 엥겔스는 라살레를 비판하는 가운데 작품의 창작 방법이라는 관점에서도 문제를 제기하고 있다. 즉 그들은 라살레의 인물 묘사와 극적 갈등의 형상화가 충분히 현실주의적이지 못하고 지나치게 추상적이고 관념적이라는 점을 지적한다. 마르크스는 라살레가 이념(보편성)의 형상화를 통하여 인물(특수성)을 표현할 것이 아니라, 특정한 시대에서 다양한 사회적 관계들을 맺고 개별적 성격을 지니고 있는 구체적 인물들을 통하여 역사적 보편성을 표현해야 한다고 강조한다. 마르크스는 라살레에 대하여 "개인을 시대정신의 단순한 메가폰으로 만들어 버린 것, 즉 쉴러화한 것"을 가장 중요한 실수라고 간주하며 "보다 더 셰익스피어화할 것"을 요청한다. 따라서 마르크스 · 엥겔스와 라살레 사이의 미학적 입장의 근본적 차이는 등장인물의 전형화와 성격묘사에서 찾을 수 있다. 마르크스주의 미학은 보편성의 표현을 위하여 하나의 사례로서 '특수한 것', 개별적 개체성을 찾는 "실러적" 창작 방법이 아니라, '특수한 것'의 구체적이고 생생한 표현을 통하여 보편성을 나타내는 "셰익스피어적" 또는 "괴테적" 창작 방법을 현실주의적인 창작 원리로서 강조한 것이다.

2. 소비에트 내의 마르크스주의 미학의 발전 과정[8]

소비에트 러시아의 미학적 사유를 중심으로 마르크스주의 미학의 발전

과정을 살펴보자면, 최초의 공공연한 마르크스주의 미학은 그 성격상 사회학적인 것이었다. 그것은 마르크스의 『정치 경제학 비판 서문』에서 추출해 낸 사적 유물론의 방법론에 입각하여 "물질적 삶의 생산양식이 사회적 · 정치적 · 정신적 생활 과정 일반을 조건짓는다"는 데에 일차적으로 주목했다. 일반적으로 예술은 상부 구조의 한 요소이고 궁극적으로 사회의 경제적 토대와 계급적 기반에 의해 조건지워져 있다. 다시 말해 사회적 의식의 한 형태인 예술도 그 궁극적 원인을 인간의 사회적 존재, 무엇보다도 사회의 경제적 토대에서 찾을 수 있다는 것이다. 이는 또한 계급사회에서의 예술은 예술가의 계급 위치와 연결되어 있으며 특수한 경제적 · 계급적 이해를 표현하고 도모하게 된다는 것을 의미한다.

이런 맥락에서 러시아 마르크스주의의 아버지라고 불리는 플레하노프(Plechanov)의 미학적 사유도 위치지워질 수 있다. 그에 따르면, 예술이란 궁극적으로 사회적 생산력의 발전 정도에 의해 규정되는 사회적 심리를 표현하는 다양한 이데올로기의 하나이다. 그에 따라 유물론적 비평가의 최초의 과제는 주어진 예술작품의 이념을 예술적 언어로부터 사회학의 언어로 번역하는 것, 이른바 예술적 현상의 사회학적 등가물을 찾는 것이라고 주장된다.[9] 물론 플레하노프 자신은 유물론적 비평의 두번째 행위로서 작품에 대한 미학적 평가를 강조했음에도 불구하고, 사실상 이러한 측면은 그를 계

---

8 이 절의 내용은 E. Swidersky, *The Philosophical Foundations of Soviet Aesthetics: Theories and Controversies in the Post-War Years*; J. Scanlan, *Marxism in the USSR: A Critical Survey of Current Soviet Thought*, pp. 293-325 및 구마다 마유끼, 「美的 價値論の 動向; 美的 價値の 客觀性と 主體-客體 關係の 辨證法」, 『美學 藝術學の 現代的 課題』를 중심으로 요약 보충한 것이다.

9 플레하노프는 사회 속에서의 예술의 위치의 위계구조를 다음과 같이 5단계로 정식화한다: 1)생산력의 발전 정도, 2)생산력의 발전 정도에 의해 규정되는 경제적 관계들(사회적 생산 과정에서의 인간들 간의 관계), 3)주어진 경제적 토대 위에서 발전한 사회정치적 체제(그 관계를 표현하는 사회형태), 4)한편으로는 직접적으로 주어진 경제적 조건에 의해, 다른 한편으로는 그 기반 위에서 발생한 전 사회 정치적 체제에 의해 규정되는 사회적 인간의 심리(그 사회형태에 조응하는 정신과 습속의 상태), 5)그 심리의 특성들을 반영하는 다양한 이데올로기들(그 상태에 의해 야기된 재능, 취미 등에 일치하는 종교, 철학, 문학, 예술 등)

승한 일련의 사회학주의적 미학의 흐름 속에서 제대로 발전되지 못하고 말았다. 그리하여 1920년대에 이르기까지 유물론적 미학은 예술의 특수한 법칙성과 사회적 규정성의 변증법적 통일을 다룬다고 함에도 불구하고 방법론적으로 "예술은 사회적 요인 외에 어떠한 다른 결정요인도 가질 수 없다"는 데에로 환원되고 말았다. 대표적으로 프리체(Frice)는 계급으로 분화된 사회에서는 '계급 심리'가 경제와 예술의 매개 고리가 되며 "경제－계급－계급심리－예술, 바로 이것이 마르크스주의적 예술이해의 일원론적 입론"이라고 주장하였다. 그리하여 이데올로기 형태로서의 예술이라는 프리체의 구상에서 결정적 역할을 하는 것은 동질적 계급의식이라는 표상인바, 이러한 계급의식은 예술가를 그 자신의 계급상황에 대한 재생산 행위에 국한시키게 만듦으로써 예술의 객관적 진리내실을 배제시켜 버렸다.[10] 결국 그러한 이론들이 예술의 이데올로기적 각인을 절대화하고(사회학주의) 그럼에 있어 예술가와 작품을 그들의 출신성분의 특정한 사회집단과 연관시키는 경향(속류화의 계기)이 있는 한, 그것은 속류 사회학주의(vulgar sociologism)[11]라는 이름을 받을 만한 것이었다. 그 결과 미학은 예술의 사회학으로 축소되고 예술에 대한 내재적 분석은 거의 무시되는 지경에 이르렀다.

이 시기에 행해진 주요한 미학적 논쟁 가운데 하나는 트로츠키(Trotsky)와 루나차르스키(Lunacharsky) 간에 행해진 새로운 프롤레타리아 문화의 창출에 관련된 것이었다. 트로츠키는 프롤레타리아 독재 시기에는 새로운 문화의 창출이 문제될 수 없다고 주장하였다. 계급으로서의 프롤레타리아트와 더불어 전체 계급사회가 철폐될 것이기 때문에 문화적 건설은 계급적 성격을 띠지 않을 것이라는 것이다. 이로부터 그는 프롤레타리아가 권력을 잡으면서 보편적 인류문화에 길을 내줄 것이기 때문에, 특수한 프롤레타리

10 지이겔, 『소비에트 문학이론』, p. 70.

11 속류 사회학주의란 "예술 및 문학 창작이 경제적 관계나 작가의 계급 귀속성에 직접 의존한다고 보며 문학의 내용 및 목표를 사회과학의 내용 및 목표와 동일시하여 문학을 사회학에 대한 형상적 도해로 변환시키는 것"이라고 규정된다.

아 문화란 존재하지 않으며 앞으로도 존재하지 않으리라고 주장하였다. 이러한 트로츠키의 견해는 많은 비판에 부딪혔는데, 이에 대해 루나차르스키는 새로운 사회의 창출은 문화적 과제이기도 하므로 프롤레타리아 독재는 자신의 고유한 문화를 이용할 수 있어야 한다고 하였다. 이른바 프롤레트쿨트 운동은 이러한 사상을 프롤레타리아가 자신의 고유한 문화를 창조해야 한다는 요구까지 끌고나갔다. 프롤레트쿨트 운동은 1920년 루나차르스키와 폴얀스키에 의해 서명된 한 포고문에서 "프롤레타리아의 감정을 프롤레타리아 문화라는 수단으로 표현하는 것을 중요한 목적으로 인정한다면, 이러한 목적은 단지 프롤레타리아 자신을 통해서만 성취될 수 있다"고 주장하였다. 프롤레트쿨트에 대한 레닌의 비판에도 불구하고 이는 많은 영향력을 끼쳤는바, 이 시기에는 '프롤레타리아 예술'이라는 용어만이 사용되었을 뿐, '사회주의적' 또는 '사회주의 현실주의적'이라는 수식어는 전혀 사용되지 않았다.

1930년대에 접어들면서 사회학주의의 이론적 · 방법론적 원리와는 일반적으로 대립되는 이른바 레닌주의적 단계가 개시되었다. 1931년과 1933년 사이에 마르크스주의 미학사상에서 중대한 의미를 지니는 마르크스와 엥겔스의 초기 저작들이 간행되었는데, 특히 『경제학 철학수고』와 『독일 이데올로기』가 최초로 빛을 보았으며 리프쉬츠(Lifshitz)와 쉴러(Schiller)가 루나차르스키의 도움을 받아 『문학과 예술에 관하여』라는 최초의 마르크스 엥겔스 선집을 편집하였다. 또한 철학적 상황에서 사회학주의의 무제한적 권위를 지니고 있었던 플레하노프의 유산에 대한 재평가 작업이 제보린의 철학저작에 대한 논쟁과 더불어 시작되면서, 마르크스주의 철학의 인식론적 문제들에 대한 활발한 논의가 레닌의 저작에 대한 재검토를 통해 이루어지게 되었다. 특히 1909년 출판된 『유물론과 경험비판론』에서 정립된 바 있는 "인간의 의식은 객관 세계의 반영"이라는 철학적 방법론에 입각하여, 레닌은 예술을 삶의 인식 수단으로 간주하고 톨스토이의 작품을 당대 러시아 농민혁명의 거울이라고 평가하였다. 여기에서 중요한 것은 현실의 본질적 측면에 대한 반영인바, 예술은 개별적이고 우연하며 반복 불가능한 것 속에서 보편적이고 합법칙적이며 본질적인 것을 표현해 내야 한다는 점이 강조되었다. 이에 따라 예술은 객관적인 현실의 반영이자 인식의 한 형태로 간주되었다. 작가의 창조에 있어 일반적으로 계급적이고 이데올로기적인 기원을 다루어서는 안 되며 작품 속에 드러난 객관적인 이념적 견해, 그것의 휴머니즘적이고 민주적 혁명적인 근본 방향을 설명하는 것, 작가의 객관적인 인식의 의미, 현실주의의 정도와 민중 연대성을 설명하는 것이 무엇보다 중요한 것으로 강조되었다. 다시 말해 사회학주의가 가정했던 '계급성'이라는 중심 범주 대신에 '민중성'이라는 범주가, 또한 사회학주의가 주장했던 '이데올로기의 승리' 대신에 '현실주의의 승리'가 등장하게 되는 것이다.[12]

바로 여기에서 포괄적인 인식론적·미학적 범주 내지는 방법론적 원리로서 현실주의라는 개념이 대두된다. '현실주의적'이라는 평가는 예술가의 주관적 이데올로기에 따라 달라지는 것이 아니라 현실에 대한 미적 전유형식과 이를 통해 매개된 예술작품의 수용 형식으로부터 결과되는 것이다. 바로 이러한 구상 내에서 계급 고유의 온갖 차별적 특징을 넘어서는 것으로서의 현실주의 개념이 정식화되었다. 그럼으로써 변증법적 반영론을 미학에 적용시킴에 있어서 현실주의는 "예술적으로 형상화된 본질"과 동일한 의미를 지니게 되었다. 이러한 교의를 바탕으로 1934년 소비에트 작가회의는 '사회주의 현실주의(socialist realism)'라는 예술적 방법론의 기준을 규정하게 되는바, 사회주의 현실주의란 "혁명적 발전과정 속에 있는 현실을 진실되고 역사적으로 구체적으로 묘사하고자 하는 예술가의 요구"를 나타

12 이러한 맥락에서 우리는 루카치의 후기 미학을 이해할 수 있다. 그는 "특히 속류화된 사회학주의적 진영에서의 강력한 저항"을 느끼면서, 다음과 같이 정식화한 바 있다. 즉 마르크스주의 미학은 사적 유물론의 한 부분이며 다른 측면에서 그것은 변증법적 유물론의 적용으로 고찰되어야 하는바, 따라서 "예술적 창조는 인간 의식 속에서의 외부세계의 반영의 한 방식으로서 변증법적 유물론의 일반 인식론에 속한다"는 것이다. 루카치, 「마르크스 엥겔스의 미학적 저작에 대한 입문」, 『마르크스 엥겔스 문학예술론』, p. 195.

내는 것으로 선언되었다.[13] 다시 말해 예술적 묘사의 진실성과 역사적 구체성은 사회주의의 정신 속에서 노동자의 교육과 이데올로기적 변화라는 목표와 조화를 이루어야만 하는 것이었다.

특히 레닌은 「당조직과 당문학」이라는 논문을 통하여 마르크스주의 미학에 있어서 예술의 당파성(*partijnost'*) 개념을 정립하였다.[14] 레닌은 이 논문에서 경찰 및 자본과 출세주의로부터 자유로울 뿐만 아니라 부르주아적인 무정부주의적 개인주의로부터도 자유로운 예술을 진정으로 자유로운 예술로 간주하고 있다.[15] 레닌은 예술가의 사회적 책임과 개인적 자유의 일치를 예술창작의 근본 문제로 간주했으며, 결국 진정한 인간적 자유를 위해 투쟁하는 예술가의 창조적 노력은 혁명적 노동계급과의 연대를 이루었을 때만이 자신의 자유에 대해서 확신할 수 있다고 강조하였다. 레닌은 당파성 원리의 이론적 기초를 1) 고도로 발전된 계급투쟁의 표현이자 결과이며, 2) 노동자계급과 그 당의 이데올로기적 정치적 · 독자성의 표현일 뿐만 아니라, 3) 사회주의의 준비와 실현을 위한 본질적인 전제라고 하였다. 그리하여 그는 사회주의 문학의 설립과 확대의 법칙을 내용적 · 기능적 측면

---

13 사회주의 현실주의라는 용어는 『이즈베찌야』와 『노비 미르』의 편집장인 그론스키가 라쁘가 사용한 '유물변증법적 창작방법' 이라는 용어보다 정치적 · 미적으로 더 적절하다고 생각하여 스탈린에게 제의한 것이다. 제1차 소비에트 작가총회는 1934년 9월 채택된 소비에트 작가동맹의 규약에서 다음과 같이 정식화하고 있다. "소비에트 문학과 비평의 근본 방법인 사회주의 현실주의는 예술로 하여금 현실을 진실되고 역사적으로 구체적으로, 그것의 혁명적 발전 속에서 묘사할 것을 요구한다. 현실의 예술적 묘사의 진리성과 역사적 구체성은 사회주의적 의미에서 근로대중을 교육하여야 할 과제와 연결되어야 한다." 이러한 사회주의 현실주의의 교의를 정립하는 데 있어서 무엇보다도 중요한 이론적 기반이 되었던 것은 의심할 여지 없이 레닌의 반영론과 현실주의에 관한 엥겔스의 편지들이다.

14 레닌은 예술의 당파성 개념에 대해 다음과 같이 말하였다. "문학활동은 일반적인 프롤레타리아 임무의 한 부분이 되어야 하며 전체 노동계급의 정치적 의식적인 전위부대 전체에 의해 움직여지는 통일적이고 위대한 사회민주주의적 메커니즘의 '톱니바퀴와 나사' 가 되어야 한다."

15 그럼에도 불구하고 이러한 레닌의 주장이 예술작품에 대한 엄격한 통제나 검열을 주장하는 것으로 이해되어서는 곤란하다. 레닌은 "문학은 기계적 평균이나 평준화, 그리고 다수에 의한 소수의 지배에 결코 종속될 수 없다" 고 하였으며 이 분야에서는 개인의 창의, 개성, 사고와 상상력, 내용과 형식을 위한 더욱 넓은 활동영역이 필수불가결하다는 사실에는 의심의 여지가 없다고 하였다.

과 사회적 · 조직적 측면의 통일 속에서 정식화하였다. 당을 매개로 해서야 비로소 자본주의적 관계와 시장 메커니즘으로부터 독립된, 계급 고유한 문학과 예술의 기능관계와 소통관계가 성립될 수 있고, 이를 통해서 예술 창조와 수용이 프롤레타리아 계급투쟁의 현실적 운동 속으로 들어갈 수 있는 것이다.

또한 레닌은 톨스토이에 대한 6편의 논문 속에서 톨스토이를 '러시아 혁명의 거울' 로서, 러시아에서 일어난 당대의 농민 부르주아 혁명의 특수한 성격을 천재적인 예술적 형상화 능력을 통해 보여 주고 있다고 평가한다. 즉 톨스토이는 최상층 토지귀족이라는 자신의 계급적 출신성분에도 불구하고 현실의 본질적 측면을 반영할 수 있었기 때문에 그의 작품 속에서 다수 농민대중의 상태와 분노를 제대로 표현하는 데 성공할 수 있었다는 것이다. 그럼에도 불구하고 레닌은 톨스토이의 비판이 정치생활로부터의 소외, 신비주의, 악에 대한 무저항에 빠지고 만다고 비판하는데, 이는 톨스토이의 가치평가의 관점이 가부장적인 무지끄의 관점에서 머무를 뿐 사회민주주의적 프롤레타리아의 관점에 서지 못했기 때문이라고 설명한다. 나아가 레닌은 이러한 톨스토이 작품의 모순, 즉 올바른 가치평가 관점을 통하여 미래의 변혁적 전망을 그려내지 못한 무능력과 한계를 당시의 극히 복잡하고 모순적인 상황의 반영으로서 이해하고 있다. 톨스토이는 새로운 질서가 어떤 종류의 것이고 그것을 형성하고 있는 사회세력은 누구인지 알 수 없는 시대 속에서 "농민계급이 우리 혁명에서 그 역사적 역할을 수행해야 했던 당시의 모순된 상황의 진정한 거울인 것이다."

한편 이 시기의 중요한 미학적 논쟁으로는 이른바 '세계관' 과 '방법' 의 문제에 관한 논쟁을 살펴볼 수 있다. "무엇이 작가에게 더 중요한가, 마르크스주의에 대한 이론적 연구인가 아니면 사회주의 현실에 대한 인식인가" 라는 물음을 포함하는 작가의 이데올로기적 세계관과 창작 방법에 대한 문제는 발자크에 관한 엥겔스의 언급으로부터 비롯되었다. 특히 이 논쟁은 플레하노프와 레닌의 유산에 대한 논쟁 속에서 톨스토이론에 대한 양자의 이론적 상이점을 부각시키는 데로 집중되었다. 로젠딸과 누시노프 간의 고전적 논쟁 속에서 몇몇 논자들은 레닌이 톨스토이의 보수적 세계관에도 불구하고 그의 작품을 현실을 올바르게 반영하는 위대한 현실주의 작품으로 평가함으로써 세계관과 방법 간의 모순 가능성을 시사한다고 해석하였다. 요컨대 객관적 세계의 실제적 관찰을 통해서 세계관은 작가의 창작에 영향을 주며 객관적 세계의 면밀한 연구는 현실의 본질적 측면을 간파하게 하고 작가의 사상적 신념과 세계관 여하에도 불구하고 그것을 묘사할 수 있게끔 한다는 것이다.

그러나 1950년 중반 이후에 들어오면, 그간의 철학적 발전에 힘입어 미학에 있어서도 이전의 인식론주의를 비판적으로 검토하게 된다. 먼저 인식론주의의 설명 방식에서는 예술이란 저급한 인식 형태이거나 기껏해야 과학의 보완적 인식 형태일 뿐, 예술의 특수성에 대한 설명이 부재해 왔다는 비판이 부각되기 시작했다. 그럼으로써 인간의 사회적 실천행위 속에서 여러 상이한 의식 형태들, 예컨대 종교, 예술, 과학 등이 생겨나는데, 이는 서로 다른 기능과 과제를 수행하기 위한 것이라는 견해가 강조되었다. 즉 과학이란 현실적 과정을 최고도로 적합하게 인식하는 것이 과제이지만, 예술에 있어서는 미적 이상에 의한 가치평가가 무엇보다 주요한 역할을 하는 것으로 주장되었다. 다른 한편으로 현실의 반영만을 고집하는 인식론주의적 관점은 실천적 관점에서 문제가 제기되었는바, 다시 말해 예술의 가치는 현실의 대상이 얼마나 정확하게 반영되었는가에 의해 평가되지 않는다. 오히려 예술에서는 객관적 현실에 대한 객관적 인식이라는 계기와 사회적 실천적 측면에서 현실에 대한 주체적 관계라는 계기가 통일되어, 예술가의 미적 이상에 따라 대상을 능동적으로 변화시키는 주체의 행위가 강조되어야 하기 때문이다. 이제 예술에 있어서 반영을 특수화함에 의해서가 아니라 반영의 계기를 경시하지 않고서 주체성의 계기를 체계적으로 전개함으로써 예술의 특성에 이론적으로 접근할 수 있는 길이 열리게 되었다. 또한 이전 시기의 미학은 예술의 인식적 측면에 너무나 집착한 나머지 예술의 탈역사적이고 영원한 특질로서의 현실주의라는 관념을 교조적으로 규범화하는 등, 속류 인식론주의(vulgar cognitivism)라는 비판을 받게 되었다.

따라서 이를 극복하기 위한 작업이 "미적인 것"의 문제에 전념하는 대논쟁의 시기(1956–66)를 통해 지속되면서 마르크스주의 미학을 구축하기 위한 일보를 딛게 되었다. 특히 이 시기 소비에트 미학의 발전에 결정적으로 중요한 영향을 끼쳤던 것은 교조적인 마르크스-레닌주의 이론틀을 넘어서는 다양한 문헌들이 소개되고 연구될 수 있었다는 점이다.[16] 그러나 무엇보다도 새로운 논쟁에 불을 지핀 계기가 된 것은 1956년에서야 비로소 마르크스의 『경제학 철학 초고』가 처음으로 러시아어로 번역된 것이었다. 많은 소비에트 철학자들, 특히 젊은 세대의 학자들은 인간의 미적 감수성과 창조력에 대한 마르크스의 관심에 크게 고무되었다. 청년 마르크스의 재발견에 의하여 미적 가치의 문제, 무엇보다도 "인간은 미의 법칙에 따라 창조한다"는 말의 의미에 대한 새로운 탐구가 시작되었다. 따라서 50년대 중반 이후에 시작된 미학자들의 주요한 목적은 미적인 것에 대한 새롭고 적절한 규정, 다시 말해 마르크스-레닌주의 세계관과 유기적으로 연관된 규정에 의거한 자율적인 마르크스-레닌주의 미학을 산출하는 것이었다.[17] 네도쉬빈, 부로프, 포스펠로프 등의 '자연론자(Prirodniki)'와 스톨로비치, 보레프, 반슬로프, 골든트릭트 등의 '사회론자(Obshchestvenniki)'와의 논쟁 속에서 예술의 특수성과 미의 본질 문제가 새롭게 대두됨에 따라, 마르크스주의 미학은 그 연구 대상을 현실에 대한 미적 관계 또는 미적 전유라고 규정지으면서 미적 · 예술적 활동의 주체성과 능동성을 강하게 자각하게 되었다.

이들의 논쟁을 좀 더 구체적으로 살펴보자면, 이른바 자연론자들은 미란

16 1950년대 중반 이래로 바흐친(Bakhtin)과 로제프(Losev)를 위시한 이전의 러시아 이론가들의 저작이 다시금 발간되는 것을 비롯하여, 미국 철학자인 레이더(Rader)의 *A Modern Book of Aesthetics*와 같은 책이 번역되기 시작하였다.

17 E. Swidersky, *The Philosophical Foundations of Soviet Aesthetics*, p. xiv.

인간으로부터 독립하여 존재하는 것, 즉 인간의 생존 이전부터 존재해 온 자연의 객관적인 물질적 특성이며 인간의 의식에 의해 반영되는 것이라고 주장하였다. 즉 일정한 물질적 특성, 예컨대 조화, 균제, 다양성의 통일 등과 같은 자연적인 특성이 미라는 것이므로, 이는 애초에 인간으로부터 독립하여 문자 그대로 객관적으로 존재하는 것이 된다. 따라서 미의식, 미적 평가, 미적 체험이라는 것은 이 객관적인 물질적 특성이 의식 속으로 반영된 것으로 이해되었다. 다른 한편 사회론자들은 자연적인 것과 사회적인 것의 통일로서 미적 특성을 정의한다. 그들은 미 및 미적 특성이란 물질적 대상의 특성들이기는 하지만 자연의 물질적 생물적인 특성들로는 환원될 수 없다는 전제에서 출발하여, 물질적이고 자연적인 것을 뛰어넘은 곳에서 미와 미적인 것의 내용을 구하고자 한다. 다시 말해 그들은 사물을 미적으로 의미있게 해주는 힘을 자연과 함께 사회적인 것 속에서 찾기 때문에, 미적인 특성이란 개인의 의식으로부터 독립하여 사회 전체 또는 사회적 실천에 의존하는 것으로 간주한다. 요컨대 자연의 사물이나 현상이 인간의 실천활동에 의해 사회적 내용과 형식으로 변형 개조되는 과정 속에 미적인 것의 본질이 놓여 있다고 보는 것이다. 이렇듯 사회론자들 모두가 미적인 것의 본질이 사회적 · 인간적 내용으로 이루어진다는 데에 동의하기는 하지만, 나아가 보다 구체적으로 자연적 · 물리적인 어떤 것이 인간의 미적 관계의 대상 내에 보존되느냐의 문제에 대해서는 의견이 분분하다. 스톨로비치, 반슬로프, 보레프 등은 미적 속성들이란 원래 대상의 자연적 · 형식적 · 물리적 속성 외부에 존재할 수 없다고 (비록 그것들이 물리적 속성으로 환원되는 것은 아니라 할지라도) 주장한 반면, 네도쉬빈, 타살로프, 골든트릭트 등은 미적인 대상 내에서 매개되지 않은 자연적 요인들의 존재를 거부했다.[18] 예컨대 스톨로비치는 가치(Wert)와 가치평가(Wertung)를 구별하고

18 첫 번째 입장의 미적인 것의 분석에 대한 잠정적 설명은 다음과 같다. 1)사물, 대상, 과정, 현상, 즉 물질세계는 사물들의 물질적 물리적 속성들뿐 아니라 그것들의 형식적 속성들, 즉 균제, 조화, 비례, 전체성 등을 다스리는 합법칙적 규칙성들의 상호작용에 의해 특징지워진

미적 평가 속에서의 자연적 국면과 사회적 국면의 관계를 주체-객체의 변증법을 토대로 파악하고자 한다. 그는 주체-객체 관계를 실천적인 것과 이론적인 것으로 나누어 전자를 객관적, 후자를 주관적이라고 보고,[19] 이에 대응하여 실천적 관계를 표현하는 가치를 객관적, 이론적 관계를 표현하는 평가를 주관적이라고 설명하였다. 이러한 스톨로비치의 관점은 평가를 물질적 소재로서의 미적 가치의 반영으로 봄으로써, 이는 결국 평가의 진위(가치와의 일치 불일치)를 논하는 것으로 되어 버리고 만다. 그리하여 자연론자의 이론에서는 미적인 것이 오로지 물질적 · 자연적인 것 속에 해소되어지는 데 반하여, 사회론자의 이론에서는 미적인 것이 사회적인 것, 사회적인 의미 가운데 해소되어 버린다는 비판을 받게 되었다.

이러한 자연론자와 사회론자에 대한 비판 속에서 미적 가치론을 발전시킨 연구자로서 까간(Kagan)과 프라흐트(Pracht) 그룹을 들 수 있다. 까간은 미적 관계를 가치정향의 특수한 방향으로 파악하고, 이의 분화 발전 과정을 이론적으로 추적하는 가운데 "미적 가치의 담지체로서의 대상의 내용담

다. 2) 인간은 자신의 생산활동 과정에서 이 합법칙적 규칙성을 발견하고 그들의 필요를 충족시키기 위해 그것들을 의식적으로 사용한다: 이런 과정 속에서 그들은 자연을 변형하고 '인간화' 한다. 3) 이러한 변형은 이 대상들을 사회적 관계의 체계 속으로 편입시키는 것과 같다. 그 안에서 그것들은 전에 가지지 못했던 의미 내용을 가진다. 이에 대해 골든트릭트는 미적 속성의 사회적 내용을 위해 자연적 형식을 보존하고자 하는 스톨로비치의 설명에 대해 문제를 제기한다. 골든트릭트에 따르면, 미적인 속성들의 순수하게 형식적인 요소들 — 질서, 균제, 비례 등 — 은 도구생산에서 시작하는 인간의 사회적 노동 속에서만 나타나고 오직 그 속에서만 인간에 의해 전유되는 것이지, 단순히 순수 자연적인 직접성을 통해서 파악되는 것은 아니라고 한다. 따라서 그는 "미적인 형식은 미적 내용처럼 사회 역사적 성격을 띤다" 고 강조한다. 생산적 실천과 예술적 창조성 속에서 인간은 능동적이고 합목적적으로 자연 대상들과 그 속성들을 변형하고 개조하며, 이를 통해서 그는 새로운 형식 속에서 새로운 내용을 만든다는 것이다.

19 실천적 관계는 객체와 주체 사이의 상호작용으로서 객관적 성격을 띠는 한편, 이론적 관계는 주관적인 것으로서 후속되는 실천적 검증에 의해 참과 거짓이 결정된다. 이론적 관계는 다시 인식적 관계와 가치평가적 관계로 나뉘는데, 전자에서는 주체가 객체의 작용을 반영하고 후자에서는 주체가 주로 자기의 욕구들로부터 출발하여 객체를 지각하고 판정한다. 스톨로비치에게 있어서 가치는 사회-역사적 실천과정 속에서 형성되는 것으로서 객관적인 반면, 가치평가는 이론적 관계의 한 유형으로 주관적 성격을 띠게 되는 것이다(박성현, 「마르크스주의 미학에서 미적 가치의 문제」, 『러시아연구』, 제8권 1호, pp. 189-190).

지적 형식"이라는 범주를 도출해 낸다. 주체가 대상에 대해 정서적으로 관계하는 특수한 주객 관계의 체계(미적 상황) 속에서 대상은 가능성으로서의 미적 가치를 획득하게 되며, 그 속에서 대상의 형식의 특성이 인간의 이상 표상에 편입되어 이상과 현실 간의 상호작용이 이루어진다는 것이다. 미적 가치는 물론 미적 대상을 떠나서는 존재하지 않으며 그것이 매개된 것이기는 하지만, 대상의 특성 그 자체는 아니고 이 대상과 주체와의 독자적 상호작용(주체에 의한 가치평가 행위) 속에서만 성립하는 것이 된다. 또한 "미적 가치의 담지체"는 대상 그 자체가 아니라 그 형식으로 설명되고, 그 형식의 특성을 매개로 한 현실적인 것과 이상적인 것의 상호작용에 미적 가치의 성립 근거가 발견되고 있다.

이러한 까간의 이론이 스톨로비치에 의해 가치의 평가에로의 환원이며 가치의 객관성의 부정으로 비판된 데에서도 보이듯이, 미적 가치를 둘러싼 이러한 논쟁들 속에서 핵심적인 문제는 바로 미적 가치의 객관성에 대한 문제라고 할 수 있다. 즉 미적 가치의 객관성이란 미적 가치가 평가에 의존하지 않고 독립하여 존재한다는 의미에서의 객관성인가 아니면 평가에 있어서의 객관성, 근본적으로는 미적 판단의 '보편타당성'에 근거한 객관성인가 하는 문제이다. 이 문제에 대해 까간의 입장은 후자의 입장에 서 있는 것이다. 미적 특성이 자연론자나 사회론자에 있어서처럼 자연의 물질적 특성이나 사회적 중요성으로 해소되지 않고 독자적 주체－객체 관계인 평가관계의 밖에 존재하지 않는다고 한다면 그 객관성도 또한 평가관계 이외의 곳에서는 구할 수 없기 때문이다. 이에 대해 프라흐트 그룹은 미적 가치의 객관성을 다음과 같은 세 가지 국면에서, 우선 먼저 미적 객체와 미적 주체, 그리고 양자 관계의 자연적 · 사회적 · 역사적 피규정성으로서, 그 다음으로는 미적 가치 그 자체의 객관성, 즉 개별적 미적 평가의 규범화 이상화로서, 그리고 마지막으로는 그 미적 규범, 미적 이상의 객관성의 최종적인 표식인 역사적 발전과 인간성의 진보와의 합치로서 논의하고 있다. 먼저 미적 객체의 객관성은 그 자체의 사회적 · 역사적 발전의 귀결인 한에서 객관적으로 조건지워져 있다. 또한 주체의 미적 능력, 그 주체적 성향은 한편으로는 개인의 타고난 성향에 의해 규정될 뿐만 아니라 일반적인 이데올로기적 방향 설정에 의해 무의식중에 규정되는 것이다. 따라서 양자의 관계에 있어서 평가하는 개인의 감성적 능동성이 어떻게 구성되고 내용적으로 어떻게 방향지워지는가는 각각의 개인의 의지에 의존하지 않는 객관성을 지니고 있다. 그러나 이러한 자연적 · 사회적 피규정성만으로는 미적 가치의 객관성이 명백해졌다고 할 수 없으며, 문제의 핵심은 미적 평가의 규범화 이상화로서의 미적 규범 또는 미적 이상이 각각의 개인에게 있어서 객관성을 지니는가 하는 점이다. 여러 평가 과정에서 역사적으로 생성한 보편화나 목적표상으로서의 미적 이상 또는 미적 규범은 여러 개인 앞에 역사적으로 주어져 있어 각각의 개인은 그것에 의해 자기 정향을 하는 것이고 그러한 의미에서 여러 개인에 대해서 객관성을 지닌다고 할 수 있다. 이러한 의미에서 미적 가치의 객관성은 그 보편타당성에 지나지 않는 것이며 사회나 역사를 초월한 '영원성' 그 자체를 의미하는 것은 절대 아니라는 것이다.

이러한 미적 가치론의 발전은 미적 관계 속의 주체, 객체 및 양자의 관계를 상호의존적인 관련 속에서 파악함으로써, 미를 인간 존재로부터 독립한 것으로 보는 소박실재론(기계적 유물론)의 입장이나 반대로 그것을 인간의 미적 평가나 미적 능력에 일방적으로 귀속시키는 주관주의, 또는 미를 인간의 사회나 역사를 넘어선 초월적 가치로 보는 입장이나 그것을 사회적 가치 일반 속에 해소해 버리는 입장 등을 극복하는 방향성을 제시한 것이라고 할 수 있다. 그러나 이러한 마르크스주의 미학의 성과는 물론 많은 미해결의 문제와 논쟁점을 수반하고 있으며, 이는 새로운 학문 분과들 — 정보이론, 사이버네틱스, 기호론 및 체계이론 — 의 방법론과 성과들을 차용함으로써 미학의 보다 진일보한 발전을 재촉하고 있다.

더 읽을거리

마르크스 · 엥겔스, 『마르크스 엥겔스 문학예술론』, 김대웅 옮김, 한울, 1988.

_____, 『마르크스주의 문학예술 논쟁: 지킹엔 논쟁』, 조만영 옮김, 돌베개, 1989.

_____, 『마르크스주의 문학예술론』, 조만영 · 정재경 옮김, 돌베개, 1990.

모이세이 까간, 『미학강의 1, 2』, 진중권 옮김, 새길, 1998.

Johnson, P., *Marxist Aesthetics*, Routledge, 1984.

마르크스주의 미학-서구 마르크스주의

정성철

1920년대 중반 이후 마르크스주의가 현실 사회주의권의 '정통' 마르크스주의와 그로부터 다양한 정도의 거리를 취한 서구 마르크스주의로 양분됨에 따라 마르크스주의 미학 역시 두 흐름으로 분화되었다. 스탈린주의 체제에 의해 학문의 자유가 제한되고 일종의 지침을 강요당했던 현실 사회주의권의 미학 연구가 다소간 교조적이고 통일적인 모습을 가질 수밖에 없었고 50년대 말 해빙기에 접어들어서야 조금씩 '관학(官學)' 적인 성격을 탈피한 모습을 보이기 시작했다면, 서구 마르크스주의에서의 미학 연구는, 현실 사회주의권과는 달리 서구가 상대적으로 더 오랜 형성의 역사를 가진 시민사회와 교양시민층을 갖고 있고 그 시민사회 내에서 예술로 대표되는 문화가 강력한 이데올로기적 내지 주체형성적 힘으로 작용해 왔다는 사실로 말미암아, 더 다양하고 세련된 형태를 취할 수밖에 없었다. 현실 사회주의권에서의 미학 연구는 앞의 글 「마르크스주의 미학의 전반적 흐름」에서 다루었으므로 여기에서는 주요 논자들의 기본 구상을 중심으로 해서 서구 마르크스주의 미학의 대략적 윤곽을 그려 보기로 한다.

서구 마르크스주의 미학의 주된 추동력은 자본주의라는 특정한 부정적인 역사적 현실 속에서 예술이 그 현실과 맺고 있거나 맺을 수 있는 긍정적 및 부정적 관계에 대한 실천적 관심이었다. 현실 사회주의권의 마르크스주의 미학에서와는 달리 사회 및 역사에 대한 하나의 거대이론으로서의 마르크스주의라는 입장에서 예술이나 미적 경험에 대한 체계적이고 일반적인 미학이론을 구축하려는 시도는 드물었고 그 드문 시도들마저도 대부분 단편적인 성격의 결과만을 낳았다. 그리고 이렇게 서구 마르크스주의 미학의 연구 관심이 '아직 혁명이 일어나지 않은' 당대의 발전된 서구 자본주의 사회라는 사실에 규정되어 특정한 종류의 예술실천을 포함하여 그 자본주의 사회가 사람들을 자신에게 묶어두는 지배 이데올로기적 테크닉과 그 지배 이데올로기로부터 벗어날 수 있는 예술의 잠재력에 있었던 한, 각각의 논자들간의 견해 차이는 예술이 가장 잘할 수 있는 것과 그것을 가장 잘하는 방식에 대한 그들 각자의 선입견들만큼이나 그 자본주의 사회의 변혁 잠재력에 대한 그들 각자의 상이한 이해를 반영했다.

게오르그 루카치(George Lukacs)는 흔히 서구 마르크스주의와 서구 마르크스주의 미학의 문을 동시에 연 인물로 평가된다. 『영혼과 형식』(1911) 및 『소설의 이론』[1](1917)에서 루카치는 아직 마르크스주의에 경도되기 전이었지만 그 저서들의 핵심 개념인 '형식', '세계관', '총체성'은 마르크스주의 미학자 루카치에게 그대로 계승되었다. 그러나 그 저작들에서 서사시와 소설은 삶의 '외연적 총체성'에 상응하는 형식이고, 드라마는 '내포적 총체성'으로서, 영혼의 내적 현실에 상응하는 형식이라고 말했을 때, 그리고 소설을 고전 서사시와 구별하며 부르주아 서사시로, 자본주의 사회에서의 인간의 고향상실과 소외를 드러내는 서사시로 보았을 때 루카치는 이미 마르크스주의적 관점을 예고하는 방식으로 미학적 범주들을 역사화하고 있었다.

이 세 범주들 가운데서도 루카치의 미학에 결정적으로 규범적 성격을 각인한 것은 '총체성'이었다. 이 총체성은 한편으로는 단편화되고 신비화된

1 『소설의 이론』(심설당)으로 출간되어 있지만 조만간 오역을 바로잡은 새 번역본이 출간될 예정이다. 기타 대표적인 루카치 선집으로 『루카치 미학』(미술문화사)이 있고 개괄적 입문으로는 벨라 키랄리활비, 『루카치 미학 연구』(이론과 실천) 등이 있다. 동시대의 다른 마르크스주의 미학자들과 벌인 논쟁에 대해서는 유진 런, 『마르크스주의와 모더니즘』(문학과 지성사)을 참조할 수 있지만 번역이 좋지 않다.

자본주의 사회에서 상실된 인간 삶의 전체성이고 다른 한편으로는 그러한 단편화와 신비화를 수반하면서도 그것을 극복할 수 있는 잠재력이 내재되어 있는 모순적이자 역동적인 전체로서의 자본주의 사회이다. 루카치에게서 훌륭한 예술작품이란 사회적 삶과 자연의 쉼 없는 상호작용, 사회적 삶 속에서 개인들 사이의 관계를 매개하는 다양한 제도들과 관습들, 불가피한 사회-역사적 변화의 전망을 감각적으로 현실감 있는 전형적인 개별 인물들과 행위들을 통해 서사함으로써 사회의 내적 구조와 운동을 드러내고 인간 삶의 전체성에 대한 감각을 되살려야 한다.

루카치는 이전 세기의 괴테, 셰익스피어 등과 아울러 발자크로 대표되는 19세기 전반의 프랑스 리얼리즘 소설과 19세기 말에서 20세기 초 사이의 독일과 러시아의 비판적 리얼리즘 소설이 이러한 과업을 성취했다고 보는 한편, 다양한 모더니즘 경향들이 허위적 객관주의와 허위적인 주관주의에 빠졌다고 비판한다. 플로베르, 졸라와 같은 자연주의 작가들이 사회의 표면 현상을 사진 찍듯 하는 '묘사'로 전형적인 인물들의 전형적인 행위를 '서사' 하는 것을 대신하고 대상들을 주체의 실천으로부터 분리시켜 모든 운동과 활력을 제거한 후 마찬가지로 분리된 주체와의 운명론적이고 낭만주의적인 대립 속에 설정한다면, 카프카, 무질, 조이스, 프루스트, 베케트, 카뮈 등에게서는 객관적 현실은 이해할 수 없는 혼돈으로 위축되고 인간은 역사를 박탈당한 채 자아를 넘어서는 아무런 실재도 갖지 못하며 주인공은 해체되어 정신상태에 불과하게 된다. 어느 쪽이든 결과는 외적 세계와 내적 세계의 변증법적 관계의 파괴이고 의미와 방향을 상실한 개인과 역사이다.

청년기에 러시아 혁명이 가져온 흥분과 기대 속에서 현실정치에도 몸담으면서 비교적 정통적인 마르크스주의적 틀 내에서 사유했던 루카치가 삶의 객관적인 총체적 과정의 매개를 통해 눈앞의 현실이나 한갓된 내면성이 아니라 사회의 올바른 다음 발전 단계를 반영함으로써 현실 변혁에 기여할 수 있는 예술을 강조할 수밖에 없었다면, 노동운동의 결정적 패배의 시기에 청년기를 보내고 곧이어 파시즘과 스탈린주의를 경험했으며 뒤이어서는 공고화된 후기 자본주의의 한복판에서 사유했던 프랑크푸르트 학파의 성원들, 특히 테오도르 아도르노(Theodor Adorno)는 예술이 사회의 올바른 다음 발전 단계를 반영해야 한다는 식의 긍정적이고 낙관적인 생각에 동의할 수 없었다. 그에게서 훌륭한 예술작품이란 정치 경제적 영역에 내재해 있는 사회의 올바른 다음 발전 단계의 잠재력을 예술 고유의 방법으로 형상화한 것이 아니라 총체적으로 관리되는 후기 자본주의 사회에서 그것의 감상을 통해서만 그 사회가 달리 될 수 있는 것으로 보일 수 있다는 의미에서, 정치적 및 도덕적 자율성의 유일한 조건인 자율적 예술작품이다. 즉 아도르노의 미학은 후기 자본주의 사회에 대한 총체적인 부정적 인식과 유일한 희망으로서의 자율적 예술이라는 대립구도 속에서 전개된다.

아도르노에게서 후기 자본주의 사회는 교환을 위한 생산이 생산의 유일한 형태가 되고 사회적 삶 전체를 특징짓게 된 사회이다. 생산물들 각각의 고유한 사용가치들과의 직접적이고 자발적인 관계맺음으로서의 사용은 사라지고 사용가치들은 이윤의 축적이라는, 자신들에 외적인 목적에 종속되고 교환가치라는 동일한 양적 기준으로 환원된 채 무차별적으로 소비자들에게 투기된다. 후기 자본주의 사회는 '그 모든 바퀴들이' 이 투기를 성공시키기 위해서 '그 어떤 사소한 빈틈이라도 열려 있어서는 안 되게끔 정밀하게 서로 맞물려 돌아가는, 금속처럼 반짝거리는 장치이며' 개인들은 언제든지 다른 것으로 대체 가능한, 그 바퀴들의 톱니바퀴에 지나지 않게 된다. 이러한 상황에서 확연하게 규정될 수 있는 실천적 탈출구는 존재하지 않는다. 후기 자본주의 사회는 도구적 이성에 의해 거의 총체적으로 통합되어 있다. 지배자인 부르주아지만이 아니라 지배받는 자인 노동자계급 또한 도구적 이성의 희생자이다. 합리적 인식의 개념적 언어에 희망을 걸 수도 없다. 그것은 고통을 표현할 수 없기 때문이다.

유일한 희망은 개인들이 겪는 고통을 표현하는 비개념적 언어로서의 예술, '교환될 수 없는 것을 상상적으로 보여 주는 형상물'로서의 자율적 예술에 있다. 자율적 예술의 자율성은 예술작품 속의 모든 요소가 현실로부터 가져온 것이거나 현실을 기억하게 한다 할지라도, 하나의 전체로서의 예술작품은 언제나 현실로부터 스스로를 떼어내는 어떤 것이 된다는 데 있다. 예술은 경험적인 현실의 요소들을 자신의 고유한 법칙에 따라 재구성하고, 이를 통해 부정적 현실에 맞서 자신을 '타자'로서 내세운다. 예술작품들은 그것들과는 다른 것인 경험세계로부터 자신을 강력하게 분리시키면서, 경험세계가 현재와는 다르게 되어야 한다는 것을 확실하게 보여 준다. 그러나 이 타자성은 적극적으로 암시되는, 하나의 긍정적 상태로서의 유토피아의 모습을, 하나의 대안으로서의 형태를 취할 수 없다. 가상과 위안으로 인해 배반당하지 않으려면 유토피아는 유토피아이어서는 안 된다. 자율적 예술에서 유토피아는 '부정적 현실에 대한 부정'으로서 오로지 간접적으로만 나타날 수 있다. 자율적 예술은 상품이나 사회적 장광설과 비교할 때 하나의 '수수께끼'가 되었고 그것인 채 남아 있어야 한다. 그것은 후기 자본주의 사회에서의 성취의 일관된 도식으로서의 '의미의 강력한 부재를 형식화함을 통해서만 의미를 성취한다'. 아도르노가 조이스, 베케트, 브레히트 등의 모더니즘적 작품들을 옹호하는 것은 이 때문이다. 이들 작품들에서 주관주의와 일정한 추상의 경향은 현실이 주체들의 깊은 열망을 충족시키지 못했음을 드러내면서 그 현실과 비판적 거리를 유지하기 위해 필요한 것이었다.[2]

페터 뷔르거(Peter Burger)는『아방가르드의 이론』등에서 예술이 생산되고 수용되는 구체적인 사회역사적 조건들의 변화에 대한 성찰 없이 특정한 사회역사적 기원을 갖는 미학적 범주들을 초역사적으로 규범화하는 경향이 있는 루카치나 자율적 예술의 사회역사적 조건에 대한 충분한 천착 없이 자율적 예술을 신뢰하는 아도르노와는 달리 자율적 예술의 제도적 형

2 아도르노의 대표적인 미학 저서는『미학이론』(문학과지성사)이다.『부정변증법』(한길사)과『계몽의 변증법』(문학과지성사)은 사회사상가로서의 아도르노의 대표 저작이다. 미학을 포함한 아도르노 사상의 개괄을 위해서는 마틴 제이,『아도르노』(시공사); 문병호,『아도르노의 사회이론과 예술이론』(문학과지성사) 등을 참고할 수 있다. 동시대의 다른 마르크스주의 미학자들과 벌인 논쟁에 대해서는 유진 런, 위 책을 참조할 수 있다.

성과 발전 논리에 대한 거시적 개념화를 추구한다. 그에게서 제도예술은 시민사회에서 개별적 예술작품들이 사회로부터 유리된 상태에서 생산되고 수용되는 조건들과 그 조건들에 상응하는 예술에 대해 지배적인 생각들을 가리킨다. 뷔르거에 따르면 이러한 제도예술은 작품 의도나 구체적 수용조건에 관계없이 예술작품들의 실제적 영향을 결정적으로 규정짓고 각 개인을 실제적인 생활에 예속시키는 상황이라는 것이 지니는 강제성으로 이해되는 사회를 자율적인 지위를 갖는 것으로서의 예술과 대립시킨다. 그러나 제도예술을 통해 설정되는 예술과 실제적 생활로서의 사회라는 이분법은 전체 시민사회에 의해 결정된 것으로서 이 전체 시민사회는 그러한 이분법의 단계를 넘어서 작품이나 작품 그룹의 일차적 담당자들의 사회적 위치를 규정짓는다. 즉 예술은 사회에 외적인 것으로 실체화되지 않으며 여전히 사회적 총체성의 일부이다.

제도예술을 특징짓는 예술의 자율성 상태는 시민사회가 성립하면서 일어난, 여러 분야가 독립적으로 분화되어 가면서 동시에 기능이 전문화되어 가는 경향이 예술의 영역에서도 관철된 결과이다. 예술이 부분체계로 분화되어 자율성을 획득하게 된 이 과정을 뷔르거는 궁정-봉건사회가 시민사회로 이행하면서 일어난 예술에서의 기능 변환으로 설명한다. 이 과정의 첫 번째 단계에서 계몽주의 사상가들은 예술의 기능을 감각과 상상력을 즐겁게 하고 위신을 표상하는 것으로 환원시킨 궁정-봉건사회적 예술 개념을 비판했다. 그들은 예술이 자발적인 미적 실천, 자연미, 감각에 대한 충격 등에서 기원한다는 점에 주목하면서 예술의 자율성에 착목했던 한편 그러한 자율성에서 비롯되는 예술의 비합리적인 정서적 힘의 위험을 경고하면서 그 힘을 합리성에 기반한 사회생활에서의 도덕적 · 정치적 목표들의 성취에 기여하는 방향으로 길들이고자 했다.

예술의 자율성 상태가 예술의 기능으로 확립되는 것은 18세기 말인 두 번째 단계에서이다. 칼 필립 모리츠 등은 생산 면에서 예술은 외부의 어떤 도덕적이거나 정치적인 목표에 유용한 것이 아니라 그 자신만을 목적으로 해야 하는 유기적 전체이어야 한다고 주장했다. 그들에게서 '아름다움'은 이러한 무목적적인 유기적 전체의 속성을 가리키는 용어였다. 예술 생산에 대한 이러한 이해에 상응하여 예술의 수용은 실제 생활에서의 경험의 풍부화가 아니라 실제생활에서 물러난 상태에서의 관조적 몰입으로 이해되었다. 즉 예술감상은 실제 생활에 연속되어 있는 것이기보다는 종교적 경험처럼 일종의 초월, 일종의 고차적 존재 상태로 간주되었다.

주의해야 할 것은 예술의 자율성 상태는 시민사회에서 예술이 제반 사회적 이용에의 요구들에 맞서는 상대적 독립성을 갖고 있으며 이 독립성이 개별 작품들의 기능적 작용을 규제한다는 점을 가리킬 뿐 개별 작품들의 내용에 대해서는 어떠한 언급도 내포하지 않는다는 것이다. 현실에 대한 해석을 제공해 주거나 혹은 잔여적인 욕구들을 관념적으로 만족시켜 주는 한 예술은 실제생활로부터 유리되어 있다 하더라도 이 실제생활과 여전히 관계를 맺고 있었다. 그러나 작품 내용의 역사적 전개는 예술의 자율성 상태가 점진적으로 개별 작품들의 내용으로 전화되는 추이를 보여 준다. 19세기 중엽 이래로 내용은 형식적 측면에 의해 뒤로 밀려나게 되고 이 형식적 측면은 좁은 의미에서의 미적인 것으로 독립적으로 분화되었다. 이는 생산미학적으로는 예술수단의 자유로운 이용으로, 수용미학 면에서는 수용자의 감각을 세련화시키려는 경향으로 이해할 수 있다. 19세기 말 유미주의에서 순수하게 발전한 한 특수한 경험으로서의 미적 경험은 작품 내용들까지도 정치적 성격을 버리게 되고 예술이 단지 예술일 뿐이고자 하는 순간, 예술의 사회적 무기능성이 시민사회에서의 예술의 본질로서 드러나는 순간을 보여 준다. 그리고 이와 함께 시민사회에서 예술이라는 부분체계의 분화가 완성된다. 아방가르드 운동은 이러한 분화를 통해 확립된 생활세계와 제도예술의 분리를 극복하고자 한 운동이었지만 실패함으로써 '역사적'이 되었다.[3]

3 뷔르거의 대표 저서인 『아방가르드의 이론』은 『전위예술의 새로운 이해』(심설당)로 국역되

발터 벤야민(Walter Benjamin)은 어떤 공식적인 마르크스주의적 당파와도 거리를 두었다는 점에서 루카치와 구별되고 전후의 안정화된 후기 자본주의 사회를 사유할 기회가 없었다는 점에서 아도르노 등의 프랑크푸르트 학파와 구별되며 자본주의적 생산의 보편화가 초래한 새로운 지각양식과 생산기술의 양면적 잠재력에 주목해서 미학적 연구작업을 진행했다는 점에서 양자 모두와 구별된다. 그는 공식적 마르크스주의 당파들의, 역사는 우리 편이라는 안이한 진보론과 단선적인 역사발전관에 맞서서 역사는 파국적 종결 가능성의 축적이기도 하며 생산력의 발전이 필연적으로 진보적으로만 작동하지 않는다는 점을 강조한다. 그에 따르면, 자본주의적 대도시 생활에 특징적인, 충격을 주는 단편적 사건들의 수열적(數列的, serial) 반복은 현재와 특수한 것을 과거와 일반적인 것과의 통일적 관계에서 바라보는 능력인 경험(Erfahrung)이 상실될 위험을 야기했고, 파시즘은 '모던한 테크놀로지'를 동원한 정치의 심미화를 통해, 즉 그들 자신이 주요한 생산력이자 자본의 요구와 상충하는 생산 과정의 사회화를 인식할 수밖에 없는 프롤레타리아트 대중에게 소유관계를 변화시킬 권리를 주는 대신 하나의 표현—전쟁, 총통숭배, 장엄 양식의 거대 건축과 독일민족축제—을 제공하는 것을 통해 발전된 생산력이 생산관계에 가하는 압력이 혁명적으로 폭발하는 것을 저지하고자 한다.

이러한 위기상황에 맞서는 벤야민의 응답은 「기술적 복제가능성 시대의 예술작품」(1933)과 「생산자로서의 작가」(1934)에 집약되어 있는 예술의 정치화이다. 예술의 정치화는 단순히 정치적으로 올바른 견해를 담은 예술작품에 대한 요구가 아니다. 오히려 그것은 현존하는 예술 생산력들—테크닉, 매체, 형식 등—을 혁명화하고 새로운 예술 생산력을 발전시킴으로써 예술가와 감상자 사이의 분리를 제거해 그들을 협력자로 만들고 예술작품을 대하는 새로운 감수성을 낳는 것을 필요조건으로 한다. 르포르타주 사

어 있다. 『미학 이론과 문예학 방법론』(문학과지성사)은 그 책의 논지를 심화시키고 있다.

진 형식이 유행적 방식으로 파악하기라는 전통적인 사진 테크닉을 그대로 이어받아 비참한 생활까지도 즐거운 관조의 대상으로 만들 때, 요구되는 것은 사진에 제목을 붙일 줄 아는 능력이다. 이를 통해 사진작가는 사진을 유행적 소비품으로부터 빼내어 그 사진에 혁명적 사용가치를 부여한다. 서사극은 장황한 줄거리를 포기하고 하나의 무대 연단에 만족하는 등 연극의 가장 근원적 요소로 돌아감으로써 무대와 관중, 텍스트와 연출, 연출가와 배우 사이의 기능적 상관관계를 변혁한다. 서사극에서 상황은 감정적으로 몰입되어야 할 것이 아니라 놀라움을 가지고 인식되어야 할 것으로 관중에게 멀리 떨어져서 제시된다. 몽타주 테크닉은 감상자를 저마다의 특수한 사건들의 충격효과에 노출시키는 동시에 감상자에게 그 사건들을 계기들로 하는 일반적인 것을 발견하도록 자극함으로써 경험의 능력을 되살리는 데 기여한다.

특히 기술적 복제는 예술의 정치화에 새로운 차원을 열어 준다. 우선 기술적 복제는 예술작품의 유일무이성을 쉽게 획득할수 있는 복제품의 다수성으로 대체함으로써 전통적으로 예술작품이 갖고 있는 아우라—신성한 것, 미적인 것의 영역 내에 위치하고 있는 관조 대상, 가까이 다가갈 수 없는 것으로서의 예술작품이 지니는 기운—를 위축시켜 감상자로 하여금 자신의 구체적인 생활공간 속에서 예술작품을 만나게 할 수 있다. 기술적으로 복제된 형태로만 존재하는 영화는 사물을 클로즈업함으로써, 우리에게 익숙한 소품에 숨겨진 세부사항을 강조함으로써, 내상에 대한 '카메라의' 독창적인 취급으로 진부한 환경을 탐구함으로써, 한편으로는 우리의 현존재를 지배하는 필연성에 대한 통찰을 증대시키고 다른 한편으로는 엄청나고도 예상하지 못한 유희공간을 우리에게 보장해 준다. 관람자의 감상 태도 면에서도 영화는 새로운 성격을 지닌다. 영화배우의 경우 연기가 카메라라는 수단에 의해 보여지며 연기를 관중에게 직접 보여 주지 않는다는 사실로 말미암아 관람자는 영화에 대해 카메라의 비평가적 태도를 취한다. 영화가 지속적으로 지각을 수정하며 생산하는 충격효과는 관람자로 하여

금 영화 속에 빠져들지 않고 이러한 비평가적 태도를 취하는 것을 가능하게 한다.[4]

우리가 지금까지 살펴본 이들은 대체로 20세기 전반기까지 독일어권에서 활동하던 이들이었다. 그 시기 동안, 상대적으로 안정적인 자본주의 발전을 누렸고 경험주의적이거나 실용주의적인 사유 전통이 강한 영어권에서 마르크스주의의 혁명적이면서 사변적인 언어, 그것도 미학이 지식인들의 큰 관심거리가 되지 못한 것은 당연했다. 어찌된 일인지 지식인은 당연히 좌익인 것으로 되어 있던 프랑스에서도 큰 차이는 없지만 영국과 미국에서 예술에 대한 마르크스주의적 학술연구는 실제 비평이나 에세이 수준의 단편적 예술론 수준을 넘어서지 못했다. 그러나 영국의 경우는 1950년대 이후 레이몬드 윌리엄스(Raymond Williams) 등에 의해 세련된 마르크스주의 문학론과 예술사회학적 연구가 시도되기 시작했다. 더욱이 1960년대 말 이후 70년대 초까지의 범서구적인 반체제적 청년운동의 확산은 예비학자들 사이에서 마르크스주의에 대한 지적 관심을 고조시키면서 영국과 미국의 대학들에 많은 마르크스주의자들이 진출하는 길을 열어 주었는데, 이들 가운데 일부는 미술사, 영화, 문학 등의 분과에서 활동했다. 1960년대 중반 이후 프랑스에서는 루이 알튀세(Louis Althusser)가 전통적인 마르크스주의보다 훨씬 정교한 이론틀로 상부 구조의 상대적 자율성과 지배 이데올로기에 의한 주체의 형성을 강조하는 마르크스주의를 제창하면서 문화, 예술, 이데올로기의 영역 및 예술비평에 대한 광범위한 마르크스주의적 '재이론화'의 가능성을 열어 주었다. 이하에서는 프랑스, 영국, 미국을 대

4 이상에서 언급된 것들을 포함한, 벤야민의 대표적인 문예비평 소론들은 『발터 벤야민의 문예이론』(민음사)에 실려 있다. 원문을 대조해서 읽을 필요가 있다. 초기를 대표하는 저작인 『독일 바로크 비극의 기원』이 출간 예정으로 있고 후기의 대표작인 『아케이드 프로젝트』(새물결)가 출간되어 있다. 아케이드 프로젝트에 대한 연구서로는 수잔 벅 모스, 『발터 벤야민과 아케이드 프로젝트』(문학과지성사)를 참고할 수 있다. 벤야민의 사상 전반에 대한 한글 입문서는 아직 추천할 만한 것이 없다. 동시대의 다른 마르크스주의 미학자들과의 논쟁에 대해서는 유진 런, 위 책을 참조할 수 있다.

표하는 세 마르크스주의 문화이론가 및 비평가들의 작업을 개괄하기로 한다. 곧 알게 되겠지만 이들의 작업은 독일어권의 선배들과는 달리 예술작품의 '철학적' 진리 내용(아도르노)이나 모델이 되는 예술 형식(루카치)이나 예술 전체의 역사적 운명(뷔르거) 따위에는 무관심하다.[5]

피에르 마슈레(Piere Macherey)의 『문학생산이론을 위하여』(1966)는, 다른 내러티브 장르에도 적용될 수 있는, 알튀세의 영향하에 프랑스에서 생산된 가장 독창적인 미학 저술이다. 마슈레는, 문학은 '창작' 되는 것이 아니라 '생산' 되는 것이라는 관점에서 출발한다. 그에 따르면 작가는 기존의 장르, 관례, 언어, 이데올로기를 '재료' 로 하여 그것들을 '변형' 시켜 완제품을 만들어 내는 사람이다. 예술의 사회적 성격을 강조하는 마르크스주의적 입장에서라면 이러한 관점은 얼핏 당연해 보이지만 이전의 마르크스주의자들 가운데 이 관점을 명시적이고 체계적으로 언급한 이는 없었다. 더 나아가, 마슈레는 '텍스트'—문학 '작품' 이 아니라—를 필연적으로 불완전하고 모순적인 것으로 본다. '텍스트와 그 이데올로기적 내용 사이에는 텍스트 내의 갈등이 있다' . 이것은 텍스트 속에서 현실의 관찰에 입각한 허구적 발화가 이데올로기적 발화를 변형시킴으로써 이데올로기적 계획의 일관성에 손상을 가하기 때문이다. 물론 이러한 생각은 훌륭한 예술작품을 해석될 수 있는 일관된 의미를 숨기고 있는 유기적 총체이자 일종의 진리 제시로 보는 루카치 등의 관점과 정면으로 배치되며 예술작품 속에서 구멍, 결여, 빈틈, 모순을 찾는 비평을 촉발한다.[6]

한편 영국에서는 1970년대 중반 이후 알튀세의 구조주의적 마르크스주

5 레이몬드 윌리엄스의 대표적인 이론비평 저작인 『마르크스주의와 문학』이 『문학과 문화이론』(경문사)으로 출간되어 있다. 원문 대조가 필요하다. 문예이론 및 문화이론에 큰 영향을 끼친 알튀세의 대표적인 논문들은 『아미엥에서의 주장』(솔), 『맑스를 위하여』(백의) 등에 수록되어 있다.

6 『문학생산이론을 위하여』(백의)로 출간되어 있다. 마슈레의 문학론을 개괄하기 위해서는 앤 제퍼슨 & 데이비드 로우비, 『현대비평론』(형설출판사) 6장 「마르크스주의 문학이론들」을 참조할 수 있는데, 루카치와 아도르노의 미학을 개괄하는 데도 유용하다.

의가 열광적으로 수용되면서 레이몬드 윌리엄스 등을 중심으로 한, 지배 이데올로기를 벗어나는 실천을 자발적으로 수행할 수 있는 주체의 행위능력을 강조하는 문화주의적 유물론과 갈등을 벌였으며 이 갈등은 일군의 지적으로 예민한 마르크스주의 문화연구자들 및 비평가들이 등장할 수 있는 밑거름이 되었다. 이들 중에서 가장 광범한 문화이론 및 비평 작업을 수행한 이는 테리 이글턴(Terry Eagleton)인데, 그의 『문학이론 입문』(1983)은 확연하게 마르크스주의적 성격을 지니면서도 가장 널리 읽히는 현대 문학이론 입문서로 정평 있다. 이 책에 따르면 문학은 사회역사적으로 생산되고 유지되고 갱신되는 제도이고 정전(正典)이고 선별이다. 문학 그 자체는 없다. 그 제도화, 정전화, 선별 '자체'가 부르주아 사회에 복무하는 이데올로기적 성격을 갖는다. 기왕에 문학이라고 불려 온 것이 그때그때의 사회적 조건이나 맥락과 무관하게 다른 것들보다 항상 더 우월한 가치를 갖는다든가 사람을 변화시킬 수 있는 특별한 힘을 갖고 있다고 믿을 근거도 없다. 글쓰기는 항상 역사에 대한 특정한 관점을 전제로 한 적극적이거나 수동적인 이데올로기적 실천이다. 문학과 문학에 대한 글쓰기 역시 그런 글쓰기의 한 양상일 뿐이다. 하나의 양상을 별다른 종류의 실체로 고정시키는 것 자체가 하나의 글쓰기 실천, 즉 문학을 사회적 삶과는 별도의 공간에 유지시키는 기능을 하는 이데올로기적 실천이다. 따라서 그 제도 안에서 반(反)정전 내지는 새로운 규범적 문학을 구성하기보다는 올바른 정치적 관점에서 문학이라는 제도 자체를 해체시켜야 한다. 즉 가장 기본적인 차원에서의, 어떤 실천적 목적을 위해 쓸 것인가라는 전략적 결정을 내리고—물론 이 전략적 결정은 항상 맥락적으로 내려져야 한다—무엇에 대해 어떻게 쓸 것인가 등의 그 외의 모든 고려사항들이 복무해야 한다. 결국 아직 문학이 아니거나 문학으로 인정되지 않는 것에 대한 글쓰기와 기왕에 문학으로 인정되고 있는 것들에 대한 글쓰기는 의도적으로 혼동되고 대체될 필요가 있다. 즉 문학비평가이기에 앞서 의미작용을 하는 모든 텍스트들에 대한 수사학적 비평가여야 한다. 이와 같은 대전제를 잊지만 않는다면 상황이나 맥락에 따라 주어진 문학 제도 속에서 대안적인 정전을 쟁취하는 투쟁 역시 전혀 의미가 없는 것은 아닐 수도 있다.[7]

1970년대 초가 되면 미국에서도 걸출한 마르크스주의 비평가들이 등장하기 시작하는데, 대표적인 이는 프레드릭 제임슨(Frederic Jameson)이다. 프랑스와 영국에서 '반인간주의' 의 기치를 내건 알튀세의 영향력이 절정에 달했던 동안 오히려 사르트르와 프랑크푸르트 학파와 헤겔의 '인간주의' 를 통해 마르크스주의자의 길로 접어들었던 그는 미국에서는 전례없는 사변적 언어로 문화, 예술, 인간과학 전반에 대한 실제비평적 및 메타비평적 글쓰기를 실천하며 테리 이글턴과 함께 영어권을 대표하는 마르크스주의 비평가로 자리 잡았다. 이글턴의 이론적 저작들이 문학을 수사학적이자 정치적인 실천으로 재개념화하는 데 초점을 맞추고 있어 구체적인 비평방법론으로서의 성격은 약하다면, 제임슨의 『정치적 무의식』(1981)은 문학 텍스트를 모델로 하여 내러티브 예술 일반에 대한 적극적인 마르크스주의적 해석학을 제시한다. 이 책에서 가장 기본적인 이론적 개념은 '역사' 이다. '마르크스주의자' 제임슨에게서 역사는 필연에서 자유의 영역으로 나아가려는 거대한 집단적 투쟁이다. 이 역사는 내러티브의 형식으로만 접근될 수 있다. 모든 내러티브는 이데올로기적이다. 모든 이데올로기들은 사회가 그 자신에 대한 설명을 제공하기 위해 허용하는 봉쇄전략들로서, 현실의 모순을, 따라서 역사를, 혁명을 억압한다. 억압된 혁명은 정치적 무의식이 된다. 역사는 개인 주체가 아니라 집단적 주체와 함께 움직이기 때문에, 이 정치적 무의식은 집단적 무의식이다. 억압자만이 아니라 피억압자도 정치적 무의식을 필요로 하는데, 혁명에 대한 욕망이 억압되어 무의식이 되지 않으면 그들은 자신의 현실(existence)을 견뎌낼 수 없을 것이기 때문이다.

---

7 이글턴의 대표 저작들인 『문학이론 입문』과 『미적인 것의 이데올로기』(1990)가 각각 『문학이론 입문』(인간사랑)과 『미학 사상』(한신문화사)으로 출간되어 있다. 원제가 『마르크스주의와 문학비평』(1976)인 그의 『문학비평: 반영이론과 생산이론』(까치)은 이 글에서 논한 마르크스주의 미학자들 대부분의 문예론의 개괄적 입문용으로 적합하다.

문학 텍스트는 일종의 내러티브로, 현실의 모순을 상상적으로 해결하는 사회적 상징 행위이다. 즉 문학 텍스트는 '일어나지 않아야 하고 일어나지 않은 혁명'을 원인으로 한다. 내러티브는 해석을 요구한다. 문학 텍스트에 대한 마르크스주의적 해석은 문학 텍스트가 제공하는 해결책들을 억압된 역사의, 억압된 혁명의, 정치적 무의식의 징후로 읽는 것이다. 모든 해석은 이데올로기적이다. 마르크스주의는 모든 이데올로기적인 해석들을 부분적인 계기들로 삼아 문학 텍스트를 여는 마스터 키이다.[8]

8 지난 30년 이래 나온 가장 세련되고 정교한 마르크스주의 미학 저술이라고 할 수 있는 『정치적 무의식』은 아직도 출간이 요원하다. 최근 저작 중에서는 『보이는 것의 날인』(한나래), 『후기 마르크스주의』(한길사) 등이 출간되어 있다. 제임슨에 대한 비판적 입문서로는 숀 호머, 『프레드릭 제임슨』(문화과학사); 윌리엄 C. 다울링, 『정치적 무의식을 위한 서설』(월인)이 있지만 전자는 원문 대조가 필요하다.

더 읽을거리

발터 벤야민, 『발터 벤야민의 문예이론』, 반성완 옮김, 민음사, 1983.

앤 제퍼슨 & 데이비드 로우비, 『현대비평론』, 최상규 옮김, 형설출판사, 1998.

유진 런, 『마르크시즘과 모더니즘: 루카치와 브레히트, 벤야민과 아도르노』, 김병익 옮김, 문학과지성사, 2000.

* 이 책은 원문 대조를 하며 읽을 필요가 있다.

테리 이글턴, 『문학비평: 반영이론과 생산이론』, 이경덕 옮김, 까치, 1986.

__________, 『미학사상』, 방대원 옮김, 한신문화사, 1999.

대륙 현대

니체, 하이데거, 가다머의 예술철학

염재철

1. 들어가는 말

서양 현대미학의 역사에서 독일 현대 예술철학의 한 흐름을 살펴보기 위해 여기 선정된 세 철학자, 프리드리히 니체, 마르틴 하이데거, 한스 게오르그 가다머는 각각 우리에게 그리 낯설지 않은 철학사상인 "삶의 철학", "현상학적 존재론", "철학적 해석학"의 흐름을 주창하고 이끌었던 대표적 사상가들이다. 이들은 각자 나름대로의 철학적 방향성에서 자신의 사상적 작업을 수행했지만 또한 그들 사이의 사상적 영향 관계도 뚜렷이 보여 주는 예술철학자들이다. 우리는 크게 보아 유사한 성격을 보여 주는 이들 세 사상가들의 예술철학을 소개하기에 앞서 이들 세 사상가들의 사상이 속한 서양 현대철학의 큰 흐름을 대략적으로 짚어 보면서 그들의 예술사상을 소개하고 상호 영향 관계를 풀어 가는 실마리로 삼을 것이다.

서양 현대철학의 주된 큰 흐름은 세 가지로 나뉜다. 그 하나의 흐름은 딜타이, 니체의 삶의 철학으로부터 시작하여 후설, 하이데거, 가다머를 거쳐 포스트 모더니즘이라 불리는 철학적 경향성으로 이어지는 흐름이며, 다른 하나의 흐름은 카를 마르크스의 정치 경제 철학으로부터 시작하여 아도르노, 호르크하이머, 마르쿠제, 벤야민, 하버마스 등의 철학자들이 대표하는 프랑크푸르트 학파의 사회 비판철학의 흐름이다.[1] 또 하나의 흐름은 프레게, 무어, 러셀, 비트겐슈타인 등의 철학자들의 논리적 · 언어 분석적 철학의 방향성에서부터 시작하여 오늘날 영미 분석철학이라고 불리는 철학적 흐름이다. 물론 미국의 프래그머티즘이나 영국의 맥태거트, 독일의 하르트만의 철학처럼 이들 세 흐름에 속하지 않는 서양 현대철학들이 몇몇 있을 수 있다. 그러나 이런 예외적인 경우에도 불구하고 위의 구분은 서양 현대철학사에서 크게 이견 없이 받아들여질 수 있는 구분이다. 그런데 이들 세 가지 현대철학의 흐름은 한결같이 기존의 전통 철학, 특히 형이상학에 대한 전반적인 반박과 더불어 자신들의 사상을 전개하기 시작한다는 점에서 우리의 주목을 끈다. 다시 말하면 현대철학의 흐름은 삶과 세계에 대한 이제까지의 형이상학적 주장과 진술이 잘못되었음을 지적하면서부터 시작한다는 말이다.

'반형이상학'의 불씨를 최초로, 그것도 해묵은 철학적 방식의 외피를 벗어던지고 급진적으로 지핀 사상가가 니체이다. 그는 지금까지의 철학이 형이상학이라는 대표적인 이름으로 행세하면서 관념적 사유의 날개를 달고 천상에서 머물렀다면, 이제 철학은 인간이 사는 땅으로 내려와야 한다고 외친다. '하늘에서부터 땅으로'라고 불릴 수 있는 니체의 이 모토는 '영혼으로부터 몸으로'라는 모토와 함께 니체의 사상을 견인해 나가는 대표적인 경구이다.[2] 이 입장에 따르면 철학은 천상에서 유유자적하게 노닐면서 관념적인 영혼이나 논하고 지상의 삶을 단죄하고 옥죄는 '삶의 당위'나 설정할 것이 아니라, 이 땅 위에서 몸으로 구체적으로 살아가는 인간의 삶으로 돌아와 몸과 함께 부대끼고 살아가는 삶의 이야기를 해야 한다는 것이다. 그래서 그는 이제까지 잃어버린 '인간의 세계'를 다시금 찾아 그 세계를 인간에게 돌려주어야 한다고 말한다. 니체의 입장에서 보면 인간의 삶을 인간

1 레닌, 스탈린, 모택동 등의 정치 지향적 마르크스주의자와 냉전 시대의 동구권의 마르크스주의자인 루카치, 블로흐 등의 철학자들도 크게는 이 흐름에 속한 철학자들이다.

2 Nietzsche, *Also sprach Zarathustra*, Kritische Gesamtausgabe VI-1, S. 9, 35ff.

으로부터 빼앗은 대표적인 서구 형이상학은 기독교라는 종교의 형태로 진행된 것이었으며, 그리하여 니체는 그 천상의 절대자인 기독교적 신을 죽인다. "신은 죽었다"는 그의 널리 알려진 주장은, 기존의 형이상학이 정초하고 전개한 '모든 가치의 전도' 라는 그의 급진적인 노선과 함께 구체적인 삶의 철학을 표방하기 시작하고, 그 후 이 같은 '반형이상학적' 경향성은 전통적인 형이상학적 존재론을 거부하면서 '있는 것을 있는 그대로 이해해 보려는' 하이데거의 존재물음을 거쳐, 과거의 가치관, 진리관 등을 전반적으로 전도 · 해체하려는 포스트 모더니즘의 '해체의 시대' 를 열어 놓는다.

'반형이상학' 의 또 다른 기치는 마르크스가 올린다. "기존의 철학자들은 사변을 통해 세계를 해석하기만 했다. 이제 철학은 세계를 변화시켜야 한다"고 주장하는 마르크스는 헤겔 철학의 형이상학적 사변성에 비판의 초점을 맞춘다.[3] 주지하듯이 헤겔 철학으로부터 형이상학적 사변성의 껍질을 깨고 나오면서도 그의 변증법이란 자양분을 받고 자라난 마르크스는 세상의 변증법적 변혁에 모든 관심을 집중한다. 그가 바라본 당대의 세계는 소수의 자본가에게 집중된 생산 수단이 사회 일반의 형식과 그것의 산물인 상품의 형식을 규정하는 사회로 보였고, 그 가운데 인간의 노동생산적 본질이 왜곡되어 나타나는 인간 소외의 세계였다. 마르크스는 인간 노동의 본질이 왜곡된 자본주의 사회를 생산 수단의 평등 소유와 생산 산물의 평등 분배라는 공산주의 이상을 통해 변혁시키고자 했고, 이 사상은 곧 이에 동조한 정치인들의 실천 원리가 되어 지구의 수많은 지역을 반세기 동안 공산주의의 지배 아래 두는 결과를 낳았다. 프롤레타리아 혁명이라 불리는 이 계급투쟁의 실질적 결과는 인간을 지나치게 이상적으로 본 잘못으로 인해 최근에 와서는 정치적으로 몰락을 가져왔지만, 마르크스의 사상 자체는 '자유와 평등' 이라는 인간의 오래된 숙제를 풀어 가는 데 여전히 유효한 한 방편일 수 있다. 마르크스의 유물론적 변증법을 자본주의 사회의 불평등을

3 Marx, *Deutsche Ideologie*, Marx-Engels Werke III, S. 7.

직시하고 정치적 혁명 대신 사회 비판의 저울로 받아들인 것이 바로 프랑크푸르트 학파를 중심으로 한 사회비판 철학이다.

'반형이상학'의 또 하나의 강력한 철학적 운동은 프레게를 기점으로 제기되어 그 후 오스트리아 빈 학파의 철학적 운동을 거쳐 영미권에서 번성하게 된 언어 분석철학이다. 이제까지 전통철학은 그 스스로 삶과 세계에 대한 직접적인 진술을 시도해 왔고, 또 그들의 진술이 삶과 세계에 대한 참된 진술이라 생각해 왔다. 그러나 프레게를 위시한 분석철학자들이 보기에 전통적인 철학적 진술은 그 진술의 참됨은 차치하고라도, 그 진술이 참인지 거짓인지를 구분조차 할 수 없는 이른바 '무의미한 명제'들이었다. 이 점은 오랜 기간 철학의 대표적 탐구 영역으로 존속해 왔던 형이상학, 윤리학, 미학은 물론 당대의 현상학과 해석학도 예외가 아니었다. 분석철학적 비판은 기존의 철학적 진술 자체가 우선 참인지 거짓인지조차 분별할 수 없는 무의미한 명제, 달리 말해 하늘 위의 뜬 구름 잡는 식의 명제임을 인식하면서 삶과 세계에 대한 진술 또는 명제 일반에 대한 언어적 분석으로 나아가게 된다. 그리고 분석철학은 그런 언어 분석을 철학의 가장 중요한 임무로 자처한다.[4] 이때 중요한 것은 명제의 의미 분석과 그것의 참, 거짓을 분별해 내는 도구이다. 이 도구는 일상 언어가 갖는 의미의 다양하고 자유로운 해석을 그대로 방치해서는 안 되며, 오히려 과학의 양화적 법칙 못지않게 진술의 진위를 객관적으로 계측할 수 있는 기능을 수행하여야 한다. 이 점에서 일찍이 프레게는 다양한 의미 해석이 가능한 기존 논리학의 일상 언어 대신에 수학의 대수 기호를 차용하는 논리학을 개발하였고,[5] 이것은 그 후 분석철학자들의 거듭된 '버전 업'을 통해 오늘날 '기호 논리학'이라 불리는 분석철학의 강력하고도 효과적인 도구로 자리 잡게 된다.

현대철학의 이 같은 큰 세 흐름 중에서 우리가 주제로 삼는 세 철학자,

---

4 Carnap, *Der logische Aufbau der Welt,* Berlin, 1928, S. 12. / Schlick, *Die Wende der philosophie,* in: *Erkenntnis I,* 1930, S. 18ff.

5 Frege, *Begriffsschrift und andere Aufsaetze,* Darmstadt, 1964, S. 106.

니체, 하이데거, 가다머는 그들 사상의 본 바탕에서 본다면 첫 번째 언급한 철학적 흐름에 속하는 사상가들이다. 니체는 기존 서구철학의 전 역사를 플라톤주의로 규정하면서, 서구철학사의 근저에 면면히 흐르는 형이상학적 기조를 비판하고, 거기로부터 삶의 구체적 터전으로 돌아와 사상을 전개한 철학자이다. 니체의 '반형이상학적' 정신을 10년에 걸친 자신의 니체 강의를 통해 사숙한 하이데거는, 존재에 대한 모든 형이상학적 편견과 선입견을 거부하고 그대로의 여실한 '있음'에로 돌아와 그 있음을 "이해"해 보려는 존재 물음을 펼치고, 그 물음을 통해 형이상학적으로 왜곡된 서구의 철학사를 재구성하고자 한다. 하이데거의 초기 사상을 그의 제자로서 직접 사사했던 가다머는 하이데거의 진리 개념 및 이해와 해석 개념을 계승하고 발전시켜 나가면서 자신의 영향작용사적 해석학을 다듬어 나간다.

2. 니체의 예술철학

예술에 관한 니체의 생각이 최초로 주제적 모습을 띠고 나타나는 곳은 그의 처녀작 『비극의 탄생』이다. 본래 『비극의 탄생』은 그리스 비극이 어떤 과정을 거쳐 탄생했으며 또 쇠락의 길을 걷게 되는가를 다룬 글이다. 나중에 니체는 독창적인 시각으로 쓰인 젊은 시절의 이 저작에 대해 부분적인 자기비판을 가한다. 하지만 그 속에 담긴 그의 예술론은, 비록 그것이 그리스 비극의 탄생 과정을 해명하기 위해 동원된 것이지만, 그 자체만으로 충분히 검토할 만한 가치가 있는 현대 예술론의 중요한 부분을 구성한다.

『비극의 탄생』에서의 니체의 예술론은 먼저 삶의 고찰에서부터 시작한다. 그리스 신화 속의 현자 실레노스의 짤막한 이야기를 빗대어 그가 제시하는 인간의 삶은 우연과 모순으로 점철된 고통의 세계이다.[6] 왜 젊은 니체

6 Nietzsche, *Die Geburt der Tragoedie*, Stuttgart (Reclam UB 7131), 1993, S. 29, 32ff.

에게 인간의 삶이 그처럼 어두운 모습으로 비쳐졌는지를 밝힐 자료는 그곳에는 없다. 『비극의 탄생』 직후의 저작을 통해 살펴본다면, 니체는 이미 초기 저작을 저술한 시기에서부터 기존의 형이상학이 궁구해 왔던 삶의 필연성이나 절대성, 완전성, 일관성, 영원성 등에 대해 비판적 의식을 가졌던 것으로 드러난다. 따지고 보면 이 개념들은 형이상학적 사변성이 꾸며낸 가상이요, 삶에 덧씌워 놓은 굴레일 뿐이다. 젊은 니체는 삶의 구체적 모습을 직시하면서 삶의 탄생과 지속에는 어떠한 필연성도 없으며, 오로지 우연이 난무하고 욕망의 끊임없는 모순이 진행되는 고통의 바다로 파악한다.

삶이 그 진상에 있어서 고통과 모순이라는 이 견해에 입각해서 니체는 우리에게 잘 알려진 그의 초기 예술론을 전개한다. 그 생각에 따르면 예술은 아폴론적인 것과 디오니소스적인 것으로 나뉘며, 그 두 예술충동의 대립과 화합이 예술의 역사를 형성한다. 우선 그가 주로 문학예술과 조형예술을 겨냥하여 말하는 아폴론적인 예술부터 살펴보자. 이미 삶이라는 것이 우연이 지배하고 결함이 많은 불완전하고 고통스런 것이라 할 때 우리들 인간이 할 수 있는 일은, 이 피할 수 없는 고통과 불완전한 세계 속에서나마 그것을 이겨낼 방도로써 어떤 완전성을 꿈꾸어 내는 일이다. 니체가 아폴론적인 예술충동을 설명하는 자리에서 초입부터 꿈이라는 생리 현상을 비유적으로 끌어들이는 이유가 바로 여기에 있다. 니체가 바라본 꿈의 세계는 현실 세계보다 완전한 세계요, 그의 표현을 빌리면 보다 높은 진리의 세계다. 과연 모든 꿈의 세계가 그럴 수 있겠느냐는 것은 의문으로 남지만 적어도 우리는 적지 않은 경우에 꿈이 현실에서 이루지 못한 것을 실현시켜 주는 것을 경험한다. 꿈의 세계가 지니는 이 같은 높은 진리성과 완전성 때문에 니체는 꿈 세계의 완벽하고 아름다운 가상이야말로 모든 조형예술과 서사시가 전제하는 것이라고까지 말한다.

그런데 아폴론적 예술충동은 자신의 충동을 실현해 나감에 있어 그 나름의 방도를 갖추고 있다. 우선 아폴론적인 예술가의 눈은 우연이 난무하는 삶과 세상의 모습을 보되 그러면서도 그 복잡한 뒤얽힘 속에서 흔들리지 않는 자신의 척도(Maß)를 지니고 있다. 아폴론적인 예술가는 고통의 한 바다에서 살되 거기에 매몰되지 않는다. 그는 간단없이 생기는 광포한 격정으로부터 자유롭게 벗어나올 줄 아는 사람이며 그래서 그러한 격정을 통제하고 자신만의 척도에 따라 한정(Begrenzung)을 가할 줄 아는 지혜가 있는 사람이다. 그 점에서 아폴론적 예술가는 그 어떤 철학자 못지않게 세상을 깊게 또는 높게 볼 줄 안다. 그는 세상의 많은 조그마한 것들을 사상할 줄 알며 또한 한정의 지혜를 갖추기 위해 그 자신을 잘 인식한다. 이러한 자기인식(Selbsterkenntnis)은 척도와 규준을 엄수하는 아폴론적 예술에게 무엇보다도 중요하다. 그래서 니체는 "아름다움에 대한 미학적 요구 이외에도 '너 자신을 인식하라' 또는 '지나치지 말라' 는 요구가 생겨난다"[7]고 말한다.

아폴론적 예술충동이 완벽하고 아름다운 가상을 통해 삶의 현실을 극복하려는 충동이라면, 주로 음악예술과 무용예술을 겨냥하여 그가 말하는 디오니소스적 예술충동은 오히려 고통스러운 세계와 삶을 긍정하고 거기에 몰입하려는 충동을 말한다. 니체가 보는 삶의 고통과 모순은 인간이 벗어날 수 없는 만사의 근본이자 근원적 '일자' 이다. 따라서 벗어날 수 없는 그 굴레 속에서 살아가는 하나의 가능한 방식은 그 숙명적 굴레를 오히려 적극적으로 긍정하면서 살아가는 일이다. 이 점에서 디오니소스적 예술충동은 아폴론적인 꿈꾸기를 처음부터 거부한다. 이상에의 꿈꾸기가 결국 현실로부터의 도피를 의미한다면, 디오니소스적 충동은 오히려 현실에의 적극적인 침잠과 노취(Rausch)를 요구한다. 또한 꿈꾸기를 그친 채, 있는 그대로의 현실을 적극적으로 받아들이면서 거기에 도취하려는 디오니소스적 예술가는 자기인식과 척도를 바탕으로 현실을 한정하고 제어하는 아폴론적 자아의 철옹성을 고집하지도 않는다. 그래서 디오니소스적 예술가에게 필요한 것은 철저한 자기인식이 아니라 오히려 철저한 자기망각(Selbstvergessenheit)이다. 흔히들 과학은 삶을 객관적으로 보고, 철학은 삶을

7 앞의 책, S. 34.

반성적으로 보는 데 비해, 예술은 삶과 직접적으로 관계 맺는다고 말하는데, 이는 바로 디오니소스적 예술충동을 두고 일컫는 말이라 할 수 있다. 이처럼 디오니소스적 예술충동의 마력은 전반적인 자기 망각과 도취적 몰입에 있다. 그 마력 아래에서 "인간과 인간 사이의 결합이 다시 이루어질 뿐만 아니라, 소외되고 적대적이고 억압받았던 자연이 그의 잃었던 아들인 인간과 다시금 화해의 축제를 벌인다. …… 이제 인간은 노래하고 춤추면서 드높은 일원임을 느끼며, 걷는 것도 말하는 법도 잊어버린 채 춤추며 창공으로 날아오르려 한다."[8] 이 순간은 인간과 인간이, 인간과 자연이 하나로 되는 순간이다. 니체는 디오니소스적 예술충동의 합일 속에서 삶의 일자, 즉 고통과 모순이 스스로 충족됨을 본다. 그리고 그 순간은 고통 자체가 환희로 바뀌는 순간이다.

니체는 초기 예술론의 이러한 개진 이후에는 예술을 주제로 하거나 예술에 관해 중심적으로 다루는 단행본을 남기지 않는다. 오히려 그의 후기 예술론은 삶에 관한 그의 사상의 개진과 함께 진행된다. 즉 삶을 바라보는 그의 시각이 그대로 예술에 관한 그의 견해로 연결된다는 말이다. 잘 알려져 있듯이 초기 저작 이후에 펼쳐진 니체의 삶의 고찰 속에는 '초인 사상', '삶에의 적극적인 긍정', '힘에의 의지'가 놓여 있다. 여기서는 이들 개념들을 간단히 해명하면서 그의 후기 예술론을 파악하는 근거로 삼고자 한다.

먼저 니체가 말하는 초인(Übermensch)이란 일상적인 인간을 초월해 있는 어떤 종국적 목표 지점으로서의 인간이 아니다. 초인은 끊임없이 스스로를 넘어가는 인간(über sich hinaus gehen)이다. 이때 넘어서야 하는 대상이 되는 인간은 기존의 형이상학, 도덕, 종교 등으로 물든 인간일 뿐만 아니라, 더 나아가 그 순간에 이르기까지 그를 규정해 왔던 삶의 관습화된 방식에 물든 인간이기도 하다. 그런 것들은 니체의 입장에서 볼 때 인간 자신(Selbst)에게 오직 구속이 될 뿐이며, 삶을 그 자신의 의지대로 이끌어 가

8 앞의 책, S. 23.

지 못하도록 하는 장애물이다. 그런 맥락에서 니체는 인간 정신의 세 가지 단계—낙타 단계, 사자 단계, 어린아이 단계—를 논하는 곳에서 올바른 인간의 모습을 어린아이 단계의 인간 모습으로 단정하면서, 그 특징을 "철저한 망각", "새로운 시작"으로 파악한다.[9] 결국 니체가 말하는 초인이란 멈추어 서서 그 자신을 썩게 하지 않도록 끊임없이 자신을 파괴하고 재창조하는—즉, 넘어서는—도중의 인간이다.

초인의 삶은 삶 이외의 그 어떤 것으로부터도 자신의 삶을 규정하도록 내버려두지 않고 오직 자신의 의지에 따라 삶을 있는 그대로 껴안으려는 적극적인 긍정적 자세에서만 가능하다. 그래서 니체의 후기 저술들 곳곳에는 "삶에의 사랑", "삶에의 위대한 긍정"이 거듭 언급된다. 그리고 이때의 삶은 어쩌면 너무 단순하고 소박하게 비칠 수 있는 파악이겠지만 "힘에의 의지" 그 자체이다. 단순히 말해 언제나 생존을 위해 보다 나은, 큰 힘을 찾아가려는 삶의 의지, 이것이 다름 아닌 바로 니체의 힘에의 의지이다. 삶의 적극적인 긍정 속에서 끊임없이 스스로를 넘어가는 이 같은 힘에의 의지는 삶을 그 왜곡으로부터 구원하고, 매순간 새로운 삶을 창조하려는 의지이다.

니체에 따르면 기독교적 교리에 따라 살아가는 인간은 새로운 삶을 창조하지 않는다. 그런 삶에는 인간의 삶 자체에 대한 위대한 긍정이 없다. 거기에는 오직 외부의 절대자에 대한 위대한 긍정만이 있을 뿐이다. 그리고 그런 인간은 외부의 당위의 힘에 의해 언제나 그렇게 살아야만 하는 인간에 지나지 않으며, 그의 삶에는 새로운 창조는 없다. 후기의 니체는 삶에 관한 이러한 입장에 서서 기존의 형이상학, 도덕, 종교, 과학 등과 단호하게 결별한다. 그리고 무엇보다 예술을 창조적 삶에의 위대한 사랑이자 구원으로 끌어들인다. "예술, 그 이외의 어떤 것도 아닌 바로 예술! 예술이야말로 삶을 가능하게 하는 위대한 여신이며, 삶으로 유혹하는 위대한 인도자이며, 삶에의 위대한 자극제이다." 말하자면 니체에게 예술은 삶을 부정

9 Nietzsche, *Also sprach Zarathustra*, Kritische Gesamtausgabe VI-1, S. 27.

하는 모든 의지들—그것이 기독교적이든, 불교적이든, 염세주의적이든—에 저항하는 유일하게 신중한 위대한 힘이었다.

3. 하이데거의 예술철학

인간의 삶을 형이상학적 시각과 당위로부터 단절시켜 '그 자체로' 받아들이려는 니체의 '반형이상학적' 정신은, '존재 일반'을 종래의 형이상학적 규정으로부터 분리시켜 그 자체로 파악하려는 하이데거의 사상적 작업으로 이어진다. 하이데거의 초기 사상은『존재와 시간』전후의 "존재론적 차이"의 경험을 바탕으로 전통적인 형이상학을 해체 · 재구성하면서 존재의 철학을 새롭게 정초하겠다는 이념 아래 진행된다. 그 후 하이데거는 1930년대 초반 "존재 숨김의 경험"과 더불어 형이상학에 대한 전반적인 극복의 이념으로 돌아선다. 하이데거에게 예술이 구체적으로 주제화되어 나타나기 시작하는 시기는 바로 이 중기의 시기부터이다. 후기에 하이데거는 압도적 힘을 가진 "존재 – 언어의 경험"을 통해 다시 한번 사상적 변화를 보여 주지만,[10] 우리는 여기서 하이데거 중기에서의 존재 경험과 그것을 바탕으로 전개되는 예술론에 한정하여 서술할 것이다.

니체가 삶의 연관 속에서 예술을 고찰했듯이 하이데거는 존재와의 연관 속에서 예술을 고찰했다. 따라서 하이데거의 중기 예술론을 고찰하는 이 자리에서는 우선 그가 말하는 존재가 어떤 것인가를 알아보는 것이 첫 순서일 것이다. 존재에 관해 해명할 때 하이데거가 초기에 언급하는 것은 "존재론적 차이(ontologische Differenz)"다. 존재론적 차이라는 말은 간단히 존재는 존재자와 다르다는 것을 말한다. 우선 문자상으로 보아도 존재자와

10 하이데거의 초기, 중기, 후기의 각 사상 길의 특징에 관해서는, 염재철,「하이데거 사상 길의 변천」,『철학』제48집, 1996 참고.

존재는 명백히 다르다. 존재자가 '있는 것'이라면 존재는 '있음'이다. 그러나 존재자와 존재는 문자상으로 뿐만 아니라 사태상으로도 분명 서로 다르다. 존재자는 사물적으로 현전하는 것으로서 우리가 감각해 낼 수 있는 것들이며 그리하여 그것의 여러 감각적 성질들을 파악해 낼 수 있는 대상이다. 그러나 존재는 존재자와는 달리 만지거나 볼 수 있는 어떤 감각적 대상이 아니다. 굳이 말하자면 존재는 생생한 생김이요, 흐름 그 자체이다. 예컨대 나는 이러저러하게 '있고', 저 나무는 이러저러하게 '있다'라고 할 때, 이때의 존재, 즉 '있음'은 나의 현존해 가는 흐름이자 생김이요, 저 나무의 생존해 가는 흐름이자 생김이다.

초기에 하이데거는 존재자를 존재자 그것이게 하는 존재의 이해에 모든 학적 노력을 경주한다. 그러나 존재를 보다 깊이 물어 가는 과정에서 하이데거는 1930년대 초반부터 존재에 관한 아주 색다른 경험을 한다. 그 색다른 경험은 바로 존재의 시원적 모습은 스스로 드러냄에 있는 것이 아니라 오히려 자기 숨김에 있다는 것이다. 말하자면 존재는 존재자의 유희가 연출되는 언제나 막이 올려져 있는 고정된 무대처럼 언제나 드러나는 밝음의 터가 아니라 그 자신 숨겨 가는, 즉 없애 가는 생김이라는 것이다. 존재, 즉 있음은 끊임없이 자신을 없애 가는 새로운 생겨남이다. 어떠한 있음도 그때그때의 자기 없앰을 통하지 않고는 불가능하다. 실로 저 나무의 있음도, 저 구름의 있음도, 저 바람의 있음도 그리고 나의 이 있음도 매순간의 있음의 없앰을 바탕으로 한 생겨남 아닌가. 그 점에서 있음은 언제나 없음을 여의지 않는다. 한편 있음은 실로 끝없이 있어 가려고 함이요, 그러한 펼침에의 욕구, 굳이 우리에게 익숙한 표현으로 하자면 무한에의 욕구다. 무한에의 욕구는 뒤집어 보면 한정에의 거부다. 그럼에도 있음은 또한 등근원적으로는 있음의 한정으로서의 무를 끊임없이 자신 속에 품어야 한다. 그 점에서 무한성은 유한성을 담지해야 한다. 존재의 무화(無化, Nichten)란 바로 유한성의 담지이자 있음에의 억제다. 그런데 이러한 무는 한갓된 무, 즉 단순한 끝나 버림이 아니라 바로 이 무로부터 또 그것을 지반으로 해서 무한에의 욕구로서의 저 있음이 생겨 나오는 바로 그러한 무다. 이것이 앞서 말한 그 생김이다. 이 점에서 없음 또한 있음을 여의지 않는다. 죽음, 곧 무가 존재의 산맥이라는 하이데거의 수수께끼 같은 말은 이렇게 해서 짐작될 수 있다.

"존재 숨김"의 경험은 중기의 하이데거에게 존재에 접근하는 두 가지 사유의 방향성을 가져온다. 그 하나는 지난 형이상학의 역사에서 사유된 것과 대화를 지속하면서 그 사유된 것 속에 감추어진 존재의 진리의 모습을 떼어내는(Entreißen) 사유의 방향성이다. 다른 하나는 존재의 드러내면서 숨겨 가는 진리적 모습 자체를 수립(Stiften)해 나가는 사유의 방향성이다. 하이데거에게 예술이 중요한 주제로 등장하는 것은 바로 후자의 맥락이다. 그의 눈에 비친 예술은 존재가 위장되지 않은 채 드러나는 탁월한 영역이다. 그리하여 그는 존재 진리 현현의 탁월한 장으로서 예술을 탐구하기 시작했고 그 최초의 대표적인 산물이 바로 『예술작품의 근원』이라는 그의 잘 알려진 글이다. 아래에서는 『예술작품의 근원』을 중심으로 그의 예술철학을 살펴보고자 한다.

예술이 무엇인가는 예술작품을 살펴보면 가장 잘 알 수 있다. 그것은 마치 현대의 디지털 기술이 무엇인지 알려면 그것의 소산인 컴퓨터를 살펴보면 알 수 있는 것과 같은 이치이다. 하이데거는 예술작품을 눈앞에 두고 그것과 만나는 두 가지 방식을 우리에게 소개한다. 그 하나는 작품을 존재자로서 만나는 방식이며 다른 하나는 작품을 그 존재에서 만나는 방식이다. 그는 후자의 올바른 방식 못지않게 전자의 잘못된 방식을 걷는 것도 필요하다고 생각한다. 『예술작품의 근원』의 초입에서 예술작품을 존재자로 만나는 잘못된 만남의 방식을 걸어가면서 하이데거가 우리에게 보여 주려는 것은, 모든 존재자 지향적인 방식은 존재자의 사물적 측면을 지향하자마자 곧 존재자를 떠나게 되며, 또 존재자를 떠나자마자 곧 사유의 반성 작용이 시작되어 형이상학적 개념들을 만들어 내기 시작한다는 점이다. 그리고 더 나아가 이들 개념들은 오랜 자명함의 가면을 쓰고 무제한적인 월권을 행사하면서 예술작품을 포함한 모든 존재자의 해석을 지배하며 그리고 그 지배 아래 존재자의 존재자다움, 즉 존재를 철저히 망각하게 해버린다는 사실이다. 그러므로 이제 필요한 것은 우선 모든 자명하게 받아들여지는 것이 만들고 있는 울타리를 허물고 또한 일상적으로 통용되는 거짓 개념들을 파기하는 일이다. 그리하여 그러한 사고방식들이 갖는 선입견이나 존재자에의 기습을 멀리하면서 존재자를 이를테면 그 자신의 존재 가운데 가만히 머물도록 해주는 일이다.[11] 예술작품의 경우에도 마찬가지다. 우리는 작품을 작품으로 "있게" 두어야 한다. 오직 그러할 때만 작품은 그 자신에 즉해서 그 자신의 소리를 낸다.

그러면 이 같은 존재자 지향적인 사유와의 결별을 거쳐 우리가 예술작품의 순수한 자립에 머무를 때, 예술작품에 즉해서 작품 가운데 무엇이 일어날까? 하이데거의 확신은 이렇다. "작품에 즉해서 그리고 작품 가운데 일어나는 것은 존재자의 존재 속에서의 개시, '다시 말하면 진리의 일어남이다.'" 하이데거는 이 확신을 실제적으로 보여 주기 위해 고흐의 구두 그림이나 그리스 신전 등을 예로 든다. 이들 작품과의 만남에서 하이데거가 애쓰는 것은, 작품의 '있는 그대로의 있음'과의 지속적인 해석학적 순환에서의 만남이다. 그 만남을 거쳐 가면서 하이데거는 작품 존재의 모습을 "대지의 불러 세움", "세계의 열어 세움", "세계와 대지의 투쟁" 등으로 정식화해 나가지만, 그러나 그 모든 깊어 가는 순환적 과정에서 하이데거가 특히 우리에게 드러내 보이고 싶어하는 것은, 작품이 작품으로 있을 때 그 가운데 뭇 존재자들이 그 갖가지 존재 방식으로, 즉 진리의 모습으로 드러난다는 사실이다. 물론 존재가 진리로 불리는 것은 하이데거의 독특한 진리관에 의거한다. 하이데거는, 우리에게는 생경하지만, 오늘날 서구인들이 사용하는 진리라는 말의 근원적 의미를 초기 희랍의 낱말인 a-letheia의 본원적 의미, 즉 "숨어 있지 않고 드러남"에서 찾고 있으며, 존재야말로 그 어느 것

11 Heidegger, *Der Ursprung des Kunstwerkes*, Gesamtausgabe Bd.5, S. 15ff.

보다도 존재자를 드러내 주고 규정해 주는 a-letheia, 곧 진리로 간주한다.

예술작품의 이 생생한 작품 존재의 모습에 의거해서 하이데거는 결론적으로 예술은 "존재 진리의 작품 속으로의 자기 정립"이라는 규정을 이끌어 낸다.[12] 이에 따르면 예술이란 우리에게 일상 너무나 가까이 있어 놓쳐 버리기 쉬운 존재 진리의 단순하면서도 복잡한 연관을 세계와 대지의 얼개로 엮어 작품 속으로 정립하는 일이다. 그리고 예술이란 그렇게 정립된 존재 진리를 세계와 자연의 얼개 속에서 지속적으로 빛나게 하는 것이다. 하이데거는 그런 점에서 예술의 창작적 측면을 "스스로 지향 정돈해 가는 진리를 형태 가운데로 확립함"이라고 말한다. 우리는 흔히 예술적 창작을 예술가가 품은 생각이나 정서를 작품 속에 주관적으로 표현하는 것이라거나 혹은 바깥의 세상이나 바깥에 실재하는 이념을 재현하는 것이라고 생각한다. 이러한 일상적인 생각에 대해 하이데거는 예술적 창작은 예술가의 그러한 주관적인 표현 과정이나 재현의 과정이라기보다는 오히려 스스로 형태화하는 존재의 진리를 개방적인 세계와 은폐적인 자연의 얼개에 담기도록 도와주는 행위로 파악한다. 한편 작품 존재에 입각한 하이데거의 예술 규정은 예술 감상의 측면에서도 새로운 해석을 가능케 한다. 전통적으로 잘 알려진 예술작품의 감상은 예술가의 의도에 맞추어져 있었다. 말하자면 작품 속에서 예술가의 의도를 얼마만큼 정확히 읽어내는가가 올바른 감상의 잣대였다. 그러나 하이데거의 예술론에 의하면 감상은 근원적으로 작품의 "보존(Bewahrung)"이다. 즉 작품을 감상한다는 것은 작품 자체가 내는 본래의 소리를 듣는 것이요, 또 그 소리가 잘 울려 퍼지도록 고유한 공간을 마련해 주는 일이다. 만약 감상이 그러한 것이라면 그것은 작품을 그 작품답게 해주는 "보존"에 다름 아니게 된다.

우리는 작품의 보존이라는 감상의 본래적 차원에서 작품과 만날 때 일상 우리가 머물고 있던 곳과는 전혀 다른 세계에 빠져듦을 느낀다. 작품의 보

12 앞의 책, S. 21.

존적 감상은 이처럼 우리를 작품 속으로 밀어 넣음이다. 그 속에서 우리는 존재 진리의 거대한 밝음 터(Lichtung)에 들어선다. 그리고 그 속에서 우리는 이전까지의 우리의 일상적이고 습관적인 사물에의 관계가 얼마나 피상적이었는가를 깨달으며, 동시에 일상에서 놓쳐 버린 존재의 폭넓은 관계를 깨닫는다. 그 속에서 모든 사물은 그 조급함과 여유로움, 그 멂과 가까움 속에서 드러난다. 이를테면, 사물들 사이의 진실된 거리, 그것은 우리가 이제까지의 습관적인 삶 속에서 그토록 가까이 머물렀으면서도 놓쳐 버린 것이다.

4. 가다머의 예술철학

『존재와 시간』을 중심으로 펼쳐진 하이데거의 초기 사상을 직접 사사한 가다머는 하이데거 사상의 근간을 흔드는 큰 변화 없이 그 사상을 자신의 철학적 해석학으로 계승 · 발전시킨다. 비록 그가 하이데거의 중기, 후기의 사상에도 주목하고 또 그것을 자신에게 친숙하게 해두고 있음에도 불구하고, 가다머의 사상 형성에 무엇보다 영향을 끼친 것은 하이데거의 초기 사상이었음을 우리는 부정할 수 없다. 특히 그가 초기 하이데거 사상으로부터 받아들인 중요한 자양분은 시간성과 역사성의 개념, 존재 진리의 개념, 이해와 해석의 선구조와 순환 개념 등이다. 그는 이러한 자양분을 바탕으로 하여 자신의 철학적 해석학과 해석학적 예술철학을 정립해 나간다.

본래 해석학은 성서 해석을 시발점으로 하여 아직 학적 모습은 갖추지 못한 채 진행되다가 슐라이어마흐에 이르러 이해(Verstehen)라는 사유 방식이 철학적 물음의 대상이 되면서 학적 주목을 받기 시작하였다. 그 후 이러한 이해와 해석은 빌헬름 딜타이에 와서 비로소 학적인 방법론의 모습을 띠면서 발전하게 된다. 딜타이에게 있어 이해란 텍스트 속에 담겨진 상황, 곧 삶(Leben)을 해석자의 주관적 요소를 배제하고 재구성하는 것을 의미했다. 딜타이에게는 텍스트가 함축하고 있는 작가의 경험 내용을 그대로 추체험(Nachleben)하는 것이 중요했고, 그런 점에서 이해는 텍스트의 형성 과정을 뒤쫓는 추형성의 과정이었다. 그러나 딜타이는 텍스트를 만나는 해석자가 역사적 인간이라는 사실을 소홀히 했고, 따라서 텍스트의 지평과 해석자의 지평 사이에 시간적이고 역사적인 간격이 놓여 있다는 점을 경시했다. 오히려 그는 인간은 보편적으로 객관정신을 가지며, 이 보편적 매개를 통해 인간의 개별적 차이를 극복할 수 있다고 믿었다. 이 맥락에서 초기의 하이데거는 이해의 시간성과 역사성을 강조함으로써 딜타이가 소홀히 다루었던 측면을 부각시킨다. 그리고 이런 측면은 그의 제자인 가다머에 의해 그대로 받아들여지면서 더욱 강력한 해석학적 이론으로 자리 잡게 된다. 가다머의 예술철학을 파악하기 위해 우선 그의 해석학적 입장을 간략히 살펴보기로 하자.

가다머에게 있어 인간 존재는 하이데거에서처럼 시간적 · 역사적이다. 현존재는 언제나 오직 자신의 과거와 현재 지평 속에서만 미래로 나아가는 법이다. 그런 의미에서 인간의 진정한 경험은 자기 자신의 시간성과 역사성의 경험이라 할 수 있다. 이해한다는 것 또한 그 점에서 예외는 아니다. 어떤 사태를 이해하는 자는 언제나 자신의 역사성을 의식하면서 자신 안에서 역사적 현실을 불러일으켜야 한다. 이때 역사성은 사태를 이해함에 있어 선입견으로 작용한다. 어떻게 해서든 선입견을 배제하려는 과학의 객관적 인식 태도와는 달리 가다머의 해석학은 인간 존재의 역사성에 기반한 선입견을 이해의 중심에 놓는다. 그의 입장에서는 인식에 대한 우리의 의지가 아무리 선입견의 속박으로부터 벗어나려고 해도 모든 선입견으로부터 자유로운 이해란 결코 존재하지 않는다. 하지만 우리는 가다머의 이 말을 이해는 곧 인식 주관의 일방적이고 자의적인 인식이라는 뜻으로 오해하지는 말아야 한다. 왜냐하면 역사적인 이해는 오로지 이해될 것과 이해하는 자 사이의 존재 진리의 개시성 가운데서만 일어나는 것이고, 이해는 존재 진리의 개시와 함께하는 현존재의 존재 자체의 운동이기 때문이다. 그

점에서 이해는 한갓된 주관성의 행위가 아니라 사태와 나와의 존재 진리의 개시 속에서 과거와 현재가 계속적으로 중재되는 전승(Ueberlieferung) 사건에로 밀고 들어가는 일이며, 이 전승 사건은 기본적으로는 존재의 일어남(Geschehen) 자체에 의한 것이다.

이해되어야 할 전통과의 만남이 일어나는 해석학적 상황 속에서는 언제나 특정한 시점의 전통 지평과 현재 지평 사이에 간격이 나타난다. 이 간격에 직면해 해석자는 텍스트에 물음을 제기하지만, 보다 깊은 의미에서는 텍스트 자체가 이미 부단히 변화하는 해석자에게 물음을 제기한다. 그리고 부단한 물음의 대화—달리 말해 "서로가 경청하는 상호귀속성"—속에서의 이해는 단순한 대답을 넘어서 물음의 지평을 새롭게 이해하는 것이다.[13] 이렇게 이해된 간격은 텅 빈 심연이 아니라 과거 지평과 현재 지평을 아우르는 존재의 연속성에 의해 채워져 있는 것으로 드러나며, 이 연속성의 빛 속에서만 모든 전승은 우리에게 나타난다. 그래서 진정한 이해는 과거 지평과 현재 지평, 텍스트와 해석자 사이의 "항상 그렇게 자체적으로 존재하는 것처럼 보이는 지평들 간의 융합의 사건"[14]의 경험이 된다. 이해는 현재의 자기를 이해하고 전통을 새로이 경험하도록 하는 지평융합의 요구에 대해, 이 요구를 현재성의 방식으로 성취해 나가는 역사(Vollzugsgeschichte)로서 수행되며, 그런 점에서 이해는 주관적 인식의 과정이 아니라 역사적·존재론적 과정이다.

기투(企投)하는 현존재는 현재 지평 속에서 과거 지평을 만남으로써 새로운 가능성을 열어젖힌다. 다시 말하자면, 이해가 이루어지는 과정에서 지평 융합이 일어나는데 그 지평융합 속에서는 역사적 지평에로의 기투와 함께 일종의 지양(Aufhebeung)이 이루어진다. 그리고 과거 지평과 현재 지평 사이에 존재하는 간극의 융합을 통해 이해는 새로운 현실을 창조할 수

13 Gadamer, *Wahrheit und Methode*, Tuebingen, 1975, S. 352.
14 앞의 책, S. 290.

있게 되는 것이다. 그리하여 지평융합의 사건은 현존재에게 생생하고 현실적인 새로운 체험이게 된다. 물론 인간경험은 유한하므로 현실의 진리에 대한 최종적 발언은 불가능하다. 그래서 과거의 전승은 현재 지평에 의해 새로이 해석됨으로써 언제나 전승을 향한 개방성을 가지게 된다. 이렇듯 텍스트와 해석자 양쪽에게 변화를 낳는 진정한 해석학적 경험을 가다머는 "영향작용사적 의식(Wirkungsgeschichliche Bewusstsein)"이라고 한다.[15] 해석의 순환적 성격은 그렇게 드러난다.

가다머의 이런 해석학적 입장은 그대로 그의 예술철학으로 연결된다. 가다머는 모든 예술작품은 이해를 요구하는 다른 텍스트와 같이 이해되어야 한다고 말한다. 그에게 있어 예술작품은 작가가 언어를 통해 표현한 텍스트이다. 텍스트로서의 예술작품에 대한 이해는 우선 존재진리를 드러내고 있는 작품의 세계에 해석자가 참여함으로써 이루어진다. 작품을 이해하는 것도 우리가 작품의 세계를 우리 자신의 세계와 충분하게 융합시킬 때 가능하다. 그런 면에서 예술적 이해는 두 지평 사이의 융합이다. 물론 이때 "중요한 것은 단순히 주관적인 생각의 다양성이 아니라 작품의 관점의 다양성 속에서 해명되는 작품의 고유한 존재가능성(Seinsmoeglichkeiten)인 것이다."[16] 그에 의하면 한 예술작품이 지니는 진리는 다의적인 것이다. "예술의 언어와의 모든 만남은 미결된 생기와의 만남이며, 그 자체가 이러한 생기의 한 부분이다."[17] 하나의 예술작품 안에 놓여 있는 것에 대한 궁극적인 해명은 없다. 그러나 이때 예술 경험은 또한 진지한 의미의 색다른 과제, 즉 그 경험을 자신의 세계관 및 자신의 자기 이해에 통합시켜야 하는 과제를 새로이 풀어야 한다. 그 점에서 예술작품을 접하는 자는 예술작품과의 만남을 통해 변화하지만, 동시에 결코 자신의 세계를 잃고 예술가의 세계를 추종하는 것이 아니며, 오로지 두 세계와의 융합 속에서 자기 이해의

15 앞의 책, S. 343.
16 앞의 책, S. 112.
17 앞의 책, S. 94.

지평을 확장하면서 더더욱 생생하게 존재할 수 있게 된다.

가다머는 이러한 이해 가운데 열려진 예술작품 자체의 존재 방식을 "유희(Spiel)"로서 파악한다. 유희는 가다머의 예술철학을 구성하는 여러 핵심 요소 중 하나다. 하이데거에서와 마찬가지로 가다머에서도 존재는 그 스스로가 표현하고자 하며, 그 다양한 방식 중 하나의 방식이 곧 예술작품의 존재다. 존재의 유희적 운동은 그 운동을 끝내려는 어떠한 목적도 가지지 않으며 오히려 끊임없는 해석의 순환 속에서 자기 자신을 거듭 새롭게 할 뿐이다. 그러나 그 스스로 유희하는 존재는 예술작품 속에서 형성체(Gebilde)로 변용된다. 작품의 작품화에서 형성체로 변용된 존재는 비로소 개시된 진리가 된다. 예술작품 속에서 개시되는 존재의 진리는 단순한 현실의 반영도 작가의 상상력이 빚어낸 가상도 아니다. 작품 세계는 존재 유희의 변용된 형성체로서의 세계다. 그런데 존재의 유희는 연극의 경우에서도 우리가 체험하듯이 유희를 바라보는 관객 안에서 비로소 완전한 의미를 얻게 된다. 예술을 해석하는 자는 존재의 유희가 표현하는 바를 자신의 지평과 더불어 재창조하는 자이다. 유희, 즉 놀이는 바로 스스로도 역시 표현하면서 바라보는 자만이 가장 고유하게 경험하며 또 그 놀이가 '의미하는' 것이 무엇인지를 잘 알아보는 법이다. 예술적 유희에 머무르는 관객의 진정한 존재 방식은 진리가 스스로를 표현하는 '거기에 있음' 으로써 "사태 자체에로 향하는 데(Zuwendung zur Sache)" 있다. 즉 우리는 예술적 유희를 통해 예술작품을 단순한 과거의 유물로 취급하지 않고, 지금 여기에 있는 존재로서 만남으로써 그것에 전적으로 참여하고 있는 것이다.

5. 맺는 말

지면의 제약상 세 사상가가 공통적으로 보여 주는 반형이상학적 정서, 즉 니체의 '삶의 형이상학적 근거 없음', 하이데거의 '형이상학적 존재 파악은 잘못', 가다머의 '존재의 형이상학의 인식론적 방법론은 잘못'이라는 경험을 충분히 전달할 수는 없었지만, 그들이 각각 제시한 사상적 성격이 전통적인 형이상학과 얼마나 다른지는 짐작할 수 있었을 것이다. 그리고 이들 세 사상가가 전통 형이상학으로부터 결별하여 독자적인 길을 걸어가면서 한결같이 점차 '예술'에로 가까이 다가간 대목은 우리에게 시사하는 바 크다. 그들이 예술이라는 인간 활동 영역을 자신들의 철학의 중심에 놓았던 것은, 결론적으로 보면, 각자 예술을 '삶을 긍정하고 사랑하는 대표적인 영역'(니체)으로, '존재 개시의 탁월한 장'(하이데거)으로, '존재의 유희와 이해의 범례적인 장'(가다머)으로 여겼기 때문이었다.

그런 공통점에도 불구하고 그들 예술철학 사이에 나타나는 차이를 언급해 본다면, 니체의 예술철학은 그 출발 지점에서 예술가의 창작의 측면을, 하이데거의 예술철학은 예술작품의 존재의 측면을, 가다머의 예술철학은 작품의 감상의 측면을 중시했다는 점을 지적할 수 있다. 물론 가볍게 넘어갈 수도 있는 대목이지만, 그들 세 사상가가 보여 준 이런 출발점의 차이는 단순히 개인적 성향의 차이를 넘어 그들이 종국에 도달했던 철학과 예술사상의 독특한 색깔들을 규정하고 있다. 삶의 디오니소스적 긍정 철학과 예술로 자신의 생을 마감했던 니체, 존재의 숙명적 말하기와 듣기로 자신의 철학과 예술사상을 종료한 하이데거, 끝끝내 해석적 지평 융합에 굳건히 머물렀던 가다머는 그들 세 철학자가 자신들의 출발점의 영향에서 결국 벗어나지 못했음을, 아니 좀 더 긍정적으로 말한다면 처음의 물음을 점점 깊이 천착해 들어갔던 생산적인 사상가였음을 보여 준다.

더 읽을거리

리차드 팔머, 『해석학이란 무엇인가』, 이한우 옮김, 문예출판사, 2001 (1988).

발터 비멜, 『하이데거의 철학 이론』, 백승균 옮김, 박영사, 1980.

백승영, 『니체, 디오니소스적 긍정의 철학』, 책세상, 2005.

염재철, 「하이데거 사상 길의 변천」, 『철학』 제48집, 1996.

프랑크푸르트 학파

이순예

1. 비판이론과 사람들

비판이론(Kritische Theorie)으로 널리 알려진 프랑크푸르트 학파(Frankfurter Schule)의 사상은 20세기에 형성된 철학적 · 사회이론적 흐름들 중 가장 뚜렷한 발자취를 남긴 이론구성에 속한다. 무척 독자적이었고, 그래서 논란도 분분했다. 그리고 21세기로 접어들면서 갈수록 호소력을 더해 가고 있다. 호르크하이머, 아도르노, 벤야민, 마르쿠제, 프롬, 하버마스, 노이만, 키르히하이머 등 이 학파와 관련을 맺으면서 활동하였던 사상가들은 모두 나름의 영역에서 제각기 탁월한 업적을 남겼다.

서로 긴장관계를 유지하는 가운데 그래도 특정한 흐름으로 모아지는 이들의 지적 작업에 '진보적' 이라는 수식어를 붙일 수 있다면 이는 더 나은 세상을 위한 투쟁에 동참할 것을 요구하였기 때문일 것이다. 이들의 요청은 근대성(die Moderne)의 병리학에 대한 반성을 유도하는 것이었고, 반성을 통해 성숙하고 계몽된 세상을 이룩할 수 있음을 확신하였다. 이들의 지적 작업은 유럽에서 새로운 정치집단이 결집되는 과정에 결정적으로 기여하였다. '신좌파(neue Linke)' 의 더 나은 사회를 위한 투쟁은 정통적인 좌파의 노선과 근본적으로 차별되는 것이었고, 이 차별성에 21세기적 호소력이 근거한다고 할 수 있다. 좌 · 우 이데올로기의 구현체가 제각기 서로 상대를 타자로 설정하면서 자신을 정당화하던 시절, 더 나은 세계를 향한 열망은 타자를 통한 자기극복으로 수렴되기 마련이었다. 하지만 프랑크푸르트학파가 추구하였던 현실극복의 전망은 동서냉전 시절에 이미 탈냉전의 지평 위에서 전개되고 있었다. 타자를 내재화하였던 것이다. 따라서 자본주의에 대한 내재적 비판으로 자리매김되는 비판이론은 칸트 이래 독일 비판철학의 전통을 현대화시켰다는 평가를 받는다. 우리는 반자본주의라는 정치적인 지향은 분명하지만, 정치투쟁으로부터는 일정한 거리를 두는 태도가 이 학파에 속한 사상가들에게서 공통적으로 나타남을 확인할 수 있다. 아도르노(Theodor W. Adorno, 1903–69)는 예술에 주목하였고, 하버마스(Jürgen Habermas, 1929–)는 의사소통 행위를 통해 시민사회 내 정치적 공론장의 타락과 무기력을 극복하자는 전략을 구축하였다. 이는 모두 개개인의 자율적인 의식이 현실의 관계를 넘어서는 힘을 발휘할 수 있다는 전제에서 출발하는 것이었다. 이처럼 비판이론이 문화투쟁을 전략으로 삼게 되기까지는 이 학파 사상가들이 공유하였던 현실진단에 일차적인 원인이 있었다. 대부분 유대계 출신으로 나치정권 수립을 전후해 미국에 망명할 수밖에 없었던 그들은 전후 독일로 다시 돌아온 후에도 아직은 혁명적인 상황이 아니라는 현실인식을 고수하였다. 학생운동과 베트남 전쟁이 한창이던 시절에 정치적으로 영향력 있는 글들을 썼던 하버마스 역시 마찬가지였다. 상황은 아직 성숙하지 않았지만, 그래서 혁명은 시작할 수 없지만, 더 나은 세계에 대한 열망은 계속 유지하여야 하기 때문에 자신들의 지적 작업이 필요하다고 여겼다. 이러한 생각을 지닌 비판이론가들이 자신의 의지를 이론구성으로 구체화시킬 수 있었던 데에는 독일 관념론의 전통이 큰 힘으로 작용하였다고 할 수 있다. 결국 자본주의 사회 내에서 반자본주의적 전망을 구체화하기 위한 문화투쟁이라는 독특한 전략을 발전시킨 프랑크푸르트 학파의 비판이론은 관념론과 마르크스주의라는 독일 사상의 거대한 두 뿌리를 출발점으로 삼아 구성되었다고 할 수 있다. 그리고 개인의 의식을 중요하게 생각하는 만큼 현대에 들어와 새롭게 주목받기 시작한 심리분석도 이론구성에 포함시켰다.

위에 나열한 사상가들이 하나의 학파로 거론될 만큼 서로 지적으로 교류하면서 인맥을 형성하기까지, 그 과정은 순탄치 않았다. 그리고 처음부터 똑같은 생각을 가지고 시작한 것도 아니었다. 바이마르 공화국 초기에 갑부의 아들 펠릭스 바일(Felix Weil, 1898–1975)의 출자로 사회조사 연구소(Institut für Sozialforschung: IfS)가 프랑크푸르트 대학에 설립되었을 당시(1924), 여기 참여하였던 지식인들이 현재 우리가 '프랑크푸르트 학파'로 분류하는 그런 성격의 집단으로 발전하리라 여겼던 사람은 없었다. 바일은 마르크스주의 연구소를 세워 장래 독일에 인민공화국이 세워지면 국가에 헌납할 작정이었다. 초대 연구소장을 맡았던 칼 그륀베르크(Carl Grünberg, 1861–1940)는 사회주의와 노동운동의 역사를 연구하는 기관임을 표방하였다. 막스 호르크하이머(Max Horkheimer, 1895–1973)가 소장을 맡으면서 연구소는 새로운 길을 개척하기 시작하였다. 그는 마르크스주의의 위기를 사회철학과 경험적인 사회과학을 결합함으로써 극복하고자 하였다. 호르크하이머는 이 프로그램을 미국에서도 그대로 유지하였고, 연구원들은 2차 대전 중 미국 정부기관이 발주한 사회조사 프로젝트에 참여하였다. 심층면접을 통한 여론조사 작업을 수행하는 한편, 이론적인 세련화에도 심혈을 기울이는 가운데 연구원들은 점차 이론적으로 분화되어 나갔다. 미국으로 망명한 연구원들은 모두 유대계였지만 동시에 대부분 상층 부르주아 출신이었다. 그들은 반자본주의적 성향의 지식인에 머물렀으며, 마르크스주의가 종종 교착상태에 빠진 이론적인 문제들을 해결해 준다는 사실에 매력을 느꼈을 뿐, 직접적인 계급투쟁으로부터는 처음부터 멀찌감치 떨어져 있었다. 부르주아 자본주의는 근본적으로 소외(Entfremdung)와 물화(Verdinglichung)의 관점에서 비판되었다. 유일하게 호르크하이머만이 피억압 민중의 운명에 직접적인 관심을 가지고 있었다. 그는 칸트와 프랑스 혁명에서 비롯되어 헤겔을 거쳐 마르크스주의로 이르는, 서구계몽의 역사에 나타난 일련의 발전 과정을 옹호하였다. 따라서 자신은 경험연구에는 깊이 관여하지 않고 인식이론과 마르크스주의를 결합하는 이론적인 작업에 주력하였다. 호르크하이머는 아도르노에게서 세련된 마르크스주의 이론을 발전시킬 가능성을 발견하고, 그를 공동작업의 파트너로 선택하였다. 아도르노가 『신음악의 철학』 원고로 『계몽의 변증법』을 함께 집필할 만한 이론적 능력이 있음을 입증하였다고 생각하였기 때문이다. 프롬(Erich Fromm, 1900－80)과 마르쿠제(Herbert Marcuse, 1898-1979) 역시 정식 연구원으로 인정받고 이론적인 작업에 몰두하기를 희망했지만, 망명이라는 특수한 상황에서 매우 제한될 수밖에 없었던 정식급여 수급자가 되지는 못하였다. 그들은 뉴욕의 컬럼비아 대학을 중심으로 활동하면서 계속 미국 정부의 프로젝트에 참여해야 했다. 호르크하이머가 오래전부터 추진해온 변증법 프로젝트를 완성하겠다고 서부(L.A.)로 이주한 후 공동작업을 위해 불러들인 사람은 아도르노뿐이었다. 결국 이 두 사람이 학파의 실질적인 내용을 이루어 전후 프랑크푸르트에 다시 정착하게 된다. 프롬은 일찍 학파와의 관계를 정리하고 미국에 남았고, 마르쿠제는 정식 연구원이 되어 독일에 귀환할 수 있기 위해 관계 재정립을 꾸준히 시도하였지만, 끝내 학파의 구심점을 이루지는 못하였다. 프랑크푸르트 학파 구성원들이 서로 다른 생각을 견지하고 있음은 68학생운동을 계기로 뚜렷이 드러났다. 하지만 또 한편으로는 학파 구성원 모두가 공론장의 정치화를 목표로 하는 학생들의 저항운동에 대해 이중적인 태도를 취하고 있음도 확연해졌다. 아도르노는 일관되게 정치적인 문제들에서는 눈을 돌렸다. 하버마스는 저항세력과 문제의식은 공유하면서도 구체적인 목표설정과 방법론 선택을 두고는 항상 객관적으로 거리를 두는 입장을 내놓았다. '대 거부(große Weigerung)', '저항을 위한 자연권(Naturrecht auf Widerstand)', '새로운 감수성(neue Sensibilität)' 등과 같은 화려한 말들로 학생들을 사로잡았던 마르쿠제는 이론적인 배경보다는 사회주의에 대한 열망, 혁명적인 파토스를 추동력으로 삼고 있었다. 그런데 이 파토스는 폭력이 어느 정도는 불가피하다는 일종의 편견, 저항세력에는 우호적인 편견이 무너지는 때가 오자 바로 그런 편견과 함께 공중분해되어 버릴 성질의 것이었다. 저항세력이 급진화될수록 비판이론 진영은 자신들의 현실진단(아직은 혁명적인 상황이 아니다)에 더 집착할 수밖에 없었고, 결과적으로 비판이론에 기대를 걸었던 학생들을 실망시켰다. 운동권 학생들은 누구보다도 아도르노를 공격하였다. 그리고 아도르노는 자신의 생각을 미처 충분히 이론화하지 못한 상태에서 죽었다. 아도르노의 죽음으로 프랑크푸르트 학파 1세대의 활동은 사실상 막을 내렸다. 미국에 계속 남아 활동하는 구성원들이 있었지만, 더 이상 학파의 이름으로 모아지지 않았다. 그 대신 독일로 귀환한 이후 아도르노와 호르크하이머의 지도하에 성장한 2세대 학자들이 학파의 전통을 살려 나갔다. 하버마스가 대변자로 꼽힌다.

미국과 유럽을 뒤흔들었던 68운동과 비판이론의 관계는 이처럼 복합적이다. 보수적인 학자들은 특히 마르쿠제, 아도르노, 호르크하이머를 적군파(Rote Armee Fraktion) 테러리즘에 사상적 자양분을 제공한 원조로 지목하였다(Günther Rohrmoser, *Das Elend der kritischen Theorie* 1970). 하지만 프랑크푸르트 시는 아도르노 상을 제정하여 시를 빛낸 사람에게 수여하고 있으며, 1980년에는 엘리아스(Nobert Elias)(1977) 이후 하버마스가 두 번째 수상자로 선정되어 보수적인 기민당 소속 시장으로부터 상을 수여받기도 하였다. 그리고 2003년에는 아도르노 탄생 100주년 기념행사가 성대하게 열렸다. 괴테와 더불어 아도르노는 프랑크푸르트 시의 자부심으로 자리 잡았다.

프랑크푸르트 학파는 이론 자체에 대해서 뿐 아니라 이론과 실천과의 관계에 대하여도 우리에게 새로운 화두를 제시한다. 아도르노는 토론 장소를 찾아 학생들이 연구소 건물 안으로 들어왔다고 경찰에 출동을 요청하였다(1969년 1월 31일 정오경). 하버마스는 대학개혁을 위해 그토록 애를 썼지만 정작 학생 대중들과는 연대하지 않았다. 하버마스는 세상을 반권위주의적이고 반자본주의적으로 '지금 그리고 바로 여기에서' 뒤바꾸기 위해 학생

대중이 급진적으로 정치화되어야 한다는 운동권 학생들의 견해를 심하게 공박하였다. 저항운동을 통한 공론장의 정치화는 정치적 공론장을 보완하는 정도에서 머물러야 한다고 주장하였다. 그런데 오히려 학생운동과 베트남 해방전쟁에 대하여 거부하는 입장을 견지했던 호르크하이머는 학생운동이 급진화될수록 존경을 받았다. 학생들은 그의 초기 저작을 당대의 상황에 부응한다고 여기고, 즐겨 인용하였다. 하지만 호르크하이머 자신은 학생들의 반응을 달가워하지 않았다. 이처럼 학생들의 요구와 학파 이론가들의 전망은 서로 접점을 찾지 못한 채 제각기 급진화되었다. 적군파의 테러가 1970년대를 휩쓰는 한편으로, 운동권 학생들과의 극심한 대립상황에 빠져든 아도르노가 사망한(1969년 8월) 후, 1973년 드디어 하버마스는 후기 자본주의 사회에서는 총체적인 사회화가 사회 자체의 기반을 잠식한다는 분석을 내놓는다(*Legitimationsprobleme im Spätkapitalismus*). 바로 이처럼 서로 엇갈리는 두 흐름 사이에서 서독은 새로운, 냉전시대에 고유한 사회체제를 일구어 나갈 수 있었다. 개혁물결이 사회의 모든 관계들을 재정립해 나갔던 것이다. 물론 개혁은 저항운동의 결과였음이 사실이다. 하지만 또 개혁으로 저항운동을 신속하게 잠재웠던 측면도 있다. 이후 서독 사회는 청년층의 사회참여를 다시 전통적인 노선으로 우경화시키는 한편 주변부에 하위문화가 나름으로 정착되도록 유도하였다. 적군파 테러리스트의 핵심 그룹인 바더 마인호프단(Baader-Meinhof Gruppe)을 수감한 슈투트가르트 슈탐하임 형무소의 철조망은 서독인들에게 한계상황 설정이자 당면 과제를 환기시키는 상징으로 되었다. 서독은 복지국가 건설에 박차를 가하였다. 그리고 하버마스를 이론적 양심으로 내세웠다. 도구적 합리성으로 오염된 체계(System)와는 다른 원리로 움직이고 있는 생활세계(Lebenswelt)의 의사소통적 합리성을 잘 살려 현재의 지배관계를 개선한다는 하버마스의 구상은 이처럼 한계상황을 받아들인 서독 사회의 안정성을 반영한다고 볼 수 있다. 하버마스는 자신의 구상이 현실성을 지녔음을 증명하기 위해 비판이론이 전통적으로 기대온 인식론적 전제들에서 의사소통적 근거로 이동하였다. 언어를 사용하는 인간이 서로 대화하면서 행동한다는 사실 자체가 상대방을 이해하겠다는 목적을 설정하고 행동하는 것이라는 의사소통 행위이론의 전제는 이데올로기를 가른 철조망이 걷힌 오늘날 구체적으로 적용할 사회단위를 찾지 못하는 듯 보인다. 그 대신 아도르노의 주장에 힘이 실리는 상황이 전개되고 있다. 아도르노는 처음부터 철학이 하지 못하는 일, 즉 행복에의 약속을 계속 유효한 것으로 만드는 일을 담당하는 예술에 주목한 바 있다.

2. 과제 – 시대적 조건과의 철학적 대결

프랑크푸르트 학파의 모태라고 할 수 있는 사회조사 연구소가 프랑크푸르트 대학에 설립되던 당시 독일 노동운동은 사회민주당(SPD)과 함께 독일 사회를 구성하는 핵심 요인으로 정착되어 있었다. 이는 독일 사회 내 자본주의의 발전 정도를 반영하는 것이기도 하였다. 제1차 세계대전이 끝나고 잠시 혼란기에 빠졌던 독일은 1920년대로 접어들면서 다른 서유럽 국가들과 마찬가지로 이른바 '풍요의 20년대(Die Goldene Zwanziger)'를 맞는다. 연구소의 설립(1924년)은 이처럼 바로 자본주의적 발전의 과실을 일반인들도 누리게 된 시점과 맥을 같이한다. 그런데 이는 또 다른 한편으로 반자본주의 운동이 활발해지고 노동운동의 조직화도 가속화되었음을 뜻하는 것이기도 하다. 당시는 소비에트 정권 수립의 영향으로 혁명적인 담론이 마르크스-레닌주의와 깊이 관련되는 경향이 지배적이었다. 바일은 자신의 이념적 성향을 공공연히 밝혔으며, 더구나 그륀베르크는 강단 마르크시스트였다. 이들은 사회주의와 노동운동의 역사를 정리하고, 마르크스주의를 심도있게 연구하기 위해 연구소를 설립한다는 목표를 분명히 밝혔다.

2대 소장으로 호르크하이머가 취임하면서(1931) 연구소는 시민사회 내 제도로서의 대학이라는 위상과 혁명적 담론의 성격유지 사이에서 독자적인 길을 모색하게 된다. 호르크하이머는 대학 당국의 입장에서 보았을 때, 정치적으로 '안전'했기 때문에 소장직에 오를 수 있었다. 취임하던 당시 호르크하이머는 바일의 핵심 그룹에 속한 인물이 아니었다. 궁극적으로 호르크하이머는 대학 당국과 기금 출자자 양측의 타협에 따른 선택이었다. 그 결과는 마르크스주의의 제도권 진입으로 나타났다. 호르크하이머는 취임사에서 이 과정이 앞으로 어떻게 진행될 것인지에 대한 분명한 입장을 밝혔다. 새 소장이 내놓은 처방은 마르크스주의의 위기를 '부르주아' 학문과 철학이 이룬 현대적 발전을 수용함으로써 극복하겠다는 것이었다. 그는 철학과 개별과학이 서로 부단히 교류해야 한다고 강조했다. 이는 바로 전통적인 고전독일관념론의 토대 위에서 19세기 시민사회가 추진해 온 기획을 확대 · 발전시키자는 제안이기도 했다. 그는 우선 다음과 같은 상황 진단에서 시작하였다. 인류는 20세기에 들어서면서 지난 19세기 동안 이룩해 온 과학, 기술 그리고 산업의 진보에 걸었던 기대가 무너지는 경험을 하였다. 전체의 존립을 위해 개인의 삶이 부당하게 통제되는 상황을 과학기술의 진보를 통해 벗어나리라는 기대를 가지고 열심히 노력해 왔지만, 철저하게 배반당했던 것이다. 하지만 바로 그렇기 때문에 20세기 초, 인류는 오히려 더 큰 갈망을 지니게 되었다. 그리고 이 갈망에 부응하기 위해 인류는 사회학적 · 철학적으로 다양한 논의들을 활발히 전개하기 시작했다. 바로 이와 같은 복합적인 상황하에서 사회의 경제적인 삶과 개인의 심리적 발전, 그리고 문화적 영역에서의 변화의 상관관계를 묻는 관점이 형성되고 힘을 발휘하게 되었다는 것이다. 이러한 호르크하이머의 분석은 그가 독일 전통철학의 충실한 계승자임을 보여 준다. 호르크하이머의 설명은 바로 보편과 특수의 관계, 삶과 정신의 관계라는 오래된 철학적 과제의 현대적 양태에 다름 아니기 때문이다. 다른 점이 있다면 현대에 등장한 방법론을 사용하고 자본주의적 발전과 더불어 등장한 사회적 갈등을 적극 수용하였다는 사실이다. 이 새로운 문제들에 대하여 적절한 답변을 내놓기 위하여 특정한 집단과 특정한 시기를 택해 적용해야 할 것이라고 하면서 그는 가장 핵심적인 집단으로 노동자와 사무직을 꼽았다. 전체적으로 호르크하이머의 취임사는 무언가를 금방 해결해 줄 것처럼 나서는 이데올로기보다는 실질적인 인식이 세상에 의미와 이성을 부여하려는 인간의 노력에 더 많은 도움을 줄 것이라는 요지로 압축된다. 취임사의 이러한 흐름이 우리의 관심을 특별히 일깨우는 까닭은 청년 마르크스와 노년의 프로이트가 이 취임사에서 공동으로 목소리를 내고 있기 때문이다. 호르크하이머는 프롤레타리아의 해방적인 행위로 철학을 현실에서 실현시키는 일이 가능하다고 한 마르크스의 주장을 "인간이 내세에 대한 기대를 모두 거둬들이고 온 힘을 현세의 삶에 집중한다면, 삶을 모두에게 감당할 만한 것으로 만드는 일, 그리고 누구도 억압하지 않는 문화를 이루는 일이 어쩌면 가능할지도 모른다"(*Die Zukunft einer Illusion*, 1927)라는 프로이트의 술회로 재구성하였다. 비판이론의 독특한 성과로 거론되는 마르크스와 프로이트의 결합은 이렇게 시작되었다.

서로 상이한 학문적 경향의 결합은 비판이론에서 일관되게 추진되었고, '변증법' 이라는 개념으로 정식화되어 이론 구성의 핵심으로 자리 잡는다. 1930년대 이래로 '변증법적 논리학' 이라는 큰 틀에서 이론적인 작업을 진행한 호르크하이머는 부르주아적 인류학과 도덕에서 내세우는 인간의 양면성에 대하여도 '변증법적' 으로 볼 필요가 있음을 역설하였다. 마치 인간에 대해 비관적인 견해와 낙관적인 견해가 대립하는 듯 보이지만 사실 결정적인 점에서는 동일하다는 것이다. 성선설이든 성악설이든 모두 인간의 이기적인 충동을 사회에서 배제시켜야 한다는 전제를 설정하고 있기 때문이다. 이런 전제에 따른 부르주아 도덕을 파헤치는 호르크하이머의 분석은 자못 신랄하기까지 하다. 부르주아 사회는 전적으로 경쟁의 원리에 따라 움직이며, 따라서 구성원들로 하여금 살아남기 위해서라도 이기적이고 남을 적대시하는 본성을 강화하도록 부추기는 것이 사실이다. 그러면서도 도덕적으로는 이기심을 단죄한다. 호르크하이머는 이런 도덕이야말로 사회적 강자를 보호하는 이데올로기가 아닐 수 없다고 주장한다. 그 까닭은 성공한 사람들에게 그 사람들이 어떻게 성공할 수 있었는지를 묻지 않도록 만들기 때문이다. 철학적 도덕은 부르주아가 역사적으로 승리한 이래, 이 문제에 대하여 비당파적으로 처신하려고 노력해 왔다. 그 결과 인류의 다수는 상층 소수집단이 누리는 풍요를 포기하는 데 익숙해지고 말았다. 이기심을 버려야 한다는 도덕적 프로파간다는 상층 부르주아가 누리는 인간과 사물들에 대한 처분권이 마치 어떤 즐거움도 가져다주지 않는다는 인상을 유포한다. 그들은 본질적으로 착취자임에도 불구하고 마치 사회 전체를 위해 봉사할 뿐이며, 미리 정해진 인생의 과제를 묵묵히 수행할 뿐이라는 듯한 태도를 취함으로써, 대다수의 사람들이 이를 받아들이고 긍정하도록 만드는 것이다. 이처럼 분배의 측면에서 정의롭지 못한 결과를 가져오는 부르주아 도덕은 개인적인 차원에서도 평범한 시민을 비루한 인격자로 만든다. 현실적으로는 온갖 쾌락의 요인들이 난무하는 사회에서 살면서 정작 자신은 늘 쾌락에 적대적인 기준에 맞추어 행동하도록 요청받는 평범한 시민은 무언가 이유를 둘러대지 않고는 즐길 수 없게 된다. 이는 자신의 욕구를 제대로 충족하는 능력을 갈수록 잃어버림을 뜻한다. 운명의 타격이나 양심의 가책 등에 시달리는 일이 없어지면서, 단지 영혼이 극단적인 활동성과 그 정반대인 둔감함 사이에서 이리저리 흔들리는 침울한 상태에 빠지는 것이다. 그러면 평범한 시민은 자유를 느끼지 못해 왜소해진다. 호르크하이머가 이처럼 부르주아 도덕과 인간학을 고찰하면서 사회이론을 발전시키는 30년대에 아도르노 역시 변증법에 몰두하였다. 하지만 두 사람의 접근 방식은 서로 매우 달랐다. 아도르노는 무엇보다도 예술의 가능성에 대해 관심이 많았다. 아도르노는 구체적인 예술작품 분석과 역사철학을 결합함으로써 이후 계속되는 이론적인 발전에 중요한 단초들을 확보할 수 있었다. 아도르노에게서는 정신과 자연의 화해를 통한 자연의 해명이라는 생각이 사유의 핵심을 이루고 있는데, 여기에는 폐쇄회로에 갇힌 신화적인 자연이든, 마찬가지로 폐쇄적이어서 신화가 된 정신이든 바깥으로부터의 도움을 통해 구제될 수는 없다는 전제가 들어 있다. 이러한 생각은 무엇이든 자기 안에 초월의 계기가 이미 내재해 있다는 확신으로 발전한다. 바로 이러한 내재를 통한 초월에 상응하는 과정이 음악에서 이루어짐을 발견한 아도르노는 음악 작품 분석은 물론 음악에 대한 이론적인 작업에도 매진하였다. 그리고 키에르케고르에서 후설로 이어지는 연구를 수행하는 동안 관념론을 내부에서 돌파한다는 프로그램을 구체화시킨다. 이렇게 하여 이른바 '내재적 이전'이 아도르노의 상표로 굳어지게 되었다. 아도르노에게서 변증법은 대립항의 세력권 안으로 들어가는 것을 뜻했고, 더욱 극대화된 대비를 통해 대립항 스스로가 자기운동을 시작하는 역학에 대한 이름이었다. 물론 이는 지양으로 나아가는 과정이다. 아도르노는 이런 변증법이야말로 현재 드러나고 있는 이런저런 현상들의 탈마법화 혹은 탈신화화를 실천할 가능성이라고 믿었다. 물론 아도르노의 변증법에도 프랑크푸르트 학파 구성원들에게서 일반적으로 나타나는 현상인 신학적 '돌파'의 계기가 들어 있다. 하지만 블로흐와 벤야민에게서와 같은 강렬한 메시아주의는 아니었다. 철학이 다른 분과 학문들보다도 예술로부터 훨씬 더 많은 도움을 받을 수 있다는 유대계 비판이론가들의 생각은 이처럼 구원에 대한 암시를 담은 변증법을 발전시키면서 더욱 굳어졌다.

비판이론의 형성 과정에 결정적인 영향을 미친 사건은 무엇보다도 제2차 세계대전, 그리고 미국으로의 망명이다. 따라서 반유대주의가 연구의 중심에 들어서는 일은 당연하다 할 것이다. 그런데 프랑크푸르트 학파는 이 문제에 대하여도 일관되게 '변증법적' 태도를 견지하였다. 이번에는 거시적인 차원에서의 사회경제적 분석과 미시적인 차원에서의 심리분석을 결합하는 방식으로 나타났다. 당시, 반유대주의 문제를 두고 사회경제적 차원에서만 접근하는 경우, 여러 가지로 무리가 따를 수밖에 없는 상황이 현실적으로 이미 전개되고 있었다. 사회경제적 관점에서만 본다면, 미국 내 유대인과 유럽에서 미국으로 망명한 유대인이 서로 상반된 이해관계를 갖게 됨은 자명한 사실이었다. 일본의 진주만 공격 이후 미국과 유럽 대륙이 전면전 상태로 돌입하자 미국 내 유대인들은 유럽계 유대인들이 대거 미국으로 유입됨으로써 미국 내 반유대주의가 더 확산될 것을 우려하였다. 결국 미주 유대인 협회(American Jewish Committee)는 미국 내에서 반유대주의의 문제를 민주주의나 미국에 대한 적대행위와 동일한 맥락에서 다루는 전략을 취하게 되었다. 그리고 이 협회의 활동가들은 유럽에서 자행되는 일들이 미국에 알려지는 것에 반대하였다. 그런 보도들이 오히려 미국 내 반유대주의를 조장할 것이라는 판단에 따른 조치였다. 이런 복잡한 상황에서 프랑크푸르트 학파는 미주 유대인협회의 지원하에 반유대주의의 메커니즘을 밝히는 연구를 수행하게 된다. 학파는 유대인이 현실적으로 약한 모습을 보이기 때문에 약한 유대인이라는 편견을 고정시키고, 그리하여 거듭 자신에 대한 공격과 폭력이 자행되도록 유도하고 있다는 논리를 세워 나갔다. 연구원들은 반유대주의가 인성(Persöhnlichkeit)의 특정한 구조에 연관되어 있음을 밝히는 일에 주력하였고, 반유대주의가 자본주의 사회에서는 반민주주의와 맥을 같이하고 있음을 논증하였다. 유대인들이 주력하는 업종, 즉 상업과 금융업이 자본주의의 어두운 면에 더 밀착되어 있는 까닭에 피착취 대중으로 하여금 자신들의 비참의 직접적인 원인이 유대인들에게 있다는 생각을 갖도록 하는 것도 큰 원인이라는 분석까지 내어놓았다. 이런 관점에서 노동계층에서 나타나는 반유대주의와 상층의 반유대주의는 성질이 다를 수밖에 없었다. 현상적으로는 노동계층에서 반유대주의가 더 심각한 편이지만, 이 경우는 계몽을 통해 교정할 가능성이 오히려 높은 편이다. 반면 상층의 반유대주의는 간접적이고 관념화된 까닭에 오히려 뿌리 깊은 편견으로 발전할 소지가 높다. 또한 학파의 연구원들은 유대인들 자신의 심리적인 문제도 지적하였다. 자신을 위협하는 상대방을 하나같이 천편일률적인 방식으로 인지하는 까닭에 편견을 고정시킨다는 분석을 잊지 않았다.

이처럼 전통을 계승하여 새로운 세계 상태와 대결하는 프랑크푸르트 학파의 지적 노력은 미국 망명 시절 호르크하이머와 아도르노의 공동작업인 『계몽의 변증법』으로 집대성된다. 학파의 강령서에 해당하는 이 책은 비판이론의 가능성과 한계를 가장 특징적으로 드러낸다고 할 수 있다. 처음 세상에 나왔을 때(1944), 이 책은 마르쿠제와 키르히하이머에게조차도 요령부득이었다. 하지만 늘 사람들을 긴장시켰다. 1960년대 후반부터 서서히 수용되기 시작하였고, 이제는 현대적 고전으로 자리잡았다.

『계몽의 변증법』: 호르크하이머와 아도르노는 서구 정신사의 서로 상반된 전통, 이를테면 합리주의와 비합리주의적인 전통을 결합하고, 자신들에게 실존적인 도전이었던 반유대주의 문제까지도 아우르면서 함께 이 책을 썼다. 이는 파시즘 지배와 미국 망명이라는 '역사적' 사건에 대한 '실존적'인 응전이라고 할 만한 것이었다. 하지만 두 사람이 택한 응전의 방식은 조금씩 달랐다.

아도르노는 이 공동작업을 관념론, 내재, 정신, 주관성 등과 같은 서구적 사유의 핵심적인 개념들에 대한 시원사(Urgeschichte)를 쓸 수 있는 계기로 삼았다. 그러면 여기에서 신화와 근대성, 자연과 역사, 옛것과 새것, 몰락과 구제의 형성 과정이 어느 정도 규명될 것이었다. 아도르노는 자신이 그동안 음악적 진보의 변증법에 꾸준히 몰두하면서 발전시켜 온 생각들에 사회이론적, 역사철학적 신빙성을 부여할 필요가 있다고 여겼다. 호르크하이머에게는 실증주의 비판과 부르주아 인간학 비판을 더 확대된 범위에서 전개하는 일이 중요하였다. 합리주의의 문제점을 지적하고 여기에 파산선고를 내리는 과정에 그동안 비합리주의와 형이상학이 결정적인 기여를 했지만, 그 후 결론은 항상 그릇된 방향으로 흘러갔다. 따라서 호르크하이머는 합리주의의 파산으로부터 제대로 된 귀결을 이끌어내어 좀 더 명확히 그리고 최근의 역사적 경험에 부합하도록 제시하는 일이 헤겔의 변증법을 유물론적으로 지양하는 마르크스의 정치경제학 비판 프로그램을 계속 밀고나가는 것보다 더 중요하다고 판단했다. 하지만 두 사람 모두 계몽의 열혈 지지자임에는 틀림이 없었다. 호르크하이머에게는 사회적 위선과 불의를 폭로하는 프랑스 계몽주의의 정신이 살아 있었다. 아도르노는 충동적인 것,

어두운 것, 무의식적인 것의 계몽을 중요하게 여겼다. 두 사람은 인간해방의 경제적 · 사회적 조건을 확립한 마르크스의 이론을 계몽의 정신으로 수용하였다. 그리고 파시즘의 폭력을 목도하면서 "왜 인류가 진정 인간적인 상태에 도달하지 않고 새로운 형태의 야만에 빠져들었는가." 하고 물었다. 이 화두에는 두 개의 모티브가 동시에 활동하고 있다. 하나는 서구 문명화 과정을 합리화의 과정으로 파악하는 것이다. 합리화 과정의 이중성에 대하여는 이미 막스 베버가 탈마법화라는 개념으로 적확하게 정식화한 바 있다. 또 하나는 당대의 세계 상태를 인간이 자연에 대해 맺는 관계방식을 통해 파악하는 것이다. 이 관계는 원칙적으로 적대적일 수도 있고 우호적일 수도 있다. 저자들은 이 두 계기의 엉김을 통해 파시즘으로 치달은 자본주의의 재앙을 설득력 있게 설명할 수 있다고 여겼다. 마르크스주의 관점에서 자본주의 비판을 계속하는 일은 앞에서 지적한 바와 같이 조건을 확립하는 과정에 한에서만 유지되었다. 저자들은 논문 「계몽의 개념」을 다음과 같은 문장으로 시작한다. "그러나 완전히 계몽된 지구에는 재앙(Unheil)만이 승리를 구가하고 있다." 이 문장에서 재앙이란 신화적인 것이 지배하는 상태를 뜻한다. 그래서 계몽은 신화로 전락한다고 단언하는데, 이 문장을 다시 해석하면 신화가 바로 계몽이라는 뜻이기도 하다. 이 테제의 의미는 계몽이 신화를 파괴하기 위해 외부에서 어떤 계기를 새롭게 들여와 사용하지는 않았음을 명백히 밝히는 데 있다. 그렇다면 결국 신화와 더불어 계몽은 이미 첫 단계에서부터 자연으로부터 해방이라는 기획에서 실패하였고, 그래서 계몽은 자기파괴적 과정으로 나갈 수밖에 없었다는 것이다. 그런데 신화가 계몽을 수행하고, 계몽이 매 걸음마다 더 깊이 신화적 질곡에 빠진다는 자신들의 테제에 신빙성을 부여하기 위해 호르크하이머와 아도르노가 선택한 방법은 뜻밖에도 문학작품 해설이었다. 예술작품을 역사철학적으로 해석하는 접근방식은 인간이 외부자연과 맺는 관계, 그리고 내부자연과 자신의 몸에 대해 맺는 관계에서 일어나는 변화와 이에 대한 인간의 입장표명의 변화를 확정하는 데 결정적으로 도움을 준다고 생각하였다. 근대적인 의미에서의 인간학에 대한 첫 기록으로서 호머의 서사시 『오디세우스의 모험』을 다루고(첫 번째 보론), 법과 도덕에서 계몽이 신화로 전복되는 과정이 뚜렷하게 드러나는 사드의 소설을 다루었다(두 번째 보론). 계몽과 자연과의 관계를 근본적으로 논구한 이 책을 통해 저자들은 매우 대담한 주장을 펼친다. 현재(파시즘 단계로 접어든 자본주의)의 문화적 위기를 불러온 것은 바로 다름 아닌 자연지배의 원칙이며, 이는 지금까지 인류문화를 총체적으로 이끌어 온 근본 원칙이 위기에 처했음을 뜻한다는 주장이다. 이 책의 저자들이 제출한 테제는 인류문화의 역사에서 발생한 가장 결정적인 사건은 근대라든가 자본주의의 시작이 아니라 바로 인간이 자연지배의 단계로 접어든 사건임을 환기시킨다. 자연지배 상태로 이전하는 과정에서 발생한 어떤 요인이 오늘날까지 계속 넘겨져 옴으로써, 현대문명의 원시적 유산으로 굳어졌다는 것이다. 면면히 이어져 오면서 소멸되지 않는 이 원시적 유산이 현재를 위협하고 있는바, 위기는 일상적으로 상존한다. 그래서 문명은 위기를 극복하기 위해 다음 단계의 계몽을 추진하지 않을 수 없게 된다. 그리하여 진보는 필연이 된다. 더 많은 계몽을 함으로써 현재의 삶을 유지할 필요가 발생하기 때문이다. 하지만 이는 또 다른 위기의 출발일 뿐이다. 원시적 유산이 단절되지 않고 늘 함께 이전된 결과이다. 이 유산은 한마디로 계몽되지 않은 자연, 계몽의 실패로 문명사회에서 제외된 자연이다. 이 다듬어지지 않은 자연은 문명사회에 복수한다. 폭력은 계몽과 함께 간다.

3. 기여 – 예술과 철학의 연대

서구의 현대사에서 '신좌파'라는 이념적 지향을 지닌 집단이 형성되어 정치적으로 자신들의 주장을 관철하기 위해 사회운동을 조직하였다는 사실은 여러 가지 관점에서 주목을 요한다. 68학생운동 당사자들은 공론장의 정치화, 더 나아가 사생활의 정치화(여성운동)까지 요청하면서 정치투쟁을 선언하였지만, 정작 그들의 요구사항은 문화적인 영역에서 관철되었다. 68운동은 무엇보다도 정치적 이념을 사회화한다는 것, 그리고 그 이념을 사회적으로 실현한다는 것이 무척 복합적인 과정을 통과하면서 비로소 조응함을 보여 주었다. 정치적으로는 계속 급진화되어 적군파의 테레리즘 끝에 스스로 자진해산(1998)하는 결말을 보였지만, 실제로 유럽사회는 68운동의 여파로 내부적으로 근본적인 변화를 경험하였다. 반자본주의 운동임을 표방하였지만, 자본주의적 현실관계를 뒤바꿀 수는 없었다. 혁명적인 상황이 아님은 당사자들도 잘 알고 있었다. 그 대신 의식과 사유의 영역에서는 자본주의를 부정할 수 있었다. 이처럼 부정하는 사유를 통해 열려진 의식의 공간에서 그들은 다양한 실험을 할 수 있었고, 그 과정에서 현실의 관계와 의식의 지향이 불일치함을 선명하게 확인하였다. 적군파의 테러는 이러한 확인에 대한 대응방식 중 하나였다. 비판이론은 다른 방식으로 대응하였다. 예술은 현실과 이상의 불일치에 대한 조급증을 창조적인 에너지로 전환시킬 것이다.

68학생운동과 비판이론은 자본주의의 폐해를 분석하는 과정에서 문제의식을 공유하였다. 하지만 인간적인 사회를 실현하기 위한 노력은 각자의 영역에 따라 다르게 나타났다. 그리고 이는 '사회운동'과 '이론'의 차이에만 해당되지 않았다. 비판이론 진영 내부에서도 특히 아도르노와 하버마스에서 보이듯 처방이 서로 달랐다. 하버마스가 의사소통 행위 이론으로 생활세계의 '건강성'을 일종의 전략으로 선택하였을 때, 여기에는 공적 영역(das Öffentliche)과 사적 영역(das Private)으로 대변되는, 인간 삶에 관계된 영역들을 근본적으로 구분하는 독일의 철학적 전통이 이어져 내려오고 있었다. 칸트의 비판서는 이러한 영역 구분을 인간이 타고난 인식능력의 차이로부터 설명함으로써 각 영역의 선험성과 자율성을 논증한 저술이다. 자본주의적 '체계'의 속성에서 자유로울 수 있는 '생활세계'가 도구화된 이성과는 다른 이성(실체적 이성)의 현실적 사용을 가능하게 할 수 있다는 생각은 궁극적으로 이성의 본래적 자율성을 신뢰하고 있음에서 비롯된다고 할 수 있다. 하지만 칸트의 분석에 따르면 이성이 자율적이면서도 자신의 활동을 스스로 상대화하여 타 영역과 공동으로 작업하는 경우도 있다. 바로 판단력(Urteilskraft)이다. 판단력의 적용 영역인 '미의 세계'는 서로 다른 영역들 사이의 교류가 가능해짐으로써 비로소 열리는 세계이다. 그런데 자율성과 상대성을 동시에 구현하는 이 교류는 오로지 의식 활동에만 귀속된다는 특징이 있다. 우리가 장미꽃을 보고 아름답다고 판단하는 것은 우리의 의식이 현상계(Erscheinungswelt)와 물자체(Ding an sich)를 서로 넘나들면서 활동한 결과이지만, 이 경우 판단력은 자신의 활동 결과를 현상계에 사물로 내어놓지 않는다. 장미꽃이 빨갛다는 인식판단과의 차이가 여기에 있다. 빨간 장미는 현실의 사물이지만, 아름다운 장미는 우리의 의식에 활동성으로만 존재한다. 하지만 인식판단으로는 다가갈 수 없는 물자체의 세계에 관련되어 있는 까닭에 우리의 삶에서 현재 존재하는 관계 이외에 또 다른 관계도 가능함을 알려주는 결과를 가져온다. 서구의 예술이 고유한 가치로 내세우는 현실전복력은 기본적으로 이와 같은 칸트의 구도에서 비롯된다고 할 수 있다. 아직 현상계에 모습을 드러내지 않은 물자체를 예술이 현실에 불러내기 때문이다. 예술을 통해 우리는 현실의 관계가 다른 방식으로 조직될 수 있음을 인정하게 된다. 이는 예술만이 구현할 수 있는 의식의 힘에 해당한다. 아도르노는 여기에 주목하였다. 하버마스와 마찬가지로 아도르노 역시 독일의 철학적 전통을 이어받고 있지만 이성의 체계를 수용하는 방식은 달랐다. 하버마스는 20세기의 헤겔주의자로 분류되며, 아도르노는 칸트와 헤겔을 '헤쳐모여'의 방식으로 재구성하였다고 평가된다. 이 과정에서 예술, 그중에서도 음악이 큰 역할을 한다.

아도르노의 예술론은 독일 비판철학의 전통을 자본주의 세계상태 속에서 충실히 구현하는 경우에 해당한다. 칸트가 비판서 기획으로 당시의 형이상학에 근본적인 변화를 가져왔다면, 아도르노 역시 인식과 의지의 관계를 새로운 패러다임으로 변환시켰다. "철학이 하지 못하는 일을 예술이 수행한다"는 아도르노 예술론의 제1조목은 기본적으로 '쾌(快)'로 대변되는 행복추구권과 관련되지만, 철학적 인식의 한계를 설정하는 문장이기도 하다. 자본주의 사회에서는 철학적 인식으로 진리에 이르지 못한다. 이는 기본적으로 개념의 한계에서 비롯되는 무능력이다. 반면 자본주의는 계몽이 약속한 행복이 개념적 분석을 넘어선 곳에 개념과는 무관한 채 있는 것처럼 보이도록 한다. 하지만 행복에의 약속은 지상에 진리가 실현되었을 때, 즉 이성이 계몽을 완수하였을 때 실현 가능한 일임이 분명하다. 그런데 오늘날 개념과 행복은 서로를 밀어내면서 제각기 고립되어 가고 있다. 계몽은 이성의 도구적 사용에만 한정되고, 그래서 사람들은 불행을 교정할 의지조차 지니지 않게 되었다. 이처럼 서로 어긋나 버린 계몽과 행복을 다시 하나로 묶을 필요가 있다. 계몽의 목적은 행복의 실현이며, 행복은 계몽을 온전하게 완수하였을 때 찾아질 수 있음을 모두 깨우치고 있어야 한다. 이를 위해 예술과 철학은 서로 연대해야만 한다.

아도르노의 이론적 작업은 이 연대의 필연성을 논구하는 것이었다. 『계몽의 변증법』에서 제기한 문제를 전후 서독 사회를 토대로 발전시킨 『부정변증법』은 본격적인 철학서이지만, 『미학이론』을 전개할 출발점이 되기도 한다. 철학은 진리를 위한 방법론(부정변증법)을 수립하는 일까지 할 수 있다. 진리에 도달하기 위해서는 의식의 활동성이 현재 확보된 개념의 한계를 넘어서까지 진행되어야 하므로, 새로 가상의 세계가 열려야 하고, 이 세계는 보편성을 담보해야만 한다. 이 과정을 철학이 주도하지 않으면, 가상의 세계는 한갓 거짓으로 될 뿐이다. 아도르노는 다른 한편으로 구체적인 예술작품 분석을 통해 이러한 연대가 가능함을 입증하기도 하였다. 베케트(Samuel Beckett)와 첼란(Paul Celan)의 위대성은 바로 이 연대의식을 작품으로 실천하였다는 데 있다. 이들의 작품은 온전하게 보존된 미적 가상이 균열되는 상태, 그래서 이 부서짐을 통해 과거 한때 배제되었던 것을 향해 미적 가상이 열리는 상태를 구체적으로 보여 주었다. 자기지양을 통해 새로운 전망을 여는 이 과정을 참되게 구현하는 현대예술은 쓰라린 아름다움과 투쟁적인 우울의 복합체로 빛난다.

지금까지 살펴보았듯이, 노동운동과 사회주의 역사를 연구하기 위해 설립된 프랑크푸르트 사회조사 연구소의 사상적 발전은 아도르노의 미학이론과 하버마스의 의사소통 행위이론으로 결집되었다. 이데올로기 경쟁이 자본주의 세계체제를 규정하던 시절, 아도르노의 미학이론은 매우 제한적인 범위에서만 수용되었다. 국제정치의 역학 속에서 '독일연방공화국(서독)' 이라는 안정된 체제를 꾸려 가던 시절에 독일의 학계는 하버마스의 '선량한' 이론에 의지하여 사회의 발전과 복리증진을 도모하였다. 반면 아도르노는 현대예술의 특징을 설명하고, 예술적대적인 상황에서 계속 예술의 가능성을 모색하려고 노력했던 사람으로만 기억되었다. 하지만 이데올로기적 대립이 사라짐과 더불어 아도르노가 주장했던 예술과 철학의 연대는 차츰 새롭게 조명받기 시작하였다. 프랑크푸르트 학파의 지적 작업이 걸어온 발자취는 전반적으로 우리에게 많은 시사점을 준다. 그런데 여기에서 무엇보다도 눈길을 끄는 점은 마르크스주의라는, 현실과 직결된 이론적 지향을 뚜렷이 가지고 출발한 학파에서 예술에 관한 가장 밀도 있는 이론이 구성되었다는 사실이다. 그리고 이제 탈냉전으로 사회의 토대가 근본적으로 변하자 예술론이 새로운 대안으로 여겨지기 시작하고 있는 것이다. 하지만 이는 독일의 지성사에서 보자면 완전히 새로운 현상은 아니다. 18세기 계몽주의 문화운동이 위기에 처했을 때 칸트는 비판의 기획을 추진함으로써 새로운 전망을 열 수 있었다. 그리고 비판의 기획은 미의 세계를 '발견' 함으로써 완성될 수 있었다. 칸트의 『판단력비판』으로 예술이 철학적 사유와 함께 본격적으로 시민사회의 패러다임을 구축하는 데 참여하기 시작하였고, 시민예술은 사회의 제도로 자리잡았다. 이 과정에서 예술 자체는 진지해졌다. 유희는 항상 가치관 형성과 관련되었고, 시민예술은 바로크 예술의 장식성을 벗어 버리고 고유한 원리를 주장하게 되었다. 자율성에 대한 예술의 요구는 철학적 사유를 가상의 세계에 받아들인다는 뜻이다. 이처럼 예술과 철학의 연대는 18세기 말에 이미 시작되었다고 할 수 있고, 이 오래된 전통을 아도르노가 현대 자본주의 세계 상태에서 계속 발전시켜 나간 것이다. 칸트가 작업했던 시절과 비교하였을 때 현대 자본주의 사회에서 보여 주는 가장 큰 차이점은 '대중'의 존재일 것이다. 더구나 대중의 '즐김'을 인정하는 문화산업이 등장한 터이다. 문화산업은 예술의 새로운 가능성을 논구할 때 핵심적인 논점이 아닐 수 없다. '쾌'의 요소를 존재의 근거로 받아들이는 예술의 영역에서 다수의 '즐김'을 부차적으로 다룰 수 없기 때문이다. 아도르노 미학이론의 현대성은 이 문제를 논할 때 뚜렷한 방향을 제시한다는 데 있다. 전통적인 계몽주의자답게, 아도르노는 진정한 '쾌'는 진리와 함께 갈 때만 가능하다고 확언한다. 그런데 이처럼 쾌 역시 진짜와 가짜를 구분해야 한다는 요청은 계몽주의 문화운동이 내세웠던 원칙의 현대적 양태이다. 당시에는 도덕적인 요구를 보다 직접적으로 담아 좋은 감정과 나쁜 감정을 구분하기를 요청했었다. 이 '구분하는 능력'이 미적 판단력의 핵심 요인이다. 한국의 미학 논의에서 '취미'로 번역되는 미적 감식능력(Geschmack(독), taste(영))은 근본적으로 쾌감의 근원이 어디에 있는가를 구분할 수 있는 능력이다. 칸트에 따르면, 전적으로 감각에 의존하는 쾌감은 예술이 가꾸어야 할 쾌가 아니다(감관판단). 정신과 감각이 동시에 활동하여 물자체에 접근하는 정도의 의식활동을 성공적으로 마쳤을 때(취미판단, 감식판단) 우리의 내면에서 일어나는 쾌감만이 미학 논의의 대상이 될 수 있다. 이런 관점에 따라 아도르노는 대중의 사랑을 받는 재즈에 대해 그토록 엄격한 입장을 고수할 수 있었다. "재즈란 웃으면서 내뱉는 주체의 자기경멸이다." 이런 판단 자체에 대하여 우리는 찬반 논란을 펼칠 수 있다. 하지만 이런 판단을 내리게 되는 아도르노의 사유의 과정에 대하여는 깊이 생각해 볼 필요가 있다. 예술과 철학이 연대해야 할 필요성은 타인의 가치판단에 대해 논구할 때 가장 선명해진다. 우리는 민주주의 사회에 살지만, 욕망의 민주화를 어디까지 허용해야 할지에 대해서는 분명한 입장을 가지고 있지 못하다. 자신의 욕구를 끊임없이 상대화하면서 사는 일이 불가능한 만큼, 나에게 거슬리는 타인의 욕구를 어디까지 수용할 수 있는가, 그 경계 설정의 문제도 간단하지는 않다. 그런데 이보다 더 큰 문제는 이 모든 것을 사회적 합의를 통해 조절해야 한다는 사실이다. 욕구에 대해서도 철학적 성찰이 요청되는 시대가 된 것이다. 이런 점에서 아도르노의 미학이론은 새로운 시대적 요청에 부응하는 이론 구성으로 우리에게 다가올 수 있다.

더 읽을거리

노명우, 『계몽의 변증법을 넘어서』, 문학과지성사, 2002.

이순예, 『아도르노와 자본주의적 우울』, 풀빛, 2005.

Behrens, R., *Kritische Thoerie*, Hamburg, 2002.

Honnet, A. & Weller, A. (Hrsg), *Die Frankfurter Schule und die Folgen*, Berlin, 1986.

Wiggerhaus, R., *Die Frankfurter Schule*, München, 2001.

영미 현대

크로체

이해완

크로체(Benedetto Croce, 1866–1952)는 이탈리아의 관념론 철학자로, 1902년 출판한 『표현학 및 일반 언어학으로서의 미학(*Ethetica come scienza dell'espressione e linguistica generale*)』(이하 『미학』)을 통해 예술이 곧 직관(intuition)이자 표현(expression)이라는 이론을 제시하였다. 예술 표현론이라 불리는 이 이론은 20세기 현대미학의 논의에서 중요한 비중을 차지해 왔다. 영미 미학계에서 표현론은 흔히 '크로체–콜링우드 이론'이라 불리기도 하는데, 이는 크로체의 미학이 이탈리아를 넘어서는 영향력을 갖게 된 것이 그의 이론을 독창적으로 계승 발전시킨 영국 철학자 콜링우드(R. G. Collingwood, 1889–1941)의 예술론을 통해서였다고 볼 수 있기 때문이다(『미학대계』 1, 영미현대, 「콜링우드」 참조). 물론 크로체를 단지 콜링우드에 영향을 준 미학자로만 서술하는 것은 명백한 잘못이다. 비어즐리(Beardsley 1966)에 의하면, 크로체 이론은 콜링우드 이외에도 보장케(B. Bosanquet, *Three Lectures on Aesthetic*(1915)), 캐리트(E. F. Carritt, *Theory of Beauty*(1914)), 듀카스(C. J. Ducasse, *The Philosophy of Art*(1929)), 그린(T. M. Greene, *The Arts and the Art of Criticism*(1940)) 등의 저술에 영향을 주었으며, 철학적 진영을 달리하는 듀이(J. Dewey)의 철학에서도 "무시할 수 없는 유사성"이 발견된다는 지적도 있다(Anderson). 사실 크로체를 단지 미학자로서만 파악하는 것도 그에 대한 과소평가일 것이다. 철학과 미학, 역사학, 예술사학의 주제들에 관해 저술한 책이 80여 권이고, 문학평론가, 또 때로는 현실에 참여하는 정치가이기도 했던 크로체는 20세기 초반 유럽 지성계의 거목이었음이 분명하며 그에 걸맞은 조망이 필요할 것이다. 그러나 이 제한된 지면에서는 크로체의 미학, 그것도 초기 저서 『미학』에 표명된 견해만을 놓고, 그 내용과 성격 및 그것이 후속 논의를 통해 현대미학의 형성에 기여한 바를 살펴보고자 한다. 크로체 후기 미학[1]의 파악을 위해서도 우선 그의 초기 사상을 이해하는 것이 긴요하기 때문이다.

크로체에게서 미학은 그가 '정신의 철학'이라고 부르는 철학 체계의 기본을 차지한다. 이를 설명하기 위한 핵심적인 개념은 직관이다. 크로체에 의하면 정신의 활동은 실용성을 추구하거나 도덕성을 추구하는 실천적 활동과, 이러한 실천적 활동이 의지하고 있는 이론적 활동으로 나누어진다. 이론적 활동은 지식의 획득, 즉 앎을 목표로 하는데, 여기서 얻어지는 지식은 두 종류로써, 보편적인 것에 관한 개념적 지식이거나 아니면 개별적인 것에 관한 직관적 지식이다. 개별적인 것에 대한 직관적 지식과 일반적 개념에 관한 논리적 지식의 구별은 이탈리아의 선대 철학자 비코(Giambattista Vico, 1668-1744)를 연구한 결과로 알려져 있다.[2]

1 크로체 학자들이 주목하는 크로체의 후기 미학은 1913년 *Guide to Aesthetics*에서 직관의 서정적(lyrical) 성격을 주장한 것, 1918년 "The Character of Totality in Artistic Expression"에서 표현이 특별한 종류의 총체성을 가지고 있음을 주장한 것, 마지막으로 1939년의 *La poesia*에서 네 가지 유형의 표현을 구분한 것 등이다. 이러한 변화가 초기 입장과 모순을 일으키는 것이 아닌가(예를 들어 개별적 표현이 어떻게 보편적, 총체적 성격을 가질 수 있는가와 같은) 하는 우려에도 불구하고 결국은 초기 사상의 변주와 확장으로 이해될 수 있는 방식이 있다는 것이 학자들의 견해이다.

2 크로체는 뛰어난 비코 연구자 중의 한 사람으로, 비코가 상상력을 중심으로 하는 시의 본질을 천명하였다는 점에서 독립 학문으로서의 미학의 창시자라 평가하고 있다.

- 정신
  - 이론적 활동 (지식)
    - 직관적 지식(개별자) — 직관(상상력) — 이미지 — 미학 — 미
    - 개념적 지식(보편자) — 지성 — 개념 — 논리학 — 진
  - 실천적 활동 (의지)
    - 경제적 의지(개별자) — 의지 — 실용성 추구 — 경제학 – 유용함
    - 도덕적 의지(보편자) — 선한 의지 — 도덕성 추구 — 윤리학 — 선

보편적인 것에 관한 지식이 가능하기 위해서는, 논리적으로, 개별적인 것에 대한 지식이 선행하여야 한다. 따라서 직관적 지식은 개념적 지식의 기초가 된다. 또한 전술한 대로 실천적 활동은 이론적 활동에 의존하므로, 실로 모든 인간 정신활동의 기초가 되는 독립적인 지식이 직관적인 앎이다. 크로체는 이 직관적 지식을 다루는 학문이 미학이라고 했으므로, 크로체의 철학체계는 미학을 그 근본으로 삼아 형성된 것이다.

그렇다면 개별적인 것의 지식인 직관적 앎이란 어떤 것인가? 크로체에게서 직관이란 흔히 이야기되듯, 사물의 본성을 즉각적으로 통찰하는 신비한 능력 같은 것이 결코 아니다. 직관 활동이란 모든 인간이 가지고 있는, 또 그래야만 하는, 심상의 산출 능력이며 우리에게 '앎이 일어나는' 가장 기본적인 방식을 말한다. 보장케(Bosanquet 1914)의 설명을 빌리자면 "세계에 대한 인간의 최초의 태도"가 직관이며 "아무런 지성적 성격이 없는, 무언가에 대한 우리 마음의 최초의 집중", 그 결과 머릿속에 명확하게 떠올리게 된 형상이나 소리나 단어가 직관인 것이다. 이것을 설명하기 위해 우리가 외계 사물에 대한 지식을 얻는 일반적 방식의 하나인 지각(perception)을 예로 들어 보자.

우리가 세상의 사물들, 예를 들어 물을 시각을 통해 지각한다고 해보자. 우리가 지각하는 물은 당연하게도, 여기 이 강물, 저기 저 호수 물, 저 빗물, 이 컵의 물 같은 개별적 사물이지 보편적인 물이라는 개념이 아니다. 우리

는 그것이 물이라는 것을 인식하기 전에 이미 대상의 이미지—그때 그 순간의 그 개별적인 물에 관한 이미지—를 얻는다. 이 이미지가 물이라는 개념을 형성하는 데 필요한 기초가 된다. 하지만 이러한 이미지가 지각을 통해서만 얻어지는 것은 아니다. 상상력을 통해 얻어질 수도 있다. 크로체는 "내가 글을 쓰고 있는 방, 내 앞에 놓인 잉크병과 종이, 내가 쓰고 있는 펜, 내가 감촉하고 도구로 쓰고 있는 …… 사물들에 대한 지각, 이 모두는 직관이다. 그러나 그 순간 나의 뇌리를 스쳐가는 이미지, 즉 다른 종이와 펜과 잉크를 가지고 다른 도시의 다른 방에서 글을 쓰고 있는 나의 모습을 떠올리는 것, 그것 역시 직관"이라고 한다. "직관이란 실재하는 것에 대한 지각과 가능적인 것에 대한 단순한 이미지가 서로 구별되지 않은 채 통합되어 있는 상태를 말한다."[3]

일단 우리가 직관의 존재를 납득하였다면, 크로체는 이것을 표현이라는 말로 다시 설명한다. 즉, 직관이 곧 표현이라는 것이다. 관념론자인 크로체는 정신과 독립해서 존재하는 외부 세계를 인정하지 않는 대신, 우리의 정신이 파악하고 구성해 내는 측면을 중시한다. 즉 외부 세계의 지각을 통한 이미지의 형성일 경우에도, 크로체의 설명은, '존재하는 외부 사물의 이미지를 수동적으로 받아들임으로써 지각됨'이 아니라, '우리의 정신이 활동적으로 개입하여, 적극적으로 이미지를 구성해 냄으로써 지각됨'이다. 크로체의 생각으로는 직관되기 이전의 것이란 우리의 정신에 의해 파악되기 전 단계의 무엇인지 알 수 없는 그저 혼연하고 수동적인 인상(impression)일 뿐이다. 크로체는 때로 이 불분명한 영역을 감정(sensations)이나 느낌(feeling)이라고 부르기도 한다. 이러한 불분명하고 파악되지 않은 인상(감정, 느낌)에 우리의 정신이 능동적으로 개입하여 그것을 명료하게 객관화시키는 것이 직관이므로, 그것을 우리 정신의 적극적인 활동의 측면에서 부른다면 표현(expression)이라고 부르는 것이 적절하다는 것이다. 따라서 직

3 이하, 크로체 인용은 따로 밝히지 않는 한 Croce 1902(이해완 1994)로부터임.

관과 표현은 동전의 양면처럼 하나의 현상에 대한 두 설명이다. 이러한 식의 직관-표현 활동은 인식 행위를 하고 있는 사람이라면 누구나 해야만 하는 활동이다.

이렇게 이해된 직관, 곧 표현의 개념을 가지고 크로체는 자신의 예술론을 다음과 같이 주장한다. "우리는 직관적 혹은 표현적 지식이 미적인 것, 예술적인 것과 같은 것이라고 생각한다. 즉 예술작품이 곧 직관적 특징을 가진 것이며 또 직관적 지식의 좋은 예가 바로 예술작품이라고 간주한다." 이렇게 본다면, 일반적으로 그의 예술론을 표현론이라고 하는 데에 문제는 없지만, 그의 표현 개념이 일상적인 우리의 이해와는 다르다는 점은 염두에 두어야 한다. 흔히 '상식적' 예술 표현론에서 한 예술작품이 작가의 감정이나 꿈이나 관념 등등을 표현한다고 할 때의 의미는 '내적으로 가지고 있던 어떤 것을 객관화시켜 밖으로 드러낸다'는 뜻인 데 비해 크로체에게 있어서는 내적으로 형성되는 바로 그것 자체가 표현이다. 따라서 그에게 있어 예술은 정서를 불러일으키는 것과는 무관하다. 그에게 있어 진정한 예술은 우리의 머릿속에서 완성되는 것, 상상력에 의한 자발적인 내적 이미지의 생성 그 자체인 것이다. 어떤 의미에서 이는 '상식적' 예술 표현론의 이론적 난점들을 극복할 수 있는 방책이 될 수도 있다.

만일 직관-표현이 모든 사람이 하는 것이고, 그것이 곧 예술이라면, 우리 모두가 예술가인 것인가? 이에 대한 크로체의 답변은 "본질적으로는 그렇다"이다. "풍자시가 예술이라면 간단한 단어 하나도 예술이고 소설이 예술이라면 기자의 뉴스 원고도 예술이며 풍경화가 예술이라면 지형학적 스케치도 예술이다." 크로체는 "예술의 뿌리는 인간의 본질에까지 뻗쳐 있음에도 그것을 일상의 정신적 삶과 유리시켜 특수 기능이나 귀족 애호물의 한 종류로 만들어 버렸던" 데에서 예술과 미학에 대한 오해가 비롯되었다고 진단한다. 물론 양적인 차이는 있다. 그는 예술가란 "영혼의 어떤 복잡한 상태를 온전하게 다 표현해 내는 재주나 기질이 남다르게 뛰어난 사람"이라고 한다. 즉 베토벤이나 미켈란젤로는 우리가 일상적으로는 도저히 도달할 수 없는 풍부하고 복잡한 직관을 명확히 직관-표현한 사람들이라고 볼 수 있다. 우리는 일상생활에 필요한 훨씬 빈약하고 작은 직관-표현들만을 가지고 있다. 하지만 질적인 측면에서 본다면 우리의 빈약한 표현이건 위대한 예술가의 풍부한 표현이건 그 만들어지는 방식에 있어서는 다르지 않다는 것이다.

이러한 크로체 이론은 낭만주의적 예술론으로서의 특색을 명확히 보여준다. 표현한다는 것은 주어진 많은 인상들 중에서 어느 하나를 선택하는 것이 아니다. 우리는 일단 표현을 하기 전까지는 그것이 무엇인지도 모른다. 무형식의 인상을, 어떤 것이 되었건 구체적인 이미지로 변형시키는 활동이 표현이므로 여기에는 아무런 제약이나 조건이 따르지 않는다. 그 결과 우리가 우리 속에 가지게 된 표현은 철저하게 개별적이고 고유한 것일 수밖에 없다. 어떠한 사전의 구별이나 제한도 개입되지 않은 구성활동으로서의 표현이 곧 예술의 본질이라는 생각은 신적 창조의 인간화된 모습으로 예술을 설명하려는 낭만주의 예술 강령의 극단이며, 예술을 자유로운 창조로 보는 현대 예술관의 이론적 배경이기도 하다. 또한 크로체 이론은 그가 직관과 표현을 예술의 본질로 상정하고 있다는 점, 예술을 지성을 통해 획득할 수 없는 지식을 주는 특수한 형태의 인식활동으로 본다는 점 등에서, 전통적 예술철학의 형태를 그대로 보여 주고 있다.

바로 이 지점에서 20세기 초반의 미학이론으로서 크로체 미학이 갖는 의의를 찾을 수 있다고 생각한다. 크로체 이론은 예술의 창조성, 자율성의 옹호라는 측면에서 지극히 현대적인 이론이지만, 그것을 수행하는 이론의 성격은 형이상학적, 낭만주의적, 본질주의적 예술철학으로서 직전 시대의 전통을 그대로 물려받고 있다. 바로 이 점 때문에 20세기 중반 이후, 새로운 철학적 방법론을 미학에도 적용하려 시도했던 영미 분석미학자들에게는 '크로체-콜링우드 이론의 성공과 실패'를 동시에 부각시키는 것이 자신들의 논의의 출발점으로 매우 긴요했던 것이다. 게다가, 비록 크로체의 미학이 독특한 관념론적 존재론을 가정하고 있긴 하지만, 직관이나 표현 같은 핵심 개념들이 인간의 심적 활동에 관한 자연주의적 언어로 번역되어 이해될 수 있는 가능성이 있었기 때문에, 다른 관념론 철학자들에 비해 보다 적극적으로 영미권의 미학자들의 후속 논의에 수용될 수 있었다는 점도, 오늘날 크로체의 이론이 현대 미학사에서 차지하는 위상의 형성에 도움을 주었을 것이다.

크로체의 성공은 그의 이론이 표현에 대한 고려해 볼 만한 하나의 설명을 발전시킬 계기가 되었다는 점과, 비록 그의 직관-표현이 예술의 본질은 아니라 하더라도, 예술의 본유적 가치에 대한 유효한 통찰이라는 점에서 평가될 수 있다. 그렇다면 크로체의 실패는 무엇인가? 라이어스(Lyas 1998)는 크로체의 미학에 대한 비판을 크게 세 종류로 분류하고 있다. 첫 번째는 관념론 자체를 불신하는 학자들의 비판으로, 관념론적 기초를 가진 어떤 미학도 성공적일 수 없다는 입장을 취하는 것을 말한다. 두 번째 종류의 비판은, 크로체 철학 체계 내에서의 정합성을 시비하는 경우이다. 마지막으로, 크로체 미학이 함축하는 주장들의 진위를 개별적으로 따져보는 것이다. 이 경우에 해당되는 가장 대표적인 예로, 크로체의 예술작품의 존재론과 관련된 주장, 즉 예술은 예술가가 직관을 갖는 그 순간 그의 마음속에만 존재하는 관념적이고 추상적인 존재라는 주장을 들 수 있다. 이는 표현이 전적으로 내적으로 완성되는 것이라는 그의 중심 주장의 논리적 귀결이다. 하지만 이에 따르면 우리가 흔히 예술이라 부르는 물리적 대상은 진정하게 예술로 불려야 할 것이 아닌 셈이 된다. 특히 회화나 조각 작품의 존재론과 관련하여 이 주장은 매우 비상식적으로 들린다. 그러나 크로체는 오히려 이를 적극적으로 옹호한다. 크로체 식의 표현에는 수단이나 방법이 개입될 여지가 없다. 왜냐하면, 인식의 최초의 계기, 무엇이 되었건 명료한 이미지를 산출하는 표현에는 아무 목적이 없기 때문이다. 따라서 표현은 무언가를 위한 수단이 되는 것이 아니라, 그 자체가 목적이 되는 활동이다. 반면 우리가 흔히 예술 창조의 활동이라고 부르는 그림을 그리거나 작곡을 하는 활동은, 크로체에 의하면 외적 구현(externalization)이라고 불린다. 외적 구현에는 방법이 있고, 목적도 있으며—예를 들어 예술가 스스로가 이러한 직관을 가진 적이 있었다는 것을 기억하거나 혹은 그 사실을 타인에게 전달하는 데 도움을 받으려는 목적—따라서 그러한 목적을 위한 수단이 있게 된다. 하지만 예술을 위해서라면 이것은 전혀 필요하지 않은 과정이라는 것이다. 비록 이것이 관념론 철학 내에서는 문제가 될 것 없는 귀결이라는 강변에도 불구하고, 지금까지 크로체의 미학은 어쩌면 이 지점에서 가장 심각하게 그 지지자들을 잃어버린 것도 같다. 물론 이러한 입장의 최종적인 평가는 단지 비상식적이고 반직관적으로 보인다는 것 이상이어야 할 것이다. 이 점에서 월하임(Wollheim 1980)이 크로체를 신중히 논의하고 있는 것은 현대미학의 전개에 크로체 이론이 여전히 영향력을 행사하고 있음을 보여 주는 한 예라고 하겠다.

더 읽을거리

Bosanquet, B., "Croce's Aesthetic", *Proceedings of the British Academy* 9, 1914.

Croce, B., *Aesthetic*, Trans. D. Ainslie, Peter Owen, 1953(이해완 옮김, 『크로체의 미학』, 예전사, 1994).

______, *Guide to Aesthetics*, Trans. Patrick Romanell, Bobbs-Merrill Co., 1965.

De Gennaro, A., *The Philosophy of Benedetto Croce: An Introduction*, Greenwood Press, 1968.

Hospers, J., "The Croce-Collingwood Theory of Art", 1956. in J. Hospers (ed.), *Artistic Expression*, Meredith Corporation, 1971.

Kemp, G., "The Croce-Collingwood Theory as Theory", *The Journal of Aesthetics and Art Criticism* 61 (2003).

Lyas, C., "Croce, Benedetto", in M. Kelly (ed.), *Encyclopedia of Aesthetics*, Oxford University Press, 1998.

Moss, M. E., *Benedetto Croce Reconsidered: Truth and Error in Theories of Art, Literature, and History*, University Press of New England, 1987.

Orsini, G. N. G., *Benedetto Croce. Philosopher of Art and Literary Critic*, Southern Illinois University Press, 1961.

Wollheim, R., *Art and Its Object*, Cambridge University Press, 1980. 특히 pp. 35-43, pp. 104-123.

[크로체의 다른 저작 목록이나 보다 종합적인 참고문헌 목록을 위해서는 이해완 역(1994)의 부록이나 Orsini(1961)의 참고문헌을 볼 것.]

콜링우드

김혜련

1. 생애

1889년 2월, 노우드 랭커셔, 코니스톤 출생. 일찍부터 역사가와 고고학자로 유명했던 콜링우드(Collingwood, Robin George, 1889–1941)는 비문(碑文)을 해독하고, 유적지를 발굴하고, 역사적인 문서를 정리하는 한편, 왕성하게 저술 활동을 하였다. 1921년부터 그는 옥스퍼드에서 철학과 로마 역사에 관한 강의를 시작했다. 1935년, 웨인플레트 형이상학 교수로 부임하고 나서야 과도한 강의의 짐을 다소 벗어날 수 있었다. 처녀작 『종교와 철학』(1916)은 청년기의 열정의 산물이었던 반면, 성숙한 면모를 볼 수 있는 최초의 저서는 『정신적 성찰』(1924)이었다. 그러나 그는 『철학적 방법론』(1932)이야말로 자신의 최고의 저작이며, 스타일에 있어서 유일한 자신의 것이라고 『자서전』(1939)에서 말하고 있다. 그 후 5년간 고고학 연구에 집중하면서 많은 논문들을 발표했지만 철학 연구를 소홀히 한 적은 없었다. 병고에 시달리면서도 『예술의 원리』(1937)를 출간했지만, 이 책을 출간한 후 결국 그는 교수직에서 물러날 수밖에 없었다. 간신히 여가를 누릴 수 있게 된 그는 자신의 삶과 연구 활동을 회상하며 『자서전』을 펴냈다. 이후로 그의 병세는 악화되었고 다시는 호전되지 않았다. 그럼에도 불구하고 『형이상학』(1940)을 집필했고, 이 시기에 썼던 역사에 관한 글들은 『역사의 관념』(1945)으로 편집되어 사후에 출판되었다.

2. 철학적 방법과 언어

콜링우드가 철학에 대해 갖고 있는 기본적인 이해는 문학의 한 분과로서의 철학이다. 특히 그는 시인의 언어와 과학자의 언어를 대조한다. 과학자는 구체적인 실재를 추상하고 고정된 정의와 전문용어를 사용함으로써 마치 언어가 전적으로 상징적인 것처럼 다루는 반면, 시인은 자기 자신의 마음을 탐구하고 불투명하고 의심스러운 것을 조명하려는 수단으로서 언어를 사용한다. 그에 의하면, 참으로 의미 있는 언어는 상상 활동에 의한 자의식적 표현이며 그러한 언어는 구체적인 실재를 생생하게 그려낸다. 이러한 종류의 언어는 즉흥성과 창조성을 근간으로 한다. 과학자의 언어는 관찰과 추상, 그리고 지칭을 위한 도구적 가치를 갖는 반면, 시인의 언어는 자체 목적적인 것으로서 스스로를 정당화한다. 그 반면에 철학자는 언어에 투과성을 부여함으로써 사고를 투명하게 만들어 버린다. 따라서 산문성을 특징으로 삼는 철학 저자들의 기술은 "그 자체를 감추는 기술로서, 그 아름다움을 바라보기 위한 보석이 아니라, 왜곡이나 혼란 없이 사고를 심연까지 들여다볼 수 있게 해주는 수정을 만들어 낸다."[1] 이렇듯 철학사의 뛰어난 거장들은 어둠과 불명료성을 내쫓는 임무를 스스로에게 부여했었다.

그러나 예술가의 임무는 자신의 성실한 의식 자체를 명료화하는 것이다. 그럼으로써 자기 자신에 관한 이해, 자신의 정서적 상태에 관한 이해를 획득하는 것이다. 그렇기 때문에 예술가가 진실로 관심을 갖는 대상은 정서적 창조와 이해의 주체인 자기 자신이다. 이것은 일종의 내성(內省)이며 자

1 *An Essay on Philosophical Method*, pp. 213-214.

기 성찰이다. 따라서 진정한 예술(art proper)은 매체를 변형시켜 가시화하는 기술적 과정을 일차적 목표로 삼지 않는다. 간단히 말해서, 진정한 예술은 단순한 기예나 기술이 아니다. 자기 이해로서의 진정한 예술은 원초적인 수준의 심리적 동요를 상상력에 의해 재구성하며, 독특하고 통일된 정서적 충만에 이르게 한다. 그럼으로써 예술가는 자신의 감정을 개별화하고 명료화함으로써 가지성(intelligibility)에 이르게 한다. 따라서 콜링우드에게 있어서, 가지적 감정을 경험하는 것이 바로 언어의 목적이며 본질이다. 이렇게 볼 때 예술은 곧 상상에 의해 통일성과 징서적 충만에 도달한 의식의 자기표현으로서, 언어 그 자체이다. 그러한 상상적 의식의 구성요소에 관한 한, 표현에 도달한 의식과 표현되어야 할 원초적인 수준의 심리적 동요 사이에는 아무런 차이가 없다. 그러나 언어로서의 상상적 표현은 원초적인 수준의 심리적 동요가 명료성과 통일성을 갖추고, 독특한 정서적 색조를 띠게 될 때 질적인 변화를 겪게 된다.

3. 예술과 기술

콜링우드는 상상적이고 표현적인, 그리고 가지적인 감정으로서의 예술과 우리가 흔히 예술로 오인하는 것, 즉 기예나 기술을 구별한다. 그리하여 그는 논증의 첫 단계로 예술이 아닌 것들의 특징을 제시한다. 기술은 다음과 같은 여섯 가지 특징을 갖는다. 1) 기술은 각기 독립적인 수단과 목적을 갖는다. 2) 기술의 경우, 계획과 실제의 수행 과정이 구별된다. 3) 계획의 경우, 목적은 수단에 선행하는 반면, 수행에 있어서 수단은 목적에 선행한다. 4) 재료와 완성된 제작물은 항상 구별된다. 5) 형식과 질료는 항상 구별된다. 재료와 완성된 제작품에 있어서 질료는 동일한 반면, 제작물의 형식적 구조는 기술의 수행에 의해 변화된다. 6) 상이한 기술들은 제작에 필요한 도구나 재료를 서로 공급해 주는 일종의 위계적 관계를 갖는다.[2]

기술의 특징들을 고려해 볼 때 콜링우드가 염두에 두고 있는 예술은 결코 모방적이지 않다는 것을 뚜렷이 보게 된다. 왜냐하면 모방적인 예술은 흔히 원본과 닮은꼴을 만들어 내며, 그러한 닮은꼴을 만들어 내는 과정에서 특정한 기술이 개입되기 때문이다. 그러나 그가 기술의 사례로 간주하는 것은 모방적인 예술에 그치지 않는다. 일정한 감정을 산출하는 종류의 예술들, 예를 들면, 즐거움과 여흥을 위한 오락 예술, 경외감이나 도덕적 감정을 환기시키는 종교 예술, 애국심이나 연대감을 불러일으키는 호국 예술, 그리고 심지어 감정의 순화를 목적으로 하는 희랍 비극 같은 예술들도 특정한 감정들을 산출하기 위한 일종의 심리적 조종술로서, 결국 기술의 부류에 속한다. 이런 예술들이 기술로 귀결되는 이유는 특정한 감정을 환기하는 것을 목적으로 삼아 그것을 미리 계획하고, 그 감정을 산출하기 위한 모종의 방법이나 기술이 뒤이어 수행되기 때문이다. 따라서 이러한 예술들은 감정 산출과 연관되기는 하지만, 목적으로서의 감정과 그 목적을 성취하기 위한 수단이 구별된다는 의미에서 기술로 분류되어야 한다는 것이다. 그러므로 수단으로서의 기술을 수행함으로써 산출된 감정은 특수한 감정의 현상적 특질을 명료화하고 가지적으로 만드는 자의식으로서의 표현이 아니다. 콜링우드의 이러한 논증에 따르면, 서구의 많은 예술들은 모사물을 제작하는 기술이거나 특정한 종류의 감정들을 산출하는 심리적 기술로 판정된다. 이 결과는 건전한 상식에 토대하여 진정한 예술이란 무엇인지를 해명하겠다는 콜링우드의 선언에 비춰 볼 때 상식과는 대단히 거리가 있어 보인다. 그의 기준에 따를 경우, 예술사의 뛰어난 걸작들이 비예술로 분류되어 버리기 때문이다.

2 *The Principles of Art*, pp. 20-26.

4. 상상적 표현으로서의 진정한 예술(art proper)

그렇다면 콜링우드가 말하는 진정한 예술은 어떤 것인가? 위의 논증은 예술이 아닌 것, 또는 그릇되게 예술이라 불리는 것의 구조를 밝히기 위한 것이었다. 예술이 무엇인지 해명하는 데 위의 논증은 소극적인 역할을 할 뿐이다. 즉 그것은 예술이 목적과 수단의 구별이 없는 어떤 것이라는 것을 암시해 줄 따름이다. 예술에서 목적과 수단이 구별되지 않는다면, 그것은 먼저 계획을 세우거나 상위의 어떤 목적을 미리 설정할 수 없다는 것을 말한다. 그리고 상위의 다른 목적을 갖지 않는다는 것은 예술이 자기 자신을 목적으로 갖는, 자기충족적인 그 무엇이라는 것을 의미한다. 그러므로 예술은 기술적으로 만들어지는 것이 아니라, 자기 자신을 창조하면서 스스로 존재하는 방식을 취할 수밖에 없다. 이것은 데카르트의 코기토 논증에 관한 힌티카의 해석을 상기시켜 준다. 힌티카는 "Cogito, ergo sum"에서 'ergo'를 일종의 퍼포먼스로 해석했다. 'ergo'는 결코 논리적 연결사도 아니며, 물리적 인과관계를 지칭하는 관계사도 아니다. 그것은 주체가 사고를 수행함으로써 자기 자신을 창조하는 동시에 음미하는 일종의 수행적 행위로 해석될 수 있다.

이러한 성격의 수행적 행위는 '의식 안에서' 비기술적으로 이루어질 수밖에 없음은 분명하다. 즉 그것은 마음이 자신의 상태를 구성하면서 표현하는 의식적인 행위이다. 이것을 콜링우드는 상상에 의한 표현이라고 부른다. 그리고 진정한 예술은 바로 이러한 의미의 표현이다. 표현은 사고나 의지 같은 마음의 작용들로부터 독립적인 별개의 행위가 아니라, 사고나 의지에 정서적 색조를 가미하며 전체를 하나의 통일체로서 개별화하고 관조한다. 감정이 독립적인 마음의 능력이 아니라고 보는 입장은 종교에 관한 콜링우드의 설명에서 뚜렷하게 찾아볼 수 있다. "감정은 사고나 의지와 독립적인, 마음의 별개의 행위가 아니다. 감정은 그 양자를 동시에 포함한다. 만일 우리가 유쾌한 사물에 대한 욕구를 포함하는 종류의 즐거움을 느낀다면, 그것은 그 유쾌한 사물과 나 자신의 상태에 관한 지식이다. 어떤 감정도 마음의 다른 능력들의 활동을 함축하지 않는다. 의심의 여지 없이 종교는 감정이거나 또는 감정을 포함한다. 그러나 그것은 다른 활동으로부터 추상된 감정이 아니다. 예를 들면, 그것은 신에 대한 사랑을 포함하지만, 그러한 사랑은 한편으로는 신에 관해 아는 것, 그리고 다른 한편으로는 신의 뜻을 행하는 것을 동시에 함축한다."[3]

따라서 비기술적인 행위로서의 예술은 정서적 충전을 통해 사고의 추상성을 벗겨내고 구체화시킴으로써 자기 자신을 표현한다. 엄밀한 의미에서, 그러한 표현은 반복적이지 않다. 그것은 일회적이며 구체적인 의식 그 자체이기 때문이다. 그렇다면 왜 콜링우드는 표현으로서의 예술을 상상적이라고 부르는가? 여기서 상상은 일종의 의식 양태를 가리키는 것으로서, 그 대상은 외부 세계에 있는 사물이나 사태가 아니라 그러한 직접적인 대상들에 관한 사고를 대상으로 삼기 때문이다. 이러한 의미에서 감정의 표현으로서의 예술은 일차적 의식이 아니라 이차적 의식(second-order consciousness)에 속한다. 그러나 모든 이차적 의식이 표현인 것은 아니다. 콜링우드는 성실한 의식과 부패한 의식을 구별하는데, 부패한 의식이란 감정을 표현하는 대신 감정을 누설하고 감정에 관해 기술하는 것을 말한다. 예를 들면, 우리는 슬플 때 그 슬픔의 정체를 성실하게 느끼고 의식하는 대신, '슬프다' 고 말하거나 울어 버릴 수가 있다. 우는 것은 감정을 표현하는 것이 아니라 감정으로부터 도피하는 것이며, '슬프다' 고 말하는 것은 감정을 분류하는 것일 뿐이다. 즉 전자는 슬픔의 징후를 내보이는 것이며, 후자는 내가 지금 느끼고 있는 것은 일종의 슬픔이라고 보고하는 셈이다. 상상으로서의 표현은 사고 자체를 변화시켜 다른 것으로 만드는 것이 아니라, 사고를 정서적으로 충전시키면서 하나의 통일된 전체로 개별화시키는 것이기 때문에 그것에 대응하는 일반 명사나 레이블은 있을 수 없다. 그런 의미에서 상상적

3 *Religion and Philosophy*, p. 10.

표현으로서의 예술은 고유한 개체(*sui generis*)이다. 이 개체는 전적으로 심적인 것이기 때문에, 콜링우드에게 있어서 예술은 굳이 물리적으로 가시화될 필요가 없다. 상상적 표현으로서 진정한 예술이 성립하기 위해서는 성실한 정서적 자의식으로 충분하고 그것은 예술가 자신의 것이기 때문이다. 그러나 진정한 예술의 내용을 구성하는 사고는 예술가 개인의 것이 아니라 공동체에게 속한다. 이 문제는 왜 예술가가 감정에 따라 행동하는 대신, 감정을 성실하게 붙들려 하고, 아무리 고통스러운 것일지라도 그것을 표현하려 하는가 하는 예술의 목적 자체에 관한 것이다. 그러므로 예술의 존재 이유에 관한 논의와 연결될 때, 콜링우드의 예술론은 표면 구조가 주는 인상과는 달리 개인주의적이지 않고 오히려 공동체적이다. 이 점에서 예술가 자신의 마음 안에서 발생하는 심적 행위로서의 상상적 표현은 심오한 의미에서 공동체적 수위와 연결되며, 그 수위에서 비로소 순수한 심적 행위로서의 예술이 물리적 매체를 통해 체현되고 공동체에 의해 감상되어야 할 강력한 이유가 성립된다.

5. 예술가와 사회

콜링우드는 예술가가 동일시하고 명료화하는 것은 '내가 느끼는 것'이 아니라 '우리가 느끼는 것'이라고 주장한다. "예술가의 임무는 감정을 표현하는 것이고, 그가 표현할 수 있는 유일한 감정들은 그가 느끼는 것, 즉 그 자신의 것이다. …… 만일 그가 청중의 판단을 조금이라도 중요하게 여긴다면, 오직 그것은 그가 표현하고자 하는 감정들이 청중들에 의해 공유되는 것이라고 생각하기 때문이다. …… 바꾸어 말해서, 예술가는 자기의 사적인 혜택을 위해 개인적인 작업을 하는 것이 아니라, 그가 속한 공동체를 위해 공적인 작업을 수행하는 것이다."[4] 즉 예술가의 작품을 통해 자기 이해에 도달하는 것은 다만 예술가 자신으로 그치는 것이 아니라 그가 속한 공동체에게로 확장된다. 예술은 마음의 최악의 질병인 부패한 의식에 대한 치료제로서 공동체에게 제시된다. 그뿐만 아니라, 예술이 공동체를 위해 존재한다고 말할 수 있는 것은 공동체가 작품을 능동적으로 재구성할 때만 가능하기 때문에, 만일 예술작품의 감상을 가리켜 작품에서 표현된 감정을 감상자가 수동적으로 관조하고 향유하는 것으로 기술한다면, 그것은 거짓이다. 콜링우드는 "예술은 관조가 아니라, 행동"이며, 청중의 기능은 "단순한 수용이 아니라 협력"이라는 것을 역설한다.[5]

따라서 물리적으로 체현된 작품을 대면할 때, 감상자는 예술가가 경험한 감정의 표현을 성실하게 자기 자신의 것으로 마음 안에서 재구성한다. 그렇게 함으로써 감상자는 자기 자신의 예술적 재창조를 성취하는 것이다. 이것이 가능하기 위해서 예술가 못지않게 감상자 자신도 감정을 누설하거나 기술하지 않고, 성실하게 개별화하고 표현해야 한다. 그 결과, 감상자는 제2의 예술가가 된다. 그러므로 감정의 표현으로서의 예술은 예술가 자신의 것도 아니고 감상자만의 것도 아니라, 공동체의 소산으로서 존재한다.

대체로 콜링우드의 예술론은 지나치게 관념적이라는 비판을 받아 온 것이 사실이다. 그러나 감상자가 수행하는 재창조와 협력적 기능을 강조함으로써 콜링우드는 예술의 사회적 지평을 열어놓고 있으며, 집단적 정체성(collective identity)의 시각에서 예술작품의 존재론적 지위를 해명함으로써 포스트모던 시대의 예술 애호가들에게도 호소력 있는 예술론을 제시하고 있다.

4 *The Principles of Art*, pp. 314-315.

5 앞의 책, pp. 324-332.

더 읽을거리

로빈 G. 콜링우드, 『자연이라는 개념』, 유원기 옮김, 이제이북스, 2004.
베어 슬라이스, 『표현주의』, 김숙 옮김, 열화당, 2003.
빌헬름 딜타이, 『체험, 표현, 이해』, 이한우 옮김, 책세상, 2002.
Tormey, A., *The Concept of Expression*, Princeton University Press, 1971.

존 듀이

정순복

찰스 다윈(C. Darwin)의 『종의 기원』이 출간된 1859년에 태어나서 거의 1세기에 걸쳐 있는 존 듀이(John Dewey, 1859-1952)의 생애는 한마디로 미학 내지 예술철학의 진화론적 성숙 그 자체이다. 듀이는 인간 유기체의 일상 기운데서 미적인 성질을 지닌 일련의 경험 과정을 예술의 본질로 다잡는 일로 그의 전 생애를 모두 바쳤다고 해도 과언이 아니라는 사실이다. 그는 그 특유의 프래그머티즘을 방법론적 토대로 삼아 예술에 대한 자신의 철학적 패러다임을 끊임없이 비판하면서 재구성하는 것으로 생을 마감했다. 결국 예술이란 것이 본질적으로 우리들 일상의 경험 과정으로부터 벗어날 수 없는 것으로 단정지운 그의 예술철학의 메시지들은 새삼스레 우리들의 일상을 예술이라는 패러다임으로 조망하면서 인간 상호간의 그리고 인간과 세계 사이의 진정한 상생의 장을 펼쳐 놓기에 이르렀다.

듀이의 예술철학의 메시지들은 우리들의 일상을 미적인 의미들로 충만시킬 수 있는 지극히 유익한 것이기에 예술에 관한 사유의 대전환을 꾀하는 그의 예술철학의 열린 지평(open perspective)은 그 이전까지와는 전적으로 새로운 차원에서 우리들의 일상의 생명력(vitality)을 확충시킬 수 있는 매우 구체적인 실천 덕목들(practical virtues)을 제공하고 있다.

듀이의 예술철학은 그의 전 생애를 통하여 3단계에 걸쳐 비판적으로 재구성되면서 성숙했다. 그리고 그는 우리들 일상 속에서 '명석하나 혼연스러운(clara sed non distincta)' 경험 영역을, 즉 경험의 질적인 직접성(qualitative immediacy)을, 예술의 범주로 설정하면서 존재하는 그 모든 것들이 끊임없이 상호 교류하면서 질적으로 변화해 간다는 그의 프래그머티즘 형이상학의 '트랜스액션의 지론(doctrine of transaction)'을 토대로 우리들 일상에서 '하나의 경험(an experience)' 내지는 '미적 경험'으로 귀결되는 의미심장한 경험 과정 그 자체가 예술의 본질인 것으로 규정하고 있다.

결과적으로 듀이의 예술철학의 메시지들은 종래의 예술철학을 주도해 왔던 결정론적 인지의 틀과 자유론적 인지의 틀을 통합시키면서 물질과 이념을 화해시키고 종국에는 인류의 바람직한 공동체적 삶의 형식을 다잡는 지성의 실천이 곧바로 예술로 수용되어야 하는 것임을 확인시켜 주고 있다. 그런 만큼 그의 이러한 메시지들은 이제 우리들이 인류공동체를 분할시키는 장애물과 벽을 해체시키면서 완전무결한 커뮤니케이션의 장을 마련하여야 한다는 것과 동시에 우리들이 일상에서 경험한 성질을 의미로 심화시키고 강화시켜 인류 진화사에 있어서 전적으로 새로운 경험의 지평을 확보하기에 이르렀다는 사실을 웅변적으로 시사하고 있음을 알 수 있다.

1. 듀이 예술철학의 형성 과정

1세기에 걸친 생애[1]를 통하여 듀이 예술철학의 형성 과정은 전기와 중기

1 본고에서 총괄적으로 스케치한 듀이의 생애에 관한 본문 정보들은 김태길의 『존 듀이의 사회철학』(태양문화사, 1979)의 "제1부 생애와 활동"(15-31쪽)과 루이스 메난드(Menand, Louis)의 저서 *Pragmatism A Reader* (Vintage Books, New York: A Division of Random House, Inc., 1997)의 181쪽에 소개되고 있는 극히 단편적인 내용을 참조했고, 듀이의 생애에 대한 기념비적 문헌 자료인 뒤케이젠(George Dykhuizen)의 *The Life and Mind of John Dewey* (Southern Illinois Univ. Press, 1973)의 내용은 필요 부분만 개괄적으로 참조했음. 물론 뒤케이젠의 정보는 그의 예술철학의 3단계에 걸친 성숙화 과정을 탐색하는 문맥들에서도 참조했음.

및 후기로 구분되는 3단계적 성숙 과정으로 진행되었다. 그리고 그의 예술철학의 이러한 '초기/중기/후기' 의 구분은 예술의 본질을 '암시적인 형태' 로 다루었느냐, '예비적이고도 제안적인 형태' 로 다루었느냐, 아니면 '구체적이고도 직접적인 형태' 로 체계화시켰느냐 하는 지점에서 3분 될 수 있다. 그런 만큼 그의 예술철학은 그의 첫 논문이 발표된 1882년부터 『논리학 연구(*Studies in Logical Theory*)』가 발표된 1903년까지의 초기 단계는 예술에 관한 탐구가 암시적인 형태로, 그 이후부터 1925년 『경험과 자연(*Experience and Nature*)』이 발표되기 이전까지의 중기 단계는 제안적인 형태로, 그리고 1925년 『경험과 자연』으로부터 『경험으로서의 예술(*Art as Experience*)』(1934)과 『논리학; 탐구 이론(*Logic; The Theory of Inquiry*)』(1939)이 발표되었던 1952년까지의 후기 단계는 구체적으로 체계화된 형태로 성숙되는 3단계의 재구성 단계를 거치고 있다.

존 듀이는 1859년 10월 20일 미국 뉴잉글랜드 지방 버몬트 주 벌링턴 시 사우스 윌라드 가 186번지에서 태어났다. 그가 태어난 해는 기독교 변증론의 족쇄와 독단에 사로잡힌 미국 고전철학의 무기력한 상황을 극적으로 반성할 수 있도록 한 다윈의 『종의 기원』이 출간된 바로 그 해이기도 했다. 영국 이주민의 후예였던 아버지 아치볼드(Archibold Sprague Dewey)와 어머니 루사이너 리치(Lucina Artemisia Rich)의 4형제 중 셋째 아들로 태어난 듀이는 버몬트 대학에 입학한 2년 후 퍼스(C. S. Peirce)가 교수로 있는 존스 홉킨스(Johns Hopkins) 대학으로 전학하여 다윈주의자 헉슬리(T. Huxley) 교수의 생리학을 통해 사회와 인간의 유기적이고도 실천적인 문제들을 해결할 수 있는 그의 예술철학의 기초 개념이 되는 '유기적 통합(organic coordination or unity)' 의 밑그림을 그리기 시작했고, 1879년 학부를 졸업하고 고향을 떠나 펜실베이니아 주 고등학교 교사로 2년간 봉직하던 1881년에 첫 논문 「유물론의 형이상학적 가정(The Metaphysical Assumption of Materialism)」을 발표하면서 드디어 그의 예술철학이 암암리에 형성되는 초기 단계에 진입하게 되었다. 존스 홉킨스 대학원[2]에서 듀이는 홀(S. Hall)[3]과

제임스(W. James)에 깊이 천착했다. 듀이의 예술철학이 형성되는 초기 단계를 결정짓게 되는 이 1884년부터 1894년까지의 미시간 대학 시대[4]는 듀이가 줄곧 모리스와 더불어 형식논리학과 대상논리학을 뛰어넘는 제3의 논리학에 관한 사유를 발전시켜 그 특유의 이른바 지식에 도달하는 방법의 논리학을 탐구했던 시기이기도 하다.[5] 결국 도구논리학으로 회자되게 된 그의 논리학은 헤겔 식의 관념론을 벗어나서 인간과 세계가 조우하게 되는 상황의 질적인 특성의 상호교류 변성작용을 주목하면서 경험의 직접성(immediacy)을 예술의 본래적인 성질로 다잡아 보려는 맥락을 형성하게 되었던 것으로 가늠된다. 1894년부터 10년간 지속되었던 듀이의 이 시카고 대학 시대[6]는 그의 예술철학의 초기 단계를 마감하는 『논리학 연구(*Studies*

2 첫 논문 작성 이후 다시 고향으로 돌아와 살로테 고등학교에서 잠시 교편을 잡다가 그의 논문이 『사변철학 잡지』에 실린 1882년에 그의 스승 토리(H. P. Torrey)의 권유로 진학했던 존스 홉킨스 대학원은 그 당시 미국의 유일한 대학원 교육기관이었다.–각주 1에서 소개한 문헌자료 참조.

3 홀 교수의 심리학 강좌를 통해 듀이는 철학과 심리학의 결합 가능성을 신중하게 탐구하였던 것으로 알려지고 있다. 그리고 제임스의 『심리학의 제원리(*Principles of psychology*)』로부터 지대한 감명을 받은 듀이는 제임스의 심리학을 자기 사상의 정신적 조상이라고까지 격찬했다. 이때까지만 해도 듀이는 철학적 탐구에 있어서 별다른 두각을 나타내지는 못했으나 영국 경험론과 헤겔의 관념론에 정통했던 모리스(G. S. Morris) 교수의 지도로 대학원 과정을 무사히 마치고 존스 홉킨스 대학원에서 1884년 철학박사 학위를 받았다.–각주 1에서 소개한 문헌자료 참조.

4 이 미시간 대학에 교수로 봉직하게 된 것은 듀이의 지도교수 모리스 교수가 그 대학으로 전근하면서 권유하게 된 것으로 알려져 있다.–각주 1에서 소개한 문헌자료 참조.

5 존 듀이의 논리학에 관해서는 본인의 졸고 「존 듀이의 논리학: 형성과정과 구조 및 미학과의 상관성」(한국미학회, 『미학』 제32집, 2002 봄, 429-475쪽)과 「존 듀이의 논리학에서 탐구와 예술의 문제」(한국미학회, 『미학』 제33집, 2002 가을, 277-320쪽) 참조. 그리고 이 시기에 듀이는 1888년에 미네소타 대학으로 잠시 옮겼으나 모리스 교수가 죽은 후 그의 후임으로 다시 미시간 대학으로 복귀했다. 미시간 대학에서 듀이는 평생 그의 친우가 된 미드(G. H. Mead) 교수와 교유하면서 그 특유의 프래그머티즘 철학을 성숙시켰다.–각주 1에서 소개한 문헌자료 참조.

6 이 시카고 대학에서 주로 대학원 강좌를 맡았던 듀이는 인습적인 강의를 지양하고 매 강좌를 학생과 교수 상호 간의 토론식 탐구의 장으로 전환시켰다. 시카고 대학의 철학과 심리학과 교육학을 통합한 학부의 학부장으로 초빙되었던 듀이는 이 대학을 근거로 자신의 교육이론을 실천할 수 있는 기회를 마련했다. 시카고 대학 부속 아동교육기관인 실험학교(Laboratory School)를 설립하여 진보주의 교육의 실험장으로 7년 반 동안 활용했다. 학교 운영자금을 조달하기 위하여 1900년에 『학교와 사회』를 출간하기도 했던 듀이는 또한 이 시기에 그의 부인 앨리스 칩먼(Alice Chipman)과 함께 다양한 사회개혁 운동에도 적극적

in Logical Theory)』(1903)가 발표되기도 했던 기간과 맞물려 있다.

결국 '유기체성(organic vitality)' 내지는 '유기적 통합'의 관념을 중심으로 형성된 이러한 듀이의 초기 예술철학의 담론들은 예술의 본질에 대한 지극히 미성숙한, 암시적인 형태를 드러내 보였으나, 그의 예술철학 성숙화의 중기 단계에 진입하게 되는 1904년부터 사회 문제들에 직접적으로 실천되면서 서서히 보다 제안적인 형태로 성장하게 되었던 것으로 가늠된다. 물론 사회활동이 가장 두드러지게 이루어졌던 이 컬럼비아 대학 시대는 듀이로 하여금 우드브리지(F. J. E. Woodbridge), 러브조이(A. O. Lovejoy) 및 브라운(H. C. Brown) 등과 같은 철학자들과 교유하도록 만들면서 그를 예술철학자로서보다는 오히려 진보적 민주주의 교육철학자 내지는 사회개혁의 선도자로서의 세계적인 명성을 획득하도록 만들었다.[7] 이 컬럼비아 시대에 펼쳐진 그의 이러한 역동적인 사회참여 활동들과 더불어[8] 이 시대에 듀이의 생애에 있어서 가장 중요한 저술활동이 이루어지면서[9] 그의 예술철학이 완성되는 후기 단계에 접어들게도 되었다.

1925년 『경험과 자연』의 출간으로부터 그의 생애 마지막까지 지속되는 후기 단계를 통하여 듀이는 초 · 중기 단계를 통하여 암암리에 모색되었던

으로 참여했다. 여성사회복지가 아담스(J. Adams)가 세운 사회복지시설 헐 하우스(Hull House)와 밀접한 관계를 맺으면서 듀이는 이미 이 시기에 실제적인 사회개혁을 부르짖는 미국 지성의 대표자로서의 명성을 획득했다.-각주 1에서 소개한 문헌자료 참조.

7 듀이는 1904년 자신의 사상에 대한 시카고 대학 총장과의 갈등으로 사직서를 제출했다. 다음 근무지를 정해 놓지 않았던 듀이는 컬럼비아 대학 교수로 있었던 그의 옛 친구 캐틀(J. M. Cattle)의 도움으로 컬럼비아 대학으로 옮겨 그곳에서 1930년 6월 은퇴할 때까지 봉직했다.-각주 1에서 소개한 문헌자료 참조.

8 듀이는 1919년부터 1921년까지 중국에 체류했고, 1924년에는 터키를, 1926년에는 멕시코를, 그리고 1928년에는 소련을 방문하여 그 특유의 자연주의적 경험철학과 도구주의적 실용주의 철학사상을 파급시켰다. 그러면서 그는 지성적인 대화와 냉철한 논의를 통한 사회적 민주주의라는 자신의 정치적 견해를 밝히기도 했다.-각주 1에서 소개한 문헌자료 참조.

9 이 컬럼비아 대학 시대에 듀이는 『사유의 방법』(1910), 『민주주의와 교육』(1916), 『실험논리학 논총』(1916), 『창조적 지성』(1917), 『철학에서의 재구성』(1920), 『인간성과 행위』(1922), 『특성과 사건』(1927), 『확실성에 대한 탐구』(1930)를 출간하였을 뿐만 아니라 특히 그의 예술철학을 진화론적으로 성숙시킨 그의 위대한 3부작의 첫 저서인 『경험과 자연』의 초판본(1925)과 수정본(1929)을 출간하였다.-각주 1에서 소개한 문헌자료 참조.

예술의 문제를 본격적으로 체계화시키게 되었다. 즉 그의 후기철학이 예술철학으로 완성되는, 혹은 예술철학을 체계적인 형태로 성숙시켰던, 그의 컬럼비아 대학 시대가 마감되었던 1930년에 듀이는 경험에 스며들어 경험을 지배하는 어떤 성질(dominant, pervasive quality)에 관한 해명이 인식론, 형이상학 혹은 존재론의 영역에서 분명하게 이루어져야 한다는 것을 강조하면서 그의 예술철학을 비판적으로 재구성하고 진화론적으로 성숙시켰다. 결국 전반성적인(pre-reflective) 경험의 일차적인 특성으로서의 질적인 직접성에 관한 문제를 해명하는 것으로 그의 예술철학은 후기 단계에 접어들면서부터 비판적으로 재구성되고 성숙되어 자연이론과 과학이론으로 재구성되거나 동화되는 맥락의 정점으로 자리하게 되었다. 말하자면 듀이의 예술이론은 후기 단계에 접어들어 이러한 세 가지 이론들이 위대한 하나의 작업(opus majus)으로 발돋움하게 되는 중심적이고도 결정적인 역할을 수행하게 되었다는 사실이다. 그런 만큼 질적인 직접성의 문제를 예술로 연관지우면서 그것의 본질을 해명하려는 작업이 구체적으로 예비되고 있었던 1925년 『경험과 자연』부터 체계적으로 성숙시킨 1934년 『경험으로서의 예술』까지 듀이는 약 130여 편의 논문들을 발표하면서 그의 초 · 중기 예술철학을 최고조로 성숙시켰다. 결국 19세기 말부터 추상과 개념화의 파기가 이루어졌던 맥락과 맞물려 체계화된 경험의 이러한 질적인 직접성에 관한 그의 예술철학, 그의 자연주의적인 경험철학에 하찮게 첨가된 것이거나 경솔하게 부가시킨 것이 아닐 뿐만 아니라 자신의 도구주의적인 형이상학적 결론에 난삽한 어떤 것을 추가시킨 것도 결코 아니었다. 오히려 그것은 1882년부터 1949년까지 약 60여 년에 걸쳐 경험의 이러한 직접적인 성질을 탐구하면서 끊임없이 비판적으로 재구성하고 성숙시켰던 그의 철학의 토대이자 뿌리였음이 분명하다.

1930년 6월 컬럼비아 대학을 은퇴하고 그 대학의 명예교수가 된 듀이는 고령에도 불구하고 자신의 예술철학을 비판적으로 재구성하는 작업을 더욱 치밀하게 추진시켰다. 잠정적으로 제안되고 있었던 예술철학을 그의 위대한 3부작으로 완성시키면서 그의 나이 75세 되던 1934년에 그의 기념비적 저서인 『경험으로서의 예술』과 동시에 자신의 종교사상을 체계화시킨 유일한 저서 『공통적 신앙(*Commom Faith*)』을 출간하였고, 78세가 된 1939년에는 그의 3부작을 완성시키는 『논리학; 탐구 이론』과 가치철학을 집대성한 『평가 이론(*Value Theory*)』이 출간되었으며, 90세가 되었던 1949년에는 벤틀리(Bentley)와 공저한 『아는 것과 알려진 것(*Knowing and the Known*)』을 통하여 지금까지의 그의 예술철학에 대한 최종적인 비판을 가하면서[10] 『경험과 자연』을 『자연과 문화』로 재구성하고자 했던 그의 평생 숙원을 아쉽게도 끝내 이루지 못했다.[11] 듀이는 90세 넘어서까지도 눈의 광채를 잃지 않고 산보를 하기도 하고 직접 타이핑도 치면서 정정하게 여생을 보냈다. 1927년에 첫 부인 엘리스와 사별했던 듀이는 19년 동안이나 홀로 살다가 87세 되던 1946년 12월 11일 펜실베이니아의 미망인 로버트(Robert Lowitz Grant)와 재혼했다. 1952년 5월 31일 토요일 아침 일찍 재발된 급성 폐렴으로 듀이는 바로 그 다음날인 1952년 6월 1일 아침 7시에 그의 사랑하는 딸 제인과 그의 노년기를 지극정성으로 보살폈던 아내 로버트가 지켜보는 가운데 평화롭게 이 세상을 떠났다. 6월 4일에 치러진 그의 장례식장

10 이 저서는 듀이 예술철학의 방법론적 토대로 자리하고 있는 이른바 '트랜스액션의 지론'을 집대성하고 있다. 그러기에 그의 예술철학을 이해함에 있어서 이 저서는 반드시 해독하여야만 하는 대단히 중요한 문헌자료인 것으로 가늠된다. 이 저서에서 듀이는 자신이 그 이전까지 사용해 왔던 '인터액션(interaction)' 이라는 술어를 모두 '트랜스액션' 으로 치환시켜 주기를 요망하고 있다.

11 듀이는 고령에 접어들면서부터 더욱 왕성한 탐구활동을 펼쳤다. 미국 남북전쟁과 제1, 2차 세계대전을 직접적으로 겪었던 1세기의 생애를 통하여 듀이는 제퍼슨과 링컨이 주창했던 고전적인 자유민주주의 이념을 변화해 가는 시대적 요구에 따라 새롭게 재구성시켰다. 프론티어 정신의 실용주의 철학자로서 퍼스와 제임스와 미드의 프래그머티즘 철학을 비판적으로 성숙시켰고, 1920년 삭꼬 반제띠(Sacco-Vanzetti) 사건을 변호하면서 미국 시민의 자유를 옹호했다. 중국 북경대학에서 제2의 공자라는 찬사를 받으면서 명예박사학위를 받았지만 1919년 동경 체류 시 일본 정부가 보낸 훈장은 비민주주의적이라는 이유를 대고 사양하기도 했다. 78세 되던 1937년 스탈린의 트로츠키에 대한 고발을 조사하기 위한 위원회 의장직을 맡아 멕시코에 다시 가기도 했다. 그의 80회 생일과 90회 생일 축하연처럼, 세계 각국의 저명인사들이 모여 그를 위한 축하연을 베풀었던 자리에 듀이는 대개 출석하지 않았다.-각주 1에서 소개한 문헌자료 참조.

엔 500여 명의 조문객들이 위대한 예술철학자의 마지막 가는 길을 지켜보았고 쌍무지개가 강물 위로 피어오르고 있었다.

2. 듀이 예술철학의 방법론적 토대

듀이 예술철학의 방법론적 토대는 다윈의 진화론에서부터 시작된다. 즉 『경험과 자연』에서부터 구체적인 모습으로 출현하는 듀이 예술철학의 방법론적 토대로서의 다윈 진화론의 실험주의적 국면은 듀이로 하여금 구성주의적인 존재론적 합명제들을 도출시킬 수 있도록 하면서 과정, 유출(flux) 혹은 변화라 할 것들을 그의 예술철학의 지배적인 동인으로 자리매김하도록 하였다는 사실이다. 뿐만 아니라 그것은 듀이로 하여금 존재의 보편적인 특성들인 것으로 흔히 가늠되어 왔던 변화와 불변 혹은 통일성과 다중성과 같은 양립 불가능한 상반적 명제들이 어떤 방식으로 서로에게 침투하고 있는 것인가를 묻게 되는 근본적인 물음 전환의 차원을 열어 보이게 되었다는 사실이다. 물론 '알 수 없는 어떤 무엇들(unknowable somewhats)', '알려지지 않은 어떤 무엇(the unknown somewhat)' 및 '그 자체 본질적으로 알 수 없는 것들(unknowable things-in-themselves)' 대신에 사건(event)을 수용했던 듀이는 현대 예술철학의 수많은 잘못된 관념들의 원천들이 인식론적 이원론임을 지적하면서 실재론과 관념론의 지론들을 거부하고 연속성을 그의 예술철학의 토대로 삼았다. 결국 진화론적 생물학으로부터 도출된 듀이 예술철학의 이런 진화론적 패러다임은 사건과 관계를 예술철학의 중요한 토대로 삼으면서 실험적이며 가설적인 성격을 지니게 되었다. 결국 지성에 의한 탐구 과정에 내재하는 선택들이 이루어지는 상황이라 할 것을 무시해 버리는 잘못을 극소화시키려는 목적에서 듀이가 선택한 이러한 패러다임은 예술철학의 문제를 변화되지 않는 고정된 것(fixity)과 수동성의 차원으로부터 선택적 성질과 맞물려 있는 문제 상황 해결을 위한 능동적 참여의 차원으로 전이시켜 자연주의적 경험론이라는 그 특유의 방법론으로 귀결되었다. 따라서 다윈의 진화론적 생물학과 맞물려 개진된 듀이의 이러한 예술철학의 토대는 예술의 문제를 변화하는 역동성과 상호 침투성의 관계로 다잡으면서 존재의 본래적 단위로 정향지운 사건의 유비(analogy)로 제안하기에 이르렀다. 결국 '예술과 사건의 유비 관계'에 뿌리를 둔 듀이의 이러한 예술철학은 변화와 과정을 예술의 보편적 특성으로 들추어 보이면서 예술을 경험과 자연의 정점을 이루는 사건으로 정향지우게 되었다. 그런 만큼 듀이의 예술철학은 전통적인 자연관을 신화론적 생물학으로 대체시키는 가운데 성장과 맞물려 있는 창조적 시간성으로서의 연속성의 원리를 바탕으로 상황성과 시간성을 집요하게 강조하는 맥락(context) 회귀의 지론으로 닫혀지게 되었다. 말하자면 듀이는 인간과 세계가 조우하게 되는 사건적 상황으로 끊임없이 진행되는 상호 교류 변성작용(transaction)을 예술의 존재론적 토대로 수용하게 되었다는 사실이다. 그 결과 듀이는 초기와 중기 단계에서 거의 명시하고 있지 않았던 소위 예술의 문제를 후기 단계가 시작되는 『경험과 자연』을 통하여 구체적으로 체계화시키게 되었다.[12] 따라서 『경험과 자연』에서 제안되고 있는 예술에 관한 이러한 예비적 정의는 자연을 사건들로 이루어진 통시적(diachronic) 국면으로서의 목적 내지 역사와 공시적(synchronic) 국면으로서의 연속성을 지닌 것으로, 예술을 궁극성과 완성에로 귀결되는 직접적 성질의 자연활동 과정인 것으로 다잡게 되었다.

---

12 근본적으로 경험의 절정(climax)이 되는 것임과 동시에 자연의 정점을 이루는 사건(culminating event)이 되는 것으로 예술을 다잡고 있는 듀이의 『경험과 자연』에서의 예술의 존재론적 정위는 그가 『경험과 자연』 전체를 통하여 예술이라는 말을 어떠한 뜻으로 사용하고 있는 것인지를 살펴봄으로써 그 구체적인 성격이 드러날 것으로 가늠된다. 『경험과 자연』에서 예술의 의미론적 맥락은 근본적으로 삼중적인 국면으로 전개되고 있는 것으로 가늠된다. 즉, 『경험과 자연』에서 듀이는 예술이라는 말을 '유개념(genre concept)'의 형태로 20개 단락에서, '하위개념(sub-concept)'의 형태로 26개 단락에서, 그리고 그 특유의 예비적이자 제안적인 '정의(definitive character)'의 형식으로 제9장 전체와 15개 단락에서 사용하고 있다는 사실이다. 물론 듀이 스스로가 어떤 타당한 기준들을 마련하여 이런 삼중적 국면들을 체계적으로 제시하고 있지는 않다.

결국 듀이 예술철학의 토대가 되는 이러한 자연주의적 경험주의의 패러다임은 '트랜스액션의 지론' 으로 더욱 구체화되게 된다. 즉 자연을 구성하고 있는 모든 구성요소들 상호간에 침투해 있는 어떤 지배적인 존재적 특성으로서의 트랜스액션에 의하여 듀이의 예술철학의 토대가 더욱 구체화되었다는 사실이다. 그런 만큼 이 트랜스액션의 지론으로 『자연과 문화(*Nature and Culture*)』[13]로까지 더욱 성숙시키고자 했던 듀이의 예술철학은 사건이 존재하고 있는 곳은 어디든지 하나의 장(field)의 관념을 내포하고 있는 트랜스액션으로 존재하고 있다는 지론으로 닫혀지면서 그의 전체 예술철학의 핵심적인 모태로서 기능하게 되었다. 물론 이 트랜스액션의 지론은 1946년 듀이와 벤틀리(Arthur F. Bently, 1870-1957)가 공저로 『아는 것과 알려진 것(*Knowing and the Known*)』을 출간하기 전까지는 상호작용(interaction)의 지론으로 사용되고 있었던 것이었다. 그러나 듀이는 자신의 예술철학을 비판적으로 재구성하면서 종래의 상호작용의 지론을 이것으로 대체시켜야 한다는 것을 분명히 했다. 그 결과 수렴적인(consummatory) 완성의 경험에로 정향되는 듀이의 예술철학은 이와 같은 트랜스액션의 활동이론(the theory of transactional activity)에 뿌리를 두고 보다 정교하게 다듬어지기 시작하였다. 물론 듀이는 『경험과 자연』에서 트랜스액션의 다양한 수준들을 세 가지로 구분시켜 '물리적 · 화학적(physico-chemical)' 수준, '정신적 · 물리적(psycho-physical)' 수준 및 '마음 혹은 인간 경험(mind or human experience)' 의 수준으로 기술하였지만 예술로 자리하게 되는 자연의 내부에는 비자연적인 범주들을 소개하는 것이 요구되는 어떠한 명백한 단절들도 존재하지 않음을 분명히 했다.[14] 결국 듀이의 예술철학을 뒷받침

13 듀이의 생애 마지막 무렵에 듀이는 『경험과 자연』을 새로이 구성하고자 하였고 주제를 '경험과 자연' 으로부터 '자연과 문화' 로 바꾸고자 하였다.(Rorty, Richard, *Consequences of Pragmatism*, Univ. of Minnesotae Press, 1982, p. 72 참조) 그리고 이 주제 전환의 맥락은 듀이와 벤틀리(A. F. Bentley)의 학술적 교감의 관계와 맞물리고 있다.

14 듀이가 1946년부터 50년 사이에 다니엘스(Robert V. Daniels)에게 보낸 편지 내용의 일부분은 다음과 같다.

하는 이러한 세 가지 수준의 트랜스액션들은 그의 초기와 중기 예술철학을 기초하고 있었던 '유기적인 통합' 혹은 유기적인 '인터액션(interaction)'이라는 그의 도구주의적 형이상학의 토대들을 비판적으로 재구성시키면서 그의 예술철학을 완성시키게 되었다. 다시 말하여 그의 예술철학은 우리말로 '질적으로 상호 교류하면서 그 성질들이 변해 가는 역동적 힘들의 장(field)'이라고 길게 풀이하여야 할 이러한 트랜스액션을 토대로 해서 체계화된 것이라는 사실이다. 결국 예술로 성숙하게 되는 경험을 이끄는 역동적 에너지들로서 표상되는 일련의 겹쳐지고 상호 침투적인 존재의 배후인 이 트랜스액션은 질화된(qualified) 경험이 의미로 출현하는 토대이고 세계를 구성하고 있는 모든 구성요소들 상호간에 스며들면서 끊임없이 확장되고 퍼져 나가는 광대하고 무제한적인 성질로 자리하면서 듀이 예술철학의 형이상학적 토대를 이루게 되었다.

따라서 이런 자연주의적 형이상학에 뿌리를 두고 있는 듀이의 예술철학은 몸과 마음의 이분법적 철학의 관념들을 해체시키고 그것들의 문화적 해악을 극소화시킬 수 있는 유익한 패러다임을 제공하게 된다. 그런 만큼 인간 경험의 완성적 차원으로, 혹은 미적인 의미들로, 충만한 미적인 일상의 소유를 목표로 하고 있는 그의 예술철학은 알고 보면 듀이의 이러한 트랜스액션의 지론을 토대로 하여 성숙된 것으로 결론지을 수 있을 것으로 가늠된다.

"나의 철학의 진정한 결론을 내리는 것이 가능한 것만큼 이것을 간결하게 요약하고 종합하는 일종의 고별 저서를 쓰기 시작하였습니다. 이 일은 모험이고 실제로 지적인 도박이며 어떻게 출판하여야 할 것인지 당황스럽습니다. [……] 나는 상호작용이라는 말 대신에 트랜스액션을 사용하였는데 이것이 이 고별 저서 전체의 핵심이 되고 있습니다." (Letters of John Dewey to Robert V. Daniels: 1946-1950, 1959, *Journal of the History of Ideas*, xx, 10-12, pp. 569-576 참조)

3. 듀이 예술철학에서 예술의 본질

듀이의 예술철학은 그 특유의 경험 개념으로부터 출발하여 미적 경험이 되는 '하나의 경험(an experience)'을 진정한 예술인 것으로 완결짓는 형식으로 구성되어 있다. 듀이는 1935년에 발표한 「경험주의들에 관한 경험론적 탐색(An Empirical Survey of Empiricisms)」이라는 논문을 통하여 그 특유의 경험 개념이 형성된 과정과 그 구체적인 성격들을 제시하고 있다. 말하자면 전통적인 경험개념과 자신의 경험개념을 다섯 가지로 대조시키면서 듀이는 경험의 예술적이고도 미적인 국면을, 특히 경험의 직접성의 문제를 해명하고 있다. 그러나 듀이는 자신의 경험개념을 주목시키면서 예술의 본질을 이해하기 위해서는 무엇보다도 우선적으로 '예술에 관한 사유의 대전환'이 이루어져야 한다는 것을 강조하고 있다. 일반적으로 예술철학에서 '예술작품(work of art)'이라고 부르는 것을 듀이는 독특하게 '예술품(art product)'이라고 부르면서 그가 정의하고 있는 '진정한 예술(genuine art)'이 아닌 것으로 처리하고 있다. 말하자면 듀이의 체계적인 예술철학은 오로지 경험 그 자체에 관한 담론으로 일관되고 있기에 이러한 예술품과는 완전히 구분되는 '예술이라고 할 수 있는 미적인 경험활동(work of art)'을 예술의 진정한 본질인 것으로 정의하고 있다는 사실이다.[15]

이와 같이 일상의 의미심장한 경험 과정을 예술로 정의하고 있는 듀이는 동물조상(animal forbear)으로부터 진화해 온 유기체(organic creature)로서의 인간과 그를 둘러싸고 있는 주변 환경과의 끊임없는 만남으로서의 경험을

15 물론 일상 생활언어와 철학용어를 의도적으로 섞어 쓰고 구어체와 문어체를 한데 구사하는 그의 난삽한 수사법으로 인하여 그가 애써 구분시키고자 하는 예술에 관한 용어법은 그의 저술 도처에서 혼동을 일으키고 있다. 특히 그가 예술의 본질 해명에 관한 논의들을 완결시키고 있는 『경험으로서의 예술』에서조차 그가 예술의 진정한 본질로 정의하는 예술작품(work of art)이라는 표현은 앞뒤 문맥상 그가 뜻하는 예술품으로 풀이해야 할 경우도 있고, 그 특유의 예술의 정의로서 '예술이 되는 유기체적 경험의 활동'으로 풀이해야만 할 경우도 비일비재하게 출현하고 있다.

본능과 이성과 감정과 상상력이 함께 어우러져 있는 생명력(vitality)으로 풀이하면서 인간과 세계의 물활론적 융합이 가능하게 되는 그 어떤 신비스러운 힘들(the etherial things)로 다잡고 있다. 뿐만 아니라 그것은 어떤 정서를 소유한 의미로 조직화되어 우리들에게 잊을 수 없는 소중한 시공간적 상황으로 현시될 수 있는 성질의 것으로도 풀이되고 있다. 말하자면 일상의 경험이 완전성과 내적 추진력과 연속성을 가지면서 독특한 의미를 소유한 것으로 분절되고 개인사를 통한 미적 의미들이 축적되어 독특한 어떤 지배적 성질을 소유할 때 예술로 단정지을 수 있다는 것이다. 결국 듀이의 이러한 예술철학의 패러다임을 통하여 예술의 본질은 의미심장한 다양한 기초 개념들을—일상성, 질성, 센스, 유기체성, 생명 기운, 상상적 장, 미적 리듬 및 해체성—토대로 해서 다음과 같은 여덟 가지의 명제로 정의될 수 있을 것으로 가늠된다.

첫째, "예술은 미처 '성숙되지도 조직화되지도 않은(inchoate)' 일상적 경험의 수렴적인 완성이다." 즉 자아완결성(self-enclosedness)과 자아충족성(self-sufficiency)을 지닌 단수 형태의 경험을 소유하는 것이 예술이고, 시작과 끝이 명료한 하나의 완결적 경험이 예술의 본질이라는 사실이다. 둘째, "예술은 유기체가 실제로 경험했다고 회상할 수 있는 실제적 상황성이 의미로 닫혀진 경험이다." 말하자면 예술은 유기체가 어떤 상황들과 에피소드들을 회상하는 가운데 "경험했었다"라고 단정지을 수 있는 그런 실제적 상황성이 의미화된 경험이라는 사실이다. 셋째, "예술은 상황적 경험 요소들의 연속적 흐름과 통일된 전체 내지는 극점을 지닌 운동이다." 말하자면 예술이 되는 기억 가능한 경험은 그 모든 상황적 요소들이 쉼 없이 지속되는 자유로운 흐름임과 동시에 하나의 통일적 전체 내지 극점에 이르러는 운동이 되고 있다는 사실이다. 넷째, "예술은 이름을 부여할 수 있는, 즉 회상해 낼 수 있는, 어떤 질적 통일성을 소유하고 있는 경험이다." 예를 들어 '파리 레스토랑에서 그날 저녁의 그 식사' 라거나, 혹은 '대서양 횡단 시의 그때 그 폭우' 등과 같이 상황 전체를 지배하는 단일한 성질에 의하여 지배

받고 있는 경험이 예술이라는 사실이다.[16] 다섯째, "예술은 미적 성질을 소유한 미적인 경험이다." 그래서 경험 그 자체가 질서를 지니고 있다면, 즉 조직화되는 운동을 통하여 스스로 완성에로 수렴되고 스스로 충만으로 나아간다면, 그 경험은, 사유든 실천이든, 결과적으로 만족스러운 정서적 성질을 소유하고 있기 때문에 예술이다. 여섯째, "예술은 선(goodness)을 실현시키는 실천이다." 일곱째, "예술은 조직화에로 나아가는 조정력을 지닌 경험이다." 말하자면 너무나도 느슨하고(slack) 산만한(discursive) 경험은 시작과 끝을 알 수 없는 느슨한 지속(loose succession)과 혹은 기계적으로 붙잡히거나 갇혀서 비미적인 것이 되기 때문에 예술이 될 수 없다는 것이다. 여덟째, "예술은 '기대 목적(end-in-view)'을 실현시키기 위해 문제 상황의 고통스러운 겪음의 단계를 지니면서도 마침내 의미에로 통합되는 정서적 경험이다."

결국 정서에 의해 질화되고 통일된 경험으로서 정의되는 이러한 예술의 본질은 일상적 경험을 구성하는 질료들(materials)에 질적인 통일성을 부여하는 가운데 유기체가 실현코자 하는 목적에 적합한 것을 선택하고 선택된 것에 질적인 통일성을 부여하는 지성적 실천활동이 되고 있다. 그런 만큼 듀이의 이러한 예술철학의 패러다임은 지성이 개입되어 유기체와 세계의 완전한 상호 적응(mutual adaptation) 과정이 조화의 경계에서 완결되어 미적인 의미를 획득하게 될 때까지의 일련의 경험 과정이 진정한 예술이 될 수 있는 것임을 천명하고 있다.

결론적으로 듀이의 예술철학은 일상의 예술화를 펼치면서 인간과 세계의 공존과 상생을 위한 지성의 실천을 예술로 구체화시키고 있다. 말하자면 듀이는 예술이란 것이 개개인의 일상의 행보와 직결되어 있고 개체적인

16 물론 경험이 이루어지는 상황을 의미화시켜 나가는 발전적인 색조로서의 이러한 질적 통일성은 오직 정서적이거나 실천적인 것 내지는 지적인 것만도 아니다. 그러기에 이러한 명칭들은 그런 통일성 속에서 반성적 사유가 만들어 낼 수 있는 구분적 상황 요소들의 이름들에 지나지 않는 것임을 듀이는 강조하고 있다.

차원과 공동체적 차원의 조화에로 나아가는 유기체적 경험의 과정 속에서 일상의 예측불가능하고 불확실한 사건과 상황을 조화로운 의미의 지평으로 전이시키는 탐색으로 기능해야 한다는 메시지를 시사하고 있다는 사실이다. 그런 만큼 그의 예술철학의 메시지들은 우리들의 일상의 경험들에 담지되어 있는 천박한(vulgar) 실용주의와 조야한 도구주의 패러다임을 근본적으로 해체시키면서 우리들이 존재하는 그 모든 것들과의 물활론적 대동일치의 경계에 다다르게 되는 지성의 실천을 끊임없이 확충해 나가야 한다는 것을 강조하게 된다. 결국 그의 예술철학의 메시지들을 통하여 강력하게 시사하고 있는 이른바 인간과 세계의 황홀한 합일로서의 신명나는 일체감(ecstatic communion)의 획득이야말로 생명 가진 모든 것들과 상생의 환희를 향유코자 하는 우리들 일상의 소중한 덕목으로 자리하게 될 것임이 분명하다.

더 읽을거리

김태길, 『존 듀이의 사회철학』, 태양문화사, 1979.

루이스 메난드, 『프래그머티즘의 길잡이』, 김동석 외 옮김, 철학과 현실사, 2001.

리처드 슈스터만, 『프라그마티스트 미학』, 김광명 · 김진엽 옮김, 예전사, 2002.

리처드 J. 번스타인, 『존 듀이 철학 입문』, 정순복 옮김, 예전사, 1995.

필립 M. 젤트너, 『존 듀이 미학 입문』, 정순복 옮김, 예전사, 1996.

화이트헤드의 과정철학과 미학사상

윤자정

20세기 신실재론의 대표적 사상가인 화이트헤드(1861–1947)는 별도의 미학 저서를 남기지는 않았지만 그의 유기체철학에 내포되어 있는 미학적 사유에 대해서는 일찍부터 주목되어 왔다. M. C. 비어즐리는 자신의 저서 『미학사』에서 화이트헤드의 미학사적 위상에 대해 다음과 같이 말한 바 있다.

> 『과학과 근대세계(*Science and the Modern World*)』(1925)의 제5장에서 나타나는, 시인은 세계의 근본적인 질적 특성들을 볼 줄 아는 눈과 경험의 통일성에 대한 생생한 감각을 가지고 있다는 화이트헤드의 논증, 『관념의 모험(*Adventure of Ideas*)』(1933)의 제17장, 제18장에서의 그의 치밀한 미분석, 그리고 무엇보다도 그의 형이상학에서 근본적인 역할을 맡는 '영원적 객체', '수용', '파지(把持)', '창조성' 등의 준(準)미적 범주들, 이 모든 것들은 비록 그가 미처 미학에 관해 쓸 시간적 여유가 없었다 하더라도 그의 철학체계 자체가 어떤 미학사상을 뒷받침하고 있다는 충분한 시사를 던져 주고 있다.[1]

1 M. C. Beardsley, 이성훈 · 안원현 역, 『미학사』, 이론과실천, 1998, p. 386.

따로 미학 저서를 남기지는 않았지만 화이트헤드는 그의 이른바 '형이상학 시기'의 여러 저서들 속에서 미학적 토픽에 대해 적잖은 언급을 하고 있다. 산만하게 흩어져 있는 편인 이러한 언급들을 추스려 그의 미학사상의 전모를 가늠하기가 용이한 일은 아니지만, 마침 가장 큰 특징이 "그의 철학 체계 '자체'가 어떤 미학사상을 뒷받침하고 있다"는 비어즐리의 위의 언급에서 시사되고 있다. 말하자면 그의 미학사상은 전체 철학사상의 한 항목으로 첨가되어 있는 것이 아니라, 그의 철학사상 전체가 동시에 어떤 미학사상이기도 하다는 것이다. 많은 평자들이 그의 철학을 '유미주의'(aestheticism)라고 부른다는 버트람 모리스의 지적은 바로 이 지점을 언급한 것이다.[2] 여기서 우리는 왜 그의 철학 전체가 '유미주의'로 불리는가, 또 그 '유미주의'의 내용은 무엇인가를 묻지 않을 수 없다. 그리고 그 답은 그의 철학의 근본 취지와 맞물린 곳에 있다.

화이트헤드는, 철학은 근본적으로 경험에 대한 기술(記述)이어야 한다고 생각했다. 그래서 그는 자신의 '우주론'의 체계 속에서 인간경험을 적절히 설명하고자 전력을 기울였다. "사변철학은 우리의 경험의 모든 요소가 거기에 의해 해석될 수 있는 바의 일반적인 관념들의 정합적, 논리적, 필연적 체계를 만들려는 노력이다."[3] 여기서 그는 자신의 철학이 사변철학이며, 그것은 경험의 어떤 해석체계를 만드는 것을 과업으로 하고 있음을 말하고 있다.

한편으로, 화이트헤드에 따르면 경험은 곧 실재(reality)이다. 화이트헤드가 말하는 경험의 모습은 그대로 실재의 모습이기도 하다. 이는 자신이 세계를 구성하는 궁극적인 실재적 사물이라고 본 '현실적 존재(actual entity)'를 다음과 같이 규정하고 있는 데서 확인된다. "'현실적 존재'('현실적 계

2 Bertram Morris, "The Art-Process and the Aesthetic Fact in the Whitehead's Philosophy" in *The Philosophy of A. N. Whitehead* (ed. by Paul Arthur Schilpp, New York: Tudor Publishing Co., 1951), p. 463.

3 A. N. Whitehead, *Process and Reality: An Essay in Cosmology* (이하 PR로 표기함), New York: The Macmillan Co., 1960, p. 4.

기' 라고도 불린다)는 세계를 구성하는 궁극적인 실재적 사물이다. 보다 더 실재적인 어떤 사물을 발견하기 위해 현실적 존재의 배후로 나아가는 일은 불가능하다. …… 이 현실적 존재들은 복잡하고도 상호의존적인 경험의 방울들(drops of experience)이다."[4] 인용문은 궁극적인 실재적 사물로서의 현실적 존재가 경험 이외의 다른 것이 아님을 말하고 있다. 그래서 그는 경험에 대한 이론과 실재에 대한 이론은 밀접하게 연관되어 있고, 한 이론가의 실재에 대한 이론은 어떤 의미에서 경험되는 사물들에 대한 것임에 틀림없다고 말하고 있다.[5]

그리고 화이트헤드의 '유미주의'는 바로 이 실재의 어떤 근원적인 모양새에서 비롯된다. 화이트헤드에 따르면 실재의 가장 기본적인 모습은 그것의 모든 구성인자들이 상호 연결되어 있다는 것이다. 실재론자로서의 화이트헤드에게 있어서 세계는 단순한 주관적인 관념(표상)이 아니라 '실재적으로 있는 계기'들로써 이룩되어 있다. 그런데 이 계기들은 동시에 존재 전체의 총체와도 연결되어 있다. 그런 의미에서, 존재하는 모든 것들은 다른 것들을 '느끼고' 있다. 계속해서 서로 영향을 미치고 있는, 일종의 역동적인 통일체인 것이다. 그래서 존재하는 모든 것은 동시에 '살아 있는' 유기체이다. '살아 있기' 때문에 그것은 정지해 있지 않고 움직인다. '과정(process)'인 것이다. "구체적 사실, 그것은 유기체인데, 이는 실제로 일어나는 일의 성격의 완전한 표현이어야 한다"[6]는 언급이나 "구체적인 사실은 과정이며,

4 PR, 27-28.

5 화이트헤드는 이러한 자신의 입장을 '수정된 주관주의 원리(reformed subjectivist principle)'라고 한다. 화이트헤드는 의식적 존재자의 주관적 경험을 철학적 분석을 위한 형이상학적 근본 입장으로 삼는 데카르트의 '주관주의 원리'를 일종의 철학적 편견이라고 비판하면서 이를 수정하여, '수정된 주관주의 원리'를 제시한다. 그의 이 원리의 수정은 실체-속성 범주의 거부와 맥을 같이하며, 경험하는 주체와 경험의 대상 간의 임의적인 이분법을 거부하는 것과도 맥을 같이한다. 그의 수정된 주관주의 원리에 의하면, "전체 우주는 주체의 경험에 대한 분석에서 나타나는 요소들로 이루어진다."(PR, 252.) 그래서 "주관적 경험의 요소로서 발견될 수 없는 것은 어떤 것도 철학적 도식 속에 받아들이지 말아야 한다. 이것이 존재론적 원리이다."라고 말한다.(PR, 253.)

6 A. N. Whitehead, *Science and the Modern World* (이하 SMW로 표기함), New York: The Macmillan Co., 1926, p. 36.

과정은 곧 그 아래에 놓여 있는 파지(prehension)의 활동을, 그리고 실재화되는 파지적 사건을 나타낸다"[7]는 언급은 이러한 점을 요약한 말이다.

그리고 화이트헤드는 구체적인 사실로서의 이 실재가 동시에 끊임없이 '가치'를 구현하고 있다고 보며, 나아가 그 말의 가장 근원적인 의미에 있어서 '미'는 '가치'의 다른 이름에 지나지 않는 것으로 보고 있다. 결국 '실재'가 곧 '가치'이고 '가치'는 또 동시에 '미'이므로 '실재'는 곧 '미'가 된다. 그리고 '실재'의 자리에 '경험'이 대입되어도 같은 얘기가 성립한다. 도식화해 본다면 이는 〈'실재'(혹은 '경험') = '가치' = '미'〉의 관계가 된다. "가치란 내가 사건의 내적 현실(intrinsic reality of event)을 가리키기 위해 사용하는 용어이다",[8] "존재는 그 본성에 있어 가치강도(value-intensity)를 유지시키고 있다",[9] "현실적 사실은 곧 미적 경험의 사실이다(an actual fact is a fact of aesthetic experience)"[10]는 등의 표현이 이 도식을 뒷받침한다.[11]

화이트헤드의 이러한 생각을 좀 더 음미해 보기 위해서는 그의 형이상학의 전체 내용을 그 기본 구도에서나마 살펴볼 필요가 있다. 〈'실재'(혹은 '경험') = '가치' = '미'〉의 의미도 여기서 좀 더 천착될 수 있을 것이다.

화이트헤드 유기체철학의 기본 구도는 특히 그의 저서 『과정과 실재』에서 가장 체계적으로 제시되고 있는데, 거기서 그는 8개의 현존(existence) 범주—현실적 존재(Actual Entities), 파지(Prehensions), 결합체(Nexus), 주체적 형식(Subjective Forms), 영원적 객체(Eternal Objects), 명제

7 SMW, 70.

8 SMW, 116.

9 A. N. Whitehead, *Modes of Thought*, New York: The Macmillan Co., 1938, p. 111.

10 PR, 427.

11 D. M. 보스킬은 이를 두고 "화이트헤드의 형이상학 혹은 우주론의 체계는, 스피노자가 자신의 체계를 윤리적이라고 믿었던 바와 비슷한 의미에서, 기본적으로 미적인 것이다." (Duane Martin Voskuil, *Whitehead's Metaphysical Aesthetic*, Univ. of Missouri, 1969, p. 1.)라고 말한다. 비슷한 인식하에서 E. H. 피터스도 다음과 같이 말한다. "……화이트헤드에게 있어서 근본적인 가치형식은 미적인 것이며, 가치를 성취하는 데 실패하는 계기란 없다. 사실상 하나의 계기는 가치의 성취 외의 다른 무엇을 '의도할' 수조차 없다. 미적인 종합의 비성취란 기본적으로 불가능하다." (E. H. Peters, *The Creative Advance*, St. Louis: Bethany Press, 1966, p. 129.)

(Propositions), 다수성(Multiplicities), 대비(Contrasts)—를 설정하고서, 이를 중심으로 자신의 형이상학 체계를 개진한다.[12] 그런데 이 중에서도 기본적인 것은 현실적 존재, 영원적 객체, 파지, 신이라는 4개의 범주이다.

'현실적 존재'는 화이트헤드의 유기체철학 전체가 결국은 이 개념에 대한 해명으로 볼 수 있을 정도로 그의 철학의 가장 중심에 놓여 있는 범주이다. 화이트헤드의 철학은 기본적으로 현대과학(특히 양자론을 비롯한 현대물리학)이 광범하게 확인하고 있는 바의 실재의 모습을 적극적으로 수용하고 이를 최대한의 일반성을 가지고 설명해 내려는 성격을 가지고 있다. "내가 논의하려는 바의 기본 요지는 과학적 도식이 새로이 구축되어 유기체라는 궁극적 개념에 기초를 마련하게 되는 진일보한 단계의 잠정적 실재론이 필요하다는 점이다."[13] 이러한 현대과학적 세계관은 곧 내용적으로는 특히 뉴턴적 세계관에 대한 도전이기도 하다.

뉴턴에 의하면 물질의 입자들은 각기 시간의 어떤 특정한 순간에 공간의 어떤 특정한 점에 존재하는 것이요, 그 자체가 본래부터 가지고 있는 성질에 의하여 존재하는 것이다. 그러나 화이트헤드에 따르면 구체적인 세계는 사건들의 광대한 연쇄망이요, 이 사건들 하나하나는 다른 사건과 서로 관련을 가지고 있고, 또 이 관련 때문에 성립하는 것이다. 뉴턴의 입자들은 '단순한 위치'를 가지고 있지만, 구체적인 사건들은 이런 성질을 가지고 있지 않다. 존재한다는 것은 생기한다는 것이다. 물질의 즉각적인 형성이란 있을 수 없다. 더욱이 구체적인 사건들은 고립된 존재물들이 아니다. 오히려 그것들은 그것들의 환경으로부터 그것들에게 들이닥치는, 그리고 또 그것들이 그것들대로 휘어잡는 여러 가지 영향으로 말미암아 끊임없이 여러 가지 변화를 입고 있다. 휘어잡는다는 것은 다른 존재물을 고려에 넣는다는 것이요, 또 그리함으로써 어떤 특수한 변모를 갖게 되는 것이다. 휘어잡는다는 것은 어떤 사건이든지 그것이 다른 사건들의 여러 측면을 그 자신

12 PR, 32-33.
13 SMW, 64.

의 부분으로서 혹은 그 자신의 생멸의 양식으로서 포함한다는 것이다. 그 하나하나가 단순한 위치를 가지고 있는 뉴턴의 입자들은 완전히 그것들 자체를 통해서 그것들 본유의 성질을 가지며, 또 그저 외부적인 관계 속에서만 서로 결합한다. 화이트헤드의 사건들은 그 하나하나가 다른 모든 사건에 침투하고, 또 다른 모든 사건에 의하여 침투되는 것이요, 그것들의 존재가 서로 상관적으로 생기하는 내적 관계들에 의하여 꾸며진다. 화이트헤드가 자신의 형이상학, 우주론을 구상할 때 염두에 두고 있는 존재의 근본적인 모습은 대략 상기의 모습이었다. 그런데 이 모습은 전통적인 '실체' 개념이 존재의 근원적인 모습으로 전제하고 있는 바와는 근본적으로 상이하기 때문에 화이트헤드는 새로운 개념을 모색하게 되고 이에 채택된 개념이 '현실적 존재' 인 것이다.

한편으로, 현실적 존재는 '파지' 라는 활동을 통해서 자신과 우주 안에 있는 각 사항과의 한정된 '의미관계' 를 형성함으로써 자신이 결정되는 과정에 '기능' 한다. 다시 말해 현실적 존재들은 모두 파지라는 경험을 통해서 생성된다. 모든 현실적 존재들은 서로를 파지하는 작용을 통해서, 서로를 대상적 객체로서 요구한다. 이런 의미에서 모든 현실적 존재들은 상호의존적이다. 그래서 현실적 존재들은 '복잡하고도 상호의존적인 경험의 방울들' 인 것이다.[14]

그런데 화이트헤드는 이와 같이 현실적 존재가 자신을 결정하는 과정에 기능함으로써 개별적인 하나의 현실적 존재로 존재하기 위해서는 각각의 특정 형식 혹은 한정성이 요구된다고 본다. 즉 현실적 존재들은 자신이 지니는 한정형식을 통해서만 여타의 현실태들과 구별되는 하나의 한정적 존재가 되는 것이다. 이와 같이 현실태들의 개체성이 요구하는 한정형식이

14 그래서 화이트헤드는 '존재하기 위해 그 자신 이외에 아무것도 필요로 하지 않는 존재자' 에 관한 데카르트의 학설을 부정한다.(PR, 59) 오히려 모든 현실적 존재는 파지의 객체적 대상으로서 현실세계를 필요로 하며, 또한 스스로를 다른 현실적 존재에 대한 여건으로 제공한다.

바로 영원적 객체이다.

'영원적 객체'는 '사실의 특수한정을 위한 순수가능태(pure potentials), 혹은 한정성의 형식(form of definiteness)'이라고 정의되는 것인데, 현실적 존재와 함께 존재의 양극을 이루는 것으로서 그 자체만으로는 실재성을 가지지 못하나 현실적 존재의 내적 구성의 한 요소로서 실재하는 존재자이다. 현실적 존재가 우주의 근원적 단위로서의 사건이라면 영원적 객체는 불변의 계기로서의 형상 혹은 보편자에 해당한다. 그 내용에서 다소의 차이는 있지만 영원적 객체는 말하자면 플라톤의 'idea'나 아리스토텔레스의 'eidos'에 해당되는 개념이다.

한편으로 '신'은 모든 순수한 가능태로서의 영원적 객체의 다양성 전체에 대한 무제약적인 개념적 가치 평가를 자신의 원초적 본성으로 삼고 있다. 따라서 개개의 파생적인 현실적 존재들은 자신의 주체적 한정형식으로서의 영원적 객체를 신으로부터 부여받는다. 이와 같은 의미에서 신은 '구체화의 원리(the principle of concretion)'이다. 또한 이와 같이 신으로부터 파생된 모든 현실적 존재들은 다시 신에 의해 파지됨으로써 신 속에서 그 객체적 불멸성을 획득한다. 신은 현실세계를 구성하는 모든 현실적 존재들의 최초 위상에서 주체적 목적을 제공함으로써 그것이 현실적 존재들의 합생 과정을 주도한다. 현실적 존재들은 신으로부터 주체적 목적들을 수용함으로써 한정형식을 획득하게 되며, 그리함으로써 현존할 수 있게 된다. 이러한 의미에서 신은 각 시간적인 현실적 존재의 창조자라 할 수 있다.

말하자면 신은 우주의 섭리 같은 것을 정당화하는 개념이다. 신은 실재의 양극인 현실성과 가능성을 포괄하고, 우주질서의 근거이며 구체화의 원리인 그러한 존재이다. 화이트헤드에 따르면, 우주는 지금 있는 그대로의 특수한 우주요, 공연히 상상될 수가 있는 다른 많은 것들의 무더기가 아니다. 그러므로 어떤 구체화의 원리가 있다고 보아야 한다. 즉 현실적 존재의 광대한 가능성들을 현실의 세계에 국한시키는 어떤 형이상학적 근거가 있지 않으면 안 되는 것이다. 그리고 바로 그 근거로서 신은 요청된다.

이상과 같이, 화이트헤드의 유기체 철학의 사유는 현실적 존재, 영원적 객체, 파지, 신 등의 범주들의 상호 관계 속에서 진행된다. 화이트헤드는 바로 이러한 우주론의 틀 속에서 인간의 경험을 파악하기 때문에, 그의 미학적 사유(〈'실재'(혹은 '경험') = '가치' = '미'〉라는 구도의 의미)도 이 틀 속에서 조망되어야 할 것이다.

화이트헤드의 생각에 따르면 결국 현실적 존재가 인간의 경험과 상관적임으로 해서 미적 경험이 인간의 고유한 가치경험의 양식이면서 그 가치는 실재 자체의 보편적 속성일 수 있는 것이다. 여기서 '미적 경험이 인간의 고유한 가치경험'이라는 얘기는 유기체로서의 인간이 실재 자체의 '심미성'을 가장 강렬하게 '호흡'하고 있다는 얘기에 다름 아니며, 그 가치가 '실재 자체의 보편적 속성으로서 파악되어야 한다'는 얘기는 가치로서의 미가 순전히 주관의 어떤 심적인 상태로 존재하는 것도 아니고 주관과 이분법적으로 분리되어 있는 객관의 어떤 상태로 존재하는 것도 아니며 오히려 주·객관이 이미 관계적으로 연루되어 있는 그러한 것으로서의 실재가 끊임없이 미적 가치를 창발하고 있는 상태로서 존재한다는 얘기이다.

보다 직접적으로, 화이트헤드 식 용어로 다시 말한다면, 실재의 궁극적 단위 존재인 현실적 존재가 가치로서의 미를 구현하고 있고, 이 현실적 존재는 동시에 '경험의 방울'이기 때문에 현실적 존재가 구현하는 미는 곧 경험을 미적 경험으로 존재케 하며, 그 현실적 존재의 사회(society)로서의 인간이 특히 미적 경험의 전형적인 주체로서 존재한다는 얘기이다. 그렇다면 미적 경험이야말로 실재 그 자체의 가장 극적인 드라마를 보여 주는 것이며(그래서 '미적 경험이 현실적 존재의 모델'이다), 미적 경험의 전형적 주체로서의 인간은 미적 경험을 하면서 동시에 웅장한 우주적 드라마의 주역으로 활약하는 것이다.

더 읽을거리

문창옥(외), 『화이트헤드 철학 읽기』, 동과서, 2005.

안형관, 『화이트헤드 철학의 이해』, 이문출판사, 1988.

알프레드 N. 화이트헤드, 『과정과 실재: 유기체적 세계관의 구상』, 오영환 옮김, 제2판, 민음사, 2003(1991).

토마스 호진스키, 『화이트헤드 철학 풀어 읽기』, 장왕식 · 이경호 옮김, 이문출판사, 2003.

카시러의 생애와 사상

박일호

카시러는 1874년 독일 북부 슈레지엔 지방의 브레스라우에서 부유한 유대인 상인의 네 번째 아들로 태어났다. 18세 때 베를린 대학에 들어갔고 아버지의 권유로 법학을 선택했지만, 곧 그 길을 포기하고 철학, 문학, 역사, 예술에 관한 강의에 열중하였다. 그렇지만 그는 이 다양한 강의들을 들으면서도 만족감과 근본적인 문제 해결점을 찾지 못했고, 베를린에서 라이프치히, 하이델베르크, 그리고 다시 베를린으로 여러 차례 대학을 바꾸면서 그의 학문적 연구영역을 넓혀 나갔다. 이것이 후일 다양한 인간활동들을 인식론적 관점에서 체계화한 상징형식 철학을 낳게 한 배경이 되었다.

다양한 학문적 편력 끝에 카시러가 도달한 곳은 철학이었는데, 당시 대부분의 독일 대학들에서는 신칸트철학이 지배하고 있었다. 19세기 중엽에서 20세기 초에 이르기까지 독일을 중심으로 나타났던 신칸트철학은 당시의 무비판적인 과학지상주의를 거부하고 과학과 철학—특히 인식론—간의 올바른 관계를 정립한다는 목표를 추구하고 있었으며, 그 바탕에 있는 의식의 보편성을 추구하려 했다. 그렇지만 인간의 개념적 사고가 유한함을 인정한다는 점에서 칸트를 그들 철학의 출발점으로 삼고 있다.[1] 특히 카시러의 스승이었고 마르부르그 신칸트철학의 창시자였던 H. 코헨은 철학이란 과학적 원리들에 관한 이론이라는 입장에서 과학적 사실을 포함한 모든 존재는 독립적으로 주어지는 것이기보다는 사고 과정 속에서만 생성(Erzeugung: generation)되는 것이며, 사고만이 존재를 산출할 수 있다고 주장한다. 따라서 코헨은 칸트 철학의 논리적 성격에 치중하고, 사고의 선험적이고 논리적인 조건—경험의 순수한 조건들인—의 탐구를 목표로 하고 있으며, 그를 통해 수립해 낸 순수 수학적이고 논리적인 지식을 진리의 이상으로 삼고 있다.[2]

카시러는 위의 코헨의 사상으로부터 과학적 사실과 같은 인식의 대상이 사고 과정을 통해 규정된다는 생각을 이어받고 있다. 그렇지만 카시러는 코헨이 정신적 사고의 힘에 대한 절대적인 신뢰와 환경의 힘에 대한 상대적인 과소평가를 보이고 있으며, 그로부터 이론과 실천 간의 불일치—특히 현대과학의 비결정론적 입장에 대한 설명에서의 한계—라는 결과를 낳고 있다고 비판한다. 나아가 코헨의 인식론은 인간 정신과 리얼리티 간의 연결을 논리적 사고를 통해서만 이루려 했다는 점에서 불완전한 인식론이었으며, 리얼리티의 파악이란 논리적 사고뿐만 아니라 상상력이나 느낌, 의지 등과 같은 능력에 의한 영역들에 의해서도 매개된다는 생각을 가져야만 한다고 주장한다.[3] 이런 관점에서 카시러는 과학의 인식론적 토대를 바탕으로 신화, 예술, 언어 등과 같은 문화현상들에도 확대 적용함으로써 자신의 철학을 대표하는 상징형식 철학을 성립시키고 있다.

따라서 카시러의 상징형식 철학은 19세기 말, 20세기 초의 과학만능주의적 경향 속에서 희생된 다른 인간의 활동영역들을 구제한다는 성격을 갖고

1 T. E. Willey, *Back to Kant; The Revival of Kantianism in German Social and Historical Thought 1860-1914*, Wayne State Univ. Press, 1978. p. 74.

2 H. Cohen, *Ethik des reinen Willens*, 2nd ed. Berlin Bruno Cassirer Verlag, 1907. p. 65; D. R. Lipton, *Ernst Cassirer: The Dilemma of a Liberal Intellectual in Germany*, 1914-1933, Toronto: Univ. of Toronto Press, 1978. p. 21.

3 E. Cassirer, *Philosophie der Symbolische Formen*(이하 *PdSF*로 약함) I (Reprint Darmstadt, Wissenschaftliche Buchgesellschaft, 1964.) pp. 46f.
________, *The Philosophy of Symbolic Forms* I (이하 *PSF*로 약함), tr. by R. Manheim, New Haven: Yale Univ. Press, 1953-57. I, pp. 107f.

있다. 즉 카시러는 세계이해가 신화, 예술, 언어, 과학 등과 같은 다양한 문화적 창조물들을 통해 이루어진다고 보고 있다. 그리고 자신의 철학은 그것들의 공통점과 차이점을 밝혀내고, 그것들을 하나의 체계로 묶어내는 문화철학을 목표로 한다고 말한다. 이를 위해 카시러는 다양한 문화적 창조물들의 형성 과정에 주목하고, 그것들 간의 공통점을 의식의 선험적 능력인 상징적 기능에 의해 마련하고 있다. 다양한 문화적 창조물들은 모두 우리가 만들어 낸 상징—혹은 기호—들로 구성되어 있고, 그 상징들은 대상으로부터 주어진 특수한 감각적 경험들을 관계짓고 조직화하는 상징적 기능에 의해 만들어진다고 말한다. 그런데 이때 특수한 감각적 경험들을 조직화하기 위해서는 그것들과는 독립적으로 정신에 의해 부여되는 관계형식이 요구된다. 카시러는 이것을 상징형식이라 명명하고, 상징형식은 우리 의식이 경험의 객관화를 이루기 위해 취하는 관점이나 의미실현 방향의 차이에 따라 다양한 형태들로 나타날 수 있으며, 그에 따른 의미세계들인 신화, 예술, 언어, 과학 등과 같은 문화적 창조물들이 생겨난다고 말한다.[4] 신화가 세계에 대한 느낌이라는 관점에 의해 그리고 상상력을 주된 능력으로 하여 경험을 객관화한 의미세계라면, (명제적) 언어와 과학은 사물들의 세계를 고정불변의 성질이란 관점에서 이해하고 개념적 객관화를 이루고자 하는 것이며, 상상력보다는 오성의 힘이 두드러지는 의미세계라 할 수 있다. 이것들과 달리 예술은 세계에 대한 느낌을 포함하고 상상력과 관련을 갖지만, 그 느낌들을 물질적 매체를 통해 형식화하고 예술형식으로 구성해 낸다는 점에서 오성의 능력과도 관련을 갖는다. 따라서 예술은 신화와 (명제적) 언어의 중간에 위치한 의미세계라 할 수 있으며, 상상력과 오성 간의 조화를 통한 인간의 활동이라 할 수 있다.[5]

---

4 *PdSF* I, pp. 28-34; *PSF* I, pp. 95-100; *PdSF* Ⅲ, pp. 235-236; *PSF* Ⅲ, pp. 202-203.

5 E. Cassirer, *An Essay on Man*, New Haven, Yale Univ. Press, 1944. p. 153.
________, *Symbol, Myth, and Culture; Essays and Lectures of Ernst Cassirer 1935-1945*, ed. D.P. Verene, New Haven and London: Yale Univ. Press, 1979. pp. 173, 177, 187.

이상으로 요약한 카시러의 철학 및 예술에 관한 입장은 그의 대표적 저서인 『상징형식 철학』 I, II, III(1923-29)권 및 『인간론(*Essay on Man*)』(1944)에 주로 나타나 있으며, 그의 철학적 여정에 나타난 몇 권의 저술들 속의 사상들과 연관성을 갖고 전개되고 있다. 우선 카시러가 현대과학과 철학에서 인식론의 발전에 대한 포괄적인 그림을 그리고자 한 결과물로 저술한 『인식의 문제(*Erkenntnisproblem*)』 1권(1906)과 2권(1908)[6]을 들 수 있다. 여기서 그는 최초로 철학사에 케플러, 갈릴레오, 호이겐스, 뉴턴, 그리고 오일러와 같은 과학자들의 이름을 소개하고 있고, 그들의 철학적 개념들과 과학적 방법을 소개하고 있다. 이로써 카시러는 인식론에 있어서 이 과학자들이 갖는 근본적인 중요성을 입증하고 있다.[7] 1910년에 발간된 『실체개념과 기능개념(*Substanzbegriff und Funktionsbegriff*)』[8]에서는 철학의 근본이 되는 개념의 문제를 다루면서, 일반화란 항상 추상의 결과—유사한 사물들의 그룹으로부터 공통적인 속성들이 추상되고 일반적인 개념들로 요약된다—라는 (2천 년 이상 지탱해 온) 아리스토텔레스의 개념의 원리를 비판하고 있다. 추상의 기초로 사용되는 유사한 사물들의 그룹이란 것은 인간 이성에 의한 조정 및 선택의 결과일 수밖에 없음을 지적하고, 다양한 현상들에 질서를 부여할 때 우리는 이미 개념을 전제로 한다는 점을 지적하고 있다. 개념이란 추론되는 것이기보다는 전제되는 것이라는 말이다. 또한 카시러는 개념이 보다 더 일반적이 될수록 그것이 포함하는 속성들이 더 적어지고 추상 과정에서 특수자들이 더 많이 사라진다는 것을 지적하고 있다. 따라서 진정한 개념에는 이 특수자들의 발생과의 연결이 필연적임을 보여야 한

6 영역본은 *The Problem of Knowledge: Philosophy, Science, and History since Hegel*, tr. by W. H. Woglom and C. W. Hendel, New Haven: Yale Univ. Press, 1950.

7 Dimitry Gawronsky, "Ernst Cassirer: His Life and His Work" *The Philosophy of E. Cassirer* (Schilpp, Paul Arthur. ed), *Library of Living Philosophers*, no. 6. Reprint New York: Tudor Publishing, 1958. p. 14.

8 영역본은 *Substance and Function, Eistein's Theory of Relativity(1921)* - 두 권 합본, tr. by W. C. Swabey, M. C. Swabey, Chicago: Open Court Publishing, 1923. Reprint New York: Dover Publications, 1953.

다고 말한다. 즉 과학적 개념들이 일반적인 이념들이지만, 무수한 구체적이면서도 특수한 형식들을 파생시킬 수 있는 규칙으로 기능해야 한다는 것이다. 여기서의 기능이란 일반적인 개념과 특수자들 간의 관계를 바탕으로 하는 것인 바, 이런 관점에서 기능개념을 실체개념과 대조시키고 있고 그에 따라 수학의 수도 절대적 가치를 갖는 것이 아니라 다른 수들과의 관계에 의존한다고 보게 된다. 이러한 카시러의 개념이론은 인간 이성의 원리들과 방법들이 사로잡혀 있던 절대성의 그림자로부터 자유롭게 했다는 평가를 받고 있다.

한편 이러한 인간 이성의 절대성에 대한 믿음의 붕괴는 제1차 세계대전(1914–18)으로 유럽에 나타난 깊은 정신적 위기로부터도 비롯되고 있으며, 카시러의 사상에도 영향을 미치고 있다. 1차 세계대전으로 인해 인간 이성이 사회생활에 있어서의 결정적 힘이라는 믿음이 산산히 부서졌으며, 사회 속의 인간 행위들이 객관적 진리나 냉정한 심사숙고보다는 때로는 강력한 충동들과 정서들로 가득 찬 특이한 이미지들에 의해서도 규정된다는 생각을 불러일으켰다. 이런 사건들은 현실을 이해하는 데 있어서 이성의 원리나 방법과는 다른 방법들과 길들이 있다는 새로운 접근법을 요구하기에 이르렀고, 카시러로 하여금 상징형식 이론을 만들어 내게 한 배경이 되었다. 카시러는 인간 이성만이 리얼리티의 이해로 이르는 유일한 길이라는 그의 스승 코헨의 인식론이 일면적임을 지적하고 상상력, 감정, 의지 등을 포함한 인간의 마음의 모든 것이 인간과 리얼리티를 연결짓고 리얼리티의 개념을 형성하는 것이라고 주장한다. 이런 관점에서 인간의 마음의 모든 다양성과 풍부함을 포함해야 한다는 생각으로 카시러가 구상해 낸 '상징형식'은 (예술, 신화, 언어, 과학 등에서처럼) 그것들을 통해 인간의 내부에서 외부로 향하게 되고 세계와 마음 간의 종합을 이루게 하는 것이 된다.[9] 즉 상징형식은 세계를 향해 인간이 얻는 지식의 형식이며, 문화의 형식이기도 하

9 *PdSF* I p. 46.

다. 또한 그 각각은 그 자체의 논리를 갖고 있기도 하다. 다양한 감각자료들이 질서지워지기 위해서 사용되는 일반적인 경험 범주라는 자체적인 방식들을 갖고 있다.—각각의 상징형식 내에서 주체와 객체, 인과성, 공간적 · 시간적 형식 사이의 특수한 관계들이 수립되어지는 것이기도 하다. 한편 카시러가 상징형식 이론에서 보이는 이러한 생각은 그의 과학철학 속의 개념에 관한 생각 및 실체개념과 기능개념에서 보였던 기능과 관계의 개념들을 바탕으로 하고 있다. 이런 과정과 배경에 의해 그의 대표적인 역작 『상징형식 철학』 I, II, III권의 저술이 완성되었다.

세 권의 『상징형식 철학』이 출간된 후인 1932년 독일에는 히틀러의 등장으로 또 다시 전운이 감돌기 시작했다. 카시러는 "정의란 통치자인 히틀러에게 봉사하는 것이다"라는 말이 거리에 나오기 시작하는 것을 보고, 독일의 종말이라는 생각을 갖게 되었고 망명을 결심했다. 영국의 옥스퍼드 대학에서 2년간(1933–35) 강의를 했고, 그 후 스웨덴의 괴테보르그 대학에서 6년간 머물렀으며, 그동안인 1936년에 양자역학의 발견 이후의 현대 과학철학을 다루고 있는 『현대물리학에서 결정론과 비결정론(*Determinismus und Indeterminismus in der modernen Physik*)』을 출간했다.[10] 여기서 카시러는 양자역학과 같은 현대물리학의 등장으로 인해 뉴턴 물리학을 지탱해 온 인과성의 원리나 그 안에서 사용되었던 상징들의 체계가 너무 협소하게 되었다는 것을 지적하고, 현대물리학에서는 동일한 발생에 대해 다른 유형들의 상징들 또는 설명 도식들이 적용되어야만 한다는 필요성에 부딪치고 있다고 말한다. 즉 양자역학의 기본적인 결과들에 대한 해석 방식들이나 관점들이 달라져야 한다는 것인 바, 이 또한 그의 상징형식 철학의 기본적인 원리들 중 하나이기도 하다.

1941년 카시러는 예일 대학의 2년간의 초청을 받고 미국으로 향했다. 거

10 영역본은 *Determinism and Indeterminism in Modern Physics*, tr. by O. T. Benfey, H. Magnau 서문, New Haven: Yale Univ. Press, 1956.

기서 제2차 세계대전을 맞았고, 스웨덴으로 다시 돌아오지 못했다.—강의 기간을 연장했고 컬럼비아 대학의 강의 제안을 받기도 하면서 미국에 계속 머물다가 그곳에서 세상을 떠났다. 미국에 있는 동안 카시러는 그의 상징 형식철학을 포괄적이면서도 압축적으로 설명하고 있는 『인간론(*Essay on Man*)』(1944)을 영어로 썼으며, 이 책에서 그가 반세기 넘도록 연구해 온 신화, 종교, 언어, 과학, 예술, 역사 등의 문화형식들에 나타나는 상징형식의 결정적 역할들에 대해 설명하고 있다. 이어서 카시러는 우리 시대의 끔찍한 전체주의의 발흥을 가능하게 하는 힘이 정치적 · 사회적인 신화에서 비롯된다고 설명하고 있는 『국가의 신화(*The Myth of State*)』도 영어로 썼다. 카시러는 인간 문화를 철저한 파괴라는 벼랑으로 몰아넣는 현대의 정치적 신화들의 테크닉을 신화적 사고의 발흥으로 설명하고 있다. 인간문화는 이러한 신화적 사고와 싸우고 극복해야만 발생할 수 있으며, 신화의 힘이 그것보다 우월한 힘에 의해 견제되고 진압되어야만 한다고 말한다. 그 우월한 힘이 곧 지적 · 윤리적 · 예술적인 힘들이며, 이 힘들이 충분히 강할 때 신화는 길들여지고 억압되지만, 그렇지 않을 경우에는 혼란이 일어나고 신화적 사고가 사회적 · 문화적 인간생활을 지배하게 된다고 말한다. 이 책이 카시러의 마지막 저술이 되었으며, 원고의 상태로 완성시킨 것이 그의 사후에(1946) 출판되었다.

더 읽을거리

카시러의 저서

An Essay on Man, New Haven: Yale University Press, 1944.

Zur Logik der Kulturwissenschaften(1942), Reprint Darmstadt: Wissenschaftliche Buchgesellschaft, 1961.

The Logic of the Humanities, Trans. Clarence Howe, New Haven: Yale University Press, 1961.(영역본)

PdSF: *Philosophie der Symbolische Formen* Ⅰ, Ⅱ, Ⅲ(1923-29), Reprint Darmstadt: Wissenschaftliche Buchgesellschaft, 1964.

The Philosophy of Symbolic Forms Ⅰ, Ⅱ, Ⅲ, Trans. R. Manheim, New Haven: Yale University Press, 1953-57.(영역본)

Determinism and Indeterminism in Modern Physics (1936), Trans. O. T. Benfey, H. Magnau 서문, New Haven: Yale University Press, 1956.

Verene, D. P. (ed.), *Symbol, Myth, and Culture: Essays and Lectures of Ernst Cassirer 1935-1945*, New Haven and London: Yale University Press, 1979.

그 이후의 영미미학

오종환

현대 영미미학을 논하면서 먼저 언급해야 할 중요한 사항은 무엇보다도 20세기 전반기 동안 미학이 영미철학 안에서 별로 중요한 지위를 누리지 못했다는 사실이며, 이러한 사실은 20세기 영미철학의 주류인 분석철학의 성격과 밀접한 연관이 있다. 왜냐하면 미학은 철학적 방법을 미 내지 예술의 현상에 적용할 때 성립하는 학문이기 때문이다. 분석철학이 대두한 이래 분석철학의 전통적인 관심사는 과학과 개인적 행위의 도덕성, 그리고 지식의 분야였다. 특히 분석철학의 창시자의 한 사람인 러셀(B. Russell)은 논리학과 인식론에 그의 관심이 집중되어 미학에 관한 어떠한 중요한 기여도 하지 않았다.

무어(G. E. Moore)는 러셀과 함께 분석철학의 또 다른 창시자라고 흔히 간주된다. 무어의 분석철학에 대한 중요한 기여가 언어를 면밀히 검토함으로써 개념의 분석과 개념들 사이의 관계를 명확히 하려 한 점이었다면, 이러한 방법론은 향후의 분석철학뿐만 아니라 분석미학에서도 일관되게 흐르는 전통이 되었다. 이러한 영향이 긍정적인 것이라면, 그의 철학은 미학에 부정적인 영향 또한 끼쳤다. 그가 윤리학에 끼친 영향은 대단한 것이기에,[1] 미학은 무어의 직관론적 윤리학의 방법론이 적용될 수 있는 가치론의 이차적인 분야로 치부되었다. 무어가 선(good)을 직관론에 입각하여 자연적 성질로는 정의될 수 없는 비자연적 성질로 규정한 후, 윤리학에서의 쟁점은 과연 선이란 무어의 주장처럼 객관적인가 또는 주관적으로 정의될 수 있는가 하는 문제였다. 초기 분석철학 안에서의 무어의 절대적 영향력 때문에 미학에서 미의 정의의 문제는 전통적 미학에서와 같이 계속 그 명맥을 유지할 수 있었다. 물론 헤겔의 색채가 짙은 대륙철학의 경향을 띤 크로체(Croce)의 『미학』[2]이나 그러한 영향하에서 영국에서 영향력을 끼친 콜링우드(Collingwood)의 『예술의 원리』[3]에서 볼 수 있는 형이상학적인 미의 정의는 분석철학의 반형이상학적인 성격 때문에 더 이상 주목을 끌지는 못했지만, 어쨌든 개념의 분석이란 새로운 방법을 채택했다 하더라도 미학이 미의 정의를 내리는 학문이라는 성격은 크게 변화한 것이 없었다. 새로운 분석미학은 전통적인 미학과 그 방법론에서 차이가 있을 뿐, 모든 미적 현상은 그 모두에 공통되는 미라는 본질을 가져야만 한다는 본질론의 가정을 계속 유지하고 있었다.

무어의 영향하에서 미학이 "미의 철학"으로서 그 성격을 계속 유지하는 한 다양한 예술 현상을 제대로 설명할 수 없었다는 것은 당연한 귀결이었다. 특히 영국에서는 새로운 분석적인 미학 역시 무어의 방법론을 따라 직관적으로 미를 정의하려 하였기에, 전통적 미학에서 제기되는 여러 문제들에 대해서도 시원한 해결책을 제시할 수 없었다. 무어의 영향하에서 미적 가치는 미의 영역으로 한정되었고, 예술미보다는 자연미가 강조되면서 예술비평에 관한 논의가 성립할 여지가 없었다. 새로운 미학의 이러한 문제점과 함께 전통적인 형이상학적인 미학 또한 부정되었기에, 미학의 독자적인 중요성은 어디에서도 찾아볼 수 없었다. 윤리학의 방법론에서 파급되어 나온 그 부차적 성격 때문에 "옥스포드 대학에서 1930년대에 미학이란 없

1 G. E. Moore, *Principia Ethica*, Cambridge University Press, 1903.

2 Benedetto Croce, *Aesthetics: As science of expression and general linguistic*, trans. Douglas Ainslie, revised ed., 1922, rpt. N. Y.: The Moonday Press, 1970.

3 R. G. Collingwood, *The Principles of Art,* Oxford University Press, 1938.

었다"는 엄슨의 말[4]처럼 이러한 상태는 50년대에 들어서 패스모어가 그의 유명한 논문에서 미학의 따분함을 공격하는 사태로까지 발전하였다.

패스모어는 미학이 지루하게 된 이유가 모든 미적 대상에 공통적인 지각적 성질을 가정하려는 사이비 시도에서 기인한다고 주장하며, 이러한 시도들이 예술 현상들을 설명하는 데 결코 성공하지 못할 것이라고 단언하였다. 따라서 있지도 않은 예술의 본질을 추구하는 미학이란 더 이상 존재할 이유가 없고, 우리가 예술의 지각적 성질에 관해 말할 수 있는 것은 특정 작품의 그것에 대해 탐구할 때뿐이다.[5] 그러나 예술작품의 보편적 성실을 부정했다고 해서 그가 예술에 대한 주관주의적 해명을 인정했던 것은 아니며, 예술작품의 성질에 대한 객관적인 연구는 개개인의 자발적인 미적 경험을 존중하면서 개별적인 예술 장르에 대해 연구할 때에만 가능할 것이라고 주장하였다. 이러한 의미에서의 예술에 대한 연구만이 예술을 위한 예술이라는 구호에 걸맞는다는 것이다.[6]

미학자들은 패스모어의 반본질론적 주장을 받아들여 개별 예술 장르와 그에 대한 비평의 연구를 촉진하고, 예술 장르 사이의 차이점에 보다 주목하였다. 그러나 이러한 개별 예술 장르의 연구가 그 장르에 속한 예술작품들 사이의 공통적인 특색을 밝혀 내려는 것이라면, 그것 역시 그 장르의 본질을 밝혀 줄 것이라고 기대하고 있다는 점에서는 똑같은 본질론적인 가정을 하고 있었던 것이다. 패스모어의 주장은 다른 한편으로 그 이후의 미학에서 예술작품의 독특성(uniqueness)에 주의를 기울이는 개별주의(particularism)라는 새로운 경향을 초래하였다. 개별주의란 예술작품은 그 하나하나가 독특하기에 그것들에 대한 어떠한 일반화도 불가능하며, 따라서 예술작품의 가치 평가의 경우와 같은 예에서 우리는 일반적인 기준을

4 J. O. Urmson, "The Methods of Aesthetics", in *Analytic Aesthetics*, p. 20.

5 J. A. Passmore, "The Dreariness of Aesthetics", in *Mind*, 1951, reprinted in *Aesthetics and Language*, ed. William Elton, Oxford: Basil Blackwell, 1970, p. 52.

6 *Ibid.*, p. 55.

마련할 수 없다는 주장이다. 그러나 이는 용어만 새로울 뿐, 예술작품의 독특성이 예술작품의 본질이라는 크로체의 주장과 다를 바가 없는 것이었다. 모든 예술작품이 독특하다면, 바로 그 독특성이 예술작품들이 공유하는 성질이 될 것이기 때문이다. 단지 크로체는 예술작품은 표현되는 것이고 표현은 반복될 수 없다는 그의 주장을 덧붙인 것뿐이었다. 이러한 의미에서 마골리스(J. Margolis)는 패스모어의 진단은 잘못된 것이라고 주장한다. 미학이 지겨웠던 이유는 그것이 일반화를 추구해서라기보다는—어떠한 학문이라도 일반화를 추구하는 것이기에—, 어떤 일반화라도 시대의 산물이라는 본질의 역사적 한계를 이전의 분석미학이 깨닫지 못한 데서 그러한 일반화가 설득력을 잃었기 때문이라는 것이다.[7]

20세기 전반기 동안 전통적 분석철학에서 미학이 이류의 철학이 된 보다 결정적인 이유는 분석철학의 과학적인 성격에로의 추구 때문이었다. 분석철학은 과학자들의 진술을 분석함으로써 과학의 논리를 밝혀내려 하였고, 이렇게 함으로써 철학 자체의 과학화를 성취할 수 있다고 생각하였다. 특히 논리실증주의자들은 경험에 근거한 과학의 진술들을 분석함으로써 개념적 분석에 종사하는 철학이 예전의 사변적 형이상학과는 다른 진정한 학문으로서의 과학적 성격을 획득할 수 있다고 주장하였다.[8] 분석철학의 이러한 과학에의 경도는 과학과는 대비되는 성격을 갖는다고 생각되었던 예술 현상을 철학의 중요한 대상으로 간주하지 않았고, 따라서 미학은 설사 그것이 성립한다 하더라도 이차적인 철학의 분야일 수밖에 없었다.

근대 이래 과학과 예술은 대립되는 성격을 갖는 것으로 간주되어 왔다. 과학이 인간의 오성(understanding)의 산물이라면, 예술은 오성과는 대비되는 감성(sensibility)의 산물이다. 특히 낭만주의적 사고방식에 따르면 이 감

7 Joseph Margolis, "Exorcising the Dreariness of Aesthetics", *The Journal of Aesthetics and Art Criticism*, Vol. 51, No. 2 Spring 1993, p. 135.

8 논리실증주의자였던 라이헨바하는 『과학적 철학의 대두(1963)』라는 그의 저서의 서문에서 "철학이 사변으로부터 과학에로 진행되어 왔다는 것을 보이려는 의도"에서 그 책을 썼다고 밝히고 있다.

성의 산물인 감정의 표현이 이성적인 사고보다 더욱 중요한 것이었다. 인간의 오성으로는 결코 파악할 수 없는 것이기에 그것에 관해서는 말해서는 안 된다는 칸트의 주장에 반대하여, 낭만주의는 현상계를 넘어서 존재한다고 생각되었던 예지계 또는 절대적 세계를 파악할 수 있는 방식은, 현상계에 그 작용이 한정된 오성의 힘으로써가 아니라 이성(reason) 또는 상상력을 통한 어떤 신비한 능력을 통해서 가능하다고 주장하였다. 낭만주의는 예술이 그러한 일을 할 수 있다는 주장을 함으로써 감정의 중요성을 한껏 강조하였다. 이제 예술은 작가의 감정을 통해 파악된 절대적 세계를 우리에게 전달해 주는 것이며, 그것의 이해 또한 오성을 통해서는 불가능한 것이 되었다.

이러한 낭만주의적 예술관으로부터 자기 표현으로서의 창조와 예술의 자율성이라는 관념이 확립되었다. 오늘날 우리의 예술에 대한 인식에 있어서도 예술의 자율성은 확고한 것으로서, 이러한 인식이 미학에서 나타난 대표적인 예가 무관심성(disinterestedness)일 것이다. 예술의 자율성이나 예술가가 천재라는 우리들의 일반적인 생각에서 볼 수 있듯이, 예술에 대한 현대의 사고방식은 낭만주의에 크게 영향을 받은 것임에 틀림없고, 그것의 이론화인 무관심성이라는 개념이 최소한 20세기 전반기 동안 영미미학에서 가장 중요한 개념이었다는 사실은 미학에서도 낭만주의가 그 유산을 남기고 있다는 증거이다.[9]

9 이러한 경향에 예외들이 듀이(J. Dewey)와 화이트헤드(A. N. Whitehead)이다. 특히 실용주의(pragmatism)의 제창자로서 알려진 듀이는 일찍이 무관심성을 부정하며 예술의 경험은 인간의 다른 영역에서의 경험들과 구분되지 않고 연속되어 있다는 주장을 폈다. 그는 낭만주의의 유산을 받아들이지 않고, 예술에 대한 분석적 방법도 채택하지 않았다. 화이트헤드도 우주론적인 관점에서 미적 경험에 대한 독특한 설명을 시도했다. 그들은 분석철학자들이 아니었고, 따라서 철학은 세계의 궁극적인 구조를 탐구하는 것이라는, 분석철학자들에 의하면 부정되어야만 할 형이상학적 믿음을 갖고 있었다. 그들은 모두 세계는 연속적인 운동으로써 설명되어야 한다는 믿음을 공유하고 있었기에, 미적 경험이 인간의 다른 경험들과 원칙적으로 구분되어야 한다는 무관심성을 부정하였다. 그러나 그들의 주장은 분석철학이 세력을 떨쳤던 1960년대까지 미학을 포함한 철학의 모든 영역에서 거의 주목을 받지 못했다. 미학의 영역에서도 낭만주의의 유산과 분석적 방식의 결합이라는 대세를 벗어난 그들의 주장은 소수의 추종자만을 거느리고 있었다. 특히 듀이의 경우, 영미철학 자체 내에

이러한 낭만주의적 사고방식에 따르면 감정을 표현하는 예술에 적용되는 사고는 주관적이고 독특한 것으로 인간의 오성이 더 이상 그 기능을 발휘하지 못하는 영역이다. 따라서 예술의 언어는 객관적인 과학적 언어와는 달리 지시적 성격이 없으며, 객관적인 지시적 성격이 없어 참 · 거짓을 가릴 수 없다는 사실은 전통적으로 예술은 감정의 표현이기에 인식적 의미가 없다는 믿음으로 표명되었다. 지시적 성격이 없는 명제의 개념 분석이란 무의미하기에 개념 분석을 주 업무로 삼고 있는 분석철학자는 예술에 대해 특별히 할 일이 없었던 것이다. 그리고 예술에 대한 우리의 사고가 낭만주의의 유산인 한, 과학적 사고에 경도되었던 분석철학이 예술에 호의적으로 접근하여 바람직한 학문적 업적을 남길 가능성은 애초부터 희박했던 것이다. 분석철학이 20세기 초까지 영국을 지배했던 헤겔의 관념론에 반발하여 태동하였지만, 미학의 경우에는 크로체의 낭만주의적 관념주의의 미학에 반발하여 분석의 방법이 도입된 후에도 미학의 으뜸가는 대상인 예술에 대한 관념은 여전히 예술작품의 독특성, 그것의 가치에 대한 논증 없는 전제, 예술의 자율성 등 낭만주의적 요소로 채색되어 있는 모순된 상태에 있었다. 그리고 그런 식으로 파악되는 예술에 대해 분석적 방법을 적용한다는 것은 애초부터 한계를 지닌 것이었다.

미학이 이류의 철학이 된 데에는 논리실증주의의 영향 또한 대단하였다. 논리실증주의의 의미의 검증이론(the verifiability theory of meaning)은 모든 규범적인 진술을 무의미한 것으로 해석하였고, 이에 따라 윤리학에서는 의미의 정의론(情意論, the emotive theory of meaning)이 대두되었다. 정의론에 따르면 모든 규범적 진술은 무의미하다. 예술작품이 표현하는 바가 예술적 가치라면, 그리고 이러한 가치는 심리학, 사회학 등 제반 사회과학

서 분석에의 맹신이 붕괴된 이후 오늘날 신실용주의가 새롭게 부각되면서 다시 각광받고 있는 그의 이론이 과거에는 어떻게 그렇게 무시될 수 있었나 하는 궁금증은 우리가 분석철학 자체의 흐름을 파악할 때만이 이해할 수 있는 수수께끼인 것이다(J. Dewey, *Art as Experience*, N. Y.: Minton, Balch, & Company, 1934).

으로써 탐구할 수 없는 규범적 영역에 속하는 가치라면, 이에 대한 미학적 진술은 윤리학의 진술처럼 무의미한 것이다. 예술의 가치에 관한 모든 진술이 사실로써 확인될 수 없기에 무의미한 것이라면, 우리에게 사실로서 주어지는 것은 작품에 대해 기술, 해석, 평가하는 비평가의 진술뿐이다. 따라서 우리에게 주어진 세계 속의 사실을 밝혀내는 것이 자연과학자의 몫이고 철학자는 자연과학자가 사용하는 개념들의 구조를 논리적으로 분석하듯이, 미학자는 예술을 직접 탐구해서는 안 되고 비평가들의 진술 속에 사용된 개념들의 구조만을 분석해야 한다. 이제 미학은 비어즐리가 주장하듯이 예술의 본질에 대해서 직접 말하는 예술철학이 아니라 1차적 원리(first-order principle)로서의 예술비평에 나타난 개념들을 명료히 하고 분석하는 2차적 원리로서의 메타비평(metacriticism)이 되어야만 하는 것이다.[10] 그러나 메타비평이 미학에 끼친 부정적인 영향은 첫째, 미학에서의 논의가 지나치게 예술에만 국한되고 자연미에 대한 논의는 경시되었다는 점이다. 그리고 두 번째 부정적인 영향은 분석미학에서 가치의 문제가 의도적으로 배제되었다는 사실이다. 예술작품의 가치에 대한 판단은 비평이 하는 것이고, 비평의 철학인 미학의 임무는 단지 비평가의 기술적, 해석적, 평가적 판단을 분석하여 그것의 논리적 구조를 밝히고 또한 비평 용어의 모호성을 밝혀내는 것이라고 주장되었다.

분석미학에서 가치의 배제는 특히 예술 정의의 문제에 있어 "예술"의 분류적 의미와 평가적 의미의 구분으로 나타났다. 와이츠(M. Weitz)는 "예술"은 정의될 수 없다는 주장을 펴면서[11] "예술"의 두 가지 의미를 구분하였고, 이에 대해 디키(G. Dickie)가 분류적 의미에서의 "예술"은 정의 가능하다고 그의 제도론[12]을 제시한 후, 분석미학에서의 예술에 대한 논의는 이러한 구

10 Monroe C. Beardsley, *Aesthetics: Problems in the Philosophy of Criticism*, New York: Harcourt, Brace & World, Inc., 1958, p. 4.

11 Morris Weitz, "The Role of Theory in Aesthetics", reprinted in Francis Coleman, ed. *Contemporary Studies in Aesthetics*, N. Y.: McGraw-Hill, 1968, pp. 84-94.

12 George Dickie, *Aesthetics: An Introduction*, Pegasus, 1971, pp. 98-108, and *Art and*

분을 전제한 기술적 또는 분류적 내용으로 일관하였다. 그러나 우리가 예술이란 개념에서 가치적 요소는 배제한 채 분류적 요소만 추출할 수 있다는 사고 또한 또 하나의 독단일 수도 있을 것이며, 이러한 견해는 오늘날 사실과 가치의 구분이 강력한 도전을 받게 되면서 다시 논의의 초점이 되고 있다.

메타크리티시즘으로서의 비어즐리 이론은 현대 영미미학에 지대한 영향을 끼쳐서, 1960년대 이후의 영미미학 이론들의 많은 부분이 어떤 의미에서 그의 이론을 극복하려는 시도인 듯이 보일 정도이다. 그러한 시도의 이유는 우선 인간의 일상적 활동 영역과 예술의 영역이 별개라는 무관심성에 근거한 주장이 20세기 초의 아방가르드 예술이 나오면서 발전한 예술이론들에 따르면 더 이상 설득력이 없어졌기 때문이었다. 전통적인 무관심성이란 개념에 따라 감각에 전달된 것만으로는 이해될 수 없는 현대의 예술작품들이 대두되었을 때, 예술과 감각적 쾌를 준다는 의미의 미적인 것은 서로 대립적인 관계에 있는 듯이 보여지기 시작했다. 미학에서의 메타비평의 득세는 미학의 초점을 예술에 맞추었고, 이 결과는 역설적이게도 예술에 대한 논의가 진행될수록 우리의 주제인 예술의 역사적 성격과 인식적 성격을 부각시키게 되었으며, 결국 미적이란 용어는 이제는 지난 시대의 유물이라는 주장도 대두하였다.[13]

예술의 불변하는 본질을 탐구하려 했던 20세기 전반의 분석미학이나 논리학적 방법을 통해 필연적인 개념 체계의 구조를 밝힌다는 논리실증주의에 근거한 메타비평의 이론은 모두 어떤 본질을 추구한 것으로서, 이러한 이론들은 인간 활동의 산물인 예술을 몰역사적(沒歷史的)으로 파악하려 했다는 점에서 비판의 대상이 되고 있다. 이러한 문제점은 논리학이 탐구하

---

the Aesthetic: An Institutional Analysis, Ithaca: Cornell University Press, 1974.

13 George Dickie, "All Aesthetic Attitude Theories Fail: The Myth of the Aesthetic Attitude", *American Philosophical Quarterly,* Vol. 1, No. 1, 1964, reprinted in G. Dickie and R. Sclafani, eds., *Aesthetics: A Critical Anthology,* N. Y.: St. Martin' s Press, 1977, pp. 800-815.

는 개념 체계는 필연적이라는 칸트의 전통에서 기인하는 것이며 분석철학이 초기에 상정했던 이상언어의 개념 속에도 내재해 있던 것이다. 분석철학 전반의 몰역사성은 뿌리 깊은 것으로, 그것의 극복은 언어는 다양한 용도를 지닌 도구상자에 비유될 수 있다는 후기 비트겐슈타인을 비롯한 여러 이론가들이 일상언어학파의 이론을 제시하면서부터였으나 그러한 전통의 흔적은 분석철학 자체는 물론 분석미학에도 여전히 그 영향력을 행사하고 있는 실정이다.

20세기 후반기 이후의 미학은 초기 분석철학 이후 전제되어 온 이러한 몰역사성의 전통을 극복하여 제시된 이론들로 구성되었다고 할 수 있다. 그리고 이러한 동향을 대표하는 학자로 굿먼, 댄토, 마골리스, 그리고 월턴 등을 들 수 있으며, 여기서는 댄토와 마골리스의 이론을 간단히 소개하고자 한다.

댄토(A. Danto)는 전통적으로 감각에만 국한된 미적인 것의 논의를 비판하며, 예술작품의 지위는 그것에 대응하는 물리적 사물의 해석(interpretation)에 의해 결정된다는 주장으로 예술의 인식적 성격을 부각시킨다. 그는 여러 가지 사고 실험을 통한 예들에서 눈으로는 구별될 수 없이 똑같은 여러 개의 사물들 중에 하나는 예술작품이 되고 나머지 것들은 평범한 일상적 대상(mere real things)이 되는 것은 예술사의 지식에 따른 해석의 차이에 의한 것이라고 주장한다.[14] 한 사물이 예술작품이 되는 것은 예술사에 대한 지식 또는 그가 "예술계(art world)"라 부른 영역에 대한 지식에 따라 작가의 의도가 어떻게 파악되고 해석되느냐에 따라 결정되는 것이다.

예술을 재현으로서 설명하는 그는 전통적인 모방론을 부정하고 모방은 내포적(intensional)인 것이라고 주장한다. 모방의 대상은 존재하지 않을지라도 모방은 성립하는 것이기에, 모방은 관계적인 개념이 아니며 따라서

14 Arthur Danto, *The Transfiguration of the Commonplace*, Cambridge, Mass.: Harvard University Press, 1981, pp. 40-51, 120-122, passim.

전통적인 주장과는 달리 닮음(resemblance)이 모방의 우열을 측정하는 기준이 될 수도 없다. 모방 또는 재현이 내포적이라면, 작가의 의도(intention)가 한 대상이 작품됨을 결정하는 필요조건이 된다. 예를 들어 브뤼겔의 〈이카루스의 추락〉은 언뜻 보기에 평화로운 전원을 그린 풍경화이다. 그 그림의 오른쪽 아래 귀퉁이에 가볍게 칠해진 흰 물감은 우리가 제목을 보고 브뤼겔의 의도, 아마도 "이카루스는 죽었으나 세계는 여전히 아무 일도 없었던 듯 돌아간다"는 것을 보이려는 의도를 알아차릴 때, 추락해서 물 속에 거꾸로 처박히는 이카루스의 다리로 해석될 수 있다. 이러한 예술적 동일시(artistic identification)는 우리가 그림을 단지 물리적 대상으로 간주하는 한 일어날 수가 없다. 그림을 물리적 대상으로 파악하여, "이것은 캔버스 위에 칠해진 흰 물감이다"라는 일상적 동일시의 '……이다'(the identificatory use of 'is')로는 그 흰 물감의 의미와 그에 따른 화면의 다른 요소들이 새롭게 갖게 되는 의미를 파악할 수 없는 것이다. 이제 예술작품을 단순히 물리적 대상으로 간주하여 중립적으로 기술하려는 것은 예술작품이 해석에 의해 성립한다는 점을 염두에 둔다면 불가능한 일이다. 예술작품이란 개념 속에 해석이 개입한다는 것은 분석적이다. 해석은 작품을 구성하는(constitute) 것으로서, 해석 이전에 작품이 존재할 수는 없다. 해석은 물리적 대상이 예술작품으로 변용하는(transfigure) 데 있어 필수 조건이다.

그렇다면 예술작품이 되기 위한 충분조건은 무엇인가? 전통적인 모방론은 재현의 투명성 이론(the transparency theory of representation)을 전제하고 있다. 재현의 투명성 이론이란, 뒤러의 원근법을 설명하는 판화에서 보이듯이 하나의 고정된 시점과 재현의 대상 사이에는 투명한 막이 존재하여 그 막 위에 맺힌 상인 재현과 그 대상은 닮은꼴이어야 한다는 주장이다. 이것은 곧 예술작품이 불가시적인 매체를 통하여 실재를 그대로 나타낸다는 믿음으로, 이것에 따르면 재현이 갖는 성질은 곧 재현의 대상이 갖는 성질이 될 것이다. 그러나 예를 들어 팝 아티스트들이 만화를 크게 실크스크린으로 작품화할 때, 그들이 노리는 바는 무엇인가? 그들은 우리 모두가 이미 알고 있는 만화의 내용을 다시 말하려는 것이 아니라, 만화라는 그림의 형식, 즉 어떤 내용이 만화라는 그림으로 나타나는 방식에 우리의 주목을 집중시키려는 것이다. 이것이 바로 우리가 그러한 작품들을 볼 때 느끼는 신선함인 것이다. 도형 같은 그림이나 신문기사 같은 소설 등[15] 오늘날의 많은 현대예술이 전통적인 전달 수단을 부정하는 새로운 시도를 하는 것은 예술가들이 매체(medium)를 더 이상 투명한 것으로 보지 않고, 그것을 양식적 고안(stylistic device)으로 간주하기 시작했다는 징조이다. 그들은 이제 투명한 매체를 통해 대상의 성질을 전달하는 데에만 초점을 맞추는 것이 아니라 그 대상이 매체를 통해 나타나는 방식도 그들이 말하고자 하는 의미의 전달 수단으로서 중요하다는 것을 깨닫고 이용하기 시작한 것이다.

매체의 비투명성은 재현에 관한 우리의 언어 사용에서도 드러나는 사실이다. 우리가 "이 작품은 아름답다"라고 말할 때, 대부분의 경우 그 작품의 대상 역시 아름답다라는 사실이 성립한다. 그러나 이러한 일치는 '아름답다', '예쁘다'와 같은 극히 한정적인 미적 술어의 경우에만 성립할 뿐이다. "이 꽃의 드로잉은 힘차다"라는 문장에서 그 꽃이 힘찬 것은 아니며, "뒤샹의 〈샘〉은 재치있다"라는 문장으로부터 특정한 변기가 재치있다라는 사실이 성립하지 않는다. 대부분의 미적 술어의 경우 그 술어가 작품에 대해 서술하는 바가 그 작품의 내용에도 적용되는 것이 아니다. 이제 우리는 미적 술어가 지시하는 바가 재현의 내용이 아니라 재현이 나타나는 방식이라는 것을 분명히 알 수 있다. 매체 또는 재현의 방식은 투명한 것이기에 재현은 그것이 재현하는 바와 동일한 내용을 가져야만 한다는 생각은, 전통적으로 득세했던 하나의 예술적 이념(artistic ideology)일 뿐이다.

이제 예술은 일상적 사물의 해석으로 성립하는 것이되, 그 해석이 재현의 내용뿐만 아니라 재현의 방식까지도 고려할 때만 예술일 수 있다. 경기 후퇴를 나타내는 막대 그림표나 꺾은금 그림표가 그것들이 어떠한 형식을

15 *Ibid.*, pp. 142-146.

취해 나타나든 그 전달하는 내용에 있어서는 차이가 없는 반면, 만일 그것들이 예술작품들이라면 각각은 그 재현 양식 때문에 서로 다른 의미를 전달하는 다른 작품인 것이다. 그러나 댄토는 예술작품이 추상적인 지위를 갖는 개체라고 주장하였고, 이와 같은 주장에 대한 논의가 분분하다. 댄토의 이론은 대상의 객관적인 지각적 성질로써만 미적 대상을, 또 그것의 특별한 경우인 예술작품을 규정하려 하였던 30여 년 전의 비어즐리 식의 메타비평론에서는 의도주의의 오류를 범하는 것이겠지만, 우리가 그러한 의도주의를 기꺼이 받아들인다면 작가의 의도 또는 재현이 나타나는 방식에 대한 적절한 해석이 예술작품을 결정하는 요소인 것이다.

마골리스는 댄토의 이원론적인 예술작품의 존재론에 반대하여 비환원적 물리주의(nonreductive physicalism)를 주장한다. 그는 예술작품이란 물리적으로 구현되고(physically embodied) 문화적으로 창발하는 개체(culturally emergent entity)라고 설명한다.[16] 물리적 신체(physical body)와 단순히 물리적 신체만은 아닌 인간(person)의 대비에 비유하여 그는 물리적 대상과 그것으로부터 창발하는 예술작품은 존재론적으로는 하나이나 속성상으로는 동일시될 수 없는 관계라고 주장한다.

흔히 보편자(universal)와 개별자(particular) 또는 유형(type)과 징표(token)라는 대비되는 개념을 이용하여 예술작품을 추상적 개체라고 보는 이론은 예술작품의 정체성(identity)이나 그것의 창조나 파괴에 대한 우리의 상식과는 너무나 다른 주장을 하게 된다. 우리가 〈모나리자〉라는 그림을 불태웠을 때, 그 작품이 추상적이라면 그것은 우리의 행위에도 불구하고 파괴된 것이 아니다. 이러한 설명은 그것이 가지는 추상성으로부터 나오는 것이나, 그림이나 조각 등 그 작품이 하나밖에 없다고 우리가 믿는 경우의 창조나 파괴에 대한 설명과 상치된다. 그러나 예술작품을 물리적으로 구현된 것으로 설명하는 경우에는 예술작품에 대한 지시와 확인(identification)의 문제

16 Joseph Margolis, *Art and Philosophy*, Atlantic Highlands, N. J.: Humanities Press, 1980, p. 45.

는 그것의 물리적 구현물에 대한 문제로 환원될 수 있다. 따라서 구현 개념은 물리적 대상처럼 예술작품을 외연적으로 확인할 수 있도록 해주는 개념이다.

다른 한편 예술작품이 가지는 속성 전부가 그것의 물리적 속성으로 환원될 수는 없다. 예술작품은 주어진 문화의 예술적 전통과 감상적 전통을 벗어나서는 그 자체 예술작품으로 놓여지거나 명시될 수 없다. 예술작품은 어떤 문화적 "공간"에서만 예술작품으로 구성되며 그것이 구성된 문화적 맥락과 관련하여 적합하게 교육받은 사람들에 의하여 예술작품으로 인지되는 것이다. 따라서 예술적 속성의 파악은 문화적 맥락에 의해서만 가능하다.

이때 "문화적"이란 말은 어떤 특정한 개체 — 예로 인간과 인간의 산물 — 를 창발시키고 그 안에 존재하도록 하는 체계의 속성을 의미하는 것으로, 문화적 체계는 규칙에 의해 지배되는 동시에 규칙을 준수하는 체계이다. 규칙은 규칙이 행해지고 준수되거나 파괴된다는 것을 스스로 인지할 수 있는 개체에 의해서 그리고 규칙의 영향을 받는 개체들이 동의한다는 조건하에서 준수되거나 개정되거나 수정된다. 따라서 규칙은 공통의 기준과 목적을 식별하는 기준이 명시될 수 있는 사회적 삶의 이론으로부터 분리될 수 없다. 이러한 의미에서 문화적으로 창발하는 개체 특히 이 경우 예술작품은 전통, 관습, 관행, 제도 등의 규칙적 질서를 통해서만 이해 가능한 것이다. 왜냐하면 예술은 인간의 산물이며, 그 자신 문화적으로 창발하는 인간은 주어진 규칙에 따라 의도적으로 행위하는 개체이기 때문이다. 이러한 의미에서 예술작품의 존재가 인간의 문화적인 작업에 인과적으로 의존한다면, 예술작품에 대한 확인이 인간과 인간의 문화적 환경에 대한 확인에 개념적으로 의존할 수밖에 없는 것이다.

그런데 규칙적 현상 그 자체와 그것에 관한 모든 담론은 내포적이다.[17] 규

17 *Ibid.*, p. 46.

칙을 따르는 인간의 능력과 언어를 포함한 모든 인간의 산물들의 규칙에 의해 지배되는 속성들을 적절히 언급하기 위해서는 문화적 개체들이 의도적으로(intentionally) 존재한다고 말해질 수 있다. 예술작품은 문화적으로 창발하는 독특한 속성을 갖는다는 마골리스의 이러한 주장은 이미 인식적 요소를 전제한 것이며, 그의 규칙 따르기라는 개념은 역사적 맥락을 강조하고 있는 것이다. 이러한 주장 역시 예술에 있어서의 역사성과 인식적 요소를 입증하는 것으로, 전통적 미학이 주장하는 것과는 상반되게 예술작품의 인식적 · 역사적 맥락이란 감각만으로는 파악이 불가능한 것이다.

지금까지 우리는, 전통적인 미적 지각에 근거한 1960년대까지의 분석미학이 어떻게 붕괴되었는가를 살펴보았다. 물론 이 글에서 언급한 미학자 외에도 다른 중요한 이론가들이 있으며, 그들 모두가 미적 지각을 부정하는 것은 아니다. 그러나 그러한 학자들이 소수에 불과하다는 사실은 이제 미적 경험은 다른 영역에서의 경험과 구별되는 독특한 경험이라는 믿음이 신화가 되고 있음을 보여 주고 있는 것이다. 물론 여기에 언급된 이론가들의 주장은 서로 상충되는 것이 많고 그들 사이에 논쟁이 없는 것도 아니며, 또한 예술의 가치가 예술을 구성하는 본질적인 것이냐는 의문과 함께 "예술"의 평가적 · 분류적 의미의 구분에 대한 논쟁이 지속되고 있다. 그러나 사실과 가치의 이분법 또한 극복되어야 할 독단이라는 현대철학의 주장을 받아들인다면, 예술의 가치에 대한 논의 또한 미학의 주요한 영역으로 복귀되어야 할 것이다. 그리고 그러한 논의는 예술의 역사와, 예술이 인간의 다른 영역에서의 활동과 긴밀히 연관되어 있다는 것을 주목할 때에만 학문적 성과를 기대할 수 있는 것이라면, 앞으로의 이론들에서도 예술의 역사성과 인식적 요소는 중요한 주제가 될 것이다.

더 읽을거리

Elton, W., *Aesthetics and Language*, Oxford: Basil Blackwell, 1970.

Schusterman, R., *Analytic Aesthetics*, Oxford: Basil Blackwell, 1989.

* 특히 이 책에 실린 J. O. Urmson의 "The Methods of Aesthetics"와 Nicholas Wolterstorff의 "Philosophy of Art after Analysis and Romanticism"을 자세히 보기 바란다.

한국

한국 고대의 미학사상

- 신화를 통해 본 한국인의 미의식 -

민주식

1. 신화와 미의식

인간이 자신의 존재근거를 묻는 일은 철학적 사유의 원점이다. 이 물음을 제기하는 인간의 의식은 그 사람이 살아온 주위세계(Umwelt)와 생활세계(Lebenswelt)[1]에 의해 근원적으로 영향을 받는다. 이러한 의미에서 인간은 '상황 속의 존재' 이다. 상황이라는 개념은 내가 우연히 거기에 개입하는 것이 아니라, 본질적으로 나의 모든 존재가 거기에 참여하는 관계를 의미한다. 인간이 상황 속의 존재로서 이해된다면, 각각의 인생은 개별 인간이 살아온 고향에 대한 경험이다. 그러므로 인간은 자신이 살아온 고향의 세계, 체험한 삶의 세계를 어떻게 해석하는가에 따라서 그 삶의 의미와 방향이 달라진다.

해석학적 현상학의 중요한 개념인 '고향의 경험' 은 한국 사상을 탐구할

1 '생활세계' 란 후설(E. Husserl)에 의하면, "항상 미리 주어지고 항상 사전에 존재하는 타당한 세계"(Die Krisis der europaeischen Wissenschaften und die transzendentale Phaenomenologie, *Husserliana*, Ⅵ, Den Haag, 1954, Beilage ⅩⅦ, p. 461)인데, 과학적 이론(theoria)이 성립하기 이전의 인간 집단의 역사적 환경세계이다. 그는 이것을 "생활환경세계(Lebensumwelt)" 라고 표현하기도 한다(Krisis, Beilage ⅩⅩⅤ, p. 491).

때 우리들이 출발해야 할 근원적인 가정이다. 인간의 이해는 그 사람의 고향에 대한 경험의 역사성이나 시간성과 결코 분리할 수 없다. 가다머(H. G. Gadamer)는 이러한 이해의 방식을 "삶의 선행(先行) 이해(Vor-verstaendnis des Lebens)"[2]라 부른다.

이런 점에서 한국인의 삶의 표현을 이해하기 위해서는 그 삶의 존재 근거의 출발점이 되는 신화나 설화를 무시할 수가 없다. 신화나 설화는 가브리엘 마르셀(Gabriel Marcel)의 용어를 빌리자면 "경험적 규정(la position empirique)"이다.[3] 마르셀은 "경험적 규정"과 "경험적 소여(la donée empirique)"를 엄격하게 구분한다. 경험적 규정은 결코 그 자체 삶의 고향으로부터 분리되어 객관화할 수 없는, 모든 사유와 의식 활동의 시원적 원형(原型)이 된다. 그 때문에 신화는 탁월한 방식으로 경험적 규정의 세계에 대해 가장 중요한 의미를 갖는다. 경험적 규정으로서의 신화는 프랑스의 시인 폴 클로델의 표현처럼, 세계와 우리들의 의식을 연결해 주는 탯줄로서 "세계와 함께 태어나는 것(une co-naissance avec le monde)"으로 이해할 수 있다. 그리고 경험적 규정으로서의 신화와 설화는 인간의 모든 합리적 이성적 사유를 가능하게 하고 또 그것을 근거지우는, 말하자면 사유의 시원적(始原的) 조건이다. 이러한 의미에서 우리들은 삶의 원초적 경험인 신화 속에서, 한국인의 미학적 인식과 사유의 출발점을 찾게 된다.

고대인들에게서 신화는 전체적인 삶의 기초를 이루며 동시에 예술의 기초를 이루는 것이기도 하다. 왜냐하면 종교적인 것은 인류의 초기 단계에서 사회생활의 거의 전체에 스며들어 있기 때문이다. 신화의 문제를 취급하고 있는 방대한 문헌 가운데 특히 우리의 주의를 끄는 것은 말리노프스키(B. Mailnowski)의 견해이다. 그는 『미개인의 심리에서의 신화』라는 저술

---

2 가다머는 하이데거(M. Heidegger)가 말한 미리 지님, 미리 봄, 미리 파악함이라고 하는 '이해의 선행구조'에 따라, 텍스트 전체의 '의미의 선취(先取, Antizipazion des Sinnes)'를 '선행이해'라고 부른다.

3 G. Marcel, *Journal Metaphisique*, Gallimard, p. 75ff.

에서 다음과 같이 서술하고 있다.

> 우리들이 미개사회에서 만나는 신화, 즉 시원적인 형태의 신화는, 단순한 이야기가 아니라 살아 있는 현실이다. 문제는 우리들이 노벨이나 로망에서 맛보는 것과 닮은 순수한 허구가 아니라, 세계와 인간의 운명을 끊임없이 지배하고 규정하는 시원적인 사건이라는 것이다. …… 그것은 인간 문명의 살아 있는 구성요소이지, 지적인 해석이나 예술적 공상이 아니다. …… 나는 성스러운(heilig) 것으로 간주되고 윤리와 사회조직에 합체되며 미개문화의 본질적인 성분을 이루고 있는 특종의 이야기라는 것이 있다고 주장하였다. 그러한 이야기가 계속되는 것은, 표면적이고 외면적인 흥미를 위한다거나 허구의 묘사 또는 '진실(Wahrheit)' 이기 때문에서가 아니라, 인류의 실제의 삶과 운명과 활동을 규정하는 근원적인 그리고 더욱 고차적이고 중요한 현실(Wirklichkeit)을 유지하기 때문이다. 또한 그와 같은 이야기를 하는 것이 윤리적 의식적(儀式的) 행위의 기초를 다져주기 때문에 계속되는 것이다.[4]

이처럼 신화는 인류의 삶의 근원을 이루는 것으로서 현실을 유지해 오는 지속적인 힘으로 작용한다. 그런 만큼 신화는 고대인의 세계이해의 모습을 가장 잘 드러내 주는 징표가 된다. 거기에는 자연 현상의 수수께끼와 신비가 담겨 있다. 일반적으로 어떤 민족의 가장 오랜 신화 전설 가운데는 뒷날 철학 · 종교 · 도덕 · 예술 등의 정신적 문화로 전개될 여러 가지 요인이 모두 미분화(未分化)된 통일의 전체성 가운데 포함되어 있다고 볼 수 있다. 그런데 "그 내용에 있어서는 대체로 종교적 계기가 가장 내면적이고 근원적인 위치를 점한다 할지라도, 그 구체적인 형성 내지 표현에 관련하여 언제

4 B. Malinowski, *Myth in Primitive Psychology*; Ernesto Grassi, *Kunst und Mythos*, 1957, p. 80으로부터 인용.

나 가장 중요한 역할을 행하는 것은 대개 그 민족의 선천적인 예술적 구상력(構想力)과 그리고 그것을 움직이는 감정작용(感情作用)의 특수한 방향"[5] 이라고 생각할 수 있다.

단군신화를 비롯한 우리 민족의 건국신화는 그러한 의미에서 전통사상의 원형을 구명할 수 있는 소중한 자료가 되며, 그 가운데는 고대 선조들의 미의식과 예술정신이 포함되어 있다. 건국신화에 나타난 이러한 미의식의 몇몇 단면을 살펴보도록 하자.

2. '신시(神市)'의 아침이 갖는 미적 정감(美的情感)

신화는 우리들로 하여금 잊어버린 옛날의 아득한 기억을 일깨워 주는 마음의 고향이다. 단군(檀君)신화는 태초의 한국인들이 만들어 낸 시이고 윤리이며 철학이고 정치학이었다. 우선 여기에서 한민족(韓民族)의 시조 단군의 건국신화를 들어보도록 하자.

> 『고기(古記)』에는 이렇게 쓰여 있다.
>
> 옛날에 환인의 작은 아들 환웅이 자주 천하에 뜻을 두고 사람이 사는 세상을 탐내어 구하는 것이었다. 그의 아버지가 아들의 뜻을 알아차리고, 삼위태백(三危太白)을 내려다보니 인간을 널리 이롭게 할 만하였다. 이에 환인은 아들 환웅에게 천부인(天符印) 3개를 주어 인간세계를 다스리게 하였다. 환웅은 무리 3,000명을 거느리고 태백산 마루턱에 있는 신단수(神檀樹) 밑으로 내려왔다. 이곳을 신시(神市)라고 하고, 이 분을 환웅천왕(桓雄天王)이라고 한다. 그는 풍백(風伯) · 우사(雨師) · 운사(雲師)를 거느리고 와서, 곡식 · 수명 · 질병 · 형벌 · 선악 등을 주관하고, 모든 인간의 360여 가지 일

5 大西克禮, 『東洋的 藝術情神』, 弘文堂, 1988, p. 7.

을 주관하며 세상을 다스리고 교화하였다.

이때 곰 한 마리와 호랑이 한 마리가 같은 굴 속에 살고 있었는데, 이들은 항상 환웅에게 빌어 사람이 되어지기를 원했다. 이때 환웅은 신령스러운 쑥 한 줌과 마늘 스무 개를 주면서, "너희들은 이것을 먹고 백 일 동안 햇빛을 보지 않으면 곧 변하여 사람이 될 것이다"라고 하였다. 곰과 호랑이는 이것을 받아서 먹었는데, 곰은 삼칠일간 금기를 지키었으므로 여자의 몸으로 변했으나, 호랑이는 금기를 지키지 않았으므로 사람으로 변하지 못했다.

웅녀(熊女)는 혼인할 사람이 없으므로 매일 단수(檀樹) 밑에서 아기 배기를 축원하였다. 이에 환웅이 거짓 변하여 그녀와 혼인했더니, 바로 잉태하여 아들을 낳았다. 그 아기의 이름을 단군왕검(檀君王儉)이라고 하였다.

단군왕검은 당나라 요 임금이 즉위한 지 50년인 경인(庚寅)년에 평양성(平壤城)에 도읍하여, 처음으로 조선(朝鮮)이라 불렀다. 또 도읍을 백악산(白岳山) 아사달(阿斯達)로 옮기니, 이곳 이름은 궁홀산(宮忽山)이라고도 하고, 금며달(今旀達)이라고도 한다. 그는 여기에서 1,500년 동안 나라를 다스렸다. 주(周)나라 무왕(武王)이 즉위한 기묘(己卯)년에 기자(箕子)를 조선(朝鮮)에 봉했다. 이에 단군(檀君)은 장당경(藏唐京)으로 옮기었다가 후에 돌아와 아사달에 숨어서 산신(山神)이 되었는데, 그때 그의 나이가 1908세였다고 한다.[6]

이 신화를 읽어 가는 가운데, "우리들의 기억은 태초의 수풀이 우거져 있는 산, 태백(太白)이라고 불리는 높고 신비한 산마루를 향하여 더듬어 올라간다. 그러면 거기에 하나의 신단수(神檀樹)가 푸른 잎을 드리우고 고요한 아침햇살이 퍼져 가는 평화로운 마을이 나타난다. '신시(神市)' – 이곳이야말로 우리들의 고향, 수천 년 동안 마음속에 그려 오던 잃어버린 고향이다."[7] 단군왕검(檀君王儉)은 '아사달(阿斯達)' 에 도읍을 정하고 새로 나라를

6 『三國遺事』 卷 第一, 奇異 第一, 古朝鮮(檀君王儉).

세워 나라 이름을 '조선(朝鮮)' 이라 했다. 조선, 즉 이른 아침의 새롭고(新) 밝고(明) 깨끗한(潔) 정서는 우리 민족의 미적 정감의 근원이다. 조용하고 빛나는 상쾌한 아침의 분위기는 한국인의 원초적인 미의식을 대변해 준다.

'조선(朝鮮)' 이라는 명칭은 조선 왕조 시대의 지리서 『동국여지승람(東國與地勝覽)』[8]에 의하면 '동방의 태양이 떠오르는 곳(東表日光出之地)' 에서 유래한다고 쓰여 있는데, 태양이 솟아오르는 동방의 '선명(鮮明)한 아침' 을 동경하는 사람들의 의식이 거기에 반영되어 있다. 미국의 저명한 천문학자이며, 조선의 대(對) 미국 외교에도 관계했던 퍼시벌 로웰(Percival Lowell)[9] 이라는 인물은 1866년의 저서에서 '조선' 을 "조용한 아침의 나라(The Land of the Morning Calm)"[10]라고 매우 시적(詩的)으로 영역(英譯)하고 있다. 이른 아침의 정취(情趣)는 태양이 작열하는 한낮의 정취와도 다르며 어둠이 내리는 저녁의 정취와도 구별된다. 김형효는 "조용한 아침의 나라 조선은 카뮈가 제창한 정오(正午)의 투쟁적 균형도 아니요, 기도하는 저녁의 만종(晩鐘)도 그에겐 낯선 개념이다. 아침은 밤과 낮의 중간 지대요, 밤의 어둠과 그 음(陰), 그리고 낮의 밝음과 그 양(陽)이 다 함께 갈등을 일으키지 않는 '조용히' 공존하는 분위기가 바로 아침이다"[11]라고 하였다. 이러한 아침의 정취는 물론 밝음을 향해 정위(定位)하는 상태이다. 그러나 그것은 결코 낮과 밤을 대립자로 보는 이원적 세계관을 겨냥하지 않으며, 낮의 법칙과 밤의

---

7 李御寧, 『한국인의 神話』, 瑞文堂, 1972, p. 11.

8 『東國與地勝覽』: 조선왕조 9대 성종(成宗)의 명(命)에 의해 노사신(盧思愼) 등이 편찬한 조선의 지리서인데, 55권 25책으로 되어 있다.

9 퍼시벌 로웰(1855-1916)은 하버드 대학을 졸업한 후, 1883년 봄에 일본 연구를 위해 내일(來日)하였다. 그는 민영익(閔泳翊)을 정사(正使)로 하여 최초로 미국에 파견된 조선사절단에 동행한 것이 인연이 되어, 1886년에 『조선, 조용한 아침의 나라 - 조선의 소묘(素描)(*The Land of Morning Calm - A Sketch of Korea*)』라고 하는 책을 출판한다. 또 그는 『극동(極東)의 혼(魂)』의 저자로서도 알려져 있다.

10 그런데 이 'morning calm' 이라는 번역어는 지나치게 시적(詩的)이며 게다가 원래의 의미를 잘 나타냈다고는 볼 수 없다. '선(鮮)' 이라는 글자의 뜻은 'calm' 이 아니라 'bright' 이기 때문에, '朝鮮' 을 문자 그대로 직역한다면 오히려 'morning bright' 로 하는 편이 타당할 것이다.

11 金炯孝, 『韓國思想散考』, 一志社, 1976, p. 88.

정열이 음양의 태극적(太極的) 원형(圓形)을 이루는 균형의 상태이다.

단군신화는 민족 문화의 씨앗과도 같은 하나의 근원상징(根源象徵)이다. 우리가 이 근원상징을 이루고 있는 질서를 검토해 가면, 태초의 한국인들의 인간관과 자연관과 우주관을 살펴 볼 수 있다. 환웅(桓雄)이 호랑이와 곰에게 쓰고 매운 것의 상징이라 할 수 있는 쑥과 마늘을 주고 백 일을 견디라고 한 것은 결코 쉬운 일이 아니었다. 마늘과 쑥이 먹기에 역겨운 식물(食物)인 만큼 그것은 고행(苦行)의 의미를 지니는 것이었다. 그뿐만 아니라 햇빛을 보지 말라고 했는데, 이는 어둠을 참고 견디라는 말이다. 어둠은 원시인들에게 있어서 커다란 공포이며 절망이었다. 고대의 인간관에 의하면 이와 같이 맵고 쓰고 어두운 긴 고난의 수련 과정을 참고 이겨내는 자만이 참다운 인간이 될 수 있다는 것이었다. 이 고행은 신이 가져다 준 시련인데, 결과적으로 이 고난을 이길 수 있는 힘은 호랑이의 외적 투쟁이 아니라 곰의 내적 투쟁이었다. 즉 찬란한 햇빛을 보고 싶고 감미로운 음식을 먹고 싶은 유혹을 스스로가 억제하는 싸움이었다. 곰은 삼칠일 만에 암울한 동굴의 어둠을 헤치고 신시(神市)의 수목(樹木)을 향해 뛰어나온다. 그는 이미 곰이 아니라 아름다운 한 여인이 되었다. 인간으로 화한 그녀의 눈에 처음으로 비친 것은, "감격의 눈물 속에서 어른거리는 아침의 햇살이었을 것이다. 이슬이 빛나고 푸른 나뭇가지들이 아침 안개 속에서 웅성거리는 신선한 그 숲의 흔들림이었을 것이다."[12] 그 순간 기나긴 고난의 역정을 지나 새롭게 환희에 찬 아름다운 아침의 정취와 더불어 성스러운 신의 약속이 이행되는 전율을 맛보았을 것이다. 그러기에 어둠을 이긴 웅녀(熊女)의 아들 단군은 아침의 마을 아사달에 도읍을 정하고 나라 이름을 조선(朝鮮)이라 하였다.

아사달(阿斯達)이라는 지명에 관련하여 이병도는, 현대어 '아침'의 음운 변천 과정을 아사→아좀→아직→아춤→아침으로 보고 아사(阿斯)는 바로 조(朝)·조광(朝光)·조양(朝陽)·조선(朝鮮)의 뜻이라고 하였다. 또 달

12 李御寧, 앞의 책, p. 27.

(達)은 원래 산악의 뜻이지만 곡지(谷地) 내지 땅(地)의 뜻으로 쓰인 듯한데 양들(양지쪽)·음들(음지쪽)·빗들(경사지)의 경우가 그러하다는 것이다.[13] 그렇다고 한다면, 지명(地名) 국명(國名) 할 것 없이 동녘 햇살이 싱그럽게 비치는 아침의 분위기를 의미하고 있는 셈이다. 부드럽고 밝은 온화한 색조, 작은 새들의 조용한 속삭임, 맑은 공기가 온몸에 스며드는 상쾌한 감촉, 그리고 숲과 들의 싱싱한 냄새, 이러한 것들이 한데 어우러져 만들어 내는 아침의 분위기는 우리 민족의 미적 정감을 환기하는 근원이었다.

3. 빛(光)의 비유와 색(色)의 상징

빛은 어둠에서 길잡이가 되는 등불이며 암흑을 무력화(無力化)하는 것인 동시에, 그 충만(充滿)은 눈을 부시게 하고 일체를 무규정적(無規定的)으로 편재(遍在)시키는 밝음이다. 그리고 스스로는 현상하지 않으면서 사물들을 현상시키는 것이다. 빛이란 암흑의 무(無)를 드러내는 절대적인 존재의 힘인데, 일단 빛이 나타나면 암흑은 더 이상 존재하지 않는다. 빛은 침투하는 것이고 그 충일(充溢)은 압도적이며, 바라보기 어려운 밝음을 낳고 그 밝음과 함께 참된 것이 나타난다. 본래 빛과 어둠은 원소적(元素的)인 시원(始源)의 원리이다. 옛부터 빛이라는 형상은 그것 자체로서 또는 어둠에 대립하여, 인간의 세계이해와 자기이해에 매우 커다란 역할을 수행해 왔음은 동서양 어디에서나 뚜렷한 사실이었다. 그것은 세계 도처에서 각종의 신화, 종교 나아가 철학에 근본적인 모티프로서 관류하고 있다. 한국의 고대 신화에서 빛은 항상 주인공의 탄생을 예고해 주고 주인공의 존재를 알리는 역할을 행한다.

단군신화에서 곰과 호랑이는 쑥과 마늘을 먹고 어두운 동굴 속에서 백

---

13 李丙燾, 『韓國古代史研究』, 博英社, 1985, p. 41.

일 동안 일광(日光)을 보지 않는 금기(禁忌)를 지켜야만 했다. 이 경우 빛과 어둠은 상호 배제해 가면서도 함께 세계의 구조를 완성시키는 절대적 형이상학적인 대항력을 나타낸다. 빛은 암울한 고행의 과정을 거쳐 곰으로부터 변신한 인간의 새로운 탄생을 알리는 한편, 새롭게 시작되는 세계의 열림을 의미하는 것이었다. 고구려의 시조 주몽(朱蒙) 신화에서도, 금와(金蛙)가 하백(河伯)의 딸 유화(柳花)를 방에 가두어 두었더니 일광이 유화를 비추는데(日光所照) 몸을 피해도 자꾸 쫓아다니며 비추더니 마침내 잉태하여 닷되 들이만한 큰 알을 낳았다고 한다. 그리고 혁거세(赫居世) 신화 가운데도 나정(蘿井)이라는 우물가에 번개빛처럼 이상한 기운이 하늘로부터 땅에 닿도록 비치고 있었다(異氣如電光垂地)거나, 또 알을 깨고 나온 남자아이를 동천(東泉)에 목욕시키니 몸에서 광채가 났다(身生光彩)고 하였다. 그뿐만 아니라 김알지(金閼智) 신화에서도 시림(始林) 숲 속에서 크고 밝은 빛(大光明)이 비쳤다고 전한다. 우리 민족의 건국신화 가운데는 이처럼 거의 예외없이 빛이 커다란 역할을 행하고 있다.

빛은 본래 존재자의 개시(開示)의 근거이며 선(善)과 덕(德)의 비유로서, 존재론적인 의미내용을 획득한다. 빛의 방사(放射)는 민족의 시조와 영웅의 탄생이라는 영광(榮光)을 노래한다. 그 영광과 덕은 마치 빛이 온갖 사물에 침투하듯이, 공동체적 인간사회의 도처에 존경(尊敬)과 찬미(讚美)를 불러일으킨다.

한편 신화는 고대인들의 색채의식을 살펴볼 수 있는 주요한 단서를 제공한다. 먼저 우리의 주목을 끄는 것은 백색(白色)이다. 단군신화에 있어서 이 백(白)은 본시 태백(太白)에서 나온 말로 태양과 밝음을 의미한다. 태백산은 환웅이 인간세계를 다스리기 위해 무리 3천 명을 거느리고 내려온 곳으로 신시의 터전이다. 태백은 지상(地上)과 천상(天上)을 이어주는 성스러움의 상징이기도 하다.

이에 관련하여 육당(六堂) 최남선(崔南善)의 '불함문화론(不咸文化論)'은 우리에게 시사하는 바가 크다. 그는 무엇보다도 먼저 단군신화에서 삼위태백(三危太白)이라는 산 이름에 주목한다. 태백산이 실제로 어디에 존재하는지는 별로 문제가 되지 않으며, 단지 그 산악명에 나오는 '백(白)' 자가 흥미로운 것이다. 왜냐하면 우리나라에는 유별나게도 백(白) 자나 또는 그와 비슷한 소리를 가진 글자가 너무도 많기 때문이다. 우리 강토에는 백두산(白頭山)을 비롯하여 장백산(長白山), 태백산(太白山), 소백산(小白山), 백운산(白雲山), 백월산(白月山), 백암산(白巖山), 백마산(白馬山) 등과 같은 산 이름이 수두룩하다. 이러한 현상은 '백(白)' 자가 태양을 신으로 하는 일종의 제천의식(祭天儀式)을 상징한다고 한다. 그래서 육당은 "백(白) 자에 함축되어 있는 것은 그 종교사상 내지 전(全)문화 과정의 핵심을 이루었던 것이다"[14]라고 언급하고 있다. 이어서 그는 이러한 백(白) 자와 관련된 의미의 문화는 곧 '붉'의 문화로서, '붉'이란 단순히 태양의 광명만을 뜻하는 것이 아니라 고의(古義)에 따라 신이나 하늘을 내포한다고 주장한다. 그래서 고대 신앙에서는 종교적으로 '하늘' 또는 그 인격형인 '하느님'보다 오히려 '붉' 또는 그것의 활동형인 '붉은(애)'이 태양을 숭배하는 성어(聖語)로서 많이 사용된 듯하다고 주장한다. 요컨대 그는 이 백(白) 자가 광명정대(光明正大)한 밝음을 숭상하는 제천의식의 근본정신을 상징한다고 추론한다.

그리고 신라의 혁거세 신화에는 흰 말(白馬)이 나타나고, 김알지 신화에도 흰 닭(白鷄)이 등장한다. 백마는 하늘과 땅 사이를 수직적으로 왕래하는 신마(神馬)이다.[15] 황남동 155호 고분에서 출토된 천마도가 백마라는 점에서 혁거세 탄생신화의 백마와 그 의미를 함께한다. 김알지 신화 가운데, 황금궤가 걸려 있는 나무 밑에서 울었다는 백계도 수호신조(守護神鳥)로서 천조사상(天鳥思想)을 나타내고 있다. 천신강림(天神降臨)의 구조를 갖는 이들 신화에 있어서 백색은 하늘(天)의 색을 의미하고 있다.

14 崔南善, 「不咸文化論」, 『新東亞』, 1972年 1月號 附錄, p. 107.

15 말(馬)은 중앙아시아 및 시베리아 지역의 샤먼을 실어서 하늘로 운반해 주는 신령(神靈)스런 동물이다. Mircea Eliade, *Shamanism, Archaic Techniques of Ecstasy*, Princeton University Press, 1964, p. 89, 151, 467 참조.

일반적으로 백은 진실을 호소하고 추악함을 모르며 밝음을 대표하는 색으로 알려져 있다. 고백(告白)은 거짓없는 진술이고, 결백(潔白)은 오염되지 않은 것의 증거이며, 백일(白日)은 흐림이 없는 태양의 광휘를 증명한다. 백은 현상의 원점, 사물의 근원과 근본을 상징적으로 나타낸다. 인류학자 터너(Victor Turner)는 "백(白)은 인류에게 있어서 가장 원초적인 심벌이었다"[16]고 말하고, 느뎀부족(Ndembu族)이 인간의 가치이념인 진 · 선 · 미를 백으로 상징한 데 대해 언급하고 있다. 그러나 이와 같은 일은 결코 느뎀부족에게 한정되는 것이 아니다. 이를테면 성직자의 승복(僧服)이나 신부(新婦)의 의복이 백색이라는 점을 보아 알 수 있듯이, 백은 현대에 있어서도 역시 사물의 근원을 나타내는 상징적인 색으로 사용되고 있다. 고대 한국의 신화 가운데 색으로서의 백은 특히 신의적(神儀的)인 근원상징으로서의 성격을 아주 강하게 띠고 있다.

백색 다음으로 우리의 주목을 끄는 것은 자색(紫色)이다. 혁거세는 자주빛 알(紫卵)에서 탄생하였고, 김수로왕의 탄생 시에도 자주색 줄(紫繩)이 하늘에서부터 내려와 땅에 닿고 있었다고 한다. 그리고 김알지 신화에서도 자줏빛 구름(紫雲)이 하늘로부터 땅에 뻗쳤다고 전한다. 이처럼 고대 신화 가운데는 영특하고 신비스러운 존재와 관련하여 자색이 자주 등장한다. 자색은 삼국시대 이래 줄곧 우리 역사상 왕가의 의복의 색으로 사용되었다. 삼국시대에는 삼한 이래로 내려오는 의복의 백색 숭상은 서민층에 그대로 전해졌고, 관(官)에서는 장식성을 부여하고 권위를 식별하기 위한 복색(服色)문화가 발달하였다. 『삼국사기』 잡지(雜志) 색복(色服)의 장은 당시의 상황을 자세히 알려주고 있다.[17]

신라는 제23대 법흥왕(法興王) 때에 처음으로 (서울 안) 육부(六部) 사람들

16 V. Turner, *The Forest of Symbols: Aspects of Ndembu Ritual*, Cornell University Press, 1967; *Dramas, Fields, and Metaphors - Action in Human Society*, Cornell University Press, 1974, 梶原景昭 譯, 『象徵と社會』 紀伊國屋書店, 1981, p. 329.

17 『三國史記』, 卷 第三十三, 雜志 第二, 色服, 李丙燾 譯註, 乙酉文化史, 1977, pp. 512-518.

의 복색(服色)의 존비(尊卑)제도를 정하였는데 이것은 동이(東夷)의 풍속 그대로였다고 한다. "법흥왕 때의 제령(制令)에는 태대각간(太大角干)에서 대아손(大阿飡, 5등급)까지는 자의(紫衣, 자색 옷)요, 아손(阿飡, 6등급)에서 급손(級飡, 9등급)까지는 비의(緋衣, 붉은 옷)로, 모두 아홀(牙笏)을 가졌다. 그리고 대나마(大奈麻, 10등급)·나마(奈麻, 11등급)는 청의(靑衣, 푸른 옷)요, 대사(大舍, 12등급)에서 선저지(先沮知, 17등급)까지는 황의(黃衣, 누른 옷)였다"고 하듯이, 자(紫)·비(緋)·청(靑)·황(黃)의 4색이 공복(公服)이었고, 그 아래 평민의 의복은 백(白), 즉 소(素)가 되었다. 그리고 『북사(北史)』에 이르기를 "고(구)려 사람은 모두 머리에 절풍(折風, 건(巾))을 쓰는데, 그 모양이 변(弁, 고깔)과 같다. 사인(士人)은 두 개의 새 깃(鳥羽)을 더 꽂고, 귀한 자는 그 관을 소골(蘇骨)이라 하는데, 흔히 자색(紫色) 라사(羅絲)로 만들고 금은(金銀)으로 장식한다"고 하였다. 또 『수서(隋書)』에는 "백제에서는 좌평(佐平, 1품)에서 장덕(將德, 7품)까지는 자색 띠를 띠고 시덕(施德)은 검은 띠, 고덕(固德)은 붉은 띠, 계덕(季德)은 푸른 띠요, 대덕(對德) 이하는 모두 누런 띠이며, 문독(文督)에서 극우(剋虞)까지는 모두 흰 띠이다"라고 했다. 그리고 『당서(唐書)』에는 "백제에서는 왕이 큰 소매의 자색 도포(外衣, 외의)와 푸른 비단 바지를 입고 조라관(烏羅冠, 검은 라사관(羅絲冠))에 금화(金花)로 장식하며, 흰 가죽띠와 검은 가죽신을 신는다. …… 서민은 붉은 빛이나 자색 옷을 입지 못한다"고 하였다. 이렇게 볼 때 삼국의 복색(服色)제도에 공통적으로 나타나고 있듯이, 자색은 존귀(尊貴)와 권위(權威)의 색으로 왕실과 고관들의 의복에 사용되고 있었음을 알 수 있다. 신화에 나타나는 자란(紫卵)·자승(紫繩)·자운(紫雲)은 바로 이 같은 존귀와 권위의 의미를 갖는다.

다른 한편 우리는 자색(紫色)이 갖는 심리학상의 중요한 근원적 의미를 살펴볼 필요가 있다. 즉 색채의 심층심리를 이해하는 일이다. 물리학적으로 볼 때 빨강과 보라는 가장 멀리 떨어져 있는데 이들이 합쳐지면 자색이 되어, 심리학적으로는 빨강도 아니고 보라도 아닌 전혀 독자적인 감정을 도출한다. 일찍이 태양광선을 프리즘으로 분석한 뉴턴은 빨강·주황·노랑 · 초록 · 파랑 · 남색 · 보라라는 7색의 스펙트럼을 발견하였는데, 분명히 스펙트럼 상에서는 빨강과 보라가 가장 먼 거리에 있다. 그러나 오스트발트(W. Ostwald)나 먼셀(A. Munsell)이 생각했듯이 빨강과 보라 사이에 자(紫)를 두어 연결해서 하나의 고리를 만들면 색상의 고리, 즉 색상환(色相環)이 된다. 이와 같이 자(紫)는 물리학적으로 보아 미묘한 색인데, 심리학적으로 보아도 마찬가지이다. 자(紫)는 실로 커다란 모순을 내포하고 있다. 같은 자색이면서도 고귀와 비천, 신비와 불안 등 서로 모순되는 인간감정을 유발하는 양의적(兩義的)인 색이다.

비렌(F. Birren)은 『색채심리와 색채 요법』(1950)에서 색채 애호의 성격에 관해 자(紫)를 "신비적인 색, 예술가나 신비주의자처럼 내성적(內省的)이고 변덕스러우며 그리고 세속을 혐오하며 때로는 창조적인 사람, 재능 있는 것처럼 꾸며 겉으로만 그럴싸한 사람, 히스테리"[18] 등과 결부시키고 있다. 자는 빨강도 아니고 보라도 아닌 그 중간에 위치하여, 다양한 색채를 내포하고 그럼으로써 다채로운 감정 표출의 매체가 되고 있다. 자는 다양한 변화를 갖는 불가사의한 색이다. "일찍이 들라크루아는 사물의 그림자는 검은색이 아니라 자를 비롯하여 여러 가지 색을 내포하고 있다고 말했다. 이 이론을 계승하여 빛과 색을 분석한 인상파 회화는, 모네와 쇠라가 그러하듯이 빈번히 자(紫)를 사용한다. 그것은 자가 메타모르포제(metamorphose, 變容)를 내재시키는 색채이며, 빛이나 색의 변화를 민감하게 표현할 수 있는 색이기 때문이다."[19] 자는 인간의 심층심리에 있어서 미묘한 변화나 뉘앙스를 표현하기 쉽기 때문에, 비천한 색이 되기도 하고 또 때로는 고귀한 색이 되기도 한다.

민족의 시조(始祖)의 탄생과 관련하여 나타난 자란 · 자승 · 자운 등에서, 우리는 자색의 심층심리를 이해할 수 있을 것이다. 그 심층심리를 분석해

18 近江源太郎, 『造形心理學』, 福村出版, 1984, p. 135.
19 岩井寛, 『色と形の深層心理』, 日本放送出版協會, 1986, pp. 45-46.

보면 첫째로 고대인들이 그들 시조의 탄생 시에 지녔던 긴장이 고조된 불안정한 심리상태, 둘째로 알 모양의 형태를 하고 있는 신령스런 물체가 곧 새로운 다른 형태로 변용될 것이라는 예견, 그리고 셋째로는 그 변용으로 인해 탄생할 존재의 고귀함과 성스러움 등과 같이 복합적인 의미 내용을 지니고 있다. 신화에 나타난 고대인들의 자색의 발견은 그들의 예리한 색채감각을 말해 주는 것이다.

4. 조화(調和)의 원리와 난형(卵形)의 미

단군신화에서 알 수 있듯이 우리 민족은 천(天)·지(地)·인(人)의 조화를 가장 온전한 감정상태로 생각하였다. 우리의 시원적인 경험에는 하늘과 땅의 대립이나 갈등이 없다. 하느님(천신 天神)의 서자(庶子)인 환웅(桓雄)이 천하에 뜻을 두어 인간세상을 탐내어 구하기에 하느님 환인(桓因)은 아들의 뜻을 알아 천부인(天符印) 세 개를 주어 삼위태백산(三危太白山)의 신단수 아래에 그 아들을 바람·비·구름의 세 자연신을 대동시켜 보냈다. 그런데 하늘의 상징인 환웅만이 탐구인세(貪求人世)한 것이 아니고 땅의 상징인 곰도 인간이 되기를 간절히 소망하였다. 양자 사이에 태어난 단군은 그러므로 하늘과 땅의 결합에 의해 출생한 아들이라 할 수 있다. 단군은 하늘의 것과 대지의 것을 아울러 가진 인간이며, 그가 거처하는 세계는 천·지·인의 조화의 세계이다.

조화(harmony)는 고차적인 미적 형식원리이다. 단군신화에 나타난 천·지·인 합일사상(合一思想)의 균형논리는 우리 민족의 집단적 사고의 원형(原型)이다. 이것은 인간을 정점으로 하여 하늘의 신도 인간이 되기를 추구하였고 땅의 동물도 인간이 되기를 기원한 부러운 존재로서의 인간상(人間像)을 정립해 놓고 있다. 환인이 환웅으로 하여금 신시를 베풀게 한 목적은 다름 아닌 홍익인간(弘益人間)이었다. 환웅에게 준 삼부인(三符印)이 무엇인가에 대해서는 명백하지 않지만, 동북아시아의 신화를 연구하는 학자들의 일반적인 견해로는 거울과 칼과 방울이라고 한다. 거울이란 향내적(向內的)인 인간심리의 자기성찰에 대한 상징이고, 칼이란 향외적(向外的)인 인간심리가 갖는 사회정의의 상징이며, 방울은 주술적인 제의(祭儀)의 상징이라고 생각된다.[20] 원래 부(符)라는 글자의 뜻은, 서구어의 symbol의 어원적인 의미와 마찬가지로, 두 가지가 화합하여 서로 믿음이 선다는 내용을 포함하고 있다. 이러한 바탕 위에서 지상의 현실과 천상의 이치가 상호 교응(交應)할 때 홍익인간의 이념은 실현될 수 있는 것이다. 이처럼 우리 민족은 천 · 지 · 인 합일의 우주론적 조화사상을 자신들의 근원적 느낌으로 체험하였다. 이러한 조화와 융화의 사상은 곧 한국인의 윤리와 예술의 기반이 된다.

우리 민족의 건국신화가 갖는 또 하나의 특성은 이른바 '난생(卵生)신화'라는 점이다. 고구려의 시조 주몽(朱蒙)의 신화에 따르면, 하백(河伯)의 딸 유화(柳花)는 천제(天帝)의 아들 해모수(海慕漱)와 결합하여 커다란 알을 낳았는데, 그 알의 껍질을 깨고 태어난 사람이 주몽으로 골격과 외양이 영특하고 기이하였다고 한다.[21] 신라의 시조 혁거세(赫居世)는 번갯불 같은 이상한 기운이 하늘에서 드리워진 곳에 백마(白馬)가 울고 간 다음 자줏빛 알이 있었는데 그 알에서 태어났다고 한다.[22] 또한 가야국(伽倻國)의 김수로왕(金首露王)은 붉은 보자기에 싸인 금빛 상자 속에 해와 같이 둥근 여섯 개의 황금알이 있었는데, 그 알들이 변하여 처음으로 태어난 사람이었다.[23] 석탈해(昔脫解)도 완하국(玩夏國)의 함달왕(含達王) 부인이 임신하여 알을 낳았는데

---

20 鄭璟喜, 『韓國古代社會文化硏究』, 一志社, 1990, p. 47; 金炯孝, 『韓國思想散考』, 一志社, 1976, p. 11; 이 삼부인(三符印)에 관하여 고전문학자 장덕순은 구체적으로 명기(明記)하지 않고, 첫째 환웅(桓雄) 천왕은 신(神)이기 때문에 신격(神格)을 상징하는 것, 둘째 인간계(人間界)를 다스리는 권위의 상징, 셋째 인간의 사후(死後) 세계인 타계(他界)까지를 다스리는 상징이라고 추리하고 있다. 요컨대 삼부인은 각각 천상(天上), 지상(地上), 지하(地下)의 삼계(三界)를 상징하는 것이라고 한다. 張德順, 「宇宙論 · 世界像」, 成均館大學校 大同文化硏究院 編, 『韓國思想大系』 I , 문학 · 예술사상편, 1973, p. 193.

21 『三國遺事』 卷 第一, 奇異 第一, 高句麗條.

22 『三國遺事』 卷 第一, 奇異 第一, 新羅始祖赫居世王.

23 『三國遺事』 卷 第二, 駕洛國記.

그 알이 변해서 사람이 되었으므로 탈해(脫解)라고 불렀다고 한다.

이처럼 주몽 신화, 혁거세 신화, 김수로 신화, 석탈해 신화는 각기 신성동물(神聖動物)의 상징이 다르기는 하나 그 공통된 모티프는 모두 난생(卵生)이란 점이다. 난형(卵形)은 존재의 비밀이 담겨진 근원적인 형태이며 특수한 미적 매력을 맛보게 하는 형태이다. 둥근 알이라는 형태는 우리 민족의 종족사고(種族思考), 미의식(美意識)의 기반을 밝히는 데 있어서 중요한 의미를 지닌다. 우리의 난형의 신화는 곧 "음양의 태극지묘(太極之妙)를 알리는 조화와 균형을 둥글게 상징한다."[24] 그리고 그 난형의 논리는 "중용(中庸) · 중정(中正)의 논리, 원융무애(圓融無碍)의 논리를 대변한다."[25]

둥근 원(圓)과 같은 형은 인간에게 있어서 형태감각이 가져다주는 최초의 심리적 원형(原形)이다. 인간에게 있어서 어머니의 둥근 젖가슴은 태어나면서부터 육체적으로 직접 닿고 정신적으로 안심을 얻게 해 주는 물체이다. 어린애가 이것을 가지고 놀거나 깨물어도 허용이 되는 마치 최초의 장난감과 같은 것이며, 어머니의 애정을 확인하기 위해 이용되기도 한다. 원이라고 하면 우선 머리에 떠오르는 것이 밀교(密敎)의 만다라도(曼茶羅圖)나 원시(原始) 크리스트교의 사천사(四天使) 도상(圖像)일 것이다. 어느 것이든 모두 다 원을 하나의 심리적인 상징으로 사용하고 있으며, 원을 통해 존재의 근원적인 모습이나 우주의 분위기와 양상을 나타내고 있다. 이것은 아마도 어린애가 태어나 가장 최초로 원을 그린다는 사실, 즉 모든 것을 원으로 환원시키려고 하는 의도와 무엇인가의 관계가 있을 것 같다. 그리고 인간의 근원적인 것 또는 인간의 탄생 이전의 하느님이나 우주를 포함한 원형심리와 관계가 있을 것이다. 원은 요컨대 인간의 무의식(無意識)이나 원형적(原形的) 사고와 밀접한 관계를 맺고 있다.

그런데 난형은 원 가운데서도 가장 부드럽고 자연스러우며 저절로 친근

24 金烔孝, 앞의 책, p. 11.
25 金烔孝, 같은 책, p. 45.

감을 갖게 해주는 형태이다. 그것은 기하학적인 동심원(同心圓)이나 타원형(橢圓形)과도 다른 독특한 성격을 갖는다. 그것은 자연이 낳은 형태이며 생명성을 지닌 유기적인 형태이다. 한국인은 오랫동안 알터와 알바위를 소중하게 간직해 왔고, 눈 감은 듯 명상하며 미소짓는 여래(如來)의 얼굴에서 그리고 달덩이처럼 둥근 조선조 자기에서 또한 조상의 무덤에서 훌륭한 난형의 미학을 이룩하였다.

이 난형과 가장 닮은 식물적 형상은 박(瓠)이다. 알의 형태미와 박의 형태미는 너무도 흡사하다. 혁거세 신화에 의하면, 사내아이가 알에서 탄생하였는데 그 알의 모양이 박과 같아서, 향인들은 박(瓠)을 박(朴)이라고도 하므로 성을 박(朴)이라 하였다고 한다. 우리들의 생활에 친숙해져 있는 박으로 만든 용기 바가지는 한국인이 사랑하는 형태미를 아주 잘 상징하고 있다. 이어령은 바가지의 아름다움을 다음과 같이 칭송하고 있다. "바가지의 모양처럼 수수하고 둥글넓적하고 약간 일그러진 그 타원형의 형태를 우리는 사랑한다. 움푹하면서도 갸름한 손잡이, 단정하되 약간 균형이 어긋난 자연스러운 볼륨. 아무데를 보아도 요철이 없고 신경질적으로 모난 데가 없다. 소박하고 단순하고 그러면서도 은근한 변화가 있는 바가지의 모양이야말로 한국적 미의 원형이라 하지 않을 수 없다."[26] 바가지가 갖는 형태미의 특성은 요약하면 소박성(素朴性)·단순성(單純性)·비인공성(非人工性)이다. 이러한 성격은 모든 형태를 원시(原始)에로 환원시킬 때 생겨나는 것이다. 한국인은 바가지와 같이 평범하고 단순한 둥근 형태를 선호한다. 이렇게 볼 때 한국적인 형태미는 공간을 침투하고 정복하는 미가 아니라 공간 속에 스스로 동화하려는 순응(順應)의 미라 말할 수 있다.

금세기 초에 루마니아의 조각가 브랑쿠지(Constantin Brancusi)는 예술 창조의 장에서 탁월한 난형(卵形) 미학을 보여 주고 있다. 〈휴식〉, 〈잠자는 뮤즈〉, 〈탄생〉 등 일련의 작품을 통해 그는 외형이 갖는 디테일을 소거(消去)

26 李御寧, 『韓國人의 再發見』, 教學社, 1978, p. 115.

하고 물질이 갖는 내재적인 힘을 끌어내는 데 전념하였다. 여기에 가장 적합한 형태는 구체(球體)도 아니며 입방체(立方體)도 아닌 바로 난형이었다. 그가 집요하게 지속적으로 추구해 온 이러한 작업의 마지막 시기에 발표한 작품은, 오로지 난형 그 자체라고 밖에 말할 수 없는 〈세계의 시작〉이라는 것이었다. 이오넬 지아누(Ionel Jianou)는 이 작품에 관해서 다음과 같이 간결하게 그 특질을 이야기하고 있다. "그것은 매끄럽고 둥글며 표면에 광택이 있는 난형으로, 델리케이트하게 연마되어 빛 가운데 놓여져 있다. 시작도 끝도 없이 닫혀진 표면은 무한(無限)을 시사하고, 외계의 어떠한 것과도 접촉을 보이지 않는다. 어느 부분을 취해도 그것은 이 절대성의 평온함과 충족된 형태를 어지럽히는 일이 전혀 없다. 이 작품에서 조각가는 난형에 관한 옛 신화를 소생시키고 그것에다 새로운 의미를 부여하였다."[27] 이 작품은 구체적인 인간의 두부(頭部)를 모티프로 하고 있는 〈잠자는 뮤즈〉를 모체로 하고 있는데, 결국 난형은 브랑쿠지가 도달한 다름아닌 보편적 형태였던 것이다. 이 난형의 세계는 브랑쿠지에게 있어서 '비상(飛翔)의 본질' 과 더불어 그가 계속적으로 추구해 온 '대지와 일체화하는 인간의 본질' 을 의미하는 특별한 위치를 점하는 것이었다. 브랑쿠지의 난형의 예술은 그러한 의미에서 인간과 대지가 일체화하는 다름아닌 우주 그 자체인 것이다.

한국인의 미의식 가운데는 브랑쿠지의 작품세계에서 볼 수 있었던 것처럼 난형에 대한 독특한 미적 취향이 있고, 그 근저에는 대지(大地)에 동화(同化)하려는 심리, 즉 평온에의 추구가 있다.

27 I. Jianou, *Constantin Brancusi*, Arted, Paris, 1963, p. 66.

5. 덕(德)의 상징으로서의 미

지금까지 우리는 고대의 신화를 통해 미의식의 단편들에 접할 수 있었지만, 미의 체계적인 의미를 이해하는 데 있어서는 부족한 점이 많았다. 혁거세(赫居世) 신화는 미의 위상과 그 의미연관을 파악하는 데 있어서 큰 도움을 주는 자료라고 생각된다. 혁거세 신화의 전개 과정은 마치도 미를 발견해 가는 예술창조의 과정과도 흡사한 느낌이 든다. 『삼국유사』에서 서술하고 있는 탄생의 전후 경위를 분석해 보면 다음과 같다.

(1) 탄생에 앞서 우선 진한(辰韓)의 육부(六部) 촌장(村長)들이 함께 모여 의논하기를, 위로 임금이 없어 백성들을 다스리지 못하기 때문에 백성들은 모두 방일(放逸)하여 저 하고 싶은 대로 하고 있는데, 덕 있는 사람(有德人)을 찾아 임금으로 삼아 나라를 세우고 도읍을 정하자고 하여 뜻을 모은다. (2) 그들이 높은 곳에 올라 남쪽을 바라보니 양산(楊山) 아래 나정(蘿井)이라는 우물가에 번개빛처럼 이상한 기운(異氣)이 하늘로부터 땅에 닿도록 비치고 있으며, 거기에는 흰 말(白馬) 한 마리가 꿇어앉아 절하는 형상을 하고 있었다. (3) 그래서 그곳을 찾아가 조사해 보니(尋撿), 거기에는 자줏빛 알이 한 개가 있었으며, 그때 말은 사람을 보고는 길게 울더니 하늘로 올라갔다. (4) 알을 깨고서 어린 남자아이(童男)를 얻었는데, 그 아이는 모양이 단정하고 아름다웠다(形儀端美). (5) 모두 놀라고 이상히 여겨 동천(東泉)에 목욕시키니 몸에서 광채가 나고(身生光彩), 새와 짐승들이 춤을 추었다(鳥獸率舞). (6) 이윽고 천지가 진동하고(天地振動), 해와 달이 청명해졌다(日月清明). (7) 그래서 이 아이를 혁거세왕(赫居世王)이라 이름하였는데, 세상을 밝게 다스린다는 의미였다. (8) 이에 당시 사람들은 다투어 치하하여 말하기를, 이제 천자가 이미 내려왔으니 마땅히 덕이 있는 여인(有德女)을 찾아 배필로 삼아야 할 것이라고 하였다. (9) 이 날 사량리에 있는 알영정(閼英井)가에 계룡(鷄龍)이 나타나서 왼쪽 갈비에서 여자아이를 낳았는데, 그 아이는 얼굴과

모습이 매우 아름다웠으나(姿容殊麗), 입이 닭의 부리와 같았다. (10) 이에 월성 북쪽에 있는 냇마물에 목욕을 시켰더니 그 부리가 빠졌다. 그래서 그 내를 발천(撥川)이라 하였다.

여기에서 우리의 관심은 미의 의미연관인데, 먼저 단미(端美)(4)라는 용어에 주목하게 된다. 다양한 미의 유형 가운데 선택된 이 단미라는 용어는, 석탈해(昔脫解) 신화 가운데 궤를 열어보니 단정한 남자아이가 하나 있었다(有端正男子)는 이야기가 있는데, 그 경우의 단정(端正)이라는 표현과도 상통한다. 요컨대 단미는 신라인이 생각한 하나의 미의 전형이었다고 볼 수 있다.[28] 그리고 이 단미라는 술어의 주어가 형의(形儀)(4)라는 점을 생각해 볼 때, 아름다운 것은 다름아닌 주인공의 형상과 모습이라는 사실이다. 여기에서 미는 우선 외형적이고 감각적으로 존재하는 것으로 파악되고 있다. 이러한 사실은 알영(閼英)의 아름다움을 서술하는 경우에도 확인되는데, 자용수려(姿容秀麗)(9)라는 표현에서 알 수 있듯이 자용이 아름답다는 것이다. 어감상으로는 형의(形儀)라는 말이 다소 격식 있는 전체적인 틀을 지칭하는 데 비해, 자용(姿容)이라는 말은 보다 구체적인 외모의 분위기나 생김새를 가리키는 느낌이 들지만, 외형적인 모습을 가리키고 있다는 점에서는 공통적이다. 이처럼 미는 우선 내용적 실체라기보다는 형식적인 측면에 관계되는 것이었다. 그리고 이러한 미는 백마와 같은 천상의 존재라거나 또는 지상의 다른 여러 동식물의 모습과 관련지우지 않고, 동남(童男)(4)이라고 하는 생명을 지닌 구체적인 현실의 인간과 관련되고 있다. 이것은 미를 어디까지나 인간의 영역에 속하는 가치로 간주하고 있다는 견해를 말해 주는 것이다.

다음으로 목욕을 시키니 몸에 광채가 났다(5)는 말에서, 미(美)는 자기순

28 일본의 『古事記』 가운데 崇神天皇 시대 이야기를 서술하는 대목에서 活玉依毘賣(이쿠타마요리히메)에 관하여 그 용자(容姿)가 '단정(端正)' 하다고 쓰고 있다. 이 '端正' 이라는 글자를 아름답다라는 의미의 'うるわし(우루와시)' 라고 훈독(訓讀)하는데(今道友信, 『東洋の美學』, TBS Britanica, 1980, p. 257 참조), 이것은 고대의 한국과 일본의 미의식에 상통하는 바가 있음을 말해 주는 자료라고 생각된다.

화(自己純化)의 과정을 이행해 감으로써 보다 높은 강도(强度)를 갖게 되며, 그리하여 광휘를 발하는 가운데 넓은 영역을 비추게 됨을 알 수 있다. 그리고 미가 충만된 극치의 상태는 조수(鳥獸)와 같은 동물들도 함께 기뻐 춤추며 뛰노는 황홀한 경지가 된다. 그리하여 인간의 영역에 한정되었던 미는 이제 널리 전 생명체에 이르기까지 공유되기에 이른다. 이러한 순간은 세계의 커다란 전환을 맞는 때이기도 하다. 곧 이어 천지의 우렁찬 진동(振動)(6)이 뒤따르는데, 이것은 하늘로부터 신비스런 기운이 드리운 이래 긴장과 경이의 연속선상에서 일련의 위대한 창조적 과업이 완수됨으로써 신천지(新天地)가 열림을 고지(告知)하는 표징이다. 그리고 일월의 청명은 새롭게 열리는 지복(至福)한 세계상(世界像)의 전체적 모습이다. 여기에서의 청명(淸明)은 곧 미의 충일(充溢)인 것이다.

신화의 앞부분으로 되돌아가면, 아름다운 동남(童男)이 탄생하는 그 전조(前兆)로서 평상시와는 다른 번개빛처럼 이상한 기운이 드리우고 있었다(2). 이와 같은 포착하기 어려운 감각적 상징은 인간으로 하여금 불안정한 감정의 동요를 불러일으키게 하는데, 그러한 분위기는 마치도 예술적 창조의 초기 단계에서 맛보는 혼돈된 기분과 같이 여겨진다. 여기에서 우리는 미의 발견이나 창조에는 전(前) 단계가 전제되고 있음을 생각하지 않을 수 없다. 다른 한편 아름다운 동남의 존재는 어느 누구에게나 그 모습을 드러내는 것이 아니라, 6부 촌장들의 간절한 소망과 기원(1)에 대한 보답으로서 나타났다는 점에 주의해야 한다. 미와의 소우(遭遇)는 높은 데까지 올라가야만 하고(2), 또 직접 멀리까지 그곳을 찾아가야만 하는(3) 노력이 뒤따름으로써 가능하였다. 즉 주체(主體)의 강렬한 의지와 노력에 의해서만 미가 발견될 수 있음을 살펴보게 된다. 그런데 본시 6부 촌장들이 희구한 바는 방일(放逸)한 백성을 다스릴 수 있는 덕인(德人)(1)이었다. 그들이 필요했던 가치이념은 미가 아니라 덕이었다. 하지만 덕인이 출현했다는 언급을 보이지 않고, 단미(端美)한 동남(童男)의 탄생을 말하고 있을 뿐이다. 이러한 사정은 혁거세의 경우에만 한하지 않고, 알영의 경우 역시 마찬가지이다. 즉 사람들이 유덕녀(有德女)를 찾아 배필을 삼아야 한다고 원했지만(8), 출현한 것은 아름다운 모습의 동녀(童女)(9)였다. 언뜻 보기에 여기에 논리상의 혼선이 생긴다. 그렇지만 덕이라고 하는 것이 인간적 삶의 축적 가운데 이루어지는 가치이므로 어린 동남 · 동녀의 서술에는 적합하지 않은 만큼, 이들을 서술함에 있어서 도덕적 가치개념 대신에 미적 가치개념을 끌어들인 것이라고 생각할 수 있다. 그러나 더욱 중요한 의미는, 단미하고 수려한 존재는 다름아닌 덕을 내포하고 있는 최고의 인격이라고 하는 사실을 전제하고 있다는 점이다. 혁거세 신화에서 미는 이와 같이 덕의 상징으로서 나타난다. 여기에서 우리는 도덕적 성질과 미적 성질은 그 근원에서는 동일하며, 덕(德)은 그 최고의 단계에서 미(美)로 이행(移行)한다고 하는 사고를 살펴볼 수 있다.

이상의 고찰에서 우리는 미의식과 관련하여, 혁거세 신화와 석탈해 신화에서 언급되고 있는 '형의단미(形儀端美)', '유단정남자(有端正男子)' 등의 표현으로부터 인간의 용모, 자태에 관련된 선인들의 미의식의 한 전형이 단정, 단아의 미였음을 살펴볼 수 있었다. 한국의 고전미로 간주되는 이 단정, 단아의 아름다움에 관한 해명은 고대의 조형예술에 대한 미술사적 고찰로부터도 그 성과를 기대해 본다.

더 읽을거리

고려대학교 한국학연구소, 『한국미학 시론』, 1994.

김부식, 『삼국사기』

일연, 『삼국유사』

민주식, 「한국고대의 조형과 신화에 나타난 미의식」, 『미학』 제13집, 한국미학회, 1989.

______, 「한국 전통미학사상의 구조」, 『미학예술학연구』 17, 한국미학예술학회, 2003.

조선 후기 예술론의 전개

정혜린

1. 머리말

조선 후기에는 '예술(fine arts)'과 같이 시, 회화, 서예 등을 총괄하는 명칭이 존재하지 않았다. 당연히 이들 장르가 아름다움을 공통적으로 추구한다는 사고도 존재할 수 없었다. 조선 후기에는 '예술'이 존재하지 않았다고 말해야 할까. 그렇다면 '예술'과 상당히 근접해 보이는 '시서화 일치(혹은 일률)'라는 명제는 어떤 관념을 담고 있을까.[1] 그 밑바탕에 있는 전제로부터 시작해 보자. 당시 예술론은 현대와 달리 대부분 철학사상, 사회사상과 직간접적으로 긴밀하게 연계되었다. 이는 전통적으로 사회의 제반 문화의 총체성을 강력히 수호하는 공자 이래 유가의 전통이다.[2] 그런데 임진왜란을

1 이 글에서는 20세기 이전 중국과 한국에 시, 서, 화가 하나의 범주로 묶인다는 의식이 존재했다는 데 근거해 앞으로 편의상 미와 예술이라는 단어를 사용할 것이다. 단 두 개념은 근대 서구에서 발생한 진, 선과 독립적인 미, 그리고 이러한 미를 추구하는 예술이라는 의미로는 사용하지 않는다. 각각은 이 시기의 시(문)서화와 이(理)에 종속되지 않는 가치 개념들 예컨대 신운(神韻), 취(趣), 색(色), 신(神), 미(味), 묘(妙) 등을 지시한다.

2 『논어』에서 道가 개인의 도덕과 그 근원으로서 자연의 원리라는 의미를 포함한 이래 주자학에서 자연의 원리의 근원(*所以然之故*)과 가치판단의 기준(*所當然之則*)은 구분되면서도 같은 근원을 갖는 것으로 이해된다. D. Monro와 Tu Wei-Ming도 이에 대해 중국 유가는 우주관으로부터 인간의 윤리적 사회적 질서를 추론해 내는 경향이 있다고 지적한 바 있다

계기로 조선의 예단(藝壇)은 과거 예술의 도에 대한 전달 책임을 중시하는 입장으로부터 점차 개인의식과 정신적 유희를 강화해 나가는 변화를 맞았다. 분명히 조선 후기 내내 도(道), 즉 모든 자연 법칙과 가치의 근원은 주자학적이거나 혹은 양명학적이거나 도가적이거나 선진유가(先秦儒家)적이라는 의미의 차이가 있었을 뿐 늘 자연(眞)이자 당위(正)로서 부정되지 않았다. 실제로 당시 시서화론의 제 개념들은 늘 도를 염두에 두었다. 결국 조선 후기 예단의 변화는 개체들 내의 보편적 원리, 즉 당위(正)를 존중하는 입장으로부터 개체의 차별성을 있는 그대로 자연(眞)으로서 인정하는 경우까지의 진폭을 갖는다고 할 것이다. 따라서 조선 후기 예술론 연구는 예술이 도를 밝히고 전달하는 것을 유일한 목표로 삼는 학문[3]과 당위(正)를 얼마만큼 공유하는가, 혹은 예술 고유의 영역을 자연(眞) 아래 얼마만큼 확대시키는가 하는 데서 출발해야 할 것이다. 이 글에서는 이 문제를 보다 구체화시켜 조선 후기 예술론이 첫째, 학문과 공유하지 않는 예술 고유의 영역을 어떻게 논의해 나가는지를 보편자(理一)로부터 개별자에 대한 관심의 이동과 개인의식의 성장 속에서 고찰하며 둘째, 시, 서, 화에 대해 예술로서 동일한 지위와 동일한 구조의 창작론을 부여했는가 하는 것을 검토할 것이다.

2. 예술의 자율성 구축을 향하여: 농연일문(農淵一門)[4]을 중심으로

개국 이래 조선의 통치이념인 성리학에 충실한 예술론은 일반적으로 재

(각각 *The Concept Of Man In Early China*, 1969, pp. 29-33과 "Neo-Confucian Ontology: A Primary Questioning", *Journal Of Chinese Philosophy* 7, 1980, p. 93 참조). 이 세계관은 현대인들이 말하는 소위 정신적인 것과 물질적인 것, 자연의 법칙과 당위의 법칙의 근원을 분리시키지 않은 채 인간사회의 질서를 우주질서에 합치시키려는 '천인합일(天人合一)적 세계관' 이라고 지칭된다.

3 이 글에서 앞으로 언급하는 학문이란 천일합일을 전제로 하는 중국과 조선의 사유방식에 근거해 순수사변적 진리와 도덕적 진리를 모두 그 대상으로 함을 밝혀둔다.

4 이하에서는 농암 김창협과 삼연 김창흡 그리고 그 문하를 농연일문으로 약칭함.

도론(載道論)이라고 불린다. 선조대 즈음 이이(李珥, 1536–84)의 언급을 빌리자면 도는 문장의 근본이며 문장은 도의 말단이다. 문장은 도에 속해 있으므로 도를 벗어난 문장 고유의 영역은 존재하지 않는다.[5] 이이처럼 재도론자들은 대부분 문장이란 도를 효과적으로 전달하기 위한 수단이라고 볼 뿐 도의 전달에 방해가 될 수 있는 문장의 수식이나 개인의식은 규제하는 경향을 갖는다. 그런데 이 시기 예단의 또 다른 한편에서는 학문과 다른 문학의 독자적 가치를 긍정하는 목소리들이 등장했다. 최립(崔岦, 1539–1612), 허균(許筠, 1569–1618), 장유(張維, 1587–1638) 등은 문장이 소도(小道)가 아니라고 주장하거나 이(理)와 예교(禮敎) 등 재도론이 중시하는 가치들과는 다른 별취(別趣)나 천기(天機) 같은 시 고유의 영역이 존재한다고 강조했다.[6] 한편 이들 예술 고유의 영역을 논하는 임진왜란 전후의 문인들 사이에서는 명말 문인들의 취미를 좇아 회화를 수장(收藏)하고 감상하는 풍조가 급격히 고조되어 갔다. 그런데 이들은 서화 감상을 유가의 본분이 아님에도 적극 애호했다는 의의를 남겼지만 서화와 도의 관계를 진지하게 고려하지 않았다는 한계를 보였다. 이들은 문예론에서 재도론과 이에 대한 비판적 논쟁을 통해 문학과 도의 관계를 진지하게 논하는 것과 매우 다른 양상을 보인 것이다. 이들이 서화의 이론에 눈을 뜨고 그 예술성을 진지하게 논하고 더불어 문학의 자율성에 관한 학문적 토대를 마련한 것은 17세기 후반 이후이다.

가. 예술창작의 능력과 대상

농연일문은 17세기 후반에서 18세기 초반에 걸쳐 활동하면서 사회적 자아와 양면을 이루는 개인적 자아를 시, 서, 화를 통해 표출하는 경향을 확대시키고 또한 사상적으로 정당화시켰다. 그 중심인물인 김창협(金昌協,

5 李珥, 『栗谷全書』 拾遺 6, 「文策」.

6 崔岦, 『簡易文集』 9, 「稀年錄 · 贈吳秀才竣序」; 許筠, 『惺所覆瓿稿』 권4; 張維, 『谿谷先生集』 六, 「石洲集序」; 安鼎福, 『順菴集』 권17, 「天學問答」.

1651-1708)은 예술창작의 능력과 대상에 관해 중요한 논의를 남겼다.

우선 김창협은 주자학적 성정론을 재검토하면서 도덕으로부터 정(情)의 자율성을 확대시키고 정의 다양함을 주목할 것을 요청했다. 주자 이래 조선 후기까지 정의 다양성은 주목되지 못했다. 이 시기 주자학자들은 『예기(禮記)·예운(禮運)』에서 언급한바, 정의 종류가 일곱(七情: 喜, 怒, 哀, 懼, 愛, 惡, 欲)이라는 점을 문제 삼지 않았다. 그러나 김창협은 현실적으로 인간의 정이 단지 일곱 종류로 분류될 수 없을 만큼 다양하다고 주장했다.[7] 또한 그는 특정한 정이 악을 드러낼 가능성이 높다는 성리학적 편견을 정면으로 부인했다. 예컨대 욕(欲)은 일반적으로 악에의 가능성이 큰 것으로 부정적으로 평가되지만 실상 인과 의, 예, 지 모든 성을 드러낼 수 있으며 기타 감정들도 모두 네 가지 성을 드러낼 수 있다는 것이다.[8] 이렇게 김창협은 정의 내용과 종류의 다양성을 주목했을 뿐만 아니라 정의 도덕적 부담을 덜어주는 새로운 사유방식을 제시했다. 그의 새로운 성정론의 정에 대한 태도는 사상계와 예술계에서의 그의 높은 영향력을 통해 예술창작에 훨씬 큰 자유의 여지를 제공하게 된다. 김창협의 성정론은 조선 후기 허균, 최립, 장유에서 간간히 드러난 정의 성에 대한 도덕적 자율성에의 요청을 사상적으로 반영했다는 의의를 가질 것이다.

다음 농연일문은 학문의 대상은 이(理)이고 시의 대상은 천기(天機)라고 구분하였다. 천기는 인간의 욕망에 대립되는 개념으로서 『장자』에서 언급된 이래 중국과 조선의 사상과 예술론에서 간간히 등장하였다. 농연은 이와 천기의 관계를 각각 학문과 예술의 대상으로 명시했다(一則從形氣上看活意 一則從性命上認正理也). 이가 현실의 존재들에 내재한 보편적 존재원리를 지시한다면 천기는 있는 그대로의 자연 전체를 지시하며, 특히 현실 존재들의 차별성을 강조한 개념이다.[9] 이처럼 천기와 이는 포섭하는 자연의 범

7 金昌協, 『農巖集續集』 下, 「四端七情說」 66쪽.
8 같은 글, 67쪽.
9 金昌翕, 『三淵集』 권33, 「日錄」 8쪽.

위가 다르다. 김창협은 그래서 천기를 드러내는 데 학문이 적절한 방식이 아니라고 한다.[10] 천기는 '우연적인 무심한 마음'으로써만 드러날 뿐이다. 그리고 이 마음은 흥(興)같이 의도를 배제하고(率意) 논리적으로 안배(安排)하지 않은 즉흥적인 감성을 지시한다.[11] 흥은 성리학적 수양론과 도덕론에서 경계하는 감정의 절제를 넘는 격발된 정서를 지칭한다. 성리학적 입장에서 자신의 당위적 지향(志)을 잃을까 경계하지 않고(玩物喪志), 온 정을 이완시켜 표출하는 것은 매우 위험한 태도이다. 그렇다면 논리와 의도를 넘어 즉흥과 격렬한 정서로 나아갈 때 그 작품이 진리-자연을 획득했다는 것은 어떻게 확인될 수 있는가. 김창협에 의하면 천기는 도심(道心)을 전제로 한다. 『장자』에서 언급되었듯이 나를 중심으로 만물을 왜곡시키는 의식을 중단하고 세계의 본체를 획득한 마음(道心)만이 대상 전체를 있는 그대로 수용할 수 있기 때문이다. 김창협을 포함한 성리학자들은 이 본체에 대한 체험적 인식(吾心深體認默玩)을 일반적으로 '체인(體認)'이라고 일컫는다. 체인은 논리와 개념 바깥에서 전면적으로 진(眞)을 획득하는 인식의 체험을 지시한다. 물론 체인은 진리 인식에서 뚜렷한 한계를 지닌다. 즉 체인은 근본적으로 자기검증에 의거하므로 진리 인식의 여부를 외부로 객관화시키는 것은 불가능하다. 그럼에도 김창협은 체인이 전제로 하는 '우주의 유일한 인식자이자 인간사회의 통치자로서의 사대부'라는 주자학적 사대부의 자신감을 적극적으로 계승하였다. 농연의 문예론에서 주체 확립의 의지와 자신감은 경학 너머 예술론에서 보다 큰 역할을 했다고 할 것이다.

나. 예술비평의 양상

김창협은 명대 의고파(擬古派)를 따라 개성이 소멸된 작품을 양산하는 임진왜란의 시들을 강력히 비판하면서[12] 옛 작품을 모방하지 않는 자득(自得),

10 金昌協, 『農巖集』 권5, 「賦梅用疎影橫斜水淸淺爲韻」.
11 金昌翕, 『拾遺』 권31, 「日錄」, 25쪽.
12 『農巖集』 34, 「雜識」, 377쪽.

운치(韻致), 방일(放逸)한 격(格), 흥회(興會), 천진(天眞), 기기(氣機) 등을 중시했다.[13] 또한 그는 문장론에서도 단순한 사건의 나열이나 논리적 전개를 넘는 부분, 예컨대 풍신(風神)의 수려함, 미적으로 단련된 음조(音調)를 높이 평가했다.[14] 그는 이처럼 도를 객관적으로 전달하기 위한 논리와 사실성 외에 주관적 정취와 언어의 형식미, 그리고 개인의 진실한 정서(自得) 추구를 옹호했다. 학문 영역과 독립된 문학 고유의 영역을 강화하는 그의 문학이념은 이후 18세기 문장이 학문과 괴리되는 문단의 경향을 예고한다.

개성과 천기, 정의 표현을 중시하는 관점은 화론에서도 지속된다. 농연일문의 회화관은 이들과 함께 어울렸던 정선(鄭敾, 1676-1759)의 회화에 대한 평가 속에서 살펴 볼 수 있다. 농연일문은 정선의 회화를 문인화로서 간주하여 시화일치(詩畵一致)의 경계를 획득했고 탈속적인 기(奇 · 畸)를 지향하고 전신(傳神)을 이루어 냈다고 평했다.[15] 그런데 중국과 조선에 커다란 영향을 미친 명말 동기창의 문인화론은 고아(古雅)하고 감정이 절제된 화풍과 서예 필묵법의 차용(書畵同筆論)을 요구했으며, 정선의 화풍은 다음과 같이 동기창의 기준에서는 허용되기 힘든 기준으로 높이 평가되기도 한다. 농연일문은 정선의 회화가 거침없는 활력으로서의 천취(天趣)를 드러냈다거나 "필력이 가장 웅건하고 화면 위에서 어지럽게 물을 뿌리며 분노하며 다가오는 회오리가 물을 뿌리는 듯 사람을 두렵게 한다"[16]고 한다. 또한 이들은 정선이 빈 화면을 응시하고 상상해서 대상을 얻고 그 대상의 형태와 기세를 임의대로(隨意) 표현하여 천취를 얻었다고 이해했다.[17] 요컨대 이들은 작가가 주관적으로 대상의 감각적 형태 너머를 포착하고 이를 즉흥적인 필묵을 통해 표현하는 것을 사대부적 예술로 이해했다. 농연일문은 명말

---

13 예컨대 『農巖集』, 「雜識」 26항, "挹翠軒雖學黃陳 而天才絕高 不爲所縛. 故辭致淸渾 格力縱逸. 至其興會所到 天眞爛漫 氣機洋溢 似不犯人力. 此則恐非黃陳所得囿也."

14 『農巖集』 권18, 「答崔昌大」.

15 李夏坤, 『頭陀草』 권18, 「元伯有輞川圖二」; 같은 책 권15, 27쪽 등.

16 辛敦復, 『鶴山閑言』; 「謙齋畵帖」, 『근역서화징』 651쪽 등.

17 李源命, 『東野彙輯』 권2, 書畵 二, 「投錦裳高僧爭價」.

문인화론에서 언급되는 천취보다 훨씬 자유롭고 격렬한 정서로서의 천취를 긍정한 것이다. 이는 조선 후기에 확장된 사대부 정신세계의 징표이다. 이들은 도덕과 상치하지 않는 한에서 자유롭고 풍부한 정서를 추구하고 스스로 즐겼던 것이다. 그럼에도 이들은 문예론에서와 달리 화론에서는 단편적인 감상론 외 체계적 이론을 남기지 않았으며 이는 이후의 과제로 남겨진다.

3. 예술의 자율성 확대: 영정조대 예단을 중심으로

조선 후기 대표적 사상 논쟁이었던 인물성동이론(人物性同異論)을 통해 영조대 학계는 경향(京鄕)으로 분기되었다. 이 논쟁은 경화학계에서 먼저 쇠락하기 시작했으며 이에 당색을 넘는 교류 양상이 등장하였다. 본 논문은 공적인 가치를 뒤로 한 채 예술과 개인에 주목하는 제 예술론들이 학풍과 당색을 넘는 교류를 통해 경화학계에 확산되는 과정을 문예론과 화론을 통해 고찰해 본다.

가. 문예론

농연일문의 활동이 줄어든 영조대 초기 이후 이의현(李宜顯)은 문장이 육경(六經)에 근본해야 한다고 하면서도 장작능력은 학술, 식견과 별개이므로 도움이 된다면 육경 외 참고로 선진제자(先秦諸子)를 읽을 수 있다고 하였다.[18] 이의현이 김창협의 정통을 자처하는 영조대 문형(文衡)[19]이었으며 문형의 입장이 당시 문단의 공적인 입장이라는 점을 감안하면 주자학적 문예론을 고수하는 경향은 이미 문단의 주류에서 소외되기 시작했다고 볼 수 있

18 李宜顯,『陶谷集』27,「雲陽漫錄」.

19 문형이란 대제학의 별칭으로서 홍문관 대제학과 예문관 대제학의 최고 책임자를 말한다.

다. 영조대 팔문장(八文章) 중 이제까지 연구된 조귀명(趙龜命), 오원(吳瑗), 이천보(李天輔), 남유용(南有容), 황경원(黃景源) 등이 모두 명대 의고파를 선진(先秦) 문장의 내용과 형식을 그대로 모방했다고 비판한 점은 조선 후기 문예창작이 전통적인 형식의 준수로부터 작가의 개성과 정의 진솔함 쪽으로 무게중심이 옮아감을 시사한다. 또한 이들 18세기 문인들은 김창협이 허용한 도와 문예의 관계를 넘어 도의 당위의 측면보다는 자연의 측면을 주목하였고 도덕적 보편성(理一) 확보에 무관심한 채 개인과 개인적 확신(自得)으로 다가가기도 했다. 이제 도에 대한 문의 독립은 고(古)에 대한 금(今)의 중요성, 공(公)에 대한 사(私)의 중요성, 산문의 항유기능 인정 여부라는 문제로 압축된다.

이제까지 도와 문장 간의 긴장된 타협을 깨뜨린 이는 조귀명(1693-1737)이다. 그는 문을 공적인(立言) 문과 개인적인 유희를 위한(自快) 문으로 나누었다. 이 가운데 후자가 자신이 지향하는 문으로서 일시적 즐거움을 위한 것이지 사회와 국가를 위해 봉사하는 것을 목적으로 하지 않는다고 한다. 그는 애초 도는 영원하고 바꿀 수 없는 것이며 모든 존재자가 받아들여야 하는 것임에 비해 문은 시대에 따라 변하는 것이고 개인의 기호에 따라 받아들일 수도 있고 그렇지 않을 수도 있는 유희를 위한 것이라고 한다.[20] 그의 설명에 의하면 문은 도 전체에 대해 개인이 얻은 부분적인 진실, 즉 자득(自得)을 표현하는 것으로서 애초 도를 담을 수 없다. 인간은 저마다 선천적인 개성, 즉 기질의 편향성(獨稟之氣)을 지녔으며 도의 보편성을 획득할 수 없다는 것이다. 문장이 도 전체가 아닌 자득을 표현하는 것은 당위이자 자연스러운 것이다. 조귀명의 문장론은 그 극단적인 성격에 비해 당시 국왕으로부터 재야에 이르기까지 상당히 높이 평가되었던 것으로 보인다.[21] 그의 문장론은 18세기 중반 이후 이론화가 불가능할 정도의 다양한 전통 파

20 이하 조귀명의 문론에 대해서는 『東谿集』 권10, 「答敬大書」, 「答稚晦兄書」, 「答李季和書」 참조.

21 李奎象, 『并世才彦錄』, 「文苑錄」, 창작과비평사, 1997; 『英祖大王實錄』 권40 참조.

괴적이고 개성이 넘쳤던 문학창작의 경향을 예고한다.[22]

다음 세대 안산을 중심으로 활동한 여주 이씨 일문과 그 주변 문인은 산문과 시(詩) 두 분야에서 영정조대 문단의 특수성을 집약적으로 드러낸다. 이들의 중심인물이었던 이용휴(李用休, 1708-82)와 이가환(李家煥, 1742-1801) 부자는 당시 문단의 흐름을 정(正)과 기(奇)로 나눌 때 후자를 대변한다고 언급되기도 한다.[23] 여주일문 그리고 이들과 교유한 강세황 등은 사회로부터 소외된 자아의 '개인'적 차원을 추구하는 경향을 보인다. 이들은 예술의 진(眞)은 극에 이르면 사회와 전통을 거부하는 광기와 기(奇)로 드러날 수 있으며 공적인 것이 아니라 개인적인 것(自賞而自許)이라고 주장하였다.[24] 김창협의 문예론은 영정조대 재야 시인들에 의해 개인, 유희, 언어 너머의 영역이 강화되었고 청대 문예론을 적극 수용한 관료 문인들에 의해 계승되었다.

영조대 가속화된 조선 후기 예술과 개인의 강화 경향은 정조대 관변문학의 위축이라는 공적인 문제로 떠올랐다고 표현해도 좋을 것이다. 정조는 친위 학자군을 육성하고 북학을 장려하여 조선 성리학에 새로운 국면을 조성하였다. 그러나 이들 학자들 중 김조순, 심상규, 이상황, 박지원, 남공철, 북학 4대가 등 다수는 정조의 의도를 넘어 명청 패관문학(稗官文學)을 탐닉했다. 패관문학의 대표적 문체인 소품체(小品體)는 명대 중엽 이래 유행한 산문체로서 형식적인 면에서 문장이 길이가 짧고 구어와 비속어를 많이 사용하는 등 전통의 격식을 벗어날 뿐만 아니라 내용상으로도 국가보다는 개인의 내면과 예술체험 같은 신변잡기를 주로 하며, 따라서 논리적인 기술보다는 감상적인 표현이 주를 이룬다.

산문체에서 뿐만 아니라 시에서도 탈(脫) 전통적이며 개성을 추구하는 경

22 안대회, 『18세기 한국 한시사 연구』, 소명출판, 1999 참조.
23 이용휴 · 이가환, 안대회 옮김, 『나를 돌려다오』, 태학사, 2003, 21쪽 참조.
24 이용휴, 『惠寰詩集』 권8, 「許烟客挽」; 강세황, 『剡社編』 五言絕句.

향이 지속된다. 이덕무, 이서구, 유득공, 박제가 등 북학 사대가는 명대 왕사정에 의해 주창된 신운설(神韻說)과 청대 원매가 주도한 성령설(性靈說)을 적극 수용하였다. 신운은 언어화 가능한 지적 규정과 감각적 규정 너머에(言外之意 · 味外之味) 있으며, 기상 혹은 골력과 같은 분명함 혹은 강함과 대비된다.[25] 요컨대 신운은 맑음 혹은 아득함과 같이 시 안에 존재하지 않지만 시를 통해 촉발되어 감상자가 경험하는, 여운의 미를 지시한다. 한편 성령은 개인의 능력이자 예술의 고유한 능력이라는 의미를 갖는다. 신운설과 성령설은 당시 시단에서 모두 윤리와 경세의 책임을 진 사회적 자아를 뒤로 하고 개인적 자아를 추구하는 개인 혹은 소규모 차원의 집단의식 밖으로 나아가지 않는 특징을 보였다. 그런데 북학사가들은 왕사정의 신운시가 유가적 이념을 분명히 드러내지 않고 또한 내용이 모호하다는 점을 의식하면서도[26] 명백한 보완 혹은 견제로 나아가지 않았다. 이후 이들은 청대 성령파와 교류하면서도 신운설에 대해서와 유사한 태도를 보였다. 소품체, 신운설, 성령설은 지속적으로 견제되고 비판되었으나 사대부 계층과 여항(閭巷) 계층 모두에서 19세기까지 지속되었다.

나. 화론

18세기 화론은 문예론과 달리 유가 이념으로부터의 일탈, 개인 서정의 표현 쪽으로 크게 접근하지 못했다. 당시 화단에서는 전신과 형사, 사대부 예술로서의 자격을 논하는 등 명 말 여러 문인화론의 수용을 통해 회화의 예술성에 대한 이론적 성숙이 진행되었다.

18세기 초반과 중반에 뚜렷한 회화관을 남긴 대표적인 문인으로 조영석(趙榮祏, 1686-1761)을 꼽아 볼 수 있다. 그는 중국의 남북조 시대 이래의 여러 화론을 잘 알고 또한 명대 동기창 등의 문인화풍(書氣)과 장인화풍(市

25 서복관, 『중국예술정신』, 3장 8절 참조.

26 李德懋, 『淸脾錄』 권1, 「堪刻圖章」; 이경수, 『漢詩 四家의 淸代詩受容硏究』, 133-143쪽 참조.

氣)의 구분을 언급하였다.[27] 그런데 그는 이들 화론을 예술의 원리로서 보았다고는 할 수 없다. 그는 회화를 본래 치세에 도움이 되는 유용한 기술로 간주했고, 그가 실제로 창작 분야에서 업적을 남긴 회화 분야 역시 유가의 감계적 회화론이 주 대상으로 삼는 인물화였다. 물론 문인화의 대표적 장르인 산수화에서도 그의 논지는 달라지지 않는다. 그는 산수화 감상의 목적이 외물을 보고 외물에 감통(感通)하는 데 있을 뿐 자연의 아름다움(美)을 찬탄하는 데 있지 않다고 하는 등 송대 성리학자들의 회화 감상을 논거로 삼아 감각적 쾌락을 떠난 수양 효과를 논했다.[28] 그는 요컨대 동기창의 남북종론을 비롯한 여러 중국 화론들을 언급하면서도 예술 고유의 문제가 아니라 그 바깥의 사회 윤리적 효용성을 논의의 축으로 삼았으나 회화 고유의 창작 원리로서는 큰 관심을 두지 않은 것으로 보인다.

그러나 조영석으로부터 한 세대 후 이규상(李奎象, 1729-99)과 심재(沈鋅, 1722-84)는 문인화와 장인화, 전신과 형사 등을 회화 내적인 문제로서 제시했다. 이규상은 문인화풍만을 숭상하지는 않았던 것으로 보인다. 그는 조영석을 장인화와 문인화를 훌륭하게 절충하여(以院法行儒畵之精彩) 조선의 화단을 정비한 화가로서 높이 평가했다. 즉 정밀하고 고운 필로써 사물의 외형을 그대로 닮게 구현하면서(又描今俗物像 酷肖之) 속됨을 벗어나(一掃俗冗) 형태 너머의 신운이 있어(神韻毫無爽) 형사와 전신을 조화시켰다는 것이다. 그는 강세황의 그림에 대해서도 역시 형사와 전신을 구비했다는 점을 꼽았고, 변상벽과 김홍도 등의 정교하고 심세한 묘사와 같은 화원화풍 역시 비판 없이 인정했다. 반면 심재는 변상벽과 김홍도의 장인화를 물취만을 숭상하고 천취가 없어서 그렸다고는(畵) 할 수 있어도 묘사했다(寫)고는 할 수 없다고 비평한다. 그는 이인상에 대해서 서화동필론(作隷之畵)과 '간결한 필치와 담담한 뜻(跡簡而意淡)' 과 같은 문인화풍의 명백한 특징들로써 높이 평가

27 趙榮祏,『觀我齋稿』 권3,「策題」.
28 같은 책 권2,「送三陟府使李秉淵序」.

했다.[29] 심재는 이규상과 달리 문인화론의 원칙들을 중시한 것이다. 심재와 이규상은 관점의 차이에도 불구하고 몇몇 비평 원리를 제시했을 뿐 학습, 창신, 개성, 문인화론의 역사, 구체적인 창작 규범 등 여러 중요 논제를 체계적으로 논하지는 않았다는 공통점을 갖는다. 이는 여전히 문인예술로서 회화의 지위가 문예와 다르다는 점을 시사한다.

그런데 이들과 달리 화단에 공식적인 영향력이 컸던 강세황(姜世晃, 1713-91)의 문집에는 동기창의 남종문인화론의 중요 명제들이 보다 구체적으로 모습을 드러낸다. 무엇보다 그는 위의 심재, 조영석, 이규상 등과 달리 대상에 대한 직접 경험과 고화 학습, 그리고 이들의 축적을 통한 깨달음의 획득이라는 동기창의 남종문인화 창작론의 공식 역시 분명히 명시했다.[30] 그러나 그는 형사를 역시 중시했다. 그는 대상을 감각적으로 직접 경험하는 것을 사생의 필수불가결한 조건으로 삼았으며, 이 조건이 갖추어지지 않는 한 전신사조는 불가능하다고 언급한 바 있다. 그가 형사의 관점에서 서양화법에 대단한 관심을 가졌다는 점은 이미 널리 알려져 있다. 그가 동기창이 형사의 문제를 뒤로 한 채 강조했던 서화동필론을 크게 주목한 바 없다는 점도 그가 얼마나 형사를 중시했는가 하는 점을 시사한다. 형사가 회화 고유의 창작원리인 반면 서화동필론은 서와 화의 결합이라는 점에서 중요한 예술론의 명제이다. 강세황은 18세기 화단에 중국의 문인화론이 제시한 회화 창작의 제 요소를 숙지한 흔적을 남겼지만 시, 서, 화에 동일한 예술 이념을 제시하고 이를 이론적으로 체계화시키는 작업은 다음 세기의 과제로 넘겨진다.

---

29 沈銲, 『松泉筆譚』 貞.

30 姜世晃, 『豹菴遺稿』, 「書墨蘭竹卷後」, 300쪽.

4. 예술의 자율성에 대한 이론적 체계: 19세기 예단과 김정희

가. 19세기 예단의 다양한 경향

19세기 전반의 문단에는 18세기 전통을 이어 학문에 대한 예술의 자율적인 영역을 확보하는 입장이 지속되면서 공고한 재도론적 시각으로부터 제반 예술 현상을 도와 학문에 강하게 밀착시키고 예술의 자율성을 최소화하려 했던 입장이 강력히 부상했다.

우선 재도론의 축으로부터 홍석주(洪奭周, 1774-1842)의 입장을 살펴본다. 그는 문장이란 "학문의 정화로서 학문을 근본으로 하고 리를 주로 하고 기로써 보완하면 훌륭해지지 않을 수가 없다"[31]라고 정의한다. 즉 문장은 학문과 학문의 대상인 이를 근본으로 하되 기를 갖추어 이를 효과적으로 전달해야 한다는 것이다. 그는 주자학적 문예론이 제시한 윤리적 실천성을 고수했고 이에 원굉도의 성령설의 후예, 소품체, 신운설과 같이 명교(明敎)를 목표로 하지 않는 글을 희문(戱文)이라고 비판했다. 그는 도의 전달이라는 목적에 손실을 끼칠 수 있는 예술적 성취, 예컨대 언어형식의 미 혹은 박학, 개인의 정서는 최소화하거나 삭제되어야 한다고 보았다.[32] 그는 시론에서도 명교를 여전히 논의의 전제이자 목표로 삼아 시를 지을 줄 몰라도 경계하기 위해 알아야 하며, 중요한 것은 명교일 뿐 운율이란 없어도 좋은 것이라는 극단적인 발언도 남길 정도였다. 그는 또한 조선 후기 많은 문집에 등장하는 서화 감식과 감상에 관한 제발류를 거의 남기지 않았다. 그에 의하면 사대부는 예술을 창작하고 감상하는 자 이전에 통제하는 자이다. 그런 그에게서 명교에 대한 실용성 너머의 예술 영역은 심화되기 어려울 것이다.

홍석주와 대척의 지점에서 개인과 예술 고유의 영역을 확대하는 조선 후

31 洪奭周, 『淵泉集』 권6, 「洪氏讀書錄 · 說家」, "文章者 學問之精華也. 是故以學問爲本 以理爲主以氣輔之 未有不工者也."

32 洪奭周, 『鶴岡散筆』 권5, 157쪽; 같은 책 권2, 61쪽.

기 전통을 19세기 전반에 선양한 인물로 조희룡(趙熙龍, 1789–1866)이 주목된다. 그는 여항 문인으로서 사대부 문화의 전제인 학문과 덕을 자신의 예술론을 토대로 삼되 사대부들의 명교론적인 예술론을 거부하고 사소한 세계에 대해 개인의 성령(性靈)을 드러내기를 요구했다.[33] 그에게서 예술을 규정하는 가장 근본적인 토대는 개인이다. 그는 개인을 궁극적인 자아와 개성적인 자아로 구분하였는데, "성정이 좋아하는 바를 힘써 드러내는 것이 고금의 타인과 구별되는 나의 기이함, 평범함을 벗어난 것"[34]이라는 언급에서도 알 수 있듯이 그에게서 예술창작은 절대적 자아에 도달하기 이전 개성적 자아가 자신의 기호와 개성, 감정을 표현하는 주요 수단이다.[35] 나아가 그는 격렬한 정서의 표출 역시 절대적 자아에 도달하기 위한 '감정의 정화'로서 긍정했다.[36] 이는 정통 사대부 예술의 중요 원리인 '우의어물(寓意於物)'과 감정 절제의 원리인 '중용'에 위배된다. 이론뿐에서만 아니라 그의 저술의 많은 부분이 소품체 산문이라는 점은 그의 예술 이념을 이해하는 중요한 단서가 된다. 당연히 그는 『시경(詩經)』과 같은 절대화된 전통도 인정하지 않았다. 그에게서 전통을 온전히 계승한다는 것은 애초 과거와 현재의 작가들 간의 선천적인 차별성 때문에 불가능하며 창작은 오직 자신이 터득하는 데서(自得之如何) 성립된다.[37] 그는 이에 전통의 권위를 대신하여 자연에 대한 직접 체험을 강조한다.[38] 물론 홍석주의 예술론에서 역시 자연은 모든 원리의 근본이나 조희룡이 강조하는 자연의 측면과는 분명 다르다. 전자가 학문을 기반으로 도달해야 하는 것으로서 자연을 부각시켰다면 조희룡은 전통과 학문의 한계를 극복하는 매개로서, 깨달음 이전 모든 의

33 趙熙龍, 『古今詠物近體詩』, 「兼山堂詠物近體序」.
34 趙熙龍, 『石友忘年錄』 18항.
35 趙熙龍, 『畵鷗盦讕墨』 45항.
36 趙熙龍, 『石友忘年錄』 18항; 『畵鷗盦讕墨』 22항.
37 趙熙龍, 『又海岳庵稿』 11항; 『石友忘年錄』 88항.
38 趙熙龍, 『石友忘年錄』 21항과 139항; 『又海岳庵稿』 34항; 『畵鷗盦讕墨』 49항; 『漢瓦軒題畵雜存』 183항 등.

도 너머에서의 자연을 부각시켰다. 조희룡은 이념이 약화된 즉흥성을 자연(天倪)이라고 해석하고, 이것이 중요한 문인화의 기준이며 따라서 의도로써 제작된 작품은 예술이 아니라 기술(畵師魔界)일 뿐이라고 보았다.[39]

이상과 같은 19세기 예단의 양극 사이에서 김정희는 다음과 같이 학문과 예술, 전통과 개인이 공존할 수 있는 길을 모색했다.

나. 김정희의 문도상수론(文道相須論)적 예술론

김정희(金正喜, 1786-1856)는 주자학을 벗어나 학문에 독립적인 예술의 영역을 긍정하였다. 그는 시, 회화 등은 수양, 학문, 치국과 같은 사대부의 근본적인 영역에 비해 하찮은 기예(小技)에 지나지 않지만 격물치지(格物致知)와 같은 학문적 체계와 학습의 단계를 갖춤으로써 문인예술이 될 수 있다고 언명하였다.[40] 이러한 의도하에서 그가 시, 서, 화 각 이론에 동일한 창작론을 부여하고 명청대 최신 예술론을 절충하여 이론적 정교함을 꾀했다는 점은 예술론에서 크게 주목된다. 본 논문은 그의 예술론을 통해 조선 시대 기대할 수 있고 실제로 가능했던 예술론을 엿보고자 한다.

(1) 문예론

우선 문장론에서 그는 문도상수론(文道相須論)을 표방한다.[41] 즉 문장과 도는 서로 독립적인 영역을 가지되 상호 의존하는 관계에 있다는 것이다. 그는 문장 창작에서 작가의 인격 수양과 학문이라는 전제조건, 유가적 문풍(風雅)과 시교(詩敎)의 기능 그리고 그 너머에서 도를 효율적으로 전달할 수 있는 내용상 언어형식상의 미적 영역을 모두 인정하였다. 이 같은 그의 문장관은 명청대 문예론에 대한 그의 평가에서 확인할 수 있다. 그는 명청

39 趙熙龍, 『漢瓦軒題畵雜存』 145항.

40 金正喜, 『완당전집』 권2, 「與石坡興宣大院君」 2, "大抵此事直一小技曲藝 其專心下工 無異聖門格致之學 所以君子一擧手一擧足 無往非道 若如是 又何論於玩物之戒."

41 같은 책 8, 「雜識」, "世每二文爲小道而忽之 是以文爲戲者也. 非文則道無以寓焉. 文與道相須不可岐而貳之也."

대 문론 중 동성파(桐城派)를 가장 높이 평가하였다. 동성파의 방포는 문장이란 내용은 공맹(孔孟)과 정주학(程朱學)의 사상에 기인해야 하며 언어형식은 도리를 명료히 전달하기 위해 간결해야 하며 풍격은 고아해야 한다고 주장했다. 방포의 계승자인 요내는 방포의 고문론의 예술적 측면을 심화시켜 신리기미격률성색(神理氣味格律聲色)의 '팔자결(八字訣)'을 제시하였다. 일반적으로 팔자결은 문의 내용상의 비평기준(精: 신리기미)과 형식상의 비평기준(糟: 격률성색)으로 이해된다.[42] 전자는 문의 내용을 직접 규정하지 않는 미적 범주라는 점에서 또한 후자는 방포에서와 달리 특정 풍격을 요구하지 않는 미적 범주라는 점에서 주목된다. 나아가 김정희는 청대 능정감, 완원 등의 의징파(儀徵派)가 운율과 대구(奇偶)를 갖춘 병려문만을 문장이라고 주장하는 데 대해 깊은 관심을 가지는 등[43] 언어형식미에 대해 깊이 주목하였다.

그는 시론에서도 여전히 유가사상에 기반을 둔 예술 고유의 영역 확보를 주목했다. 그러나 시, 특히 성령설과 신운설에 대한 홍석주의 냉담한 시선과 달리 그는 이들 시파를 절충을 통해 보완, 규제하고자 했다. 그의 신운설에 대한 태도를 살펴본다. 그는 역대 이상적인 시인의 계보로부터 확인할 수 있듯이 작시의 근본은 실경(實境) 등 언어로 규정된 특질과 신운과 같은 언어 너머의 특질을 겸비하는 데 있다고 본다. 예컨대 그가 꼽은 역대 최고의 시인들 중 하나로서 신운설의 제창자인 왕사정에 대한 입장은 신운과 실경에 대한 그의 관점을 잘 드러낸다. 김정희는 왕사정이 신운과 실경이 일상적인 격식을 넘은 자연(天行 · 天衣無縫)의 높은 경지를 이루었다고 한다.[44] 그런데 김정희는 바로 그렇기 때문에 지적 감각적 대상과 같은, 미적 경험이 전개되는 매개체가 뚜렷하지 않아 '학습' 되기 어렵다[45]고 한다. 그

---

42 金慶國, 「桐城派文論的集大成者-論姚鼐及其古文理論」, 『한국중어중문학회』, 2002. 6, 274-275쪽.

43 등총린, 『추사 김정희 또다른 얼굴』, 「海外墨緣 草本」 참조.

44 『완당전집』 권10, 「次堯仙竝書」.

45 같은 책 2, 「與申威堂觀浩」 2.

래서 그는 왕사정의 시가 적어도 학습에서는 유가 명교이념을 뚜렷이 드러내고 작시의 원칙, 즉 인공미가 분명하여 배우기에 쉬운 주이존의 시로써 보완될 필요가 있다고 보았다.

한편 김정희의 시론에는 성령과 격조라는 축도 있다. 신운이 특정한 미를 지시한다면, 성령은 앞서 3.의 가.에서 언급한 대로 예술창조의 능력이다. 김정희는 신운설에서와 달리 성령설에 대해서는 보완이 아닌 규제의 태도를 취했다. 그가 논의 대상으로 삼은 청대 원매 등의 성령설은 성령을 선천적 재능과 학문 등의 후천적 정련을 갖춘 창작 재능으로 보았다. 그런데 김정희는 이 의미는 수용하면서도 그 반예교적 속성은 강력히 비판했다. 원매는 유가의 시 이념을 확장시켜 남녀간의 염정시 그리고 기험한 시체도 긍정했다.[46] 김정희는 원매의 성령은 도덕과 언어형식미를 갖춘 격조에 의해 정련되고 순화되어야 한다고 주장했다.[47] 그는 격조를 통해 본래의 예술적인 성취(工) 외에도 윤리적 올바름(正)을 요청한 것이다. 그가 역대 훌륭한 시인의 계보에서 원매를 제외한 것도 이 윤리적 척도에 근거할 것이다.

(2) 화론

김정희의 화론은 명대 후기 동기창(董其昌, 1555-1636)의 남종화론을 조목조목 체계적으로 주시하고 당시의 화단에 주지시키려 한 흔적을 남겼다. 김정희는 남종 문인화의 계보, 기운생동과 서화동필론, 깨달음, 깨달음 이전의 학습 등 남종 문인화의 이념과 기법이 비체계적으로 조선에 흘러들어와 불완전하게 실천되었다고 임진왜란 이후 조선의 화단을 비판한다. 이에 그는 첫째, 그림의 품격이 형사, 즉 그림 그리는 법으로 결정되지 않고 그 너머 의(意)에 의해 결정된다고 강조했다. 형사 너머의 의란 기운 외 신운,

46 袁枚, 『小倉山房文集』 권17, 「再與沈大宗伯書」.
47 『완당전집』 권6, 「題彝齋東南二詩後」.

천기, 천취, 신기 등을 말한다. 이 개념들은 시론에서처럼 모두 언어 너머의 자연의 유동하는 변화를 가리키며 즉흥과 주관적 정을 통해 드러나기도 한다.[48] 둘째, 그는 문인예술의 자격으로서 학문을 바탕으로 격물치지와 같이 단계마다 도를 준수하는 체계적이고 지속적인 훈련이 요구된다는 점을 반복적으로 요구했다.[49] 그가 조희룡의 회화를 비판한 것도 바로 학문에 기반하지 않은 예술이라는 점에서였다.

물론 김정희는 동기창만큼 창신, 자연에 대한 개인의 체험을 강조하지 않았다. 김정희의 고민은 동기창처럼 문인화와 비문인화의 습합, 문인화론의 전통과 창신의 관계에 있지 않다. 김정희는 당시 조선의 화단에는 창신 내지 자연에 대한 개인적 체험과 확신보다는 전통에 대한 점진적이고 확고한 앎의 노력(格物致知)이 우선적이라고 판단한 듯하다. 그는 시론에서처럼 화론에서도 중국의 체계화된 이론을 조선의 현실에 맞게 변형하여 사대부적 예술의 이론과 창작을 정착시키고자 했다고 판단된다.

(3) 서예론

김정희의 서예론은 역시 문예론과 화론에서처럼 정통의 이론과 창작을 확립하고자 했다. 그의 서예론의 특징은 비학과 첩학의 절충을 통해 정통 서예사 학습을 강조한 데 있다. 물론 김정희는 인정하지 않으나 이전에 비학과 첩학의 절충을 주장한 이로는 이광사(李匡師, 1705-77)가 있다. 이광사는 한호(韓濩, 1543-1605) 이래 조선 후기 열풍을 일으킨 왕희지체 학습에 본격적으로 문제를 제기한 인물이다. 그는 왕희지체의 원본의 존재 여부가 불확실하며 따라서 그의 서체를 학습하는 데는 왕희지 주변의 금석문의 서체를 연구하는 것이 필요하다고 보았다. 김정희의 서예론은 이광사의

48 같은 책 권2, 「與佑兒」와 「答趙怡堂冕鎬」 3; 같은 책 권6, 「題石坡蘭卷」; 같은 책 권10, 「次堯仙」; 같은 책 권10, 「走題黃山墨竹小幀」 "天機直挾豪情發"과 「題小癡墨芭蕉」 등 참조.

49 같은 책 권2, 「與石坡興宣大院君」 2; 같은 책 권6, 「題石坡蘭卷」; 같은 책 권6, 「題趙熙龍畵聯」.

논의를 학문적 체계를 갖춘 예술론으로 정비했다는 관점에서 바라보아야 할 것이다.

우선 김정희가 비학 분야에서 청대 완원(阮元)의 금석학 연구의 업적에 크게 의지하였다는 것은 주지의 사실이다. 알려진 바와 같이 완원은 한비(漢碑)를 중심으로 한 기존의 금석학적 업적 위에 위진남북조 시기 북조의 비(北碑)가 역시 웅건한 힘(雄奇之力)과 고졸(古拙), 반듯하고 굳음(方勁)을 보존했고 이 특징들이 당대(唐代) 초기까지 전해졌다는 점을 밝혔다.[50] 나아가 그는 왕희지 이래 첩서들의 거침없이 격을 벗어나고(疏放) 곱고 매끈한(姸妙) 미로부터 금석체의 미를 선양했다. 그러나 김정희는 완원의 업적을 받아들이면서도 여전히 왕희지체를 높이 평가한다. 김정희에 의하면 왕희지체는 금석체와 첩서체에 절충적인 경향을 띠었다.[51] 그렇다면 첩서체에 대한 그의 확신의 학문적 기반은 어디에 있을까. 그는 『패문재서화보(佩文齋書畫譜)』라는 청대에 출간된 서화보로부터 집필법과 운필법에서, 점(點), 획(畫), 자(字), 장법(章法)에 일관하여 '정제 중의 변화'를 구현할 첩학의 제 기법들,[52] 작가의 학문의 축적과 높은 인격이란 창작의 전제조건, 법의 영역과 그 너머의 정신과 흥회(興會) 같은 주관적인 영역의 조화[53] 등을 누누이 강조했다. 그는 두 서체의 미적 특징의 절충은 왕희지로부터 청대까지 계승되었다고 본다.[54] 그는 문예론과 화론에 준하는 서예의 계보를 의식한 것이다. 요컨대 그는 통사적인 역사관 위에 최신의 서예관계 연구업적들을 확보하고 예술창작의 법칙과 그 너머의 언어로 전달할 수 없는 영역간의

---

50 阮元, 『揅經室三集』 권1, 「南北書派論」과 「北碑南帖論」 참조.

51 『완당전집』 권5, 「代權彝齋敦仁與汪孟慈喜孫」; 같은 책 권7, 「書贈方老」; 같은 책 권6, 「題歐書化度寺碑帖後」과 「題祝允明秋風辭帖後」 등 참조.

52 『완당전집』에서 등장하는 많은 서예 기법들은 『佩文齋書畫譜』 내 論書 권1-論書 권10 중 3, 4, 7권으로부터 발췌되었다.

53 『완당전집』 권7, 「書示佑兒」, "須於胸中先具文字香書卷氣 爲隸法張本 爲寫隸神訣."; 같은 책 8, 「雜識」, 142쪽, "無精神者書法雖可觀 不能耐久索翫 無興會者 字體雖佳 僅稱字匠."

54 같은 책 권8, 「雜識」, 143-149쪽; 같은 책 권3, 「與權以齋敦仁」 26, 34; 같은 책 권6, 「題元王叔明書後」; 같은 책 권4, 「與金君奭準」 4; 같은 책 권 7, 「雜著 · 書古東尙書所藏覃溪書簇」; 같은 책 권2, 「與申威堂觀浩」 3 등 참조.

균형을 주목하여 전통적인 서예론의 인식론적 축을 보다 실증적이고 체계적인 문화지형으로 이끌어 올리려 했다고 할 것이다.

이상 시, 서, 화에 대해 김정희는 인품과 학문의 전제조건, 정통의 계보, 학문(내지 도덕)과 같은 체계적이고 단계적인 창작학습의 원리를 요구했다. 그런데 김정희는 세 영역이 각 장르의 매체적 고유성의 한계를 넘어 궁극적 차원을 공유할 때 완성된다고 본다.[55] 이 차원은 깨달음(妙悟)의 영역으로서 시서화가 기술이 아닌 문인의 예술이 되는 자격조건이다. 김정희는 시, 서, 화 분야에서 정통 문인예술 문화가 와해되고 불순해지는 것을 저지하고 전통적 문인예술론을 재확립하고자 했고 이에 시, 서, 화 각 분야에서 중국의 명청대 사조를 수용하고 절충했다. 그는 자신의 시대에 맞는 위대한 유가예술의 이념(大雅)을 구현하고자 한 것이다.

5. 맺는 말

시서화 일치는 현재 우리들의 예술 개념에 상당히 근접하는 명제이다. 조선 후기인들이 시서화 일치를 통해 떠올린 관념은 무엇이었을까, 과연 그 관념은 현대인의 '예술'과 어떤 차이를 지닐까, 그들의 시, 서, 화 창작 이념은 무엇일까. 이 글은 이 같은 관심사 아래 조선 후기 예술론사 고찰을

55 같은 책 권8, 「雜識」, 140-141면, "서법과 시품과 화법은 오묘한 경지가 동일하다. 전한 고예의 못을 끊고 철을 자를 듯한 가공할 만한 험준함이란 '건(健)을 쌓아 웅(雄)이 된다' 의 의미(『이십사시품』 '雄渾' 條)이며, 청춘 앵무는 (같은 책, '精神' 條) 꽃을 꽂은 무녀가 거울을 당겨 봄을 즐겨 웃는 의미이며, 천지를 유희한다는 것은 '앞으로는 삼진(三辰)을 부르고 뒤로는 봉황을 이끈다' 의 의미(같은 책, '豪放' 條)이니 시와 통하지 않음이 없고 또 '형상 밖으로 나아가 환중(還中)을 얻었다' 는 말밖에 있지 않다. 『이십사시품』에 대해 오묘한 깨달음이 있으면 글씨의 경지가 시의 경지일 뿐이다. 예컨대 영양이 뿔을 걸어 찾을 자취가 없음에 이르면 작가 자신에게서 신(神)의 깨달음이 생겨 신이 인도하여 또한 찾을 자취가 없는 것이다."

감히 시도해 보았다. 현대인의 예술개념과 달리 당시인들에게는 학문, 도덕과 분리된 시서화라는 개념이 존재하지 않았다. 나아가 조선 후기 예술론이 모두 예술 고유의 영역을 중시하거나 시, 서, 화에 대해 고른 관심을 보인 것도 아니다. 심지어 문인들은 개인과 사회에 대한 책임의식 아래 이에 배치되는 시서화의 유희적 성격을 감추거나 변명해야 했다. 그럼에도 예술 고유의 영역이 조선 후기 천기, 천취, 성령, 흥 등의 개념을 둘러싼 논쟁들 중에 강화되어 갔고 보편적으로 수용되었다는 점은 분명해 보인다. 조선 후기 사상계는 주자학을 반성하기 시작했고 17세기 후반에서 18세기에 걸쳐 초반 활동한 농연일문은 주자학에 대해 도의 절대적 보편성을 현실의 구체성 속에서 강화하면서 정의 다양한 종류와 내용, 도덕에 대한 정의 자율성을 확대하고 또한 학문과 다른 예술의 영역을 천기, 천취로서 긍정했다. 이후 영정조대의 예단은 문예가 학문과는 독립된 개인의 표출이라는 대담한 논의와 함께 회화에 대해 창작 이론을 주목하면서 그 예술성을 진지하게 논의하기 시작했다. 이후 19세기 예단에는 학문으로써 예술을 규정하는 논의로부터 양 영역의 독립을 전제로 한 상호 필요성을 긍정하는 논의, 예술과 개인을 긍정하는 학문만을 인정하는 논의까지 다양하게 전개되었다. 그 와중에 김정희는 시, 서, 화에서 모두 예술 고유의 영역을 확신하고 그 이념을 체계화하는 보기 드문 시도를 했다.

조선 후기인들이 진지하게 추적해 갔던 예술과 사상 및 윤리의 관계는 현재에도 끊임없이 실문되고 있으며 예술의 자격조건 역시 지속적으로 논의된다. 당시인들은 도를 중심으로 한 확고한 세계관 아래 시서화를 개인적 우주적 이상의 표현수단 내지 전달수단으로서 바라보았다. 세계관에 무관심한 현대에서 예술은 무엇을 표현하고 전달하고 있을까. 그 가능한 가짓수를 셈하는 데 조선 후기 예술론은 우리에게 끊임없는 대화를 요구하는 것으로 보인다.

더 읽을거리

강명관, 『조선 후기 여항문학 연구』, 창작과비평사, 1997.

______, 『조선시대 문학예술의 생성 공간』, 소명출판, 1999.

고연희, 『조선 후기 산수기행예술 연구』, 일지사, 2001.

장원철, 「朝鮮後期 文學思想의 展開와 天機論」, 한국정신문화연구원 한국학대학원 석사학위논문, 1983.

정혜린, 「조희룡(趙熙龍)의 시서화론: '자연' 의 재해석을 통한 시서화의 자율성 확대에 관해」, 『미학』 제32집, 2002.

중국

중국 선진(先秦) 시기에 나타난 미학적 문제와 초기의 사고(思考)

박낙규

아시아 문명의 한 발상지로서의 중국에서 인문적 자취는 실로 유구하면서도 다양한 면모를 보여 왔다. 아득한 원시 시대부터 인간이 생존을 위하여 자연과 싸워오면서 중화 특유의 생활 방식과 사고의 원형(原型)들을 형성하였던 것이다. 은(殷) 왕조 시대를 거쳐 주(周) 시기에 나타난 고대 인문적 제도(制度)와 사고의 출현은 중국 최초의 문화적 결정체로서 향후 중국 역사 전체에 걸쳐 원형적 디딤돌이 되었다. 그러나 주 왕실의 쇠퇴와 함께 500년 넘게 지속된 혼란과 전쟁은 고대 문화를 피폐케 함과 동시에 인간의 본성과 정치, 사회, 역사의 본질을 모두 드러내는 계기가 되었다. 중국 역사에서 처음으로 '인간의 발견'[1]이 이루어진 것이다.

이 시기에 나타난 사상들은 대부분 토지, 권력투쟁, 균부(均富), 군사, 제례, 기술, 감각, 형벌 등 인간의 본성과 행위의 양태에 관한 단편적인 사고의 수준에 머물러 있었고, 진 · 선 · 미의 가치영역도 뚜렷하게 구분되어 의식되지 않고 있었다. 미의식이나 예술행위에 관한 언급도 마찬가지로 정치론이나 사회론, 종교적 사고 속에서 단편적으로 나타나는 것이 대부분이었다. 그럼에도 그런 언급 속에서는 이미 인간의 본질적인 양태가 깊이 성찰

1 이성규,『中國古代帝國成立史硏究』, 서울: 일조각, 1984, 56쪽.

되고 있음을 알 수 있고, 이는 향후 중국적인 체계를 지닌 사물관(事物觀), 자연관, 예술론의 형성에 밑거름이 되었다.

1. 신화와 전설 속에서 형성된 상고대의 전례와 그 함의(含意)

중국의 상고대에도 다른 지역의 고대 문화처럼 인간의 행위는 원시 주술적 종교의 형태를 띤 종합예술이었을 것으로 상정할 수 있다. 매우 오랜 세월에 걸쳐 지극히 단순하고 조잡했을 형태로부터 원시 부족들의 세력이 규합되면서 차츰 규모가 커지고 따라서 전례의 모습도 다양하게 분화 발전하여 주(周)에 이르면 제법 번다하고 엄숙한 것으로 틀이 잡혔던 것 같다.

가. 제사의 모습

여기서는 전례의 역사에 관한 상세한 고증적 기술을 생략하고 은(殷) 시기의 기년제(祈年祭)와 주(周) 시기의 적전례(籍田禮 또는 藉田禮)를 폭넓게 아우르면서 그 전례의 대체적인 모습을 살펴보기로 하자.

왕을 중심으로 한 사제들이 동지(冬至)가 지나고부터 봄에 이르기까지 농사가 시작되기 전에 어떤 부산임수(負山臨水)의 성지(聖地)를 선정하여 여러 신들에게 호소하기 위하여 토(土), 즉 사(社)를 설치하여 거행하였다. 제사가 거행되기에 앞서 복문(卜問)에 의거하여 갖가지 준비가 이루어지는데, 그것에는 제사 그 자체의 준비는 물론 외부로부터의 희생의 공납, 복종하지 않는 적족(敵族)의 토벌 등도 아울러 제사의 일부가 되었던 듯하고, 이러한 제사(祭事)의 업무를 왕사(王事)라고 일컬었듯이 기년제는 은 왕조의 가장 엄숙한 국사(國事)로 행해졌다.

제사는 대체로 선공신(先公神), 산신(山神), 하신(河神) 등을 모시는 곳마다 사람을 보내어 제사지내게 하고 아울러 제사 터에서 연기를 피워 올리고 땅에 술을 부어 여러 신을 부르는 것으로부터 시작된다. 이렇게 해서 신들이 토(土), 즉 사(社)에 모이고 상제도 그곳으로 내려온다고 모든 참여자들은 믿고, 드디어 이 지상에 신들의 나라가 출현했다고 감동하면서 엄숙하게 제사의 절차를 진행하였다. 이 경우 조상신은 아래로부터 계보를 거슬러 올라가 왕과 상제를 중개하는 것으로 굳게 믿었던 듯하고, 이렇게 해서 여러 신들이 자리를 잡으면 왕과 여러 부족장(部族長), 신관(神官) 등이 각기 맡은 바에 따라 희생과 그 밖의 공물(供物)을 바쳤다.

상제(上帝) 이하의 여러 신들이 공물들을 받아들이는 것이 분명해지면, 우선 후(后)가 씨앗을 뿌리든가 묘목을 심고 물을 주어 곡물이 잘 자라도록 기원하는 주술의례(呪術儀禮)를 행한다. 이미 복문(卜問)에 의해서 상제(上帝)의 계시(啓示)를 받은 왕이 솔선하여 이를 행하면, 여러 신하와 여러 부족 사람들에게 명하여 경작(耕作)을 행했던 것으로 보인다. 이것이 이른바 적전례(籍田禮)인데, 이것은 상제가 보는 앞에서 왕조의 이상적(理想的)인 업무 수행을 구현하는 것으로 볼 수 있다.

그런 다음 향연이 베풀어져서, 가무(歌舞)를 연주하고, 신이 내린 복(福)을 찬송했을 것으로 보인다.

나. 향연(饗宴)의 모습

주 시기에 종주(宗周)에게 조근(朝覲)한 제후들은 신봉(新封), 이봉(移封), 계사(繼嗣), 임관(任官) 등의 왕명을 받은 뒤 왕에게 인솔되어 국가의 중심지, 즉 제사 장소에 도착한다. 왕은 사방에 연기를 피워 올리는 가운데 영대(靈臺), 즉 토단(土壇)과 대지(大池)에 나아가 여러 신들을 내리게 하고, 제궁(祭宮)인 벽옹(辟雍)으로 모셔 자리 잡게 한다. 신들이 자리를 잡으면 음식물을 진상하고 특히 왕은 신들에게 바친 예주(醴酒)를 마신다. 이 과정의 의식은 장소의 변경을 제외하고 은 왕조의 것과 거의 같고, 왕명을 받은 제후가 그 신분과 직분에 따라 제사(祭事)를 올림은 물론이다.

그런데 왕이 예주(醴酒)를 마시는 것은 왕이 바로 신의(神意)를 온몸에 받았음을 의미하고, 그런 다음 그는 신의 위치에 올바르게 서서 방금 받은 책명(策命)을 확증하는 향연을 베풀게 된다. 향연은 신관이 상제의 명을 받아서 문왕(文王)이나 혹은 추상적인 선왕(先王)이 왕국을 개창(開創)한 사실의 영원성을 널리 알리는 가운데 왕이 그 정위(正位)에 임하면 시작되고, 이어서 왕과 제후, 제신(諸臣)이 신에게 바친 공물을 먹고 마시며 서로 축복하게 된다. 이 과정에서 문왕(文王)이 천명을 받아 주 왕조를 열고 제후들이 협동함으로써 그 번영을 누리게 됨을 찬양한다. 그리고 이어서 문왕의 덕(德)과 법칙을 본받는 데 힘쓸 것을 권계(勸戒)하는 장편의 서사시(敍事詩)를 연주하든가, 또는 왕이 문왕 이래의 법칙을 따라서 제전을 경건하게 행하고 그 덕(德)을 이어받아서 자기네들의 왕조에 군림하고 있음을 찬양한 다음, 아마도 전문적인 무인(舞人)이 춤을 추게 되는데, 이는 곧 왕 측과 제후 측 모두의 입장이 신 앞에서 개국 당시처럼 왕국의 영원한 번영을 서로 축하하고 축원하는 가무(歌舞)가 된다. 이런 과정 전체를 확증하는 근거가 천명(天命)인 것이다.[2]

다. 상고대 전례의 의미

오랜 시간에 걸쳐 다양한 동기와 조건, 과정을 거쳐 진행되어 온 은(殷), 주(周)의 전례가 함의하는 바를 살펴보기에 앞서 이 전례 행위의 전제조건을 짚어볼 가치가 있을 것이다. 우선 대지(大地)에 선 인간이 자신의 생존을 위하여 예측할 수 없는 대자연(大自然)의 마력(魔力)에 적응하고 융화하기를 갈망하는 계기에서 발생했을 것이라는 점, 상고대인들은 자신들과 자연을 아울러 지배하는 인격신인 상제(上帝)가 천계(天界)에 머물다가 인간의 제사를 받아들인다(嘉納)고 상상했을 것이라는 점, 왕을 비롯한 사제, 즉 무축(巫祝)이 상제와 조상신과 후손 사이를 매개하고 또는 횡포(橫暴)한 자연과 조상신과 부족집단 사이를 매개함으로써, 인간의 염원을 천상의 상제 및

2 赤塚忠, 『中國古代思想史研究 Ⅱ』, 도쿄: 研文社, 1987, 67쪽 이하.

조상에게 전달하고 그들로부터 구원의 메시지를 받아내는 소통의 특수 능력을 갖추고 그 기능을 담당했을 것이라는 점 등이다.

이러한 전례가 갖는 의미를 정리해 보면 다음과 같다.

첫째, 정치적 의미로서 모든 왕족과 제후(諸侯)가 전례에 참여함으로써 제사 공동체로서의 왕조 통일을 실현하는 거룩하고 장엄한 계기가 되어 왔다는 점이다. 둘째, 종교적인 의미로서 조상의 넋은 상계에 있다가 대개는 세대 순으로 드디어 상제의 조정(朝廷)에 올라 영광스런 빈객(賓客)으로서의 대우를 받고 상제의 명(命)에 따르는 것으로 상상하고 인간은 이들을 상제에 버금가는 신성한 존재로서 제사의 대상으로 모셨으며, 이를 본받아 지상의 여러 족장(族長)들이 왕에게서 빈(賓)으로 대우를 받고 그로부터 사명(使命)을 받았다는 점이다. 아울러 서주(西周)의 금문(金文)이나 『시경(詩經)』「대아 문왕(大雅 文王)」에서 노래하듯 조상의 영혼이 천상으로부터 감시하고 있다는 관념이 형성되어 있었다. 왕을 비롯하여 제후와 제신(諸臣)도 전례에 참가함으로써 성(聖)스러움을 인정받게 된다고 믿었을 것이다.[3] 셋째, 윤리적인 의미로서 상제라는 이념과 질서 아래 국(國), 즉 사회공동체와 가(家), 즉 가족공동체의 도덕이라는 고대의 인륜(人倫)관계가 형성되고, 따라서 그 집단의식, 즉 인륜질서의 근거를 천(天)에 있는 것으로 믿었다는 점이다.

여기서 흥미로운 것은 제사 지내는 인간들이 상상한 신들의 모습이다. 즉 신들은 산이나 강(예컨대 河, 崑崙山) 등의 신성한 장소에서 노닐다가 이곳의 특이한 지형이나 사물(靈山, 신령스런 巨木)을 통하여 지상에 강림한다고 상상했는데, 지상에서는 바로 이곳에서 천지의 기(氣)가 통한다고 믿었던 것 같다. 이러한 신들은 또한 인사(人事)와 천후(天候)를 비롯하여 지상의 모든 운명을 지배한다고 상상되었는데, 예컨대 강우력(降雨力)을 비롯하여 왕의 도읍을 윤허하는 일, 정벌이나 도움의 요청에 응하는 일, 순수(巡狩)를 결정하는 일 등이다.

3 이성구, 「中國古代의 呪術的 思惟와 帝王統治」, 서울대학교 박사학위논문, 1996, 77쪽.

라. 제사로부터 잔치로

전례의 궁극 목적은, 다시 말해서 생존과 번영을 위하여 식량을 확보하고 자연 횡포를 극복하고 이웃 부족과의 전쟁에서 이겨야 하는 씨족(또는 왕국)이 자신들의 영원한 생존과 번영을 위하여 불멸의 신령(神靈)이 내린 성명예지(聖明叡智)한 왕이나 무축(巫祝)이 상제를 모신 자리에서 제사공동체 구성원들의 강력한 결속을 꾀하는 일이었고, 이 전례의 과정은 무축이 우무(雩舞), 즉 가 · 악 · 무(歌樂舞)를 연출하는 집단 환희의 순간에 절정에 올랐던 것으로 짐작된다.

전례가 복잡해지고 번다해진 그들의 절차에는 강신(降神)을 위한 새(大鴻禽) 쏘기, 길영(吉靈)을 맞이하기 위한 배(舟) 타기, 희생물 잡기(사냥), 농작물이 잘 자라기를 빌기 위하여 조별(組別)로 활쏘기 시합하기 등 다양한 행위가 연출되었고, 한편 영대(靈臺) 같은 곳에서는 주악(奏樂)과 가창(歌唱)이 신비와 위력을 발휘하였던 것으로 짐작된다.[4]

대체로 은 시기의 전례는 자연의 마력을 실재인 것으로 믿었던 원시적 수준의 소산으로 보이고, 주 시기에 들어서는 역사의 변화에 따른 전례의 양태와 의미에 커다란 변화가 나타난다. 즉 은 시기의 전례 주재자에 함의되어 온 신화적인 절대자(상제와 조상신)가 무왕(武王)이라는 현실적 · 구체적인 인물로 치환되기 시작한 것이다. 비록 유혈혁명이었지만 불의(不義)의 은(殷) 왕조를 인간의 힘으로 멸하고, 이른바 천명을 받아 주(周) 왕조의 개국을 성취함으로써 마침내 인력(人力)으로써 천명(天命)을 개혁하였다는 위업을 이루었다고 자부한 것이다. 이제 초인간적인 모든 권능이 어느 역사적인 인간에게 부여되고 정당화되어야 할 필요성이 생긴 것이다. 이로부터 중국의 상고대 역사는 신정(神政)의 지배를 차츰 벗어나 인문화(人文化)의 길을 걷게 되었다고 할 수 있다.

잔인한 무력에 의한 집권의 정당성을 확보하기 위하여 적어도 두 가지

4 이성원, 「고대중국의 樂의 기원과 변화」, 『동양사학연구』 94집, 동양사학회, 2006.

의 정당화가 필요했던 것으로 보인다. 그것은 천명(상제의 권한)이 무왕에 의하여 확보되고 선왕(先王, 조상신)의 유덕(遺德)이 그에게 계승되었었다는 점과 (무왕 본인을 포함하여 그의 아버지) 문왕(文王)에게는 그럴 만한 뛰어난 인간적 능력, 즉 덕(德)이 있었다는 점이다. 여기서 주 왕조는 이를 증명하려는 의도의 많은 영웅담을 유포하고 백성들에게 찬송하게 하였으며, 한편으로 은(殷) 시기의 유민(遺民)과 신정적(神政的) 전례 및 제도를 포섭하고 계승하면서 주(周)의 새로운 인문적 요소를 부가하였다. 이로써 '문왕의 덕(德)이 이윽고 천명에 미쳤다'라는 인식이 형성되어 갔고, 그 구체적인 제도로서 주공(周公)의 제례작악(制禮作樂)이 나타나게 되었다. 이로부터 주 시기의 전례는 상제와 더불어 문왕과 무왕의 덕을 반복적으로 열렬히 찬양하고 확인하며, 왕국의 번영과 영속을 강력히 염원하고 다짐하는 자리, 그리고 전례를 마치고 상제로부터 그에 대한 확약을 받았다는 징표로 축복받는 환희의 자리가 되어 갔던 것이다. 『시경』의 「대아(大雅)」를 중심으로 한 많은 시들은 이러한 염원과 환희의 자취를 잘 보여 주고 있다.

주의 전례가 인문화의 길로 들어서 시간이 흐르면서 나타나는 현상은 종교성의 후퇴, 즉 세속화의 경향이다. 이 경향으로부터 많은 윤리적 · 미학적 인간의 행태와 의미가 파생되기 시작한다. 첫째, 신정 담당자의 특수 능력으로 불리던 덕(德)[5]이 차츰 천으로부터 품부(稟賦)된 인간의 특수한 능력으로 해명되고(天生德於予 『논어(論語)』 「술이(述而)」), 아울러 인간이 궁극적으로 염원하고 성취해야 할 가치의 관념으로 변화하고 있었다. 그리고 집단의 최고지도자(왕)의 덕은 과거 신정의 시기처럼 여전히 위엄(威嚴)을 수반하며 구성원 모두를 정신적으로 만족시켜 주는 것이어야 했다. 내면적으로는 수양(修養)이 성취된 윤리적인 인간상을 갖추고 그럼으로써 밖으로는

5 이성구, 「中國古代의 呪術的 思惟와 帝王統治」, 서울대학교 박사학위논문, 1996, 65쪽 이하.

집단의 최고 지도자로 군림할 수 있다는 내성외왕(內聖外王)의 관념이 싹트고 있었던 것이다. 둘째, 종교성의 의미를 차츰 잊는 가운데 형식만 되풀이되는 전례에서 우무(雩舞)와 같은 가악무는 신나는 노래와 춤으로, 새와 동물 등의 희생물 잡기(祭魚, 祭鳥)는 신나는 사냥으로, 신령맞이 배젓기는 즐거운 뱃놀이 등의 오락(娛樂)으로 차츰 변모해 갔다. 귀족이 제례를 명분으로 백성들로부터 현물세 성격의 제물을 차출하고 그들을 강제 부역에 동원하거나 심지어 소녀를 제물로 바치는 등의 가혹한 통치를 일삼는 것[6]에 비례하여 그들 자신의 사치와 향락은 더욱 심해지고 있었다.

이때 두드러지는 것은 기예의 빼어난 솜씨와 그로부터 얻게 되는 감각적 쾌락, 그리고 이를 추구하기 위한 미적 세련화의 경향과 제례가 차츰 잔치로 바뀌는 세속화와 타락화의 현상 등이었다. 예컨대 청동기의 문양을 보면, 과거 은 시기의 호장(豪壯)한 맛이 사라지고 가볍고 섬세한 우미(優美)의 모습으로 변하면서 미적으로 세련되어 가고, 향음주(鄉飮酒)의 유행, 향사례(鄉射禮)에서 활쏘기 자체의 중시 경향, 사장(射場)에서 상무(象舞), 상악(象樂) 등의 악무를 행하는 풍조가 출현하는 등 각종 예제가 변질되고 문란해지는 반면, 예제의 형식이 엄격해지며 번다해지는 이중적 경향이 나타나고 있었다. 이는 곧 왕국의 체제가 해이해지고 국력이 쇠퇴함을 뜻하는 것으로서, 우어(偶語), 즉 비판여론을 금하는 영이 내려지는 등 전제가 강화됨에도 불구하고 천자가 제후에게 내려 주는 기명(器銘)을 지방의 세력자인 제후가 자송(自頌)하고 전통적 종법(宗法) 관계를 파괴하는 일이 빈번해지고 있었다.

마. 풍자시와 인간의 내성화(內性化)

『시경』의 많은 풍자시에서 볼 수 있듯이 전통적인 악인(樂人) 성직자들이 이러한 경향에 실망하면서 탄식과 비판의 시를 낳기 시작하였다. 그들은 초기 전례에서 불리던 문왕의 건국의 목적을 상기시키면서 당시의 타락상

---

6 이성규, 『中國古代帝國成立史研究』, 서울: 일조각, 1984, 49쪽.

을 심히 개탄하는 노래를 불렀다. 그리고 학(鶴)이나 물고기 같은 자연물을 빗대어 귀족정치의 타락상을 비판하는 교훈시(敎訓詩)를 생산하였다(「학명편(鶴鳴篇)」). 이런 시가에는 천명의 절대성과 영원성에 대한 회의(懷疑)와 원망(「절남산편(節南山篇)」, 「우무정편(雨無正篇)」 등)과 징병과 부역의 불평 등에 대한 개탄과 비판(「북산편(北山篇)」), 넘쳐나는 거짓, 모함, 협박, 교언, 심지어 군자(君子)마저 참언(讒言)에 속아 넘어가는 현실 등에 대한 고발(「교언편(巧言篇)」) 등이 주를 이루었는데, 이들 풍자시의 궁극적 지향은 그러나 인간이 다시 천명에 의지하여 위정자(군자)는 덕을 갖추고 고훈(古訓)과 덕행과 위의(威儀)를 엄수하여 왕국의 영예를 회복하자는 것이었다. 이 과정에서 시인들은 정치, 역사, 가족, 붕우(朋友) 등의 인륜 관계에 진지한 관심을 갖게 되고, 나아가 인생의 근본적인 의미를 물으면서 내성화(內省化)의 길을 걷고 있었다. 이런 성찰의 결과 천명으로부터 분리된 고독한 인간의 모습을 직시하고 인간 의지의 능력과 인륜 및 도덕의 문제를 인간 자신의 문제로 삼는 자각의 길로 향하였다. 선왕(宣王) 때 적전례(籍田禮)가 마침내 폐지되기에 이르자 천명(天命)은 사실상 종교적 의미를 잃고 인륜 공동체 안에서의 개개인의 도덕 실천의 상징적 근원으로 남게 된다.

2. 미학적 사고의 맹아(萌芽)들

가. 군자(君子)와 진인(眞人): 미적 인간상의 출현

(1) 군자(君子)

군자(君子)라는 말은 공자 이전부터 주(周)의 관직을 가진 귀족을 지칭하는 의미로 『시경』 등의 문헌에 나타났는데, 공자에 이르러 새로운 인문적인 의미를 부여받게 되었다. 즉 이전에 주로 외형적인 지위나 권위를 행세하는 인간의 모습을 의미했던 것으로부터 차츰 벗어나 공자는 인간이 내면적으로 덕(德)을 획득하여 처세나 리더십의 면에서 타인이 자발적으로 존경하고 따르는 상태를 주로 지칭하게 된 것이다. 이는 특히 소인(小人)이라는 말과 대칭적으로 사용하면서 그 의미가 더욱 뚜렷해졌다.

공자는 완미했다고 믿었던 주(周)의 문화(禮), 즉 전장제도(典章制度)가 쇠퇴하는 모습을 참담한 마음으로 개탄하면서 이를 회복하기 위해서는 새로운 인간형의 출현이 필요함을 깊이 자각하고 그러한 유형의 인간을 제시하고 교육하는 데 진력하였다. 따라서 공자는 『논어(論語)』 전편을 통하여 군자의 모습을 언어로 많이 묘사하기도 했지만, 한편으로 그 자신이 스스로 군자의 모습을 보여 주고 있었다고 해도 좋을 것이다.

군자는 무엇보다도 먼저 자기 수양과 공부를 충분히 해야 한다. 수양의 최종 목표는 인(仁)이라는 덕목을 체득하는 것으로서, 이는 군자의 모든 사고(思考)와 말과 행위의 기본이 되는 것이고, 이를 성취했을 때 인간의 모습이 최고의 단계에 이른다(里仁爲美 「이인(里仁)」). 인(仁)의 속성으로서는 역시 널리 남에 대한 사랑(汎愛衆而親仁 「학이(學而)」; 學道則愛人 「양화(陽貨)」)이라 하겠고, 이를 구체적으로 실천하는 양태는 부모에 대한 효(孝)와 형제에 대한 우애를 들 수 있다(孝弟也者, 其爲仁之本與 「학이(學而)」). 군자는 평소에 자기 자신에 대한 성찰을 하고 문제 해결의 실마리를 남보다는 자신에게서 찾으려 하며(求諸己 「위령공(衛靈公)」), 자신이 싫어하는 일을 남에게 요구하지 않고(己所不欲, 勿施於人 「안연(顔淵)」), 자신의 무능을 탓할지언정 남이 자기를 알아주지 않아도 괘념치 않으며(病無能, 不病人之不己知 「위령공(衛靈公)」), 사물에 대한 확고한 인식을 바탕으로 언표행위를 하고 다시 이를 바탕으로 실천에 옮긴다(名之必可言, 言之必可行 「자로(子路)」). 이처럼 사물의 근본을 추구함으로써 실천 방안을 안출하고, 이를 자기 삶에 완전히 삼투시킨다(君子務本, 本立而道生 「학이(學而)」; 終食之間, 無違仁 「이인(里仁)」). 그리고 이 인(仁)을 바탕으로 하여 국가와 사회에 대하여 참다운 명예를 성취함(去仁, 惡乎成名 「이인(里仁)」; 疾沒世而名不稱 「위령공(衛靈公)」)이 인문적 가치의 개화(開花)인 것으로 보는 것이다.

군자는 학문적인 공부를 널리 하고 이를 행동으로 집약하여 보여 준다(博學於文, 約之以禮「옹야(雍也)」). 언행의 일치를 중시하는 그는 말을 신중히 하는 데 비해서 행동은 민첩하리만큼 상황을 잘 처결해 나아간다(敏於事而愼於言「학이(學而)」; 訥於言而敏於行「이인(里仁)」). 자신의 말이 행동보다 앞서는 경우를 부끄럽게 여기고(恥其言而過其行「헌문(憲問)」), 남의 칭찬이 자신의 능력보다 더하면 이 또한 부끄러워한다(聲聞過情, 君子恥之『맹자(孟子)』「이루 하(離婁 下)」). 항상 무게 있는 언행으로 위엄을 유지하고(不重則不威「학이(學而)」), 멀리 내다보기 때문에 노심초사하는 일이 없이(人無遠慮, 必有近憂「위령공(衛靈公)」) 앞이 탁 트인 듯 당당하게 살아간다(坦蕩蕩「술이(述而)」).

그렇다고 그는 앞만 바라보는 고지식한 인간이 아니다(君子不器「위정(爲政)」). 그는 사람을 평가하되 계급에 구애받지 않고 가장 실증적인 태도로 하며(不以言擧人, 不以人廢言「위령공(衛靈公)」), 올곧게 지조를 지키되 하찮은 신의는 경우에 따라 무시할 줄도 안다(貞而不諒「위령공(衛靈公)」). 그래서 그는 모든 세상사에 대하여 꼭 이래야 한다고 고집함도 없고, 꼭 이래서는 안 된다고 고집함도 없고, 오로지 의로움과 친할 뿐이다(君子之於天下也, 無適也, 無莫也, 義之與比「이인(里仁)」). 결국 그가 일을 도모함에 있어 의로운 바탕에 예에 맞게 실천하고, 겸손함으로 자신을 나타내고, 믿음으로써 모든 일을 완성하는 것을 보고 군자의 참된 멋과 덕을 확인하게 되는 것이다(義以爲質, 禮以行之, 孫以出之, 信以成之, 君子哉!「위령공(衛靈公」).

대인관계 및 사회적인 측면에서 그는 긍지는 높되 경쟁의식에 사로잡히는 일이 없고, 남과 잘 어울리면서도 패거리를 짓는 일이 없다(矜而不爭, 群而不黨「위령공(衛靈公)」; 和而不同「자로(子路)」). 남의 장점이 잘 발휘되도록 협조할지언정 남의 약점을 들추어내지 않는다(成人之美, 不成人之惡「안연(顔淵)」). 능력 있는 자를 존경하고 대중을 포용하며 잘한 일을 칭찬하고 잘못한 사람에게는 격려해 준다(尊賢而容衆, 嘉善而矜不能「자장(子張)」).

정치적인 측면에서 볼 때, 군자는 역사의식과 사회정의에 투철하다. 즉 주(周)의 역사적 정통성과 문화적 완정성에 대해 절대적인 긍지를 바탕으로 역사적 통찰력과(周鑑於二代, 郁郁乎文哉. 「팔일(八佾)」) 사명감을 갖추고(桓魋其如予何. 「술이(述而)」), 당시 종법(宗法) 질서를 능멸하던 무리들에게 분개할(八佾舞於庭, 是可忍也, 孰不可忍也 「팔일(八佾)」) 줄 아는 정의감(喻於義 「이인(里仁)」; 義以爲上 「양화(陽貨)」)과 정치 개혁의 주체 되어 불굴의 의지로 밀고 나아갈(行其義, 道之不行, 已知之矣 「미자(微子)」) 수 있는 큰 재목이다(可大受 「위령공(衛靈公)」). 아울러 천명(天命)을 자각하고(天生德於予 「술이(述而)」) 역사를 움직일 의지를 갖춘 인물이어야 했고, 그러면서도 인간의 한계를 충분히 자각하는 예지력(叡智力)을 갖춘 인물, 이상에 치우치기보다는 현실을 직시하고, 허망한 사후에 대한 관심보다는 지금 생의 문제(혹은 미래의 문제)(告諸往而知來者, 溫故而知新 「학이(學而)」)에 날카롭고 정확한 판단력을 발휘할 것을 기대할 수 있는 인물이다. 그는 세상의 인륜과 정의를 위해서라면 관직에 나아가서 실천해야 옳지 혼자 숨어 살면 비겁하다고 단언한다(不仕無義, 長幼之節, 不可廢也, 君臣之義, 何可廢也, 欲潔其身而亂大倫 「미자(微子)」).

군자의 가장 멋스러운 면모는 세상사에 이처럼 적극 관여하면서도, 한편 세상사의 애환(哀歡)을 초월한 듯이 살아가는 여유로움이다(飯疏食飮水, 曲肱而枕之, 樂亦在其中. 不義而富且貴, 於我如浮雲 「술이(述而)」). 사물을 정확히 파악하여 지식을 얻게 되면 그로부터 가치의식이 동기화되어 대상이 좋아지고 마침내 그것을 즐기게 되는 경지가 있음을 깨달았다(知之不如好之, 好之不如樂之 「옹야(雍也)」). 공자는 사물의 이치를 깨닫는 일과 사람 사는 보람이 자연의 질서와 사회적 규범 위에 성립함을 일찍이 간파한 바 있다(爲政以德, 譬如北辰, …… 「위정(爲政)」; 立於禮 「태백(泰伯)」). 그럼에도 인간의 삶은 경험이 축적되고 정신의 활동이 계속됨에 따라 세속의 규범을 벗어나지 않고 자신의 의지를 좇으면서도 궁극적으로 참된 자유를 맛볼 수 있는 경지에 다다를 수 있다(四十而不惑, 五十而知天命, 六十而耳順, 從心所

欲不踰矩 「학이(學而)」)고 확신한다.

군자는 모름지기 자연의 아름다움을 즐길 줄 알아야 한다(仁者樂山, 知者樂水 「옹야(雍也)」). 공자 이전의 많은 귀족들은 산천에 제사를 지내기 위하여 상서로운 제사 터를 찾아 많은 곳을 유람하였을 것이고, 제사의 의미가 상대적으로 퇴색하고 세속화의 과정을 거치면서 과거의 전통은 사냥이나 고기잡이 등 오락을 목적으로 하면서 산천을 찾아 다녔을 것이다. 제사 터를 잡을 때 그들은 이미 오랜 전설에 따라 그곳이 상제가 강림하는 곳, 산신(山神)이 노닐던 곳, 하백(河伯)이 잠긴 곳으로 상상해 왔을 것이고, 이런 관념은 세속화 이후에도 인간 자신이 그곳에서 노닐 때 아직도 신들과 교감(交感)할 수 있는 곳으로 생각하여 자신들의 세속적인 삶에서 쌓인 갖가지 피로와 감정을 풀고 즐거움을 만끽했을 것이다. 군자로서의 참된 삶의 모습은 인간적인 차원에서 도덕과 정의의 실천도 일차적으로 중요하지만, 신성한 곳을 찾아가 정신을 비상(飛翔)하게 하여 신적인 차원에서의 심리적 체험을 함으로써 종교적인 승화에 버금가는 인간의 내면적 성화(聖化)의 체험이 얼마나 즐겁고 소중한 체험인가를 깨달았다고 보아야 할 것이다. 고대 제사에서 여러 신들이 서리고 노닐던 산수(山水)에서 군자가 즐거워하는 것은 종교 전통의 세속화된 모습이라는 견해와 연결하여 생각해 볼 때,[7] 이러한 체험의 결과로 얻어진 정신적 가치인 인(仁)과 지(智)의 속성이 오랜 삶과 즐김(知者樂, 仁者壽)이었음은 신들의 불사(不死)와 흠향(歆饗)의 현세적 탈바꿈이라 할 수도 있을 것이다.

공자가 제자들에게 하고 싶은 일이 무엇인가를 물었을 때, 다른 제자들은 치국(治國)에 관하여 말하였으나 증석(曾晳)이 "늦은 봄에 봄옷이 마련되면 갓 쓴 어른 대여섯 명, 아이들 예닐곱 명과 함께 기수에서 몸을 씻고 무우(舞雩)에서 바람을 쐬고 노래를 읊조리며 돌아오겠다(暮春者, 春服既成, 冠者五六人, 童子六七人, 浴乎沂, 風乎舞雩, 詠而歸 「선진(先進)」)"라 하자 공자

7 赤塚忠, 『中國古代思想史硏究 Ⅱ』, 도쿄: 硏文社, 1987, 13쪽 이하.

도 감탄하며 동감을 표시하였다. 현실에 대한 사명감은 투철하나 한편 인간으로서 공자도 현실의 속박을 벗어나 예로부터 제사를 지내던 명소(名所)를 찾아 정신적인 해방과 자유의 즐거움을 갈구했던 모습을 엿볼 수 있다.

한편 군자는 자연에서 뿐 아니라 인위적인 예술에서도 최고의 정신적 가치 체험을 하였다. 다음 '아' 절에서 살펴보는 바와 같이 인간의 기술 가운데 생존의 직접적 목적을 넘어 적극적인 문화 가치를 실현하는 기술인 예(藝)가 상고대부터 발달해 왔다. 제례의 음악 연주로부터 곡예(曲藝)에 이르기까지 기술의 극치에서 감상자를 찬탄케 하는 기예(技藝)가 다양하게 발달하였는데, 그 가운데 어떤 것은 기계적, 감각적 차원을 넘어 군자의 정신까지 감동시키는 결과 매우 여유롭고 자유로운 쾌를 향유할 수 있었던 것이다(游於藝「술이(述而)」).

결론적으로『논어』에서 군자를 잘 요약한 다음의 구절은 결국 인간의 가장 이상적인 모습은 내면의 덕과 외면의 언행이 일체가 된 조화로움이라는 뜻으로 너무 유명하다. 즉 "질(質)이 문(文)보다 지나치면 조야(粗野)하고, 문이 질보다 지나치면 번지르르하다. 문과 질이 알맞게 어울린 연후에 군자라 할 수 있다(質勝文則野, 文勝質則史, 文質彬彬, 然後君子『논어』「옹야(雍也)」)".

(2) 진인(眞人)

상고대의 중국인은 군자와 대립적 위치에 놓인다고 할 수 있는 또 하나의 미적 인간상을 창출하였다. 군자가 주로 상고대의 지배층인 귀족의 바람직한 인간상으로부터 형성되어 왔다면, 진인은 춘추 시대와 전국 시대의 인간의 형언하기 힘든 참혹상을 보고 전율하면서 던져진 삶의 고통을 벗어나는 길을 찾다가 장자(莊子)에 의해 그려진 인간의 깨달은 모습으로 나타났다.

주(周)의 문화는 찬란했는지 모르나 그 쇠퇴기의 참상은 인간이 스스로 천명(天命)을 자처하며 세워놓은 인문적 가치 체계 전체를 회의(懷疑)하게 만들고, 인간이라는 존재에 관하여 다시 깊이 반성하게 하였다. 인간은 스스로의 삶을 위하여 문화를 구축하였는데, 그 본질을 알고 보면 무자비한 계급 구조 속에서 형성된 상식적 규범의 덩어리이고 귀족을 중심으로 한 지배층은 그 상식의 가치와 규범 속에 안주(安住)하면서 그것을 전부라고 생각하고 그 세계에 매몰되어 살고 있던 것이다. 이런 인간들은 권력과 부에 매달려 그저 화내고, 욕하고, 분개하고, 원수 갚으려 절치(切齒)하는 가운데, 단순한 '외물(外物)'로 전락하여 살다가 죽어갈 뿐 최초 자연에 탄생한 참된 자신의 모습이 어떠했는지, 추구해야 할 참된 가치가 무엇인지, 진정한 생활 방식이 무엇인지 등에 관하여 아득하게 망각한 채 살아가고 있었다.

도저히 사람이 사는 세상이라고 할 수 없는 처참한 전쟁, 가혹한 형벌, 몸이 휘는 부역(賦役) 동원, 착취에 의한 가난과 이를 벗어나려는 유랑(流浪)의 몸부림 등의 세월이 500년이나 계속되어 온 상황에서 흉칙한 몰골의 장애자가 오히려 성명(性命)을 온전히 보존하며 파멸을 면한 자유와 행복을 구가할 수 있음을 보고 장자는 자신의 사고를 인간 세상의 틀을 넘어 전혀 낯선 세계를 응시(凝視)하기 시작하였다. (후대의 예술에 득도자의 신체가 기형이거나 얼굴이 흉한 모습으로 나타나는 경우는 장자의 이러한 이미지 원형에서 기인한 것으로 봐야 할 것이다.) 인간 가운데서도 전혀 간과되거나 멸시받던 존재에 눈 뜨고, 나아가 인간 이외의 사물들, 즉 매미, 벌레, 새 등의 자연물에 대하여 같은 생존과 존재 의미의 지평에서 시선을 던졌던 것이다(一以己爲馬, 一以己爲牛 「응제왕(應帝王)」). 다시 말해서 문화적 관점, 상식적 잣대로 보면 전혀 낯설거나 하찮았던 존재들은 알고 보면 인간과 상대적인 차이만 있을 뿐이며, 인간이 그것들에 대하여 절대적인 가치 우위(優位)에 있는 것이 아님을 깨닫게 된 것이다. 이러한 깨달음의 과정에서 장자는 (노자를 포함하여) 오히려 도(道)가 오로지 텅 빈 곳에 모여 있음을 선언하고(唯道集虛 「인간세(人間世)」), 이른바 무용(無用)의 용(用)이라는 식의 역설적 사유를 전개하기에 이른다.

이렇게 인간이 축적한 가치체계는 변화하지 않는다는 기존의 문화에 대한 관념을 송두리째 회의하고 세속적 가치 기준과 고정관념, 대립적 사고, 일상화된 언어를 던져 버리면서 진인(眞人, 神人, 至人)의 모습은 나타나기 시작한다. 따라서 진인은 독단에서 해방되어 가난한 사람, 비천한 사람, 학대받는 사람을 모멸하지 않고, 부단히 유동하는 인간 생명의 창조성을 중시하면서 나날이 새로운 삶을 살고 따라서 새로운 체험적 진리를 터득해 간다(行年六十而六十化. 未嘗不始於是之而卒之以非也『장자(莊子)』「칙양(則陽)」). 그가 사물 또는 외물을 바라보고 그것에 반응하는 방식은 세속의 것과 전혀 다르기 때문에 마음을 비우게 되고, 그렇기 때문에 안팎으로 크게 통하게 된다(離形去知, 同於大通「대종사(大宗師)」). 이런 심리 상태를 '무엇에도 얽매이지 않은 마음의 상태', 즉 무심(無心)의 경지라 한다. 신체의 생리작용이 멈추고, 감각기관의 작용도 정지한다(忘其肝膽, 遺其耳目「대종사(大宗師)」). 그리고 사사로움을 버리고 자연에 순응하게 되는 것이다(順物自然, 而無私容焉「응제왕(應帝王)」).

이러한 지인은 따라서 마음을 텅 비움으로써 무심하고, 또 그럼으로써 무위(無爲)하면서도 무불위(無不爲)하는 것이다(虛則無爲而無不爲也「경상초(庚桑楚)」). 다시 말해서 권위적 관습에 얽매인 작위적 행위, 남을 일부러 의식하고 계산하여 하는 행위, 사사로운 생각을 품고 하는 행위 등을 벗어나서 두루 만물과 하나가 되고(聖人達綢繆, 周盡一體矣「칙양(則陽)」), 자연(自然)의 변화에 따라 무엇이든 기꺼이 그 변화를 기다리면서 자유로운 행동을 하는 것이다(若化爲物, 以待其所不知之化已乎「대종사(大宗師)」). 마음을 비우는 순간 그는 이 세상을 자유롭게 살아감과 동시에 아무도 그를 해치지 못하게 된다(人能虛己以遊世, 其熟能害之「산목(山木)」).

진인은 진정한 의미에서 자신에 충실하고 확신에 차 있으며 강인한 주체성을 견지한다(不以物易己也「서무귀(徐無鬼)」). 타인에게 무관심하지도 않고 종속되는 일도 없으며(順人而不失己「외물(外物)」), 현실에서 도피하지도 않으면서 여유로워(乘物以遊心「인간세(人間世)」) 마음 상하는 일도 없다(得

而不喜, 失而不憂「추수(秋水)」). 그는 겉모습은 외물을 따라 순응하면서도 속마음은 꿈쩍도 하지 않는다(外化而內不化「지북유(知北遊)」).

진인의 큰 특색은 이처럼 외물과 절연(絕緣)되지 않고 유연한 관계를 유지하고 표리를 일치시키면서 자연의 흐름을 좇고 그 속에서 노니는 삶을 산다는 것이다. 그는 세속적 고정관념에서 벗어나 온 누리를 자신의 세계로 삼고(上窺青天, 下潛黃泉, 揮斥八極「전자방(田子方)」), "천지의 근본을 타고 여섯 가지 기운을 부려서 무궁한 세계에 노닌다(乘天地之正, 而御六氣之辯, 以遊無窮「소요유(逍遙遊)」)." 그의 노닐음의 양태는 다음과 같다. 즉 "스스로 텅 빈 것에 맡긴 채 자연의 흐름을 좇기 때문에 그는 무슨 영문인지 알지 못한 것이네. 바람이 부는 대로 흔들리고 파도치는 대로 떠다닌다네(吾與之虛而委蛇, 不知其誰何. 因以爲弟靡, 因以爲波流 응제왕(「應帝王」))." 이러한 진의 삶의 방식이야말로 도(道), 즉 실재 세계에 대한 참된 지혜라 할 수 있다.

이처럼 오묘한 도의 체득은 단순한 지식이나 이론이 아니고, 모든 차별과 대립을 혼연히 하나로 감싸는, 살아 움직이는 혼돈(混沌)이므로, 진인에게 이를 온전하게 파악할 수 있는 길은 오직 체험과 실천뿐이다. 동시에 도와 합일하면서 진정한 자유를 획득하게 된다. 예컨대 포정(庖丁)은 소를 잡을 때 기(技)를 숙달하여 소의 몸 구조(天理)에 따라 칼을 쓰므로 마치 춤을 추듯이 소를 분해하였으며(庖丁解牛「양생주(養生主)」), 그림을 그릴 때도 발가벗고 그리는 행위를 서슴지 않고(解衣槃礴「전자방(田子方)」), 사람이 신을 신고도 그것을 잊게 되는 것은 신이 발에 꼭 맞을 때이고, 허리띠를 매고도 그것을 잊는 것은 허리띠가 허리에 꼭 맞을 때의 경우와 같다(忘足履之適也, 忘要要之適也「달생(達生)」).

득도한 진인, 도와 하나 되어 세계를 노닐 듯이 자유롭고 즐겁게 살아가는 진인은 마침내 생사(生死)가 일여(一如)하고 만물(萬物)이 제동(齊同)한 경지로 높이 비상하게 된다. 그리하여 무시무종(無始無終)하고 옛날도 없고 지금도 없으며, 오직 커다란 변화의 흐름 속에서 스스로 생겨나고 스스로 변화해 가는 도(道)의 세계, 즉 '물지초(物之初)'에서 노닐게 된다. 마치 북명(北冥)의 물고기(鯤)가 새(鵬)가 되어 삼천 리나 되는 파도를 일으키고 회오리바람을 일으키면서 구만 리를 날아 남명(南冥)에 도달하는 것처럼.

나. 감각의 성질에 관한 이해와 그 한계에 대한 자각

고대 중국인들은 인간의 감각에 관하여 일찍이 그 본질을 파악하고자 하였다. 그 결과 다양한 감각 통로의 존재와 상호 관계, 그리고 감각적인 쾌락과 고통의 실체를 경험적으로 인식하였으며, 그것이 위험으로 흐르는 경향성 및 마음과의 관계까지도 파악하여 적지 않은 언급을 남겼다.

그들은 인간의 감각 기관이 다섯으로 나뉘어 있고, 각 기관이 외부의 자극을 분담한다는 오관(五官)의 기능을 분명히 인식하고, 단맛과 편안함과 아름다움 등이 각 감각 기관을 통해 획득되는 쾌락임을 언명하고 있다(身知其安, 口知其甘, 目知其美, 耳知其樂 『묵자(墨子)』「비악(非樂)」). 나아가 맹자(孟子)는 역아(易牙)와 같은 훌륭한 요리사의 입맛을 모든 사람들이 기대하고, 사광(師曠)과 같은 훌륭한 음악가의 귀를 모든 사람이 부러워하는 것은 사람들의 감각에 공통점이 있기 때문임을 갈파하는 한편(口之於味, 同嗜也, …… 天下之期於易牙, 是天下之口相似也 『맹자(孟子)』「고자 상(告子 上)」), 일찍이 감각의 한계와 위험성을 직감하여 마음과의 관계를 의식함에 따라 생리적 감각기관 너머에서 선악의 판단과 직결되는 감각-심리 능력(聰, 明)을 발견하였다(觀美而眩, 患莫甚焉. 夫耳目, 心之樞機也 …… 聽和而視正, 聰則言聽, 明則德昭 ……『국어(國語)』「주어 하(周語 下)」). 순자(荀子)는 감각의 과정에서 주어진 감각적 인상들을 세분하는(단맛, 신맛, 쓴맛, …… 등; 높은 소리, 낮은 소리, 맑은 소리, 흐린 소리 등) 능력을 천관(天官)이라 지칭하고, 그것이 마음의 영역으로 들어오면 비로소 대상의 존재를 알게 되는 징지(徵知)의 단계에 이르게 된다고 보았다(天官之意物也同, 故比方之疑似而通, 甘苦鹹淡 …… 以口異『순자(荀子)』「정명편(正明篇)」). 순자는 이어서 인간이 감각적 쾌락을 추구하려는 경향 자체는 인간의 타고난 정성(情性)에서 생겨나는 것으로 사물로부터의 감각의 자극이 들어오기 이전의 파토스적인 것임을 명백히 하고 있다(目好色, …… 生於人之情性者也, 感而自然, 不待事而後生之者也 『순자(荀子)』「성악편(性惡篇)」).

본래 총(聰)과 명(明) 등의 용어는 상고대로 거슬러 올라갈수록 원시종교적인 의미를 띠고 있었다. 즉 원시적 신정(神政)의 시대에는 보통 인간이 갖고 있는 시력과 청력으로는 감지할 수 없는 무엇을 상제는 물론 선왕과 같은 조상신, 그리고 여러 자연신들(총칭하여 聖人)은 무섭게 감지하고 통찰한다고 믿었고, 이러한 초인간적인 신통력에 의하여 주어진 메시지에 따라 인간은 자신의 운명이 결정되는 피지배적인 위치에 놓여 있었다. 여기서 성인이 독점하고 있던 특별한 능력을 총, 또는 명이라 지칭해 왔던 것이다.[8] 이 용어가 전국 시대에 이르면 인간의 능력으로 내려와서 적용되고 있음을 알 수 있다. 즉 인간의 모든 것을 신의 소여로 보던 생각이 바뀌어 감각의 기능 자체가 다분히 인간적인 것, 자연적인 것으로 규정되고 있으며(感而自然), 감각의 잘못된 흐름의 발견과 경계의 의무, 극복의 수단이 오로지 인간 자신의 책임으로 돌려지고 있음을 보게 된다. 이러한 극복의 길을 순자는 이성(僞)의 발휘라 하였거니와 이처럼 자신의 운명의 주체로서의 모범을 성인(聖人)이라고 봄으로써 성인을 인간의 도덕적 수련의 정점에 두고 있음을 또한 알 수 있는 것이다.

감각적인 쾌락의 추구는 당시 음식, 오락(사냥, 연주, 곡예 등), 여색, 궁궐 축조 등 재력과 인력의 심한 낭비를 불러오고 이로 인하여 나라가 망하는 것을 목격한 결과 고대 중국인들은 재물의 탐닉과 감각적 쾌락의 추구, 그리고 통치계급의 기득권 유지와 귀족적인 체통(또는 정신 자세)과의 상관관계를 자주 역설하였고, 이를 『서경(書經)』「주서(周書) 여오(旅獒)」에서 '완물상지(玩物喪志)'라 일컬은 이래 외물과 쾌락과 이성의 관계를 시사하는

8 이성구, 「中國古代의 呪術的 思惟와 帝王統治」, 서울대학교 박사학위논문, 1996, 71쪽 이하.

하나의 미학적 용어로 자주 쓰이게 된다.

한 가지 덧붙일 것은 '화(和)'의 용어이다. 본래 이는 입맛과 관련하여 사용되던 것으로서, 음식을 조리할 때 서로 다른 맛을 가진 양념들이 하나의 요리에서 어우러져 차원이 다른 맛을 창출하는 것을 지칭하였다(和五味以調口, …… 和六律以聰耳『국어(國語)』「정어(鄭語)」). 그러던 것이 음악에서의 조화를 가리키게 되고(聲音相和『老子』제2장), 예법의 운용 양태를 묘사하는 것에 이르기까지 광범하게 쓰이게 되었다(禮之用, 和爲貴『논어(論語)』「학이(學而)」). 그리고 보내는 노래에 대하여 답가(答歌)를 부르는 행위를 화(和)라 하게 되었다(與人歌而善, 必使反之, 而後和之『논어(論語)』「술이(述而)」).

다. 악자락야(樂者樂也) – 장엄한 제례 음악으로부터 즐거운 잔치 음악으로

은(殷) 시대부터 제사를 지낼 때 인간을 지배하는 상제(上帝)가 강림하는 과정에서 그 모습을 실감나게 과시하려 했음은 다른 고대문화권과 마찬가지였을 것이다. 가령 제단을 성대하게 차리고 연기를 피워 올리면서 상제의 강림(降臨)을 실감나게 연출하고, 무축(巫祝)은 마치 상제가 눈에 보이는 듯이 환영하고 흠숭하는 격렬한 몸짓을 하거나 신이 내린 증거를 보여 주기 위하여 상제의 무섭고 괴력을 과시하는 시늉을 내며 소리를 지르거나 춤을 추었을 것이다. 이 과정에서 참여자들은 상제가 제사를 여하히 흠향(歆饗)하는가에 따라 자신들의 미래의 생존이 걸린 농사의 성패가 좌우된다고 믿었을 것이다. 그러한 제례에서 인간의 귀에 들리는 신의 소리는 신비롭고도 위력적인 것이었음은 쉽게 짐작할 수가 있다. 인간 자신의 목소리는 물론 각종 물건을 두드리거나 방울을 흔들어서 내는 소리, 뼈에 구멍을 내어 입으로 불어서 내는 소리 등 온갖 방법을 동원했을 것이다. 그 가운데 북(鼓) 소리가 당시로서는 매우 신비스럽고 우람한 것으로서 제사에 참여한 사람들을 정신적으로 압도하였음을 짐작할 수 있다.[9] 흥미롭게도 이 북소리는 기쁘다는 용어인 '희(喜)'와 파생어의 관계에 있으며, 따라서 당시 제사 과정에서 나타나는 어떤 희열(喜悅), 즉 넓은 의미의 엑스터시스(extasis)와도 관련이 있을 수 있다는 사실이다. 그리고 이는 전쟁 등에서 인간의 집단적인 행위를 통제하는 데 깃발과 함께 매우 긴요한 통신수단으로도 확장되고 있음을 알 수 있다.[10]

요컨대 상고대부터 소리(예컨대 천둥소리)는 자연의 현상일 경우조차 어떤 의지(意志)나 기능이 담겨져 있는 것으로 이해되는 경향이 있어 왔고, 특히 인간이 제사에서처럼 의도적으로 내는 소리(祭禮樂)는 춤과 같은 몸짓과 더불어 더욱 그러한 것으로 받아들여져 왔다고 볼 수 있다. 예컨대 문왕(文王)의 업적을 찬양하는 전례악은 노랫말의 내용과 더불어 각종 악기의 소리가 상계(上界)에서 들려오는 신비롭고 위압적인 선왕(先王)의 소리로 들렸을 것이고, 번쩍이는 황금빛 청동기의 도철문(饕餮文)은 지극히 무서운 선왕의 모습으로 비쳤을지도 모른다. 즉 그것은 인간이 내는 소리임에도 그 발원과 효능은 초인적인 성인(聖人)의 것으로 인식되어 왔음을 짐작케 하는 것이다.

주 나라의 오랜 침체 및 세속화의 역사를 거치면서 일개 대부(大夫)가 천자(天子)의 음악을 자기 뜰 안에서 연출하는 등 하극상을 범하는 일이 예사로 되어 가는 한편(八佾舞於庭, 是可忍孰不可忍也 『논어(論語)』「팔일(八佾)」), 신정의 전시효과적 표현으로서 신비롭고 무서운 춤과 음악이 차츰 잔치의 음악으로 변질되고 있었다. 이는 악기의 발달과 음역의 확장이라는 현상과 어느 정도 상관관계를 갖고 진행된 것 같다. 즉 『국어(國語)』「진어(晋語)」에 의하면, 위(衛)의 영공(靈公)이 진(晋)의 평공(平公)을 방문하러 가는 길에 복수(濮水)에서 간드러진 곡조로 이루어진 이른바 신성(新聲)을 듣고 환영하는 자리에서 악사 사광(師曠)의 만류에도 불구하고 그 음악을 연주하게 하였는

9 이성원, 「고대중국의 樂의 기원과 변화」, 『동양사학연구』 94집, 동양사학회, 2006.
10 앞의 논문.

데, 이 음악은 전통적인 오음에서 변조된 청상(淸商)이라는 음악이었고, 이어 평공은 청치(淸徵), 청각(淸角) 등 감각적인 쾌(快)를 유발하는 음악에 탐닉하다가 마침내 병들어 죽었다는 고사가 그러한 사례를 보여 주고 있다.

문헌에 나타나는 신성은 이처럼 감각적으로는 지극히 유혹적이지만 도덕적으로 몹쓸 타락한 망국의 음악으로 규정되고 있다. 그런데 근래의 고고학적 발굴의 성과는 그 신성의 존재를 시사하고 있다. 즉 기원전 5세기 말의 것으로 추정되는 증후(曾侯) 을묘(乙墓)에서 나온 수많은 악기들을 분석한 결과 구성(舊聲)과 신성(新聲)으로 나눌 수 있는 두 개의 음 계열이 존재한다는 것이다.[11] 문헌에서의 신성과 고고학적 연구 결과의 새로운 음 계열이 일치하는 것인지 속단할 수 없는 일이지만, 춘추 후기 무렵 유행하기 시작했다[12]는 이른바 신성은 당시 침체되어 가던 주(周) 왕실에서 악기의 발달을 주도하면서 새롭게 전례의 음악으로 발전시킨 결과라기보다는 세속의 세력가들이 성대한 제례를 참칭(僭稱)하면서 사치스런 악무를 향락으로 일삼는 과정에서 출현했을 가능성이 있는 것으로 보아야 할 것이다.

이런 상황에서 맹자의 시대에 이르면 이른바 고악(古樂)과 신악(新樂)의 이야기가 나오게 된다. 양(梁)나라의 혜왕(惠王)은 맹자에게 선왕(先王)의 음악은 지루하여 잠이 올 정도이고, 그 대신 세속의 음악이 좋다고 단적으로 말하고 있는 것이다(『맹자(孟子)』「양혜왕 하(梁惠王 下)」).

순자에 이르면 당시 이미 사회에 만연했을 속악 가운데에서 아악(雅樂, 또는 正聲)을 선왕(先王)이 제작(制作)하였음을 역설함으로써 치세의 음악으로 바로 세우려 이념화하는 한편, 현실적 안목으로 원시 종교성을 탈피한 속악의 속성을 음악의 본질로 인정하게 된다. 그에 의하면 '음악이란 즐거움이다(樂者樂也).' 그는 「악론(樂論)」의 첫 대목에서 음악의 정의를 이처럼 명쾌하고도 자신 있게 내리고 있다. 그리고 음악의 원천이 인간의 정(情)임

11 川原秀城, 「中國聲律小史」, 『神發見中國科學史資料의 研究』, 京都大學 人文科學研究所, 1985.

12 앞의 논문.

을 이어서 천명한다. 즉 즐거움은 인정의 피할 수 없는 본능적 현상이고, 따라서 음악은 반드시 그로부터 생겨나게 마련인 것이다(人情之所必不免也, 故人不能無樂). 그리고 음악은 반드시 인간의 소리에서 생겨나고 몸짓을 통하여 그 모습을 나타낸다(樂則必發於聲音, 形於動靜). 그것은 인간에게 영원하고 보편적인 양태이다(人之道).

이러한 순자의 설명에는 더 이상 음악이나 춤의 몸짓이 상제(上帝)의 무서운 소리도 아니요, 그의 현시(顯示)를 증거하는 탈자경(脫自境)의 춤도 아니다. 모든 인간이 갖고 태어난 정(情)으로서의 즐거움이 표출될 때 저절로 소리와 몸짓으로 나타나게 되고 그것이 곧 음악이 되고, 춤이 되는 것이다. 이것이 음악의 발생 과정이다.

결국 순자에게서 음악의 발생은 두 가지 원천을 갖게 된다. 하나는 인간의 정(情)의 표출이고, 다른 하나는 선왕(先王)의 제작이다. 전자는 인간의 선천적인 감성 능력을 일컬음이고, 후자는 인간의 후천적, 혹은 외래적 이성 능력을 일컬음이다. 선왕 제작의 설(說)은 신정(神政)의 마력(魔力)의 소리로부터 유래하여 오랜 시간을 거친 후 전국(戰國) 시대의 계속되는 세속화 과정에서 나타난 탈영감적(脫靈感的) 설명 방식으로 이해할 수 있을 것이다. 이에 비해서 표정설(表情說)은 전적으로 세속적인 연악(宴樂)에서 경험적으로 관찰된 결과 생겨난 인간적(人間的) 설명 방식이라고 이해할 수 있을 것이다. 순자에게 음악의 두 원천이 존재하는 것은 그의 인간 이해의 방식에서 연유하는 것 같다. 즉 인간의 본성은 악(惡)하므로 자연 발생하는 정(情)의 흐름을 스스로 제어할 수 없는데, 기성화위(起性化僞)하는 후천적 이성 능력에 의하여 이를 극복할 때 비로소 인간은 자신의 위상을 회복할 수 있는 것이다. 음악은 정의 표출이다. 그런데 선왕의 제작 이념을 좇음으로써 비로소 도덕적 가치를 구현한 올바른 음악, 즉 아악(雅樂)을 실현하게 되는 것이다. 여기서 미(美)라는 가치와 선(善)이라는 가치의 차원 높은 만남이 있게 되는 것이다(美善相樂 「악론(樂論)」). 다시 말해서 음악 안에서 쾌(파토스)의 원리와 절제(질서)의 원리가 결합되어 승화된다는 것이다. 여기서 음악은 신(神)만을 위한 존재도 아니고, 무절제한 소인(小人)만을 위한 존재도 아니요, 결국 군자(君子)를 탄생케 하는 수양의 과정으로 자리매김하게 되는 것이다(君子樂得其道, 小人樂得其欲).

라. 성어악(成於樂) – 신(神)에 의한 구원으로부터 예술을 통한 스스로의 인격 형성으로

중국의 고대뿐 아니라 전 역사를 통하여 예술과 인격, 즉 도덕적 가치의 관계의 문제는 중국의 미학사상에서 가장 중심적이고 오래된 문제이다. 그리고 동시에 예술의 고유성과 자율성을 이론적으로 밝힌 적이 있는 서양의 미학사상과 구별되게 하는 가장 중국적인 측면을 띠고 있다고 할 수 있다. 여기서는 그 발생적 측면과 관계의 구조를 살펴보게 될 것이다.

『논어(論語)』「학이(學而)」에서 "그림을 그리려면 먼저 바탕을 흰 색으로 칠해 놓아야 한다(繪事後素)"는 건축의 격언을 공자가 인용하면서 바탕을 인격적인 토대, 그림을 언행(言行)으로 비유함으로써 시각예술의 면에서도 인격과의 관련을 언급한 예가 있었다. 이런 사상은 음악에 관한 언급에서 더 자주 그리고 직접적으로 나타난다. 후술하겠거니와 공자는 인(仁)이라는 도덕 가치가 결여된 예술 형식이란 아무 의미가 없는 것으로 강하게 말한 바 있다(人而不仁, 如樂何「팔일(八佾)」).

그런데 여기서 주목할 것은 당시 시교(詩教)와 악교(樂教)의 전통이 있었다는 사실이다. 상술한 바와 같이 오랜 세월에 걸쳐 형성, 변천되어 온 전례에서 연출된 시(詩)와 악(樂), 춤은 상제의 찬미라는 종교 고유의 기능 이외에 역사(문왕과 무왕의 업적)의 기억과 상기, 정치적 결속의 매체, 왕실의 위엄의 과시 외에 장차 귀족정치를 이어갈 젊은 왕족, 즉 주자(胄子)들의 교육적 의도와 기능을 띠고 있었던 자취가 보인다. 『서경(書經)』「우서(虞書) 순전(舜典)」에 순(舜) 임금이 기(夔)라는 신하에게 악(樂)의 관직을 맡으라 명하면서 "자제들을 가르치되 곧으면서도 온화하게, 너그러우면서도 위엄을 갖추도록 하고, 강의(剛毅)하되 포악하지 않게, 그리고 대범하되 오만하지 않게 만들라(教冑子, 直而溫, 寬而栗, 剛而無虐, 簡而無傲)"고 당부하고 있다. 여기서 주목되는 것은 고대인들은 인간의 품성이 성장 과정에 따라 어느 한쪽이나 그 반대쪽의 성품으로 치우칠 가능성이 항상 있는 것으로 분석하여 파악하고 있었다는 점과 따라서 자제 교육의 지표는 그 어느 쪽으로도 치우침이 없는 성격 형성에 있었다는 점이다.『주례(周禮)』에서 대사성이 성균(成均)의 법을 관장하여 왕공의 자제를 가르친다 함이 바로 이런 사례라 할 수 있다. 이는 당시 귀족들이 집단을 통치한 오랜 경험의 결과 바람직하다고 상정한 성격의 모형으로 볼 수 있으며, 인간의 내면적 성격을 나름대로 분석하고 상반되는 성격들을 짝 지워 파악하고 있음이 주목된다.

공자는 일찍이 자기 아들에게 "『시경(詩經)』의 「주남(周南)」과 「소남(召南)」을 공부했느냐"고 물은 적이 있다(『논어(論語)』「양화(陽貨)」). 시(詩)에 흥(興), 관(觀), 군(群), 원(怨)의 정서 표출의 기능이 있음(『논어(論語)』「양화(陽貨)」)을 강조한 적이 있는 공자는 아들에게 예법의 공부와 더불어 시를 공부하지 않으면 사회생활을 전혀 할 수 없음을 아울러 강조하였고(無以言, 無以立「계씨(季氏)」), 다른 언급에서 나라 간에 외교(外交) 사령(使令)마저 담당할 수 없음을 말하였다(頌詩三百, 授之以政, 不達, 使於四方, 不能專對, 雖多亦奚以爲「자로(子路)」). 이는 공자의 시대에 이르기까지 과거부터 귀족의 자제들이『시경(詩經)』의 시를 어려서부터 외우고 커서는 사회생활에서의 대화에서 시의 본뜻과 관계가 있고 없음을 떠나서 단장취의(斷章取義)하여 상용하고 있었음을 말해 준다.

요컨대 씨족사회의 신정(神政)의 전통 속에서 주술적인 마력(魔力)을 믿으면서 익혔던 노래와 악기 연주, 춤의 기예, 그리고 예법(禮法)이 어느덧 귀족 교육의 필수가 되고, 원시종교의 전통을 서서히 벗어나 인간 자신의 내면적인 정신 능력을 지칭하는 덕(德)을 함양하는 수단으로 탈바꿈하면서 이러한 예술적 과목들은 자연스레 인격 형성의 온상으로 여겨지게 된 것이다. 공자의 시대에 이르면 이러한 전통의 소산으로 인격 형성의 교육적 과정을 종합하여 "시(詩)를 공부함으로써 일어나고 예를 익힘으로써 확립하고 음악을 통하여 완성한다(興於詩, 立於禮, 成於樂 「태백(泰伯)」)"는 유교 전통에서의 미적 교육의 명제를 낳게 되는 것이다. 덕을 지닌 군자는 이제 더 이상 상제나 선왕에 의하여 운명적으로 지정되는 것이 아니라 개인이 전통적인 교육 과정을 스스로 얼마나 익히고 수양을 쌓았느냐에 따라 탄생하게 된다는 개방된 인문적(人文的) 의미가 여기에 담겨 있다고 할 수 있다.

그런데 공자의 시대에도 아직 소리에 주술적 흔적이 많이 남아 있었다고 할 수 있다. 공자가 위(衛)에 머물고 있을 때 경(磬)을 연주하자 밖에 지나가던 사람이 그 소리를 듣고 "그 소리를 들으니 연주자의 심사(心思)가 깊음을 알겠구나!(有心哉, 擊磬乎 「헌문(憲問)」)"라 하였다는 일화는 종자기(鍾子期)와 백아(伯牙)의 지음(知音)의 고사와 더불어 소리에 인간의 마음이 담겨 있고 연주를 통하여 사람들 사이에 마음의 소통이 가능하다고 믿는 전통의 소산으로 보인다.

이런 전통 속에서 국가를 통치하는 왕은 성대한 제사를 지내면서 선왕(先王)을 본받아 선정(善政)을 베풀려는 의도를 열성조(列聖祖)에 맹세하고 만백성에게 선포하게 된다. 다시 말해서 왕은 자신이 만백성의 어버이로서 자식처럼 자비를 베풀고 의식주를 넉넉하게 해줄 수 있다는 능력과 의지의 메시지를 궁궐 밖으로 전달할 필요가 있었는데, 이때 상징적인 수단으로 오래 존속해 온 것이 제례악의 음악성(音樂性)인 것이다. 이처럼 궁궐 밖으로 널리 퍼져나가는 왕의 선정의 의지를 담은 소리를 덕음(德音)이라 일컬었다(『시경(詩經)』「대아 황의(大雅 皇矣)」). 이처럼 음악의 소리에 마음이 담긴다는 생각이 당연한 것으로 받아들여지는 전통은 따라서 음악(노래)을 음악성 자체보다는 자신들의 도덕적 기준에 의거하여 선(善)하고 좋은 음악과 악(惡)하고 나쁜 음악으로 나누고 전자를 권장하고 후자를 몰가치의 대명사로 지탄하게 된다. 공자는 전자를 아악(雅樂), 후자를 정성(鄭聲, 또는 鄭衛之聲)이라 일컬었는데, 그 자세한 경위는 밝히지 않고 있다(「위령공(衛靈公)」). 아악으로는 당연히 소무(韶舞)와 같은 순(舜) 임금의 치적과 덕성을 찬미한 정통의 제례악을 높이 평가하고, 정성은 『시경(詩經)』「국풍(國風)」 가운데 정풍(鄭風)에 남녀 간의 연애를 노래하였다는 이유로 예부터 음란한 음악으로 대표되던 관행을 이어받아 폄훼(貶毁)한 것으로 보인다. 주(周)의 국가 질서가 날로 문란해지던 당시 주 건국의 정신이 상실되고 인간의 타락상이 갈수록 심해지던 모습을 개탄하고 비판하면서, 역사적 관점과 인륜적 관점에서 나라를 온통 혼란에 빠뜨리는 간사한 사람(佞人)을 내쫓고 정통(正統)의 색깔인 주(朱) 대신에 간색(間色)인 자(紫)가 사람들의 눈을 현혹하는 세태를 바로잡고자 하는 비판의 연장선에서 정성(鄭聲)이 아악을 어지럽히는 원흉으로 신랄하게 지목하였던 것이다(「양화(陽貨)」).

순자(荀子)는 음악이 예와 더불어 인격, 즉 인간의 내면에 어떻게 영향을 미치는가에 관하여 좀 더 상세하게 분석하고 있다. 그는 "군자는 종(鍾)이나 고(鼓)를 통하여 마음의 뜻을 선도(善導)하고, 금(琴)이나 슬(瑟)을 통하여 마음을 즐겁게 한다(君子以鍾鼓道志, 以琴瑟樂心 『순자(荀子)』「악론(樂論)」)"라 하여 음악이 인간의 감정과 직결되고 인격의 완성에 필수임을 단정한다. 음악은 따라서 감성적인 훈련에서 출발하여 이성적인 인격의 완성에 이르기까지 가장 중요한 역할을 담당하게 되는 것이다(樂者所以道樂也, 金石絲竹所以道德也 「악론(樂論)」).

그 구체적인 작용과 효과를 살펴보면, 그는 "아송의 음악을 들으면 마음이 넓어지고 …… 그러므로 악을 울리면 마음이 깨끗해지고, 예를 닦으면 행실이 완성되고, 눈과 귀가 밝아지며 혈기가 화평해진다(聽其雅頌之聲而志意得廣焉. …… 故樂行而志淸, 禮修而行成, 耳目聰明, 血氣和平 『순자(荀子)』「악론(樂論)」)"라 하여 악리(樂理)와 심리(心理)가 후술하는 바와 같이 기(氣)의 전파에 의하여 상통한다고 보았다. 결국 선왕의 제례작악(制禮作樂)의 의도가 음악과 예법을 통하여 사람들의 마음에 사물에 대한 통찰력(聰明)이나 의지의 절제력(和平) 등의 덕성을 형성해 준다는 것이다.

그런데 이때 군자(君子)가 체득하는 것은 궁극적으로 무엇인가. 바꿔 말해서 음악이 상징하는 바와 의미하는 바는 무엇인가. 이에 대하여 순자는 악기와 음악이 각기 우주와 자연의 구조와 질서를 상징한다고 봄으로써 군자의 인격적인 수양의 궁극점이 자연(自然)의 천리(天理)임을 암시하고 있다. "음악의 청명함은 하늘을 본받고, 그 광대함은 땅을 본받고, 그 동작의 다양한 변화는 봄, 여름, 가을, 겨울의 변화와 비슷한 것이다(其清明象天, 其廣大象地, 其俯仰周旋有似於四時 「악론(樂論)」)"라는 음악에 대한 철학적 사색을 그는 보이면서, 각 악기 소리의 특징도 일일이 묘사하고, 그것들이 결국 자연(天地, 日月星辰)의 사물에 각기 배당됨을 논하고 있다.

마. 악자(樂者) 치인지성야(治人之盛也) – 예술의 사회 · 정치적 기능

씨족의 생존과 다스림을 위한 제사음악의 오랜 주술적 전통이 쇠퇴하고 합리적 사고가 축적되어 가던 시대에도 집단 통치의 필요는 오히려 더 절박하게 됨에 따라 백성의 효율적인 결속을 위하여 관행적으로 실행해 오던 예(禮)와 악(樂)의 기능에 대하여 새로운 설득력을 가진 해석이 요구되었다. 앞에서 언급한 바와 같이 음악과 마음이 그처럼 긴밀한 관계를 갖고 있는 것이므로 많은 사람들이 여러 계급으로 따라 조직된 국가 안에서 변화무쌍한 민심의 흐름을 통제하는 수단으로 음악이 유력한 수단인 것으로 주장되기에 이른다.

그런데 중국에서는 이런 사상의 배경이 될 만한 흥미로운 전통이 상고대부터 있어 왔다. 진시청정(陳詩聽政), 또는 진시관풍(陳詩觀風)이 그것이다.

『국어(國語)』「주어(周語)」에 "그러므로 천자가 정사(政事)를 돌볼 때 공(公), 경(卿) 및 여러 사(士)로 하여금 시(詩)를 바치게 하고 악사(樂師)에게는 악곡을 바치게 했으며, …… 수(瞍)에게는 시(詩)를 짓도록 하고, 몽(矇)에게는 외어 읊조리도록 하였으며 …… 서인(庶人)들에게는 민심을 윗사람에게 전하도록 하였고, …… 악사와 사관(史官)의 가르침과 나이 많은 이의 충고가 있은 다음에 왕은 이를 정사에 참작하였다(故天子聽政, 使公卿至於列士獻詩, 瞽獻曲, …… 瞍賦矇誦 …… 庶人傳語, …… 瞽史教誨, 耆艾修之, 而後王斟酌

焉)"는 기록이 보이고 이와 유사한 기록이 『서경(書經)』「익직(益稷)」에도 나오고 있다(予欲聞六律五聲八音, 在治忽, 以出納五言). 민심의 파악과 수렴이 정치의 요체였음은 고금의 통례인데, 상고대에는 그 방식이 흥미롭게도 음악에 의존하고 있었음을 알 수 있다. 즉 백성들 사이에 오가는 여론을 수집하는 담당관리(采詩官)가 나라의 정사를 논하는 자리에서 백성들의 마음을 노래로 재현함으로써 왕에게 민심을 알렸다는 것인데, 민심이 담긴 백성의 노래(민요)를 그대로 재현하였는지, 또는 민심을 파악한 내용을 악사가 새로 노래를 지어 올렸는지 (또는 양자 모두인지) 알 수 없으나 왕은 이를 통하여 청정(聽政)하였다는 것이다. 이러한 전통이 의미하는 바는 백성의 마음이 단순한 언어에만 의존하지 않고 노랫가락에 얹혀서 유행하고 전달되는 전통을 오랜 전부터 형성함으로써 마음과 음악의 일체성을 일찍이 보여 왔다는 점이다. 다시 말해서 중국에서는 상고대부터 아마도 오랜 주술적인 전통의 결과 특정 가락에 특정의 마음(喜怒哀樂 등)이 상응하여 '음악은 인간의 마음에서 발원(發源)한다'는 견해(순자(荀子)와 『악기(樂記)』)가 정형화되어 왔을 가능성이 있다는 점이다.

이처럼 진시관풍하는 전통의 전형적인 사례가 이른바 오(吳)나라 계찰(季札)의 관악(觀樂)의 고사이다. 『춘추좌전(春秋左傳)』「양공(襄公) 29년」에 의하면, 그는 어느 자리에서 당시 중국의 거의 모든 지방의 전통음악을 16개 이상 듣고 7개의 춤을 감상하였다. 그리고 이들에 대하여 하나씩 평가를 내렸다. 예컨대 주(周)나라 음악을 듣고 "아름답다! 비로소 터전을 마련하였도다. 그러나 아직 미진하지만 애써 원망하지 않으려 하는구나(美哉, 始基之矣. 猶未也, 然勤而不怨矣)"라 하고, 정(鄭)나라의 노래를 듣고는 "아름답도다! 섬약함이 이처럼 심하니 백성이 견딜 수가 있었겠는가. 어찌 먼저 망하지 않을 수 있었겠는가(美哉. 其細已甚, 民不堪也. 是其先亡乎)"라 하고, 위(魏)나라의 음악을 듣고는 "아름다구나! 균형이 맞는다. 우람하면서도 유순하고, 험한 곳을 쉽게 지나간다. 덕(德)으로써 이를 보필하니 곧 밝은 군주로다(美哉. 渢渢乎. 大而婉, 險而易行, 以德補此, 則明主也)"라 하였다. 그리고 옛날의 전설적인 왕들의 훌륭한 치적을 찬미하던 춤을 보고 품평을 하였다. 예컨대 무왕(武王)의 춤인 대무(大舞)를 감상하고 나서 "아름답구나! 주(周)나라의 성대함이 어찌 이와 같지 않으리(美哉. 周之盛也. 其若此乎)"라 하고, 소소(韶箾)라는 춤을 보고는 "덕의 지극함이여! 실로 크도다. 하늘이 뒤덮지 못함이 없는 것 같고, 땅이 싣지 못함이 없는 것 같도다(德至矣哉. 大矣. 如天之無不幬也, 如地之無不載也)"라 감탄하였다. 그리고는 "실컷 보았으니 그만합시다(觀止矣)"라 하면서 예술미에 대한 최고의 만족감을 표하였다고 한다.

이 일화는 계찰이 악무(樂舞)에 대하여 지극히 감탄하는(美哉) 모습을 통하여 각 작품의 다양하고 풍부한 형식에 대한 평가와 더불어 각 지방의 정치적 · 역사적 배경을 감안하여 작품의 장단점을 지적하고 있음을 보여 주고 있다.

이처럼 다양한 음악과 춤에 관하여 정치, 사회 및 도덕의 기준에 따라 올바른 예술과 몹쓸 예술로 나누던 관습이 공자의 아악(雅樂)과 정성(鄭聲)에 대한 포폄(褒貶)의 태도에 그대로 반영되고 있었음은 앞에서 언급한 바와 같다.

순자는 이러한 전통적 관념을 더 체계적이고 실증적으로 설명하기 위하여 노력하였다. 그는 앞에서 살펴본 것처럼 음악이 인간의 감각 작용, 감정의 발동, 인격의 형성(이성의 작용) 등에 긴밀하게 연계되어 있다고 전제하였다. 그리고 "장례식에서 상복을 보고 슬피 우는 소리는 듣는 이의 마음을 슬프게 만들고, 갑옷과 방패를 보고 행군할 때의 군가 소리를 들으면, 듣는 이는 마음이 씩씩해진다. 요염하게 화장한 얼굴과 정위(鄭衛) 나라의 음란한 음악은 듣는 이의 마음을 음란하게 만들고, 관복과 관모를 단정하게 갖추고 문왕과 무왕의 덕을 상징하는 무악(舞樂)은 감상하는 이의 마음을 장엄하게 만든다(齊衰之服, 哭泣之聲, 使人之心悲. 帶甲嬰軸, 歌於伍行, 使人之心傷. 妖冶之容, 鄭衛之聲, 使人之心淫, 紳端章甫, 舞韶歌武, 使人之心莊「악론(樂論)」)"라는 일상적 · 상식적 경험을 토대로 하여 음악과 마음의 관계를 사회적인 차원으로 연장하여 논한다.

즉 순자는 다수의 사람들이 모여 사는 국가의 차원에서 볼 때 음악이 치자(治者)와 피치자(被治者) 사이에서, 그리고 백성들 상호간에 어떤 영향을 미치는지에 관하여 설명하고 있다. 우선 순자는 사람의 마음을 실은 음악의 소리가 기(氣)인 것으로 파악하고, 기의 유동(流動)하는 성질과 전파(傳播)하는 능력에 따라 음악도 사람들 사이에서 그 속에 담긴 내용과 정서를 전파하는 기능을 갖고 있다고 보았다. 그의 설명에 의하면, “일반적으로 간교한 소리가 사람을 감동시키면 반역(反逆)의 기(氣)가 그에게 반응하여 나타나고, 그 반역의 기가 모습을 드러내면 난세가 된다. 올바른 소리가 사람을 감동시키면 순종(順從)의 기가 그에게 반응하여 나타나고, 그 순종의 기가 모습을 드러내면 평화의 정치가 실현된다. 음악을 보내는 자와 그에 답하는 자 사이에는 상응(相應)하는 관계가 있으므로, 선(善)과 악(惡)도 이에 따라 모습을 나타내게 된다(凡姦聲感人而逆氣應之, 逆氣成象而亂生焉. 正聲感人而順氣應之, 順氣成象而治生焉. 唱和有應, 善惡相象 「악론(樂論)」).” 그리고 음악의 사회적 전파의 속도와 효과는 의외로 놀랍다고 한다. “음악이 사람의 마음을 파고드는 것은 매우 깊고, 그 감화시키는 속도는 빠르다. …… (그리하여) 풍속을 바꾸어 놓고, 마침내 온 세상이 평화로워진다(夫聲樂之入人也深, 其化人也速 …… 移風易俗, 天下皆寧 「악론(樂論)」).”

따라서 당시의 국가 조직의 면에서 볼 때 이러한 음악의 기능은 다음과 같이 실로 막중한 것이었다. “(올바른) 음악이 종묘에서 연주되어 임금과 신하가 지위를 막론하고 같이 들으면 서로 화목하고 공경하지 않을 자 없고, 집안에서 아버지와 아들, 형과 아우가 다같이 들으면 서로 화목하고 친하게 되지 않은 자 없고, 마을 문중에서 어른과 젊은이가 다같이 들으면 서로 화목하고 순종하지 않을 자 없는 것이다(樂在宗廟之中, 君臣上下同聽之, 則莫不和敬. 閨門之內, 父子兄弟同聽之, 則莫不和親. 鄕里長族之中, 長少同聽之, 則莫不和順 「악론(樂論)」).” 이처럼 국가 통치에 추요(樞要)의 기능을 하는 음악은 예법과 더불어 그 중요성의 면에서 국가의 강제력인 법이나 형벌의 시행과 같은 것이다. "악(樂)이란 밖에서는 정벌(征伐)과 형벌을 나타내는 수단이 되고, 안에서는 공경과 예절을 나타내는 수단이 되는데, 이때 정벌과 형벌, 공경과 예절은 그 의의가 하나인 것이다(樂者出所以征誅也, 入所以揖讓也. 征誅揖讓, 其義一也「악론(樂論)」)."

순자가 이렇게 예악(禮樂)을 정주(征誅)와 같은 등급의 통치 수단으로 보게 된 배경에는 상고대 이래 집단 통치권의 궁극적인 원천을 상제와 선왕에 두고 있던 전통에서 찾을 수 있다. 공자가 주나라의 문화를 가장 이상적인 것으로 동경(憧憬)한 바 있고(吾從周『논어(論語)』「팔일(八佾)」), 주 문화의 정초(定礎)를 놓은 주공(周公)을 인문적 제도와 정신 가치의 최고의 창조자로 흠모하고 있었는데(吾不復夢見周公『논어(論語)』「술이(述而)」), 사실상 전설적이고 신화적인 차원으로까지 승격되고 주공의 제례작악(制禮作樂)이라는 실천적 업적의 배경을 이루었던 문왕, 무왕과 같은 정치적 인물들을 총칭하여 선왕(先王)이라 일컫는 전통이 고대에 이미 형성되었던 것이다. 따라서 선왕은 당시 국가의 정치, 문화, 역사의 입법자이자 정통성을 부여하는 주체로 많은 사상가에 의해 일컬어지고 있었다. 순자도 왕이 집단을 엄하게 통치할 수 있는 무력, 또는 형벌의 강제적 권한을 선왕에게서 받았다고 설명하고, 동시에 집단을 즐거운 마음으로 화합하게 할 수 있는 선한 통치의 의지도 선왕에게서 받았는데 그러한 수단이 바로 예악(禮樂)이라는 것이다(樂者先王之所以飾喜也, 軍旅鈇鉞者先王之所以飾怒也「악론(樂論)」). 순자는 다시 이를 나누어 예를 계급 분할의 원리로, 악을 집단 전체의 화합의 원리로 보면서, 그러나 이 두 가지가 모두 인간의 마음을 움직이는 자발성에 의거하는 것으로 보았던 것이다(樂合同, 禮別異, 禮樂之通, 管乎人心矣「악론(樂論)」). 이러한 상반된 성질의 통치 수단이 짝을 이루는 것처럼 설명되는 사고는 춘추전국의 시기에 왕권의 존속을 위하여 군주가 백성에게 강온(強溫)의 양면적 통치 수단을 구사해야 함을 현실적 경험으로부터 터득한 것과 음양(陰陽) 사상으로부터 영향을 받은 것처럼 보이는 사고의 패턴이 결합하여 나타난 것으로 보인다. 요컨대 당시 모든 사상의 초점은 천하의 극심한 혼란을 면하고 평화로운 세상을 실현하는 방법을 찾는 문제의 해결책이었으므로 음악에 관한 사상은 다른 영역과 더불어 이처럼 정치적 방법론에 부합하거나 종속되는 타율적 관점에서 형성되고 있었다고 할 수 있다.

바. 문질빈빈(文質彬彬)과 진선진미(盡善盡美) – 예술의 형식미와 내용미에 대한 분별

공자가 음악에 관한 체험을 많이 한 사실은 『논어(論語)』를 통하여 주지하는 바와 같다. 그가 제(齊)나라를 방문했을 때 소(韶)가 연주되는 것을 보고 최고의 예술미에 감탄하여 "석 달 동안이나 고기 맛을 잊고서, '음악의 훌륭함이 이 정도일 줄을 몰랐다'(三月不知肉味 日不圖爲樂之 至於斯也「술이(述而)」)"라고 한 말은 유명하다. 순(舜) 임금의 전설적인 치적을 상징하는 악무인 소(韶)를 공자가 감상했을 때, 그 내용을 배제했을 리 없었겠으나, 반면에 이러한 극찬 속에는 반드시 형식미로부터 오는 최고의 미적 감동이 포함되어 있었다고 보아야 할 것이다. 그는 또 일찍이 노(魯)나라의 태사(大師)에게 아악의 청각적인 인상을 얘기한 적이 있었다. 즉 "음악이란 알 만한 것이지요. 막 시작했을 때는 여러 소리가 한데 어우러져 일체가 되다가, 잇달아 한 가지 소리가 순수하고 또렷하게 울리면서 오래 지속되고 마침내 끝마무리를 하게 되지요(樂其可知也, 始作, 翕如也, 從之, 純如也, 皦如也, 繹如也, 以成「팔일(八佾)」)"라고 하였는데, 이는 음악의 형식미에 대하여 간략하지만 마디마다 분석하여 기술한 것이다. 아마도 이러한 음악을 듣고서 공자는 "관저의 끝 장 소리가 내 귀에 찰찰 넘치는 듯하구나(關雎之亂, 洋洋乎盈耳哉「태백(泰伯)」)"라고 다시금 감탄하였던 것이다.

그런데 공자는 역시 예술의 형식에 앞서 내용이 선(善)하지 않으면 아무런 의미가 없는 것으로 강조하고 있다. 예(禮)이든 악(樂)이든 그것을 담당하는 사람이 인(仁)하지 않으면, 그 형식인 옥백(玉帛) 같은 예물(禮物)이나 종고(鐘鼓) 같은 악기들은 아무 소용이 없다고 강하게 말하고 있다(人而不仁, 如禮何. 人而不仁, 如樂何.「팔일(八佾)」; 禮云禮云, 玉帛云乎哉? 樂云樂云,

鐘鼓云乎哉? 「양화(陽貨)」).

예술의 형식과 내용의 구분에 관하여 비교적 확연하게 의식하고 있는 언급은 진선진미(盡善盡美)에 관한 것이다. "선생께서는 소(韶)에 관하여 '미(美)를 다하고 또 선(善)을 다하였다' 하고, 무(武)에 관하여 '미를 다하였으나 선을 다하지 못하였다' 라고 하셨다(子謂韶, 盡美矣, 又盡善也, 謂武, 盡美矣, 未盡善也 『논어(論語)』 「팔일(八佾)」)." 이 언급은 논어 연구자들에게 약간의 논란을 일으켜 왔다. 즉 미도 그렇지만 특히 선(善)이 구체적으로 무엇을 가리키는가가 명시되어 있지 않기 때문이다. 일반적 견해에 의하면, 소(韶)는 정권이양을 평화적으로 이룩한 순(舜)의 치적을 기리는 악무이고, 무(武)는 치열한 전투에서 피를 흘리고 집권한 무왕의 치적을 상징하는 악무로서, 진선(盡善), 미진선(未盡善)이 집권 과정에서의 무력 사용 여부를 가리킨다고 보며, 따라서 미(美)는 악무의 외형적 형식미를 지칭하게 된다.

일반론으로 확대하여 형식과 내용이 고루 갖추어지는 것이 최상이라는 사고는 또 다시 『논어(論語)』에서 잘 나타난다. 앞에서 이미 소개한 바와 같이 "질(質)이 문(文)보다 지나쳐 조야(粗野)하지도 않고, 문이 질보다 지나쳐 번지르르하지도 않은 상태, 즉 문과 질이 알맞게 어울린 상태를 가장 완성된 가치를 인정할 수 있다는 것이다." (본문 660쪽 참조)

순자는 앞에서 살펴본 바와 같이 '사람들이 음악을 통하여 마음을 깨끗이 하고 예(禮)를 닦아 행실이 완성되면, 세상의 살아가는 모습이 착하게 바뀌고 천하가 평화를 달성하게 되는 상태' 를 "미(美)와 선(善)이 서로 즐거워한다(美善相樂)" 라고 하였는데, 이는 예술뿐 아니라, 인간, 그리고 사회와 국가의 이상적 양태가 형식과 내용 면에서 원만하고 균형 있게 조화를 이루어 마침내 그 안에 사는 인간이 즐거움이라는 차원 높은 미적 체험을 할 수 있는 상태를 상정한 것으로 볼 수 있을 것이다.

이상의 몇 가지 사례를 놓고 볼 때, 춘추 전후하여 이미 고대 중국인들은 경험적 차원에서 감각적 쾌락을 주는 형식적 인상들과 내면적 만족의 원천인 도덕적 가치(德 또는 仁)가 갈등 관계에 있으며(玩物喪志), 양자 가운데 공자 같은 사상가는 후자에 더 중점을 두고 있으나(人而不仁, 如樂何) 결국 최상의 가치는 양자가 서로 조화를 이룰 때 구현된다는 점에는 확고한 결론을 내린 것으로 볼 수 있다.

진(眞)의 가치는 한대 왕충(王充)의 『논형(論衡)』에서 처음으로 사상사적 수준의 논의로 제기되는데, 그때까지는 이처럼 두 가지의 가치(價値)만이 연계되면서도 구분되어 의식되었으며, 그 관계 또한 간단하지 않음이 그들 나름대로 탐구와 설명의 대상이 되고 있었던 것이다. 미와 선이라는 두 가치의 영역에 관한 구분 의식은 향후 양자의 상호 자율성이나 독자적 영역 의식으로 분화 또는 심화되지 않고, 오히려 인격의 수양과 치세의 달성을 위한 종속적 논리에 머물면서 불가분(不可分)의 관계 또는 합일(合一)의 양태를 지향해 나아가게 된다.

사. 낙이불음(樂而不淫)-시론(詩論)의 싹과 비평 기준의 제시

시가(詩歌)의 발생에 관해서는 『서경(書經)』「우서(虞書)」의 다음 구절이 유명하다. "시는 뜻을 말하고, 노래는 그 말을 늘인 것이며, 소리는 그 늘인 것에 의거하고, 율은 소리를 조화롭게 하는 것이다. 팔음이 지극히 어울리고, 서로 질서를 벗어나는 일이 없다면 신과 인간이 이로써 화합하게 된다(詩言志, 歌永言, 聲依永, 律和聲, 八音克諧, 無相奪倫, 神人以和)." 이 구절은 시뿐 아니라 가, 성, 율, 팔음 등을 하나의 연계된 과정으로 파악함으로써 더욱 주목을 받아 왔다. 나아가 제례에서 음악을 통하여 인간이 신과 합일하는 궁극적 단계까지 함축함으로써 그 의미는 더욱 심장한 것으로 여겨진다. 이 단계들이 각기 구체적으로 어떤 세부적 과정을 지칭하는지는 확언하기 힘들지만, 지(志)에 관한 후대의 다양한 해석을 참고하더라도 일단 인간의 잠재적 사상(思想)과 감정(感情)을 아울러 의미하는 것이 타당하다고 보고, 그 다음 단계는 잠재적 상태로부터 지각 가능한 시청각적 단계로서 마침내 신과 인간이 합일하는 데 이르는 것을 가능케 하는 소통(疏通)의 장(場)인 것으로 해석해도 좋을 듯하다. 그렇다면 여기서 지(志)는 신과의 합일을 꿈꾸는 언어화 이전 또는 이후의 염원(念願)으로 볼 수 있고, 이것이 언어화되어 나타난 것이 시(詩)이고, 목소리와 악기 소리로 들을 수 있도록 나타나는 것이 노래요 음악인 것이다. 이 사고에 영감론적(靈感論的) 요소가 있는지 없는지, 있다면 그 양태가 어떤 것인지에 관해서는 더 연구할 필요가 있을 것이다.

시의 본질에 관하여 공자가 언급한 것은 매우 간단하면서도 유명한 구절, 즉 "시 삼백 편을 한마디로 하면 생각에 사특함이 없는 것(詩三百, 一言而蔽之, 思無邪 「爲政」)"이다. 언급이 짧은 만큼 이에 대한 해석도 다양할 수밖에 없다. 『시경(詩經)』의 시들은 주지하는 바와 같이 인간의 소박한 감정의 토로에서부터 주(周)나라의 위대함을 우러르는 것에 이르기까지 양과 질의 면에서 다양하게 구성되어 있는데, 공자는 서정(抒情)의 경우이든 찬송(讚頌)의 경우이든 세속적 계기를 배제한 순수한 마음의 표출의 기록들이라 평가하고, 무릇 시란 그러해야 함을 언명한 것으로 보는 것이 무난할 것이다.

시는 구체적으로 정서적 · 사회적 효용성이 큰 것임을 공자는 또 지적한다. 시를 통하여 인간의 사물에 대한 어떤 감정이 촉발될 수도 있으며(興), 자연이나 사회의 현상을 관찰할 수 있고(觀), 이웃과 어울릴 수 있으며(群), 비뚤어진 인간의 모습을 원망(怨)할 수도 있다. 나아가 임금과 부모를 섬기는 도리도 시를 통하여 체득할 수 있고, 인간이 살아가는 자연 환경을 이해하는 데도 지식을 준다(邇之事父, 遠之事君, 多識於鳥獸草木之名 「양화(陽貨)」). 이런 시의 효용을 공자가 제자들 앞에서 가르쳤다는 사실은 그가 이러한 사회적 · 심리적 효용성을 시의 본질적 요소로 인정하고 있었음을 말해 주는 것이라 할 수 있다. 이러한 그의 사상은 향후 시가 인격 형성과 도야의 출발점이라는(興於詩 「태백(泰伯)」) 도덕적 효용성과 아울러 시의 본질로 확고하게 자리 잡게 되는 계기를 이룬다.

공자는 「주남(周南)」의 첫 편인 「관저(關雎)」를 평하여 "즐거워하되 음란하지 않고, 슬퍼하되 마음에 상처를 줄 정도는 아니다(樂而不淫, 哀而不傷

「팔일(八佾)」"라고 하였다. 남녀의 연정(戀情)을 주제로 한 이 작품을 공자는 우선 순수한 인간 감정의 표출로 보고, 즐거움과 슬픔의 감정을 과도하게 드러내지 않은 점을 칭송하고 있다. 남녀 간의 연정에서 오는 쾌락이 그 자체는 선도 아니고 악도 아닌 순수한 감정이지만, 절제를 모르고 지나치게 되면 가정과 사회의 윤리를 해치는 도덕의 문제로 직결됨을 공자는 지적하고 있는 것이다. 연인을 만나지 못하는 슬픔도 역시 절제하지 못하거나 극복하지 못하면 스스로 정서적인 파경에 이를 수 있으므로 이 또한 가정적 · 사회적 윤리의 문제를 일으키게 된다고 공자는 경계하고 있는 것이다. 두 경우 모두 시 속에서 순수한 감정의 표출은 좋게 평가해 마땅하나 이성 능력이 이를 적절한 정도에서 멈출 수 있는 전제 아래 시(詩) 작품은 그 최고의 예술적 가치를 성취할 수 있다는 함의를 띠는 것이다. 작품의 창조나 감상이나 모두 적절한 심리적 태도(態度)와 거리(距離)를 유지할 필요가 있는데, 이때의 기준은 정서적 가치와 도덕적 가치가 연계하여 성립되는 것이라 할 수 있다. 주지하는 바와 같이 공자의 이 명제는 후대에 유가의 전통 속에서 시와 예술에 관한 비평의 기본적 기준, 즉 온유돈후(溫柔敦厚)라는 개념으로 자리 잡게 된다.

음악에 관한 최초의 비평은 『묵자(墨子)』의 「비악(非樂)」에서 발견된다. 묵자도 음악이 즐겁다는 경험적 사실은 당연히 인정한다(子墨子之所以非樂者, 非以大鐘鳴鼓琴瑟竽笙之聲以爲不樂也). 그러나 그렇게 감각적 쾌락을 탐하는 행위는 "위로 성왕의 사적과 맞지 않고, 아래로 온 백성의 이익에 맞지 않기 때문(上考之, 不中聖王之事, 下度之, 不中萬民之利)"에 음악을 비난한다. 앞에서 이미 서술한 바와 같이 주(周)의 쇠퇴기에 왕실과 귀족의 향락은 그칠 줄 모르고 그만큼 백성의 고통은 심해져 왔는데, 귀족 향락의 행태 가운데 하나인 악기의 제조, 음악의 연주가 주(周) 후대 풍자 시인들과 춘추전국 시기의 사상가들의 비난의 대상이 되어 왔음은 당연하다. 묵자의 실천적 · 개혁적 기본 입장은 백성에게 고통을 주는 모든 왕족과 귀족의 행태를 맹렬히 비난하는 것이고, 따라서 음악, 춤을 비롯한 모든 사치와 부적절한 통치 행태는 그의 비판의 대상이 되었다. 그의 음악 부정(否定)은 이러한 배경에서 나온 것이고, 묵가 자체의 쇠퇴와 함께 음악 비판은 타율적이고 소박한 차원에서 제기한 일회적 질타로 끝난다.

아. 유어예(游於藝)와 기진어도(技進於道) – 기예(技藝)의 발견과 노닐음

기술(技術)은 말할 것도 없이 인간이 대지에서 살아가기 위한 수단으로 스스로 획득, 개발, 연마한 방법의 총칭이다. 사냥하는 기술, 농사짓는 기술, 집짓는 기술, 환자를 치료하는 기술 등 인간 생활의 구석구석에 기술이 필요하지 않은 분야가 없다 할 정도로 기술은 광범하게 요구되고, 질적으로는 갈수록 효율적인 기술의 발전이 추구되어 왔다. 춘추전국의 시대도 그 사회 변화의 요체가 결국 기술의 발달에 의한 생산의 증가와 이에 따른 파급효과와 긴밀하게 관련되어 있다고 보아야 할 것이다.

『장자(莊子)』「천도(天道)」의 윤편(輪扁)처럼 수레바퀴를 깎는 물리적인 기술이 천인(賤人)의 기술이었다면, 주(周) 시기에 존재했다는 육예(六藝: 禮樂射御書數)는 귀족이 익히던 것으로서 물리적인 기술뿐만 아니라 정신적인 영역까지 기술의 구사(驅使)가 확장되고 있음을 짐작할 수 있다. 여기서 편의상 인간의 생존에 불가결한 기술을 기(技)라 부르고, 인간의 문화적 가치를 구현하는 편의적인 기술은 예(藝)라 불러 보기로 하자. 다만 예(藝)의 담당자라 하더라도 정신적 가치의 창조자와 물리적 실행자의 신분이 다른 경우가 있다. 예컨대 제례악에서 제작자는 선왕이고, 실제 연주자는 악사들로서 흔히 장님이 맡았다 하는데, 이런 상황을 일컬어 『예기(禮記)』「악기(樂記)」에서 '덕성어상(德成於上), 예성어하(藝成於下)' 라고 하였다.

육예의 내용이 과연 무엇이었는가는 완전히 밝혀지지 않았으나, 이 가운데 악기의 연주, 말타기, 활쏘기 등은 사냥이나 제례에서 형성된 전형적인 기술이었던 것이 귀족 자제의 기득권 계승을 위한 교육에 필수적 교과로 정착된 결과로 보아야 할 것이다. 그런데 주(周)의 문화가 성숙하자 건국 초기의 전투적이고 호전적인 기백이 완화되면서 형식적 전통으로 명맥이 유지되는 단계에 와서는 일종의 귀족 스포츠의 성격을 띠게 되었을 것이다. 예컨대 활쏘기의 경우 공자에 의하면, 정신을 집중하여 과녁을 맞히는 것을 목표로 할 뿐 힘을 주어 쏘아서 과녁의 가죽을 꿰뚫는 것을 목표로 하지 않았는데, 그 이유는 활 쏘는 사람들의 타고난 힘이 각자 다르기 때문이라는 것이다(射不主皮, 爲力不同科 「팔일(八佾)」). 당시 이상적인 인간상인 군자는 원시적인 야만성을 벗어나서 잔인한 사냥이나 마구잡이를 꺼렸는데(子釣而不綱, 弋不夕宿 「술이(述而)」), 이는 현실적으로 문약(文弱)을 어느 정도 동반하였을 것이고 이때 기술이 가져다주는 것은 고도의 숙달에서 나타나는 쾌락이었을 것이다. 그러나 공자와 같이 정신적 건전성을 유지하고 문화 가치를 충분히 향유할 줄 아는 경우에는 기(技)의 단계를 넘어 예(藝)로 승화되었을 것이며, 문화 가치를 구현하는 예의 구사는 정신적 즐거움의 원천이었을 것이다. 공자가 말한 "예에서 노닌다(游於藝)"는 말은 바로 이 같은 의미로 해석할 수 있을 것이다.

한편 장자(莊子)도 기술의 의미를 결코 간과하지 않고 있었다. 재경(梓慶)이 악기의 틀을 깎는 이야기(「달생(達生)」)는 장인이 재목 속에서 악기의 모습을 꿰뚫어 보는(觀天性) 경지에 이르러 그의 마음과 기술이 완전히 하나로 합일하였고(以天合天), 완성된 악기는 그의 정신력의 결정체(結晶體)였다(凝神)고 설명한다. 포정이 소를 잡는 이야기(庖丁解牛 「양생주(養生主)」)는 또 다른 함의를 보여 준다. 소의 구조를 눈으로 보는 단계를 지나 마음으로 보는 단계(以神遇而不以目視)에 이르면 감각작용은 멈추고 정신은 스스로 약동하려는 파토스적 충동을 발동하는데(官知止而神欲行), 이때 칼을 놀려 뼈와 살을 갈라내는 손놀림과 그 소리가 마치 상림(桑林)이라는 춤을 추는 듯 경수(經首)라는 음악에 맞추듯 리듬을 타게 된다(莫不中音). 그런데 이 순간의 행위의 본질은 도(道)의 작용이고 다만 이것이 소 잡는 기술에 적용되었을(所好者道也, 進乎技矣) 뿐이라는 것이다. 이 이야기가 전하는 의미는 감각의 단계를 넘어선 곳에 정신의 약동이 기다리고 있고, 정신이 도에 접근하려(好道) 할 때의 매개는 실천적인 기(技)이며, 완벽한 솜씨가 전제될 때 그 기(技)의 양태는 음악적 리듬으로 나타난다는 것이다. 여기서 장인이 구사하는 칼놀림은 소의 타고난 신체 구조라는 자연의 이치(天理) 위에서 노닐음의 경지에 오른 것이며(游刃), 이는 곧 자유의 획득과 즐거움의 향수(享受)를 뜻하고, 이를 보는 이에게 잊을 수 없는 감동을 주는 것이다(技蓋至此乎).

재경(梓慶)의 이야기에서는 마음(정신)과 기술이 하나 되는 경지가 제시되었다면, 포정해우(庖丁解牛)에서는 도(道)가 주체로서 기(技)를 매개로 할 때 그 양태가 자연의 리듬을 연출한다는 의미를 읽을 수 있었다. 한편 윤편(輪扁)의 바퀴 깎는 기술의 이야기(「천도(天道)」)는 더 심오한 의미를 던진다. 그는 나무를 깎아서 수레바퀴를 만들 때 스스로의 실천적 경험을 통하여 얻은 미묘한(不徐不疾) 요령은 언어로 나타낼 수 없고(得之於手而應之於心, 口不能言), 그것을 배우려는 자식에게 언어로 전달하는 것이 불가능하다(臣之子亦不能受之於臣)고 말한다. 다시 말해서 실천적 기술과 그것을 체득한 마음의 합일의 경지는 어쩌면 도의 세계로 깊이 침잠하면서 동시에 필연적으로 언어를 소멸해 가는(至精無形「추수(秋水)」) 속성을 지니고 있을 것이라는 메시지인 것이다. 그는 감히 자기의 생사여탈권(生死與奪權)을 쥐고 있는 주군(主君)에게 직언을 한다. 즉 주군이 읽고 있는 고매한 성인(聖人)의 말씀은 한낱 옛사람의 '말쭉정이(古人之糟魄已夫)' 일 뿐이라고. 자기의 기술의 경우와 마찬가지로 고인도 스스로 체득한 삶의 진리를 비록 언어로 남겨 놓았다 해도 후인은 이를 읽고 고인의 깨달음으로 환원될 수 없다는 것이다. 이에서 나아가 장자는 세상 사람들이 도(道)라고 귀하게 여기는 서적과 그 안에 담긴 언어, 그 언어가 귀하게 여기는 의(意)는 아무런 의미가 없다고 비판적으로 말한다(世之所貴道者, 書也. 書不過語. 語有貴也. 語之所貴者, 意也. 意有所隨. 意有所隨者, 不可以傳也「천도(天道)」). 왜냐하면 의(意)의 내용을 언어로 전달하는 것이 불가능하기 때문이다. 이처럼 장자는 언어가 진리를 담지할 수 있다는 상식을 과감히 부정한다(我猶不足貴也, 爲其貴非其

貴也「천도(天道)」). 이렇게 장자의 기(技)에 관한 논의는 다양하고도 심오하게 진전되어 다음에 논하게 된 언의(言意)의 관계의 문제로 이어진다.

한편 이러한 관점에서는 진실로 자연에 합일된 무위(無爲)의 도에 따른 솜씨는 마치 아둔한 솜씨 같아 보인다는 역설적 견해가 성립한다. 마음을 비우고 사물을 있는 그대로의 모습으로 바라보면, 마치 소중한 공기가 풍부한 까닭에 귀중하게 여겨지지 않듯이, 그리고 상식의 이해의 한도를 넘은 도리는 오히려 참이라고 인정받지 못하듯이, 지극히 교묘한 솜씨는 오히려 범인의 눈에 졸렬한 것으로 평가되기 쉽다는 것이다(大巧若拙『노자(老子)』45장).

자. 입상진의(立象盡意)와 득의망언(得意忘言) – 언어와 실재

선진(先秦)의 유가(儒家)에서는 군신(君臣) 쌍방 간에 위정(爲政)상의 책임으로 인하여 발언에 신중을 기하고, 언행일치(言行一致)를 요구하는 사례가 많았으며, 말수가 적은 것(少言), 혹은 넌지시 말하는 것(微言)을 미덕으로 삼는 경향이 있었다. 행(行)에서 벗어난 언(言)은 언으로서의 가치가 없고, 마음 속의 지(志) 또한 언(言)에 반영되어야 하는 것이었다. 즉 언(言)은 행(行)과 상응하고, 지(志)를 다 나타내는 것(盡)인데, 이 지(志)는 객관적으로 외화(外化)할 수 있는 명료한 것이라 믿었으므로, 불명료한 것이나 개인적인 의(意)는 문제로 제기하지 않았다. 굳이 언의(言意)의 관계를 논하자면, 언(言)에 의해 다 표현되지(盡) 않는 의(意)는 문제가 되지 않는다는 소박한 형태의 언진의론(言盡意論)이 잠재(潛在)해 왔다고 볼 수 있다. 이러한 전통 속에서도 공자(孔子)의 정명(正名) 사상 이래 그 영향으로 선진 제자(先秦諸子) 사이에는 명(名), 즉 본질과 실(實), 즉 현상의 관계에 관해서 관심이 높아졌는데, 법가(法家)에서는 이를 정치적 차원에서 신하(臣下)의 언(言)과 행(行)의 문제로 한정하여 군주가 신하를 조종하는 비법, 즉 형명참동(形名參同)의 술(術)을 만들어 내기에 이르렀다.

언(言)과 의(意)의 관계를 가장 먼저 언급함으로써 언의(言意) 관계 문제의 실마리가 된 것은 『역(易)』「계사 상(繫辭 上)」의 다음 구절이다. "공자께서 다음과 같이 말씀하셨다. '글(書)은 말을 다 표현하지 못하고, 말은 속뜻을 다 표현하지 못한다.' 그렇다면 성인(聖人)의 속뜻을 알 수 없단 말인가? 공자께서 이렇게 말씀하셨다. '성인은 상(象)을 세워서 속뜻을 다 표현하고, 괘(卦)를 두어 참과 거짓을 모두 표현하고, 사(辭)를 엮어 그 말을 다 표현하느니라.'(子曰書不盡言, 言不盡意. 然則聖人之意, 其不可見乎. 子曰聖人立象以盡意, 設卦以盡情僞, 繫辭焉以盡其言.)"

여기서 계사전의 작자는 공자의 말을 탁(託)하여 글과 말과 의(意)의 표현 불가능론을 제기하면서도 그러나 결국에는 성인이 "상(象)을 세워 속뜻을 다 표현할 수 있다"고 단언한다. 본래 점(占)을 치는 요령과 점괘(占卦)의 뜻풀이를 모아놓은 『역(易)』은 숨어 있는 천지와 인간의 미래상을 미리 알아내는 방법의 효험을 스스로 보장하는 것은 당연한 일이었다.

순자(荀子)는 「악론(樂論)」에서 다음과 같이 언급함으로써 넓은 의미의 언(言)과 의(意)에 관해 고대 유가의 견해를 대변하는 매우 의미심장한 견해를 피력하고 있다. "사람의 도리(道理)란 노랫소리와 움직이고 정지하는 몸짓, 그리고 마음 속 감정의 변화가 이것(음악과 춤)에서 모두 표현된다(人之道, 聲音動情, 性術之變, 盡於是矣)." 강력한 주술적 힘을 갖고 있다고 믿어지던 제례의 악무의 전통, 그리고 군주 자신은 자신의 의도를 노출하지 않고 신하 및 백성의 마음을 언제나 완전히 간파해야 하는 현실정치적인 필요성에 따라 주술과 마력(魔力)에 의존하던 시대가 상당히 지난 뒤에도 악론(樂論)은 언진의(言盡意)의 대표적 옹호자였다. 앞에서 이미 논한 바처럼 인간의 순기(順氣)와 역기(逆氣)가 음악에 실려 사회에 전파되므로 군주는 이를 파악하면 그들의 속마음을 곧 간파할 수 있다는 것이다. 이러한 사상은 순자에게서 싹이 보이고 한(漢) 시대의 『악기(樂記)』에 이르면 뚜렷이 이론화되어 나타난다.

『장자(莊子)』에서는 기본적으로 이런 견해에 대하여 부정적 견해(言不盡

意)를 취한다. "냇물 속 걸쳐 놓은 통발은 물고기를 잡고자 하는 수단인데, 물고기를 잡고나면 그것은 그만 잊어버린다. 산 속에 걸쳐 놓은 올가미는 토끼를 잡으려는 데 쓰는 도구인데, 토끼를 잡고나면 그것은 잊어버리고 만다. 마찬가지로 언어, 문자란 마음속의 생생한 의미 내용(인생의 체험적 진실)을 파악하기 위한 수단인데, 그것도 의미 내용이 파악되고 나면 결국 잊혀진다. 내가 어디서 저 득도(得道)한 망언(忘言)의 인물을 만나 더불어 얘기를 나눌 수 있을까(筌者所以在魚, 得魚而忘筌. 蹄者所以在兎, 得兎而忘蹄. 言者所以在意, 得意而忘言. 吾安得夫忘言之人而與之言哉.「외물(外物)」)!"

장자에게 '언표(言表)할 수 있는 것은 사물의 대략적 · 피상적인 것으로서, 그 본질은 인간의 의(意)로만 체득이 가능한 것(可以言論者, 物之粗也. 可以意致者, 物之精也「추수(秋水)」)' 이고, 진리는 언어를 떠나 있는 것(至言去言「지북유(知北遊)」)이다. 도란 진실의 작용과 그 작용을 확신할 수 있는 징표가 있지만, 그 작용은 무위이고 형체가 안 보이며, 마음으로 전해 줄 뿐 언어로 배울 수 있는 것이 아니며, 마음으로 터득할 뿐 보이도록 나타낼 수가 없는 것이다(夫道, 有情有信, 無爲無形, 可傳而不可受, 可得而不可見「대종사(大宗師)」). 인간은 모름지기 언어를 초월하여 이러한 진리를 터득할 수 있어야 하는 것이다(孰知不言之辯, 不道之道「제물(齊物)」).

차. 무(無)와 도(道) – 감각과 인식 너머의 세계에 대한 동경과 탐구

눈에 보이지 않는 어떤 힘, 어떤 세계에 관한 상고대 중국인의 동경과 탐구는 타문화권의 경우와 흡사하게 약한 인간이 자연의 횡포 속에 살아남으려는 몸부림으로부터 출발했다고 할 수 있다. 까마득한 옛날에 신을 극진히 모시는 각종 전례를 통하여 자신들을 지배한다고 믿어 온 어떤 힘을 내세우기 위하여 보이는 용(龍)과 봉(鳳)의 토템에서처럼 실재하는 사물로부터 실재하지 않는 형상으로 변형하거나 상상하기도 하고, 반대로 보이지 않는 신을 보이는 듯이 섬겨야 했다(祭神如神在『논어(論語)』「팔일(八佾)」).

신을 믿기 위해서는 그 존재를 인정하고, 그러기 위하여 그 모습을 실증할 필요성이 있게 마련인데, 감각의 차원에서 신을 드러내는 것이 불가능하므로 역설적으로 고대 중국인들은 제례를 통하여 신을 만나고 교감하기 위하여 목욕재계(沐浴齋戒)의 과정을 통하여 감각의 기능을 당분간 멈춤으로써 가능하다고 믿고 오랜 실천의 전통을 형성하였다. 제례에서 조상신을 모시고 그를 효심으로 공경하고 저승으로 보냈음을 슬퍼하기를 마치 조상이 살아 있는 듯이 하며, 이처럼 제례 과정에서 인간은 보이지 않는 조상을 눈을 통해서가 아니라 마음을 통하여 삼삼하게 보는 체험을 하게 되고, 이런 체험이야말로 인간이 그의 삶에서 이룰 수 있는 가장 값진 것이었다(哀夫, 敬夫. 事死如事生, 事亡如事存. 狀乎無形, 影然而成文 『순자(荀子)』「예론(禮論)」).

들리지 않는 소리에 관한 언급도 『예기(禮記)』「공자한거(孔子閒居)」에 "소리 없는 음악은 백성의 부모"라는 구절로 나타나고 있다. 유가적 전통의 덕음(德音)을 소리 없는 음악이라 하고, 이것이 백성을 교화(敎化)하는 데 소리 있는 음악보다 오히려 더 효과적이라는 의미를 담고 있다.

『노자(老子)』에서 감각을 적극적으로 불신하고 그 기능을 거부하며(五色令人目盲, 五音令人耳聾 …… 12장) 진실의 세계에는 소리도 모습도 없음(大音希聲, 大方無形 41장)을 천명한 사상이 나타난 이래 장자는 이를 계승하여 도(道), 즉 진리에 도달하기 위해서는 감각을 초월함은 물론 앞에서 살펴본 바와 같이 언어마저 벗어나야 함을 역설하고 있다(若彼知之, 乃是離之. 無問其名, 無闚其情 「재유(在宥)」).

장자가 주목하는 것은 감각적으로 포착되는 모습이나 소리가 아니라, 감각을 초월한 자연 세계의 빛과 소리이며, 그가 더욱 값지게 받아들이는 소리는 이러한 자연 자체의 무한한 소리와 모습인 것이다. 다시 말해서 그에 의하면, 인간의 정신과 육체의 작용 뒤에는 그 작용을 지배하는 절대자가 존재하는 것처럼 보이지만, 그러나 그 절대자는 '정말 존재하나 보이지 않는' 작용 그 자체, 변화 그 자체이고, 그 진재(眞宰: 참된 主宰者)란 자연(天) 바로 그것이다(若有眞宰而特不得其眹. 可行已信而不見其形, 有情而無形 「제물론(齊物論)」). 사람은 이 자연을 자연으로 받아들일 때만 참된 자기가 될 수 있다. 자연 세계의 만뢰(萬籟)를 그대로 천뢰(天籟)로 듣듯이, 인간의 삶의 일체를 단지 자연(天)으로 받아들일 때, 인간은 그 모든 것을 초월할 수 있다(天籟 …… 夫取萬不同而使其自己也, 咸其自取「제물론(齊物論)」).

즉 "이리하여 감각을 초월하여 듣고 볼 수 있는 것은 어둡고 희미한 가운데 홀로 바라보는 찬란한 빛(曉)이요, 적막한 가운데 홀로 듣는 화(和), 즉 천지 자연이 내는 음악인 것이다(視乎冥冥, 聽乎無聲, 冥冥之中, 獨見曉焉, 無聲之中, 獨聞和焉「천지(天地)」)."

그리고 음악에서의 무성(無聲)의 의미에 관해서는 다음과 같이 말하고 있다.

"소문(昭文)이라는 금(琴)의 명수가 금을 타면, 거기에는 확실히 묘한 멜로디가 성립한다. 그러나 그의 손에 성립하는 멜로디의 너머에는 그의 손에서 성립되지 않는 무한의 멜로디가 존재하고, 그의 멜로디는 그 무한인 멜로디의 하나에 지나지 않는 것이다. 그가 아무리 노력해도 그의 손으로는 타낼 수 없는 무한의 멜로디가 남아 있다. 그의 손은 하나의 멜로디를 이룸(成)으로써 무한의 멜로디를 잃고 있는 것이다. 즉 그의 '성(成)'은 동시에 '휴(虧)'인 것이다. 그러므로 이러한 대립을 없애고 모든 멜로디를 모든 멜로디로 성립케 하려면 멜로디 없는 멜로디, 즉 '소리 없는 소리(無聲之聲)'를 들어야 한다. 다시 말해서 금(琴)을 타지 않음을 의미하는 것이다(有聲與虧, 故昭氏之鼓琴也. 無聲與虧, 故昭氏之不鼓琴也「제물론(齊物論)」)."

전국 말기에 이르면 각기 자기의 주장을 전개해 오던 여러 관점들이 다른 학설들과 연계되거나 상호 영향을 주고받으면서 어떤 체계화를 시도하는 모습이 나타난다. 『순자(荀子)』가 기존의 유가사상을 처음으로 체계화하는 데 상당한 진전을 보여 줌과 동시에 도가(道家)로부터 어느 정도 영향을 받아 유가에 부족했던 형이상(形而上)의 요소를 수용한 사례가 좋은 예이다. 아직 체계성이 확고한 단계에 이르지 못하고 뭔가 기존의 학설들을 종합하고자 하는 필요성을 느끼고 우선적으로 한 군데 모아 놓은 형태가 바로 잡가(雜家)라 할 수도 있는 『여씨춘추(呂氏春秋)』이다. 여기에는 도가의 관점이 다소 중심적인 위치에 있다고 하나, 유가, 묵가, 명가(名家), 법가, 병가(兵家), 농가(農家) 등의 관점과 견해가 많이 집합되어 있다. 이런 지식의 축적과 사색의 경험이 고대 중국의 세계에서 제국의 탄생과 더불어 '대일통(大一統)'의 체계화를 이룩한 토대가 되었고, 그 속에서 자연과 인간, 우주와 만물, 정치와 윤리, 예술과 인문적 가치 등의 문제를 새로운 중국적 관점에서 바라보게 하였다.

더 읽을거리

이성구, 「중국고대의 주술적 사유와 제왕통치」, 서울대학교 박사학위논문, 1996.

이성규, 『중국고대제국성립사연구』, 일조각, 1984.

한홍섭, 『장자의 예술정신』, 서광사, 1999.

한대-체계적 미학사상의 출발

정혜린

1. 한대의 문화, 사상, 그리고 예술론

한대 문화와 사상의 특성은 역시 유가를 치국이념으로서 내세우되 다양한 사상을 포섭했다는 점이다. 그 안에서도 유가와 기타 사상 간의 관계는 크게 세 단계의 변화를 겪었다.

한대 사상의 첫 번째 단계는 '무위(無爲)사상'이다. 건국 초기 황실의 권력은 공신, 지방의 호족, 상인들의 세력에 눌려 매우 위축되어 있었다. 바로 황노사상(黃老思想)에 입각한 무위정치(無爲政治)의 결과이며, 『회남자(淮南子)』는 그 이념을 대변하는 대표적인 사상서로 꼽힌다.

한대 사상의 두 번째 단계는 천인감응론과 이에서 파생된 참위설(讖緯說)이다. 한 무제(武帝)는 황제의 권력을 확대하고자, 황실을 위협하는 세력 밖에서 관료적 사(士)를 대거 등용했다. 이들 새로 등용된 문리(文吏)들은 유가를 근간으로 삼았으며, 동중서(董仲舒)를 비롯한 한대 금문학파(今文學派)는 이들로부터 배출되었다. 동중서는 천인상응(天人相應)의 우주론을 체계화하여 왕권을 정당화시켰다. 그러나 그의 사후 천인상응론은 인간의 천에 대한 참여를 보다 약화시킨 참위설로 변질되었고, 이에 대해 후한대 사상계는 지속적인 비판을 가했다.

한대 사상의 세 번째 단계는 후한대를 지시하며, 이 시기의 우선적 과제는 전한 금문학파의 도참(圖讖)과 참위적 경향을 제거하는 데 있었다. 그 대표적인 학자로는 전한 말 유흠(劉歆) 외 유향(劉向) 이래의 고문학파(古文學派), 양웅(揚雄), 왕충(王充) 등이 꼽힌다. 이들은 금문학파의 목적론적 우주관을 비판하면서 다시 천과 인을 분리시켜 선진(先秦)에서의 '자연(自然)' 개념을 유(儒) · 도(道)를 통해 회복하고 인간의 자율 의지를 회복하고자 하였다.

위에서 열거된 사상들은 모두 한대 사상계가 유가를 중심으로 전한에는 주로 음양설, 도참설과 그리고 후한에서는 주로 도가와 통일 혹은 절충을 꾀하는 경향을 보였다. 위진남북조 시기에 유가 외 도가와 불교가 중국 사상과 문화에 큰 영향력을 행사할 수 있었던 것은 한대에 이미 사상적 포용의 토대를 마련했기에 가능했다.

이상의 사상적 평가와 유사하게 미학에서도 위진남북조 시기에 본격화된 미의식과 예술론은 한대의 문화적 다양성을 통해 준비된 것이라고 할 수 있다. 한대의 예술론과 미학은 선진 시기의 도가, 유가, 음양가, 그 밖에 초사(楚辭) 전통과의 결합을 전제로 한다는 것이다. 그럼에도 중국 예술론의 시작을 한대가 아닌 위진남북조에 두는 것은 한대인들이 아직 사상이나 윤리로부터 독립된 예술성을 분명히 자각하지도 못했고, 따라서 예술과 미에 관한 독립적인 저술이나 논문도 남기지 못했기 때문이다. 그래서 이제까지 많은 연구들은 한대의 미학을 위진남북조 미학의 서설로 간주하는 경향이 있었다. 한대 예술론은 선진 시기 제 사상들을 절충하고 체계화하는 가운데 유가와 도가의 미와 예술에 대한 논의를 결합시켜, 이후 위진남북조 예술론에 절대적 영향을 끼쳤음에도 그 업적은 간과되어 왔다. 이하에서는 한대 예술론 중 주목할 만한 세 분야의 논의를 검토한다.

첫째, 『회남자』가 제시한 형(形), 신(神), 기(氣) 등 중요 개념들의 관계는 이후 중국 예술론, 특히 화론의 근간이 된다.

둘째, 문예론의 세 가지 특징이다. 1) 시부(詩賦)의 이론화가 진행되고 그 예술로서의 특징이 자각되기 시작하였다. 이는 당시 음악과 시가 분리되고 시부의 창작이 크게 성행한 데서 촉발되었다. 특히 한대는 선진과 달리 문학의 서사적 기록 외에도 서정의 기능을 주목하기 시작했다. 그 자취는 「모시서(毛詩序)」 등에서 찾아볼 수 있다. 2) 한대 문예론은 선진 유가의 문질론을 계승, 변화시켰다. 선진 시기에는 공자의 언급(文質彬彬)과 같이 형식과 내용의 조화를 중시했지만, 한대 예술론은 특히 문의 질에 대한 적극적 역할을 명시한다. 한대 문질론은 도덕적 내용 외에 형식의 미 내지 수식을 문학의 중요 요소로 자각한 한대의 의식을 반영한다. 3) 문학의 사회적 기능에 대해 인륜을 돕고 풍속을 아름답게 하여 도덕과 정치에 도움을 준다는 유가적 시교론(詩教論)을 재천명한다.

세 번째, 서예론의 발생이다. 초서(草書)는 후한대에 등장하면서 곧 비난을 받기 시작했다. 초서에 대한 비판과 옹호 논쟁을 통해 서예에 관한 논의는 비로소 이론적 면모를 갖추어 가기 시작한다.

이하에서는 위의 세 장르의 예술론을 연대순으로 살펴 보기로 한다.

2. 한대 예술론

『회남자(淮南子)』는 회남왕 유안(劉安)이 주도하여 편집되었다. 『회남자』는 도가적 우주론을 채택하지만 선진 도가와 달리 도가의 도를 유가 이념의 현실화의 원리로 설정하며 그 외 음양가의 사상도 부분적으로 수용하여 한 초 사상의 포용성을 대표한다고 평가된다.

가. 『회남자(淮南子)』: 미의 상대성과 절대성, 군형론(君形論)

(1) 미의 상대성과 절대성

『회남자』는 미의 상대성에 대해 언급하고 있다.

① 길을 가는데 혹 배로 갈 수 있고 혹 수레로 갈 수 있다. 비록 길은 다르나 목표 지점은 동일하다. 아름다운 사람들 중 몸이 같은 사람은 없으며 미인 중 얼굴이 같은 사람은 없으나 모두 눈에 즐겁다. 배, 귤, 대추, 밤은 맛은 다르나 모두 입에 맞다.[1]

② 서시와 모장의 모습은 같을 수 없으나 세상 사람들은 그 아름다움을 똑같이 좋아한다. 요, 순, 우, 탕은 법이 다르나 민심을 얻은 것은 동일하다.[2]

①과 ②는 여러 종류의 맛있는 음식이 있고, 여러 종류의 아름다운 여자가 있다는 현상을 지적한다. 즉 '맛있음' 혹은 보기에 '즐거움'에는 다양한 기준이 있으며, 마찬가지로 동일한 '아름다움' 개념에도 다양한 미적 현상이 적용될 수 있다는 것이다. 『회남자』는 이처럼 미의 다양성을 논할 뿐 아니라, 나아가 완벽히 아름다운 사물은 없으며 상황에 따라 미추의 판단이 달라진다는 점도 지적한다.[3]

그렇다면 미가 다양할 뿐만 아니라 완벽하지도 않고 상황에 따라 달라지게 되는 이유는 어디에 있는가. 『회남자』는 다양함이 없는 무형일 때라야 절대적(一)이고 최고(無匹)일 수 있다는 점을[4] 제시한다.

이상적인 미적 판단은 일상인들의 미적 판단과 달리 구체적인 감각에 의존하지 않고 형태 아래 무형을, 그리고 구체적인 색 아래 무색을 전제한다. 즉 이상적인 미적 판단은 도를 근간으로 보편성을 갖추고 있다. 또한 아름

1 『淮南子』「說林訓」, "蹠越者 或以舟 或以車 雖異路 所極一也 佳人不同體 美人不同面 而皆說於, 梨橘棗栗 不同味 而皆調於口"

2 같은 글, "西施毛嬙 狀貌不可同 世稱其好美鈞也 堯舜禹湯 法籍殊類 得民心一也."

3 같은 글, "靨酺在頰則好 在顙則醜 繡以爲裳則宜 以爲冠則譏."; 같은 책, 「說山訓」, "桀有得事 堯有遺道 嫫母有所美 西施有所醜"

4 같은 책, 「原道訓」, "이른바 무형이란 하나를 말하는 것이다. 이른바 하나란 천하에서(타자와) 짝을 이루어 합할 수 없는 것이다. 우뚝 홀로 서서 위로는 구천(九天)에 통하고 아래로는 구야(九野)를 꿰뚫어……. 전체가 혼연하여 하나가 되었다(所謂無形者 一之謂也 所謂一者 無必匹合於天下者也 卓然獨立 塊然獨處 上通九天 下貫九野 …… 大渾而爲一)."

다움은 더 이상 구체적인 감각으로서 존재하지 않으므로 인식자 밖의 욕망의 대상이 아니다. 그래서 인식자는 아름다움을 더 이상 스스로를 해치면서까지 추구하지 않아 그 생명을 손상시키지 않는다.

그렇다면 무를 구현하는 현실의 이상적인 미는 어떻게 실현될 수 있을까. 『회남자』의 인식론에 따른다면 현실에는 완전한 아름다움의 개념이 적용될 대상이 있을 수 없다. 결국, 아름다움의 소재는 판단 주체에서 찾을 수밖에 없게 된다. 그래서 『회남자』는 영원히 만족을 줄 수 있는 이상적인 대상을 찾지 않고 모든 것에서 만족을 얻을 수 있는(自得) 이상적인 인격을 추구한다. 이러한 인격의 이상이 성인이다. 성인은 만물의 가치를 판단하여 좋아하거나 싫어하지 않으며, 외물 혹은 외물에 대한 욕망으로 인해 자신을 구속하거나 강제하지 않는다. 그러나 한편으로 그 성인은 현실을 벗어나지 않을 뿐만 아니라, 홀로 도를 얻기보다는 민에게 자신과 같은 삶을 영위하도록 예악과 형벌을 통해 유가적인 '교화'를 베푼다. 그리고 이런 교화를 통해 도가 실현된다.

그러나 선진 유가가 말하는 교화는 자연을 원리로 하지 않으므로 자연스럽고 지속적인 도덕의 상황을 이루어낼 수 없다. 그 지속성은 도와 무위를 근본으로 할 때만 획득할 수 있으며, 『회남자』는 진정한 도덕이 천하에 구현될 때까지의 교화를 긍정한다. 이처럼 『회남자』는 궁극적인 원리와 실현 수단으로서 도가와 유가를 결합한다. 유 · 도를 결합한 미에 관한 『회남자』의 논의는 아직 체계적이고 밀도 있는 창작론과 감상론으로 나아가지 않지만 작품에 도를 구현하려는 중국 예술론의 근간이 된다.

(2) 군형론(君形論)

『회남자』는 이후 중국예술론 특히 화론의 중심 개념이 될 신(神), 형(形), 기(氣)의 관계를 제시하였다. 물론 세 개념은 『회남자』 이전에도 있었으나 『회남자』에 이르러 다음과 같은 분명한 관계를 보인다. 형은 생명의 외피이며, 기는 생명을 채운 것이고, 신은 생명을 통제하는 기능을 가지고 있다.

인간의 감각적 지식 그리고 미적 판단을 포함한 모든 가치 판단은 삼자의 관계에서 비롯된다. 삼자는 서로 영향을 미치지만 이 중에서도 신이 통제의 기능을 가진 주체(主)로 기능한다. 올바른 삼자의 관계에서 신은 형과 기의 구속을 벗어나 천지와 맞먹는 영역에서 자유롭게 전변활동을 한다. 이렇게 신이 형과 기에 의해 어그러지지 않아야 생명체는 온전히 유지될 수 있다.

이런 인식을 바탕으로 『회남자』는 회화에 대해서도 신과 형, 기의 이상적 관계를 적용한다. 잘 그려진 인물화란 인물의 외모(形)를 그대로 그려내는 것이 아니라 형태를 통해 인물 각각의 독특한 생명력을 표현한 작품이며 생명력을 표현하는 관건은 각각의 형태의 주재자(君形), 즉 신을 제대로 표현하는 데 있다. 예컨대 맹분의 눈은 크다는 형사적 측면 외 감상자에게 두려움을 주는 위협적인 신이 표현되어야 하고, 서시는 외모가 아름다울(美) 뿐 아니라 감상자의 신에게 즐거움을 줄 수 있는(說) 신을 갖추어야 한다.[5] 나아가 『회남자』는 올바른 감상 역시 올바른 신과 형기의 관계 위에서 가능하다고 주장한다. 예를 들어, 사냥이나 주연은 행해질 때는 느끼지 못하지만 끝나고 나면 상실감(有所喪)을 가져온다. 이렇게 정신은 외물에 의해 즐거움과 슬픔 사이에서 평정(平)을 유지하지 못하고 상할 수도 있다. 그 이유는 감상자의 내부에서 주체(神)가 활동하여 미를 향유하는 것이 아니라 형과 기만 향유하므로 삼자의 관계가 어그러지기 때문이다. 감상에서도 신을 주로 해야 한다. 유사한 논의가 선진 도가에서도 존재했다. 그러나 선진 도가가 감각적 쾌락을 비판하는 데 그치거나 현실을 떠난 즐거움을 획득하는 길을 모색했다면, 『회남자』는 현실에서 지속적인 즐거움을 획득하는 것을 논했다. 그래서 『회남자』에서의 신, 기, 형의 관계는 위진남북조 시기 인간관과 예술론에서 구체화될 수 있었던 것이다.

5 같은 책, 「說山訓」, "畵西施之面 美而不可說 規孟賁之目 大而不可畏 君形者亡焉."

나. 동중서(董仲舒)의 천인감응론(天人感應論)과 그 미학적 함의

(1) 천인감응론(天人感應論)

한 초 동중서(董仲舒, 기원전 179-기원전 104)의 사상은 역시 무(無)의 사상을 바탕으로 유가적 치세이념을 실현시키고자 했다. 동중서의 사상은 『회남자』와 달리 음양가의 학설로부터 강력한 영향을 받아 천인감응론과 천인동구론(天人同構論)을 제시하였다. 천인동구론이란 인간과 자연이 동일한 구조와 성질을 가지며 따라서 양자는 같은 유(類)의 기를 통해 호응한다고 주장한다. 천이 자연으로서의 천, 즉 기와 그 운동법칙을 지칭하는 경우이다. 천은 천(天), 지(地), 음(陰), 양(陽), 목(木), 화(火), 토(土), 금(金), 수(水), 인간이라는 열 가지 요소로 구성되며, 합하면 하나이지만 나누면 음양, 사계, 오행이 되는 기(氣)이다. 따라서 인간을 포함한 만물은 모두 음양오행의 기로 이루어져 있다는 논리뿐 아니라 인간이 자연의 의지(天命)를 따라야 한다는 당위를 포함한다.

나아가 동중서는 인간뿐 아니라 자연(天) 역시 사실의 차원을 넘어 도덕적 차원에서도 유위한다고 설명한다. 대부분의 경우 천은 이렇게 의지, 도덕, 감정을 가진 존재로서 언급된다. 천은 자연의 변화를 통해 인간의 행위를 판단하고 예고하며 상벌을 내린다. 인간의 좋은 행위는 자연의 좋은 변화를 일으키고 나쁜 행위는 나쁜 변화를 일으키는데, 자연과 인간은 선이니 악 같은 유의 기와 호응하는 것이다. 이것이 자연과 인간이 상호 호응하는 천인감응론이다. 예컨대 현실에서 군주는 충실히 천의 의지를 따라야 할 의무를 가진다. 그렇지 않을 경우 자연은 재이견고(災異譴告), 즉 국가의 잘못을 견책하거나 위력을 행사한다. 이렇게 동중서의 이론에서 인간과 천의 관계는 두 가지 차원을 갖는다.

(2) 천인감응론의 미와 예술에 대한 의의

동중서의 천인감응론에서 미는 자연의 변화와 이를 따르는 도덕적 행위를 형용한다. 동중서는 천지의 운행이 아름다운 이유가 음양이 조화(兩和)를 이루기 때문이라고 한다. 선진 유가와 달리 동중서는 '중화(中和)' 개념을 도가의 '무위이무불위(無爲而無不爲)'와 일치시킨다. 천지만물이 제자리를 갖는다는 의미의 중화를 얻기 위해서는 무위의 실천이 요구되는 것이다. 현실의 아름다움은 인간이 자연의 조화를 실현할 때 획득되는 것이다. 이같이 자연의 아름다움과 인위의 아름다움이 서로 상응하는 구조를 가진다는 천인동구론과 이에 근거한 감응론은 이후 중국 미학에 다음의 네 가지 측면에서 의의를 갖는다.

첫째, 비덕(比德)설의 강화이다. 비덕설이란 인간과 자연의 속성을 유비시키는 어법인데, 동중서는 산이 높이 솟아 있으되 시간이 지나도 무너지지 않는 것은 어질고 뜻이 있는 선비와 같은 속성이며 인간에게 많은 이로움을 주면서 말을 안 하는 것은 군자와 같고, 또 물의 근원이 쉬지 않고 힘차게 솟아나는 것은 힘 있는 자와 같으며 모든 웅덩이를 다 채우면서 흘러가는 것은 공정한 사람과 같은 속성이라고 설명한다. 그런데 그의 비덕설은 자연과 인간을 문학적인 비유로써 연관짓는 데 그치지 않고 양자의 구조적 동질성을 사상적으로 확신시켰다는 의의를 지닌다. 동중서의 비덕설은 이후 중국 문예의 큰 특징으로 자리 잡았다.

둘째, 인간과 자연의 상호작용의 강화이다. 동중서에 의하면 인간의 도덕적 행위는 자연의 기상뿐만 아니라 그 아름다움 여부에도 영향을 준다. 인간의 올바른 행위는 자연의 운행을 순조롭게 하며 그렇게 자연의 아름다움이 성립된다는 것이다. 인간과 자연의 아름다움이 서로 영향을 준다는 사고방식은 이후 예술 창작론에서 자연이 작가의 감정에 영향을 미치고 작품에 영향을 미치며, 작가의 감정은 반대로 자연경물을 변화시켜 작품의 정취에 영향을 준다는 이론으로서 발전된다. 중국의 시론 중 작가가 외물에 감응한다는 원리(感物說)와 '작가의 정과 외경이 상호 융합한다(情景交融)'는 창작관은 천인감응론의 미학적 변용이라고 할 것이다.

셋째, 동중서의 이론이 예술 창작상의 구체적인 규칙들에 직접 영향을 끼친 부분도 있다. 동중서는 건축에서 면적과 높이의 설정, 악기의 조율에서 서로 다른 악기 간의 동일한 음 간의 호응을 자연과의 동구론과 감응론으로부터 설명했다.

넷째, 동중서의 이론은 예술과 자연과의 관계뿐 아니라 예술과 사회와의 관계에 대한 강령을 제시했다. 예악(禮樂)은 예술과 사회의 관계를 설정하는 대표적인 주제이다. 동중서는 선왕이 이미 그랬듯이 예악은 왕도와 교화를 실현하는 도구로서 통치자의 공덕을 칭송하고 백성을 교화시키는 데 커다란 역할을 한다고 강조했다. 그의 예악론은 『악기(樂記)』 이래 예술의 사회적 기능을 재확인하는 역할을 했다.

다. 유향의 문질론: 문(文)의 강화

유향(劉向, 기원전 77-6)은 고문학파의 선구자로서 유가를 근간으로 하면서 도가와 묵가의 성향도 보인다. 이 글은 그가 유가의 문질빈빈(文質彬彬)의 전통을 계승하고 음악에 관해 순자의 악론과 『악기』를 한대에서 이어받은 양상을 고찰해 본다.

유향은 유가 전통에 따라 예와 악이 치국과 수신의 근본이라는 예술의 사회적 기능을 논했다. 예는 제도적 측면에서 언행을 규제하는 기능을 하며, 악은 내면에서 자발적으로 도덕과 통치 질서에 복종하게 하는 기능을 갖는다(『說苑』, 「修文」, "禮正外 樂正內").

그런데 그의 논의가 선진 유가의 예악론과 다른 점은 예악의 도덕적 사회적 바탕(質) 외에 수식의 차원(文)을 강조했다는 점이다. 유향은 문이 수반되어야 군자라고 할 수 있다는 문에 대한 공자의 인식을 넘어, 수식이 질에 영향을 미쳐 수식이 없으면 질이 상할 수 있다고 하여 문의 영향력을 부각시켰다. 이러한 공자와 유향의 문질론의 강조점의 차이는 선진과 한의 유가사상과 예술론의 변화를 반영한다고 말할 수 있다.

라. 양웅의 미론과 문질론

양웅(揚雄, 기원전 53-기원후 18)은 후한대의 대표적 사상가이자 사부(詞賦)의 대가이기도 하다. 그의 대표적인 저술로서는 『논어』를 모방하여 저술한 『법언(法言)』과 『역』을 모방하여 저술한 『태현경(太玄經)』이 꼽힌다. 그가 모범으로 삼은 경전들에서 알 수 있듯이, 그는 도가적 우주론을 바탕으로 유가의 사회관을 수립하였다.

(1) 미론

양웅은 무(無)를 유(有)의 근본으로 설정하는(大音希聲 大象無形) 『도덕경』의 논리를 따르되, 유의 세계를 소리나 형상 같은 유의 근원이 무라고 제시하는 데 그치지 않는다. 양웅의 최종적 목표는 무를 통해 올바른 유의 질서를 확립하는 데 있다. 그래서 그는 『장자』가 언어를 불신한 것(得意而忘言)과 달리 언어의 의사소통 능력을 신뢰했다. 특히 그는 분개와 같은 감정을 역사와 동등한 정(情)의 중요 표현대상으로 의식하고 있었고, 글과 그림의 마음(心)에 대한 표현 능력을 인정했다. 유로 드러나는 언어에 대한 신뢰와 정에 대한 주목은 선진에 없었던 한대적 특징이라고 말할 수 있다. 그러나 위진남북조 시기의 문학론과 달리 아직 감정의 표현을 서사(敍事)와 명확히 구분하지 않았다는 점은 한대 정(情)에 대한 인식의 한계라고 할 것이다.

(2) 문질론

양웅은 공자 이래 문질론의 전통을 따라 음악, 문학, 의복, 언어를 포함한 모든 문화 현상이 반드시 올바르고 치우치지 않은(中正, 稱) 바탕(質)을 가질 것을 요구한다. 이때 올바르고 치우치지 않은 바탕이란 자연의 조화에 충실한 사실성(事)과 도덕성(正)이 자연의 조화에 충실하고 균형을 이루는 것을 말한다. 아울러 양웅은 이 올바르고 치우치지 않은 바탕이 반드시 수식되어야 한다는 점도 분명히 강조했다. 올바른 수식은 문화 수준의 지표가 된다는 것이다.

문과 질의 균형은 공자 이래 유가의 주요 명제이다. 앞서 이야기했듯이 유가의 문질관은 윤리적 바탕(質)을 확고히 하고 그 문화적 수식(文)을 동시에 요구한다. 그런데 양웅은 한대의 고유한 문화적 현상을 대하면서 이 명제의 한대적 그리고 그 자신의 고유한 관점을 드러냈다. 문론에서 그의 문질론적 잣대는 이후 살펴 볼 왕충의 것과 뚜렷한 차이를 보인다. 양웅의 문질론적 기준에서 경차, 당륵, 송옥, 매승 등은 공자가 제시한 원칙(則)을 갖추지 않고 수식(文)만을 일삼아 타락한 부를 지었고, 가의와 사마상여가 유가 이념에 바탕을 두고 문질의 균형을 알고 있을 뿐이다. 그는 왕충처럼 부(賦) 자체를 부정하지는 않은 것이다. 그는 한대의 부에 대해 시인의 부처럼 문질의 중정과 균형을 원칙으로 인간의 정과 사실을 진실하게 드러내고 적절한 수식을 가할 것을 요구했다. 선진 시기 존재하지 않았던 근대적 문학 장르이자 수식이 큰 비중을 차지하는 부를 긍정한 것은 문학과 사상의 차별성을 전제로 했기에 가능한 것으로서, 이후 위진남북조 문예론의 예고이기도 하다.

마. 「모시서(毛詩序)」의 '시언지(詩言志)'에 대한 입장

「모시서」의 원명은 「시모시전(詩毛詩傳)」으로서 『시경』 「국풍(國風)」의 첫 수인 '관저(關雎)' 아래 있는 글이다. 「모시서」는 한대에 전수된 네 저본의 『시경』 중 하나로 고문학파에 속한다. 「모시서」는 공자의 시교설을 근본으로 하며 순사 『악론』의 영향이 매우 현저하여 한대 유가의 가장 중요한 문학 자료로 꼽힌다.

「모시서」는 『서경』의 '시언지(詩言志)'를 해석하면서 "시는 뜻이 가는 것을 나타낸 것인데, 마음속에 있는 것을 지(志)라 하고 말로 나타내면 시라 한다"[6]라고 시를 정의하였다. '시언지'에서 '지(志)'는 예부터 많은 해석을 불러 일으켰다. 해석자에 따라 지는 의지, 마음의 전체, 감정, 말하고자 하

6 「毛詩序」, "詩者 志之所之也. 在心爲志 發言爲詩."

는 역사적 사실 등으로 해석되었다. 이들 해석들이 말하는 지의 내용은 크게 사실적인 차원과 정서적인 차원으로 나누어 볼 수 있다. 『서경』에서는 모호했지만 『악기』와 「모시서」는 두 의미를 모두 포함한다는 것이 보다 명확하게 드러난다. 『악기』는 악이 사실을 전달한다는 기능을 주목하면서도, "모든 음은 인간의 마음에서 생겨난 것이다. 정이 마음속에서 움직였으므로 소리가 형태화되고 규칙을 갖는 것을 음이라고 한다"라고 후자의 의미도 계승한 흔적이 뚜렷하다.[7] 「모시서」는 역시 『악기』의 전통을 이어 사실과 정서를 기술하는 두 가지 기능과 그 사회적 기능을 주목하였다.

「모시서」의 시 정의는 새로운 문학 현상에 대한 비평으로 구체화된다. 후한대에 들어 통치계급은 부를 쓸모없는 음란한 사(詞)라고 하여 비판하였으며, 정교(政敎)를 선전하는 시를 요구하였다. 「모시서」는 이러한 정치적 요청을 수용하여 시가 사회적 사건과 정서를 반영해야 한다는 점을 재삼 부각시켰다. 「모시서」는 정치와 시의 밀접한 상관관계를 고찰하면서 사회의 안정성과 악의 관계를 치세지음(治世之音), 난세지음(亂世之音), 망국지음(亡國之音)으로 나누어 분석하고 이들은 왕도의 성함(風, 大雅, 小雅)과 쇠함(變風, 變雅)을 반영한다고 분석했다. 「모시서」의 주된 의도 중 하나는 이처럼 『시경』의 사회적 · 정치적 함의를 후한대에 재천명하는 데 있는 것이다.

위진남북조 문예론을 염두에 두면서 미학적 관점에서 정리해 보자면 「모시서」는 첫째 수식이 확대된 부를 긍정했다는 점에서 주목된다. 양웅과 왕충은 부가 질에 비해 문의 비중이 크다는 점을 들어 이를 견제하였다. 양웅은 부가 애초 선진 유가에 의해 승인받지 못했다는 점을 지적하였고, 왕충은 더욱 강경하게 아예 부를 인정하지 않았다. 그러나 「모시서」는 부를 당당히 시의 중요 여섯 개념 중 하나로 긍정했다. 둘째 「모시서」에는 시가 정서를 표현하는 것을 자연스럽게 수용한 흔적이 보인다는 점이다. 「모시서」

7 『樂記』「樂本」, "凡音者生人心者也情動於中故形於聲聲成文謂之音."

는 특히 지(志)의 정서적인 의미를 도덕적인 의미보다 강조하였다. 이는 『상서』와 비교해 볼 때 뚜렷하게 드러난다. 위진남북조 시기 이후 시가 정서를 표현한다(詩緣情)는 측면은 더욱 부각되게 된다.

바. 왕충의 예악론과 문질론

왕충(王充, 27-?)은 참위설, 도참설을 비판하면서 도가의 무위 자연관을 근간으로 유가이념이 실현된 사회를 구현하려 하였다. 그의 문학론 역시 이 같은 사상적 목표에 합류한다.

(1) 진(眞)과 인위(人爲)의 합일

왕충의 저서 『논형』에서 자연은 의지(欲) 없이 운행한다. 즉 기(氣)를 베풀어 만물을 낳아도 의도적으로 하지 않았으므로 무위(無爲)이다. 따라서 자연이 인간을 견책(譴責)하고 경고한다고 보는 모든 행위는 유위(有爲)로서 자연에 대한 올바른 입장이 아니다. 그는 무위자연을 사회에 실현시키고자 했고 그 실현 방법을 다음과 같이 제시한다. 천도는 천성적인 것(眞)과 인위적인 것(僞) 두 가지가 있다. 전자는 저절로 천과 상응하는 것이고 후자는 인간이 지혜와 노력을 가하여 후자의 천도(天道) 개념에서 볼 수 있듯이, 천과 상응한다는 의미이다. 그는 무위와 유위, 자연과 사회를 합치시키는 도구로서 문화와 그것을 만든 인간의 능력, 즉 지적인 마음의 작용(心意)을 신뢰했다. 그리고 예와 악은 인간의 성정(性情)을 근간으로 하여 감정을 포함한 본성을 실현하는 데 자연을 벗어나지 않도록 각각 절제하고 예방하는 역할을 담당한다. 그는 무위자연과 발전적 역사관, 문화에 대한 신뢰를 바탕으로 주목할 만한 미학적 관점들을 다음과 같이 제시했다.

(2) 문질론

왕충은 문인에 대해 경전만을 익히는 '유생(儒生)' 혹은 역사적 관점을 갖춘 '통인(通人)', 공식문서를 짓는 '문인(文人)'보다 정묘하게 생각하여 문장을 지을 수 있는 '홍유(鴻儒)'를 높이 평가했다. 그는 단순한 이념이나 사상에 대한 기록을 넘어 사려를 갖춘 글을 중시한 것이다. 그리고 그 사려를 갖춘 문장은 진실한 정을 드러내고 거짓 혹은 공허함을 떠나야 한다. 그래야 보는 이가 기술된 일에 대해 올바로 판단할 수 있기 때문이다.

그리고 왕충은 이상에서처럼 문장의 내용(質)을 중요한 창작 기준으로 논하면서도 형식상의 아름다움, 즉 문(文)이 질과 균형을 이루어야 한다고 논하는 것도 잊지 않았다. 왕충은 문이 단순한 덕의 외피가 아니라 덕을 더 잘 전달되게 하는 기능을 가진다고 한다. 그의 문론이 문질론의 역사에서 중요한 점은 문과 질의 겸비를 문화적 · 인위적 차원을 넘어 '자연'의 이치에 합치하여 정당하다고 논증하는 부분이다. 이는 유향과 양웅이 성인, 사회적 윤리(正, 道)에 근거해 문질론을 전개하는 것과 대비된다. 문과 질 각각을 하늘의 무늬와 땅의 결에 비유하는 것은 남조 시기 『문심조룡』에 선행하여 문과 질을 자연을 통해 정당화한다는 점에서 주목된다.

사. 한대의 서예론

서예가 예술로서 논해지는 것은 중국 예술론의 독특한 현상이다. 서예는 필묵(筆墨)이라는 조형 수단과 그 표현 방법을 회화와 공유하며, 이에 '서화동원론(書畫同源論)'과 '서화동필론(書畫同筆論)'이 거론된다. 그러나 회화가 대상의 형태를 모방하는 것을 일차적 목표로 하는 반면, 서예는 글자의 형상을 통해 간접적으로 작가의 사고를 표현한다. 양자는 표현 대상과 방법에 큰 차이점을 갖는 것이다. 그래서 서예 고유의 특징은 후한대 최원(崔瑗, 77-142), 허신(許慎), 채옹(蔡邕, 132-192)부터 모방과 표현의 관계 위에서 논해졌다. 이렇게 서예론은 악론과 문학론 이후 세 번째로 이론을 갖춘 장르가 된다.

우선 한대 서예론을 이해하려면 한대 창작 현상에 주목해야 한다. 한대에 들어 전서(篆書)와 예서(隷書) 이후 해서(楷書), 행서(行書), 초서(草書) 각체가 본격화되고, 경중(輕重), 질서(疾徐), 동정(動靜)과 같은 필법을 통해 작가의 사상과 감정을 드러내게 되었다. 이에 초서에 두드러진 예술성은 후한대 논의를 불러 일으켰다. 우선 초서는 전한의 두도(杜度) 이후 후한의 최원, 채옹, 장지(張芝) 등을 대표로 상당한 기세로 서예가들 사이에서 번져나갔다. 이에 조일(趙壹)은 『비초서(非草書)』를 저술하여 초서를 비판하기에 이른다. 초서가 하도(河圖) · 낙서(洛書)나 기타 성인의 업적과 같이 전통적이지 않으며, 『주역』이 갖추었던 함축성 있는 간이(簡易)의 법이 아니라 단순한 간략함만을 편의에 따라 추구할 뿐이라는 것이다. 초서에 대한 조일의 비판은 후한 말 서예가 이제까지 사회가 부여한 전통적인 가치를 떠나 새로운 미적 가치를 추구했다는 반증이 된다.

최원은 조일의 초서 비판에 대해 「초서세(草書勢)」에서 다음과 같이 논박한다. 초서는 급할 때 빠르게 쓰기 위한 사회적 효용성(功, 用)이 분명하니 반드시 해서와 같은 옛 글씨체를 고수할 필요는 없다. 초서의 효과는 『주역』의 '간이(簡易)' 의 법에 부합한다. 아울러 그는 오히려 당당히 격렬한 감정을 표현하고 기이함이나 방일함을 표현하는 것(放逸后奇)을 긍정하여 작가의 자유로운 창조력의 발휘를 긍정했다. 이에 그는 규범 외 상황에 따른 즉흥성(臨事從宜)을 긍정하고 다양한 자연의 현상을 연상시키는 초서의 필묵법을 생명감이라고 높이 평가했다.

한편 채옹(蔡邕)은 최원이 서예의 예술미를 자연 현상에 대해 비유적으로 서술한 데 비해, 작가의 측면을 주목하였으며 보다 논리적으로 창작 과정을 서술하여 서예론을 본격화시켰다. 채옹의 「필론(筆論)」은 창작의 전제조건으로서 작가가 심신을 고요히 하여 판단(思)을 벗어나 본래의 성정을 따를 것을 제시했다. 작가는 창작의 전제조건으로서 정신을 창작 외부로부터 정화시키고 자유롭게 하며 몸과 더불어 고요히 안정시켜야 한다. 이 조건은 『도덕경』의 수정독(守靜篤), 『장자』의 해의반박(解衣盤礴)과 심재(心齋), 『순자』의 허일이정(虛壹而靜) 등이 지시하는바, '주관을 버리고 집중한 고요한 마음' 의 전통에 속한다. 모두 외부의 구속으로부터 벗어나 자유롭고 고요하기를 요구한다.

이상 후한 말 서예론이 제시한 작가의 창작의 전제로서의 심신의 수양, 작가의 자유로운 상상력의 발휘, 작품의 생명력, 표현의 원리, 강한 힘은 이후 중국 서예의 근간을 이룬다.

3. 맺는 말

한대는 한(漢) 문화의 정체성을 수립한 중요한 역사적 시기이다. 사상계에서는 유가가 때에 따라 음양설, 참위설 혹은 도가와 습합되면서도 통치 이념으로 확립되었다. 한대 우주관은 주로 도가 혹은 음양설로 구성이 되었으나 이 우주는 현실에서 실천 원리로서 논해졌다. 이에 예술 역시 우주론의 문맥에서 그 창작 원리가 논해지거나 혹은 사회론의 문맥에서 치세에 대한 효용이 논해졌다. 『회남자』는 다양하고 불완전한 아름다움을 긍정하고 자득하는 성인이 백성을 예악형정으로써 이끌어 궁극적으로 무위의 세계를 실현한다는 사상적 구조를 가지고 있다. 따라서 『회남자』는 예술의 효용성에 대해서는 유가적 효용론을 따르면서도, 창작 원리상에서는 신(神)이 형(形)과 기(氣)를 주재한다는 『장자』에 기원한 관념을 제시하기도 했다. 후한대 양웅과 왕충 역시 무가 유에서 실현된다는 도식 아래 예악론을 전개했다. 다만 한대에 번성한 부(賦)에 대해서 양웅은 진실하고 윤리적인 내용을 요구하면서 제한적으로 긍정하여 질에 대한 문의 역할을 강화시키려 했지만 왕충은 보다 엄중한 태도로 부를 부정하였다. 그 외 유향과 「모시서」의 단편적인 글들 역시 예악과 시의 유가적 목표를 확인한다. 이상의 예술론에 비해 동중서의 천인감응론은 천에 의지를 부여하여 객관적이고 실증적이지 않다는 비판을 받았다. 그럼에도 자연과 인간 간의 교감과 호응 그리고 『악기』에서 언급된바 예술의 사회적 효용성을 재확인한 부분은 위진 이래 예술관의 중요한 개념을 형성했다. 장르 면에서 한대는 악론, 문예론, 서예론을 출범시켰다. 이에 위진남북조 예술론은 언어나 이미지라는 표현

매체와 그 너머 신(神)이라는 표현 대상과의 관계를 정립하고, 인간의 정을 문학 작품의 주요 표현 내용으로 승인하고 나아가 내용 외 수식의 중요성을 확대하였으며 예술의 사회적 책임을 재확인한 한대의 성과로부터 사상과 정치로부터 예술을 분리시키고 이론을 체계적으로 논하고 화론을 발동시키는 역할을 담당했다.

더 읽을거리

서진희, 「董仲舒의 미학사상 연구」, 서울대학교 석사학위논문, 1996.

이택후 · 유강기 공편, 『중국미학사』, 권덕주 · 김승심 공역, 대한교과서 주식회사, 1993.

풍우란, 『중국철학사』 상, 박성규 옮김, 까치, 1999.

위진남북조 – 예술론의 개화(開花)

정혜린

위진남북조 시기에 이르러 '개인'은 사회와 그 통치 이념의 약화에 비례하여 심화, 확산되었으며, 동시에 그 개인을 표현하는 예술이 자각되었다. 이에 따라 미와 예술에 대한 인식 역시 사회적 실용성으로부터 개인적 감상으로 무게 중심을 옮겨갔다. 나아가 이 시기에는 예술 고유의 원리를 탐색하는 예술론이 본격적으로 논의되기 시작하였다.

1. 사회정치적 배경

위진남북조 시기 큰 특징인 '개인의 자각'은 이미 후한 말에 싹트기 시작하였다. 후한 말은 정치적 · 사상적으로 격동의 시기였는데, 정치적 · 사상적 혼란이 격화될수록 이에 비례하여 개인의식은 하나의 사회적 현상으로 지목될 만큼 성숙해 갔다.

지식인들이 당시의 정치를 비판하면서 인물품평(人物品評)의 논의를 확산시켰다. 그러나 이들은 당고(黨錮) 사건을 통해 정치적으로 타격을 받으면서 지식인의 비애감을 경험했고 국가와 사회에 대한 사명감을 상실하고 개인적 자아로 향하게 되었다. 당고 사건 이후 후한 말 지식인들 사이에서는 은일사상(隱逸思想)이 급속히 확산되어 중국사상 최초로 정사(正史) 가운데 일민전류(逸民傳類)가 등장했을 정도였다. 일민(逸民)은 지식인 사이에 이상적 인간형으로 떠오르기 시작했고 당시 이들은 '처사(處士)' 로 불렸다. '처사' 란 『후한서』 열전 권 87에 의하면 사(仕)와 은(隱) 사이를 배회하는 인물들을 가리키며 이 시기 많은 미관(未官) 지식인들이 자처할 만큼 선망되었다. 동시에 이들은 후한 말 정치 이념이었던 유가 이념을 비판하고 도가와 불교에 눈을 돌렸다.

2. 현학(玄學)

가. 왕필의 현학

후한 말 이래의 사회적 혼란은 '세계' 와 '인간' 에 대한 재정립을 요구했다. 지식인들은 당시 정치 이념인 유가, 즉 명교(名敎)를 대신하여 사회를 안정시켜 줄 새로운 사상 체계를 탐색했다. 이에 『주역』·『노자』·『장자』를 둘러싼 형이상학적 논의가 진행되었고 이 논의들은 현학(玄學)이라고 불린다. 새로운 시대를 뒷받침할 현학은 위(魏, 210-265)의 정시(正始) 연간(240-249)에 본격적으로 대두되었다. 당시 위는 건국 이후 불안정한 상황을 지속하고 있었는데, 지식인들은 이러한 불안정한 정치 상황을 근본적으로 해결하기 위한 통치 이념을 모색했다. 이들의 논의는 크게 귀무론(貴無論)과 귀유론(貴有論)으로 나누어 볼 수 있으며 왕필(王弼)과 배위(裴頠)가 각각의 입장을 대표한다. 이 두 입장의 대립은 일반적으로 사상사에서 '유무지변(有無之辨)' 이라고 불린다. 당시의 혼란에 대해 귀유론이 법령을 늘리고 엄격히 시행할 것을 요구했다면, 귀무론은 엄격하고 과다한 법령제도가 결국 더 많은 범법을 야기할 뿐이라고 보아 무위지법(無爲之法)의 통치이념을 주장하였다.

왕필은 세계를 확실하게 경영하기 위해 새로운 이념을 수립하는데 "모든 상황은 원칙을 가지며, 이 원칙은 유일하고 보편적이다”라는 전제를 설정한다. 이 원칙은 사물들의 변화 질서를 제공하는 궁극적 원리로서, 변화하는 세계와 달리 보편적이며 타자와 상대되지 않는다. 이 원칙은 보편적이므로 무형무명(無形無名), 다시 말해 감각과 추론으로써 인식할 수 없다. 여기서 무(無)란 텅 비거나 없음을 의미하는 것이 아니라 무형무명을 압축하여 모든 변화하는 상황과 구별되는 궁극적 원리를 지시하는 임시적인 말이다(以無爲本). 그런데 ‘무는 스스로 모습을 드러낼 수 없기 때문에 반드시 유에 의지해 모습을 드러내며’ 이때 ‘무’는 변화하는 상황인 ‘유(有形有名)’의 보편원리로서 기능한다(以無爲用). 이 이무위용(以無爲用)의 명제는 무가 유로 드러날 수밖에 없다는 논리적 필연성과 더불어 현실적 당위성의 이중적 의미를 갖는다. 그래서 왕필은 위정자들에게 이 유와 무의 사상적 관계를 현실 경영의 근본으로 삼으면 말단(현실)은 힘쓰지 않아도 저절로 갖추어진다(崇本而擧末)는 당위론을 제시할 수 있었다.

나. 왕필의 언의론(言意論)과 그 예술론적 의의

위진남북조의 예술론은 당시 현학을 바탕으로 전개된 언의론의 논리와 동일한 논리를 전개한다. 언의론이란 ‘언어가 그 안에 내포된 의미를 온전히 표현할 수 있는가’라는 주제를 가리킨다. 이 주제는 애초 무형무명한 도를 유형유명한 언어가 전달할 수 있는가 하는 문제의식으로부터 제시되었다. 이 문제를 논한 주요 사상서로는 『장자』와 『수역』을 꼽을 수 있다. 그런데 『장자』는 언어가 도를 전달할 수 있다는 데 대해 회의적이었으나 『주역』은 긍정적이었고, 왕필은 두 상반된 언어관의 종합을 시도했다.

위 절에서 살펴본 왕필의 유무론에 따르면 도(道)는 무형무명(無形無名)이므로, 대상을 규정하는 언어는 도를 그 뜻으로서 표현할 수 없게 된다. 『노자지략(老子指略)』에서 왕필은 언어의 속성과 의미의 관계를 전개했다. 언어는 명(名)과 칭(稱)이라는 기능 때문에 무를 제외한 것들에 대한 임시적 호칭이 된다고 한다. 명이란 형(形)이 있는 어떤 물(物)을 다른 물(物)과 구분해 지칭하는 언어의 속성을 말하고 칭이란 물을 발언자가 보는 측면만큼만 묘사하는 언어의 속성을 지시한다. 이렇게 언어는 명과 칭이라는 속성으로 말미암아 보편 그리고 전체로서의 무를 온전히 드러낼 수 없고 물마저도 온전히 표현할 수 없다.

그러나 왕필은 언어 사용을 포기하지 않는다. 분명 성인은 『주역』을 저술하였고 이 저술은 이상적인 언어사용이 가능하다는 실례가 된다. 이에 왕필은 『주역』의 언어관으로부터 언어가 궁극의 뜻을 표현하는 방식을 탐색했다. 『주역』의 언어 구조는 다음과 같다. 상(象)은 종류별 사물의 특징이 되는 원리를 본떠서 사물의 원리에 관한 의미(意)를 나타낸다. 그런데 상(象)은 규정적으로 명확한 뜻을 제시할 수 없으므로 괘사(卦辭)와 효사(爻辭)라는 언어가 풀이해 준다. 왕필은 『주역』의 인식론이 각각 다른 인식 차원에 있는 의와 상, 상과 언(言)이 표현 목적과 수단의 관계를 갖도록 구성되어 있으며, 이 인식론은 『장자』의 회의론을 극복할 수 있다고 보았다. 그렇다면 서로 다른 인식 차원의 삼자가 어떻게 표현 대상과 수단의 관계에 있을 수 있는가. 우선 상과 언의 관계에 대해 살펴본다. 『주역』에서 언어는 애초에 상에 근거해 쓰였고 구체적인 물상(物象)을 표현하기 위한 것이지만 괘사나 효사와 같은 언어(言)가 상을 완전히 밝힐 수 있는 것은 아니다. 왕필은 『장자』의 망제(忘蹄), 망전(忘筌)의 비유를 사용하여 언과 상의 관계를 설명한다. 이 비유에 따르면 언과 상은 덫(蹄)과 토끼, 통발(筌)과 물고기의 관계, 즉 수단과 목적의 관계에 있다. 언어는 상 전체가 아닌 한 부분을 지시하나 이 지시되는 부분은 상 전체를 파악할 단서를 제공한다는 것이다. 따라서 상 전체를 온전히 이해하려면 언어로부터의 도약이 요구된다. 사물에 부분적으로 대응하는 언어들을 종합하여 상 전체를 추측하고 깨달아야 한다는 것이다.[1] 만약 상과 언의 범위와 내용을 동일시하면 언에 머무르게

1 王弼, 『周易略例 · 明象』, "사물의 종류들에 다가가 (분류하면) 象을 만들 수 있고 그 (종류들의) 의미들을 모으면 (서로) 징험할 수 있다."

되고 상을 얻을 수 없다(得象在忘言). 의미(意)와 언어(言)의 관계 역시 이로부터 유추될 수 있다. 언어는 의미를 부분적으로 표현하지만 궁극적으로는 다 표현할 수는 없어도 의미를 다치지 않고 지시할 수는 있다. 요컨대 『주역』처럼 언어의 규정성이 갖는 한계를 염두에 두고 사물에 맞게 사용하면, 언어를 제대로 사용하는 것이다.[2]

왕필의 관점은 언어란 의 전체를 표현할 수 없다는 『장자』의 관점과, 언과 상, 상과 의의 관계가 표현 수단과 목적이라는 『주역』의 관점에 대해 절충적이다. 언어 사용에 관해 현실 속에서 최선의 가능성을 탐색하는 왕필의 태도는 현실(有)에서 궁극(無)을 내재시키려는 숭본이거말(崇本而擧末)의 신념과 일치한다. 이러한 언어관은 예술론에 현실의 언어와 형상을 수단으로 하는 예술 역시 궁극에 접근할 수 있다는 암시를 주었다.

3. 인간에 대한 품평으로부터 예술에 대한 관조로

위진남북조 시기 예술작품들은 도덕과 이성으로써 개성과 감성을 통제하는 유학적 전통을 벗어나 현학의 '무를 체현한 인간'을 표현해 내기 시작하였다. 왕필에 의하면 성인(聖人)은 정과 더불어 무욕(無欲)하고 텅 빈 정신 상태인 '허정(虛靜)'을 갖추어 무를 인식하고 변화하는 세계를 체험하는 이상적 인식의 누 소선을 갖추고 있다.[3] 이후 왕필의 성인 개념은 『세설신어(世說新語)』에 등장하는 다양한 탈규범적 인간상과 그 개성에의 요구를 수용하여 완적(阮籍)이 제시한 이상적 인간상으로 성숙된다. 그러나 이 같은 이상적 인간형이 제시되기까지 인간에 대한 논변이 거듭 진행되었으며 그

2 王弼, 『老子指略』, 197쪽, "開而弗達 導而弗牽 尋而後旣其義 推而後盡其理 善發者是以首其論 明會歸以終其文……. 夫察見至微者 明之極也 探射隱伏者 慮之極也. 能盡極明 匪唯聖乎? 能盡極慮 匪唯智乎? 校實定名 以觀絕聖 可無惑矣."

3 王弼, 『老子』 29장 주, "聖人達自然之性 暢萬物之情 故因而不爲 順而不施. 除其所以迷 去其所以惑 故必不亂而物性自得之也."

논변을 진행시킨 몇몇 개념 혹은 명제들, 즉 신(神), 품평(品評)과 감상, 개성, 언어와 내면의 관계는 예술론의 확립과 밀접한 관계를 갖는다.

우선 인물에 대한 품평이 객관적 판단을 포기하고 주관적 미적 판단으로 전이되면서 개성을 갖춘 신(神)이 주목받게 되었다. 인물 품평론은 후한 시기 출현한 은사(隱士), 이후 위(魏) 유소의 『인물지(人物志)』와 서진 시기의 '재성동이론(才性同異論)'을 주요 매개로 삼아 진행되었다. 요컨대 인재 등용에서 명(名)과 실(實)이 부합하지 않는 상황에 대해 올바른 인물품평이 사상적 과제로 대두되었고, 이 과제는 위(魏)로 이어진다. 유소(劉邵)의 『인물지』는 위의 인사책을 제시하면서 그 과제를 담당했다. 이 저술에 의하면 선거의 타락을 막기 위해서 인물의 명성과 내면의 실재 간의 합치 여부를 살펴야 하며(考核名實), 한 인물의 내면은 외면의 아홉 가지 단서(九徵: 神, 精, 筋, 骨, 氣, 色, 儀, 容, 言)를 통해 탐색할 수 있다. 이후 서진(西晉) 시기의 '재성동이론(才性同異論)' 역시 개인의 외면(才)과 내면(性)의 일치 여부를 다루었다. 그러나 결국 위진 시기 인물품평은 한 개인의 성정(性情), 즉 내면은 성인(聖人)이어야 관찰할 수 있을 만큼 외면과 일치시키기 어려운 것으로 합의되었다. 이들은 인물품평의 객관적 기준을 마련하는 데는 결국 실패했다. 대신 이 실패는 인물의 개성을 긍정하는 분위기를 이끌어냈다. 『세설신어』에는 신자(神姿), 신모(神貌), 정신(精神), 신명(神明) 등 신을 포함한 단어가 인물의 훌륭함 여부의 기준으로서 중시된 예가 많다. 이러한 신의 다양한 모습의 존중이 바로 개성의 존중이다. 신의 개성적 모습을 평가하기 위해서 『세설신어』나 『인물지』는 청(淸), 허(虛), 랑(朗), 달(達), 간(簡), 원(遠) 등 많은 형용사들을 썼다. 이 시기 지식인들은 신의 다양한 모습에 대한 표현과 관조를 통해 유가적 규범과 예법을 벗어난 개인적 자아를 풍요롭게 하고 외부로 표현한 것이다. 당시인들이 자각한 개성은 자신을 드러내는 예술작품에서 역시 모습을 드러내었다.

둘째 미학과 관련해 자연과 인간이 공유하는 신은 더 이상 추론적 탐구의 대상이 아니라 관조(觀照), 완미(玩味)의 대상이라는 점 역시 또 하나의 주목할 만한 부분이다. 인물품평은 애초 기획한 객관적 기준 마련을 위한 인식론적 탐색에 실패했고 미에 대한 주관적 판단으로 변질되었다. 그리고 예술론 분야에서 품평의 주관성은 보다 적극적으로 관조와 완미로 성숙되었다.

셋째, 인물품평의 문제점으로 지적한 '언부진의(言不盡意)', 즉 표현 대상과 표현 매체의 괴리 문제는 점차 예술작품의 문제로 확대되어 이론의 축으로 자리 잡았다. 다음에 살펴보는 바와 같이 언의론은 화론에서 형신론(形神論)의 모습으로 등장하며, 나아가 육기(陸機)의 『문부(文賦)』, 종영의 『시품』, 유협(劉勰)의 『문심조룡(文心雕龍)』 등에서 계속 문학창작의 근본적 화두로 다루어진다.

예술이 무엇을 표현해야 하는가, 그리고 어떻게 표현해야 하는가와 같은 창작 원리는 개인 그리고 미적 평가와 함께 위진남북조 예술론을 성립시켰다.

4. 위진남북조 시기 예술론

위진남북조 시기 지식인은 무를 체현하고 이를 개성적으로 드러내는 인간상을 추구했고, 이와 동시에 그 인간상의 중요 표현매체로서 예술작품을 이론적으로 탐색했다.

가. 시론

위진남북조는 비록 동란의 시기였지만 문학은 오히려 전대미문의 풍성한 성과를 거두었다. 특히 시는 양적인 면뿐만 아니라 질적인 면에서도 성장했다. 위 이후 현언시(玄言詩), 유선시(遊仙詩), 전원시, 산수시, 신체시(新體詩), 영명시(永明詩), 궁체시(宮體詩), 소형시(小形詩) 등 각종 시체와 각종 유파가 형성되었고, 그 내용에 있어서도 유선(遊仙), 은일(隱逸), 산수, 전원,

영사(詠史), 영물(詠物), 서사(敍事), 현언(玄言), 의고(擬古), 영회(詠懷), 규정(閨情), 풍자, 달관, 영인(詠人), 염세, 사회, 염전(厭戰), 불리(佛理), 유연(遊宴), 설리(說理) 등이 풍부하고 다양하게 전개된다.

위진 시기 문학이론은 이상과 같은 풍부한 문학현상을 배경으로 첫째, 문 역시 불후(不朽)한 입언(立言)에 속한다는 것을 새롭게 제시하고, 둘째, 시에서 인간의 정서와 개성이 중요하다는 점을 뚜렷이 하였으며, 셋째, 위와 같은 풍성한 창작물에 대해 품평을 이끌어 냈다. 이들 세 특징 중 첫 번째 특징은 조비(曹丕)의 『전론 논문(典論論文)』에서 가장 먼저 제시되었다.[4] 조비 이후 육기(晋, 261-303)의 『문부』는 시의 창작에 대해 구상, 대상과 이에 대한 감정, 영감, 작가의 수양 등을 주요 주제로 논의하였다. 그러나 이상의 이론은 아직 문학이 현학이 제시하는 무를 어떻게 구현할 수 있는가를 설명하지 못하였으며, 문학 작품들을 비평하고 우열을 가릴 만한(品評) 고도의 안목과 견식을 갖추지 못했다. 이후 남조 시기에 들어 유협과 종영은 각각의 과제 해결을 담당한다.

인물품평론의 자극을 받아 각 예술론의 분야는 작품들을 비교 분석할 고도의 안목이 필요하다는 점을 공유하였다. 예컨대 회화 분야에서 제(齊)의 사혁(謝赫)의 『고화품록(古畵品錄)』이 화가를 육품으로 나누었고, 양(梁)대 유견오(庾肩吾)는 『서품론(書品論)』에서 서예가를 구품으로 나누었다. 문학론 분야에서는 종영의 『시품(詩品)』이 품평의 역사적 도래를 선언했다. 그에 의하면 비평의 원칙은 실제 작품의 분석과 비교를 통해 정당화되고 의미 있게 된다.

『시품』에 나타난 품평의 원칙은 다음과 같다.

우선 시가 함축한 여운과 그 감동력이다. 『시품』은 시나 음악이 정치적

4 조비는 문장이 인간의 유한한 생명을 이어 그 뜻을 후세에 전하는 수단일 뿐만 아니라 나라를 다스리는 큰 사업 중 하나라고 평가하였다.("蓋文章者 經國之大業 不虧之盛事 年數有時而盡 榮樂止乎其身 二者必至於常期 未若文障之無窮也") 『文心雕龍』은 서문인 「序志」에서 조비의 문학에 대한 신념을 계승했음을 보인다.("唯文章之用 實經典枝條. 五禮資之以成 六典因之致用 君臣所以炳煥 軍國所以昭明.")

교화의 목적에 유용하다는 전통적인 유가 문학관을 탈피하여 감동력을 중요한 시의 기능으로 당당히 제시했다. 감동력과 관련해 종영은 시의 목적이 감상자가 끝없이 음미하고 감동하도록 하는 데 있다고 보았으며, 특히 감동을 이끌어내는 '원(怨)'과 같은 개인적이고 슬픈 감정 역시 긍정하였다. 그리고 감동력을 낳는 데서 중요한 것은 여운(餘韻)이라고 보았다. 언어 밖으로 넘치는 맛, 즉 자미(滋味)를 보편화시킨 최신의 오언시를 시 형식의 최고라고 언급된 것은 종영의 시론에서 여운이 중요성을 말해 준다. 종영은 특히 한대 「모시서(毛詩序)」에서 주목된 부(賦)·비(比)·흥(興) 가운데 흥을 자미와 연결시킨다. 흥은 「모시서」에서 정의되지 않았고 따라서 흥은 단지 전체 문맥과 관련해 유가적 이념의 표현을 목표로 삼는 수단으로서 이해되어야 했다. 그러나 종영은 흥을 사물과 사건을 서술하는 비, 부와 구별해 언어 밖의 것으로 정의했고 감상자의 끝없는 음미를 낳는다고 했다. 자미, 언어 밖의 의미, 끝없는 음미는 모두 언어 밖의 의미를 중시하는 언부진의의 전통이다.

또 '개성' 그리고 도덕 학문과 별개인 시의 고유한 특질, 즉 예술성이다. 다른 장르의 글과 달리 시는 개인의 성정을 표현하는 것을 목표로 한다. 종영은 사실을 기록하고 인용하는 전통적인 방법(實)을 떠나 실재하지 않는(虛) 작가가 내면을 솔직하게 읊어야 하며, 이로써 자연스럽게 이전에 없던 개성(奇)이 성취된다고 주장한다.

한편 비슷한 시기에 저술된 『문심조룡』은 『시품』이 작가의 정서와 개성을 중시하고 이를 토대로 작가들을 품평하는 것을 목표로 한 것과 달리, 유가적 이념을 토대로 문학의 우주론적 의미로부터 창작과 감상의 원칙에 이르는 방대한 체계화를 시도하였다. 『문심조룡』은 당시 문풍(文風)이 문질(文質)을 전도시켰다고 비판하고, 이를 겨냥해 문학은 유가의 오경(五經)을 근본으로 바탕을 세운 후에 수식해야 한다고 주장했다.[5] 『문심조룡』의 문학

5 劉勰, 『文心雕龍 · 情采』, "문채란 말을 수식하는 것이니 그 변별성과 화려함은 性情에 근본해야 한다. 그러므로 情이란 문식의 날실이고, 辭는 이치의 씨실이다. 날실이 바른 연후

관을 문학의 정의와 창작론으로 나누어 살펴보면 다음과 같다.

『문심조룡』은 『주역』에 근거하여 1) 인간은 도(道)를 반영하고 문장은 인간을 반영한다. 2) 이러한 문장의 역할을 최초로 보여 준 것이 자연 현상을 반영하는 역(易)의 상(象)이다. 이로부터 볼 때 3) "도는 『주역』을 저술한 성인의 이상적 인식능력을 통해 문(文)에서 드러난다(故知道沿聖以垂文 聖因文而明道)"고 도와 문의 관계를 전개했다. 『문심조룡』은 문이 도의 외재적 표현임을 확인하여 우주 내에서 문장의 이상적인 위상을 정립했다. 『문심조룡』에 따르면 빼어난 글은 직접 드러나지 않은 채 비규정적인(隱) 뜻과 이 뜻을 압축적으로 지시할 수 있는 핵심적이고 빼어난(獨拔) 언어(秀)를 갖추어야 한다. 달리 표현하자면 문장의 뜻은 '신비한 음향이 겉으로 퍼지고 숨은 색채가 은밀히 드러나는 것'과 같이 언어의 지시체로부터 확대되어 여운까지 포함한다. 이러한 언어관에서 규정적인 언어는 대상의 무한한 의미를 다 표현하는 것이 아니라 요체를 표현해서 의미 전체를 여운으로서 지시한다(以少總多). 이렇게 『문심조룡』은 문학 언어가 사물의 본래적인 모습과 이에 대한 마음의 반응을 '모두 기술하는 표현 방식'이 아니라 '비규정적 의미를 여운으로 갖추는 방식'으로써 표현한다는 중국 문학의 전제를 명시했다.

나. 화론

예술이 현학의 무를 내포하고 표현할 수 있다고 확신하고 그 방법론을 탐구하는 작업은 문예뿐 아니라 회화 영역에서도 시도되었다. 이를 동진(東晉)의 고개지(顧愷之)의 「논화(論畵)」, 「위진승류화찬(魏晉勝流畵讚)」, 「화운대산기(畵雲臺山記)」, 왕미(王微)의 「서화(敍畵)」와 종병(宗炳)의 「화산수서(畵山水序)」, 사혁(謝赫)의 『고화품록(古畵品錄)』을 통해 고찰해 본다.

화론은 회화의 특성상 무와 유의 관계를 형(形)과 신(神)의 관계로 기술한

에 씨실을 이루고 이치가 정해진 연후에 文辭가 펼쳐지니, 이것이 문장을 짓는 근원이다.(文采所以飾言 辯麗本於性情. 故情者 文之經, 辭者 理之緯. 經正而后緯成 理定而后辭暢. 此立文之本原也.)"

다. 위의 화론들은 회화가 대상의 형태를 통해 대상의 신을 전달하는 것이라고 회화를 정의한다.

우선 인물화에서 형태를 통해 형태 너머의 신을 묘사한다고 할 때 신은 무엇을 가리키는가.

고개지에 의하면 그림 속 인물이 무언가를 대면하고 있는, 생명체의 활동 양상을 제대로 그리는 것이 그림의 핵심이고,[6] 이를 인물의 형태를 통해 그 신을 화폭에 전달하는 것(以形傳神)이라고 한다. 요컨대 인물화의 관건은 그리고자 하는 인물의 신이 사물을 대면해 활동하는 양상을 포착하는 데 있다. 나아가 신은 대상마다의 특징적 성격을 포함하며 보다 구체적으로 전체적 모습만이 아니라 인물에 따라 독특한 특정 부위, 특히 눈동자와 같은 곳까지 대응할 정도로 형체의 구체적인 부분에까지 연결되어 있다.[7]

그러면 신은 어떤 방법으로써 형을 통해 전달될 수 있는가. 고개지에 의하면 신을 형으로써 그린다는 것은 형태를 다 그려내는 것이 아니라, 화가가 대상의 신과 통하고 나서 그 자취를 따라 대상의 형태를 배치하는 것이다. 즉 이형사신(以形寫神)은 원근법, 음양의 배치, 대상에 본래 없던 형태의 첨가 등 대상을 배치(置陳布勢)하는 작가의 구상(裁, 精思)을 거쳐야 한다. 여기서 『문심조룡』의 은수론(隱秀論) · 이소총다(以少總多)와 동일한 사고방식이 감지된다. 무한한 의(意)를 온전히 하기 위해 유한한 언어를 조작해야 한다는 사고가 두 분야의 이론에 상통하는 것이다. 보다 근본적으로 고개지의 화론은 당시 지식인들 사이에서 인물품평을 통해 심화된 '개인' 의식을 담고 있다. 즉 인물화에서 신(神)을 포착하는 것에 중점을 두고 특히 인물의 개성적 특징까지 표현해 낼 것을 요구하는 그의 화론은 위진남북조

6 『魏晉勝流畫讚』, "凡生人亡有手揖眼視 前亡所對者 以形寫神而空其實對 則筌生之用乖 傳神之趨失矣 空其實對則大失 對而不正則小失……. 一像之明昧 不若晤對之通神也."

7 『魏晉勝流畫讚』, "몸의 아름답고 추한 것은 본래 묘함과 무관하다. 神을 전하여 그리는 것은 바로 눈동자 가운데 있다.(四體姸蚩 無關於妙處 傳神寫照 正在阿堵之中.)"; 같은 글, "눈동자를 그리는 절도를 위아래의 위치와 크기 혹은 짙고 옅음에서 조금이라도 잃으면 神氣가 함께 변하고 만다.(點睛之節 上下大小濃薄 有一毫小失 則神與之俱變.)"

지식인들이 공유한 '개인'과 무 · 유를 통하는 '신'에 대한 이해를 반영하는 것이다.

이와 같은 형과 신의 관계론은 이후 남조 시기의 왕미(王微)와 종병(宗炳)의 화론에도 등장한다. 우선 왕미는 산수화를 주목하여 산수화의 근본 기능이 자연의 신을 감상자에게 전달하는 것이라고 파악한다. 그는 회화 감상을 통해 감상자의 신은 자연산수의 신과 동화되며, 감상자의 신을 고양시키는데 회화가 음악이나 문자로 된 서적보다 낫다는 확신까지 표명하기도 한다.

종병 역시 자연과 회화에 대한 관계, 회화 감상의 효용성에 대해 왕미와 유사한 발언을 했다. 종병의 「화산수서」에서 신(神)은 종병의 불교 사상저술과 연관되어 그 불교적 의미가 논해지기도 한다.[8] 산수는 유(有), 즉 형질을 가지고 있으며 그 안에는 형질이 없는 신 혹은 도가 내재해 있다. 『명불론』에서 신은 붓다라는 궁극의 단계로부터 사물의 종류에 따라 다른 사물 고유의 이(理)까지의 차원을 포괄한다. 그래서 산수화를 감상하면 감상자가 산수에 깃든 다양하고 신령한 풍취(風趣)를 눈과 마음으로 감응하고 궁극적으로 도(道)와 동화되는 것도 가능하다.[9] 그런데 이 신을 감상하면서 그것에 동화되는 데는 여러 차원이 있다. 『명불론』에 의하면 성인은 신명(神明)이라는 불교의 도(道)로써 만물을 대하는데, 신은 형이 사라지고도 홀로 존재할 수 있다. 그래서 성인은 외물의 영향을 받지 않을 수 있는 것이다. 이

8 종병은 당시의 고승 혜원이 창시한 淨土宗의 白蓮社 結社에 참여한 한 사람이었으며, 혜원의 논쟁을 이어 『明佛論』을 저술하여 당시 불교 옹호론과 비판론의 주제였던 神不滅論爭을 이어나갔다. 종병의 종교적 행적과 그의 회화관을 관련시킨 글은 Susan Bush, "Tsung-Ping's Essay on Painting Lanscape and The "Lanscape Buddhism" Of Mount Lu"; Kiyohiko Munakata, "Concepts of Lei and Kan-Lei in Early Chinese Art Thoery", *Theories of The Arts in China*, ed. by Susan Bush and C. Murck, Princeton Univ. Press, 1981; 李澤厚, 劉剛紀, 『中國美學史』, 「宗柄的 畵山水序」, 대만, 谷風出版社, 1987; 조송식, 「'와유' 사상의 형성과 그 예술적 실현」, 서울대학교 철학박사학위논문, 1998.

9 『畵山水序』, "聖人含道映物 賢者澄懷味象. 至於山水 質有而趣靈. 是以軒轅堯孔廣成大隗許由孤竹之流 必有崆峒具茨藐姑箕首大蒙之遊焉. 又稱仁智之樂焉. 聖人以神法道 而賢者通. 山水以形眉道 而仁者樂 不亦幾乎……. 神本亡端 棲形感類 理入影迹."

에 비해 현자(賢者)는 아직 성인에는 이르지 못한 자이지만, 품은 바를 맑게 하고 상(象)을 음미할 수는 있다. 붓다의 도가 내재한 산수를 음미하고 이를 창조하는 자는 성인이 아니라 바로 현인이다.

한편 「화산수서」는 불교 고유의 언어가 아직 정착되지 못했으므로 현학적 분위기에서 이해할 수도 있다. 「화산수서」에 나타난 성인, 신, 산수, 상 등 어느 것도 불교가 독점하고 있는 개념들이 아니기 때문이다. 「화산수서」는 오히려 자연을 즐긴 성인으로서 요 임금이나 공자와 같은 유가적 인물과 광성자(廣成子)와 같은 도가적 배경을 가진 인물이 등장한다. 『명불론』과 달리 「화산수서」에 불교적 색채를 드러내지 않은 저술 의도를 존중하는 것도 타당한 이해 방법일 것이다. 이런 관점에 근거하자면, 「화산수서」는 당시 현학의 복합적인 사상과 위진 지식인의 풍류를 배경으로 형(形)과 신(神)의 문제를 인물에서 산수로 확대하고, 회화감상을 통해 회화작품에 내재된 신과 동화될 수 있다는 회화 감상론을 본격적으로 전개했다고 할 것이다. 이런 관점에 근거하자면, 「화산수서」는 당시 현학의 복합적인 사상과 위진 지식인의 풍류를 배경으로 형(形)과 신(神)의 문제를 인물에서 산수로 확대하고, 회화 감상을 통해 회화 작품에 내재된 신과 동화될 수 있다는 회화 감상론을 본격적으로 전개했다고 할 것이다.

그는 다음과 같이 산수화 감상을 예탄했다.

> 이치가 먼 이전에서 끊어져 있는데 천 년 후에 뜻을 구할 수 있고, 언상(言象)을 초월한 미묘한 뜻도 문헌에서 취할 수 있는데, 하물며 몸소 배회하고 눈으로 두루 보고 나서 형태로써 형태를 모사하고 색으로서 색을 모사하는 데 있어서랴……. 눈으로 대하고 마음으로 깨닫는 것을 원리로 삼는 데서 잘 그려진 그림이라면 눈 역시 같이 감응하고 마음 역시 함께 통하여 깨닫는다. 눈과 마음으로 깨달아 (대상의) 신에 감응하면 (감상자의) 신 역시 비상하고 이치도 얻어진다……. 성인과 현인(의 생각)이 먼 훗날인 이 시대에 반영되고 만 가지 풍취(를 지닌 산수)가 그들의 신사(神思)를 밝히

니 내가 다시 무엇을 하겠는가. 신(神)을 펼칠 뿐이다. 신이 펼쳐 나가는 데 무엇이 이보다 낫겠는가.[10]

산수화 감상은 자연산수에 대한 직접 체험을 통해 그 안에 내재한 신에 동화되는 것에 맞먹는 체험이다. 그려진 산수를 누워서 감상할 때 감상자의 신은 역시 산수 유람에서처럼 감상하는 자연의 신에 동화되는 것이다. 이 같은 종병의 산수화 감상론은 직접 산수를 유람하지 않고 회화를 통해 자연을 즐긴다는 와유(臥遊)론의 기원으로 평가된다.

양(梁) 사혁(謝赫)의 『고화품록(古畵品錄)』은 고개지, 종병, 왕미 등이 회화에 관해 주요 개념으로 쓴 신(神)을 기운생동(氣韻生動)으로 구체화하였다고 평가된다. 『고화품록』은 회화 제작의 원리에 관한 육법과 당시까지의 27인의 화가에 대한 품평을 기록하였다.[11]

우선 육법은 기운생동(氣韻生動), 골법용필(骨法用筆), 응물상형(應物象形), 수류부채(隨類賦彩), 경영위치(經營位置), 전이모사(轉移模寫)이다. 육법 중 미학적으로 가장 문제가 되는 조항은 기운생동이다. 기운이 한 단어인지 아니면 기와 운으로 띄어 읽어야 하는지, 그리고 두 경우 기와 운이 어떤 의미인지, 나아가 기운이 생동한다는 의미인지 아니면 기운이 곧 생동이라는 것인지 그 의미는 분명치 않다.[12] 이에 서복관(徐復觀)은 다음과 같은 설

10 『畵山水序』, "夫理絕於中古之上者 可意求於千載之下. 旨微於言象之外者 可心取於書策之內. 況乎身所盤桓 目所綢繆 以形寫形 以色貌色也……. 夫以應目會心爲理者 類之盛巧 則目亦同應 心亦俱會 應會感神 神超理得……. 聖賢映於絕代 萬趣融其神思. 余復何爲哉. 暢神而已. 神之所暢 孰有先焉."

11 이 저술에 대한 대표적인 현대의 연구로는 金原省吾, 『支那上代畵論』, 岩波書店, 大正13年; 徐復觀, 「釋氣韻生動」, 『中國藝術精神』, 學生書局, 1983; 錢鍾書, 『管錐篇』 第4册, 中華書局, 1979; 李澤厚, 「謝赫的畵品與姚最的續畵品」, 『中國美學史』, 中國社會科學院, 1984 등을 꼽을 수 있다.

12 전종서는 嚴可均의 설에 따라 육법을 '一氣韻 生動是也. 二骨法 用筆是也. 三應物 象形是也. 四隨類 賦彩是也. 五經營 位置是也. 六轉移 模寫是也.' 라고 표점하였으며 陳望衡(『中國古典美學史』, 1998, 361-366쪽 참조.) 역시 이 설을 따랐다. 그러나 서복관과 이택후는 '一氣韻生動, 是也. 二 骨法用筆, 是也. 三 應物象形, 是也. 四 隨類賦彩, 是也. 五 經營位置, 是也. 六 轉移模寫, 是也.' 라고 표점하였다.

득력 있는 견해를 제시하였다. 즉 뒤이은 요최(姚最)가 사혁의 그림을 기운이 생동하는 극치를 궁구하지 못했다고 평한 것으로 보아, 기운에는 생동이 포함되나 생동이 늘 기운을 내포하는 것은 아니다. 또한 기와 운은 각각 해석돼야 한다. 기와 운이 예술론에서 주목되기 시작한 것은 조비의 「전론 논문」의 "문장은 기를 주로 삼아야 한다(文以氣爲主)"는 문장과 조식의 「백학부(白鶴賦)」의 "고아한 금의 청아한 운을 듣는다(聆雅琴之淸韻)"는 문장부터이다. 이후 『세설신어』 등 위진남북조의 문헌들에서 기와 운은 늘 각각 사용된다고 한다. 예컨대 『세설신어』에 많은 기(氣) 자와 19개의 운(韻) 자가 있지만, '풍기운도(風氣韻度)' 단 한번을 제외하고 기와 운이 붙여서 쓰인 적은 없다. 그 외 『시품』, 『문심조룡』, 심약(沈約)의 『송서(宋書)』도 마찬가지로 기와 운을 연용하지 않았다고 한다. 이후 『필법기』도 첫 번째가 기, 두 번째가 운이라고 따로 썼고, 『도화견문지』의 '기운쌍고(氣韻雙高)' 등의 용례도 기와 운이 별도로 해석돼야 한다는 증거라고 본다.

그렇다면 기와 운은 각각 무슨 의미를 갖는가. 서복관에 따르면 기와 운은 모두 기의 변화를 가리킨다. 사혁은 회화 평론 중에 여러 차례 기(氣), 력(力), 생(生)을 연계시켰다. 여기서 기는 생명력으로서 생명력의 강건(强健), 양강(陽强)의 의미가 강하며, 그 의미는 조비, 종영, 유협의 용법에서와 유사하다. 보다 구체적으로 주로 작가의 품격 혹은 기개가 작품 속에서 드러난 힘차고 강한 감각을 지시하며, 이후 '기력(氣力)'·'기세(氣勢)'·'골기(骨氣)'의 용례가 등장한다. 한편 그에 따르면 운(韻)은 기보다 늦게 한(漢)과 위(魏) 사이에서 발생했는데 현존 문헌에서 조식의 '백학부'의 '청운(淸韻)'이 '운' 자를 최초로 사용한 예라고 한다. 『광아(廣雅)』에 의하면 운은 본래 음률의 조화, 즉 화(和)를 의미한다. 이후 「고화품록」의 운은 인물품평과 관련해 필선을 넘어선 정신적 경지로서 개인의 정조, 개성, 청원, 통달의 미를 주로 지시한다고 한다. 운은 기에 비해 음유의 측면을 가진다는 것이다. 많은 경우 기는 지(志)와 결합되어 이성적 의미를 가지나 운은 『세설신어』에서처럼 정(情)과 함께 쓰이는 것이 그 한 예라고 한다. 결국 사혁이 지시하는 기운생동이란 작품에 내재된 강하고 힘차거나 부드럽고 운율적인 생명력의 작용을 말하며, 고개지 화론에서 인물화를 대상으로 한 신을 사혁이 이론 체계 속에 삽입하여 비평어로서 정립했다는 의미를 갖는다.

이상에서처럼 논란의 소지가 많은 기운생동론이 화론사에서 부각된 것은 당대 장언원부터이다. 장언원은 '기운이 주밀하지 않고 공허하게 형사만 늘어 놓으며, 필력이 굳세지 않고 공허하게 색채만 잘하는 것은 묘가 아니다', '기운을 얻으면 형사는 자연히 있게 된다' 라고 하여 기운생동이 형태의 곡진한 묘사를 갖추지 않고도 가능하다고까지 언급하였다. 그의 발언은 고개지의 이형사신을 넘어 형사를 최소화하려는 작품들까지도 포용하는 의미를 지닌다. 그는 고개지, 장조(張璪), 오도자(吳道子)의 그림에 대해 '의존필선(意存筆先)' 을 기준으로 높이 평가했다. 따라서 '의(意)' 의 의미에서 대상의 의뿐만 아니라, 형사를 자세히 하지 않고도 작품의 기운을 드러낼 수 있는, 화가의 수양된 정신은 큰 비중을 차지하게 된다. 작가의 수양된 정신의 의미를 포괄하는 장언원의 기운의 의미는 작가의 인품을 중시하는 중국화론의 중요한 전제를 제시한 것으로서 북송 이후 사대부 인격론으로 발전했다.

다. 악론

혜강(嵇康, 224-263)은 「성무애락론(聲無哀樂論)」에서 전통적인 예악교화사상을 비판하여 음악이 유가적 도에 대해 독립적 가치를 지니며 교화의 수단이 아니라는 대단히 혁명적인 의견을 제시했다. 「성무애락론」은 음악이 자연에 근원할 뿐 정치로부터 독립적이라는 것을 음악의 본질, 감상 가운데 소리와 정(情)의 관계, 악의 효과, 악에서 정음(正音) 등의 주제를 통해 논증하였다.

혜강은 악이 근본적으로 천지합덕(天地合德) 혹은 천기합기(天地合氣)로 발생되었으며 그 중요 창작원리가 화(和)라고 제시했다. 보다 구체적으로 악은 자연(天地)의 속성(德), 즉 기의 운동변화에 합치해야 한다. 그리고 조화(和)는 음악의 속성, 즉 일련의 질서 있는 음정부호의 조합의 원리이다.[13] 이 조건을 갖출 때만 악은 인간의 심금을 울린다.

혜강의 유가이념에 대한 비판적 자세는 아악과 속악에 대한 평가에서도 지속된다. 그는 아악이 자연의 도와 인간의 자연의 성정에 부합하며, 인간을 방종에 이르지 않게 한다는 것을 인정하면서도, 속악을 도외시하지 않았다.[14] 그는 유가가 속악을 경시하는 경향을 비판하면서 민간의 음악이 기교가 복잡하고 음절이 활발하며 아악의 단순 평담에 비해 인간의 감정에 더 가까이 있다는 예술적 측면을 인정하였다.

5. 맺는 말

중국 역사에서 감각적이거나 사치 화려하지 않으면서도 윤리 사상으로부터 독립된 활동영역을 설정하고 그 사상적 의미와 창작상의 원리들에 대해 본격적으로 논하는 작업은 위진남북조 시기에 시작되었다. 이러한 현상은 정치 사회적으로 차단되어 있으면서 사상의 독단성에 대해 회의를 느끼고 현실을 초월하려는 '개인'으로부터 발생했다. 개인이 예술과 관련되는 데는 신(神), 품평과 감상, 언어와 의미와 관계, 개성 등의 매개가 큰 역할을 했다. 『세설신어』를 보면, 위진남북조 지식들이 죽림 시기 이후 본격적으로

---

13 嵇康, 「聲無哀樂論」, "무릇 천지가 덕이 합하고 만물은 이에 의지하여 생겨난다. 한서가 이어 가고, 五行은 밝아지면 五色이 되고 발하면 五音이 된다. 音聲의 지음은 냄새와 맛이 천지 사이에 있는 것과 같다. 그 좋고 나쁨은 비록 혼탁함을 만나더라도 그대로이며 변화가 없다.(夫天地合德 萬物貴生 寒暑代往 五行以成 故章爲五色發爲五音. 音聲之作 其猶臭味在於天地之間. 其善與不善雖遭遇濁亂 其體自若而不變也.)"

14 嵇康, 「琴賦」, "음력 3월 초에 때에 맞춰 아름다운 옷을 입고 이에 친구를 끌고 멀리 놀러간다……. (연회에서) 초나라 荊舞(南荊)를 추고 秦나라 곡을 연주하고 계속해 (아악인) 『陽春』을 연주하고 (속악인) 『巴人』을 연주한다. 정곡과 함께 변주곡이 함께 연주되니 많은 듣는 이의 귀를 놀라게 하고 神을 놀라게 한다. 서로 다른 효과를 다른 악기와 비교해 생각해 보면 어찌 笙과 龠 같은 것이 나란히 할 수 있겠는가. 곡들을 마땅한 바에 따라 순서지어 보면, 『廣陵』, 『止息』, 『東武』, 『太山』, 『飛龍』, 『鹿鳴』, 『鵾鷄』, 『遊弦』이다. 교대로 연주하고 노래하니 소리가 마치 자연과 같다. 유창하고 곱고 아리따우니 번잡함을 씻는다.

개체의식을 성숙시켰고, 무한한 도(無)를 바탕으로 다양한 정서 표현(有)을 갖춘 인간형(大人先生)을 추구했음을 알 수 있다. 그들은 특히 궁극(無)에 나아갈 수 있는 개체의 내면으로서 신(神)을 주목했고, 신은 형으로서 드러난다는 세계의 원리에 따라 신을 그 외재적 표현으로서 형을 통해 관조하고 완미했다. 나아가 이들은 점차 관조, 완미의 대상을 넓혀 산수 자연과 예술을 관조하고 완미했던 것으로 보인다.

물론 이 같은 품평의 변화는 위진남북조의 사상적 전변 아래 가능했다. 귀무론과 숭유론의 사상 논쟁을 통해 위진남북조 지식인들이 무는 유의 바탕이 되어야 하며 아울러 유는 무를 다 드러낼 수는 없지만 단서를 제시해 지시할 수는 있다는 사유를 공유했다. 왕필의 언의론은 무와 유의 관계를 단적으로 드러내는데, 왕필은 도와 언의 괴리가 극복될 수 있는 이상론적 인식론을 전제로 1) 근본적으로 명(名)과 칭(稱)을 가진 분별적 언어란 그 의로서 도를 온전히 나타낼 수 없지만, 2) 언의 유한성을 자각하고 언의 대상(實)과 잘 비교하는 과정을 거치면 의를 얻을 수 있고, 3) 결국 의를 얻고 나면 애초에 도를 의로서 드러내는데 부분적일 수밖에 없는 언어는 떠나야 한다는 언어관을 제시했다.

이러한 무와 유의 관계는 예술론에서도 일관된다. 당시의 예술론의 다양한 논의는 어떻게 도를 언어나 형상으로 잘 표현할 수 있는가라는 문제로 요약될 수 있다. 『문심조룡』은 『주역』의 '도가 이상적 인간(聖人)의 인식을 통해 문(文)으로 드러난다'는 이상론을 토대로, 이에 도달하기 위한 문학 언어의 원칙들을 제시했다. 이러한 언과 의의 관계는 은수론(隱秀論)으로 『문심조룡』에서 정식화되었고, 이 원칙을 실천하는 언어 사용의 방법으로서 비흥(比興), 이소총다(以少總多) 등이 논의되었다.

당시 화론 역시 회화의 의미를 논하는 가운데 규정적 매체(言)와 무규정적 목적(意)의 괴리 문제를 다루었다. 즉 여러 화론들은 신 혹은 도로 표현되는 비규정적인 궁극은 형으로서 드러난다는 세계의 원리 위에서 '어떻게 규정적인 형으로써 비규정적인 대상의 신, 혹은 신에 대한 화가의 사유를 효과적으로 전달하는가(遷想妙得)'를 탐색했다. 그 방법은 신을 따라 형을 화폭에 구성하는 것(以形寫神)이었다. 즉 음양(陰陽)의 수(數)의 배치, 원근법, 형태의 가감 등을 통해 신은 화폭에 효과적으로 드러나게 된다는 것이다. 물론 회화의 '구상'은 임의적 추상이나 선택이 아니라 궁극의 활동인 신을 드러내는 것이었다. 고개지 이후 종병과 왕미는 고개지와 달리 인물화가 아닌 산수화를 논하는 가운데 산수화에 자연의 신이 깃들어 있어야 하며 감상자 역시 그 신을 파악하여 감상자의 신이 자연에 맞먹는 신으로 확대되어야 한다는 논의를 전개했다. 특히 종병은 산수화를 직접 현장을 가지 않고 앉아서 산수를 감상하는 것으로, 즉 와유(臥遊)의 대상으로 제시했다. 와유는 이후 중국 화론의 주요 개념으로 자리 잡았다.

사혁의 육법론은 앞서 논의된 이형사신을 구체화했다는 데서 주목된다. 육법은 골법용필(骨法用筆), 응물상형(應物象形), 수류부채(隨類賦彩), 경영위치(經營位置), 전이모사(轉移模寫)로 형사를 구체화시키고 기운생동(氣韻生動)으로 전신을 구체화시켰다. 기운생동의 의미에 관해서는 여러 해석이 가능한데 강건하고 음유한 기가 생동하는 것이라는 해석이 적절해 보인다. 기운생동을 통해 고개지 화론에서 인물화를 대상으로 한 신은 이론 체계 속에서 비평어로서 정립되었다는 의미를 갖는다.

한편 악론에서 혜강은 교화를 목표로 하는 유가 전통의 예악론을 비판하면서 음악은 유가적 도에 대해 독립적 가치를 지닌다고 주장했다. 그는 음악은 유가 이념이 아니라 자연에 근원하여 주관적인 감정에 상응하지 않는다고 주장한다.

위진남북조의 예술론은 이처럼 문예론, 화론, 악론에서 고르게 정치사상에 대해 예술의 자율성을 주장하고 그 창작과 감상의 이론을 전개했다. 당대 성대한 예술창작 역시 위진남북조에 미의식과 예술 개념이 마련되었기에 가능했다고 해도 과언이 아닐 것이다.

더 읽을거리

이택후 · 유강기 공편, 『중국미학사』, 권덕주 · 김승심 공역, 대한교과서 주식회사, 1993.

조송식, 「'와유' 사상의 형성과 그 예술적 실현」, 서울대학교 철학박사학위논문, 1998.

풍우란, 『중국철학사』 상, 박성규 옮김, 까치, 1999.

혜강, 『성무애락론』, 한흥섭 옮김, 책세상, 2002.

당(唐)의 예술론 – 서론과 화론, 시론의 관계

조송식

1. 들어가는 말

일반적으로 중국 예술에서 서예는 왕희지와 왕헌지, 시는 이백과 두보, 회화는 이성과 곽희 등을 일컫듯, 위진남북조는 서예의 시대, 당은 시의 시대, 송은 회화의 시대라고 한다. 그러나 예술론을 놓고 볼 때, 위진남북조에서는 조비(曹丕)의 『전론논문(典論論文)』, 육기(陸機)의 『문부(文賦)』, 유협(劉勰)의 『문심조룡(文心雕龍)』, 종영(鍾嶸)의 『시품(詩品)』 등과 같이 시론과 문론이 높은 수준에 이르렀고, 당에서는 성당의 손과정(孫過庭)의 『서보(書譜)』와 장회관(張懷瓘)의 『서단(書斷)』과 같이 서론이 체계적으로 정비되었으며, 송에서는 곽약허(郭若虛)의 『도화견문지(圖畫見聞志)』, 곽희(郭熙)의 『임천고치(林泉高致)』, 소식(蘇軾)과 황정견(黃庭堅)의 제화시(題畫詩), 휘종 시대의 『선화화보(宣和畫譜)』, 등춘(鄧椿)의 『화계(畫繼)』 등 다양한 화론서가 저술되었기 때문에 위진남북조는 시론과 문론, 당은 서론, 송은 화론이 성행하였다고 할 수 있다.

이렇게 시대에 따라 발전된 문론 · 서론 · 화론은 서로 대립하면서 경쟁한 것이 아니라 서로 영향을 끼치고 계승되었는데, 이러한 상호 관계를 뚜렷하게 알 수 있는 시대가 당이다. 성당에서 체계화된 서론에서 중심 내용이 되는 서예의 근원과 전개, 창작 과정은 한편으로 선진 시대에 발달하였던 악론(樂論)의 영향을 많이 받은 위진남북조의 문론과 시론을 계승하면서 발전하였다. 특히 육기의 『문부』, 유협의 『문심조룡』, 종영의 『시품』에 나타난 창작이론이 서론에 끼친 영향을 주목할 수 있다. 다른 한편으로 성당의 서론들은 만당의 장언원이나 주경현의 화론에 영향을 끼쳐 발전하게 하였다. 성당의 오도자(吳道子)가 직접 서예가 장욱(張旭)에게서 글씨를 배워 그 필법을 그림에 적응하였듯이, 화론에서도 장언원의 『역대명화기』에서 서화용필동론(書畫用筆同論)과 같이 서론의 영향을 깊게 받고 있다. 그런데 이 『역대명화기』는 이론적으로나 체계적으로 송대 『도화견문지』나 『화계』의 토대가 되었다. 이렇게 볼 때 중국예술론사에서 당나라에서 시 · 서 · 화 삼절(三絕)이란 개념이 일반화된 것과 같이, 서론을 중심으로 문론, 시론과 화론과의 관계를 분명하게 보여 주는 중요한 시대라고 할 수 있다.

2. 시론 · 문론에서 서론으로

당나라는 위진 시대 이래로 발전한 서예를 바탕으로 서론이 체계적으로 완성되었다. 물론 위진남북조에서도 서론(書論)이 많이 저술되었지만, 이들은 지나치게 번잡스럽고 체계가 없었으며, 그나마 중복되거나 누락되어 참신성이 떨어져 체계적으로 정비된 예술론이라고 하기엔 부족하였다. 따라서 당나라 서론에서는 체계적이며 완전한 이론의 정립으로 전개되었는데, 손과정의 『서보』와 장회관의 『서단』이 대표적이라 할 수 있다. 이 두 서론은 창작론을 중심으로 체계화되어 전개되고 있는 것이 특징이라 할 수 있다.

가. 서론에서 왕희지 전형의 확립과 창작론의 전개

손과정은 『서보』에서 자신의 서예창작론을 왕희지에 대한 예술세계를 통해 전개시켰다. 그는 우화(虞龢)의 『논서표(論書表)』에서 사현론(四賢論),

즉 종요(鍾繇), 장지(張芝), 왕희지(王羲之), 왕헌지(王獻之)에 대한 비교 논쟁을 통해 왕희지를 이상화시켰던 것을 발전시켜 나갔다. 우화는 시대적으로 왕희지는 종요, 장지에 비해서는 금(今)에 해당하고, 오늘날 새로운 것을 대표하는 왕헌지에 비해 고(古)에 해당한다고 하였는데, 종요, 장지, 왕희지, 왕헌지 네 서예가의 예술세계를 놓고 말할 때에는 왕희지는 고(古)와 금(今)의 통일을 이룬 사람으로 보았다. 그런데 손과정은 왕희지의 서예 세계는 고(古)와 금(今)의 통일일 뿐 아니라, 문(文)과 질(質)의 통일, 밖(外)과 안(內)의 통일, 변(變, 초서)과 법(法, 해서)의 통일로 확장하여 보았다. 고(古)는 정식(定式)으로서 법(法)이나 질(質, 내용)로 대변할 수 있으며, 금(今)은 현재의 변(變)이나 문(文=형식)에 해당할 수 있는데, 이러한 통일을 포괄하는 기본 개념이 지속(法)과 변화로 이루어진 '자연'이라 할 수 있다. 왕희지의 서예는 '자연'의 실현이라 보았던 것이다.

그는 서예의 창작 과정을 우주 만물의 생성 과정에 비유하고 서예 작품에 형용된 세계를 계절의 변화에 의한 영원함의 전개로 보았다. 서예 작품에서 획과 점 각각에는 변화로 충만되어 있는데, 점과 획을 쌓아서 글자를 이루고 있는 것은 말할 것도 없고, 작품 전체가 바로 자연의 세계라고 할 수 있는 것이다. 그는 자연스럽게 점과 획에 의해 이루어진 세계를 자연의 형상으로 묘사하였다. 매달려 있는 침, 드리워진 이슬, 달리는 번개, 추락하는 바위, 날아가는 기러기…… 등 정지된 것이 아니라 움직이고 변화하는 세계로 형용하고 있으니, 작품 전체는 "자연의 오묘함이 있는 것과 같은(同自然之妙有)" 것이라 할 수 있다.

손과정은 이러한 자연의 세계를 구현하기 위해서 서예가 자신의 창작행위를 강조하였다. 서예가의 창작 태도에서 마음에 '자연'을 체득하고 이를 행위를 통해 실현하는 일련의 '자연'을 강조한다. 바로 심수일체론(心手一體論)으로 정의할 수 있는데, 동진 시대 이후 마음과 기술(손)의 문제를 다룬 것이 당대의 서예창작론에서 형이상학적 사유로 발전되었던 것이다.

나. 미학적 분석과 품등론(品等論)의 혁신

손과정에 이어 그 이전의 서론을 계승하면서 이를 집대성하고 체계적으로 만든 것이 장회관의 『서단』이다. 이 『서단』은 화론에서 있어서 장언원의 『역대명화기』가 후세 화론에서 경전과 마찬가지의 역할을 하였던 것과 같은 위상을 갖는다. 장회관의 서론에 대한 역사적 의의를 두 가지로 요약할 수 있다. 하나는 손과정 『서보』의 창작론을 심화시켰다는 것이고, 다른 하나는 기존의 품등론을 집대성하여 체계화시킨 것이라 할 수 있다.

장회관은 역시 서예에서의 '자연'을 강조하였다. 다만 장회관은 문장과 글씨와의 밀접함에서 그 같음과 차이를 염두에 두고 글씨에서의 자연을 더 강조하였다. 특히 그의 서론은 유협의 『문심조룡』으로부터 영향을 받았던 것으로 보인다. 유협이 『문심조룡』의 「원도(原道)」에서 문장은 도에 근원함을 밝혔듯이, 그 역시 문장은 도에 근본한다고 하였다. 그는 『주역』의 괘상과 문(文)과의 관련성에서 괘상은 천지의 이치가 내재된 혼연한 상징이고, 문장은 그 도의 구체적인 작용이라고 말하였다. 그런데 문장이 도를 표현할 때 반드시 글씨에 의존하므로, 글씨 역시 도에 합치하는 것을 기약하며, 글씨의 도는 우주의 도가 작용하고 있는 자연을 법으로 삼는 것이다.

이것은 그의 사현론으로 이어지고 있다. 그는 사현을 문질과 고금으로 논한 것과는 다른 견해를 보였다. 종요(鍾繇) · 장지(張芝) · 왕희지(王羲之) · 왕헌지(王獻之)의 우열을 고(古)냐 금(今)이냐, 질(質)이냐 문(文)이냐에 따라 논할 수 없고 오직 하나의 이치로 관통하는데, 그것은 천하의 달도에 합치됨을 구한다는 것이다. 이 천하의 달도가 '자연'을 말하지만 서예에서 구체적으로 무엇인지는 그가 왕헌지와 왕희지를 비교한 데에서 유추할 수 있다.

그는 왕헌지는 무(武) 음악처럼 미(美)를 다하였지만 선(善)을 다하지 못한 것이고, 왕희지는 소(韶) 음악처럼 미를 다하였고 또 선을 다하였다고 하였다.[1] 미와 선은 오늘날 말로 형식과 내용으로 대체할 수 있는데, 왕희지의 서예는 형식과 내용을 함께 구현한 것임을 보여 준다. 그는 이 형식과 내용을 다양한 미학적 용어로 기술하면서 서로 어떤 관계를 이루는가를 구체적으로 말하였다. 먼저 서예의 조형구조를 근골(筋骨)과 부육(膚肉)으로 나누고, 그것에 각각 질박(質朴)과 연미(姸美)의 미적 범주를 대응시키며, 그리고 전자는 풍신(風神)의 작용으로 생기고, 후자는 공용(功用)의 작용으로 생기는데, 특히 이것을 시대성과 결부시키면 전자는 위진 시대의 고법(古法)에서, 후자는 후세의 금법(今法)에서 많이 구할 수 있다고 하였다. 이를 간단하게 정리하면 다음과 같다.

근골(筋骨) - 질박(質朴) - 풍신(風神) = 고법(古法)
부육(膚肉) - 연미(姸美) - 공용(功用) = 금법(今法)

미와 선, 형식과 내용을 겸비한 왕희지의 서예는 위의 두 범주를 통일한 것이며, 이것이 작품에서 자연의 구체적 의미라 할 수 있을 것이다.

장회관의 서예론에서 주목되는 것은 품등론이다. 그는 위진남북조 이래의 서예 품등론을 계승하되, 자신의 독특한 개념어를 창안하여 이것으로 대체하였으며, 다루고 있는 것도 포괄적이고 체계적이다. 이전의 품등론으로 유송(劉宋)의 양흔(羊欣)은 『고래능서인명(古來能書人名)』에서 진(秦)의 이사(李斯)에서 진(晋)에 이르기까지 69인을 열거하고 관명 · 출신 · 글씨의 품평을 기록하고 있다. 양(梁)의 유견오(庾肩吾)는 『서품』에서 상 · 중 · 하 세 단계로 나누고 여기에 각각 다시 상 · 중 · 하 세 단계로 나누는 중국의 전통적인 품평 방식인 3품 9등법을 설정하였다. 그리고 후한에서 양에 이르는 128인의 서예가와 그 간단한 약전을 붙였으며, 상지상(上之上)에 왕희지 · 장지 · 종요 3인을 올려놓았다. 당에 들어와서도 초기에는 큰 변화 없이 유견오의 품등론을 답습하였다.

1 "子敬可謂武盡美矣, 未盡善也. 逸少可謂韶盡美矣, 又盡善也." 『書斷』, 「評」, 『歷代書法論文選(上册)』 중, 臺北, 華正書局, 1984, 188쪽.

품등론에서의 새로운 변화는 장회관에서 찾을 수 있다. 그는 『서단』에서 전통적인 3품 9등법을 무시하고 신품(神品), 묘품(妙品), 능품(能品) 3품등으로 간략하게 분류하였고, 또한 이전에 서예가에 대한 일반적 통설을 기술한 것이 아니라 서체를 나누고 이 서체에 따라 품등을 정하였다.

먼저 『서단』의 구성에 대해 지적할 것은, 이 책은 유협의 『문심조룡』 체제와 유사한 점이 있다는 사실이다. 그는 먼저 서문을 짓고 여기에 유교 경전 특히 『주역』에 이론적 근거를 두고 전개하였다. 이는 『문심조룡』에서 「원도(原道)」, 「종경(宗經)」, 「징성(徵聖)」 등 유교경전에 근본을 두고 기술한 점에 비유된다. 또한 『서단』 상권(上卷)에서 고문 · 대전 · 주문 · 소전 · 팔분 · 예서 · 장초 · 행서 · 비백 · 초서 등 10개의 서체에 대해 각각 발생과 역사적 전개 및 특징에 대해 기술하고 마지막에 찬(贊)을 붙였다. 이는 『문심조룡』에서 6장에서 24장까지 각 문학 장르의 역사와 내용을 기술하고 각 장 마지막마다 찬을 붙인 것과 유사한 면이 있는 것이다.

장회관은 서예가에 따라 품등하고 이에 대한 추상적 세계를 기술한 것이 아니라, 서체에서의 우열에 따라 서예가를 품평한 것이다. 이전의 품평은 서예가에 대한 것이었기 때문에 그 안에서 서체에 대한 우열을 논할 수 없었지만, 장회관에 있어서 서체에 따라 한 서예가에게서 여러 품등이 설정될 수 있었다. 가령 그는 『서의(書議)』에서 진서와 행서에서는 왕희지를 제일로 보고 있지만 초서의 경우 장지를 제일에, 왕헌지를 제삼에 놓은 반면에 왕희지는 가장 아래인 제팔(第八)에 놓고, 이에 대해 격률이 높지 않고 공부가 부족하며 신기도 부족하다는 이유를 들고 있다. 또한 장회관은 『서단(書斷)』에서 각각 서체별로 세분화하여 기존의 서예가에 대해 품평을 하고 있는데, 여기에서 다섯 서체에 걸쳐 신품에 올려놓은 사람은 왕희지와 왕헌지뿐이었다. 이 두 사람 안에서도 팔분체에서 왕희지는 묘품에, 왕헌지는 능품에 올려놓고 있다. 장회관이 서체의 예술성에 근거하여 품평을 한 것은 명성보다 실제 작품에 더 근거를 두고 있음을 알 수 있다.

3. 서론에서 화론으로

당에서도 화론은 비교적 많이 저술되었다. 북송 곽약허의 『도화견문지』 「서제가문자(敍諸家文字)」에 기록된 것만도 14종이나 된다. 이 가운데 장조(張璪)의 『회경(繪境)』, 한간의 『잡색준기록(雜色駿騎錄)』, 고항의 『화평(畵評)』, 유정(劉整)의 『속화평(續畵評)』, 오념(吳恬)의 『화산수록(畵山水錄)』 등은 오늘날 유실되어 어떤 책인지 알 수 없지만 나머지는 현재에 온전히 또는 부분적으로 전해지고 있다. 그중 예술론사적으로 중요한 것은 이사진(李思眞)의 『후화품록』, 장회관의 『화단(畵斷)』, 주경현(朱景玄)의 『당조명화록』과 장언원의 『역대명화기』 등이라 할 수 있다. 특히 당 말에 저술된 『역대명화기』는 지금까지 품평 위주였던 화론을 창작론, 감상론, 기법론 등이 구비된 체계적이고 완전한 이론서로 만들었다. 여기에는 서론의 역할이 컸다.

가. 회화의 사현론(四賢論), 서화용필동론, 창작론

서예론에서 '사현'에 대한 평가의 부침에 따라 그 시대의 서예적 풍격(風格)의 변화와 이에 따른 서예 이상론이 규정되었듯이, 회화에서도 사현에 대한 평가의 부침에 따라 회화 양식의 성향과 이상이 결정되었다. 회화에서 사현이란 고개지(顧愷之), 육탐미(陸探微), 장승요(張僧繇), 오도자(吳道子)를 말한다. 이미 고개지, 육탐미, 장승요에 대한 품평의 변화는 성당 이전에 여러 화론가들에 의해 논의되어져 왔다. 다만 당 말 장언원에 와서 이 삼현에 오도자를 더해 사현으로 규정하고 논의되었으며, 여기에는 서론이 깊은 영향을 끼쳤다.

사혁(謝赫)은 『고화품록(古畵品錄)』에서 화육법에 의해 27명을 6품으로 나누었다. 여기에서 육탐미에 대해서는 위협과 더불어 육법을 온전히 갖추고 있으며, 그는 자연의 이치를 궁구하고 그 본성을 다 표현하였는데, (그의) 작업은 언어와 형상(과 같은 방법)을 초월하였다고 하였다. 그러나 고개지에 대해선 "깊이 정미(한 경지)를 체득하고 붓은 함부로 대지 않았다. 그러나 작품은 뜻에 미치지 못하며, 명성이 실제보다 지나치다"[2]고 하면서 삼품에 놓았다. 그러나 진나라 요최(姚最)에 이르러서는 이 간격을 일치시키려는 흔적이 보인다. 그는 『속화품록(續畫品錄)』에서, 고개지는 해와 달을 지고 있는 듯하며, 천지의 신명을 얻은 것 같다고 하면서 고개지의 정신적 세계에 대해 재평가하였다. 한편, 장승요에 대한 평가가 등장하였는데, 요최는 그의 변화무쌍한 세계를 인정하면서도 신기(神氣)가 부족하다고 하여 한 단계 낮추었다.

그러나 당에 이르면 고개지의 지위에 대한 평가는 더욱 확고해지고, 아울러 장승요에 대한 비평 역시도 재평가되고 있다. 이사진은 고개지에 대해 "고개지는 천재로서 뛰어나며 홀로 (우뚝) 서서 (그와) 대적할 사람이 없다. ……고개지는 마음의 작용이 자연의 조화와 같아서, 정신적 깨달음을 통해 오묘한 사물(의 형상)을 얻었으며, 육탐미에게 발걸음을 잃게 하고 순욱(荀勖)을 절도하게 하기 충분하다"[3]고 하면서 고개지를 육탐미보다 우월하게 보았다. 장승요에 대해서도 그는 고개지와 육탐미 이래로 단연 최고이며, 그의 작품의 세계가 끝없이 변화하면서 형상과 모양이 기괴하고 다양한데, 후세인에게 성인과 같은 존재라고 하였다. 그러면서 고개지, 육탐미와 함께 상품에 놓고자 하였다. 이사진에 와서 고개지, 육탐미, 장승요의 삼현이 형성된 것이다. 장회관은 이를 미학적 용어로 규정하였다.

> 사람을 형상하는 아름다움에서 장승요는 살집(肉)을 얻었고, 육탐미는 골격(骨)을 얻었으며, 고개지는 정신(神)을 얻었는데, 정신은 오묘하고 자유롭기 때문에, 고개지가 최고라고 생각한다.[4]

---

2 "格體精微, 筆無妄下, 但迹不逮意, 聲過其實." 謝赫, 『古畫品錄』, '第三品', 『中國畫論類編』(俞崑 編, 臺北, 華正書局, 1977), 360쪽.

3 "顧生天才傑出, 獨立亡偶, …… 顧生思侔造化, 得妙物於神會. 足使陸生失步, 荀侯絕倒." 『歷代名畫記』 5卷, '顧愷之', 人民美術出版社, 1963, 114쪽.

4 "象人之美, 張得其肉, 陸得其骨, 顧得其神, 神妙無方, 以顧爲最." 『歷代名畫記』 5卷, '顧愷之', 人民美術出版社, 1963, 115쪽.

이사진이 이 세 화가를 동등한 품격에 놓은 것을 그대로 인정하면서 인물 형상세계의 성취에 따라 각각 고개지, 육탐미, 장승요를 정신, 골격, 살집으로 규정하였다. 주목해야 할 것은 장회관은 이어서 이 세 화가를 글씨의 세계에 비유한다면 고개지를 종요에, 육탐미를 장지에, 그리고 장승요를 왕희지에 해당한다고 한 것이다. 그런데 위에서 거론하였듯이 서예론에서 사현론은 왕희지를 이상적 인물로 설정하고, 그 까닭으로 그가 '자연'을 실현하였다고 보았다. 그림에서 가장 이상적인 인물을 고개지라고 한다면 그는 서예에서 왕희지에 비유되어야 할 것이지만, 왕희지에 해당하는 화가가 장승요였다. 왕희지는 종요와 장지에 비하면 금(今)에 해당하기 때문에 장승요가 시대적으로 고개지와 육탐미보다 금(今)에 해당하여 왕희지와 장승요를 서로 비유한 것 같다. 화론의 삼현론은 서론에 비하여 단순한 수준을 벗어나지 못한 것이다.

당말 장언원에 오면 이 삼현론은 새롭게 전개된다. 장언원은 장회관의 이론을 그대로 받아들여 이 삼현론의 문제를 서화용필동론에 입각하여 진행시켰다. 그는 『역대명화기』의 「논고육장오용필(論顧陸張吳用筆)」에서 먼저 화가 필법에서 그림과 글씨와의 역사적 관계를 말하였다. 고개지에 대해선 "의(意)가 필(筆) 앞에 존재하며 그림이 끝나도 뜻이 남아 있어서 신기(神氣)를 온전히 한다"[5]고 하였다. 이는 고개지는 신을 잘 표현하였다고 한 장회관의 견해를 계승하고 있지만, 그 신기가 온전하게 된 근거는 "의가 필 앞에 존재하며 그림이 끝나도 뜻이 남아 있기" 때문이라고 하였다. "의가 필 앞에 존재한다"는 것은 해서에 대한 제작 태도이고, "그림이 끝나도 뜻이 남아 있다"는 것은 초서에 대한 규정이다. 그렇게 본다면 고개지의 작품은 해서와 초서에 대한 이론을 종합하고 있다고 보아야 한다. 흥미로운 것은 이러한 견해는 손과정의 왕희지에 대한 것과 비슷하다는 것이다. 유견

5 "意存筆先, 畵盡意在, 所以全神氣也." 『歷代名畵記』 2卷, 「論顧陸張吳用筆」, 人民美術出版社, 1963, 23쪽.

오가 『서품』에서 장지 · 종요 · 왕희지 삼인을 '천연(天然)'과 '공부(工夫)'로서 서로 견주어 장지는 '공부'에 종요는 '천연'에 뛰어나고 이에 비해 왕희지는 '공부'와 '천연'을 겸비하였다고 보았는데, 손과정은 유견오의 '천연'과 '공부' 대신에 '초서'와 '해서'의 서체로 바꾸어 전개하였다. 즉 장지는 '초서'에, 종요는 '해서'에, 왕희지는 '초서'와 '해서'의 겸비에 뛰어났다고 보았던 것이다. 장언원은 회화에서의 고개지는 서예에서의 왕희지에 비견된다는 것을 간접적으로 말하고 있는 것이다. 이는 장언원이 서예의 삼현론과 회화의 삼현론의 유비를 말하는 것으로, 육탐미와 장승요에 대한 언급과 관련하여 보면 분명하게 드러난다.

장언원은, 육탐미의 일필화는 최원과 두도의 초서의 법을 배워, 그것을 바탕으로 하면서 변화시켜 오늘날의 초서를 완성하였던 장지와 그 뜻을 계승한 왕헌지의 일필서(一筆書) 영향이라고 보았다. 그리고 장승요의 용필법 역시 위부인(衛夫人)의 『필진도(筆陣圖)』에 따랐다고 하였다. 이것은 서예와의 관계에서 볼 때 육탐미는 장지와 왕헌지의 초서 필법, 장승요는 위부인의 해서 필법의 영향을 받았음을 말하는 것으로, 육탐미와 장지, 왕헌지, 그리고 장승요와 위부인(=종요)의 유비를 말하고 있다. 장언원이 서예의 사현 중에서 장지와 왕헌지를 하나로 묶어 다루는 것은 서화용필동법에 근거하여 서체의 입장에서이며, 위부인은 종요를 배워 그 법을 전하였기 때문에 종요를 대신하여 위부인을 거론한 것이라 볼 수 있다. 따라서 장언원은 고개지가 육탐미와 장승요의 필법을 겸비한 것으로 보았다는 것을 알 수 있다.

장언원은 위에서 언급된 고개지, 육탐미, 장승요 삼현 외 오도자를 더하여 회화의 사현론을 제시하였다. 오도자는 주경현의 『당조명화록』에서 유일하게 모든 화과(畵科)에서 신품(神品) 상(上)에 올려져 있었고, 당시에 화성(畵聖)이라 일컬어졌다. 이에 대한 찬양은 장지화의 『현진자외편』의 기록을 통해 알 수 있으며, 또한 이미 없어졌지만 장심(張諗)의 『오화설』과 같이 오도자의 창작세계를 기술한 책이 나왔던 것을 봐서 그의 당시 명성을 알 수 있게 한다. 주경현은 오도자의 창작 태도를 "신명이 돕는 듯하다"고 극찬하고 인물(人物), 불상(佛像), 신귀(神鬼), 금수(禽獸), 산수(山水), 대전(台殿), 초목(草木) 등의 화과에서 모두 당나라 최고의 화가라고 하면서, 장회관이 장승요의 후신이라고 칭찬한 것을 인정하고 있다. 당말 장언원은 장회관의 오도자에 대한 입장을 수용하면서 이를 심화시켜, "자연의 조화에 합치한 마음의 활동이 무궁하여 마치 신이 오도자를 빌려 조화를 부리는 것 같다"고 하였다.[6] 또한 오도자가 "고금의 독보적인 경지를 터득한 사람으로 앞 시대에서는 고개지 육탐미에서도 볼 수 없고 뒤에도 그와 겨룰 사람이 없다. 그는 장욱에게서 필법을 전수받았다"[7]고 한 것은 사실상 회화의 사현에서 오도자가 가장 이상적 인물임을 말하고 있으며, 그러한 것은 장욱의 광초(狂草)의 영향을 받은 바가 크다고 하는 것이다.

따라서 장언원은 오도자를 통해 회화의 창작론을 전개하였다. 그는 서화용필동론을 말할 때 오도자의 일화를 설명하면서 용필법에서 창작론으로 방향을 전환시켰다. 앞에서 장언원은 고개지의 용필론을 이야기하면서 "의가 필 앞에 존재하며 그림이 끝나도 뜻이 남아 있다"고 하였는데, 오도자에 대해선 "(순수한) 정신을 굳게 지키고 (그 정신이 우주의 정신과 합일된) 순일한 상태를 온전하게 하여 자연의 조화 활동과 일체가 되게 한다. (그러면 우주의 정신은) 오도자의 붓을 빌려 (모든 형상을) 표현한다"라고 구체적인 설명을 하였다. 아울러 장언원은 이러한 태도에서 그려질 때 진화(眞畵)가 된다고 주장하였다. 오도자의 창작 태도는 오도자 한 개인의 행위가 아니라 우주자연의 도를 체현한 오도자에 의해 실현되는 자연이기 때문에, 자연의 신이 "오도자의 붓을 빌려 표현하는" 것이다. 당연히 "손에서 지체되지 않고 마음에서 막힘이 없이 자연스럽게"[8] 해야 하며 그것은 마치 "신이 오도

6 "神假天造,英靈不窮," "合造化之功,假吳生之筆." 『歷代名畫記』 2卷, 「論顧陸張吳用筆」, 人民美術出版社, 1963, 24쪽.

7 "國朝吳道玄, 古今獨步, 前不見顧陸, 後無來者. 授筆法於張旭. 此又知書畫用筆同矣." 『歷代名畫記』 2卷, 「論顧陸張吳用筆論」, 人民美術出版社, 1963, 24쪽.

자의 붓을 빌려 만물을 표현하는 것과 같고" "자연의 변화와 일치하고 또 거기에서 조화의 현상을 보는" 것과 같다. 이러한 자연의 실현에는 인위적인 의식을 배제하고 자연을 체득한 행위에 맡겨 이루어지는 것이다.

나. 품등론에서 서론의 영향

중국 예술의 품평론은 일반적으로 3품 9등법으로 이루어졌다. 위진남북조 시대에 시론, 화론, 서론을 서로 관련시켜 보면 특이한 사실이 나타난다. 그것은 여러 가지로 성숙하지 못한 화론에서 품등론이 비교적 일찍 많이 저술되었지만, 『위진승류화찬』, 『고화품록』, 『속화품(續畵品)』의 품등은 3품 9등법으로 매겨지지 않았다는 것이다. 시론에서 종영(鍾嶸)의 『시품(詩品)』과 서론에서 유견오의 『서품(書品)』이 역대 시인과 서예가에 대해 크게 상, 중, 하로 나누고 다시 세부적으로 각각 상, 중, 하로 나누어 전통적인 3품 9등법으로 이루어진 것과는 다른 양상을 보여 주고 있는 것이다.

화론에서 이 전통적인 3품 9등법에 따른 분류는 당에 와서 이루어졌다. 처음으로 화론의 품등론에 전통적인 3품 9등법을 적용한 것은 이사진의 『후화품(後畵品)』인데, 지금 전하지 않기 때문에 구체적인 것은 알 수 없다. 이사진은 『후화품(後畵品)』 외 『서후품(書後品)』을 저술하여 이곳에서 3품 9등법을 기본으로 하면서 그 위에 따로 '일품(逸品)' 을 설정하고 그곳에 네 명의 서예가를 올려놓았다. 그러면서 서문에 "『화평(畵評)』을 저술할 때 일품의 등급에 오른 사람은 네 사람이다"[9]라고 한 것을 봐서 그의 『후화품(後畵品)』 역시 서론과 같이 '일품' 과 9품등으로 되어 있음을 생각할 수 있다.

품등론의 새로운 변화는 성당의 장회관(張懷瓘)에서 일어났다. 그는 『서단(書斷)』과 『화단(畵斷)』을 저술하고, 여기에서 글씨와 그림을 신(神), 묘

---

8 "不滯於手, 不凝於心, 不知然而然." 『歷代名畵記』 2卷, 「論顧陸張吳用筆」, 人民美術出版社, 1963, 25쪽.

9 "及其作畵評, 而登逸品數者四人." 『書後品』, 『歷代書法論文選(上册)』, 臺北, 華正書局, 1984, 122쪽.

(妙), 능(能)으로 나누면서 품등론에 새로운 모습을 보였다. 아쉬운 것은 『서단(書斷)』은 완전한 형태로 장언원의 『법서요록(法書要錄)』에 실려 오늘날에 전해지고 있지만, 『화단(畵斷)』은 부분적으로 장언원의 『역대명화기』에 전하고 있을 뿐이어서 그 구체적인 모습을 알 수 없다는 것이다.

만당(晩唐)에 와서 서론의 영향을 받아 화론의 품등론이 더 정치하게 된 것이 주경현(朱景玄)의 『당조명화록(唐朝名畵錄)』이다. 그는 이사진과 장회관의 품등론을 절충하여 신품, 묘품, 능품으로 나누고 여기에 각각 상, 중, 하로 나누어 3품 9품등으로 만들었다. 또한 주목해야 할 것은 주경현의 『당조명화록』이 갖는 이사진의 『후화품』, 장회관의 『화단(畵斷)』과의 차이점이다. 장회관은 신, 묘, 능의 3품 9등법 외 따로 '일품'을 설정하였는데, 이는 이사진이 이 일품을 신품 위에 올려놓은 것과 달리 완전히 별개로 전통적인 화육법에 적용되지 않는 이색 화풍으로 분류하였다는 것이다. 주경현의 『당조명화록』은 목록에 신품, 묘품, 능품, 일품 등 네 화품으로 나누고 신품, 묘품, 능품 3품에 대해서는 각각 상, 중, 하로 나누어 각각에 해당하는 화가를 쓰면서 전문 화과(畵科)를 기술하였다. 가령 오도자의 경우 "신품상 1인 오도현: 공덕(功德), 산수, 운용(云龍), 인물, 불상, 귀신, 금수(禽獸), 대전(台殿), 초목, 지옥"이라고 기술하였다.

언뜻 보면 주경현은 내용적으로 사혁의 『고화품록』과 같은 기술법을 답습하면서 형식적으로 이사진과 장회관의 품등론을 종합하여 기술한 것 같다. 이것은 서론의 영향을 받으면서도 화론의 독자적 영역을 구축하고 있다는 반증이 된다. 이러한 좋은 예는 만당(晩唐) 장언원의 『역대명화기』의 품등론이다. 그는 372명의 역대 화가를 전통적 3품 9등법으로 품평할 때 3품 9등법을 다루면서도 새롭게 자연(自然), 신(神), 묘(妙), 정(精), 근세(謹細) 등 5등급으로 규정하고 있다. 여기에서 '자연'을 제일 위에 올린 것은 그의 예술론이 '자연'에 근거를 두고 있기 때문이다. 오대(五代) 형호(荊浩)는 『필법기(筆法記)』에서 신(神), 묘(妙), 기(奇), 능(能) 등 4등급으로 분류하고 있는데, 언뜻 보면 장언원의 5등급을 장회관의 3등급과 관련하여 세련된 용어로 이루어 놓은 것으로 보인다. 그러나 그 내용적으로 보면 형호 이전에는 작품 세계에 대한 품평이었다면 형호에 와서는 창작 과정의 등급에 따른 기술이어서, 품등론과 창작론이 종합되었다고 볼 수 있다. 품등론에서 화론의 독립적인 면을 보여 준다.

4. 나가며 – 남은 과제

당은 중국 예술론사에서 중요한 위치를 차지하였다. 당에서는 위진남북조의 시론과 문론의 영향을 받아 서론의 체계성과 완전성이 이루어졌고, 이 서론의 영향을 받아 화론도 체계성과 완전성을 갖추게 되었다. 이렇게 서론과 화론이 서로 영향 받아 관련을 가진 반면에, 시론에서는 새로운 변화가 일어나고 있었다. 그것은 의경론(意境論)의 형성이었다. 왕창령(王昌齡)의 『시격(詩格)』, 교연(皎然)의 『시식(詩式)』에서 경(境)의 범주를 제시하고, 사공도는 『24시품』에서 의경의 본질을 제시하고 있다.

이러한 변화 속에서 중국 예술론사의 입장에서 해결해야 할 문제는 시론과 화론의 새로운 관계 형성이다. 사공도는 『24시품』에서 '품(品)'을 전통적으로 시품이나 화품, 서품처럼 분류적인 의미로 사용한 것뿐만 아니라, 인품의 의미로 사용하고 있으며, 또한 웅위, 충담, 자연, 고고, 소야 등의 품격에 대해 해석한 시 구절을 보면 인품은 자연의 경계로 이루어져 있다. 이는 사공도가 주장한 "사고와 경계가 조화하다(思與境偕)"에서 말하는 주·객관의 조화, 즉 의경을 말하는 것이다.

그런데 화론에서는 이러한 의경의 움직임이 나타나고 있다. 장조(張璪)의 『회경(繪境)』에서 보듯 '경(境)'은 화론에서 중요한 의미를 지녔던 것 같지만 이 책이 전하지 않기 때문에 의경론과 구체적으로 어떤 관계를 가졌는지 알 수 없다. 다음으로 '경'을 언급한 것은 장언원에 의해서이다. 그는 도분(道芬) 스님의 제자인 서표인(徐表人)에게 자연의 "경계와 그의 본성이 맞는(境與性會)” 오흥(吳興) 다산(茶山)의 경치를 그리게 하였고 산수화가들인 왕유(王維)의 중심(重深), 양공남(楊公南)의 기섬(奇贍), 주심(朱審)의 농수(濃秀) 등 경계가 함축된 개인 양식을 제시하였다. 이러한 견해는 북송 곽약허의 『도화견문지』에서 이성, 관동, 범관 세 산수화가에 대한 풍격을 논한 것으로 이어진다.

이렇게 볼 때, 송에서의 화론의 번성은 당 말기에서 시론과 화론의 새로운 만남을 계승하여 전개된 것이 아닌가 생각한다. 이는 구체적으로 그 관계를 살펴보아야 할 문제이다.

더 읽을거리

조송식, 「張彦遠 繪畵論의 구조적 분석: 『歷代名畵記』를 통해서」, 『泰東古典研究』 제5집, 태동고전연구회, 1989.

______, 「손과정의 《서보》에 나타난 서예사관과 서예론」, 『泰東古典研究』 제14집, 태동고전연구회, 1997.

지순임, 『중국화론으로 본 회화미학』, 미술문화, 2005.

彭鐵浩, 「司空圖《二十四詩品》研究」, 서울대학교 석사학위논문, 1987.

송대 사상계에서 다원주의적 문화관의 상승과 하강[1]
: 왕안석과 소식을 중심으로

이정환

송(宋, 960–1279)의 건국은 중국 사상계에 새로운 기반을 제공하였다. 755년 안록산의 난, 당의 멸망, 오대십국이라는 '혼란'과 '분열'의 시기는 한(漢)과 당(唐)이 현시해 준 '전체'의 실질적 부재를 의미하며, 960년 북송의 건국은 이러한 '분열'의 종식을 통해 다시금 '전체'를 대상으로 한 사고를 가능케 했다. 그런데 '분열'의 시기와 더불어 당의 귀족세력이 사라지면서, 북송이 맞이한 전체는 사대부들에게 이전과는 다른 가능성, 즉 전체 사회와 중앙의 직결, 그리고 그 중앙은 사대부 일반에게 공개되어 있었다는 점이 그것이다.[2]

---

1 여기서 다원주의적 문화관은 일정한 교류가 발생하고 있는 공동의 공간 안에 다양한 이질적 문화공동체의 공존에 대한 정당화의 논리로서의 문화다원주의가 아니라 (이에 대해서, Charles Taylor, "Multiculturalism"), 서로 대체 불가능한 고유한 가치를 내포하는 다양한 문화행위의 공존에 대한 정당화 논리를 의미한다.

2 이는 개인적 네트워크를 중심 기반으로 하는 남송대 사인들과 큰 대비를 이룬다. 북송과 남송의 사회적 · 정치적 · 사상사적 차이에 대해서는 Hymes, Robert P., *Statesmen and Gentlemen: The Elite of Fu-Chou, Chang-His, in Northern And Southern Sung,* Cambridge: Cambridge University Press, 1986; Robert P. Hymes and Conrad Schirokauer, "Preface," in *Ordering the World: Approaches to State and Society in Sung Dynasty China,* eds., Robert P. Hymes and Conrad Schirokauer, Berkeley: University of California Press, 1993. 그리고 이와 더불어 당에서 남송에 이르는 사대부 정체성에 대한 이념의 변화에 대해서는 Bol, Peter K., *This Culture of Ours: Intellectual*

이러한 정치 · 사회적 변화가 갖는 사상사 안에서의 의미는 사대부들에게 정치 · 행정의 "중앙"을 장악함으로써 (특히 1043-44년 경력개혁 이후로 끊임없이 지속되는 과거제의 개혁 논의에서 보이듯이)[3] 전체 지식인을 움직일 수 있다는 믿음을 가능케 했다는 데 있다. 또 개별 사상가들은 그러한 이유로 전체 지식인-사대부를 대상으로 했다는 점에도 주목해야 한다. 왕안석(王安石, 1021-86), 소식(蘇軾, 1036-1101), 그리고 정이(程頤, 1033-1107)가 일개 사대부로 전체 사대부에게 미친 막대한 영향력의 근저에는 그들의 사상가로서의 힘을 실질적인 영향력으로 전환해 준 정치적 · 사회적 문맥이 존재한다.

그러나 이 '전체'를 어떻게 이해할 것인가에서 이들의 입장은 분기되었다. 혹은 전체로서의 세계가 과연 어떻게 인간에게 인식될 수 있을 것인가, 예술을 포함한 다양한 문화적 실천 및 그것의 가치는 어떻게 전체와 관계 지워져야 하는가, 더더욱 이 전체가 어떻게 사대부들의 정체성의 기초와 관련될 수 있는가에 대해 이들의 입장은 서로 양립할 수 없는 극명한 차이를 보인다. 이 글에서는 북송대의 왕안석과 남송대의 주희라는 각 시대에 가장 대표적인 사상가들이 주창한 '전체'라는 시대적 전제 속에서, 사대부의 정체성 및 제 문화행위에 대해 확연히 구분되는 입장을 견지한 소식이 어떻게 전체에 종속되지 않는 다원화된 문화행위의 가치를 정초하려고 했는가, 그리고 이것이 어떻게 사대부 일반의 정체성과 관련되어지는지를 왕안석과의 비교를 통해서 규명하고자 한다.

Transitions in T'ang and Sung China, Stanford: Stanford University Press, 1982, 1-75쪽을 볼 것.

3 송대 과거제에 대해서는 Chaffee, John W., *The Thorny Gates of Learning in Sung China,* Albany: State University of New York Press, 1995를 참조.

1. 다원적 사대부 문화 안에서의 시(詩) · 서(書) · 화(畵)의 위치

현대 예술에 상응하는 시 · 서 · 화가 과연 북송대 사대부 문화 속에서 어떤 위치를 차지하고 있었으며, 사대부들의 자기정체성 확립에 어떻게 관계되었을까?

사(詞)와 부(賦)를 포함한 시(詩) 일반이 특히 위진과 당 이후로 사대부 문화의 필수교양으로 중심적 지위를 차지하고 있었다는 것은 주지의 사실이다. 그러나 북송 대에 시작(詩作) 및 시감상이 과연 사대부 정체성 확립의 충분조건으로 공인되었는가 하는 것은 미지수이다. 현재 확인된 바로 시작 및 시감상만으로 자신의 사대부로서의 정체성을 확보한 북송대 인물은 전무하다고 보인다.[4] 그리고 경력개혁(1043−44)과 신종(神宗)기 왕안석의 신법개혁에서 시 · 부를 과거(특히 進士試) 시험과목에서 제외시키려는 노력에서,[5] 그리고 정이의 '작문 · 작시해도설(作文 · 作詩害道說)'에서도 드러나는 것처럼,[6] (이에 대해서는 본서 최석의 글 참조) 시작 및 감상 능력이 이상적 인간형으로서의 사대부 이상의 필수조건이라는 이념 또한 도전받았음도 간과될 수 없는 사실이다.[7]

회화의 경우, 당대 장언원의 논리를 이어 (적어도 표면적으로는) 사대부의 교양과 인격이 명화 제작의 필수조건이며,[8] 회화가 도덕적 교화와 우주의

4 "[구양]수를 도와 당시 시체(詩體)를 변혁한"(四庫全書總目提要, 宛陵集) 것으로 알려진 매요신(梅堯臣, 1002-60)의 『宛陵先生文集』 60권에는 마지막 권의 산문과 賦 각 한 수를 제외한다면 전체가 시만으로 구성되어 있는데 현존 북송인의 문집 중에는 극히 이례적인 경우이다. 그러나 매요신의 저작이 이에 한정되지 않았음이 또한 그의 전기 자료에서 확인된다. 예를 들자면, 손자병법에 주를 단 『注孫子』, 『毛詩小傳』, 그리고 『唐載記』의 저자로 알려져 있으며(宋人傳記資料索引, 2683쪽 참고), 필기체의 碧雲騢가 현존한다.

5 Chaffe, 앞의 책, 66-80쪽.

6 程顥 · 程頤, 『二程集』(北京: 中華書局, 1981), 239쪽.

7 소식은 이러한 과거개혁이 시 · 부라는 사대부 문화의 전통을 말살할 것이며(蘇軾, 「復改科賦」, 『蘇軾文集』, 北京: 中華書局, 1986, 29-30쪽과 「擬進士對御試策」, 앞의 책, 301-309쪽) 현재 다수의 사대부가 시 · 부를 그들 학문의 중심으로 연마하고 있다(소식, 「議學校貢擧狀」, 앞의 책, 723-726쪽)는 사실을 들어 이에 반발한다.

8 이에 대해서는 張彦遠, 『歷代名畵記』, 「論畵六法」; 蘇軾, 「淨因院畵記」, 앞의 책, 367-368

오묘한 질서를 표상하는 데 있어 시와 서예의 불완전함을 보충할 수 있다는 논리가 회화 관련 전문서적 및 구양수와 소식, 황정견 등의 글에서 발견된다.[9] 회화를 사물 형태의 모방(形似)이 아닌 그 이상의 무엇(氣韻, 意, 神, 송대에는 특히 理)을 표상하는 매체로 규정하려고 하는 노력 또한 이것의 일환이다. 신종 황제의 궁정화가로 알려진 곽희(郭熙) 및 (진사로 알려진) 그의 아들 곽사(郭思)의 『임천고치(林泉高致)』에서도 회화가 단순한 공인의 기술 이상으로 자연, 지리, 그리고 사대부의 심리에 대한 이해를 전제로 하는 것임을 피력하였고,[10] 휘종이 궁정화가들을 선발할 때, "진사시에서 시제(詩題)를 내려 선발하는 것과 같이" 하였다는 것[11]과 "막 비상하려고 하는 공작은 반드시 왼쪽 발을 먼저 든다"[12]는 것을 관찰할 수 있는 능력을 요구했다는 것은 이를 입증한다. 그러나 이러한 노력들은 시에 비해 서예와 회화의 사대부 문화에서의 위치가 더욱 불안정했다는 사실을 반증한다. 무엇보다도 회화가 기술(技藝 혹은 工)의 하나로 분류되고 있었다는 사실이 회화가 사대부 문화의 필수조건으로서의 위치를 확보하는 데 가장 큰 걸림돌이었다. 송대에 궁정의 화가들이 '기술관(技術官)' 혹은 '잡류(雜流)'로 분류되어 일반 문관직에 오르는 것이 누차 금지되었고, 휘종이 단순 화공(畵工)이 아닌 경서와 시를 이해하는 '사류(士類)'의 화가를 배출하려고 했던 노력의 좌절 (즉 1104년 설립된 書學과 畵學의 1110년 전면 폐지)[13] 등이 회화와 필수 교양으로서의 시·부 사이에 놓인 현저한 거리를 단적으로 확인해 준다.[14]

쪽; 郭若虛, 『圖畵見聞志』, 「論氣韻非師」; 鄧椿, 『畵繼』, 「畵繼序」를 볼 것. 『역대명화기』, 『도화견문지』, 『화계』는 中國書畵全書, 上海市: 上海書畵出版社, 2001을 저본으로 사고전서본을 참조하였다.

9 곽약허, 「敍自古規鑑」, 앞의 책.

10 곽희·곽사, 『林泉高致』. 中國書畵全書 본을 저본으로 하고, 신영주의 국역(서울: 문자향, 2003)을 참고하였다.

11 등춘, 앞의 책, 「권1 聖藝 徽宗皇帝」, 704쪽.

12 등춘, 앞의 책, 「권10 雜說 論近」, 723쪽.

13 이에 대해서는 宋會要輯稿, 崇儒 3, 26-27쪽 및 宋史, 選擧志 3, 畵學을 참고.

14 서구 르네상스 시기에 기술로서의 회화를 Academia 체제로 포섭하여 시와 같은 Liberal Art의 지위를 부여함으로써 근대 예술의 체제가 성립되었다는 사실은 흥미롭다. 이에 대해서는, 오병남, 「예술의 근대적 체제와 개념」, 『미학강의』(서울: 서울대학교출판부, 2003)를 볼 것.

이와 같이 회화를 기술 이상의 무엇인가로 정의함을 통해 회화의 지위 상승을 도모한 노력에도 불구하고, 통상 전문 화가는 사대부 공동체의 일원으로 받아들여지지 않았으며 사대부 공동체의 일원의 자격을 획득하기 위해서는 그 이상의 무엇이 요구되었다. 묵죽화로 유명한 진사인 문동(文同, 1018–79)의 문집 『단연집(丹淵集)』과 휘종조 서화박사(書畫博士)였으며 서 · 화에 대한 다양한 서적을 남긴 미불(米芾, 1051–1107)의 문집 『보진산림집습유(寶晉山林集拾遺)』에는 시를 포함하여 기(記), 묘지명, 서간, 주의(奏議) 등이 수록되어 있다. 곽약허(郭若虛)의 『도화견문지(圖畫見聞志)』와 등춘(鄧椿)의 『화계(畫繼)』에는 황족과 고관대작, 일반 사대부의 항목이 일반 전업화공의 항목과 별도로 설정되어 있다.[15]

흥미로운 사실은, 서예와 회화의 직접 제작이 아닌 이에 대한 감상이 사대부 문화에 어떠한 위치를 차지하고 있었는가에 대해서는 전혀 다른 결론이 가능하다는 점이다. 궁정 내에 뿐만 아니라 민간 사대부들도 고가의 서예와 회화 작품을 구매하고 이를 보관하기 위한 별도의 창고를 제작한 사실이 드물지 않게 문집 등에서 확인된다.[16] 구양수와 소식에서 뿐만 아니라 상당수의 저명한 송대의 사대부들이 서화에 대한 다수의 제발(題跋)을 저술했으며 이것이 문집의 일부 혹은 별도의 저작집으로 남아 있는데, 구양수 이후로 제발은 서 · 화뿐만 아니라 각종 사물에 대한 관심의 표현 양식으로 사대부 문화의 일부로 자리 잡는다.[17] 물론 이러한 사실이 서화에 대한 감상이 사대부 문화의 필수조건으로 자리매김되었다는 것을 의미하지는 않는다. 그 예로 왕안석의 문집에는 제발 및 찬(贊)이 거의 보이지 않는다. 환언하자면, 서 · 화가 무엇인가 특별한 문화행위(something special)로서 사대

15 문동 및 미불과 달리 신종 황제의 개인 궁정화가이면서 『林泉高致』의 저자로 알려진 곽희의 경우가 후자의 경우에 해당한다고 볼 수 있다.

16 그 예로 소식의 「寶繪堂記」(앞의 책, 356-357쪽), 「石氏畫苑記」(앞의 책, 364-365쪽), 「與蒲傳正」(앞의 책, 1819쪽) 등을 볼 것.

17 남송대에 들어서면 소식과 황정견을 이어 문학 및 문화 일반에 치중한 육유 등의 사인(詞人)뿐만 아니라, 주희, 진덕수 등의 도학자, 엽적과 진부량 같은 공리주의자들의 문집에서도 제발이 널리 발견된다.

부 문화 속에 일정 정도 뿌리를 내린 것은 사실이지만, 그 '정도'를 가늠하기란 쉽지 않다. 오히려 시·부를 포함한 서·화 등 제 예술행위 및 감상은 북송대에 다양한 관심, 즉 (博學 혹은 多聞)의 (필수불가결한 것이 아닌) 일부분으로서 위치하고 있었으며, 그리고 어떻게 '다양한 관심'을 사대부 정체성과 관련하여 정당화할 것인가에 의해 시·서·화의 위상이 결정지어졌다고 보는 결론이 더 설득력이 있다.

그러나 송대 사대부의 정체성을 규정하는 보편적 기준은 존재하지 않았다는 데 주목해야 한다. 오히려 어떻게 사대부를 규정할 것인가 하는 것이 그들 논의의 중심에 놓여 있었다. 왕안석이 정부 체제 내에서의 정치적 의무의 실현을 강조한 데 대해, 소식은 문화적 주체로서의 사대부의 정체성을 침해한다는 이유로 반대했고, 정이를 포함한 도학자들은 정치권력과 윤리적 실천 주체로서의 '군자'의 정체성은 상호 독립적이라고 반론했다.[18] 우리가 사료를 통해서 확인할 수 있는 것은 송대 사대부들의 자기정체성에 대한 명확하고, 지속적이며 보편적으로 공유된 이상이라기보다는, 그 이상이 무엇이어야 하는가에 대한 치열한 논쟁이며, 이와 함께 그들이 얼마만큼 사대부 일반의 정체성 문제에 골몰했는가라는 사실이다. 이에 대해 과연 북송대의 대표적 사상가인 왕안석과 소식의 입장 차이는 어떤 논리로 전개되고 있는가?

2. 왕안석의 치일(致一)과 일도덕(一道德), 그리고 주희의 이일(理一)

세상 만물은 지극한 이치를 갖고 있지 않은 것이 없다. 그 이치를 정확하게 (파악)할 수 있는 자가 곧 성인이다. 이치를 정확하게 (파악)하는 방법은 바로 '하나(一: 총체적 정합성)'를 터득하는 데 있다. 그 하나를 터득한

18 Peter K. Bol, 앞의 책, 252-253쪽.

다면 세상의 사물 (각각에) 대해 (일일이) 생각하지 않고도 이해할 수 있을 것이다. 주역에 이르기를 "하나를 얻으면 백 가지를 생각할 수 있게 된다"라고 하였는데, 백 가지 생각이 하나로 귀결된다는 것을 말한 것이다. 만약 이 하나를 터득하여 세상의 이치를 정확하게 (파악)할 수 있다면 신묘함의 경지에 들어갔다고 할 수 있다. 신묘함의 경지에 들어간다는 것은 곧 도(道: 방법)의 극치를 의미한다. 무릇 이와 같은 경지는 생각도 없이 실천함도 없이 적연히 부동하는 때이다.

그러나 세상의 일이란 본디 생각하고 실천할 수 있는 것(可思可爲)이다. 그런데 (그 생각과 실천의 근본적인) 이유에 대해 통달하지 않고서 (그것을 제대로 생각하고 실천할) 수 있겠는가? 이것이 바로 성인이 '쓰임(유용함 혹은 실천가능함)으로 확장시킬 수 있음(能致用)'을 중시한 까닭이다. 유용함으로 확장했을 때의 효과를 가장 먼저 검증할 수 있는 것은 바로 자기 자신을 편안히 할 수 있는가에 있다. 세상의 사물 중에 자기 자신처럼 친숙한 것이 없는데, 그 유용함을 이용하여 내 자신을 편안하게 할 수 있다면 (그 앎의 유용성이 검증된 것인 만큼) 다른 것에도 도움을 주지 못할 것이 없을 것이다. 모든 것에 도움을 줄 수 있는 사람이라면 그 덕을 숭상할 만하다고 할 수 있지 않겠는가? 그러므로 주역에서 이르기를 "그 의미를 정확하게 (파악)하여, 신묘함의 경지에 들어가 그 쓰임을 확장할 수 있게 한다. 그 유용함을 이용하여 자신의 몸을 편안이 함으로써 그 덕을 높인다"라고 하였으니, 이것이 바로 노의 순서이나. ……[19]

이 짧은 문장 안에 왕안석 사상을 총체적으로 이해할 수 있는 세 가지 핵심 개념, 즉 '하나 혹은 총체적 정합성 및 단일성(一: unity and coherence)', '쓰임, 유용성, 혹은 실천가능성(用과 致用, practicality and utility)', 그리고 '실천의 의무 혹은 능동적 행동주의(有爲, activism)'가 포함되어 있다. 이

19 王安石,「致一論」,『臨川先生文集』, 北京: 中華書局, 1959, 707-708쪽.

글에서 이치(理), 즉 개별적 사물 및 인간 실천 활동 각각의 존재적 · 규범적 기초를 파악하려는 것은 그 자체로 독립적 가치 및 실천 방법의 타당성을 획득하는 궁극적 방법이 아니라, 개별자들이 종속되어 있는 전체 속에서 그 정합성의 여부를 재검토함으로써만이 그 지식 및 실천의 가치를 보증받을 수 있다고 본다.[20]

왕안석은 경전의 권위에 의존하여 총체적 정합성과 그것의 가치기준인 유용성으로서의 실천가능성을 연결한다. 그의 전제는 총체 및 그에 종속된 개별적 행위들은 실천이라는 적용의 과정을 통해서 그 총체적 정합성의 완전성을 재검증받을 수 있다는 것이다. 여기서 총체적 정합성과 유용성 혹은 실천가능성은 상호 필요충분조건이다. 왕안석의 이러한 (실천을 통한 진리판단이라는 의미에서의) 실용주의와 (부분이 전체의 목적에 부합될 수 있어야 한다는 믿음을 전제로 한다는 의미에서의) 목적론의 결합은 능동적 행동주의(有爲, activism)[21]와 피동적 의무주의를 동시에 정당화하는 기초를 제공한다. 즉 총체적 정합성에 대한 지적인 파악은 필연적으로 그것의 유용성에 대한 실험으로 재검토되어야 한다면, 양자의 결합을 가능케 하는 고리로서의 행위자를 어떻게 위치지을 것인가의 문제가 남게 된다. 앞에서 본 바대로 성인, 즉 총체적 정합성을 파악한 자는 그 전체에 대한 한정되지 않는 의무를 맡는다면, 그렇지 못한 자는 부분적인 활동의 완성(專)이라는 제한되고 피동적인 의무를 할당받게 될 것이다. 이는 그가 신종 황제의 후원을 얻기 이전에 인종 황제에게 제출한 '만언서(萬言書)' 에도 생생히 구체화되어 있다. 이 안에서 사대부란 결코 일정한 도덕과 교양을 갖춘 기층 지식인을 의미하지 않으며 지적 · 도덕적 자율성은 극소화된 형태로 나타난다.

---

20 이에 대해서는 Bol의 앞의 책과 Robert P. Hymes and Conrad Schirokauer가 편집한 *Ordering the World: Approaches to State and Society in Sung Dynasty China*(Berkeley: University of California Press, 1993)에 수록된 "Government, Society, and State: On the Political Visions of Ssu-ma Kuang and Wang An-shih"를 참조.

21 왕안석의 능동적 행동주의에 대해서는 「大人論」(앞의 책, 706-707쪽)을 함께 볼 것.

'총체' 안에는 제 예술행위를 비롯한 인간의 실천활동 일체가 포함되며, 개별 실천행위는 전체에 종속적이고 기능적인 가치만을 담지한다. 단순히 인간 행위의 일부분에 통달한 자로서의 예술가들도 그들의 활동의 가치를 검증받기 위해서는 총체적 정합성을 파악한 자, 즉 '성인'의 '객관적' 가치 부여 · 판단의 독점적 권위를 인정하고 그로부터 자신의 예술행위가 어떻게 전체 안에서 정당화될 수 있는지를 재검토받아야만 한다.

> 글(文)이라고 하는 것은 예제 · 교육 · 정치를 의미하는 것 이상이 아니다. 편지와 여러 책문들이 사람들에게 (그 내용을) 전달할 수 있다면 대체로 (그 근본 목적에) 부합된다고 할 수 있다. (공자가) "말이 문채나지 않으면 멀리 전해지지 않는다(言之不文,行之不遠)"라고 한 것은 글에서 (내용을 정확하게 하기 위한 노력으로서의) 수식함(辭)이 부득이함을 말한 것이지 글 짓는 것에 대한 성인의 본의를 말한 것은 아니다.
>
> 또한 소위 글이라는 것은 세상에 쓸모가 있기 때문에 행해지는 것이다. …… 교묘함과 화려함에 초점을 맞추면 쓰임에 맞지 않게 될 수도 있으며, 진실로 쓰임에 맞게 하고자 한다면 반드시 교묘하고 화려하게 되지는 않을 것이다. 핵심은 쓰임에 맞아야 한다는 것이 그 근본이고, 꾸미는 것은 겉모습일 뿐이다.[22]

인간 행위들에 대한 독립적 가치 혹은 예술행위에 대한 고유한 가치를 인정하지 않는 왕안석의 사상은 역사 속에서 이들 가치의 기초를 제공하던 '전통'의 권위에 대한 전면적인 재검토 작업이다. 그의 체계가 짧은 기간을 제외한다면 북송 중기 이후부터 말까지 지도적인 국가이념을 제공했다는 사실은 그가 『예기(禮記)』 · 「왕제(王制)」 편의 '일도덕(一道德: 문화적 · 도덕

22 왕안석, 「上人書」, 앞의 책, 82쪽, "言之不文, 行之不遠"에 대한 구양수의 입장에 대해서는 「代人上王樞密求先集序書」(앞의 책, 984쪽), 소식의 입장에 대해서는 아래에 번역한 「答謝民師推官書」를 볼 것.

적 균질화)' 을 신조로 삼고 있었다는 사실과 함께 송대 문화 전반의 방향 전환을 예측케 한다. 그러나 역으로 북송의 멸망의 주범으로 지목된 그의 사상을 대표하는 '일도덕', '치일(致一)' 의 사상은 남송대에 오랫동안 터부시되어 왔으며, 또한 왕안석의 사상을 정면으로 비판한 정이천과 소식의 부각이라는 결과를 초래했다.

3. 소식의 다원주의적 문화관

소식에게 있어서 예술행위를 중심으로 한 일체의 문화행위들은 정의할 수 없는 진리와 인간의 인식 및 언어 능력의 한계 간의 끊임없는 긴장의 역사적 연속으로 이해된다. 역사는 완성될 수 있는 하나의 목표를 향한 직선적인 과정이 아니라, 행위 주체들에 의해 구현되는, 서로 대체될 수 없는 다양한 문화행위의 연속 · 발전 혹은 퇴보로 이해되며, 따라서 반목적론적이다. 이 연속성의 주체인 사대부에게 소식은 통일되고 체계적인 프로그램을 제공하지 않는다. 오히려 문화창조의 작업은 일관된 단일 원리 위에 정초될 수 없는 다양성 그 자체에 기반해서 그 가치를 보장받을 수 있다고 믿는다. 따라서 각각의 문화행위는 대체 불가능한 독립적 역사와 고유한 가치를 내포한다. 이런 의미에서 소식의 사상은 다원주의적 문화관이다. 또 문화창조 행위에의 참여 노력은 단순히 이 연속성에 대한 취미로의 혹은 무관심한 참여가 아니라, 개인 도덕 수양의 필수불가결한 방편이면서 사대부의 소임이라고 정의한다. 그러나 이러한 다양한 문화실천들은 공존 가능하지만, 그것이 어떻게 가능한지는 인간의 이성 범위 밖에 놓여 있는 것으로, 단일성 혹은 정합성으로는 설명 불가능한 신비한 조화의 무엇으로 규정된다.[23] 이는 이론의 여지 없이 왕안석의 전체주의에 대한 저항이다.

23 소식의 제 사상 및 예술사상에 대해서는, Bol, 앞의 책, 254-299쪽, Fuller, Michael A.의 "Pursuing the Complete Bamboo in the Breast: Reflections on a Classical Chinese

문화(文)가 지금처럼 쇠퇴한 적이 없었다. 그 근원은 실은 왕안석에서 시작되었다. 왕안석의 문장이 반드시 좋지 않은 것은 아니지만, 다른 사람들로 하여금 자기 자신과 동질화(同)시키려고 하는 데 그 폐단이 있다. 공자조차도 사람들을 똑같게 할 수 없었다. 안연의 어짊과 자로의 용맹은 서로 대체될 수 없는 것이다. 그런데 왕안석은 그의 학문으로 천하를 동질화시키려고 했다. 비옥한 땅에서는 곡식이 잘 자란다는 사실은 같지만 그 자라는 곡식의 종류는 다양한 법이다. 황폐하고 메마르고 염분이 많은 땅에는 멀리 바라보이는 모든 것이 누른 피와 하얀 갈대뿐이니, 이것이 왕안석의 '같음(同)'이다.[24]

그렇다면 소식은 어떻게 자신의 다원주의적 문화관을 정당화시키고 있는가? 특히, 어떻게 전체성, 통일성, 단일성이라는 거대하면서도 매력적인 논리에 맞서 다양성의 가치의 이론적 정초라는 (최소한 필자의 소견으로) 미증유의 논의를 전개하는가? 소식은 『서경(書經)』의 함유일덕(咸有一德)에 대한 주석에서 다음과 같이 말한다.

(누군가) "하나(一: 한결같음)"라고 하는 것은 변하지 않는다는 것이다(라고 정의하였다). ……그러나 "하나"라고 하는 것은 그것을 의미하는 것이 아니라 마음이 주체성을 보존하고 있는(中有主) "한결 같은" (마음의 상태)를 의미하는 것이다. 마음이 주체성을 보존한다면, 사물이 다가올 때 적절하게 반응할 수 있으며, 사물이 다가올 때 적절하게 반응할 수 있다면 날로 새로워지게 된다. 그러나 마음이 그 스스로의 주인 노릇을 할 수 없다면 사물에 의해 좌지우지된다. …… 이윤은 "한결같아야 새로워질 수 있다(一所以新也)"라고 하였는데, 이는 만물이 함께 자라면서도 서로 해치지 않

Image for Immediacy" (*HJAS*, 51:1, 1993)와 *The Road to East Slope: The Development of Su Shi's Poetic Voice* (Stanford: Stanford University Press, 1990)를 참고.

24 소식, 앞의 책, 「答張文潛書」, 46쪽.

고, 여러 갈래의 길(道)이 뻗어 있지만 서로 얽히지 않는 것을 말한 것이다(萬物竝育而不相害, 道竝行而不相悖).[25]

소식에게 "하나"는 개별자들의 동질화(同), 총체적 정합성 혹은 단일성, 그리고 그것의 정적인 보존이 아니다. 변화와 창조로서의 새로워짐은 한결같음의 주관적 태도만을 전제로 한다. 그리고 개별적 사물 및 인간 활동은 정의될 수 있는 총체적 정합성에 종속되어 조건적 가치를 갖는 것이 아니라, 그 다양성들이 자신의 고유한 가치를 상실함 없이 전체 안에 독립적으로 존재한다. 개별자들은 각자의 원리에 따라 존속하고, 그것이 구현되는 길로서의 도(道)는 서로 독립적으로 진행된다. 그러나 이 개별자 간의 질서는 다양한 존재 및 활동의 전체를 움직이는 일정한 원리에 기초한 체계적인 구조로 드러나는 것이 아니라, 그 독립성 자체가 구현되는 과정이 바로 도를 이루는 과정이다. 소식에게서 이 도의 구현 과정은 개별자에 대한 인위적 조정이나 혹은 정합적 구조 안으로의 편입의 필요 없이, 상호 의존하지 않고 서로 모순이나 충돌도 없이 공존하면서 일정한 지속성을 드러내는 것을 의미한다. 그것이 어떻게 모순이나 충돌 없이 공존할 수 있는지, 어떻게 지속성을 유지할 수 있는지는 인간 논리적 인식 혹은 표현의 범위 밖의 일이다. 성인의 경전 또한 도를 정의한 것이 아니라 "도에 근사한 무엇에 대한 가장 치밀한 비유(喻道之似, 莫密於此者矣)"[26] 이상일 수 없다.

나면서부터 장님인 사람이 해를 알지 못하여 시력이 있는 사람에게 물었더니 어떤 사람이 "해의 모양은 마치 구리쟁반 같습니다"라고 대답하여 주었다. (훗날 이 장님은) 쟁반을 두드려 보고는 그 소리를 알게 되었는데, 다른 날 종소리를 듣고서 그것이 해(의 소리)를 듣고 있다고 생각하게 되었

25 소식, 東坡書傳, 7권 「咸有一德」(사고전서 본).
26 소식, 東坡易傳, 「繫辭傳 上」(사고전서 본).

다. 다른 사람은 "해의 빛은 마치 촛불과 같습니다"라고 (이 장님에게) 말하여 주었는데, (훗날 이 장님은) 초를 어루만져보고는 그 모양을 알게 되었다라고 여겼으나, 다른 날 피리를 만져보고는 해를 만지고 있다고 생각하였다. 해는 종, 피리와 상당히 거리가 있는 것임에도 장님은 그 차이를 알 수 없었다. 이는 (해를) 직접 보지 못하고 다른 사람으로부터 구하였기 때문이다. 도를 보기란 해보다 더 어려운 것으로, 이에 통달한 사람이 아니라면 장님과 다를 바가 없는 것이다. 통달한 자가 (타인에게 도에 대해) 일러 줄 때 비록 교묘한 비유와 뛰어난 능력을 동원하더라도 쟁반이나 초의 경우보다 나을 것이 없다. 쟁반에서 종으로, 초에서 피리로 전이되어 상응시키는 것과 같이 한다면 어찌 도를 완전하게 (전달할) 수 있겠는가? 그러므로 세상에 도에 대해 말하는 자들 중, 어떤 자는 자신이 간신히 경험한 것에 근거하여 진술하고, 혹은 보지도 못하고서 추측하기도 하는데, 이는 모두 도를 구하는 데 있어서 잘못된 방법이다.

그렇다면 도라고 하는 것은 결국 구할 수 없는 것인가? 나는 "도는 (그 자체가 인식자의 마음에) 다다르는 것(致)이지 (인위적으로) 구할 수 있는 것이 아니다"라고 말한다. 그럼 '다다른다'는 것은 어떤 의미인가? (『손자병법』을 지은) 손무는 "전쟁에 능한 사람은 적을 스스로 (자신에게) 다다르게 하지 적에 의해서 끌려 다니지 않는다"라고 하였고, 자하는 "많은 장인들이 공방에 모여 자신의 일을 성취한다. 군자는 배움으로써 도가 다다르도록 한다"라고 하였다. (밖으로) 구하지 않고 저절로 오게 하는 것, 이것을 '다다름'이라고 할 수 있을 것이다.[27]

여기서 소식은 인간이 갖는 필연적인 한계에 대한 자각, 즉 인간 인식의 대상으로서의 도의 비논리성과 인간 인식 능력의 구조적 불일치(따라서 우리가 공격적으로 파악할 수 있는 것이 아니라 그것이 저절로 마음에 드러날 것

27 소식, 「日喩」, 앞의 책, 1980-1981쪽.

을 기다려야 함), 언어가 갖는 유한함 및 이에 기인한 본질적인 왜곡의 위험성에 대한 자각의 필요성을 역설한다. 두말 할 나위 없이 이것은 소식의 독창적인 사고는 아니다. 이는 선진유가(言不盡意), 노·장(道可道非常道, 得意忘象), 더더욱 대승불교의 방편설과 선종의 불립문자(不立文字)의 골간이 되는 논리의 반복으로, 도(道)가 대상 인식이 아닌 깨달음 및 실천이라는 인간의 초월적 체험에 기반을 둔 것에 기인한 필연적인 결론의 반복이다. 그러나 소식 논리의 고유한 가치는 이러한 실재와 언어 간의 간극이 오히려 무한한 표현의 가능성 및 그 가치를 부여할 수 있는 단서를 제공한다는 점을 부각시킨 데에 있다.

> 공자는 다음과 같이 말하였습니다. "말에 수식을 하지 않는다면, 그 언어는 멀리까지 전하여지지 않는다(言之不文, 行之不遠)." 또 다음과 같이 말하기도 하였습니다. "글이란 (생각을) 전달하면 그뿐이다(辭達而已矣)." 글이 단지 생각을 전달하는 것일 뿐이라고 생각하여 문채나지 않을 것이라고 생각하는 것은 잘못입니다. 사물의 묘처를 구하는 것은 마치 바람을 붙들어 매고 그림자를 잡으려는 것과 같아서, 사물이 마음에 명료하게 드러나도록 할 수 있는 사람도 천 명, 만 명에 한 사람 만나기 어려운데, 하물며 그것을 입이나 손으로 명료하게 표현하는 것은 더더욱 어려운 일이 아니겠습니까? 이것이 바로 '사달'이라고 하는 말의 의미입니다. 말이 생각을 매우 잘 전달할 수 있다면, 문채가 남은 이루 다 쓸 수도 없을 것입니다.[28]

"언어란 사람들이 아는 것을 가지고 사람들이 모르는 것을 비유하는 것"(夫名者, 取衆人之所知, 以況其所不知.「繫辭傳 下」)이기 때문에 일체의 표현 행위는 왜곡일 수밖에 없지만, 실재와 인간 언어 사이의 간극은 숙명적인 것은 아니며 문화적 행위들은 바로 이 간극을 좁히려는 끊임없는 노력

28 소식,「答謝民師推官書」, 앞의 책, 1418-1440쪽.

과 다름 아니다. 따라서 세계 질서의 완성된 형태를 실현할 수 있을 것, 따라서 변화로서의 역사가 종식될 것을 믿었던 왕안석의 유토피아주의 혹은 직선적 역사관과는 확연히 구분된다.

> 지혜로운 사람은 사물을 창조하고, 능력 있는 사람은 그것을 따라 기술하니, 한 사람에 의해 이루어지는 것이 아니다. 군자는 학문에 대해서, 백공은 기예에 대해서, 삼대에서 한을 지나 당에 이르러서야 구비되었다. 그러므로 시는 두보에 이르러, 문은 한유에 이르러, 서예는 안진경에 이르러, 그림은 오도자에 이르러 고금의 변화와 세상에 가능한 것이 모두 이루어졌다. (「서오도자화후(書吳道子畫後)」)

문화는 성인에 의해 일시에 완성된 정적인 피조물이 아니라 창조 · 기술 · 전승 그리고 재창조의 연속이다. 두보 · 한유 · 안진경과 오도자가 고금의 변화와 세상에 가능한 것을 모두 시도하였다고 하더라도, 그들은 각각의 예술활동의 역사적 전개를 집대성한 자이지, 그들이 문화의 가치 있는 역사 전개의 끝을 보여 준 것은 아니다. 지금까지 그러하였듯이, 앞으로 전개될 문화의 역사도 진리 · 인식 · 언어가 완전하게 호환될 수 없는 한 완결될 수 없는 것이다. 이는 '전체'로서의 문화의 역사만이 아니라 개별적 예술 행위에서도 마찬가지다.

> 사물은 하나의 원리를 갖고 있으니 그 뜻을 파악하였다면 무엇도 불가능한 것이 없다. 그런데 과목을 나누어 치료하는 것이 의술의 쇠퇴인 것처럼 형색을 선택적으로 그리는 것은 하급의 화가나 하는 짓이다. (춘추시대 진나라의) 화와 완 같은 명의는 남녀노소를 가리지 않았고, 조불흥과 오도자의 그림은 어떤 사람, 어떤 사물도 가리지 않았다. 이것에 능하다라고 하면 괜찮지만, 이것은 할 수 있지만 저것은 할 수 없다라고 하면 안 된다. 요즘 서에 하는 사람들은 전서를 하면 예서를 겸비하지 않고, 행서를 하면 초

서로 확장하지 못하니 아마도 그 (서예 일반의) 뜻을 파악하지 못해서일 것이다. 그런데 군모(蔡襄)는 진서 · 행서 · 초서 · 예서 모두를 자기 뜻대로 하지 못하는 것이 없고, 그 남은 힘과 뜻은 변해서 비백(飛白)으로 승화시켰다. (내 그것을) 매우 좋아함에도 배울 수(學)는 없는 것으로, 그 뜻을 파악하지 못한 자라면 이와 같을 수 있겠는가?[29]

각각의 인간 실천행위의 원리 및 그 역사적 전개를 일정한 방향으로 인도하며, 이러한 원리의 안내를 벗어난 인간의 실천행위는 지속 · 보존되지 않는다. 따라서 개별적 인간 행위의 역사는 그 원리의 전개이다. 그러나 이 서예의 원리는 다른 인간 행위의 원리에서 전적으로 독립적으로 존재하므로 다른 무엇으로 대체될 수 없다. 한편으로, 역사적 전개의 과정에서 파생된 서로 다른 서체들은 유(類)개념으로서의 서예라는 원리의 안내 안에서 발전되어 온 정당한 다양성이지만, 이는 이 유개념으로서의 서예의 지도 원리와 등가가 될 수 없다. 또한 그 원리란 그 전개의 역사와 독립적으로 존재하거나 인식할 수 있는 무엇이 아니다. '그 뜻을 파악' 하려 한다면, 지금까지 서예가 그 '원리' 의 안내를 따라 전개되어 온 역사적 과정에 대한 이해는 '창조' 의 필수조건이다. 따라서 이러한 창조 및 전수에의 참여는 단순한 '기술' 의 습득이 아닌 그 원리 및 역사를 파악하려는 지적인 노력에서만이 가능하다. 따라서 서예를 포함한 일체의 문화행위는 기술인의 몫이 아니라, 그것을 보전 · 창조할 수 있다는 것 자체가 지식인임을 전제로 한다.[30] 그러나 서예라고 하는 유개념으로서의 인간 행위에 포함된 원리는 결코 왕안석의 이론처럼 전체의 원리 안에서 부분으로 존재하거나 전체의 원리에 대한 이해를 통해서 유추할 수 있는 무엇도 아니라, 총합으로서의 전체에 대해 철저히 독립적이며, 따라서 그 가치 또한 대체될 수 있는 것이 아니

29 소식, 「跋君謨飛白」, 앞의 책, 2181-2182쪽.
30 이 논지는 앞에서 인용한 「淨因院畵記」에서도 보인다.

며, 그 증거는 바로 인간 역사의 전개 자체가 제공하고 있다는 것이 소식의 결론이다. 만약 왕안석의 전제가 맞다면 두보 · 한유 · 안진경과 오도자는 기술인(專) 이상일 수 없다.

그러나 이러한 다원주의적 문화관에는 송대 문화인으로서의 사대부의 정체성에 대한 새로운 입장과 더불어 심각한 위협이 내포되어 있다. 즉 개별적 문화실천이 대체 불가능한 고유한 가치를 가지며 전체에 대한 이해에 의해 조건지워지지 않는다고 전제할 경우, 다원주의적 문화관은 개별자의 고유한 가치에 대한 강조가 이 고유한 가치들 간의 관계 설정의 필연성을 상쇄함으로써 개인의 협소한 문화적 관심 및 실천에로의 천착, 즉 전문(專門)이 정당화될 수 있는 가능성도 함께 제공한다. 그러나 소식에게 있어서 다양성을 포기한 협소한 영역으로의 천착은 사대부의 이상으로 받아들여지지 않았다.

> 군자는 사물에 (자신의) 관심을 기탁해야(寓意於物) 하지만 사물에 관심이 정체(留意於物)되어서는 안 된다. 사물에 관심을 기탁한다면 비록 미미한 사물이라도 즐거움이 될 수 있으며, 비록 진기한 물건이라도 문제가 되지 않을 것이다. 그러나 만약 사물에 관심이 정체된다면, 비록 미미한 사물이라도 문제가 될 수 있으며 아무리 진기한 것도 즐거움이 되기에 부족할 것이다. …… 무릇 즐길 만한 것 중에 사람들을 즐겁게 하면서도 사람을 변화시키지 않는 것으로는 시예와 회화 작품 만한 것이 없는데, 그렇더라도 관심이 (서화에) 정체되어서 헤어나지 못한다면 이루 말할 수 없는 화를 입게 된다. ……[31]

소식에게 문화에 대한 다양한 관심의 정당성은 그 다양한 사물 혹은 그 다양성 자체가 주체와의 관계를 규정하는 것이 아니라 그것들에 대해 감상

31 소식, 「寶繪堂記」, 앞의 책, 356-357쪽.

주체가 어떻게 무관심과 매몰의 중간 지점(寓意於物)을 찾아 그 적당한 거리를 견지할 수 있는가라는 태도의 문제로 귀결된다. 무관심은 비인간성을, 한정된 것에 대한 천착 혹은 관심의 정체는 주체성의 상실을 의미한다. 앞에서 인용한 소식의 『서경』 '함유일덕(咸有一德)'에 대한 주석에서, 사물과 주체의 관계가 관심의 단절 혹은 하나로의 천착이 아닌 자신의 주체성(中有主)의 '한결같음(一)'을 유지함으로 대상에 대한 편견 혹은 얽매임 없는 관계맺음을 사대부의 이상으로 제시한 것도 같은 선상에서 이해할 수 있다.

4. 소결

오랫동안 중국 송대는 도학(道學)을 탄생시킨 시기로 사상사 안에서 자리매김되어 왔다. 그러나 북송 이정(二程)의 학문은 도남학(道南學)의 유일한 전파자인 양시(楊時, 1053-1135)를 통해 남송에 그 명맥을 유지할 수 있었으며, 도학의 집대성자인 주희(朱熹, 1130-1200)가 그의 말년에 "위학(僞學)의 금(禁)"을 겪었다는 사실은 당대의 불안정한 도학의 위상 및 사상계 내에 다른 대안세력들과의 갈등을 반영한다.[32] 그 대안세력들 중 주희가 가장 통렬히 비판했던 인물이 소식이다. 만사만물을 관통하는 단일 원리(道一 혹은 理一分殊)의 신념을 견지한 주희에게 남송 사대부 공동체에 굳건히 자리하고 있는 소식의 다원주의적 문화관은 커다란 걸림돌이었다.[33]

소식은 특정한 문화행위가 갖는 독립적인 가치 및 원리를 이해한다는 것 자체가 지식인에게서만이 가능하다고 규정함과 동시에 총체로서의 문화 전반의 보전 및 재창조의 소임을 정당화함으로써 사대부 정체성의 새로운

32 이에 대해서는 李心傳의 『道命錄』을 볼 것.
33 이에 대해서는, 주희, 「雜學辨」, 앞의 책, 3756-3757쪽을 볼 것.

입장을 제시하였다. 그리고 왕안석이 사대부들을 자신의 경전을 배타적으로 학습하게 함으로써 혹은 '전문(專門)' 하게 함으로써 사대부의 총체적 정체성을 제한하려 한다고 비난한다.[34] 송대 전반에 걸쳐 사대부의 정체성은 문화행위의 일부분 혹은 하나의 학파로 제한될 수 없다는 논의가 끈질기게 부활되었던 것이다.[35] 본서의 최석의 글에서도 드러나듯이, 도학(道學)의 흥기와 함께 예술이라는 문화행위들은 다시금 도구적이고(文以載道) 따라서 조건적 가치만을 가지며, 그 조건은 보편으로서의 단일한 원리(理一) 혹은 전체와의 관계맺음에 의해서 규정되는 것으로 이해된다. 개별 문화행위가 자신의 문화인으로서의 정체성의 충분조건으로 논의되는 것은 명대 왕양명 이후에 전개되는 개인주의의 등장 이후의 일이다.[36]

34 蘇軾, 「復改科賦」, 29-30쪽.

35 이에 대한 반례가 존재한다. 예를 들어, 여본중(呂本中: 1136 진사)이 편집했다고 전해지며 이후 송말 유극장(劉克莊, 1187-1269)에 의해 재편집된 『江西詩社宗派圖』에는 황정견(黃庭堅, 1045-1105)을 종주로 하는 시풍에 참여한 일련의 문인 및 승려들이 포함되어 있다. 분명 이들이 시풍 혹은 시작에 의존해서 집단적 문화정체성을 세우려고 했던 것은 의심할 바 없지만, 이들이 과연 이를 통해 세워진 정체성이 사대부 정체성의 충분조건으로 이해했는지는 알 수 없다. 그리고 이들이 송 말 유극장(劉克莊)이 강서시파를 재구성하려고 할 때 몇몇의 시는 이미 사라졌고, 많은 이들의 생졸년대조차도 알 수 없게 된다. 이들이 만약 일정한 시풍에 참여함으로써 자신의 사대부로서의 정체성을 세우려고 했다면 지역적인 성격(실은 이들 중에 강서성 출신이 아닌 사람들이 다수 포함되어 있지만 전체 사대부를 겨냥하지 않았다는 점에서의 지역성)을 모면하기는 힘들 것 같다.

36 이에 관해서는 백윤수의 「석도 예술 사상과 그 양명학적 배경에 관한 연구」(서울대학교 박사학위논문, 1996)를 볼 것.

더 읽을거리

당 말부터 북송까지의 사상사의 흐름과 사회사와의 관계

Bol, P. K., *This Culture of Ours: Intellectual Transitions in T'ang and Sung China,* Stanford: Stanford University Press, 1982.

소식의 예술사상

Egan, R. C., *Word, Image, and Deed in the Life of Su Shi,* Cambridge (Mass.): Council of East Asian Studies, Harvard University, 1994.

Fuller, M. A., "Pursuing the Complete Bamboo in the Breast: Reflections on a Classical Chinese Image for Immediacy", *HJAS,* vol. 53, No. 1, 1993.

왕안석의 개혁정책

Liu, Tames T. C., *Reform in Sung China: Wang An-shih (1021-1086) and His New Policies,* Cambridge(Mass.): Harvard University Press, 1959.

송대(宋代) 예술론의 한 흐름-도(道)와 문(文)의 관계

최 석

북송에서 남송으로 이어진 송대 300여 년은 국가방위 능력과 외교 분야에서 상대적으로 취약했던 점을 제외한다면 사상, 예술, 기술과 경제 등 여러 방면에서 절정을 맞았던 시기로 평가된다. 하지만 송대의 가장 큰 공헌들을 꼽으라면 성리학의 성립이 목록의 첫 줄에 놓이는 것에 많은 이들이 동의할 것이다. 당시 성행했던 불가 · 도가의 비판적 수용과 융합이 유가의 전통을 재검토하고, 보다 성숙된 사상의 체계를 이루어냈다는 점은 송대에만 국한할 수 없는 영향력을 지닌다. 미학과 예술 분야로 범위를 좁혀 보면, 성리학의 성립에 견줄 만한 큰 흐름이 보인다. 당대(唐代) 한유와 유종원에서 출발한 '고문(古文) 운동'이 송대에도 지속되고 구양수에 의해 다시 주도되어 주목할 만한 결실을 맺게 되었다. 그 과정에서 고문운동의 이념에 직간접으로 참여한 사대부들의 다양한 예술론과 활발한 창작활동이 그들의 광범위한 사회 문화적 배경을 바탕으로 고양되었던 시기였다. 이 논문에서는 그 두 송대 사상, 문화의 큰 흐름 속에서 제기되었던 문예와 도(道)의 관계라는 문제를 중심으로 송대 예술론의 한 축을 이해해 보고자 한다.[1] 이를

1 성리학과 고문운동의 전개와 성과는 그 정치, 사회, 문화의 제반 문맥과 이념의 구체적인 내용이 종합적으로 조명되어야 하는 송대 역사의 중요한 한 부분이다. 다만 이 논문에서는 본서에 허용된 공간 안에서 송대를 대표할 수 있는 예술론의 특징을 검토한다는 취지에 맞

위해 우선 고문운동 전후에 전개되었던 이론들의 문맥을 개괄해 보고, 소식과 주희의 예술론에서 보이는 논점의 차이를 주목해 보고자 한다.

1. 고문운동의 전후

송초는 고문에 담겨져 있는 성인들의 뜻을 중시하는 경향과 당대 이후 더욱 성행하게 된 형식미에 치중하는 경향이 다소 극단적으로 대립되는 분위기에서 출발한다는 점을 우선 지적하고 싶다. 다만 고문운동의 각도에서 그 전후의 전개를 볼 때, 유가의 전통적인 문예론을 유지하는 큰 틀 속에서도 논점의 차이와 작품 성향의 차이에 따라 다시 세 그룹으로 구분하는 것이 가능하다. 주돈이와 정호 · 정이 형제를 대표로 하고 조금 시간적 간격을 두지만 주희에 의해 재청되는 도학(道學)파라 불리는 그룹과 구양수가 주도했던 고문운동파, 그리고 왕안석을 대표로 하는 경학(經學)파가 있다.[2] 이들이 주도했던 이론의 틀과 창작의 경향은 크게 두 가지로 요약된다. 한편으로는 유가의 도통을 계승하려는 의지와 맞물려 작가 내면의 수양과 도(道)를 밝히는 매개로서의 문예의 역할에 무게를 두는 경향이 지속되고 있었고, 다른 한편으로는 성정이 표현되는 자연스러움, 형식미, 수식의 심미가치 또한 유가 사상이 추구하는 명분과 문인으로서의 취미 사이의 긴장을 유지한 채로 다양하게 펼쳐지는 시기였다.

이러한 흐름이 송대에 절정을 이루었던 문인화의 이론적 배경에도 결정적인 영향을 미친 것은 놀라운 일이 아니다. 황실의 지원을 받는 화원을 중

게, 송대 예술론의 전개가 가능했던 사상, 문화의 틀로서 구체적인 논의 없이 전제하고 출발하고자 한다. 또한 본서에 포함된 이정환의 논문이 다원주의적 문화관이라는 큰 틀에서 성리학과 고문운동의 전개를 관조하는 통찰을 보여 주고 있기 때문에, 이 논문은 각도를 좀 더 좁혀 송대 예술론을 이해하는 한 단계로서, 그 시대의 사상, 문화의 큰 흐름 속에서 제기되었던 문예와 도(道)의 관계라는 문제에 초점을 두는 방향 설정이 가능할 수 있었다.

2 송대 문예이론을 포함한 중국 문예이론사의 간략한 흐름을 이해하는 데 James J. Y. Liu의 *Chinese Theories of Literature* (The University of Chicago Press, 1975)가 도움이 된다.

심으로 그 체계를 갖추어 나갔던 화원화의 성과와는 별개로 문인화가 주목받을 수 있었던 것은 단지 작가 계급의 사회적 차별의식뿐만 아니라 문인화가로서 가지는 학문과 수양의 깊이에 차이점이 있다고 믿었기 때문이었다. 그러한 의식은 문인화가 확보할 수 있는 독특한 형식에의 관심을 이끌어 내었다. 화원화 또한 특히 산수화 분야를 중심으로 사실주의적 정교한 묘사에만 치중하지 않고 시의(詩意)를 동시에 추구함으로써 광범위한 사대부 계층의 취향을 반영하는 입장을 확보해 나가고 있었다.

문학사에서는 우선 당 말 이후 송 초에도 지속되어 온 유미주의적인 경향, 예를 들어 변려문의 송대 양식이라 할 수 있는 사륙문(四六文)과 서곤체(西崑體)의 시(詩) 등을 주목한다. 형식미에 무게 중심을 두는 이 장르들은 고문운동을 중심으로 유가의 도통을 부활시키려는 지속적인 관심으로 말미암아 점차 그 기세를 잃어 갔다. 하지만 고문을 모범으로 삼아 문예가 가진 도구로서의 가치를 견지하려는 이른바 도학파들의 시도들이 처음부터 순탄한 것은 아니었다. 송대 초기 도학자들을 중심으로 주장되었던 '명도(明道)' 의 명분만으로는 유미주의 문풍에 젖어 있는 이들의 환영을 받기에는 역부족이었다. 그들이 추구하는 유가의 명분과 당시 유행하던 형식미를 동시에 만족시킬 수 있는 창작의 모범을 보여 주는 데에 실패함으로써 그들의 이념은 오히려 역풍을 맞게 된다. 바로 여기에 구양수가 주도한 고문운동의 가치가 돋보인다. 구양수가 가진 정치적 입지, 학문적 성숙뿐만 아니라 시(詩), 사(詞), 부(賦)를 포함한 모든 양식에 일가견을 보인 문호로서의 명성은 그가 주장한 "도를 충분히 하여 글을 채운다(足道以充文)"는 슬로건에 충분한 설득력을 겸비하게 해주었다.[3]

이러한 맥락에서 도학파들과 구양수의 예술론을 좀 더 구체적으로 비교해 본다면, 우선 초기 도학자들로부터 주돈이, 정호, 정이, 주희에 이르기까지의 문예론은 결국 당대(唐代) 한유 이후의 '문이재도(文以載道)' 의 줄기

3 구양수의 생애와 인물, 업적에 관한 연구로는 James T. C. Liu의 *Ou-yang Hsiu: An Eleventh-Century Neo-Confucianist*(Stanford University Press, 1967)를 참조.

에 서 있다. 그들이 한결같이 중시한 것은 '명도(明道)' 의 이념과 도덕 수양이었고, 문예의 가치는 그들이 추구하는 이상에 부차적인 것으로 여겨졌다. 주돈이는 문예와 도의 관계를 이렇게 정의하고 있다.

> 문장(文)은 도를 싣는 수단이다. 바퀴와 끌채를 아무리 잘 꾸며도 사람들이 그것을 쓰지 않으면, 단지 헛된 꾸밈일 뿐이다. 하물며 물건을 싣지 못하는 빈 수레는 어떻겠는가? 문사(文辭)는 재주이고 도(道)와 덕(德)은 실다운(實) 것이다. 그 실다움을 돈독하게 쌓으면, 문장의 재주가 있는 자가 그것을 글로 쓴다. 그것이 아름다우면 사랑을 받고 사랑을 받으면 멀리 전해진다. 그래서 어진 사람이 그것을 배워서 그 경지에 이를 수 있으면 그것이 가르침이 된다. 그러므로 "그 표현하는 말에 문채(文)가 없으면 멀리 행해지지 않는다"고 말한다. 도와 덕에 힘쓸 줄 모르고 다만 문장과 말만을 능력으로 삼는 것은 단지 실다움이 없는 재주일 뿐이다. (주돈이, 『통서(通書)』 28장』)[4]

글을 짓는 일은 모름지기 도의 자각과 추구에 최우선의 가치를 두어야 하고, 덕을 내면화하기 위한 수양을 실천하는 노력이 필요조건이라는 주장이다. 다만 주돈이는 문사의 형식적 측면을 완전히 배제하고 있지는 않다고 보인다. 이에 반해 정이의 주장은 극단적이다. 그는 "글을 짓는 것이 도에 해롭습니까?"라는 질문에 단호히 "해롭다"고 답하고 그 이유를 이렇게 설명한다. "글을 짓기 위해서는 자신의 뜻을 집중하지 않으면 교묘하게 되지 않는데, 만약 자신의 뜻을 집중하게 되면 자신이 지향하는 바가 이에 국한하게 되니 어찌 천지와 같은 위대함을 얻을 수 있겠는가?"(『유서(遺書)』 권18) 또 "시란 배울 만한 것입니까?"라는 질문에 대한 응답에서도 그의 비판적 시각이 확인된다. 그는 다음과 같이 언급하고 있다.

---

4 권정안 · 김상래 역주, 『통서해(通書解)』, 청계, 2000, 252-254쪽.

이미 (시를) 배운다고 할 때는 노력을 기울여야 그 시인의 인격에 합치되는데, 이미 노력을 하였다면 일에 심하게 방해가 된다. …… 지금 사람들이 시를 짓는 데는 두보만한 이가 없다고 하는데, '꽃 사이를 지나는 나비들 보일 듯 말 듯 보이고, 물을 스치는 잠자리는 느릿느릿 나는구나' 라는 구절같이 한가한 말들을 해서 무엇을 하겠는가? 그래서 나는 시를 짓지 않는다. (『유서(遺書)』 권18)

정이의 극단적 입장과는 달리 구양수는 문예와 도의 균형을 조화롭게 이뤄 나갔던 인물로 평가된다. 고문운동을 주도했던 구양수의 문예론은 도의 구현과 이를 위한 인격의 수양이 전제조건이라는 점에서 그들과 같은 유가의 전통에 서 있다는 점은 분명하다. 그는 다음과 같이 언급하는 것을 잊지 않는다. "성인의 문장은 비록 (그 경지를) 따라갈 수는 없지만 도를 먼저 이해한 이후에야 문장이 어려워지지 않게 되고 지극한 경지에 이르게 된다."(『구양문충공문집(歐陽文忠公文集)』 권47 『답호충수재서(答昊充秀才書)』)[5] 하지만 구양수의 문예론은 정이와 같은 도학자들과는 달리 글의 형식이 가져다주는 효과와 심미적 가치 또한 결코 가벼이 여기지 않았다. 예를 들어 그는 주돈이가 인용했던 『춘추』의 한 구절, "말한 것이 문채가 없으면 행하여도 멀리 전해지지 않는다"를 재인용하면서 그 해석과 평가를 달리하고 있다.

(이는) 군자가 학문하는 것은 말로써 일을 기록하고 문채로써 말을 수식하며 일이 말과 문채에 맡겨져 후세에 (그 뜻한 바를) 전하여 드러낼 수 있는 것이다.

---

5 또 다음과 같은 말이 보인다. "도가 순수하면 그 속에 가득 차서 실질적(實)이 되고, 가득 차서 실질적인 것이 되면 글(文)로 드러나는 것이 빛을 내게 된다."(「답조택지서(答祖擇之書)」), "도의 밝음을 아는 것이 진실로 진퇴궁통(進退窮通)의 이치에 도달할 수 있고 이에 도달할 수 있어야 마음에 얽매이는 바가 없어지고, 그런 연후에야 산림을 즐길 만하게 된다."(「답이대감학사서(答李大監學士書)」)

『시경』, 『서경』, 『역경』과 『춘추』는 모두 일을 잘 기록했을 뿐만 아니라 그 문채 또한 뛰어났기 때문에 특히 오랫동안 전해진 것이고, 맹자와 순자의 무리들은 말을 잘하였으나 그 도가 지극한 (부분)과 그렇지 못한 (부분이) 있어 전해지기도 하고 그렇지 않기도 하다. (『구양문충공문집(歐陽文忠公文集)』, 권67, 「대인상왕추밀구선집서서(代人上王樞密求先集序書)」)

따라서 그가 제시했던 신(信), 간(簡), 상(常) 세 개념들은 각각 가지는 역할의 차이는 있지만 글을 쓸 때 임하는 자세뿐만 아니라 도를 구현하는 내용과 자연스러운 표출 방식에까지 모두 적용되는 규범이었다.[6] 그가 말하는 내용의 신실(信)함은 문예의 기본이자 가치기준이었고, 간(簡)은 평이함과 간명함을 모두 포괄하는 의미인데 그 중요성은 때때로 자연(自然) 개념에 근거해서 강조되기도 했다. 이때의 자연은 아름다운 광경 혹은 그것을 바라볼 때 느끼는 감정 등을 일컫는 말이 아니고 주로 형이상학적 관념인 이(理)를 뜻하는 말이었다. 하지만 구양수는 형이상학적 논의에 머물기보다는 항상 지각 가능한 이 세계의 다양한 물리적 현상들을 통해서 이에 접근하는 방식을 더 선호했다. 내용의 신실함은 특히 고전의 역사적 윤리적 중요성에 근거해서 강조되었던 것인데, 이는 고전의 도(道)에 구현된 상(常)의 파악과 관련된다. 상(常)은 지속과 보편을 뜻하기도 하지만 평범과 일상적인 것을 뜻하기도 한다. 구양수에게 이 개념은 인간의 구체적인 삶에 투영된 규범 원리로 다가왔다. 이렇게 지각된 규범원리는 또한 자연히 평이하고도 간명한 형식으로 표현되는 것이 바람직한 것으로 여겨졌다. 결과적으로 이 기준들에 고전은 하나의 모범이었다. 구양수는 이러한 고전의 역할과 의미를 되살리고, 그 문채를 모방하는 것을 통해, 유가 사상의 종지를

6 구양수가 전개한 세 기준을 잘 분석한 논문으로 Yu-shih Chen의 “The Literary Theory and Practice of Ou-yang Hsiu”가 있다. 이 논문은 Adel Austin Richett이 편집한 *Chinese Approaches to Literature from Confucius to Liang Ch'i-ch'ao* (Princeton University Press, 1978)에 실려 있다.

잊지 않으면서 문예가 가지는 독특한 예술 가치를 유지하려고 했다.[7] 이러한 그의 문예론은 온화하면서도 그 의경이 깊은 것으로 평가되는 구양수 자신의 작품들을 통해 실현되었다.[8]

2. 소식과 주희

도의 구현과 형식미의 추구를 동시에 지향한 구양수의 문예론과 이를 바탕으로 하는 고문운동의 이념은 당대 많은 사대부들의 지지를 받았고, 점

---

7 그가 전개한 시론(詩論)의 한 요지라 할 수 있는 "시는 곤궁해진 후에야 좋아진다(詩窮而後工)"는 주장에서 또한 비록 조금 다른 맥락이긴 하지만 도와 문의 관계에 대한 그의 고민의 한 부분이 엿보인다. 그는 다음과 같이 설명하고 있다. "군자의 학문은 그것을 일과 업적을 위해 쓰기도 하고 문장에 드러내기도 하는데, 그 두 가지를 겸하기 어려운 것을 항상 근심하게 된다. 대개 때를 만난 선비는 조정에서 공을 세워 그 명예가 이미 빛나게 되기 때문에 언제나 문장을 중요하지 않은 일로 본다. 또한 글쓰기에 할애할 시간이 없거나 실제로 써내지 못하는 경우도 있는 것이다. 뜻을 잃은 사람에 이르러서는 곤궁하게 살면서 의기소침하게 되고, 괴로운 마음과 위험을 염려하는 마음으로 정미한 생각이 극에 달하고 그가 감격 발분하였지만 세상에 드러내지 못한 것들을 모두 글로 써내는 것이다. 그래서 곤궁한 사람의 말은 잘되기 쉽다고 하는 것이다."(『벽간숙공문집서(簡肅公文集序)』)

8 이러한 문예론은 그의 화론과 서예론에도 적용된다. 예를 들어 그는 서예가 가져다주는 인격 수양으로써의 도구적 가치뿐만 아니라 그 과정에서 얻을 수 있는 독특한 즐거움이 있음을 놓치지 않았다. 또한 이 즐거움을 얻기 위해서는 글씨 쓰기를 꾸준히 하여 "숙련되어야 하며 그렇게 되면 정신의 기운이 충분히 가득 차고도 남음이 있을 정도가 되어 고요히 앉아 (글씨를 쓰는 것이) 하나의 즐거운 일이 된다"는 점을 잊지 않고 지적하고 있다. 『구양충문공문집(歐陽忠文公文集)』, 권130 「작자요숙(作字要熟)」, 4-5쪽, "이때부터 홀수의 날은 초서를 공부하고 짝수의 날은 진서를 공부했다. 진서는 행서를 겸하고 초서는 해서를 겸해 십년을 게으름을 부리지 않았으니 당연히 글씨로 이름을 얻을 수 있었다. 하지만 헛된 이름은 얻었으되 진실한 기운은 사라져 가는구나! 만사가 모두 그렇지 않은 것이 없다. 그 뜻에 기대어 몸이 수고로운 줄 모르고 그 즐거움 때문에 외부의 일과 사물들이 누가 되는 줄을 마음이 모르는구나. 그러므로 옛부터 마음에 누가 되지 않는 일이 없지만 마음을 즐겁게 해주는 일 (또한) 있다." 권130 「학진초서(學眞草書)」, "한가하면 글씨를 공부하는 것은 재주(藝)의 정수를 구하고자 함이 아니라 바로 다른 일에 마음을 수고로이 하는 것을 이기고자 함이다! 이 때문에 마음을 (외부의) 일과 대상(物)에 기대지 않는 것을 아는 자가 진실로 지인(至人)이라 불릴 수 있다. 유익한 것에 기대는 자가 (바로) 군자이며 본성을 해치고 정에만 치우쳐 해가 될 정도로 하는 자가 우매하고 미혹된 사람이다. 글씨를 공부하는 것이 수고롭지 않은 것은 아니지만 단지 성정에 해가 되지 않는다. 진실로 고요한 중에도 즐거움을 얻을 수 있는 것이 오직 이것이다." 권129 「학서정중지락설(學書靜中至樂說)」

진적으로 하지만 거부할 수 없는 변화를 가져 왔다. 이러한 고문운동의 큰 흐름 속에서 구양수에 의해 발탁된 이들 중에 대표적으로 왕안석과 소식 · 소철 형제가 있다. 중국 문학사에서 그들은 각자 나름의 독특한 업적을 남긴 것으로 기록되고 있지만, 예술론의 역사와 더불어 평가한다면 더 큰 비중은 역시 소식의 몫이라는 평가에 많은 이들이 동의할 것이다. 타고난 예술 재능에 정치적인 역경이 오히려 긍정적으로 승화됨으로써 소식의 문예이론과 창작활동의 폭과 깊이를 성숙하게 하는 기반이 되었다. 또한 그는 유가의 전통적 입장에 노장의 사상과 불가의 이념도 자유롭게 수용하는 개방적인 태도를 보였으며, 이는 그의 문예이론과 창작에 반영되었고, 송대 문인화(文人畵) 장르의 확립에도 결정적인 기여를 하였다.[9]

소식에게 "도는 이르게 할 수는 있지만 구할 수는 없는 것이다(道可致而不可求)." 도는 개인의 경험을 통해서 간접적으로 주관적으로 다가오는 것이어서, 구체적인 학습 프로그램, 즉 독서와 강연 등을 통해 단계를 밟아 얻어질 수 없으며 사변적 추리를 통해 객관화될 수도 없다. 따라서 개인의 정감이 도의 경지에 이르게 하는 결정적인 역할을 담당한다.[10] 구속되지 않은 정감의 자유로움과 자연스러운 표현을 통해서 개개인은 자신의 삶 속에서 도를 드러내 보인다.

그러므로 "문(文)이라는 것은 반드시 도(道)와 함께 갖추어 가는 것(文, 必

9 소식의 작품, 예술론, 생애에 관한 연구는 여기에 열거할 수 없을 정도이다. 가장 최근의 주목할 만한 연구로는 Ronald C. Egan의 *Word, Image, and Deed in the Life of Su Shi*, Harvard-Yenching Institute Monograph Series no.39 (Cambridge: Harvard University Press, 1994)가 있다.

10 이러한 도의 정의는 소식이 『중용(中庸)』의 '성(誠)' 과 '명(明)' 의 의미를 해석하는 대목에서도 읽을 수 있다: " '성(誠)' 이란 무슨 뜻인가? 그것은 '즐긴다(樂之)' 는 의미이다. 즐기면 자연히 신실(信實)하게 되므로 그것을 '성' 이라 말한다. '명(明)' 이란 무슨 뜻인가? 그것은 '안다(知之)' 는 의미이다. 알게 되면 그 목적에 미치게 되고 그래서 '명' 이라 말한다. 오로지 성인만이 그 '앎' 에 미치지 않으면서도 이미 즐길 수 있다." 『소동파전집(蘇東坡全集)』 2권, 「중용론(中庸論)」. 소식의 「중용론」을 통해 그의 도 이해와 예술론을 검토한 논문으로 Christian Murck의 "Su Shih's Reading of the *Chung yung*"이 Susan Bush와 Christina Murck가 편집한 *Theories of the Arts in China* (Princeton University Press, 1983)에 포함되어 있다.

與道俱)"이다.[11] 다만 이러한 과정은 오랜 기간의 창작 수련이 전제되어야 하고, 그 결과로 "구하지 않고도 자연스러운(莫之求而自然)" 경지에 이르러야 한다고 보았다.[12] 따라서 이러한 경지가 자연스럽게 표출된 형식미는 작가가 전달하고자 하는 의미 못지않게 중요한 가치를 지닌다. 그는 더 직접적으로 공자의 "말에 수식을 하지 않는다면 그 언어는 멀리까지 행하여지지 않을 것이다"라는 말에 근거해서 오히려 "글이란 생각을 전달하면 그뿐이다"라는 말에 이의를 제기하고, 형식미의 가치에 가장 적극적인 방식으로 의미를 부여했다.

> 글이 단지 생각을 전달하는 것일 뿐이라고 생각하여 문채(文)나지 않을 것이라고 생각하는 것은 잘못입니다. 사물의 묘처를 구하는 것은 마치 바람을 붙들어 매고 그림자를 잡는 것과 같아서, 사물이 마음에 명료하게 드러날 수 있도록 할 수 있는 사람도 천 명 만 명에 한 사람 만나기도 어려운데, 하물며 그것이 입이나 손에까지 명료하게 되도록 하는 것은 더욱 더 어려운 일이 아니겠습니까? 이것이 바로 '사달(辭達)'이라는 말의 의미입니다. 말이 생각을 잘 전달할 수 있다면 문채남은 이루 다 쓸 수도 없을 겁니다. (『답사민사추관서(答謝民師推官書)』)

하지만 소식이 강조하는 문채의 묘미는 곧 방만한 즉흥성이나 화려한 수식의 나열을 의미하는 것이 아니다. 오히려 그가 말하는 참된 경지는 '평담(平淡)'함이라는 자연스러운 결과에 이르게 됨을 뜻하는데, 이는 단순한 형식미만을 강조하는 것이 아니라, 역설적으로 고도로 세련된 기교와 정신세계의 노숙함이 어우러진 경지를 일컫는다.[13] 따라서 일정하게 고정된 틀 속

---

11 여기서 그가 말하는 도란 당대 도학자들의 도 개념과는 다른 좀 더 제한된 의미의 '내면의 규율성'으로 해석되기도 한다. 『중국미학사자료선편(中國美學史資料選編) 下』, 32쪽.

12 『중국미학사자료선편(中國美學史資料選編) 下』, 32쪽.

13 그 과정을 소식은 이렇게 요약하고 있다. "대체로 글을 함에 마땅히 그 기상을 가파르게 하

에서 창작의 자유로움이 구속된 상태는 참된 도와 글의 경지와는 거리가 멀다.

> 형태가 비슷한 것으로 그림을 논하는 것은 그 식견이 아이와 같고, 시를 짓는 것은 반드시 이와 같아야 한다고 주장하는 이가 있다면 그는 시를 모르는 사람이다. 시와 회화는 본래 한 가지 법칙이니, 자연스런 기술(天工)과 맑고 새로움(淸新)이 그것이다. (『소동파집(蘇東坡集)』 前集 권16 「서언릉왕주부소화절지이수(書 陵王主簿所畵折枝二首)」)

이러한 자연스러운 성정의 표출이 이루어지지 않는 것은 비단 오랜 기간의 수련이 부족해서만은 아니다. 소식은 "옛날에 글을 짓는 사람들은 그것을 할 수 있음을 잘한다 하지 않고, 어쩔 수 없이 그렇게 함을 잘한다 하였다"라고 인용하면서 다음과 같이 구체적으로 충고하고 있다.

> 군자는 사물에 자신의 뜻(意)을 의탁할 수는 있지만, 자신의 뜻을 (그것에) 머물게 해서는(집착해서는) 안 된다. 자신의 뜻을 사물에 의탁한다면 비록 하찮은 것이라도 즐거움이 될 수 있고, 특별한 것이라도 해가 되지는 않는다. (하지만) 자신의 뜻을 머물게 하면 비록 하찮은 것이라도 해가 될 수 있으며, 특별한 것이라도 즐거움이 될 수 없다. (『소동파집(蘇東坡集)』 권32 「보회당기(寶繪堂記 選編)」)

이는 사실 회화 창작과 감상에 임하는 태도를 말하는 것이지만, 소식의 성정론에 근거한 예술론 일반의 주된 논점으로도 해석될 수 있다. 특히 그의 사상에 흡수된 도가적 영향을 엿볼 수 있는 부분인데, 주체의 자율성,

---

고, 오색을 현란케 하지만, 점차 노련하고 익숙해지면 곧 평담하게 된다." (『역대시화(歷代詩話), 죽파시화(竹坡詩話)』)

즉 하늘이 부여한 본체의 작용으로서의 의(意)의 자율적 전개를 확인하고 이를 창작활동으로 외면화시키는 과정을 역설한 것으로 해석된다.[14]

이렇듯 유 · 도가의 주된 이념이 융합된 소식의 문예론에 전적으로 동의하지 않고, 다시 '명도(明道)' 혹은 '문이재도(文以載道)'의 가치를 재확인하는 이가 성리학의 집대성자라 평가되는 남송(南宋)의 주희이다. 그는 정이의 주장처럼 극단적이진 않지만 이전의 도학자들보다 훨씬 논리적으로 형식미의 추구를 '명도'의 가치에 종속시킨다. 주희는 "오늘날 사람들이 지은 글은 모두 글이라고 하기에는 부족한 면이 있다. (그들은) 대체로 오로지 글자를 생략하는 데 힘쓰며 또 쉽사리 편벽한 말을 새롭게 여겨 좋아한다. 뜻과 이치를 말하여야 할 곳에 이르면 (그 뜻을) 명백하게 하려고 하지 않는다"(『주자어류(朱子語類)』 139)라고 비판적 입장을 보였다. 하지만 이러한 평가에서 구양수, 소식 부자의 작품은 부분적으로 자유롭다. 주희는 그들의 작품이 당대에 얼마만큼의 설득력과 호소력을 가지고 있는지 인지하고 있었다. 그는 이어서 "이전 사람들인 구양수, 소식 부자와 같은 분들이 보면 어찌 이와 같다고 할 수 있겠는가?" 또는, "소동파의 글은 기이하고 아름다워 근대에 필적할 사람이 없으므로 글을 짓고자 할 때에 모범으로 삼아도 좋다"라고 칭찬하고 또한 "구양수의 글은 때때로 도와 가깝다. 그는 헛된 말을 만들지는 않는다"고 평가하고 있다. 하지만 주희의 문제 제기는 작가의 수양과 작품의 관계에서 출발한다. 주희의 시각에서 "구양수와 소식은 모두 문인이 되려고 애쓰는 사람들이다. 그들이 학문을 할 때는 단지 고대와 근대 왕조들의 흥망성쇠의 원인들을 찾고 있을 뿐이다. 그들은 글을 쓰고는 있지만, 자신을 수양하는 노력을 하지 않았다. 그들은 매일매일 시를 읊조리며 술을 마시고 농담을 주고 받으며 시간을 보냈을 뿐이다."(『주자어류(朱子語類)』 139) 때문에 작가 스스로가 가지는 도덕적 수양과 진실성이라는 기준에서 보면 구양수와 소식에 대한 평가는 달라질 수밖에 없다. 유가 도통

14 조송식, 「와유(臥遊)사상의 형성과 그 예술적 실현」, 서울대 박사학위논문, 1998, 153-155쪽.

의 부활을 평생의 과업으로 삼았던 주희의 입장에서 보면 특히 소식의 방종은 결국 유가가 지향하는 극기와 덕의 가치와는 거리가 있었다.

일견 일관적이지 않은 이러한 구체적인 평가들은 주희의 문예론이 정이의 극단적 입장과는 달리 글이란 마음에서 우러나오는 자연스러운 결과임을 인정하기 때문으로 해석된다. 시(詩)에 대한 질문에 주자는 다음과 같이 답한다.

> 사람이 태어나서 고요한 상태(靜)에 있는 것은 하늘이 내려준 본성(性)이다. 사물에 감응하여 움직이는 것을 본성의 욕망(欲)이라 한다. 이미 욕망이 있으면 생각(思)이 없을 수 없고, 이미 생각이 있으면 말(言)이 없을 수 없다. 말을 했는데, 생각한 바를 충분히 전달하지 못하면 노래로 나오게 된다. 다음으로 자연스럽게 음악과 리듬이 나오는 것을 막을 수 없다. 이것이 시(詩)가 만들어지는 과정이다. (『주자대전(朱子大全)』, 권76 「시집전서(詩集傳序)」)

하지만 여전히 소식 작품의 한계를 지적하여 주희는 "그 언사의 뜻이 자랑하는 마음이 있으면서 괴이하여 군자가 듣고자 하는 바를 모르는 면이 있다. (그래서) 매번 그것을 읽을 때마다 즐기지 않은 것은 아니지만 즐긴 뒤에 싫증이 나지 않는 경우가 없으므로 종종 그 책을 끝까지 읽지 못하고 그만두게 된다"(『주자어류(朱子語類)』 41)고 했다.[15] 이러한 평가는 주희가 문

15 같은 맥락에서 굴원(屈原)의 글에 대한 주희의 평가도 주목해 볼 만하다. "가만히 생각해 보건대, 굴원의 사람됨은 비록 간혹 중용의 (도를) 넘어 법으로 삼을 수 없으나 이 모든 것이 임금에게 충성하고 나라를 사랑하는 성실한 마음에서 나온 것이다. 굴원의 글은 그 언사와 취지가 간혹 방종하고 괴이하며 원망을 품는 소리를 높이 질러서 가르침을 삼을 수 없으나 이 모든 것이 곡진하면서도 크나큰 슬픔을 스스로 그만둘래야 그만둘 수 없는 지극한 충정에서 나온 것이다. 그가 비록 북쪽 지방에서 배워 주공과 공자의 도를 추구할 줄을 몰랐으나 홀로 변풍과 변아의 말류에 몰두하였기 때문에 순수한 유학자와 엄숙한 선비는 간혹 그를 찬양하는 것을 수치스럽게 여긴다. 그러나 딱한 처지에 있는 이 세상의 추방된 신하, 쫓겨난 아들, 원망을 품은 처, 버림받은 아내로 하여금 눈물을 씻으면서 노래하게 하고, 하늘처럼 높은 곳

장의 수식이 가져다주는 독특한 즐거움을 부인하지는 않지만 그것만을 추구할 경우 개인의 도덕적 삶과 나아가 정치 사회 일반에 미치는 부정적인 측면을 더 우려함에서 나온 결과이다. 그 바탕에는 '심통성정(心統性情)'으로 요약되는 그의 심성론 체계와 '존천리(存天理) 멸인욕(滅人欲)'으로 대변되는 도덕철학이 있음은 이론의 여지가 없다. 결국 글로 표출되고 이를 즐기는 마음의 측면은 주희가 설정한 정(情), 나아가서 '욕망(欲)' 범주에 속한다. 주희에게 '정(情)'의 역할은 마음의 '용(用)'으로서 마음의 본체(體)인 인간 본성(性)을 올바로 구현하는 것이어야 한다. 주희는 이러한 심성론의 기본 구도에 유비되는 관계, 즉 글의 뜻으로서의 도(道)와 작용으로서의 수식이라는 관계에 주목한다.[16] 그러므로 글을 쓰고 읽을 때에 수식이 가져다주는 지엽적인 효과보다는, 어떻게 도를 자각하는가, 어떤 깊은 뜻이 담겨져 있는가 하는 문제가 중심에 놓여야 한다. 또한 주희는 글의 궁극적 목적이 "성인의 말씀은 평이하고도 뚜렷하며 그 말씀으로 도를 밝힘으로써 바로 후대의 온 세상 사람들로 하여금 이를 통해 도를 추구하게끔 한다"(『주자어류(朱子語類)』 139)는 데에 있나는 점을 상기시킨다. 이렇듯 고문운동의

에 있는 사람이 다행히 이를 듣게 된다면 이들 사이에 존재하는 선한 하늘의 본성과 백성의 떳떳한 도리가 서로 교류하고 표현됨으로써 삼강오상의 중요성을 증대시킴에 부족함이 없을 것이다. 이것이 내가 매번 그의 글을 음미하는 이유이고 그것을 감히 단지 시인의 부로만 생각하지 않는 까닭이다." (『주자대전(朱子大全)』 권76 「초사집주서(楚辭集注序)」)

16 "『주남(周南)』, 『소남(召南)』의 『이남(二南)』에 근본하여 실마리를 추구하고 『열국(列國)』의 지방시를 참고로 하여 그 변화를 궁구하며 『아(雅)』를 통해 올바르게 하여 그 규모를 크게 하고, 『송(頌)』을 통해 조화를 이루어 그 머물러야 할 곳을 받아들이는 것, 이것이 시를 배우는 본래의 취지이다. 이렇게 하면서 (시경의) 문장과 구절로 총괄하고 그 뜻을 풀이하여 기억하며 외우고 읊조려서 창성하게 하고 완전히 배어들게 하여 체득한다. 감정과 본성이 은미하게 활동하는 (과정) 사이에서 이를 살펴보고 이것이 언행으로 나타나는 중요한 시초를 헤아려 본다면, 몸을 닦고 집안을 가지런히 하고 또 온 세상을 공평하게 다스리는 도리가 다른 곳에서 추구되는 것이 아니라 여기에서 얻어지는 것이리라." (『주자대전(朱子大全)』 권 76 「시집전서(詩集傳序)」) "뜻(志)은 시(詩)의 근본이고 악(樂)은 시의 말단이다"라는 유비도 찾을 수 있다: "『우서(虞書)』로써 고찰해 본다면 시를 짓는 것은 본래 뜻을 말하기 위한 것이었을 뿐이었습니다. 그 시를 짓는 데 노래는 없었고 노래를 하는 경우가 있더라도 아직 악은 없었습니다. 소리는 가락을 따르고 또 음률의 소리가 조화를 이룬 것이므로 악이 시를 위해 지어진 것이지 시가 악을 위해 지어진 것은 아닙니다." (『주자대전(朱子大全)』 권37 「답진체인(答陳體仁)」)

주된 이념과 고전의 모범을 재확인하는 주희의 주장은 자연히 명료한 주제의식과 도의 자각이 글을 쓰는 필요조건임을 분명히 하고 있다.[17] 그러므로 이러한 필요조건이 간과된 채[18] 단순히 소식의 글이 지닌 독특한 형식미만을 따르는 문예의 유행이[19] 주희는 불만이었다.

> 글은 모두 도에서 유출되어 나오는 것이다. (그런데) 어찌 글이 도리어 도를 관통할 수 있는 이치가 있겠는가? 글은 글이고 도는 도인 것이다. 글은 단지 식사할 때 (반찬이) 밥맛을 돋우는 것과 같은 것이다. 만약 글이 도를 관통한다고 생각한다면 도리어 근본을 말단적인 것으로 보고 말단적인 것을 근본으로 보는 것이니 옳다고 할 수 있겠는가? (그런데 한퇴지) 이후에 글을 짓는 사람들은 모두 이와 같다. …… 소식 부자의 글은 올바른 도를 해치는 정도가 도가나 불가보다도 심하다. (『주자어류(朱子語類)』 139)

이러한 평가의 이면에는 도를 자각하는 문제에 소식과 주희의 뚜렷한 차이가 읽혀진다는 점이 주목된다. 주희는 "도가 글의 뿌리이고 줄기이며, 글

17 예를 들어, 주희는 고문의 가치를 들어 당시 글을 짓는 사람들의 문제점을 다음과 같이 지적하고 있다. "성인이 그 말씀을 확립함에 있어서 사람들이 깨닫기 어렵게 하고자 하였다면, 틀림없이 성인의 경전은 만들어지지 않았을 것이다. (그러나) 만약 그 뜻이나 이치가 정묘하고도 심오한 곳을 사람들이 깨닫지 못한다면 그 생각이 아직 그 경지에 이르지 못한 것이다. (그러므로) 배우는 사람들이 모름지기 오래도록 음미하고 깊이 생각하면 절로 알 수 있게 될 것이다. 오늘날 사람들이 말하고자 하면서 또 뚜렷하게 말하지 못하는 것과 어떻게 같겠는가? 그것이 어떠한 생각인지 알 수 없으나 결국은 자신의 생각이 명확하지 않고 따라서 심오하게 말하지도 못하고 또 불분명하게 말하는 것이다." (『주자어류(朱子語類)』 139)

18 "오늘날 사람들은 도를 배우고자 하는 일이 이 세상에서 가장 중요하고도 어려운 일이라고 말하면서 (실제로는) 전혀 이 일에 힘을 쏟지 않는다. 대체로 십여 일이나 한 달간 한 사람의 글을 공부하고 숙독할 수 있는 사람이 없다. 광범위하게 질문을 하는 사람을 만나면 임시로 변통할 뿐이며 경전의 글을 한두 줄도 인용하지 못하고 앞과 뒤가 서로 들어맞는 곳을 한두 군데도 보여 주지 못한다. 말할 수 있는 것이라고는 자신의 사사로운 뜻을 부여하고 주장하는 것에 지나지 않으며, 성현이 지닌 본래의 뜻이나 의리가 참으로 뜻하는 바와는 조금도 관계가 없다. (그러하니) 어떻게 자신을 돌이켜보아 진실하게 알고 진실하게 행동하기를 바랄 수 있겠는가?" (『주자어류(朱子語類)』 74)

19 남송 시기에는 소식의 글을 충분히 익히는 것이 과거 준비를 위한 필수 조건이라는 말이 유행할 정도였다. 육유(陸游), 『노학암필기(老學庵筆記)』

은 도의 가지와 잎일 뿐이다. (그러므로) 생각하건대, 글은 도에 근본을 두므로 글로써 표현된 것은 모두 도이다. (夏 · 殷 · 周) 삼대의 성현이 쓴 문장은 모두 이러한 마음으로 쓴 것이므로 그 글이 곧 도였다"(『주자어류(朱子語類)』 139)라고 전제한 뒤, 소동파의 문예를 보는 시각, 즉 "글은 도와 함께 갖추어 가는 것이다"라는 주장을 비판하고 있는데 그 근거를 다음과 같이 주장한다.

> (소동파의 주장은) 글은 그 자체로 글이고 도는 그 자체로 도이며, (이는) 글 짓는 때를 기다려 잠시 도를 찾아 (글 속에) 집어넣는 것인데, 이는 커다란 병폐이다. 다만 그것은 언제나 문장이 화려하고 절묘하여, (그 병폐가) 포장되어 버리지만, 이러한 지경에 이르러 자기도 모르는 사이에 파탄하게 된다. 그가 지닌 근본적인 병폐가 발생하는 곳을 말한다면, (그것은) 모두 그가 도리어 글을 짓는 것에서부터 점차 도리를 설명해 나아가며, 먼저 도리를 이해한 후에 비로소 글을 짓는 것이 아니기 때문이다. (『주자어류(朱子語類)』 139)

주관적이고 폭넓은 실제 경험을 통해 간접적으로 도의 깨달음, 혹은 "정(情)을 터득한 뒤에 성(性)을 깨닫는"(『묵군당기(墨君堂記)』) 소식의 방법론은 글과 도의 관계 또한 서로 상대적이면서 상호 밀접히 연결되어 있다는 시각(文以貫道)을 바탕으로 한다. 이렇듯 도가와 선의 경계를 아우르는 깨달음은 도학의 주된 이념에 크게 벗어나지 않으면서도, 한편으로는 주희가 주장하는 방법론, 경전의 부단한 독서와 의식적인 노력의 결과로 획득되는 도의 구현 과정은 결국 실패로 끝날 수밖에 없다고 보았다. 이에 반해 체계적인 과정으로 점진적이나마 객관적인 도의 구현에 이를 수 있다고 믿었던 주희는 그러한 부단한 과정을 거친 경지만이 글이 갖고 있는 '도를 전달하는 수단'이라는 궁극적 가치를 최대한 실현시키는 것으로 보았다. 같은 이유에서 소식 등이 주장하는 주관적인 공간의 허용은 글이 가지고 있는 매개적 기능마저도 훼손시킬 여지가 있는 것으로 여겼다.

3. 맺는 말

결과적으로 볼 때 문예 작품 고유의 미적 가치를 상대적으로 희생시킨 도학파들의 문예론은 송대의 예술 발전에 오히려 부정적 역할을 담당했다는 비난을 감수해야만 한다. 유가사상의 전통을 새롭게 정립하고자 했던 열기를 종합하고 도약의 발판을 마련했던 주희의 기념비적인 업적 또한 철학사와 예술사의 측면에서 각각 다른 평가가 나올 수 있다. 오히려 주관의 정신적 고양을 잊지 않으면서도 성정의 자연스러운 표출과 그 표현의 자유와 평담(平淡)의 경지를 중히 여긴 소식의 문예론이 더욱 주목되는 것은 이 때문일 것이다. 또한 이러한 소식의 이념은 그의 화론에도 그대로 적용되어 송대에 절정을 이루었던 이른바 문인화론의 토대를 마련하는 등의 결정적인 역할을 함으로써 당대 많은 사대부들의 지지를 받았다는 점을 기억해야 한다. 하지만 주희를 중심으로 하는 도학자들의 예술론 또한 도와 덕을 단순한 기예(藝)보다 중시함으로써 유가의 도통을 이어가고자 하는 역사적 맥락을 지켜내면서, 작가 개인의 성숙과 도덕적 함양을 통해 예술활동을 단지 미적 유희가 아닌 유가가 추구하는 이상으로 승화시키려는 의지라고 해석될 수 있다. 하지만 문예의 독립적 가치에 대한 물음은 그들에게 여전히 유효하다. 이택후는 당, 송 이후의 문예, 철학의 흐름을 위진 시대와 비교하면서 "위진 시대의 문예, 철학이 서로 보완하고 융합하는 것을 이루어 나갔다고 한다면, 당, 송 이후에는 선종을 제외하고 문예와 철학이 서로 등을 돌리고 분리되어 제각각 나아갈 길이 나뉘어졌다"(李澤厚, 『미적역정(美的歷程)』, p. 156)고 평가하고 있다. 송대 예술론의 흐름을 중당 시대 이후 지속되어 온 사대부들의 내재적 모순의 연속으로 보고 그 모순을 가장 잘 인격화한 상징으로서 소식의 가치를 보는 그의 입장에서는 예술이 가진 고유의 심미, 형식법칙에 좀 더 적극적으로 큰 비중을 두지 못했던 도학파들의 입장이 불만일 수 있다. 하지만 송대의 철학과 문예의 흐름이 그렇게 단순화될 수 있는지는 의문이다. 도의 자각과 실현이라는 이념과 그 이념을 현실생활에서 실천하는 과정에서 도와 문의 긴장은 필연적이었다. 이러한 긴장을 해석하는 논점의 차이는 분명히 있다. 해석의 차이는 일견 상호 대립하고 배타적으로 보이기도 한다. 하지만 논점의 차이를 부각시키는 것에만 그치지 않고, 문예와 도의 관계를 주제로 하는 논의의 문맥과 그 이론의 실천인 작품들의 경향을 볼 때, 당시 문예 이론가이자 동시에 창작의 주체였던 사대부 지식인에게 다양한 이념들의 의식과 미적 감수성이 때론 갈등하고 때론 보완하면서, 내면에서는 융합되고 외면으로는 보다 성숙된 표현으로 승화되었다는 점도 간과되어서는 안 된다. 이러한 일련의 긴장이 송대의 광범위하고도 활발했던 문화 향유를 이끌어 갔던 모티프였다.

더 읽을거리

李澤厚, 『美的歷程』, 元山書局, 1980(윤수영 역, 『미의 역정』, 동문선, 1991).

* 역서의 역자가 평가하듯 중국 미학의 중요한 핵심들을 거머쥐는 장력이 돋보이는 수작이다.

조송식, 「와유(臥遊) 사상의 형성과 그 예술적 실현: 육조시대에서 북송시대에 이르기까지의 예술론을 중심으로」, 서울대학교 박사학위논문, 1998.

* 이 논문은 주로 육조시대에서 북송에 이르는 와유사상의 예술적 실현과 그 전개를 논하고 있지만 북송시대 사대부의 이념구조와 예술의 관계를 이해하는 데에도 큰 도움이 된다.

Egan, R. C., *Word, Image, and Deed in the Life of Su Shi,* Harvard-Yenching Institute Monograph Series 39, Harvard University Press, 1994.

* 근래에 나온 소식에 대한 연구로는 가장 포괄적이면서 정밀하다.

Liu, James J. Y., *Chinese Theories of Literature,* The University of Chicago Press, 1975.

* 중국 문예론사의 주된 논점이 간략하게 정리된 이 분야의 고전이다.

원대 미학사상과 예술의 흐름

주성옥

원은 짧게 존속한 왕조이지만 한족 중심 중국사에 뚜렷한 흔적을 남겼으며, 몽골족과 한족이 영향을 주고받으면서 중국 사회와 문화의 성격을 상당 부분 바꾼 시대이다. 실제로 원대에 모든 학술, 문화활동이 단절된 것은 아니다. 몽골인의 중국 지배가 전통적 중원문화의 유린이라는 면이 없지 않지만, 역설적이게도 이는 전통에 대한 반성을 촉발하고 그 의의를 재정립했으며, 다른 한편으로 남북통일과 역외문화 유입으로 복합적 다원문화를 형성하고 새로운 요소가 전통과 융합되어 시민문화의 바탕이 되었다. 그 결과 원대에는 문학과 회화 분야에서 중요한 발전이 이루어져 후대 중국 예술 발전에 지대한 영향을 끼쳤다.

어떤 문화든 역사 속에서 싹트지만, 전통적 '아(雅)' 문화에서 새로운 '속(俗)' 문화로 이행한 원대를 이해하려면 정치적 · 경제적 변화를 살펴보아야 한다. 우선 정치 상황을 살펴보면, 몽골 통치기간 동안 과거제 폐지에 따라 한인 사대부들은 지배 계층에서 배제되었다. 그 후 잠깐 과거제가 시행되었지만 실무 담당 하급관료 선발에 그쳤을 뿐이다. 원의 지배는 한인 사대부들에게 깊은 정신적 타격을 주었는데, '수제치평(修濟治平)'을 인생의 이상으로 삼고 '홍도명리(弘道明理)'를 문화적 사명으로 자임한 그들에게 이는 단순히 정치권력의 상실을 넘어 인생의 목적과 가치의 상실을 의미했다.

그 결과 사대부들은 도의 수호라는 사명감으로 정치보다 도덕과 문화를 선택했고 개인적 순수성과 정신적 존엄성을 추구할 수밖에 없었다. 원조에 출사하기를 거부하고 권력 중심에서 벗어나 수양과 배움에 힘쓴 유인(劉因)이 문화적 영웅으로 떠오른 것은, 그가 출사를 유가적 삶의 이상으로 한 관습을 타파하고 문화의 계승자라는 사대부의 새로운 전형을 제시했기 때문이다.[1] 문화활동은 자기완성에 필수적이 되었으며 전통문화 탐구와 계승 또한 사대부의 중요한 임무가 되었다. 송대 도학자들이 숭도경문(崇道輕文)한 것과 달리 원대 성리학자들은 문학 창작이 육경(六經)과 덕행의 근본임을 강조하고 작가의 도덕성과 아정(雅正)을 핵심으로 하는 미적 가치를 주장하였다. 문인들의 전통 지향은 전에 없이 강렬해졌으며 이는 복고주의로 나타났다. 그들은 이민족 지배하에서 망국의 한과 입신 기회의 박탈에서 오는 절망감을 주관적이고 내적인 가치에 몰두한 창작을 통해 분출하였는데, 골계적 · 완세적 정서는 도학의 고담한 세계를 뛰어넘어 현실의 모순된 세계를 그대로 비추는 원곡(元曲)으로 예술화되었으며, 초세적 · 고립적 지조는 원 말 사대가의 회화에서 개인의 감흥과 인격의 초탈적 표현 형식을 낳게 된다. 이처럼 문인 계층이 정치가 아닌 예술과 정신세계에서 자신의 정체성을 찾고자 함에 따라 내적이고 주관적인 가치에 몰두하게 되며 예술의 성격도 주관적인 것으로 변화하게 된다.

또한 과거제 폐지는 전통 글쓰기의 성격을 크게 변화시켰다. 이제까지 글쓰기는 관료사회로의 진출 수단이며 자신을 표현하는 방법이었다. 과거제 폐지로 정치 · 경제적 권력 획득 수단이던 글쓰기가 더 이상 통용되지 않자, 문인들은 생계를 위해 글을 쓰는 전문적 기술자가 되었다. 상당수의 문인들이 중간 계층으로 전락함에 따라 민간 계층의 문화적 역량이 강화되었다. 학식과 고급 문자 구사능력을 지닌 지식인들이 상층 계층뿐 아니라 민간인을 상대로 글을 쓰게 되면서 아(雅)문화와 속(俗)문화는 상호 융합하

1 두웨이밍, 「유인의 유가적 은둔주의에 대한 이해」, 『원대성리학』, 228쪽.

여 새로운 문학 장르가 등장하게 되는데, 그것이 다름 아닌 곡(曲)이다.

한편 분열된 중원이 원(元)에 의해 통일됨에 따라 남송의 학문적 성과가 중국 전역에 확산되어 주자학이 유학의 주류로 자리 잡았다. 그러나 원대 주자학은 남송 정주학의 도문학적 탐구를 계승하기보다 존덕성(尊德性)을 숭상하고 주희의 도통설(道統說)을 강조하는 공리주의적인 것이었다. 즉 주자학을 연구 대상으로 삼은 것이 아니라 절대적 이념으로 신봉하여 이를 철저히 궁행하고, 절대적 이념인 도(道)의 상전(相傳) 체계를 밝힌 도통설을 확립하였다. 또한 객관적 원리인 '리(理)' 보다 도덕실천의 주체성을 강조하는 '심(心)' 이 중심이 되는 원대 성리학의 주륙화회(朱陸和會)적 특징은 양명학의 선구였을 뿐 아니라 유 · 불 · 도 삼교의 연결고리가 되었다. 이것은 작가의 인격과 마음을 중시했던 원대 문학예술과 깊은 관련이 있다.

원대 문화 형성에는 남송 문화뿐 아니라 금대 문화도 크게 기여하였는데, 전란의 폐허 속에서도 진정(眞定), 동평(東平) 지역을 중심으로 새로운 문화가 싹텄다. 동평은 금대 문화가 침전된 보수적 지역으로서 예악이 부흥하고 원곡(元曲)이 번영하였다. 사방이 파괴되었지만 엄실(嚴室)이 지배한 지역은 상대적으로 안정되어 많은 유민이 흘러들어와 은둔하였다. 이들은 출사를 대수롭지 않게 여기고 골계(滑稽)와 완세(玩世)적 처세관으로 찰나적 삶을 즐겼는데, 원곡은 이런 분위기에서 개화하였다. 일반적으로 원곡 발달 원인을 과거 폐지로 실의한 문인들이 전통윤리가 이완된 틈을 타서 잡극 창작에 전념했기 때문이라고 하지만, 저항할 수 없는 현실을 극복하는 방편으로 예악의 세계에 몰입한 동평 유민들의 초세적 태도에 그 원인이 있다고 해야 할 것이다.

원 초 신도교는 정치 · 경제적 혼란에서 고통받는 사람들의 구제를 기치로 하여 호응을 얻었으며, '공을 쌓고 선행을 행한다' 는 공과격(功過格) 사상은 느슨해진 유교 봉건예교와 윤리도덕을 대신하여 사회를 통합했다. 또 신도교와 불교는 문화 보전과 학문 전수에도 기여했으며 선진 유가 통치술을 권하고 몽골의 한화를 설득하였다.

원의 통일로 국내 각지의 교류와 외국과의 교역이 확대되고 전국적인 화폐제도가 시행되었다. 그러나 화폐 남발과 가혹한 징세로 농촌경제가 몰락하여 도시로 인구가 유입되어 대도시를 중심으로 문화예술 기운이 무르익었다. 원대 문화는 대도시를 중심으로 한 통속적이고 실질적인 문화였으며 그것은 아(雅)문화 쇠락을 가속화시키는 동시에 속(俗)문화 발전을 조장하였다. 동질 집단에서 수용된 기존 아(雅)문화와 달리 상품이자 생계유지 수단으로 예술이 등장하였는데, 감정과 개성이 전면에 부각된다는 점에서 새로운 문화는 근대성의 단초를 보여 준다.

1. 원대 문학 이론

원대 시가의 가장 두드러진 특징은 남북 복고 시풍의 융합인데, 원대 '종당득고(宗唐得古)' 기풍은 송(宋)에 대한 비판과 반성을 통해 형성된 것이다. 문학사에서 복고 조류는 복고(復古)를 기치로 내걸지만 사실상 전통 계승과 창신(創新)을 위한 것이다. 그러나 역사적으로 복고론은 형식적 새로움에 국한된 채 사상 · 내용 면의 새로운 관점을 제시하지 못한 경우가 많았다. 반면 원대 '종당득고(宗唐得古)' 조류는 송시의 병폐를 시정하기 위한 것이며, 다른 한편으로 시를 비루한 것으로 평가한 송대 유학자들의 태도를 교정하기 위한 것이었다. 따라서 그것은 '새로움' 이라는 혁신적 요소를 지녔으며 소극적이거나 과거 추수적인 것에 머물지 않았다.

금 · 원의 시가이론은 기본적으로 송대 시가이론의 연장이다. 다만 금은 북송 문화를 계승하여 시가에서도 북송 시의 영향이 지배적이다. 한편 원의 중국 통일 후 남송 시인들이 북으로 이동하면서 남송의 시풍도 함께 가져와 남송 말기 유행했던 강서 시파의 여풍이 원대에 다시 한번 나타났다. 그러나 소식과 황정견의 미학사상의 차별성에 대한 인식이 이루어지면서 시단은 '종황(宗黃)' 과 '종소(宗蘇)' 라는 두 유파로 나뉘어 논쟁하다가 원호문(元好問)의 등장으로 두시(杜詩)에 대한 소식과 황정견의 공통 입장을 인식하고 두시(杜詩)를 매개로 융합되어 궁극적으로 '종당(宗唐)'을 주장하게 되었다. 동시에 남송의 강서 시파에 대한 격렬한 비판이 행해졌는데, 그 대표적 인물이 왕약허(王若虛)이다. 원대 시가는 언어적 수사 기교를 강조하는 강서 시파에 대한 비판을 통해 개인의 체험과 인격, 내면적 심성의 표현이라는 새로운 미적 기준을 제시하였다.

왕약허는 황정견과 소식을 대립시켜 황정견이 끝내 소식을 능가할 수 없었던 원인이 소식의 시가 자유롭게 창작된 '대도본체(大道本體)의 굉(宏)'의 경계라면 황정견의 시는 언어를 공부하는 '학자공용의 굉(宏)'의 경계에 불과했기 때문이라고 비평하였다.

> 산곡의 시는 기이함은 있지만 묘함은 없으며, 자른 것은 있지만 분방한 것은 없으며, 학문을 포장하여 풍부하게 하고, 진부한 것을 변화시켜 새롭게 하고, 혼연하게 천연적으로 이루어졌으나 저 폐부에서 흘러나온 것은 부족하다. 이것이 힘껏 동파를 좇아도 미치지 못하는 까닭인가?[2]

왕약허의 황정견 비판은 매우 신랄하여 "노직이 시를 논하여 '환골탈퇴(換骨脫退)', '점철성금(點鐵成金)'이라고 비유하였는데, 세상 사람들이 명언이라고 하지만 내가 보기에는 단지 교활한 표절일 뿐이다"[3]라고 폄하하였다. 그는 황정견에게 부족한 것이 "폐부에서 흘러나온" 진실한 감정이며, 그것이 없다면 문장을 조탁하고 법도를 따지는 것은 표절에 불과하다고 보았다. 문장의 묘(妙)는 시어 구사의 기이(奇異)함에 있는 것이 아니라 감정의 자연스런 표출에 있고, 그런 자연스런 감정이 있다면 그것은 원기(元氣)처럼 사물에 따라 응하여 형상을 부여할 수 있다는 그의 미학정신은 진실

---

2 山谷之詩, 有奇而無妙, 有斬絕而無橫放, 鋪張學問以爲富, 點化陳腐以爲新, 而渾然天成, 如肺腑中流出者, 不足也, 此所以力追東坡而不及歟. (「詩話」 권2)

3 같은 책, 권3.

한 감정의 표출을 중시하는 소식의 예술정신과 부합하였다.

왕약허는 소식과 백거이 비평을 통해 자신의 문학관을 정립하는데, 그 중 가장 주목할 만한 것은 '자득(自得)'과 '진실성' 진술이다. 그는 주관의 진실한 체험을 통해서만 미적 표현이 이루어질 수 있다고 생각했다. "애락(哀樂)의 진실성은 정성(情性)에서 나오는데 이것이 시의 바른 이치이다."[4] 그는 미적 감정의 체험과 '자득(自得)'을 중시하였고, "구법(句法)으로써 사람을 얽어매는 것"을 반대했다. "옛 시인은 취미가 다르고 체제가 같지 않지만 모두 자득(自得)에서 나올 것을 요구했다. 그 말이 통달하고 이치가 순함에 이른 것을 모두 명가라고 해도 괜찮은데, 어찌 구법(句法)으로써 사람을 얽어매었겠는가?" "문장은 오직 진실을 구할 뿐이니, 고의를 두어서 무엇하겠는가?"[5] 그는 문장의 형식미보다 내용의 진실성을 강조했고 창작의 자유를 중시하였다.

그러나 왕약허는 형식을 완전히 무시하지는 않았다.

> 혹 문장이 체가 있느냐고 묻는다. 대답하되, 없다. 또 묻기를 체가 없느냐? 있다. 그렇다면 과연 어떤가? 정해진 체는 없지만 대체(大體)는 있어야만 한다.[6]

"정해진 체는 없다"는 정해진 격식이 없다는 것이고, "대체(大體)는 있어야만 한다"는 문장을 이루는 근본은 있어야 한다는 것이다. "대개 문장은 어찌 정법이 있는가? 뜻이 이르는 바가 곧 제재가 되며, 뜻이 적합한 것은 해가 없다"[7]고 하여 형식은 내용을 따라야 한다고 보았다.

왕약허의 시론은 송시 비판을 통해 형성되었지만 송시를 일방적으로 폄

---

4 『滹南詩話』 권1.
5 『滹南遺老集』 권34, 「문변 권1」.
6 같은 책 권37, 「문변 권4」.
7 같은 책 권36, 「문변 권3」.

하한 것이 아니라 주체적 입장에서 비판하였다. 그 주체성은 바로 자득의 진실성에 의해 형성된 것이며 금 말, 원 초 시단에 큰 영향을 미쳤다.

원호문(元好問) 역시 금 · 원 교체기의 시인이며 그의 비평적 견해는 「논시30수(論詩30首)」에 나타난다. 대복고(戴腹古)가 「근시십절(論詩十絕)」에서 시 자체를 다룬 데 비해 원호문은 시 작품을 비평했는데, 새로운 미학 주장은 없지만 그의 명성과 영향력 때문에 당시 미학 사조를 이해하는 데 도움이 된다.

원호문은 경험과 정감을 중시했으며, 몸으로 겪은 것을 기초로 하여 창작한 시만 진실할 수 있고, '신(神)'이 있을 수 있다고 여겼다. 그는 시가는 '천연(天然)', '진순(眞淳)' 해야 한다고 강조하고 문장 수식에 반대하여 강서 시파의 형식주의를 타파하고자 했는데, 이는 왕약허의 미학사상과 유사하다. 그러나 그는 한 걸음 더 나아가 '성(誠)'을 시의 근본이며 시는 고아(古雅)해야 한다고 주장하였는데, 이것은 금조 유민들 사이에서 이루어졌던 복고적 경향과 시가 인격의 반영이기 때문에 시의 품격이 높아야 한다는 유민들의 고일한 정조와 만나고 있다.

> 눈이 보는 곳에 마음이 생겨 시구가 저절로 신묘해지고,
> 어둠 속에서 더듬는 것은 다 진실이 아니다.
> 그림을 그려 진천의 경치를 내놓으려는 마당에
> 직접 장안에 간 사람이 몇 사람이나 될까?[8]

앞의 두 구절은 직접 감수하는 것이 시가 창작에 가장 중요하다고 강조하는데, 시가에 표현된 주관의 감정은 자연적 격발로부터 발생하기 때문에 정(情)과 경(境)이 만나야 정신을 전하는 붓이 있게 된다. 이런 감수가 없이 헛된 표현을 구하는 것은 암중모색하는 것처럼 그 진실한 정경을 표현할

8 "眼處心生句自神 暗中摸索總非眞. 畵圖監出秦川景, 親到長安有幾人", 「논시30수」.

수 없다. 뒤의 두 구절은 모사에 대한 비판인데, 그래서 그는 "시를 논함에 차라리 배옹(황정견)을 스승으로 모실지언정 강서 시사의 사람 노릇은 하지 않는다"고 하면서 강서파의 미학사상이 일고의 가치도 없다고 여겼다.

직접 감수하는 것을 중시하는 것과 관련되어 원호문은 진실한 감정의 자연스러운 흐름을 중시하고 억지로 과장하고 수식한 것을 반대했다.

> 마음의 그림이나 마음의 소리라는 말은 모두 진실함을 잃은 것이니,
> 문장이 어찌 사람됨을 보여 주겠는가.
> 높은 정으로 천고에 전해지는 「한거부」로
> 어찌 안인(安仁)이 길가 먼지에도 절했다고 믿을 수 있겠는가.[9]

여기서 원호문이 제기한 문제는 작가의 인격이다. 「한거부」는 은일의 이상을 표현한 작품이지만, 반악(潘岳)은 조급하고 경박하며 이익을 탐닉하였다. 제후가 외출할 때 길가의 먼지에 절을 할 정도로 아첨하였지만 벼슬을 얻지 못하자 「한거부」를 지어 은일한 선비인 양하였다고 한다. '마음의 그림과 마음의 소리'는 양웅(揚雄)이 「법언(法言)·문신(問神)」에서 "말은 마음의 소리이고, 글은 마음의 그림"이라고 한 것인데, 원호문은 만약 예술이 마음의 표현이라면 그 마음이 거짓될 때에도 작품이 작가의 인격의 반영이라고 할 수 있는가라고 반문한다. "눈이 가 닿는 곳에서 마음이 생긴다"는 체험의 진실성을 강조하며, '마음의 그림과 마음의 소리'는 예술이 진실한 정의 표현이어야 한다는 것을 강조하지만, 예술작품이 작가의 인격을 진실하게 반영하지 않는 경우도 있다.

이것은 서양에서 작가의 인격과 작품의 예술성을 논한 것과 유사하나, 서양에서 작품의 자율성을 강조한 것과 달리 원호문은 예술성보다 인격에 중점을 둔다. 그는 작품의 예술성과 작가의 인격의 동일성을 주장하는데,

9 "心畵心聲總失眞 文章宁復見爲人 高情千古'閑居賦' 爭信安仁拜路塵", 「논시30수」.

심지어 인격을 갖추지 못한 작품은 아무리 훌륭하다 해도 허위라고 하였다. 작가의 내면적 진실성으로부터만 아름다운 예술작품이 만들어진다는 주장은 원호문의 시 창작에 관한 미학적 관점이다.

원대 시단은 '종당득고(宗唐得古)'를 주장하면서 강서 시파를 비판하는 한편으로 강서 시파의 창작 풍조가 이어지기도 했는데, 방회는 강서 시파를 대표하는 마지막 인물이다. 그는 강서 시파 말류의 형식 추구에 대한 편향과 사령파 및 강호파의 비속한 시풍을 극복하고 강서 시파 정통 시학이론을 재건하고자 『영규율수(瀛奎律髓)』를 편찬하고 일조삼종설(一祖三宗說)을 주장하여 강서 시파 이론을 계승하는 한편 그것을 발전시켜 당대와 후대의 시론에 적지 않은 영향을 끼쳤다.

방회는 송 말 사기(士氣) 쇠퇴의 원인을 사인(士人)의 '배움에 스승이 없다'는 데 귀결시켰다. 그에 따르면 학(學)의 근본은 도(道)를 구하는 것이며 문(文)은 도(道)를 말하는데, 문을 구하여 도를 소홀히 하게 되면 문(文)에 능한 것만 즐거워하여 도를 버리게 된다. 그러므로 배운 바는 '문을 전문으로 하는 것'에 불과하며 말은 도에 대한 깨달음이 없다. 방회는 문도(文道)의 대요로부터 송 말 사풍이 부진한 근본 원인을 지적하며 '무사(無師)'의 잘못이 송 말 모든 사람들을 만당(晩唐)의 마도(魔道)에 들어가게 하고 '불상요참(不祥妖讖)'하게 만들었다고 보았다. 이처럼 시도(詩道)가 쇠락한 것은 시가 창작이 구법(句法)에 한정되었기 때문이므로 그것을 구하기 전에 '의(意)'가 먼저 확립되어야 한다고 주장하였다.

방회는 원초 이학자 학경(郝經)[10]의 내유론(內遊論)의 영향을 받아, 심(心)과 경(境)의 관계를 논한 '심즉경(心卽境)' 이론을 발전시켰다. 학경의 내유론은 마음과 마음의 작용을 유일한 요소로 과장하며 외적 관람을 내적 유람과 대립시켜 후자를 중시하며 전자를 경시하고 직접 경험의 중요성을 부

10 郝經(1223-75) 자는 伯常, 그 선조는 潞州人이었는데 澤州陵川에 이주하였다. 금에서 원에 들어와 벼슬은 翰林侍讀學士에 이르렀다. 시호는 文忠. 그 문장은 풍부하고 호탕하였으며, 의론에 능했다. 『續後漢書』, 『易春秋外傳』, 『太极演』, 『陵川集』 등의 저서가 있다.

정하였다. 육경(六經), 『논어(論語)』, 『맹자(孟子)』 등으로 "마음을 보존하고 기를 다스려" 도를 배워야 하며, 외적 '관람' 이나 강산의 도움은 필요치 않다고 보았다. 내유론(內游論)은 전통 계승을 목적으로 하여 외적 인식보다 내적 상상력을 강조하였으며, 당시 객관적 '이(理)' 를 탐구하는 도문학보다 주체의 '심(心)' 을 중심으로 존덕성을 강조한 주자학의 영향을 받아 주체의 용(用)의 측면을 강조하는데, 바로 이 점이 '의(意)' 를 중심으로 예술활동을 설명하려는 방회에게 수용될 수 있었다.

방회는 경계란 누구에게나 동일한 것이며 누구도 환경의 제약에서 벗어날 수 없다고 보았다. 그러나 객관 존재인 경계를 변화시켜 주관 경계로 바꾸면 경계의 주관화를 겪지 않을 수 없다. "내가 경계가 되는 까닭은 마음에 있으니 다른 사람들과 같지 않다." 여기서 방회는 '마음이 곧 경계' 라는 결론을 이끌어내어 "그 경계를 다스리되 그 마음에 미치지 못하면 활동의 자취는 다른 사람의 경계와 멀지만 마음은 가깝지 않은 적이 없었다. 그 마음을 다스리되 그 경계에 미치지 못하면 족적이 인간의 경계와 가깝지만 마음이 멀지 않았던 적이 없다"고 하여 "그 경계를 다스리는 것은 그 마음을 다스리는 것만 못하다"고 주장하였다.

방회는 『영규율수(瀛奎律髓)』 중 두보의 「강형」 논평에서 "그렇지만 늙은 두보가 '조각구름이 하늘에 멀리 떠 있고, 영원한 달이 외롭다' 와 같이 경(境)은 정(情) 속에 있고, 정(情)은 경(境) 속에 있으니 길을 바꾸지 못했다"[11] 고 했다. "경은 정 속에 있고, 정은 경 속에 있다"는 미적 관조 중 주체와 객체가 융합한 결과이며 미학 범주 중 '의경' 또는 '경계' 에 해당한다.

또한 방회는 어(語), 의(意), 격(格) 삼자의 관계에 대하여 연구하였는데, 「당장유학예포소집서(唐長孺學藝圃小集序)」에서 그는 "시는 격이 높은 것이 제일이다"[12]라는 표준을 제시하였다. 방회는 '격고(格高)' 라는 기준을 제시

11 『桐江集』 권2, 「心境記」.
12 『桐江續集』 권33, 「唐長孺學藝圃小集序」.

함으로써 주체의 고상한 도덕 정서와 인격미를 예술 창조의 첫 번째 요건으로 부각시켰는데, 여기서 복고의 의미는 매우 분명하다.

> 시는 격고보다 귀한 것이 없으며 격고를 귀하게 여기지 않고 풍운(風韻)을 숭상하기만 한다면 반드시 숙(熟)을 귀하게 여겨야 한다. 숙(熟)이란 부란진고(腐爛陳古)를 일컫는 것이 아니라 그것을 취하여 도처에서 그 근원을 만나는 것이 그것이다.[13]

> 시는 우선 격이 높고 뜻에 도달하여야 하며 또 말이 솜씨 있는 것이 최상이다. 뜻에 도달하고 말은 솜씨 있으나 격이 높지 않은 것은 그 다음이다. 격도 없고 의도 없고 또 말도 없으면 가장 낮다.[14]

'고격(高格)'은 시격에 반영된 인격미이며 그와 상관된 창경미(蒼勁美)와 이 양자의 통일을 가리킨다. 이는 「정두산음고서(程斗山吟稿序)」에서 "시에서 좋은 것은 가장 솜씨 있는 것에서 서툰 것으로 들어가는 것이다. 솜씨 있으면 거칠고 서툴면 세밀하다. 솜씨 있으면 생경하고 서툴면 완숙하다"라고 한 것과 일치한다. 언어 솜씨와 의(意)에 도달함은 시가 창작의 기초 단계이고, 솜씨 있는 언어로 사상 감정을 표현한 다음 더욱 높은 정과 큰 뜻을 더해야 '격고'의 경지에 이른다. 그렇지 않다면 "푸른 하늘의 매는 높지 않은 것은 아니지만 뜻이 썩은 쥐에 있으니 봉황처럼 울고자 하지만 어떻게 되겠는가?" 교묘한 언어와 비천한 뜻으로 격고를 구하는 것은 불가능하다. 방회가 『영규율수(瀛奎律髓)』에서 두보를 초조로 삼고 황정견, 진사도, 진여의를 세 종사로 삼아 '종당득고(宗唐得古)'하려 한 근본 목적 역시 사인의 높은 지조와 미적 감수성을 회복하는 것, 즉 아정(雅正)의 추구에 있었다.

13 『瀛奎律髓』 권20, 張澤民의 「梅花」.
14 『瀛奎律髓』 권21, 「元日大雪」.

방회의 시론 중 특별한 것은 청신(淸新)에 대한 요구이다. 방회는 청신(淸新)에 관한 전대 논술을 흡수하고 취미와 미적 체험에 근거하여 비교적 완전한 청신론을 주장했다. "남인은 량의 포도를, 북인은 민 지방의 여지를"이란 표현처럼 사람들은 생활뿐 아니라 시에서도 새로움을 요구한다고 하여 방회는 시에서 청신에 대한 요구를 당연한 것으로 받아들였다. 그의 청신론에서 새로운 점은 청(淸)과 신(新)이 상호 인과가 되는 점이다. "맑으나 새롭지 않은 것이 없고 새로우면서 맑지 않은 것이 없는" 관계는 사실상 동일하므로 체용의 관계로 설명할 수 없다. 다른 점은 새로움은 한계가 없지만 익음은 적당한 정도를 요구하는 것이다. 따라서 "익은 것에 더 열을 가하면 안 되지만, 익었으나 새로운 것은 괜찮다." 그렇다면 시인의 시는 어떻게 청신할 수 있을까? 방회는 "의미의 자연스러움이 청신이 된다"고 보았다. 여기서 자연, 청신은 힘들여 배우고 꼼꼼히 생각하여 얻어지지 않고 자연스럽게 이루어지며 천진함에서 나온다. 그러므로 방회의 자연은 시 풍격의 청신한 자연뿐 아니라 시 내용의 소박하고 진실한 자연도 포괄하는 개념이다.

방회의 시론은 인격의 고매함을 바탕으로 진실한 마음과 언어 솜씨가 겸하는 시격을 강조하는데, 전통 강서 시파의 견해와 달리 원대 문인들이 공유한 실천궁행 강조와 맥을 같이한다. 그러나 그는 형식미에는 매우 편협하여 그가 유일하게 존중한 수경미(瘦硬美)는 풍부한 미적 다양성을 희생하고 나아가 삶의 현실성과 다양성을 희생한 결과였다. 시에 대한 요구가 이처럼 높고 이상주의적이었다는 것은 속문화의 탁류가 아문화로 침투하고 있었다는 것을 반증한다. 그런 의미에서도 방회를 강서 시파의 마지막 대가라고 할 수 있겠다.

양유정은 원말 미학사상가로 시를 작가의 정감, 성격, 인품의 반영으로 보고 시 창조에서 전통의 학습을 무시하였다. 형식적 모사에 대해 "붉음을 본보고 흰 것을 베끼는 것을 시라고 하면 어찌 시가 있겠는가? 그러므로 모의(模擬)가 핍진해질수록 옛날과 거리는 더 멀어진다"고 하였다. 그러나 고

시 학습을 완전히 부정하지 않았는데, 시 전통을 배우는 것은 형식적 모사가 아니라 고인의 정신을 배우는 것이기 때문이다. 예를 들어 두보에게는 '우군우국(憂君憂國)' 하고 '포폄시비(褒貶是非)' 하는 정신을 배워야 하며, 도연명에게는 고상한 정과 은일한 뜻을 배울 수 있다. 시의 형식보다 인격미를 강조한 것은 원대 작가들에게 공통되지만, 양유정의 독창성은 인품을 개성적이고 정감적인 것으로 이해한 점이다. "시란 사람의 정성(情性)이며, 사람에게 각각 정성이 있기 때문에 각자 시가 있다. 스승에게서 얻은 것을 나의 시라고 할 수 있겠는가!"[15]

> 시품을 평하는 것은 인품을 평하는 것과 다르지 않다. 사람은 면목과 골체가 있고, 정성(情性)과 신기(神氣)가 있듯이, 시의 호오와 고하도 마찬가지이다. 〈풍(風)〉 〈아(雅)〉가 내려와서 〈소(騷)〉가 되고 또 내려와서 〈19수〉가 되고, 〈19수〉가 내려와서 도연명과 두보가 되고, 양 이(李)가 되었는데, 그 정성이 조야하지 않고 신기가 무리와 다르기 때문에 골격이 천하지 않고 면목도 누추하지 않다. 아! 이 시의 품격은 후대에 없다. 이로부터 제와 양이 되고 만당과 계송(季宋)이 되었는데, 그 면목이 날로 비루하고 골격이 날로 천하니, 그 정성과 신기는 알 만하다. 아! 만당과 계송 이후에 시를 배워서 도연명과 두보와 양이를 오르내리고자 하여 소아를 경시하니 또한 그것의 어려움이 얼마나 많겠는가! 그러나 시의 정성과 신기는 고금에 간격이 없다. 옛날의 정성과 신기를 얻으면 옛 시가 있다. 그러나 면목을 알지 못하였는데 그가 골격을 얻었다고 말하는 것은 잘못이다. 골격을 얻지 못하였는데 그가 정성을 얻었다고 말하는 것도 잘못이다. 정성을 얻지 못하였는데 그가 신기를 얻었다고 말하는 것은 더욱 잘못이다.[16]

15 『동유자문집』 권7, 「李仲虞詩序」.
16 『동유자문집』 권7, 「趙氏詩錄序」.

사람마다 뜻과 말이 있고 자기 뜻은 다른 사람 뜻과 다르기 때문에 말도 다른 사람 말과 다르며 시의 모양도 각자 다르다. 특정 환경에서만 고인과 그윽이 합할 수 있다. 소동파가 폄적되어 전원을 가까이 하여 출세(出世)할 마음이 있던 때, 정성과 신기가 도연명과 유사하여 그와 '기미(幾微)'가 비슷한 시를 지을 수 있었다. 그러나 '신(神)'은 독창적이기 때문에 기미가 비슷해지더라도 신(神)을 같게 할 수 없다. 이는 시의 개성적 가치를 긍정한 진술이다.

이상에서 양유정은 시품과 인품의 통일을 강조하는데, 그가 말한 인품은 유가에서 말하는 성현의 도(道)로서의 '인품'과 완전히 일치하지 않는다. 오히려 그것은 전통 유가의 인의도덕에 비추어 볼 때 이단적이고 낭만적 색채를 띠며, 실제 그의 시에서도 그런 경향이 나타난다. 이런 낭만적 태도는 당시 유행했던 원곡에 대한 그의 이해에도 반영된다. 심미 주체의 개성의 차이와 미적 정서의 체험을 중시하는 이런 태도는 전통 시교(詩教)에는 충격적이었다. 바로 그것이 후대에 그를 비판하는 단서가 되었는데, 명대 문인인 왕이(王彝)는 "회계 양유정의 글은 여우이며 문요(文妖)"라고 비판하였다. 양유정과 유사한 견해가 이전에 없었던 것은 아니지만 이처럼 분명하게 표명했다는 점에서 양유정의 미학사상은 새로운 시대의 미적 정서를 반영한다.

한편 원대는 시민문학의 새로운 양식인 원곡이 활발하게 창작, 수용되었는데, 이는 새로운 시대사조를 반영한다. 그러나 원대에 창작된 수많은 희곡에 비한다면 원대 희곡 이론은 그 수나 이론적 깊이에서 그다지 주목할 만한 성과를 얻지 못하였다. 중요한 이론상의 성과는 명·청대에 나타난다. 이론화는 일정 정도 창작이 축적된 이후 그에 대한 반성과 성찰 속에서 이루어지는데 그런 과정을 거치기에는 원이 지속한 기간이 길지 않았다. 그러나 원대에도 몇몇 중요한 이론적 성과가 나타났는데, 그것들은 원대 희곡의 미적 특징에 대한 초보적 인식을 보여 주며, 이 저작들이 상당히 깊이 있게 원대의 미적 정서와 사대부의 가치 관념의 변화를 반영한다.

원 초 호지휼(胡祗遹)은 몇 편의 극평에서 잡극의 제재와 대상의 새로운 특징에 대해 논하였다. 원대 새로운 점은 '조정군신(朝廷君臣)' 만 무대를 독점하지 않고 '여리시정(閭里市井)' 에서 상인도 무대에 등장한다는 것이다. 그는 연기자의 기본적 자질을 개괄한 최초의 공연예술 총론인 '구미설(九美說)' 을 주장하였고, 희곡 창작이 우울한 마음을 풀어 버리거나 털어 버릴 수 있다는, 아리스토텔레스의 카타르시스와 유사한 희곡 효용론을 주장하였다.

원말 희곡 이론서로 하정지(夏庭芝)의 『청루집(靑樓集)』과 종사성(鍾嗣成)의 『녹귀부(錄鬼簿)』가 있다. 『녹귀부』는 금 · 원대 희곡작가의 생애와 작품을 기록하였다. 이는 예술사에서 특별한 의미를 지니는데, 속문학작가가 문화예술 주체로 당당하게 등장하고 있다. 종사성에 따르면, 성현군신과 가문도 비천하고 직위도 낮지만 재주가 훌륭하고 박식한 희곡작가 사이에는 차별이 없다. 사회적 공헌으로 보면 전자는 문치와 무공이 있고, 후자는 글 쓰고 묵을 희롱하지만 모두 공이 있기 때문에 '비록 귀(鬼)이나 귀(鬼)가 아닌' 대열에 속한다. 하정지의 『청루집』은 백여 명의 원대 기녀의 생활 단편을 소개한다. 이 기녀들 대다수가 배우였으며, 가기(歌妓)와 무기(舞妓)의 지위는 매우 낮았기 때문에 전기를 기록한 예는 없었다. 하정지는 어떤 경멸의 뉘앙스도 없이 그들의 예술적 성과에 대해 합당한 평가를 내렸다. 종사성과 하정지의 관점은 원대 지식인의 심미관에 발생한 변화, 즉 통속적 대중문화를 업신여기지 않고 그 고유한 가치를 인정했음을 보여 준다.

연남지암(燕南芝庵)의 『창론(唱論)』은 성악 논술로 희곡이라는 종합예술의 기본 요소인 창곡의 예술적 특징을 연구하였다. 특히 배우의 가창적 측면에 주목하여 "사악(絲樂)은 죽악(竹樂)만 못하고 죽악(竹樂)은 육성(肉聲)만 못한데, 그것이 (자연에) 가깝기 때문이다"[17]라고 평하였다.

원대 희곡 이론가로는 『중원음운(中原音韻)』과 『철경록(輟耕錄)』을 저술

17 『中國古典戲曲論著集成』 제1책, 「唱論」, 159쪽.

한 주덕청(周德淸)이 있다. 『중원음운』은 원 잡극창작 기본 운서(韻書)인데 작가가 "작사지고황(作詞之膏肓), 용자지골수(用字之骨髓)"[18]라 자부할 만큼 원대는 물론 후대 희곡창작에 절대적 영향을 끼쳤다. 「자서(自序)」에서 "운(韻)은 모두 자연 음을 지키고 자(字)는 천하의 음을 능통하게 한다"고 하여 자연스런 음운현상에 따라 운을 정해 혼용 글자로 인한 사의(詞意)의 혼란을 막고자 했으며, 곡과 사가 더욱 정치해지는 격률화 경향이 나타난다. 이 책의 내용은 곡문의 언어에 국한되어 희곡창작 이론이라고 할 수 없지만, 희곡 이론의 관심이 연출에서 창작으로 옮겨졌다. 연구 대상이 주로 희곡 언어, 특히 음률에 치중되었지만 『중원음운』의 운서(韻書)로서의 절대적 영향력을 고려하면 원대 전체의 음악론으로 이해할 수 있다.

주덕청의 음악론은 자연에 바탕을 둔 것으로 앞서 연남지암의 비평 기준과도 일치한다.

> 고인이 …… 또 말하기를 "악부를 지음에 음률을 해치는 것을 반드시 기피해야 한다"라고 했다. 또 여진의 〈풍류체〉 등과 같은 문장은 모두 여진인의 음악으로써 노래해야 한다. 비록 글자가 어그러짐이 있다 하더라도 음률을 상하게 하지 않은 것은 해가 되지 않는다. 대체로 먼저 가락에 밝아야 하고 그 후에 보(譜)를 알아야 하는데, 그 음을 살펴서 만들면 조를 졸렬하게 만드는 잘못이 없을 것이다.[19]

그는 언어는 잘못되더라도 음률을 해쳐서는 안 된다고 주장하는데, 이것은 원곡의 음악적 중요성을 지적하였으며 "선요명강(先要明腔), 후요식보(後要識譜), 심기음(審其音)"이라는 순차적인 음악학습 방법을 제시하였다.

---

18 『中國古典戲曲論著集成』 제1책, 「中原音韻」, 176쪽.

19 『中國古典戲曲論著集成』 제1책, 「中原音韻」, 231쪽, "故云 …… 又云 作樂府 切忌有傷於音律 且如女眞風流體等樂章 皆以女眞人音聲歌之 雖字有舛訛 不傷於音律者 不爲害也 大抵先要明腔 後要識譜 審其音而作之 庶無劣調之失."

주덕청 음악론은 호남지암의 경우처럼 자연스러움에 바탕을 두고 있다.

주덕청은 또한 희곡의 구성과 언어에 대해서도 관심을 가졌다.

그 말을 만들기 전에 먼저 그 뜻을 세워야 하는데 말은 뜻을 고상하게 갖추는 것을 제일로 삼는다. 짧은 문장은 사가 간략하면서도 뜻을 다 펼쳐야 하고, 장편은 허리와 배가 포만하고 머리와 꼬리가 서로 어울리도록 해야 한다. 말을 만들 때에는 반드시 빼어나게 하고 글자를 씀에는 반드시 완숙하게 해야 하는데, 지나치게 문아하면 실제와는 거리가 멀어지고, 문아하지 않으면 저속해진다. 문아하면서도 문아하지 않고 저속하면서도 저속하지 않아 발돋움해서 보고 귀를 세워 들을 정도가 되어야 하며, 격조가 고아하고 음률이 좋으며, 츤자(襯字)가 없고 평측이 안은해야 한다.[20]

구성의 완전성과 언어의 숙련, 음악적 특성을 언급하면서도 곡이 현실을 반영해야 함을 주장한다. 또한 원곡에 대한 비평 기준에 아문학적 취미가 개입되어 있는데, 당시 양유정, 우집 등이 희곡을 대아지당(大雅之堂)에 오르지 못한 속된 문학에서 그 지위를 향상시키려고 한 것과 일맥상통한다. 그는 시사(詩詞)와 비교 관점에서 작곡(作曲)의 어려움을 말하고 있다.

세상에서 모두 당시(唐詩), 송사(宋詞), 원곡(元曲(大元樂府))이라고 일컫는데 진실로 그러하다! 당시(唐詩)를 배우는 자는 그 시율(詩律)에 맞추고 송사(宋詞)를 배우는 자는 단지 자수(字數)에 따라 채워 넣을 따름인데, 지금의 악부(樂府(曲))는 그렇지 않다. 선비들은 매번 그것을 가벼이 여기는데, 내 말하노니 융통성 없고 진부한 자질들은 무능하여 그것을 비난하고 가벼이 여기지만 반드시 통달한 선비나 준재일 것 같으면 바로 그 오묘함

20 『中國古典戲曲論著集成』 제1책, 232쪽, 『中原音韻』, "未造其語 先立其意 語 意俱高爲上 短章辭既簡 意 欲盡 長篇要腰腹飽滿 首尾相救 造語必俊 用字必熟 太文則迂 不文則俗 文而不文, 俗而不俗, 要聳觀 又聳聽 格調高 音律好 襯字無 平仄穩."

을 만들어 낼 수 있다.[21]

호지휼과 양유정은 사대부로서 유가의 선왕지도를 희곡에서 찾으려 하였다. 이는 희곡이 민중 양식으로 출발하여 사대부 문인에게도 인정받았다는 의미를 지닌다. 그러나 사대부의 희곡 인식은 교화적 효용만 주목하였다. 인간만사의 정황과 감정을 표현하고 민중들이 향유하는 희곡은 위로는 정치의 득실을 표현하고 아래로는 백성을 교화시킨다는 것이다. 이 효용론은 희곡의 효용을 무력화시키게 되었다. 그 대표적 인물이 양유정인데, 희곡이 고시를 계승하여 국가의 정치 득실을 반영하고 풍간(諷諫) 작용을 하며 백성을 교화해야 한다고 주장하면서 희곡이 지나치게 비속하게 흐르는 경향을 경계하였다.

> 금악부라는 것은 문묵을 하는 선비들이 노니는 것이나 버릇없이 친하게 굴거나 사악하거나 바르거나 호방하거나 빼어나거나 비루하거나 거칠거나 하는 것 등은 또한 그 인품에 따라 얻어지는 것이다. …… 등등은 모두 일대의 사백인데, 여기에서 노닐지 않을 수 없다. 비록 성조에 의지했지만 그 격력이 웅혼 정대하여 족히 전할 만한 것이 있다. 근년 이래로 작은 단위의 배우 무리들은 금악을 자기 마음대로 울리는데 왕왕 길거리나 시장통 이야기 같은 비루함에 흘러버려서 어부와 나무꾼의 자내곡만 못한 것이 있으니, 나는 또 10년 20년 후에 그것이 어떻게 변할지 모르겠다.[22]

21 『中國古典戱曲論著集成』 제1책, 177쪽, 『中原音韻』, 「中原音韻序」, “世之共稱唐詩, 宋詞, 大元樂府, 誠哉! 學唐詩者 爲其中律也, 學宋詞者 止依字數而塡之耳, 學今之樂府 則不然 儒者每薄之 愚謂 迂闊庸腐之資無能也 非薄之也 必若通儒俊才 乃能造其妙也.”

22 『東維子文集』 권11, 「沈氏今樂府序」, “今樂府者 文墨之士游也 然而媟邪正豪俊鄙野 則亦隨其人品而得之 楊 盧 騰 李 馮 貫 馬 白 皆一代詞伯 而不能不游於是 雖依比聲調而其格力雄渾正大 有足傳者 邇年以來 小協俳優類以今樂自鳴 往往流于街談市諺之陋 有魚樵穀乃之不如者 吾不知又十年二十年後其變爲如何也.”

이는 당대의 대표적 사대부로서 양유정의 희곡에 대한 인식의 한계라고 할 수 있다. 고대 시에서 희곡의 원류를 찾고 그 풍간 작용을 중시한 그로서는 희곡의 속화를 경계하지 않을 수 없었는데, 사대부의 한계를 벗어나 희곡의 민중적 특성을 인식하지 못한 결과이다.

2. 원대 회화 이론

원대에는 도화원이 폐지됨으로써 예술 패트론이 사라지고 회화에 대한 국가나 황실의 간섭도 배제되었다. 그 결과 관용적 분위기에서 문인 계층은 회화 창작뿐 아니라 비평에서 주도적 역할을 하였으며, 창작은 더 이상 벼슬을 얻는 수단이 아니라 순전히 즐기기 위한 개인적 행위가 되었다. 문인들은 무엇을 그리는가, 어떻게 그리는가, 왜 그리는가를 스스로 결정하였으며, 사회적 평가조차 중요하게 여기지 않았다. 작품 속에는 격변하는 세속의 시끄러움은 들리지 않고 맑고 한가로운 산수 가운데 적막한 문인의 심경이 투사되어 있는데, 정사초(鄭思肖)의 묵란(墨蘭), 왕몽(王蒙)의 매화, 고극공(高克恭)의 운산(雲山), 사군자화(四君子畵)까지 모두 개인적 정서를 기탁하였다. 회화는 사대부의 소양, 이상, 문화적 취향 등을 반영한다. 명대의 장대개가 "원인(元人)은 의(意)를 숭상했다"고 지적한 것처럼 원대 회화는 사물에 기대어 의(意)를 말하고, 경(境)에 따라 정(情)을 서술하는 특징을 갖는다.

거시적 맥락에서 원대 회화는 송대 회화의 필연적 결과이며 미술이론은 송대 미술비평의 연속이다. 그러나 원대 화가는 전통을 묵수하지 않고 그 위에 새로운 의(意)와 격(格)을 창조하였다. 원대 화가 대다수는 개인적 인생관과 정감을 가지고 예술세계를 추구하였으며 창작 동기는 명성 획득이 아니라 심성 도야였다. 전통 기법을 모범으로 삼을 때도 그것을 추수한 것이 아니라 자신에 맞게 개조하였으며, 취사가 자신에게 달려 있다고 생각했다. 원대 화단의 영수라고 할 조맹부(趙孟頫)의 '고의론(古意論)'은 그러한 경향을 잘 나타내고 있다.

전문 이론서는 없지만 조맹부 회화이론은 시문제발 속에 명확하게 나타난다. 그중 '고의(古意)'와 '이서입화(以書入畵)'는 원대 회화에 가장 큰 영향을 주었다. 조맹부는 남송 화풍의 유폐를 고치기 위해 고의설을 주장하고, 이를 통해 남송 원체화의 지나친 기교와 화려함, 고의적 작화 태도를 비판하여 담박함과 자연스러움으로 돌아가고자 했다. 형상화의 누습에서 벗어나 고인의 성과를 배우고 연구함으로써, 산수를 표현하면서도 그것을 초월하며, 필묵에서 구하지만 필묵에 얽매이지 않는 '취외지취(趣外之趣)'와 '상외지상(象外之象)'을 담고자 했다. 이러한 미는 완곡하고 함축성이 있어 당화의 풍려함이나 북송화의 정연함과 다르며 남송화의 경박함과도 다른 독특한 품격을 지니게 된다. 고의설(古意說)은 명(明) 장취(張丑)의 『청하서화방(淸河書畵舫)』 유집(酉集)에 실린 조맹부의 발문(跋文)에 보인다.

> 그림을 그리는 데는 고의가 있음을 귀하게 여긴다. 만약 고의가 없으면 재주가 뛰어나더라도 아무 이익이 없다. 요즘 사람들은 붓을 섬세하게 사용할 줄 알고 색의 농염을 잘하는 것만 알고 스스로 능란하다고 여긴다. 고의가 이미 그러함을 전혀 모르면 백 가지 병이 절로 발생하니 어찌 볼 만하겠는가! 내가 그린 그림은 간소한 것 같지만 식자들은 그것이 옛 (그림)에 가까운 줄 알기 때문에 아름답다고 여긴다. 이것은 아는 자의 말이라 할 만한 것이지 알지 못하는 자의 말이라 할 수 없다.[23]

조맹부의 '고의'는 과거숭배 경향이 있지만 창작 주체의 능동성을 강조한다. 그 미적 이상은 진당(晋唐)이며, "우승의 묵묘는 나의 종주에 속한다"라고 말한 것처럼 왕유(王維) 등의 화격(畵格)을 숭상하였다. 그는 당송 이래

23 「式古堂書畵滙考」, 『元代書畵論』, 255쪽.

많은 화가의 작품을 연구하여 여러 대가를 사승하고 각 필묵 형식을 융합하여 총괄적이고 간결하며 활발한 필묵 형식을 창작하고, 남송 원체화의 각화(刻畫) 습관을 고쳐 '온윤청아(溫潤淸雅)' 한 화격을 창안했다. '고의' 는 그가 수립한 이상적 모범이다. 과거숭배를 위한 복고가 아니라 과거에 의탁하여 창조적 개성을 전개하기 위한 것이다. 그러므로 고의설은 원대의 새로운 미적 풍조와 감수성의 변화를 가져왔다. 고의를 제창한 것은 과거와 현재의 문화적 연관을 잃지 않으려는 시도라고도 볼 수 있다. 이는 원대의 시대적 상황에서 예술활동을 통해 전통을 계승하고 아(雅)문화의 품격을 회복시킴으로써 정신적 우월성을 유지하려 했던 문인들의 미적 이상을 보여 준다.

고의가 미적 이상의 일면이라면, '이서입화(以書入畫)' 는 구체적인 창작 실천에 대한 주장이다.

> 돌은 비백과 같이 그려야 하고 나무는 주(籀)와 같이 그려야 한다. 대나무를 그림에는 반드시 '팔법' 이 통해야 한다. 만약 어떤 사람이 이에 능하다면 반드시 글과 그림의 근본이 동일한 데서 온 것임을 알 것이다.[24]

이것은 한 수의 짧은 제화시지만 뒷날 매우 중시되었다. 일찍이 장언원이 '서화동법(書畫同法)' 이란 이론을 주장하여 서화(書畫)의 내재적 관계에 주목하긴 하였지만 서법의 예술적 표현력을 충분히 인식하지 못했다. 원대 회화가 송대 회화를 능가할 수 있었던 가장 근본적인 원인은 바로 '어떻게 그리는가' 라는 문제에 대하여 새로운 필묵법을 구사한 것이다.

조맹부의 '이서입화론(以書入畫論)' 은 문인화 발전에서 매우 중요한 의의를 갖는데, 이것은 조맹부의 독창이 아니라 가구사(柯九思)와 조맹견(趙孟

---

24 「郁逢慶書畫題跋記」, 『疏林秀石圖』, "石如飛白木如籀 寫竹還應八法通 若也有人能會此 須知書畫本來同."

堅)의 경험을 종합한 것이다. 송대는 시로써 그림에 들어갔다면 원대는 서(書)로써 그림에 들어갔다. 회화가 시와 같은 의경을 추구해야 한다는 소식의 '시화일률(詩畵一律)' 론은 문인화 흥기에 결정적 역할을 하였지만, 시정(詩情)과 화의(畵意) 표현 방법, 서정적 목적과 화면의 시각 구성 양식의 통일 방법에 대한 인식은 부족했다. 원대에 이르러 조맹부 등 문인화가들은 서법을 회화에 도입하여 송대 원체화의 화법을 변화시키고 서법의 용필이 갖는 풍부한 변화와 예술적 표현력을 의식적으로 회화에 도입하였다. 이는 전목(錢穆)의 서화일치론에도 분명히 나타난다. 이로써 창작에서 큰 변화를 보인 중국 회화는 묘법(描法)에서 서법(書法)으로 전향하기 시작했고, 정묘하고 현묘한 필묵법을 이루어내었다. 조맹부의 '이서입화(以書入畵)' 의 근본적 의의는 더 이상 사물에 매인 어색한 구도를 버리고 용필을 자유롭게 구사하여 화가의 주관적 정감을 충분히 화면에 표현해 낼 수 있는 새로운 예술언어를 개발한 것이다.

문인비평이 주류가 된 원대는 비록 현존하는 미술 저술이 많지 않지만 그럼에도 독자적인 특징을 가지고 있다. 첫째, 정사초(鄭思肖)의 군자화설(君子畵說)과 전선(錢選)의 사기설(士氣說), 오진(吳鎭)의 활흥설(活興說), 탕후(湯垕)의 사의설(士意說), 예찬(倪瓚)의 일기설(逸氣說)은 문인화의 미적 이상을 제시하였으며, 둘째, 남송의 편벽되고 괴이한 화풍과 서풍을 비판하고 그것을 극복하고자 하였으며, 셋째, 대나무 그림, 매화 그림, 초상에 대한 전문적 이론이 나타났다. 넷째, 서론과 철학의 관계가 더욱 긴밀해져 「연극(衍極)」은 철학적 차원에서 서법과 '도(道)' 의 관계를 연구하였으며, 다섯째, 더 나아가 서(書)를 회화에 도입해야 한다고 주장하여 서화(書畵)의 통일을 모색하였으며, 여섯째, 전각(篆刻) 이론의 전문 저서가 나타났다. 결론적으로 원대에는 문인의 심미관이 미술 발전을 주도하였는데, 주관적이고 내면적인 정감을 표현하고 아취를 구하며 고일한 정을 표시하고자 했다. 이것은 시대의 격랑에 초연하게 참되고 영원한 것을 지향하려던 문인들의 이상을 반영하고 있다.

더 읽을거리

潘運告 編,『元代書畵論』.

* 이 책은『中國書畵論叢書』시리즈 중 한 권이다. 원대 서화론 원문과 그에 대한 현대 한어 번역이 되어 있다.

(사)포은사상연구원 편,『원대성리학』, 포은사상연구원, 1993.

* 이 책은 남송 말 주자학과 상산학의 화해 및 원대 주자학의 성격에 대한 훌륭한 논문들을 싣고 있다. 특히 두웨이밍의「유인의 유가적 은둔주의에 대한 이해」는 이 분야의 탁월한 논문이다.

孫煥一,「高麗末 趙孟頫體의 유입과 杏村 李嵒의 書體硏究」,『韓國思想과 文化』제4집.

______,「朝鮮初期의 趙孟頫體硏究」,『韓國思想과 文化』제4집.

* 위의 孫煥一의 두 글은 고려와 조선 초기 조맹부체의 유입과 그 영향에 대한 논문이다.

王國維 ,『人間詞話』.

______,『宋元戱曲史』.

* 위의 두 책에서 왕국유는 元曲을 중국 최초의 비극이라고 평가하고 원곡에 대한 성찰을 통해 그의 '意境說' 을 주장하였다. 이 책의 뒷부분에서 서술된 왕국유의 미학사상과 연관하여 원곡의 특징을 이해해 보도록 하라.

중화민국 시대

– 계몽의 시대 계몽의 미학 –

이상우

청나라 말기에서부터 중화민국에 이르는 복잡하고 격동적인 그 시기에는 근대화와 계몽의 요구가 팽배하였고, 당시의 선구적인 위치에 있던 여러 지식인들은 국민계몽이라는 절박한 요구에 부응하여 학술 영역뿐 아니라 정치 · 사회생활에 이르기까지 다양한 계몽의 이론들을 내어 놓았다. 철학 분야도 다양한 형태의 이론들이 소개되었고, 미학 방면도 물론 예외가 아니었다. 따라서 계몽의 이론이 이 시대의 지배적인 이론이라고 주장하는 데 큰 이의를 제기하는 사람은 많지 않을 것이다. 그리고 그 시대의 영향력과 이론적인 깊이, 역사적인 비중을 충분히 고려하여, 채원배의 사상을 계몽미학사상의 대표적인 예로 양계초의 사상을 계몽예술사상의 대표적인 예로 설정하고, 그들의 이론을 탐구하고 그들 사상의 의의를 규명하였다. 그리하여 그들의 이론이 가진 문제점을 타산지석으로 삼고, 그들의 이론이 제시하는 탁월한 견해들을 오늘날 중국 미학 연구의 밑거름으로 삼을 수 있을 것으로 생각한다.

1. 채원배의 계몽미학사상

채원배(蔡元培, 1868-1940)는 중국의 근 · 현대를 대표하는 저명한 학자이며 사상가, 교육가이다. 36세 때 중국교육회를 창립하여 회장이 되었고, 1907년 40세에 독일 라이프니츠 대학에 유학하여 철학 · 미학 · 심리학 · 비교문화사 등을 공부하였으며, 칸트 사상의 영향을 많이 받았다. 1912년 45세에 중화민국 초대 교육총장이 되었고, 1917년에는 북경 대학 교장이 되었다. 그가 북경 대학 교장으로 재임하면서 인맥이나 학력을 불문하고 실력 있고 수준 높은 인재들을 발탁하여 당시 중국의 쟁쟁한 학자들이 북경 대학에 자리를 잡게 되면서, 자유롭게 각자의 학문을 펼치고 교류하며 수준 높은 이론들을 생산해 냄으로써 중국의 학술이 새로운 변화와 발전의 단계를 맞게 되는 데 중요한 역할을 하였다.

채원배의 교육사상의 전체적인 모습은 1912년 발표한 「교육 방침에 대한 의견(對於教育方針之意見)」이라는 글에 잘 나타나 있다. 그가 주장한 교육이라는 것은 다섯 가지 방면인데, 군국민주의교육(軍國民主義教育), 실리주의교육(實利主義教育), 공민도덕교육(公民道德教育), 세계관교육(世界觀教育), 미육(美育)이 그것이다. 미육(美育)이라는 말은 채원배가 원래 독일어에서 번역한 것으로 알려져 있는데, 그의 교육론을 대표하는 이론으로 오늘날까지도 자주 거론되는 이론이다. 특히 "미육으로 나라를 구하자(美育救國)", "미육으로 종교를 대신하자(以美育代宗教)" 등의 구호에서 드러나듯이, 그의 미육에 대한 열정은 가히 상상을 초월할 만큼 대단한 것이었다.

오늘날 미학을 연구하는 대부분의 중국 학자들이 어떤 형태로든 그의 영향을 받았고 따라서 그의 이론에 대해 역사적인 의미 부여와 긍정적인 평가를 해온 것이 사실이지만, 바로 이런 독특한 구호에서도 보이는 것처럼 그의 이론이 현실감을 상실하고 극단적으로 이상화된 형태인 것도 또한 사실이다. 그의 이론이 이상적인 만큼 지나친 논리의 비약이나 결함을 내포하고 있을 가능성도 그만큼 더 크다. 물론 그 결함이라는 것도 채원배가 처한 시대가 열강의 침입과 중국 역사의 대전환기라는 특수한 상황이 야기한 계몽에 대한 절박한 요청에 기인했다는 점을 고려한다면, 위급한 상황에서 지푸라기라도 잡아 보려는 그 심정을 이해할 수 없는 것은 아니다. 중국 근대사에 있어서 채원배라는 인물이 차지하는 역사적인 중요성과 중국 미학의 성립에 공헌하여 후대에 끼친 영향을 고려하면, 그의 이론을 분석하고 평가하여 그의 이론이 안고 있는 문제점을 밝혀내고 보여 주는 것도 중국 미학사의 일면을 살펴보는 하나의 계기가 될 수 있을 것이다.

채원배는 계몽과 근대화의 가장 효과적이고 포괄적인 도구로 미육이라는 교육이론을 주장하고 그 방법론으로 미학이라는 학문을 제시하였다. 그가 미육을 국민교육의 중요한 수단으로 삼으면서 이에 대해 걸었던 기대는, 마치 그것이 만병통치약과 같은 작용을 해주기를 바라는 것이었다. 채원배가 중국 근대의 주목받는 사상가의 한 사람으로 또 교육가로 이름을 남기게 된 원인은 바로 미육이라는 특수한 용어의 사용과 개성 있는 이론에 힘입은 바가 크다.

채원배가 주장하는 미육의 범위라는 것이 사실상 인간 사회의 모든 부분을 거의 포괄할 만큼 그 범위가 너무 넓어서 현실감을 결여하고 있다는 판단이 쉽게 들 정도이다. 그리고 인간 사회의 거의 모든 영역을 포괄하는 대상을 두고 채원배가 사용한 방법이라는 것이 미학의 원리를 교육에 응용하는 것인데, 그 원리라는 것이 감정을 도야(陶冶)하는 지극히 간단한 것이다. 채원배가 설정한 목표와 그 방법 사이에는 도저히 좁혀지기 힘들어 보이는 거리가 있다. 마치 천리 길을 나선 사람이 달랑 짚신 한 켤레만 손에 들고 있는 듯한 모습과 흡사하다. 감정을 도야하는 것으로 계몽의 목표를 달성할 수 있다는 생각도 양계초의 경우와 비슷하며, 이런 주장을 정당화하기 위해 채원배가 인용하는 근거도 양계초와 마찬가지로 『예기(禮記)』「악기(樂記)」이다.

인간의 심리가 소리와 음에도 영향을 미치지만, 소리와 음도 인간의 심리에 영향을 미치는 작용이 있으므로, 음악의 이런 기능을 잘 활용하면 인간의 심리에도 어떤 변화를 일으키는 작용이 가능하다. 따라서 음악의 영향력으로 널리 국민들의 심리상태를 바꾸고 국가와 사회의 전체적인 분위기를 변화시키는 일이 가능하다는 것이 중국의 고전인 『예기』 「악기」에서 제시하는 이론이다. 그리고 채원배가 「악기」의 이론에 주목하게 된 근본적인 동기라는 것도, 단순히 사람들의 심리상태를 바꾸고 사회 분위기의 변화에서 머무는 것이 아니라, 여기서 한 걸음 더 나아가서 실제의 변혁을 수행하기 위한 '추진력'을 얻기 위함이라는 점이었다.

미육을 통해서 채원배가 목표하던 바는 실제로 사람들의 감정의 정도를 강화하여 '위대하고 고상한 행위'를 하도록 하는 데 있는 것이다. 그런데 그 '위대하고 고상한 행위'라는 것이 당시의 시대적 난관을 헤쳐 나갈 수 있는 열사(烈士)나 의사(義士)들에게 어울림직한 극단적인 경우를 전제로 한 것이었다. 또 이런 의미에서 "미육으로 나라를 구하자(美育救國)"는 주장을 했다면 이는 지나치게 파격적인 주장으로 볼 수 있다.

살신성인(殺身成仁)하는 '위대하고 고상한 행위'에 물론 감정의 도야라는 요소의 개입이 없다고 할 수는 없겠지만, 그런 행위들이 '완전히 감정에서 발동하는 것'이라고 보는 것은 지나친 생각이 아닐 수 없다. 왜냐하면 인격이 완성된 군자(君子)의 행위로 평가될 수 있는 살신성인(殺身成仁)이 감정의 추진력에 의해 결정된다고 한다면, 공자를 비롯한 역대의 많은 군자들은 모두 격렬한 감정의 소유자들이었고 또 그 때문에 군자가 되었다는 다소 황당한 이야기가 된다. 하지만 이런 이치상의 불합리라는 문제는 채원배의 교육이론이 추구하는 거국적인 목표의 중요성과 정당성에 묻혀서 거의 무시되었거나 혹은 『예기』 「악기」라는 고전의 권위에 손쉽게 의지해서 소홀히 취급되었을 것으로 판단된다.

그리고 채원배 본인도 이론의 오류 가능성에 신경을 쓰기보다는 자신의 주장을 뒷받침하기 위한 논리개발에 훨씬 더 마음을 썼던 것으로 보인다. 멸사봉공(滅私奉公)의 사회개혁정신은 '감정'에서 비롯되고, 감정을 도야하는 것이 '미육'의 목표이며, 감정을 도야하는 도구가 바로 '미적 대상'이다. 그리고 채원배는 '미적 대상' 들이 이러한 작용을 하는 것이 가능한 이유가 바로 미적 대상들이 가진 미의 '보편성' 과 '초월성' 때문이라는 논리를 제시하였다.

채원배가 주장한 미의 보편성은 상식적인 수준에서의 감각적인 쾌 · 불쾌에 대한 비교적 광범위한 일치를 말하는 것으로, '취미판단의 보편성' 이 아니라 '감각적 판단의 보편성' 을 말하는 것이다. 그리고 이 '감각적 판단의 보편성' 이 미적 대상의 '효용의 공공성' 을 보장하는 근거가 되고, 채원배는 이를 근거로 미적 대상의 보편성을 주장하였다.

그리고 채원배는 미적 대상이 보편성뿐 아니라 초월성도 갖고 있다고 하였는데, 그 초월성은 단지 미적 대상이 실질적이고 직접적으로 생활에 이용되지 않는다는 의미로, 실용적인 것들과 구분됨으로 인해서 실용의 범위를 초월해 있다는 뜻이다.

채원배가 비록 미육을 주장하였지만, 그가 근거로 삼은 이론은 칸트의 반성적 취미판단의 보편성이 아니라 효용의 공공성이고, 그 사상적인 근거는 맹자의 '여인동락(與人同樂)' 의 사상이었다. 그리고 미적 대상의 초월성은 실용의 범위를 벗어나 있다는 의미에서의 초월성이었다. 미적 대상은 그 효과의 공공성 때문에 이 '나와 남의 구별' 을 할 필요가 없고, 실용의 범위를 벗어난 초월성으로 말미암아 '사사롭고 이기적인 계산' 을 부추기지 않는다. 이렇게 되면 미적 대상은 '천하위공(天下爲公)' 의 의의가 있는 것이 되며, 감정을 도야하는 이기(利器)가 된다는 것이다. 그리고 감정을 도야하는 것이 바로 미육의 목표이고, 미육이라는 것은 바로 인민의 계몽이라는 거대한 교육적인 목표에 부합하는 것이 된다. 이것이 "미육으로 나라를 구하자(美育救國)"는 이론의 실제 모습이다.

하지만 인성교육은 기능교육과는 다른 것이다. 교육의 수단이 바로 교육의 목표를 보증하지는 않는다. 훌륭한 교육수단들을 강구하는 것이 그러지 않은 경우보다 훨씬 나을 것임은 너무나 당연한 사실이 되겠지만, 그 훨씬 나음이라는 것이 곧바로 인격의 완성과 동일시될 수는 없을 것이다. '명산

대천(名山大川)'과 '석양명월(夕陽明月)' 그리고 훌륭한 예술작품들을 보고 감정이 도야된다고 하여도 이것이 곧바로 인격의 완성이라 할 수 있는 곧은 기개와 살신성인(殺身成仁)의 용기로 연결된다는 보증이 없다. 단지 그렇게 연결되리라 희망할 수는 있을 것이다. 말하자면 채원배의 미육은 사실에 근거한 것이 아니라 희망에 근거한 이론인 셈이다.

그리고 이런 이론들이 생산되는 원인을 설명하자면, 사회를 개혁해야 할 절박한 필요에 직면한 시대적인 상황 때문이라는 것이 무엇보다 큰 원인이었다고 할 수 있다. 그리고 희망에 근거한 이론을 거리낌 없이 주장할 수 있는 데는 『예기』「악기」라는 중국 문화의 핵심적인 고전이 그 사상적인 배경으로 작용하고 있기 때문이다.

2. 양계초의 계몽예술사상

양계초(梁啓超, 1873-1929)는 격변하는 시대의 선봉에 살면서 다방면의 사회활동을 전개함과 동시에 여러 분야에 걸쳐 방대한 저작을 남기기도 했던 비교적 복잡한 역사적 인물이다. 양계초는 외세의 침략과 청(淸) 왕조의 실정으로 위기상황에 처한 사회 · 정치적 현실을 외면할 수 없었고, 점점 수렁으로 빠져드는 국가의 장래와 백성들의 삶을 좌시할 수도 없었다. 그리하여 당시의 많은 지식인들이 그랬던 것처럼 그도 현실정치에 깊이 개입하게 된다.

양계초의 사회활동을 간략하게 살펴보면, 그가 조직한 결사(結社)만 하더라도 수없이 많고, 창간한 간행물을 보면 청의보(淸議報, 1898) · 신민총보(新民叢譜, 1902) · 정론잡지(政論雜誌, 1906) · 국풍보(國風報, 1910) · 용언보(庸言報, 1912) · 개조잡지(改造雜誌, 1920) 등이 있다. 12세(1884)의 어린 나이에 과거에 급제하여 수재(秀才)가 되었고, 17세(1889)에 향시에 급제하여 거인(擧人)이 되었다. 26세(1898)에 무술정변(戊戌政變)에 참여하였다가 실패하고, 이후 은(銀) 10만 냥의 현상금을 목에 걸고 14년간 일본 · 싱가포르 · 호주 · 미국 등지를 떠돌며 망명생활을 하였다. 40세(1912)에 공화당의 당수가 되었고, 41세(1913)에 진보당을 조직하고 사법총장(司法總長)이 되었으며, 45세(1917)에 재정총장(財政總長)이 되었다가 사임하고, 46세(1918)에 유럽 특사로 임명되어 유럽 전역을 방문하였다.

이런 화려한 정치경력에 못지 않게, 양계초는 학술 방면에서도 괄목할 만한 성취를 보여, 『역사연구법(歷史研究法)』, 『중국문화사(中國文化史)』, 『청대학술개론(清代學術概論)』, 『근삼백년학술사(近三百年學術史)』 등의 대작 외에도 기타 논문과 시 문장 등 방대한 양의 글을 남겼다. 그 연구 범위도 동서고금의 거의 모든 분야를 망라하였다고 할 수 있다. 또 문자의 개혁에도 지대한 공헌이 있어, 현대 중국어로 '백화(白話)' 라는 형식이 정착된 데는 양계초의 노력에 힘입은 바가 크다.

양계초는 젊은 시절에는 서양의 학술을 소개하는 데 주력하였지만, 제1차 세계대전의 참상을 목격하고 돌아온 후 서구사상에 대해 갈수록 회의를 갖게 되었고, 특히 슈펭글러(Spengler)의 『서구의 몰락』에서 중국사상의 가능성에 대한 희망을 발견하면서, 만년에는 중국사상의 연구에만 전념하였다.

철학 방면에서 그가 소개한 서양의 사상가들은 탈레스 · 아리스토텔레스 · 베이컨 · 데카르트 · 칸트 · 스피노자 · 루소 · 몽테스키외 · 밴덤 · 토마스 제임스 등이 있고, 또 버트란트 러셀과 존 듀이를 중국에 초청하여 강연을 하도록 주선하기도 하였다.

그의 사상을 시기별로 나누고, 각각의 시기에 그에게 가장 절실했던 문제를 중심으로 분석하면, 그의 사상에 대략 두 가지의 맥락이 존재함을 알 수 있다. 하나는 서구사상의 영향을 받아들이고 이를 국민계몽과 깊이 관련시킨 부분이다. 계몽에 관한 사상은 서구의 영향과 시대적인 필요가 결합된 형태의 것이었다. 양계초가 계몽에 대한 계시를 서양사상에서 받았다는 점은 분명하지만 그 이론적인 토대를 서양의 사상이 아닌 중국 전통의 사상에서 찾으려고 노력했다는 것이 필자가 특히 주목한 점이다. 다른 하나는 계몽운동이나 정치활동과는 별도로 그의 일생을 통틀어 일관되게 나타나는 사상인데, 개인적인 삶 속에서의 예술이라는 문제는 그의 기본적인 인생관에 해당하는 부분으로 전통의 사상에 충실하다.

양계초가 구체적으로 시(詩)와 소설(小說)을 통한 혁명을 주장한 것은, 「하와이 여행기(夏威夷游記)」와 「소설과 정치의 관계(論小說與群治之關係)」라는 글들을 통해서이고, 이 글들은 무술변법(戊戌變法, 1898) 운동이 실패로 끝난 이후에 쓰여진 것들이다. 말하자면 시와 소설을 통한 혁명이라는 것은, 직접 주도한 정치개혁운동이 실패한 이후 달리 선택의 여지가 없는 상황에서의 부득이한 대체 방안이었던 셈이라고 볼 수 있다.

양계초는 소설의 주요한 작용이 "사람을 변화시키는(移人)" 데 있다고 하였고, 사람을 움직일 목적으로 쓰여진 소설이 사람을 지배하는 그 불가사의한 힘을 '훈(熏)' · '침(浸)' · '자(刺)' · '제(提)'의 네 가지 작용으로 설명하였다.

'훈(熏)'은 소설을 읽으며 자신도 모르는 사이에 그 영향을 받음을 뜻하고, '침(浸)'은 소설을 자주 접하여 그 영향이 몸에 뱀을 말하며, '자(刺)'는 이런 영향이 독자들에게 어떤 반성을 촉구하거나 생각을 전환하도록 자극을 줌을 의미하고, '제(提)'는 이런 영향과 자극이 실제의 행위에 있어서 구체적인 행동지침으로 작용함을 뜻한다고 해석해 볼 수 있겠다.

그리고 소설이 이러한 작용을 하게 되는 요인을 설명하기를, "쉬워서 이해하는 데 어려움이 없고, 재미있어서 즐거움을 주기 때문(以其淺而易解故, 以其樂而多趣故)"이라는 점과 "다함이 없는 경계(有所未盡的境界)"가 있다는 두 가지 측면을 제시하였다. 그렇다면 양계초가 생각하는 소설은, 누구나 읽고 이해할 수 있을 정도로 쉽고 재미있어서 많은 사람들에게 흡인력이 있으면서도 보다 나은 세상을 동경하고 추구하면서 현실을 개선해 나가도록 자극을 주는 교육적인 목적과 독서의 재미가 잘 결합된 형태의 전형적인 계몽소설이라고 볼 수 있겠다.

양계초가 청년기에 가졌던 이런 계몽적인 사상은 그가 정치무대를 떠난 후에도 변함없이 지속되며 체계화되는 모습을 띠고 있다. 1920년 양계초가 발표한 「중국의 운문에 표현된 정감」이라는 글에서 "사람을 초현실적인 경계로 이끄는(能引人到超現在的境界)" 힘을 "정감(情感)"이라고 해석하고, 인간과 사회의 계몽에 핵심적인 작용을 하는 것으로 정감의 중요성을 극도로 강조하였다.

거의 비슷한 시대를 살았던 양계초(梁啓超)·채원배(蔡元培)·왕국유(王國維) 세 사람은 특별히 인간의 '정감(情感)'을 중시하고 정감의 교육을 강조하는 공통적인 경향이 있었다. 채원배는 『교육대사전(教育大辭典)』에서 '미육(美育)'이라는 항목에 대해 설명하면서, "감정을 도야하는 것이 바로 미육의 목적(陶冶感情就是美育的目的)"이라고 주장했다. 그리고 왕국유는 「논교육종지(論教育宗旨)」라는 글에서 "미육은 바로 정감을 교육하는 것(美育卽情育)"이라고 주장하였다.

중국사상의 전통 속에서 대개 '성(性)'과 함께 짝을 지어 거론되던 '정(情)'이라는 개념이, 특이하게도 이 시대에는 완전한 독립을 얻어서, 이들 학자들에 의해 '정(情)' 그 자체만으로도 가치를 인정받고 또 긍정적으로 자주 논의되는 일이 발생한 것이다. 물론 이는 전통적인 설명 방식에서는 많이 벗어나 있는 것이다.

'성(性)'은 '이(理)'와 관련되어 보편적인 것을 지시하는 개념이지만, '정(情)'은 개별적인 인간의 기질에 관련된 것이고 사적(私的)인 것이며 어두우며 편벽된 것이다. 또 '정(情)'은 제대로 다스리지 못하면 인격수양에 장애가 되는 것이고, 사회의 부도덕한 현상도 개인의 비뚤어지고 사사로운 감정에 기인한 것으로 보아 왔다.

근대의 선각자들과 학자들이 강렬하지만 맹목적이기도 한 인간의 감정에 호소하여 그 시대의 문제를 해결하려 한 이러한 현상에 대하여, 우리는 대략 세 가지 정도의 원인을 찾아 볼 수 있겠다.

첫째, 당시 서구에서 유행하였던 신낭만주의가 중국의 문화예술에 영향을 끼쳤다는 점이다. 둘째, '생의 약동'을 이야기한 철학자 베르그송(Bergson)의 사상이 당시 중국에도 상당히 유행하였다는 점을 들 수 있다.

이 두 가지 요인은 양계초를 연구하는 여러 학자들이 자주 지적하는 것이기는 하다. 그렇지만 당시 중국에 소개되었던 서구의 여러 예술사조와 사상들 가운데서 특별히 비합리적이고 인간의 정감을 강조하는 것들이 더 큰 영향을 끼쳤다는 점에 대해서는 보다 상세한 설명이 필요하다고 생각한다.

왜냐하면 계몽이나 근대화는 무엇보다 과학적이고 합리적인 사고와 삶의 방식으로의 변화를 의미하기 때문이고, 또 당시의 중국이 서구로부터 배우려 했고 배울 필요가 있었던 '계몽'이라는 것도 사실은 중국의 문화적인 토양에서는 결핍하고 있었던 '수학적 이성(mathematical reason)'이나 이와 관련된 '과학(science)'이라고 할 수 있었기 때문이다.

그럼에도 불구하고 비합리적인 정감에 대한 강조가 당시의 지식인들에게 더 큰 호소력을 갖게 된 것이 오히려 특이한 현상이다. 그 원인을 생각해 보자면, 셋째 당시의 사회 · 정치적 개혁을 수행하기 위해서는 무엇보다 추진력 있는 수단이 요구되었을 것이라는 점이다. 국민들의 적극적이고 자발적인 참여를 이끌어 사회 전반의 대대적인 개혁을 추진하기 위해서는 강력한 자극과 대중적인 흡인력이 필요했던 것이라 판단할 수 있다. 이런 전략적인 동기가 깊이 개입되어, 보다 가시적이고 신속한 수단이라고 할 수 있는 국민의 정감이나 격정에 의지하는 비교적 손쉬운 방식이, 이들에게 더 호소력이 있는 도구로 받아들여졌을 것이라는 추측이 가능하다.

그러나 지적인 방식에 우선하여 정감을 중시한 것은, 목표 달성에만 급급하여 졸렬한 수단을 선택한 것이라 할 수 있다. 이를 달리 말하면 냉정한 성찰과 적절한 방법론의 결핍이라고 할 수 있는데, 당시 중국이 서구열강에 뒤처지게 된 원인이 과학이나 합리적인 사고 그리고 합리적인 제도의 결핍 때문이었다면, 어떤 경우든 정감의 강조는 그 대안이 될 수가 없었다. 더욱이 이런 방식의 문제 해결은 목표를 위해서는 무슨 수단이라도 얼마든지 정당화시킬 수 있는 위험성마저 내포하고 있는 것이라고 볼 수도 있다.

그렇다면 양계초는 왜 예술에 대한 정감 일변도의 접근 방식을 선택하게 되었는가? 하는 문제에 대해 또 다른 각도에서 생각해 볼 필요가 있겠다. 정감의 강조는 시대적인 원인이나 양계초의 정치적인 의도와 깊은 관련이 있음을 앞에서 밝혔다. 그러나 양계초가 주장한 정감과 예술의 그러한 밀접한 관계에 대하여, 그 자신은 체계적이고 깊이 있는 주장을 전개한 적이 없다. 양계초는 유가가 시서예악(詩書禮樂)을 강조한 전통을 이 문제에 대한 이론적인 근거로 사용하고 있고, 특히 『예기』「악기」에 나타난 중국 전통의 어떤 설명 방식을 그대로 따르고 있을 뿐이다.

예악으로 심성(心性)을 다스려 인격을 도야(陶冶)한다는 것이 『예기』「악기」의 주장이고, 모든 사람들이 음악을 통해서 인격을 도야한다는 것은 전체적으로 말하면 양계초가 주장하는 '국민성의 개조(改造國民之品質)' 라는 계몽의 취지에 부합하는 것이라 할 수 있다. 또 『예기』「악기」에는 "음악이라고 하는 것은 …… 백성들의 마음을 선하게 만들고, 사람을 깊이 감동시키며, 풍속을 변화시킨다(樂也者, …… 而可以善民心, 其感人深, 其移風易俗)" 라는 언급이 있어, 음악의 이런 방면의 효용에 대한 직접적인 근거가 된다고 할 수 있겠다.

그리고 '사람을 선량하게 만들고 풍속을 변화시키기까지 한다' 는 음악의 탁월한 기능을 긍정한다면, 음악이 국민계몽의 최상의 도구가 된다고 볼 수 있겠다. 양계초는 이런 맥락에서 한 발 더 나아가서 음악을 '국가의 치란(治亂)' 이나 '민족의 흥망' 과 같은 거창한 주제와 연결시키고 있는 것이다.

양계초가 음악의 효과에 대하여 지나치게 큰 기대를 갖게 된 원인을 따져 본다면, 우선 교육의 수단이 곧바로 교육의 목표를 실현할 것이라고 소박하게 생각하는 경향이 있음을 지적할 수 있다. 하지만 기능교육과 인성교육은 별개의 문제이다. 음악의 기능을 깊이 숙련하는 것이 바로 훌륭한 인성을 배양하는 것과 직접적으로 연관된다고 생각했다면 이는 지나치게 단순한 발상이다.

기능교육은 대부분 실제의 쓰임과 직접적인 관계가 있으므로, 개인적인 학습능력의 차이를 크게 문제 삼지 않는다면, 교육의 수단이 상당한 정도 교육의 목표를 보증한다고 하더라도 큰 이견은 없을 것이다. 하지만 인성교육에 관해서는 목표를 보증할 수 있는 수단이라는 것이 존재한 적이 없다고 생각된다. 게다가 고상한 음악을 듣거나 몇 편의 시나 소설을 읽음으로써 정감(情感)이 닦여서 훌륭한 성품을 배양하게 된다고 하기는 곤란하다.

물론 하나의 훌륭한 작품에 대한 감동이 한 사람의 삶의 태도를 완전히 바꾸어 놓을 정도로 대단한 영향력을 행사하는 극히 예외적인 경우가 있을 수도 있다. 하지만 이런 가능성을 근거로 하여 계몽의 이론을 주장한 것이라면, 예술작품의 감화력에 대한 기대와 신뢰가 이미 상식 수준을 넘어선 지나친 것이 되고 있고, 이는 비상식적인 것을 일반화한 것이라는 비난을 면할 수가 없게 된다.

양계초의 주장은 교육의 수단과 목표 사이의 거리를 고려하지 않았고, 이런 주장의 배경에 『예기』 「악기」가 있다. 그렇다고 해서 양계초의 이러한 주장이 선진 유가의 악론을 집대성한 『예기』 「악기」의 주장과 완전히 일치하는 것이라고 판단할 수도 없다. 왜냐하면 『예기』 「악기」에는 음악이 인간의 감정에 영향을 미치고, 나아가서 정치에까지 영향을 미친다는 주장이 있음은 분명하지만, 또 이와는 상반된 방향에서 정치가 음악에 영향을 미친다는 주장도 동시에 기록되어 있기 때문이다.

"세상이 잘 다스려질 때의 음악이 안온하고 즐거운 것은 정치가 조화롭게 행해지기 때문이고, 세상이 어지러울 때의 음악에 원망과 분노가 담겨 있는 것은 정치가 잘못되고 있기 때문이다(是故治世之音安而樂, 其政和, 亂世之音怨而怒, 其政乖)"라는 이야기는 분명 정치가 음악에 영향을 미치고 있음을 지적한 것이다. 음악과 정치 사이의 관계에 대하여, 음악이 인간을 감화시켜 정치에 영향을 미친다는 한 측면만을 끄집어내어 강조하는 것은 오히려 '단장취의(斷章取義)' 에 가깝다.

그러므로 중국에서 악교(樂教)의 전통이 쇠퇴하게 되었다면, 이는 교육의 수단과 목적이 일치할 것이라는 하나의 관점에서 해석한 음악과 여기에 근거한 어떤 전통이 쇠퇴했음을 의미한다고 보아야 한다. 이는 어느 모로 보나 상식과 경험에 부합되지 않는 것이고, 또 이런 의미에서의 쇠퇴라면 그것은 지극히 자연스러운 것이었다고 볼 수 있겠다.

그러나 채원배와 양계초가 살던 시대는 사람들이 접할 수 있는 매체라는 것이 지금과는 비교할 수 없을 정도로 간단한 것이었고, 이런 상황에서 당시 매체의 상당부분을 차지하던 시 · 소설 · 음악 등이 사람들에게 미치는 영향력도 그만큼 대단한 것이었을 것이라고 추측할 수 있다. 지금의 상황에서 약 100년 이전의 양계초의 주장을 이해하려면 시대상황의 변화를 충분히 고려할 필요가 있다. 지금의 관점에서는 아주 무리하게 보이는 주장이 그때 상황에서는 상당히 호소력 있는 주장이었을 수도 있는 것이다. 더욱이 인쇄매체라는 것이 아직 없었고 제대로 된 음악 연주라는 것을 접할 기회마저도 극히 제한적이던 선진(先秦)의 상황에서는, 그것이 무엇이든 어떤 매체를 접한다는 사실 자체만으로도 귀하고 소중한 체험이었을 것임을 고려한다면, 그 매체의 영향력이라는 것은 지금의 관점에서 쉽게 상상할 수 있는 것이 아니라고 생각된다.

그리고 현대사회에서 매체의 다양성을 고려한다면, 예술작품이라는 매체의 영향력은 상대적으로 왜소한 것이 될 수밖에 없다. 지금 우리는 시 · 소설 · 음악 · 미술 · 잡지 · 신문 · 영화 · 라디오 · TV · 인터넷 등 수많은 매체들에 항상 둘러싸여 있는 환경 속에서 살고 있다. 이런 상태에서 그것이 무엇이든 어떤 단일한 매체가 인간에게 강력한 영향력을 행사할 수 있다고 생각하기는 힘들다. 현대에 예술이라는 것이 과거의 어느 시기와도 비교할 수 없는 자유를 누리게 된 현상도, 예술가의 창작의 자유나 감상자의 향수(享受)의 권리가 향상되었기 때문이라는 측면도 있겠지만, 다른 한편으로 본다면 메시지를 전하는 매체의 기능으로서의 예술의 역할이 그만큼 축소되었음을 의미한다고 판단할 수도 있다. 사회적인 영향력이 미미한 소설이나 음악이라는 매체에 대해서 지나친 통제를 가하는 것은 사실 불필요한 일이 되기 때문이다. 아주 역설적으로 들리겠지만, 예술이 누리는 권리와 자유의 확대가 오히려 사회적 영향력의 축소에 큰 원인이 있는 것이다.

더 읽을 거리

盧善慶,『中國近代美學思想史』, 華東師範大學出版社, 1991.

盧善慶 主編,『近代中西美學比較』, 湖南出版社, 1991.

聶振斌,『中國近代美學思想史』, 中國社會科學出版社, 1991.

姚全興,『中國現代美育思想述評』, 湖北教育出版社, 1989.

蔣紅等 編,『中國現代美學論著譯著提要』, 復旦大學出版社, 1987.

趙士林,『當代中國美學研究概述』, 天津教育出版社, 1989.

陳偉,『中國現代美學思想史綱』, 上海人民出版社, 1993.

胡經之 編,『中國現代美學叢編』, 北京大學出版社, 1987.

일본

일본의 미의식

선승혜

서문 – 일본 미의식의 배경: '조화(和)'

일본 문화는 수용과 변용의 연속이다. 일본인은 외래문화를 받아들이는 데에 인색하지 않아서, 스스럼없이 자신의 문화를 '잡식성' 이라고 한다. 일본은 섬나라라는 지정학정 환경에 영향을 받아서, '내부(内)' 와 '외부(外)' 를 분명하게 구분한다. 동시에 내부의 '조화(和)' 를 중시하면서도, 외부의 선진 문화를 강하게 흡수하는 '내부' 와 '외부' 의 '조화' 를 추구하는 이중성이 일본 문화의 원동력이 되었다. 일본은 시대에 따라서 한국, 중국, 서양의 선진 문화를 적극적으로 수용하면서, 자신의 정서에 부응하는 부분을 취사선택한 후에 집중적으로 발전시켰다. 특히 일본인은 외래의 선진 문화를 수용하는 것에 대해 거부감이 비교적 약하며, 앞서 있는 문화를 동경하고 수입하는 것을 주저하지 않는 국민성이 자국의 문화를 발전시키는 데에 원동력이 되었다. 일본은 내부 구성원 간의 '조화' 뿐만 아니라, 이를 위해서는 적극적으로 외부 문화를 수용하며 독특한 일본의 미의식을 형성하였다.

일본은 각 시대마다 서로 다른 미의식이 패러다임을 조성하였다. 일본은 전시대를 관철하는 미의식보다 각 시대의 권력 집권자가 가진 취향에 부응하여 미의식의 패러다임이 교체되었다. 일본인은 어느 하나의 미적 가치를 취사선택해야 하는 상황에서 어김없이 권력자의 미의식을 선택하였다. 동시에 일본 문화의 독특한 점은 앞 시대의 미의식을 전면적으로 부정하기보다는 고전적 미의식으로서 면면히 유지하였다. 이러한 미적 가치는 서로 다른 미적 가치에 대한 공존을 이해하고, 인정하며, 서로 간여하지 않는 성향이 있다.

일본 미의식의 패러다임은 다음과 같이 요약할 수 있다. 일본의 선사 시대에 해당되는 조몬, 야요이, 고훈 시대에는 중요한 것을 '과장' 하는 미의식을 보여 준다. 아스카 시대와 나라 시대에는 우리나라와 중국에서 불교 문화를 적극적으로 '모방' 하여, 국가를 불교의 힘으로 수호하고자 하였다. 헤이안 시대에는 귀족들이 '우아(雅)' 한 미의식을 근간으로 일본 문화를 자국화(國風化)시켰다. 가마쿠라 시대와 남북조 시대에는 무사들이 단호하면서도 '강인(忍)' 한 미의식으로 사실성을 추구하였다. 무로마치 시대에는 선불교가 유행하면서 '그윽(幽玄)', '쓸쓸(사비 寂)', '적적(와비 侘び)' 한 미의식으로 정신적 심오함이라는 일면을 더하였다. 아즈치모모야마 시대에는 일본 내의 권력이 집중되면서 '화려(絢爛)' 한 미의식으로 호방하고 장대한 문화가 성행하였다. 에도 시대에는 서민층이 경제적으로 성장하면서, 자유로우면서도 멋을 부린 '세련(이키 粋)' 된 문화와 개성을 마음껏 발휘하는 '특이(奇想)' 한 예술가들이 등장하여 오늘날의 일본 문화로 계승되었다.

1. 선사 시대의 미의식: '과장(誇張)'

일본 문화의 태동과 함께 나타난 선사 시대의 미의식은 '과장' 이다. 일본인은 외래로부터 청동기와 같은 문물을 수입하면서, 중요한 부분을 선택하여 과장하는 특징을 나타냈다. 통상 일본의 문화를 '축소지향형' [1]이라고 표

1 이어령, 『축소지향의 일본인』, 서울: 甲寅出版社, 1982.

현하지만, 선사 시대에는 적용되지 않는 듯하다. 일본의 선사 문화를 보면 물건이 작아진다기보다는, 중요한 것을 크게 만드는 경향을 발견할 수 있다. 몇 가지 선사 시대에 과장이 잘 표현된 예를 언급해 보자.

일본의 신석기 시대인 조몬 시대(繩文時代, 기원전 1만 년–기원전 5세기경)의 화염토기(火焰土器)[2]에는 '과장'의 미의식이 표현되어 있다. 조몬(繩文)토기[3] 중에서 화염토기는 표면에 흙을 말아서 장식한 것이 불꽃과 같다고 하여 붙여진 이름이다. 화염토기의 장식성은 목숨을 건 수렵 생활의 고투 속에서 데포르메를 통하여 주술적인 열정을 표현한 것으로 해석된다.[4] 이러한 주술성은 선사 시대에 공통적으로 보여지는 특징이지만, 일본인은 주술적 열정을 불꽃과 같은 과감한 장식으로 표현하였다.

야요이 시대(弥生時代, 기원전 5세기경–기원후 3세기경)는 청동기를 사용하고 농경을 시작한 시기이다. 당시 청동기는 크기가 확대되는 '과장'의 현상이 나타난다. 일본은 중국과 우리나라 등으로부터 청동기를 유입하였다고 추측하게 하는 청동 기형이 발견된다. 그러나 일본의 청동기는 중국과 우리나라와 같은 종류의 청동기라도, 크기가 매우 크다. 대표적인 예가 청동 동탁(銅鐸)이다.[5] 동탁은 원래 중국과 우리나라에서 크기에 따라서 다른 음을 내는 방울 모양의 악기이다. 크기가 작은 방울부터 큰 방울까지 여러 개의 청동 방울이 하나의 악기를 이루고 있다. 그러나 청동 방울이 일본에 유입되면서 방울이라고 하기 어려울 정도로 크기가 커졌다. 그것은 제례에서 사용되는 악기로서 매우 중요했기 때문에, 청동 방울을 크게 과장하여

---

2 大田區立鄕土博物館 編, 『火炎土器: 燃えあがる造形美と土器文化の謎』, 東京: 大田區立鄕土博物館, 1995.

3 '조몬(繩文)' 이라는 용어는 오모리 패총(大森貝塚)을 발굴한 에드워드 모스가 보고서에서 "cord marked pottery"라고 명명한 것이 이후 '삭문토기(索文土器)' 라고 번역이 되었다가 '조몬토기(繩文土器)' 라고 불리게 되었다.

4 今道友信, 「日本の美學」, 『日本美學』, 東京: 東京大學出版會, 1984, 267-268쪽.

5 일본에는 동탁에 대한 많은 연구서가 있다. 대표적인 연구서는 다음과 같다. 梅原末治, 『銅鐸の研究』, 東京: 大岡山書店, 1927; 日本國立歷史民俗博物館 編, 『銅鐸の美』, 東京: 每日新聞社, 1995; 佐原眞, 『銅鐸の考古學』, 東京: 東京大學出版會, 2002.

종과 같은 크기로 만든 것으로 생각된다. 청동 검은 우리나라와 기형이 비슷한 것이 발견되나, 길이가 과장되게 길어지든가 혹은 폭이 넓어지는 등, 과장되는 경향을 보인다. 디자인의 측면에서는 야요이 청동기는 단정한 기하학적 문양이 주류를 이루면서 조몬 시대의 주술적 열정과는 대조적이다. 이러한 규칙성은 정착 생활에서 오는 안정성이 반영되어 있다.

고훈 시대(古墳時代, 3세기경-7세기경)에는 강한 권력을 가진 야마토(倭) 정권이 등장하였다. 권력자는 거대한 고분을 축조하여 자신의 권위를 과장한다. 뿐만 아니라 고분은 권력자가 사후 세계에도 권력을 연장하고자 하는 의지를 보여 준다. 고분의 모양은 하늘에서 내려다보면 앞이 각이 진 모양이고 뒷부분이 동그란 열쇠구멍과 같은 모양으로 전방후원분(前方後圓墳)이라고 부르는데, 가장 길이가 긴 것은 400미터가 넘는 예도 있다. 이후 일본의 매장문화와 비교해 볼 때, 무덤의 크기가 이처럼 확대된 적이 많지 않다. 이와 같이 크기가 확대된 일본의 고분은 당시 권력자가 출현한 상징일 뿐만 아니라, 확대된 고분은 내부에 장식을 할 수 있는 공간이 생겨 장식 고분이 발달하는 효과를 발생시켰다.[6]

2. 아스카 및 나라 시대의 미의식: '모방(模倣)'

아스카 시대(飛鳥時代, 593-710)와 나라 시대(奈良時代, 710-794)에는 우리나라와 중국의 선진 문화를 적극적으로 '모방' 한 시기이다. 일본은 고구려, 백제, 신라, 가야의 선진 문물을 받아들이고 중국의 당나라에 견당사(遣唐使)를 파견하는 등 적극적으로 선진 문물을 수입하고 모방하여 일본에서 불교문화를 정착시켰다.

6 國立歷史民俗博物館, 『裝飾古墳が語るもの-古代日本人の心象風景』, 東京: 吉川弘文館, 1995.

아스카 시대는 우리나라의 문화를 가장 적극적으로 모방한 시기이다. 아스카 시대는 나라(奈良)의 남쪽 분지인 아스카(飛鳥) 지역을 중심으로 우리나라의 삼국시대와 활발한 교류를 통해 불교를 수용하였다. 백제의 성왕(聖王, 재위 523-554년)이 538년 일본에 불상과 불경을 전해 준 후, 쇼토쿠 태자(聖德太子, 574-621/622)가 고구려의 혜자(彗慈)를 스승으로 삼아, 나라에 호류지(法隆寺)를 건설하는 등 불교를 장려하였다고 알려져 있다. 당시 불교는 귀족과 호족 계층 사이에 널리 퍼졌고, 불법의 힘으로 국가를 지키고자 하는 호국불교적 성격을 띤다.

나라 시대는 아스카 지역에서 헤이조쿄(平城京, 현재의 나라)로 수도를 옮기고, 적극적으로 중국 당나라의 문화를 '모방'하였다. 일본은 중국 문화에 대한 강한 동경심을 가지고, 1회에 500여 명 이상 규모의 견당사를 파견하였다. 중국에 대해 최초로 종래의 '왜(倭)'라는 용어 대신에 '일본(日本)'이라는 국호를 사용하기 시작하였다. 일본은 당나라의 영향을 강하게 받으면서 불교 미술의 고전 양식을 완성시켰다.

3. 헤이안 시대의 미의식: '우아(雅)'

헤이안 시대(平安時代, 794-1192)에는 귀족(公家)들이 권력을 잡으면서, '우아(미야비 雅)'[7]한 미의식이 주주를 이루었다. '우아'한 미이시은 예술에서 서정성, 여성적인 섬세함,[8] 잔잔한 슬픔 등으로 나타났다. '우아'는 귀족들의 풍류의 의미를 내포하여 '풍아(風雅)'라고 불리기도 한다. 헤이안 시대는 아스카 시대와 나라 시대에 한국과 중국에서 수입한 문화를 귀족들의

7 토머스 먼로, 백기수 역, 『동양미학: 동서비교미학의 서설적 탐구』(서울: 열화당, 2002)에서는 '미야비'를 "조용하고 세련되고 고상한 방법"이라고 번역하였다.

8 미국 컬럼비아 대학 교수인 Donald Lawrence Keene은 "헤이안 시대의 여성적 감수성(平安時代の女性的感受性)"(『日本人の美意識』, 東京: 中央公論社, 1990)에서 『겐지이야기』 외에 몇 가지 예를 더 들고 있다.

섬세하면서도 우아한 미의식으로 '자국화(國風化)' 시켰다고 평가된다. 이러한 문화를 '왕조 문화(王朝文化)' 라고도 부른다. 지역적으로는 수도를 교토(京都, 당시 지명은 헤이안쿄平安京)로 옮기면서, 오늘날의 교토 문화의 기초를 이루었다.

'우아' 한 미의식이 가장 잘 나타난 문학 작품은 여성 작가 무라사키 시키부(紫式部, 978–1016)가 쓴 『겐지이야기(源氏物語)』[9]다. 『겐지이야기』는 왕자 히카루 겐지가 많은 여성을 만나면서 이루어지는 사랑 이야기로, 섬세한 감정의 변화를 중심으로 귀족의 생활을 묘사하고 있다. 이러한 우아한 미감에 대해 가모노 마부치(賀茂眞淵, 1697–1769)는 "다오야메부리(연약한 여자의 손짓 手弱女振り)"에서 느껴지는 여성다움을 놓치지 않는 섬세함과 일맥상통한다고 지적한 바 있다. 나아가 일본의 우아함은 "잔잔한 슬픔(모노노아와래 もののあはれ)"을 띠기도 한다. 일상생활에서 작은 사물들을 접할 때 마음에서 우러나는 슬픔과 같은 것이다. 일본의 국학자 모토오리 노리나가(本居宣長, 1730–1801)는 『겐지이야기』의 본질이 "모노노아와래(슬픔)"라고 했다. '모노노아와래' 는 아름다운 것을 보고 아름답다고 느낄 수 있는 순수(素直)한 마음이다. 인간의 진실한 마음(眞心)이 '사물에 접했을 때 절실하게 느껴지는 심정' 이라고 표현했다.[10]

헤이안 시대의 '우아' 한 미의식은 시각예술에도 큰 영향을 주었다. 먼저 서예에서는 초서(草書)에 기초한 '가나(かな)' 의 부드러운 서체가 확립되었다. 당시 귀족들의 서정적 시와 소설은 가녀린 듯 흘러내리는 '가나' 의 서체로 절묘한 조화를 이루었다. 회화에서는 일본 고유의 소재를 묘사한 야

9 일본의 여류작가 무라사키 시키부(紫式部, 978-1016)가 지은 소설로, 수려한 용모와 재능을 겸비한 주인공 히카루 겐지(光源氏)의 일생과 그를 둘러싼 일족들의 생애를 서술한 54권의 대작이다. 당시 일본 귀족사회의 사랑과 고뇌, 이상과 현실, 예리한 인생비판과 구도정신(求道精神)을 나타낸 작품으로 알려져 있다.

10 토머스 먼로, 백기수 역, 『동양미학: 동서비교미학의 서설적 탐구』(서울: 열화당, 2002)에서는 '모노노아와래(혹은 아와래哀)' 를 "향수적 정감", "고결한 비애", "사물의 아름다운 슬픔에 대한 감수성" 등으로 번역된다고 지적하였다.

마토에(大和繪, 혹은 倭繪, 和繪)가 확립되었다. 야마토에는 중국에서 영향을 받은 회화인 가라에(唐繪)와 대립되는 개념이다. 야마토에는 당시 유행하던 『겐지이야기』와 서정적 서사문학 작품을 소재로 하였다. 칠기에서는 화려하면서도 우아한 미의식이 돋보이는 옻칠에 금 · 은 가루를 섞어서 만드는 마키에(蒔繪) 기법이 등장하였다. 불교회화와 조각에서는 귀족들이 중심이 되어 정토교(淨土敎) 미술이 크게 발전하였다. 건축에서는 귀족들이 인생의 무상을 강하게 느끼며 아미타여래가 사는 서방정토로 왕생하기를 염원하면서, 대규모 보시를 통해 뵤도잉(平等院)과 같은 사원을 건립하였다. 일본의 토착신앙에 기초한 이쓰쿠시마 신사(嚴島神社)와 같은 종교 건축물도 등장하는 등, 신도와 불교의 결합 현상도 나타났다.

4. 가마쿠라, 전국 시대의 미의식: '강인(忍)'

가마쿠라 시대(鎌倉時代, 1185–1333)는 무사(武家)들이 귀족(公家)을 압도하면서 가마쿠라(鎌倉)에 새로운 정권을 수립하고, '강인' 함을 중시하는 사실적인 미의식이 발달하였다. '강인' 은 일본의 사무라이 문화를 대표하는 미의식이기도 하다. 무사들의 강인한 정신은 예술작품에서 사실적인 취향으로 발전하였다. 귀족들과 같이 극락왕생을 위하여 사원을 건립하는 데에 막대한 돈을 기부하지 않아도 무사, 서민, 사농공상, 여성도 염불을 열심히 하면 출가를 하지 않고 현실에서 왕생과 성불을 할 수 있다고 믿었다.

가마쿠라 시대에는 불교미술에서 사실적이고 강인함을 보이는 양식이 주류를 이루었다. 운케이(運慶)나 가이케이(快慶)와 같은 조각가가 사실적이면서 강건하고 역동적인 미의식을 반영하는 목조 불상을 제작하였다. 불교회화에서도 강한 필치, 불상의 단호한 인상 등에서 강건한 미의식을 엿볼 수 있다. 또한 사실적인 미의식을 반영하는 인물의 초상화인 니세에(似繪)나 역사적인 영웅의 일대기를 두루마리 그림으로 그린 에마키(繪卷)가 다수 제작되었다.

일본 무사의 강인함은 20세기 초 니토베 이나조(新渡戸稲造, 1862-1933)가 1899년 영문으로 *Bushido*(武士道)[11]를 출간하여, 전세계적으로 일본 문화를 대표하는 주요 개념으로 알려지게 되었다. 그는 일본의 무사도를 서양의 기사도와 비교하면서, 무사도를 일본 무사들의 철학이자 삶의 방식으로 제시하였다.

무사도는 일본의 미의식 중에서도 윤리와 가장 밀접하게 관련되어 있다. 무사도는 유교를 일본인에게 맞게 변용하여 받아들인 예이기도 하다. 사대부 계층이 존재하지 않았던 일본에서는 유교 중에서 사무라이 계층이 '충성(忠)'을 적극적으로 수용한 것이다. 무사도의 주요 개념은 충성, 희생, 신의, 염치, 예의, 결백, 꾸밈없음(質素), 검약 등이다. 풀어 보면 무사는 군주에게 충성하고 부모에게 효도하며, 자신에게는 엄격하고, 아랫사람에게는 인자하고, 적을 가엾게 여긴다. 또 사욕을 싫어하고, 공정함을 존중하며, 부귀함보다는 명예를 소중히 한다는 것인데, 이런 윤리적 덕목이 곧 미의식이기도 하였다.

무사도는 유교뿐만 아니라 불교, 선불교, 유교, 신도에서 다양한 영향을 받았다. 특히 불교의 윤회사상은 무사들이 현세에서 죽음을 두려워하지 않도록 하였다. 이러한 태도는 일본 특유의 '죽음의 미학'으로 발전하였다. 무사들이 전쟁에서 가져야 하는 마음가짐으로 중시되었다. 무사가 군주와 심정적으로 일체화되어 목숨을 바칠 수 있는 용기를 보여 주는 군사이야기(軍記物語)가 칭송되었다. 메이지유신 이후의 '무사도'가 천황을 섬기는 '야마토고고로(大和心)'로 대치되면서 청일전쟁 이후 일본 민족 도덕, 국민도덕과 동일시되어, 일본의 군국주의와 결합되는 현상이 나타났다.

---

11 니토메 이나조(新渡戸稲造)는 『무사도: 일본의 정신: 일본 사상의 표현(*Bushido : the soul of Japan: an exposition of Japanese thought*)』(Tokyo: Shōkwabō, 1901)을 영어로 먼저 출간하였고, 이후 1938년 新渡戸稲造, 奈良本辰也 譯, 『武士道』(東京: 岩波文庫, 1938)가 일본어로 출간되었다.

5. 무로마치 시대의 미의식: '유현(幽玄)', '외로움(侘び)', '쓸쓸함(寂)'

무로마치 시대(室町時代, 1392-1573)는 '유현(幽玄)', '외로움(와비 侘び)', '쓸쓸함 (사비 寂)'[12]이 주요한 미의식이 되었다. 이러한 미의식은 정신적인 깊이를 중시하는 선종(禪宗)[13]으로부터 큰 영향을 받았다. 이 세 가지 개념은 암시, 불명료함, 애매함, 부족함을 특징으로 한다. 그 근저의 사상은, 세상은 끊임없이 변화하기 때문에 인생은 무상한 것이라는 실존적 번민과 일맥상통한다.[14] 뿐만 아니라, 일본인의 서로의 거리를 일정하게 유지하여 서로를 침범하지 않는 '원(輪)'을 지키고자 하는 가치관으로 직접적인 표현보다는 '암시', '불명료함', '애매함'이 표현된 미감을 선호하는 경향[15]과도 일치한다. 일본 예술에 나타난 '균제'는 중국 등 외래의 문화 영향에서 기인한 것으로, 일본인은 대부분의 예술에서 부정합성, 불규칙성을 선택한다. 그 이유는 완벽한 조화나 균형보다는 불완전하고 부족한 듯한 데에서 상대방을 아끼는 마음이 들면서, '원'을 유지할 수 있기 때문이다. 특히 15세기 후반부터 16세기 후반까지 아시카가 요시마사(足利義政, 1436-90)는 어지러운 세상을 등지고 은둔하면서, 소박하고 조용한 가운데 심오한 의미를 추구하였다. 정신적 깊이를 중시하며 동산문화(東山文化)가 전개되었다. 예를 들어 색채를 극도로 자제한 수묵화, 간소함을 중시하는 다도, 돌과 자갈로 간략하게 꾸민 정원, 전통 공연인 노(能)로 대표된다.

---

12 구사나기 마사오(草薙正夫)가 『幽玄美の美學』(東京: 塙新書, 1973)에서 "유현미의 미학"이라는 제목으로 「여정(余情)의 논리」, 「리큐(利休)에게 있어서 와비: '와비'의 실존적 의미」, 「한계상황에서 사비: 바쇼(芭蕉)의 사비」, 「모노노아와래」의 논문을 모아 출간하였다. 이것은 구사나기 마사오가 서양의 실존철학적 입장에서 '와비', '사비', '모노노아와래' 등을 '유현'이라는 공통된 범주로 다룬 것이다.

13 선종(禪宗)은 불교 중에서 직관적인 종교체험으로서 선(禪)을 중시한다. 원래 선종은 석가가 영산(靈山) 설법에서 말없이 꽃을 들자, 제자인 가섭(迦葉)이 그 뜻을 알았다는 데서 연유한 것으로, 이심전심(以心傳心), 불립문자(不立文字)를 종지(宗旨)로 삼는다.

14 '무상'에 대해서는 兼好法師의 『徒然草』가 좋은 예로 언급되었다.(草薙正夫, 「實存的思想家としての兼好」, 『幽玄美の美學』, 東京: 塙新書, 1973)

15 Donald Keene, "Japanese Aesthetic", *Philosophy East and West*, 1969.

구사나기 마사오(草薙正夫)는 『유현미의 미학(幽玄美の美學)』(東京: 塙新書, 1973)에서 「여정(余情)의 논리」, 「리큐(利休)에게 있어서 와비: '와비'의 실존적 의미」, 「한계상황에서 사비: 바쇼(芭蕉)의 사비」, 「모노노아와래」의 논문을 모아 출간하였다. 이것은 구사나기 마사오가 서양의 실존철학적 입장에서 '와비', '사비', '모노노아와래' 등을 '유현'이라는 공통된 범주로 다루면서, 일본을 대표하는 미의식으로서 공감대를 형성하였다.

'유현(幽玄)'은 여정(余情)의 미, 그림자(陰影), 깊이(奥行き), 여운이 풍부하게 느껴지는 아름다움으로 표현할 수 있다. '현(玄)'은 중국 노자(老子)가 '도(道)'의 특징으로서 언급한 것으로, '유현'은 깊고 그윽하여 정확히 보이지는 않지만 깊이가 있는 미의식이다. '유현'의 표현 방식은 직접적인 서술보다는 '암시'를 이용한다. 문학작품에서는 제한된 단어를, 회화에서는 제한된 필치만을 이용하여 암시적인 효과를 극대화시킨다. '유현'의 감상법은 '지금 여기에 드러나 있는 아름다움'을 즐기는 것이 아니라, 여기에 '감추어져 있는 것'의 아름다움을 연상하며 미적 감상을 심화시킨다. 감상자는 시각적으로 형상화된 현상을 넘어서 본질에 다가가고자 하는 일종의 노력으로 해석할 수 있다. 유현의 아름다움은 화려하기보다 침울하고 깊이가 있으며 종교적인 감정에서 영향을 받는다. '유현'의 미적 감상법을 꽃을 보는 것에 비유하여 보면, 눈앞에 있는 꽃 그 자체가 아름답다고 하는 것이 아니라, 꽃이 피기 전에 견디어낸 겨울의 추위, 혹은 지금은 아름답지만 곧 시들고 마는 것에 대한 아쉬움을 연상하면서 심화된 미를 감상하는 것이다.

'유현'은 일본의 전통극인 노가쿠(能樂)의 중요 개념이다. 세아미(世阿弥, 1363-1443)는 노의 미적 가치가 '유현'에 있다고 주장하면서, 줄거리, 대사, 동작 등에서 '유현'의 미를 표현할 수 있는 '몽환의 노(夢幻能)'를 대성시켰다. '현재의 노(現在能)'는 현실의 인물이 주인공이 된다면, '몽환의 노(夢幻能)'는 귀신, 망령과 같은 현실을 초월한 존재들이 주인공이 된다. 세아미는 아름다운 의미를 무대에 재현한다고 해서, 누구나 모두 아름답다고 느끼는 것은 아니며, 그러므로 노의 공연을 하나의 출발점으로 하여, 관람

객이 '상상력' 을 발동하여 아름답다고 느끼도록 해야 한다고 했다.

'외로움(와비 侘託)' 은 '부족' 의 미로서, 꾸밈과 과장을 버린 조용하고 고담(枯淡)함을 추구한다. '와비' 란 원래는 슬프고 마음이 좁아진 상태를 의미하지만, 무로마치 시대가 되면 침착하게 안정된 경지에 안주하는 기쁨을 발견하는 것을 의미한다. 세상의 가치관에 구속되지 않고, 그 사람의 마음 속에 시대와 사회적 지위를 뛰어넘어 최고의 가치를 추구하는 것이다. 일본 다도의 대성자인 센노 리큐(千利休, 1529–91)는 '와비' 를 일본 다도의 기본 원칙으로 추구하여, '와비차(侘び茶)' 를 대성시켰다. 다도에서 말하는 '외로움(와비)' 이란 부족한 상태에 '간소(簡素)', '고담(枯淡)', '한적(閑寂)' 한 상태를 말한다. 와비차는 '선(禪)' 과 연결되어 "차와 선은 하나다 (茶禪一味)" 라는 말이 생겨나게 되었다.

'쓸쓸함(사비 寂び)' 은 혼자서 적적하게 있는 내면 상태이다. '외로움(와비)' 과 '쓸쓸함(사비)' 은 구분하기 어렵게 유사한 개념이다. '쓸쓸함' 은 특히 심정적으로 고독한 상태라고 할 수 있다. '쓸쓸함' 은 마츠오 바쇼(松尾芭蕉, 1644–94)의 하이가이(俳諧)라는 짧은 시의 세계로 대표된다. 바쇼는 이상적 경지인 '고독(孤獨)' 이나 '고절(孤絕)' 을 통해 끊임없이 변해 가는 무상(無常)함 속에서 가치를 발견하고자 하였다. 인생은 무상하다라는 인생관 속에서 고독과 고절의 태도로 이해로 뒤얽힌 인간관계로부터 자유로워진다. 이러한 '쓸씀함' 의 미의식으로 이해관계에 무관심해지면서 미적 거리를 유지할 수 있는 것이다.

6. 아즈치모모야마 시대의 미의식: '화려(絢爛)'

아즈치모모야마 시대(安土桃山時代, 1568–1603)는 국내 통일이 완성되면서 권력과 부를 결집한 권력자가 '화려(絢爛)' 함을 추구한 시기이다. 도시를 중심으로 신흥 상인이 성장하면서 호방한 문화가 선호되었다. 오다 노부나가(織田信長, 1534-82)의 정책으로 중앙에서 불교의 힘이 약해지면서, 인간중심적이면서도 현세적인 문화가 발달하였다. 이러한 화려한 미의식은 예술의 급격한 변화를 유도하였다.

오다 노부나가는 아즈치성(安土城)을, 도요토미 히데요시(豊臣秀吉, 1536-98)는 모모야마성(桃山城 또는 伏見城)과 같은 대규모의 성곽을 축조하였다. 천장이 높은 천수각 양식의 성곽에는 매우 넓은 내부 공간이 생겼으며, 이러한 공간을 구획하고 장식하기 위한 장벽화(障壁畵: 병풍, 문, 벽에 그린 그림)가 다수 제작되었다. 기법적으로 금지(金紙)에 짙은 채색을 사용한 전통적인 야마토에(大和繪) 양식에 중국식 화풍(漢畵)을 가미한 화려한 회화가 주류를 이루었다. 이러한 대규모의 장식화를 제작하기 위하여 직업 화가군인 가노파(狩野派)가 등장하였다. 회화의 소재로서는 중국의 현인 혹은 매와 사자와 같은 용맹함을 나타내는 모티프가 애호되었다. 당시 쇼군들 사이에는 대규모의 다도 모임이 유행하였다. 다도가인 후루타 오리베(古田織部)가 창안한 오리베 도자기는 무로마치식 다도의 정신적 깊이를 추구하는 격식을 깨고, 형태는 불완전하면서도 화려한 색채감을 잘 살린 기하학적 디자인으로서 이 시기의 취향을 잘 반영한다.

화려한 미의식은 포르투갈을 중심으로 유럽인들이 일본에 오고, 일본인이 해외로 진출함에 따라서 기독교와 유럽문화가 전파되어 새로운 문화적 경향인 남방문화(南蠻文化)가 출현되면서 이국적인 성격까지도 포괄하게 되었다.

7. 에도 시대의 미의식 1: '세련(이키 粹)'

'이키(粹)' 는 에도 시대(江戸時代)의 분카 · 분세이 연간(文化 · 文政年間 1804-30)[16]에 발달한 미의식이다. '이키(粹)' 란 절제하는 가운데에 나타나는 세련미를 의미한다.[17] 표면은 소박한 듯하지만, 속은 화려함을 추구하는 미의식이다.

'이키(粋)' 는 지역적으로 에도 시대에 도쿄 지역을 중심으로 발달한 문화를 대표한다. 에도 시대에는 문화의 중심지가 교토(京都)와 오사카(大阪)에서 도쿄(東京)로 옮겨졌다. 문화를 창조하고 향유하는 계층이 서민의 상층부에 해당되는 부유한 상인에서 중하층부의 서민까지로 확대되면서 국민적인 규모에서 문화가 발전하였다. 부유한 상인의 경제력이 급상승하면서 과도한 사치를 추구하자, 막부는 간세이 원년(寛政元年 1789)에 사치금지령을 내렸다. '이키' 는 사치금지령이 내려진 후에 발달한, 소박하지만 안은 화려한 '이키(粋)' 와 같은 미의식이다.

구키 슈조(九鬼周造, 1888–1941)[18]는 『이키의 구조(いきの構造)』(1930)[19]에서 본격적으로 '이키' 를 일본의 미적 특징으로 분석하였다. '이키' 의 내포적 구조는 이성간의 '매혹적인 자태(媚態)', '활달(意氣)',[20] 운명을 받아들여 세상에 대한 집착을 버려서 미련이 없는 마음인 '절제(諦め)'[21]이다. '매혹적인 자태(媚態)' 는 기본적인 기조로, '활달' 과 '절제' 에는 민족적인 특징이 반영되어 있다.

'이키' 의 신체적 표현은 청각과 시각을 통해서 감지할 수 있다. 이키는 "애교를 부리지 않으면서도 섹시[色氣]한 것" 이다. 예를 들어 얼굴이 가늘

---

16 이 시기의 문화를 분카(文化)와 분세이(文政)의 마지막 글자를 따서 가세이 문화(化政文化)라고도 부른다.

17 '이키' 는 18세기 후반 에도(東京, 오늘날의 도쿄)에서 발생한 미적 개념으로 구키 슈조가 『いきの構造』(東京: 岩波書店, 1930)에서 본격적으로 일본의 미적 특징으로서 다루기 시작하였다.

18 구키 슈조는 도쿄제국대학 철학과를 졸업하고, 1929년 유럽에서 유학한 후, 교토제국대학에서 서양철학을 가르쳤다. '이키' 에 대해서는 프랑스 유학 시절에 집필한 것으로 알려져 있다.

19 九鬼周造, 『「いき」の構造』, 東京: 岩波書店, 1930.

20 '意氣' 는 마음속에서 느끼는 바대로 행동한다는 능동성을 가지며, 본고에서는 九鬼周造 저서의 문맥을 고려하여 '활달' 로 번역하고자 한다. '이키(粋)' 와 '이키(意氣)' 는 일본어로 발음이 동일하여 상통하는 개념으로 수용되고 있다.

21 '諦め' 를 한글로 번역하면 '포기하다' 등이 직역이나, 구키 슈조(九鬼周造)의 저서의 흐름을 볼 때 '意氣' 의 상충되는 개념으로 약간 의역을 하여 '절제' 로 번역하고자 한다.

고 몸매가 홀쭉하며, 표정은 눈 · 귀 · 볼에 긴장감이 있는 것이다. 옷은 속이 비치고, 화장은 진하지 않으며, 머리에는 기름을 바르지 않고, 기모노의 허리끈을 높이 묶어 여성의 발목과 맨발이 보이는 것을 예로 들 수 있다.

'이키' 는 '매혹적인 자태' 가 '활달함' 과 '절제' 의 이원성을 동시에 표현해야 한다. 먼저 이러한 이원성을 보여 주는 형태는 평행선, 수직선과 같은 기하학적 문양이다. 곡선이나 자연적 소재의 묘사는 '이키' 를 전달하기 어렵다라고 하였다. '이키' 의 색채는 회색 · 갈색 · 청색이다. 에도 시대에 사치금지령이 내려진 후에 서민들은 견직물과 적색 · 황색 · 주황색(橙色)을 이용하지 못하도록 하자, 서민들이 남색 · 회색 · 갈색의 소박한 색채 속에서 세련미를 발견했다는 데에서 유래한다. 이것은 감의 떫은맛과 같은 '시부미(澁味)', 즉 화려하지 않지만 차분하고 평범하면서도 깊은 맛이 나는 것과 일맥상통한다. 이키는 단지 수수함이 아니라 화려함을 체험한 뒤에 남아 있는 잔상과 같은 것이다. 단순함을 선호하는 경향은 '와비' 나 '사비' 등의 미의식과 공통되는 부분이 있지만, '깔끔한(さっぱり)' 혹은 '쌈박한(すっきり)' 등의 형용사에 해당되는 것처럼 일상적으로 친근감이 있다.

8. 에도 시대의 미의식 2: '특이함(奇想)'

에도 시대의 서민을 중심으로 '장난기(遊び)' 가 있는 '특이함(奇想)' 을 선호하는 미의식이 발전하였다. '특이함(奇想)' 이란 기이(奇矯)하고 환상적인 이미지를 창출해 내면서 인습을 깨는 자유롭고 참신한 미의식이다. 이는 중국의 광태파(狂態派)와 흐름을 같이한다.[22]

---

22 일본 미술사에서 '특이함(奇想)' 에 대한 선두적인 연구자로서 스지 노부오(辻惟雄)가 있다. 관련된 서적으로는『奇想の系譜』, 東京: 美術出版社, 1970;『奇想の図譜:からくり · 若冲 · かざり』, 東京: 平凡社, 1989 등이 있다.

에도 시대(江戶時代)의 17세기 말에서 18세기 초에 생산력이 증대하고 상품경제가 발달하면서 서민층을 중심으로 유교적 도덕에 속박되지 않는 자유로운 인간성을 찬미하는 문화가 형성되었다. 예를 들어 이하라 사이카쿠(井原西鶴)는 겐로쿠 시대 서민들의 생활을 『호색일대남(好色一代男)』이나 『세간흉산용(世間胸算用)』 등의 소설에서 묘사했다. 그의 소설에는, 화폐경제가 발달하여 돈이 인간생활을 지배하게 된 사회에서, 돈에 운명이 좌우되는 서민들의 모습이나, 당시의 개방적인 향락생활이 매우 사실적으로 그려져 있다.

이러한 사회적인 배경 속에서 서민 계층(초닌 町人)도 급속도로 성장하면서 '오카시(をかし=可笑し)'라는, 웃기면서도 특이한 개성주의 예술가들이 등장하였다. 대표적인 개성 화가로서 이토 자쿠추(伊藤若冲, 1716-1800), 소가 쇼하쿠(曾我蕭白, 1730-60), 우타가와 구니요시(歌川國芳, 1797-1861)를 들 수 있다.

이토 자쿠추는 닭과 야채를 집요하게 그린 화가이다. 그는 교토의 야채가게 아들로 태어나, 당시 본초학이 유행하는 가운데에 사생에 큰 관심을 가지고, 자택인 야채가게 주변에서 직접 본 닭과 야채들을 집요할 정도로 많이 사생하였다. 이토 자쿠추는 단순히 사실적인 묘사에서 머무는 것이 아니라, 면밀한 묘사와 함께 짙은 색채를 이용하여 독특한 작품세계를 완성시켰다. 현재 일본 궁내청에 소장되어 있는 작품을 보면, 극도의 묘사와 짙은 채색의 화려함은 사실성과 장식성을 넘어서, 묘사의 편집증과 같은 비현실적인 환상에 빠지게 한다.

소가 쇼하쿠는 중국의 회화 소재를 그로테스크하게 변형시킨 화가이다. 교토의 상인 집안에서 태어나서, 잠시 이세(伊勢) 지역에 가서 그림을 그린 것으로 추정된다. 원래 성은 미우라(三浦)였으나, 본인 스스로 무로마치 시대의 소가파를 계승한다고 하여 소가라는 성을 사용하였다. 쇼하쿠는 선인, 한산과 습득과 같이 중국 고사에서 전래된 도상을 소재로 하면서도, 대상의 움직임을 과장하여 표현하는 대담한 특징을 보여 준다. '이단(異端)',

'광기(狂氣)' 의 화가로서 평가될 만큼, 쇼하쿠의 작품 속의 인물은 미적 쾌감보다는 감상자로 하여금 '추함' 의 반응을 일으키도록 묘사되어 있다.

우타가와 구니요시는 에도 시대 말기에 귀신이나 해골 그림과 같은 그로테크스하면서도 다이내믹한 작품에서 역량을 발휘한 일본의 다색판화 우키요에(浮世繪) 화가이다. 또한 구니요시는 고양이 등의 동물들을 의인화하여 세태를 풍자하기도 하였다. 뿐만 아니라, 여러 사람의 몸을 합쳐서 한 사람의 얼굴처럼 보이게 하는 그림 등 특이한 작품들을 제작하여 현대 만화 등의 초석을 제공하였다. 에도 시대에 개성이 넘치는 예술가들은 개성의 발현을 중시하는 근현대적 미의식을 선도한 예술가로서 평가할 수 있다.

맺는 말 – 현대 일본의 미의식: '오타쿠(お宅)' 문화

일본은 각 시대마다 주도적인 미의식이 등장하였다. 일본인은 '조화(和)' 를 중시하는 성향으로, 선사시대의 '과장(誇張)', 아스카 · 나라 시대의 '모방(模倣)', 헤이안 시대의 '우아(雅)', 가마쿠라 · 남북조 시대의 '강인(忍)', 무로마치 시대의 '유현(幽玄)', '외로움(侘び)', '쓸쓸함(寂)', 아즈치모모야마 시대의 '화려(絢爛)', 에도 시대의 '세련(粋)' 과 '특이함(奇想)' 과 같은 각 시대의 미의식은 이전 시대의 미의식과 공존하며 독특한 일본 문화를 전개하였다.

현대의 일본 사회는 이와 같은 전통적인 미의식을 대중문화와 결합하여 일본 문화를 세계에 전파하고 있다. 현대 일본인들은 만화를 즐겨 읽고, 컴퓨터 게임과 온라인을 통해서 외부와 접촉하면서 가상의 세계에서 유희하는 '오타쿠(お宅)' 라는 새로운 일본 문화를 발전시키고 있다. 인터넷과 게임의 발달에 힘입어 가상의 현실이 실제의 현실이 된다. 이렇게 급속도로 발전하는 인터넷 문화 속에서 일본의 전통 미의식은 디지털이라는 새로운 형태로 표현되고 있다.

더 읽을거리

일본 미학 개론

今道友信, 「日本の美學」, 『日本美學』, 東京: 東京大學出版會, 1984.

『日本美術』, 서울: 국립중앙박물관, 2005.

Keene, D., 『日本人の美意識』, 東京: 中公文庫, 1990.

'무사도'에 관한 추천 도서

新渡戸稲造, 矢内原忠雄 譯, 『武士道』, 東京: 岩波書店, 1938(2005년 84쇄 출간).

Nitobe, Inazo (1862-1933), *Bushido: The Soul of Japan: An Exposition of Japanese Thought,* Philadelphia: Leeds & Biddle, 1900 [c1899].

'유현'에 관한 추천 도서

岡倉覺三, 村岡博 飜譯, 『茶の本』, 東京: 岩波文庫, 2002.

谷崎潤一郎, 『陰翳禮讚』, 東京: 中公文庫, 1975.

草薙正夫, 『幽玄美の美學』, 東京: 塙新書, 1973.

'장식'에 관한 추천 도서

辻惟雄, 『「かざり」の日本文化』, 東京: 角川書店, 1998.

Rousmaniere, N. C., *Kazari: Decoration and Display in Japan 15th-19th Centuries,* London: British Museum Press, 2002.

'이키'에 관한 추천 도서

九鬼周造, 『「いき」の構造 』, 東京: 岩波書店, 1930.

'특이함(奇想)'에 관한 추천 도서

辻惟雄, 『奇想の系譜』, 東京: 美術出版社, 1970.

______, 『奇想の図譜: からくり · 若沖 · かざり』, 東京: 平凡社, 1989.

[찾아보기 1]

ㄱ

| ㄷ |

| ㅂ |

| ㅇ |

ㅈ

ㅊ

ㅍ

ㅎ

[찾아보기 2]

History of Aesthetics

This first volume of *The Korean Companion to Aesthetics* is concerned with the history of aesthetics: Western and Asian. The general format of our writing is such that a chapter introduction, which sketches the principal ideas of each period, is followed by a number of sections which deal with more specific figures, schools, and topics.

The first chapter of the history of Western aesthetics begins with a sketch of the inchoate ideas of beauty and arts in ancient Greece, and introduces Platonic and Aristotelian traditions that underpin the western idea of beauty and art through to medieval times. More space is devoted to the rise of the modern disciple, baptized as 'Aesthetics', and its development and consequence, under the headings of British, French, and German aesthetics. Aesthetics is a modern discipline that speculates the nature of aesthetic values and arts with the variety of methodologies developed by philosophers. Thus the division is not merely a regional one but also one that reflects differencesin philosophical perspectives and methods. The final chapter on the contemporary history of aesthetics covers the first half of the twentieth-century only, with focus on figures or schools, rather than its methodological features, which is addressed in the second volume.

As the western sciences became predominant, the term 'Asian aesthetics' began to gain currency. Asian aesthetics refers to a study of the essence of Asian ideas of beauty and art as it emerged and developed in our consciousness, and how they differ from Western notions of aesthetics. This approach to the history of Asian aesthetics introduces a selection of principal speculations of beauty and art, as found in major writings by Chinese, Japanese, and Korean thinkers. The spirituality of Asian thought produced an abundance of literature that still awaits analysis and interpretation. It is a landmark to have one complete volume that contains Asian and Western thoughts of beauty and arts, and we hope that this production will be a foundation that enables us to take one step further towards our more advanced study of aesthetics.

Kim, Han-Kyul / Park, Nak-Kyu

집필자 소개(가나다순)

공병혜

독일 하이델베르크 대학교에서 철학박사학위를 받았으며 현재 조선대학교 의과대학 간호학과 교수로 재직 중이다. 주요 저서로는 *Ästhetische Idee in der Philosophie Kants*, 『판단력 비판』 등이 있으며, 논문으로는 「칸트미학에서 미적 이념의 체계적 위치」, 「칸트에서의 자연의 목적론과 문화의 의미」 등이 있다.

권대중

서울대학교 미학과에서 학사 및 석사를 마치고 독일 아헨 대학교에서 철학박사학위를 받았으며 현재 계명대학교 철학과 교수로 재직 중이다. 주요 저서로는 *Das Ende der Kunst*, 역서로는 『예술의 부활과 죽음』, 『헤겔의 체계』, 논문으로는 「3의 변증법과 4의 변증법」, 「헤겔의 예술의 종언 명제의 수정 가능성 모색」 등이 있다.

권혁성

독일 프라이부르크 대학교에서 아리스토텔레스의 실체론에 대한 연구로 철학박사학위를 취득하고, 아리스토텔레스의 존재론과 시학에 대한 연구를 진행해 왔다. 현재 고대 그리스 미학에 대한 연구에 주력하면서, 서울대학교 인문대학 미학과 교수로 재직 중이다.

김광명

독일 뷔르츠부르크 대학교에서 철학박사학위를 받았으며 현재 숭실대학교 철학과 교수로 재직 중이다. 주요 저서로는 『칸트 판단력비판 연구』, 『삶의 해석과 미학』, 『칸트 미학의 이해』, 『예술에 대한 사색』 등이 있으며, 역서로는 『예술과 인간가치』, 『자유의 철학』, 『서양철학사』, 『미학과 예술교육』, 『칸트평전』 등이 있다.

김남두

독일 프라이부르크 대학교에서 박사학위를 받았으며 서울대학교 철학과 교수를 거쳐 현재는 명예교수이다. 주요 논문으로는 「파르메니데스와 로고스의 실정성」, 「고루기아스의 헬레네 찬사에서 말의 힘」, 「좋음의 이데아와 앎의 성격」 등이 있다.

김수현
서울대학교에서 석사학위를 받았으며 현재 경상대학교 사범대학 미술교육과 교수로 재직 중이다. 주요 논문으로는 「미적 교육의 현대적 의미」 등이 있다.

김율
서울대학교 미학과 및 동 대학원을 졸업하고 뮌헨 예수회철학대학에서 수학했으며, 레겐스부르크 대학교에서 철학박사(중세철학 전공) 학위를 받았다. 서울대학교 및 서강대학교 강사, 보스턴칼리지 연구원, 대구가톨릭대학교 프란치스코칼리지 학장을 역임했고, 현재 대구가톨릭대학교 교수로 재직 중이다. 저서로 『서양고대미학사강의』, 『중세의 아름다움』 등이 있으며, 토마스 아퀴나스 『신학대전』 제13권, 파노프스키 『고딕건축과 스콜라철학』을 비롯한 10권의 역서가 있다. 서양 고중세 형이상학, 윤리학, 미학에 대한 약 45편의 논문을 국내외 학술지에 발표했다.

김한결
서울대학교 미학과를 졸업하고 영국 런던 대학교(King's College)에서 MA를, 요크 대학교에서 철학박사학위를 받았다. 현재 미국 예일 대학교 철학과에 Visiting Scholar로 있다. 주요 논문으로는 「관념으로서의 미」, 「취미론의 유명론적 토대」 등이 있다.

김헌
프랑스 스트라스부르 대학에서 서양고대학(그리스 고전문학 전공)으로 박사학위를 받았다. 현재 서울대학교 인문학연구원 교수로 재직 중이다. 주요 논문으로는 「아리스토텔레스의 구분: 시의 언어와 연설의 언어」, 「아리스토텔레스의 『시학』에 나타난 창작의 원리」, 「서양 고전문헌학에서 텍스트 재구성과 해석의 태도: 아리스토텔레스의 『시학』을 예시로」, 「희극 주인공의 성격 연구: 아리스토텔레스의 『시학』과 *Tractatus Coislinianus* 120을 중심으로」, 「'시 짓는 기술'의 탄생 원인: 아리스토텔레스의 시학 1448b4-24」 등이 있다.

김혜련
미국 버팔로 소재 뉴욕 주립대학교 철학과에서 박사학위를 받았으며 현재 연세대학교, 홍익대학교, 백석대학교에 출강하고 있다. 저서로는 『아름다운 가짜, 대중문화와 센티멘털리즘』, 주요 논문으로는 「픽션의 역설과 인지주의 감성론」이 있다.

민주식

도쿄 대학교 대학원 미학예술학 전문과정에서 문학박사학위를 받았으며, 현재 영남대학교 조형대학 및 대학원 미학미술사학과 교수로 재직 중이다. 주요 저·역서 및 논문으로는 『아름다움, 그 사고의 논리』, 『한국미학시론』, 『비교미학연구』, 『그리스 미술모방론』, 「풍류사상의 미학적 의의」, 「미술사학에 있어서 양식개념과 구조개념」, 「동아시아 문화에서 도자예술의 미적이상」, 「풍경의 미학: 풍경미의 구조와 원리」 등이 있다.

박기순

서울대학교 미학과와 동 대학원 철학과를 졸업하고, 프랑스 파리4대학에서 스피노자에 관한 논문으로 박사학위를 받았다. 『덕의 귀환』(공저), 『미술은 철학의 눈이다』(공저) 등을 썼고, 『스피노자의 철학』, 『아이스테시스』 등을 번역했다. 현재 충북대학교 철학과 교수로 재직하고 있다.

박낙규

서울대학교 대학원을 수료했으며 현재 서울대학교 미학과 명예교수이다. 주요 논문으로는 「자연과 예술: 중국의 자연관을 중심으로」, 「고대 중국의 언어, 세계, 예술」, 「대학 예술교육의 현황과 개선방안」, 「조선후기 문예사상의 전개와 중국문화: 예비적 고찰」, 「중국의 미학 및 예술사상의 역사적 전개에 관한 연구」 외 다수가 있다.

박일호

서울대학교에서 박사학위를 받았으며 현재 이화여자대학교 조형예술학부 교수로 재직 중이다. 주요 저서(역서) 및 논문으로는 『예술과 상징 상징형식』, 『예술의 길, 문화의 길』, 「기호학적 형상, 실경 속의 자연과 인간」, 「공적자원으로서의 국립미술관의 역할과 위상」 등이 있다.

박준원

프랑스 파리 1대학에서 박사학위를 받았으며, 역서로는 『미술사를 보는 눈』, 저서로는 『미학특강』 등이 있다. 주요 논문으로는 「예술의 본성과 감성의 문제」, 「샤를르 랄로(Charles Lalo)의 심리학적 미학」 등이 있다.

선승혜

서울대학교 미학과에서 학사, 석사를 마치고 일본 도쿄 대학교에서 미술사 박사과정을 수료했으며, 국립박물관 학예연구사(국립중앙박물관, 국립공주박물관, 2002~2009)를 역임하고 현재 대전시립미술관장으로 재직 중이다. 주요 저서로는 『일본 미술』, 『아시아의 색채: 폴 자쿨레 판화』 등이 있다.

신혜경

서울대학교 미학과에서 철학박사학위를 받았으며 현재 서울대학교 미학과 교수로 재직 중이다. 주요 논문으로는 「그람시의 옥중수고에 나타난 문화정치학의 대중적 함의에 대한 연구」가 있다.

심철민

서울대학교 미학과에서 석사, 박사학위를 받았으며 현재 서울대학교, 홍익대학교에 출강하고 있다. 주요 논문으로는 「셸링 "예술철학"에 나타난 예술 개념의 분석: 자연, 역사, 예술의 관계를 중심으로」, 「칸트의 주관성미학에서 셸링의 예술철학으로」 등이 있다.

염재철

서울대학교 미학과에서 학사, 석사학위를 받았으며 독일 오스나브뤽(Osnabrück) 대학교 철학과에서 박사학위를 받고 Habilitation 과정을 2년 수료했으며 현재 서울대학교를 비롯한 여러 대학에 출강하고 있다. 주요 저서 및 논문으로는 *Heideggers Verwandlung des Denkens*, 「하이데거 사상길의 변천」, *Heideggers Deutung des "Unterwegs"*, 「영화 작품의 의미 발생과 그 존재론적 근원」 등이 있다.

오종환

서울대학교 미학과에서 석사학위를, 미국 남일리노이 대학교(Southern Illinois University)에서 박사학위를 받았으며, 현재 서울대학교 미학과 명예교수이다. 주요 논문으로는 「분석철학의 역사적 맥락에서 본 예술의 인식적 의의」, 「시각적 재현의 객관성에 대한 소고」, 「허구에 의해 환기되는 감정의 합리성 문제」, "On the Problem of Imagining Seeing Fictional Objects" 등이 있다.

윤자정

서울대학교에서 철학박사학위를 받았으며 현재 동의대학교 디자인조형학과 교수로 재직 중이다. 주요 역서로는 『현대 예술철학의 흐름』, 『예술이 궁금하다』, 논문으로는 「A. N. Whitehead의 유기철학 내에서의 미적 경험에 대한 연구」, 「미술에 대한 기호학적 접근의 필요성과 의미」 등이 있다.

이상우

중국 베이징대학교에서 철학박사학위를 받았으며 현재 서울대학교, 홍익대학교에 출강하고 있다. 저서로는 『동양미학론』이 있다.

이순아

홍익대학교 대학원 미학과에서 석사학위를 받고 박사과정을 수료했으며 현재 홍익대학교, 건국대학교에 출강하고 있다. 주요 논문으로는 「영혼의 불멸성: 피치노와 미켈란젤로」, 「그리스도교적 신플라톤주의 미학사상: 마르실리오 피치노를 중심으로」 등이 있다.

이순예

독일 빌레펠트 대학교에서 철학박사학위를 받았으며 현재 서울대학교에 출강하고 있다. 주요 저서로는 *Aporie des Schönen*, 『아도르노와 자본주의적 우울』, 논문으로는 「비판이론과 21세기 시민사회」 등이 있다.

이정환

서울대학교 미학과에서 학사 및 석사를 마치고, 이후 미국 하버드 대학교(East Asian Languages and Civilization)에서 주자학으로 박사학위를 받았다. 현재 서울대학교 미학과 교수로 재직 중이다.

이준석

서울대학교 미학과를 졸업하고 동 대학원 협동과정에서 서양고전학으로 석사학위를 받았으며, 스위스 바젤 대학교에서 고전문헌학으로 박사학위를 받았다. 현재 한국방송통신대학교 문화교양학과 교수로 재직 중이다. 논문으로는 「필록테테스의 Deus ex machina」, "Tragic ambivalence: the language of Oedipous Tyrannos" 등이 있다.

이진석

서울대학교 미학과를 졸업하고 동 대학원에서 박사과정을 수료했으며 독일 보쿰 대학교 철학과 박사과정을 수료했다. 현재 서울대학교에 출강하고 있다. 주요 논문으로는 「Hegel 미학에서의 행위개념에 관한 연구」 등이 있다.

이창환

서울대학교 미학과를 졸업하고 독일 빌레펠트 대학교에서 박사학위를 받았다. 변증법과 독일 고전미학을 전공했다. 저서로는 *Rückkehr in sich-Eine Studie zum Begriff des Scheins und der Reflexion in Hegels Wissenschaft der Logik*이 있으며 역서로는 『마르크스주의와 예술』이 있다. 주요 논문으로는 「예술의 "철학"으로서의 헤겔미학」, 「근대미학의 발생론적 근거에 관한 고찰(1)」 등이 있다.

이해완

미국 오하이오 주립대학교 철학과에서 박사학위를 받았으며 현재 서울대학교 미학과 교수로 재직 중이다. 역서로는 『크로체의 미학』, 주요 논문으로는 「포르노그라피와 재현의 문제」, 「대중매체의 발전과 대중예술 정의의 문제」, 「플란팅가 인식론에 대한 한 비판」 등이 있다.

정성철

서울대학교 미학과에서 테오도르 W. 아도르노 연구로 박사학위를 받았다. 주요 논문으로는 「예술사회학으로서의 아도르노 미학」, 「환경운동과 마르크스주의」 등이 있으며, 역서로는 『역사유물론의 재구성』, 『재현의 정치학: 40년대 이후의 미국미술』(공역), 『현대미술의 지형도』(공역), 『모더니티와 시각의 헤게모니』(공역) 등이 있다.

정순복

대구가톨릭대학교 예술학과 교수로 미학과 예술학을 강의했다. 주요 저서로는 『일상의 미학』 1-6, 『사계의 미학』 1-4, 『어린이 미학』, 역서로는 『존 듀이의 철학입문』, 『존 듀이의 미학입문』 등이 있으며, 논문으로는 「존 듀이의 형이상학: 예술의 메타포를 중심으로」, 「예술로서의 일상」 등이 있다.

정혜린

서울대학교에서 철학박사학위를 받았고 현재 고려대학교 민족문화연구소 연구교수로 재직 중이며 서울대학교에 출강하고 있다. 주요 논문으로는 「김정희 예술론 연구」, 「조희룡(趙熙龍)의 시서화론」, 「한대, 예술론의 태동기」, 「위진남북조 예술론에 대한 미학적 고찰」 등이 있다.

조송식

서울대학교에서 박사학위를 받았으며 현재 조선대학교 문화콘텐츠학부 시각문화큐레이터전공 교수로 재직 중이다. 주요 논문으로는 「종병의 불교사상과 그의 화산수서(畫山水序)에 나타난 와유론(臥遊論)」, 「조선초기 사대부의 이중적 자연관과 "와유"적 산수화의 변화」, 「동기창(董其昌)의 회화사관 및 예술사상: 남북종론(南北宗論)을 중심으로」 등이 있다.

주성옥

서울대학교 미학과에서 박사학위를 받았다. 논문으로는 「중국의 자연관에 끼친 선종의 영향」이 있다.

최도빈

서울대학교 미학과에서 학사와 석사를 마치고 미국 버펄로 뉴욕주립대학 철학과에서 박사학위를 받았으며, 현재 네덜란드 라이덴 대학 철학과에서 비교철학 및 한국철학을 강의하고 있다. 저서로 『철학의 눈으로 본 현대예술』, 『새로운 예술을 꿈꾸는 사람들』이 있으며, 논문으로 "Aesthetic Taste and Moral Sentiment in Hume and Mengzi", "Mencius and Hume", "Understanding Human Nature through Taste: Dasan Jeong Yak-yong's Theory of Human-Nature-as-Taste" 및 「영국 경험주의 취미론의 최종점: 흄과 버크의 취미 이해」 등이 있다.

최석

뉴욕 주립대학교에서 박사학위를 받았으며 현재 미국 메릴랜드주 타우슨(Towson) 대학교 철학과 교수로 재직 중이다.

하선규

독일 베를린 자유대학교에서 박사학위를 받았으며, 현재 홍익대학교 예술학과 교수로 재직하고 있다. 저서로 『지그프리드 크라카우어』, 『서양미학사의 거장들』 등이 있으며, 칸트, 하만, 쉴러, 키에르케고어, 벤야민, 슈미츠 등의 철학과 미학에 관한 여러 편의 논문을 발표하였다.

미학대계 제1권

미학의 역사

초판 1쇄 발행 2007년 5월 18일
초판 13쇄 발행 2024년 8월 20일

편저자 미학대계간행회

펴낸곳 서울대학교출판문화원
주소 08826 서울 관악구 관악로 1
도서주문 02-889-4424, 02-880-7995
홈페이지 www.snupress.com
페이스북 @snupress1947
인스타그램 @snupress
이메일 snubook@snu.ac.kr
출판등록 제15-3호

ISBN 978-89-521-0791-6 94600
978-89-521-0790-9 (세트)